La faute lucrative en droit de la concurrence

Godefroy de Moncuit de Boiscuillé

Avant-propos de Laurence Idot

Préface de Muriel Chagny

Concurrences, 2020

UNIVERSITÉ PARIS-SACLAY
FACULTÉ DE DROIT ET DE SCIENCE POLITIQUE DE L'UNIVERSITÉ
VERSAILLES SAINT-QUENTIN-EN-YVELINES

La faute lucrative en droit de la concurrence

THÈSE DE DOCTORAT EN DROIT
Présentée et soutenue le 18 octobre 2018 par
Godefroy DE MONCUIT DE BOISCUILLÉ
Mise à jour au 24 juillet 2020

Directeur de recherche **Mme Muriel CHAGNY**
Professeur à Université de Versailles St-Quentin-en-Yvelines (Paris-Saclay)

Suffragants **Mme Natacha SAUPHANOR-BROUILLAUD**
Professeur à l'Université de Versailles St-Quentin-en-Yvelines (Paris-Saclay)

M. Georges DECOCQ (Rapporteur)
Professeur à l'Université Paris-Dauphine – PSL

M. Bruno DEFFAINS (Rapporteur)
Professeur à l'Université Paris II Panthéon Assas

M. Louis PERDRIX
Professeur à l'Université-Lumière-Lyon II

ISBN 979-10-94201-29-9

OUVRAGES CONCURRENCES

La version électronique de ces ouvrages est disponible sur le site concurrences.com.

Mélanges

Laurence Idot – Liber Amicorum, *Christophe Lemaire, Francesco Martucci (ed.), 2021*

Eleanor Fox – Liber Amicorum, *Nicolas Charbit, Sonia Ahmad (ed.), 2021*

Herbert Hovenkamp – Liber Amicorum, *Nicolas Charbit, Sonia Ahmad (ed.), 2021*

Albert Foer – A Consumer Voice in the Antitrust Arena, *Nicolas Charbit, Sonia Ahmad (ed.), 2020*

Richard Whish – Taking Competition Law Outside the Box, *Nicolas Charbit, Sonia Ahmad (ed.), 2020*

Frédéric Jenny – Standing Up for Convergence and Relevance in Antitrust, Vol. I & II, *Nicolas Charbit, Sonia Ahmad (ed.), 2019*

Wang Xiaoye – The Pioneer of Competition Law in China, *Adrian Emch, Wendy Ng (ed.), 2019*

Douglas H. Ginsburg – An Antitrust Professor on the Bench, Vol. I & II, *Nicolas Charbit, Ellie Yang (ed.), 2018*

Ian S. Forrester – A Scot Without Borders, Vol. I & II, *Assimakis Komninos et al. (ed.), 2015*

William E. Kovacic: An Antitrust Tribute, Vol. I & II, *Nicolas Charbit et al. (ed.), 2013 & 2014*

Thèses

Le droit de la commande et le droit de la concurrence de l'Union européenne, *Vincent Bridoux, 2021*

La faute lucrative en droit de la concurrence, *Godefroy de Moncuit de Boiscuillé, 2020*

The Role of Media Pluralism in the Enforcement of EU Competition Law, *Konstantina Bania, 2019*

Les accords de report d'entrée (Pay-for-delay), *Walid Chaiehloudj, 2019*

Buyer Power in EU Competition Law, *Ignacio Herrera Anchustegui, 2017*

Google, la presse et les journalistes, *Guillaume Sire, 2015*

L'Union européenne et le droit international des subventions, *Loïc Wagner, 2015*

Pratiques

Dictionnaire de droit de la concurrence, *Muriel Chagny (ed.), 2021*

Grands arrêts du droit de la concurrence – Ententes et Abus, *Laurence Idot (ed.), 2ème édition, 2021*

Grands arrêts du droit de la concurrence – Aides d'Etat et Concentrations, *Laurence Idot (ed.), 2ème édition, 2021*

Grands arrêts du droit de la concurrence – Mise en oeuvre, *Laurence Idot (ed.), 2021*

Competition Law & Environmental Sustainability, *Simon Holmes, Dirk Middelschulte, Martijn Snoep (ed.), 2021*

Perspectives on Antitrust Compliance, *Anne Riley, Andreas Stephan, Anny Tubbs (ed.), 2021*

Information Exchange and Related Risks: A Practical Guide, *Eric Meiring, Marcio Dias Soares (ed.), 2021*

State Aid & National Enforcement, *Jacques Derenne, Denis Jouve, Christophe Lemaire, Francesco Martucci (ed.), 2021*

Les pratiques commerciales déloyales, *Erwann Kerguelen, Jean-Louis Fourgoux, Leyla Djavadi, 2021*

La réparation des préjudices causés par les pratiques anticoncurrentielles, *Rafael Amaro, Jean-François Laborde, 2ème édition, 2020*

Merger Control in Latin America: A Jurisdictional Guide, *Paulo Burnier da Silveira & Pamela Sittenfeld (ed.), 2020*

Competition Law Inquiries in the EU – A Practitioner's Guide, *Nathalie Jalabert-Doury, 2020*

Competition Digest – A Synthesis of EU, US and National Leading Cases, 4th ed., *Frédéric Jenny (ed.), 2020*

Les inspections de concurrence des autorités françaises, *Nathalie Jalabert-Doury, 2019*

Gun Jumping in Merger Control, A Jurisdictional Guide, *Catriona Hatton, Yves Comtois,*

Andrea Hamilton (ed.), 2019

Grands arrêts du droit de la concurrence – Régulations, *Francesco Martucci (ed.), 2019*

Grands arrêts du droit de la concurrence – Distribution & Pratiques commerciales déloyales, *Nicolas Ferrier & Frédéric Buy (ed.), 2019*

Choice – A New Standard for Competition Analysis?, *Paul Nihoul et al., 2016*

Ouvrages Généraux

Women & Antitrust – Voices from the Field, Vol. I & II, *Evelina Kurgonaite & Kristina Nordlander (ed.), 2020*

Petit manuel (irrévérencieux) d'économie, *Emmanuel Combe, 2018*

A quoi sert la concurrence ?, *Martine Behar-Touchais et al. (ed.), 2014*

Colloques

Antitrust in Emerging and Developing Countries, Vol I & II, *Eleanor Fox, Harry First (ed.), 2015 & 2016*

Global Antitrust Law – Current Issues in Antitrust Law and Economics, *Douglas Ginsburg, Joshua Wright (ed.), 2015*

Competition Law on the Global Stage: David Gerber's Global Competition Law in Perspective, *David Gerber, 2014*

AVERTISSEMENTS

Cet ouvrage est tiré d'une thèse de doctorat soutenue en 2018 à l'Université Paris Saclay (UVSQ) devant un jury composé de Mme Natacha Sauphanor Brouillaud (Professeur à Université de Versailles-Saint-Quentin-en-Yvelines), M. Georges Decocq (Professeur à l'Université Paris-Dauphine – PSL), M. Bruno Deffains (Professeur à l'Université Paris II Panthéon-Assas), M. Louis Perdrix (Professeur à l'Université-Lumière-Lyon II).

L'ouvrage a été très légèrement modifié afin que son « appareil scientifique » soit autant que possible actualisé.

L'auteur déclare par ailleurs qu'il n'y a pas de conflit d'intérêts associé à cette publication. Les opinions émises dans cet ouvrage sont propres à leur auteur. La faculté de droit et de science politique de l'Université Versailles Saint-Quentin-en-Yvelines (Université Paris-Saclay) ne leur apporte ni approbation ni improbation.

L'ouvrage a remporté le prix de thèse Concurrences 2020 décerné par le jury présidé par le Professeur Laurence Idot et composé de Emmanuel Combe (Université Paris I Panthéon-Sorbonne et Autorité de la concurrence), Damien Neven (The Graduate Institute for International and Development Studies, Genève), Emmanuelle Claudel (Université Paris II Panthéon-Assas) et Wouter Wils (King's College London et Commission européenne).

SOMMAIRE

AVANT-PROPOS

Le renouvellement permanent des questions auxquelles est confronté le droit de la concurrence se traduit également dans le choix des sujets de thèse. Le développement des actions privées en droit des pratiques anticoncurrentielles et la réflexion sur l'adéquation de la sanction optimale ont, par exemple, fait l'objet de multiples débats ces dernières années en lien avec l'efficacité du droit de la concurrence, qui paraît quelque peu malmenée par ailleurs du fait de l'invasion du numérique. La seule lecture du titre de l'ouvrage ne permet peut-être pas de le deviner, mais tous ces thèmes, ainsi que d'autres, plus classiques, comme le parasitisme, sont abordés dans la thèse de M. Godefroy de Moncuit sur « Faute lucrative et droit de la concurrence » soutenue en octobre 2018 à l'Université de Versailles Saint-Quentin-en-Yvelines sous la direction du professeur Muriel Chagny.

Cette thèse a été récompensée par le prix Concurrences 2019 par un jury composé des professeurs Emmanuel Combe (Université Paris I Panthéon-Sorbonne et Autorité de la concurrence), Damien Neven (The Graduate Institute for International and Development Studies, Genève), Emmanuelle Claudel (Université Paris II Panthéon-Assas), Wouter Wils (King's College London et Commission européenne) et que j'ai eu l'honneur de présider. Qu'ils soient ici à nouveau remerciés pour leur précieux concours.

En dehors des qualités formelles indéniables de l'ouvrage, qui reste toujours agréable à lire, de la richesse de ses sources, le jury a été séduit par l'approche originale de l'auteur, qui a utilisé sa double culture juridique et économique pour nous proposer une véritable thèse. La notion de « faute lucrative » permet à l'auteur de revisiter le droit des pratiques anticoncurrentielles à la lumière de la théorie de l'agent rationnel, le « *bad man* », qui fait un calcul coût-avantage de la violation du droit et élabore des stratégies juridiques pour limiter le coût économique de l'infraction. Il démontre dans une première partie comment les fautes lucratives sont favorisées par les limites que connaissent tant l'action publique que l'action privée, ce qui le conduit à proposer ensuite des solutions pour renforcer l'effectivité du droit de la concurrence tant sur le plan substantiel que procédural (deuxième partie), mais également son efficacité en mettant en place un système de sanctions plus adapté à la nature de la faute lucrative (troisième partie). Des questions très variées sont ainsi abordées, comme les cartels algorithmiques, les pratiques prédatrices des entreprises en position dominante, l'utilité des procédures de clémence et de transaction, les actions de groupe, l'intérêt de sanctions confiscatoires pour les dirigeants d'entreprise. L'ouvrage se termine par un résumé de synthèse fort utile dans lequel M. de Moncuit reprend et explicite les quatorze recommandations qu'il a été amené à formuler tout au long des développements.

Le choix du jury de Concurrences a par la suite été conforté par un autre jury encore plus international que le précédent. La thèse de M. de Moncuit a été, en effet, également récompensée par le prix Jacques Lassier délivré sous l'égide de la Ligue internationale du droit de la concurrence, lors de son congrès annuel, qui s'est tenu à Paris en novembre 2019.

L'équipe de Concurrences est heureuse et fière d'accueillir ce nouvel ouvrage, doublement primé, dans sa collection.

Laurence IDOT
Professeur émérite, Université Paris II Panthéon-Assas
Présidente, Comité scientifique de Concurrences

PRÉFACE

Il est toujours agréable pour un directeur de thèse de rédiger la préface de l'ouvrage d'un docteur dont il a supervisé le travail. La publication du résultat des recherches doctorales concrétise assurément de la plus heureuse des façons une œuvre entreprise avec l'enthousiasme de la jeunesse et achevée grâce à l'opiniâtreté de son auteur. Le plaisir est d'autant plus grand, en l'occurrence, que la thèse de M. Godefroy de Moncuit consacrée à la faute lucrative en droit de la concurrence est de celles que l'on remarque, et ce, pour plusieurs raisons.

L'objet de la recherche, tout d'abord, est de ceux qui retiennent l'attention des praticiens comme des universitaires. M. de Moncuit s'est attaché à l'étude de la faute lucrative, laquelle s'inscrit dans des débats très actuels, en France comme en Europe, mais en se focalisant, pour ce faire, sur la matière concurrentielle. De surcroît, il a fait le choix d'embrasser la matière de façon ample, en intégrant à son champ d'investigation, non seulement le droit des pratiques anticoncurrentielles, et le droit des pratiques restrictives de concurrence, mais encore le droit de la concurrence déloyale et du parasitisme, trop fréquemment délaissé par les spécialistes de la matière. Bien plus, l'auteur s'intéresse aussi bien à l'action publique qu'à l'action privée en réparation du dommage concurrentiel. En d'autres termes, c'est tout le droit comportemental de la concurrence qui est abordé dans l'ouvrage.

Ensuite et surtout, s'il ne s'agit pas de la première étude dédiée à la faute lucrative, la recherche menée par M. de Moncuit se distingue par l'innovation dont elle est porteuse, tant par sa méthodologie que par ses résultats et son apport.

La méthodologie adoptée est novatrice en ce que M. de Moncuit, dont la thèse se situe au carrefour du droit de la concurrence et de la responsabilité civile, a construit son raisonnement en proposant à l'appui de sa démonstration une étude empirique qui a conduit à une importante collecte de données jurisprudentielles. Un travail de ce type est plutôt rare et renforce, sur le plan juridique, la pertinence des idées défendues. L'auteur s'est appuyé sur des travaux doctrinaux, juridiques et économiques, dans une mesure remarquable tant les sources et les études citées sont nombreuses. L'approche de droit comparé est en outre souvent sollicitée au soutien des solutions proposées, ce qui permet d'enrichir constamment les raisonnements. Plus largement, l'approche pluridisciplinaire permet à l'auteur de combiner plusieurs disciplines scientifiques pour mener sa démonstration.

L'auteur a en effet construit son raisonnement en combinant, de façon audacieuse, l'analyse économique, l'analyse comportementale et managériale, et la théorie du droit. Ayant acquis, au cours de ses années de doctorat, de réelles connaissances en ces domaines, l'auteur a su faire preuve d'une polyvalence remarquable dans sa démonstration. Si M. de Moncuit s'aide des outils des économistes pour appuyer son propos, il offre à ses lecteurs une véritable thèse de droit. Du point de vue de la théorie du droit, l'ouvrage marque le retour d'une forme de morale à la Georges Ripert et s'inscrit dans un courant récent visant à conférer à la responsabilité civile une véritable fonction de peine privée. En outre, l'étude se place dans le cadre de la théorie de la prédiction de Holmes, qui consiste à analyser l'incitation à enfreindre la loi à travers le modèle du «*bad man*». L'auteur assume sa préférence pour l'approche réaliste et reconnaît l'influence de Holmes et de Posner dans la construction de son modèle de dissuasion. Ce faisant, il voit dans la règle de concurrence, non pas seulement un guide de conduite, mais un «prix» à payer qui pèse sur le choix d'enfreindre le droit. La discussion préliminaire présentée dans l'ouvrage ouvre à ce titre un débat important entre les partisans d'une analyse rationnelle de la règle de droit, qui comparent la faute lucrative à une faute «cynique», fruit d'un calcul coût-avantage, et les partisans d'une rationalité limitée, qui invoquent les biais cognitifs des individus pour expliquer les infractions.

Ensuite, les résultats auxquels le travail doctoral a abouti méritent de retenir l'attention. Il ressort de l'étude empirique menée que les amendes imposées par l'Autorité de la concurrence sont généralement non confiscatoires des profits illicites. De même, le strict respect du principe de réparation intégrale conduit à une situation «paradoxale» dans laquelle le bénéfice retiré de la faute concurrentielle est plus important que la perte liée au versement de dommages et intérêts. De son côté, l'action de groupe n'a pour l'instant aucune portée confiscatoire, car le «mécanisme» français ne prévoit pas la restitution collective des profits illicites par l'affectation à un organisme des sommes non réclamées par les consommateurs. Les résultats issus de ce travail doctoral traduisent méthodiquement les limites de l'effet dissuasif de l'action publique et de l'action privée en réparation du dommage concurrentiel.

Sur l'apport de l'ouvrage enfin, l'auteur a le mérite de présenter une véritable thèse en faisant œuvre de proposition. Loin de se contenter de décrire le droit positif, il a formulé de nombreuses recommandations destinées à combattre les fautes lucratives. Le rapport de synthèse présenté à la fin de la recherche est riche de quatorze préconisations. Ainsi, l'auteur prône notamment le retour à une définition objective de la faute lucrative, se distinguant des autres travaux consacrés à cette question. Plus largement, cet ouvrage offre une méthode de dissuasion en proposant la consécration d'une amende administrative véritablement confiscatoire, la rénovation du principe de réparation intégrale à travers l'introduction d'une action restitutoire des profits illicites, la réformation de l'action de groupe par la création d'un mécanisme de restitution collective des profits illicites, l'utilisation d'un test de légitimité pour encadrer la pénalisation du droit de la concurrence. En somme, étape par étape, l'auteur dresse, de façon pédagogique, la construction d'un régime dissuasif appliqué aux infractions de concurrence.

Les qualités de la thèse lui ont valu d'être déjà récompensée à deux reprises en 2019, d'abord par le prix Concurrences, décerné par d'éminents spécialistes de droit et d'économie de la concurrence, puis par le prix Jacques Lassier, décerné par un jury international réuni par la Ligue internationale du droit de la concurrence.

Il reste à souhaiter à M. de Moncuit que son travail doctoral et ses qualités de chercheur lui permettent d'aller aussi loin qu'il le souhaite dans sa carrière professionnelle.

Muriel CHAGNY
Agrégée des facultés de droit
Professeur, Université de Versailles-Saint-Quentin-en-Yvelines (Paris-Saclay)
Présidente, AFEC

REMERCIEMENTS

Je n'aurais jamais pu achever cette étude sans le soutien de nombreuses personnes que j'ai beaucoup de plaisir à maintenant remercier.

Mes premiers remerciements vont à Mme le professeur Muriel Chagny, ma directrice de thèse, pour ses précieux conseils, pour la confiance qu'elle a bien voulu m'accorder en acceptant de diriger ces travaux, et enfin, pour cette exigence bienveillante qui m'a permis de mener à bien cette recherche. Puisse-t-elle trouver dans l'aboutissement de ce manuscrit un signe de ma profonde reconnaissance.

J'adresse ensuite mes plus sincères remerciements à mes relecteurs. Je pense à mon camarade et ami Thibault Schrepel qui, par son sens du débat et sa culture « concurrentialiste », m'a permis d'approfondir mes travaux. Je pense en particulier à mon ami Olivier Fade, dont l'amitié fraternelle qui m'accompagne depuis les bancs de l'école m'est particulièrement chère, et qui a su m'aider à achever cette étude grâce à sa rigueur, à ses multiples relectures et à son travail de correction.

Je remercie enfin mes parents, Noëlle et Jean, mes frères, Gonzague et Aymeric, et ma sœur Caroline, pour ce qu'il y a de plus important à mes yeux : leur amour et leur indéfectible soutien.

Je ne peux, pour finir, oublier ma compagne, Inès Huchet, qui a bien voulu supporter mes angoisses de doctorant pendant toutes ces années et qui, par ses sourires et sa confiance, a su, toujours, me préserver du naufrage.

TABLE DES ABRÉVIATIONS

§	paragraphe
a.	et autres
A.B.A.	American Bar Association
aff.	affaire
AJCA	*Revue Dalloz*
AJDA	*Actualité juridique Droit administratif*
Am. B. Found.	American Bar Foundation
Am. Econ. Rev.	*American Economic Review*
Antitrust L.J.	*Antitrust Law Journal*
Art.	Article
Ass. plén.	Assemblée plénière
Aut. conc.	Autorité de la concurrence
BDE	*Bulletin de droit économique*
BICC	*Bulletin d'information de la Cour de cassation*
BOCCRF	*Bulletin officiel de la concurrence, de la consommation et de la répression des fraudes*
Br. J. Criminol.	*The British Journal of Criminology*
Brook. L. Rev.	*Brooklyn Law Review*
B.U. L. Rev.	*Boston University Law Review*
Bull. civ.	*Bulletin civil de la Cour de cassation*
BYU L. Rev.	*Brigham Young University Law Review*
c/	contre
CA	Cour d'appel
Can Bar Review	*The Canadian Bar Review*
Can Class Action Rev	*Revue canadienne des recours collectifs*
Cass.	Cour de cassation
CCC	*Revue Contrats Concurrence Consommation*
CCE	*Communication Commerce électronique*
CDE	*Cahiers de droit de l'entreprise*
CE	Communauté européenne
CEDH	Cour européenne des droits de l'homme
ch.	chambre
Civ. 1re	Cour de cassation, première chambre civile
Civ. 2e	Cour de cassation, deuxième chambre civile
Civ. 3e	Cour de cassation, troisième chambre civile
CJCE	Cour de justice des Communautés européennes
CJUE	Cour de justice de l'Union européenne
Colum. Bus. L. Rev.	*Columbia Business Law Review*
Colum. J. Eur. L.	*Columbia Journal of European Law*
Colum. L. Rev.	*Columbia Law Review*
Com.	Cour de cassation, chambre commerciale

Concurrences	*Revue Concurrences*
Cons. conc.	Conseil de la concurrence
Cons. const.	Conseil constitutionnel
Constitutions	*Revue Constitutions*
D.	*Recueil Dalloz*
déc.	décision
DGCCRF	Direction générale de la concurrence, de la consommation et de la répression des fraudes
DOJ	Département de la Justice des États-Unis
Duke L.J.	*Duke Law Journal*
éd.	édition
E. L. Rev.	*European Law Review*
fasc.	Fascicule
Fed. Comm. L.J.	*Federal Communications Law Journal*
Gaz. Pal.	*Gazette du Palais*
Geo. L. Tech. Rev.	*Georgetown Law Technology Review*
Geo. Wash. L. Rev.	*George Washington Law Review*
GWB	Gesetz gegen Wettbewerbsbeschränkungen
HAL	Les archives ouvertes
Harv. B. Rev.	*Harvard Business Review*
Harv. J.L. & Tech	*Harvard Journal of Law & Technology*
Harv. L. Rev.	*Harvard Law Review*
Hastings L.J.	*Hastings Law Journal*
ibid.	*ibidem*
JCl.	*Juris-classeur*
JEEA	*The Journal of the European Economic Association*
JO	*Journal officiel*
JOCE	*Journal officiel de la Communauté européenne*
JOEP	*Journal of Economic Psychology*
JOM	*Journal of Management*
JOUE	*Journal officiel de l'Union européenne*
J Risk Uncertainty	*Journal of Risk and Uncertainty*
L.	Loi
JCP G	*Revue La Semaine juridique Édition générale*
JCP E	*Revue La Semaine juridique Entreprise et Affaires*
LPA	*Les Petites Affiches*
L. Rev.	*Law Review (Revue de droit)*
LGDJ	Librairie générale de droit et de jurisprudence
Loc. cit.	*Loco citato*
Loi Hamon	Loi du 17 mars 2014 relative à la consommation
Loi LME	Loi du 4 août 2008 de modernisation de l'économie
Loi NRE	Loi du 15 mai 2001 relative aux nouvelles régulations économiques
Loy. L.A. L. Rev.	*Loyola of Los Angeles Law Review*
Mich. Telecomm. & Tech. L. Rev.	*Michigan Telecommunications and Technology Law Review*

n°	numéro
NCAE	Notes du conseil d'analyse économique
Notre Dame L. Rev.	*Notre Dame Law Review*
N.Y.U. L. Rev.	*New York University Law Review*
obs.	observations
OFT	Office of Fair Trading
op. cit.	*Opus citatum*
Ordonnance	Ord.
Oxford J Legal Stud	*Oxford Journal of Legal Studies*
p./pp.	page/pages
p. ex.	par exemple
PIBD	*Propriété intellectuelle – bulletin documentaire*
PME	Petites et moyennes entreprises
préf.	Préface
Procédures	*Revue Procédures*
pt	point
PUAM	Presses universitaires d'Aix-Marseille
PUF	Presses universitaires de France
Q J Econ	*The Quaterly Journal of Economics*
RCC	*Revue de la concurrence et de la consommation*
RDC	*Revue des contrats*
RDAI	*Revue de droit des affaires internationales*
RDPI	*Revue du droit de la propriété intellectuelle*
RE	*Revue économique*
Rec.	*European Court Reports*
REP	*Revue d'économie politique*
Rép. com.	*Répertoire de droit commercial Dalloz*
Resp. civ. et assur.	*Revue Responsabilité civile et assurances*
RESS	*Revue européenne des sciences sociales*
RESTUD	*The Review of Economic Studies*
Rev.	*Revue*
RFDA	*Revue française de droit administratif*
RFE	*Revue française d'économie*
RFG	*Revue française de gestion*
RGDA	*Revue générale du droit des assurances*
RIDE	*Revue internationale de droit économique*
RIEJ	*Revue interdisciplinaire d'études juridiques*
RIMHE	*Revue interdisciplinaire Management, Homme & Entreprise*
RIPIA	*Revue internationale de la propriété industrielle et artistique*
RJDA	*Revue de jurisprudence de droit des affaires*
RLDC	*Revue Lamy droit civil*
RLC	*Revue Lamy de la concurrence*
RQDI	*Revue québécoise de droit international*
RSC	*Revue de science criminelle et de droit pénal comparé*
RTD civ.	*Revue trimestrielle de droit civil*

RTD com.	*Revue trimestrielle de droit commercial*
RTD eur.	*Revue trimestrielle de droit européen*
RUE	*Revue de l'Union européenne*
S. Cal. L. Rev.	*Southern California Law Review*
S. Ill. U. L.J.	*Southern Illinois University Law Journal*
SMU Sci. & Tech. L. Rev.	*SMU Science and Technology Law Review*
Stan. L. Rev.	*Stanford Law Review*
SydLawRw	*Sydney Law Review*
t.	tome
T. com	Tribunal de commerce
Tex. L. Rev.	*Texas Law Review*
TFUE	Traité sur le fonctionnement de l'Union européenne
TPICE	Tribunal de première instance des Communautés européennes
Trib. UE	Tribunal de l'Union européenne
U. Chi. L. Rev.	*University of Chicago Law Review*
U. Pitt. L. Rev.	*University of Pittsburgh Law Review*
U. Pa. L. Rev.	*University of Pennsylvania Law Review*
v.	voir
Vand. L. Rev.	*Vanderbilt Law Review*
vol.	volume
Wash. U. L. Rev.	*Washington University Law Review*
Wm. Mitchell L. Rev.	*William Mitchell Law Review*
Yale L.J.	*Yale Law Journal*

À mes parents,
À mes frères,
À ma soeur,
À Melchior,
À ma compagne,
À ma grand-mère,
À ma famille

INTRODUCTION GÉNÉRALE

I. Propos généraux

1. **La conformité au droit.** Pourquoi les individus obéissent-ils à la loi ? La réponse à cette question n'est pas sans laisser un certain sentiment de vertige. La « *conformité au droit n'est jamais complète. Il arrive à tout le monde d'enfreindre la loi, et certaines personnes l'enfreignent souvent* »[1]. Le constat de la violation du droit interroge sur les motivations qui la précèdent. Les déterminants du respect ou de la violation du droit sont multiples. Le constat rationnel selon lequel « *le respect de la règle de droit est bien souvent fonction de la sanction qui s'y [r]attache* »[2] est contesté par l'économie comportementale. Selon la célèbre hypothèse formulée par Kahneman, le choix de l'illicite dépend moins d'un calcul que d'une émotion, car l'intelligence humaine est divisée entre deux « *intelligences* ». L'une serait logée dans le Système 1 et l'autre dans le Système 2[3]. le Système 1 fonctionne par intuition. Il génère un flux de pensées sans contrôle et sans effort, influencé par des émotions et des passions spontanées. Le Système 2, au contraire, produit un raisonnement rationnel. Il est lent, analytique, son coût est élevé, car l'analyse rationnelle implique un effort de concentration. L'hypothèse formulée par Kahneman est que le Système 1 l'emporte souvent sur le Système 2, même chez des personnes supposées rationnelles. Ainsi nos croyances, lesquelles participent à la formation d'un calcul sur le risque juridique, sont sous l'influence d'émotions qui affectent le processus rationnel de décision[4].

2. **L'incitation à l'illicite en droit de la concurrence.** La diversité des comportements humains ne suffit pas à s'opposer au postulat général suivant : « *Les hommes obéissent aux incitations* »[5]. L'incitation décrit l'« *action de pousser à faire quelque chose* »[6]. Le terme a pour synonymes l'« *encouragement* », la « *stimulation* ». La règle de droit, selon sa nature, stimule les comportements déviants ou, au contraire, les comportements de conformité. D'ici naît

---

1 T. R. Tyler, *Why People Obey the Law*, Yale University Press (1990), chap. 1 p. 3. Traduction libre : « *Americans are typically law-abiding people. Compliance is never complete, however. Everyone breaks the law sometimes, and some people break it often. In recent years, for example, many people have refused to pay their taxes, used illegal drugs, engaged in illegal sexual practices, and driven when drunk. This book explores the everyday behavior of citizens toward the law and examines why people obey or disobey it.* »

2 N.-J. Mazen, « Le recours collectif : réalité québécoise et projet français », *RIDC* n° 2-1987, pp. 373, 394. – V. aussi : C. Chainais, D. Fenouillet, *Les sanctions en droit contemporain*, vol 1. Dalloz, 2012.

3 D. Kahneman, *Système 1 / Système 2 : Les deux vitesses de la pensée*, Flammarion, 2012.

4 B. Deschamps, S. Geindre, « Les effets perturbateurs des biais cognitifs et affectifs dans le processus de décision de reprendre une PME », *Management & Avenir* 2011/7, n° 47, pp. 15-34.

5 S. D. Levitt, S. J. Dubner, *Freakonomics*, Denoël, 2007, p. 26.

6 « Incitation », *Le Petit Larousse*.

l'originalité de la pensée économique classique : le droit n'est plus seulement vu comme un outil de protection du justiciable[7], il est aussi analysé comme une contrainte, un risque ; en somme, il équivaut à un prix implicite qui pèse sur les choix économiques des agents[8]. Le droit n'est plus entendu comme protecteur, mais comme incitatif. Son respect a un coût. Ce coût est variable ; aussi est-il plus ou moins prévisible ; susceptible d'anticipation ; générateur de calculs ; porteur de comportements juridiques stratégiques ; et, en règle générale, si ce coût est inférieur au bénéfice retiré de la violation, l'agent est naturellement incité à commettre l'infraction.

Cette vision du droit est essentielle pour apprécier le comportement des firmes soumises au droit de la concurrence. Leur comportement sur le marché peut laisser supposer que le droit de la concurrence « stimule » ou « incite » à l'infraction. Les incitations à enfreindre le droit de la concurrence se présentent sous trois aspects : une incitation économique, car l'entreprise peut retirer un avantage économique du manquement de concurrence ; une incitation morale, car la concurrence est parfois comparée à « une guerre du tous contre tous », où « *tous les concurrents ont l'intention de tuer leurs concurrents* »[9] ; une incitation sociale, car, plus largement, la complexité du droit de la concurrence[10] – droit parfois ésotérique et inaccessible pour le profane – trouble la compréhension de ses valeurs et de ses bienfaits, ce qui limite l'indignation populaire susceptible de dissuader l'infraction[11]. Si l'incitation morale et l'incitation sociale sont difficiles à évaluer et relèvent avant tout d'une approche philosophique et/ou sociale, l'incitation économique porte le nom de la faute dite « lucrative ».

3. **L'incitation économique : la faute lucrative dans l'histoire.** L'incitation économique à l'infraction renvoie à la problématique fondamentale de la faute lucrative. La faute lucrative est une notion relativement récente. Néanmoins, historiquement, il semblerait que cette faute ait toujours été débattue. Au XVIIe siècle, le célèbre philosophe anglais Thomas Hobbes – lequel est le premier penseur à avoir évoqué la notion de concurrence[12] – recommande que, pour dissuader l'infraction, le plaisir obtenu de la transgression au droit soit moindre que le mal encouru. Dans le cas contraire, le droit serait incitatif à l'infraction : « *Si le mal infligé est moindre que l'avantage ou la satisfaction qui découle naturellement du crime commis, ce mal ne tombe pas sous la définition du châtiment, c'est le prix, la rançon du crime plutôt que son châtiment. En effet, il est de la nature du châtiment d'avoir pour fin de disposer les hommes à obéir à la loi. Or, si le châtiment est*

---

7 Jean Carbonnier parle notamment de « *droit protecteur* » ; v. J. Carbonnier, *Droit et passion du droit sous la Ve République*, Flammarion, 1996, p. 180.

8 G. Becker, « Crime and Punishment: An Economic Approach », 76(2) *Journal of Political Economy* 169-217 (1968).

9 E. M. Fox, « An antitrust fable – A table of predation », Concurrences n° 3-2008, Art. N° 20317. Traduction libre : « *All rivals intend to kill their competitors.* » Cette vision de la concurrence peut diminuer le sentiment chez l'agent qui évince illicitement un concurrent d'agir en infraction au droit.

10 T. J. Brennan, « Is Complexity in Antitrust a Virtue? The Accuracy-Simplicity Tradeoff », 59(4) *The Antitrust Bulletin* 827-853 (2014).

11 Au regard du coût que pourrait potentiellement subir l'entreprise en termes d'image et de notoriété.

12 M. Parmentier, « Hobbes et le libéralisme », *Cahiers philosophiques* 2008/4, n° 116, pp. 87-104.

moindre que l'avantage de la transgression, loin d'atteindre cette fin, il agit en sens contraire »[13].

Un siècle plus tard, l'économiste Cesare Beccaria signe son célèbre ouvrage *Des délits et des peines*, lequel pose méthodiquement les fondations d'une politique de dissuasion efficace. Sans la nommer, ce dernier formule le raisonnement à suivre pour dissuader la faute lucrative : « *Pour qu'un châtiment produise l'effet voulu, il suffit qu'il surpasse l'avantage résultant du délit ; encore faut-il faire entrer en ligne de compte la certitude de la punition et la perte du profit escompté. Tout ce qui va plus loin est superflu et porte la marque de la tyrannie. Les hommes règlent leur conduite sur l'expérience des maux qu'ils connaissent, et non sur ceux qu'ils ignorent* »[14].

Au XVIIIe siècle, le fondateur de l'utilitarisme, Jeremy Bentham, définit le profit tiré de l'infraction comme « *la force qui pousse l'homme au délit* »[15] et la peine comme la « *force employée pour l'en détourner* »[16]. En somme, pour neutraliser l'incitation à l'infraction, il « *faut que le mal de la peine surpasse le profit du délit* ».

Deux siècles plus tard, l'économiste américain Gary Becker a proposé un modèle économique de la dissuasion visant, à l'image des recommandations de Bentham, à limiter les récompenses tirées du manquement à la loi[17]. Ce modèle continue d'influencer les juges et les autorités chargés d'appliquer le droit de la concurrence[18].

4. **La notion de faute lucrative.** Cet éclairage historique ne permet pas, néanmoins, de donner une définition claire de la faute lucrative. La faute lucrative, « *ce clair-obscur de la responsabilité, présente une originalité sémantique évidente : la faute, synonyme de manquement à la règle, à la morale, à la prudence ou à la bonne foi ne doit pas permettre le lucre. La faute, "où se cache, tout en étant très active, la morale", ne devrait pas rendre possible le profit* »[19]. La faute lucrative

---

13 T. Hobbes, *Léviathan*, Folio, 2000 ; chap. 18 : « Des châtiments et des récompenses ». La citation complète : « *Un châtiment est un mal infligé par l'autorité publique à celui qui a accompli ou omis une action que cette autorité juge une transgression de la loi afin que la volonté des hommes soit par-là d'autant mieux disposée à l'obéissance. De la définition du châtiment j'infère que ni les vengeances privées, ni les torts causés par des hommes privés ne peuvent être nommés à proprement parler des châtiments parce qu'ils ne procèdent pas de l'autorité publique. Qu'un mauvais traitement infligé par une autorité publique mais sans qu'il y ait eu antérieurement une condamnation officielle publique ne doit pas recevoir le nom de châtiment mais celui d'acte d'hostilité. Car l'action par laquelle on est châtié doit d'abord avoir été jugée par l'autorité publique, constituer une transgression de la loi. Que tout mal infligé sans aucune intention ou possibilité de disposer le délinquant ou par son exemple d'autres hommes à obéir aux lois n'est pas un châtiment mais un acte d'hostilité. En effet, sans une telle fin, aucuns mauvais traitements ne seraient entrés dans la catégorie des châtiments. Si le mal infligé est moindre que l'avantage ou la satisfaction qui découle naturellement du crime commis, ce mal ne tombe pas sous la définition du châtiment, c'est le prix, la rançon du crime plutôt que son châtiment. En effet, il est de la nature du châtiment d'avoir pour fin de disposer les hommes à obéir à la loi. Or, si le châtiment est moindre que l'avantage de la transgression, loin d'atteindre cette fin, il agit en sens contraire.* »

14 C. Beccaria, *Des délits et des peines*, Flammarion, 2006 ; in § XXVII. Modération des peines, p. 124.

15 J. Bentham, *Théorie des peines et des récompenses*, t. 2 Bruxelles, 1840 ; chap. 5 « De la mesure des peines », p. 12.

16 *Ibid.*

17 G. Becker, « Crime and Punishment: An Economic Approach », *op. cit.* note 8.

18 V. *infra*, en Partie III, le modèle de sanction optimale proposé par G. Becker.

19 J. Méadel, « Faut-il introduire la faute lucrative en droit français ? », *LPA* 17 avril 2007, n° 77, p. 6.

fait tantôt l'objet d'une conception subjective, tantôt l'objet d'une conception objective. Dans le premier cas, « *l'idée fondamentale de la notion de faute lucrative ne réside pas tant dans les effets qu'elle produit, mais dans les motivations qui y président* »[20]. Autrement dit, l'élément intentionnel décrit la faute lucrative alors définie comme « *toute faute commise délibérément en vue d'un enrichissement illicite et au préjudice d'autrui* »[21]. Dans le second cas, l'élément matériel suffit à constituer la faute lucrative, qui doit être comprise simplement comme une faute qui « *rapporte plus qu'elle ne coûte* »[22], c'est-à-dire une faute « *génératrice d'un gain ou d'une économie pour son auteur, complémentairement ou indépendamment du préjudice qu'elle provoque* »[23]. La définition objective emporte notre préférence, car elle évite la difficile preuve de l'élément intentionnel. Reconnaître une définition objective ne remet pas en cause l'hypothèse selon laquelle les fautes lucratives font l'objet d'un calcul coût-avantage. En effet, considérer que les agents économiques enfreignent volontairement la règle de droit en spéculant sur le coût de l'infraction ne saurait empêcher le législateur de requérir, pour la qualification de la faute, la seule preuve de l'économie ou du gain réalisés par le contrevenant. À titre d'exemple, l'organisation d'un cartel décrit une stratégie d'infraction commise dans le but de réaliser un gain illicite. Pour autant, la preuve de l'intention n'est pas exigée, car elle ressort des éléments objectifs de l'infraction.

5. **Le lien consubstantiel entre faute lucrative et objectif de dissuasion.** Plus généralement, la notion de faute lucrative transparaît à travers l'objectif de dissuasion visé par les autorités de concurrence. Si la notion n'est jamais évoquée clairement, ni par le juge judiciaire ni par les autorités de concurrence, elle semble intégrée dans les réflexions sur la dissuasion. Ainsi, le rapport dit « Folz » sur l'appréciation de la sanction en matière de pratiques anticoncurrentielles considère que « *du point de vue de la dissuasion [...], c'est seulement le gain mal acquis qui importe, c'est-à-dire le transfert de revenus* »[24]. De même, la Commission européenne est sensible au calcul des entreprises sur la rentabilité de l'infraction. Dans le célèbre arrêt *Pionneer*, la Commission se fonde sur la théorie de l'agent rationnel pour considérer que « *les entreprises ne sauraient exiger de la Commission que celle-ci indique [...] les critères sur la base desquels elle entend calculer les amendes. Donner des indications concernant le niveau des amendes envisagées [...] reviendrait en effet à anticiper de façon inappropriée sur la décision de la Commission* »[25]. L'Autorité de la concurrence

---

20 L. Sichel, « La gravité de la faute en droit de la responsabilité civile », thèse Paris I, G. Loiseau (dir.), 2012, n° 551, p. 741.

21 N. Fournier de Crouy, « La faute lucrative », thèse Paris-Descartes, 2015, p. 211.

22 P. Jourdain, « Rapport introductif », in « Faut-il moraliser le droit français de réparation du dommage ? », colloque, M. Behar-Touchais (dir.), *LPA* 2002, n° 232, p. 4.

23 M. Séjean, « La restitution du profit illicite », *RIDC* 2014-2, pp. 345-362, spéc. p. 357.

24 J.-M. Folz, « Rapport sur l'appréciation de la sanction en matière de pratiques anticoncurrentielles », La Documentation française, septembre 2010, p. 13.

25 CJCE, 7 juin 1983, *SA Musique Diffusion française et autres c/ Commission des Communautés européennes*, aff. 100 à 103/80, *Rec.* 01825, § 4. Dans cette décision, la Commission sous-entend le risque contenu dans la possibilité d'anticiper une décision. Elle évoque en substance l'élément stratégique d'une faute lucrative, dont l'exécution peut être encouragée par la prévisibilité du droit applicable. Puis, dans ses paragraphes 108 et 109, elle justifie l'application d'une sanction élevée en rappelant que de nombreuses firmes maintiennent

semble aussi sensible à la capacité d'anticipation des agents économiques des décisions rendues. Elle justifie ainsi le manque de transparence dans le calcul des amendes par l'argument suivant : « *Il n'est donc ni possible, ni souhaitable, tant du point de vue de l'Autorité que dans l'intérêt des entreprises et des organismes concernés, de concevoir, au-delà de la méthode suivie pour déterminer les sanctions pécuniaires, un barème mécanique permettant de prévoir par avance leur montant précis* »[26].

Si l'Autorité évite la barémisation des amendes, dans le même temps, elle cherche à rendre visibles les amendes imposées. La communication des décisions de sanction fait partie intégrante de la stratégie de l'Autorité de la concurrence qui cherche avec le montant des amendes infligées à envoyer un message dissuasif au marché. Leur importance vise à faire évoluer la perception des entreprises qui intègrent dans leur stratégie non seulement la probabilité de détection mais aussi celle de subir une forte amende. Une politique de communication active de l'Autorité sur les amendes accroît « *leur exemplarité et leur visibilité pour les entreprises et assure la mise à jour régulière de leurs anticipations sur le niveau des sanctions encourues* »[27]. On notera, en outre, que le récent communiqué de l'Autorité qui met fin à la réduction systématique d'amende pour mise en place d'un programme de conformité aux règles de concurrence[28] s'adresse directement à l'agent rationnel : face à l'invocation régulière, par les entreprises, du programme de conformité pour obtenir une minoration de l'amende[29], le communiqué de l'Autorité semble envoyer un message aux entreprises qui, rationnellement, se réfugient derrière des promesses de conformité pour diminuer le coût économique de l'infraction, affaiblissant par là même la dissuasion.

Par ailleurs, le juge judiciaire s'attaque aussi, de son côté, au risque d'anticipation rationnelle des sanctions. Le gonflement du préjudice sous le manteau de l'appréciation souveraine des juges du fond illustre la volonté de ces derniers

leur comportement infractionnel, car elles ont conscience que le profit tiré de l'infraction est supérieur au montant des amendes. La Commission intègre la théorie de l'agent rationnel en se référant au risque de faute lucrative pour justifier l'application d'une sanction dissuasive.

26 Communiqué du 16 mai 2011 relatif à la méthode de détermination des sanctions pécuniaires, § 16.

27 Étude thématique du Conseil de la concurrence, « Sanctions, injonctions, engagements, transaction et clémence : les instruments de la mise en œuvre du droit de la concurrence », 2005, p. 106.

28 Communiqué du 19 octobre 2017 relatif à la procédure de transaction et aux programmes de conformité : « *L'Autorité entend toutefois souligner qu'elle estime désormais que l'élaboration et la mise en œuvre de programmes de conformité ont vocation à s'insérer dans la gestion courante des entreprises, tout particulièrement lorsque celles-ci sont de taille conséquente. Les engagements portant sur la mise en œuvre de tels programmes de conformité n'ont par suite, pas vocation, de façon générale, à justifier une atténuation des sanctions encourues au titre des infractions au droit de la concurrence, tout spécialement s'agissant d'infractions d'une particulière gravité telles que les ententes et échanges d'informations sur les prix futurs et la politique commerciale.* »

29 V. p. ex. : déc. n° 15-D-19 du 15 décembre 2015 relative à des pratiques mises en œuvre dans les secteurs de la messagerie et de la messagerie express. – Déc. n° 13-D-03 du 13 février 2013 relative à des pratiques mises en œuvre dans le secteur du porc charcutier. Dans cette affaire, l'Autorité de la concurrence a été sensible aux engagements de la firme visant à mettre en place un programme de conformité. Ce faisant, elle a réduit la sanction de la firme (AIM en l'espèce) de 18 %. – Déc. n° 13-D-21 du 18 décembre 2013 relative à des pratiques mises en œuvre sur le marché français de la buprénorphine haut dosage commercialisée en ville. Dans cette affaire, il y a eu une réduction de la sanction de 20 % à la suite des propositions de conformité.

de faire « *échec aux anticipations rationnelles des agents économiques* »[30] en rendant imprévisible le montant des dommages-intérêts. De plus, l'appréciation souveraine de l'étendue du préjudice révèle le visage punitif de la responsabilité civile[31], notamment lorsque le juge évalue « *le montant des dommages-intérêts de façon à y incorporer une punition* »[32]. La dimension dissuasive « imprévisible » de la responsabilité civile vise à minorer la confiance du contrevenant dans son projet d'infraction.

En somme, la question de la dissuasion et celle de la faute lucrative sont imbriquées, liées de façon indissoluble. Néanmoins, les autorités de concurrence ne font jamais explicitement référence à la notion de faute lucrative. Le lien complexe entre la faute concurrentielle et la faute lucrative pourrait expliquer la réticence à l'emploi de la notion.

6. **Le lien complexe entre la faute concurrentielle et la faute lucrative.** En théorie, on serait tenté d'opposer la faute concurrentielle à la faute lucrative en ce que la première a pour conséquence principale la réalisation d'un dommage, tandis que la seconde a pour conséquence la réalisation d'un profit. Le droit de la concurrence tend, en effet, davantage à lutter contre le dommage causé au concurrent et à la concurrence, que contre les profits indus engrangés par les contrevenants. À ce titre, l'action publique est motivée par le désir de réparer le dommage causé à l'économie tandis que l'action privée trouve sa justification dans la volonté de réparer intégralement le préjudice subi. C'est bien la capacité de nuire à la concurrence en ne respectant pas les règles du jeu du marché qui justifie la qualification de faute concurrentielle[33] : nuire au consommateur, qui se retrouve injustement taxé d'un surprix ; nuire à la structure du marché en empêchant l'éclosion d'entreprises innovantes ; nuire, plus généralement, à l'efficience dynamique et à l'efficience allocative, lesquelles garantissent le progrès technique pour l'une et la satisfaction des désirs des consommateurs au plus bas prix possible pour l'autre[34]. En somme, le droit de la concurrence est tourné tout entier vers l'analyse du dommage, si bien que la faute est qualifiée au regard du résultat dommageable du comportement en cause. La faute concurrentielle se distinguerait donc de la faute lucrative, qui elle, au contraire, s'intéresse au résultat lucratif de la pratique illicite.

7. **La spécificité de la faute concurrentielle.** De plus, la faute concurrentielle a ceci de particulier qu'elle s'éloigne de la conception traditionnelle de la faute[35].

---

30 M. Chagny, « La notion de dommages et intérêts punitifs et ses répercussions sur le droit de la concurrence – Lectures plurielles de l'article 1371 de l'avant-projet de réforme du droit des obligations », *JCP G* n° 25, 21 juin 2006, I 149.

31 B. Starck, « Essai d'une théorie générale de la responsabilité civile considérée en sa double fonction de garantie et de peine privée », thèse Paris : 1947. – V. aussi : A. Jault, *La notion de peine privée*, thèse Paris XII, LGDJ, 2005.

32 B. Starck, *loc. cit.*

33 C. Prieto, « Pouvoir de marché et liberté des entreprises, les fondements de la politique de concurrence », *D.* 2006, p. 1603.

34 J. Mallen-Pisano, « Dynamique de la productivité et efficience allocative des marchés : Une analyse appliquée à l'industrie française », Économies et finances, HAL, 2013. Disponible sur https://halshs.archives-ouvertes.fr/tel-00973213/document.

35 P. Le Tourneau, « La verdeur de la faute dans la responsabilité civile (ou de la relativité de son déclin) », *RTD civ.* 1988, p. 505.

Précisément, en matière de concurrence, la dimension morale de la faute[36] et de sa sanction est parfois recalée au prix d'une analyse strictement économique du manquement. Le caractère objectivement grave du comportement peut être excusé s'il procure des effets bénéfiques sur le marché[37]. La pratique, fût-elle immorale, peut se trouver justifiée par des effets positifs sur la concurrence. De même, la notion même de morale en matière de concurrence est complexe, voire contradictoire : associer la morale avec la concurrence ferait figure d'oxymore, tant la concurrence ne serait pas en soi « morale »[38], ce qui affecterait l'idée même de faute. La qualification de faute concurrentielle peut laisser entendre qu'il existe une sorte de morale concurrentielle ; une finalité politique à la régulation des comportements économiques ; une obligation de loyauté dans la compétition économique[39] ; un consensus social à la répression des comportements anticoncurrentiels, etc. Or, la concurrence est, dans l'esprit collectif, souvent associée à la « loi de la jungle », à un territoire sans loi ni morale, « *c'est-à-dire à l'absence de règle ou encore de la liberté du renard libre dans le poulailler libre* »[40]. La compétition économique exigerait une relation conflictuelle entre les opposants, entre, d'un côté, la proie, et de l'autre, le prédateur, si bien que vouloir moraliser la vie économique en contraignant la liberté risquerait, en somme, de paralyser le processus concurrentiel. Finalement, considérant que la concurrence n'a pas de morale, ou a pour seule morale de ne point en avoir, il ne peut y avoir de manquement à un devoir de morale, ce qui décrédibiliserait donc l'idée même de faute concurrentielle !

Cet apparent déclin de la faute est en réalité un préjugé ancré dans l'inconscient collectif et assurément lié à une vision parfois caricaturale d'une concurrence sans règles, laquelle est notamment portée par la philosophie du « laissez-faire » défendue par les ultralibéraux[41]. En réalité, la politique européenne de la concurrence trouve ses origines dans l'ordo-libéralisme allemand, né dans les années 1930 en réaction au libéralisme classique[42]. Les ordo-libéraux affirment que « *la concurrence requiert une constitution juridique* »[43], c'est-à-dire des règles visant à maintenir un ordre concurrentiel[44]. Ainsi, le principe de libre

---

36 J. Carbonnier, *Flexible droit*, LGDJ, 2013, p. 86 : La faute, « *où se cache, tout en étant très active, la morale* ».

37 J.-B. Blaise, « Ententes », *Répertoire de droit européen*, Dalloz, n° 546, 2016 : le bilan économique « *consiste à mettre en balance les effets anticoncurrentiels d'un accord et ses effets globalement positifs pour l'économie* ».

38 P. Labarde, B. Maris, *Ah Dieu ! que la guerre économique est jolie !*, Albin Michel, 1998.

39 C. Bloud-Rey, « Loyauté et pratiques anticoncurrentielles, antinomie ? », *LPA* 24 novembre 2011, n° 234, p. 20.

40 O. Fréget, *La concurrence : une idée toujours neuve en Europe et en France*, Odile Jacob, 2015, p. 11.

41 M. Fœssel, « Néolibéralisme *versus* libéralisme ? », Esprit 2008/11 (novembre), pp. 78-94.

42 F. Denord, « Néo-libéralisme et "économie sociale de marché" : les origines intellectuelles de la politique européenne de la concurrence (1930-1950) », *Histoire, économie & société* 2008/1, pp. 23-33.

43 O. Fréget, *La concurrence : une idée toujours neuve en Europe et en France*, *op. cit.* note 40, p. 18.

44 R. Fèvre, « Le marché sans pouvoir : au cœur du discours ordolibéral », *REP* 2017/1, vol. 127, pp. 119-151 : « *L'argument ordolibéral consiste alors à porter la réalisation d'un ordre concurrentiel* ». – V. aussi : W. Lippmann, *La Cité libre* Paris, Médicis, 1938 : « *Être* (néo) *libéral, déclare l'organisateur du Colloque Walter Lippmann, ce n'est pas comme le "manchesterien", laisser les voitures circuler dans tous les sens, suivant leur bon plaisir, d'où résulteraient des encombrements et des accidents incessants ; ce n'est pas, comme le "planiste", fixer à chaque voiture son heure de sortie et son itinéraire ; c'est imposer un Code de la route tout en admettant qu'il n'est pas forcément le même au temps des transports accélérés qu'au temps des diligences.* » – F. U. Clave, « Walter Lippmann et le néolibéralisme de La Cité Libre », *Cahiers d'économie politique / Papers in Political Economy* 2005/1, n° 48, pp. 79-110.

concurrence, loin d'être limité par le droit, serait au contraire protégé par ce dernier : la règle de droit n'entraverait pas le processus concurrentiel, mais fixerait un cadre légal afin de le préserver. Ce faisant, conformément à l'idée selon laquelle la faute définit ce qui est contraire au droit[45], le droit de la concurrence redonne à la faute tout son rayonnement, car il introduit un élément d'illicéité à certains types de comportements sur le marché. Les entreprises ne sont plus seulement conduites par la « main invisible »[46] du marché, mais guidées par la main visible du droit, qui détermine ce qui est toléré et ce qui est prescrit. De plus, on retrouve la dimension morale de la faute à travers le principe de « concurrence par les mérites »[47], que certains veulent ériger au rang de valeur[48]. De même, le concept de « *loyauté dans la concurrence* », lequel figurait déjà dans le préambule du traité de Rome[49], ajoute à la dimension morale et disciplinaire de la faute et introduit à l'intérieur du droit du marché un « droit des marchands » visant à protéger l'intérêt des particuliers. En somme, il n'y a pas lieu de s'inquiéter de la disparition de la faute en droit de la concurrence : tout acte destiné à dissuader, retarder ou éliminer les concurrents par des procédés ne relevant pas d'une compétition par les mérites est de nature à constituer une faute concurrentielle. De plus, la faute concurrentielle a de nombreuses similitudes avec la faute lucrative récemment dénoncée dans le projet de réforme du droit de la responsabilité civile.

8. **Le lien évident entre la faute concurrentielle et la faute lucrative.** En réalité, le lien entre la faute concurrentielle et la faute lucrative est évident, car le dommage causé par l'infraction concurrentielle s'accompagne souvent d'un profit. Comme le souligne le professeur Suzanne Carval : « *En matière de concurrence, plus qu'en tout autre, il est en effet irréaliste d'envisager le dommage causé indépendamment de ce qui apparaît comme son corollaire, le bénéfice retiré de l'acte fautif par son auteur* »[50].

La plupart des infractions concurrentielles peuvent être assimilées à des fautes lucratives, car le dommage causé génère, dans le même temps, un « *résultat profitable* »[51] à son auteur. Le résultat lucratif de la faute concurrentielle va prendre soit la forme d'un gain, soit la forme d'une économie, ou plus généralement se matérialiser par l'obtention d'un avantage indu sur la concurrence. À titre d'exemple, une pratique de prix prédateurs va permettre à une entreprise de supporter des pertes

---

45 G. Viney, *Traité de droit civil – Les obligations, La responsabilité : conditions*, J. Ghestin (dir.), LGDJ, 1982, n° 444, cité par R. Bouscant, « La faute dans les infractions aux règles de concurrence en droit européen », *RTD eur.* 2000, p. 67 : « *[L]a transgression de la règle juridique suffit à caractériser la faute. La faute ne comporte aucun élément subjectif. La culpabilité n'en est pas une composante nécessaire.* »

46 A. Smith, *Théorie des sentiments moraux*, PUF, réédition (1999), p. 257.

47 TPICE, 30 septembre 2003, *Michelin c/ Commission*, aff. T-203/01 : « *Une entreprise en position dominante ne peut [...] pas recourir à des moyens autres que ceux qui relèvent d'une concurrence par les mérites* » ; TPICE, 17 septembre 2007, *Microsoft c/ Commission*, aff. T-201/04 ; CJUE, 6 décembre 2012, *AstraZeneca AB c/ Commission*, aff. C-457/10 P.

48 O. Fréget, *loc. cit.* note 43.

49 Traité de Rome, Préambule du traité CE, 25 mars 1957 : « *Reconnaissant que l'élimination des obstacles existants appelle une action concertée en vue de garantir la stabilité dans l'expansion, l'équilibre dans les échanges et la loyauté dans la concurrence [...]* »

50 S. Carval, *La responsabilité civile dans sa fonction de peine privée*, LGDJ, 1995.

51 R. Mesa « Les fautes lucratives en droit privé », thèse Université Littoral, 2006.

à court terme dans l'optique d'évincer les concurrents du marché pour ensuite augmenter ses prix et réaliser des bénéfices[52], le but étant de créer « *un îlot de perte dans un océan de profits* ». La pratique de cartel assure quant à elle un transfert de revenu des consommateurs vers les membres parties à l'accord, qui réalisent en conséquence des profits supraconcurrentiels. Plus généralement, comme le rappelle l'économiste Olivier Sautel, « *une pratique anticoncurrentielle constitue toujours un supplément de gain espéré pour la firme qui la met en place* »[53]. En dehors des pratiques anticoncurrentielles, force est de constater que le dommage causé n'est pas la seule conséquence d'un agissement parasitaire, lequel « *se trouve principalement générateur d'un enrichissement ou d'une économie pour son auteur* »[54]. Il existe même un lien de cause à effet entre le dommage causé et le bénéfice retiré, car « *l'avantage retiré par le parasite n'est que l'envers du préjudice subi par le parasité* »[55]. De même, en matière de pratiques restrictives de concurrence, la règle sur le déséquilibre significatif sanctionne les avantages excessifs indus obtenus lors de la conclusion du contrat[56]. Un auteur dénonce sur ce point le risque d'une « *faute lucrative contractuelle consistant à tirer profit d'un rapport de force déséquilibré* »[57]. Une autre remarque que, derrière le nouvel article L. 442-6, III, tel qu'il résulte de la loi Macron, « *ce qui est recherché, c'est la lutte contre la faute lucrative* »[58].

9. **La faute lucrative : un problème de notre temps.** « *On ne saurait admettre que des entreprises prospèrent au détriment du bien-être général* »[59], observe le professeur Catherine Prieto. La profonde injustice que révèle la commission d'une faute lucrative implique de s'intéresser aux faits générateurs d'une telle faute. Les limites de l'action publique et celles de l'action privée en réparation favorisent les violations rentables et, en conséquence, l'incitation à enfreindre le droit de la concurrence. Le professeur Geneviève Viney recommande notamment d'« *accorder la responsabilité civile aux exigences de la vie contemporaine* »[60]. Or, la faute lucrative est clairement un problème de notre temps.

---

52 M. Motta, *Competition Policy: Theory and Practice*, New York, Cambridge University Press (2004), p. 412 : « *Predatory pricing therefore occurs when a firm sets prices at a level that implies the sacrifice of profits in the short-run in order to eliminate competition and get higher profit in the long run.* »

53 O. Sautel, « La pertinence d'une procédure d'engagements en matière de contentieux : une analyse économique et son application au cas de l'iPhone », *in Les Dossiers de la RIDE* 2011, pp. 83-109, spéc. p. 89.

54 R. Mesa, « De la complexité et des conséquences des rapports entre concurrence parasitaire et parasitisme économique », Concurrences n° 3-2011, Art. N° 37277, pp. 82-88.

55 P. Le Tourneau, *Le parasitisme*, n° 246, cité par, N. Dorandeu, *Le dommage concurrentiel*, Presses univ. Perpignan, 2001, pp. 272-316 n° 410.

56 Cass. com., 18 octobre 2011, pourvoi n° 10-15.296, *Bull. civ.* 2011, IV, n° 161, *D.* 2011, p. 2961, obs. Y. Serra : « *[U]n avantage indu reçu par le distributeur du fournisseur ne correspondant à aucun service commercial effectivement rendu par le distributeur au fournisseur ou manifestement disproportionné au regard du service rendu [...]* » Notons par ailleurs que l'article L. 442-6, I, 1° s'attaque à l'obtention d'avantages injustifiés ou disproportionnés.

57 D. Fasquelle, « L'existence de fautes lucratives en droit français », *LPA* 20 novembre 2002, n° 232, p. 27.

58 M. Behar-Touchais, « Un déséquilibre significatif à deux vitesses », *JCP G* n° 21, 25 mai 2015, doctr. 603, p. 7.

59 C. Prieto, « Actions de groupe parmi les recours collectifs, impulsions et démonstrations en droit européen de la concurrence », *D.* 2012, p. 1831.

60 G. Viney, « Quelques propositions de réforme du droit de la responsabilité civile », *D.* 2009, p. 2944.

II. Apport et portée de la thèse dans le contexte actuel

10. **Actualité de la faute lucrative.** La notion de faute lucrative est d'une grande actualité, comme en témoigne le récent projet de réforme du droit de la responsabilité civile qui propose d'imposer une amende civile à l'auteur du dommage qui a « *délibérément commis une faute en vue d'obtenir un gain ou une économie* »[61]. Le législateur fait ici directement application de la théorie de l'agent rationnel en cherchant à s'attaquer à la motivation principale du contrevenant qui enfreint la loi : la réalisation d'un profit. L'amende proposée dans le projet de réforme serait ainsi proportionnée aux profits retirés par le contrevenant[62]. Cette proposition relance le débat sur la finalité essentiellement réparatrice du droit de la responsabilité civile. La responsabilité civile qui, dans sa seule fonction « réparatrice », génère des incitations à l'illicite, produit, dans sa fonction « normative », des incitations à la conformité[63].

11. **Apport de la thèse.** L'intérêt d'un travail de recherches doctorales visant à examiner l'incitation à enfreindre le droit de la concurrence sous l'angle de la faute lucrative devient ainsi évident au regard du projet de réforme de la responsabilité civile, mais aussi compte tenu de l'objectif de dissuasion visé par les autorités de concurrence. Premièrement, les rares travaux menés sur le sujet évoquent la problématique de la faute lucrative sans traiter spécifiquement d'un domaine en particulier dans lequel elle s'enracine[64]. Cet ouvrage a pour originalité d'examiner la faute lucrative sous l'angle privilégié du droit de la concurrence (A). Par conséquent, notre thèse propose des solutions adaptées pour éviter que des entreprises s'enrichissent en violant les règles de concurrence.

Deuxièmement, les travaux existants sur le sujet portent un regard essentiellement juridique sur le risque de faute lucrative[65]. Notre thèse s'aide au contraire de plusieurs disciplines : ainsi se mêleront l'analyse juridique, l'analyse économique, l'analyse comportementale, et une approche dite « managériale »,

---

61 Art. 1266-1, Projet de réforme de la responsabilité civile, mars 2017.

62 *Loc. cit.*

63 En théorie, la formule mécanique selon laquelle la victime ne peut espérer que la réparation des pertes et des gains dont elle a été privée (art. 1149 du Code civil : « *Les dommages et intérêts dus au créancier sont, en général, de la perte qu'il a faite et du gain dont il a été privé* ») indique une indifférence affirmée à l'égard des bénéfices réalisés par le fautif. En prônant une réparation détachée des bénéfices illicites du contrevenant, le dogme compensatoire délivre, en lui-même, un signal incitatif à la violation de la loi. Le législateur tend à corriger cette incitation en s'attaquant aux conséquences économiques de la faute profitables au contrevenant, indépendamment du préjudice causé. On retrouve donc, à travers ce projet de réforme, le caractère « biface » de la responsabilité civile qui, comme Janus, semble porter un double visage : l'un est tourné vers le passé et le sacro-saint respect du principe compensatoire ; l'autre est tourné vers l'avenir et la consécration d'un mécanisme de confiscation des profits illicites. En renforçant la fonction normative de la responsabilité civile à travers l'imposition d'une amende confiscatoire, l'incitation à violer la loi serait minorée par la crainte qui susciterait les éventuelles actions en réparation.

64 N. Fournier de Crouy, « La faute lucrative », thèse Paris-Descartes, 2015, p. 20 : « *Nous avons opté pour une approche transversale de la notion. Cette approche nous a permis de forger l'unité de la notion* ». – V. plus récemment : N. Fournier de Crouy, *La faute lucrative*, Economica, 2018.

65 R. Mesa, « Les fautes lucratives en droit privé », *op. cit.* note 51. – N. Fournier de Crouy, « La faute lucrative », *op. cit.* note 64.

laquelle renvoie à la discipline « Law & Management »[66]. De même, le recours au droit comparé sera régulier. L'approche pluridisciplinaire permet d'intégrer le développement récent de l'économie comportementale dans les réflexions menées sur la dissuasion en droit de la concurrence. À notre connaissance, aucune thèse ne débat de la pertinence ou au contraire de l'inutilité de l'application des thèses comportementalistes au droit de la concurrence[67]. Sur ce point, notre thèse défend une position argumentée[68]. La problématique de la faute lucrative ne peut, à notre sens, être traitée sans débattre des réflexions de l'économie comportementale qui remettent en question les postulats de l'analyse économique classique dans la compréhension de la stratégie des agents. En somme, un autre apport de l'étude proposée tient à ce qu'elle offre une approche pluridisciplinaire (B).

Troisièmement, l'ouvrage ici présenté se démarque des thèses soutenues, lesquelles apportent un éclaircissement précieux sur la notion de faute « lucrative » sans se concentrer sur l'analyse des failles du droit et des stratégies juridiques qui la génèrent. Les limites relatives à l'effectivité et à l'efficacité du droit de la concurrence – aussi bien s'agissant de l'action publique que de l'action privée – renforcent l'incitation à l'infraction. Les défaillances cumulées du *private* et du *public enforcement* encouragent les stratégies spéculatives sur le coût et le gain retiré du manquement. En dressant un examen approfondi des limites du droit de la concurrence qui favorisent les spéculations et les stratégies juridiques (C), notre thèse a pour intérêt d'établir un état des lieux des failles normatives qui renforcent l'incitation à l'illicite.

Enfin, le risque de faute lucrative est habituellement traité exclusivement[69] ou majoritairement[70] sous l'angle des entreprises. L'apport de cette thèse tient à ce que notre raisonnement sur la dissuasion est double : il porte à la fois sur l'incitation des entreprises et sur celle des personnes physiques (les dirigeants d'entreprise) à enfreindre le droit de la concurrence (D).

A. Le risque de faute lucrative concurrentielle

12. **Monographie.** En France, on recense seulement deux thèses de droit privé sur la faute lucrative[71]. Aucune thèse ne traite néanmoins de la problématique de la faute lucrative appliquée au droit de la concurrence. De même, aucune thèse ne réunit concrètement le problème général lié à l'incitation à l'infraction concurrentielle avec celui plus spécifique des fautes lucratives. Le choix de thèse visant à examiner l'incitation à enfreindre le droit de la concurrence au regard de la faute lucrative est donc unique.

---

66 A. Masson, H. Bouthinon-Dumas, « L'approche "Law & Management" », *RTD com.* 2011, p. 233.

67 Ce constat s'appuie sur la base de données de thèse.fr, laquelle recense toutes les thèses de doctorat soutenues ou en préparation. V. http://www.theses.fr.

68 *Infra*, Partie I, Discussion préliminaire, n° 42 et s.

69 R. Mesa, « Les fautes lucratives en droit privé », *op. cit.* note 51.

70 N. Fournier de Crouy, « La faute lucrative », *op. cit.* note 64.

71 R. Mesa, *loc. cit.* N. Fournier de Crouy, *loc. cit.*

13. **Paradoxe français.** Le droit de la concurrence a ceci de paradoxal qu'il s'attaque au dommage causé par l'infraction indifféremment des gains réalisés par le contrevenant, alors même que la décision d'un agent d'enfreindre la loi dépend bien du montant du gain qu'il escompte et non du dommage[72] qu'il va infliger à la société. En effet, « *la cupidité entretient des rapports évidents avec le droit de la concurrence* », de sorte que « *l'objectif premier et naturel des agents économiques est la recherche de la maximisation du profit* »[73]. Le peu d'intérêt porté par le droit de la concurrence à l'égard du profit de l'infraction traduit une certaine incompréhension à l'égard de la nature de la faute concurrentielle, qui en plus d'être dommageable, est lucrative pour son auteur. Cette indifférence pour les gains illicites est regrettable au regard des objectifs de la concurrence : « *Le but essentiel de la concurrence, c'est d'éviter la constitution indue de rente ; c'est-à-dire [...] le fait qu'une poignée d'opérateurs économiques accaparent le surplus des richesses par des moyens illicites ou déloyaux* »[74]. De plus, cela dénote une erreur d'appréciation de la motivation de l'agent économique qui enfreint la loi, et fait naturellement courir le risque « *qu'un certain nombre d'entreprises, faisant rapidement une évaluation risques/bénéfices, préfèrent faire quelques entorses aux règles afin de bénéficier [...] de revenus plus importants, sachant que même si elles étaient découvertes, les risques financiers encourus seraient bien moindres que les bénéfices déjà engrangés* »[75].

14. **Droit comparé.** Le droit français souffre de la comparaison de ses homologues européens et du droit anglo-saxon, qui ont consacré des mécanismes de confiscation des profits illicites. En droit anglais, la victime peut demander des dommages et intérêts restitutoires pour sanctionner l'enrichissement indu du contrevenant[76]. Aux États-Unis, les dommages et intérêts punitifs permettent de confisquer le profit illicite tiré d'un délit civil[77]. De même, l'action en « *disgorgement* »[78] des profits illicites permet à différents acteurs publics[79] d'exercer pour le compte des victimes lésées par l'infraction une action en « épuisement » des profits illi-

---

72 C. Monnier-Schlumberger, A. Hutin, « Les cartels en France : Analyse économique de leurs caractéristiques et de leurs sanctions », Concurrences n° 2-2016, Art. N° 78824, pp. 45-61, p. 59. Nous rejoignons le postulat des auteurs car, à notre sens, l'incitation à l'infraction est motivée davantage par le profit que par le dommage. La volonté de causer un dommage s'explique essentiellement par le profit ou l'avantage que va générer la déstabilisation ou l'élimination du concurrent que par le dommage en lui-même. De la même façon que l'escroc n'est pas motivé par le dommage qu'il cause à celui qu'il manipule mais par le butin qu'il va retirer de sa manipulation, l'auteur d'une infraction de concurrence cherche moins à porter atteinte au marché qu'à maximiser ses profits. À notre sens, le dommage est un moyen pour atteindre une fin. La fin, c'est-à-dire l'accroissement des profits, justifie les moyens, c'est-à-dire la réalisation d'un dommage. Mais c'est seulement en vue de cette fin que le dommage est réalisé. Dès lors, le dommage n'est ni la cause première ni la cause génératrice de l'incitation à l'infraction.

73 T. Picod, « Cupidité et droit de la concurrence », *Gaz. Pal.* 31 décembre 2013, n° 365, p. 13.

74 I. Luc, « À quoi sert la concurrence ? », Concurrences TV.

75 R.-C. Mader-Saussaye, « Pour l'effectivité des droits des consommateurs », in « Vers une action de groupe… à la française », Concurrences n° 2-2008, Art. N° 16366, pp. 19-49, n° 6.

76 *Attorney General v. Blake*, 2000, 4 All E. R. AT 398.

77 Section 4 du Clayton Act de 1914.

78 « *Disgorgement* » signifie « épuisement ». Littéralement, l'action en *disgorgement* décrit donc une action en « épuisement » des profits illicites.

79 C'est-à-dire à l'*attorney general* et aux agences de régulation.

cites[80]. En Europe, le droit suisse[81] et le droit allemand prévoient des sanctions confiscatoires par des actions en « remise de gain » ou pour « enrichissement illégitime »[82].

Au regard de la richesse des sanctions proposées dans les autres pays, le droit français ne peut plus se satisfaire ni des mécanismes prévus par le droit de la responsabilité civile pour appréhender les préjudices économiques ni du dispositif prévu par les autorités de concurrence pour sanctionner les infractions de concurrence. Le résultat lucratif de telles infractions commande plus que jamais l'adoption d'un régime susceptible de limiter les infractions rentables.

B. Une approche pluridisciplinaire

15. **Approche pluridisciplinaire : analyse économique et managériale.** Une approche pluridisciplinaire est indispensable pour évoquer les incitations de l'auteur d'une faute lucrative. L'auteur d'une faute lucrative a été à la fois défini par l'analyse économique à travers le modèle de l'*homo œconomicus*, ainsi que par les partisans d'une approche dite « managériale » du droit, laquelle s'intéresse « *aux comportements réels des acteurs économiques concrets à l'égard du droit* »[83]. Pour l'agent qui entend former un arbitrage entre respecter ou enfreindre la loi, la règle de droit équivaut à un coût dont la violation peut être profitable (approche économique) et, dans le même temps, elle constitue une ressource juridique exploitable (approche managériale), aussi bien pour connaître les risques juridiques d'une infraction de concurrence que pour instrumentaliser une norme à des fins avantageuses[84]. Les ressources juridiques rassurent l'entreprise qui entend enfreindre la loi. La connaissance du droit permet à cette dernière d'aiguiser ses prédictions sur le caractère dissuasif ou au contraire sous-dissuasif des normes juridiques[85]. En somme, si l'analyse économique se préoccupe des effets incitatifs réels ou potentiels de la règle de droit sur le choix des agents[86], l'approche managériale

---

80 E. Elhauge, « Disgorgement as an Antitrust Remedy », Harvard Law and Economics Discussion Paper, n° 613.

81 Notons que la Suisse fait partie de l'Europe géographique, mais pas de l'Union européenne.

82 G. Viney, « Quelques propositions de réforme du droit de la responsabilité civile », *op. cit.* note 60 S'agissant des dispositions du droit suisse et du droit allemand consacrant des dommages-intérêts confiscatoires, v. : art. 62 Code des obligations (livre 5 du Code civil) ; art. 28a, al. 3, du Code civil suisse ; art. § 10 loi de 1909 sur la concurrence déloyale (*Gesetz gegen den unlauteren Wertbewerb*, UWG).

83 A. Masson, H. Bouthinon-Dumas, « L'approche "Law & Management" », *op. cit.* note 66.

84 W. J. Baumol, J. A. Ordover, « Use of Antitrust to Subvert Competition », 28(2) *The Journal of Law & Economics* 247-265 (1985) : « *There is a specter that haunts our antitrust institution. Its threat is that, far from serving as the bulwark of competition, these institutions will become the most powerful instrument in the hands of those who wish to subvert it. More than that, it threatens to draw great quantities of resources into the struggle to prevent effective competition [...] There is no doubt, for example, that mergers can sometimes inhibit or undermine competition and that predatory pricing can sometimes serve as an instrument of monopolization. But then, because of that, a merger that promises to introduce efficiencies that make it necessary for other firms in the industry to try harder is vulnerable to challenge by those rivals [...]* » – V. aussi : R. P. McAfee, N. V. Vakkur, « The Strategic Abuse of the Antitrust Laws » 1(3) *Journal of Strategic Management Education* 1-18 (2004).

85 E. Morin, *Science avec conscience*, Seuil, 1990, p. 78. Selon l'auteur, les ressources juridiques permettent notamment de « *rassembler le maximum de certitudes pour affronter l'incertain* », l'« incertain » étant ici le risque juridique d'un comportement litigieux.

86 B. Deffains, E. Langlais (dir.), *Analyse économique du droit : Principes, méthodes, résultats*, De Boeck, 2009.

s'intéresse à l'instrumentalisation opportuniste de la règle de droit et à la manière « *dont les firmes mobilisent les ressources juridiques à leur disposition, afin d'en tirer profit* »[87]. Au regard de ces deux approches, l'auteur d'une faute lucrative est à la fois un *homo œconomicus* et un *homo juridicus.*

16. ***Homo œconomicus.*** L'auteur d'une faute lucrative est un *homo œconomicus*, c'est-à-dire un agent économique rationnel qui agit sous l'empire d'un « *calcul des plaisirs et des peines* »[88] ou, plus précisément, d'un « calcul coût-avantage » ou « calcul coût-bénéfice ». L'incitation à l'illicite appréciée sous l'angle de la faute lucrative implique de comprendre que les normes juridiques sont des coûts qui pèsent sur le calcul de maximisation des agents. Concrètement, pour une entreprise, le respect du droit de la concurrence l'oblige, par ses propres mérites, à effectuer des investissements coûteux pour espérer prendre un avantage sur la concurrence[89]. Le respect des « règles du jeu » sur le marché constitue un coût qu'un agent économique rationnel doit calculer. S'il s'avère qu'une stratégie concurrentielle par les mérites représente, au regard du droit applicable, un coût plus grand et procure un avantage plus faible qu'une stratégie d'infraction, alors l'entreprise a intérêt à violer la loi.

17. ***Homo juridicus.*** Les entreprises sont confrontées au quotidien au droit de la concurrence. Les agents économiques ont donc intérêt à « *élaborer des stratégies juridiques qui peuvent leur conférer un avantage compétitif* »[90]. Le droit de la concurrence prévoit un certain nombre de règles qui peuvent être exploitées stratégiquement par les firmes. On parle notamment de « *stratégies juridiques offensives, c'est-à-dire à la manière dont les entreprises peuvent dévoyer certaines règles de droit à leur avantage* »[91]. Si certaines sont légales[92], d'autres servent des desseins anticoncurrentiels[93]. La connaissance des règles concurrentielles permet à l'agent d'effectuer le meilleur arbitrage possible entre respecter ou enfreindre la loi[94]. Corrélativement, elle lui offre la possibilité de développer des échappatoires une fois une procédure engagée contre lui. Sur ce point, maître Joseph Vogel souligne l'importance des « *stratégies et moyens de défense face à une action en dommages et intérêts pour atteinte au droit de la concurrence* »[95]. L'argument tiré de la répercussion des surcoûts constitue à ce titre un moyen de défense procédurale classique et représente « *un obstacle rédhibitoire à l'action indemnitaire, car il*

---

87 A. Masson (dir.), *Stratégies d'instrumentalisation juridique et concurrence*, Larcier, 2013, p. 313.

88 R. Boudon, « Théorie du choix rationnel ou individualisme méthodologique ? », *Revue du MAUSS* 2004/2, n° 24, pp. 281-309.

89 Par exemple, les coûts en matière d'innovation et de recherche et développement sont parfois tels que, pour en faire l'économie, une entreprise peut préférer s'approprier indûment les actifs immatériels de l'entreprise concurrente.

90 A. Masson, H. Bouthinon-Dumas, « L'approche "Law & Management" », *op. cit.* note 66.

91 A. Masson (dir.), *Stratégies d'instrumentalisation juridique et concurrence*, *op. cit.* note 87, p. 313.

92 Ce qui est le cas lorsqu'une entreprise qui se retrouve évincée du marché à cause, par exemple, d'une clause d'exclusivité territoriale portant sur un produit spécifique demande à l'Autorité de la concurrence de prononcer des mesures conservatoires afin d'assurer l'ouverture à la concurrence de la distribution du produit en cause. Dans ce cas, le droit de la concurrence constitue une arme offensive légale entre les mains du concurrent.

93 V. les développements sur la procédure de clémence, *infra*, Partie I, Titre I, Chap. 3.

94 M. Troper, « La contrainte en droit », *Le droit et la nécessité*, PUF, 2011, p. 11.

95 J. Vogel, « Stratégies et moyens de défense face à une action en dommages et intérêts pour atteinte au droit de la concurrence », *JCP E* 21 mars 2013, n° 12.

touche à l'existence même du préjudice »[96] alors dilué au sein de la masse des consommateurs finaux[97]. De manière générale, certaines stratégies procédurales classiques peuvent anéantir la force dissuasive de l'action privée[98] comme celle de l'action publique et ainsi rentabiliser l'infraction qui n'est pas sanctionnée[99].

18. **Le *bad man*.** L'agent « juriste » qui connaît et utilise la règle de droit à son profit a été défini par le célèbre juge Oliver Wendell Holmes sous le nom de « *bad man* ». La théorie du *bad man* est considérée par certains comme la théorie la plus importante et la plus influente de l'histoire du droit[100]. Cette théorie soutient l'idée que la loi doit être analysée du point de vue d'un agent rationnel nommé le « *bad man* »[101]. Le *bad man* ne serait pas seulement un agent économique ; il serait également un agent « juriste » qui s'intéresse au droit en vigueur afin d'évaluer la probabilité d'échapper à l'application du droit ou, à tout le moins, de limiter les conséquences indemnitaires attachées à une condamnation. Selon Holmes, la connaissance de la loi permet à tout agent économique d'aiguiser ses prédictions sur l'application du droit afin de faire le meilleur arbitrage possible entre respecter ou enfreindre la législation[102]. La théorie du *bad man* est aussi appelée « *The Prediction Theory* », Holmes considérant en effet que le calcul coût-bénéfice gouvernant le choix d'infraction est rendu possible par les indications données par la jurisprudence[103]. Rappelons, à ce titre, que le terme de jurisprudence

---

96 G. Zambrano, « L'inefficacité de l'action civile en réparation des infractions au droit de la concurrence – Étude du contentieux français devant le Tribunal de Commerce de Paris (2000-2012) », thèse Montpellier 1, 2012, p. 229.

97 Si l'ordonnance de transposition de la directive « Dommages » vise à limiter cet obstacle en renversant la charge de la preuve de la répercussion qui pèse désormais sur le défendeur, ce moyen de défense risque de rester d'une efficacité redoutable, car il limite l'intérêt à agir et risque de générer des conflits entre l'acheteur direct et l'acheteur indirect ; v. ord. n° 2017-303 du 9 mars 2017 relative aux actions en dommages et intérêts du fait des pratiques anticoncurrentielles, *JORF* n° 0059 du 10 mars 2017, texte n° 29. L'art. L. 481-5 de l'ordonnance relative aux actions en dommages et intérêts fait cohabiter des dispositions source de conflits futurs : d'un côté, l'acheteur direct qui bénéficie d'une présomption légale d'absence de répercussion ; de l'autre, l'acheteur indirect qui bénéficie d'une présomption simple de répercussion. Le chevauchement des actions en dommages et intérêts pourrait renforcer l'apathie rationnelle des victimes du fait de la complexification du procès de concurrence, qui se révélera extrêmement coûteux. Pour plus de détails, v. G. J. Werden, M. Schwartz, « Illinois Brick and the Deterrence of Antitrust Violations – An Economic Analysis » 35(4) *Hastings L.J.* 629-668 (1984).

98 On pense notamment aux contestations portant sur la détermination du montant du dommage ou encore sur la détermination du lien de causalité. La spécificité du préjudice concurrentiel, lequel est difficile à prouver, rend ce type de contestation particulièrement efficace (*infra*, Titre II de la Partie I).

99 *Infra*, Partie I, Titre I, n° 100 et s.

100 P. E. Johnson, *Reason in the Balance: The Case Against Naturalism in Science, Law & Education*, IVP, 1995, p. 140 : « *This lecture has been so influential in shaping the thinking of American lawyers that it might be described as almost part of the Constitution.* » – D. J. Seipp, « Holmes's Path » 77 *B.U. L. Rev.* 515 (1997).

101 O. W. Holmes, « The Path of the Law » 10 *Harv. L. Rev.* 457 (1897) : « *If you want to know the law and nothing else, you must look at it as a bad man […].* » – V. aussi : O. W. Holmes, L. de Sutter, *La voie du droit*, Dalloz, 2014.

102 O. W. Holmes, *Ibid.*, p. 478 : « *If you want to know the law and nothing else, you must look at it as a bad man,* who cares only for the material consequences which such knowledge enables him to predict. »

103 *Ibid.* pp. 459-460: « *Take the fundamental question, What constitutes the law? […] if we take the view of our friend the bad man we shall find that he does not care two straws for the axioms or deductions, but that he does want to know what the Massachusetts or English courts are likely to do in fact. I am much of this mind. The prophecies of what the courts will do in fact, and nothing more pretentious, are what I mean by the law.* » – V. aussi : A. d'Amato, « A New (and Better) Interpretation of Holmes's Prediction theory of Law », Faculty Working Papers, Paper 163 (2008).

signifie « *littéralement prévoir le droit* »[104]. Il désigne une « *habitude de juger dans un certain sens ou une tendance habituelle d'une juridiction déterminée à juger dans tel sens* »[105]. Ainsi, « *l'habitude de juger dans un certain sens* » renforce la prévisibilité des décisions et donne nécessairement des indications robustes au *bad man* qui cherche à connaître l'état du droit pour arbitrer le choix entre une stratégie d'infraction ou une stratégie de conformité.

Cette théorie, appliquée au droit de la concurrence, permet d'expliquer pourquoi certaines « *entreprises qui ont désormais une certaine expérience du droit de la concurrence [...] enfreignent la loi en connaissance de cause* »[106]. L'expérience des décisions antérieures, qu'elles soient rendues par des autorités de concurrence ou le juge judiciaire, renseigne l'agent économique qui cherche à réduire au maximum l'incertitude quant au risque juridique de l'infraction. Le Tribunal de l'Union a par exemple considéré qu'« *un opérateur avisé, en s'entourant au besoin d'un conseil juridique, peut, à suffisance de droit,* prévoir *la méthode et l'ordre de grandeur des amendes qu'il encourt pour un comportement donné* »[107]. S'agissant du montant des amendes, l'étude empirique menée dans le cadre de cette étude rejoint le postulat développé par d'autres travaux empiriques fondés sur un nombre important de décisions qui ont montré la tendance des autorités à imposer une amende inférieure aux gains illicites réalisés par les entreprises[108]. D'autres travaux empiriques fondés sur « *l'inefficacité des actions en réparation du dommage concurrentiel* » permettent de renforcer la prédiction selon laquelle une entreprise peut retirer les fruits d'un dommage

---

104 G. Zambrano, « Précédents et prédictions jurisprudentielles à l'ère des Big Data : parier sur le résultat (probable) d'un procès », HAL, 27 mars 2017.

105 G. Cornu, « Jurisprudence », *Vocabulaire juridique*, 9e éd., PUF, 2011, p. 587.

106 L. Vogel, « Les sanctions administratives : Efficacité du contrôle ou sécurité juridique ? », in colloque « Les sanctions du droit de la concurrence (Paris, 31 octobre 2012) », Concurrences n° 1-2013, Art. N° 50524, : « *les entreprises qui ont désormais une certaine expérience du droit de la concurrence ne sont plus excusables, mais enfreignent la loi en connaissance de cause ; pour assurer un effet dissuasif, il faut éviter que les gains tirés du comportement anticoncurrentiel dépassent le montant de la sanction.* »

107 TPICE, *Jungbunzlauer AG c/ Commission des Communautés européennes*, 27 septembre 2006, aff. T-43/02, *Rec.* p. II-03435, § 84 et § 90 : « *[...] il convient de préciser que, afin d'éviter une rigidité normative excessive et de permettre une adaptation de la règle de droit aux circonstances,* un certain degré d'imprévisibilité *quant à la sanction pouvant être imposée pour une infraction donnée doit être permis. Une amende comprenant une variation suffisamment circonscrite entre l'amende minimale et l'amende maximale pouvant être infligée pour une infraction donnée est ainsi susceptible de contribuer à l'efficacité de cette sanction, tant du point de vue de son application que de son pouvoir de dissuasion [...] Sur la base de tous ces éléments, contrairement à ce que soutient la requérante, un opérateur avisé, en s'entourant au besoin d'un conseil juridique, peut, à suffisance de droit,* prévoir *la méthode et l'ordre de grandeur des amendes qu'il encourt pour un comportement donné.* »

108 V. notre étude empirique, Annexe 1. – V. aussi : C. Monnier-Schlumberger, A. Hutin, « Les cartels en France : Analyse économique de leurs caractéristiques et de leurs sanctions », *op. cit.* note 72, p. 59 : « *Les amendes infligées [...] n'apparaissent pas excessives au regard du gain illicite indûment confisqué par les membres des cartels [...]* ». – E. Combe, C. Monnier-Schlumberger, « Les amendes contre les cartels : La Commission européenne en fait-elle trop ? », Concurrences n° 4-2009, Art. N° 28765, pp. 41-50. – R. H. Lande, « Class Warfare: Why Antitrust Class Actions are Essential for Compensation and Deterrence », University of Baltimore Legal Studies Research Paper n° 2016, p. 83 : « *This means that despite the existing sanctions, collusion remains a rational business strategy, and that cartelization is a crime that, on average, pays. In fact, it pays very well.* »

causé à un concurrent, car ce dernier a peu de chances d'obtenir une réparation équivalente au préjudice subi[109].

19. ***Quid* de l'*homo altruisticus* ?** Le *bad man* de Holmes est contesté par les travaux de l'économie comportementale. Le paradigme de l'agent rationnel est remis en cause par la constitution d'un nouveau modèle : l'individu prosocial, altruiste, empathique, en somme, l'*homo altruisticus*[110]. L'application de cette théorie tempère la vision de l'agent économique « égoïste » et calculateur. Sensible et empathique, l'agent économique est victime de biais « chauds » et de biais « froids »[111]. Les biais « chauds » correspondent aux émotions qui prennent le pas sur le raisonnement ; les biais « froids » à une connaissance imparfaite d'une situation donnée qui conduit à une erreur de raisonnement. D'un point de vue comportemental, le calcul coût-avantage opéré par l'agent économique qui entend commettre une infraction lucrative représente une fiction au regard de la complexité du cerveau humain, dont les prédictions sur le droit applicable sont limitées. Le respect de la règle de droit n'est pas donc seulement fonction de la sanction qui s'y rattache, mais dépend d'émotions et de raccourcis mentaux qui, précisément, empêchent la réalisation d'un calcul rationnel.

20. **Bilan.** L'auteur d'une faute lucrative est à la fois un *homo œconomicus* qui profite des normes sous-dissuasives pour enfreindre la loi et retirer un profit de l'infraction, et un *homo juridicus* qui utilise sa connaissance du droit pour échapper à l'application de la loi ou diminuer le coût économique de l'infraction. L'économie comportementale remet néanmoins en cause le comportement rationnel de l'auteur d'une faute lucrative. Pour cette raison, les réflexions sur la dissuasion nécessitent un débat sur la pertinence de l'application des théories comportementales au droit de la concurrence[112].

C. Les stratégies juridiques des entreprises face au droit

21. **Stratégies juridiques.** La faute lucrative décrit une stratégie juridique de l'entreprise face au droit. Le droit est un instrument stratégique (1) pour les entreprises confrontées au choix entre une stratégie de conformité et une stratégie d'infraction. Pour évaluer la rentabilité de la stratégie d'infraction, l'entreprise doit avoir connaissance des limites du droit de la concurrence. Les failles de l'action publique et de l'action privée peuvent, à ce titre, constituer une source d'encouragement à la violation (2). Plus généralement, l'imprécision des normes concurrentielles (3) renforce les motivations infractionnelles des agents.

---

[109] G. Zambrano, « L'inefficacité de l'action civile en réparation des infractions au droit de la concurrence », *op. cit.* note 96, p. 229.

[110] S. D. Levitt, S. J. Dubner, « L'homo-œconomicus est mort. Vive l'homo-altruisticus ! », chapitre 3 (extrait) de *SuperFreakonomics*, Denoël (Gallimard), 2010.

[111] O. Houdé, Chapitre III « Inhiber pour raisonner : Le système 3 (exécutif) », *Le raisonnement*, PUF, 2014, pp. 73-111. – V. aussi : J. Elster, *Le désintéressement – Traité critique de l'homme économique I*, Seuil, 2009.

[112] *Infra*, Partie I, Discussion préliminaire, n° 42 et s.

1. Le droit en tant qu'instrument stratégique

22. **Le droit de la concurrence comme un risque et/ou comme une opportunité.** L'analyse du comportement des entreprises implique de traiter du droit de la concurrence à la fois comme un risque, mais aussi comme une opportunité. Le droit de la concurrence comme opportunité signifie que la règle de droit peut être instrumentalisée par les firmes[113]. Le professeur Louis Vogel rappelle que les entreprises utilisent parfois les autorités de concurrence à leur profit dans le but de mettre en œuvre une stratégie anticoncurrentielle[114]. Au-delà du problème relatif à la nature des sanctions, les comportements stratégiques juridiques des firmes peuvent renforcer la rentabilité de l'infraction. À titre d'exemple, l'exploitation de la procédure de clémence permet à une firme responsable d'une pratique de cartel de faire l'économie de la sanction pécuniaire. Dans le même temps, les firmes qui n'auront pas demandé la clémence subiront un coût économique, ce qui avantagera doublement le demandeur de clémence, qui pourra prendre un avantage sur la concurrence. De manière plus générale, la connaissance du droit de la concurrence est utile pour une firme confrontée au coût d'une procédure de compliance. Elle permet d'affiner la stratégie des entreprises qui forment un calcul pour savoir si la concurrence illicite ne serait pas plus rentable que la concurrence par les mérites. La connaissance de la législation est importante pour l'agent rationnel qui cherche à évaluer le risque juridique de l'infraction dans l'optique de commettre une faute lucrative[115].

Plus généralement, la connaissance du droit de la concurrence permet de connaître les failles de l'action publique et celles de l'action privée, ce qui peut rassurer le contrevenant dans son projet d'infraction.

2. Les failles de l'action publique et de l'action privée

23. **Facteurs incitatifs à la violation du droit de la concurrence.** La problématique de l'incitation à enfreindre la loi présente un intérêt fondamental, car elle implique d'examiner les failles du droit de la concurrence. Les limites de la norme concurrentielle favorisent les violations rentables : soit elle échoue à décourager les atteintes au marché en proposant des sanctions inadéquates ; soit elle se trompe de cible en s'attaquant essentiellement aux firmes, négligeant en conséquence la dissuasion des dirigeants d'entreprise qui sont responsables de pratiques illicites ;

---

113 R. C. Bird, « Law as a Source of Competitive Advantage » (February 20, 2007), disponible sur SSRN : https://ssrn.com/abstract=964329. – R. C. Bird, « Can Law be a Source of Sustainable Competitive Advantage? » (May 15, 2007), disponible sur SSRN : https://ssrn.com/abstract=985704.

114 L. Vogel, « À quoi sert la concurrence pour les entreprises ? », in *À quoi sert la concurrence ?*, M. Behar-Touchais, N. Charbit, R. Amaro (dir.), Concurrence, 2014, p. 252 : « *L'utilisation stratégique du droit de la concurrence présente un aspect négatif lorsqu'elle aboutit à une instrumentalisation injustifiée du droit. La doctrine économique a montré que les entreprises "utilisent" parfois les autorités de concurrence à leur profit dans le seul but de mettre en œuvre une stratégie qui se révèle finalement anticoncurrentielle. Le risque de capture de l'agence est bien réel (regulatory capture theory).* » – V. aussi N. Petit, « Les stratégies juridiques en droit des coordinations entre entreprises – Une approche scénarisée », The Global Competition Law Centre Working Papers Series, GCLC Working Paper 01/09, p. 3. Selon l'auteur, « *le désintérêt du droit de la concurrence pour la question des comportements juridiques stratégiques des firmes ne laisse pas de surprendre* ».

115 Pour une définition de la faute lucrative, v. *infra*, Partie III, Titre I, Chap. 2, Sect. 2.

enfin, la norme concurrentielle se révèle bien souvent imprécise ou inadaptée à l'appréhension de certains comportements déviants si bien qu'elle provoque des erreurs de type 2[116]. De plus, l'action publique et l'action privée souffrent de plusieurs limites qui empêchent une mise en œuvre effective et/ou une application efficace du droit de la concurrence.

24. **Les limites de l'action publique.** Un rapport de l'OCDE montre que, en Europe, à la différence des États-Unis, « *le droit de la concurrence reste principalement appliqué par les autorités de concurrence* »[117]. En France, l'action publique est exercée par l'Autorité de la concurrence, qui prévoit en cas d'atteinte au marché l'imposition d'une amende répressive. De même, la DGCCRF[118] est désormais dotée d'un pouvoir de sanction administrative pour punir les pratiques restrictives de concurrence. Aussi le ministre de l'Économie a le pouvoir de demander le prononcé d'une amende civile[119].

Malgré l'éventail des sanctions possibles, l'action publique souffre de plusieurs limites : la faible probabilité de détection de l'infraction concurrentielle[120], laquelle est renforcée par le développement des ententes algorithmiques[121], renforce la probabilité pour le fautif d'échapper à la loi. De plus, la nature de l'amende administrative, qui ne s'attaque pas directement au profit retiré du manquement[122], et les stratégies contentieuses des entreprises, qui peuvent instrumentaliser les procédures négociées à leur profit[123], affaiblissent la dissuasion. Ces trois « faiblesses » de l'action publique favorisent, *in fine*, le risque de faute lucrative.

---

116 Rappelons simplement ici qu'une erreur de type 2 décrit l'absence de condamnation d'une entreprise qui a commis une pratique anticoncurrentielle. Cette dernière assure donc au fautif la conservation de la totalité du résultat profitable de l'infraction.

117 OCDE, Groupe de travail n° 3 sur la coopération et l'application de la loi, « Relation entre action publique et action privée », DAF/COMP/WP3/WD(2015) 1, 15 juin 2015, § 3. – V. aussi : A. Smith, « Transferts institutionnels et politique de concurrence – Les cas communautaires, français et britannique », *Gouvernement et action publique* 2013/3, n° 3, P. F. N. S. P., pp. 415-440.

118 Direction générale de la concurrence, de la consommation et de la répression des fraudes.

119 Art L. 442. 6 du Code de commerce : « *[L]e ministre chargé de l'économie et le ministère public peuvent demander à la juridiction saisie [...] le prononcé d'une amende civile dont le montant ne peut être supérieur à cinq millions d'euros [...]* ».

120 *Infra*, Partie I, Titre I, n° 111 et s.

121 A. Ezrachi, M. E. Stucke, *Virtual Competition: The Promise and Perils of the Algorithm-driven Economy*, Harvard University Press (2016). Les auteurs Ezrachi et Stucke démontrent que des entreprises confient à des algorithmes la tâche de coordonner leurs prix. Selon les auteurs, les algorithmes reposant sur l'intelligence artificielle sont difficiles à analyser par les autorités de concurrence. De même, selon l'économiste Frédéric Marty, à la différence des « *smoking guns* » (preuves matérielles), ils sont comparables « *à des réseaux neuronaux composés de nombreuses interconnexions. Comme le circuit décisionnel sera très difficile sinon impossible à suivre et à retracer, la caractérisation d'une intention anticoncurrentielle dans le cadre d'une enquête* ex post *sera particulièrement difficile à réaliser* » ; v. F. Marty, « Économie des algorithmes et ordre concurrentiel : Réflexions sur les abus d'exploitation et les collusions fondés sur des algorithmes de prix », Documents de travail GREDEG, n° 2017-14, p. 15.

122 Aut. conc., Étude thématique, p. 93 : « *la prise en compte du dommage à l'économie ne doit pas s'effectuer dans une logique de restitution des gains illicites* ».

123 Dans le cas d'un arbitrage entre respecter ou enfreindre la loi, la « marchandisation » du coût économique de l'infraction et la réduction de l'incertitude quant au montant de l'amende imposée peuvent renforcer l'incitation à l'infraction, d'autant plus que les procédures négociées tendent à transformer la peine en « prix de l'illégalité » ; v. sur ce point A. Tercinet, « La diversification des sanctions au service d'une politique incitative », *RLC* 2015, 44.

Le développement de l'action privée en réparation pourrait cependant compenser la perte de dissuasion de l'action publique.

25. **Les espoirs de l'action privée.** Le respect de la règle de droit ne dépend pas uniquement des sanctions imposées par l'action publique. L'essor du contentieux des actions privées en réparation du dommage concurrentiel fait courir un nouveau risque juridique aux agents économiques : à côté du coût économique du *public enforcement* pourrait s'ajouter le coût du *private enforcement* pour l'auteur de l'infraction[124]. L'effectivité des actions en réparation renforce le risque, pour les agents économiques, de subir une double « peine ». De même, l'action de groupe est un moyen de lutte contre les fautes lucratives : l'indemnisation collective des consommateurs lésés par le surprix payé permet, en théorie, de récupérer une partie du gain illicite retiré de l'infraction. En somme, l'action privée, qu'elle soit menée individuellement ou collectivement, a un potentiel dissuasif évident susceptible de dissuader les comportements fautifs[125].

26. **Les limites de l'action privée.** Néanmoins, les obstacles traditionnels à la réparation du dommage tels que l'accès aux preuves[126] et la quantification du préjudice concurrentiel[127] nuisent aussi bien à l'effectivité qu'à l'efficacité de l'action privée[128]. De plus, le droit de la responsabilité civile, accroché au sacro-saint principe de réparation intégrale, semble inadapté au contentieux concurrentiel : en effet, les dommages-intérêts compensatoires ne permettent pas à la victime qui mène individuellement son action de récupérer les avantages et gains indûment perçus par l'auteur de l'infraction[129]. Les « *comportements lucratifs étant imparfaitement sanctionnés par les articles 1240 et 1231-2 du Code civil* »[130], l'agent économique est incité à causer un dommage au concurrent sachant que le gain retiré du manquement risque de se trouver supérieur aux dommages-intérêts dus. Par ailleurs, s'agissant de l'action de groupe, les nombreuses conditions restrictives contenues dans la loi Hamon pour la recevabilité d'une telle action semblent réduire à néant son effectivité[131].

27. **Bilan.** Au regard des limites affectant l'action publique et l'action privée, il n'est pas étonnant que certaines entreprises « *pensent que la loi est tellement inefficace qu'il est plus rentable de l'enfreindre que d'adopter une stratégie de conformité*

---

124 G. Decocq, « Le développement du Private enforcement », *CCC* n° 8-9, août 2013, repère 8.

125 S. Pietrini, « L'action collective en droit des pratiques anticoncurrentielles », thèse Paris X, 2010 ; Bruylant, 2012.

126 C. Duparc, « L'accès aux preuves : une législation inadaptée », *LPA* 4 septembre 2017, n° 176 p. 21. Selon l'auteur, l'accès aux preuves – pourtant indispensable pour établir le dommage et quantifier le préjudice – est limité pour les victimes qui doivent faire face à une « *législation inadaptée* ».

127 S. Carval, « L'estimation du montant des préjudices concurrentiels. Un possible apport de la directive n° 2014/104 au droit commun de la responsabilité civile », *D.* 2015, p. 1290. L'auteur note notamment que la reconnaissance par l'article 17 § 1 de la directive n° 2014/104 du 26 novembre 2014 d'un droit à estimer le dommage dès lors « *qu'il est pratiquement impossible ou excessivement difficile de quantifier avec précision le préjudice* » constitue un aveu implicite des difficultés probatoires des victimes confrontées à l'évaluation de leur dommage.

128 M. Chagny, B. Deffains, *Réparation des dommages concurrentiels*, Dalloz, 2015.

129 R. Mesa, « Les fautes lucratives en droit privé », *op. cit.* note 51.

130 I. Vingiano-Viricel, « La faute lucrative : une notion en construction en droit français », *RTD com.* 2017, p. 19.

131 *Infra*, Partie I, Titre II, n° 428 et s.

au droit »[132]. La spéculation des entreprises sur le coût de l'infraction mérite une réflexion plus générale sur l'incidence de l'imprécision des normes sur le comportement des agents économiques.

3. L'imprécision des normes

28. **Théorie du droit.** Si des entreprises prospèrent en violant la loi, c'est que la règle de droit est faillible : l'auteur Tom Hinthorne souligne, dans une étude, la capacité des entreprises à approfondir leur connaissance du droit afin de tirer profit de ses faiblesses pour retirer un avantage financier[133]. Le référendaire Antoine Masson souligne que « *la piètre qualité des normes* » provoque « *dans la structure du droit, d'inévitables zones d'opportunités qui pourront être mobilisées par les entreprises* »[134] afin d'élaborer des stratégies d'infraction. Ainsi devrions-nous classer les normes imparfaites : il existerait un « *droit flou* »[135], un « *droit fou* »[136], un « *droit doux* »[137], et enfin un « *droit mou* »[138]. À notre sens, l'imperfection des normes a surtout des conséquences cognitives du point de vue de l'incitation à enfreindre la loi : une norme concurrentielle imprécise va brouiller le signal dissuasif, qui ne va pas être compris par les agents économiques dès lors tentés d'enfreindre la loi ; une norme « folle » va décrédibiliser le signal dissuasif censé décourager l'infraction ; une norme « douce » va directement inciter au comportement infractionnel en minorant la crainte d'être sanctionné ; une norme « molle » sera rarement appliquée si bien que, souffrant d'ineffectivité, elle sera incapable d'assurer des stratégies de conformité au droit.

29. **Mal nommer les choses, c'est ajouter au malheur du droit.** L'écrivain Albert Camus affirmait : « *Mal nommer les choses, c'est ajouter au malheur du monde* »[139]. En travestissant quelque peu sa formule, nous dirons : « Mal nommer les choses, c'est ajouter au malheur du droit ». Beccaria considérait déjà au XVIIIe siècle que la dissuasion est inséparable d'une clarification des lois censées porter un message dissuasif[140]. De même, il soulignait que plus la loi est obscure, plus la probabilité que le contrevenant reste impuni est forte, car la victime sur qui repose le risque de la preuve se heurte alors à de lourdes difficultés pour démontrer l'infraction[141]. L'imprécision des normes concurrentielles affecte le

---

132 Frontline, 2003. A Dangerous Business, PBS Television Documentary, cité par R. C. Bird, « Law as a Source of Competitive Advantage », *op. cit.* note 113. Traduction libre : « *[T]hey'd rather pay the fines than bring their plants into compliance. They think the law is so ineffective that it's more profitable for them to take the risk by not having safety programs in place than to comply with the law.* »

133 T. Hinthorne, « Predatory Capitalism, Pragmatism, and Legal Positivism in the Airlines Industry », 17(4) *Strategic Management Journal* 251-270 (1996).

134 A. Masson, M. Shariff, « Les stratégies juridiques des entreprises », *RLDA* n° 53, 1er octobre 2010.

135 A. Masson, M. Shariff, *loc. cit.* : « *droit indéterminé en raison de son imprécision* ».

136 *Ibid.* : « *droit incohérent au regard d'autres normes* ».

137 *Ibid* : « *droit produisant un effet différent de celui désiré, ce qui peut signifier soit qu'il n'est pas mis en œuvre comme il le devrait (quelle que soit sa force coercitive théorique), soit qu'il produit des effets non prévus par le droit* ».

138 *Ibid* : « *droit qui peut être facilement altéré dans sa substance* ».

139 A. Camus, *L'homme révolté*, Folio, 1951.

140 C. Beccaria, *Des délits et des peines*, Flammarion, 2006, spéc. § XXXI. Délits difficiles à prouver, p. 143, et § XLI. Moyens de prévenir les délits, p. 170.

141 *Ibid.*

succès de l'action privée et de l'action publique[142]. La clarté des normes juridiques favorise la dissuasion pour au moins cinq raisons principales : d'abord, elle améliore le taux de pénétration des actions en réparation en facilitant la tâche probatoire de la victime sur qui repose la charge de la preuve ; ensuite, elle limite la possibilité pour le fautif d'exploiter, en défense, la norme défaillante pour éluder sa responsabilité[143] ; dans le même temps, elle supprime la crainte du juge d'appliquer une norme sujette à confusion[144] ; troisièmement, elle limite les erreurs de type 1 et 2 dénoncées en doctrine[145], lesquelles décrivent deux injustices liées soit à la condamnation d'un agent économique pour une pratique licite[146], soit à l'absence de condamnation de l'agent économique qui a pourtant commis une infraction[147] ; quatrièmement, ainsi clarifiée, la norme retrouve sa capacité à délivrer un message dissuasif intelligible pour les agents économiques – elle retrouve en conséquence son effet stigmatisant ; pour finir, l'effet stigmatisant de la norme clarifiée permet de renforcer le consensus social autour de la gravité de l'infraction, ce qui légitime par la suite la consécration de sanctions punitives. Identifier les normes imprécises est donc essentiel pour proposer, ensuite, une clarification du droit. Nous établirons ultérieurement une hiérarchie des normes incitatives à la violation du droit[148].

Par ailleurs, l'intérêt porté pour les motivations illicites des entreprises n'est pas suffisant, il faut aussi mener une réflexion plus spécifique sur l'incitation des dirigeants à enfreindre le droit de la concurrence.

D. L'incitation des dirigeants à enfreindre le droit de la concurrence

30. **Constat.** L'analyse économique se concentre essentiellement sur la décision des firmes de commettre une infraction de concurrence. Or, l'incitation à enfreindre la loi au regard du calcul coût-bénéfice est une problématique qui concerne plus spécifiquement les dirigeants d'entreprise. L'économiste Emmanuel Combe souligne que la politique de dissuasion ne peut s'adresser uniquement aux entreprises mais nécessite dans le même temps une « *approche en termes de "gouvernement d'entreprise" (*corporate governance*), qui met en relief l'existence d'une divergence possible d'intérêt entre actionnaires et managers* »[149] lors du choix d'enfreindre la loi. Aussi doit-on s'étonner que la problématique relative à la faute lucrative soit, généralement, exclusivement abordée à l'aune du calcul rationnel des firmes,

---

142 *Infra*, Partie II, Titre II, n° 652 et s.

143 A. Masson, Performance juridique et compétitivité des entreprises : chronique n° 5, « Pathologie du droit et performance des entreprises : la stratégie juridique d'eBay en France », *LPA* 8 décembre 2008 n° 245, p. 3.

144 J. Carbonnier, *Sociologie juridique*, 3e éd., PUF, 2016.

145 L. Mathiesen, O. A. Nilsen a., « A Note on Upward Pricing Pressure: The Possibility of False Positives », NHH Dept. of Economics Discussion Paper n° 11/2012, May 2012. – O. Sautel, « Analyse économique des règles de droit : Une application au droit de la concurrence », Microeconomix, février 2011.

146 Erreur de type 1.

147 Erreur de type 2. Cette erreur favorise la faute lucrative, car le comportement fautif lucratif n'est pas sanctionné.

148 *Infra*, Partie I, Discussion préliminaire, n° 78 et s.

149 E. Combe, C. Monnier-Schlumberger, « Lutte contre les cartels et comportement des managers », Concurrences n° 4-2016, Art. N° 81860, pp. 51-68.

sans référence aux managers qui forment des calculs sur l'avantage qu'ils ont personnellement à tirer du manquement à la loi.

31. **Débat sur la légitimité des peines de prison.** La dissuasion des managers implique de replacer au centre du débat la question de l'applicabilité des peines de prison aux infractions de concurrence[150]. Cette problématique renvoie plus généralement à une réflexion sur la légitimité des peines de prison[151], laquelle doit se poser pour chaque type d'infraction de concurrence, alors que le débat doctrinal actuel se concentre exclusivement sur les pratiques anticoncurrentielles. Dans le même temps, une étude des sanctions pénales permet de mettre en lumière le fait que, à côté des peines de prison, il existe des peines dites « para-pénales »[152] qui pourraient assurer la dissuasion des infractions perpétrées par les dirigeants d'entreprise.

III. Méthodologie

32. La question de l'incitation à enfreindre la loi ne peut être traitée indépendamment de la question de la faute lucrative. L'angle choisi pour traiter notre sujet de thèse est donc celui de la faute lucrative comme incitation économique rationnelle à enfreindre le droit de la concurrence (A). Ce vaste sujet mérite une délimitation (B). De plus, le traitement du sujet implique un examen approfondi de l'effectivité et de l'efficacité du droit de la concurrence (C).

A. Angle choisi

33. **Incitation et faute lucrative : deux faces d'un même problème.** Notre préférence pour la théorie de l'agent rationnel conduit à envisager l'incitation à enfreindre la loi sous l'angle de la faute lucrative. À notre sens, la notion juridique de faute lucrative et la question économique de l'« incitation » constituent les deux faces d'un même problème : l'incitation, c'est-à-dire la motivation principale de l'agent qui fait le choix de respecter ou de violer la loi, est essentiellement liée au risque juridique et économique de l'infraction. L'opportunité de réaliser un profit de la violation du droit va l'inciter à enfreindre la loi. Dans le même temps, l'essor de l'économie comportementale remet en question cette incitation rationnelle à l'infraction et, par extension, décrédibilise le risque de faute lucrative.

L'hypothèse de la rationalité des acteurs économiques, fût-elle critiquable, nous semble la plus pertinente pour répondre à notre sujet de thèse. Pour des raisons que nous développons en détail ultérieurement, la théorie de l'agent rationnel reste essentielle, car elle permet de comparer la règle de droit à un prix, un « tarif » pour reprendre l'expression du professeur Jestaz, qui influence le comportement

---

150 M. O'Kane, Does prison work for cartelists? – The view from behind bars, 56(2) *Antitrust Bulletin*, 483-500 (2011).

151 *Infra*, Partie III, Titre II, v. le « test de légitimité », n° 1129 et s.

152 A. Stephan, « Disqualification Orders for Directors Involved in Cartels », CCP Working Paper 11-8 (2011).

des agents[153]. Elle met donc en lumière l'influence des règles juridiques comme un ensemble de normes incitatives ou dissuasives qui influencent le comportement des individus sur le marché[154].

B. Délimitation du sujet

34. **Les types d'infractions de concurrence.** Le droit de la concurrence dénonce trois groupes de pratiques illicites : les pratiques anticoncurrentielles, lesquelles décrivent les ententes et les abus de position dominante[155] ; les pratiques restrictives de concurrence, définies de manière générale comme « *les pratiques ou clauses commerciales portant atteinte à la loyauté des relations commerciales* »[156] ; les actes de concurrence déloyale et parasitaire qui définissent des comportements visant, par des moyens illicites, à désorganiser le concurrent et/ou à capter sa clientèle[157].

35. **Traitement variable des pans du droit de la concurrence.** La diversité des régimes et des sanctions applicables aux différents pans du droit de la concurrence implique de faire des choix pour « cadrer » les développements. Le « biais » de sélection consistant, dans notre thèse, à traiter majoritairement du droit des pratiques anticoncurrentielles – bien que les autres pans du droit de la concurrence soient régulièrement abordés – se justifie pour plusieurs raisons : premièrement, le droit des pratiques anticoncurrentielles comporte un volet action publique et action privée, tandis que le droit de la concurrence déloyale contient essentiellement un volet action privée. Il y a donc, en conséquence, moins de « matière » à traiter s'agissant du droit de la concurrence déloyale. Deuxièmement, le droit des pratiques restrictives contient lui aussi un double volet. Néanmoins, force est de constater qu'il s'agit du droit le mieux armé pour lutter contre les fautes lucratives[158]. En conséquence – au regard de l'incitation à l'illicite et du risque de faute lucrative –, il implique moins de problématiques et, *in fine*, moins de développements. Il sera d'ailleurs traité principalement à titre d'inspiration dans notre thèse. Troisièmement, s'agissant de l'action privée en réparation, le traitement conjoint et variable du droit des pratiques anticoncurrentielles et du parasitisme se justifie par le constat suivant : le débat sur l'efficacité de l'action privée se limite aujourd'hui trop souvent à l'étude du contentieux des pratiques anticoncur-

---

153 Le professeur Jestaz compare la sanction à un « tarif » que l'agent économique est disposé à payer si le bénéfice de la violation du droit est supérieur audit tarif ; v. P. Jestaz, *La sanction ou l'inconnue du droit*, Dalloz-Sirey, 1986, Chronique XXXII, pp. 197-204, spéc. p. 198.

154 À notre sens, l'économie comportementale montre davantage les biais qui affectent le processus de décision des agents économiques qu'elle ne démontre le caractère incitatif des règles de droit. *Infra*, Partie I, Discussion préliminaire, n° 42 et s.

155 Notons que les abus de position dominante renvoient à plusieurs types de pratiques illicites : prix prédateurs, ventes liées, pratiques discriminatoires, remises fidélisantes, refus d'accès d'un concurrent à une ressource essentielle, etc.

156 DGCCRF, « Pratiques restrictives de concurrence : décisions rendues sur action du Ministre », Disponible sur : https://www.economie.gouv.fr/dgccrf/

157 J. Julien, P. Le Tourneau, « Parasitisme », in *Droit de la responsabilité et des contrats*, P. Le Tourneau (dir.), 2014.

158 Par le jeu de la sanction de la répétition de l'indu et de l'amende civile proportionnée aux profits illicites ; v. art. L. 442-6 III du Code de commerce.

rentielles[159]. Pour cette raison, l'étude du parasitisme constitue un apport important de notre thèse, car elle démontre tous les obstacles « spécifiques » à cette matière et qui paralysent le succès des actions menées sur ce fondement. Au contraire, une étude sur les actions en réparation des pratiques restrictives nous a semblé moins urgente, car, d'une part, une étude a déjà été faite sur le sujet[160] ; d'autre part et surtout, à la différence des victimes d'actes parasitaires, les victimes de pratiques restrictives peuvent bénéficier de l'aide de l'action du ministre prévue à l'article L. 442-6[161]. Quatrièmement, notre thèse s'est naturellement adaptée à l'actualité concurrentielle : s'agissant de l'action privée, la directive « Dommages » puis l'ordonnance de transposition du 9 mars 2017 ont été des événements majeurs attachés au droit des pratiques anticoncurrentielles[162]. De même, l'ère du numérique implique des réflexions « brûlantes » sur, notamment, les nouvelles ententes (« ententes algorithmiques ») et qui concernent exclusivement le droit des pratiques anticoncurrentielles. Par ailleurs, nous évincerons des débats le droit des concentrations. Notre thèse s'attaque essentiellement aux dispositifs juridiques de contrôle des comportements. Or, le droit des concentrations renvoie au contrôle des structures[163]. On notera, de plus, qu'une opération de concentration ne constitue pas en soi une infraction de concurrence au sens où elle est exclue de la catégorie des « pratiques anticoncurrentielles »[164]. En outre, l'activité antitrust s'intéresse *a posteriori* aux comportements d'entente et d'abus de position dominante qui ont déjà causé des effets dommageables au marché. Le contrôle des concentrations intervient *a priori* et relève donc davantage d'une régulation structurelle que d'un contrôle des comportements et des incitations à l'illicite[165]. Enfin, on pourrait considérer que les agents économiques sont incités à ne pas respecter le système dit de « notification préalable » qui oblige les entreprises à demander l'autorisation avant de réaliser leur rapprochement. Cependant, comme le rappelle l'économiste Emmanuel Combe, l'interdiction d'une fusion ou d'un rachat demeure rare, ce qui suffit à remettre en cause l'idée selon laquelle les agents seraient rationnellement incités à ne pas notifier[166]. Puisque les autorités de concurrence autorisent, dans la grande majorité, les opérations de concentration, il n'est pas profitable pour

---

159 R. Amaro, « Actions privées en matière de pratiques anticoncurrentielles », *JCl. Concurrence – Consommation*, fasc. 317, 3 août 2015. – R. Amaro, *Le contentieux privé des pratiques anticoncurrentielles. Étude des contentieux privés autonome et complémentaire devant les juridictions judiciaires*, Bruylant, 2014, n° 84. – G. Zambrano, « L'inefficacité de l'action civile en réparation des infractions au droit de la concurrence – Étude du contentieux français devant le Tribunal de Commerce de Paris (2000-2012) », thèse Montpellier 1, 2012.

160 E. Dieny, « Déséquilibre significatif : sept ans après, a-t-on atteint l'âge de raison ? », *JCP E* 15 décembre 2015, n° 51-52, 1626.

161 *Loc. cit.* Selon l'étude, si l'invocation en justice du déséquilibre significatif conduit souvent à un échec, l'action de ministre permet régulièrement de compenser cet échec. En effet, lorsque l'action est intentée par le ministre, elle connaît un taux de succès significatif.

162 Directive 2014/104/UE du Parlement européen et du Conseil du 26 novembre 2014 ; ord. n° 2017-303 du 9 mars 2017 relative aux actions en dommages et intérêts du fait des pratiques anticoncurrentielles.

163 V. Lignes directrices de l'Autorité de la concurrence relative au contrôle des concentrations (10 juillet 2013).

164 Elle n'est pas interdite sauf si, après le contrôle de la fusion ou du rachat, la concentration d'entreprises crée ou renforce une position dominante susceptible de déboucher sur des abus.

165 E. Combe, *La politique de la concurrence*, 3e éd., La Découverte, 2016, p. 95 et s.

166 V. : E. Combe, « La politique de la concurrence est-elle trop sévère ? », 17 novembre 2014, Tribunes.fr. L'auteur note que, au cours des dix dernières années, « *92 % des opérations ont été acceptées sans aucune condition et*

un agent de s'exposer à un risque de sanction en ne respectant pas le système d'autorisation préalable.

Plus généralement, l'examen des fautes lucratives nous a conduit à placer au centre du sujet la question de l'efficacité et celle de l'effectivité des règles de concurrence.

C. Traitement du sujet : examen de l'efficacité et de l'effectivité du droit de la concurrence

36. **Traitement du sujet.** La faute lucrative qui génère l'incitation à enfreindre le droit de la concurrence naît du cumul de deux risques : d'une part, le risque d'impunité, lequel renvoie à la probabilité, pour le fautif, d'échapper à l'application du droit de la concurrence ; d'autre part, le risque de sous-dissuasion, lequel signifie que la sanction comprise dans l'application de la norme concurrentielle n'est pas suffisamment dissuasive pour décourager le comportement déviant. Le problème lié à la non-application de la norme renvoie à la question de l'effectivité du droit de la concurrence. Celui lié à l'application sous-dissuasive de la norme renvoie à la question de l'efficacité du droit de la concurrence.

37. **Définition de l'effectivité.** L'effectivité du droit « *s'entend généralement de l'application de la norme juridique* »[167]. Elle décrit le « *caractère d'une règle de droit qui est appliquée réellement* »[168]. L'analyse de l'effectivité des règles de concurrence porte donc sur la question de leur application. Cette analyse permet d'éviter que le juriste ne s'enferme dans l'« *univers abstrait des règles* »[169], afin de juger de leur réalité et de leur existence dans la pratique. En conséquence, pour évaluer l'effectivité de l'action privée en réparation, il faut examiner les règles pour s'assurer qu'elles ne rendent pas impossible ou excessivement difficile l'obtention de la réparation du préjudice concurrentiel[170]. L'action privée est ineffective lorsque les règles permettant aux victimes d'obtenir compensation du préjudice subi échouent à s'appliquer. De même, l'effectivité de l'action publique dépend de la capacité des autorités de concurrence à appliquer les normes visant à réguler les comportements déviants. La faible probabilité de détection de l'infraction concurrentielle peut, à ce titre, limiter fortement l'effectivité de l'action

5,6 % avec des engagements émanant des entreprises ». – V. aussi : E. Combe, *La politique de la concurrence*, *op. cit.* note 165.

167 Y. Leroy, « La notion d'effectivité en droit », *Droit et Société* 2011/3 n° 79, pp. 715-732.

168 G. Cornu, *Vocabulaire juridique*, 6e éd., PUF, 2004, p. 339.

169 A. Jeammaud, « Le concept d'effectivité du droit », in *Le concept d'effectivité du droit du travail. À quelles conditions ?*, P. Auvergnon (dir.), PUB, 2008. L'auteur décrit l'effectivité comme « *un objet d'indispensable inquiétude pour les juristes soucieux de convaincre qu'ils ne s'enferment pas dans "l'univers abstrait des règles" et sont attentifs à l'inscription de celles-ci dans les pratiques sociales* ».

170 CJCE, 10 juillet 1997, *Rosalba Palmisani c/ Istituto nazionale della previdenza sociale*, aff. C-261/95, *Rec.* p. I-04025, § 27 : « *[I]l résulte d'une jurisprudence constante depuis l'arrêt Francovich [...] que [...] c'est dans le cadre du droit national de la responsabilité qu'il incombe à l'État de réparer les conséquences du préjudice causé, étant entendu que les conditions, notamment de délai, fixées par les législations nationales en matière de réparation des dommages ne sauraient être moins favorables que celles qui concernent des réclamations semblables de nature interne (principe de l'équivalence) et ne sauraient être aménagées de manière à rendre en pratique impossible ou excessivement difficile l'obtention de la réparation* (principe d'effectivité). »

publique. Le défaut d'effectivité paralyse le double objectif de dissuasion, à savoir, la dissuasion individuelle qui vise à sanctionner l'auteur de l'infraction et à le convaincre que le manquement procure un bénéfice plus faible que son coût, et la dissuasion générale, laquelle consiste à envoyer un signal clair à l'ensemble des agents économiques sur le marché[171]. En paralysant le déclenchement des mécanismes de sanction, la faible effectivité des règles de concurrence échoue à dissuader « individuellement » le fautif qui retire un profit de l'infraction commise. De même, elle manque de décourager « collectivement » les agents sur le marché qui ne sont pas en mesure, faute d'application des règles, de capter le signal dissuasif compris dans la loi.

38. **Définition de l'efficacité.** Le concept d'efficacité fait l'objet d'une appréciation variable selon les disciplines universitaires[172]. L'efficacité désigne littéralement « *le caractère de ce qui produit l'effet attendu* »[173]. Pour cette raison, l'« *effectivité n'est pas l'efficacité* » ; « *il est banal de dire qu'un texte peut être apparemment appliqué sans qu'il produise des effets qui apparaissent comme recherchés* ». L'efficacité se distingue aussi de l'efficience, laquelle vise à déterminer qualitativement « *le moyen le plus rapide, le plus simple, le plus performant et le moins onéreux de parvenir à une solution* »[174]. En somme, une règle qui produit des effets est effective ; une règle qui produit l'effet attendu est efficace ; une règle dont la mise en œuvre entraîne un faible coût au regard du résultat obtenu est efficiente. Nous ne traiterons que superficiellement de l'efficience des règles de concurrence, car nos travaux ne se concentrent pas sur la question de savoir si l'on peut atteindre des résultats en matière de dissuasion à moindre coût, question qui constitue, en soi, un sujet de thèse.

Appliqué au droit de la concurrence, le concept d'efficacité implique de s'intéresser à la nature et à la sévérité des sanctions contenues dans les normes. Une norme qui ne décourage pas l'incitation à l'illicite est inefficace, car elle ne produit pas l'effet attendu, à savoir la dissuasion de l'infraction de concurrence[175]. De même, une norme est inefficace lorsque sa violation conduit à une faible sanction, si bien que l'avantage retiré du manquement est supérieur au coût subi. Dans ce cas, elle échoue à produire l'effet attendu, à savoir la confiscation des profits ou des avantages tirés de l'infraction. La faute lucrative renvoie à l'inefficacité du

---

171 Ce double objectif de dissuasion a notamment été rappelé par la cour d'appel : v. CA Paris, 9 avril 2002, *Géodis Overseas France*, n° 2001/19855.

172 M. Mekki, « Les doctrines sur l'efficacité du contrat en période de crise », *RDC* janvier 2010, n° 1, p. 383 : « *La notion d'efficacité est difficile à appréhender, d'autant plus qu'elle fait l'objet d'une inflation verbale. Elle devient le référent à la mode de toute relation d'ordre juridique. Elle est pourvue de multiples sens dépassant les strictes frontières du droit.* »

173 D. de Béchillon, *Qu'est-ce qu'une règle de Droit ?*, Odile Jacob, 1997, p. 10. L'auteur note que l'efficacité ne se mesure pas seulement à la capacité de la norme à produire des effets, mais à produire « *les effets que l'on attendait d'elle* ».

174 G. Canivet, « Du principe d'efficience en droit judiciaire privé », in *Le juge entre deux millénaires – Mélanges offerts à Pierre Drai*, Dalloz, 2000, p. 244.

175 Pour Kelsen, « *dire qu'une constitution est efficace, c'est dire que les normes posées conformément à cette constitution sont appliquées et obéies en gros et de façon générale* » ; v. H. Kelsen, *Théorie pure du droit*, Paris, Dalloz, 1962, traduction C. Eisenmann, pp. 278-289 ; cité par V. Champeil-Desplats, E. Millard, « Efficacité et énoncé de la norme », in *L'efficacité de l'acte normatif, Nouvelle norme, nouvelles normativités*, P. Hammje, L. Janicot, S. Nadal, Lextenso, 2013, pp. 63-73.

droit de la concurrence[176], car l'effet attendu par son application n'est pas que des agents s'enrichissent en portant atteinte au concurrent ou à la concurrence. Plus généralement, une métaphore médicale est utile pour bien comprendre la distinction entre effectivité et efficacité : lorsqu'un patient prend un médicament, le médicament est effectif, son absorption par un patient va produire un effet. Est-il pour autant efficace ? Cela dépend si la formule chimique comprise dans le médicament va guérir ou non le patient.

39. **Harmonie nécessaire entre effectivité et efficacité.** Il ne faut pas privilégier l'effectivité à l'efficacité, ou l'inverse. Ces deux objectifs doivent être remplis en même temps et harmonieusement. Imaginons d'une part une loi effective, mais peu efficace. Le risque est que, dans ce cas, la succession des sanctions sous-dissuasives incite les agents à répéter l'infraction. L'effet produit par l'application régulière du droit de la concurrence est insuffisant si les auteurs d'infractions ne souffrent pas d'une sanction dissuasive. Imaginons d'autre part une loi ineffective, mais efficace. Dans ce cas, si les sanctions sont lourdes, mais que la probabilité que la loi s'applique est faible, l'agent rationnel sera incité à enfreindre la loi. Pour limiter le calcul coût-avantage, il faut donc des normes à la fois effectives et efficaces.

IV. Plan

40. **Plan de l'étude.** Dans le choix d'enfreindre la loi, l'agent économique rationnel examine le coût et l'avantage retiré de la violation du droit. Le coût attaché à l'infraction de concurrence est lié à l'application de l'action publique et de l'action privée. Leur application ineffective et/ou inefficace minore le coût économique attaché au manquement. C'est donc les limites du droit de la concurrence qui favorisent les fautes lucratives (Partie I) et renforcent l'incitation à enfreindre le droit de la concurrence. Néanmoins, les théories comportementales contestent l'idée que les agents puissent raisonnablement former des calculs rationnels sur l'application du droit en vigueur. Selon l'analyse comportementale, le déterminant du comportement illicite est autre que la recherche du profit, ce qui devrait conduire à repenser ce qui forme l'incitation à l'infraction. Il est donc essentiel, à titre préliminaire, de répondre aux théories comportementales qui remettent en question la pertinence et l'utilité de la théorie de l'agent rationnel (Discussion préliminaire) appliquée au droit. Notre préférence pour l'application de la théorie de l'agent rationnel aux normes juridiques conduit à mener une réflexion sur le caractère incitatif des règles concurrentielles au regard non seulement de leur effectivité, mais aussi de leur efficacité. Considérant que l'agent opère des prédictions sur le droit applicable, il faut non seulement examiner que le droit de la concurrence s'applique effectivement, c'est-à-dire que « *le contrevenant est confronté aux coûts de sa violation* »[177], mais efficacement, ce qui signifie que le coût du manquement doit être supérieur à son éventuel bénéfice.

---

176 Mais aussi à l'ineffectivité du droit de la concurrence, car lorsque la règle de concurrence échoue à s'appliquer, le contrevenant impuni retire un bénéfice de l'infraction commise.

177 R. Posner, *Economic Analysis of Law*, 1re éd., Little Brown (1973), p. 349 : « *The most important point, on an economic analysis, is that the violator be confronted with the costs of its violation.* »

L'examen des principales limites du droit de la concurrence qui affectent son effectivité et son efficacité impose des réflexions pour corriger ses défaillances. Notre thèse propose ainsi la construction d'un régime dissuasif en deux étapes. D'abord, il faut renforcer l'effectivité du droit de la concurrence afin d'assurer une application régulière des règles concurrentielles (Partie II). L'effectivité du droit de la concurrence est essentielle pour limiter l'impunité des auteurs d'infractions[178], diffuser le message dissuasif compris dans la loi et déclencher les mécanismes de sanction. Ensuite, il faut renforcer l'efficacité du droit de la concurrence afin d'anéantir le résultat lucratif de l'infraction (Partie III).

178 Rappelons que Beccaria préconisait d'infliger dans l'esprit du coupable, avant d'assurer la confiscation des profits indus, « *la certitude de la punition* » ; v. C. Beccaria, *Des délits et des peines*, Flammarion, 2006, § XXXI. Délits difficiles à prouver, p. 143 et § XLI. Moyens de prévenir les délits, p. 170.

PARTIE I

LES FAUTES LUCRATIVES FAVORISÉES PAR LES LIMITES DU DROIT DE LA CONCURRENCE

41. **Problématique.** L'économie comportementale remet en cause le modèle de l'*homo œconomicus*[179]. Elle conteste la rationalité du calcul coût-bénéfice de l'agent qui enfreint la loi chaque fois que le profit espéré est supérieur au coût redouté. Selon cette nouvelle discipline, le processus intellectuel menant à une faute lucrative est irréaliste, car l'humain est porté par des croyances erronées susceptibles de le conduire à faire de « mauvais » choix, c'est-à-dire des choix qui ne maximisent pas son intérêt personnel[180]. Le postulat de la rationalité limitée de l'agent économique rend discutable l'effet incitatif de la faiblesse des sanctions. Le choix d'enfreindre la loi n'est pas nécessairement guidé par le lucre retiré de la violation du droit. Parce que l'humain est doté d'une rationalité imparfaite, renforcer les sanctions pourrait s'avérer inefficace.

Le prix Nobel d'économie attribué récemment à Richard Thaler pour ses travaux sur les mécanismes psychologiques et sociaux à l'œuvre dans les décisions des agents économiques donne un écho encore plus grand aux travaux de l'économie comportementale[181]. Cette dernière ouvre un débat plus large sur la pertinence actuelle de la théorie de l'agent rationnel, qui semble remise en question (Discussion préliminaire). Notre préférence pour la théorie de l'agent rationnel appliquée aux normes juridiques nous conduira à envisager directement les incitations rationnelles à l'infraction. Sur ce point, les limites de l'action publique (Titre I) et celles de l'action privée (Titre II) favorisent les prédictions de l'agent économique sur le droit applicable. Ce faisant, elles alimentent le risque de faute lucrative qui renforce l'incitation à l'illicite.

Discussion préliminaire : La théorie de l'agent rationnel en question

42. **Approche innovante.** Les effets de la norme sur les comportements humains sont analysés d'une façon innovante par les partisans de l'économie comportementale. Cette dernière offre une méthode alternative pour penser la dissuasion. En théorie, elle pourrait remettre en cause le choix de cette étude, qui, assumant entièrement sa préférence pour la théorie de l'agent rationnel, envisagera principalement l'incitation à enfreindre le droit de la concurrence comme une stratégie commerciale rationnelle (Section 2). Il faut, pour le comprendre, évoquer l'apport de l'économie comportementale et sa remise en cause de l'agent rationnel (Section 1). Cette discussion préliminaire est essentielle, car postuler l'irrationalité des acteurs économiques tend à décrédibiliser en lui-même le phénomène de faute lucrative. L'agent n'étant pas (ou peu) rationnel, il n'y aurait pas lieu de redouter le calcul de ce dernier, qui anticipe l'absence ou la faiblesse de la sanction pour

---

179 C. Jolls, C. R. Sunstein, R. Thaler, « A Behavioral Approach to Law and Economics », 50 *Stan. L. Rev.* 1471 (1998).

180 N. Jacquemet, F. Le Lec, « Développements récents de l'économie comportementale et expérimentale. Introduction », *RE* 2017/5, vol. 68, p. 719 : « *Daniel Kahneman a reçu le prix pour la mise en évidence de biais cognitifs et d'une tendance des individus à s'écarter des canons de la rationalité mis en avant dans les modèles microéconomiques.* »

181 « Le Nobel d'économie attribué à Richard Thaler, théoricien de la finance comportementale », Le Monde.fr, 9 octobre 2017 (mis à jour le 11 octobre 2017).

enfreindre la loi et retirer un profit du manquement. Nous nous opposerons par la suite aux théories comportementales : non pas qu'elles soient inutiles pour décrire les comportements humains face à la loi, simplement, elles nous semblent compliquer à l'excès toute réflexion sur la dissuasion. De plus, si elles remettent en cause le modèle de l'agent rationnel, elles ne proposent, à notre sens, aucune solution alternative robuste pour penser la dissuasion.

Section 1
La contestation de l'agent rationnel par l'économie comportementale

43. **Nouveau paradigme.** L'économie comportementale introduit un nouveau modèle d'agent économique. À la différence de l'*homo oeconomicus*, le processus de décision de l'agent « comportemental » n'est pas toujours guidé par la volonté de maximiser son intérêt personnel. L'individu serait sujet à des passions, des émotions, des sentiments susceptibles de perturber la rationalité de son action. Pour cette raison, les motivations de l'agent « comportemental » sont différentes de celles de l'agent rationnel. Son choix d'enfreindre ou d'obéir aux normes ne peut uniquement être analysé sous le prisme de la crainte rationnelle d'être puni. L'effet incitatif de la règle de droit sur les comportements (§ 1), selon son caractère dissuasif ou au contraire sous-dissuasif, doit être apprécié différemment selon que l'on estime que les agents économiques sont des êtres rationnels ou, au contraire, irrationnels. Des études expérimentales ont notamment démontré le rôle des heuristiques et biais comportementaux dans le choix d'enfreindre la loi (§ 2).

§ 1. L'effet incitatif de la norme sur les comportements

44. **Incitations.** Selon l'analyse économique traditionnelle, le choix d'enfreindre la loi est fondé sur un calcul rationnel. La norme de droit est une contrainte qui équivaut à un « prix implicite », et son respect a un coût. Le droit pèse sur le calcul de maximisation de l'agent économique, qui doit anticiper le « prix » de l'infraction. Cette anticipation lui permet de prédire si le coût du respect du droit est inférieur ou supérieur au bénéfice tiré de sa violation. L'incitation à enfreindre le droit de la concurrence serait donc « rationnelle ». La possibilité de commettre une faute lucrative guiderait le comportement frauduleux.

45. **« Le désintéressement ».** Les incitations au respect ou à la violation de la norme sont analysées différemment par l'économie comportementale, laquelle considère que l'agent économique ne cherche pas nécessairement à maximiser son intérêt personnel. Dans le traité économique de Jon Elster intitulé *Le désintéressement*, l'auteur montre que les motivations désintéressées des individus sont plus importantes dans la vie sociale que ne le conçoivent les modèles économiques aujourd'hui

dominants[182]. Des exemples quotidiens devraient permettre une réévaluation de l'agent économique en tant qu'être parfaitement égoïste. À titre d'exemple, selon l'auteur, le vote offre une illustration robuste du caractère non opportuniste des agents. D'une part, parce que, dans un sens conséquentialiste, le vote individuel n'a aucune chance d'influencer le résultat d'une consultation populaire. L'individu pourrait donc se consacrer à une activité plus efficace. D'autre part, parce que le vote est anonyme, le désir d'approbation d'autrui est donc absent. L'acte est motivé par un devoir civique plus que par un désir opportuniste. Ceci est un exemple parmi d'autres montrant que la motivation de l'agent ne se conforme pas toujours au principe de maximisation de l'utilité. Le postulat du « désintéressement » des agents remet indirectement en cause la vision traditionnelle des agents économique sur le marché. Considérer que l'agent est « bon » au sens où ses actions ne sont pas motivées par l'intérêt ou l'opportunisme revient à relativiser le risque que ce dernier, cyniquement et par intérêt, agisse en infraction au droit pour retirer un avantage concurrentiel.

46. **Comportements prosociaux.** Dans le même sens, certaines décisions seraient davantage mues par des comportements prosociaux que par la recherche de la maximisation de l'utilité personnelle[183]. Les économistes Jean Tirole et Roland Bénabou soulignent qu'à la « *motivation extrinsèque* » de l'individu – laquelle décrit l'incitation rationnelle de l'individu à agir en fonction d'une récompense financière (*homo œconomicus*) – il existe une « *motivation intrinsèque* » à contribuer au bien public[184]. Le jeu de l'ultimatum illustre notamment le comportement altruiste des agents.

47. **Jeu de l'ultimatum.** Autrement appelé le « jeu du dictateur », le jeu de l'ultimatum remet en cause le modèle classique de rationalité individuelle. Il met en évidence une dimension d'altruisme qui contredit les motivations purement égoïstes de l'*homo œconomicus*[185]. Le jeu est simple : deux joueurs (A et B) doivent se partager une somme d'argent fixée à l'avance (par exemple 50 euros). Le joueur A fait une offre au joueur B. Ce dernier peut soit accepter soit refuser l'offre. Si le joueur B accepte l'offre du joueur A, chacun reçoit la somme prévue par l'offre[186]. Si, en revanche, le joueur B refuse l'offre, aucun des deux joueurs ne gagne rien (0 euro). En théorie, les prédictions sur la décision des agents sont évidentes. Les joueurs étant des *homo œconomicus* intrinsèquement égoïstes, on peut prédire que le joueur A va offrir la plus petite somme au joueur B (1 euro) et que ce dernier va accepter cette somme, car, rationnellement, il est préférable d'obtenir une somme d'argent, fût-elle minime, plutôt que rien du tout. Anticipant la réaction du joueur B, le joueur A va logiquement opter pour l'offre la plus faible possible.

---

182 J. Elster, *Le désintéressement – Traité critique de l'homme économique I*, Seuil, 2009.

183 R. Bénabou, J. Tirole, « Incentives and Prosocial Behavior », 96(5) *Am. Econ. Rev.* 1652-1678 (2006).

184 R. Bénabou, J. Tirole, « Intrinsic and Extrinsic Motivation », 70 *RESTUD* 489-520 (2003). – V. aussi : J. Tirole, « Motivation intrinsèque, incitations et normes sociales », *RE* 2009/3, vol. 60, pp. 577-589.

185 R. Forsythe, J. L. Horowitz, N. E. Savin, M. Sefton, « Fairness in Simple Bargaining Experiments », 6(3) *Games and Economic Behavior* 347-369 (1994). – V. aussi E. Petit, S. Rouillon, « La négociation : les enseignements du jeu du dictateur », *Négociations* 2010/2, n° 14, pp. 71-95.

186 Par exemple, si le joueur A offre 10 euros au joueur B et que ce dernier accepte, le joueur A gagne 40 euros et le joueur B 10 euros.

Or, les études effectuées en laboratoire vont à l'encontre de cette prédiction. Les expérimentations (avec anonymat garanti) ont en effet montré que les sujets offrent en moyenne 40 % de leur dotation. De plus, un grand nombre des participants opte pour la répartition égalitaire des sommes (50/50) et les offres inéquitables inférieures à 20 % sont rejetées en moyenne une fois sur deux. Le résultat des expérimentations a permis de déduire que les agents sont guidés par des comportements prosociaux. L'altruisme pourrait l'emporter sur les motivations égoïstes des agents.

48. **L'importance de l'image de soi.** De plus, l'importance que l'individu attache à son image est, d'un point de vue comportementaliste, un déterminant de la conformité au droit au moins aussi important que la recherche du profit[187]. Le prestige social constitue une incitation à respecter la norme, plus que le risque attaché à l'imposition d'une peine de prison ou à la fixation d'une amende pécuniaire. Des études, qui n'ont aucun lien avec le droit de la concurrence, pourraient néanmoins inspirer le législateur sur la question de l'incitation à se conformer ou non à la norme concurrentielle. À titre d'exemple, une étude expérimentale a démontré que, dans les cantons notamment, le vote par correspondance réduit le nombre de votants[188]. Ceci s'explique par le fait que, dans les villages où les électeurs se connaissent, la pression sociale est plus forte et le risque de jugement des pairs incite le citoyen à aller voter.

Cet exemple est transposable aux comportements des entreprises. Plus que la crainte de l'amende, une entreprise peut redouter le jugement social et les effets de réputation (atteinte à l'image, au prestige de la marque) qui découlent de sa pratique illicite. Plutôt que des normes répressives, le professeur Carl Sunstein insiste ainsi sur la nécessité de développer des normes sociales, c'est-à-dire des règles qui délivrent des messages et assurent une prise de conscience, par le citoyen, de l'importance d'adopter des comportements prosociaux[189]. Les auteurs Cialdini, Reno et Kallgren insistent quant à eux sur l'importance des normes descriptives, qui dévoilent aux individus comment leurs pairs se comportent[190]. L'incitation à respecter une règle serait plus forte si l'« autre », précisément le concurrent ou collègue, agit en conformité au droit. Inversement, si l'agent économique évolue dans un milieu qu'il croit malhonnête, sa culpabilité à être lui-même malhonnête sera minorée. Par effet de mimétisme, la perception de la loyauté ou de la déloyauté

---

187 R. Bénabou, J. Tirole, « Belief in a Just World and Redistributive Politics », 121 *Q J Econ* 699-746 (2006).

188 P. Funk, « Social Incentives and Voter Turnout. Evidence from the Swiss Mail Ballot System », 8(5) *JEEA* 1077–1103 (2010) : « *This paper uses a natural experiment to document the impact of social pressure on voting behavior. The main hypothesis is that social pressure creates incentives to vote for the purpose of being seen at the voting act. This incentive is particularly high in small and close-knit communities.* »

189 C. Sunstein, « Social Norms and Social Roles », 96(4) *Columbia Law Review* 903–968 (1996).

190 R. Cialdini, R. Reno, C. Kallgren, « A Focus Theory of Normative Conduct: Recycling the Concept of Norms to Reduce Littering in Public Places », 58(6) *Journal of Personality and Social Psychology* 1015-1026 (1990) : « *The descriptive norm describes what is typical or normal. It is what most people do, and it motivates by providing evidence as to what will likely be effective and adaptive action:* "If everyone is doing it, it must be a sensible thing to do" *[...] Researchers have repeatedly found that the perception of what most others are doing influences subjects to behave similarly, even when the behaviors are as morally neutral as choosing a consumer product* ». Notons par ailleurs que les auteurs distinguent les normes descriptives des normes injonctives (« *what most others approve or disapprove* »), qui renvoient aux règles et croyances moralement approuvées ou désapprouvées dans une communauté.

de l'environnement dans lequel évolue l'agent économique génère des incitations à respecter ou enfreindre la loi.

Par ailleurs, les économistes comportementaux soulignent les aspects cognitifs qui perturbent le choix de l'individu. La rationalité de l'agent est limitée par des heuristiques qui vont le pousser à prendre de mauvaises décisions.

§ 2. Le rôle des heuristiques et biais comportementaux dans le choix d'enfreindre la loi

49. **Heuristiques.** Selon la théorie comportementale, les agents économiques sont sujets à des heuristiques qui conduisent à des biais de raisonnement. Les heuristiques sont des « *stratégies cognitives simplistes, "des raccourcis" mentaux économiques, qui nous autorisent à trouver des solutions acceptables, mais pas toujours correctes* »[191]. L'heuristique mène à des erreurs dans la prise de décision, autrement appelées biais cognitifs, lesquelles conduisent l'agent économique à faire un choix contraire à son intérêt personnel. Les déterminants du respect ou du non-respect du droit de la concurrence seraient donc différents de ceux que la théorie économique traditionnelle suggère. L'adhésion à la loi est influencée par des illusions cognitives qui empêchent l'individu de faire le meilleur choix. Les travaux de l'économiste Herbert Simon ont ouvert la voie aux contestations du modèle de l'agent rationnel en observant que les humains ne possèdent pas la capacité cognitive pour faire toujours le meilleur choix et maximiser leur bien-être[192]. L'auteur distingue notamment trois phases du processus de décision[193] :

- l'identification des problèmes ;
- la modélisation ;
- le choix.

Les deux premières phases décrivent en réalité une seule et même étape dite de « perception ». L'identification des problèmes et leur modélisation représentent la perception de l'agent économique du risque juridique de l'infraction de concurrence. La perception puis l'anticipation du droit applicable et des sanctions qui y sont attachées sont néanmoins limitées en cas de traitement imparfait de l'information disponible. Le manque de culture de concurrence et les biais de raisonnement paralysent une anticipation rationnelle du droit applicable et décrédibilisent l'hypothèse du calcul coût-bénéfice de l'agent. En somme, lors du choix d'enfreindre la loi, les individus, sujets à des heuristiques, ne sont pas en mesure d'opter pour le choix le plus rentable économiquement.

---

191 F. Martinez, « L'individu face au risque : l'apport de Kahneman et Tversky », *Idées économiques et sociales* 2010/3, n° 161, pp. 15-23.

192 H. A. Simon, « Rational Decision Making in Business Organizations », 69(4) *Am. Econ. Rev.* 493-513 (1979).

193 H. A. Simon, *The New Science of Management Decision*, Englewood Cliffs, NJ : Prentice-Hall (1977) ; cité par M. Pfiffelmann, P. Roger, « La prise de décision : l'apport de l'économie expérimentale en stratégie », *RIMHE* 2013/1, n° 5, pp. 78-95.

50. **Les biais cognitifs.** Les biais cognitifs ou psychologiques (qui souvent résultent des heuristiques) poussent les individus à prendre de mauvaises décisions. Ils permettent de mettre en évidence les erreurs cognitives des individus. L'incidence de ces biais sur le comportement des acteurs économiques confrontés au droit de la concurrence montre que le processus de décision est affecté par de multiples erreurs. Nous nous contenterons ici d'évoquer les dix principaux biais développés par la littérature comportementale.

51. **Aversion au risque.** Selon la théorie économique traditionnelle, l'agent économique, confronté à un risque de sanction, va en amont du processus de décision apprécier les coûts et les bénéfices espérés du manquement. Cette analyse a ceci de limité qu'elle ne prend pas en considération le comportement de l'individu en situation d'incertitude. En situation d'incertitude, l'individu évalue l'utilité associée à l'ensemble des gains et pertes envisageables[194]. Plutôt que de calculer l'espérance du gain à retirer du manquement, il apprécie l'« *espérance d'utilité* »[195], laquelle détermine le degré de satisfaction associé aux gains et aux pertes. Sachant que la fonction d'utilité révèle la spécificité de chaque acteur économique[196], l'individu averse au risque a tendance à être prudent et ainsi à s'engager dans une stratégie de conformité au droit de la concurrence. En effet, la perception du risque juridique de l'infraction – fût-il faible (en cas de faible probabilité de détection du manquement par exemple) – est surestimée par l'individu averse au risque, si bien qu'il respecte la loi. Cet argument microéconomique tend à relativiser le risque des infractions « rationnelles », dont la faute lucrative représente l'illustration parfaite. En effet, les acteurs économiques sont confrontés à un environnement économique et juridique incertain. La difficulté à prédire les conséquences de leur action crée majoritairement des comportements averses au risque qui s'opposent aux motivations « courageuses » qui précèdent la réalisation d'une faute lucrative, lorsque l'agent s'engage dans une pratique illicite en espérant en retirer indûment un avantage sur la concurrence.

52. **Aversion aux pertes.** L'aversion aux pertes a été mise en avant par les économistes Amos Tversky et Daniel Kahneman. Selon le postulat défendu par ces auteurs, les pertes sont perçues plus intensément que les gains[197]. Cette théorie s'oppose indirectement aux motivations de l'auteur d'une faute lucrative, lequel semble

---

194 J. von Neumann, J. Morgenstern, *Theory of Games and Economic Behavior*, 1re éd., Princeton University Press (1944). Notons que c'est d'abord D. Bernoulli qui a confronté la théorie de la décision à la notion d'utilité. Il a notamment développé l'idée selon laquelle « *la détermination de la valeur d'un objet ne doit pas être basée sur ses avantages, mais seulement sur l'utilité qu'il procure* » ; v. D. Bernoulli, « Specimen Theoriae Novae de Mensura Sortis », *Commentarii Academiae Scientiarum Imperialis Petropolitanae*, tome 5, pp. 175-192 (1738) ; pour une traduction en anglais, v. D. Bernoulli, « Exposition of a New Theory on the Measurement of Risk », 22(1) *Econometrica* 23-26 (1954).

195 S. Blondel, « Généralisation de l'espérance d'utilité : le cas des jeux de loterie en France », *Économie & Prévision* 2003/3, n° 159, pp. 105-112.

196 Selon D. Bernoulli, *loc. cit.* : « *L'utilité, par contre, dépend des caractéristiques propres de la personne qui fait l'évaluation. Ainsi, il n'y a aucun doute qu'un gain de 1 000 ducats est sans doute plus apprécié par un pauvre que par un homme riche même si le gain est le même pour les deux.* »

197 A. Tversky, D. Kahneman, « Loss Aversion in Riskless Choice: A Reference-Dependent Model », 106(4) *Q J Econ*, 1039-1061 (1991).

au contraire davantage porté sur les gains que sur les pertes[198]. La conception de l'individu averse au risque laisse supposer que le coût psychologique associé aux pertes limite le risque d'infraction, fût-elle rentable. Dans le calcul coût-avantage, le fait que le coût (peu importe qu'il soit faible) soit ressenti plus intensément que les gains correspondant au manquement modifie la perception de l'agent, qui aura tendance à ne considérer que le risque pécuniaire du manquement, ce qui peut le dissuader d'agir en infraction.

53. **L'effet d'ancrage.** Ce biais cognitif traduit la difficulté chez l'individu à se départir de sa première impression. Le biais d'ancrage « *veut que l'esprit humain ait tendance à cheviller son jugement à la première information dont il a pu disposer (l'ancre) lorsqu'il prend une décision dans un contexte d'incertitude* »[199]. Contrairement à la théorie économique classique, l'économie comportementale soutient donc que les croyances des individus sont sensibles au contexte et sujettes à manipulation[200]. L'agent économique « manipulable » va ainsi se rattacher à une impression forte susceptible de modifier son processus de décision. Ce biais cognitif est de nature à remettre en cause la façon dont la dissuasion est envisagée. Suivant ce biais, l'incitation à l'illicite est gouvernée par une impression subjective plus que par un calcul rationnel. La motivation frauduleuse serait moins liée à une analyse studieuse de l'état du droit applicable qu'au ressenti subjectif formé à travers la première information gardée en mémoire par l'agent. En conséquence, la faible probabilité de détection de l'infraction concurrentielle (qui est réelle) pourrait être surestimée par l'agent économique qui vient d'apprendre la condamnation d'un concurrent. De même, une seule amende pécuniaire, à condition qu'elle soit importante, pourrait donner l'impression à l'entreprise que l'Autorité de la concurrence est particulièrement sévère, même si, en moyenne, au regard des autres décisions rendues dans l'année, l'amende ne se révèle pas confiscatoire des profits illicites[201]. En résumé, l'effet d'ancrage remet en cause le postulat du calcul coût-bénéfice de l'auteur d'une faute lucrative en observant que l'individu est motivé par des impressions subjectives, plus que par une anticipation rationnelle de l'application du droit.

54. **L'effet de routine ou biais de jugement.** Les économistes Kahneman, Slovic et Tversky ont montré que les acteurs économiques sont bien souvent victimes de biais de jugement[202]. Ainsi « *ces biais, qui affectent leur évaluation de la situation économique, peuvent conduire à des décisions qui ne résultent plus d'un processus*

---

198 L'agent commet l'infraction chaque fois que le profit retiré est plus important que la perte subie.

199 J. Goldszlagier, « L'effet d'ancrage ou l'apport de la psychologie cognitive à l'étude de la décision judiciaire », *Les cahiers de la justice*, 2015/4, p. 509.

200 C. Sunstein, « Fifty Shades of Manipulation », *J. Behavioral Marketing* (2015). Disponible sur http://nrs.harvard.edu/urn-3:HUL.InstRepos:16149947.

201 C. Monnier-Schlumberger, A. Hutin, « Les cartels en France : Analyse économique de leurs caractéristiques et de leurs sanctions », Concurrences n° 2-2016, Art. N° 78824, pp. 45-61, p. 51 : « *Notons que dans un tiers des cas, l'amende correspond plus ou moins au niveau du gain illicite* ». Ce qui signifie que, dans deux tiers des cas, l'amende est inférieure au gain illicite retiré de l'infraction.

202 D. Kahneman, P. Slovic, A. Tversky, *Judgment under Uncertainty: Heuristic and Biases*, Cambridge University Press (1982), pp. 249-267.

de maximisation »[203]. L'individu emploie de « *routines mentales* » qui l'empêchent de prendre la décision la plus optimale. Cela signifie que le dirigeant d'entreprise, avant d'être rationnel, agit guidé par des automatismes, des habitudes, des pulsions. La « *routine* » mentale du dirigeant peut notamment dépendre de l'environnement dans lequel il travaille. Si l'entreprise porte peu d'intérêt au programme de conformité au droit et a déjà commis, par le passé, plusieurs infractions, l'agent va minorer, par habitude, la gravité attachée au manquement. Ce postulat bat en brèche celui des économistes classiques, qui vont avoir tendance à considérer que, peu importe la culture, les habitudes managériales ou les valeurs diffusées au sein de l'entreprise, le choix de se conformer ou non au droit dépend surtout d'un calcul de rentabilité sur le coût et l'avantage à retirer du manquement.

55. **Le biais de disponibilité.** Le biais de disponibilité décrit le comportement d'un individu qui se fonde uniquement sur les informations immédiatement disponibles. L'information disponible en mémoire suffit à l'agent pour prendre sa décision. Ce biais conduit à prendre pour fréquent un événement récent[204]. Il peut aussi conduire l'agent à surestimer un danger en réalité peu probable, sous prétexte de la survenance d'un événement marquant. À titre d'exemple, si, dans sa dernière décision, l'Autorité de la concurrence s'est montrée sévère en infligeant une forte amende, l'individu va surévaluer le risque pécuniaire de l'infraction. Au contraire, si l'Autorité s'est montrée laxiste, l'agent aura tendance à mépriser le coût de l'infraction, sachant que la seule information disponible à laquelle il se rattache lui fait préjuger que les amendes imposées sont insuffisamment dissuasives. Au regard de ce biais, le choix d'enfreindre la loi peut être influencé par une sélection discrétionnaire de l'information disponible plus que par une analyse profonde des coûts et bénéfices du manquement à la loi, ce qui contredit le postulat de la théorie économique traditionnelle.

56. **Le biais de représentativité.** Le biais de représentativité repose sur l'hypothèse que les individus se fondent sur des stéréotypes[205]. À partir d'une idée préconçue, l'individu va surestimer ou sous-estimer la réalisation d'un événement. L'agent est trompé par une représentation de la réalité ou par des stéréotypes qui ne se fondent pas sur un raisonnement logique ou probabiliste[206]. Dans ce cas, le choix d'enfreindre le droit de la concurrence, loin d'être rationnel, est fondé sur une perception subjective du risque de sanction qui peut résulter, par exemple, de la médiatisation d'une infraction de concurrence punie sévèrement par l'Autorité ; de l'influence des lobbies qui vont diaboliser l'action publique, ou encore du développement des programmes de conformité qui insistent sur le risque juridique résultant d'un manquement de concurrence. Le biais de représentativité va générer deux conséquences :

---

203 N. Eber, M. Willinger, « II. Choix individuels », *L'économie expérimentale*, La Découverte, 2012, pp. 25-47.

204 À titre d'exemple, si l'on vient d'apprendre qu'il y a eu un crash en avion, on va surestimer le danger du transport aérien.

205 D. Kahneman, A. Tversky, « Subjective Probability: A Judgement of Representativeness », 3 *Cognitive Psychology* 430-454 (1972).

206 A. Corcos, F. Pannequin, « Conservatisme, représentativité et ancrage dans un contexte dynamique : Une approche expérimentale », *Recherches économiques de Louvain* 2008/1, vol. 74, pp. 77-110.

- d'une part, l'entreprise risque de surestimer – malgré l'absence de base empirique confirmant ce préjugé – le risque pécuniaire de l'infraction. Dans ce cas, trompée par une représentation erronée de la réalité, l'entreprise sera respectueuse du droit de la concurrence ;
- d'autre part, l'entreprise risque de sous-estimer le risque pécuniaire attaché au manquement. Dans ce cas, une nouvelle fois trompée par une représentation subjective de l'information disponible, l'entreprise va former un postulat selon lequel enfreindre la loi est plus rentable que de la respecter, ce qui l'incitera à s'engager dans une pratique illicite. Ce biais de représentativité révèle l'absence de calcul coût-bénéfice, car l'action de l'agent économique est motivée par un préjugé fondé sur un stéréotype, et non sur un raisonnement rationnel.

57. **L'effet de cadrage ou de présentation.** Selon l'effet de cadrage, la manière de présenter un problème influence la décision et donc conduit à des choix radicalement différents de la part des agents, même si le problème est formellement le même[207]. Tout dépend donc du « cadrage », c'est-à-dire de la présentation du problème aux acteurs économiques. Cette théorie est de nature à privilégier le développement des programmes de conformité au détriment d'une dissuasion axée sur le renforcement des peines. Selon la façon dont le respect du droit de la concurrence est présenté, l'agent économique est plus ou moins incité à s'y conformer. L'effet de présentation laisse à penser que c'est d'abord par la diffusion d'une culture de concurrence – laquelle assure la compréhension par les acteurs des bienfaits d'une concurrence effective – que l'on assure le respect du droit. Ce biais comportemental démontre que la rationalité des acteurs économiques est parfaitement manipulable ; qu'ainsi, même dans les cas où les sanctions seraient sous-dissuasives, un travail de communication subtil de la part des autorités compétentes pourrait influencer le choix des agents dans le sens du respect du droit.

58. **La loi des petits nombres.** La loi des petits nombres décrit la tendance des individus à inférer des généralités à partir d'événements peu fréquents[208]. Prenons l'exemple d'une catastrophe telle qu'une avalanche. Dans l'esprit des individus, l'occurrence d'un tel événement est peu probable, si bien que lorsqu'une avalanche survient, ils vont avoir tendance à penser qu'il n'y aura plus d'avalanche. Ce comportement décrit une perception fausse du danger probable, pour la seule raison qu'il vient de survenir. La loi des petits nombres s'illustre aussi par une intuition irrésistible qualifiée de « *sophisme du joueur* » (*gambler's fallacy*)[209] : après avoir observé une série de « piles », nombreux sont les joueurs à estimer

[207] A. Tversky, D. Kahneman, « The Framing of Decisions and the Psychology of Choice », 211(4481) *Science* 453-458 (1981).

[208] A. Tversky, D. Kahneman, « Belief in the Law of Small Numbers », 76(2) *Psychological Bulletin* 105-110 (1971).

[209] R. Croson, J. Sundali, « The Gambler's Fallacy and the Hot Hand: Empirical Data from Casinos », 30(3) *J Risk Uncertainty* 195-209 (2005). – V. aussi, D. Terrell, « A Test of the Gambler's Fallacy: Evidence from Pari-mutuel Games » 8(3) *J Risk Uncertainty* 309-317 (1994). – E. Hoelzl, A. Rustichini, « Overconfident: Do You Put Your Money On It? » 115(503) *The Economic Journal* 305-318 (2005).

que la pièce doit tomber sur « face »[210]. Appliqué au comportement des firmes, ce biais peut encourager la récidive. Une firme condamnée pour une infraction risque de récidiver, estimant peu probable d'être condamnée une seconde fois. Inversement, une entreprise qui échappe au droit de la concurrence malgré plusieurs violations du marché va surestimer la probabilité de détection d'une prochaine infraction, si bien qu'elle sera dissuadée de la commettre. Une nouvelle fois, en observant ce biais, l'économie comportementale s'oppose à *l'homo œconomicus* et souligne le caractère irrationnel des acteurs économiques qui, par des intuitions, forment des probabilités subjectives conduisant à des choix sous-optimaux.

59. **Le biais de confiance excessive.** Le biais de confiance excessive (*over optimism*) se définit par la tendance d'un individu à surestimer ses connaissances[211] et à porter une confiance excessive en son jugement, notamment lorsqu'il s'agit de prédire un événement incertain. L'excès de confiance des dirigeants d'entreprise peut se traduire de différentes manières :

- soit par des biais dans l'attribution causale d'un événement heureux ou malheureux[212]. Dans ce cas, les individus attribuent leurs succès à eux-mêmes et leurs échecs à la malchance ;
- soit par une déformation des probabilités en fonction de ce qui rassure l'individu atteint de surconfiance. Ici, l'individu ne considère que la probabilité personnelle (et non la probabilité objective) de subir l'événement en cause. La probabilité personnelle estimée par l'agent « surconfiant » est élevée si l'événement est bénéfique et faible si l'événement lui est défavorable.

Dans le premier cas, la dissuasion au sens beckerien[213] du terme est contestable, car le dirigeant atteint d'excès de confiance attribue la détection de l'infraction à de la malchance. L'agent ne perçoit pas le message envoyé par l'application du droit, si bien qu'il va récidiver. Dans le second cas, même dans l'hypothèse d'un renforcement des amendes et d'une augmentation de la probabilité de détection, l'excès d'optimisme aveugle le dirigeant d'entreprise, qui retient un risque de détection inférieur à la réalité. En somme, une variable psychologique individuelle autre qu'un simple calcul coût-bénéfice et tenant à l'excès d'optimisme des agents économiques influence le choix d'enfreindre la loi.

60. **Le pouvoir des émotions.** Pour finir sur les biais, des études expérimentales ont démontré le pouvoir des émotions dans le processus de décision des agents économiques. Des biais émotionnels conduisent les agents à faire des choix « irrationnels ». Les travaux du professeur Roland Bénabou ont mis en avant le risque de déni de réalité dont sont atteints certains individus, et qui serait notamment

---

[210] On observe le même phénomène à la roulette : après avoir vu le rouge sortir trois ou quatre fois consécutivement, l'esprit humain va avoir tendance à croire que la boule doit s'arrêter sur le noir.

[211] Le biais de confiance excessive peut ressembler pour cette raison à l'effet Dunning-Kruger, lequel correspond à la tendance qu'ont les personnes les moins compétentes dans un domaine donné à surestimer leurs compétences et, inversement, pour les plus compétentes, à sous-estimer leurs compétences.

[212] N. Jacquemet, J.-L. Rullière, I. Vialle, « Contrôle des activités illégales en présence d'un biais d'optimisme », *RE* 2007/3, vol. 58, pp. 555-564.

[213] C'est-à-dire la dissuasion à travers une sanction qui prive le fautif de ses gains illicites.

responsable de la crise des *subprimes*[214]. Ce déni de réalité est favorisé par certaines émotions, comme l'angoisse, qui oblige l'esprit humain à se défendre et à refouler les pensées négatives. Il peut pousser un individu à traiter l'information de façon asymétrique, en refoulant l'information anxiogène. Aussi l'individu pourrait développer une aversion pour l'information, en ignorant les aléas auxquels il est confronté.

En considérant que l'amende pécuniaire de l'Autorité ou du ministre de l'Économie fait office de signal dissuasif, ce signal pourrait être ignoré par les entreprises qui vont éliminer l'information négative dans leur décision d'enfreindre le droit. L'angoisse pourrait notamment entretenir le phénomène de mémoire sélective, c'est-à-dire que le dirigeant ne retiendra que les fois où il a bénéficié d'une sanction clémente ou échappé à une amende. Le rôle des émotions dans la prise de décision des agents traduit une critique implicite de la théorie de l'amende optimale. Le renforcement des sanctions risquerait de créer un climat anxiogène qui poussera les entreprises à ignorer le risque juridique attaché au manquement (mémoire sélective) pour ne retenir que les sanctions « laxistes ». L'oubli sélectif des signaux dissuasifs (augmentation de l'amende, encouragement de l'action privée, etc.) rendrait inutile la création d'un système fondé sur le renforcement des sanctions.

61. **Bilan.** La théorie comportementale conteste la théorie de l'agent rationnel en montrant que les individus sont sujets à des heuristiques et biais comportementaux qui les conduisent à faire des choix « illogiques » ou contraires à leur intérêt personnel. Dans le choix d'enfreindre la loi, le calcul coût-bénéfice de l'auteur d'une faute lucrative est remis en cause, tant les expérimentations ont démontré les limites de la rationalité des acteurs économiques : soit l'agent ne dispose pas des informations disponibles pour faire le meilleur choix ; soit il dispose des informations disponibles, mais sa capacité de traitement de l'information est limitée. Enfin, l'individu serait contraint par son propre comportement, qu'il soit atteint d'un excès d'optimisme qui l'aveugle ou d'une intuition spontanée qui le trompe. Au regard de cette « nouvelle » théorie, le choix d'enfreindre la loi devrait être traité davantage au regard de la complexité des individus que du schéma classique selon lequel les agents enfreignent la norme chaque fois que l'avantage retiré du manquement est supérieur au coût subi.

Reste que cette hypothèse intéressante n'est pas satisfaisante. À notre sens, pour réformer et analyser le droit, la théorie la plus pertinente reste celle de l'agent rationnel : comme nous allons maintenant l'expliquer, il nous semble plus pertinent d'appliquer la théorie de l'agent rationnel aux normes juridiques pour développer un système dissuasif effectif et efficace.

---

214 R. Bénabou « The Economics of Motivated Beliefs », conférence Jean-Jacques Laffont, *REP* 2015/5, vol. 125, pp. 665-685, spéc. p. 677 : « *Large case-study literatures on corporate failures and scandals describe willful blindness and reality denial spreading within firms and other organizations.* »

Section 2
L'application aux normes juridiques de la théorie de l'agent rationnel

62. **Le choix de l'agent rationnel.** Malgré l'importance grandissante de l'économie comportementale, appliquée au droit, cette dernière souffre de plusieurs lacunes[215] qui justifient notre préférence pour la théorie de l'agent rationnel. S'il convient de rappeler que la théorie comportementale peut être complémentaire de la théorie de l'agent rationnel (§ 1), les conflits opposants ces deux théories s'expliquent aussi par une incompréhension de ce qu'est, selon l'analyse économique du droit, un « agent rationnel ». Les malentendus affectant la théorie de l'agent rationnel (§ 2) doivent ainsi être évincés afin d'assurer une meilleure compréhension de cette théorie. Néanmoins, le paradigme de l'agent rationnel n'a d'utilité que si, dans notre étude, il est confronté à la règle de droit (§ 3). Confronter le modèle de l'agent rationnel à la règle de droit permet de comprendre à quel point cette théorie est essentielle pour assurer une réflexion profonde sur les normes juridiques et évaluer leur nature dissuasive ou sous-dissuasive.

§ 1. La théorie comportementale complémentaire de la théorie de l'agent rationnel

63. **Théorie complémentaire.** À notre sens, l'économie comportementale ne constitue pas une parade ou un substitut de la théorie de l'agent rationnel : elle représente simplement une alternative. Pour cette raison, il nous paraîtrait injuste d'utiliser l'économie comportementale pour décrédibiliser la proposition d'un modèle dissuasif reposant sur la théorie de l'agent rationnel. Il nous paraîtrait tout aussi injuste d'utiliser la théorie comportementale pour considérer, par exemple, que le risque de faute lucrative est un « fantasme ». L'objectif de la théorie comportementale n'est d'ailleurs pas de supprimer toute réflexion menée à l'aune de la rationalité des acteurs, mais simplement d'offrir une fenêtre de réflexion supplémentaire sur d'autres types de processus qui mènent à une décision. Cette théorie ne vise donc pas à convaincre les autorités de concurrence de supprimer les sanctions répressives, elle cherche à proposer d'autres solutions possibles, par exemple le développement des programmes de compliance. Le développement de tels programmes n'est en rien incompatible avec l'adoption d'un modèle de sanction dissuasif visant à chasser le calcul coût-avantage des auteurs d'infractions. L'économie comportementale n'offre donc pas une autre façon de penser la sanction, mais un prolongement dans la façon dont nous devons envisager la sanction des infractions de concurrence.

---

[215] *Infra*, Partie I, Discussion préliminaire, n° 84 et s.

64. **Points communs entre les théories : le postulat de la rationalité limitée.** De plus, contrairement à ce que l'on peut imaginer, les deux théories ne sont pas si éloignées. Le but de l'économie comportementale est moins de montrer que les agents sont irrationnels que de développer l'idée que leur rationalité est limitée. Sur ce point, le prix Nobel Herbert Simon – considéré comme l'un des premiers grands penseurs de cette discipline[216] – employait le concept de « *rationalité limitée* »[217] des agents économiques[218]. Ce concept ne remet donc pas en cause la rationalité de l'agent. Il permet simplement de souligner que la rationalité a des limites, comme l'accès à l'information disponible pour former une décision, le temps disponible pour faire un choix ou encore l'imprévisibilité du contexte dans lequel l'agent évolue. Ces limites ne veulent « *pas dire que les dirigeants sont irrationnels, mais, plutôt, que les stratégies sont formulées avec des limites cognitives et dans le contexte de l'action* »[219]. Ainsi, selon le professeur Christine Jolls – qui pourtant défend l'économie comportementale – « *l'approche comportementale de l'analyse économique du droit ne doit pas être considérée comme une critique de l'analyse économique du droit* »[220]. De même, le professeur Cass Sunstein considère que, confrontée à la règle de droit, la décision de l'agent est un mélange subtil de calcul et de jugement intuitif[221], ce qui signifie que la présence d'heuristiques ne remet pas en cause la possibilité d'un calcul. L'analyse comportementale sert donc à donner une approche plus « réaliste » de la psychologie des individus confrontés à une décision. En cela, loin de réformer totalement l'approche économique classique, elle la prolonge. C'est donc « *plutôt une tentative pour raffiner l'analyse* »[222] qu'une tentative de déconstruction de la théorie de l'agent rationnel.

Reste que, à notre sens, l'opposition entre les deux théories traduit aussi une incompréhension de la théorie de l'agent rationnel.

§ 2. Les malentendus affectant la théorie de l'agent rationnel

65. **Rationalité parfaite ? Clarification de R. Posner.** L'opposition à la théorie de l'agent rationnel semble naître parfois d'une incompréhension ou d'une caricature de cette théorie. Le modèle de l'analyse économique n'est plus celui de l'agent « parfaitement » ou « idéalement » rationnel. Le modèle de l'agent

---

216 M. Augier, « Sublime Simon: The consistent vision of economic psychology's Nobel laureate », 22(3) *JOEP* 307-334 (2001).

217 Traduction de la formule anglaise : « *bounded rationality* ».

218 H. A. Simon, « A Behavioral Model of Rational Choice », 69(1) *Q J Econ* 99-118 (1955). V. aussi : H. A. Simon, *Models of Bounded Rationality: Behavioral Economics and Business Organization*, vol. 1 et 2, The MIT Press (1982).

219 R. Calori, P. Sarnin, « Les facteurs de complexité des schémas cognitifs des dirigeants », *RFG* n° 93, 1993, p. 86.

220 C. Jolls, « Behavioral Economic Analysis of Redistributive Legal Rules », 51 *Vand. L. Rev.* 1654 (1998). Traduction libre : « *Behavioral law and economics is not a critique of law and economics.* »

221 C. Sunstein, *Behavioral Law and Economics*, Cambridge University Press, Cambridge (2000).

222 T. Ulen, « The Growing Pains of Behavioral Law and Economics », 51(6) *Vand. L. Rev.* 1748 (1998) : « *Behavioral law and economics does not attempt to undo any of the remarkable accomplishments of law and economics. Rather, it is an attempt to refine.* »

idéalement rationnel « *capable d'effectuer tous ces calculs instantanément [...] doué d'un pouvoir déductif illimité et imperméable à toute croyance fausse* »[223] est dépassé. C'est la raison pour laquelle le « père » de l'analyse économique du droit – Richard Posner – considère que les « *idées attribuées à l'économie comportementale font déjà partie intégrante de l'analyse économique du droit, qui a depuis longtemps abandonné le modèle de l'homme (ou de la femme) hyper-rationnel, sans émotion, asocial, extrêmement égoïste* »[224]. Cette clarification de Posner est essentielle. Elle est en outre reprise par le prix Nobel Jean Tirole, qui décrit *l'homo œconomicus* comme un agent qui, bien que doté d'une rationalité limitée, cherche à poursuivre son intérêt personnel : l'*homo œconomicus* est un « *décideur conscient de ses propres intérêts et les poursuivant de manière rationnelle. Certes, il [peut] manquer d'informations et par conséquent ses décisions [peuvent] être moins bonnes que celles qu'il aurait pu prendre en toute connaissance de cause. Certes, il [peut] de lui-même choisir de ne pas être parfaitement informé ou de ne pas pousser un raisonnement jusqu'au bout, car s'informer et raisonner impliquent des coûts en termes de temps et éventuellement d'argent. Mais il [poursuit] parfaitement ses intérêts, quels qu'ils soient* »[225].

Poursuivre ses intérêts ne signifie pas que l'agent va forcément les réaliser. L'agent rationnel est celui qui tente de poursuivre ses intérêts et qui, sur le chemin le menant à la maximisation de son utilité personnelle, peut commettre des erreurs qui le mèneront à prendre une décision sous-optimale. Les heuristiques et biais comportementaux sont des « accidents » dans la pensée de l'agent rationnel.

La théorie du choix rationnel a par ailleurs été étendue par le sociologue Raymond Boudon. Dans son essai, l'auteur développe une « théorie générale de la rationalité »[226] et évoque trois types de rationalité :

- **Rationalité instrumentale.** La rationalité instrumentale décrit le calcul coût-bénéfice de l'agent économique qui entend maximiser ses bénéfices et réduire ses coûts. La rationalité instrumentale explique le phénomène de faute lucrative. Appliquée au droit de la concurrence, cette hypothèse renvoie à l'entreprise qui fait le choix d'enfreindre le droit de la concurrence lorsque le coût de son action lui semble plus faible que les profits retirés du manquement. Rappelons que, conformément à la définition de *l'homo œconomicus* donné par Jean Tirole[227], le fait que l'agent n'ait pas toutes les informations et qu'il puisse éventuellement se tromper dans son calcul n'enlève en rien à la motivation rationnelle de son action : ce denier entend rationnellement maximiser ses intérêts en enfreignant la loi.

---

223 M. Lagueux, « L'agent économique : rationalité maximale ou minimale », *Cahiers d'économie politique / Papers in Political Economy* 2005/2, n° 49, pp. 143-158, pp.148 et 150.

224 R. Posner, « Rational Choice, Behavioral Economics, and the Law », 50 *Stan. L. Rev.* 1551-1575 (1997-1998), p. 1552. Traduction libre : « *Some of the insights they ascribe to behavioral economics are already a part of economic analysis of law, which long ago abandoned the model of hyperrational, emotionless, unsocial, supremely egoistic, nonstrategic man (or woman) that JST in places appear to ascribe to it.* » Par JST, l'auteur vise directement Jolls, Sunstein et Thaler – trois auteurs critiquant la théorie de l'agent rationnel.

225 J. Tirole, *Économie du bien commun*, PUF, 2016, p. 169.

226 R. Boudon, *Essais sur la théorie générale de la rationalité*, PUF, 2007.

227 J. Tirole, *loc. cit.*

– **Rationalité cognitive et rationalité axiologique**[228]. La rationalité cognitive signifie que l'individu adhère à une croyance ou entreprend une action parce qu'elle fait sens pour lui. Autrement dit, la cause principale des actions, croyances, etc., du sujet réside dans les raisons personnelles qu'il a de les adopter. L'individu a alors une « bonne raison » d'adopter son comportement[229]. La rationalité cognitive devient axiologique[230] quand le choix de l'individu est motivé par une croyance en des valeurs[231]. Appliquée au droit de la concurrence, cette hypothèse renvoie à l'entreprise qui va adopter une stratégie de conformité au droit de la concurrence alors que, par exemple, la commission d'une pratique anticoncurrentielle eût été plus rentable. Respecter le droit a un coût pour l'entreprise, qui doit entreprendre des investissements et une stratégie innovante pour dépasser ses concurrents. D'un point de vue comportemental, ce comportement prosocial est irrationnel, car plus ruineux qu'une stratégie infractionnelle. Or, ce comportement est en réalité rationnel, car la firme en cause a sans doute une « bonne raison » d'adopter un comportement prosocial. Cette raison (image de soi, adhésion aux valeurs concurrentielles, etc.) donne un sens au respect de la loi. Le gain indu retiré de la faute dite « lucrative » nuirait à l'équilibre psychique de l'agent prosocial qui, rationnellement, décide de respecter la loi pour se conformer à son idée du « juste », que peut représenter par exemple le modèle de la « concurrence par les mérites »[232].

66. **Bilan.** L'agent rationnel est un individu qui entend poursuivre son intérêt personnel. Le constat selon lequel un agent économique n'est pas capable d'évaluer la probabilité de détection de l'infraction de concurrence ou le montant de la sanction qui lui est infligée ne signifie pas qu'il n'est pas rationnel. Le simple fait qu'il ait une « bonne raison »[233] de croire – au regard des signaux envoyés par le système répressif – que l'infraction est une opération rentable suffit à caractériser la rationalité de son action. Dans ce cas, même dans l'hypothèse où l'amende excéderait, finalement, le montant redouté par l'agent, ce dernier a entendu maximiser son intérêt personnel au moment d'enfreindre la loi. Il a

---

228 R. Boudon, « Une approche cognitive de la rationalité », *Idées économiques et sociales* 2011/3, n° 165, pp. 24-36.

229 R. Boudon, *Raisons, bonnes raisons*, PUF, 2003.

230 R. Boudon, « La "rationalité axiologique" : une notion essentielle pour l'analyse des phénomènes normatifs », *Sociologie et sociétés*, vol. XXXI, n° 1, printemps 1999, pp. 103-117.

231 À titre d'exemple, le héros de guerre sacrifiant sa vie est « irrationnel » si l'on s'en tient à la rationalité instrumentale, car le coût de son engagement – la mort – est supérieur à son éventuel bénéfice – la gloire. Du point de vue de la rationalité axiologique, on peut au contraire estimer que le risque pris est rationnel, car le héros sacrifie sa vie pour une cause qu'il estime et pour laquelle il trouve « juste » de se sacrifier. Plus généralement, le sociologue Raymond Boudon estime que, « *à partir du moment où l'on suppose que l'individu a une représentation plus ou moins floue de ce que doit être un bon gouvernement, une société acceptable, etc. [...] son jugement peut être détaché de ses intérêts [...] le sujet social n'a pas le seul souci de son intérêt ou des effets sur son bien-être des institutions sociales,* mais aussi celui de se donner une théorie acceptable de ce qu'est une bonne société, un bon gouvernement, *etc. Tel individu rangé, qui n'a aucune chance d'avoir jamais affaire à la justice, aura tout de même une opinion, par exemple sur la peine de mort. Cette institution ne le concerne pas et n'a aucune chance de le concerner. Pourtant, il est ardemment contre. Pourquoi ? Parce qu'elle lui semble contredire des principes auxquels il est attaché et la théorie plus ou moins implicite qu'il s'est forgée sur les façons de sanctionner les comportements répréhensibles* ». R. Boudon, *ibid.*, p. 115.

232 OCDE, « Qu'est-ce que la concurrence par les mérites ? », Synthèses, 2006.

233 *Supra*, v. le concept de rationalité cognitive du sociologue R. Boudon, n° 65 et s.

simplement commis une erreur de calcul générée par le manque d'information disponible. Par ailleurs, le fait qu'une firme ne maximise pas son intérêt personnel (au sens où elle ne prend pas une décision qui limite ses coûts et augmente ses bénéfices) ne signifie pas nécessairement qu'elle est irrationnelle. Un autre intérêt « égoïste » a pu motiver son choix de respecter le droit, comme l'image sociale de l'entreprise. En somme, l'agent peut avoir plusieurs façons d'être rationnel, et les raisons de son choix, fussent-elles limitées par des heuristiques, ne font pas nécessairement de lui un être irrationnel.

§ 3. L'agent rationnel confronté à la règle de droit

67. Maintenant que nous avons clarifié la définition de l'agent dit « rationnel », il nous semble essentiel d'appliquer la théorie de l'agent rationnel aux normes juridiques. L'évolution de l'analyse économique (A) sur la question de l'agent rationnel confronté à la règle de droit a permis à ce modèle de remplir un objectif normatif bien précis : la clarification du droit (B). Au contraire, les analyses comportementales, bien qu'intéressantes, sont source de confusion. Les solutions proposées par l'économie comportementale, qui évoque un individu « prosocial » par rapport à l'individu égoïste représenté par l'*homo œconomicus,* aboutissent, notamment, à insister sur le développement des programmes de conformité davantage que sur des solutions répressives. Or, l'individu « prosocial » constitue un modèle insuffisant pour justifier le développement des programmes de conformité au détriment de sanctions plus énergiques. En somme, l'application de l'économie comportementale aux normes juridiques comporte plusieurs limites (C).

A. L'évolution de l'analyse économique du droit

68. **Précisions liminaires.** La théorie de l'agent rationnel peut être appliquée à de multiples cas[234]. Ce qui nous intéresse essentiellement dans le cadre de notre thèse, c'est de partir du modèle de l'agent rationnel confronté à la règle de droit. Concrètement, nous estimons que la norme a un effet incitatif ou dissuasif à l'infraction. La règle de droit donne des indications à l'agent déviant, qui prend en compte le risque juridique de l'infraction dans son choix d'enfreindre la loi. Une étude normative des règles concurrentielles et des sanctions est donc indispensable pour juger des incitations à porter atteinte au marché. Nous rejoignons ainsi la vision posnérienne du caractère incitatif de la règle de droit.

69. **Posner.** Selon Posner, la règle de droit équivaut à un prix implicite qui entre dans le programme de maximisation de l'utilité individuelle[235]. Les règles de droit influencent la formation des anticipations des acteurs. L'agent se saisit du droit

---

[234] Comme, par exemple, la rationalité du consommateur face aux prix.

[235] R. Posner, *Economic Analysis of Law*, 1re éd., Little Brown (1973). – V. aussi B. Deffains, S. Ferey, « L'économie du droit entre révolution cognitive et tournant réaliste », *RFE* 2014/4, vol. XXVII, pp. 45-80.

pour évaluer la rentabilité de la stratégie infractionnelle et le coût d'une stratégie de conformité. La volonté de l'agent de réaliser une faute lucrative l'oblige à se renseigner sur la nature (sévère ou laxiste) de la norme à laquelle il est confronté. La thèse posnérienne est donc une thèse prédictive. L'individu cherche à prédire les conséquences des règles de droit.

70. **La règle de droit : un « signal ».** Métaphoriquement, la norme et la sanction associée à la norme forment un signal qui renseigne l'agent sur les contraintes de son action. L'entreprise qui entend commettre une infraction de concurrence est dans une situation qui peut ressembler à celle de l'automobiliste qui entend brûler un feu rouge. Chacun va interpréter les signaux donnés avant de faire un choix. Le chauffeur va d'abord percevoir le feu rouge ; puis interpréter le signal (la couleur rouge signifie qu'il faut s'arrêter) ; puis, enfin, faire un choix rationnel en fonction de cette interprétation, c'est-à-dire s'arrêter s'il interprète qu'il a de grandes probabilités de se faire arrêter et si le coût de l'arrestation est supérieur au gain retiré du non-respect du signal[236]. De même, l'entreprise va d'abord percevoir le signal formé par les règles de concurrence ; puis interpréter les règles de concurrence (les articles 420-1 et 420-2 signifient par exemple l'interdiction de former une pratique anticoncurrentielle) ; avant, enfin, en fonction du droit et de la jurisprudence applicables, de prédire avec plus ou moins de réussite le coût et le bénéfice de son atteinte au marché.

71. **L'anticipation rationnelle de la sanction est-elle possible en droit ?** À cette question fondamentale, on peut confronter deux postulats : d'une part, le postulat de l'économie comportementale répond par la négative. L'interprétation du sens des normes et, en conséquence, le choix rationnel d'enfreindre la loi selon un calcul de maximisation se heurtent à la croyance des acteurs, qui est sujette à des biais comportementaux. L'individu traite imparfaitement le signal, car il ne dispose pas de la connaissance ou des informations suffisantes pour bien le traiter (manque de culture de concurrence par exemple). Cette mauvaise interprétation va biaiser la croyance de l'agent à propos du sens de la norme et du risque juridique de l'infraction, ce qui empêche une éventuelle anticipation rationnelle de la sanction. Ainsi, même dans l'hypothèse où le droit de la concurrence se trouverait sous-dissuasif, l'individu, trompé par ses croyances[237], pourrait le croire sur-dissuasif. En résumé, les firmes ne pourraient anticiper rationnellement l'application du droit de la concurrence et ses sanctions, car elles analyseraient imparfaitement les signaux contenus dans la règle de droit.

D'autre part, le postulat « posnérien », lui, considère qu'il est nécessaire de partir du principe qu'un agent puisse anticiper l'application de la règle de droit. Malgré la critique de l'économie comportementale, il nous paraît essentiel de retenir l'hypothèse posnérienne selon laquelle les règles de droit permettent aux

---

236 Les gains peuvent être multiples : gain de temps qui peut avoir des conséquences importantes sur les perspectives de carrière de l'automobiliste, notamment si ce dernier a un rendez-vous professionnel par exemple.

237 V. *supra*, les biais comportementaux, n° 59 et s. Dans le cas du biais de représentativité par exemple, l'individu se fonde sur des stéréotypes plus que sur une analyse profonde de l'information dont il dispose. Certains stéréotypes sur le caractère sur-dissuasif des amendes (lesquels ne sont justifiés par aucune étude empirique) pourraient participer à la construction d'une fausse croyance surestimant le risque économique de l'infraction.

entreprises de construire une anticipation rationnelle de la décision du juge ou de l'autorité chargés du litige. Cette hypothèse emporte notre préférence pour deux raisons fondamentales.

72. **Destinataires des règles concurrentielles : les entreprises.** Premièrement, il nous paraît logique de considérer que les dirigeants d'entreprise sont, pour la plupart, hautement qualifiés. Qu'ainsi, à la différence du consommateur profane qui n'a pas connaissance des règles auxquelles il est confronté, le dirigeant a un intérêt personnel à se renseigner sur le droit en vigueur. Pour cette raison, on peut estimer qu'il est en mesure de former des anticipations rationnelles quant à l'application des règles et au risque de sanction. L'ouvrage dirigé par M. Antoine Masson intitulé *Stratégies d'instrumentalisation juridique et concurrence* montre que les entreprises, par l'intermédiaire de leur dirigeant, peuvent exploiter la règle de droit pour prendre un avantage sur la concurrence[238]. Les firmes cherchent, rationnellement, à tirer profit des failles juridiques pour limiter le coût de l'infraction ; de même, elles sont en mesure d'instrumentaliser le caractère discutable de la norme concurrentielle (par exemple la règle sur les prix prédateurs) pour former une action juridique opportuniste à l'encontre de leur concurrent. Notons, en outre, que le Tribunal de première instance des Communautés européennes a reconnu que les entreprises « *disposent, généralement, de ressources qui leur permettent d'avoir une meilleure connaissance des exigences et des conséquences du droit de la concurrence* »[239].

Par ailleurs, il peut nous être rétorqué que si l'auteur de l'infraction de concurrence peut faire des prédictions sur l'application d'une sanction (par exemple, il peut prédire qu'il ne risque pas de peine de prison sachant que cette peine n'est que très rarement prononcée en France), il aura en revanche beaucoup plus de difficultés à faire des prédictions sur le montant de l'amende. On répondra à cela trois arguments, que nous développerons plus en détail dans la suite de notre thèse : d'une part, l'inflation des procédures négociées donne une chance réelle à l'agent d'aiguiser ses prédictions et de maîtriser le coût de l'amende[240]. D'autre part, les amendes infligées par l'Autorité sont en majorité non confiscatoire et dépassent rarement 1 % du chiffre d'affaires des entreprises sanctionnées[241], ce qui réduit l'incertitude de ces dernières quant au coût de l'amende. Enfin, l'inefficacité probable des actions en réparation du dommage concurrentiel[242] minore la gestion du risque concurrentiel et l'incertitude quant au coût de l'action privée qui viendrait s'ajouter au coût de l'action publique. Cette triple réduction de l'incertitude quant au coût de l'infraction favorise, *in fine*, la formation des anticipations.

---

238 A. Masson (dir.), *Stratégies d'instrumentalisation juridique et concurrence*, Larcier, 2013.

239 TPICE, 17 septembre 2007, *Microsoft c/ Commission*, aff. T-201/04, § 1363 ; v. aussi § 1320. Le Tribunal reconnaît néanmoins que les entreprises de petite taille sont plus limitées pour renforcer leur culture de concurrence.

240 *Infra*, Partie I, Titre I, n° 171 et s ; n° 240 et s.

241 *Infra*, Partie I, Titre I, n° 196 et s.

242 *Infra*, Partie I, Titre II, n° 330 et s. Cette inefficacité s'explique pour des raisons que nous expliciterons plus tard, et que nous pouvons ici résumer en soulignant les trois obstacles majeurs à l'effectivité des actions en dommages-intérêts : l'accès aux preuves, la démonstration du lien de causalité et la quantification du préjudice.

73. **Persistance du calcul.** Deuxièmement, l'existence d'heuristiques et biais comportementaux ne remet aucunement en cause la possibilité d'un calcul, de même qu'une mauvaise interprétation du droit en vigueur n'empêche pas l'agent de faire des prédictions sur la probabilité d'être condamné ou sur le montant de l'amende. Le fait que cette anticipation soit biaisée par une connaissance imparfaite des règles de concurrence ne permet pas de conclure que l'agent est irrationnel[243]. Cela signifie, aux mieux, que cet agent rationnel (au sens où il cherche à satisfaire son intérêt), parfois, à cause des heuristiques dont il est victime, forme des anticipations irrationnelles. Or, retenir que les agents forment des anticipations irrationnelles sur l'application de la norme concurrentielle n'a, à notre sens, que peu d'intérêt. D'abord, parce qu'on voit mal comment il est possible d'évaluer les « forces psychologiques » (rôle des émotions, de la mémoire, de l'altruisme, du phénomène de procrastination, etc.) dans la formation des prédictions et le choix d'enfreindre le droit de la concurrence. Ensuite et surtout, à supposer qu'elles soient évaluables, on voit mal quels enseignements le législateur et les autorités de concurrence devraient en tirer. Hormis la solution visant à appuyer sur le développement des programmes de conformité pour sensibiliser davantage les acteurs économiques au respect du droit, considérer que les agents forment des croyances irrationnelles revient à paralyser toute réflexion sur les sanctions. Si l'on considère que les agents font des prédictions irrationnelles sur l'application du droit et le montant de la sanction, il devient inutile de proposer un système dissuasif. Cette conclusion, en plus d'être dangereuse, ne participe pas à l'objectif de clarification du droit.

B. La théorie de l'agent rationnel au service de la clarification du droit

74. La théorie de l'agent rationnel emporte notre préférence, car elle sert un objectif de clarification du droit (1). À ce titre, nous développerons – afin de mettre clairement en évidence le rôle incitatif des règles juridiques – une hiérarchie des normes incitatives à la violation du droit (2).

1. La clarté du modèle de l'agent rationnel

75. **Clarification du droit.** À supposer que la théorie du choix rationnel pèche par son manque de réalisme, elle doit être préférée à toute autre théorie pour la raison fondamentale suivante : elle est un outil extraordinaire de simplification du droit qu'aucun autre modèle alternatif ne peut réaliser[244]. Un modèle, quel qu'il soit, a des défauts. La seule question qui, à notre sens, doit alors se poser est la

---

243 Or, comme le rappelle très justement un auteur, « *la rationalité de l'agent économique ne doit pas être confondue avec l'hypothèse d'anticipations rationnelles* » ; v. R. Guesnerie, « Rationalité économique et anticipations rationnelles », *Idées économiques et sociales* 2011/3, n° 165, pp. 7-14.

244 J. Coleman, *Individual Interests and Collective Action: Selected Essays*, Cambridge University Press (1986) : « *La raison pour laquelle l'action rationnelle a une force de séduction particulière en tant que base théorique est qu'il s'agit d'une conception de l'action qui rend inutile toute question supplémentaire.* » Cité par R. Boudon, « Théorie du choix rationnel ou individualisme méthodologique ? », *Revue du MAUSS* 2004/2, n° 24, pp. 281-309, p. 283.

suivante : le modèle en cause remplit-il sa mission d'éclairage ? Partir de l'idée que l'agent forme des anticipations rationnelles pour enfreindre la loi permet ensuite de comprendre et d'éclairer la finalité d'une norme et de sa sanction. Au contraire, imputer « *les croyances et les valeurs des individus à des forces irrationnelles, psychologiques, socioculturelles ou biologiques [...] éveille un fort sentiment d'inconfort dans la mesure où il épouse une représentation schizophrénique de l'esprit humain* »[245]. Cette représentation « schizophrénique » n'aide pas le législateur, qui doit penser la règle de droit et l'adapter à des comportements concrets. L'économie comportementale collectionne les cas d'irrationalités, sans délivrer un modèle clair à partir duquel on peut penser l'économie, le droit ou tout autre domaine. Le droit a besoin de modèles théoriques clairs et de concepts intelligibles. On peut à ce titre faire une analogie entre l'importance théorique du modèle du choix rationnel et celui du bien-être du consommateur.

76. **Analogie avec le concept de « bien-être du consommateur ».** En soi, le « bien-être du consommateur » décrit un modèle abstrait qui a des défauts[246]. Mais en réalité, il est extrêmement utile pour comprendre et légitimer la sanction des infractions de concurrence. Un auteur note sur ce point que le concept du bien-être du consommateur a « *été adopté comme fer de lance de l'économie, car cette conception permettait aux responsables de l'application de la loi de se pencher avec un soin redoublé sur un objectif unique et relativement simple.* Ce concept a également permis de recentrer l'application de la loi en l'éloignant des interprétations plus floues et plus souples du bien-être global et de l'intérêt public qui avaient commencé à miner l'application des règles de concurrence *[...]. En substance, le bien-être des consommateurs offrait un objet plus pur à la politique de concurrence, l'économie était la gardienne de cette pureté* »[247]. On retrouve ici toute l'utilité d'un concept dans sa mission d'éclairage de l'application du droit[248].

77. **Incidence sur notre choix de thèse.** Appliquer la théorie du choix rationnel est un préalable nécessaire à toute réflexion sur la norme concurrentielle et la légitimité des sanctions. Inversement, prendre le parti de l'irrationalité des acteurs face au droit revient à assombrir le rôle de la norme dans son rôle d'avertissement du justiciable. Comment légiférer si le citoyen est sujet à des biais qui le rendent « myope » devant le risque juridique ? Quelle sanction proposer si l'individu est désespérément optimiste (biais de surconfiance) quant aux chances d'échapper à la loi ? En collectionnant les exemples d'irrationalités, l'économie comportementale rend difficile la détermination concrète d'un quelconque effet incitatif de la

---

245 R. Boudon, « Une approche cognitive de la rationalité », *op. cit.*, note 228, p. 24.

246 M. Malaurie-Vignal, « Le bien-être du consommateur, une rencontre possible entre juriste et économiste ? », *Revue Concurrentialiste*, mai 2013 : « *La prise en compte du consommateur par le droit de la concurrence est une façon d'humaniser le droit de la concurrence, en intégrant des préoccupations sociales [...] [Le consommateur] doit jouer le jeu du marché ; il est instrumentalisé ; il est un otage. Il est courtisé par les droits de la concurrence et de la consommation, afin que libre et éclairé, il ne satisfasse pas ses propres choix, mais ceux du marché.* ».

247 P. Evans, « Bien-être et importance du consommateur en matière de droit et de politique de la concurrence », in *À quoi sert la concurrence ?*, M. Behar-Touchais, N. Charbit, R. Amaro (dir.), 2014, pp. 279-285, p. 282.

248 M. Malaurie-Vignal, « Le bien-être du consommateur, une rencontre possible entre juriste et économiste ? », *op. cit.* note 246 : « *En l'état du droit positif, le bien-être du consommateur n'est pas un standard juridique du droit de la concurrence, mais est plutôt un principe directeur d'interprétation de la règle de concurrence.* »

loi. Pour synthétiser, nous dirons que, pour dissuader un comportement déviant (en l'occurrence une entreprise qui enfreint le droit de la concurrence), il faut être en mesure de comprendre les incitations à dévier. Or, comment comprendre et anticiper l'incitation à dévier si cette incitation est sujette à d'innombrables heuristiques ?

Accorder une préférence à la théorie de l'agent rationnel permet, au contraire, de développer une série de réflexions sur l'effet incitatif de certaines normes concurrentielles et leur incidence sur le risque de faute lucrative.

2. La construction d'une hiérarchie des normes incitatives à la violation du droit

78. **Hiérarchie des normes incitatives à la violation du droit de la concurrence.** Exposons ici brièvement les normes que nous aurons pour habitude d'évoquer tout au long de notre thèse. Il ressort de nos développements généraux une possible classification des normes exploitables par l'agent rationnel. Parce qu'elles affectent directement l'effectivité et/ou l'efficacité du droit de la concurrence, elles sont incitatives à enfreindre la loi. Nous retiendrons quatre types de normes particulièrement incitatives à l'infraction.

79. **Norme refuge.** Une norme refuge est une norme derrière laquelle se réfugie le contrevenant pour affaiblir ou faire échec à une action intentée contre lui. À titre d'exemple, le principe de réparation intégrale édicté à l'article 1240 du Code civil[249] (auparavant art. 1382) et consacré par un arrêt de la Cour de cassation du 28 octobre 1954 constitue une norme refuge. En vertu de la règle selon laquelle « *le propre de la responsabilité civile est de rétablir aussi exactement que possible l'équilibre détruit par le dommage* »[250], le contrevenant peut se réfugier derrière le caractère strictement compensatoire de la réparation du dommage pour minorer (ou faire échouer) la demande en réparation. Les difficultés probatoires pour évaluer le préjudice concurrentiel rendent probable le risque de minoration du dommage, tandis que l'indifférence à l'égard des profits illicites réalisés par le contrevenant favorise l'enrichissement indu. Pour cette raison, le principe de réparation intégrale a un effet incitatif à la violation du droit en permettant le développement des fautes lucratives. Par ailleurs, la procédure de clémence constitue, elle aussi, une norme refuge. Le contrevenant peut se réfugier derrière la procédure de clémence pour obtenir une immunité ou une forte réduction d'amende. La procédure de clémence, en tant que « refuge » des délateurs, peut générer des effets procollusifs, car elle rentabilise l'infraction de concurrence du dénonciateur impuni.

80. **Norme pathologique.** Une norme pathologique est une norme souffrant de vices congénitaux empêchant son application. Elle souffre généralement de plusieurs symptômes : elle est intrinsèquement imprécise, si bien qu'elle délivre un message dissuasif confus et se retrouve, en conséquence, difficilement applicable dans les

---

249 Art. 1240 du Code civil : « *Tout fait quelconque de l'homme, qui cause à autrui un dommage, oblige celui par la faute duquel il est arrivé à le réparer.* »

250 Cass. civ. 2e, 28 octobre 1954, *JCP* 1955, II, 8765 : « *Le propre de la responsabilité civile est de rétablir aussi exactement que possible l'équilibre détruit par le dommage, et de replacer la victime dans la situation où elle se serait trouvée si l'acte dommageable ne s'était pas produit.* »

tribunaux. En outre, du fait de son caractère pathologique, elle s'avère incapable, pour des raisons diverses[251], de produire l'effet escompté. Les vices intrinsèques à la norme affectent son effectivité et/ou efficacité. Cette norme atteinte de vices congénitaux favorise les fautes lucratives, car, en affaiblissant la probabilité que la norme s'applique, elle diminue en même temps le risque de condamnation du contrevenant, qui retire un avantage de l'infraction impunie. De même, la norme pathologique est souvent inadaptée au comportement qu'elle entend réprimer. Dans ce cas, son application ne produit pas l'effet dissuasif attendu.

À titre d'exemple, la loi Hamon, qui a introduit l'action de groupe[252], représente une norme pathologique, car elle est inadaptée à la réparation des préjudices concurrentiels de masse. L'action de groupe est une action de suivi qui ne peut être portée qu'après décision de l'Autorité de la concurrence. Sachant qu'une procédure contentieuse devant l'Autorité de la concurrence dure en moyenne 5 ans et peut s'étendre pendant près de 10 ans[253], que l'appel ajoute jusqu'à 2 ans et la procédure de cassation entre 18 et 24 mois, la durée du litige ne peut que renforcer l'apathie des consommateurs qui ne réclameront pas leur indemnisation, faute d'avoir su conserver les preuves du dommage (tickets de caisse par exemple). De plus, en cas de clémence, l'association n'aura pas accès aux documents, ce qui paralyse la preuve du dommage. Enfin, les entreprises sont exclues de l'action de groupe. Pourtant, ces dernières font partie des principales victimes de dommages concurrentiels. Pour toutes ces raisons, la loi Hamon souffre de vices congénitaux qui paralysent son application : à l'heure d'aujourd'hui, aucune action n'a encore été lancée dans le domaine de la concurrence. Le caractère pathologique de cette norme a un effet incitatif à la violation du droit de la concurrence. L'apathie des consommateurs renforce la faute lucrative des entreprises qui n'ont pas à rembourser le surplus « volé » par les membres du cartel qui ont augmenté leur prix.

81. **Norme restrictive.** Une norme restrictive est une norme dont l'application est soumise au respect de plusieurs conditions restrictives. Elle peut aussi constituer une norme pathologique et/ou une norme refuge. Elle est pathologique lorsque la règle de droit qui est soumise au respect de plusieurs critères restrictifs n'est, finalement, que très rarement appliquée dans les tribunaux. Elle peut devenir une norme refuge pour le contrevenant qui, en défense, ne manquera pas de relever l'ensemble des critères à démontrer par le demandeur pour établir sa responsabilité. Se « réfugier » derrière l'appréciation restrictive d'une règle de droit augmente la probabilité de ne pas être condamné. Le fardeau probatoire pesant sur la victime soumis à la démonstration d'une norme restrictivement appliquée affecte le succès de l'action privée et renforce la probabilité pour le fautif d'échapper à la loi.

82. **Norme conflictuelle.** Il existe deux types de normes conflictuelles : les premières renvoient aux normes qui vont s'opposer et entrer en conflit ; les secondes renvoient à une norme qui contient en elle-même la protection de deux intérêts conflictuels.

---

[251] À cause, par exemple, des multiples conditions nécessaires à l'application de la norme.

[252] Loi n° 2014-344 du 17 mars 2014.

[253] C. Monnier-Schlumberger, A. Hutin, « Les cartels en France : Analyse économique de leurs caractéristiques et de leurs sanctions », *op. cit.* note 201, p. 54 : « *De la saisie de l'Autorité à la décision sanctionnant le cartel, s'écoulent en moyenne 4,4 ans, avec des valeurs allant de 1,8 à près de 9 ans […]* »

On pense, par exemple, à l'ordonnance du 9 mars 2017 relative aux actions en dommages et intérêts du fait des pratiques anticoncurrentielles[254]. Cette ordonnance vise à concilier deux intérêts difficilement conciliables et donc susceptibles d'entrer en conflit, à savoir la protection de l'efficacité de l'action privée et la protection de l'efficacité du programme de clémence. La protection de l'efficacité du programme de clémence justifie l'interdiction d'accéder aux preuves obtenues lors de la clémence, ce qui limite fortement les chances de succès de l'action privée. Cette sorte de « clémence civile » accordée au demandeur de clémence a un effet incitatif à la violation du droit, car non seulement le demandeur limite l'application de l'action publique, mais neutralise l'application de l'action privée.

83. **Bilan.** Les quatre normes évoquées ont pour risque de neutraliser à la fois l'effet dissuasif de l'action publique et celui de l'action privée. Ces normes sont exploitables par l'agent rationnel qui cherche à diminuer les conséquences liées à l'application du droit. La théorie de l'agent rationnel permet d'insister sur l'effet incitatif du droit et, ce faisant, elle soulève automatiquement des réflexions sur la nature, la clarté et la sévérité des normes juridiques. Cette théorie nous permettra par la suite de proposer des solutions concrètes. Au contraire, si la théorie comportementale est intéressante pour comprendre les choix du consommateur, pour l'homme de loi, pour l'*homo juridicus*, elle reste limitée[255]. Appliquée au droit de la concurrence, hormis le développement des programmes de conformité, elle ne propose aucune solution concrète.

C. Les limites de la théorie comportementale

84. À la différence de la théorie de l'agent rationnel, la théorie comportementale est source de confusion du droit (1). De plus, les propositions de l'économie comportementale, appliquées au droit, nous semblent insuffisantes pour dissuader les comportements déviants (2).

1. La théorie comportementale source de confusion du droit

85. **Une théorie impossible à unifier.** Premièrement, l'économie comportementale additionne les exemples d'irrationalités. Ce faisant, elle rend impossible la construction d'une théorie unifiée à partir d'un paradigme clair, car autant il n'y a qu'une seule manière d'être rationnel, autant il y en a plusieurs d'être irrationnel[256]. En considérant que le choix d'enfreindre la loi dépend à la fois du rôle

---

254 Ord. n° 2017-303 du 9 mars 2017 relative aux actions en dommages et intérêts du fait des pratiques anticoncurrentielles, *JORF* n° 0059 du 10 mars 2017, texte n° 29.

255 « Rencontre avec J. Elster : de la rationalité aux normes », *Sciences humaines*, n° 114, mars 2001, p. 31, source citée par M. Ferrière, « Les principales critiques de la théorie du choix rationnel », *Idées économiques et sociales* 2011/3, n° 165, pp. 37-45, p. 45 : « *Je continue à penser que* si le rational choice est privilégié, c'est qu'il n'y a pas vraiment de modèle alternatif. Il y a bien sûr d'autres approches, partielles, et importantes, qui corrigent la théorie du choix rationnel, mais aucune n'a pu être, jusqu'à présent, intégrée dans un édifice simple, robuste, avec des indications prédictives claires et uniques *(précisément ce qui fait la force de la théorie du choix rationnel*) ».

256 B. Deffains, S. Ferey, « Économie comportementale du droit : quelle place pour la neuroéconomie ? », *Économie et institutions* [En ligne], 16 | 2011, mis en ligne le 31 janvier 2013.

des émotions (heuristique affective), du rôle de la mémoire (mémoire sélective vis-à-vis des amendes par exemple), ou encore du phénomène de procrastination, elle rend confuse la raison pour laquelle l'individu prend une décision, ce qui dans le même temps complexifie le travail du législateur, dont la norme est censée s'adapter et s'appliquer pour un comportement précis. Parce que les incitations qui gouvernent le choix des individus sont soumises à des multiples biais, elles deviennent difficilement analysables. En conséquence, ne sachant contre quelles incitations lutter, le travail de création normatif se retrouve paralysé.

86. **Fréquence des biais.** Deuxièmement, l'économie comportementale ne permet pas de répondre à la question de la fréquence des biais qu'elle dénonce. Autrement dit, sa critique principale consistant à dire que l'agent n'est pas « systématiquement » rationnel lui est opposable, car on peut rétorquer que l'agent n'est pas non plus « systématiquement » irrationnel. D'autant plus que les études expérimentales mettant en valeur l'irrationalité des agents économiques sont contestables.

87. **Études expérimentales contestables.** Troisièmement, les circonstances et l'environnement dans lesquels ont lieu les expériences qui permettent d'aboutir à la conclusion d'irrationalité des acteurs économiques sont critiquables. Comme le souligne l'économiste Steven Levitt, s'appuyant sur l'opinion d'un chercheur ayant lui-même l'habitude des travaux expérimentaux : « *Le contexte du laboratoire est, par définition, artificiel [...] Les expériences de laboratoire ont le pouvoir de transformer un individu en un "automate inepte", susceptible de faire montre d'un empressement réjoui à faire tout son possible pour aider l'enquêteur en lui fournissant les conclusions auxquelles il a justement le plus envie d'aboutir* »[257]. Cette opinion rejoint celle du professeur McKenzie selon laquelle : « *Vous pouvez facilement prouver que les gens sont irrationnels en décidant du choix de l'environnement où l'expérience aura lieu, en interdisant aux décideurs de savoir ce que les autres font, en empêchant les décideurs de corriger leurs erreurs et en veillant à ce que leurs "mauvais" choix n'aient pas de conséquences économiques* »[258]. Ainsi, les études menées en laboratoire peuvent conduire à une « coopération forcée » des participants qui risque de biaiser les résultats[259]. La généralisation, à la vie réelle, des résultats obtenus lors d'expérimentations en laboratoire est l'une des plus grandes difficultés à laquelle est confrontée l'économie expérimentale[260].

---

257 S. D. Levitt, S. J. Dubner, *SuperFreakonomics*, Folio, 2009, p. 195.

258 R. B. McKenzie, « Predictably Irrational or Predictably Rational? », *The Library of Economics and Liberty* (2010). Traduction libre : « *The moral of my sequence of classroom experiments is simple: You can easily prove that people are irrational if you tightly constrain the choice environment, barring choosers from knowing what others are doing, preventing choosers from correcting errant decisions, and ensuring that "bad" choices do not have economic (and monetary) consequences, with subsequent effects on people's incentives to learn from and act on their own and others' errant choices. In such environments, drawing out irrational decisions is like shooting fish in a barrel.* »

259 M. Orne, « On the Social Psychological Experiment: With Particular Reference to Demand Characteristics and Their Implications », 17(11) *American Psychologist* 776-783 (1962) : « *Toute requête susceptible d'être présentée au sujet par un chercheur précédé d'une bonne réputation est légitimée par cette formule magique : "c'est pour une expérience"* ». Article cité par S. D. Levitt, S. J. Dubner, *op. cit.* n° 257.

260 C. Gollier, N. Treich, « Les approches économiques de la précaution : présentation et discussion critique », *Natures Sciences Sociétés* 2014/2, vol. 22, pp. 85-92, p. 90 : « *En effet, si les expérimentalistes (pour la plupart économistes ou psychologues) peuvent "créer" artificiellement dans le laboratoire des situations*

On trouvera facilement dans la « vie réelle » du marché, en s'appuyant sur une décision de l'Autorité, des preuves que des entreprises, sciemment, violent le droit de la concurrence pour des raisons concrètes et donc rationnelles : maintenir une position dominante ; évincer un nouvel entrant dangereux ; obtenir un avantage concurrentiel, etc. Inversement, on trouvera plus difficilement la preuve que l'imprudence, le jugement des pairs ou l'aversion pour l'ambiguïté[261] ont motivé l'infraction anticoncurrentielle.

88. **Des résultats contestables.** Quatrièmement, parce que l'expérimentation en laboratoire est en elle-même critiquable, les résultats des expériences comportementales le sont tout autant. Pour rappel, certaines études expérimentales ont permis de souligner la nature altruiste et prosociale des individus[262]. L'individu ferait des choix non pas seulement en fonction de ses propres intérêts, mais en prenant en considération le bien-être des autres parties. De plus, l'économie comportementale observe que les agents ne disposent pas des informations suffisantes pour anticiper rationnellement le risque juridique et économique de l'infraction. En outre, une célèbre étude expérimentale relève l'inefficacité des amendes d'un point de vue dissuasif. Reprenons, puis critiquons, les études défendues par l'économie comportementale.

89. **Sur l'altruisme.** La conclusion de l'économie comportementale sur la nature altruiste des agents est contestable, parce qu'elle feint d'ignorer qu'il existe un altruisme calculé, autrement appelé « *altruisme impur* »[263] ou altruisme rentable. Cet altruisme décrit la nature égoïste de l'agent. Ce dernier serait généreux pour, rationnellement, se donner une moins mauvaise image de lui-même. L'économiste Gary Becker souligne sur ce point que l'altruisme cache toujours un égoïsme indirect, considérant, par exemple, que la plupart de ceux qui donnent aux mendiants le font parce que « *leur aspect déplaisant ou leur charme persuasif les mettent mal à l'aise ou leur donnent mauvaise conscience* »[264].

90. **Sur la connaissance limitée des agents : l'horizon de la justice prédictive.** Par ailleurs, selon l'économie comportementale, l'accès à l'information est insuffisant et/ou la capacité de traitement de l'information par les agents est limitée[265]. Les études comportementales contestent l'idée que les agents puissent former des prédictions rationnelles sur l'application du droit. L'importance du phéno-

---

où les probabilités sont présentées comme objectives, et d'autres comme inconnues, [...] de telles situations bien distinctes entre risques objectifs et risques ambigus semblent difficiles à trouver dans la vie réelle. »

261 Ce biais signifie que l'agent préfère les situations sans incertitudes, c'est-à-dire sans ambiguïtés, quant à la probabilité d'occurrence des évènements à venir. L'incertitude tenant à la crainte, pour un dirigeant, de ne pas recevoir sa rémunération (sous forme de bonus par exemple) pourrait ainsi le pousser à opter pour une stratégie de cartel plus que pour une stratégie de conformité au droit.

262 *Supra*, n° 47, v. p. ex. le « jeu de l'ultimatum » (autrement appelé jeu du dictateur).

263 J. Andreoni, « Impure Alruism and Donations to Public Goods : A Theory of Warm-Glow Giving », 100(401) *The Economic Journal* 464-477 (1990).

264 G. Becker, « Spouses and Beggars: Love and Sympathy », *Accounting for Tastes*, Harvard University Press (1998). Traduction libre, p. 232 : « *They contribute only because the unpleasant appearance or persuasive appeals of beggars makes them feel uncomfortable or guilty.* »

265 L. LoPucki, « Legal Culture, Legal Strategy, and the Law in Lawyers' Heads », 90(4) *Nw. U. L. Rev* 1498 (1996). Pour plus de détails, v. *infra*, Partie I, Discussion préliminaire.

mène de récidive en droit de la concurrence[266] tend pourtant à montrer que les agents, insuffisamment sanctionnés pour une première infraction, réitèrent leur manquement précisément parce que leur expérience passée leur permet d'opérer des prédictions sur la rentabilité de l'infraction. Plus généralement, l'avènement de la justice prédictive remet sérieusement en cause la théorie comportementale, car, « *dans un futur proche, des logiciels analyseront l'ensemble des décisions rendues par les tribunaux afin de déterminer les chances de succès de telle ou telle action dans tel ou tel cas* »[267]. Récemment, le rapport portant sur la diffusion des décisions de justice dans le cadre de la politique d'ouverture des données publiques vise à renforcer l'analyse « *des tendances jurisprudentielles* »[268]. De même, des plateformes comme « Prédictice » (qui annonce 2 millions de décisions traitées par seconde) ou Lex Machina permettent aux professionnels d'affiner leur stratégie juridique[269]. Le professeur Bruno Dondero souligne que le mouvement dit de l'« *open data* »[270], le développement de l'intelligence artificielle, la capacité croissante à analyser des masses de données gigantesques (le big data) et le développement de start-up juridiques « *favorisent l'émergence de nouveaux instruments de connaissance de la jurisprudence* »[271]. La justice prédictive en tant qu'instrument de connaissance de la jurisprudence ne peut que renforcer l'idée selon laquelle le choix de se conformer ou d'enfreindre la loi risque d'être dicté par une analyse rationnelle du risque juridique et économique de l'infraction[272]. De même qu'un scanneur aide le médecin à établir son diagnostic, de même la justice prédictive assure à l'agent rationnel une photographie précise des tendances jurisprudentielles et constitue, en conséquence, un outil d'anticipation robuste du risque de sanction.

91. **Sur l'inefficacité des amendes.** L'amende infligée aux entreprises non respectueuses de la législation antitrust est contestée d'un point de vue dissuasif. Prenons une étude générale non relative aux comportements des entreprises et que nous appliquerons ensuite au droit de la concurrence. Deux économistes ont mené une étude expérimentale portant sur l'efficacité de l'amende appliquée aux parents en retard pour récupérer leur enfant à la sortie des garderies, en Israël[273].

---

266 M. Barennes, G. Wolf, « Cartel Recidivism in the Mirror of EU Case Law », 2(5) *Journal of European Competition Law & Practice* 423-440 (2011).

267 G. Zambrano, « Précédents et prédictions jurisprudentielles à l'ère des Big Data : parier sur le résultat (probable) d'un procès », HAL, 27 mars 2017.

268 Rapport à Madame la garde des Sceaux, ministre de la Justice, « L'*open data* des décisions de justice – Mission d'étude et de préfiguration sur l'ouverture au public des décisions de justice », novembre 2017.

269 Prédictive, disponible sur https://predictice.com. – Lex Machina, disponible sur : https://lexmachina.com.

270 Loi Lemaire n° 2016-1321, 7 octobre 2016. Cette loi a ajouté au Code de l'organisation judiciaire un art. L. 111-13, qui dispose notamment que « *les décisions rendues par les juridictions judiciaires sont mises à la disposition du public à titre gratuit dans le respect de la vie privée des personnes concernées* ».

271 B. Dondero, « Justice prédictive : la fin de l'aléa judiciaire ? », *D.* 2017, p. 532 et s. – V. aussi : T. Cassuto, « La justice à l'épreuve de sa prédictibilité », *AJ pénal* 2017, p. 334. – B. Lamon « La profession d'avocat et la justice prédictive : un bel outil pour le développement du droit », *D.* 2017, p. 808. – A. Garapon, « Les enjeux de la justice prédictive », *JCP G* 2017, 31.

272 En fonction, par exemple, des chances de succès d'échapper à une action en réparation ; du montant des indemnités que risque de payer le contrevenant en cas de succès de l'action en réparation, etc.

273 U. Gneezy, A. Rustichini, « A Fine is a Price », 29(1) *The Journal of Legal Studies* 1-17 (2000) : « *The deterrence hypothesis predicts that the introduction of a penalty that leaves everything else unchanged will*

L'étude consistait à reporter, pour tout retard de plus de dix minutes, une amende de 3 dollars par enfant sur la facture mensuelle des parents[274], laquelle était de 380 dollars. Juste après que le système de pénalité fut consacré, les économistes ont pu constater un accroissement des retards, qui ont doublement augmenté par rapport à la période sans système de pénalité. Qu'en conclure ? À première vue, qu'un système de pénalité peut générer des réactions irrationnelles en augmentant, malgré l'amende, les cas de violation d'une norme. Or, en réalité, si l'on analyse bien cette étude, ce n'était pas l'amende en tant que telle qui était inefficace, mais son montant, qui était sous-dissuasif. Le manquement à la règle était rationnel car profitable aux parents. Au regard de la facture mensuelle (380 dollars de frais de garderie par mois), on peut supposer que les participants à l'étude étaient aisés et qu'ainsi le coût du retard (3 dollars) était trop faible pour les inciter à être ponctuels. De plus, en versant une faible pénalité, les parents pouvaient s'affranchir du coût psychologique du retard : « *Pour à peine quelques dollars par jour, les parents pouvaient s'affranchir de toute culpabilité* »[275]. Ainsi, lue différemment, cette étude révèle davantage une problématique qui peut ressembler à celle de l'auteur d'une faute lucrative (agent rationnel qui enfreint une règle, car l'avantage retiré est supérieur à son coût) qu'elle ne mène à la conclusion de l'inefficacité des amendes au regard de l'irrationalité des agents.

92. **Analogie avec le droit de la concurrence.** Le raisonnement de l'étude précédente peut être appliqué au droit de la concurrence. À titre d'exemple, un argument comportemental classique consisterait à observer que, depuis 2011 et la clarification du mode de calcul des sanctions, alors que l'Autorité de la concurrence a adopté un régime de sanctions plus sévères[276], les infractions n'ont pas franchement diminué ; qu'ainsi, les agents ne procéderaient pas à un calcul coût-avantage (car sinon l'augmentation des amendes devrait les dissuader d'enfreindre la loi), si bien que le système de sanction fondé sur l'amende pécuniaire se révèle inefficace. Or, cette analyse nous paraît insatisfaisante pour une raison que nous expliciterons plus tard[277] et que nous allons traiter ici brièvement. Le problème n'est pas celui de l'amende en elle-même, mais celui de son montant. L'amende de l'Autorité de la concurrence est une amende répressive dont on peine à mesurer le caractère confiscatoire des profits illicites. Parce qu'elle ne se fonde pas sur les gains illicites du contrevenant, elle tend à ignorer l'incitation première à violer la loi : la réalisation d'un profit. Ainsi, en délaissant la problématique de la faute

reduce the occurrence of the behavior subject to the fine. We present the result of a field study in a group of day-care centers that contradicts this prediction. »

274 Car chaque retard d'un parent oblige la garderie à fournir un supplément de travail, l'animateur étant contraint d'attendre l'arrivée du parent retardataire.

275 S. D. Levitt, S. J. Dubner, *Freakonomics*, Folio, 2005, p. 45 : « *L'amende des garderies avait un […] défaut. Elle substituait une pénalité économique (l'amende de 3 dollars) à une pénalité morale (la supposée culpabilité des parents retardataires). Pour à peine quelques dollars par jour, les parents pouvaient s'affranchir de toute culpabilité. D'autant que, par son faible montant, l'amende signifiait que le retard ne constituait finalement par un problème si grave que ça. Si le préjudice subi par la garderie à chaque retard ne vaut que 3 dollars, pourquoi se donner la peine de changer de comportement ?* »

276 E. Frot, « Un panorama des sanctions pécuniaires de l'Autorité de la concurrence entre 2000 et 2012 : Une évolution vers plus de sévérité ? », Concurrences n° 1-2013, Art. N° 50248, pp. 38-46.

277 V. *infra*, Partie III.

lucrative, l'action publique comme l'action privée échoue à consacrer une sanction pécuniaire efficace. On voit donc ici, pour résumer, comme les conclusions dressées à partir d'une expérience peuvent différer selon l'interprétation qu'on leur donne.

93. **Biais qui s'opposent entre eux.** Par ailleurs, une politique de concurrence qui s'attacherait aux biais des agents économiques pour former une stratégie de dissuasion se heurterait au problème suivant : l'opposition des biais entre eux. À titre d'exemple, la politique de concurrence ne sera pas la même selon que l'on considère que l'agent est atteint d'un biais de disponibilité[278] ou d'un biais généré par la « loi des petits nombres »[279]. Dans le premier cas, considérant que l'agent ne retient que la dernière information disponible en mémoire, imposer, de temps en temps, une amende record sera plus efficace que d'augmenter la probabilité de détection et de sanctionner régulièrement les entreprises par de petites amendes[280].

Dans le second cas, au regard de la loi des petits nombres, l'imposition d'une forte amende ne serait d'aucune utilité ; bien au contraire, la tendance de l'individu à inférer des généralités à partir d'événements peu fréquents (en l'occurrence une forte amende) lui fera sous-estimer le risque pécuniaire de l'infraction. En fin de compte, comme le souligne Posner, « *il est impossible de savoir ce que "l'agent comportemental" ferait dans une situation donnée [...] il pourrait faire n'importe quoi* »[281]. Parce que les incitations de « l'homme comportemental » à respecter la loi dépendent de biais cognitifs multiples, une politique de dissuasion axée sur la prise en compte d'un tel modèle nous semble irréalisable.

Pour finir sur notre critique de l'économie comportementale, nous tenons à clore dès maintenant le débat portant sur l'utilité des programmes de conformité. Le postulat de l'agent prosocial développé par l'économie comportementale[282] laisse à penser que la dissuasion de l'infraction par la diffusion d'une culture de concurrence pourrait s'avérer plus efficace qu'un renforcement des sanctions. Or, à notre sens, le modèle de l'individu prosocial est insuffisant pour justifier le développement des programmes de conformité.

2. Les propositions insuffisantes de la théorie comportementale

94. **Des comportements prosociaux ?** Sachant que l'économie comportementale défend la nature prosociale des individus, limiter les comportements déviants en développant la compliance pourrait être une solution. En effet, considérer que

---

278 *Supra*, n° 55.

279 *Supra*, n° 58.

280 L'amende record, fût-elle rare, sera retenue par l'agent économique au regard de l'heuristique de mémoire sélective, ce qui le dissuadera d'enfreindre la loi. Au contraire, la répétition des « petites » amendes, même régulières, ne sera pas retenue par l'agent lors du choix d'enfreindre la loi, ce qui l'incitera à enfreindre la loi.

281 R. Posner, « Rational Choice, Behavioral Economics, and the Law », *op. cit.* note 224, p. 1559 : « *[I]t is profoundly unclear what "behavioral man" would do in any given situation. He is a compound of rational and nonrational capacities and impulses. He might do anything. JST have neither a causal account of behavioral man nor a model of his decisional structure.* »

282 J.-P. Dubé, X. Luo, Z. Fang, « Self-Signaling and Prosocial Behavior: A Cause Marketing Experiment », 36(2) *Marketing Research* 161-186 (2016). Disponible sur http://ssrn.com/abstract=2687535. – V. aussi : G. Pönitzsch, « Pro-Social Behavior by Groups and Individuals: Evidence from Contributions to a Global Public Good », Working Paper, 24 mars 2017. Disponible sur : https://ssrn.com/abstract=2940249.

ce n'est pas la cupidité des agents économiques qui motive l'infraction mais la méconnaissance de la législation revient à militer pour un renforcement de la culture de concurrence à travers le développement des programmes de conformité. Il suffirait de renforcer la culture de concurrence au sein des entreprises pour assurer l'adhésion des agents au respect du droit. La compliance constituerait une solution pour prévenir les infractions concurrentielles. Ce postulat, bien que séduisant, a pour inconvénient majeur qu'il préjuge que les acteurs économiques ignorent le droit de la concurrence et qu'ils sont dotés d'une nature prosociale. Or, l'existence de fautes lucratives contrarie le postulat de la nature prosociale des agents, et contredit l'idée selon laquelle une meilleure connaissance du droit limiterait les incitations à l'enfreindre[283]. Le développement des programmes de conformité ne peut constituer, à lui seul, une solution satisfaisante. Pour plusieurs raisons que nous allons maintenant évoquer, le développement d'une culture de conformité au droit n'empêchera pas les comportements illicites.

95. **Connaissance du droit de la concurrence.** Empiriquement, des exemples jurisprudentiels montrent que, dans de nombreux cas, les entreprises ont parfaitement conscience de l'illicéité de leur pratique. Le caractère sophistiqué de leur manquement témoigne d'une profonde connaissance du droit en vigueur. Ainsi, dans l'affaire des tubes cathodiques, un document trouvé au cours des inspections de la Commission contenait l'avertissement suivant : « *Tout le monde est tenu de garder le secret à ce propos, car toute divulgation aux clients ou à la Commission européenne pourrait représenter un grave dommage* »[284]. Aussi les cartellistes avaient détruit les documents ayant trait aux ententes. Des pièces contenaient notamment la mention suivante : « *Prière de détruire le document après lecture.* » De même, dans le cartel de la lysine, l'existence d'une série d'accords couvrant l'ensemble de l'Espace économique européen sur les prix, les volumes de ventes et l'échange d'informations individuelles illustrait la sophistication de l'entente, en même temps que le cynisme des dirigeants, qui avaient pour slogan : « *Nos concurrents sont nos amis, et les consommateurs nos ennemis* »[285]. Récemment, l'entente dans le secteur de la distribution de médicaments vétérinaires démontre la parfaite connaissance du caractère illicite de l'accord conclu entre les entreprises[286].

283 De même, des auteurs notent que « *l'introduction de récompenses matérielles ou de punitions crée un doute sur la réelle motivation sous-jacente aux actions pro-sociales* » ; v. B. Deffains, C. Fluet, « Incitations juridiques *versus* incitations normatives en présence d'erreurs judiciaires », *Économie & Prévision* 2013/1, n° 202-203, pp. 19-36.

284 Comm. eur., communiqué IP/12/1317 du 5 décembre 2012, « Antitrust : la Commission inflige une amende de 1,47 milliard d'euros à des producteurs de tubes cathodiques pour téléviseurs et écrans d'ordinateur pour deux cartels ayant duré près de dix ans ».

285 P. Arhel, « Le cartel de la Lysine : "nos concurrents sont nos amis ; nos clients sont les ennemis" (A propos de la décision du Trib. prem. inst. C.E., 9 juillet 2003) », *LPA* 27 août 2003 n° 171 p. 4 : « [L]es membres de l'entente qui étaient réunis dans une salle d'un hôtel à Hawaii se vantaient gaiement de pouvoir se retrouver "entre amis" à l'insu des autorités de concurrence *au moment même où, dans une salle voisine, le F.B.I., dûment autorisé par un membre repenti du cartel, était en train de réaliser un enregistrement audiovisuel de la réunion. Cet enregistrement révélait notamment la conception, que partageaient les membres de l'entente, des relations* sur le marché : les concurrents sont des amis et les clients des ennemis ».

286 Communiqué de presse, 26 juillet 2018, Distribution de médicaments vétérinaires, v. : déc. n° 18-D-15 du 26 juillet 2018 relative à des pratiques mises en œuvre dans le secteur de la distribution de médicaments vétérinaires, p. 23, v. aussi p. 20.

L'économiste Frédéric Jenny souligne en outre que les firmes ont pour habitude de contrer le risque de perquisitions coordonnées par les autorités de concurrence en fixant l'organisation des réunions du cartel là où l'action des enquêteurs est limitée : « *Vaduz au Liechtenstein, Zurich en Suisse sont des endroits très prisés des amateurs de cartels. Nombre de cartels internationaux y ont été négociés parce qu'il s'agit de villes dans lesquelles ni les États-Unis ni l'UE ne disposent de pouvoirs d'investigation, ce qui permettait d'éviter le recueil de certaines informations* »[287]. Dans le même sens, l'avocat William Kolasky relève que les conspirateurs, conscients que le risque juridique de l'infraction est plus élevé aux États-Unis du fait du risque d'emprisonnement, cherchent à se tenir éloignés de ce territoire en organisant leur réunion à l'étranger[288]. Ainsi, « *dans de nombreux cas récents, des entreprises impliquées ont commencé à éviter à tout prix les contacts aux États-Unis [...] Les membres de certaines ententes vont même jusqu'à cacher leur pratique d'entente à tous leurs employés situés aux États-Unis, même à ceux qui sont chargés de mettre en œuvre leurs instructions concernant la production et les prix pratiqués par l'entreprise* »[289]. En France, plusieurs affaires témoignent aussi de la sophistication des pratiques anticoncurrentielles. L'ingéniosité des pratiques démontre la volonté de tirer profit de l'infraction en échappant au contrôle des autorités. On citera, à titre d'exemple, le système Infoclar (système informatique d'échanges d'informations) s'agissant du cartel des endiviers, lequel « *centralisait en temps réel les prix pratiqués par les producteurs et permettait de vérifier qu'ils étaient conformes à ceux décidés collectivement* »[290]. Aussi, la technicité du cartel hygiène et entretien[291], du cartel du yaourt[292] et plus récemment l'entente dans le secteur de la messagerie[293] ont aussi

---

287 F. Jenny, « Approche économique et internationale de l'expérience française », *in Clémence et transaction en matière de concurrence. Premières expériences et interrogations de la pratique*, colloque organisé le 19 janvier 2005, GDP, n° 287 à 288 du 14-15 octobre 2005, p. 36 ; cité par P. Desbrosse, « Les programmes de clémence à l'épreuve de la globalisation des marchés », *RIDE* 2010/2, t. XXIV, pp. 211-240.

288 V. aussi sur ce point le témoignage de S. D. Hammond, « Cornerstones of an Effective Leniency Program », paper presented before the ICN Workshop on Leniency Programs (Sydney, 22-23 November 2004) : « *nous* (le Department of Justice) *sommes aux premières loges pour constater dans certaines de nos enquêtes la façon dont la menace de poursuites pénales aux États-Unis a dissuadé un nombre important d'ententes mondiales d'étendre leur concertation aux États-Unis.* Nous avons découvert des ententes qui étaient mises en œuvre de manière profitable et illégale en Europe, en Asie, et dans d'autres parties du monde, mais qui n'avaient pas étendu leur pratique concertée aux États-Unis uniquement parce que ça n'était pas rentable d'encourir le risque des sanctions américaines » ; cité par W. Wils, « Is Criminalization of EU Competition Law the Answer? », 28(2) *World Competition*117-159 (2005). Traduction libre.

289 W. Kolasky, cité par W. Wils, « La pénalisation du droit communautaire est-elle la solution ? » *RLC* 2005, n° 5, pp. 139-177

290 Communiqué de presse, 6 mars 2012 : Secteur de la production et de la commercialisation des endives.

291 Déc. n° 14-D-19 du 18 décembre 2014 relative à des pratiques mises en œuvre dans le secteur des produits d'entretien et des insecticides et dans le secteur des produits d'hygiène et de soins pour le corps (ci-après « Entente produits d'hygiène »). Dans cette affaire, les fabricants de produits d'hygiène et d'entretien ont coordonné leur politique commerciale auprès de la grande distribution et se sont concertés sur les hausses de prix. Des opérations ont permis de prendre sur le fait certains protagonistes des ententes (Colgate-Palmolive, SC Johnson, Henkel, Bolton Solitaire et Sara Lee) lors d'un déjeuner dans la brasserie parisienne « Le Royal Villiers ».

292 Déc. n° 15-D-03 du 11 mars 2015 relative à des pratiques mises en œuvre dans le secteur des produits laitiers frais (ci-après « Poduits laitiers frais ») . V. communiqué de presse : « *Les contacts téléphoniques se faisaient notamment à partir de téléphones portables secrets dédiés à l'entente [...] Un "carnet secret" de l'entente était tenu par le représentant de Yoplait de façon à consigner toutes les décisions prises lors de ces différents échanges.* »

293 Déc. n° 15-D-19 du 15 décembre 2015 relative à des pratiques mises en œuvre dans les secteurs de la messagerie et de la messagerie express (ci-après « Messagerie »). Dans cette affaire, plusieurs entreprises de messageries

montré le caractère délibéré et calculé des pratiques illicites. Rappelons, en outre, qu'Orange a déjà été sanctionnée à sept reprises sur les quinze dernières années pour des pratiques similaires d'éviction ou de discrimination[294], ce qui démontre le caractère rationnel de ses infractions.

En dehors des pratiques d'entente, certaines pratiques restrictives, loin d'être commises imprudemment, décrivent des fautes lucratives perpétrées par des distributeurs qui exploitent leur situation par rapport aux fournisseurs, réputés plus faibles. Tirer profit d'un rapport de force déséquilibré consistera, par exemple, à implanter dans le contrat une clause déséquilibrée assurant au distributeur l'obtention d'avantages indus. Une telle clause reflète la cupidité de l'agent dont la stratégie consiste à profiter de son pouvoir de négociation pour s'enrichir.

Enfin, rappelons que la théorie du parasitisme a été développée pour condamner des comportements délictueux qui étaient mal appréhendés tant par le droit spécial que par le droit de la concurrence déloyale[295]. Les parasites, rationnellement, s'appropriaient indûment les efforts d'autrui en sachant qu'en l'absence de rapport de concurrence, ils ne risquaient aucune condamnation. Ils profitaient de ce vide juridique pour copier la valeur économique d'autrui afin de se procurer un avantage concurrentiel[296]. Ceci prouve, une nouvelle fois, que la connaissance du droit en vigueur permettait rationnellement aux agents de développer des comportements parasitaires, lesquels ne tombaient ni sous le coup du droit de la concurrence déloyale ni sous le coup du droit spécial.

96. **Étude sur l'incidence de la connaissance du droit.** Plus généralement, l'étude de Damgaard a montré un lien de causalité entre la connaissance du droit et l'incitation à l'enfreindre[297]. Elle permet de souligner l'effet pervers du renforcement de la culture de concurrence des dirigeants d'entreprise. Selon l'auteur, les participants ayant une meilleure connaissance du droit sont plus enclins à participer à un cartel que ceux disposant d'une faible culture de concurrence. Ces travaux constituent une sérieuse remise en cause de l'argument comportemental selon lequel les individus opteraient pour des comportements prosociaux. Cette étude laisse au contraire entendre que, plus l'agent connaît la norme concurrentielle, plus il est capable d'en mesurer les

s'étaient concertées sur des hausses tarifaires annuelles qu'elles demandaient à leurs clients respectifs : « *Des tours de table étaient régulièrement organisés en amont et en aval des campagnes de revalorisation tarifaire, ce qui permettait aux entreprises d'homogénéiser leurs demandes tarifaires et de sécuriser leurs négociations commerciales. Les discussions étaient tenues secrètes et ne faisaient l'objet d'aucun compte rendu officiel.* »

294 Aut. conc., commnuniqué de presse du 17 décembre 2015, déc. 15-D-20 relative à des pratiques mises en œuvre dans le secteur des communications électroniques.

295 P. Le Tourneau « L'Illustre Gaudissart était visionnaire ! – De la nécessité de protéger les idées apportant un avantage concurrentiel, soit indirectement par le parasitisme, soit de préférence par un droit sui generis spécifique à créer », *CCC* n° 10, octobre 2017, étude 16.

296 *Ibid.*

297 M. Damgaard, C. Duke, S. Huck, B. Wallace, « The Impact of Competition Interventions on Compliance and Deterrence », Final Report, étude de London Economics pour l'Office of Fair Trading, décembre 2011, p. 12 : « *The behavioural experiment also reveals that knowledge about competition law may not only be associated with greater compliance but may also be a sign of potential non-compliance, as respondents that reported being more knowledgeable about competition law were more likely to choose the riskier (cartel) option in the experiment, and required a lower possible pay-off for taking the risk.* » L'étude montre notamment que 47,5 % des participants qui connaissent la législation antitrust choisissent le cartel contre 17,9 % qui n'ont pas cette connaissance.

failles et, ainsi, de former des prédictions sur le risque juridique de l'infraction. Le renforcement des programmes de conformité pourrait permettre aux agents de former des anticipations réalistes sur l'application du droit et ainsi de s'engager dans une pratique illicite chaque fois que le profit espéré est supérieur au coût redouté.

97. **Actionnaires solidaires de l'infraction.** Par ailleurs, la mise en place d'un programme de conformité par l'entreprise n'est pas toujours possible. L'actionnaire peut en effet se montrer solidaire à l'égard d'une pratique illicite lorsqu'il trouve un intérêt économique à ce que le dirigeant commette une infraction de concurrence. Cette dernière peut en effet améliorer la valeur de l'entreprise et donc, *in fine*, la rémunération des actionnaires.

98. **Attitude intrinsèque des dirigeants.** De plus, le programme de conformité peut constituer un coût non négligeable. Selon la taille de l'entreprise, sa structure organisationnelle, et l'attitude intrinsèque des dirigeants (les dirigeants « *risk lover* »), les coûts de surveillance peuvent être colossaux, ce qui est de nature à décourager les actionnaires de mettre en place un tel mécanisme. Les coûts peuvent s'accroître au regard de l'attitude intrinsèque des dirigeants décrits par les économistes comportementaux. Le phénomène de « *risk lover* » peut notamment augmenter les coûts du programme de compliance. Les sommes dépensées pour assurer le respect du droit de la concurrence sont inutiles, car, si les managers sont « amoureux du risque », ils opteront pour une stratégie d'infraction. De même, l'aversion des individus pour l'ambiguïté[298] mise en avant par des études expérimentales risque de paralyser l'efficacité des programmes de compliance. L'ambiguïté décrit une situation dans laquelle l'individu doit faire un choix alors que la probabilité d'occurrence d'un événement est incertaine, en raison d'une information insuffisante, complexe ou manquante[299]. La commission d'une infraction de concurrence peut dans ce cas limiter l'incertitude, notamment quant au risque de ne pas remplir les objectifs fixés par les actionnaires[300]. De plus, la technicité du droit de la concurrence, la multiplication des lois, des directives, et les apports successifs de la *soft law* vont favoriser l'aversion pour l'ambiguïté. La stratégie de conformité au droit peut s'avérer, dans l'esprit de l'agent, plus complexe que la commission d'une infraction.

---

298 C. Gollier, N. Treich, « Les approches économiques de la précaution : présentation et discussion critique », *op. cit.* note 260.

299 S. Nivoix, « L'aversion au risque : pourquoi est-ce si difficile à mesurer ? », *Management & Avenir* 2008/1, n° 15, pp. 65-78 : selon l'auteur, « *le décideur préfère donc clairement les situations sans incertitude sur les probabilités a priori, c'est à dire sans ambiguïté* ».

300 Les conditions quant à l'obtention d'une prime ou d'un bonus peuvent être ambiguës. Les objectifs fixés aux dirigeants, lorsqu'ils sont peu clairs, peuvent favoriser l'aversion pour l'ambiguïté. Un tel biais signifie que l'agent préférera remplir ses objectifs de rentabilité en commettant une infraction de concurrence plutôt qu'en respectant des directives qui lui paraissent ambiguës.

Conclusion
Discussion préliminaire

99. **L'application du modèle de l'agent rationnel au droit.** Cette discussion préliminaire vise à démontrer la nécessité d'appliquer le modèle de l'agent rationnel aux normes juridiques.

Premièrement, la théorie comportementale n'est pas une alternative à la théorie de l'agent rationnel. Elle constitue un modèle complémentaire qui permet d'ajuster le modèle de l'agent rationnel. De même, le modèle développé par l'analyse économique classique n'est plus celui de l'agent « parfaitement » ou « idéalement » rationnel. La rationalité limitée des agents est déjà reconnue par l'analyse économique du droit, ce qui limite l'intérêt de l'économie comportementale. Peu importe que l'agent économique ne soit pas capable d'anticiper exactement la probabilité de détection de l'infraction de concurrence ou le montant de la sanction qui lui est infligée, le seul fait (au regard de la « rationalité cognitive » développée par Raymond Boudon[301]) qu'une « bonne raison » motive l'action de l'individu prouve sa rationalité.

Deuxièmement, le modèle de l'« agent comportemental », sujet à de multiples biais cognitifs, ne permet pas de comprendre précisément quelles sont les incitations à enfreindre la loi. En conséquence, ce modèle n'aide pas à la clarification du droit, car le législateur ne peut se fonder sur un comportement clairement défini pour ériger une norme censée dissuader ce comportement.

Troisièmement et au contraire, le modèle de l'agent rationnel a ceci de précieux qu'il remplit sa mission d'éclairage des normes juridiques. L'effet incitatif des normes sur les comportements permet de s'interroger sur le caractère dissuasif ou au contraire sous-dissuasif des règles de concurrence. Le « prix » attaché au respect du droit doit être confronté au bénéfice tiré de sa violation. Considérant que l'agent cherche, rationnellement, à retirer un profit de la violation des règles, le législateur peut légiférer au regard de cette incitation précise : la volonté de l'agent de réaliser une faute lucrative.

Quatrièmement, à supposer que le modèle de l'agent rationnel soit moins « réaliste » que celui de l'agent « comportemental », si cette hypothèse « fausse » (rationalité des agents) conduit à clarifier le droit, alors cette hypothèse doit s'appliquer. À titre d'exemple et par analogie, le modèle du bien-être du consommateur pour justifier la punition est peut-être un modèle imparfait ou irréaliste, reste qu'il permet de donner un sens clair à la politique de concurrence et à la légitimité des sanctions. Dans la lignée de notre postulat, rappelons que Friedman considérait que « *l'économie est avant tout une science prédictive, et si des hypothèses fausses (sur la rationalité des agents) conduisent à des prédictions justes, alors son but est atteint* »[302]. Ainsi, il nous paraît plus juste de prédire que l'agent économique

---

301 R. Boudon, *Essais sur la théorie générale de la rationalité*, *op. cit.* note 226.

302 M. Friedman, *Essays in Positive Economics*, Chicago University Press (1953) ; cité par M. Ferrière, « Les principales critiques de la théorie du choix rationnel », *op. cit.* note 255.

cherche à tirer profit d'une règle de droit pour prendre un avantage sur la concurrence que de considérer, par exemple, qu'un biais de surconfiance l'a poussé à enfreindre la loi. De même, prédire (peu importe que cette hypothèse soit réaliste ou non) que l'agent est capable de réaliser des anticipations rationnelles pour rentabiliser son manquement à la loi est nécessaire pour assurer la construction d'un droit à la fois dissuasif et intelligible.

Cinquièmement, la seule solution (au regard de la théorie comportementale de l'agent « prosocial ») du développement des programmes de conformité est insuffisante. Le développement de tels programmes ne peut suffire pour assurer le respect du droit de la concurrence. Le préjugé selon lequel les individus sont animés par des comportements prosociaux est contredit, d'une part, par les nombreux exemples jurisprudentiels qui témoignent de la conscience, du calcul et de l'ingéniosité des entreprises responsables de pratiques illicites[303] ; d'autre part, au regard de l'étude de Damgaard qui montre un lien de causalité entre la connaissance du droit de la concurrence et les incitations à l'enfreindre[304]. Diffuser une culture de concurrence pourrait permettre aux individus de former de meilleures prédictions et d'affiner le calcul coût-avantage précédant la réalisation d'une faute lucrative. Par ailleurs, le coût de la compliance favorisée par la taille de l'entreprise et l'attitude intrinsèque des dirigeants (« amoureux » du risque et averses à l'ambiguïté) risque de décourager la mise en place d'un tel dispositif.

Pour finir, nous ne doutons pas de l'utilité de l'économie comportementale pour analyser le comportement de l'individu en société ou celui du consommateur profane. En revanche, pour construire un régime dissuasif au regard du comportement des entreprises sur le marché, partir du postulat de l'agent rationnel nous paraît autrement plus pertinent. D'une part, pour l'*homo juridicus*, en l'occurrence l'entreprise confrontée tous les jours au droit de la concurrence, il nous paraît logique de considérer qu'il a, au pire, une connaissance moyenne des normes qui s'appliquent à lui[305], ce qui tend à exclure l'idée que les infractions seraient commises imprudemment. D'autre part, au regard de la compétition économique, l'hypothèse la plus raisonnable reste de considérer que les entreprises cherchent, rationnellement, à souffrir le « moins » d'une réglementation ou à en tirer le « plus » possible profit.

---

303 A. Stephan, « An empirical evaluation of the normative justifications for cartel criminalisation », 37(4) *Legal Studies* 621-646 (2017), p. 633 : « *Cartels typically go as far as to meet in secret locations, use codenames and communicate through unregistered mobile phones and private email accounts. The moral wrongfulness therefore arises not only from the act of price fixing itself, but from the fact it is hidden. Indeed,* it is hard to think of a legitimate reason why a cartelist might take such drastic steps to conceal their behaviour other than a good understanding that it is illegal ».

304 *Supra*, n° 96.

305 Ce postulat est confirmé par une enquête de Patrice Bougette fondée sur un questionnaire adressé aux entreprises, lequel montre que, à l'échelon français, les firmes considèrent avoir une connaissance relativement bonne des règles de concurrence tandis qu'au niveau européen, les entreprises reconnaissent avoir une « *connaissance moyenne* » ; v. P. Bougette, L. Donnedieu de Vabres-Tranié, C. Montet, F. Venayre, « Stratégie et droit de la concurrence : une enquête auprès de grandes entreprises françaises », colloque sur « la stratégie des entreprises vis-à-vis du droit de la concurrence : adaptation, évasion, organisation », *RCC*, n° 144, janvier-février 2006, pp. 2-10.

Au regard de tous ces arguments, il nous semble essentiel de reprendre la théorie de l'agent rationnel pour apprécier le caractère dissuasif des règles de concurrence vis-à-vis des agents économiques. Sans abandonner totalement la théorie de l'« homme comportemental », nous la traiterons, tout au long de notre thèse, de façon largement minoritaire.

TITRE I

LES LIMITES DE L'ACTION PUBLIQUE

100. **Sanction des règles de concurrence.** La sanction des règles de concurrence repose à la fois sur l'action publique et l'action privée en réparation du dommage concurrentiel. Ce double risque juridique attaché à l'infraction tenant à la fois à l'action d'une autorité de concurrence et à l'action en dommages-intérêts des victimes est pris en compte par l'entreprise dans son choix d'enfreindre la loi. S'agissant de l'action publique, l'Autorité de la concurrence doit punir les pratiques anticoncurrentielles tandis que le ministre de l'Économie dispose d'un large éventail de sanctions pour condamner les pratiques restrictives de concurrence.

101. **Problème d'effectivité.** La faible probabilité de détection de l'infraction concurrentielle augmente les chances pour le fautif de ne pas être condamné. L'inconstance dans l'application de la norme concurrentielle « brouille » le message dissuasif selon lequel tel ou tel comportement illicite est régulièrement sanctionné. La probabilité d'échapper à la loi rassure le contrevenant qui va commettre une infraction « rentable » car impunie. En somme, l'effectivité limitée de l'action publique (Chapitre 1) constitue une première limite à l'application des règles de concurrence qui renforce l'incitation à enfreindre la loi.

102. **Problème d'efficacité.** En plus d'être ineffective, l'action publique est inefficace lorsque l'amende imposée en vertu de la violation du droit de la concurrence se révèle inférieure au profit réalisé par le contrevenant[306] (Chapitre 2). Dans ce cas, la norme concurrentielle ne produit pas l'effet dissuasif attendu, car, malgré son application, l'agent économique tire profit de l'infraction au droit.

103. **Stratégies juridiques.** Par ailleurs, l'agent économique peut former des stratégies juridiques pour limiter le coût de l'infraction attaché à l'application du *public enforcement.* Les stratégies contentieuses du *bad man*[307] permettent à ce dernier de neutraliser le risque économique de l'infraction. Plus spécifiquement, les stratégies du *bad man* pour affaiblir l'effet dissuasif de l'action publique (Chapitre 3) favorisent le développement des fautes lucratives concurrentielles.

---

306 Rappelons que, dans son choix d'enfreindre la loi, l'agent économique compare le respect de la norme à un prix implicite. Ce prix implicite décrit en réalité un coût que l'agent, rationnellement, met en balance avec les avantages retirés de la violation du droit.

307 Le *bad man* est un agent rationnel qui exploite ses connaissances pour former un calcul coût-avantage de la violation du droit et pour élaborer des stratégies juridiques visant à limiter le coût économique de l'infraction. Pour une définition générale du *bad man*, v. *infra*, Titre I, Partie I, Chap. 3.

Chapitre 1
L'effectivité limitée de l'action publique

104. **La détection de l'infraction.** La détection de l'infraction est la condition essentielle à l'application des règles de concurrence aux comportements déviants. Le règlement n° 1/2003 reconnaît que les entreprises sont vigilantes et que « *la détection des infractions aux règles de concurrence [devient] de plus en plus difficile* »[308]. La difficile détection des cartels (Section 1) et, plus généralement, les difficultés affectant la détection des pratiques anticoncurrentielles à l'ère du numérique (Section 2) limitent l'effectivité de l'action publique et assurent la rentabilité de l'infraction de concurrence.

Section 1
La difficile détection des cartels

105. De nombreux facteurs favorisent la stabilité des cartels (§ 1), laquelle complique leur détection. Des calculs empiriques confirment, par ailleurs, la faible probabilité de détection des cartels (§ 2).

§ 1. Les facteurs favorisant la stabilité des cartels

106. **Le coût de la détection.** Premièrement, le coût du travail de détection, très élevé, permet à certains cartels d'échapper au contrôle de l'Autorité. En effet, « *le coût moyen de traitement d'un dossier par l'Autorité de la concurrence française se situe entre 75 000 et 150 000 euros* »[309]. Pour cette raison, « *les autorités n'ont pas les moyens matériels et humains de surveiller chaque marché et de poursuivre toutes les firmes suspectées de s'être concertées* »[310].

107. **Technicité dans la formation des ententes.** Deuxièmement, la technicité des ententes affaiblit la probabilité de détection. La quête du profit renforce la

---

308 Règlement (CE) n° 1/2003 du Conseil du 16 décembre 2002 relatif à la mise en œuvre des règles de concurrence prévues aux articles 81 et 82 du traité (Texte présentant de l'intérêt pour l'EEE), *JOCE* n° L 001 du 4 janvier 2003, pp. 0001-0025, § 25.

309 B. Espesson-Vergeat, « Le caractère dissuasif des sanctions de l'Autorité de la concurrence », *RLC* 2015, n° 43.

310 T. Pénard, S. Souam, « Que peut bien apporter l'analyse économique à l'application du droit de la concurrence ? », *REP* 2002/6, vol. 112, pp. 863-887.

vigilance des firmes. Les ententes sont plus sophistiquées. Les réunions sont gardées secrètes[311]. Les firmes, prudentes, suppriment les traces écrites de leurs concertations[312]. De nouvelles formes de collusion apparaissent, comme la collusion « digitalisée », autrement appelées les ententes « algorithmiques », lesquelles compliquent profondément le travail des autorités[313].

108. **Facteur humain : *Gary Dinners*.** De plus, le facteur humain favorise la stabilité interne des ententes. Les firmes nouent des relations de confiance[314], ce qui limite les négligences et les tricheries susceptibles de dévoiler la pratique concertée[315]. C'est ainsi que les leaders des cartels encouragent « *l'esprit de corps* »[316] entre participants. L'exemple le plus révélateur de cette coopération est connu sous le nom de *Gary Dinners*[317]. Elbert Gary a été le leader du cartel des fabricants d'acier américain[318]. Certains de ses discours[319] sont aujourd'hui célèbres : « *Nous avons mieux qu'un contrat pour nous guider et nous contrôler, nous, en tant qu'hommes, en tant que "gentlemen", en tant qu'amis, nous avons atteint un degré d'affinité qui fait que nous entretenons respect et affection les uns pour les autres [...]. Nous sommes engagés à nous protéger les uns les autres, et nous ne pouvons agir ou omettre d'agir sans le sens aigu et clair que notre honneur est en jeu* »[320].

---

311 A. Serban, « Are EU Leniency Programmes Enough for Detecting Cartels? » *Romanian Competition Journal* n° 1-2 / 2015 : « *Because cartels hardly leave any obvious traces that indicate an anticompetitive conduct, it may take decades for a competition authority/agency to detect such practices, to build solid evidence and to put a stop to them.* » – V. aussi OCDE, Policy Brief, « Using Leniency to Fight Hard Core Cartel », 2001 : « *The difficulty in stopping cartels is secrecy. Cartel activity, because it is clearly illegal (and, increasingly, a criminal act), is conducted in great secrecy. Conspiracy meetings might occur in a hotel room during a trade show, for example, or simply over the phone. Evidence is hidden away.* »

312 T. Pénard, S. Souam, *loc. cit.*

313 V. *Infra* n° 119 et s.

314 Le mot « collusion », qui vient du XIVe siècle, et qui est emprunté du latin *collusio* (« entente frauduleuse »), est un dérivé de *colludere,* qui veut dire « jouer ensemble, être de mèche ». Cela définit bien la situation de confiance qui, normalement, règne au sein d'un cartel. Nous pouvons, à ce titre, rappeler que s'agissant du cartel de la lysine, le dirigeant d'ADM avait comme slogan : « *nos concurrents sont nos amis, et les consommateurs nos ennemis* ».

315 Précisons cependant que toute tricherie ne remet pas en cause nécessairement le cartel. Tout dépend de la tricherie. Une entente peut résister à des phases de tricheries. Par exemple, dans le cartel des vitamines B2, regroupant les firmes Roche, BASF et Takeda, l'entreprise Takeda a triché sans que cela casse la dynamique du cartel, même si celui-ci fut détecté par la suite.

316 E. Combe, C. Monnier-Schlumberger, « Quelle est l'ampleur de la sous-dissuasion des cartels en Europe ? Compléments sur nos résultats », in colloque « Sanctions antitrust : Quel est le juste montant ? (Paris, 17 octobre 2012) », Concurrences n° 1-2013, Art. N° 50423, pp. 16-37. – M. Armstrong, H. Huck, « Behavioral Economics as Applied to Firms: A Primer », 6(1) *Competition Policy International* 3-45 (2010).

317 Entre 1907 et 1911, les dirigeants des fabricants d'acier américains ont organisé une série de réunions et d'événements. Le leader de ces réunions s'appelait Elbert Gary.

318 W. H. Page, « The Gary Dinners and the Meaning of Concerted Action », 62 *SMU L. Rev.* (forthcoming), University of Florida Levin College of Law Research Paper No. 2009-08.

319 La plupart de ses discours visaient à créer du lien, son but était de développer un sentiment d'appartenance fort entre les partenaires à l'entente. – V. : Définition du « sentiment d'appartenance » : « Impression de faire partie d'une communauté, ethnique, religieuse, musicale ou de toute autre nature. » Disponible sur : http://www.linternaute.com.

320 Propos rapportés dans : E. Combe, C. Monnier, « Quelle est l'ampleur de la sous-dissuasion des cartels en europe ? Compléments sur nos résultats », *op. cit.* note 316.

Ainsi, s'il existe « *un caractère par nature secret des ententes* »[321], ce caractère est en plus renforcé par les relations de confiance nouées entre les participants à l'entente.

109. **Risque de déviation.** Certes, il existe un risque de déviation du cartel susceptible de remettre en cause la stabilité de ce dernier. Précisément, l'augmentation des prix par tous les concurrents peut inciter un cartelliste à baisser rationnellement les siens pour capter les consommateurs. À cette déviation « rationnelle » s'ajoute le risque d'une déviation « irrationnelle » liée à une émotion ou à une erreur d'interprétation du comportement des autres parties à l'accord. Néanmoins, ce risque de déviation est affaibli dans le cas d'une collusion algorithmique. Un algorithme ne risque pas d'être affecté par des biais émotionnels, ce qui limite le risque de déviation[322]. Les trois facteurs décrits rendent extrêmement délicate la détection des cartels. Une étude statistique a par ailleurs été menée sur le sujet. Elle confirme la difficulté des autorités à détecter les cartels.

§ 2. Les calculs empiriques sur la faible probabilité de détection

110. **Échapper au contrôle de l'Autorité.** Une firme qui entend former une pratique anticoncurrentielle espère, en premier lieu, échapper au contrôle des autorités de concurrence. La faible probabilité de détection de l'infraction concurrentielle, laquelle est confirmée par des études empiriques (A), peut rassurer l'agent économique qui cherche à enfreindre la loi. Néanmoins, le niveau de détection perçue subjectivement par l'agent économique peut être différent de la probabilité « réelle » de détection (B).

A. Les études empiriques

111. **Faible probabilité de détection du cartel : taux de référence**[323]**.** À la question fondamentale de la probabilité de détection, les observateurs s'accordent à dire que, se situant généralement dans une fourchette entre 13 et 17 %, un taux de référence de 15 % doit être retenu. Ces résultats découlent des études des auteurs

---

321 M. Dumarçay, *La situation de l'entreprise victime dans les procédures de sanction des pratiques anticoncurrentielles*, Litec, 2010, p. 463.

322 F. Marty, « Économie des algorithmes et ordre concurrentiel : Réflexions sur les abus d'exploitation et les collusions fondés sur des algorithmes de prix », Documents de travail GREDEG, nº 2017-14, p. 10 : Si « *les collusions tacites s'effondrent souvent sous l'effet d'erreurs des individus eux-mêmes. Il peut s'agir d'erreurs dans les actions par rapport à l'équilibre collusif, de sur-sanctions de déviations éventuellement involontaires, de phénomènes de "panique" face au risque judiciaire ou encore de décisions plus émotionnelles que rationnelles [...] [Les algorithmes] sont à l'abri des erreurs "humaines" liées aux biais cognitifs et aux émotions.* »

323 E. Combe, C. Monnier. « Quelle est l'ampleur de la sous-dissuasion des cartels en europe ? Compléments sur nos résultats », *op. cit.* note 316. Selon les auteurs, la probabilité de détection soulève des difficultés d'estimation à deux égards : premièrement, par définition, le nombre de cartels demeurés secrets reste inconnu, donc les estimations ne tiennent compte que des cartels détectés. Deuxièmement, ne sont pas pris en compte les effets des programmes de clémence qui ont sensiblement augmenté la probabilité de détection.

Peter Bryant et Edwin Eckard[324], et plus récemment, de l'économiste Emmanuel Combe[325]. Une étude de l'OCDE montre en outre que, une fois détecté, un cartel sur six serait poursuivi et condamné[326]. Une étude intéressante a par ailleurs été menée par un auteur américain auprès d'un cabinet spécialisé en droit de la concurrence à Bruxelles. Son étude consistait en un questionnaire adressé aux avocats à qui il était demandé s'ils adhéraient au constat suivant : « *La Commission européenne échoue à détecter la plupart des ententes sur les prix* »[327]. Seulement 5 % des avocats n'adhérèrent pas à ce constat, et 62 % partagèrent cet avis. Le reste refusa de se prononcer. En outre, le questionnaire a mis en lumière l'opinion des professionnels sur les pratiques d'entente. Près de 95 % des avocats ont reconnu que les ententes sur les prix étaient stratégiques et commises dans le dessein de réaliser des surprofits, ce qui contredit le postulat des théories comportementales selon lequel les infractions sont souvent le fruit d'une imprudence ou d'une méconnaissance de la législation. Aussi 100 % des personnes interrogées ont considéré qu'une meilleure dissuasion passait par une augmentation du taux de probabilité de détection et du montant des amendes pécuniaires en Europe[328].

Toutes ces études témoignent – faute d'une meilleure détection de l'infraction – de la probabilité de préserver un profit malgré la violation du droit de la concurrence : soit les cartels ne sont pas détectés et les entreprises conservent, en conséquence, tout le profit de leur pratique frauduleuse ; soit les cartels sont suspectés, mais faute de moyens d'investigation et de preuves[329], ils échappent à la condamnation ; enfin, même détecté, un cartel peut échapper à une condamnation. L'économiste

---

324 P. Bryant, E. Eckard, « Price Fixing: The Probability of Getting Caught », 73(3) *Review of Economics and Statistics* 531-536 (1991). Ils ont mené leurs investigations sur la base d'un large échantillon de cartels poursuivis par le Department of Justice entre 1961 et 1988. À travers leur étude, Bryant et Eckard estiment que la probabilité annuelle de détection se situe entre 13 et 17 %.

325 E. Combe, C. Monnier, « Cartels: the Probability of Getting Caught in the European Union », BEER Paper n° 12, mars 2008. Les auteurs définissent leur méthode ainsi : « *[N]ous développons un modèle de détection des cartels nous permettant d'expliciter cette probabilité. Notre estimation est basée sur les durées de détection de tous les cartels condamnés par la Commission européenne depuis 1969, et sur un modèle statistique de processus de vie et de mort décrivant la naissance et la détection des cartels.* » Sur le modèle statistique de vie ou de mort, v. article : E. Combe, C. Monnier-Schlumberger, « Le calcul de l'amende en matière de cartel : Une approche économique », Concurrences n° 3-2007, Art. N° 13812, pp. 39-45. Dans cet article, les auteurs décrivent précisément leur méthode de calcul : « *Cette méthode consiste à calculer une probabilité instantanée d'être détecté sur la base d'un échantillon de cartels qui ont été effectivement détectés au cours d'une période de temps donnée. Par exemple, si nous disposons d'un échantillon de cartels détectés au cours de la période 1970-2000 (soit 30 ans), nous pouvons estimer la probabilité qu'un cartel appartenant à cet échantillon se fasse prendre au cours de l'instant t (t étant par exemple égal à une année). Cette probabilité instantanée va dépendre de la durée de vie moyenne des cartels : plus les cartels de l'échantillon durent longtemps avant d'être découverts, plus la probabilité d'être détecté est faible.* » – Dans le même sens, v. aussi : P. Ormosi « A Tip of the Iceberg? The Probability of Catching Cartels », 29(4) *J Appl Econometrics* 549-566 (2014).

326 OCDE, Second rapport sur la mise en œuvre de la recommandation de 1998 en faveur d'une action efficace contre les ententes injustifiables, Dafcomp, 2.

327 R. M. Feinberg, « The Enforcement and Effects of European Antitrust Policy: A Survey of Legal Opinion », 23 *J. Common Market. Stud.* 373 (1985) ; cité dans J. M. Connor, R. H. Lande, « Cartels as Rational Business Strategy: Crime Pays », 34 *Cardozo L. Rev.* 427-490 (2012), p. 465.

328 *Ibid.*

329 T. Pénard, S. Souam, « Que peut bien apporter l'analyse économique à l'application du droit de la concurrence ? », *op. cit.* note 310.

américain John Connor a mené une étude portant sur « *la probabilité qu'un cartel détecté soit condamné* »[330]. L'auteur remet en cause le postulat du DOJ[331] selon lequel dans 95 % des cas, la détection et l'acte d'accusation se terminent par une condamnation. D'après ses travaux, sur la base de deux périodes courant de 1990 à 2009 puis de 2005 à 2009, il estime qu'un cartel détecté a entre 13 % et 21 % de chances d'échapper à une condamnation[332].

112. **Une méthode conservatrice.** De l'avis d'un auteur, le calcul empirique de la probabilité de détection révèle néanmoins une méthode impropre à caractériser le véritable pourcentage de détection, qui serait surestimé : « *Il convient de souligner que cette méthode se révèle extrêmement conservatrice puisqu'elle porte sur des cartels détectés et non sur l'ensemble des cartels existants, dont il est par définition impossible de connaître le périmètre [...]. Si nous supposons par exemple que les cartels détectés représentent 10 % de l'ensemble des cartels existants,* la probabilité annuelle d'être attrapé est en réalité... de 1,5 % et non de 15 % »[333].

On pourrait néanmoins considérer que le succès de la procédure de clémence a permis d'augmenter la probabilité de détection[334]. On ne peut cependant préjuger du succès de cette procédure, car le nombre total de cartels existants est inconnu. L'augmentation des cartels signalés est peut-être directement liée à une augmentation des cartels formés[335].

En somme, au regard de la faible probabilité de détection, le choix d'enfreindre la loi est rationnel. Il faut néanmoins opposer la probabilité « réelle » de détection à la probabilité perçue subjectivement par l'agent rationnel (du fait d'un manque d'information disponible), qui peut surestimer le risque de détection.

B. La probabilité de détection perçue par l'agent rationnel

113. **Calcul coût-avantage.** En théorie, selon une analyse rationnelle coût-bénéfice, l'agent rationnel a intérêt à former un cartel au regard du taux de référence établissant une

---

330 J. M. Connor, R. H. Lande, « How High Do Cartels Raise Prices? Implications for Reform of the Antitrust Sentencing Guidelines », 80 *Tul. L. Rev.* 513-570 (2005). – V. aussi : J. M. Connor, R. H. Lande, « Cartels as Rational Business Strategy: Crime Pays », *op. cit.*, note 327, p. 466.

331 Département de la justice des États-Unis.

332 J. M. Connor, R. H. Lande, « How High Do Cartels Raise Prices? », *loc. cit.*

333 E. Combe, C. Monnier, « Le calcul de l'amende en matière de cartel : Une approche économique », *op. cit.* note 325, p. 42. – V. aussi : C. Marvão, G. Spagnolo, « What Do We Know about the Effectiveness of Leniency Policies? A Survey of the Empirical and Experimental Evidence », SITE Working Papers Series 28, Stockholm School of Economics, Stockholm Institute of Transition Economic (2014) : « *As we suggested earlier in this chapter, the most important effect of leniency policies is deterrence, i.e., the resulting (hopeful) decrease in the number of cartels in society.* However, this is very difficult to measure because only detected cartels are typically observed ». Disponible sur SSRN : http://ssrn.com/abstract=2511613.

334 C Marvão, « The EU Leniency Programme and Recidivism », SITE Working Paper, No. 27 (2014).

335 C. Marvão, G. Spagnolo, « What Do We Know about the Effectiveness of Leniency Policies? », *op. cit.* note 333 : « *[T]he deterrence effects of leniency policies is difficult, however, as cartels are not readily observable in society unless they are convicted. An increase in the number of convicted cartels following the introduction of a leniency policy cannot necessarily be interpreted as an improvement in antitrust enforcement, as it may simply be due to an increase in the overall number of cartels formed.* »

probabilité de détection de 15 %[336]. De plus, le nombre de cartels suspectés, mais échappant à la condamnation, est de nature à renforcer sa confiance dans sa décision de participer à l'entente. Dès lors que le gain tiré de l'infraction est supérieur au risque d'être détecté et/ou condamné, la dissuasion n'est pas suffisante pour décourager l'agent d'enfreindre la loi : « *Si la probabilité de détection est inférieure à 100 %, le montant de la sanction ne doit pas être limité aux seuls gains générés par l'infraction. Car, lorsque la probabilité de détection d'une infraction est faible, l'auteur condamné pour une première infraction peut compenser la sanction par une deuxième infraction, et retirer des gains nets en commettant une troisième et quatrième infraction. Le montant optimal de la sanction (SO) doit donc être égal au profit retiré d'une infraction (Pi), augmenté du profit retiré pour chaque infraction non détectée. Ce résultat est donné par l'équation suivante : SO = Pi/probabilité de détection* »[337].

L'absence de sanction optimale est génératrice de fautes lucratives dès lors que les gains de l'infraction, quoique potentiellement neutralisés par une première sanction, peuvent se perpétuer dans une autre infraction qui, elle, ne sera probablement jamais détectée. Néanmoins, force est de reconnaître que l'entreprise peut surestimer la probabilité de détection. Le taux de détection des pratiques anticoncurrentielles tel qu'il est estimé par les observateurs ne correspond pas forcément au taux de détection tel qu'il est perçu par les agents économiques.

114. **La perception du taux de détection.** À la probabilité de détection statistique et objective s'oppose la perception du niveau de détection des agents économiques sur un marché. Une probabilité faible de détection n'est pas toujours un facteur incitatif à la cartellisation. L'agent économique peut surestimer l'information disponible selon laquelle la probabilité de détection se situe aux alentours de 15 %. Selon le paradoxe d'Allais, les agents ont tendance à surestimer les faibles probabilités[338]. Un biais cognitif[339] peut conduire un agent à percevoir un risque important de détection là où, rationnellement, la probabilité est faible[340]. À notre sens, il y a peu de chances qu'un agent surestime la probabilité de détection, et ce, pour au moins trois raisons centrales.

115. **Économie expérimentale.** Premièrement, parce que la littérature sur la psychologie cognitive démontre que les individus tendent à être optimistes quant au risque d'échapper à la loi[341]. Un agent est moins inquiet quant à la probabilité qu'un événement défavorable se produise qu'optimiste quant à la réalisation d'un événement favorable. Les membres de l'entente auront donc davantage confiance en la probabilité que le cartel ne soit pas détecté que l'inverse.

---

336 E. Combe, C. Monnier, « Quelle est l'ampleur de la sous-dissuasion des cartels en europe ? Compléments sur nos résultats », *op. cit.* note 316.

337 N. Petit, *Droit européen de la concurrence*, LGDJ, 2013, n° 1541, p. 517.

338 M. Allais, « Le comportement de l'homme rationnel devant le risque : critique des postulats et axiomes de l'école américaine », *Econometrica*, vol. 21, n° 4, 1953, pp. 503-546. – V. aussi : P. Mongin, « Le paradoxe d'Allais. Comment lui rendre sa signification perdue ? », *RE* 5/2014, vol. 65, pp. 743-779.

339 Par biais cognitifs, on entend « *des erreurs systématiques subies par les agents économiques dues à un traitement imparfaitement rationnel de l'information disponible* » ; v. M. Deschamps, S. Ferey, « Économie comportementale et politique de concurrence. Une étude du cas français », RFE 2012/4, vol. XXVII, pp. 81-114.

340 À ce titre, on notera que les avocats américains surestiment, selon leur perception, la probabilité de détection des firmes en situation de cartel à hauteur de 50 % : v. A. Beckenstein, H. Landis Gabel, « Antitrust Compliance: Results of a Survey of Legal Opinion », 51(3) *Antitrust L.J.* 459-516 (1982).

341 N. D. Weinstein, « Optimistic Biases About Personal Risks », 246(4935) *Science* 1232-1233 (1989).

116. **Réalité pratique.** Deuxièmement, le peu de cas d'ententes sanctionnées chaque année en France[342] et en Europe[343] ne risque pas de renforcer la croyance des contrevenants en une forte probabilité de détection. De plus, la faible résonance médiatique des affaires de concurrence[344] et le caractère inconstant de la publication de la sanction[345] ne sont pas de nature à provoquer une surestimation du risque de détection de la pratique anticoncurrentielle.

117. **Coût indolore pour la personne physique.** Troisièmement, le coût éventuel de l'entente pèse sur la personne morale et non sur la personne physique. Les personnes physiques – qui pourtant organisent sciemment la commission de l'infraction – sont souvent épargnées par les sanctions pécuniaires[346]. De plus, les peines de prison en France ne sont que très rarement appliquées à l'égard des dirigeants[347]. Le risque juridique de l'infraction étant faible pour le dirigeant, ce dernier ne risque pas de surestimer la probabilité de détection. Le peu de crainte à l'égard d'une éventuelle sanction qui ne le touchera pas personnellement n'est pas susceptible de provoquer un biais de surestimation du risque de détection ; d'autant plus que l'horizon très lointain de la sanction de l'Autorité (du fait de la durée séparant l'enquête de la condamnation) va minorer la crainte d'être condamné[348].

118. **Bilan.** La faible probabilité de détection de l'infraction est un facteur central d'incitation à enfreindre le droit de la concurrence. L'application limitée du droit de la concurrence renforce l'impunité des agents déviants. L'infraction concurrentielle est d'autant plus lucrative qu'elle échappe à toute sanction. Le sentiment d'impunité des agents économiques risque de s'accroître avec le développement des marchés numériques aux frontières virtuellement illimitées.

Section 2
La difficile détection des pratiques anticoncurrentielles à l'ère du numérique

119. **Marché du numérique.** L'application du droit de la concurrence aux entreprises du numérique est difficile, car ces entreprises opèrent sur des marchés bifaces[349].

---

342 Quatre ententes en 2015 ; trois en 2014 ; cinq en 2012 ; v. les rapports annuels de l'Autorité de la concurrence (ex. pour 2015 : http://www.autoritedelaconcurrence.fr/doc/ra2015_rapport_activite.pdf, p. 22.)

343 On peut estimer qu'il n'y a pas plus de cinq à dix décisions par an.

344 M. Debroux, « La sanction en droit de la concurrence », *Le Petit Juriste*, 11 avril 2011 : « *[D]ans la culture française, une condamnation pour entente illégale ou un abus de position dominante n'aura pas un effet stigmatisant aussi fort qu'en pays anglo-saxon.* » Disponible sur : https://www.lepetitjuriste.fr/la-sanction-en-droit-de-la-concurrence.

345 C. Faure-Mossmann, « Les peines complémentaires de publicité, publication-sanction, en droit boursier et en droit de la concurrence : une approche comparée en droit américain, français et européen », *LPA* 23 avril 2012, n° 81, p. 5.

346 *Infra*, Partie III, Titre I, n° 759 et s.

347 *Infra*, Partie I, Titre I, n° 213 et s.

348 Sachant qu'au jour de la sanction de la pratique, il se peut que le manager ait changé d'entreprise.

349 A. Perrot, « Concurrence sur les marchés bifaces », DAF/COMP/WD(2009) 62 : « *Les marchés bifaces mettent en relation deux groupes d'agents qui ont des gains potentiels à interagir. Une plateforme ou un intermédiaire rend possible ou facilite les transactions (en réduisant leur coût). Cette activité engendre des externalités indirectes : le bénéfice d'un agent dépend du nombre d'agents de l'autre groupe. Les exemples les plus classiques*

Certaines stratégies mises en œuvre par les opérateurs dominants peuvent générer des effets anticoncurrentiels difficiles à détecter. Par exemple, la gratuité sur les marchés bifaces (A) provoque des effets d'éviction complexes à évaluer. De plus, certaines pratiques sont difficilement détectables, car le droit de la concurrence ne semble pas encore suffisamment « mature » pour les appréhender[350] : « *La main numérique donne naissance à de nouveaux comportements anti-compétitifs contre lesquels les autorités chargées de la régulation sont mal équipées* »[351]. À ce titre, la mise en place d'une innovation prédatrice – pratique anticoncurrentielle qui ne fait pourtant l'objet d'aucune reconnaissance légale – risque de ne pas être détectée par l'Autorité de la concurrence (B). En outre, la technicité des « nouvelles » ententes à l'ère du numérique complique davantage le contrôle des autorités. Les ententes « algorithmiques » constituent un problème majeur du point de vue de la détection des infractions de concurrence.

A. La gratuité sur les marchés bifaces

120. **Stratégie d'élimination du concurrent par la gratuité.** Lorsque la stratégie de gratuité s'inscrit dans un plan d'éviction de la concurrence, elle décrit une pratique anticoncurrentielle : soit la prestation gratuite permet à l'entreprise d'évincer les concurrents qui ne peuvent s'aligner sur la prestation offerte. Dans ce cas, l'entreprise va jouir d'une rente de monopole et renforcer ses profits par une augmentation ultérieure des prix (pour récupérer les coûts subis du fait de la gratuité). Soit l'entreprise prédatrice va chercher à compenser la gratuité proposée sur une face du marché en imposant à l'agent économique sur l'autre face du marché des contraintes (par exemple des commissions exagérées) injustifiées. Enfin, plus généralement, la gratuité sur une face du marché peut permettre à une entreprise de renforcer sa domination et d'évincer la concurrence sur une autre face du marché. Le risque est donc de ne pas détecter ce type de pratique lucrative qui, lorsqu'il assure une rente de monopole à l'entreprise, est susceptible de nuire à l'innovation et donc, au marché. Le caractère ambigu de la gratuité, dont l'illicéité est difficile à déterminer, renforce la probabilité qu'une telle pratique échappe au contrôle des autorités.

121. **Difficulté : le caractère ambigu de la gratuité.** La gratuité n'est pas toujours anticoncurrentielle. Pour qu'elle le soit, il faut qu'elle décrive une stratégie d'éviction des concurrents. La détection du caractère prédateur de la gratuité est simple lorsque cette dernière relève d'un non-sens économique et ne s'explique que par la volonté d'éliminer du marché ses concurrents. Néanmoins, l'avènement de l'économie numérique et l'essor des marchés bifaces complexifient considérablement l'analyse du caractère abusif de la gratuité et donc, de l'infraction. La

---

de ces marchés mettent en relation des vendeurs et des acheteurs (agences immobilières), des lecteurs et des annonceurs publicitaires (médias), des commerçants et des détenteurs de cartes bancaires (systèmes de paiement). »

350 E. Baranes, A. Cosnita-Langlais, « Les défis posés par l'économie numérique aux politiques de concurrence », *Annales des Mines – Réalités industrielles* 2016/3 (août 2016), pp. 28-31.

351 A. Ezrachi, M. E. Stucke, *Virtual Competition: The Promise and Perils of the Algorithm-driven Economy*, Harvard University Press (2016).

difficulté à établir le comportement prédateur sur ce type de marché risque de le rendre « indétectable ». L'affaire *Bottin Cartographes* est une bonne illustration des difficultés à déterminer le comportement prédateur résultant d'une stratégie de gratuité sur un marché biface.

122. **Affaire *Bottin Cartographes*.** Dans cette affaire, la société Bottin Cartographes (devenue Evermaps) se plaignait de la stratégie de gratuité de Google qui consistait à proposer à ses clients professionnels une carte interactive leur permettant de localiser facilement un point de vente. En réalité, Google proposait une version « gratuite » à usage non commercial pour les entreprises clientes dans sa version de base (Google Maps API) et une version payante à usage commercial (Google Maps API for Business) proposant des fonctionnalités enrichies par rapport à la version de base. La société Bottin Cartographes contestait l'offre gratuite de Google, semblable à son service de cartographie en ligne, lequel était en revanche payant. Elle a donc saisi le tribunal de commerce de Paris. La société Google, en position dominante sur le marché de la publicité en ligne, était suspectée d'avoir commis un abus sur le marché de la cartographie en ligne[352]. L'abus a été reconnu dans un premier temps par le tribunal, dénonçant « *une stratégie générale d'élimination* » des concurrents de Google[353].

Google a ensuite fait appel de la décision. Du fait de la difficulté du cas, la cour d'appel a saisi l'Autorité de la concurrence pour avis[354]. La question s'est posée de savoir si, sur le marché connexe de la géolocalisation, le comportement de Google était assimilable à une stratégie de prédation anticoncurrentielle. De manière classique, l'Autorité a considéré qu'un comportement prédateur est caractérisé lorsqu'une entreprise en position dominante supporte des pertes ou renonce à des bénéfices à court terme, et ce, dans le seul but d'évincer un concurrent. Elle a ainsi appliqué un test de coût spécifique pour considérer finalement que Google n'était pas responsable d'un abus par prédation. La cour d'appel, dans la lignée de l'avis de l'Autorité, a estimé que les revenus liés au service « Google Maps API » couvraient les coûts moyens incrémentaux de long terme générés par sa commercialisation[355].

Le test de coût était en l'espèce critiquable, car, sur la face du marché concerné par la gratuité, il prenait aussi en considération les comptes payants, ce qui a produit plusieurs conséquences.

123. **La gratuité : le contraire du « sacrifice ».** Premièrement, le test de coût peut être inadapté à détecter les offres gratuites « prédatrices » sur les marchés bifaces. En effet, comme le relève le professeur Martine Behar-Touchais, « *la prédation*

---

352 On sait depuis l'arrêt *Tetra Pak* qu'un abus peut être constaté même sur un marché où l'entreprise n'est pas en situation de position dominante, si ce marché est connexe à celui où l'entreprise est en position dominante ; v. CJCE, 14 novembre 1996, *Tetra Pak International SA c/ Commission*, aff. C-333/94 P ; *RTD eur.* 1997. 459, chron. J.-B. Blaise et L. Idot.

353 T. com Paris, ch. 15, 31 janvier 2012, *Bottin Cartographes c/ Google*, n° 2009061231.

354 Avis n° 14-A-18 du 16 décembre 2014 rendu à la cour d'appel de Paris concernant un litige opposant la société Bottin Cartographes SAS aux sociétés Google Inc. et Google France.

355 CA Paris, pôle 5, ch. 4, 25 novembre 2015, *SARL Google France* : JurisData n° 2015-026643 ; obs. G. Decocq, « *Google n'a pas eu de stratégie d'éviction sur le marché de la cartographie* », *CCC* n° 1, janvier 2016, comm. 19.

suppose d'abord un sacrifice. Or, la gratuité sur une face du marché est le contraire d'un sacrifice ! En attirant les internautes, elle permet un plus grand profit sur l'autre face du marché »[356]. L'absence d'analyse globale du test de coût tenant à la spécificité du marché biface complique la détection de l'illicéité des offres gratuites prédatrices.

124. **Incitation aux comportements opportunistes.** Deuxièmement, l'application du test encourage les stratégies de prédation en faisant le lit des comportements opportunistes. Au regard de ce test, l'entreprise opportuniste peut échapper à l'application de la loi en prévoyant, à côté de l'offre prédatrice, une prestation à un prix élevé[357]. La prise en compte de la prestation à un prix plus élevé sur la face du marché concerné par l'offre prédatrice fait diversion sur le risque d'éviction de la prestation gratuite.

125. **Diversion sur le risque d'éviction.** Troisièmement, la prestation éventuellement payante pour les autres opérateurs ne change rien au fond du problème et ne répond pas à la question de savoir si le modèle gratuit a provoqué un risque d'éviction des concurrents. L'appréciation de l'abus implique d'examiner la spécificité du marché biface afin de savoir comment « *un comportement d'un côté du marché affecte l'autre côté du marché, et quels sont les effets concurrentiels de ce comportement* »[358]. En se concentrant sur le test de coût, le test ne répond pas à la question des effets du comportement de Google. En l'occurrence, les effets de réseau générés par la gratuité permettaient à Google d'évincer la concurrence sur le marché de la cartographie[359] et d'attirer à elle tous les annonceurs. En accaparant un nombre massif d'utilisateurs sur la face gratuite du marché de la cartographie, l'autre face du marché (celui de la publicité en ligne) gagnait en attractivité et permettait à Google de renforcer sa domination. La question se posait donc davantage de savoir si le modèle de gratuité de Google, avant de servir l'intérêt des utilisateurs, n'assurait pas leur enfermement et, *in fine,* le verrouillage du marché ; sachant, de plus, que la base croissante d'utilisateurs pouvait créer des barrières à l'entrée[360] et limiter la remise en cause de ces marchés.

Finalement, aucune de ces préoccupations n'a réellement été appréciée par la cour d'appel, qui n'a pas analysé les effets de la gratuité sur les deux faces du marché. Le test de coût en matière de marché biface est « pathologique » au sens où il ne permet pas une analyse globale des effets de la pratique litigieuse.

126. **Les tests pour qualifier l'abus.** De manière plus générale, les tests utilisés en jurisprudence pour déterminer le caractère abusif du manquement font aujourd'hui

---

[356] M. Behar-Touchais, *L'effectivité du droit face à la puissance des géants de l'Internet*, vol. 2, IRJS, 2016.

[357] *Ibid.*, p. 47 : « *Toute activité prédatrice pourrait être validée, dès lors qu'à côté on propose des prestations supplémentaires à un prix élevé. Il y a dans ce raisonnement un vice permettant tous les comportements opportunistes. Car en l'espèce, même si Google avait eu une stratégie de prédation, il aurait échappé à la sanction parce que 18 tests de coût le mettaient en zone blanche, grâce à cet examen global de toute l'activité de la cartographie.* »

[358] OCDE, « Two-sided markets », DAF/COMP(2009) 20, p. 69.

[359] On notera à ce titre qu'à la suite de l'arrivée de Google Maps, l'entreprise Bottin Cartographes a subi des résiliations et une perte de chiffres d'affaires de plusieurs centaines de milliers d'euros.

[360] Le fait de bloquer l'accès au marché à un concurrent sur un côté du marché pouvant par exemple empêcher l'accès à l'autre face du marché.

débat[361]. Certains tests d'éviction peuvent échouer à capturer certains comportements fautifs qui limitent gravement la capacité des entreprises concurrentes sans pour autant les exclure[362]. Le test du concurrent efficace[363] peut à ce titre constituer un « pousse-au-crime » en diffusant comme signal à l'entreprise en position dominante qu'elle peut abuser de sa position vis-à-vis des concurrents peu efficaces. Dans le même sens, le test de l'absence de sens économique[364] est sous-dissuasif lorsqu'il laisse impunie une pratique qui génère davantage de profits anticoncurrentiels que de profits licites[365].

127. **Bilan.** L'affaire *Bottin Cartographes* soulève une problématique plus générale sur la détection et la pertinence des tests utilisés pour évaluer l'abus à l'heure du numérique[366]. L'impréparation du droit de la concurrence[367] aux situations inédites de l'économie numérique complexifie le contrôle des autorités de concurrence, lesquelles assistent au développement d'écosystèmes aussi riches que complexes. Le droit de la concurrence évolue moins rapidement que l'économie numérique, et ce décalage se répercute sur la détection de certaines pratiques anticoncurrentielles qui risquent de passer injustement le contrôle des autorités. En conséquence, la

---

361 A. Komninos, D. Bosco, F. Marty et a., « The "as efficient competitor test": A new era? », Concurrences n° 3-2013, Art. N° 53043, p. 12.

362 L. Flochel, « Les tests de prix d'éviction », Concurrences n° 3-2009, Art. N° 26583, pp. 1-6, p. 6 : « *[C]es tests cherchent à vérifier si la stratégie tarifaire de l'entreprise a pour effet probable l'éviction d'un concurrent aussi efficace. Mais il s'agit là de la forme extrême d'un abus de position dominante.* Une stratégie tarifaire peut avoir pour effet de maintenir le ou les concurrents actifs sur une portion seulement du marché ou d'empêcher leur croissance ou expansion. De telles stratégies peuvent dans certains cas constituer des abus de position dominante qui ne sont pas capturés par les tests présentés ici ». – V. aussi TPICE, 10 avril 2008, *Deutsche Telekom c/ Commission*, aff. T-271/03, § 194 : « *[I]l y a lieu d'examiner si la requérante elle-même, ou une entreprise aussi efficace qu'elle, aurait été en mesure de proposer ses services aux abonnés autrement qu'à perte [...]* » – F. Marty, « Critère du concurrent aussi efficace et approche par les effets en matière d'éviction par les prix », HAL, 13 août 2013.

363 Selon le test de concurrent aussi efficace, il y a abus de position dominante quand l'entreprise en situation de dominance, par ses pratiques délictueuses, évince un concurrent aussi efficace qu'elle. Un concurrent aussi efficace est celui dont les coûts de production sont semblables à ceux de l'entreprise dominante.

364 Ce test vise à condamner les pratiques dont la seule justification économique est la tendance à réduire ou diminuer la concurrence ; v. G. Werden, « Identifying Exclusionary Conduct under Section 2: The "No Economic Sense" Test », 73(2) *Antitrust L.J.* 413-433 (2006).

365 A. Charpin, O. Sautel, « Caractériser une pratique anticoncurrentielle : le test de l'absence de sens économique est-il adapté ? », Economic Focus, Microeconomix, septembre 2012. Selon les auteurs, le test peut conduire à juger licite une pratique « *même si elle génère dans le même temps une atteinte à la concurrence qui entraîne une perte élevée pour les consommateurs et des profits anticoncurrentiels bien plus élevés que les profits licites* ». – V. aussi : Department of Justice, Competition and Monopoly : Single-Firm Conduct under Section 2 of Sherman Act : Chapter 3, « General Standard for Exclusionary Conduct », September 2008, p. 43 : « *As even its proponents recognize, there are difficulties using it in all circumstances. Assessing what portion of an act's anticipated profits is exclusionary, as opposed to non-exclusionary, is apt to be difficult in many cases. [...] The Department also agrees with those who are concerned that this test might allow businesses too much freedom to engage in conduct likely to harm competition, because conduct could be protected even if it contributed virtually no profits (for example, only $1 of profit) apart from its exclusionary effect but caused tremendous harm to the competitive process. And to the extent that the test relies on a comparison to a but-for scenario, there may be situations where the but-for scenario either is not clear or would take much effort to establish.* »

366 M. Verdier, « Les développements récents de la littérature sur les plates-formes », *RE* 2016/HS1, vol. 67, pp. 25-38.

367 M. Chagny, « L'adaptation du droit de la concurrence à l'économie numérique », *JCP G* n° 49, 30 novembre 2015, doctr. 1340 : l'auteur redoute notamment « *le sentiment d'impuissance du droit de la concurrence* ».

violation du droit de la concurrence pourrait s'avérer rentable sur certains marchés en raison de l'inadéquation des outils traditionnels d'analyse économique avec la problématique des marchés bifaces[368].

B. L'innovation prédatrice sur le marché du numérique

128. **Définition.** L'innovation prédatrice décrit « *l'altération d'un ou plusieurs éléments techniques d'un produit afin de restreindre ou d'éliminer la concurrence* »[369]. L'innovation est dite « prédatrice », car l'entreprise va modifier un produit, non pour l'améliorer et servir l'intérêt du consommateur, mais dans le but de restreindre la concurrence. C'est le cas lorsque la modification d'un produit vise à supprimer la compatibilité du produit concurrent avec celui d'une entreprise dominante, ou à altérer le fonctionnement de technologies concurrentes[370]. Ce type de pratique est particulièrement courant sur le marché des nouvelles technologies.

129. **Résultat profitable d'une telle pratique.** Introduire une innovation prédatrice permet à l'entreprise d'augmenter indûment ses profits. Imaginons une firme qui décide de modifier la conception technique d'un produit en ajoutant une fonctionnalité inutile ou superficielle qui rend incompatible son produit avec celui des concurrents. À titre d'exemple, « *une entreprise qui change la connectique de ses ordinateurs – notamment celle permettant la recharge – afin d'en proposer une autre plus volumineuse et qui fonctionne moins bien, mais qui supprime la compatibilité des chargeurs proposés par des tiers, se rend coupable d'une pratique d'innovation prédatrice* »[371]. Cette pratique a pour conséquence de verrouiller le marché et d'enfermer les consommateurs, qui ne peuvent plus acheter le produit concurrent, lequel se retrouve incompatible avec le produit qu'ils utilisent. Le verrouillage des consommateurs a pour conséquence d'affaiblir le concurrent, qui risque de se retrouver évincé du marché. Dans le même temps, l'enfermement des consommateurs permet à l'entreprise de relever les prix et d'augmenter ses profits.

130. **Difficulté pour détecter l'innovation prédatrice.** Ce type d'infraction lucrative doit donc être contrôlé par l'Autorité afin de dissuader ces « fausses » innovations porteuses d'effets néfastes pour l'économie. La détection des innovations prédatrices est néanmoins difficile, et ce, pour plusieurs raisons.

131. **Absence de reconnaissance légale.** Premièrement, la détection de ces « fausses » innovations qui se développent sur les marchés technologiques n'est pas encouragée au regard de l'abandon normatif dont elles font l'objet. L'absence de reconnaissance légale du concept d'innovation prédatrice constitue un vide juridique. Ainsi,

---

368 N. Colin, A. Landier, P. Mohnen, A. Perrot, « Économie numérique », *NCAE* 2015/7, n° 26, pp. 1-12, p. 1 : « *Si les outils traditionnels du droit de la concurrence sont adaptés pour lutter efficacement contre les abus de position dominante, le diagnostic de ces situations est rendu plus complexe avec l'économie numérique, notamment du fait qu'elle repose sur des marchés "multifaces" et sur l'exploitation des données de masse.* »

369 T. Schrepel, « L'innovation prédatrice sur les marchés des nouvelles technologies : analyses croisées en droit européen et nord-américain de la concurrence », thèse Paris Saclay, 2016.

370 T. Schrepel, « Predatory Innovation: A Response to Suzanne Van Arsdale & Cody Venzke », *Harv. J.L. & Tech* (2017). Disponible sur SSRN : https://ssrn.com/abstract=2986246.

371 T. Schrepel, « Petit précis sur l'"innovation prédatrice" à l'usage des dirigeants d'entreprises », *Le Libellio AEGIS*, vol. 13 n° 1, 2017, pp. 131-139, p. 133.

« il en résulte donc dans la structure du droit, d'inévitables zones d'opportunités qui pourront être mobilisées par les entreprises, afin d'élaborer des stratégies »[372] anticoncurrentielles. L'incitation à introduire une innovation prédatrice est d'autant plus forte que le droit de la concurrence n'est pas encore légalement armé pour appréhender ce type de pratique. Un auteur plaide ainsi pour une reconnaissance normative du concept d'« innovation prédatrice », soulignant que la fréquence de ces pratiques devrait justifier un contrôle appuyé de ces « nouveaux » comportements prédateurs[373]. Du point de vue de la sociologie du droit[374], on peut en effet penser que l'abandon de la notion par le législateur n'incite pas l'Autorité à se saisir du problème pour affermir son contrôle. Il en résulte à la fois une plus forte probabilité pour le contrevenant d'échapper à la loi, ainsi qu'une plus grande probabilité d'erreur dans l'appréciation de la pratique litigieuse.

132. **Difficulté pour le régulateur.** Deuxièmement, même si la notion était consacrée juridiquement, il y a fort à parier que l'Autorité de la concurrence se heurterait à de nombreux obstacles pour détecter le comportement illicite. D'abord parce que distinguer la « fausse » innovation que décrit la modification inutile d'un produit de la « vraie » innovation que représente l'amélioration dudit produit est difficile. Ensuite parce que, en conséquence de l'idée précédente, cela oblige le régulateur à interpréter la stratégie de l'entreprise pour déceler le caractère « prédateur » de l'innovation. Enfin, parce que, comme l'a montré une thèse récente, certaines affaires ont pu illustrer la difficulté pour les juges d'appliquer un test pertinent en présence d'une innovation prédatrice[375].

133. **Particularité du marché des nouvelles technologies.** Troisièmement, les marchés technologiques se caractérisent par un rythme soutenu de l'innovation. La difficulté, entre la masse d'innovations, à distinguer les innovations licites comme les innovations d'amélioration[376] ou les innovations de rupture[377], des innovations

---

372 A. Masson, M. Shariff, « Les stratégies juridiques des entreprises », *RLDA* n° 53, 1er octobre 2010.

373 T. Schrepel, « Predatory Innovation: The Definite Need for Legal Recognition », 21 *SMU Sci. & Tech. L. Rev.* 19-73 (2017). Disponible sur SSRN : https://ssrn.com/abstract=2997586.

374 A. Lejeune, M. García Villegas, « La sociologie du droit en France : De deux sociologies à la création d'un projet pluridisciplinaire ? », *RIEJ* 2011/1, vol. 66, pp. 1-39.

375 T. Schrepel, « L'innovation prédatrice sur les marchés des nouvelles technologies : analyses croisées en droit européen et nord-américain de la concurrence », *op. cit.* note 369. L'auteur prend notamment comme exemple l'affaire *IBM*. Dans cette affaire, IBM avait introduit un nouveau modèle d'ordinateur sur lequel les périphériques de connexion avaient été changés afin qu'ils soient rendus incompatibles avec les produits des concurrents. Le but de l'innovation était d'éliminer la concurrence sur le marché des compatibles afin que les produits d'IBM soient achetés par les consommateurs. Dans leur décision, les juges ont appliqué un « test de proportionnalité », pour savoir si la suppression de la compatibilité était nécessaire pour l'amélioration du produit. Finalement, la Cour a retenu que l'introduction du nouveau produit n'était pas « *déraisonnablement anti-concurrentielle* ». Cette formule, lourde et peu éclairante sur la nature de l'innovation litigieuse, introduisait de surcroît un test de proportionnalité contestable pour apprécier le caractère anticoncurrentiel de l'innovation ; v. dans la thèse précitée, affaire *IBM* : *Transamerica Computer Co. v. International Bus. Machs. Corp.*, 481 F. Supp. 965 (N.D. Cal. 1979).

376 C'est-à-dire tout simplement une innovation qui améliore le produit existant.

377 C. M. Christensen, *The Innovator's Dilemma*, Cambridge (MA), Harvard Business School Press (1997). Selon l'auteur, les innovations de rupture transforment « *des produits compliqués en des produits simples d'utilisation* ». Le concept a depuis été largement repris et commenté en doctrine. Ainsi, selon un autre auteur, « *une innovation de rupture consiste à introduire un produit ou un service aux caractéristiques radicalement nouvelles. Par exemple, un téléphone mobile est une innovation de rupture par rapport à un téléphone fixe : il n'a pas simplement amélioré le téléphone fixe, il a radicalement changé la manière de téléphoner en offrant*

illicites comme l'innovation prédatrice compliquent le travail de détection de l'Autorité de la concurrence. De plus, cette dernière pourrait être réticente à mener des enquêtes coûteuses et à élever le niveau de surveillance sur les marchés technologiques sachant que, sur ce type de marché, le coût d'une erreur juridique (c'est-à-dire d'une erreur sur l'appréciation de la pratique litigieuse) est élevé car susceptible de figer l'innovation.

134. **Bilan.** Les innovations prédatrices sur les marchés technologiques sont régulières et se développent de façon exponentielle[378]. Le développement de ces « nouvelles » pratiques anticoncurrentielles résulte de la difficulté à les détecter, sachant que le droit de la concurrence n'a toujours pas consacré juridiquement la notion d'« innovation prédatrice ». Du point de vue de l'agent rationnel, l'effet incitatif de ce vide juridique doit conduire les autorités à s'interroger sur la nécessité d'une consécration légale. Dans le cas contraire, l'incitation à user de ce type de stratégie particulièrement rentable pour les contrevenants sera renforcée. Reste que, de façon pessimiste, il est à craindre que la complexité et les risques d'une régulation sur des marchés technologiques où des innovations foisonnent ne découragent l'Autorité de la concurrence, dont le coût des efforts de surveillance pourrait être d'autant plus important que des erreurs juridiques sont probables.

Les efforts de surveillance de l'Autorité sont par ailleurs complexifiés par l'apparition de « nouvelles » ententes : les ententes algorithmiques.

C. Les ententes algorithmiques

135. **Collusion « digitalisée » : ampleur du phénomène.** En 2015, cinq banques[379] ont reconnu avoir utilisé pendant cinq années un *chatroom* (un espace de discussion virtuel), avec un langage codé, pour manipuler les taux de change de référence[380]. De même, l'affaire *Topkins* aux États-Unis a révélé le fonctionnement d'une entente grâce à un algorithme[381]. Récemment, des constructeurs automobiles ont eu recours à un logiciel afin de gonfler les prix des pièces détachées[382] : au total, cette augmentation aurait coûté 1,5 milliard d'euros aux automobilistes en

---

par exemple la distance ». V. aussi – P. Silberzhan, « Qu'est-ce que l'innovation de rupture ? », Unow, « Le coin des experts », 13 février 2017.

378 A. Fatur, « Information and Communication Technology Network Industries and EU Competition Policy », London, King's College (2009) ; cité par T. Schrepel, « Petit précis sur l'"innovation prédatrice" à l'usage des dirigeants d'entreprises », *op. cit.* note 371.

379 Citigroup, J.P. Morgan Chase, Barclays, Royal Bank of Scotland et UBS.

380 H. Rousseau, « Cartel des changes : les 5 banques épinglées écopent de 5,7 milliards de dollars d'amendes », 20 mai 2015, Le figaro.fr.

381 Department of Justice, « Former E-Commerce Executive Charged with Price Fixing in the Antitrust Division's First Online Marketplace Prosecution » (April 6, 2015) : « *[…] the defendant and his co-conspirators adopted specific pricing algorithms for the sale of certain posters with the goal of coordinating changes to their respective prices and wrote computer code that instructed algorithm-based software to set prices in conformity with this agreement.* » Pour résumer, dans cette affaire, un vendeur de posters sur Amazon Market Place utilisait avec ses concurrents un algorithme de prix leur permettant de s'ajuster instantanément à tout facteur conduisant à des différences entre eux. Ainsi, grâce à l'algorithme, les posters qu'ils vendaient restaient à des prix artificiellement hauts.

382 F. Marty, « Quand des algorithmes décident du "juste prix" », *Ouest-France*, 5 juin 2018.

quinze ans[383]. En outre, selon le rapport préliminaire de la Commission européenne concernant une enquête sectorielle sur le commerce électronique, près de 10 % des détaillants en ligne utilisent un logiciel de surveillance des prix pour ajuster leurs prix automatiquement à ceux de leurs concurrents[384].

136. **Méthode.** Les entreprises créent désormais des algorithmes autonomes : dans ce cas, une fois l'algorithme programmé, aucun accord ou concertation entre les concurrents n'est nécessaire pour que leurs algorithmes s'engagent dans des prix interdépendants, assurant aux firmes une maximisation des profits à long terme. L'effet est semblable à celui d'un cartel classique et la tarification algorithmique crée un environnement de marché dans lequel les concurrents se livrent à une sorte de fixation automatisée des prix sans courir le risque d'être tenus responsables en vertu du droit de la concurrence[385]. Le professeur Maurice E. Stucke décrit dans son livre le développement des algorithmes fixant le prix de certains produits[386], comme les billets d'avion par exemple. Selon l'auteur, les programmes informatiques qui génèrent ces algorithmes tiennent compte des prix concurrents, avec des ajustements instantanés : « *Le résultat final est souvent proche de celui des cartels : les algorithmes se coordonnent et s'arrêtent sur le prix le plus élevé que peuvent supporter les consommateurs* »[387]. Selon le professeur Salil Mehra – inventeur du terme des « *robots-vendeurs* » –, la tarification algorithmique permet aux entreprises de ne pas se coordonner explicitement et donc de complexifier le travail des autorités, qui ont surtout tendance à chercher des preuves concrètes de concertation[388]. Les algorithmes permettent ainsi de remplacer la collusion explicite par une coordination tacite difficilement détectable.

137. **Efficacité de la collusion algorithmique.** L'efficacité de la collusion algorithmique dépend de l'algorithme utilisé pour assurer la coordination des comportements et l'ajustement des prix. Les difficultés traditionnelles des ententes peuvent être résolues grâce au recours aux algorithmes. Les déviations rationnelles des membres de l'entente qui proposent un prix plus bas pour attirer le consommateur et/ou pour réagir à une évolution dynamique du marché et les déviations irrationnelles des acteurs qui sont soumis à des émotions diverses[389] sont susceptibles d'être vaincues. La nature instable des cartels, qui, en principe, favorise leur détection, est combattue par le rôle de certains algorithmes qui stabilisent l'entente en limitant

---

383 Selon les documents recueillis par European Investigative Collaborations ; v. https://eic.network.

384 Commission européenne, Commission Staff Working Document « Preliminary Report on the E-commerce Sector Inquiry », SWD(2016) 312 final, 15 septembre 2016.

385 M. Zdzieborska, « Brave New World of "Robot" Cartels », AntitrustConnect Blog, 9 mars 2017. Traduction libre : « *[...] algorithmic pricing could create a market environment in which competitors can engage in a kind of automated price fixing without running the risk of being held liable under competition law [...]* the widespread use of autonomous algorithms may result in the same negative effects as cartels: reduced competition and higher prices ».

386 A. Ezrachi, M. E. Stucke, *Virtual Competition: The Promise and Perils of the Algorithm-driven Economy*, *op. cit.* note 351

387 A. Lacroix, « La main invisible est-elle soluble dans le Web ? », *Philosophie magazine*, 18 janvier 2017. Disponible sur philomag.com.

388 S. Merha, « Antitrust and the Robo-Seller: Competition in the Time of Algorithms »,100 Minn. L. Rev 1323-1375 (2016).

389 Crainte de détection de l'entente ; regret d'agir contre la loi ; peur du jugement des pairs ; etc.

les erreurs et les biais émotionnels des agents[390]. Quatre principaux algorithmes sont susceptibles d'assurer l'efficacité des ententes illicites.

138. **Algorithme de surveillance.** L'algorithme de surveillance consiste à collecter des renseignements sur la politique commerciale des concurrents[391]. La surveillance des données du concurrent permet à l'algorithme de déceler toute déviation potentielle de l'accord et, éventuellement, la programmation de mesures de rétorsion immédiates. L'avantage principal de cet algorithme est qu'il facilite l'entente illicite en dissuadant l'incitation à dévier de l'accord, car en raison des données collectées, les baisses de prix deviennent immédiatement visibles, ce qui réduit dans le même temps la possibilité de guerres de prix[392].

139. **Algorithme d'ajustement.** L'algorithme d'ajustement permet de coordonner les prix au fur et à mesure des évolutions dynamiques du marché[393]. Dans le cas d'une entente traditionnelle, les parties à l'accord sont dépendantes de plusieurs facteurs qui déterminent la stabilité et le succès du cartel. Les études empiriques des professeurs Levenstein et Suslow ont démontré les causes majeures de la déstabilisation des cartels[394], évoquant notamment l'évolution de la consommation liée à une croissance rapide de la demande tendancielle ; le ralentissement des cycles économiques ; la faible concentration du marché sur lequel opère l'entente ; l'existence d'un marché de produits hétérogènes ; les tricheries des membres ; l'absence d'organisation professionnelle pour aider à sa coordination ; le manque de « culture » de cartellisation de la part des membres ; etc. Toutes ces causes de déstabilisation écourtent la durée et l'efficacité du cartel. Les évolutions continues de l'offre et de la demande contraignent les parties à l'accord à des renégociations en organisant des réunions, des appels, etc., ce qui augmente le risque de détection. L'algorithme d'ajustement permet d'éviter les éventuelles traces de renégociation en permettant aux entreprises complices d'« *automatiser leurs processus de décision afin que leurs prix réagissent simultanément à toute modification des conditions de marché, en appliquant ainsi une forme de parallélisme conscient* »[395]. Ainsi, un mécanisme de tarification dynamique permet aux entreprises de stabiliser leur prix à un niveau supraconcurrentiel sans avoir

---

390 S. Mehra, *loc. cit.*

391 V. Šmejkal, « Cartel by Robots – Current Antitrust Law in Search of an Answer », *Intereulaweast*, Vol. IV (2) 2017.

392 S. Mehra, *loc. cit.*

393 A. Ezrachi, M. E. Stucke, « Artificial Intelligence & Collusion: When Computers Inhibit Competition », Working Paper CCLP (L) 40 (2015).

394 M. C. Levenstein, V. Y. Suslow, « What Determines Cartel Success? », 44(1) *Journal of Economic Literature* 43-95 (2006) : « *Faster growth in trend demand is associated with shorter cartels, as are business cycle downturns. In general, instability in the economic environment destabilizes cartels. Cartel organization and the history of the cartel are important, but difficult to measure. In the U.S., price fixing appears more frequently in homogeneous product markets, perhaps indirectly indicating that these cartels are easier to organize. Also, cartels in the U.S. often rely on trade associations to help with cartel organization when there are a large number of firms in the industry. Cartels reappear in some industries, and cartel duration tends to increase with industry experience with collusion. Other than WWII, cheating is the most common cause of breakdowns in international cartels.* » V. aussi – M. C. Levenstein, V. Y. Suslow, « Then and Now: Determinants of Duration of 20th Century International Cartels », Mimeo (2004).

395 OCDE, « Algorithmes et ententes », DAF/COMP(2017) 4, 16 juin 2017. p. 31

besoin de s'entretenir explicitement, et ce, grâce à un algorithme qui assure l'ajustement des prix au regard des fluctuations du marché.

140. **Algorithme « messager ».** L'algorithme « messager » permet d'envoyer des signaux (relatifs aux prix par exemple) aux concurrents sur le marché pour exprimer le désir de parvenir à une entente en négociant une politique commune. Les techniques de signalisation traditionnelles sont coûteuses : elles impliquent des coûts d'organisation, de coordination, et des risques financiers[396]. Au contraire, l'algorithme permet de collecter et d'envoyer très rapidement une masse de données susceptibles d'avoir « *des effets anticoncurrentiels, en facilitant les ententes ou en donnant aux entreprises un point focal autour duquel harmoniser leur comportement, notamment lorsque la transparence bénéficie uniquement aux fournisseurs* »[397].

141. **Algorithme d'autoapprentissage.** L'algorithme d'autoapprentissage est conçu – grâce au recours à des méthodes d'apprentissage automatique autrement appelées techniques de « *machine learning* » – pour fonctionner de façon autonome en apprenant des interactions passées, et ce, afin de maximiser le profit individuel en s'ajustant aux décisions des autres firmes. L'algorithme va découvrir, seul, la stratégie la plus optimale en fonction de l'environnement économique. Il « *agit comme le ferait un membre expérimenté de l'oligopole, mais de façon quasi instantanée, sans avoir besoin d'échanger en interne ou avec les tiers, sans erreur de jugement et sans traçabilité* »[398]. L'avantage d'un tel algorithme est qu'il « *risque de se muer en une boîte noire quasi inexploitable* »[399] pour les autorités de concurrence. La collusion algorithmique fondée sur l'intelligence artificielle conduit à une collusion tacite, car aucune communication ou contact entre les concurrents n'est nécessaire : l'algorithme, de façon autonome, apprenant plus rapidement que les êtres humains, peut fixer « *le prix le mieux apte à maximiser conjointement les profits des entreprises et à léser le plus les consommateurs* »[400], créant ainsi un équilibre collusoire débarrassé de toute intervention humaine.

---

396 *Ibid.*, p. 34 : « *La signalisation est une pratique que l'on peut observer dans pratiquement tous les marchés mais qui, souvent, entraîne certains coûts. Lorsqu'une entreprise augmente ses prix pour signaler son intention de parvenir à une entente, si la plupart de ses concurrents ne reçoivent pas ce signal ou bien décident délibérément de l'ignorer, il en résulte pour cette entreprise une baisse de ses ventes et de ses profits. Ce risque peut inciter les entreprises à attendre que leurs concurrents émettent un signal les premiers, en retardant ou même en rendant impossible la coordination. Des algorithmes peuvent réduire ou même supprimer entièrement le coût de la signalisation, en permettant aux entreprises de déclencher automatiquement et très vite des mesures itératives qui ne pourront être mises à profit par les consommateurs mais qui pourront néanmoins être perçues par leurs concurrents dotés d'algorithmes d'analyse performants.* »

397 *Ibid.*

398 F. Marty, « Algorithmes de prix, intelligence artificielle et équilibres collusifs », Revue internationale de droit économique 2017/2, t. XXXI, pp. 83-116, p. 100. – Voir aussi : F. Marty, « Économie des algorithmes et ordre concurrentiel : Réflexions sur les abus d'exploitation et les collusions fondés sur des algorithmes de prix », *op. cit.* note 322.

399 D. Castelvecchi, « Can WE OPEN the BLACK-BOX of AI? », 538(7623) *Nature* 20-23 (2016), cité par F. Marty, *loc. cit.*

400 OCDE, « Algorithmes et ententes », *op. cit.* note 395, p. 37.

Un aperçu de ce type d'algorithme et de son incidence potentielle sur le droit de la concurrence a été fourni par l'algorithme Libratus au début de l'année 2017[401]. L'algorithme a été programmé pour des jeux fondés sur des informations incomplètes, comme le poker. Libratus s'est continuellement amélioré durant le tournoi, a appris de ses erreurs, et a fini par battre les meilleurs joueurs de poker du monde[402]. La question se pose de savoir quelle devra être la réaction du droit de la concurrence lorsque des algorithmes agiront seuls (c'est-à-dire sans avoir été guidés par des individus) pour fixer des prix supraconcurrentiels qui léseront le consommateur[403]. Il est impossible de savoir, en l'état actuel du droit, comment engager la responsabilité d'une entreprise pour les stratégies commerciales et anticoncurrentielles mises en œuvre par une machine.

---

401 « Libratus Poker AI Beats Humans for $1.76m; Is End Near? », PokerListings, 30 January 2017. Retrieved 2018-03-16.

402 M. Goykhman, « On self-play computation of equilibrium in poker », CS.GT Cornell University (2018).

403 V. Šmejkal, « Cartel by Robots – Current Antitrust Law in Search of an Answer », *op. cit.* note 391, p. 10 : « *Libratus and his clones are not yet selling on internet markets today, but it cannot be ruled out that they will after 2020 and the competition law will have to cope with the question of who should be held responsible for price collusions that have not been programmed by humans, but the intelligent robots have adopted them on their own without being guided by any person in law.* »

Conclusion Chapitre 1

142. **Ineffectivité.** Du point de vue de l'agent rationnel, l'incitation à enfreindre le droit de la concurrence est renforcée par l'effectivité limitée de l'action publique. La faible probabilité de détection de l'infraction limite l'application des règles de concurrence aux comportements déviants. Le double objectif de dissuasion individuelle et générale est paralysé : l'ineffectivité neutralise la sanction des auteurs d'infractions, qui retirent un avantage financier du manquement, et limite la diffusion du signal dissuasif à l'ensemble des agents économiques[404].

143. **Les marchés numériques.** L'ineffectivité de l'action publique est renforcée par l'essor des marchés numériques. La particularité de ces marchés – marchés bifaces, effets de réseau, cycles d'innovation très courts, pratiques prédatrices « nouvelles », pratiques concertées algorithmiques, etc. – complexifie le travail de détection des infractions de concurrence. L'essor du numérique fait naître de nouvelles formes de pratiques anticoncurrentielles contre lesquelles les autorités de concurrence ne semblent pas préparées. À ce titre, les pratiques d'innovation prédatrice qui se développent en nombre sur les marchés technologiques ne font l'objet d'aucune reconnaissance légale[405]. Ce « vide juridique » ne peut que compliquer la détection de ce type de manquement et constitue une incitation aux comportements prédateurs, qui se sentent à l'abri du droit[406]. Aussi, les tests utilisés en jurisprudence pour déterminer le caractère abusif du manquement ne semblent pas adaptés à la particularité des marchés numériques[407]. Certains tests comme le test de l'absence de sens économique favorisent les fautes lucratives : l'agent est seulement contraint de mettre en œuvre une pratique qui a un sens économique, peu importe que la pratique en cause génère des profits anticoncurrentiels plus élevés que les profits licites[408].

144. **Les ententes algorithmiques.** Par ailleurs, les ententes algorithmiques constituent un nouveau défi pour les autorités de concurrence. Les algorithmes forment aujourd'hui un moyen extrêmement sophistiqué pour les firmes d'organiser une entente illicite tout en échappant au contrôle de l'action publique. Plusieurs types d'algorithmes renforcent l'incitation à se cartelliser en assurant l'efficacité de l'entente, qui devient plus stable. L'algorithme de surveillance permet de collecter les informations sur les concurrents afin d'éviter et/ou de punir les déviations rationnelles[409] des membres de l'entente, réduisant en conséquence les risques

---

404 CA Paris, 9 avril 2002, *Géodis Overseas France*, n° 2001/19855.

405 T. Schrepel, « Predatory Innovation: The Definite Need for Legal Recognition », *op. cit.* note 373.

406 T. Schrepel, « L'innovation prédatrice, une menace d'un nouveau type pour les entreprises », *Harv. B. Rev.*, 31 octobre 2017.

407 M. Behar-Touchais, *L'effectivité du droit face à la puissance des géants de l'Internet*, *op. cit.* note 356. – N. Petit, *Droit européen de la concurrence*, *op. cit.* note 337. – T. Schrepel, « L'innovation prédatrice sur les marchés des nouvelles technologies : analyses croisées en droit européen et nord-américain de la concurrence », *op. cit.* note 369.

408 A. Charpin, O. Sautel, « Caractériser une pratique anticoncurrentielle : le test de l'absence de sens économique est-il adapté ? », *op. cit.* note 365.

409 C'est-à-dire les volontés de tricherie d'un des membres du cartel qui voudrait baisser les prix afin de se démarquer des produits concurrents qui souffrent d'un surprix, et ce, afin de capter la clientèle.

de guerre des prix. L'algorithme d'ajustement assure quant à lui un ajustement automatique des prix en fonction des évolutions de l'environnement économique, ce qui évite aux membres du cartel de se réunir pour faire face à une modification des conditions de marché. Le parallélisme des comportements promis par cet algorithme limite le risque de détection, car il n'est pas nécessaire de recourir à une collaboration humaine. L'algorithme messager assure, en outre, l'envoi de signaux « subtils » et sans risques financiers pour aboutir à la conclusion d'une entente. Enfin, l'algorithme d'apprentissage décrit la puissance d'une « machine » à forte capacité prédictive, s'adaptant aux comportements des autres firmes sur le marché, et capable de déterminer une stratégie optimale de maximisation des profits susceptible de léser le consommateur. L'apprentissage automatique permet à l'algorithme de fonctionner de manière « autonome », ce qui pose la question de savoir comment les autorités de concurrence peuvent appréhender une décision anticoncurrentielle prise par un algorithme. Pour l'instant, cette question reste juridiquement sans réponse, ce qui ne peut qu'encourager le recours à un tel algorithme par des agents économiques rationnels.

145. À l'effectivité limitée se joint l'efficacité limitée de l'action publique. Même dans le cas où l'infraction est détectée, la possibilité, pour le fautif, de conserver ses gains illicites malgré l'amende témoigne de l'inefficacité de l'action publique.

Chapitre 2
L'efficacité limitée de l'action publique

146. **Problématique.** À ce stade, il ne s'agit plus de savoir comment un agent économique peut échapper à l'application du droit de la concurrence, mais comment il peut miser sur une application complaisante du droit de la concurrence. Notre analyse s'intéresse au second pilier qui forme l'incitation à enfreindre la loi. La réflexion de l'agent rationnel est une réflexion à double détente : d'abord ce dernier se demande : « Comment puis-je échapper à la loi ? », puis il s'interroge : « Et si je suis puni, quel coût aurai-je à subir ? ». En matière concurrentielle, l'amende pécuniaire constitue un coût susceptible de répondre à cette seconde interrogation.

147. **Utilité de l'amende.** L'amende joue un rôle de signal ou de message. Plus l'amende est élevée, plus le message dissuasif délivré par la norme se propage sur un marché. L'amende ressemble en cela à une norme : elle agit sur les comportements déviants ; influence les règles de conduite ; encourage ou décourage les comportements infractionnels. Élevée, les agents captent son signal. Faible, le signal devient inaudible. Une amende faible n'est pas retenue par les agents économiques, si bien qu'elle devient inefficiente et par là même inutile[410]. Une amende élevée produit un « *effet papillon* »[411], c'est-à-dire que sa sévérité pour un cas isolé peut produire des inquiétudes et des réactions en chaîne sur l'ensemble du marché.

148. **Fréquence de l'amende.** Néanmoins, l'amende, fût-elle importante, doit être souvent appliquée. Autrement dit, pour générer « un effet de mémoire », il ne suffit pas qu'elle soit élevée, il faut qu'elle s'applique avec constance pour maintenir une crainte chez les agents économiques, qui autrement minoreront le risque pécuniaire de l'infraction. L'effectivité de l'amende pécuniaire est aussi importante que son efficacité. L'efficacité de l'amende est contestable au regard de la nature de l'amende administrative imposée par l'Autorité.

149. **Nature de l'amende.** À la différence de l'amende civile proposée en droit des pratiques restrictives de concurrence, l'amende administrative de l'Autorité n'est pas calculée au regard des profits illicites du contrevenant. Rarement confiscatoire, l'amende pécuniaire de l'Autorité est une amende mi-réparatrice mi-punitive : elle tend à réparer le dommage causé au marché et cherche à punir, dans un objectif de dissuasion, l'auteur de la pratique anticoncurrentielle. La prise en compte inégale du

---

410 Inutile au sens conséquentialiste du terme, c'est-à-dire qu'elle n'influence pas les comportements sur un marché.

411 « Effet papillon », définition du *Wiktionnaire* : « Élément d'une chaîne de causalité, spécifiquement le fait qu'un petit changement de conditions initiales provoque une grosse différence à la fin de la chaîne. » Expression de E. Lorenz lors d'une conférence à l'American Association for the Advancement of Science intitulée : « Predictability: Does the Flap of a Butterfly's Wings in Brazil Set off a Tornado in Texas? » Traduit en français par : « Prédictibilité : le battement d'ailes d'un papillon au Brésil peut-il provoquer une tornade au Texas ? »

surprofit tiré de l'infraction (Section 1) se répercute sur le montant de l'amende. Le surprofit tiré de l'infraction (Section 2) se vérifie au regard de l'étude du contentieux du droit des pratiques anticoncurrentielles qui démontre que les agents économiques ont une probabilité forte de retirer un gain illicite de l'infraction de concurrence.

Section 1
La prise en compte inégale du surprofit tiré de l'infraction

150. **Indifférence.** La prise en compte, par l'action publique, des gains retirés de l'infraction est inégale : l'indifférence du droit des pratiques anticoncurrentielles à l'égard des gains illicites (§ 1) contraste avec la prise en compte déterminante des gains illicites en droit des pratiques restrictives de concurrence (§ 2).

§ 1. L'indifférence du droit des pratiques anticoncurrentielles à l'égard des gains illicites

151. **Le surprofit, critère facultatif.** Le surprofit n'est pas un critère retenu pour calculer l'amende, c'est du moins ce qui ressort de certains textes de la Commission européenne et de l'Autorité de la concurrence. La Commission évince la question du surprofit dans le calcul de la sanction dans ses lignes directrices du 1er septembre 2006[412]. Certes, elle précise que « *la Commission prendra [...] en compte la nécessité de majorer la sanction afin de dépasser le montant des gains illicites réalisés grâce à l'infraction, lorsqu'une telle estimation est possible* »[413]. Mais cette précision figure dans la partie 2 sur les ajustements de base dans une section intitulée « *Augmentation spécifique [de l'amende] en vue du caractère dissuasif* », et non dans la première partie relative à la détermination du montant de base de l'amende. Elle rejette donc la question du surprofit au second plan. De plus, il s'agit d'une simple faculté[414]. En pratique, l'Autorité ne majore jamais ou rarement l'amende pour dépasser le montant des gains illicites, qu'elle calcule

---

412 Lignes directrices pour le calcul des amendes infligées en application de l'article 23, paragraphe 2, sous a), du règlement (CE) n° 1/2003, *JOUE* n° C 210 du 1er septembre 2006, pp. 2-5. Afin d'atteindre l'objectif dissuasif, la Commission considère simplement qu'il faut se référer, comme base pour la détermination des amendes, « *à la valeur des ventes des biens ou services en relation avec l'infraction. La durée de l'infraction devrait également jouer un rôle significatif dans la détermination du montant approprié de l'amende. La durée de l'infraction a nécessairement un impact sur les conséquences potentielles de l'infraction sur le marché. Il est dès lors considéré comme important que l'amende reflète également le nombre d'années pendant lequel l'entreprise a participé à l'infraction* » (§ 5). Ni le surprofit ni les gains illicites ne sont invoqués pour le calcul de l'amende.

413 *Ibid.*, § 31.

414 La simple faculté de prendre en compte les gains illicites se retrouve aussi en droit allemand : art. 33, paragraphe 3, de la loi allemande contre les restrictions de concurrence (Gesetz gegen Wettbewerbsbeschränkungen).

tout aussi rarement[415]. Aussi pouvons-nous nous étonner de l'aveu d'impuissance de la Commission quant au calcul du surprofit, lequel se fera « *lorsqu'une telle estimation est possible* ». L'agent qui voudrait enfreindre le droit de la concurrence serait sans doute rassuré de voir que, dans les lignes directrices de la Commission, l'aveu est fait de la difficulté d'estimer les gains illicites du fautif.

S'agissant de l'Autorité de la concurrence, le communiqué « Sanctions » portant sur la méthode de détermination des sanctions pécuniaires ne se réfère qu'une fois aux gains illicites, dans son paragraphe 27, et simplement pour préciser que la sanction pécuniaire « *ne se limite […] pas aux seuls gains illicites* »[416]. Allant au-delà des seuls gains illicites retirés de l'infraction et comprenant l'ensemble des perturbations que la pratique anticoncurrentielle a causé à l'économie, l'amende pécuniaire est, en théorie, dissuasive. En réalité, il est difficile d'analyser le caractère dissuasif de l'amende et d'évaluer si cette dernière est réellement supérieure aux gains indus, car l'Autorité ne procède pas à une estimation des gains illicites du fautif pour déterminer le montant de l'amende.

152. **Étude jurisprudentielle sur la quantification du surprofit.** Cette indifférence, au regard des textes, à l'égard des profits illicites se vérifie en jurisprudence. En nous fondant sur toutes les décisions stockées dans la base de données du site de l'Autorité, nous avons seulement trouvé treize décisions faisant référence au surprofit de l'infraction[417]. Sur ces treize décisions, le surprofit est exclusivement

---

Cette dernière dispose que les gains illicites peuvent être pris en compte lors de l'estimation du préjudice.

415 *Infra.*

416 Aut. conc., communiqué du 16 mai 2011 relatif à la méthode de détermination des sanctions pécuniaires, § 27 : « *[L]e dommage causé à l'économie ne se confond pas avec le préjudice qu'ont pu subir les personnes victimes de l'infraction. Il ne se limite par ailleurs pas aux seuls gains illicites que son ou ses auteurs ont pu escompter en retirer, mais englobe tous les aspects de la perturbation qu'elle est de nature à causer au fonctionnement concurrentiel […]* » L'Autorité retient comme critère principal la proportion de la valeur des ventes réalisées par l'entreprise (§ 23) : « *Pour donner une traduction chiffrée à son appréciation de la gravité des faits et de l'importance du dommage causé à l'économie, l'Autorité retient, comme montant de base de la sanction pécuniaire, une proportion de la valeur des ventes, réalisées par chaque entreprise ou organisme en cause, de produits ou de services en relation avec l'infraction ou, s'il y a lieu, les infractions en cause.* »

417 Déc. n° 18-D-15 du 26 juillet 2018 relative à des pratiques mises en œuvre dans le secteur de la distribution de médicaments vétérinaires (ci-après « Distribution de médicaments vétérinaires »). – Déc. n° 14-D-19 du 18 décembre 2014, Entente produits d'hygiène. – Déc. n° 13-D-11 du 14 mai 2013 relative à des pratiques mises en œuvre dans le secteur pharmaceutique (ci-après « Stratégie de dénigrement et abus de position dominante dans le secteur pharmaceutique – Plavix »). – Déc. n° 09-D-05 du 2 février 2009 relative à des pratiques mises en œuvre dans le secteur du travail temporaire (ci-après « Entente entre les majors de l'intérim »). – Déc. n° 08-D-06 du 2 avril 2008 relative à des consignes syndicales de dépassement des tarifs conventionnels par les médecins spécialistes de secteur I (ci-après « Entente sur l'augmentation du tarif des consultations ») – Déc. n° 08-D-30 du 4 décembre 2008 relative à des pratiques mises en œuvre par les sociétés des Pétroles Shell, Esso SAF, Chevron Global Aviation, Total Outre Mer et Total Réunion. – Déc. n° 08-D-32 du 16 décembre 2008 relative à des pratiques mises en œuvre dans le secteur du négoce des produits sidérurgiques (ci-après « Cartel de l'acier »). – Déc. n° 10-D-39 du 22 décembre 2010, relative à des pratiques mises en œuvre dans le secteur de la signalisation routière verticale. – Déc. n° 07-D-26 du 26 juillet 2007 relative à des pratiques mises en œuvre dans le cadre de marchés de fourniture de câbles à haute tension (ci-après « Câble électrique »). – Déc. n° 07-D-50 du 20 décembre 2007 relative à des pratiques mises en œuvre dans le secteur de la distribution de jouets (ci-après « Jouet »). – Déc. n° 05-D-32 du 22 juin 2015 relative à des pratiques mises en œuvre par la société Royal Canin et son réseau de distribution. – Déc. n° 05-D-70 du 19 décembre 2005 relative à des pratiques mises en œuvre dans le secteur des vidéocassettes préenregistrées (ci-après « Vidéocassette »). – Déc. n° 04-D-48 du 14 octobre 2004 relative à des pratiques mises en œuvre par France Télécom, SFR Cegetel et Bouygues Télécom.

invoqué quatre fois en défense[418]. L'Autorité ne procède que six fois à un calcul des gains illicites[419].

153. **Incidence de la quantification du surprofit sur le montant de l'amende.** Cette étude montre qu'il est possible d'estimer le surprofit retiré de l'infraction par les firmes responsables de pratiques anticoncurrentielles, puisque l'Autorité a déjà réalisé cette estimation par le passé. Néanmoins, le calcul du surprofit n'a paradoxalement que très rarement une incidence sur la quantification de l'amende pécuniaire. En effet, dans les affaires précitées où le surprofit a été calculé par l'Autorité, il est surprenant de constater que l'amende imposée n'est pas ensuite nécessairement confiscatoire des profits illicites[420]. Autrement dit, le calcul des gains illicites ne mène que très rarement à l'imposition d'une amende confiscatoire.

154. **Prise en compte indirecte du surprofit dans le calcul du dommage à l'économie ?** On pourrait expliquer l'indifférence apparente de l'Autorité à l'égard du profit de l'infraction en soulignant que le calcul du dommage à l'économie conduit indirectement à une prise en compte des gains illicites dans la détermination du montant de l'amende. Le dommage à l'économie implique notamment de s'intéresser au surprix ainsi qu'à la question de l'élasticité de la demande. Ces deux facteurs renseignent sur l'ampleur des gains illicites. La répercussion de la hausse des prix sur le consommateur entraîne un transfert du revenu des consommateurs vers les firmes, parties à l'entente. Ce transfert de revenu constitue le surprofit des

---

418 Déc. nº 14-D-19 du 18 décembre 2014, Entente produits d'hygiène, § 1364. – Déc. nº 07-D-26, Câble électrique, § 129. – Déc. nº 07-D-50, Jouet, § 724 : selon le défendeur, le surprofit serait redistribué au consommateur sous forme de meilleurs services rendus par le distributeur. – Déc. nº 05-D-70, Vidéocassette, § 273 : dans cette affaire, les sociétés refusent que le surprofit soit assimilé à l'intégralité des marges arrière.

419 Cela montre deux choses : d'abord, qu'il est assez étonnant que la référence au surprofit ne conduise pas immédiatement et toujours à son calcul ; ensuite, que la référence au surprofit conduit tout de même et dans presque la moitié des cas à son calcul. – V. déc. nº 18-D-15 (cf. communiqué de presse) : dans cette entente relative à la distribution de médicaments vétérinaires, l'Autorité note que l'entente « *a permis en particulier aux entreprises en cause de réaliser des gains illicites substantiels. En effet, selon les propres déclarations des distributeurs concernés, le niveau de remboursement des frais logistiques de 4 centimes d'euros obtenu de l'administration était très largement supérieur aux coûts véritablement supportés pour cette prestation, lesquels se situaient entre 1 centime et 2,5 centimes […]* » (v. communiqué de presse). Déc. nº 13-D-11, Stratégie de dénigrement et abus de position dominante dans le secteur pharmaceutique – Plavix, § 681 : dans cette affaire relative à un abus de position dominante dans le secteur pharmaceutique, l'Autorité a considéré que « *le surprofit de Sanofi-Aventis ne se limite pas au gain de la différence de prix entre Plavix® et ses génériques (soit 23,94 euros d'écart sur le prix du fabricant hors taxes […]). […] la pratique a aussi permis d'augmenter sensiblement la part de marché de son propre générique, Clopidogrel […] Celui-ci bénéficie en effet d'une part de marché de plus de 34 %* », soit une part de marché environ 4 fois supérieure à celle de Sanofi-Aventis. – Déc. nº 09-D-05, Entente entre les majors de l'intérim, § 121 : « *transfert de profit […]* » §§ 136, 139, 140, 142. § 146 : le calcul du surprofit est flagrant dans l'entente sur le secteur du travail temporaire. Dans cette affaire, « *les estimations concernant le surprofit d'Adecco vont d'environ 26 millions d'euros […] à 72 millions d'euros […] et que celles concernant le surprofit de Vediorbis vont d'environ 10 millions d'euros […] à environ 24 millions d'euros* ». Le Conseil a aussi proposé une « *évaluation globale du surprofit en tenant compte des pratiques commerciales des opérateurs et en proposant un ordre de grandeur de l'effet d'une augmentation minime du prix de vente* ». – Déc. nº 08-D-06. (cf. communiqué de presse) : dans l'entente sur l'augmentation des tarifs de consultation, le Conseil estime « *à 180 millions d'euros […] la majoration indue* ». – Déc. nº 08-D-32, § 389 : dans le cartel de l'acier, le surprix de l'entente a été évalué « *entre 165 millions d'euros et 325 millions d'euros* ». – Déc. nº 04-D-48, § 286 : l'Autorité condamne France Télécom, SFR Cegetel et Bouygues Telecom pour avoir mis en œuvre des pratiques tarifaires anticoncurrentielles. Dans cette affaire, l'Autorité a évalué à plus de 244 millions d'euros le surprofit de France Télécom.

420 V. *infra*, § 2 de cette section.

entreprises[421]. Plus la sensibilité de la demande au prix est faible, plus le surprofit est important, car le consommateur continue d'acheter malgré la hausse de prix[422]. Néanmoins, même si l'Autorité prend en compte ces deux critères, cela ne signifie pas qu'elle va estimer concrètement le surprix. Un inconvénient majeur tient au fait que l'Autorité de la concurrence procède à une analyse qualitative et non quantitative du dommage à l'économie. Pour cette raison, elle ne calcule que très rarement la perte de surplus des clients (ou consommateurs). Le risque est de sous-estimer l'importance des gains indus et donc de prononcer une amende inférieure aux profits illicites. En somme, sachant que le taux de sanction[423] est déterminé en fonction de l'importance du dommage causé à l'économie, qui est analysé globalement[424], les gains illicites n'ont que peu (ou même aucune) d'influence sur le montant de l'amende, qui risque de ne pas être dissuasive, faute d'avoir une portée confiscatoire.

155. **Bilan.** Considérant que « *l'agent qui enfreint la loi ne tient compte dans sa décision que du gain illicite qu'il va réaliser* »[425], on peut regretter le peu d'intérêt porté, aussi bien par l'Autorité que par la Commission, au profit illicite retiré de l'infraction concurrentielle. L'étude du gain illicite est secondaire et semble noyée dans une masse de critères d'importance égale lors de l'évaluation du dommage à l'économie.

L'amende de l'Autorité, laquelle n'est pas une amende confiscatoire, se différencie de l'amende civile proposée en droit des pratiques restrictives de concurrence, qui elle accorde un rôle privilégié aux gains indûment retirés par l'agent économique.

§ 2. Le critère déterminant du surprofit illicite en droit des pratiques restrictives de concurrence

156. **Lutte contre les fautes lucratives.** Les travaux préparatoires relatifs à l'article L. 442-6 ont montré une volonté claire de lutter contre les fautes lucratives. Ces derniers évoquent la nécessité d'« *éviter qu'une entreprise considère que*

---

421 Cependant, il peut arriver que la répercussion du prix de vente ne génère que peu de profits, si le consommateur, voyant le prix d'achat augmenter, renonce à consommer. En réalité, le dommage à l'économie décrit deux types de dommage : le premier concerne le transfert de revenu des consommateurs vers les membres du cartel, on parle alors d'« *overcharge* ». Ce transfert de revenu des consommateurs permet aux firmes de réaliser des surprofits. Le second concerne « *la perte sèche de bien-être* » du consommateur, provoquée par le fait que ce dernier va renoncer à acheter un bien à la suite de la hausse de son prix, ou renoncer à acheter d'autres biens à la suite de la hausse du prix d'un bien. Les économistes parlent alors de « *deadweight loss* ».

422 E. Frot, « Le concept d'élasticité de la demande en économie de la concurrence », *RLC* 2016, n° 50, p. 38 : « *Du point de vue de l'entreprise, l'élasticité indique les conséquences de sa politique de prix sur ses profits […] un cartel sera plus incité à augmenter son prix si l'élasticité est faible […]* »

423 C'est-à-dire la proportion de la valeur des ventes retenue.

424 Il comprend le surprix, la perte de surplus de ceux qui n'achètent plus (dans le cas d'un cartel), la disparition de produits (dans le cas d'un abus), le manque à gagner, ou encore les conséquences négatives sur l'innovation en général.

425 E. Combe, « Le dommage à l'économie et sanction pécuniaire. Une introduction économique », Concurrences n° 4-2010, Art. N° 32731.

mettre en œuvre une pratique restrictive de concurrence lui donnera toujours un avantage dans la concurrence même si elle doit réparer le dommage causé aux concurrents »[426].

157. **Conséquence : sanctions pécuniaires adaptées au profit indu.** Le ministre dispose d'un éventail de sanctions important pour chasser le calcul coût-avantage de l'agent rationnel et lutter contre le risque de faute lucrative. Il peut exiger la répétition des sommes indûment perçues, ainsi que le prononcé d'une amende civile de 2 millions d'euros pouvant « *être portée au triple des sommes indûment perçues ou, de manière proportionnée aux avantages tirés du manquement, à 5 % du chiffre d'affaires hors taxes réalisé en France par l'auteur des pratiques* »[427]. S'agissant du plafond de 2 millions d'euros, le dispositif de sanction prévu par la loi Macron tend à s'attaquer directement aux stratégies de contournement de la loi. Selon le ministre : « *Les entités juridiques qui sont structurées à travers des groupements d'achats dont le chiffre d'affaires est extrêmement bas, arriveront à contourner le plafond de chiffre d'affaires à 5 % ou rendre le montant de l'amende extrêmement bas. C'est pourquoi nous avons tenu à maintenir en parallèle le plafond de 2 millions d'euros* »[428]. Le plafond de l'amende civile a été porté à 5 millions d'euros avec la loi « Sapin II » du 9 décembre 2016[429].

158. **Vertu confiscatoire et punitive de l'amende civile.** Pour résumer, l'amende civile en droit des pratiques restrictives de concurrence a une vertu à la fois confiscatoire et punitive : confiscatoire lorsque l'amende est proportionnée au profit indu ; et punitive lorsqu'un coefficient multiplicateur sous la forme d'un multiple du surprofit réalisé vient gonfler l'amende civile. L'amende proportionnée aux « *avantages tirés du manquement* » consacre, à notre sens, officiellement, le premier instrument de lutte contre les fautes lucratives concurrentielles. Un auteur note d'ailleurs que, derrière cette loi, « *ce qui est recherché, c'est la lutte contre la faute lucrative* »[430]. Cette volonté législative de sanctionner la faute lucrative influence la jurisprudence, qui n'hésite pas à faire référence aux profits indus pour justifier la sanction.

159. **Affaire *Galec n° 1*.** Dans cette affaire, la cour d'appel de Paris a, par un arrêt du 18 septembre 2013, sanctionné à hauteur de 2 millions d'euros la société Galec pour avoir tenté de faire renoncer ses fournisseurs à leur droit à réparation résultant d'une condamnation antérieure du distributeur. Les juges ont rappelé que les clauses imposant aux consommateurs l'abandon de leur droit à réparation ou l'interdiction de la saisine des tribunaux causaient un déséquilibre significatif,

---

426 Assemblée nationale, Avis n° 2319, 4 avril 2000, p. 35.

427 Art. 442-6, III § 1du Code de commerce. – V. aussi : S. Aubril, « Loi Macron : l'amende à 5 % du CA pour déséquilibre significatif adoptée », *LSA Commerce & Consommation*, 10 juin 2015.

428 S. Aubril, *loc. cit.*

429 Art. L. 442-6, III du Code de commerce : « *Ils peuvent également demander le prononcé d'une amende civile dont le montant ne peut être supérieur à cinq millions d'euros. Toutefois, cette amende peut être portée au triple du montant des sommes indûment versées ou, de manière proportionnée aux avantages tirés du manquement, à 5 % du chiffre d'affaires hors taxes réalisé en France par l'auteur des pratiques lors du dernier exercice clos depuis l'exercice précédant celui au cours duquel les pratiques mentionnées au présent article ont été mises en œuvre* ».

430 M. Behar-Touchais, « Un déséquilibre significatif à deux vitesses », *JCP G* n° 21, 25 mai 2015, doctr. 603, p. 7.

lequel n'était pas compensé par une contrepartie. La clause permettait à Galec d'échapper au coût économique de la condamnation, rendant ainsi le manquement particulièrement rentable. Pour cette raison, la cour d'appel de Paris a multiplié par deux l'amende de 1 million d'euros infligée par le tribunal de commerce de Paris, condamnant directement le risque de faute lucrative en estimant que « l'amende civile doit viser à prévenir et dissuader les pratiques restrictives prohibées, mais lucratives en matière commerciale ; *que la gravité du comportement en cause et le dommage à l'économie en résultant doivent être pris en compte* »[431].

160. **Affaire *Galec n° 2*.** L'arrêt de la cour d'appel a jugé que certaines clauses prévues dans les contrats entre Galec et les fournisseurs créaient un déséquilibre significatif dans les droits et obligations des parties, au profit de Galec[432]. Les deux clauses litigieuses concernées prévoyaient le versement de ristournes de fin d'année « *alors que le distributeur n'a pris aucune obligation ou aucune réelle obligation à leur égard* »[433] ainsi que le versement d'acompte mensuel prévisionnel avant le paiement de marchandises. Les ristournes illicites indûment versées au distributeur permettaient à la RFA Galec de retirer d'importants gains illicites. La cour d'appel a d'ailleurs décrit avec précision le caractère très lucratif des clauses litigieuses[434]. Ce raisonnement lui a ensuite permis de prononcer une amende qui semble parfaitement répondre à la problématique posée par le risque de faute lucrative. La motivation de la cour d'appel fournit une preuve éloquente de la considération portée, en droit des pratiques restrictives, au lucre retiré de l'infraction :

- **Sanction confiscatoire.** D'une part, les juges ont prononcé l'annulation des clauses contractuelles imposées par Galec. Le ministre a obtenu la restitution des 61 000 288 euros de ristournes indûment versées au groupement d'achat. La restitution s'est faite par l'intermédiaire du Trésor public afin d'éviter que les fournisseurs subissent des pressions pour ne pas demander le recouvrement des sommes indûment perçues par Galec. La cour d'appel a notamment

431 CA Paris, ch. 4, 18 septembre 2013, *Galec c/ Ministre de l'Économie*, n° 12/03177.

432 CA Paris, ch. 4, 1er juillet 2015, *Ministre de l'Économie c/ Galec*, n° 13/19251 ; obs. M. Chagny, « Le déséquilibre significatif financier sanctionné par la cour d'appel de Paris », *RTD com.* 2015, p. 492.

433 Concrètement, la cour d'appel considère que l'obligation consentie par le distributeur n'est que superficielle : le montant du chiffre d'affaires annuel minimum justifiant la réduction de prix n'était pas précisé et le montant fixé était très en deçà (pratiquement la moitié) du chiffre d'affaires réalisé l'année précédente.

434 CA Paris, ch. 4, 1er juillet 2015, n° 13/19251 : « *Que dans ces 32 contrats, les fournisseurs ont payé respectivement 7 298 313 € et 172 000 €,* soit au total 7 470 313 € au titre de la ristourne RFA Galec, *sans que le distributeur ne se soit engagé sur un quelconque objectif de chiffre d'affaires, ce qui illustre que les fournisseurs sont soumis au bon vouloir du Galec ; Que 29 contrats stipulent "RFA Galec : constatation d'un courant d'affaires minimum au 31/12/2009 (ou au 31/12/2010) du fait de l'incertitude économique", sans que le montant de chiffre d'affaires minimum ne soit défini, ce qui laisse la ristourne à la seule discrétion du Galec ; qu'en 2009 et 2010,* les fournisseurs concernés ont payé respectivement 1 571 389,80 € et 9 951 846,44 €, soit au total 11 523 236,24 € au titre de la ristourne "Autres RFA Galec", *tandis que le distributeur ne s'est engagé sur aucun objectif minimum de chiffre d'affaires ; Que 57 contrats stipulent que le versement de la RFA Galec est subordonné à la constatation d'un chiffre d'affaires dont le montant ne représente qu'une part congrue du chiffre d'affaires réalisé tant l'année précédente que l'année au titre de laquelle la ristourne est due ;* qu'en 2009 et 2010, les fournisseurs concernés ont payé respectivement 30 321 627 € et 11 973 501,60 €, soit au total 42 295 128,60 € au titre de la ristourne "Autres RFA Galec", en contrepartie d'un objectif minimum de chiffre d'affaires défini et chiffré représentant en moyenne, *pour l'année 2009, 41,80 % du chiffre d'affaires 2008 et, pour l'année 2010, en moyenne 56,92 % du chiffre d'affaires 2009* ».

considéré que « *la demande de répétition de l'indu formée par le Ministre en application de l'article L. 442-6 III du code de commerce, conforme au but d'intérêt général qu'il poursuit,* permet d'éviter que le [distributeur] conserve les sommes reçues au titre de la RFA et donc le bénéfice d'une ristourne illicite »[435]. La motivation de la cour d'appel traduit clairement la volonté de ne pas laisser le contrevenant conserver ses gains illicites.

- **Sanction confiscatoire dissuasive.** La répétition de l'indu a permis la confiscation des profits indus. À cette peine confiscatoire, la cour d'appel a ajouté la condamnation au paiement d'une amende civile de 2 millions d'euros. Ce montant ajoute un coût économique supplémentaire au contrevenant. L'amende civile qui vient s'additionner à la sanction confiscatoire a un but dissuasif : elle permet d'éviter que la participation à l'infraction de concurrence constitue un jeu à somme nulle. En effet, quel risque encourt le distributeur fautif si la seule sanction à laquelle il s'expose est de restituer des profits illégalement acquis ? Dans ce cas, on placerait le fautif dans une situation de « *gagnant-gagnant* ». Le coût de l'infraction serait soit inférieur au gain (si l'infraction n'est pas détectée), soit égal (dans le cas où les profits sont restitués). Le risque juridique serait donc faible et les distributeurs seraient incités à perpétuer leur pratique illicite.

161. **Justification de la punition.** Par ailleurs, pour justifier de l'amende civile, la cour d'appel s'inspire du raisonnement prévu en droit des pratiques anticoncurrentielles en considérant qu'il faut « *tenir compte de la gravité du comportement en cause et du dommage à l'économie, ainsi que de la fonction dissuasive de l'amende* ». Elle ajoute aussi que la faible durée de l'infraction et le nombre restreint de fournisseurs victimes permettent de tempérer la gravité de la pratique illicite[436]. La méthode de calcul retenue traduit clairement l'influence des solutions prévues, en matière de pratiques anticoncurrentielles, pour les sanctions pécuniaires infligées par l'Autorité de la concurrence[437].

162. **Critique : un droit de la concurrence à deux vitesses.** Ainsi, on regrettera d'autant plus l'indifférence du droit des pratiques anticoncurrentielles à l'égard des gains illicites que le droit des pratiques restrictives, qui pourtant s'inspire du premier pour quantifier l'amende civile, leur accorde une place prépondérante dans le calcul de la sanction pécuniaire. Le droit des pratiques restrictives démontre à travers l'arrêt *Galec* qu'il est tout à fait possible de suivre le raisonnement de l'Autorité de la concurrence tout en prenant en considération les profits illicites pour quantifier l'amende. Ce droit de la concurrence à deux vitesses n'est donc pas justifié : comme le démontre l'affaire *Galec*, une approche unitaire de la sanction semble possible.

---

435 *Ibid.*

436 *Ibid.* : « *[L]a gravité de la pratique illicite est tempérée par la circonstance que le [distributeur] ne l'a imposée qu'à un nombre limité de ses fournisseurs et sur une période de deux années [...]* »

437 V. art. L. 464-2 du Code de commerce, lequel prévoit que les sanctions pécuniaires doivent être « *proportionnées à la gravité des faits reprochés, à l'importance du dommage causé à l'économie, à la situation de l'organisme ou de l'entreprise sanctionné ou du groupe auquel l'entreprise appartient et à l'éventuelle réitération de pratiques* ».

En fin de compte, à la différence du droit des pratiques restrictives, l'attention portée par le droit des pratiques anticoncurrentielles à l'égard du résultat lucratif de l'infraction est insuffisante, ce qui a une incidence sur le quantum de la sanction. La méthode de calcul de l'amende pécuniaire risque d'assurer le développement des fautes lucratives.

Section 2
Le surprofit tiré de l'infraction

163. **« Sur-dissuasion » ?** Le postulat du développement des fautes lucratives peut être contesté au regard de l'accroissement des amendes imposées par l'Autorité de la concurrence. La question se pose de savoir si l'Autorité de la concurrence pratique de la « sur-dissuasion » (§ 1).

164. **Étude empirique sur la faute lucrative concurrentielle.** En effet, la sous-estimation du critère du surprofit se répercute sur le montant des amendes. Notre étude jurisprudentielle démontre en effet que la plupart des amendes imposées par l'Autorité sont inférieures aux gains illicites retirés par le contrevenant, ce qui permet le développement des fautes lucratives concurrentielles (§ 2) et, *in fine*, le renforcement de la motivation à enfreindre le droit de la concurrence.

165. **Risques collatéraux.** Néanmoins, force est de reconnaître que l'amende n'est pas le seul outil « dissuasif » entre les mains de l'Autorité. D'autres sanctions paraissent suffisamment dissuasives pour décourager l'infraction. On pense notamment à la « peine privée » que constitue la publication de la décision de l'Autorité, laquelle risque de couvrir de honte l'entreprise sanctionnée, ou au risque pénal pesant sur les auteurs d'infractions de concurrence. Les effets collatéraux d'une condamnation méritent d'être analysés (§ 3) pour connaître leur potentiel dissuasif.

§ 1. La « sur-dissuasion » pratiquée par l'Autorité de la concurrence ?

166. **Sentiment ambivalent.** Depuis longtemps maintenant, le sentiment que « *les amendes infligées sont de plus en plus élevées* »[438] perdure en doctrine et suscite des questionnements[439], certains dénonçant même des amendes « *irréalistes* »[440]. Les amendes de la Commission européenne « *au cours de la période 1990-1994 se sont élevées à 344 millions d'euros, ce montant a été quasiment multiplié par 10 une décennie suivante (2000-2004) pour atteindre 3,1 milliards d'euros. Sur la période 2010-2014, ce montant a encore quasiment triplé pour s'élever à*

---

438 L. Idot, « La responsabilité pénale des personnes morales : Les leçons du droit européen de la concurrence », Concurrences n° 1-2012, Art. N° 41678, p. 57.

439 E. Combe, C. Monnier-Schlumberger, « Les amendes contre les cartels : La Commission européenne en fait-elle trop ? », Concurrences n° 4-2009, Art. N° 28765, pp. 41-50.

440 O. Dufour, « La consultation sur le calcul des sanctions est lancée ! », *LPA* 25 janvier 2011, n° 17, p. 4.

8,6 milliards d'euros »[441]. En 2014, les entreprises françaises ont été sanctionnées à hauteur de 1 milliard d'euros. En 2015, l'Autorité a rendu vingt décisions, sanctionnant des entreprises coupables de pratiques anticoncurrentielles à hauteur de 1,2 milliard d'euros[442]. En France et en Europe, le montant record des amendes imposées dans le cartel hygiène, le cartel des camions[443], et, plus récemment, à l'encontre de Google pour abus de position dominante[444], est venu renforcer l'idée d'un « *accroissement de la sévérité des sanctions infligées aux auteurs de pratiques anticoncurrentielles* »[445].

167. **Trompe-l'œil.** En théorie, ce constat devrait permettre de battre en brèche le risque de faute lucrative. Puisque l'Autorité et la Commission se montrent « sur-dissuasives » et imposent des amendes « irréalistes », les entreprises auraient davantage à craindre la faillite qu'à espérer retirer un profit de la violation du droit. En réalité, le constat de sur-dissuasion mérite d'être relativisé. Une forte amende peut constituer un trompe-l'œil, en ce qu'elle n'est pas forcément représentative de l'évolution annuelle des sanctions[446]. On connaît en effet trois modes de calcul pour apprécier l'évolution annuelle des sanctions :

- le premier consiste à calculer le total des sanctions prononcées dans l'année. Cette méthode « *est souvent influencée par un petit nombre de sanctions très élevées* » (par exemple le cartel de la téléphonie mobile)[447] ;
- le second consiste à calculer la moyenne des sanctions prononcées durant l'année. Cette méthode est « *potentiellement influencée par une décision avec un grand nombre d'entreprises et des sanctions élevées* » (cartel hygiène/entretien)[448] ;

---

441 P. Zelenko, « Les dommages et intérêts en droit de la concurrence : une double peine ? », *Huffington Post*, 27 décembre 2014 (actualisé le 5 octobre 2016). – V. aussi : J. Schwarze « Les sanctions infligées pour les infractions au droit européen de la concurrence selon l'article 23 du règlement n° 1/2003 CE à la lumière des principes généraux du droit », *RTD eur.* 2007, pp. 1-24.

442 D. Théophile, E. Thauvin, « Le droit des ententes en 2015 », *CCC* n° 6, juillet 2016, dossier 13.

443 Déc. n° 14-D-19 du 18 décembre 2014, Entente produits d'hygiène ; Comm. eur., 19 juillet 2016, aff. AT.39824 – *Camions*, C(2016) 4673.

444 Comm. eur., communiqué IP/18/4581 du 18 juillet 2018, « Antitrust: Commission fines Google €4.34 billion for illegal practices regarding Android mobile devices to strengthen dominance of Google's search engine » : « *The European Commission has fined Google €4.34 billion for breaching EU antitrust rules. Since 2011, Google has imposed illegal restrictions on Android device manufacturers and mobile network operators to cement its dominant position in general internet search.* »

445 F. Jenny, « Le calcul des sanctions », Concurrences n° 1-2012, Art. N° 42445.

446 E. Frot, « Un panorama des sanctions pécuniaires de l'Autorité de la concurrence entre 2000 et 2012 : Une évolution vers plus de sévérité ? », Concurrences n° 1-2013 Art. N° 50248, pp. 38-46 : « *Le débat public sur leur hausse prétendument excessive est fortement infuencé, peut-être à juste titre, par des sanctions extrêmes, qui sont loin de représenter la pratique courante de l'Autorité. Son appréciation dépend en effet plus de décisions telles que celles des cartels de l'acier (08-D- 32) ou des lessives (11-D- 17) comportant des sanctions de plusieurs centaines de millions d'euros, que de celles, tout aussi récentes, relatives à des pratiques mises en œuvre dans le secteur des travaux de peinture d'infrastructures métalliques (11-D- 07) ou dans celui des travaux d'électrification et d'installation électrique dans les régions Midi-Pyrénées, Languedoc-Roussillon, Auvergne et limitrophes (11-D- 13).* »

447 E. Frot, « Sanctions des pratiques anticoncurrentielles : Pour quoi faire ? », colloque Droit & Économie organisé par la Revue Concurrences en partenariat avec McDermott Will & Emery et Microeconomix, 28 janvier 2015.

448 *Ibid.*

- le troisième consiste à calculer la moyenne de la sanction moyenne par décision. Cette méthode a l'avantage d'« *accorder le même poids à chaque décision, quel que soit le nombre d'entreprises* »[449].

168. **Remarque.** On voit donc comme les deux premières méthodes de calcul peuvent nous tromper sur l'importance réelle de la dissuasion : une amende très importante peut venir masquer tout un ensemble de petites amendes infligées pendant l'année.

169. **Étude statistique.** L'économiste Emmanuel Frot a dressé un panorama des amendes infligées par l'Autorité de la concurrence entre 2000 et 2012[450]. S'il constate une tendance à la hausse des sanctions depuis 2006, il attribue cette hausse à l'augmentation de la taille des entreprises concernées (en termes de chiffres d'affaires)[451]. Ce à quoi l'on pourrait ajouter que les gains illicites réalisés par les entreprises aujourd'hui sont sans doute supérieurs à ceux réalisés il y a dix ans. L'auteur en conclut que, dans la majorité des cas, l'Autorité n'est pas devenue plus sévère entre 2000 et 2012.

170. **Constat implacable.** L'augmentation des sanctions, réelles ou supposées, ne doit pas masquer l'idée selon laquelle, « *quel que soit le montant des sanctions pécuniaires infligées, et même lorsqu'il est élevé, il semble toujours subsister un déséquilibre entre les amendes prononcées et le dommage causé* »[452]. De même, il semblerait que subsiste toujours un décalage entre le résultat lucratif de l'infraction et la sanction pécuniaire infligée, qui semble insuffisante pour confisquer les gains illicites[453]. L'économiste Constance Monnier constate à ce titre que « *les amendes infligées à l'encontre des cartels en France ont augmenté dans la période récente. Toutefois, elles n'apparaissent pas excessives au regard du gain illicite indûment confisqué par les membres des cartels* »[454].
Plusieurs études empiriques peuvent illustrer ce propos.

§ 2. Les études empiriques sur la faute lucrative concurrentielle

171. Les amendes sont inférieures aux gains illicites retirés par les cartels européens et les cartels français. Les études empiriques sur la faute lucrative concurrentielle

---

449 *Loc. cit.*

450 E. Frot, « Un panorama des sanctions pécuniaires de l'Autorité de la concurrence entre 2000 et 2012 : Une évolution vers plus de sévérité ? », *op. cit.* note 446.

451 *Ibid.* Pour ne prendre qu'un exemple parmi les plus évidents, comparer les niveaux de sanctions de 2010 et de 2009, soit 442,5 et 206,6 millions d'euros respectivement, n'a pas grand sens si l'on ne précise pas la taille des entreprises sanctionnées.

452 V. Sélinsky, « Microsoft : réaction des autorités et rétablissement des conditions de la concurrence », *RLC* 2008.

453 E. Combe, C. Monnier-Schlumberger, « Le calcul de l'amende en matière de cartel : Une approche économique », Concurrences n° 3-2007, Art. N° 13812, pp. 39-45, p. 44 : « *Dans l'affaire des grues mobiles, la Commission a infligé une amende totale de 34 millions d'euros […] Il apparaît que la sanction infligée reste largement inférieure au gain illicite, l'amende confiscatoire se situant entre 314 et 474 millions d'euro[s] […], soit 9 à 14 fois l'amende infligée.* »

454 C. Monnier-Schlumberger, A. Hutin, « Les cartels en France : Analyse économique de leurs caractéristiques et de leurs sanctions », Concurrences n° 2-2016, Art. N° 78824, pp. 45-61, p. 59.

concernent aussi bien l'Europe (A) que la France (B). De plus, un « paradoxe français » montre que, même lorsque l'Autorité de la concurrence calcule elle-même le surprofit, elle ne le prend pas ensuite en compte dans la détermination de l'amende pécuniaire (C).

A. En Europe

172. **« Le crime paie ».** D'après une étude empirique récente portant sur 75 cartels[455], les sanctions appliquées aux cartels sont trop faibles pour assurer la confiscation des gains illicites. Le bilan des auteurs est sans appel : « *Malgré les sanctions existantes, la collusion reste une stratégie commerciale rationnelle,* et la cartellisation est un crime qui, en moyenne, paie. En fait, il paie très bien »[456].

Si l'infraction est lucrative aux États-Unis, pays où la peine est pourtant « *censée assurer le recouvrement des gains illicites* »[457], elle l'est aussi en France et en Europe, comme l'illustrent certaines affaires. L'affaire du cartel des vitamines, puni à la fois aux États-Unis et en Europe, est une bonne illustration du caractère insuffisant des amendes au regard du résultat lucratif de l'infraction concurrentielle.

173. **Le cartel des vitamines : étude statistique de J. Connor.** L'économiste John Connor a étudié en profondeur le cartel mondial des vitamines[458]. L'auteur a mesuré l'écart subsistant entre les profits réalisés[459] par les membres du cartel et les gains reversés sous forme de dommages-intérêts aux consommateurs. Il ressort de son étude que le cartel a dû reverser près de 85 % de ses profits indus aux États-Unis, et seulement 15,4 % en Europe[460]. L'étude révèle aussi le caractère

---

455 L'étude prend notamment en considération, pour calculer la portée dissuasive de la sanction, la probabilité de détection des firmes et la probabilité d'être sanctionné.

456 R. H. Lande, « Class Warfare: Why Antitrust Class Actions are Essential for Compensation and Deterrence », University of Baltimore Legal Studies Research Paper n° 2016-12, p. 83 : « The analysis showed that, overall, combined U.S. cartel sanctions are only 9 to 21 percent as large as they should be to deter anticompetitive collusion optimally. *This means that despite the existing sanctions,* collusion remains a rational business strategy, and that cartelization is a crime that, on average, pays. *In fact, it pays very well. Cartel underdeterrence is a severe problem today, and without class action cases the extent of this underdeterrence would be substantially worse* ». – V. aussi G. Werden, M. Simon, « Why price fixers should go to prison », 32(4) *The Antitrust Bulletin* 917-937 (1987). D'après cette étude, l'amende optimale (c'est-à-dire une amende proportionnée au gain illicite et à la probabilité de détection) aux États-Unis au cours de la période 1975-1980 représentait en moyenne 111 fois le niveau des amendes infligées. – J. M. Clabault, M. K. Block, *Sherman Act Indictments 1955–1980*, vol. 2, New York : Federal Legal Publications (1981), pp. 732-733 ; cités par R. D. Blair, D. D. Sokol, *The Oxford Handbook of International Antitrust Economics*, Oxford University Press, vol. 1 (2014), p. 258. Les auteurs (Clabault et Block) ont estimé que les amendes infligées étaient inférieures à 4 % du volume de commerce affecté par les infractions.

457 OCDE, « Examen de l'OCDE de la réforme de la réglementation », 1999, pp. 73-74 : « *Le FTC pose en hypothèse que les ententes sur les prix constituent des pratiques abusives […] Pour ce qui est des infractions commises au niveau des prix, la sanction la plus lourde est une peine pécuniaire censée assurer le recouvrement des gains illicites* ».

458 J. M. Connor, « The Great Global Vitamins Conspiracy: Sanctions and Deterrence », American Antitrust Institute Working Paper n° 06-02 (2006). Disponible sur : SSRN : http://ssrn.com/abstract=1103604.

459 Les surprofits étaient d'autant plus importants que la livre sterling de vitamine A, qui valait 11,59 dollars en 1990, passa à 19,84 dollars en 1998, soit une hausse de plus de 70 %.

460 J. M. Connor, « The Great Global Vitamins Conspiracy: Sanctions and Deterrence », *op. cit.* note 458. – V. aussi sur le commentaire de l'affaire : M. Chagny, B. Deffains, *Réparation des dommages concurrentiels*, Dalloz, 2015, p. 174.

non confiscatoire des amendes imposées en démontrant qu'elles étaient largement inférieures aux profits illicites réalisés en Europe, tandis qu'aux États-Unis, le caractère confiscatoire des amendes s'explique simplement par la conclusion de transactions privées[461].

Par conséquent, bien que cette affaire soit toujours citée en exemple pour démontrer la politique dissuasive de la Commission, il ressort de ces analyses approfondies que le cartel, malgré l'amende, fut particulièrement lucratif pour les auteurs de l'entente. Cette affaire n'est pas un cas isolé. L'étude empirique des économistes Emmanuel Combe et Constance Monnier vient en outre confirmer, s'agissant des cartels européens, l'idée que les amendes restent inférieures aux gains illicites.

174. **Étude empirique sur les cartels européens.** Les auteurs Combe et Monnier ont, pour leur étude, analysé 64 cartels européens afin de répondre à la question de savoir si le niveau des amendes infligées permet de confisquer les profits de l'infraction[462]. Pour calculer le gain illicite et analyser si le niveau de l'amende infligée est proportionnel au gain indu, les auteurs ont pris en compte le surprix, l'élasticité-prix de la demande, la marge concurrentielle, la taille du marché affecté et la durée de l'infraction[463]. Ils ont ensuite ajusté leur calcul en tenant compte de la probabilité de détection. Cette méthode leur a permis d'évaluer la portée dissuasive de l'amende de la Commission à partir d'un modèle type d'amende dissuasive. Ce modèle décrit deux types d'amendes optimales.

175. **Amende restitutive.** Premièrement, l'amende restitutive décrit une amende proche ou égale au gain illicite retiré de la participation au cartel. Elle ignore le critère de la probabilité de détection. L'amende restitutive est donc l'équivalent de l'amende confiscatoire des profits illicites. L'agent économique n'est tenu que de « rendre » le profit indu. Au regard de l'étude, il ressort des 64 cas étudiés que dans seulement 25 d'entre eux les amendes acquittées excèdent le gain illicite maximal réalisé par les entreprises. Dans tous les autres cas, soit plus de 60 %, les amendes de la Commission se situent en dessous du gain illicite.

176. **Amendes dissuasives.** Deuxièmement, l'amende dissuasive est une amende qui, en plus d'être restitutive, ajoute un multiple lié à la probabilité de détection du cartel. En effet, l'amende intègre un coefficient multiplicateur en fonction de

---

461 J. M. Connor, « The Great Global Vitamins Conspiracy: Sanctions and Deterrence », *op. cit.* note 458, p. 2 : « *The paper concludes that only in North America did monetary antitrust penalties exceed the monopoly profits of the vitamins cartel, principally because of huge private settlements. Penalties in the EU were a small percentage of European overcharges, and penalties in the rest of the world were negligible.* » – V. aussi : C. Veljanovski, « Cartel fines in Europe: Law, Practices and Deterrence », 30(1) *World Competition* 65-86 (2007) : Veljanovski observe quant à lui que l'amende infligée par la Commission est inférieure au dommage subi par les consommateurs dans tous les cartels condamnés, sauf trois (vitamines B2, B5 et D3). Il émet l'hypothèse que la perte sèche s'élève à 50 % du surprofit des firmes et donc que le dommage total est égal à 150 % du profit illégal.

462 E. Combe, C. Monnier, « Fines Against Hard Core Cartels in Europe: The Myth of Overenforcement », 56(2) *The Antitrust Bulletin* 235-276 (2011) : « *based on a sample of 64 cartels convicted by the European Commission from 1975 to 2009 and a methodology allowing to estimate restitution and dissuasive fines to be imposed on cartels from microeconomic variables on a case by case basis, this paper compares the level of fines actually inflicted to cartels participants to the illicit gain captured by the firms and estimates a range of restitution and dissuasive fines in each case. Our results show that fines imposed against cartels by the European Commission are overall sub optimal, whatever the level of the probability of detection.* »

463 Pour plus de détails sur le calcul du gain illicite, v. Partie II, Titre I, Chap. 1, « Action publique confiscatoire ».

la probabilité de détection qui donne à la sanction un caractère punitif. L'agent économique est dans ce cas tenu de restituer au-delà du seul gain illicite. Le coefficient multiplicateur est d'autant plus élevé que la probabilité de détection est faible[464], ce qui assure le prononcé d'amendes supérieures aux profits indus. Sur les 64 cartels étudiés, les amendes se situent toujours en dessous de l'amende dissuasive. Notons que, dans une autre étude, les auteurs Combe et Monnier livrent plusieurs exemples pour conforter leur point de vue[465].

177. **Illustration à travers un cas européen : le cartel des tubes cathodiques.** Nous tenons aussi à illustrer le postulat des auteurs en analysant une décision emblématique. Cette décision est en théorie censée représenter l'idée selon laquelle les amendes de la Commission sont suffisamment dissuasives. Il nous a semblé cohérent de prendre appui sur une des amendes les plus importantes jamais infligées dans l'histoire de la Commission, s'agissant du cartel dit « des tubes cathodiques ». En 2012, la Commission a en effet infligé une amende de 1,47 milliard d'euros à des fabricants de tubes cathodiques pour deux cartels ayant duré près de dix ans[466]. S'agissant en particulier de l'entreprise Panasonic, en fonction des données suivantes, nous constaterons que l'amende, bien qu'importante, reste sous-dissuasive :

- **Chiffre d'affaires de Panasonic :** 72 milliards.
- **Sanction après les ajustements finaux :** 186 millions.
- **Marché affecté.** Faute d'informations livrées par la Commission sur ce point, laquelle reconnaît néanmoins que les tubes cathodiques sont « *des composants très importants des écrans de télévision et d'ordinateur, dont ils représentaient entre 50 % et 70 % du prix* »[467], nous estimerons que la valeur des ventes des produits en cause représente environ 30 % du chiffre d'affaires total, c'est-à-dire 21,6 milliards, que l'on arrondit à 21 milliards.

---

464 *Supra*, Partie I, Titre I, n° 111 et s.

465 E. Combe, C. Monnier, « Le calcul de l'amende en matière de cartel : Une approche économique », *op. cit.* note 453. Dans cet article, les auteurs illustrent, à travers l'exemple de trois cartels, le fait que ce niveau optimal n'est pas atteint par la Commission et qu'il existe bien une sous-dissuasion. « *Dans l'affaire des grues mobiles, la Commission a infligé une amende totale de 34 millions d'euros [...] Il apparaît que la sanction infligée reste largement inférieure au gain illicite, l'amende confiscatoire se situant entre 314 et 474 millions d'euro[s] [...], soit 9 à 14 fois l'amende infligée.* » De même, s'agissant d'une affaire plus récente relative au cartel des électrodes graphites, la Commission a infligé une amende de 267 millions d'euros, montant qui englobe 14 % du chiffre d'affaires réalisé par les entreprises sur le marché affecté par les membres du cartel. Sachant qu'il s'agissait d'un cartel international, l'auteur a retenu une hausse de prix de plus de 30 %. Quant au second critère relatif à la marge concurrentielle, elle est estimée à 8 % dans ce secteur d'activité. Avec ces valeurs retenues, la sanction infligée correspond plus ou moins au gain illicite et donc à l'amende dite « confiscatoire », ou « restitutive ». Néanmoins, en intégrant la probabilité de détection dans l'équation, il apparaît que pour être dissuasive, l'amende aurait dû être comprise entre 1,75 et 2,9 milliards d'euros, la Commission étant une nouvelle fois bien en dessous de ce montant et donc loin de l'objectif de dissuasion.

466 Pendant près de dix ans, entre 1996 et 2006, ces entreprises ont fixé les prix en commun, se sont partagé les marchés et réparti les clients et ont limité leur production. La première entente portait sur les tubes couleur pour téléviseurs, la seconde sur les tubes couleur pour les écrans d'ordinateur. Les ententes avaient une portée mondiale. Les infractions constatées par la Commission couvrent donc l'ensemble de l'Espace économique européen (EEE).

467 Comm. eur., communiqué IP/12/1317 du 5 décembre 2012, « Antitrust : la Commission inflige une amende de 1,47 milliard d'euros à des producteurs de tubes cathodiques pour téléviseurs et écrans d'ordinateur pour deux cartels ayant duré près de dix ans ».

- **Surprix :** La Commission ne donne aucune indication sur le surprix imposé par le cartel. Néanmoins, le cartel des tubes cathodiques est un cartel international. Or, au regard des études empiriques menées par les économistes sur les surprix constatés pour un cartel international[468], on peut estimer pour ce cartel une hausse de prix moyenne de 3,5 % par an sur sept ans[469], ce qui conduit à une hausse de prix d'environ 24,5 %.
- **Amende confiscatoire :** 21 milliards (valeur des ventes affectées) X 0,24 (surprix) = 5 milliards.

178. **Amende bien en deçà de l'amende confiscatoire.** Au regard de la réalité économique de l'infraction, l'amende infligée (186 millions) est 27 fois inférieure à l'amende confiscatoire. En ajoutant le multiple lié à la faible probabilité de détection (considérant qu'il y a environ un risque sur cinq d'être détecté[470]), l'amende confiscatoire « dissuasive » aurait donc dû être 137 fois plus élevée que l'amende imposée[471] !

179. **Bilan.** La plupart des études, qu'elles soient américaines ou européennes, rejoignent le même postulat : l'amende – fût-elle importante – reste insuffisante dès lors qu'elle est rapportée au gain illicite retiré de l'infraction concurrentielle. L'incitation à enfreindre le droit de la concurrence est renforcée par la forte probabilité, pour le contrevenant, de réaliser une faute lucrative[472]. Bien que l'étude de Combe fût critiquée – critiques à notre sens injustifiées et auxquelles nous répondons dans la seconde partie de notre thèse[473] –, la Commission devrait s'inspirer de ces études pour promouvoir, quand cela est possible, une amende au moins confiscatoire des profits illicites.

Le constat des amendes inférieures aux gains illicites doit aussi s'appliquer vis-à-vis des amendes administratives imposées en France par l'Autorité de la concurrence.

---

468 J. M. Connor, « Price-Fixing Overcharges: Revised 3rd Edition » (2014). Disponible sur SSRN : https://ssrn.com/abstract=2400780 ; – J. M. Connor, R. H. Lande, « How High Do Cartel Raise Prices? Implications for Optimal Cartel Fines. American Antitrust Institute Symposium: Thinking Creatively about Remedies », 80 *Tul. L. Rev.* 513-570 (2005). Dans cet article, les auteurs ont conclu que la moyenne du surprix se situait entre 31 % et 49 % des ventes affectées et la médiane entre 22 % et 25 % des ventes affectées. – V. aussi : J. M. Connor, Y. Bolotova, « Cartel Overcharges: A Meta-Analysis », 24(6) *International Journal of Industrial Organization* 1109-1137 (2006). – J. M. Connor, « Has the European Commission Become More Severe in Punishing Cartels? Effects of the 2006 Guidelines » (2010). Disponible sur SSRN : https://ssrn.com/abstract=1737885. – J. M. Connor, « Price Fixing Overcharges: Revised 2nd Edition » (2010). Disponible sur SSRN : https://ssrn.com/abstract=1610262. – M. Boyer, R. Kotchoni, « How Much Do Cartel Overcharge? (The "Working Paper" Version) », Cirano Scientific Series, 31 juillet 2015.

469 Nous retenons donc une fourchette basse.

470 V. Partie I, Titre I, n° 111 et s.

471 5 milliards x 5 (multiple lié à la probabilité de détection) : 25 milliards. Cette amende est 137 fois supérieure à l'amende imposée par la Commission, qui est, rappelons-le, de 186 millions.

472 E. Combe, « Quelles sanctions contre les cartels ? Une perspective économique », *RIDE* 2006/1, t. XX, 1, pp. 11-46, p. 11 : « *En dépit d'une augmentation depuis les années 1990,* le niveau des amendes infligées par les autorités antitrust aux cartels semble encore insuffisamment dissuasif au regard du gain illicite et de la faible probabilité de détection ».

473 *Infra*, v. Partie II, Titre I, n° 561 et s. Rappelons simplement ici que la critique porte essentiellement sur l'estimation des gains illicites, qui serait erronée et qui aurait conduit à biaiser le calcul de l'amende optimale ; v. M.-L. Allain, M. Boyer, R. Kotchoni, J.-P. Ponssard, « The Determination of Optimal Fines in Cartel Cases. The Myth of Underdeterrence », Cirano Scientific Series, 8 septembre 2011.

B. En France

180. **Étude empirique.** Nous avons mené une étude empirique qui comprend la sanction, par l'Autorité de la concurrence, de 147 entreprises pour des pratiques d'entente et d'abus de position dominante, entre le 16 décembre 2008 et le 26 juillet 2018, soit dix ans. Cette étude vise à calculer la différence entre le montant de l'amende infligée par l'Autorité de la concurrence et le montant de l'amende confiscatoire et punitive. L'amende punitive intègre un coefficient multiplicateur au regard de la probabilité de détection. L'amende confiscatoire correspond à l'amende qui aurait dû être infligée par l'Autorité pour assurer la confiscation des profits retirés de l'infraction.

181. **Méthode.** Nous avons appliqué la méthodologie classique à l'évaluation de l'amende confiscatoire. L'examen des gains illicites implique de recueillir trois données fondamentales, à savoir, la valeur des ventes affectées, la durée de l'infraction et la hausse des prix. Néanmoins, la prise en compte de ces données risque de mener à une surestimation de l'amende confiscatoire. La hausse des prix induite par la pratique anticoncurrentielle est difficile à estimer. Des variables sont à prendre en compte, car elles peuvent diminuer la hausse de prix admise. Dans le cadre de notre étude, nous avons surtout envisagé trois variables : d'une part, l'élasticité-prix de la demande, laquelle influe négativement sur le montant des gains illicites, car lorsque les clients sont sensibles aux prix, la hausse imposée entraîne une baisse des quantités des produits vendus. D'autre part, le risque de déviation qui renvoie à la tricherie des membres du cartel qui ne respectent pas l'accord conclu. Dans ce cas, la déviation du « tricheur » qui baisse ses prix par rapport aux concurrents vient minorer la hausse de prix du cartel. Enfin, l'existence d'un contre-pouvoir est elle aussi susceptible de minorer le surprix admis. Ceci est le cas lorsque des fournisseurs s'accordent sur une hausse du prix des produits vendus à l'encontre des distributeurs, qui disposent d'un fort pouvoir de négociation. La puissance des distributeurs est de nature à diminuer le surprix que les fournisseurs n'ont pas réussi à leur imposer. Par ailleurs, certaines études prennent aussi en compte la marge en situation concurrentielle pour estimer le montant de l'amende confiscatoire[474]. Nous n'avons pas pris en compte cette donnée sachant, d'une part, qu'il est possible d'estimer le montant de l'amende en considérant que la marge est nulle[475], d'autre part, qu'il est difficile d'avoir accès à cette donnée pour toutes les entreprises.

182. **Estimations.** De manière générale, le calcul de l'amende confiscatoire implique de procéder à une estimation. Si la valeur des ventes affectées et la durée des pratiques sont des données concrètes livrées par l'Autorité de la concurrence – ce qui explique pourquoi nous avons retenu dans notre échantillon que les décisions pour lesquelles l'Autorité a précisé la valeur des ventes[476] –, cette der-

---

[474] C. Monnier, A. Hutin, « Les cartels en France : Analyse économique de leurs caractéristiques et de leurs sanctions », *op. cit.* note 454.

[475] *Ibid.*

[476] À l'exception de quelques décisions où nous avons pu, en regroupant des informations, procéder nous-même à une estimation de la valeur des ventes. V. déc. n° 18-D-15 du 26 juillet 2018, Distribution de médicaments vétérinaires. Dans cette affaire, l'Autorité chiffre l'augmentation du chiffre d'affaires en lien avec l'infraction,

nière quantifie rarement le surprix. La littérature économique considère néanmoins qu'un cartel national, sur l'ensemble de sa durée de vie, conduit à une hausse de prix compris entre 14 et 20 %[477]. Pour cette raison, nous avons retenu le surprix estimé par l'Autorité lorsque cette donnée est disponible. Au contraire, lorsque cette donnée n'est pas précisée, nous avons retenu la hausse de prix admise par la littérature économique pour un cartel national. Néanmoins, ces estimations de surprix admises par les économistes sont réservées aux pratiques de cartel. Or, dans notre échantillon, certaines pratiques caractérisent des abus de position dominante. À notre connaissance, il n'existe aucune étude portant sur la hausse de prix moyenne provoquée par un abus sur l'ensemble de sa durée de vie. Néanmoins, si, à court terme, l'abus de position dominante vise d'abord à verrouiller le marché et le consommateur qu'à augmenter les prix[478], la concentration du marché au profit d'une entreprise qui évince ses rivaux et profite indûment d'une situation de monopole peut permettre à cette dernière d'infliger au consommateur, en l'absence de concurrence, un surprix considérable. Comme le souligne l'économiste Emmanuel Combe, l'abus de position dominante permet d'« *augmenter durablement les prix, c'est-à-dire [de] vendre un produit ou un service plus cher que ce qu'il nous coûte* »[479]. En somme, lorsque la pratique abusive est de longue durée et que la firme nous semble en position ultra-dominante, nous retiendrons pour l'abus la hausse de prix retenue par les études empiriques pour les cartels. Dans le cas contraire, nous minorerons en fonction des données disponibles la hausse de prix retenue pour les cartels et nous retiendrons donc une hypothèse conservatrice.

---

ce qui permet d'estimer la valeur des ventes. – V. aussi déc. n° 17-D-06 du 21 mars 2017 relative à des pratiques mises en œuvre dans le secteur de la fourniture de gaz naturel, d'électricité et de services énergétiques (ci-après « Fourniture de gaz naturel »). Dans cette affaire, nous avons pu faire une estimation de la valeur des ventes affectées par la pratique en collectant trois données fondamentales : le nombre de consommateurs de gaz en France, les parts de marché d'Engie sur le marché affecté, et la facture annuelle moyenne de consommation de gaz en France. Les données fournies par l'avis de l'Arcep (https://www.arcep.fr/uploads/tx_gsavis/13-0802.pdf) portant sur les pratiques mises en œuvre par Orange et les statistiques relatives à la valeur des ventes réalisées en France par Engie trouvées sur le « Portail des statistiques » (https://fr.statista.com/statistiques/720421/valeur-des-ventes-par-region-engie) nous ont été utiles. – Déc. n° 17-D-02 du 10 février 2017 relative à des pratiques mises en œuvre dans le secteur des boules de pétanque de compétition (ci-après « Boules de pétanque »). Pour cette affaire, nous avons pu trouver le chiffre d'affaires en lien avec l'infraction grâce aux informations collectées sur différents sites. Tout d'abord, le chiffre d'affaires de la société Obut nous a été donné par le site « Commerce & Consommation ». Ensuite, le chiffre d'affaires en lien avec l'infraction, qui permet de déterminer la valeur des ventes, a pu être déterminé grâce à la décision de la cour d'appel de Paris du 7 décembre 2016 (CA Paris, ch. 4, 7 décembre 2016, *SAS Pétanque Longue c/ SAS La Boule Obut*, n° 16/15228). – Déc. n° 15-D-20 du 17 décembre 2015 relative à des pratiques mises en œuvre dans le secteur des communications électroniques. Dans cette affaire, pour faire une estimation du chiffre d'affaires sur le marché affecté, c'est-à-dire sur le marché des communications électroniques fixes et mobiles à destination des entreprises, les travaux réalisés par l'économiste Thierry Pénard nous ont été très utiles. V. T. Pénard, E. Darmon, « Orange et le marché de la téléphonie mobile en France », Université Rennes 1. Disponible sur : https://perso.univ-rennes1.fr/thierry.penard/cours/eco2/supportorange2007.pdf.

477 J. M. Connor, R. H. Lande, « The Size of Cartel Overcharges: Implications for US and EU Fining Policies », 51(4) *The Antitrust Bulletin* 983-1022 (2006). – E. Combe, « Quelles sanctions contre les cartels ? Une perspective économique », *op. cit.* note 472. – C. Monnier, A. Hutin, « Les cartels en France : Analyse économique de leurs caractéristiques et de leurs sanctions », *op. cit.* note 454.

478 O. Fréget, *La concurrence : une idée toujours neuve en Europe et en France*, Odile Jacob, 2015.

479 E. Combe, « Les abus sont à la concurrence ce que le dopage est à la compétition sportive », 20 minutes.fr, « High-Tech », 25 février 2010.

Par ailleurs, l'élasticité-prix de la demande est très souvent évoquée par l'Autorité dans notre échantillon, ce qui permet d'effectuer des estimations et de réviser le montant de l'amende optimale lorsque l'élasticité est forte ou unitaire. Nous avons retenu quatre scénarios d'élasticité-prix pour déterminer le montant de l'amende confiscatoire : le premier décrit une élasticité forte égale à –2, ce qui signifie que la baisse de la demande est deux fois supérieure à l'augmentation du prix. Autrement dit, si un prix augmente de 10 %, la demande baisse de 20 %. Le deuxième décrit une élasticité unitaire égale à 1, ce qui veut dire que la variation de la demande est proportionnelle à la variation du prix. Dans ce cas, tout changement de prix correspond à un changement égal de quantité. En conséquence, si le prix augmente de 10 %, la demande baisse de 10 %. Le troisième scénario décrit une élasticité faible comprise entre –1 et 0, où toute variation importante de prix provoque de faibles variations de la demande. Ceci est le cas lorsque, par exemple, une augmentation de prix de 10 % entraîne une baisse des quantités demandées de 3 % (l'élasticité est alors de –0,3). Le quatrième et dernier scénario révèle une élasticité nulle, c'est-à-dire que la demande est parfaitement inélastique au prix et que la quantité demandée ne change pas malgré la hausse de prix. L'élasticité faible et l'élasticité nulle renforcent les gains illicites des firmes, qui continuent de vendre leurs produits affectés d'un surprix sans subir une baisse importante de la demande. L'élasticité forte et l'élasticité unitaire minorent les gains illicites, car la sensibilité des clients au prix diminue les quantités demandées. Dans le cadre de notre étude, nous avons révisé l'amende confiscatoire lorsque l'élasticité-prix de la demande est forte ou unitaire. En revanche, lorsqu'elle est faible ou nulle, l'élasticité n'est pas en mesure de remettre fondamentalement en cause le montant de l'amende confiscatoire, ce qui explique pourquoi nous ne l'avons que rarement calculée.

S'agissant, enfin, du calcul de l'amende punitive (et non plus de l'amende confiscatoire), cette dernière intègre un coefficient multiplicateur de 5 au regard de la faible probabilité de détection, ce qui constitue une hypothèse conservatrice sachant que la probabilité annuelle de détection est d'environ 15 %. Il est inutile de revenir ici sur les études empiriques menées sur ce sujet, lesquelles ont été longuement évoquées précédemment dans notre thèse[480].

183. **Résultat de l'étude.** Dans seulement sept affaires, l'amende imposée par l'Autorité est équivalente ou supérieure à l'amende confiscatoire. Sur les 147 cas étudiés, l'amende est égale ou légèrement supérieure à l'amende confiscatoire des profits illicites dans 41 cas, ce qui signifie qu'elle atteint un niveau dissuasif dans moins d'un quart des cas. Autrement dit, dans plus de 70 % des cas, l'amende imposée par l'Autorité ne permet pas de confisquer le profit illicite retiré de l'infraction de concurrence. S'agissant de l'amende punitive, l'amende infligée est proche de l'amende punitive ou supérieure à celle-ci dans seulement deux cas[481]. Ce

---

480 V. *supra*, n° 111 et s.

481 Déc. n° 13-D-21 du 18 décembre 2013 relative à des pratiques mises en œuvre sur le marché français de la buprénorphine haut dosage commercialisée en ville (ci-après « Buprénorphine »). Dans cette affaire, l'amende infligée à l'entreprise Schering-Plough est 3,23 fois supérieure à l'amende confiscatoire des profits illicites ; elle est donc proche de l'amende punitive. – V. aussi : déc. n° 15-D-19 du 15 décembre 2015, Messagerie.

résultat n'est pas surprenant étant donné que l'Autorité ne prend pas en compte la probabilité de détection dans le calcul de l'amende.

184. **Comparaison avec une autre étude empirique.** L'étude empirique menée par l'économiste Constance Monnier et qui porte sur un échantillon composé de l'ensemble des restrictions horizontales ayant fait l'objet d'une condamnation pécuniaire par l'Autorité de la concurrence entre le 1er janvier 2003 et le 31 décembre 2015 produit des résultats proches[482]. En appliquant la méthodologie classique du calcul de l'amende confiscatoire[483], l'étude conclut que, « *dans un tiers des cas, l'amende correspond plus ou moins au niveau du gain illicite* ». De plus, « *l'amende effective imposée par l'Autorité ne dépasse l'amende confiscatoire que dans quatre affaires* »[484].

185. **Illustration à travers un cas français.** Pour illustrer l'insuffisance des amendes imposées au regard des gains illicites, prenons une affaire examinée dans notre étude et comparons le montant de la sanction pécuniaire infligée par l'Autorité à l'égard d'une entreprise par rapport à celui de l'amende confiscatoire :

Entente dans le secteur de la messagerie[485] (entreprise Alloin)

- Chiffre d'affaires mondial du groupe : 17 400 000 000 euros.
- **Sanction après les ajustements finaux :** 32 017 000 d'euros, ce qui représente 0,18 % du chiffre d'affaires total.
- **Marché affecté :** La valeur des ventes des produits en cause est une donnée précisée par l'Autorité de la concurrence, qui l'estime à 223 673 000 euros.
- **Durée de l'infraction :** L'infraction a duré 4 ans et 5 mois. La valeur des ventes sur l'ensemble de la durée du manquement est donc de 986 397 930 euros.
- **Surprix :** Les entreprises de messageries se sont concertées sur les hausses tarifaires annuelles à facturer aux clients. La hausse de prix induite par le cartel est précisée par l'Autorité de la concurrence, qui l'estime comprise, pour l'année 2006-2007, entre 5 et 7 %[486]. Nous ne disposons, pour cette affaire, que d'une estimation annuelle du surprix et non d'une estimation portant sur toute la durée de vie du cartel. Considérant que plus la pratique dure longtemps, plus le surprix est important – sachant que l'entente a duré plus de 4 ans et que la littérature économique considère qu'un cartel national entraîne une hausse de prix comprise entre 14 % et 20 % –, on peut

---

Dans cette affaire, l'amende infligée à l'entreprise Norbert Dentressangle est 5,45 fois supérieure à l'amende confiscatoire. L'amende est d'autant plus sévère qu'elle est 1,11 fois supérieure à l'amende punitive.

482 C. Monnier, A. Hutin, « Les cartels en France : Analyse économique de leurs caractéristiques et de leurs sanctions », *op. cit.* note 454.

483 *Supra*, n° 181

484 C. Monnier, A. Hutin, *loc. cit.*, p. 58 : Les auteurs notent que « *dans trois de ces cas, l'amende effective apparaît même supérieure à l'amende optimale dissuasive [...]. Ces quatre cartels correspondent à des cas d'ententes sur des appels d'offres (sur les cinq que contient l'échantillon). L'Autorité montre ainsi que les ententes dans les appels d'offres constituent une pratique particulièrement grave et qui doit être durement réprimée* ».

485 Déc. n° 15-D-19 du 15 décembre 2015, Messagerie.

486 Communiqué de presse, 15 décembre 2015 : Secteur de la messagerie (transport de colis).

raisonnablement estimer qu'Alloin a profité d'une hausse d'environ 22 % sur toute la durée de la pratique.

- **Calcul en appliquant la méthode de l'amende confiscatoire :** En fonction des données disponibles, le montant de l'amende confiscatoire correspond à la valeur des ventes affectées multipliée par le surprix (986 397 930 x 0,22) = 217 007 544 euros. L'amende infligée est donc 6,77 fois inférieure à l'amende confiscatoire des profits illicites.
- **Variables d'ajustement de l'amende confiscatoire :** Néanmoins, l'amende confiscatoire risque d'être surestimée, car l'Autorité reconnaît l'existence d'un contre-pouvoir de la demande, en l'occurrence de clients des entreprises de messagerie[487]. Ce contre-pouvoir, en l'absence de mécanismes de représailles susceptibles de contraindre les parties à l'entente à résister au pouvoir de négociation de leurs clients, peut limiter la hausse de prix. Plus le contre-pouvoir est important, moins il est aisé pour les participants à l'entente d'imposer un surprix à leurs clients. Par ailleurs, l'Autorité admet aussi, sans la quantifier, l'existence d'une certaine sensibilité à la hausse de prix[488]. En somme, en retenant l'élasticité la plus favorable aux firmes, à savoir une élasticité forte égale à –2, et en considérant que le contre-pouvoir de la demande à diminué l'ampleur de la hausse des prix de moitié sur toute la durée du cartel, l'amende confiscatoire n'est plus que de 84 632 942 euros[489], ce qui reste 2,64 fois supérieur à l'amende infligée.
- **Amende punitive :** De plus, si l'on estime que, dans le meilleur des cas, 1 cartel sur 5 est détecté[490], l'amende punitive est de 423 164 710 euros, soit une amende 13,21 fois supérieure à l'amende infligée.

186. **Bilan.** Au regard de notre étude empirique et des études semblables menées sur la question, les amendes infligées par l'Autorité de la concurrence sont, pour la plupart, inférieures aux gains illicites retirés de l'infraction. Dans un peu plus d'un tiers des cas seulement, l'amende est égale ou légèrement supérieure à l'amende confiscatoire. Dans tous les cas, la sanction pécuniaire n'atteint jamais le niveau de l'amende punitive, qui intègre un multiple en fonction de la faible probabilité de détection. Cette disproportion entre les gains retirés de l'infraction commise et l'amende infligée n'est pas justifiée. L'Autorité, par le passé, a déjà procédé dans certaines affaires à un calcul des gains illicites. Il en résulte un « paradoxe français », tenant au fait que même lorsque l'Autorité calcule les gains illicites, elle n'intègre pas ce calcul dans la quantification de l'amende, qui reste inférieure au profit de l'infraction.

---

487 Déc. n° 15-D-19 du 15 décembre 2015, Messagerie, § 1258 et s.

488 *Ibid.*, § 1252 et s.

489 Avec une élasticité de –2, la valeur des ventes affectées diminue deux fois plus que la hausse de prix, qui est désormais de 11 % (0,11). Le calcul de l'amende confiscatoire est donc : valeur des ventes affectées (986 397 930 – 217 007 554 = 769 390 386) × hausse de prix réévaluée du fait du contre-pouvoir de la demande (0,11) = 84 632 942.

490 Des études empiriques ont établi une probabilité de détection située entre 13 et 17 %. – V. : E. Combe, C. Monnier, R. Legal, « Cartels : la probabilité d'être détecté dans l'Union Européenne », Document de travail PRISM, 2007.

C. Le paradoxe français

187. **Paradoxe.** Le système français est moins clair que celui de son homologue américain. Aux États-Unis, il est clairement inscrit que l'amende peut atteindre deux fois le montant du surprofit engrangé par la firme[491]. En France, le gain illicite est apprécié dans l'évaluation du dommage à l'économie, et rien n'exige que l'Autorité de la concurrence procède à son calcul. S'en déduit un certain paradoxe tenant à la volonté, pour l'Autorité, de dissuader l'infraction de concurrence tout en ignorant, dans le communiqué « Sanctions », la motivation principale de l'agent économique qui enfreint la loi : la réalisation d'un profit. Surtout, certaines affaires nous montrent que l'Autorité a déjà par le passé procédé à un calcul du gain illicite[492]. Paradoxalement, le calcul du profit indu n'a pas d'incidence sur le quantum de la sanction.

188. **Affaire sur le dépassement d'honoraires des médecins.** L'entente concernait des consignes syndicales de dépassement des tarifs conventionnels par les médecins spécialistes de secteur I. L'Autorité de la concurrence estimait à 180 millions d'euros le surprofit tiré de la majoration indue. Le niveau de l'amende imposée devait être suffisamment élevé « *de telle façon que leurs montants soient au moins équivalents aux surprofits tirés des pratiques* »[493]. Pourtant, malgré l'estimation des surprofits, l'Autorité a fixé une amende de 814 000 euros. Malgré le calcul des gains illicites, l'amende n'a ici eu aucune vertu confiscatoire.

189. **Affaire *France Télécom*.** Dans cette affaire, l'Autorité sanctionnait France Télécom et SFR pour avoir mis en œuvre des pratiques tarifaires anticoncurrentielles[494]. L'Autorité avait estimé les gains illicites engrangés par France Télécom à hauteur de 244 millions d'euros[495]. Cette estimation n'a eu aucune incidence visible sur le montant de l'amende, qui s'élève à 20 millions d'euros. La faute concurrentielle semble ici pleinement lucrative.

190. **Affaires récentes.** Ces deux affaires ne sont pas des cas isolés. Récemment, dans l'affaire de distribution des médicaments vétérinaires, l'Autorité a estimé que les fautifs avaient retiré des « gains substantiels » de l'entente sur les prix[496]. Malgré ce constat, l'amende finalement imposée est inférieure au niveau de l'amende confiscatoire[497]. De même, dans l'affaire *Plavix*, le surprofit retiré de l'infraction

---

[491] R. D. Blair, D. D. Sokol, *The Oxford Handbook of International Antitrust Economics*, *op. cit.* note 456, p. 258 : « *Under an alternative provision applicable to all federal crimes, a fine may reach "the greater of twice the gross gain or twice the gross loss" from the offense (18 U.S.C. § 3571(d)), even if this amount exceeds the Sherman Act's cap.* »

[492] *Supra*, n° 152 et s.

[493] Déc. n° 08-D-06 du 2 avril 2008, Entente sur l'augmentation du tarif des consultations, § 153.

[494] Déc. n° 04-D-48 du 14 octobre 2004 relative à des pratiques mises en œuvre par France Télécom, SFR Cegetel et Bouygues Télécom. Le Conseil dénonçait une pratique de ciseau tarifaire, « *consistant pour un opérateur, généralement verticalement intégré, à fixer à la fois les tarifs de détail sur un marché et le tarif d'une prestation intermédiaire nécessaire pour l'accès au marché de détail, sans laisser entre les deux un espace suffisant pour la couverture des autres coûts encourus pour la fourniture de la prestation de détail* ». Cette pratique « *est considérée par le Conseil comme ayant pour objet et pour effet de fausser le jeu de la concurrence dès lors qu'elle peut conduire à évincer du marché les autres opérateurs* ».

[495] *Ibid.*, § 286.

[496] Déc. n° 18-D-15 du 26 juillet 2018, Distribution de médicaments vétérinaires, § 210.

[497] Pour v. le niveau de l'amende confiscatoire, v. *infra* Tableau en annexe.

dénoncée par l'Autorité n'est pas suivi d'une amende au moins égale aux gains illicites[498].

191. **Estimation du surprix.** Dans d'autres affaires, comme dans l'affaire des produits laitiers, l'affaire des lessives ou l'affaire hygiène et entretien, l'Autorité a estimé un surprix sans pour autant, ensuite, imposer une amende confiscatoire[499]. Ceci est d'autant plus regrettable que pour certaines affaires comme, par exemple, l'affaire du cartel de l'acier ou l'affaire *Adecco*, le calcul des gains illicites a abouti au prononcé d'une amende confiscatoire[500].

192. **Bilan.** La plupart des affaires citées illustrent le calcul possible des gains illicites par l'Autorité de la concurrence, en même temps qu'elles témoignent d'un paradoxe : l'enrichissement des contrevenants, bien que dénoncé par l'Autorité, est rarement suivi d'une amende confiscatoire.

Par ailleurs, en dehors de la problématique spécifique liée au niveau de l'amende confiscatoire, la probabilité de voir l'amende limitée à un certain seuil – seuil souvent largement inférieur au 10 % du chiffre d'affaires mondial de l'entreprise sanctionnée – diminue la portée dissuasive de l'amende et réduit l'imprévisibilité de la sanction.

---

498 Déc. n° 13-D-11 du 14 mai 2013, Stratégie de dénigrement et abus de position dominante dans le secteur pharmaceutique – Plavix, § 681. V. *infra* Tableau en annexe.

499 Déc. n° 15-D-03 du 11 mars 2015, Produits laitiers frais, § 322 : « *[L]a prise en compte de la période de guerre des prix et/ou de la période postérieure aux pratiques dans la période de référence [...] conduisent, selon les estimations des services d'instruction, à un surprix compris entre 6 et 10 %.* » – Déc. n° 14-D-19 du 18 décembre 2014, Entente produits d'hygiène, § 1399 : « *Au cas d'espèce, les services d'instruction, puis les parties, ont tenté d'estimer quantitativement le surprix associé aux pratiques.* » – Déc. n° 11-D-17 du 8 décembre 2011 relative à des pratiques mises en œuvre dans le secteur des lessives (ci-après « Lessives »), § 629 et 630 : « *[L]'Autorité a pu mettre en évidence un exemple de surprix pour les lessives "haut de gamme" [...] elle a appliqué une méthode de comparaison [qui] a permis de dégager des estimations d'un surprix, de l'ordre de 4 à 6 % [...]* »

500 V. déc. n° 08-D-32, Cartel de l'acier, § 389. – Déc. n° 09-D-05, Entente entre les majors de l'intérim, § 142. – Affaire du cartel de l'acier. Cette affaire illustre la fonction dissuasive qu'un calcul du surprix peut avoir sur la sanction pécuniaire. Dans le cartel de l'acier, le surprix de l'entente a été évalué « *entre 165 millions d'euros et 325 millions d'euros* » (§ 389). Cette décision fut très critiquée pour divers motifs, mais l'effort de l'Autorité pour calculer le montant du surprix aurait mérité d'être salué, d'autant que la méthode de calcul fondée notamment sur la comparaison des taux de marge faisait apparaître un gonflement significatif du profit des firmes. Le montant de l'amende, porté à 575 millions d'euros, illustrait la volonté de limiter les gains illicites. La cour d'appel a considérablement réduit l'amende à 72 millions d'euros, soit, selon les mots ironiques d'un auteur, « une ristourne » de 500 millions d'euros (D. Mainguy, « La cour de Paris réduit les amendes dans le cartel de la sidérurgie » *Actualités du droit économique*, 26 janvier 2010.). La cour d'appel a rendu une décision que l'on peut penser « sous-dissuasive », étant donné que le surprix de l'entente avait été évalué entre 165 et 325 millions d'euros. – Affaire *Adecco*. Cette affaire témoigne d'une influence réelle, quoiqu'insuffisante, du surprofit sur le montant de la sanction pécuniaire. Les faits relatent une entente entre les majors de l'intérim en France, qui se concertaient sur leur politique commerciale à l'égard de leurs clients les plus importants. Sur le surprofit d'Adecco, l'Autorité estimait le surprofit réalisé sur une échelle allant de 26 millions d'euros à 72 millions d'euros. Sur le surprofit de Vediorbis, l'Autorité estimait qu'il se situait environ entre 10 et 24 millions d'euros. L'Autorité observe en outre que « *les surprofits globaux des trois entreprises atteindraient 25 millions d'euros par an, soit 44 millions d'euros pour la période couverte par les griefs (21 mois)* » (§ 142). Finalement, la sanction pécuniaire pour Adecco s'élève à 32 millions d'euros, tandis que la société Vediorbis est condamnée au paiement d'une amende de 19,8 millions d'euros, réduite à 18,2 millions d'euros. Les deux amendes semblent confiscatoires des profits réalisés. Néanmoins, le surprofit d'Adecco était possiblement de 72 millions d'euros. La condamnation restait donc éventuellement très lucrative pour Adecco ; un peu moins pour Vediorbis, qui se voit infliger une amende correspondant presque à l'estimation la plus haute de ses surprofits.

D. La probabilité de voir l'amende limitée à un certain seuil

193. **Le plafonnement de l'amende.** Les amendes imposées par l'Autorité sont toujours très loin du plafond de 10 % du chiffre d'affaires mondial de l'entreprise sanctionnée. La probabilité de voir l'amende ne pas dépasser un certain seuil restreint l'objectif d'imprévisibilité de la sanction (1), ce qui peut encourager les agents économiques à former des prédictions sur le coût de l'amende. À l'image du droit des pratiques anticoncurrentielles, le droit des pratiques restrictives de concurrence, lequel est pourtant le seul à proposer une amende confiscatoire, montre aussi ses limites. En effet, le ministre n'a encore jamais imposé d'amende confiscatoire « punitive ». L'ineffectivité des plafonds « dissuasifs » en droit des pratiques restrictives renforce l'incitation à enfreindre la loi (2).

1. Le plafonnement de l'amende : les limites à l'imprévisibilité de la sanction

194. **Plafond originel.** À l'origine, l'amende était plafonnée, pour une entreprise, à 5 % du montant du chiffre d'affaires HT réalisé en France au cours du dernier exercice clos. Ce plafond, sous-dissuasif, assurait le développement des fautes lucratives : « *Les sanctions infligées par l'ancien Conseil de la concurrence sur le fondement de cette disposition étaient souvent jugées peu dissuasives, car les profits espérés par les entreprises dans le cadre des pratiques illégales, étaient supérieurs aux risques encourus* »[501].

195. **Objectif du nouveau plafond : dissuasion et imprévisibilité.** Conscient du risque de faute lucrative, le législateur a réformé le plafond de la sanction. Désormais, l'article L. 464-2 du Code de commerce prévoit que le montant maximum de la sanction pécuniaire est de « *10 % du chiffre d'affaires mondial hors taxes du groupe auquel appartient l'entreprise sanctionnée* »[502]. L'importance du plafond en chiffre d'affaires renforce l'imprévisibilité de la sanction pécuniaire[503]. Le plafond de 10 % oblige le contrevenant à des approximations trop larges sur le montant final de la sanction, rendant ainsi tout calcul impossible. Le chiffre d'affaires mondial des groupes auxquels appartiennent les entreprises s'élève souvent à plusieurs millions voire milliards d'euros, si bien que le fautif ne peut imaginer qu'« à peu près » le coût de l'amende.

---

501 P. Arhel « Pratiques anticoncurrentielles, injonctions et sanctions », *Rép. com.* janvier 2015. Source citée par l'auteur : Hagelsteen [interview de], *LPA* n° 1, 2 janvier 2001, p. 4 et s.

502 Cons. const., déc. n° 2015-510 QPC du 7 janvier 2016, *Association Expert-comptable média association* [Sanctions pécuniaires prononcées par l'Autorité de la concurrence] : *JO* n° 0008 du 10 janvier 2016, texte n° 18 : JurisData n° 2016-000078, obs. A.-S. Chavent-Leclère, « Constitutionnalité des sanctions pécuniaires en matière anticoncurrentielle », *Procédures*, février 2016, n° 2, comm. 75 : le Conseil constitutionnel valide les sanctions pécuniaires de 3 millions d'euros ou 10 % du chiffre d'affaires mondial pouvant être prononcées par l'Autorité de la concurrence et prévues par l'article L. 464-2 du Code de commerce en matière de pratiques anticoncurrentielles.

503 L'imprévisibilité de l'amende pécuniaire est un objectif reconnu par l'Autorité de la concurrence. L'Autorité précise notamment qu'« *il n'est [...] ni possible, ni souhaitable, tant du point de vue de l'Autorité que dans l'intérêt des entreprises et des organismes concernés, de concevoir, au-delà de la méthode suivie pour déterminer les sanctions pécuniaires, un barème mécanique permettant de prévoir par avance leur montant précis* ». La disposition s'adresse donc directement au calcul coût-avantage des agents rationnels ; v. communiqué du 16 mai 2011 relatif à la méthode de détermination des sanctions pécuniaires, § 14.

Néanmoins, avoir réformé le plafond n'a d'utilité que si, effectivement, au regard de la jurisprudence, l'Autorité de la concurrence impose réellement des amendes variables, entre 0 et 10 % du chiffre d'affaires mondial. Or, le plafond prévu à l'article L. 464-2 du Code de commerce n'est qu'un plafond théorique[504].

196. **De la théorie à la réalité.** En réalité, non seulement l'amende pécuniaire n'atteint jamais les 10 %, mais elle se situe très largement en dessous. Derrière le plafond théorique, il semble exister un plafond « réaliste », comme en témoignent les études empiriques menées sur la question.

197. **Étude empirique à propos des amendes de la Commission.** L'économiste François Lévêque a recueilli sur le site de la Commission européenne une statistique comprenant l'étude de 75 décisions relatives à des pratiques anticoncurrentielles. En conclusion de cette étude, l'auteur souligne que « *la grande majorité (environ 40 cas) correspond à un niveau d'amende inférieur à 1 % du chiffre d'affaires global [...] Pour 9 cas, l'amende a été comprise entre 9 et 10 % du chiffre d'affaires global* »[505]. L'entreprise aurait donc 8 % de risque de subir une amende qui atteint son plafond. Plus récemment, une étude statistique de la Commission actualisée le 31 décembre 2017 démontre que, depuis 2006, 62,84 % des entreprises ont souffert d'une amende inférieure à 1 % de leur chiffre d'affaires[506]. Ce chiffre tombe à 54,98 % en excluant des données l'immunité obtenue par les demandeurs de clémence.

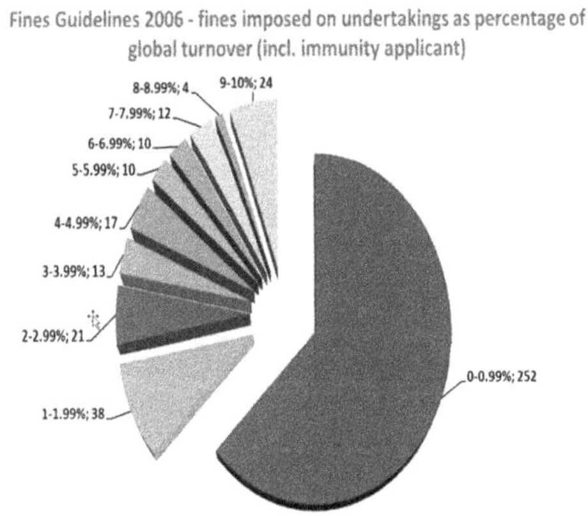

504 On remarquera sur ce point que, sur son site internet, l'Autorité rappelle qu'elle « *peut infliger une sanction qui en théorie, peut aller jusqu'à 10 % du chiffre d'affaires mondial de l'entreprise* ». L'utilisation de l'expression « *en théorie* » par l'Autorité marque le doute qui semble l'habiter. Notons qu'il s'agit bien ici d'une expression, car le mot « *théorie* » n'est pas employé seul, mais accompagné de la préposition « *en* », qui lui donne justement sa valeur de formule. Or, l'expression « *en théorie* » ampute le mot de sa signification première, censée renvoyer à des concepts ou à un ensemble de lois, de règles ou d'opinions (v. larousse.fr). L'expression est ici simplement utilisée pour faire l'aveu du doute quant à la réelle portée de ce plafond. Elle laisse entendre qu'il ne faut pas être dupe, et qu'en réalité le plafond ne risque pas d'être atteint ; v. site de l'Autorité de la concurrence, in « le contrôle des pratiques anticoncurrentielles », disponible sur : http://www.autoritedelaconcurrence.fr/user/standard.php?id_rub=287.

505 F. Lévêque, « L'allocation de la responsabilité du point de vue économique : incitations et coûts », Les actes des ateliers DGCCRF, 30 mars 2010.

506 Autrement dit, sur 401 entreprises sanctionnées, 252 ont souffert d'une amende inférieure à 1 % du chiffre d'affaires mondial de l'entreprise sanctionnée. DG Comp : http://ec.europa.eu/competition/cartels/statistics/statistics.pdf.

198. **Étude empirique à propos des amendes de l'Autorité de la concurrence.** Selon l'ex-président de l'Autorité, Bruno Lasserre : « *Le pourcentage moyen des sanctions au regard du chiffre d'affaires est en baisse. Il est passé, en effet, de 1,75 % en 2007 à 0,65 % en 2010* »[507]. De même, dans notre étude empirique, la grande majorité des amendes infligées semblent en dessous de 1 % du chiffre d'affaires mondial de l'entreprise sanctionnée[508]. Dans l'entente hygiène et entretien par exemple, alors que l'amende globale prononcée est historique, une seule entreprise a dû s'acquitter d'une amende supérieure à 1 % de son chiffre d'affaires[509].

199. **Perte de dissuasion « générale ».** Dans le choix d'enfreindre la loi, la répétition des sanctions largement en dessous du plafond théorique risque de minorer la crainte de l'agent vis-à-vis du risque économique de l'infraction. En théorie, le plafond de 10 % poursuit un objectif de dissuasion générale, c'est-à-dire qu'il cherche à diffuser un message dissuasif à l'ensemble des agents économiques sur le marché. La crédibilité de ce message est affectée au regard de la différence entre le plafond théorique et le plafond effectif ou « réaliste » (situé en règle générale entre 0 et 2 % du CA mondial de l'entreprise). D'autant que la surexploitation des procédures négociées donne l'opportunité aux entreprises de réduire considérablement la fourchette d'amende envisageable. La procédure de non-contestation de griefs, laquelle reste applicable pendant encore quelques années pour toutes les affaires en cours où les griefs ont été notifiés avant la publication de la loi sur la transaction, renforce considérablement la prévisibilité du montant de la sanction pécuniaire. En plus d'assurer une réduction automatique de 10 % de l'amende[510], elle diminue de moitié le plafond de la sanction, qui est alors de 5 % du chiffre d'affaires mondial consolidé. Elle est parfaitement exploitée par les agents économiques qui, rationnellement, cherchent à diminuer le coût de l'amende. Depuis 2011, presque la moitié des « *affaires imposant des sanctions ont donné lieu à au moins une non-contestation de griefs* »[511]. De même, la procédure de transaction, à la différence de la procédure de non-contestation des griefs, permet au contrevenant de négocier la sanction avec l'Autorité[512]. La négociation du « prix » du dommage entre le contrevenant et l'Autorité est de nature à minorer l'incertitude de l'agent économique[513]. En outre, la procédure de clémence, comme en témoigne le schéma ci-dessous, diminue fortement le risque attaché à l'infraction en abaissant considérablement le montant des sanctions imposées[514].

---

507 O. Dufour, « La consultation sur le calcul des sanctions est lancée ! », *op. cit.* note 440.

508 V. *infra*, Tableau en annexe – v. la différence entre le montant de l'amende infligée et le chiffre d'affaires mondial.

509 L'entreprise Beiersdorf : 1,17 %.

510 Notons qu'une réduction pécuniaire complémentaire pouvant atteindre 15 % peut s'ajouter en cas d'engagements de conformité au droit de la concurrence.

511 A. Wachsmann, S. Thibault-Liger, « Non-contestation des griefs et transaction UE : quelle influence sur le procès civil ? », in *L'intensification de la réparation des dommages issus des pratiques concurrentielles*, M. Behar-Touchais, D. Bosco, C. Prieto (dir.), IRJS, 2016, p. 367.

512 Pour plus de détails, v. *infra*.

513 Les entreprises qui renoncent à contester les griefs notifiés par l'Autorité peuvent se voir proposer par le rapporteur général de l'Autorité une transaction fixant le montant maximal et minimal de la sanction encourue. Il ne s'agit donc plus d'un simple pourcentage de réduction de sanction, mais d'une information précise livrée au contrevenant sur à la fois le plancher et le plafond de l'amende encourue.

514 Pour plus de détails, v. *infra*.

Le montant de l'amende modifié à chaque étape du processus de sanction

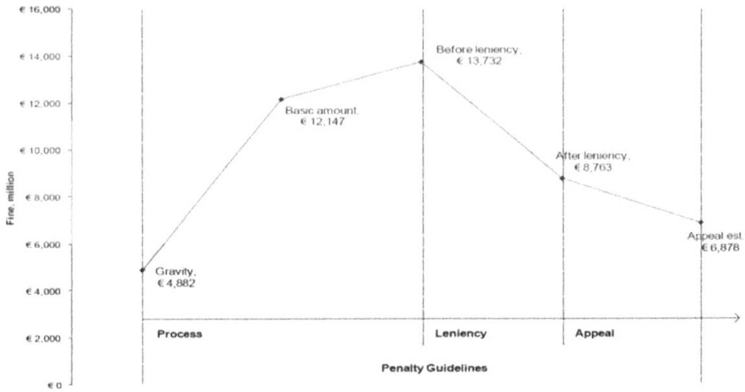

Source : C. Veljanovski, « European Commission Cartel Prosecutions and Fines, 1998-2006: An Updated Statistical Analysis of the Fines under the 1998 Penalty Guidelines », novembre 2010. Disponible sur SSRN : http://ssrn.com/abstract=1016014.

200. **Bilan.** Le plafond de 10 % du chiffre d'affaires mondial rend, en théorie, le montant de l'amende imprévisible pour les firmes. La difficulté à prédire le montant de l'amende se réduit au regard de la différence entre le plafond théorique et la réalité des amendes imposées qui dépasse rarement 1 % du chiffre d'affaires mondial de l'entreprise sanctionnée[515]. On remarquera à ce titre que, dans l'affaire du cartel des revêtements de sol, les entreprises ont provisionné un montant d'amende proche de celui finalement imposé, Forbo estimant notamment avoir des « indications tangibles » sur l'amende qui lui serait infligée[516]. La répétition des amendes largement en dessous du chiffre d'affaires des firmes peut encourager la formation d'une prédiction générale – proche du biais cognitif[517] – selon laquelle l'amende ne permettra pas de recouvrir les bénéfices et avantages de la pratique anticoncurrentielle[518]. Cette prédiction peut, de plus, être aiguisée par le recours

515 Autrement dit, si l'agent économique ne peut effectuer des prédictions raisonnables quant au coût d'une amende pouvant être comprise entre 1 et 10 % du chiffre d'affaires mondial, des prédictions sont davantage envisageables sachant que, le plus souvent, une amende inférieure à 1 % du chiffre d'affaires mondial sera prononcée.

516 Forbo, qui avait provisionné 85 millions d'euros, a subi une amende 75 millions d'euros. Tarkett, qui avait provisionné 150 millions d'euros, a reçu une amende de 165 millions d'euros. V. H. Huijgen, « Cartel de la moquette : Tarkett s'attend à une amende record », 21 juillet 2017. Disponible sur lefigaro.fr.

517 Au sens où l'agent économique dispose d'une information incomplète pour affiner sa prédiction sur le montant de l'amende. Des raccourcis mentaux peuvent donc influencer son calcul.

518 À tire d'exemple, dans l'affaire *Microsoft*, l'entreprise a perpétré pendant longtemps ses pratiques illicites, et ce, malgré les multiples sanctions infligées par les autorités de concurrence. Selon un auteur, la continuation des pratiques se justifiait par un argument de pure rationalité. Malgré l'amende, on restait « *loin des 10 % du chiffre d'affaires de Microsoft et de l'amende confiscatoire...* » ; v. V. Pironon, « Microsoft condamné par la Commission européenne pour non-respect de ses engagements », *CCC* n° 6, juin 2013, comm. 69.

aux procédures négociées qui viennent diminuer considérablement le montant des sanctions infligées.

À l'image du droit des pratiques anticoncurrentielles, il est intéressant de noter que le plafond consacré en droit des pratiques restrictives pour donner une portée punitive à l'amende confiscatoire n'a jamais été atteint.

2. L'ineffectivité des plafonds « dissuasifs » en droit des pratiques restrictives

201. **L'article L. 442-6 du Code de commerce consacre trois plafonds :**

- **Plafond en valeur absolue.** Ce plafond équivaut à une amende de 2 millions d'euros qui a été portée à 5 millions d'euros avec la loi « Sapin II » du 9 décembre 2016[519].
- **Plafond en valeur relative.** Ce plafond correspond au multiple des profits illicites qui peut être appliqué par le juge. Il doit précisément correspondre à trois fois le montant des sommes indûment perçues par le contrevenant.
- **Plafond alternatif.** Ce plafond signifie que l'amende doit être « *proportionnée aux avantages tirés du manquement, à 5 % du chiffre d'affaires hors taxes réalisé en France par l'auteur des pratiques lors du dernier exercice clos depuis l'exercice précédant celui au cours duquel les pratiques mentionnées au présent article ont été mises en œuvre* ».

202. **Plafonds dissuasifs.** Les plafonds en valeur absolue et relative ajoutent une dimension punitive à l'amende confiscatoire. À côté du plafond fixe de l'amende civile de 5 millions d'euros, l'amende peut s'élever au « *triple du montant des sommes indûment versées* »[520]. Cette sanction rappelle le système punitif américain, qui prévoit que l'amende peut atteindre deux fois le montant du surprofit engrangé par la firme[521]. Ce type de plafond permet d'éviter le coût nul de la pratique restrictive de concurrence. Si le mécanisme de la répétition de l'indu qui fait suite à la nullité des clauses illicites s'inscrit dans une logique restitutive, le distributeur ne souffre néanmoins d'aucune perte réelle, car il est seulement tenu de restituer le gain illicite de l'infraction. L'amende ajoute un coût supplémentaire à l'agent économique. Ces plafonds répondent à un objectif de dissuasion-prévention : au regard de leur importance, le risque pécuniaire de l'infraction semble trop élevé pour inciter l'agent à enfreindre le droit de la concurrence. Néanmoins, force est de constater que, au regard

---

519 J. B. Gouache, M. Behar-Touchais, « Les apports de la loi Sapin II du 9 décembre 2016 en matière de distribution », *CCC* n° 6, juillet 2017, étude 7.

520 Art. L. 442-6 du Code de commerce : « *[…] Ils peuvent également demander le prononcé d'une amende civile dont le montant ne peut être supérieur à 2 millions d'euros. Toutefois, cette amende peut être portée au triple du montant des sommes indûment versées ou, de manière proportionnée aux avantages tirés du manquement, à 5 % du chiffre d'affaires hors taxes réalisé en France par l'auteur des pratiques lors du dernier exercice clos depuis l'exercice précédant celui au cours duquel les pratiques mentionnées au présent article ont été mises en œuvre.* »

521 R. D. Blair, D. D. Sokol, *The Oxford Handbook of International Antitrust Economics*, *op. cit.* note 456, p. 258 : « *Under an alternative provision applicable to all federal crimes, a fine may reach "the greater of twice the gross gain or twice the gross loss" from the offense (18 U.S.C. § 3571(d)), even if this amount exceeds the Sherman Act's cap.* »

de la jurisprudence, les amendes imposées sont largement inférieures aux plafonds dissuasifs.

203. **Agent rationnel.** La théorie du *bad man* rationnel nous enseigne que, lors du choix d'enfreindre la loi, l'agent forme sa décision au regard de l'application effective de la règle de droit en jurisprudence[522]. Autrement dit, si les amendes imposées en jurisprudence n'atteignent jamais les plafonds dissuasifs, les agents minoreront le risque pécuniaire théorique (tenant aux plafonds) de l'infraction. En l'occurrence, on observe en jurisprudence que les amendes imposées sont, en pratique, largement inférieures aux plafonds dissuasifs :

– **Sur le plafond en valeur absolue.** Au regard des dernières décisions[523], les juges semblent réticents à atteindre le plafond de 2 millions d'euros fixé par la loi (qui est maintenant de 5 millions)[524]. Souvent même, l'amende civile, lorsqu'elle est imposée, est entre cinq et dix fois inférieures au plafond. Ce fut le cas dans l'affaire *Castorama*, où l'entreprise, malgré le caractère très lucratif des contrats litigieux[525], s'est vu infliger une amende civile de 300 000 euros, notamment parce que le ministre n'a pas su chiffrer le préjudice[526]. Ce fut aussi le cas dans l'affaire *Provera*[527](amende :

---

522 O. W. Holmes, « The Path of the Law », 10 *Harv. L. Rev.* 457 (1897).

523 Affaire *Galec* : CA Paris, ch. 4, 1er juillet 2015, n° 13/19251. – Affaire *Darty* : CA Paris, ch. 4, 25 novembre 2015, *Darty c/ Ministre de l'Économie*, n° 12/14513. – Affaire *Eurauchan*, Cass. com., 3 mars 2015, n° 13-27.525.

524 V. loi Sapin II (n° 2016-1691).

525 Au regard, notamment, des clauses imposant aux fournisseurs le paiement d'acomptes mensuels sur ristournes conditionnelles à bref délai (alors que le distributeur pouvait payer avec des délais beaucoup plus longs les marchandises livrées par les fournisseurs). Ces clauses étaient assorties de pénalités de retard extrêmement élevées, qui assuraient au distributeur un enrichissement indu. De plus, une autre clause interdisait la modification à la baisse du montant des acomptes en cas de baisse du chiffre d'affaires du fournisseur ; v. J. Vogel, « Négociations tarifaires fournisseurs / grande distribution : Comment aborder les négociations 2012 ? », in colloque « Réseaux de distribution et droit de la concurrence » (Paris, 14 décembre 2011), Concurrences n° 1-2012, Art. N° 41916.

526 T. com. Lille, 6 janvier 2010, *Ministre de l'Économie c/ Castorama*, n° 2009-05184 : « *Mais attendu que l'État n'a supporté directement aucun préjudice ; qu'*il n'a pas chiffré celui des fournisseurs et qu'il n'a pas demandé la répétition de l'indu en leur faveur *comme la loi le permet ; que la LME est récente, qu'elle nécessite indéniablement une période d'adaptation afin de mieux définir ses modalités d'application et d'en préciser les bonnes pratiques ;* que la société Castorama a fait preuve de loyauté au cours de l'enquête de la DGCCRF *; qu'elle a également fait preuve de compréhension et d'une relative souplesse lors des difficultés rencontrées en 2009 avec ses fournisseurs dans le domaine concerné ; que la bonne foi de Castorama est présumée ; que les faits reprochés à la société Castorama ne concernent que l'année 2009 ;* qu'elle a la possibilité de corriger ses pratiques dès 2010 *; dès lors, usant de son pouvoir d'appréciation, le tribunal arbitrera l'amende civile à la somme de 300 000 € et condamnera la société Castorama France à payer au ministre de l'Économie une amende civile de 300 000 €, déboutant pour le surplus* ». Notons que la décision est très laxiste. Elle semble faire de la bonne foi de Castorama une circonstance atténuante de ses pratiques frauduleuses. Le raisonnement fait ici penser aux réductions permises en matière de pratiques anticoncurrentielles pour non-contestation de griefs, mais aussi en matière de procédure d'engagements. Ici, pour sanctionner faiblement Castorama, les juges retiennent que l'entreprise a fait preuve de loyauté au cours de l'enquête, et qu'elle a corrigé son comportement au cours de l'année 2010. L'influence des réductions admises dans le cadre des pratiques anticoncurrentielles est ici flagrante.

527 CA Paris, ch. 4, 20 novembre 2013, *SAS Provera France* : JurisData n° 2013-026814. Dans cette affaire, la cour d'appel de Paris avait condamné la société Provera (enseigne Cora) à verser une amende civile de 250 000 euros en raison de certaines clauses litigieuses créant, à son profit, un déséquilibre significatif entre les droits et obligations des parties. L'une de ces clauses offrait au distributeur, au seul motif de la sous-performance d'un produit, la faculté de mettre fin totalement ou partiellement au contrat le liant à un fournisseur, sans préavis conforme aux prescriptions légales.

250 000 euros) ; *Darty* (amende : 300 000 euros)[528] ; *EMC Distribution*[529] (amende : 600 000 euros) ; dans l'affaire *Eurauchan* (1 million d'euros)[530] et dans l'affaire *Carrefour* (1 000 000 euros)[531]. Il n'y a guère que dans l'affaire *Galec* que le plafond a été atteint[532].

- **Sur le plafond en valeur relative.** L'amende qui correspond au multiple des profits illicites répond à un objectif dissuasif. À ce titre, le professeur Ferrier note que l'« *importance des rémunérations payées par des fournisseurs pour des services fictifs, leur disproportion par rapport au montant maximal de l'amende a inspiré l'adoption [de ce] nouveau dispositif dissuasif* »[533]. Dans le même cadre d'analyse, le rapport Hagelsteen souligne que, au regard des profits indus réalisés, « *le montant de l'amende civile susceptible d'être infligée aux auteurs de pratiques prohibées est encore insuffisamment dissuasif* »[534]. Le plafond en valeur relative a donc été adopté dans le but de renforcer la dissuasion. En assurant au contrevenant non seulement une privation des gains indus, mais des pertes pécuniaires, il entend lutter directement contre les fautes lucratives.

204. **Constat.** À l'heure d'aujourd'hui, l'amende équivalente à un multiple du surprofit n'a encore jamais été appliquée. Cette sanction semble même, au regard de la jurisprudence, totalement abandonnée. Le *bad man* rationnel, qui ne s'intéresse pas seulement à la norme telle qu'elle est, mais à la façon dont elle est appliquée par le juge[535], sera d'autant plus incité à enfreindre la loi que la norme lui paraîtra ineffective.

---

528 CA Paris, ch. 4, 25 novembre 2015, *Darty c/ Ministre de l'Économie*, n° 12/14513. Dans cette affaire, la cour d'appel a condamné la société Darty en raison des clauses qui faisaient supporter automatiquement l'intégralité de la charge du risque commercial par le fournisseur. La clause de « protection de stock » prévoyait notamment qu'en cas de baisse du prix d'un produit, le fournisseur pouvait ou devait, selon les cas, accorder à Darty un avoir correspondant à l'écart entre le précédent prix et le nouveau prix multiplié par le nombre de produits en stock.

529 CA Paris, 4 juillet 2013, *EMC Distribution c/ Ministre de l'Économie*, n° 12/07651. Dans cette affaire, le litige portait notamment sur une clause de retour des invendus imposant au fournisseur la reprise à ses frais des stocks de produits invendus par son distributeur, sans aucune contrepartie au fournisseur.

530 T. com. Lille, 7 septembre 2011, *Ministre de l'Économie c/ SAS Eurauchan*, n° 2009/05105 : JurisData n° 2011-020988 ; obs. M. Behar-Touchais, « Quand la clause pénale s'appelle "clause de taux de service" », *RDC*, 1er janvier 2012, n° 1, p. 145.

531 Cass. com., 18 octobre 2016, *Sté Carrefour c/ M. X et Ministre de l'Économie et des Finances*, n° 15-13.834, F-D : JurisData n° 2016-021488. Dans cette affaire, la cour d'appel avait condamné l'auteur de la rupture à 100 000 euros d'amende civile au motif qu'il avait accordé un préavis insuffisant, quinze mois au lieu de vingt pour une relation de dix-sept ans, au regard des dispositions de l'article L. 442-6, I, 5° du Code de commerce.

532 CA Paris, ch. 4, 18 septembre 2013, *Galec c/ Ministre de l'Économie*, n° 12/03177.

533 D. Ferrier, D. Ferré, « La réforme des pratiques commerciales », *D.* 2008, chron. 429.

534 M.-D. Hagelsteen, « La négociabilité des tarifs et des conditions générales de ventes », 12 février 2008. Le rapport proposait ainsi « *de s'inspirer des dispositions relatives aux sanctions prononcées par le Conseil de la concurrence, avec un plafond fixé non pas en valeur absolue, mais en proportion du chiffre d'affaires de l'entreprise (5 % du chiffre d'affaires réalisé en France)* ». Disponible sur http://www.ladocumentationfrancaise.fr/var/storage/rapports-publics/084000079.pdf.

535 O. W. Holmes, « The Path of the Law », *op. cit.* note 522 : « *Les prophéties de ce que vont décider les juridictions, en fait, et rien d'autre, sont ce que j'entends par "loi"* » . Le *bad man* est un agent rationnel qui exploite ses connaissances pour former un calcul coût-avantage de la violation du droit et pour élaborer des stratégies juridiques visant à limiter le coût économique de l'infraction.

205. **Bilan.** Il existe, en droit des pratiques restrictives, un décalage entre le risque pécuniaire théorique de l'infraction tenant à l'éventualité, pour le contrevenant, de se voir infliger une amende atteignant le plafond « dissuasif », et la réalité jurisprudentielle, qui démontre la réticence du juge à imposer une amende égale aux plafonds dissuasifs. Ce décalage entre l'efficacité théorique de l'amende civile et son ineffectivité flagrante est susceptible de renforcer l'incitation de l'agent rationnel à s'engager dans des pratiques restrictives de concurrence.

Cette incitation pourrait néanmoins être remise en cause par les effets collatéraux d'une condamnation pour infraction de concurrence. L'amende n'est pas le seul outil dissuasif entre les mains de l'action publique. La publication de la décision sanctionnant la pratique illicite et le risque pénal pesant sur les auteurs de pratiques anticoncurrentielles constituent des sanctions dont il convient d'analyser le potentiel dissuasif.

§ 3. Les effets collatéraux à la condamnation

206. **Des effets collatéraux réels mais sous-dissuasifs.** La faible portée dissuasive de la publication de la décision pour infraction de concurrence (A) ne décourage pas les agents économiques d'enfreindre la loi. De même, le risque pénal associé à la condamnation est faible (B). En effet, l'article L. 420-6 du Code de commerce constitue une norme pathologique[536] qui paralyse l'application des sanctions pénales.

A. La faible portée dissuasive de la publication de la décision

207. **Rôle de la publication : une « peine privée ».** L'article L. 464-2 du Code de commerce permet à l'Autorité d'ordonner « *la publication, la diffusion ou l'affichage de sa décision ou un extrait de celle-ci selon les modalités qu'elle précise* ». La publication de la décision est dévoyée de sa fonction originelle (mission d'information), car « *elle procède de la technique de la peine privée* »[537]. Elle permet de couvrir de honte l'agent déviant et d'entacher l'image de marque du contrevenant.

208. **Coûts éventuels de l'atteinte à l'image.** *A priori*, si la publication de la dissuasion n'a aucune incidence directe sur le profit réalisé par l'entreprise sanctionnée au sens où il ne s'agit pas d'une sanction pécuniaire, cette publication a plusieurs effets collatéraux potentiellement dommageables pour le contrevenant : d'une part, le retentissement médiatique d'une affaire peut assurer le déclenchement d'une action collective qui viendra vider les profits illicites de la firme. D'autre part, en jetant l'opprobre sur les responsables, la diffusion d'une publicité entraîne un coût

536 V. Annexe 3 de la thèse : Les exemples de « normes pathologiques » et leur incidence sur l'incitation à l'infraction de concurrence.

537 J. Kullmann, « Intérêt collectif des consommateurs et peine privée : la publication de la décision judiciaire étrangère à la réparation du préjudice », *D.* 1992, p. 405.

à l'image de l'entreprise qui, à terme, peut se répercuter sur son chiffre d'affaires. La publicité des affaires pour violation du droit de la concurrence constitue un coût pécuniaire dissuasif si, par la suite, les consommateurs renoncent à acheter les produits de l'entreprise sanctionnée. Sur ce point, une étude statistique récente a notamment montré les conséquences réputationnelles liées à la communication des sanctions par l'Autorité, et ce, notamment au regard de la propagation de tweets pouvant atteindre des millions de consommateurs[538]. Enfin, une révélation du scandale peut entraîner une chute du cours de Bourse de l'entreprise sanctionnée, ce qui provoque une perte de richesse des actionnaires liée à la baisse de la valeur de l'entreprise sanctionnée.

209. **Postulat : le caractère sous-dissuasif des mesures de publicité.** Les coûts éventuels liés à la publication de la décision méritent à notre sens d'être relativisés. Tout d'abord, s'agissant du coût boursier évoqué, une étude de l'économiste Massimo Motta montre que le risque de dépréciation boursière est antérieur à la publication de la décision finale. En effet, ce serait surtout au moment de l'enquête de concurrence et de la notification des griefs qu'il y aurait un risque de dépréciation boursière[539]. Cette étude permet de relativiser l'idée selon laquelle la publication de la décision de l'Autorité infligeant une amende entraînerait une réaction négative des marchés financiers susceptible de provoquer une baisse de la valeur de l'entreprise. Ensuite, s'agissant du risque de baisse du chiffre d'affaires lié à la sensibilité du consommateur face au scandale de concurrence, nous pouvons opposer plusieurs arguments.

210. **Intérêt médiatique limité.** Un grand nombre de cartels portent sur des produits intermédiaires[540] qui ne touchent pas directement le consommateur. Les différents étages de la chaîne de production font que le surprix va être répercuté sur différents clients. Le dommage est dans ce cas moins perceptible pour le consommateur final, ce qui le rend moins attractif médiatiquement. À la différence d'une entente comme celle des lessives ou de la téléphonie mobile, dont le retentissement médiatique peut s'expliquer par le fait qu'elle affecte directement le pouvoir d'achat des

---

538 T. Schrepel, « Analyses statistiques de l'effet des sanctions prononcées par l'Autorité de la concurrence sur la réputation des entreprises – et sur elle-même ! », *Revue Concurrentialiste*, février 2017. L'étude montre trois choses : « *Dans une majorité des cas, le nombre de recherches effectuées sur Google avec le nom de l'entreprise sanctionnée comme "mot clé" augmente dès le jour de publication de la décision de l'Autorité. Plusieurs centaines d'articles de presse reprennent chacune des décisions de l'Autorité, parmi lesquels les plus grands groupes de presse qui représentent à eux seuls plusieurs millions d'abonnés. La propagation des tweets indique que, même dans une affaire mineure de l'Autorité de la concurrence, plusieurs millions d'utilisateurs sont "atteints" par la nouvelle concernant la sanction.* »

539 M. Motta, G. Langus, « The Effect of EU Antitrust Investigations and Fines on a Firm's Valuation », CEPR Discussion Paper, n° 6176 (2007).

540 C. Monnier, A. Hutin, « Les cartels en France : Analyse économique de leurs caractéristiques et de leurs sanctions », *op. cit.* note 454, p. 59 : « *À l'instar des cartels européens et internationaux, les cartels français affectent prioritairement l'industrie chimique et les secteurs des biens intermédiaires (machines et équipements, métallurgie, etc.)* ». S'agissant de la définition d'un bien intermédiaire. : « *Un Bien intermédiaire est un bien appelé à être transformé ou détruit par une entreprise, dans le but de produire des biens finaux (biens de consommation, biens de productions). Ces biens intermédiaires sont des matières premières, de l'énergie ou des semi-produits. Les biens intermédiaires peuvent désigner des produits et activités : produits minéraux, matériaux de construction, textile, chimie de base, caoutchouc, matières plastiques, extraction des minerais ferreux et non ferreux, sidérurgie, métallurgie, bois et papier, composants électriques et électroniques, etc.* »

consommateurs, un cartel dans le domaine de la sidérurgie présente, par exemple, un intérêt médiatique limité.

De plus, même pour les cas de cartels affectant directement le pouvoir d'achat des consommateurs, ces derniers restent pour la plupart inconnus des consommateurs. En juin 2017, une enquête portant sur l'opinion des Français face aux pratiques de cartel, auprès d'un échantillon représentatif de 2 510 personnes, montre que si la majorité d'entre eux désapprouvent ce type de pratique, 67 % d'entre eux ignorent l'entente illicite relative aux produits d'entretien (lessives, etc.)[541], laquelle fut pourtant particulièrement dommageable aux consommateurs.

De manière générale, pour sensibiliser, la pratique illicite doit toucher directement une masse importante de consommateurs afin d'attirer une réprobation morale générale. Cela n'est pas le cas de la plupart des infractions de concurrence. En droit des pratiques restrictives, le contentieux oppose régulièrement des distributeurs à une masse de fournisseurs lésés par des clauses déséquilibrées, ce qui n'offre pas aux médias des victimes clairement identifiées ; de même en droit de la concurrence déloyale, où des conflits d'intérêts privés animent le contentieux entre les entreprises. En droit des pratiques anticoncurrentielles, si le consommateur est au centre du débat, la difficulté tient à la technicité des débats (par exemple sur la qualification des abus de position dominante), qui laisse l'impression d'un droit ésotérique peu accessible au profane, ce qui pourrait expliquer le retrait des médias sur les questions de concurrence. Le professeur Daniel Sokol démontre dans une étude que les décisions de cartels aux États-Unis sont peu traitées dans les articles de presse comparativement à d'autres crimes en col blanc[542]. Cet abandon médiatique limite le « coût psychologique » de l'infraction, car le manquement n'est pas stigmatisé socialement.

211. **À quoi sert la concurrence ?** Par ailleurs, l'intérêt médiatique limité pour les infractions de concurrence, quelle que soit leur nature (abus, pratiques restrictives, etc.), ne favorise pas le développement d'une culture de concurrence. Le signifiant du droit de la concurrence ne semble pas avoir encore suffisamment pénétré la société. « À quoi sert la concurrence ? »[543] est une question que se pose encore un grand nombre de justiciables. À la différence du crime de droit pénal, lequel suscite une forte stigmatisation, car il touche à la personne humaine, le droit de la concurrence renvoie à une notion qui chez nombre de consommateurs s'apparente à une abstraction : le marché. La gravité de la violation du marché ne

541 Sondage IFOP pour l'Autorité de la concurrence, communiqué de presse du 22 janvier 2018. De même, le cartel dans le secteur de construction des camions, lequel a fait l'objet d'une couverture médiatique importante, est ignoré par 83 % des Français ; v. E. Combe, C. Monnier, « La perception des cartels et de la politique de concurrence en France : analyse et implications », PRISM-Sorbonne, à paraître.

542 D. Sokol, « Cartels, Corporate Compliance, and What Practitioners Really Think About Enforcement » 78(1) *Antitrust L.J.* 201-240 (2012), pp. 217-218 : « *A search of U.S. newspapers using three different databases on Westlaw (United States Papers, All News, and Wall Street Journal), yielded relevant news stories from 815 different U.S. newspapers, magazines and trade presses. Incidence of news stories is a measure of competition culture as more stories would suggest greater awareness among society of cartel crimes and their effects […]* » L'auteur remarque que sur un échantillon de 815 journaux américains, le nombre d'articles de presse par affaire de cartel varie entre 1 et 3,7, alors qu'il peut dépasser les 200 s'agissant des affaires de fraude comptable.

543 M. Behar-Touchais, N. Charbit, R. Amaro (dir.), *À quoi sert la concurrence ?*, Concurrences, 2014.

fait pas consensus comme la gravité de certains crimes et délits[544]. Si la pratique de cartel est comprise par le consommateur profane car elle ressemble à un vol[545], la technicité de certaines infractions de concurrence[546], pourtant très graves, est sans doute moins intelligible. De plus, la technicité de ce droit complique l'essor d'une véritable culture de concurrence[547]. L'amoncellement de lois, de directives, de réformes, ainsi que le caractère économique du droit de la concurrence, rend sa compréhension délicate. En conséquence, l'absence de réelle culture de concurrence chez le consommateur ne favorise pas la sensibilité de ce dernier face au scandale. Un auteur relève notamment que, « *pour le public, il est plus aisé de comprendre ce que signifie pour une vieille dame d'avoir 5 dollars arrachés de son portefeuille que de saisir l'importance financière de la fraude en entreprise* »[548]. Ce constat peut s'appliquer aux infractions concurrentielles, dont la signification peut sembler floue pour le consommateur profane.

212. **Spécificité du système juridique.** Enfin, nous rejoignons l'opinion de l'avocat Michel Debroux, pour qui la publication d'une décision entachant la réputation d'une entreprise peut avoir un rôle dans « *les systèmes juridiques dans lesquels la dimension morale tient un rôle prédominant* »[549]. Or, « *dans la culture française, une condamnation pour entente illégale ou un abus de position dominante n'aura pas un effet stigmatisant aussi fort qu'en pays anglo-saxon* »[550].

---

544 Les effets de la violation du marché sur le consommateur sont moins réprimés par la société. Par exemple, on peut supposer que l'auteur d'un vol aura par la suite du mal à trouver un employeur. Un délinquant est sanctionné une fois par la justice, une seconde fois par la société, qui éprouve à son égard une certaine méfiance. Au contraire, il est difficile de croire qu'un consommateur d'attention moyenne se refuse aujourd'hui d'acheter certains produits d'hygiène du fait de l'entente sanctionnée par l'Autorité. De même, l'entente sur la téléphonie mobile, qui a lésé des millions de consommateurs, n'a sans doute pas diminué l'attrait de ces derniers pour les opérateurs sanctionnés. À notre sens, la difficile compréhension du sens du droit de la concurrence et des mécanismes du marché rend le consommateur moins rancunier à l'égard du contrevenant que ne l'est le citoyen à l'égard du criminel.

545 Sondage IFOP pour l'Autorité de la concurrence, communiqué de presse du 22 janvier 2018, *infra.* Ce sondage montre que, pour 50 % des Français interrogés, une pratique de cartel est aussi grave qu'un vol.

546 Par exemple une pratique d'innovation prédatrice : v. T. Schrepel, « L'innovation prédatrice sur les marchés des nouvelles technologies : analyses croisées en droit européen et nord-américain de la concurrence », thèse Paris Saclay, 2016.

547 E. S. Rockefeller, *The Antitrust Religion*, Cato Institute (2007).

548 S. Box, *Power, Crime and Mystification*, Routledge (1983), cité par E. M. Michels, « The Real Shortcoming of the UK Cartel Offence: A Lack of Public and Political Support », *Global Antitrust Review* 53-79 (2014), p. 77, traduction libre : « *[...] the public understands more easily what it means for an old lady to have £5 snatched from her purse than to grasp the financial significance of corporate crime.* »

549 M. Debroux, « La sanction en droit de la concurrence », *Le Petit Juriste*, 11 avril 2011. V. citation complète : « *C'est un peu provocateur de dire ça mais, dans la culture française, une condamnation pour entente illégale ou un abus de position dominante n'aura pas un effet stigmatisant aussi fort qu'en pays anglo-saxon. Dans la culture anglo-saxonne, les entreprises ont une haute idée de leur responsabilité dans une communauté. C'est parfois un peu hypocrite de leur part mais, d'expérience, on peut dire que l'image préoccupe plus les entreprises américaines et anglaises que celles du "monde latin", dont les français. Certaines grandes entreprises françaises ont été condamnées à plusieurs reprises au titre du droit de la concurrence. Pour autant, à peu près personne dans l'opinion ou les médias ne s'en inquiète. Le grand public retient des affaires comme AZF et l'Erika, parce que dans le premier cas il y a eu des morts et dans le second, une dégradation importante de l'environnement. Mais des condamnations au titre du droit de la concurrence n'ont que rarement un écho public important, en dépit des efforts de publicité déployés par l'Autorité de la concurrence.* » Disponible sur : https://www.lepetitjuriste.fr/la-sanction-en-droit-de-la-concurrence.

550 *Ibid.*

En somme, au regard de tous les arguments avancés, la publication de la décision dénonçant un manquement de concurrence ne semble pas produire un effet suffisamment dissuasif pour décourager l'infraction.

Un autre effet collatéral à la condamnation, lié au risque pénal, et en particulier au risque de peine de prison, pourrait avoir un effet dissuasif important. Néanmoins, en France, les peines de prison sont très rarement prononcées pour condamner les pratiques anticoncurrentielles. En conséquence, elles ne permettent pas, non plus, de compenser le caractère sous-dissuasif de l'amende pécuniaire.

B. Le faible risque pénal

213. **L'article L. 420-6 du Code de commerce : une norme pathologique.** Une norme « pathologique » est une règle de droit imprécise, confuse, si bien qu'elle se retrouve difficilement applicable en pratique. La norme « pathologique » ne produit aucun effet dissuasif sur l'agent économique, car son interprétation restrictive et sa formulation imprécise empêchent son application.

214. **L. 420-6 du Code de commerce.** Nous rangeons l'article L. 420-6 du Code de commerce dans la catégorie des normes « pathologiques » incitatives à la violation du droit[551]. La peine de prison prévue à cet article a peu de risques de s'appliquer étant donné la formulation de la règle de droit, laquelle dispose ceci : « *Est puni d'un emprisonnement de quatre ans et d'une amende de 75 000 euros (500 000 F) le fait, pour toute personne physique, de prendre frauduleusement une part personnelle et déterminante dans la conception, l'organisation ou la mise en œuvre de pratiques visées aux articles L. 420-1 et L. 420-2* »[552].

L'imprécision du texte, vivement critiquée[553], a conduit à paralyser l'effectivité de la norme, laquelle n'est « *quasiment jamais appliquée et [est] inefficace* »[554], au point qu'elle fut qualifiée de « *délit en trompe-l'œil* »[555]. Ainsi, de « *la survivance infinitésimale du droit pénal dans l'antitrust mis en œuvre par le Conseil de la concurrence* »[556] se déduit l'idée que les agents ont « *quoiqu'il en soit peu de motifs de s'alarmer* »[557].

Au regard de la rédaction de l'article L. 420-6, trois éléments de preuve doivent être rapportés : la participation à la pratique anticoncurrentielle doit être à la fois personnelle, déterminante et frauduleuse. Le standard de preuve est donc particulièrement élevé. La norme est « pathologique » parce que les trois élé-

---

551 V. notre hiérarchie des normes incitatives à la violation du droit, *supra*, n° 78, et Tableau Annexe 3.

552 Ex-art. 17 de l'ordonnance du 1er décembre 1986.

553 A. Decocq, M. Pédamon, « L'ordonnance du 1 déc. 1986 relative à la liberté des prix et de la concurrence », *JCl. Concurrence – Consommation*, n° spéc., 1987, n° 80.

554 L. Vogel, « L'intérêt des sanctions civiles et pénales », *Gaz. Pal.* 26-28 janv. 2003, p. 120.

555 P. Conte, « Droit pénal et concurrence », *CDE* n° 3, 2000, p. 21.

556 J.-C. Fourgoux, « De la survivance infinitésimale du droit pénal dans l'antitrust mis en œuvre par le Conseil de la concurrence », *RSC* 2004, p. 651. – V. aussi : J.-C. Fourgoux, « La place du droit pénal dans l'administration de l'économie libérale : la loi Galland du 1er juillet 1996 », *RSC* 1997, p. 653. – J. C. Fourgoux, « Complémentarité ou superposition des procédures de constatation et de répression des pratiques anticoncurrentielles – ou la victime surmenée », *RSC* 1991, p. 774.

557 E. Claudel, « Sanctions pénales des pratiques anticoncurrentielles : le printemps de l'article L. 420-6 du Code de commerce », *RTD com.* 2003, p. 80.

ments susceptibles de faire tomber l'infraction dans le champ pénal sont à la fois imprécis et restrictifs.

215. **Sur la participation «*personnelle*» à l'infraction.** Premièrement, l'exigence de ce critère risque de faire échouer l'action pénale chaque fois qu'une pratique décrit la responsabilité de plusieurs coauteurs. Or, en matière concurrentielle, la responsabilité personnelle est souvent « *diluée entre de nombreux intervenants* »[558], si bien que le principe de personnalité des peines[559] est mis à mal par le caractère collectif de l'infraction. Cette incompatibilité entre l'exigence de la personnalité des peines en droit pénal et l'infraction concurrentielle a, par exemple, conduit le tribunal correctionnel de Nanterre à relaxer un dirigeant de société accusé d'entente frauduleuse au titre de l'article L. 420-6, notamment au motif que « *la preuve d'une participation personnelle, déterminante et frauduleuse dans des faits d'entente restrictive de concurrence n'est pas établie, et sa responsabilité ne peut être retenue à raison de ses seules fonctions de dirigeant social* »[560].

216. **Sur la participation «*déterminante*».** Deuxièmement, l'ajout de l'adjectif « *déterminant* » signifie que la seule participation à l'infraction ne saurait suffire : « *Si les mots ont un sens, l'expression ne désigne que ceux dont la participation a eu une incidence causale décisive, à l'exclusion de tous les autres* »[561], au point que semblent aussi exclus « *ceux qui se sont laissés entraîner par d'autres à s'associer aux pratiques prohibées* »[562]. L'exigence du caractère « *déterminant* » de la participation alourdit considérablement le standard de preuve au risque, en conséquence, de restreindre fortement l'effectivité de l'article L. 420-6 du Code de commerce.

217. **Sur la participation «*frauduleuse*».** Troisièmement, au regard de l'exigence du caractère «*frauduleux*» de la participation à l'infraction, le droit pénal marque une nouvelle fois sa difficile compatibilité avec l'infraction concurrentielle en exigeant un élément intentionnel, c'est-à-dire qu'il faut prouver non seulement la fraude, mais l'intention d'une participation frauduleuse. En droit de la concurrence, l'imprudence ou la négligence n'ont en principe aucune incidence sur la qualification de la faute. Pour que l'auteur d'une infraction de concurrence risque une peine de prison, il faudrait donc prouver non seulement la participation délibérée de l'infraction, mais aussi la mauvaise foi du fautif[563]. Le fardeau probatoire est « diabolique » et paralyse l'application de la norme. Par ailleurs, la référence à la fraude est malvenue. Il est difficile de savoir ce qui est susceptible de la caractériser. Sans doute faudra-t-il prouver un certain nombre d'agissements

---

558 F. Faletti, « Le rôle du Ministère public devant les juridictions civiles et répressives », *CCC* n° 40, 4e trim. 1987, p. 22.

559 Art. 121-1 du Code pénal : « *Nul n'est responsable pénalement que de son propre fait.* »

560 T. corr. Nanterre, 9 avril 1991, inédit, cité par D. de Giles, « Le droit pénal de la concurrence en Europe : – 1 – Premier bilan et perspectives en France », *JCP E* n° 1, 2 janvier 2003, 34.

561 M. Pédamon, *Rép. com.* 2000, p. 465. cité par E. Claudel, *RTD com.* 2003, p. 80, *op. cit.* note 557.

562 P. Conte, « Droit pénal et concurrence », in « Droit de la concurrence et droit privé », *CDE* 2000/3, p. 21, cité par E. Claudel, *loc. cit.*

563 D. Viros, « Individual criminal sanctions in France », Concurrences n° 2-2016, Art. N° 78515, pp. 24-27, p. 25 : « *[...] the fraudulent intent requirement adds to the burden of proof by seemingly requiring that the individual, not only took a deliberate and conscious part in the infringement, but also manifested, in his actions, a bad faith element through deceptive means or attempts at concealment.* »

qui rappelleront ceux de l'escroquerie – infraction exigeant la démonstration de « *manœuvres frauduleuses* »[564].

218. **Champ d'application limité.** Un auteur a pu constater que « *la majorité des affaires dans lesquelles l'article L. 420-6 a été appliqué concerne précisément des pratiques d'entente dans le cadre de marchés publics* »[565]. Autrement dit, hormis pour de rares pratiques d'entente, l'agent économique a peu de raisons de s'inquiéter.

En somme, les trois éléments de preuve à rapporter limitent le champ d'application de la sanction pénale[566], qui n'est presque jamais appliquée. Le risque pénal lié à la commission d'une pratique anticoncurrentielle reste faible pour les agents économiques qui, en conséquence, ne vont pas l'intégrer dans le choix d'enfreindre la loi.

---

564 Article 313-1 du Code pénal. – V. aussi : A. Decocq, M. Pédamon, *JCl. Concurrence – Consommation*, n° spéc., 1987, n° 80. *op. cit.* note 553.

565 D. de Giles, « Le droit pénal de la concurrence en Europe : – 1 – Premier bilan et perspectives en France », *op. cit.* note 560.

566 D. Viros, *loc. cit.* : « *This sets the bar high for a finding of misdemeanour under article L. 420-6 and explains why convictions so far have been mostly limited to bid-rigging cases.* »

Conclusion Chapitre 2

219. **Amende non confiscatoire.** Le peu d'intérêt porté par le droit des pratiques anticoncurrentielles à l'égard des gains illicites retirés par les auteurs d'infractions favorise le développement des fautes lucratives. Notre étude empirique[567] rejoint des travaux antérieurs qui démontrent que la plupart des amendes imposées restent inférieures aux profits retirés de l'infraction[568]. L'examen de certains cartels, comme le cartel des messageries, révèle la faiblesse de l'amende rapportée aux profits indus engrangés par les firmes[569]. De même, l'amende imposée au cartel des tubes cathodiques, laquelle constitue l'une des amendes les plus importantes jamais infligées dans l'histoire de la Commission, reste 27 fois inférieure au niveau de l'amende confiscatoire[570]. De manière générale, il existe un paradoxe à vouloir dissuader l'infraction de concurrence tout en ignorant les gains illicites retirés par le fautif dans la détermination de l'amende. Les rares décisions dans lesquelles l'Autorité a estimé les profits indus n'ont, paradoxalement, pas été suivies d'une amende confiscatoire.

220. **Perte de dissuasion générale.** Par ailleurs, l'existence d'un plafond équivalent à 10 % du chiffre d'affaires mondial des entreprises sanctionnées consiste à envoyer un message dissuasif aux entreprises sur le marché, lequel est décrédibilisé par la plupart des études qui démontrent que l'amende imposée se situe majoritairement en dessous de 1 % du chiffre d'affaires de l'entreprise[571]. Du point de vue de l'objectif de dissuasion générale[572], la répétition des sanctions largement en dessous du plafond théorique risque de minorer la crainte de l'agent vis-à-vis du risque économique de l'infraction en diminuant l'imprévisibilité de l'amende pécuniaire, qui semble, par ailleurs, de plus en plus contrôlé par les firmes de par l'exploitation (excessive ?) des procédures négociées.

221. **Effets collatéraux à la condamnation.** Certes, en dehors de l'amende imposée, de nombreux effets collatéraux attachés à la condamnation pour infraction de concurrence sont susceptibles de renforcer la dissuasion. L'expansion du *private enforcement* renforce le risque juridique de l'infraction. Néanmoins, nous verrons ultérieurement que de nombreuses limites affectent le succès et l'efficacité des actions en réparation[573]. Deux autres risques fondamentaux tenant à l'atteinte à l'image de l'entreprise sanctionnée et aux éventuelles sanctions pénales sont régulièrement évoqués pour souligner les coûts attachés au manquement.

---

567 V. Annexe 1.

568 *Supra*, n° 172 et s.

569 *Supra*, n° 185. Nous avons notamment démontré que l'amende imposée par l'Autorité à l'entreprise Alloin reste 2,64 fois inférieure à l'amende confiscatoire. De plus, si l'on estime que, dans le meilleur des cas, un cartel sur cinq est détecté, l'amende infligée est 13,21 fois inférieure à l'amende punitive.

570 *Supra*, n° 177.

571 *Supra*, n° 196 et s.

572 La « dissuasion générale » consiste à envoyer un signal dissuasif clair à l'ensemble des agents économiques sur le marché.

573 *Infra*, Partie I, Titre II, n° 330 et s.

222. **Faible portée dissuasive de la publication.** L'atteinte à l'image ou à la réputation de l'entreprise est réelle mais relative car, comme en témoignent certaines études, l'exposition médiatique des infractions de concurrence est assez faible comparativement aux autres crimes en col blanc[574]. Ceci peut s'expliquer par le fait que les cartels portent majoritairement sur des produits intermédiaires[575] qui ne touchent pas directement le consommateur. En outre, le coût boursier intervient davantage au moment du déclenchement de l'enquête de concurrence qu'au moment de la publication, ce qui tempère l'effet dissuasif de cette dernière. Plus généralement, la publication de la décision, peu importe la nature du litige (pratiques anticoncurrentielles ou restrictives, acte de concurrence déloyale), n'est pas susceptible de produire l'effet stigmatisant escompté au regard de la faible culture de concurrence.

223. **Faible risque pénal.** S'agissant, par ailleurs, du risque pénal, l'étude de la norme et de la jurisprudence révèle deux choses : d'une part, que l'article L. 420-6 du Code de commerce constitue une norme pathologique, car « *tout a été fait par le législateur pour que le texte porte en lui les germes de sa propre paralysie* »[576] ; d'autre part, que les pathologies intrinsèques à la norme rendent la sanction pénale ineffective. Cette dernière ne représente pas une menace suffisamment sérieuse pour limiter les motivations des agents à enfreindre la loi. S'en déduit qu'elle n'a, à l'heure d'aujourd'hui, aucune incidence sur l'incitation à enfreindre le droit de la concurrence.

En somme, l'amende non confiscatoire des profits illicites et la faiblesse des risques collatéraux attachés au manquement peuvent renforcer la prédiction de l'agent selon laquelle il est plus rentable de commettre une infraction que d'opter pour une stratégie de conformité.

De surcroît, l'agent rationnel peut mettre en place différentes stratégies pour maîtriser le coût de l'amende et préserver le profit retiré de l'infraction. Une approche « Law & Management », laquelle cherche à « *comprendre comment le droit peut être utilisé par les entreprises et dans les entreprises pour atteindre des objectifs de nature essentiellement économique* »[577], est donc nécessaire pour comprendre comment un agent peut rentabiliser son infraction au droit en mobilisant les ressources juridiques à son profit.

---

574 D. Sokol, « Cartels, Corporate Compliance, and What Practitioners Really Think About Enforcement », *op. cit.* note 542.

575 C. Monnier, A. Hutin, « Les cartels en France : Analyse économique de leurs caractéristiques et de leurs sanctions », *op. cit.* note 454, p. 59.

576 P. Conte, « Droit pénal et concurrence », *op. cit.* note 562.

577 A. Masson, H. Bouthinon-Dumas, « L'approche "Law & Management" », *RTD com.* 2011, p. 233 : « *Si certains travaux de l'analyse économique du droit s'intéressent aux comportements des acteurs économiques face à la norme, l'objectif recherché n'est pas le même. Alors que la Law & Economics et la Law & Finance s'intéressent à la performance des normes et des systèmes juridiques, l'approche Law & Management cherche à expliquer les différences de performances entre des entreprises, au sein d'un même système juridique, en fonction de leur capacité variable à tirer profit du droit. Autrement dit, là où les analyses économiques du droit postulent une influence de la règle sur la performance économique, le courant Law & Management cherche à cerner comment le droit est effectivement pris en compte par les acteurs économiques, en rejetant l'idée d'une influence mécanique et uniforme.* »

Chapitre 3
Les stratégies du *bad man* pour affaiblir l'effet dissuasif de l'action publique

224. **Le *bad man*.** Oliver Wendell Holmes est l'un des premiers à avoir appliqué la théorie de l'action rationnelle aux normes juridiques. Dans un article intitulé « The Path of the Law » – article considéré comme l'un des plus grands articles jamais écrits[578] –, Holmes va nommer l'agent rationnel le « *bad man* ». Le modèle du *bad man* a eu une grande influence sur le droit américain. Phillip Johnson note sur ce point que « *ses idées ont une telle influence dans l'élaboration de la pensée des avocats américains qu'elles pourraient presque faire partie de la Constitution* »[579]. Richard Posner rejoint cette opinion, considérant qu'il s'agit du « *meilleur article jamais écrit sur la loi* »[580].

225. **Interrogations du *bad man*.** Suivant la vision holmésienne de la norme, c'est l'appréciation du risque qui pousse l'action humaine à agir contre ou conformément à la loi. Holmes défend une vision pragmatique de la loi chez le justiciable : « Que me coûte le respect de la loi ? » « Que me coûte l'infraction de la loi ? » « À quels risques probables la loi me confronte-t-elle ? » « Quel avantage puis-je retirer de la violation de la loi ? » « Comment puis-je la contourner ou l'exploiter à des fins avantageuses ? » Telles sont les interrogations du *bad man*.

226. **«*The Prediction Theory* ».** Pour Holmes, la norme n'a d'intérêt que si on la regarde du point de vue de celui qui se demande comment elle est appliquée par les tribunaux[581]. Les prédictions sur l'application du droit sont possibles

---

[578] O. W. Holmes, « The Path of the Law », 10 *Harv. L. Rev.* 457 (1897).

[579] P. E. Johnson, *Reason in the Balance : The Case Against Naturalism in Science, Law & Education*, IVP, 1995, p. 140 : « *This lecture has been so influential in shaping the thinking of American lawyers that it might be described as almost part of the Constitution.* »

[580] R. Posner, « Introduction », in « *The Essential Holmes: Selections from the Letters, Speeches, Judicial Opinions, and Other Writings of Oliver Wendell Holmes, Jr.* », University of Chicago Press (1992), p. ix : « *Oliver Wendell Holmes is the most illustrious figure in the history of American law. He is also, to an extent no longer fully appreciated, a major figure in American intellectual and cultural history generally.* » Puis sur sa carrière, p. x : « *A brief stint as a professor at the Harvard Law School ended, shortly after* The Common Law *was published, with Holmes's appointment to the Supreme Judicial Court of Massachusetts in 1883. He served for twenty years on that court, the last three as chiefjustice. From this period come several speeches that figure largely in this volume (not all of them on legal subjects), and among them – to complement his achievement in* The Common Law *– what may be the best article-length work on law ever written, "The Path of the Law," published in the* Harvard Law Review *in 1897.* » – V. aussi : S. Levinson, « Strolling down the Path of the Law (and Toward Critical Legal Studies?): The Jurisprudence of Richard Posner », 91(5) *Colum. L. Rev.* 1221-1252 (1991), spéc. pp. 1221-1228 : « *The single most important essay ever written by an American on the law.* »

[581] G. Zambrano, « Précédents et prédictions jurisprudentielles à l'ère des Big Data : parier sur le résultat (probable) d'un procès », HAL, 27 mars 2017, p. 3 : « *[L]e terme de jurisprudence signifie littéralement "prévoir*

si l'on étudie les mouvements jurisprudentiels, les créations et modes prétoriennes. La loi ne suffit pas à renseigner l'agent sur le coût économique de telle ou telle infraction. L'expérience, c'est-à-dire la façon dont est habituellement traitée la norme en jurisprudence, donne de précieuses indications à celui qui voudrait enfreindre la loi[582]. L'évaluation du risque juridique est possible en analysant l'application effective des normes en jurisprudence. Pour cette raison, la théorie du *bad man* est aussi appelée « *The Prediction Theory* ». Holmes pose cette pénétrante question : « *Qu'est-ce que la loi ?* » et de poursuivre *:* « *Si l'on se situe du point de vue de notre ami* le "bad man" [...] il veut simplement savoir ce que la juridiction du Massachusetts ou les tribunaux anglais sont susceptibles de juger. *Je partage cet esprit.* Les prophéties de ce que vont décider les juridictions, *en fait, et rien d'autre, sont ce que j'entends par "loi"* »[583].

Pour bien comprendre le modèle du *bad man*, il faut saisir ce qu'entend Holmes en appréhendant le droit à travers ce personnage fictif. Précisons ainsi les choses suivantes sur la nature du *bad man.*

227. **Un agent amoral.** Premièrement, le *bad man* représente tout justiciable qui entretient un rapport opportuniste avec la règle de droit. Le *bad man* ne peut se traduire littéralement en français comme étant « l'homme mauvais ». Parler d'un « homme mauvais », ce serait moraliser l'Homme, là où Holmes veut justement séparer loi et morale[584]. En somme, le *bad man* ignore la morale ; il se moque de celle-ci. Il n'est pas immoral, car il n'agit pas contrairement à la morale, mais amoral, car il est indifférent à celle-ci dans l'accomplissement de ses actes[585].

---

le droit". Dérivée du latin pro-video : "je vois avant", la prudence est une forme contractée de Pro-videntia qui donne en français les termes pré-voyance, pré-vision ou pro-vision. La prudence étant l'aptitude à anticiper un risque, la jurisprudence est la faculté permettant de prévoir les conséquences de l'application des normes dans des cas particuliers. »

582 En cela, le *bad man* est un agent qui se soucie moins de la loi en tant que principe éthique ou moral, que comme indicateur de ce qui va être décidé en jurisprudence.

583 O. W. Holmes, « The Path of the Law », *op. cit.* note 578 : « *Take the fundamental question, What constitutes the law? You will find some text writers telling you that it is something different from what is decided by the courts of Massachusetts or England,* that it is a system of reason, that it is a deduction from principles of ethics or admitted axioms or what not, which may or may not coincide with the decisions. But if we take the view of our friend the bad man we shall find that he does not care two straws for the axioms or deductions, but that he does want to know what the Massachusetts or English courts are likely to do in fact. I am much of this mind. The prophecies of what the courts will do in fact, and nothing more pretentious, are what I mean by the law ».

584 *Ibid.*, p. 459 : « *The first thing for a businesslike understanding of the matter is to understand its limits, and therefore I think it desirable at once to point out and* dispel a confusion between morality and law, *which sometimes rises to the height of conscious theory, and more often and indeed constantly is making trouble in detail without reaching the point of consciousness* ». – V. aussi : C. P. Wells, « Holmes on Legal Method: The Predictive Theory of Law as an Instance of Scientific Method », 18 *S. Ill. U. L.J.* 329-345 (1994), p. 341 : « *Legal doctrine is the means by which real world controversies can be translated into expected legal outcomes. Thus, it must be recognized as an empirical theory of law – a theory that is correct only in so far as it serves to explain and predict the observed behavior of real world decision makers.* »

585 W. Twining, « Other People's Power: The Bad Man and English Positivism, 1897-1997 », 63(1) *Brook. L. Rev.* 189-223 (1997), p. 208 : « *The Bad Man's concern is to secure his personal objectives within the existing order as painlessly as possible; he is not so much alienated from the law as he is indifferent to all aspects which do not affect him personally [...] The Bad Man is amoral rather than immoral.* »

228. **Un agent rationnel.** Deuxièmement, le modèle du *bad man* décrit l'instinct du justiciable[586] qui cherche à éviter les conséquences trop défavorables d'une norme[587]. Le *bad man* définit l'agent rationnel et opportuniste qui cherche tantôt à contourner la règle de droit, tantôt à en tirer profit. Il entretient un lien filial avec l'agent décrit par Posner, lequel cherche à anticiper la décision des juges en interprétant leurs comportements face à la règle de droit[588]. Le *bad man* ressemble aussi à l'agent beckerien[589] : puisqu'il forme des prédictions au regard de la jurisprudence[590], il est calculateur et choisit d'enfreindre la loi chaque fois que le coût de son action est inférieur au bénéfice qu'il en retire[591].

229. ***Homo juridicus* : un agent « juriste ».** Troisièmement, le *bad man* holmésien est en réalité une déclinaison de l'agent rationnel défini par Becker. Il s'agit non seulement d'un agent économique, mais d'un agent « juriste » qui, pour servir ses intérêts, exploite le droit en vigueur. L'agent économique, qu'il s'agisse d'une firme ou d'un dirigeant d'entreprise, est nécessairement confronté à la loi dans l'exercice de sa profession. Confronté à la règle de droit, l'agent forme des prédictions sur le caractère contraignant des normes. Pour résumer, le *bad man* cherche à prédire les conséquences des règles de droit : « *Si vous voulez connaître le Droit et rien d'autre, vous devez l'observer comme l'observerait un homme amoral [bad man], qui ne se préoccupe que des conséquences matérielles que cette connaissance de la loi lui permet de prédire […]* »[592].

230. **Un dirigeant d'entreprise ou un « *bon avocat* ».** Quatrièmement, en conséquence de l'idée précédente, le *bad man* de Holmes représente un justiciable qui a un intérêt à connaître la loi et à tirer profit de son expertise juridique. Pour

---

586 R. Posner, « Introduction », *op. cit.* note 580, p. 176 : « *The law can ask no better justification than the deepest instinct of a man.* »

587 O. W. Holmes, *loc. cit.* : « *You can see very plainly* that a bad man has as much reason as a good one for wishing to avoid an encounter with the public force, *and therefore you can see the practical importance of the distinction between morality and law. A man who cares nothing for an ethical rule which is believed and practised by his neighbors is likely nevertheless to care a good deal to avoid being made to pay money, and will want to keep out of jail if he can* ».

588 R. Posner, W. M. Landes, « The Positive Economic Theory of Tort Law », 15 *Georgia L. Rev.* 851-924 (1980).

589 D. Nance, « Adverse Inference About Adverse Inferences: Restructuring Juridical Roles for Responding to Evidence Tampering by Parties to Litigation », 90 *B.U. L. Rev.* 1089-1146 (2010), pp. 1125-1126 : « *[S]anction […] will put the tamperor in no worse position than he would have been in had he not suppressed the evidence?* A Holmesian "bad man" will discount the pain of the remedy by the probability of being detected; *if the tamperor estimates the probability of being detected as smaller than the probability that his case would be lost if the evidence were not suppressed, then tampering may become "rational" in a narrowly instrumental sense of that term, even with issue preclusion as the remedy.* »

590 « *Prediction Theory* », v. *supra*, n° 226.

591 D. Kennedy, « Form and Substance in Private Law Adjudication », 89(8) *Harv. L. Rev.* 1685-1778 (1976), p. 1773 : « *The certainty of individualism is perfectly embodied in the calculations of Holmes' "bad man," who is concerned with law only as a means or an obstacle to the accomplishment of his antisocial ends.* » – V. aussi, D. Luban, « The Bad Man and the Good Lawyer: A Centennial Essay on Holmes's *The Path of The Law* », 72 *N.Y.U. L. Rev.* 1547-1583 (1997), p. 1571 : « *It seems clear that* the bad man is a version of the economists' rational calculator, *utilizing legal advice to price behavior and complying with private law norms only when the benefit to himself of compliance exceeds the cost. For Holmes, however, the rational calculator is actually a pretty tame and law abiding bad man, because even though he is willing to ask unsentimentally which disjunct in the "obey or pay" formula is cheaper, he is prepared to obey or pay. A full fledged rational calculator, by contrast, would be just as interested in evaluating the likelihood that the state wail actually put him to this choice by enforcing the law as it is written.* »

592 O. W. Holmes, « The Path of the Law », *op. cit.* note 578.

cette raison, il peut s'agir aussi bien d'une firme que, plus précisément, d'un dirigeant d'entreprise[593] qui cherche à obtenir une décision judiciaire clémente ou de l'avocat qui assure sa défense[594]. L'avocat est un agent rationnel qui interprète la norme pour permettre au client d'échapper à sa contrainte ou diminuer le coût de l'infraction[595]. Le conseil de l'avocat renforce l'expérience et la connaissance du client, qui peut ensuite affiner ses prédictions sur le droit applicable. Les tactiques judiciaires prenant place durant le litige peuvent révéler les failles des règles juridiques et générer, *a posteriori*, des incitations à enfreindre le droit de la concurrence[596]. À titre d'exemple, la difficulté qu'éprouve une victime à établir et quantifier le dommage concurrentiel pourrait renforcer la motivation de l'agent fautif à récidiver. Au regard de la définition du *bad man* que nous venons d'énoncer, l'incitation de ce dernier à enfreindre la loi est motivée par deux facteurs :

- **Spéculation sur le coût de l'infraction.** La loi et la jurisprudence donnent des indications à l'agent rationnel, qui peut ensuite spéculer sur le coût de l'infraction. Nous avons largement commenté ce point-là en évoquant, notamment, les décisions de l'Autorité de la concurrence qui imposent des amendes inférieures aux gains illicites retirés par le contrevenant[597]. Le caractère non confiscatoire de l'amende administrative renforce la spéculation de l'agent économique rationnel sur l'avantage à retirer de la violation de concurrence. Nous ne reviendrons donc pas sur ces développements.
- **Instrumentalisation de la règle de droit.** La théorie du *bad man* mérite, à notre sens, d'être étendue. En plus de spéculer sur le coût de l'infraction, le *bad man* est un agent « juriste » qui instrumentalise le droit en vigueur pour minorer le « prix »[598] de l'infraction. L'instrumentalisation du droit renvoie aux stratégies mises en œuvre par les entreprises fautives pour éviter ou diminuer le coût lié à l'application du droit de la concurrence. À titre d'exemple, instrumentaliser la procédure de clémence permet au *bad man* de conserver le résultat lucratif du manquement et d'affaiblir ses concurrents qui, eux, subissent le coût de l'amende.

---

593 R. W. Gordon, « Law as a Vocation: Holmes and the Lawyer's Path », *in* Oliver Wendell Holmes, Jr., and The Path of the Law, Steven Burton ed., forthcoming 1998 manuscript at 1, 13, on file with the *N.Y.U. L. Review*) : Le *bad man* « *is a realistic picture of the usual corporate client of Holmes's day, inclined to treat all legal rules as prices on conduct, risks to be discounted by the probability of enforcement, data for cost-benefit analysis* » ; cité par D. Luban, « The Bad Man and the Good Lawyer: A Centennial Essay on Holmes's *The Path of The Law* », 72 *N.Y.U. L. Rev.* 1547-1583 (1997), p. 1573. – V. aussi : R. W. Gordon, « The Path of the Lawyer », 110 *Harv. L. Rev.*1013-1018 (1997).

594 D. Luban, *loc. cit.*

595 R. W. Gordon, « The Path of the Lawyer », *op. cit.* note 593, p. 1013 : « *What lawyers are paid for is the "business" of showing clients how to avoid "danger" from the state […]* »

596 A. Masson, « Entretien avec Antoine Masson, à l'occasion de la publication de l'ouvrage intitulé "Les stratégies juridiques des entreprises" », *Xenophon, Les Cahiers d'EPEE*, Cahier n° 15, décembre 2009. L'auteur aborde la question des stratégies juridiques permettant à un agent de tirer un avantage de la loi. Il évoque notamment les « *stratégies mises en œuvre, en amont du procès, pour l'éviter, en aval, pour en exploiter les effets médiatiques ou jurisprudentiels, ainsi qu'aux stratégies prenant place durant le procès pour le gagner* (*les tactiques judiciaires*) ».

597 *Supra*, Partie I, Titre I, n° 171 et s.

598 Rappelons le professeur Jestaz, qui compare la sanction à un « tarif » que l'agent économique est disposé à payer si le bénéfice de la violation du droit est supérieur audit tarif ; v. P. Jestaz, *La sanction ou l'inconnue du droit*, Dalloz-Sirey, 1986, Chronique XXXII, pp. 197-204, spéc. p. 198.

231. Nous évoquerons, d'une part, la stratégie du fusible (Section 1) mise en œuvre par le *bad man* qui utilise une organisation professionnelle pour commettre l'infraction afin de placer, entre lui et la loi, un intermédiaire qui fait office de fusible. D'autre part, la firme auteure d'une pratique anticoncurrentielle qui a été détectée dispose de plusieurs stratégies de défense pour limiter l'amende ; séduire et/ou émouvoir l'Autorité de la concurrence par le recours aux procédures négociées ou l'invocation du contexte de crise permet là encore de minorer l'amende pécuniaire. Précisément, les stratégies de défense efficaces devant l'Autorité de la concurrence (Section 2) affaiblissent considérablement la fonction dissuasive de l'action publique. Enfin, des stratégies de communication peuvent être exploitées par l'auteur de l'infraction pour minorer l'amende : on parlera plus précisément de stratégie de capture normative (Section 3).

Section 1
La stratégie du fusible

232. **Fusible.** L'utilisation stratégique, pour commettre une infraction de concurrence, d'une organisation professionnelle[599] qui fait alors office de fusible est une tactique efficace pour limiter le coût de l'infraction. L'utilisation d'une organisation professionnelle peut avoir pour objectif de contourner le droit de la concurrence (§ 1). Cette tactique est assez courante, ce qui montre le caractère rationnel des firmes malveillantes qui entendent échapper à la contrainte du droit. De plus, l'utilisation d'un syndicat permet de stabiliser l'entente et donc de renforcer son efficacité (§ 2), ce qui diminue fortement la probabilité de détection du manquement.

§ 1. L'utilisation stratégique d'une organisation professionnelle pour contourner le droit de la concurrence

233. **Constat doctrinal.** Depuis longtemps, les organisations professionnelles suscitent des suspicions quant à leur objet et leur finalité[600] : « *Certaines entreprises développent aujourd'hui, plus qu'hier, compte tenu notamment du niveau actuel*

---

[599] Groupe de travail n° 3 sur la coopération et l'application de la loi, « Aspects pro et anticoncurrentiels des associations professionnelles », 16 octobre 2007, p. 2 : « *Les organisations professionnelles rassemblent les acteurs d'un même secteur d'activité. Elles peuvent prendre la forme d'association, de syndicat, d'ordre professionnel, de fédération ou de comité. Elles ont pour fonction de promouvoir, de réglementer et de protéger les intérêts d'une ou plusieurs professions ou d'un secteur d'activité. Elles informent et conseillent leurs membres et peuvent agir en justice au nom de leurs adhérents.* » – V. aussi Dictionnaire français, L'internaute : « Organisation professionnelle » : « *Groupement ou association de salariés exerçant un métier commun ayant pour but la défense de leurs intérêts.* »

[600] Adam Smith, en 1776, expliquait ses suspicions envers les organisations professionnelles : « *Il est rare que les gens de même métier s'assemblent, fût-ce pour quelque partie de plaisir ou pour se distraire, sans que la conversation ne finisse en conspiration contre le public, ou en quelque machination pour faire hausser les prix. En vérité, il est impossible d'empêcher de telles réunions par une loi qui soit exécutable, ou qui soit compatible avec la liberté et la justice. Mais si la loi ne peut empêcher des gens de même métier de s'assembler quelquefois, elle ne devrait rien faire pour faciliter ces assemblées, et a fortiori pour les rendre nécessaires* ».

des amendes, des stratégies plus sophistiquées […]. Certaines entreprises ont développé l'idée "ingénieuse" qu'elles pourraient contourner le droit de la concurrence en utilisant des organisations professionnelles »[601].

234. **Étude statistique.** Une étude s'est intéressée à l'importance du rôle des associations dans l'organisation d'un cartel. Selon l'étude : « Dans 41 % des cas, les cartels français sont favorisés par l'existence d'une association professionnelle, d'un syndicat ou d'un GIE. *Quand le cartel compte plus de 10 acteurs,* cette proportion s'élève même à 64 %, *et tous les cartels constitués de 14 acteurs ou plus ont bénéficié de l'intervention d'une telle organisation* »[602].

235. **Facteur psychologique incitatif à l'infraction.** Du point de vue de l'économie comportementale, l'incitation à enfreindre le droit de la concurrence est renforcée lorsque l'entente est organisée dans le cadre de réunions d'un syndicat professionnel, car l'esprit de corps inhérent aux réunions syndicales ainsi que le contexte collectif de la prise de décision vont convaincre les membres de s'engager dans la pratique illicite[603]. Dans l'esprit de l'agent économique, le coût psychologique tenant à l'illicéité de la pratique est minoré, car le syndicat a comme mission première la défense des intérêts de ses membres. Le psychologue Daniel Kahneman a notamment montré que lorsqu'un groupe partage les mêmes références et principes, il a tendance à prendre plus de risques qu'un individu seul[604]. L'existence d'un groupe crée de l'optimisme sur le bien-fondé de la pratique illicite[605].

236. **« Jeu » sur l'imputabilité : jurisprudence sur la distanciation publique.** Pour l'entreprise malveillante, la finalité de l'utilisation d'une organisation professionnelle est de contourner le droit de la concurrence. L'imputabilité de l'infraction aux entreprises adhérentes d'un syndicat est rendue compliquée

– A. Smith, *Recherches sur la nature et les causes de la richesse des nations*, Livre I, t. I, 1776, p. 108. p. 23 : *« Ce n'est pas de la bienveillance du boucher, du marchand de bière et du boulanger, que nous attendons notre dîner, mais bien du soin qu'ils apportent à leurs intérêts. Nous ne nous adressons pas à leur humanité, mais à leur égoïsme ; et ce n'est jamais de nos besoins que nous leur parlons, c'est toujours de leur avantage. Il n'y a qu'un mendiant qui puisse se résoudre à dépendre de la bienveillance d'autrui […] »*

601 M. Deschamps, P. Reis, « L'utilisation stratégique des organisations professionnelles dans le cadre des infractions anticoncurrentielles, l'exemple de la France », *RLDA* 2012, 71.

602 C. Monnier-Schlumberger, A. Hutin, « Les cartels en France : Analyse économique de leurs caractéristiques et de leurs sanctions », Concurrences n° 2-2016, Art. N° 78824, pp. 45-61, p. 48 : les auteurs considèrent que *« [c]es résultats sont conformes à la littérature relative aux cartels européens et internationaux, même si les proportions sont supérieures dans le cas français, ce que nous pouvons expliquer de la manière suivante : une association professionnelle nationale semble davantage en mesure de faciliter une collusion qu'une association européenne, a fortiori internationale (le nombre de membres de ces organisations étant souvent plus important, et les structures de marchés et langues différentes rendent plus complexe la coordination entre les entreprises).* » L'auteur renvoie à d'autres études sur la question : « *Levenstein et Suslow [2006] ont mis en lumière que respectivement 25 % et 29 % des cartels de leur échantillon impliquaient un syndicat ou une association professionnelle ; et Combe et Monnier [2007b] ont trouvé pour leur échantillon qu'un tiers des cartels impliquant plus de 10 entreprises et tous les cartels impliquant plus de 17 entreprises ont fait intervenir un syndicat ou une association professionnelle.* »

603 B. Deffains, S. Ferey, « Économie comportementale du droit : quelle place pour la neuroéconomie ? », *Économie et institutions* [En ligne], 16 | 2011, mis en ligne le 31 janvier 2013.

604 D. Kahneman, *Système 1 / Système 2 : Les deux vitesses de la pensée*, Flammarion, 2012.

605 Cet effet de groupe expliquerait notamment pourquoi, en situation de krach et donc de pertes probables, les agents continueront à prendre des risques et donc à aggraver leurs pertes.

par le régime octroyé en droit français aux associations professionnelles. La jurisprudence donne ainsi des indications au *bad man*[606] qui entend échapper à la norme concurrentielle. Si, en droit européen, « *les juges communautaires sont très exigeants quant à la preuve de la distanciation publique* »[607] de telle sorte qu'il est presque impossible pour une entreprise de prouver qu'« *elle s'est distanciée publiquement du contenu de la réunion anticoncurrentielle* »[608], le droit français se distingue de son homologue européen : la participation à une seule concertation dans le cadre d'une réunion des membres de l'organisation professionnelle dont l'ordre du jour, initialement licite, aurait dans les faits évolué vers un objet anticoncurrentiel, ne constitue pas la preuve d'un accord anticoncurrentiel[609], mais doit être corroborée par une autre réunion. En conséquence : « *Le régime octroyé en droit français aux organisations professionnelles nous semble quelque peu contestable, car il peut favoriser l'utilisation stratégique des organisations professionnelles pour se livrer à des pratiques anticoncurrentielles sans avoir à combattre la présomption par la preuve d'une distanciation publique de la pratique* »[610].

Le renforcement du standard de preuve augmente, dans le même temps, la probabilité pour le contrevenant d'échapper au droit de la concurrence. De plus, la difficile distinction entre ce qui relève de la défense de l'intérêt des membres et ce qui relève de l'infraction de concurrence renforce les difficultés quant à l'imputabilité du manquement. La situation diffère d'une entente classique où, par exemple, plusieurs concurrents se retrouvent dans une chambre d'hôtel pour se concerter sur des prix. La nature hybride du syndicat professionnel complexifie la tâche de l'Autorité de la concurrence, qui doit distinguer l'intérêt licite de l'intérêt illicite défendu par l'organisation professionnelle. De même, déterminer l'imputabilité est d'autant plus complexe lorsque l'organisation en cause joue un rôle diffus dans la stratégie anticoncurrentielle mise en œuvre. S'appuyant sur plusieurs décisions, les auteurs Marc Deschamps et Frédéric Marty ont notamment montré que les cas où une organisation syndicale incite à l'infraction (plutôt que de la commettre directement) sont les plus fréquents. Or, cette situation « *peut également sembler la plus difficile à appréhender car cette incitation pourrait se faire de manière très indirecte […] Les preuves à constituer dans une telle configuration [sont] alors extrêmement difficiles à réunir, obligeant ainsi l'autorité de concurrence à*

---

606 O. W. Holmes, « The Path of the Law », *op. cit.* note 578.

607 E. Claudel, « Réunions entre concurrents : la perte de la spécificité française se confirme », *RTD com.* 2010, p. 77.

608 *Ibid.*

609 Déc. n° 10-D-28 du 20 septembre 2010 relative aux tarifs et aux conditions liées appliquées par les banques et les établissements financiers pour le traitement des chèques remis aux fins d'encaissement ; obs. V. Sélinsky, « Le cartel des banques sanctionné pour avoir mis en place des commissions interbancaires concertées », *RLC* 1er janvier 2011, n° 26.

610 M. Deschamps, P. Reis, « L'utilisation stratégique des organisations professionnelles dans le cadre des infractions anticoncurrentielles – l'exemple de la France », *op. cit.* note 601 : « *En effet, il nous paraît évident qu'un ordre du jour ne prévoira jamais explicitement que l'objet de la réunion concernera la mise en place d'un boycott ou de toute autre pratique qui serait susceptible d'être qualifiée d'anticoncurrentielle, seule hypothèse où la participation à cette seule réunion risquerait d'être jugée comme suffisante.* »

se satisfaire de présomptions ou de preuves intellectuelles, voire à prononcer un simple rappel à la loi »[611].

En somme, non seulement « *il peut sembler stratégiquement profitable d'utiliser une organisation syndicale comme "bouclier" contre les sanctions* »[612], mais une telle instrumentalisation permet aux entreprises de stabiliser l'entente et donc, en conséquence, d'éviter les déséquilibres internes pouvant réduire l'efficacité du cartel en limitant la hausse des prix.

§ 2. L'utilisation stratégique d'une organisation professionnelle pour renforcer l'efficacité de l'entente

237. **Limiter le risque de détection : stabilisation de l'entente.** Le plafond retenu par l'article L. 464-2 du Code de commerce, qui limite le montant maximum de la sanction à une somme d'argent, et non à un pourcentage du chiffre d'affaires[613], est insuffisant pour capter le bénéfice tiré d'une pratique anticoncurrentielle coordonnée par une organisation professionnelle. La faiblesse de l'amende à l'égard des organisations professionnelles est d'autant plus étonnante que ces dernieres jouent un rôle central dans la stabilité interne des cartels. Le risque principal de détection de l'entente est lié à l'instabilité inhérente à ce type d'organisation. Les auteurs Allain, Boyer et Ponssard ont développé une approche dynamique qui intègre la question de l'équilibre interne du cartel[614]. Selon ces derniers, chaque entreprise réévalue en permanence son choix de rester ou non dans le cartel en fonction des valeurs actualisées du gain ou du coût des pratiques collusives. Le profit de tricherie de la firme qui ne respecte pas l'accord peut être plus important que le profit de collusion, si bien que les entreprises sont incitées à dévier. Le risque de déviation est susceptible de limiter les gains illicites retirés par le cartel, car la firme qui n'a pas respecté la hausse des prix convenue augmente ses parts de marché et capte la clientèle des concurrents.

La dimension dynamique des cartels qui augmente la probabilité de détection et affaiblit le caractère lucratif du manquement peut néanmoins être contrôlée par

---

611 M. Deschamps, F. Marty, « L'imputabilité des infractions et l'efficacité des sanctions dans le cadre d'ententes impliquant des organisations syndicales professionnelles », *RLC* 1er octobre 2008.

612 *Ibid.*

613 L'article L. 464-2, I, al. 4, du Code de commerce dispose que « *si le contrevenant n'est pas une entreprise, le montant maximum de la sanction est de 3 millions d'euros* ». L'article ne mentionne ni les organisations professionnelles ni les syndicats professionnels. V. Aut. conc., communiqué du 16 mai 2011 relatif à la méthode de détermination des sanctions pécuniaires, « I. Les dispositions applicables à la détermination des sanctions pécuniaires », sur l'article L. 464-2 I, al. 4 : « *Si le contrevenant n'est pas une entreprise, le montant maximum de la sanction est de 3 millions d'euros. Le montant maximum est, pour une entreprise, de 10 % du montant du chiffre d'affaires mondial hors taxes le plus élevé réalisé au cours d'un des exercices clos depuis l'exercice précédant celui au cours duquel les pratiques ont été mises en œuvre. Si les comptes de l'entreprise concernée ont été consolidés ou combinés en vertu des textes applicables à sa forme sociale, le chiffre d'affaires pris en compte est celui figurant dans les comptes consolidés ou combinés de l'entreprise consolidante ou combinante.* »

614 M.-L. Allain, M. Boyer, J.-P. Ponssard, « The determination of optimal fines in cartel cases: Theory and practice », Concurrences n° 4-2011, Art. N° 39887, pp. 32-40.

le biais d'un syndicat qui coordonne et contrôle le respect de l'accord. De nombreuses affaires récentes montrent que l'utilisation d'un syndicat professionnel permet d'équilibrer le cartel et de renforcer les gains illicites en contrôlant les tentatives de tricherie de ses membres[615]. En somme, l'utilisation d'un syndicat assure la stabilisation de la hausse de prix qui sera répercutée aux clients et donc, augmente les surprofits retirés du manquement. L'avantage retiré par les firmes qui utilisent une organisation professionnelle n'est pas dissuadé au regard du faible risque d'amende pesant sur cette dernière. De plus, la majoration de l'amende au titre de la réitération ne s'applique qu'aux entreprises, ce qui peut inciter un syndicat à récidiver.

238. **Prise de conscience de l'Autorité.** Certes, dans un but dissuasif, l'Autorité de la concurrence a rappelé que lorsque « *l'infraction au droit de la concurrence d'un organisme professionnel porte sur les activités de ses membres, il y a lieu de prendre en compte [leurs propres] capacités économiques. À défaut, des comportements anticoncurrentiels ayant un impact significatif sur le marché pourraient ne pas être sanctionnés à un niveau suffisamment dissuasif* »[616].

Reste que les sanctions infligées aux organisations professionnelles reconnues responsables de pratiques anticoncurrentielles demeurent, comme le démontre une étude, assez mesurées[617]. À titre d'exemple, l'affaire des médecins[618], l'affaire

615 Communiqué de presse, déc. n° 15-D-19 du 15 décembre 2015, Messagerie : « *Le syndicat professionnel sanctionné est TLF. Les éléments au dossier montrent que ce dernier, au lieu de jouer son rôle de vigilance dans le respect des règles de concurrence, participait activement tant à l'organisation des échanges illicites qu'à la protection de leur confidentialité.* » – Communiqué de presse, déc. n° 18-D-15 du 26 juillet 2018, Distribution de médicaments vétérinaires : l'Autorité note dans cette affaire que l'organisation professionnelle a « *joué un rôle pivot dans l'élaboration et l'organisation de l'infraction mise en œuvre dans le cadre de la crise sanitaire liée à la propagation de la FCO [maladie]. En effet, au cours de la première campagne de vaccination, elle a participé à l'élaboration et à la diffusion auprès des distributeurs en gros de la méthode de calcul qui leur a permis de surévaluer leurs coûts afin d'obtenir de l'administration un montant d'indemnisation supérieur. Durant les deux campagnes suivantes, la* FDMV a usé de toute son influence afin de convaincre les distributeurs de ne pas concéder une baisse du montant d'indemnisation des coûts réclamé à l'administration par rapport à celui obtenu lors de la première campagne ». – Communiqué de presse, déc. n° 18-D-06 du 23 mai 2018 relative à des pratiques mises en œuvre dans le secteur de la commercialisation des vins en vrac AOC des Côtes du Rhône : « *À partir de 2010, le syndicat a élaboré et diffusé des grilles tarifaires annuelles avec pour objectif de faire remonter les cours des vins en vrac. Une fois l'objectif du "prix plancher" atteint (2014),* le syndicat a, ensuite, diffusé des préconisations tarifaires pour stabiliser les cours. *Les consignes tarifaires ont été relayées par "Le Vigneron", journal édité et diffusé par le syndicat aux producteurs, l'envoi de newsletters à tous les adhérents et l'organisation de réunions de "secteurs".* Ces consignes étaient accompagnées d'un discours incitant les vignerons à se référer à ces grilles lors de leurs négociations commerciales ».

616 Déc. n° 07-D-05 du 21 février 2007 relative à des pratiques mises en œuvre par l'Union française des orthoprothésistes (UFOP) sur le marché de la fourniture d'orthoprothèses.

617 M. Deschamps, P. Reis, « L'utilisation stratégique des organisations professionnelles dans le cadre des infractions anticoncurrentielles – l'exemple de la France », *op. cit.* note 601 : « *Le montant des sanctions prononcées peut en effet, dans bon nombre de cas, sembler bien faible et donc peu dissuasif au regard de l'influence que peuvent avoir les organisations professionnelles sur leurs membres et surtout sur le fonctionnement concurrentiel du marché.* »

618 Déc. n° 08-D-06 du 2 avril 2008, Entente sur l'augmentation du tarif des consultations : dans cette affaire, les organisations syndicales mises en cause ont incité les médecins spécialistes à majorer leurs honoraires. La pratique, longue de quatre années, a permis aux médecins de demander des honoraires plus élevés que le tarif conventionnel. Le renchérissement des tarifs de consultation a permis aux médecins de réaliser un surprofit important : « *Le Conseil a estimé à 180 millions d'euros environ la majoration indue des honoraires ainsi obtenue.* » Le Conseil n'est même pas allé jusqu'au plafond de 3 millions d'euros de l'article L. 464-2 I, al. 4.

UFOP[619], et le cas récent d'une entente dans le secteur du vin[620] renforcent le risque de faute lucrative des infractions mises en place par une organisation professionnelle. Un auteur confirme ce risque en prenant appui sur plusieurs affaires[621]. En somme, la probabilité de détection est minorée par le recours croissant aux organisations professionnelles. Leur utilisation stratégique permet de coordonner l'entente, d'augmenter les gains illicites en contrôlant le risque de baisse des prix généré par les déviations, et de minorer le risque détection en stabilisant l'accord. La somme des avantages retirés du recours à une association professionnelle dans l'organisation des cartels est supérieure au coût éventuel, sachant que l'amende maximale prévue à l'encontre des syndicats est faible.

L'utilisation d'une organisation professionnelle n'est pas la seule tactique pour échapper ou diminuer le coût lié à l'application du droit de la concurrence. Le *bad man* peut, par ailleurs, exploiter les procédures négociées pour limiter le montant de l'amende infligée et rentabiliser l'infraction.

Le syndicat fut condamné à une amende totale de 814 000 euros. Une nouvelle fois, l'amende infligée semble bien faible au regard des effets de la pratique sur le marché et des gains illicites retirés, par les médecins, de la majoration des honoraires.

619 Déc. n° 07-D-05 du 21 février 2007 relative à des pratiques mises en œuvre par l'Union française des orthoprothésistes (UFOP) sur le marché de la fourniture d'orthoprothèses : cette affaire concerne le syndicat professionnel de l'Union française des orthoprothésistes (UFOP) pour des pratiques tarifaires concertées sur le marché de la fourniture d'orthoprothèses. L'UFOP avait adressé à ses adhérents des consignes pour la fixation de leurs prix. Les concertations ont eu pour effet d'empêcher certains hôpitaux d'obtenir des remises. À la suite d'une enquête, il a été établi que les établissements hospitaliers concernés auraient pu, « au bas mot », sans les pratiques délictueuses, faire une économie de l'ordre de 500 000 euros (v. § 90). L'économie manquée des établissements hospitaliers décrit, inversement, l'enrichissement indu des entreprises qui, pendant six ans, ont imposé un tarif au-dessus du marché en ne respectant pas les remises et rabais obligatoires prévus par la loi. Le Conseil a finalement infligé à l'UFOP une sanction pécuniaire de 125 000 euros, ce qui semble bien peu au vu de la durée et des gains illicites (au regard du surcoût imposé aux établissements hospitaliers) retirés de la pratique.

620 Déc. n° 18-D-06 du 23 mai 2018 relative à des pratiques mises en œuvre dans le secteur de la commercialisation des vins en vrac AOC des Côtes du Rhône. À la suite d'un rapport transmis par la DGCCRF, l'Autorité de la concurrence a sanctionné, à hauteur de 20 000 euros, le syndicat général des vignerons réunis des Côtes du Rhône (SGVRCR) pour avoir élaboré et diffusé entre 2010 et 2017 des consignes tarifaires à ses membres. Pendant sept ans, le syndicat a diffusé des grilles tarifaires annuelles avec pour objectif de faire remonter les cours des vins. Une fois l'objectif du « prix plancher » atteint, le syndicat a diffusé des recommandations tarifaires de hausse et de stabilisation des prix. On peut douter du caractère dissuasif de l'amende de 20 000 euros au regard du surprix et de l'ampleur de la pratique, qui a concerné l'ensemble du vignoble rhodanien. Le rôle joué par le syndicat dans la diffusion des consignes tarifaires a permis de stabiliser l'entente et de renforcer les gains illicites. Sur la hausse des prix, entre 2006 et 2016, « *le prix moyen des côtes-du-rhône-villages a gagné 30 % et celui des côtes-du-rhône progresse de presque 50 %* ». Cette augmentation des prix a été observée durant la période de l'entente. L'amende de 20 000 euros finalement imposée – 150 fois inférieure au montant maximum de la sanction pécuniaire prévue lorsque le contrevenant n'est pas une entreprise (3 millions d'euros) – nous semble donc minime au regard des effets sur les prix grâce à la stabilité de l'entente coordonnée par le syndicat. Sur les données relatives à la hausse des prix, v. : O. Neiman « Le soleil brille sur les terroirs viticoles rhodaniens », 2 mars 2018, Le Monde.fr disponible sur : http://urlz.fr/7fsc.

621 M. Deschamps, P. Reis, *loc. cit.*, décisions citées par les auteurs : déc. n° 10-D-22 du 22 juillet 2010 relative à des pratiques mises en œuvre dans le secteur des transports sanitaires en Seine-Maritime ; déc. n° 03-D-68 du 23 décembre 2003 relative aux pratiques mises en œuvre par le Conseil national des professions de l'automobile (CNPA) dans le secteur de la distribution automobile ; déc. n° 07-D-17 du 10 mai 2007 relative à des pratiques de la société UGC Ciné-Cité mises en œuvre dans le secteur de l'exploitation des salles de cinéma ; déc. n° 12-D-02 du 12 janvier 2012 relative à des pratiques mises en œuvre dans le secteur de l'ingénierie des loisirs, de la culture et du tourisme.

Section 2
Les stratégies de défense efficaces devant l'Autorité de la concurrence

239. **Stratégies visant à minorer la sanction pécuniaire.** Pour diminuer les conséquences indemnitaires attachées à l'application du droit de la concurrence, l'agent opportuniste dispose de plusieurs options qui, *in fine*, renforcent le risque de faute lucrative. Le recours stratégique aux procédures négociées (§ 1) constitue une stratégie efficace pour neutraliser le coût économique de l'infraction lié à l'application de l'action publique. Par ailleurs, la multiplication des marchés en crise offre à l'agent rationnel un puissant argument de défense pour émouvoir l'Autorité : de plus en plus, on observe une instrumentalisation stratégique du contexte de crise (§ 2) pour échapper ou limiter le montant de l'amende pécuniaire. Enfin, l'exercice « parasitaire » des voies de recours constitue aussi une stratégie de défense efficace (§ 3). Si l'appel peut être justifié, l'hypothèse d'un appel « parasitaire » pour allonger les délais de la procédure de concurrence et décourager d'éventuelles actions privées en réparation est possible, ce qui permet de limiter la fonction dissuasive assignée au *private enforcement.*

§ 1. Le recours stratégique aux procédures négociées

240. **Échappatoire.** Le développement des procédures négociées offre une échappatoire au *bad man*[622]. La diminution de l'amende négociée avec l'Autorité est susceptible de favoriser la rentabilité de l'infraction de concurrence. Le message dissuasif des autorités de concurrence s'affaiblit dans la possibilité, pour l'auteur de l'infraction, de maîtriser le coût du dommage en le négociant. Les nombreux avantages des procédures négociées ne doivent pas conduire, pour autant, à une croyance aveugle en leur bienfait. L'idée selon laquelle, aujourd'hui, « *l'Autorité [...] semble plus enclin[e] à négocier qu'à réprimer les auteurs de pratiques anticoncurrentielles* »[623] doit inquiéter. La « marchandisation » de l'amende peut favoriser les fautes lucratives : un avocat observe notamment que les procédures négociées en droit de la concurrence sont un moyen d'« *échapper aux sanctions... tout en se faisant prendre* »[624]. La transformation de la peine en « *prix de l'illégalité* »[625] risque d'encourager le calcul coût-bénéfice du *bad man*, lequel peut aiguiser ses prédictions.

---

622 Pour rappel, le *bad man* est un agent rationnel qui exploite ses connaissances pour former un calcul coût-avantage de la violation du droit et pour élaborer des stratégies juridiques visant à limiter le coût économique de l'infraction ; v. O. W. Holmes, « The Path of the Law », *op. cit.* note 578.

623 M. Leymonerie, « La contractualisation des engagements issus des procédures négociées. Le contrat devenu un outil de régulation entre les mains de l'Autorité de la Concurrence », mémoire Centre du droit de la consommation et du marché, Université Montpellier I, 2014.

624 A. Georges, « Les procédures négociées en droit de la concurrence ou comment échapper aux sanctions... tout en se faisant prendre », *Reflet*, « Expertise Avocats d'affaires », mai-juin 2007, p. 46.

625 A. Tercinet, « La diversification des sanctions au service d'une politique incitative » *RLC* 2015, 44.

241. **Surexploitation des procédures négociées.** La surexploitation des procédures négociées est mise en avant par deux études empiriques récentes. Cette surexploitation est visible aussi bien en Europe qu'en France :

- En Europe, le professeur Damien Gerardin, auteur d'une étude sur les sanctions imposées par la Commission entre 2000 et 2017, relève que 88 % des décisions d'entente adoptées par la Commission au cours de la période analysée impliquent une forme de clémence (immunité contre amende et/ou réduction d'amende). L'auteur relève aussi que la procédure de règlement par transaction a connu un franc succès avec la conclusion par la Commission de 22 règlements transactionnels depuis 2010[626].
- En France, entre 2005 et 2015, « *on peut considérer que près de 50 % des décisions positives*[627] *rendues en France l'ont été en mobilisant une des procédures alternatives ou complémentaires, et ce chiffre passe à 67 % en moyenne depuis 2011, et à 70 % en 2014* »[628]. De plus, en 2014, « *huit demandes de clémence sur dix ont été accompagnées d'une transaction* »[629].

242. **Résultat de l'étude empirique.** Par ailleurs, notre étude empirique portant sur la différence entre les amendes infligées et le niveau de l'amende confiscatoire montre à quel point le recours aux procédures négociées affaiblit la dissuasion[630]. Rappelons que sur les 147 cas étudiés, l'amende infligée est inférieure à l'amende confiscatoire dans environ 70 % des cas. Or, en l'absence des procédures négociées, l'amende infligée aurait été confiscatoire dans environ 41 % des cas[631]. Autrement dit, il arrive régulièrement que l'Autorité fixe une amende à un niveau suffisant pour confisquer les profits illicites des firmes, avant qu'une procédure négociée vienne vider l'effet dissuasif de la sanction en réduisant drastiquement son montant.

243. **Angle choisi.** Nous discuterons principalement ici de l'affaiblissement de la dissuasion sous l'effet de chaque procédure négociée. Bien qu'elle soit pertinente, nous n'aborderons donc pas la question des effets négatifs des procédures négo-

---

626 Notons qu'une autre étude menée en 2015 par le professeur Emmanuelle Claudel confirme le recours très fréquent à ces procédures alternatives. Selon l'auteur, l'utilisation des procédures alternatives (négociées) en Europe est encore plus importante qu'en droit français, avec environ 80 % des décisions mobilisant la clémence ou le règlement par transaction ; v. E. Claudel, « Procédures négociées, accessoires ou alternatives à la sanction en droit de la concurrence : Raison garder ! », Concurrences n° 4-2015, Art. N° 75896, pp. 13-39. En outre, l'auteur observe : « *La Commission avait adopté, mi-2015, une trentaine de décisions fondées sur l'article 9 du règlement n° 1/2003, ce qui correspond à environ 30 % des décisions rendues, et ce chiffre passe à plus de 60 % si l'on exclut les cartels, qui n'y sont pas éligibles. Ce chiffre gonflerait encore si l'on excluait les hypothèses d'abus de position dominante graves* » (pp. 15-16).

627 Par décision positive, l'auteur (E. Claudel) entend les décisions qui constatent un trouble, au moins probable, à la concurrence.

628 E. Claudel, *loc. cit.* L'auteur note aussi que « *la procédure d'engagements a été mobilisée dans 38 à 40 % des décisions positives en 2006, 2008, 2010 et 2014* » (p. 15, note de bas de page n° 22).

629 *Ibid.* (p. 16, note de bas de page n° 30).

630 V. tableau, Annexe 1.

631 Ce qui correspond à environ 18 entreprises qui ont bénéficié d'une amende non confiscatoire grâce à l'application d'une procédure négociée.

ciées sur les entreprises[632]. Notre démonstration vise à montrer que, dans le cadre d'un arbitrage au sens beckerien du terme, c'est-à-dire entre le choix de respecter ou d'enfreindre le droit de la concurrence, les entreprises tiennent compte de la possibilité de négocier la sanction. Le risque juridique attaché au manquement est nécessairement réduit si l'entreprise peut maîtriser le coût du dommage en le négociant. Dans ce cas, l'horizon d'une sanction pécuniaire importante est plus incertain. L'entreprise anticipe une éventualité raisonnable – sous réserve de l'accord de l'Autorité de la concurrence – d'échapper à la sanction ou d'en minorer l'ampleur en se raccrochant à la procédure de clémence et/ou de transaction. Nous n'envisagerons pas la procédure d'engagement sachant que l'instrumentalisation de cette procédure nous semble plus difficile depuis que l'Autorité a mis fin à la réduction systématique d'amende pour mise en place d'un programme de conformité aux règles de concurrence[633]. Notons que le retrait de la récompense

---

632 Gageons simplement de rappeler brièvement que ces effets pervers négatifs concernent principalement la procédure de transaction et la procédure d'engagement, laquelle peut inciter négativement la firme à déposer des engagements pour une pratique proconcurrentielle. Les erreurs de type 1 génèrent en effet un risque que des entreprises soient tenues de prendre des engagements biaisés pour des pratiques pourtant licites : « *Dans ce cas, le risque d'une procédure socialement inefficace est [...] élevé* » (v. O. Sautel, « La pertinence d'une procédure d'engagements en matière de contentieux : une analyse économique et son application au cas de l'iPhone », in *Les Dossiers de la RIDE* 2011, pp. 83-109, spéc. p. 89). De même, la menace de recevoir une forte amende rend la négociation contraignante pour la firme qui négocie avec un « *pistolet sur la tempe* » et qui conclut des engagements peu justifiés au regard de la pratique litigieuse (v. D. Waelbroeck « Le développement en droit européen de la concurrence des solutions négociées (engagements, clémence, non-contestation des faits et transactions) : que va-t-il rester aux juges ? », GCLC Working Paper 01/08, p. 23). Cet argument peut cependant être renversé en considérant que l'Autorité, en situation d'asymétrie d'information par rapport à l'entreprise, est susceptible d'être manipulée par cette dernière, qui proposera des engagements « larges », étant entendu que « *toute ambiguïté de rédaction rend d'autant plus difficile d'en exiger le respect* » (v. V. Sélinsky, « Procédures négociées et stratégies des entreprises », *RIDE* n° 4, 2011, p. 77). Au stade de la préoccupation de concurrence, l'enquête ne permet pas une connaissance approfondie de la pratique suspectée si bien que le contrevenant peut « berner » l'Autorité : « *L'entreprise peut donc exploiter ce signal pour proposer des engagements sous-dimensionnés ou inopérants* » (v. F. Marty, M. Mezaguer, « Quelles garanties pour la procédure d'engagements en droit de la concurrence de l'Union européenne ? », *RIDE* 2016/1, t. XXX, p. 55-89, spéc. p. 68). Ceci est d'autant plus probable que le test de marché, bien qu'utile pour lutter contre l'asymétrie d'information, reste imparfait pour assurer que les engagements « testés » constituent des remèdes efficaces (v. V. Sélinsky, *loc. cit.*, pp. 76-77 : « *[L]e test de marché est utile, sans pourtant présenter les garanties suffisantes que les engagements "testés" constitueront de véritables remèdes efficaces. C'est surtout vrai lorsque les concurrents ou clients de l'entreprise "testée" sont des PME qui n'ont pas réellement conscience des enjeux* » ; et C. Gauer, « Les tests de marché dans les procédures d'engagements en droit européen des ententes et des abus de position dominante », Concurrences n° 1-2013, Art. N° 50432, p. 5 : « *[...] les auteurs des réponses aux tests de marché utilisent souvent leurs réponses pour exprimer des demandes sans lien avec les préoccupations de concurrence identifiées [...]* »). De plus, lorsque l'entreprise offre les engagements et détient le pouvoir de négociation, une étude montre que la procédure d'engagement est sous-dissuasive et généralement nuisible aux consommateurs (v. S. Souam, A. Vialfont, « Pouvoir de négociation et procédure d'engagements en droit de la concurrence », *RE* 2011/3, vol. 62, pp. 609-619).

633 Communiqué du 19 octobre 2017 relatif à la procédure de transaction et aux programmes de conformité : « *L'Autorité entend toutefois souligner qu'elle estime désormais que l'élaboration et la mise en œuvre de programmes de conformité ont vocation à s'insérer dans la gestion courante des entreprises, tout particulièrement lorsque celles-ci sont de taille conséquente. Les engagements portant sur la mise en œuvre de tels programmes de conformité n'ont par suite, pas vocation, de façon générale, à justifier une atténuation des sanctions encourues au titre des infractions au droit de la concurrence, tout spécialement s'agissant d'infractions d'une particulière gravité telles que les ententes et échanges d'informations sur les prix futurs et la politique commerciale.* »

systématique en cas d'engagements vise à renforcer la dissuasion face à l'invocation régulière, par les entreprises, du programme de conformité pour obtenir une minoration de la sanction[634].

Nous analyserons donc ici essentiellement l'effet procollusif de la procédure de clémence (A) qui est instrumentalisée rationnellement par le *bad man*, ainsi que l'effet procollusif de la procédure de transaction (B).

A. L'effet procollusif de la procédure de clémence

244. **L'effet incitatif négatif du programme de clémence sur les cartels.** Il est indiscutable que la procédure de clémence constitue un outil de lutte efficace contre les ententes[635]. Ce point a été déjà largement discuté en doctrine. Nous préférons développer ici un point qui nous semble sous-estimé, à savoir, l'effet eventuellement effet procollusif de la procédure de clémence, laquelle peut être intégrée

---

634 Déc. n° 13-D-03, *loc. cit.* – Déc. n° 15-D-19 du 15 décembre 2015, Messagerie. – Déc. n° 13-D-03 du 13 février 2013 relative à des pratiques mises en œuvre dans le secteur du porc charcutier. Dans cette affaire, l'Autorité de la concurrence a été sensible aux engagements de la firme visant à mettre en place un programme de conformité. Ce faisant, elle a réduit la sanction de la firme (AIM en l'espèce) de 18 %. – Déc. n° 13-D-21 du 18 décembre 2013, Buprénorphine. Dans cette affaire, on observe une réduction de la sanction de 20 % à la suite des propositions de conformité. – Déc. n° 13-D-12 du 28 mai 2013 relative à des pratiques mises en œuvre dans le secteur de la commercialisation de commodités chimiques (ci-après « Commodités chimiques »). Dans cette affaire, Solvadis a communiqué à l'Autorité la copie d'un document dénommé « *Code de bonne conduite de Solvadis GmbH* ». Selon l'entreprise mise en cause, ce document devait constituer une circonstance atténuante (§ 982). – Déc. n° 11-D-17 du 8 décembre 2011, Lessives (Henkel a proposé un programme de conformité, § 667, p. 150).

635 E. Combe, C. Monnier, « Les cartels en Europe, une analyse empirique », *RFE* 2012/2, vol. XXVII, pp. 187-226 : selon les auteurs, depuis 2002, 62,5 % des ententes ont été découvertes grâce au programme de clémence. Dans le même temps, la procédure de clémence agit en amont du procès : en augmentant la perception du risque d'être détecté, elle décourage les entreprises de participer à une entente et agit donc directement sur l'incitation à enfreindre le droit de la concurrence. – V. aussi : J.-C. Roda, *La clémence en droit de la concurrence : Étude comparative des droits américains et européens*, PUAM, 2008. – R. Brandenburger, R. Tritell, E. Sakkers, « Global antitrust policies: How wide is the gap », Concurrences n° 1-2012, Art. N° 41515, pp. 3-11 « *Leniency is an idea that originated at the Antitrust Division. It has had an enormous impact on international anti-cartel enforcement around the world. Leniency programs have proven to be the* most powerful tool for uncovering cartel activity. *As more jurisdictions implement effective leniency programs, more cartels are being detected, disbanded and sanctioned. Leniency also has fundamentally changed how companies respond to cartel activity that they discover internally. It has [led] to far greater detection rates and the production of evidence that likely would not have been obtained in the absence of a leniency program* ». – V. aussi : C. Aubert, P. Rey, W. E. Kovacic, « The Impact of Leniency and Whistle-Blowing Programs on Cartels », 24(6) *International Journal of Industrial Organization* 1241-1266 (2006). – T. Carmeliet, « How lenient is the European leniency system? An overview of current (dis)incentives to blow the whistle », 48(3) *Jura Falconis* 2011-2013, pp. 463-512 : « *The last 15 years have demonstrated the crucial importance of leniency programmes that permit infringers to come forward and obtain immunity or reduction of fines where they provide the enforcers with information and evidence on the cartel and cooperate with the authorities […] Almost 60% of cartel infringements is discovered through leniency.* » – N. H. Miller, « Strategic Leniency and Cartel Enforcement », 99(3) *American Economic Review* 750-768 (2009). Dans cet article, Miller montre que le nombre de cartels découverts augmente dans la période suivant l'application du programme de clémence. – M. Bigoni, S.-O. Fridolfsson, C.Le Coq. G. Spagnolo, « Fines, Leniency, Rewards and Organized Crime: Evidence from Antitrust Experiments », IFN Working Paper, Series in Economics and Finance n° 738 (2008). – S. Arlman, « Crime But No Punishment: An empirical study of the EU's 1996 Leniency Notice and cartel fines in article 81 proceedings », Master Thesis (2005) : « *Two years earlier Scott Hammond of the US Department of Justice even claimed that its leniency program "has been responsible for detecting and cracking more international cartels than all of [their] search warrants, secret audio or videotapes, and FBI interrogations combined."* »

dans le plan infractionnel de l'agent rationnel. Le profit retiré de la dénonciation peut directement générer des incitations à la formation d'un cartel (1), d'autant que la clémence est une procédure prévisible. De plus, l'effet procollusif de la clémence s'explique par le fait que cette procédure constitue une arme concurrentielle au service du *bad man* (2).

1. Le profit tiré de la dénonciation

245. La procédure de clémence assure des récompenses généreuses aux entreprises responsables de pratiques anticoncurrentielles. L'économie du coût de l'infraction (a) et la prévisibilité de la procédure de clémence incitent à la formation d'un calcul économique sur le coût et l'avantage à retirer de la dénonciation (b). Plus largement, l'effet procollusif de la procédure est susceptible de faire naître deux nouvelles formes de clémence : la clémence opportuniste (c) et la clémence concertée (d).

a. L'économie du coût de l'infraction

246. **Générosité.** La réduction d'amende proposée par la procédure de clémence doit être élevée pour peser dans le calcul économique des firmes. Si les gains rapportés par la dénonciation sont faibles, « le jeu n'en vaut pas la chandelle », et aucune firme n'acceptera de dénoncer. Pour renforcer l'attractivité de la procédure de clémence, les réductions d'amende doivent être importantes, ce qui a pour effet pervers de renforcer les fautes lucratives. Autrefois, l'entreprise ne pouvait que compter sur une non-détection de l'entente pour préserver ses profits illicites. Aujourd'hui, elle peut se raccrocher à cette procédure qui prévoit plusieurs récompenses.

247. **Les récompenses pour les demandeurs de clémence**[636]**.** Le programme de clémence place les participants à l'entente dans un dilemme, qui rappelle celui du prisonnier[637]. La procédure propose des réductions de peine très importantes pour

---

636 C Marvão, « The EU Leniency Programme and Recidivism », SITE Working Paper, No. 27 (2014), p. 2 : « *Following the example of the "successful" US Leniency Programme of 1978, the European Commission launched, in July 1996, the European Leniency Programme (LP) (European.Commission, 1996). This programme grants immunity or reduction of fines to individual firms that are members of a cartel, in exchange for the initial reporting of the cartel and/or relevant cooperation with the Commission during a cartel investigation. Revisions to the LP occurred in 2002 and 2006 (European.Commission, 2002, 2006), making it more detailed and,* in general, more "generous" *[...] The 2002 guidelines are much more detailed than those of 1996 and provide, in general,* for higher reductions for the reporting firms. *The major changes in the LP of 2006 were in terms of clarification and additional flexibility to the previous LP Notice, regarding the immunity thresholds and the conditions for fine reductions, as well as the introduction of a discretionary marker system, so as to preserve an informant's position as being the first to come forward and disclose the cartel* ».

637 Dans le dilemme du prisonnier, Tucker imagine deux complices d'un crime. L'un est placé dans une cellule séparée de celle du complice, afin de rendre toute communication impossible. La prison offre aux prisonniers plusieurs choix : d'une part, si l'un des complices dénonce l'autre, il est remis en liberté, tandis que l'autre écope de la peine maximale, en l'occurrence dix ans. D'autre part, si les deux complices se dénoncent mutuellement, chacun écopera d'une peine légèrement diminuée (cinq ans). Enfin, si les deux coopèrent et ne se dénoncent pas, ils écoperont d'une peine minimale (six mois). – V. aussi : B. Guerrien, *La Théorie des jeux*, Economica, 2002. – T. Carmeliet, « A critical analysis of the procedural fairness of the leniency instrument: finding the right balance between efficiency and justice in EU competition law », 50(2) *Jura Falconis* 2013-2014, pp. 181-260.

le premier délateur, et des réductions de peine significatives pour les suivants[638]. La première entreprise à dénoncer l'entente peut obtenir une immunité totale, tandis que les autres firmes parties à l'entente qui dénoncent en second lieu peuvent bénéficier d'une immunité partielle[639]. L'Autorité cherche avec l'offre d'immunité à déstabiliser les cartels en provoquant une « *course à la clémence* »[640] où chacun a intérêt à dénoncer son concurrent pour protéger ses intérêts.

248. **Étude statistique : économie du coût de l'infraction.** La générosité de la procédure de clémence participe de son attractivité. Une étude rassemblant toutes les ententes sanctionnées par la Commission européenne depuis mai 2014 démontre ceci : « *dans quasiment toutes les affaires d'ententes, au moins un membre a déposé une demande de clémence. Au total, ce sont 186 entreprises qui ont introduit une demande de clémence, soit près de 56 % des entreprises condamnées* »[641]. Selon cette étude, parmi les entreprises ayant demandé la clémence, 81,7 % ont bénéficié d'une réduction de leur amende, la réduction moyenne étant de 37,8 %. Le risque de la clémence est qu'elle développe, chez les agents, un calcul économique du repentir qui favorise les fautes lucratives. En effet, « *le repentir, et la délation permettent aux demandeurs de clémence des économies significatives, voire trop significatives* »[642].

Selon une autre étude statistique, la clémence a réduit le montant des amendes globales de 36 % au niveau européen[643], « *soit 834 millions économisés par les*

---

638 Brochure de l'Autorité de la concurrence, « La clémence. Agir à temps pour protéger l'entreprise », p. 2 : « Pourquoi demander la clémence ? » – V. aussi : Communiqué de procédure du 3 avril 2015 relatif au programme de clémence français (remplace celui du 2 mars 2009, relatif au programme de clémence français). – M. J. Reynolds, D. G. Anderson, « Immunity and Leniency in EU Cartel Cases: Current Issues », 27(2) *European Competition Law Review* 82-90 (2006), p. 85.

639 O. Dominte, D. Serban, A. M. Dima, « Cartels in EU: Study on the Effectiveness of Leniency Policy », 8(3) *Management & Marketing* 529-552 (2013), p. 540 : « *The basic fine can also be decreased if the companies apply for the leniency clause, a reduction of 100% being granted for the first applicant (also named "whistle blower"), up to 50% for the next, 20-30% for the third, and up to 20% for the others. Some companies prefer to also apply for the Settlement Notice and benefit from a reduction of 10% out of the basic fine.* » – V. aussi : M. Motta, M. Polo, « Leniency programs and cartel prosecution », 21(3) *International Journal of Industrial Organization* 347-379 (2003) : « *The EC regulation, instead, defines explicitly several cases of fine reductions: non imposition (100%), for instance for a first comer of an undetected cartel; very substantial (75-100%) or substantial (50-75%) reductions, that for instance can be granted to a party offering the proof of the "smoking gun"; and significant reduction (10-50%) to late comers that provide critical information and do not contest their liability.* »

640 A. Serban, « Are EU Leniency Programmes Enough for Detecting Cartels? », *Romanian Competition Journal* n° 1-2 / 2015. Traduction libre : « *race to the regulator* ».

641 S. Broos, A. Gautier, J. M. Ramos, N. Petit, « Analyse statistique des affaires d'ententes dans l'UE (2004-2014) », *RE* 2016/HS1, vol. 67, pp. 79-94, p. 85.

642 L. Lesur, « Sanctions des pratiques anticoncurrentielles : Pour quoi faire ? », Déjeuner Droit & Économie organisé par la Revue Concurrences en partenariat avec McDermott Will & Emery et Microeconomix, 28 janvier 2015. – V. aussi : A. Stephan, « Survey of Public Attitudes to Price-Fixing and Cartel Enforcement in Britain », CCP Working Paper 07-12 (2007), p. 3 : « *[...] public attitudes may strongly oppose the use of such detection mechanisms as they allow some guilty parties to go unpunished and allow the sanction on others to be substantially reduced.* »

643 C. Veljanovski, « European Commission Cartel Prosecutions and Fines, 1998–2006: An Updated Statistical Analysis of the Fines under the 1998 Penalty Guidelines », novembre 2010. Disponible sur SSRN : http://ssrn.com/abstract=1016014 ; source citée par C. Monner-Schlumberger, A. Hutin, « Les cartels en France : Analyse économique de leurs caractéristiques et de leurs sanctions », *op. cit.* note 602, spéc. p. 55.

entreprises qui décident de demander le bénéfice des programmes de clémence »[644]. Tandis qu'en France, l'étude révèle que la clémence « *a réduit le montant des amendes globales infligées à l'encontre des cartels français d'un peu moins de 15 %* »[645]. Cette procédure est donc directement responsable de la préservation du résultat lucratif de l'infraction de concurrence. À titre d'exemple, dans l'affaire *Produits d'entretien et d'hygiène vendus en grande surface*[646], non seulement Colgate-Palmolive a obtenu une réduction d'amende de 84 millions d'euros (ce qui constitue une exonération à hauteur de 50 %) sur le secteur de l'entretien, mais elle aussi bénéficié d'une immunité totale sur le secteur de l'hygiène. Au regard du profit retiré d'une entente qui affectait directement le revenu du consommateur français[647], on peut se questionner sur l'incidence d'un tel « rabais » sur l'amende pécuniaire. Surtout que, sur le secteur des produits d'entretien, Colgate encourait une amende 1,10 fois supérieure au niveau de l'amende confiscatoire[648]. L'amende infligée s'est, finalement, retrouvée 2,58 fois inférieure au montant de l'amende confiscatoire[649]. Cette perte de dissuasion a un effet sur le comportement de la firme, dont on notera qu'elle est multirécidiviste et a été condamnée pour trois cartels en trois ans[650].

249. **Bilan.** La générosité du programme de clémence vient anéantir (dans le cas de l'immunité) ou diminuer de façon conséquente le coût économique attaché au manquement. Les études empiriques ont démontré que cette procédure offrait aux firmes des économies importantes. Le *bad man* holmésien peut exploiter cette procédure pour minorer le risque pécuniaire de l'infraction en prévoyant, en cas de détection, de se reposer sur la clémence pour abaisser la sanction et conserver ses

---

644 C. Monnier-Schlumberger, A. Hutin, *loc. cit.*, p. 55.

645 *Ibid.*.

646 Déc. n° 14-D-19 du 18 décembre 2014, Entente produits d'hygiène. Rappel des faits : sanction de deux ententes pour un total de 950 millions d'euros (produits d'entretien : 354, 2 millions et produits d'hygiène : 605,9 millions). Cette affaire a été révélée grâce aux demandes de clémence de SC Johnson (produits d'entretien) et de Colgate-Palmolive (produits d'hygiène) relatives à des pratiques de coordination des politiques commerciales auprès de la grande distribution et de concertation sur la hausse des prix.

647 Bien que la décision ne calcule pas le surprofit tiré de la pratique, plusieurs éléments permettent de déduire que l'entente fut particulièrement rentable pour les entreprises concernées. L'entente a permis de maintenir un prix de vente aux distributeurs à un niveau élevé, qui, par la suite, s'est répercuté sur le prix de vente aux consommateurs. Selon l'Autorité, « *à l'époque des faits, les Français dépensaient en moyenne 190 euros par an dans les produits de cosmétologie et d'hygiène. Le chiffre d'affaires total du secteur de l'hygiène était supérieur à 5 milliards d'euros en France, et s'élevait à 4,2 milliards d'euros s'agissant des produits d'entretien* » (site de l'Autorité de la concurrence, Espace Presse, communiqués de 2014). Les dépenses régulières des Français dans les produits d'hygiène nous permettent de déduire qu'il y a eu un important transfert de revenu des consommateurs vers les firmes, sachant que l'élasticité-prix de la demande pour ce type de bien est faible. Sur le secteur de l'hygiène, ayant bénéficié d'une immunité totale au titre de la clémence de rang 1, la firme Colgate a pu conserver l'entièreté de ses bénéfices illicites.

648 L'amende confiscatoire était de 103 431 958 euros (v. *infra*, Tableau en annexe). Avant la réduction pour clémence, l'Autorité envisageait d'imposer une amende de 113 990 637 euros, soit un montant 1,10 fois supérieur à l'amende confiscatoire.

649 V. *infra*, Tableau en annexe.

650 Cartel des lessives ; cartel des produits d'entretien ; et cartel des produits d'hygiène. – V. aussi Orange, condamnée pour trois abus de position dominante en cinq ans (2007, 2009, 2012). Le récidivisme de la firme prouve deux choses : d'une part, que les sanctions sont insuffisamment dissuasives, car Colgate, en récidivant, démontre le peu de crainte qu'elle a d'enfreindre le marché ; d'autre part, qu'une firme peut participer à une entente en prévoyant de se raccrocher à la clémence afin de ne pas voir ses gains neutralisés ou diminués par la sanction.

gains illicites. Néanmoins se pose la question de savoir si la procédure de clémence est suffisamment prévisible pour être intégrée dans le plan frauduleux de l'agent.

b. La prévisibilité de la clémence : le calcul coût-bénéfice de la dénonciation

250. **Double jeu.** L'Autorité comme l'entreprise participent au « jeu » de la clémence. La première estime que le coût subi[651] est plus faible que l'avantage retiré du démantèlement de l'ensemble des membres d'un cartel. La seconde – l'entreprise – reste néanmoins maître du jeu, car la faible probabilité de détection ne l'incite pas à dénoncer et lui donne un avantage sur l'Autorité.

251. **Clarté et prévisibilité de la procédure.** La prévisibilité de la procédure de clémence offre au contrevenant la possibilité d'un calcul coût-bénéfice. Les lignes directrices de 2002 sont détaillées et fournissent, en général, de généreuses réductions d'amende[652]. Quant aux lignes directrices de 2006, elles clarifient les questions relatives aux seuils d'immunités et les conditions de réduction d'amende. L'apprentissage des règles du jeu est simple. Du temps – c'est-à-dire le moment où l'entreprise dénonce la pratique – et de l'information donnée – c'est-à-dire la qualité de la coopération avec l'autorité administrative – dépendent les réductions offertes.

252. **Réduction de l'incertitude.** La clarté du programme de clémence réduit l'incertitude de l'entreprise qui rationalise sa participation à l'entente en envisageant ensuite de se raccrocher à la clémence pour préserver ses profits illicites. Cette démarche rationnelle nous paraît plausible, car le programme de clémence offre de plus en plus de certitudes à l'agent déviant.

253. **Asymétrie d'information en défaveur de l'Autorité.** Premièrement, l'asymétrie d'information joue en défaveur de l'Autorité de la concurrence, car, précisément, elle ignore le cartel que l'entreprise peut décider ou non de révéler. Cette première certitude renforce une sorte d'accord tacite entre les membres de l'entente selon lequel ce n'est qu'« *après avoir pleinement mis en œuvre l'entente jusqu'à son terme de mort naturelle* »[653] que la dénonciation peut avoir lieu. Dénoncer avant n'aurait pas grand sens, car la probabilité de détection du cartel étant faible, les entreprises peuvent continuer à réaliser des surprofits sans être inquiétées.

254. **Incertitude quant au succès de la clémence ?** Deuxièmement, en imaginant que dénoncer à un instant T fait partie du calcul du cartelliste pour accroître ses gains illicites, force est de reconnaître qu'il existe un risque que la demande de clémence soit rejetée. Le demandeur ne connaît pas la valeur ajoutée de son information, car celle-ci est précisément dépendante de la valeur de l'information livrée par les autres délateurs. Il existerait donc une incertitude quant au succès de la clémence. Une nouvelle fois, cette idée peut être contredite par le fait que le critère de valeur ajoutée est assez large. Il suffit que parmi toutes les informations livrées par le demandeur – peu importe que certaines soient déjà en la disposition de l'Autorité – une seule soit distincte et significative pour que la clémence soit

---

651 Le coût ici équivaut à l'immunité ou à la réduction d'amende des entreprises fautives.

652 C Marvão, « The EU Leniency Programme and Recidivism », *op. cit.* note 636.

653 W. Wils, « Leniency in Antitrust Enforcement: Theory and Practice », 30(1) *World Competition* 25-64 (2007), p. 30.

jugée recevable. De plus, même dans le cas où la valeur de l'information livrée par le deuxième demandeur est semblable à celle du premier demandeur, elle pourrait donner lieu à une clémence, car elle corrobore l'information initiale. En outre, les autorités de concurrence accordent généralement la clémence à plusieurs entreprises[654], ce qui réduit naturellement l'incertitude quant au succès de la clémence si trois ou quatre cartellistes en bénéficient. Enfin, on peut supposer que les dépenses allouées à la surveillance des marchés et aux enquêtes coûteuses sont moins importantes en présence d'une politique favorable au programme de clémence[655]. Les autorités ne vont pas assumer le coût de la dissuasion en menant des enquêtes coûteuses si les firmes se dénoncent elles-mêmes. En conséquence, en l'absence d'enquêtes coûteuses, il y a moins de risques que l'Autorité dispose d'informations robustes sur les pratiques avant les révélations du demandeur de clémence. Inversement, il y a de fortes chances pour que l'information délivrée constitue une valeur ajoutée par rapport aux informations détenues par l'Autorité et donc que la clémence soit jugée recevable.

255. **Incertitude quant à l'évaluation du bénéfice de la clémence ?** Troisièmement, l'intégration rationnelle de la procédure dans le projet infractionnel du contrevenant est contestable si l'on considère qu'une entreprise aura des difficultés à évaluer avec précision le bénéfice retiré de la clémence. Ce bénéfice dépend du rang obtenu. Néanmoins, reconnaissons qu'il est possible pour le contrevenant de faire des prédictions sur la probabilité d'obtenir tel ou tel rang en fonction des questions posées par les enquêteurs au moment des investigations. Ces questions renseignent en effet sur le standard de preuve exigé. Selon la nature de l'information à livrer, l'entreprise peut se faire une idée robuste du rang qu'elle va obtenir. De plus, le caractère incertain du rang accordé n'empêche pas la forte probabilité pour le fautif d'obtenir une récompense, c'est-à-dire soit une immunité soit une exonération partielle de l'amende, sachant que cette dernière peut être minorée de façon conséquente, à hauteur de 50 %[656]. Rappelons pour terminer sur ce point qu'une étude récente portant sur les cartels européens entre 2004 et 2014 démontre que 81,7 % des demandeurs de clémence ont bénéficié d'une réduction de leur amende[657]. Dans certaines affaires, deux entreprises ont même bénéficié d'une immunité totale[658]. Dans d'autres, une réduction de 30 à 50 % de l'amende a été accordée à une deuxième entreprise dans le cadre du programme de clémence[659] et, « *dans de nombreux cas, une réduction de 20 à 30 % a également été accordée à une troisième entreprise et, dans certains cas, des réductions allant jusqu'à 20 %*

---

654 *Ibid.*.

655 D. F. Spulber, *Regulation and Markets*, Cambridge, MIT Press (1989).

656 Communiqué de procédure du 11 avril 2006 : le programme de clémence français, § 17.

657 S. Broos, A. Gautier, J. M. Ramos, N. Petit, « Analyse statistique des affaires d'ententes dans l'UE (2004-2014) », *op. cit.* note 641.

658 Comm. eur., communiqué IP/07/209 du 21 février 2007, « Concurrence : la Commission inflige des amendes supérieures à 990 millions d'euros aux membres des ententes sur les ascenseurs et les escaliers mécaniques » : « *[L]es filiales de KONE ont bénéficié d'une immunité totale d'amendes en application du programme de clémence de la Commission en ce qui concerne les ententes en Belgique et au Luxembourg. De même, Otis Netherlands a bénéficié d'une immunité totale pour ce qui est de l'entente aux Pays-Bas.* »

659 W. Wils, « The use of leniency in EU cartel enforcement: An assessment after twenty years ? », Concurrences n° 1-2017, Art. N° 83458.

à d'autres entreprises »[660]. Autrement dit, trois à quatre entreprises peuvent se partager le bénéfice de la clémence. L'affaire récente du cartel des enveloppes peut l'illustrer[661]. La Commission a, sur les cinq fabricants d'enveloppes sanctionnés, offert une réduction conséquente de l'amende au titre de la clémence à quatre d'entre eux[662] ! De même dans l'affaire des tubes cathodiques[663]. En somme, la prévisibilité et la probabilité importante de bénéficier des avantages économiques de la procédure renforcent le caractère procollusif de la clémence.

256. **Conséquence.** La réduction des incertitudes quant au succès de la demande de clémence renforce la plausibilité du scénario selon lequel elle risque d'être intégrée dans le projet délictueux de l'agent rationnel qui, formant un calcul coût-bénéfice, dénonce à un instant T pour conserver ses profits. Un auteur observe sur ce point que les cartellistes ont aujourd'hui les moyens de connaître les règles du jeu, si bien qu'ils peuvent savoir quand tricher et quand collaborer, quand dénoncer et quand coopérer[664]. Le programme de clémence pourrait donc créer deux incitations : l'une est censée servir la concurrence – c'est l'incitation à tricher et donc à dénoncer le cartel, qui sera enfin détecté ; l'autre constitue une arme concurrentielle au détriment du marché – c'est l'incitation à se cartelliser tout en ambitionnant ensuite d'être le premier délateur pour conserver tout ou partie des profits illicites. Nous parlerons dans ce cas d'une clémence opportuniste intégrée dans une stratégie de faute lucrative.

257. **Une stratégie de faute lucrative ?** La préservation des bénéfices retirés de l'infraction grâce à la clémence génère des fautes lucratives. Pour certains, la clémence serait une arme au service des grandes entreprises et rentrerait dans une stratégie de faute lucrative. Il est à ce titre intéressant de rappeler les propos du directeur général d'une entreprise : « *La clémence est utilisée par les grandes entreprises – je suis intimement persuadé que plus de 90 % des demandes de clémence sont présentées par les grandes entreprises. Pourquoi ? Parce que ça rentre dans une stratégie de faute lucrative* »[665].

Étude. À la suite de ce témoignage, nous avons mené une étude recensant toutes les décisions de clémence entre 2012 et 2018. Par « grandes entreprises », nous entendons les leaders qui réalisent un chiffre d'affaires supérieur aux principaux concurrents sur le marché concerné par la pratique. L'étude ne retient que les

---

660 *Ibid.*

661 Comm. eur., 10 décembre 2014, aff. AT.39780 – *Enveloppes*, C(2014) 9295 final

662 Tompla : 50 % ; Hamelin 25 % ; Mayer-Kuvert 10 % ; GPV : 10 %. À cette réduction d'amende au titre de la clémence, chacun des cartellistes a aussi pu bénéficier d'une réduction de 10 % au titre de la communication sur les procédures de transaction.

663 Comm. eur., 5 décembre 2012, aff. COMP/39.437 – *Tubes cathodiques pour téléviseurs et écrans d'ordinateur*, C(2012) 8839. Bénéficiaires de clémence : Chunghwa : 100 % ; Samsung SDI : 40 % ; Philips : 30 % ; Technicolor : 10 %.

664 C Marvão, « The EU Leniency Programme and Recidivism », *op. cit.* note 636, p. 21 : « *From the point of view of a firm, it may seem better* to enjoy higher profits of collusion, up to the moment of reporting to the Commission, and then pay a small or no fine, since the reductions granted are generally very high, and enjoy the damage caused by the fines imposed on the other cartel members ».

665 P. Gaches, président-directeur général de Gaches Chimie, présumé victime d'une pratique anticoncurrentielle. Intervenant dans le cadre du colloque portant sur « Les PME face au droit de la concurrence », Table ronde animée par Yves Chaput, p. 5. Témoignage disponible sur le site internet : site internet du CREDA : http://www. creda.ccip.fr.

décisions ou il y a au moins un acteur sensiblement plus faible que les autres. Les décisions qui font référence à des marchés où les acteurs faibles sont inexistants (autrement dit des marchés qui regroupent seulement des acteurs dominants) seront évoquées, mais non prises en compte dans le résultat de l'étude. Il est évident que, sur un secteur dominé seulement par des grandes entreprises, la clémence ne peut être demandée et éventuellement accordée qu'aux grandes entreprises. Pour ce type de cas, il n'est pas pertinent d'intégrer les grandes entreprises parmi les bénéficiaires de la clémence. Le résulat de l'étude est le suivant : En 2012, s'agissant du cartel de farine alimentaire[666], l'entreprise Werhahn a obtenu une exonération totale de la sanction au titre de la clémence (l'entreprise encourait une sanction de 16 millions d'euros)[667]. Il ne fait aucun doute que Werhahn est une grande entreprise, puisqu'elle est la deuxième entreprise la plus importante sur le marché des meuniers allemands. Elle réalisait au moment des faits, sur le marché affecté par la pratique, un chiffre d'affaires largement superieur à celui de ses nombreux concurrents, à l'exclusion de VK Mulhen et Axiane Meunerie. En 2013, s'agissant du cartel de commodités chimiques[668], une nouvelle fois, les trois demandeurs de clémence – Solvadis, Brenntag et Univar – sont des entreprises économiquement puissantes. Notons cependant que l'entreprise qui a réalisé le chiffre d'affaires le plus important sur le marché affecté par la pratique, à savoir Brenntag, a obtenu une clémence de rang 2, tandis que Univar – second acteur le plus puissant – a obtenu une clémence de rang 3. Finalement, seule l'entreprise Solvadis a obtenu l'exonération toale, à savoir une clémence de rang 1. On retiendra tout de même que seule l'entreprise Caldic, qui réalise un chiffre d'affaires environ dix fois inferieur à Univar et Solvadis et près de 20 fois inferieur à Brenntag, n'a pas bénéficié de la clémence. Autrement dit, l'acteur le plus faible n'a pas bénéficié de la clémence comparé aux leaders. En 2014, il apparaît que les trois demandeurs de clémence dans le cartel de l'entretien sont SC Jonhson, Colgate-Palmolive et Henkel[669]. Ces entreprises ne sont pas les plus puissantes du secteur. Leur volume de vente sur le marché affecté est inferieur à celui de Reckitt Benckiser (leader du marché) et Unilever. Néanmoins, leurs chiffres d'affaires restent largement supérieurs aux plus « petits » acteurs, à savoir Bolton Solitaire, Procter & Gamble et Sara Lee. Par conséquent, sur le secteur de l'entretien, les acteurs de petite taille n'ont pas bénéficié de la clémence, tandis que les acteurs de taille « moyenne » (comparés aux leaders) ont pu en bénéficier. Sur le secteur de l'hygiène, le secteur est particulièrement concentré avec de nombreux acteurs qui réalisent un volume de vente proche sur le marché concerné. Les deux bénéficiaires de la clémence sont encore Colgate et

---

666 Déc. n° 12-D-09 du 13 mars 2012 relative à des pratiques mises en œuvre dans le secteur des farines alimentaires.

667 Notons que l'Autorité évaluait le surprix à 11 % (§ 917). L'Autorité observe aussi que les consommateurs ont dû s'acquitter d'un prix supraconcurrentiel important (§ 918). On peut donc en déduire que la clémence a permis à l'entreprise Werhahn de conserver une partie de ses gains illicites.

668 Déc. n° 13-D-12 du 28 mai 2013, Commodités chimiques.

669 Déc. n° 14-D-19 du 18 décembre 2014, relative à des pratiques mises en œuvre dans le secteur des produits d'entretien et des insecticides et dans le secteur des produits d'hygiène et de soins pour le corps.

Henkel. Au regard de leur volume de vente, sur les 11 acteurs concernés, ces deux entreprises font parties des leaders du secteur en cause. On remarquera une nouvelle fois que les acteurs « faibles » sur le marché concerné par l'infraction, à savoir Sara Lee Household et Reckitt Benckiser, n'ont pas bénéficié de la clémence. La même année, pareil constat peut être dressé à l'égard des deux demandeurs de clémence dans le secteur du papier peint[670]. Sur les entreprises les plus importantes du marché, deux des trois acteurs dominants ont bénéficié d'une clémence de rang 1. Le leader du marché (S.C.E) n'a pas bénéficié de la clémence. Notons que la plus petite entreprise du secteur au regard de son volume de vente, à savoir « L'éditeur », a aussi bénéficié d'une clémence de rang 1. En 2015, les bénéficiaires de la clémence dans l'affaire *Messagerie*[671] et dans l'affaire *Produit laitier*[672] sont encore des entreprises faisant partie des leaders du marché[673] : dans la décision *Messagerie*, sur les 20 entreprises sanctionnées, Schenker France réalise le quatrième chiffre d'affaires le plus important sur le marché affecté et a bénéficié d'une réduction importante de l'amende au titre de la clémence, tandis qu'Alloin qui a aussi obtenu une clémence de rang 2 se situe, au regard de son volume de vente sur le marché, se situe dans la moyenne haute des leaders du marché. Il convient cependant de souligner que les trois acteurs qui réalisent le chiffre d'affaires le plus important sur le marché affecté, à savoir, Chronopost, Geodis et TNT, n'ont pas bénéficié de la clémence. S'agissant de l'affaire *Produit laitier*, parmi les trois leaders Novandie, Yoplait et Senagral, seule Novandie n'a pas bénéficié de la clémence. En 2016, aucune clémence n'a été accordée. En 2017, les clémences accordées dans l'affaire des revêtements de sols résilients ne sont pas révélatrices, car le marché regroupait précisément trois leaders et un syndicat[674]. Par conséquent, la clémence ne pouvait qu'être attribuée à une grande entreprise. En 2018, aucune demande de clémence n'a été formulée. Ainsi, dans 93,4 % des cas, la clémence n'est pas accordée à une petite entreprise. Dans environ 67 % des cas, la clémence est accordée à une grande entreprise, figurant parmi les leaders du marché affecté par la pratique. Dans environ 33 % des cas, la clémence est accordée à une entreprise qui réalise un chiffre d'affaires important mais qui ne figure pas parmi les leaders du marché litigieux. Cette étude permet de retirer les constats suivants : d'une part, l'acteur le plus important du marché concerné par la pratique ne bénéficie pas toujours de la clémence. D'autre part,

---

670 Déc. n° 14-D-20 du 22 décembre 2014 relative à des pratiques mises en œuvre dans le secteur du papier peint en France.

671 Déc. n° 15-D-19 du 15 décembre 2015, Messagerie.

672 Déc. n° 15-D-03 du 11 mars 2015, Produits laitiers frais.

673 Dans l'affaire *Messagerie*, les deux demandeurs de clémence sont Alloin et Deutsche Bahn. Le chiffre d'affaires du groupe Deutsche Bahn est de 41,500 milliards d'euros (v. capital.fr), tandis qu'Alloin est une entreprise de transport routier rachetée en 2009 par le groupe Kuehne + Nagel, l'un des leaders mondiaux du transport et de la logistique. En 2009, Kuehne + Nagel Road a réalisé un chiffre d'affaires de 270 173 551 euros. Par ailleurs, dans l'affaire des produits laitiers, notons que la firme Yoplait est présente dans une cinquantaine de pays, et que Yoplait SAS est la deuxième entreprise mondiale du secteur. Quant à Senagral, elle est une société du groupe Agrial dont le chiffre d'affaires est estimé à 5,200 milliards d'euros.

674 Décision 17-D-20 du 18 octobre 2017 relative à des pratiques mises en œuvre dans le secteur des revêtements de sols résilients

sur l'échantillon retenu, entre 2012 et 2018, les entreprises ayant bénéficié de la clémence ont majoritairement été des entreprises pouvant être classées (au regard de leur volume de vente) parmi les leaders du marché concerné par la pratique. Troisièmement, nous n'avons trouvé qu'une seule décision dans laquelle un acteur de petite taille (comparativement aux concurrents) a bénéficié de la clémence. En somme, s'il n'est pas juste de considérer, comme évoqué plus haut par le directeur générale de Gaches Chimie, que « *plus de 90 % des demandes de clémence sont présentées par les grandes entreprises* (...) *car cela rentre dans une stratégie de faute lucrative* », force est de reconnaître que les acteurs faibles du marché ne bénéficient presque jamais de la clémence.

De même, s'il n'est pas possible de déterminer au regard de cette étude si les demandes de clémence rentrent dans une stratégie de faute lucrative de la part des grandes entreprises, il est incontestable que l'économie du coût économique de l'infraction grâce aux recours à la clémence favorise le développement des infractions rentables. Cela peut en outre mener à ce que nous appelons la « clémence opportuniste ».

c. La clémence opportuniste

258. **Définition de la clémence opportuniste.** La clémence opportuniste définit la clémence qui entre dans le projet frauduleux du *bad man*[675]. Dans ce cas, elle a une incidence importante sur le choix d'enfreindre la loi. Au regard des récompenses promises, plutôt que d'assurer le démantèlement de l'entente (par le jeu de la dénonciation), la procédure de clémence incite les firmes à s'entendre tout en prévoyant la possibilité ensuite, après avoir retiré tout le lucre de la pratique frauduleuse, de faire jouer la clémence pour rester impunies. L'effet incitatif positif de la clémence peut donc se transformer en une incitation négative, où des agents rationnels misent sur la procédure pour garder tout ou partie de leurs gains[676]. La clémence comme outil de dissuasion peut devenir un outil stratégique permettant d'accroître les fautes lucratives[677]. Dans ce type de scénario, la procédure définit moins un spectre invisible craint par les parties à l'entente que la possibilité d'une échappatoire espérée par les agents. À défaut de dissuader, elle peut rassurer. À défaut de conduire à la délation, elle peut inciter à la cartellisation. L'incitation à profiter de la clémence est d'autant plus forte que les réductions d'amende pour les demandeurs de clémence dans l'Union européenne sont de plus en plus

---

675 Pour rappel, le *bad man* est un agent rationnel qui exploite ses connaissances pour former un calcul coût-avantage de la violation du droit et pour élaborer des stratégies juridiques visant à limiter le coût économique de l'infraction ; v. O. W. Holmes, « The Path of the Law », *op. cit.* note 578.

676 Il ne faut pas oublier que, derrière l'immunité totale, l'immunité partielle peut permettre à des entreprises de bénéficier de réductions d'amende pouvant aller jusqu'à 50 %.

677 W. Wils, « Leniency in Antitrust Enforcement: Theory and Practice », *op. cit.* note 653, p. 30 : « *[S]uccessful cartels tend to be* sophisticated organizations, capable of learning. *It is thus safe to assume that cartel participants will try to adapt their organization to leniency policies, not only so as to minimize the destabilising effect, but also, where possible,* to exploit leniency policies *to facilitate the creation and maintenance of cartels.* »

généreuses[678]. Certains s'en inquiètent[679], d'autres dénoncent le risque d'une telle politique qui favorise une exploitation opportuniste de la clémence : « *Un problème connexe est que le programme de* clémence peut influencer les firmes à se cartelliser puis à dénoncer le cartel à chaque période si cela est plus rentable que de se cartelliser sans dénonciation ou ne pas s'entendre du tout »[680].

Un régime de clémence trop généreux fournit un moyen facile pour les cartellistes d'échapper ou de réduire les amendes et peut donc encourager les ententes qui ne se seraient pas formées autrement[681]. Non seulement le programme de clémence est exploitable mais il est exploité par des firmes qui ont compris les règles du jeu[682]. Le moment de la dénonciation est notamment un critère clef permettant d'exploiter la procédure pour assurer la réalisation d'une faute concurrentielle lucrative.

259. **Temps de la dénonciation.** Les firmes ont la possibilité de dénoncer le cartel avant et après l'ouverture d'une enquête. Si cette possibilité se justifie pour des raisons tenant à l'efficacité du programme de clémence[683], elle ne fait qu'accroître le caractère calculé et opportuniste de la dénonciation. D'autant plus que la réduction de l'amende n'est pas moins importante si la firme dénonce après l'ouverture des investigations[684], ce qui est de nature à encourager les dénonciations tardives. Envisageons donc l'hypothèse stratégique suivante.

---

678 O. Dominte, D. Serban, A. M. Dima, « Cartels in EU: Study on the Effectiveness of Leniency Policy », *op. cit.* note 639. – V. aussi : S. Brenner, « An empirical study of the European corporate leniency program », *Journal of Economic Literature* Classification : K21, K41, L4 (2005).

679 W. Wils, *op. cit.*, p. 26 : « *Waiving or reducing penalties to reward cooperation inevitably has a negative effect on the penalty level, and thus on deterrence.* »

680 A. Soetevent, J. Hinloopen, « From Overt to Tacit Collusion: Experimental Evidence on the Adverse Effects of Corporate Leniency Programs », Tinbergen Institute Discussion Paper n° TI 2008-059/1. Les auteurs soulignent aussi que « *les programmes qui portent cette fonction sont considérés comme exploitables [...]. L'expérience confirme en partie le danger d'avoir des programmes de clémence trop généreux. Une fraction significative de tous les contrevenants est en mesure d'exploiter le programme de clémence s'il est exploitable* ». Traduction libre : « *A related problem is* that leniency programs might induce firms to collude and report in each period if that is more profitable in an expected sense than either colluding and not reporting or not colluding at all *[...]. Programs that carry this feature* are called exploitable *[...]. The experiment partly confirms the danger of having too generous leniency programs. A significant fraction of all subjects is* able to exploit the program *if it is exploitable* ». Disponible sur : http://ssrn.com/abstract=1146347.

681 C. Marvão, G. Spagnolo, « What Do We Know about the Effectiveness of Leniency Policies? A Survey of the Empirical and Experimental Evidence », SITE Working Papers Series 28, Stockholm School of Economics, Stockholm Institute of Transition Economic (2014), p. 21 : « *A poorly designed or too generously administered leniency scheme provides* an easy way for cartelists to escape or reduce fines *and may therefore encourage cartels that would not otherwise form. A generous leniency policy combined with mild sanctions is likely to maintain or increase the deadweight losses from administration, prosecution and litigation costs, with no balancing benefits for the taxpayer. Evaluating how these policies are implemented in reality, and how their design and management could be improved, is therefore crucial* ».

682 A. Soetevent, J. Hinloopen, « From Overt to Tacit Collusion: Experimental Evidence on the Adverse Effects of Corporate Leniency Programs », *op. cit.*, p. 16 : « *Yet, programs that provide too generous fine reductions in exchange for self-reporting could trigger such overt collusion.* Firms in that case overtly collude and self-report in each period. *The experimental results in this paper show that this type of exploitable program is exploited indeed, albeit to a lower extent than what is predicted by theory. Perhaps more importantly, the experiment reveals that implementation of non-exploitable leniency programs trigger a form of tacit collusion. As this type of coordination does not qualify as being illegal it avoids the probability of having to pay a fine* ».

683 La menace pesant sur la firme qui fait l'objet d'investigations va l'inciter à dénoncer le cartel. Il serait donc sous-optimal de refuser le programme de clémence après l'ouverture de l'enquête.

684 C Marvão, « The EU Leniency Programme and Recidivism », *op. cit.* note 636.

260. **Hypothèse.** Une firme se lance dans un cartel. Si aucun indice ou aucune suspicion sérieuse ne lui indique le début d'une enquête sur ses manœuvres, elle retarde le projet de dénoncer ses partenaires, préférant accumuler les surprofits illicites. Au contraire, si la Commission ou l'Autorité commence une enquête et que la firme prédit un risque de détection, la firme sera incitée à dénoncer. L'agent le plus réactif[685] pourra ainsi rapporter l'entente au moment précis où la dénonciation sera profitable pour lui-même et dommageable pour ses concurrents. Le fait même que les avantages économiques de la clémence perdurent même si la demande a lieu après l'ouverture de l'enquête est de nature à rassurer le projet d'infraction du contrevenant. Ce dernier peut engranger les profits en attendant qu'une enquête ait lieu. L'investigation fera office d'alarme : elle signale quand le cartelliste doit dénoncer. Finalement, une firme peut rationaliser sa participation à l'entente, en prévoyant de dénoncer l'entente à un instant T[686].

261. **Indications sur les réductions d'amende.** Par ailleurs, le *bad man* cherchera aussi à obtenir des informations sur les réductions d'amende. S'agissant des cartels européens, d'après une étude économétrique de Catarina Marvão portant sur 81 cartels impliquant 385 firmes, la clémence offre des réductions plus importantes dans deux cas particuliers :

- pour les ententes avec un impact géographique large ;
- pour les entreprises qui reçoivent des réductions sensibles en dehors de la politique de clémence[687].

Sur ce deuxième point, on voit comment une firme peut espérer plusieurs réductions d'amende. Surtout, l'importance de la réduction d'amende lors de la clémence est indifférente des autres réductions d'amende en dehors de la clémence. La réduction est même, selon l'étude, plus importante pour les entreprises ayant déjà bénéficié de réductions en dehors de la clémence. Cela renforce la confiance d'une firme qui, malgré le spectre de la sanction, voit de multiples possibilités de réductions d'amende, notamment quand la procédure de non-contestation des griefs[688] et la procédure d'engagement[689] viennent s'ajouter à la clémence. Pour

---

685 L'agent le plus réactif sera souvent le mieux renseigné et le plus accoutumé au jeu de la clémence.

686 L'instant T correspond au jour où le maintien du cartel apparaît le plus risqué, c'est-à-dire au jour où des investigations naissent.

687 C Marvão, *loc. cit.*

688 Aut. conc., communiqué de presse du 10 février 2012, Programme de conformité et de non-contestation de griefs : « *Cette procédure, insérée dans le Code de commerce en 2001, permet aux entreprises de renoncer volontairement à contester les griefs notifiés par les services d'instruction de l'Autorité, en contrepartie d'une réduction de la sanction encourue si la mise en œuvre de cette procédure est jugée opportune par le rapporteur général de l'Autorité. Les entreprises peuvent en plus s'engager à modifier leur comportement pour l'avenir et bénéficier, sous la même réserve, d'une réduction de sanction supplémentaire. Ce dispositif peut donc déboucher* sur une réduction de sanction de 10 à 25 % ». Certes, cette procédure a été réformée et remplacée par la procédure de transaction. Or, cette dernière offre aussi au contrevenant une probable réduction de l'amende, car l'Autorité, qui applique la procédure de transaction, s'écarte du communiqué « Sanctions » pour évaluer le montant de l'amende.

689 *Ibid.* : « *[...] l'Autorité peut tenir compte de la non-contestation des griefs et, lorsqu'il y en a, des engagements présentés par les entreprises destinés à modifier leurs comportements pour l'avenir. Ces engagements, qui peuvent prendre la forme d'engagements structurels (séparation comptable, filialisation...), comportementaux (modifications de clauses contractuelles, de conditions générales de vente ou de grilles tarifaires...), ou de*

cette raison, un auteur affirme : « *Après une condamnation, la collusion reste pratiquement aussi attrayante qu'auparavant pour le cartel condamné* »[690].

La clémence pourrait non seulement inciter une firme à se cartelliser, mais également pousser une firme déjà sanctionnée pour une entente, quoique bénéficiaire de diverses réductions, à la récidive.

262. **Incitation à la récidive.** L'étude démontre enfin que la récidive n'est pas un facteur privatif de clémence. Ainsi, certains récidivistes ont pu bénéficier à plusieurs reprises de la clémence. Ils sont donc ceux qui, cumulativement, bénéficient du plus haut taux de réduction[691]. En France, le cas des firmes Henkel et Unilever condamnées dans le cartel hygiène et entretien viennent confirmer les résultats de l'étude[692]. L'incitation à enfreindre le marché est plus forte dans la mesure où les entreprises peuvent apprendre les règles du jeu. Le fait que la récidive ne soit pas un facteur privatif de clémence a deux conséquences. D'abord, cela encourage d'autant plus la récidive : « Les récidivistes semblent bénéficier de réductions de clémence plus élevées, ce qui suggère que les entreprises peuvent apprendre les "règles du jeu", *se concerter et signaler à maintes reprises l'entente et ainsi endommager considérablement leurs partenaires* »[693].

Ensuite, cela favorise une stratégie très lucrative, que nous appellerons la « clémence concertée ».

d. La clémence concertée

263. **Hypothèse d'une clémence concertée.** Par « clémence concertée », nous imaginons l'hypothèse où il existe, en amont d'un éventuel procès, une concertation entre les firmes pour déterminer le premier demandeur de clémence. La clémence concertée aboutit à une clémence partagée entre les membres du cartel. Elle répond à une logique du « chacun son tour ». La clémence concertée sert de manière générale à permettre à plusieurs cartellistes de préserver le résultat lucratif de l'infraction en faisant l'économie d'une amende ou en la limitant fortement.

264. **Suspicions d'une « clémence concertée » en France.** Reprenons l'affaire *Hygiène et entretien*[694]. S'agissant des entreprises Henkel et Unilever, en 2011, Unilever

---

conformité, peuvent conduire l'Autorité à accorder à l'entreprise une réduction de sanction supplémentaire de 5 à 15 % qui s'ajoute à la baisse de 10 % *accordée au titre de la non-contestation des griefs seule* ».

690 C. Marvão, G. Spagnolo, « What Do We Know about the Effectiveness of Leniency Policies? », *op. cit.* note 681. Traduction libre : « *[A]fter a conviction, collusion remains practically as attractive as before for the convicted cartel.* »

691 C Marvão, « The EU Leniency Programme and Recidivism », *op. cit.* note 636.

692 Henkel a pu bénéficier au titre de la procédure de clémence d'une exonération de 30 %. Or, en 2011, déjà, elle avait bénéficié d'une sanction réduite de 25 %, du fait de sa participation à la clémence et de la coopération dont elle a fait preuve pendant toute la phase d'enquête. L'exemple d'Unilever est encore plus frappant. Cette dernière a bénéficié d'une immunité totale en 2011 en tant que premier demandeur de clémence. En 2014, ayant pris des engagements tout en ne contestant pas les griefs reprochés, elle a bénéficié d'une exonération de 18 %. Le calcul coût-avantage est nettement en sa faveur. V. déc. n° 14-D-19 du 18 décembre 2014, Entente produits d'hygiène.

693 C. Marvão, G. Spagnolo, « What Do We Know about the Effectiveness of Leniency Policies? », *op. cit.* note 681, p. 9. Traduction libre : « *[R]epeat offenders appeared to receive higher leniency reductions,* which suggests that firms can learn the "rules of the game", repeatedly colluding and reporting the cartel, and thus substantially damage their partners ».

694 Déc. n° 14-D-19 du 18 décembre 2014, Entente produits d'hygiène.

a été la première demanderesse de clémence. En 2014 en revanche, elle était mal située sur la chaîne des demandeurs et n'a reçu qu'une réduction partielle pour non-contestation de griefs. Colgate-Palmolive, quant à elle, n'a reçu qu'une réduction partielle de l'amende en 2011 (15 %) ; tandis qu'en 2014, elle a obtenu une immunité totale sur le secteur de l'hygiène au titre d'une clémence de rang 1.

265. **Scénario imaginable.** On peut imaginer que la clémence ait pu faire l'objet d'un accord entre les cartellistes. Remarquons que les entreprises Henkel, Unilever et Colgate, condamnées chacune à quatre ans d'intervalle pour des pratiques peu ou prou semblables sur des marchés similaires[695], ont bénéficié chacune à leur tour d'une immunité totale puis d'une réduction partielle, ou l'inverse. La question du partage concerté de la clémence mérite d'être posée. Si elle relève assurément de l'hypothèse, les faits permettent de supposer une utilisation opportuniste et partagée de la clémence, où les dénonciateurs n'agiraient pas forcément contre les intérêts des membres du cartel, mais en concertation entre eux.

266. **Étude de Marshall et Marx.** Cette hypothèse a été évoquée récemment dans un article des professeurs Robert Marshall et Leslie Marx. Les deux auteurs s'interrogent : « *Y a-t-il collusion entre les cartellistes s'agissant des demandes de clémence ? Ne prévoient-ils pas un système du chacun son tour* ? »[696]. Les auteurs prennent ensuite des exemples très intéressants en s'appuyant sur des cartels européens. D'abord, il est souligné que la firme AkzoNobel a participé depuis 1966 à neuf cartels, et qu'elle a obtenu quatre fois la clémence. Cet exemple permet de fortement présumer l'idée d'une instrumentalisation de la clémence à des fins collusives. Ensuite, s'appuyant sur le cartel de la chimie, l'auteur fait le constat suivant : « *La firme Akzo a demandé la clémence en 2003, puis en 2006, c'est au tour de la firme Degussa de concourir la première à la clémence, puis ce fut encore Akzo en 2009 – or les deux firmes étaient présentes dans les trois cartels* »[697]. L'hypothèse de Robert Marshall et Leslie Marx a néanmoins été contestée. En effet, Wouter Wils note, d'une part, qu'il est difficilement envisageable qu'Akzo et Degussa aient pu contrôler l'utilisation stratégique de la clémence sachant que d'autres grandes entreprises étaient également impliquées dans une ou plusieurs de ces ententes, notamment Atochem/Atofina et Solvay. D'autre part, l'auteur formule l'hypothèse selon laquelle une clémence « à tour de rôle » est possible lorsque l'entente est sur le point d'être détectée par une autorité de concurrence, les entreprises prévoyant denoncer l'entente une fois que celle-ci a enclenché son

---

695 *Ibid.* V. : http://www.autoritedelaconcurrence.fr Secteur(s) d'activité : Insee 60 : Industrie chimique ; Commerce de gros et intermédiaires du commerce ; Commerce de détail et réparation d'articles domestiques ; Insee 700 : Fabrication de savons, détergents et produits d'entretien ; Fabrication de parfums et de produits pour la toilette (24.5C) ; Commerce de gros de produits pour l'entretien et l'aménagement de l'habitat ; Commerce de gros de parfumerie et de produits de beauté ; Supermarchés ; Hypermarché ; v. aussi : déc. n° 11-D-17 ; secteurs d'activité : Insee 60 : Industrie chimique ; Commerce de détail et réparation d'articles domestiques ; Insee 700 : Fabrication de savons, détergents et produits d'entretien ; Supermarchés ; Hypermarchés.

696 R. C. Marshall, L. M. Marx, « Participation in Multiple Cartels Through Time and the Potentially Strategic Use of Leniency », Overview of Presentation, in *The Economics of Collusion: Cartels and Bidding Rings*, MIT Press (2012). Traduction libre : « *Is there collusion among the colluders regarding leniency applications? Are they taking turns?* »

697 *Ibid.* Traduction libre : « *Akzo files for leniency in 2003, then Degussa in 2006, then Akzo in 2009 – both were in all three cartels.* »

processus de « mort naturelle ». Or, l'entente était encore en cours quand Akzo a demandé la clémence. Enfin, l'auteur reprend la justification fournie par Akzo elle-même, à savoir, que suite à une série d'acquisitions, plusieurs de ses filiales relativement autonomes ont participé à des ententes. Pour cette raison, Akzo a dû renforcer sa politique de contrôle interne afin de pouvoir détecter les ententes auxquelles ses filiales participaient et les signaler dans le cadre du programme de clémence de la Commission européenne[698]. En tout état de cause, la critique de l'exemple fourni par Robert Marshall et Leslie Marx ne rend pas moins l'hypothèse envisageable. L'hypothèse formulée par les deux auteurs, bien que critiquable, permet d'imaginer la possibilité d'une clémence concertée.

267. **Organisation de la clémence concertée.** Premièrement, deux firmes peuvent passer un accord prévoyant un système du « chacun son tour » dans la course à la clémence afin de bénéficier chacune de l'immunité d'amende. L'importance des récidives justifie cette hypothèse, sachant que les firmes peuvent prévoir de se cartelliser plusieurs fois. Un auteur note que la récidive est particulièrement fréquente dans les secteurs de la chimie-pharmacie et de l'électronique[699]. Dans ces secteurs, une logique du « chacun son tour » pourrait donc être prévue entre les demandeurs de clémence.

268. **Partage des preuves.** Deuxièmement, on sait que la procédure de clémence prévoit la possibilité d'offrir des réductions d'amende à plusieurs firmes, du moment qu'elles collaborent. Les membres d'un cartel peuvent donc aussi, avant que le cartel ne soit découvert, prévoir un système dans lequel ils divisent et se partagent les preuves entre eux afin d'aboutir à des réductions maximales d'amende pour chacun. Cette hypothèse est plus probable dans le cadre d'un cartel de taille moyenne, où la coordination entre les membres est simplifiée.

269. **Dénonciation du cartel en fin de vie.** Troisièmement, un accord peut exister entre les membres du cartel pour dénoncer l'entente et demander la clémence « *seulement après avoir pleinement mis en œuvre l'entente jusqu'à son terme de mort naturelle* »[700]. Dans ce cas, il est prévu que l'entente meure et que la course à la clémence ne soit possible qu'au jour où le cartel arrête de générer des surprofits[701]. Les auteurs Andreas Stephan et Ali Nikpay ont sur ce point démontré à travers une étude empirique sur les cartels européens que, dans la majorité des cas, l'entente avait déjà cessé d'opérer au moment où la demande de clémence était

---

698 Wils, Wouter P. J., The Use of Leniency in EU Cartel Enforcement: An Assessment after Twenty Years (June 10, 2016). World Competition: Law and Economics Review, Vol. 39, No. 3, 2016, King's College London Law School Research Paper No. 2016-29.

699 S. Broos, A. Gautier, J. M. Ramos, N. Petit, « Analyse statistique des affaires d'ententes dans l'UE (2004-2014) », *op. cit.* note 641.

700 W. Wils, « Leniency in Antitrust Enforcement: Theory and Practice », 30(1) *World Competition* 25-64 (2007), p. 30 : « *[O]ne could imagine all the members of a cartel collectively denouncing it to the antitrust enforcement authorities and claiming leniency, only after having fully implemented the cartel agreement up to its time of natural death.* »

701 A. Stephan, « Disqualification Orders for Directors Involved in Cartels », CCP Working Paper 11-8 (2011), pp. 8-9 : « *There is in fact some evidence to suggest that leniency is only used by firms to tame the end-game once the cartel has failed, with only limited examples of leniency breaking up active cartels* » ; v. sur ce point A. Stephan, « An Empirical Assessment of the European Leniency Notice », 5(3) *Journal of Competition Law & Economics* 537-561 (2009).

formulée[702]. Cela rend probable l'idée d'une instrumentalisation opportuniste de la clémence où les firmes, après avoir augmenté leur profit, dénoncent l'infraction au moment où le cartel meurt et n'est plus rentable.

En somme, l'hypothèse d'une clémence concertée entre les membres d'une entente semble possible au regard des exemples évoqués. Par ailleurs, l'instrumentalisation de la procédure de clémence peut, aussi, constituer une arme concurrentielle permettant de prendre un avantage sur la concurrence. La clémence en tant qu'arme concurrentielle renforce son effet procollusif.

2. La clémence comme arme concurrentielle au service du *bad man*

270. **La clémence produit deux résultats économiques incitatifs à l'infraction :**

- premièrement, nous venons de le voir, un résultat lucratif immédiat, en permettant de conserver totalement ou en partie les gains illicites de l'infraction ;
- deuxièmement, un résultat lucratif à long terme, dès lors que l'entreprise qui bénéficie de l'immunité prend un avantage concurrentiel sur celles qui ont subi une lourde sanction. Sur ce dernier point, la clémence peut constituer une arme pour devancer ou évincer ses concurrents.

271. **Conséquence.** La clémence ne permet pas simplement d'entretenir la faute lucrative ; elle la prolonge et même la renforce. L'utilisation de cette procédure permet à l'entreprise de prendre un avantage concurrentiel dans la compétition l'opposant aux autres firmes qui n'ont pas dénoncé l'entente. Ce faisant, la clémence sert non seulement à conserver les gains de l'infraction mais aussi à générer de nouveaux profits en permettant aux dénonciateurs de capter des parts de marché.

De façon générale, la clémence comme arme concurrentielle peut être envisagée sous trois angles : la « clémence éviction » (a) d'une part, la « clémence diversion » d'autre part (b), et enfin la clémence comme instrument de chantage (c).

a. La « clémence éviction »

272. **Éviction.** La clémence peut aboutir au même résultat que l'abus d'éviction[703]. La clémence peut même produire deux effets d'éviction.

273. **Éviction du concurrent.** L'entreprise victime de la dénonciation subit, par le jeu de l'amende, un coût économique qui peut l'empêcher de se développer autant qu'elle aurait pu le faire si le cartel n'avait pas été détecté. L'affaire du cartel des vitamines offre à ce titre une illustration robuste de la procédure de clémence

---

[702] A. Stephan, A. Nikpay, « Leniency Theory and Complex Realities », CCP Working Paper 14-8 (2014) : « *Most leniency reporting may be occurring where a cartel has already ceased to operate or is very likely to be caught* ». Selon l'étude des auteurs fondée sur 43 cas de cartels de l'Union européenne révélés par la politique de clémence entre 2002 et août 2014, dans la majorité des cas (23) de cet échantillon, l'entente avait cessé d'opérer avant la dénonciation du cartel par l'entreprise en contrepartie de l'immunité. Disponible sur SSRN : https://ssrn.com/abstract=2537470.

[703] On parle d'une pratique d'éviction lorsque « *les entreprises concurrentes n'ont pas pu se développer autant qu'elles auraient pu le faire en l'absence de la pratique anticoncurrentielle* », v. G. de Muizon, « L'évaluation du dommage économique, le rôle de l'expert », Formation continue des magistrats et des juges consulaires, Ecole Nationale de la Magistrature, Droit de la concurrence pour les juridictions spécialisées, Microeconomix, 4 avril 2014.

comme arme d'éviction des concurrents[704]. La clémence peut donc constituer une stratégie agressive visant à évincer les concurrents directs afin de capter de nouvelles parts de marché : « *La clémence est un outil de concurrence tout comme l'est la publicité ou le marchandising. C'est un moyen de prendre des parts de marché [...] la procédure de clémence agit comme un véritable Cheval de Troie en permettant l'implosion de cartels par le nouvel entrant, et la refonte du marché à son seul bénéfice* »[705].

L'entreprise qui s'est repentie en dénonçant le cartel – au contraire des autres membres du cartel – restaure son image et sa réputation auprès du consommateur. La clémence est un outil marketing permettant au délateur de se racheter une image. Elle n'est donc pas seulement lucrative, car elle permet de faire l'économie du coût de l'amende ; elle est aussi lucrative, car elle a un effet d'éviction sur les concurrents qui doivent s'acquitter d'une sanction pécuniaire et subir des effets de réputation. Le dénonciateur n'aura pas ou aura moins à subir les coûts tenant à la restauration d'une image de marque. De plus, il existe un « *impact boursier des annonces des pratiques anticoncurrentielles* »[706] susceptible d'entraîner une dépréciation de la valeur boursière de l'entreprise. Or, l'immunité obtenue par l'entreprise demanderesse de clémence lui épargne une perte de sa valeur boursière que ses concurrents auront à subir. La clémence offre même une triple récompense[707], car elle génère aussi un effet d'éviction des demandes en réparation.

274. **La « clémence civile » : effet d'éviction des demandes en réparation.** L'entreprise bénéficiaire de la clémence évince les demandeurs victimes d'une éventuelle action en réparation. En pratique, ces derniers peuvent agir contre les entreprises fautives. En réalité, ils risquent d'être paralysés dans leur action, faute d'accéder aux preuves détenues par l'Autorité de la concurrence. Les pièces recueillies dans

---

704 Cette affaire résume bien notre première hypothèse selon laquelle la clémence peut produire un effet d'éviction des concurrents. Dans cette affaire, les dirigeants de La Roche, BASF et Rhône-Poulenc s'étaient concertés pour fixer une politique commerciale commune ayant pour but une augmentation concertée des prix, et la stabilisation de leurs parts de marché. À la suite de l'investigation des autorités de concurrence, Rhône-Poulenc a dénoncé l'entente. En échange, les autorités de concurrence lui ont accordé une exonération totale d'amende pécuniaire ainsi que l'immunité pénale pour ses dirigeants. Les concurrents du délateur ont subi en revanche une forte amende : Roche a écopé de 500 millions de dollars d'amende, et BASF 225 millions de dollars. Deux dirigeants de Roche ont écopé d'une peine de prison de cinq mois ferme. La Commission européenne a infligé une amende record de 855 millions d'euros. Finalement, la demande de clémence entrait dans une stratégie de faute lucrative en permettant au délateur de conserver des surprofits colossaux. Rappelons à ce titre que l'entente a duré dix ans et que les surprix étaient considérables. La livre de vitamine A, qui valait 11,59 dollars en 1990, était de 19,84 dollars en 1998 ; de plus, sachant que Rhône-Poulenc contrôlait plus de 60 % de l'approvisionnement en vitamines du monde entier, les surprix dont les consommateurs ont dû s'acquitter lui ont permis de réaliser des surprofits colossaux. Pour conclure, la clémence lui offrait un avantage concurrentiel et un ascendant considérable sur le marché. L'immunité pénale de ses dirigeants a préservé la stabilité interne de l'entreprise, au contraire de La Roche, dont deux dirigeants ont été emprisonnés : « *Rhône-Poulenc [fait] ainsi coup double en obtenant une immunité financière et pénale, et en prenant l'ascendant sur ses concurrents : au cours de l'été 1999 la DG Concurrence avalisait sa fusion avec l'allemand Hoëchst qui donnait naissance à Aventis.* »

705 P. Desbrosse, « Les programmes de clémence à l'épreuve de la globalisation des marchés », *RIDE* 2010/2, t. XXIV, pp. 211-240, spéc. pp. 228-229.

706 A. Jerson, F. Le Roy, P. Sentis, « L'impact boursier des annonces des pratiques anticoncurrentielles », Association internationale de management stratégique (AIMS).

707 Nous venons de voir les deux récompenses de la procédure de clémence, à savoir l'économie de l'amende pécuniaire et la minoration du coût réputationnel lié à l'atteinte à l'image de marque.

le cadre d'une demande de clémence ne sont pas communicables au demandeur à l'action[708]. La clémence a ceci de particulièrement généreux qu'elle bloque à la fois la réponse du *public enforcement* et l'action du *private enforcement*. Par la clémence, une firme neutralise l'amende de l'Autorité et la plainte de la victime. Au regard du *bad man* holmésien[709] qui connaît la loi non de façon innocente, mais de façon opportuniste – ne se souciant que des conséquences matérielles que cette connaissance lui permet de prévoir –, l'ordonnance du 9 mars 2017 livre une précieuse clarification : l'Autorité ne peut jamais ordonner la communication au demandeur des pièces issues de la procédure de clémence[710]. L'article L. 483-5 de l'ordonnance[711] offre donc une seconde protection, pendante à la protection déjà promise par les articles L. 464-2[712] et R. 464-5[713] du Code de commerce. Le profit de l'infraction est préservé une fois par le jeu de la clémence, et une seconde fois par le jeu de l'art. L. 483-5, qui risque de neutraliser le versement de dommages et intérêts en laissant le demandeur impuissant à prouver, sans les pièces pertinentes, l'infraction dont il se dit victime[714]. La clémence produit donc un effet d'éviction des demandes en réparation.

Par ailleurs, la procédure de clémence peut être instrumentalisée par le *bad man* pour faire diversion sur l'existence d'autres pratiques anticoncurrentielles.

b. La « clémence diversion »

275. **Diversion.** La clémence peut servir à faire diversion, notamment lorsqu'une entreprise est partie à plusieurs ententes. L'entreprise, stratégiquement, va demander la clémence pour un cartel qu'elle estime de toute façon en fin de vie, et ce, afin de détourner l'Autorité de la concurrence de l'attention qu'elle pourrait porter aux autres cartels. Cette hypothèse est notamment évoquée par le professeur Nicolas Petit, qui parle de « *clémence illusion* »[715]. Selon l'auteur, l'Autorité de la concurrence, obnubilée par l'examen des preuves fournies par les demandeurs de

---

[708] Art. L. 462-3 du Code de commerce : « *L'Autorité de la concurrence peut transmettre tout élément qu'elle détient concernant les pratiques anticoncurrentielles concernées,* à l'exclusion des pièces élaborées ou recueillies au titre du IV de l'article L. 464-2 ».

[709] O. W. Holmes, « The Path of the Law », *op. cit.* note 578.

[710] Art. L. 483-5, section 3 de l'ord. n° 2017-303 du 9 mars 2017 relative aux actions en dommages et intérêts du fait des pratiques anticoncurrentielles, *JORF* n° 0059 du 10 mars 2017, texte n° 29.

[711] *Ibid.*

[712] L. 464-2 du Code de commerce, titre IV : « *Une exonération totale ou partielle des sanctions pécuniaires peut être accordée à une entreprise ou à un organisme qui a, avec d'autres, mis en œuvre une pratique prohibée par les dispositions de l'article L. 420-1 s'il a contribué à établir la réalité de la pratique prohibée et à identifier ses auteurs, en apportant des éléments d'information dont l'Autorité ou l'administration ne disposaient pas antérieurement.* »

[713] Art. R. 464-5 du Code de commerce : « *Un rapporteur de l'Autorité de la concurrence élabore des propositions d'exonération de sanctions et précise les conditions auxquelles l'Autorité de la concurrence pourrait soumettre cette exonération dans son avis de clémence.* »

[714] La faute qui devient lucrative par le jeu des réductions ou de l'immunité accordée pourrait se voir par la suite limitée par l'action privée en réparation. Or, en interdisant à l'action privée l'accès aux preuves recueillies durant la clémence, il y a peu de chances pour qu'une victime puisse supprimer ou au moins limiter les gains mal acquis conservés grâce à la procédure de clémence.

[715] N. Petit, « Les stratégies juridiques en droit des coordinations entre entreprises – Une approche scénarisée », The Global Competition Law Centre Working Papers Series, GCLC Working Paper 01/09.

clémence, peut succomber à une sorte de « *myopie informationnelle* »[716]. Dans ce cas, la clémence devient une arme visant à détourner l'Autorité des collusions en place sur des marchés voisins. La stratégie est particulièrement lucrative, car les surprofits réalisés du fait des autres infractions anticoncurrentielles non détectées échappent à toute sanction.

Enfin, la procédure de clémence est une « arme concurrentielle » au sens où elle est un instrument de chantage permettant de renforcer l'efficacité du cartel.

c. La clémence comme instrument de chantage

276. **Chantage.** Par le chantage, la clémence peut aussi servir à renforcer la stabilité du cartel. En théorie, l'incitation à former un cartel selon une analyse coût-bénéfice est minorée au regard du risque de dénonciation de la pratique concertée. Le risque de tricherie de la part d'un des membres qui dénonce le cartel produit néanmoins un effet pervers : l'utilisation de la clémence comme une menace pour assurer le respect de la concertation sur les prix. La « tricherie » du cartelliste qui ne respecterait pas l'accord serait immédiatement sanctionnée d'une demande de clémence. Une telle instrumentalisation de la clémence n'est possible qu'en présence d'un leader désigné pour agir dans l'intérêt commun. Ce leader disposerait de toutes les preuves et serait en mesure de dissuader les autres membres de dévier : « *Il semblerait toutefois peu probable que les autres membres de l'entente soient disposés à conclure un tel accord, car ils devraient faire confiance au chef de file pour agir exclusivement dans l'intérêt commun et risqueraient d'être les victimes simultanées des écarts d'un "non-leader"* »[717]. Un risque existe cependant, surtout si « *le meneur pouvait contraindre les autres membres de l'entente à conclure l'entente* »[718].

277. **Bilan.** La somme des avantages obtenus par le demandeur de clémence génère un effet procollusif. La prévisibilité de la procédure de clémence la rend exploitable pour le *bad man* qui forme des prédictions sur le coût de l'amende. Retirer indûment les fruits d'une pratique illicite puis se réfugier derrière la procédure de clémence pourrait rentrer dans la stratégie des contrevenants. La clémence permet à l'agent économique de conserver ses gains illicites mais elle constitue aussi une arme concurrentielle entre les mains des entreprises.

En dehors de la clémence, la procédure de transaction produit, elle aussi, des effets dissuasifs négatifs.

B. L'effet sous-dissuasif de la transaction

278. Les avantages retirés de la procédure de transaction (1) doivent surtout être appréciés au regard de la minoration de l'amende et de la préservation de la valeur boursière de l'entreprise sanctionnée (2).

---

716 *Ibid.*

717 W. Wils, « The use of leniency in EU cartel enforcement: An assessment after twenty years? », *op. cit.* note 659.

718 *Ibid.*

1. Les avantages retirés du recours à la transaction

279. La réduction de l'imprévisibilité (a) est un avantage capital pour l'agent rationnel qui entend affiner ses prédictions avant d'enfreindre la loi. La délicate évaluation du risque (b) attaché au recours à la procédure de transaction est néanmoins susceptible de remettre en cause les avantages prévisibles de cette procédure.

a. La réduction de l'imprévisibilité

280. **Précisions liminaires.** La procédure de transaction française proposée par la loi Macron diffère de la transaction européenne. D'une part, parce qu'elle n'est pas réservée aux seules ententes, mais peut s'appliquer à toute pratique anticoncurrentielle. D'autre part, parce qu'elle ne peut intervenir qu'après la notification des griefs, alors que la procédure européenne intervient en amont de la communication des griefs. Ce point mérite toutefois d'être relativisé sachant que l'Autorité par l'intermédiaire de son rapporteur général a déjà eu l'occasion d'affirmer que « *les entreprises seraient convoquées un mois avant la notification des griefs pour être oralement informées de la teneur du dossier et pouvoir envisager une éventuelle transaction* »[719]. Enfin, parce que la procédure française réduit davantage l'imprévisibilité de la sanction que la transaction européenne, qui n'offre qu'un taux de réfaction de l'amende.

281. **Avantage principal : réduction de l'imprévisibilité.** Le *bad man* qui opère un calcul coût-avantage avant d'enfreindre la loi cherche à réduire au maximum l'incertitude de la sanction attachée à son éventuelle condamnation. Le principal avantage de la procédure de transaction par rapport à la procédure de non-contestation de griefs qu'elle remplace est justement de tendre vers une plus grande prévisibilité de l'amende pécuniaire. Cette procédure offre en effet plus d'informations aux agents économiques. Avant la loi Macron, les entreprises qui acceptaient de ne pas contester les griefs n'étaient informées que d'un pourcentage de réduction de l'amende, mais ne pouvaient connaître le montant de la peine ou, à tout le moins, se faire une idée de l'ampleur de celle-ci.

Depuis la loi Macron, les entreprises qui renoncent à contester les griefs notifiés par l'Autorité peuvent se voir proposer par le rapporteur général de l'Autorité une transaction fixant le montant maximal et minimal de la sanction encourue. Il ne s'agit donc plus d'un simple pourcentage de réduction de sanction, mais d'une information précise livrée au contrevenant sur le plancher et le plafond de l'amende encourue. Le renforcement de la sécurité juridique se fait au détriment de l'objectif de dissuasion, lequel nourrit l'imprévisibilité pour maintenir les entreprises dans l'inconfort de l'incertitude. La possibilité pour l'entreprise mise en cause d'anticiper une fourchette de sanction va favoriser les calculs anticipés. Il faut néanmoins distinguer trois hypothèses :

- **Fourchette large.** Soit la fourchette est large entre l'amende maximale et l'amende minimale. Dans ce cas l'importance de l'écart entre les deux

---

719 Colloque AAPDC, 24 septembre 2015, cité par J.-L. Fourgoux, « L'Autorité de la concurrence transfigurée par la loi Macron ? », *AJCA* 2015, pp. 404-407.

montants génère de l'imprévisibilité et l'entreprise est toujours confrontée à un aléa important sur le quantum de la sanction.

- **Fourchette étroite.** Soit la fourchette est étroite, c'est-à-dire que la différence entre le montant plancher et le montant plafond est mince, et dans ce cas l'entreprise pourrait dès le début de la procédure approximer précisément le montant de la sanction pécuniaire.
- **Dissidence du collège.** Enfin, même dans le cas où le rapporteur général a établi une fourchette étroite qui permet à l'agent économique de faire une prédiction du montant final de la sanction pécuniaire, le collège de l'Autorité de la concurrence peut refuser la transaction ou proposer une fourchette plus large que celle du rapporteur. Le collège n'est pas lié par la décision du rapporteur, eu égard au principe de séparation des fonctions d'instruction et de décision[720].

Ces trois hypothèses conduisent à penser que la transaction n'est pas nécessairement favorable aux agents fautifs. Survivrait en effet une certaine imprévisibilité due à l'indépendance du collège ; le recours à cette procédure reposerait *in fine* sur une délicate évaluation du risque juridique du recours à l'accord négocié, laquelle pourrait limiter le caractère procollusif de la procédure de transaction.

b. La délicate évaluation du risque ?

282. **Biais cognitifs : erreur dans l'évaluation du risque.** La délicate évaluation du risque en fonction de la fourchette de sanction proposée expose l'agent économique à des erreurs potentielles (ce que l'économie comportementale appelle un « biais ») qui, au lieu de lui assurer des gains (c'est-à-dire le paiement d'une amende en deçà des bénéfices tirés de l'infraction), lui feront subir des pertes. Le critère temporel a notamment une incidence dans le choix de l'agent économique.

283. **Critère temporel.** La procédure transactionnelle ne fait pas forcément le lit des calculs rationnels, car la tentation d'un maigre gain immédiat peut faire renoncer l'agent à un gain ultérieur plus important[721]. L'économie comportementale donne à ce titre des indications sur l'attitude des agents en situation risquée[722] : des individus sont plus tolérants au risque et donc plus patients[723] ; d'autres, au contraire, sont plus intolérants et donc plus impatients[724]. Pour les seconds, les préférences et choix varient en fonction d'un critère temporel. Ces derniers peuvent ainsi commettre des erreurs en préférant accepter immédiatement une offre désavantageuse de l'Autorité plutôt que de s'engager dans un litige dont ils pourraient pourtant

---

720 R. Saint-Esteben, « L'Autorité de la concurrence dans la loi Macron », Concurrences n° 4-2015, Art. N° 76182, pp. 16-25. L'auteur relève notamment que, dans la décision relative aux pratiques mises en œuvre dans le secteur du « porc charcutier », le collège a retenu un taux de minoration de l'amende moindre que celui proposé par le rapporteur général.

721 P. Puig, « La transaction : atouts et risques », *LPA* 3 décembre 2009, n° 241, p. 29.

722 C. A. Holt, S. K. Laury, « Risk Aversion and Incentive Effect », 92(5) *American Economic Review* 1644-1655 (2002).

723 V. Anderhub, W. Güth, U. Gneezy, D. Sonsino. « On the Interaction of Risk and Time Preferences: An Experimental Study », 2(3) *German Economic Review* 239-253 (2001).

724 M. Beaud, M. Willinger, « Quels déterminants de la prise de risque ? Les réponses de l'économie expérimentale », *L'actualité économique, Revue d'analyse économique*, vol. 92, n°s 1-2, mars-juin 2016, pp. 49-79.

espérer une issue favorable. De plus, l'aversion au risque introduit des biais dans la décision des firmes. Dans ce cas, la décision des firmes n'est plus seulement guidée par un principe de maximisation des profits, mais par une aversion au risque qui se traduit par la préférence pour un gain certain[725].

284. **Erreur de calcul.** Plus largement, le coût de la certitude (équivalent à l'obtention de l'information sur le plafond de l'amende encourue) peut être supérieur à l'avantage qu'aurait retiré l'agent économique s'il avait choisi la procédure ordinaire. L'abandon des droits de la défense de l'entreprise qui ne conteste pas les griefs peut décrire une erreur de calcul de la firme, qui subira un coût éventuellement supérieur au bénéfice qu'elle aurait retiré en contestant la décision et en exerçant un recours. Cette idée renvoie plus généralement au paradoxe d'Allais[726] : selon ce paradoxe, « *la préférence pour la sécurité est elle-même une fonction croissante de la certitude, et [...] à l'inverse, plus on s'éloigne de cette certitude, plus l'individu va préférer le risque* »[727]. Ainsi, la préférence pour la sécurité risque d'influencer la décision de la firme, qui pourrait opter pour le paiement immédiat d'une amende certaine pour rejeter l'incertitude de la décision de l'Autorité, qui pourrait pourtant aboutir à une amende plus faible. Lorsqu'une situation fait apparaître une option certaine (transaction financière, paiement d'une amende négociée) face à une option incertaine (incertitude sur l'amende qui sera infligée en cas de procédure ordinaire), l'agent économique aura tendance à privilégier indûment la première hypothèse, fût-elle sous optimale.

285. **Tempérement.** Les théories avancées par les économistes comportementaux ne remettent pas en cause le principe de rationalité des agents économiques. Elles permettent simplement de souligner que, face au risque et dans une situation incertaine, la rationalité des firmes est parfois limitée, ce qui pourrait influencer les firmes à opter pour une transaction désavantageuse. Si les biais cognitifs dans les préférences des agents entraînent des erreurs de calcul au détriment des firmes, ces biais ne sont pas systématiques et un certain nombre d'entreprises n'y seront pas sujettes. La rationalité limitée des firmes n'empêche pas ces dernières de faire des choix stratégiques rentables.

À notre sens, la procédure de transaction française avantage les firmes responsables de pratiques anticoncurrentielles. Dans le choix d'enfreindre la loi, elle génère un effet sous-dissuasif en assurant le prononcé d'une amende minorée. Le *bad man* holmésien, qui, avant d'enfreindre la loi, forme des prédictions sur le coût éventuel du manquement, pourrait se rassurer en observant la perte de dissuasion provoquée par le recours à cette procédure.

---

725 D. Kahneman, A. Tversky, « Choices, Values, and Frames », 39(4) *American Psychologist* 341-350 (1984). L'étude comportementale de Kahneman et Tversky a montré que les agents préfèrent majoritairement un gain certain de 800 dollars à un pari offrant 85 % de chances de gagner 1 000 dollars et 15 % de chances de ne rien perdre. Cette étude montre donc que les participants ne veulent pas prendre le risque de gagner ce supplément. Les décideurs seraient ainsi averses au risque.

726 M. Allais, « Le comportement de l'homme rationnel devant le risque : critique des postulats et axiomes de l'école américaine », *Econometrica*, vol. 21, n° 4, 1953, pp. 503-546.

727 C. Bormans, *L'indispensable de la pensée économique*, Studyrama (2002), p. 95.

2. La minoration de l'amende et la préservation de la valeur boursière

286. **Prédictions.** Le *bad man*[728], dans son choix d'enfreindre la loi, va se poser deux questions fondamentales :

- **Sur les bénéfices retirés de la procédure de transaction.** D'abord, le *bad man* se posera la question de savoir si la procédure de transaction est une procédure généreuse qui permet de minorer le coût de l'infraction de concurrence ou si, au contraire, le coût du recours à cette procédure est largement supérieur au bénéfice qu'il peut en retirer. Les postulats de l'économie comportementale évoqués ne permettent pas de répondre à cette question. Il est pourtant central de s'intéresser au caractère dissuasif de cette procédure sans faire diversion sur les biais cognitifs des agents.
- **Sur la jurisprudence.** Ensuite, pour répondre à la première question, le *bad man* décrit par Holmes appréciera l'état de la jurisprudence sur la question afin d'aiguiser ses prédictions.

287. **Sur les bénéfices : allègement de la charge pécuniaire.** La procédure de transaction permet à l'entreprise fautive de bénéficier d'une amende inférieure aux profits retirés de l'infraction de concurrence. Notre étude empirique démontre que, lorsqu'une transaction est conclue entre le fautif et l'Autorité, l'amende infligée est très loin du niveau de l'amende confiscatoire[729]. Ceci s'explique par le fait que, en application de la procédure de transaction, l'amende n'est pas motivée par référence à la méthode de détermination des sanctions pécuniaires énoncée dans le communiqué du 16 mai 2011. Or, c'est précisément depuis que l'Autorité applique la méthode du communiqué que les amendes infligées se rapprochent le plus du niveau de l'amende confiscatoire[730]. Ce constat est partagé par le professeur Louis Vogel, qui souligne que l'application des critères de calcul du communiqué « Sanctions » a conduit à une augmentation importante des amendes[731].

---

728 Pour rappel, le *bad man* est un agent rationnel qui exploite ses connaissances pour former un calcul coût-avantage de la violation du droit et pour élaborer des stratégies juridiques visant à limiter le coût économique de l'infraction ; v. O. W. Holmes, « The Path of the Law », *op. cit.* note 578.

729 V. tableau, Annexe 1. V. les décisions : déc. nº 18-D-15 26 juillet 2018, Distribution de médicaments vétérinaires. – Déc. nº 17-D-20 du 18 octobre 2017 relative à des pratiques mises en œuvre dans le secteur des revêtements de sols résilients (ci-après « Revêtements de sols »). – Déc. nº 17-D-06 du 21 mars 2017, Fourniture de gaz naturel. – Déc. 15-D-20 du 17 décembre 2015 relative à des pratiques mises en œuvre dans le secteur des communications électroniques.

730 C. Monnier, A. Hutin, « Les cartels en France : Analyse économique de leurs caractéristiques et de leurs sanctions », *op. cit.* note 602, p. 59.

731 V. L. Vogel, « Les sanctions administratives : Efficacité du contrôle ou sécurité juridique ? », in colloque « Les sanctions du droit de la concurrence (Paris, 31 octobre 2012) », Concurrences nº 1-2013, Art. N° 50524. L'auteur s'appuie sur trois affaires et démontre que l'amende pécuniaire aurait été bien plus élevée si les décisions en cause avaient été rendues après le communiqué « Sanctions » : « *Ainsi, TF1 avait été condamné en 2001 à 8 millions de francs d'amende (soit environ 1,22 million d'euros) pour abus de position dominante. En suivant la méthode de calcul préconisée par le communiqué, pour ce même abus, elle aurait été condamnée à une amende d'environ 233 millions d'euros, soit à plus de 150 fois la condamnation prononcée. Encore, cette somme ne tient-elle pas compte d'éventuelles circonstances aggravantes. De même, dans l'affaire* Orange Caraïbes *de 2009, l'Autorité avait prononcé une sanction de 52,5 millions d'euros à l'encontre d'Orange Caraïbes et de France Telecom pour entente verticale et abus de position dominante. Aujourd'hui, ces entreprises seraient condamnées à environ 216 millions d'euros, soit plus de quatre fois la condamnation initiale. Enfin, dans l'affaire des* Parfums *de 2006, les sociétés Kenzo Parfums et Parfums Christian Dior avaient été condamnées respectivement à 600 000 euros et 2,2 millions d'euros pour entente verticale. Aujourd'hui, ces entreprises seraient respectivement condamnées*

La procédure de transaction épargne à l'entreprise responsable l'application d'un coefficient multiplicateur à la valeur des ventes affectées par la pratique[732], ce qui conduit à minorer largement le montant des amendes imposées.

288. **La jurisprudence.** La jurisprudence semble pour l'instant confirmer ce postulat. Le chef du service de la régulation et de la sécurité à la DGCCRF, M. Stanislas Martin, reconnaît que l'effet dissuasif des transactions conclues n'est pas flagrant, « *certains montants étant bien inférieurs au surprofit généré par les pratiques* »[733]. En 2017, il y a eu cinq décisions de transaction[734]. Sachant que l'Autorité n'est entrée en voie de sanction que dans huit affaires, cela montre l'importance croissante du recours aux accords négociés. Sur les cinq décisions, nous avons sélectionné deux décisions importantes montrant l'effet sous-dissuasif de la procédure de transaction qui permet à l'entreprise de réaliser une faute lucrative.

289. **Affaire *Engie*.** Si la sanction de 100 millions d'euros dont a dû s'acquitter la firme Engie peut sembler importante en valeur absolue, on peut supposer que cette somme reste relative au regard de la gravité de l'infraction. Les abus de la firme en position dominante[735] ont été rentables pour deux raisons : d'abord, parce que la firme a utilisé son fichier de clients éligibles aux tarifs réglementés de vente (TRV) du gaz naturel pour récupérer des données sur la quasi-totalité des consommateurs afin de les convertir à des offres de marché libre qui n'étaient pas les plus compétitives du marché. Les consommateurs ont donc souffert d'un surprix. Ensuite, parce que la firme a capturé indûment des consommateurs lésés par l'argument trompeur selon lequel elle garantissait une sécurité d'approvisionnement en gaz supérieure à celle de ses concurrents. Le

---

à environ 2,82 et 13,15 millions d'euros, soit plus de quatre fois la condamnation initiale. » Affaires citées par l'auteur : déc. n° 00-D-67 du 13 février 2001 relative à des pratiques constatées dans le secteur de la vente d'espaces publicitaires visuels, LawLex200202431JBJ ; déc. n° 09-D-36 du 9 décembre 2009 relative à des pratiques mises en œuvre par Orange Caraïbe et France Télécom sur différents marchés de services de communications électroniques dans les départements de la Martinique, de la Guadeloupe et de la Guyane, LawLex200900003580JBJ ; déc. n° 06-D-04 du 13 mars 2006 relative à des pratiques relevées dans le secteur de la parfumerie de luxe, LawLex20060000762JBJ. Pour fonder ses estimations, l'auteur se base sur le document suivant : Observations de la Commission de la concurrence du Comité national français de la Chambre de commerce internationale (ICC France) sur le projet de communiqué de l'Autorité de la concurrence relatif à la méthode de détermination des sanctions pécuniaires, du 11 mars 2011.

732 L'application d'un tel coefficient multiplicateur (entre 15 % et 30 % de la valeur des ventes) est revendiquée dans le communiqué « Sanctions ».

733 S. d'Auzon, site Internet *Le Moniteur*, actualité, 9 janvier 2013, « Concurrence : fin du secret sur les transactions relatives aux micro-ententes », cité par T. Picod, J. Bombardier, « Mode d'emploi du dispositif d'injonction et de transaction en matière de pratiques anticoncurrentielles locales et nouvelles règles du jeu », *RLC* 2013, n° 36.

734 Déc. n° 17-D-20 du 18 octobre 2017, Revêtements de sols. – Déc.n° 17-D-14 du 27 juillet 2017 relative à des pratiques mises en œuvre dans le secteur de la distribution des produits de grande consommation en Outremer. – Déc. n° 17-D-01 du 26 janvier 2017 relative à des pratiques mises en œuvre dans le secteur des arts de la table et de la cuisine. – Déc. n° 17-D-02 du 10 février 2017, Boules de pétanque. – Déc. n° 17-D-06 du 21 mars 2017, Fourniture de gaz naturel.

735 Aut. conc., communiqué de presse du 22 mars 2017 : La firme Engie a « *utilisé son fichier des clients éligibles aux tarifs réglementés de vente (TRV) du gaz naturel, qu'elle détient en sa qualité d'opérateur historique, ainsi que ses infrastructures commerciales dédiées aux TRV, pour commercialiser auprès des particuliers et des petits clients professionnels ses offres de fourniture de gaz et d'électricité à prix de marché. ENGIE a par ailleurs employé auprès des consommateurs un argument commercial trompeur selon lequel elle aurait garanti une sécurité d'approvisionnement en gaz supérieure à celle de ses concurrents pour inciter les clients à choisir ses offres.* »

niveau de l'amende infligée à Engie est faible si l'on considère les données suivantes : le chiffre d'affaires d'Engie en France est d'environ 24 milliards d'euros. Au regard des données disponibles, la valeur des ventes affectées par la pratique est d'environ 900 millions d'euros[736]. Pour un cartel national, les études empiriques démontrent que la hausse de prix moyenne sur l'ensemble de sa durée de vie varie entre 14 % et 20 %[737]. On peut raisonnablement – sachant que la pratique d'Engie a duré neuf ans, que l'entreprise est en situation de monopole et que l'Autorité constate que les offres d'Engie sont affectées d'un surprix – retenir aussi un surprix de 20 % pour cet abus. Ainsi, en retenant des hypothèses plutôt conservatrices, le niveau de l'amende confiscatoire aurait dû être d'environ 180 millions d'euros[738], soit presque deux fois le montant de l'amende infligée. M. Ronzano note ainsi sur cette affaire que combiner « *la valeur des ventes en rapport avec l'infraction et la durée envisagée de celle-ci conduisait immanquablement à une amende très sensiblement plus élevée en l'absence de transaction* »[739], et relève ironiquement « *qu'Engie n'a pas dû hésiter longtemps avant de signer pour 100 millions d'euros* »[740].

290. **Affaire *Boule de pétanque*[741].** Dans cette affaire, la sanction de 320 000 euros semble faible compte tenu des profits illicites retirés par la société Obut. Le marché affecté dans cette affaire concerne uniquement le marché des revendeurs de boules de compétition. La valeur des ventes affectées avec les revendeurs de boules de pétanque de compétition est d'environ 2 112 000 euros[742]. La politique d'uniformisation tarifaire[743] exercée par Obut a eu pour effet d'empêcher que ses points de vente ne soient concurrencés en prix par ces autres revendeurs[744]. De plus, les pratiques ont provoqué un surprix certain en l'absence de pression concurrentielle, sachant que l'entreprise Obut détient environ 80 % de parts de marché sur le secteur de la fabrication des boules de pétanque de compétition[745]. L'absence de concurrence tarifaire a permis une

---

736 Cette estimation conservatrice est formée à partir des éléments suivants : on sait que le marché affecté est celui de l'ensemble des consommateurs de gaz en France, c'est-à-dire environ 11 millions de consommateurs. Engie détient entre 60 % et 80 % (§ 178 de la décision) du marché du gaz. En retenant la valeur la plus basse (60 %), on peut considérer qu'au minimum 4 400 000 consommateurs sont susceptibles d'être touchés par la pratique. En partant d'une hypothèse conservatrice selon laquelle l'ensemble des pratiques illicites ont permis à Engie de vendre indûment ses offres de marché à environ 200 000 consommateurs par an, sur neuf ans, la valeur des ventes affectées par la pratique est donc 1 800 000 x 500 euros (ce qui correspond environ à la facture annuelle moyenne de consommation de gaz pour une offre Engie) = 900 millions d'euros. (S'agissant de la facture annuelle moyenne des Français, le site « Selectra » offre des données intéressantes : https://selectra.info/energie/guides/conso/consommation-moyenne-gaz.)

737 *Supra*, n° 182.

738 900 millions d'euros (valeur des ventes affectées) x 0, 20 (surprix) = 180 millions d'euros.

739 A. Ronzano, « L'Autorité de la concurrence épargne (relativement) Engie au terme d'une transaction à 100 millions d'euros », *L'actu-concurrence* n° 31/2017, 22 mars 2017.

740 *Ibid.*

741 Déc. n° 17-D-02 du 10 février 2017, Boules de pétanque.

742 V. *infra*, Tableau en annexe.

743 Les revendeurs des boules de pétanque Obut ont notamment fait l'objet de menaces et de mesures de rétorsion de la part d'Obut. Les revendeurs (grandes enseignes spécialisées, commerçants indépendants, sites internet) ont été contraints de respecter ses prix catalogue sous peine de représailles commerciales (retards de livraison, blocages de commandes…).

744 L'opérateur dominant était à la fois présent sur le marché amont de la fabrication des boules de pétanque de compétition et sur le marché aval de la distribution de ces mêmes boules, ce qui le plaçait en situation de concurrence avec ses clients, les revendeurs au détail.

745 Cela veut dire concrètement que 80 % des 6 millions de boules produites chaque année sortent des ateliers Obut.

capture des consommateurs, qui n'ont pu bénéficier de prix plus bas[746]. La moyenne de hausse de prix régulièrement admise par la littérature économique pour les cartels (entre 14 et 20 %) peut s'appliquer pour cet abus, sachant que la pratique a duré plus de sept ans, que la société était épargnée de toute pression concurrentielle, et que les mesures de représailles commerciales ont empêché les déviations qui auraient pu faire baisser les prix. L'application de la procédure de transaction a donc permis à la société Obut de bénéficier d'une amende clémente de 320 000 euros, soit une amende environ 9,45 fois inférieure au niveau de l'amende confiscatoire des profits illicites[747].

291. **Préservation de la valeur boursière.** Par ailleurs, un autre bénéfice pour l'entreprise tient non plus à l'économie réalisée sur le coût de l'amende, mais à l'économie du coût réputationnel qui va influer sur le cours de Bourse de la société. La dissuasion de l'infraction de concurrence ne se réduit pas au montant de l'amende. L'atteinte à l'image de marque de l'entreprise peut se traduire par une sanction des marchés financiers matérialisée par une dégradation des performances boursières de l'entreprise mise en cause. Le choix dit « irrationnel » de l'entreprise qui accepterait une transaction financière coûteuse pourrait cependant s'expliquer rationnellement par la volonté de cette dernière d'échapper à la sanction des marchés financiers.

Pour le comprendre, rappelons que le déclenchement d'une procédure à l'encontre d'une entreprise risque d'entraîner une perte de la valeur totale de l'entreprise. L'inquiétude des entreprises quant au risque de sanction est d'autant plus forte que la réglementation boursière oblige les entreprises cotées à communiquer au marché tout événement susceptible d'avoir une influence significative sur leur cours de Bourse, sachant que « *la réglementation comptable oblige à passer des provisions pour risques et charges* »[748]. En l'absence de transaction, l'imprévisibilité de la sanction pécuniaire a ceci de dissuasif qu'elle empêche l'entreprise fautive de provisionner correctement le risque économique. Cela peut inquiéter le marché financier, qui suspectera l'entreprise d'avoir constitué une provision insuffisante.

292. **Instrumentalisation de la procédure de transaction.** La procédure de transaction conduit à une perte de dissuasion en limitant l'incidence de la procédure ordinaire sur les cours de Bourse de l'entreprise sanctionnée. L'information donnée au marché financier de l'acceptation de la procédure de transaction est de nature à le rassurer. La question fondamentale pour les entreprises est de savoir à quel moment l'événement risque d'avoir une incidence sur le cours de leurs titres. Une étude a sur ce point montré que les cours de Bourse chutent davantage au moment de la révélation de l'engagement de poursuites qu'au moment où la sanction est effectivement prononcée[749]. Dans le même cadre d'analyse, les travaux menés sur les décisions de la Commission

---

[746] D'autant plus que les prix catalogue imposés empêchaient les revendeurs de dynamiser leurs ventes en proposant des prix moins chers.

[747] 15 121 920 euros (valeur des ventes affectées sur sept ans et deux mois) x 0,20 (surprix) = 3 024 384 euros.

[748] Recommendation AMF : communication financière des sociétés cotées sur un marché réglementé ou un MTF à l'occasion de la publication de leurs résultats – DOC-2015-11.

[749] C. Djama, « Fraudes à l'information comptable et financière et contrôle de l'AMF : Une étude des réactions du marché financier français », *RFG* 2013/2, n° 231, pp. 133-157 : « *L'étude porte sur 69 sanctions prononcées par l'AMF entre 1995 et 2008. Les résultats montrent que [...] le déclenchement de l'enquête par l'AMF est associé à une baisse anormale des cours alors que l'annonce de la sanction elle-même n'entraîne pas de réaction significative du marché.* »

européenne peuvent éclairer : l'économiste Massimo Motta montre notamment que les informations concernant les inspections de concurrence ont un effet négatif sur les rendements de l'action en Bourse (–2 %)[750]. Autrement dit, le risque de dépréciation boursière se concentre durant la période de la notification des griefs, avant même la décision finale[751] et l'imposition de l'amende. La stratégie des entreprises pourrait donc consister à révéler au plus tôt au marché – c'est-à-dire dès le début de la notification des griefs – l'acceptation de la procédure de transaction.

293. **Intérêt d'une telle stratégie.** Une étude menée par les professeurs John Armour et Colin Mayer a montré que pour les sociétés cotées, l'incidence d'une procédure pour infraction sur le cours des actions représentait en moyenne neuf fois le montant de la sanction financière finalement supportée par les firmes pour leurs pratiques illicites[752]. On comprend donc mieux l'intérêt, pour une firme, de recourir à la transaction. La possibilité non seulement de maîtriser le coût du dommage (en transigeant à un prix inférieur au dommage causé au consommateur) mais aussi de neutraliser le coût boursier risque d'affaiblir fortement la dissuasion.

294. **Bilan.** Le recours désormais croissant et régulier à la procédure de transaction affaiblit l'objectif de dissuasion au regard de la prévisibilité de l'amende pécuniaire, qui peut faire l'objet d'un calcul. Le calcul de l'amende détaché de la méthode du communiqué de l'Autorité sur les sanctions conduit à minorer considérablement son montant. Le recours à la transaction permet au *bad man* d'éviter l'application d'un coefficient multiplicateur à la valeur des ventes affectées par la pratique, ce qui conduit au prononcé d'une sanction pécuniaire inférieure au niveau de l'amende confiscatoire.

Par ailleurs, d'autres stratégies de défense que celles relatives au recours aux procédures négociées sont efficaces devant l'Autorité de la concurrence. L'*homo juridicus*[753] que constitue le *bad man* peut à ce titre remarquer que, sur certains marchés et en particulier les marchés en crise, les sanctions sont plus « indulgentes ». La prévisibilité d'une plus grande indulgence de l'Autorité vis-à-vis des cartels de crise risque d'inciter les infractions commises sur ce type de marché.

§ 2. L'instrumentalisation stratégique du contexte de crise

295. **Problématique.** L'argument de crise financière invoqué en défense est efficace pour le contrevenant. Rappelons à titre d'exemple que dans l'affaire des messa-

---

750 M. Motta, G. Langus, « The Effect of EU Antitrust Investigations and Fines on a Firm's Valuation », CEPR Discussion Paper n° 6176 (2007).

751 *Loc. cit.* Une décision finale de la Commission non favorable à une entreprise entraîne une baisse de l'action de 3,3 % en moyenne : « *Further, we find that a negative Decision by the European Commission results in a cumulative average abnormal return of about –3.3%.* »

752 J. Armour, C. Mayer, A. Polo, « Regulatory Sanctions and Reputational Damage in Financial Markets » (October 2, 2015), Oxford Legal Studies Research Paper n° 62/2010 ; ECGI Finance Working Paper n° 300/2010 : « *We find that reputational sanctions are very real: their stock price impact is on average almost 9 times larger than the financial penalties imposed […]* ».

753 A. Supiot, *Homo juridicus : Essai sur la fonction anthropologique du droit*, Seuil, 2005.

geries, l'entreprise Ziegler a obtenu une réduction d'amende de 99,9 %[754]. On peut s'interroger sur le risque, en période de crise, de laisser se développer des infractions rentables car jugées avec indulgence par l'Autorité. Au regard de la jurisprudence, les latitudes prises par l'Autorité vis-à-vis des cartels de crise affaiblissent la dissuasion. Sur ce point, l'économiste Emmanuel Combe observe : « *[...] demander que les sanctions soient systématiquement révisées à la baisse au seul motif de la crise économique,* c'est accepter en creux que les pratiques anticoncurrentielles puissent perdurer ou fleurir durant ces périodes »[755].

L'insensibilité apparente de l'Autorité de la concurrence à l'argument de défense tiré du contexte de crise (A) décline peu à peu, au point d'observer une inflexion visible de cette dernière vis-à-vis de ce moyen de défense. La prise en compte du contexte de crise par l'Autorité de la concurrence (B) entraîne une perte de dissuasion sur certains marchés.

A. L'insensibilité apparente de l'Autorité de la concurrence au contexte de crise

296. **Infraction par objet.** Le cartel est décrit comme une infraction de concurrence par objet. En conséquence, cette pratique ne peut être exemptée sous prétexte qu'elle est influencée par un contexte de crise. Le Conseil de la concurrence l'a rappelé en 2007, s'agissant d'une entente sur le secteur du déménagement national et international[756]. En 2012, trois décisions de l'Autorité de la concurrence ont condamné diverses catégories d'ententes dans le secteur de la distribution alimentaire[757]. Ces décisions illustrent « *la détermination de l'Autorité à sanctionner les formes les plus graves d'ententes, même en temps de crise* »[758]. Récemment, s'agissant de l'entente des produits d'hygiène et d'entretien, le directeur commercial de la société SC Johnson a tenté de justifier

---

754 Déc. n° 15-D-19 du 15 décembre 2015, Messagerie, § 1398 : « *S'agissant de Ziegler, l'examen des éléments financiers et comptables [...] attestant de l'existence de difficultés financières particulières et actuelles [...] Il convient donc de réduire le montant de sa sanction de 8 226 000 euros à 10 000 euros [...]* »

755 E. Combe, « La politique de concurrence permet l'essor des nouvelles pousses », l'Opinion.fr, « La Fabrique de l'Opinion ».

756 Déc. n° 07-D-48 du 18 décembre 2007 relative à des pratiques mises en œuvre dans le secteur du déménagement national et international, § 272 : les ententes sont « *une mauvaise réponse à une situation de crise car "loin d'apporter des remèdes aux problèmes de récession, elles [étaient] de nature à les aggraver ne serait-ce qu'en dispensant les entreprises de réactions plus dynamiques".* » Dans cette affaire, l'auteur de l'infraction, la société Interdean demandait au Conseil de la concurrence de « *prendre en considération les conditions économiques difficiles qui prévalaient à l'époque des pratiques reprochées et qui subsisteraient aujourd'hui toujours. Elle allègue ainsi que de nombreux évènements et phénomènes ont entraîné une réduction massive du nombre des opérations de déménagement international : attentats du 11 septembre, éclatement de la bulle Internet, diminution du nombre d'expatriés, politique de réduction des coûts* » (§ 271).

757 Déc. n° 12-D-08 du 6 mars 2012 relative à des pratiques mises en œuvre dans le secteur de la production et de la commercialisation des endives. – Déc. n° 12-D-09 du 13 mars 2012 relative à des pratiques mises en œuvre dans le secteur des farines alimentaires (Farines alimentaires). – Déc. n° 12-D-10 du 20 mars 2012 relative à des pratiques mises en œuvre dans le secteur de l'alimentation pour chiens et chats.

758 D. Bosco, « Ententes dans le secteur alimentaire : l'Autorité irait-elle "un peu loin" ? », *CCC* n° 5, mai 2012, comm. 131. – V. aussi, sur le marché des armes : déc. n° 05-D-47 du 28 juillet 2005 relative à des pratiques mises en œuvre dans le secteur de la destruction d'armements et de munitions, § 204 : « *Les sociétés SIMT et SFRM rappellent que [...] [a]u fil des années, les munitions sont devenues moins riches en valeur récupérable et les entreprises se sont concertées pour gérer la crise* ». Lire aussi : § 205, § 206, § 207.

l'infraction en déclarant que les membres du cartel cherchaient à « *s'organiser pour résister aux demandes de la grande distribution […] car celles-ci étaient manifestement excessives et insupportables pour les fournisseurs* »[759]. Cette entreprise a obtenu l'immunité, mais en raison d'une clémence de rang 1, et non sur le fondement du contexte de crise. Par ailleurs, la Commission a déjà eu l'occasion de rappeler que « *le fait qu'une entreprise puisse ne pas réaliser de profits avec une activité commerciale donnée ne l'autorise pas à conclure une entente secrète avec les concurrents en vue de tromper les clients et les autres concurrents* »[760]. La Cour de justice de l'Union européenne a aussi tendance à rejeter l'argument tiré du contexte de crise sectorielle[761], comme en témoignent les affaires *Treillis soudés*[762] et *Beef Industry*[763].

---

759 Déc. n° 14-D-19 du 18 décembre 2014, Entente produits d'hygiène, § 270 : « *[…] M. Michel 3… (SC Johnson), certains fournisseurs ont décidé de "s'organiser pour résister aux demandes de la grande distribution concernant les conditions d'application de l'accord Sarkozy, car celles-ci étaient manifestement excessives et insupportables pour les fournisseurs"[…]* »

760 Comm. CE, déc. 2005/566/CE du 9 décembre 2004, *Chlorure de choline*, aff. C.37.533, *JOUE*, n° L. 190/22 : « *[…] dans une économie de marché, les risques que prennent les entreprises englobent le risque de pertes éventuelles, voire de faillite. Le fait qu'une entreprise puisse ne pas réaliser de profits avec une activité commerciale donnée ne l'autorise pas à conclure une entente secrète avec les concurrents en vue de tromper les clients et les autres concurrents. D'une manière générale, les ententes risquent de se produire non pas lorsque les entreprises font de gros profits, mais précisément lorsqu'un secteur connaît des problèmes. C'est pourquoi, si la Commission suivait le raisonnement de BASF, les amendes infligées dans les affaires d'ententes devraient être réduites dans la quasi-totalité des cas. Dans son arrêt dans l'affaire Électrodes de graphite, le Tribunal de première instance a confirmé que* la Commission n'était pas tenue de considérer comme circonstance atténuante la mauvaise santé financière du secteur en cause ». Communication de la Commission, Lignes directrices concernant l'application de l'article 81, paragraphe 3, du traité, *JOUE* n° C 101 du 27 avril 2004, § 17 : « *Pour apprécier si un accord doit être considéré comme altérant le jeu de la concurrence, il convient d'examiner le jeu de la concurrence dans le cadre réel où il se produirait à défaut de l'accord litigieux.* »

761 Notons cependant que, par le passé, la Cour de justice a reconnu l'argument de légitime défense comme fait justificatif d'infraction au marché. Dans un arrêt du 12 juillet 1962, la Cour établissait les conditions pour invoquer ce fait justificatif en considérant que la « *légitime défense susceptible de justifier une violation du traité présuppose un acte indispensable pour écarter un péril dont l'auteur du fait se trouve menacé, et exige que les menaces soient directes, que le péril soit imminent et qu'aucune autre voie légale ne permette d'y parer* ». V. : CJCE, 12 juillet 1962, *Acciaierie Ferriere e Fonderie di Modena c/ Haute Autorité*, aff. 16/61, *Rec.* pp. 547, 576 et 581. – V. aussi : « Condamnation d'une entente sur la viande bovine », *Revue Droit rural*, janvier 2007, n° 349. – Déc. : TPICE, 13 décembre 2006, *FNCBV a. c/ Commission*, aff. jtes T-217/03 et T-245/03. TPICE, communiqué n° 101/06 du 13 décembre 2006. Le Tribunal de première instance avait minoré la sanction de 70 % au regard des spécificités du contexte économique.

762 TPICE, 6 avril 1995, *Tréfilunion SA c/ Commission*, aff. T-148/89, *Rec.* p. II-01063, § 111. Dans cette affaire, la requérante soutenait que la Commission aurait dû tenir compte du contexte économique du secteur de la construction et du secteur du fil machine. Elle relevait notamment que « *le secteur de la construction, source principale de demande pour le treillis soudé, a été confronté, en France ainsi que dans les autres pays de la Communauté, à une grave crise, entre 1976 et 1985, ce qui a entraîné une forte réduction de la demande du treillis soudé* ». L'argument de la requérante fut rejeté par le Tribunal : « *La requérante […] ne saurait se prévaloir de la situation de crise pour justifier la mise en place d'ententes secrètes contraires à l'article 85, paragraphe 1, du traité (§ 117).* » Cependant, la décision du Tribunal laisse entendre que la Commission avait tout de même minoré la sanction en prenant en compte le contexte de crise : « *Le Tribunal relève que la Commission a déclaré, dans la Décision, avoir tenu compte d'un ensemble de circonstances applicables à toutes les entreprises, ce qui l'a conduit à limiter les amendes à un montant qui se situerait nettement au-dessous du montant qui se justifierait dans des circonstances normales (§ 208 de la Décision).* »

763 CJCE, 20 novembre 2008, *Competition Authority c/ Beef Industry Development*, aff. C-209/07. *Rec.* p. I-08637. Dans cette affaire, les producteurs et transformateurs de viande bovine incriminés avaient cherché, à travers les accords BIDS, à réduire des surcapacités sur le marché. Ces accords faisaient suite à la crise du secteur bovin résultant de la crise sanitaire de la vache folle. L'accord consistait précisément en une réduction des capacités de production du secteur de la transformation de la viande bovine de l'ordre de 25 % grâce à un mécanisme

297. **Sensibilité de la cour d'appel : incidence sur le quantum de la sanction.** Dans l'affaire du cartel de l'acier[764], l'un des membres du cartel[765] justifiait la pratique délictueuse en avançant à nouveau l'argument de crise sectorielle. Ce dernier expliquait notamment qu'il s'agissait là d'une « *question de survie* »[766]. L'Autorité de la concurrence est restée insensible à l'invocation de la « *question de survie* ». Faisant notamment état des surprofits colossaux retirés par les cartellistes, elle a sanctionné le cartel à hauteur de 575,4 millions d'euros, soit la deuxième plus grande amende jamais infligée dans l'histoire de l'Autorité. La cour d'appel, au contraire, s'est montrée sensible au moyen de défense tiré de l'invocation de la crise sectorielle touchant le marché de la sidérurgie. La cour a ainsi reproché au Conseil d'avoir « *abordé de manière trop brève le contexte de crise économique [...]. L'ensemble des sociétés doit être considéré comme ayant porté une atteinte moyennement grave à la concurrence, tempérée notamment par l'état de crise économique* »[767]. En conséquence, elle a radicalement réduit la sanction, divisant par huit la sanction de l'Autorité pour la porter à 72 millions d'euros. La réduction extrême, par la cour d'appel, de l'amende pécuniaire à la suite de l'argument de la crise sectorielle a fait perdre à l'amende toute sa portée dissuasive.

Il ressort de la jurisprudence que l'Autorité exprime une position claire en rejetant l'argument de défense tiré du contexte de crise pour diminuer l'amende pécuniaire. Au contraire, la cour d'appel y semble plus sensible : l'affaire du cartel de l'acier n'est pas un cas isolé, en témoignent l'affaire du cartel de

---

destiné à encourager la sortie du marché de certains concurrents. Les requérants invoquaient la prise en considération des spécificités du secteur agricole par le droit de la concurrence. Habilement, ils demandaient à ce que la notion de restriction soit interprétée strictement, sous-entendant que la Cour devait hiérarchiser entre, d'un côté, les ententes injustifiables, fruits d'une restriction de concurrence caractérisée, et de l'autre, les ententes justifiées nées d'une crise sectorielle. L'argument a été rejeté par la Cour. Cette dernière, après avoir analysé en détail les accords BIDS, a considéré que l'objet de ces accords était de modifier de manière sensible la structure du marché grâce à un dispositif destiné à encourager la sortie d'entreprises concurrentes ; qu'ainsi, le mécanisme portait atteinte au principe fondamental selon lequel toute entreprise doit déterminer sa stratégie commerciale de façon autonome. – V. aussi sur cette affaire : CJCE, 20 novembre 2008, *Competition Authority c/ BIDS et BBM*, aff. C-209/07, obs. G. Decocq, « Précisions sur la notion de restriction de la concurrence par l'objet », *CCC* n° 1, janvier 2009, comm. 16 ; obs. L. Idot, « Entente ayant un objet anticoncurrentiel », *Europe* n° 1, janvier 2009, comm. 34 ; obs. J. Vialens, *Gaz. Pal.* 24 mars 2009, n° 83, p. 20. ; obs. P. Arhel, « Activité des juridictions communautaires en droit de la concurrence (Octobre-novembre 2008) », *LPA* 3 février 2009, n° 24, p. 6. – V. aussi : V. Pironon, C. Del Cont, Colloque portant sur « la production et la commercialisation des denrées alimentaires et le droit du marché » Journées Louis Lorvellec, 3 et 4 décembre 2009, Nantes, *RLC* 2010.

764 Déc. n° 08-D-32 du 16 décembre 2008, Cartel de l'acier.

765 Descours & Cabaud.

766 Déc. n° 08-D-32 du 16 décembre 2008, Cartel de l'acier § 335 : « *La FFDM relève que la relance du dispositif syndical constitue,* dans un contexte de profonde mutation économique, *une approche "collective", permettant de renforcer l'action de FNA auprès des pouvoirs publics* dans une période de crise et de dérèglement du prix des matières premières. *Reprenant des propos de M. H... (Descours & Cabaud),* elle précise qu'il s'agissait d'une question de survie *et, qu'à défaut, il est vraisemblable que les marges auraient été plus limitées que celles pratiquées et auraient même pu aboutir à des pertes. Les sociétés Maisonneuve, Liametho et Clisson Métal relèvent par ailleurs une tradition historique de la concertation et de la barémation, qui serait indissociable des pratiques examinées ci-dessus* ».

767 CA Paris, pôle 5, ch. 5-7, 19 janvier 2010, *SAS AMD Sud-Ouest*, n° 2009/00334.

banque[768], l'affaire du cartel de fret ferroviaire[769], l'affaire du cartel de la farine[770], ou encore l'affaire de la messagerie express[771]. Néanmoins, on observe, au regard des récentes décisions, une sensibilité progressive de l'Autorité à l'égard des cartels de crise.

B. La prise en compte du contexte de crise par l'Autorité de la concurrence

298. **Sensibilité croissante.** Plusieurs décisions récentes démontrent une inclination de l'Autorité à prendre en considération la crise économique pour fortement diminuer le montant de l'amende pécuniaire.

299. **Affaire des viandes de volaille.** Dans cette affaire, plusieurs entreprises et organisations professionnelles avaient mis en place une véritable entente tarifaire[772]. À la suite de la hausse du cours des céréales ayant une incidence sur le prix des volailles, les parties avaient organisé une stratégie commune pour répercuter les hausses de prix aux enseignes de la grande distribution. L'Autorité a rendu une décision inédite en s'écartant de son communiqué « Sanctions »[773] pour retenir l'argument de la « *survie des éleveurs* », au regard des contraintes économiques importantes pesant sur les abattoirs[774]. Le contexte de crise céréalière a conduit l'Autorité à fortement minorer sa sanction. Dans son communiqué de presse, elle releva que des « *raisons d'intérêt général* » l'obligeaient à « *infliger à ces*

---

768 CA Paris, ch. 5-7, 23 février 2012, n° 2010/20555. Affaire relative à une entente des établissements bancaires faisant état d'une concertation sur la mise en place d'une commission interbancaire de 4,3 centimes d'euro sur 80 % des chèques échangés en France, à l'occasion de la dématérialisation du système de compensation des chèques. À la suite de cette concertation, les établissements ont réalisé des économies très importantes. L'annulation de l'amende de 384,9 millions d'euros par la cour d'appel a renforcé la faute lucrative. En outre, il a été constaté que les consommateurs n'ont jamais pu profiter pleinement de ce progrès économique. Notons cependant que la sanction pécuniaire a finalement été rétablie par la Cour de cassation (Cass. com., 14 avril 2015, n° G 12-15.971, arrêt 395, FS-D.), qui a de nouveau renvoyé l'affaire devant la cour d'appel de Paris.

769 CA Paris, ch. 5-7, 6 novembre 2014, n° 2013/01128. Le litige portait sur les obstacles mis à l'accès des concurrents aux capacités ferroviaires, ainsi que sur l'utilisation à des fins commerciales par la SNCF d'informations confidentielles obtenues dans le cadre de sa mission publique de gestion des infrastructures. Dans cette affaire, l'entreprise a obtenu une diminution d'amende de près de 12 millions d'euros (48,2 millions d'euros au lieu des 60,9 millions d'euros).

770 CA Paris, ch. 5-7, 20 novembre 2014, n° 2012/06826. L'affaire portait sur une entente sur le territoire national entre les meuniers français, ce qui entraînait un cloisonnement des marchés de deux États membres de l'Union européenne (France et Allemagne), et assurait une protection des meuniers français de la concurrence des meuniers allemands en empêchant ces derniers de venir animer la compétition sur le marché français. La cour d'appel de Paris a annulé les deux tiers de l'amende qu'elle avait infligée en mars 2012 aux meuniers français et allemands, ces derniers devant finalement payer 93,9 millions d'euros au lieu des 242,4 millions d'euros infligés par l'Autorité.

771 Déc. n° 15-D-19 du 15 décembre 2015, Messagerie. Rappelons que l'entreprise Ziegler a obtenu une réduction de l'amende de 99,9 %.

772 Déc. n° 15-D-08 du 5 mai 2015 relative à des pratiques mises en œuvre dans le secteur de la commercialisation de la viande de volaille (ci-après « Viande de volaille »).

773 Aut. conc., communiqué du 16 mai 2011 relatif à la méthode de détermination des sanctions pécuniaires.

774 Déc. n° 15-D-08, Viande de volaille, § 41 : « *La filière avicole présente donc un ensemble de spécificités uniques dont la combinaison fait peser des contraintes économiques maximales sur les abattoirs industriels qui sont les pivots du système et à qui incombe la responsabilité d'assurer l'équilibre du marché et la survie des éleveurs.* »

entreprises des amendes beaucoup plus modérées »[775]. Au regard de la durée de l'infraction (entre 2000 et 2007), l'amende imposée semble sous-dissuasive. Le détachement, dans un contexte de crise, de son communiqué « Sanctions » conduit l'Autorité à imposer de faibles amendes, car ces dernières ne souffrent pas du coefficient multiplicateur appliqué à la valeur des ventes affectées par la pratique.

300. **Affaire des endives.** Dans cette affaire, l'Autorité sanctionnait les producteurs d'endives et leurs organisations professionnelles pour avoir participé à une entente complexe et continue, ayant consisté en une concertation sur le prix des endives[776]. Les parties en cause ont tenté de justifier l'entente sur les prix en invoquant implicitement la légitime défense, considérant notamment qu'elles étaient « *dans une situation de grande vulnérabilité face à la puissance d'achat de la grande distribution* »[777]. En dépit des dispositions spécifiques des marchés agricoles et des difficultés propres au secteur, les pratiques collusives n'échappaient pas au droit commun de la concurrence[778]. Néanmoins, l'Autorité s'est de nouveau montrée sensible à la question des contraintes ayant conduit les firmes à s'entendre[779]. Dans une formule qui n'est pas sans rappeler celle utilisée par la cour d'appel dans le cartel de l'acier lorsqu'elle avait drastiquement réduit l'amende en considérant que la pratique avait causé un dommage à l'économie « *certain mais modéré* »[780], l'Autorité a estimé que la pratique collusive des endiviers avait causé « *un dommage certain à l'économie mais d'une faible importance* »[781]. Sachant que les pratiques collusives duraient depuis quatorze ans et concernaient une dizaine de producteurs, on peut douter de la portée dissuasive de l'amende totale de 3,6 millions d'euros. Une entreprise a même obtenu une réduction d'amende de 87 %[782]. Même en retenant – malgré la très longue durée des pratiques – la moyenne de

---

775 Aut. conc., communiqué de presse du 6 mai 2015 portant sur l'affaire n° 15-D-08 (Viande de volaille).

776 Déc. n° 12-D-08 du 6 mars 2012 relative à des pratiques mises en œuvre dans le secteur de la production et de la commercialisation des endives (ci-après « Endives »). – V. aussi : P. Wilhelm, « L'affaire des "Endives" : la Cour d'appel rappelle qu'elle exerce un contrôle ! », *CCC* n° 7, juillet 2014, alerte 39. – L. Arcelin, « La cour d'appel de Paris au secours des endiviers ou comment les juges entendent largement la notion de régulation du secteur agricole », *AJ Contrats d'affaires, concurrence, distribution* 2014, p. 233.

777 Déc. n° 12-D-08, Endives, § 624. – V. aussi : Cass. com., 8 décembre 2015, n° 14-19.589, FSP+B ; obs. X. Delpech, « Affaire du "cartel des endives" : question préjudicielle à la CJUE », *D.* actualité, 23 décembre 2015.

778 V. Sélinsky, « Qu'importent les difficultés du monde agricole, il n'échappe pas au droit commun de la concurrence », *RLC* 2012/32, n° 2094.

779 Déc. n° 12-D-08, Endives, § 625 : « *À l'instar des conditions de concurrence qui prévalent sur d'autres marchés de fruits et légumes en France, le marché de l'endive se caractérise par la puissance d'achat et le contre-pouvoir des acheteurs, que sont la grande distribution et les magasins de hard-discount, et par une offre atomisée. Cette situation contribue à instaurer un rapport de force déséquilibré dans les relations commerciales entre les acteurs situés en amont et ceux présents en aval au profit de ces derniers. Ainsi, dans son avis n° 08-A-07 précité, le Conseil constatait* que face à une filière fruits et légumes très atomisée, *"l'aval atteint un degré élevé de concentration : la grande distribution concentre 74 % du chiffre d'affaires des fruits et légumes au stade du détail. Les cinq premières enseignes détiennent à elles seules la moitié de la distribution des fruits et légumes. La demande de la grande distribution se manifeste en premier lieu par les achats directs des centrales qui ont augmenté de 70 % entre 1997 et 2006 (paragraphe 23)"*. Face à ce rapport de forces très inégal, le Conseil soutenait qu'"il peut s'avérer bénéfique d'encourager les producteurs à se regrouper afin de peser davantage dans les relations commerciales, *ce que permettent les AOP de commercialisation" (paragraphe 45)* ».

780 CA Paris, cartel de l'acier, *op. cit.* p. 43.

781 Déc. n° 12-D-08, Endives, *loc. cit* § 633.

782 Fraileg.

hausse de prix la plus basse régulièrement admise par la littérature économique pour un cartel national sur l'ensemble de sa durée de vie (à savoir 14 %)[783], les amendes imposées sont, pour la plupart des entreprises, plus de 100 fois inférieures au niveau de l'amende confiscatoire des profits illicites[784] !

301. **Confirmation de l'appréciation restrictive de la cour d'appel.** Malgré le montant particulièrement faible de l'amende imposée, la cour d'appel de Paris s'est une nouvelle fois opposée à la décision de l'Autorité de la concurrence[785]. La cour a en effet adhéré aux arguments des requérants, considérant que le secteur agricole faisait l'objet de règles spécifiques dérogatoires à l'application du droit de la concurrence[786].

302. **Affaiblissement de la dissuasion générale.** Les arguments de défense des entreprises mises en cause et les réductions systématiques accordées par la cour d'appel laissent supposer que les pratiques anticoncurrentielles commises en période de crise sont légitimes. Du point de vue de la dissuasion générale[787], l'application dérogatoire du droit de la concurrence en période de crise affaiblit le message dissuasif que les autorités de concurrence veulent porter à l'ensemble des agents économiques. Le laxisme à l'égard des cartels de crise laisse entendre qu'il existe des ententes légitimes et d'autres impardonnables ; qu'à côté des « *hard-core cartels* »[788], il existerait des « *soft-core cartels* »[789]. Le signal envoyé aux agents infractionnels est négatif. L'avocat Olivier Fréget observe que la communication sur les *hard-core cartels* suscite des surprises chez les agents, qui « *s'étonnent quand on leur indique qu'ils pourraient bien se comporter de manière interdite, puisque leurs comportements peuvent leur apparaître presque anodins par rapport à ces "complots" contre le consommateur* »[790]. Ce type de classification dans la gravité des ententes assombrit l'intelligibilité du droit de la concurrence et décrédibilise certaines infractions, ce qui parallèlement encourage leur commission par des agents qui voient là un relâchement des règles de concurrence en période de crise.

---

783 *Supra*, Partie I, Titre I, n° 182.

784 V. tableau, Annexe 1.

785 CA Paris, ch. 5-7, 15 mai 2014, n° 2012/06498.

786 *Ibid.* : « *[I]l résulte de ce rappel des textes applicables dans le domaine de la politique agricole commune que les règles de concurrence [...] ne s'appliquent à la production et au commerce des produits agricoles, secteur dont la spécificité est expressément reconnue, que dans la mesure où leur application ne met pas en péril la réalisation des objectifs de la PAC et n'entrave pas le fonctionnement des organisations nationales des marchés agricoles dont les mécanismes de régulation sont [...] dérogatoires au droit commun de la concurrence* ». Rappelons, en outre, que la jurisprudence communautaire rappelle constamment la primauté de la politique commune agricole par rapport aux objectifs du Traité dans le domaine de la concurrence : CJCE, 5 octobre 1994, *RFA c/ Cons.* UE, aff. C-280/93, *Rec.* p. I-04973.

787 Rappelons que la « dissuasion générale » consiste à envoyer un signal dissuasif clair à l'ensemble des agents économiques sur le marché. Elle vise à prévenir la récidive en imposant des sanctions exemplaires.

788 OCDE, Rapport sur les « Hard Core Cartels », publié en français sous le nom d'ententes injustifiables, 2000. – V. aussi : OCDE, « Fighting Hard Core Cartels: Harm, Effective Sanctions and Leniency Programmes », 2002. – OCDE, « Hard Core Cartels: Third Report on the Implementation of the 1998 Recommendation », 2005. – OCDE, « Recommendation of the Council concerning Effective Action against Hard Core Cartels », 1998. – International Competition Network (ICN) « Defining Hard Core Cartel Conduct Effective Institutions Effective Penalties », Report prepared by the ICN Working Group on Cartels, 2005.

789 D. King, « Criminalisation of Cartel Behaviour », Ministry of Economic Development Occasional Paper 10/01 (2010), p. 5 : « *A distinction is then usually made between hard-core and soft-core cartel behaviour.* »

790 O. Fréget, *La concurrence : une idée toujours neuve en Europe et en France*, Odile Jacob, 2015.

303. **Affaiblissement de la dissuasion individuelle.** Du point de vue de la dissuasion individuelle[791], le *bad man* rationnel peut être incité à enfreindre les règles de concurrence étant donné le faible montant des amendes imposées en période de crise. Le *bad man*, qui forme ses prédictions au regard de la jurisprudence applicable, pourra prendre note du message envoyé par la cour d'appel : le droit de la concurrence est plus clément vis-à-vis des infractions commises sur des secteurs en crise. Dans l'affaire des endives, l'instrumentalisation, par les requérants, de l'avis du 7 mai 2008[792] relatif à l'organisation économique de la filière fruits et légumes montre que les requérants exploitent rationnellement le conflit susceptible d'opposer l'Autorité et la cour d'appel sur la question[793]. Le moyen de défense tiré du contexte de crise sectoriel se retrouve même dans certains arrêts où le requérant l'invoque sans aucune justification. Par exemple, dans une affaire où la requérante tentait de faire minorer l'amende pécuniaire en reprochant au Tribunal de méconnaître la situation de crise, celui-ci a constaté que « *la requérante n'a pas démontré que le secteur du carton se trouve actuellement dans une situation de crise. Elle n'a pas davantage expliqué pourquoi une telle situation, à la supposer établie, devait être prise en compte lors de la fixation des amendes* »[794]. Le risque est que la crise ne devienne une sorte d'argument « passe-partout », utilisé stratégiquement en vue de sensibiliser le juge et de faire diversion sur la gravité, en soi, du comportement anticoncurrentiel. Dans la plupart des affaires précitées[795], le débat s'est déporté sur le régime particulier du secteur en cause, au point d'en oublier le plan vaste et sophistiqué de contrôle des prix de vente[796], ce qui illustre la gravité du comportement en cause.

304. **Bilan.** Permettre que des sanctions soient régulièrement révisées à la baisse au seul motif de la crise économique est de nature à renforcer l'efficacité des infractions sur certains marchés au risque, *in fine*, de générer des incitations à enfreindre le droit de la concurrence sur les marchés en crise. L'infraction de concurrence risque d'être plus ou moins rentable selon le secteur économique dans lequel elle prospère. La dissuasion générale et individuelle est affaiblie au regard de la faiblesse des amendes imposées à l'égard des cartels de crise par rapport au niveau de l'amende confiscatoire. Le changement de la méthode de calcul de l'Autorité qui,

---

791 Rappelons que la « dissuasion individuelle » vise à sanctionner l'auteur de l'infraction et à le convaincre que le manquement procure un bénéfice plus faible que son coût.

792 Avis n° 08-A-07 du 7 mai 2008 relatif à l'organisation économique de la filière fruits et légumes.

793 Reprenant l'avis relatif à la filière fruits et légumes, les requérants ont souligné que « *l'organisation de la production reste très atomisée sur le marché du fruit et légume* », ou encore « *la nécessité de renforcer la position des producteurs sur le marché* » pour rééquilibrer les rapports de force. L'instrumentalisation de l'avis a, semble-t-il, eu une incidence sur la décision de la cour d'appel, qui considère que les « *organisations sanctionnées sont en droit d'opposer à l'Autorité que l'analyse particulièrement nuancée, formulée dans le cadre de cet avis, des dispositions dérogatoires au droit de la concurrence concernant la régulation des prix, n'excluaient pas alors formellement l'interprétation de ces dispositions dont elles se prévalent au soutien de leur recours et qu'à tout le moins, il n'est pas fait état, dans ce domaine, de décisions de la Cour de justice de l'Union* ». Les parties mises en cause soutenaient notamment que les règles du secteur agricole étaient spécifiques et dérogatoires à l'application du droit de la concurrence.

794 TPICE, 14 mai 1998, *Enso Española SA c/ Commission des Communautés européennes*, aff. T-348/94, *Rec.* p. II-01875, § 362.

795 *Supra*, n° 299.

796 On pourrait presque parler de stratégie de diversion.

dans un contexte de crise, s'écarte du communiqué « Sanctions » peut renforcer la prédiction du *bad man* sur la prévisibilité d'une amende inférieure aux gains illicites, car cette dernière ne souffre pas du coefficient multiplicateur appliqué à la valeur des ventes affectées par la pratique.

Par ailleurs, l'appel régulier des entreprises qui invoquent le contexte de crise pour obtenir des juges du fond une réduction sensible sur l'amende infligée montre, plus généralement, que l'appel constitue une autre stratégie procédurale permettant à l'agent économique de réduire le coût de l'infraction : si l'appel est une voie de recours légitime, il n'en reste pas moins qu'il peut être instrumentalisé par l'agent rationnel pour, notamment, allonger la durée de la procédure de concurrence et décourager les victimes d'agir en réparation. L'appel, dans ce cas, est dit « parasitaire ».

§ 3. L'exercice parasitaire des voies de recours

305. **L'appel parasitaire.** Le droit de la concurrence, au regard de sa complexité, ouvre un nombre important de procès contestables en appel. Il faut distinguer deux cas :

- **Appel justifié.** Le premier est celui où une juridiction a commis une erreur dans l'appréciation du manquement de concurrence et où l'appel est parfaitement justifié.
- **Appel parasitaire.** Le second, qui nous intéresse, est celui où l'auteur d'une infraction de concurrence soulève en appel un moyen de défense qui ne repose sur aucune justification juridique ou économique pour échapper ou réduire sa condamnation. La révision de l'amende n'est pas toujours légitime lorsqu'elle repose, par exemple, sur l'argumentu contexte de crise[797]. De plus, l'appel est « parasitaire » lorsqu'il n'a que pour seule finalité de retarder l'action en réparation afin de limiter l'efficacité de l'action privée.

306. **Études statistiques : minoration de l'amende pécuniaire grâce à l'appel.** Interjeter appel constitue une stratégie procédurale pour obtenir une annulation ou une minoration de la sanction pécuniaire. En France, le message dissuasif envoyé par l'Autorité, qui impose une amende, est souvent remis en cause par la cour d'appel, ce qui porte atteinte à la crédibilité de l'action publique et limite la portée du message dissuasif envoyé aux agents économiques. Depuis 2004, la cour d'appel a réduit de près de 27 % le montant des amendes prononcées par l'Autorité[798]. En 2008, le montant de 631 millions d'euros de sanctions prononcées a été réduit à 126 millions d'euros. En France comme en Europe, le rôle de l'appel dans la dévaluation des sanctions pécuniaires[799] est important. De nombreuses études ont montré que les révisions d'amende de la Commission

797 *Supra*, n° 296 et s.

798 Microeconomix, Alerte presse, « Autorité de la concurrence : des sanctions de plus en plus élevées et dans l'ensemble confirmées par la Cour d'appel », 9 juillet 2015.

799 *Ibid.*

sont extrêmement fréquentes[800]. L'étude la plus récente démontre que 75 % des affaires d'entente (sur l'échantillon retenu) donnent lieu à un appel[801]. Surtout, le taux de succès des appels entraîne une perte de dissuasion évidente en diminuant le montant des amendes prononcées : « *[Les] modifications de l'amende* – presque exclusivement à la baisse – *[...]* concernent près de 30 % des affaires *[...] En moyenne, et en considérant l'ensemble des appels, l'amende diminue de 18,8 % ou de 12,07 millions d'euros par entreprise. Si nous restreignons l'échantillon aux seules entreprises qui ont vu leur amende diminuer en appel, la réduction moyenne est alors de 23,74 %* »[802].

Ces données, très intéressantes, démontrent que l'appel permet d'espérer des réductions pécuniaires conséquentes, deux fois supérieures, par exemple, à une réduction pour non-contestation de griefs, même si la probabilité d'obtenir la réduction est moindre.

307. **Point de vue du *bad man* : prévisibilité de la réduction d'amende.** Du point de vue de la théorie du *bad man*, il est intéressant de souligner la prévisibilité de la réduction d'amende pour les ententes ayant subi les sanctions les plus fortes. S'agissant des amendes de la Commission : « *les appels dans les affaires d'ententes ayant reçu une amende relativement élevée (supérieure à 262 millions d'euros, soit l'amende médiane) ont une probabilité de réussite significativement supérieure à ceux qui ont reçu une amende plus légère* »[803]. En France, « *le montant des sanctions prononcées par l'Autorité de la concurrence est généralement confirmé en appel. Cependant, il apparaît que la Cour d'appel a davantage tendance à réformer des décisions ayant fixé des montants élevés de sanctions [...]* »[804].

---

800 C. Harding, A. Gibbs, « Why Go to Court in Europe? An Analysis of Cartel Appeals, 1995-2004 », 30(3) *E. L. Rev.* 349-370 (2005), p. 365. Les deux auteurs ont notamment mené une recherche basée sur 200 cartels, sur une période allant de 1994 à 2004, et visant à calculer le nombre d'appels en Europe, le taux d'échec et le taux de succès des appels. Les auteurs montrent que les révisions d'amende sont fréquentes : 61 % des entreprises ont obtenu une réduction d'amende entre 1995 et 2004. Les auteurs soulignent que les parties peuvent retirer un gain de l'appel, et compenser les frais correspondant au coût de l'appel. – V. aussi : C. Veljanovski, « European Commission Cartel Prosecutions and Fines, 1998–2006: An Updated Statistical Analysis of the Fines under the 1998 Penalty Guidelines », *op. cit.* note 643. Cette étude s'est intéressée aux cartels jugés par la Commission entre 1998 et 2006. L'auteur a constaté que sur les 63 cartels jugés pendant cette période, 53 cartels ont interjeté appel des décisions de la Commission. Aussi, 79 % de l'ensemble des amendes infligées pendant cette période ont été contestées devant la Cour. En somme, sur les 111 appels interjetés (par les différentes firmes des cartels), 47 % des firmes ont obtenu une réduction de l'amende pécuniaire. Les réductions de l'amende allaient de 2 % à 63 % de l'amende initiale.

801 S. Broos, A. Gautier, J. M. Ramos, N. Petit, « Analyse statistique des affaires d'ententes dans l'UE (2004-2014) », *op. cit.* note 641. Sur la façon dont les auteurs ont procédé (p. 87) : « *Notre base de données permet d'examiner si les décisions de la Commission au cours de la période de référence ont fait l'objet d'un appel. Le cas échéant, nous avons recueilli des informations supplémentaires : date de l'appel, identité de la partie appelante, numéro d'appel, date de jugement, résultat de l'appel. Lorsque plusieurs entreprises faisant partie d'un même groupe ont formé appel individuellement, elles n'ont été comptées qu'une seule fois dans nos statistiques. Dans 39 affaires d'entente sur 52, au moins une des entreprises a fait appel. Au total, 153 entreprises ont fait appel. Il y a donc au moins un appel dans 75 % des affaires et 46 % des entreprises condamnées par la Commission ont fait appel. À ce jour, 32 appels concernant 129 entreprises sont clôturés par le Tribunal.* »

802 *Ibid.*, pp. 88-89.

803 *Ibid.*, p. 91.

804 Microeconomix, Alerte presse, « Autorité de la concurrence : des sanctions de plus en plus élevées et dans l'ensemble confirmées par la Cour d'appel », 9 juillet 2015.

308. **Biais émotionnel. Il n'y a pas a s'émouvoir de ces réductions qui peuvent être parfaitement justifiées. En revanche, il y a lieu de s'en inquiéter lorsqu'elles résultent d'une réflexion qui sort du champ juridique et économique.** Pour expliquer ce phénomène de minoration sensible des amendes en appel, on peut notamment se référer aux travaux de l'économie comportementale. Selon cette discipline, les agents seraient sujets à des biais émotionnels. Un biais émotionnel est un biais qui affecte le processus décisionnel de l'agent en assurant la primauté de l'émotion sur le raisonnement. On peut supposer que les juges sont victimes de ce biais émotionnel lorsqu'ils octroient une réduction de l'amende au détriment d'un raisonnement purement juridique. Cette hypothèse doit bien sûr être formulée avec prudence. Néanmoins, il y a des raisons de le suspecter lorsque, à titre d'exemple, l'argument du contexte de crise précédemment évoqué entraîne souvent une réduction sensible de la sanction de la cour d'appel[805]. Cela peut s'expliquer par un biais émotionnel car rien ne justifie, aussi bien d'un point de vue juridique que d'un point de vue économique, la prise en compte du contexte de crise pour reconnaître une minoration de l'amende pécuniaire : l'exemple américain[806] et l'étude robuste de l'économiste André Piettre[807] ont montré les effets dommageables des cartels de crise et l'inutilité de la perte de dissuasion en cette période. Ainsi, l'argument « dramatique » de la crise économique affecterait le raisonnement juridique des juges dont la décision se fonderait selon des critères sociaux et moraux.

309. **Biais culturel.** Aussi, une étude récente démontre que la culture juridique du juge chargé de l'affaire de concurrence a une forte influence sur la recevabilité de l'appel formé contre la décision de la Commission européenne[808]. Les rapporteurs sont victimes d'un « biais culturel », c'est-à-dire que la tradition juridique du pays influence le raisonnement du juge qui devient, *in fine*, détaché des seules considérations juridiques. Ainsi, les décisions de la Commission sont statistiquement moins contestées lorsque le rapporteur est français que lorsqu'il vient d'un autre pays de l'Union européenne[809]. Cette statistique peut inquiéter, car cela signifie que l'appréciation de la règle concurrentielle et de la sanction dépend

---

805 V. *supra*, n° 296 et s.

806 Aux États-Unis, la loi sur le redressement national (NIRA) encourageait les pratiques collusives par la mise en œuvre de codes industriels visant à limiter la production et la concurrence par les prix. Des travaux doctrinaux aux États-Unis ont montré que cette loi a aggravé la dépression et retardé la sortie de la crise. – V. p. ex. H. Cole, L. Ohanian, « The New Deal Policies and the Persistence of the Great Depression: A General Equilibrium Analysis », 112(4) *Journal of Political Economy* 779-816 (2004).

807 A. Piettre, *L'évolution des ententes industrielles en France depuis la crise*, M. G. Pirou (dir.), t. 2, Sirey, 1936.

808 A. Huyue Zhang, J. Liu, N. Garoupa, « Judging in Europe: Do Legal Traditions Matter? », 14(1) *Journal of Competition Law & Economics* 144-178 (2018).

809 *Ibid.* : « *We test the effects of legal origins and group dynamic using two hand-collected original databases: one consists of the background characteristics of all the judges who served at the General Court from the start of 1989 to September 1, 2015; the other of all competition judgments decided by the General Court during the same period. Our empirical results show that the legal tradition in which the rapporteur was bred bears a statistically significant effect on the case outcome.* Specifically, if the rapporteur came from a country where its administrative law has a strong French influence, the outcome is more likely to favor the Commission than if the rapporteur is from any other EU country. *At the same time, holding constant the legal origin of the rapporteur, the ratio of the legal origins of the judges within the chamber does not have a statistically significant effect. These results are consistent with our hypotheses that legal traditions influence judicial attitudes and that the panel dynamics among judges would amplify or dampen such influence* ».

moins d'une stricte analyse juridique que de l'influence de la culture juridique du pays du rapporteur sur la décision finale. Cela démontre que l'examen des règles concurrentielles est complexe, si bien qu'un « appel parasitaire » peut se retrouver efficace au regard des biais affectant la décision des juges.

310. **Prédictions du *bad man* : risque de faute lucrative.** En France, la révision habituelle et à la baisse des amendes pécuniaires par la cour d'appel a pour incidence de minorer, chez l'agent économique, la crainte de l'action publique, qui se retrouve contestée. De plus, la dévaluation conséquente, par la cour d'appel, du montant des amendes prononcées par l'Autorité[810] décrédibilise le signal dissuasif de l'action publique et favorise le risque de faute lucrative[811]. À titre d'exemple, dans le cartel des farines alimentaires, l'Autorité de la concurrence avait fixé, à l'encontre de l'entreprise Bindewald, une amende dissuasive proche du niveau de l'amende confiscatoire[812]. La cour d'appel a réduit la sanction de 2 millions d'euros si bien que, en conséquence, l'amende infligée se retrouve 4,56 fois inférieure au niveau de l'amende confiscatoire[813]. Pareil constat peut être dressé à l'égard de l'entreprise Bliesmuhle, qui, sous prétexte des difficultés financières, bénéficie après le jugement de la cour d'appel d'une amende 4,47 fois inférieure au niveau de l'amende confiscatoire[814]. Or, aucune étude n'a jamais démontré qu'il était efficient d'un point de vue économique de réduire l'amende d'une entreprise sous prétexte qu'elle se trouve en difficulté financière. La prise en compte du contexte de crise, des difficultés financières[815], du risque de faillite, etc., renforce la prévisibilité des multiples réductions qui viendront réduire l'effet dissuasif de l'amende. Une étude du professeur Andreas Stephan a démontré que le succès de l'argument soulevé en défense du risque de faillite de l'entreprise risquait, à terme, d'être instrumentalisé par les contrevenants, qui prédiront que l'amende ne pourra excéder un montant (« *bankruptcy discount* ») susceptible de mettre en danger leur viabilité financière[816]. En France, la « *question de survie* » des firmes est régulièrement invoquée par les firmes responsables de pratiques anticoncurrentielles[817] pour demander une réduction de la sanction. L'argument de la « survie »

---

810 *Supra*, n° 296 et s.

811 *Supra*, n° 298 et s.

812 *Infra*, tableau, Annexe 1

813 CA Paris, pôle 5, ch. 5-7, 20 novembre 2014, n° 2012/06826, Farine alimentaire.

814 V. *infra*, Tableau en annexe. L'entreprise a finalement dû s'acquitter d'une amende de 429 000 euros, au lieu de 1 500 000 euros (le niveau de l'amende confiscatoire est de 1 918 785 euros). De même, l'entreprise Flechtorfer a bénéficié d'une réduction de 4 millions d'euros. Elle a donc dû s'acquitter d'une amende de 510 000 euros, c'est-à-dire une amende 8,79 fois inférieure au montant de l'amende confiscatoire (estimée environ à 4 484 972 euros).

815 CA Paris, pôle 5, ch. 5-7, 20 novembre 2014, *op. cit.*, Farine alimentaire. – CA Paris, ch. 1, 12 décembre 2000, *SNC Sté Sogea Sud-Est et a.* – CA Paris, ch. 5-7, 29 septembre 2009, *Ets Mathé SA*, n° 2008/12495.

816 A. Stephan, « The Bankruptcy Wildcard in Cartel Cases », CCP Working Paper 06-5 (2006) : « *Where fines are the only available sanction against cartels there is a trade-off between increased deterrence and the increased risk of insolvency [...]* Such bankruptcy discounts encourage infringing firms to paint as gloomy a picture of their financial situation *as possible to reduce their cost of collusion* ».

817 Déc. n° 08-D-32 du 16 décembre 2008, Cartel de l'acier. – V. aussi déc. n° 05-D-47 du 28 juillet 2005 relative à des pratiques mises en œuvre dans le secteur de la destruction d'armements et de munitions, § 202. Déc. n° 05-D-03du 10 février 2005 relative à des pratiques mises en œuvre dans le secteur de l'eau de javel, § 46 : « *[...] la survie de nos entreprises passait par la mise en œuvre de ces pratiques.* »

révèle un moyen de défense davantage « émotionnel » que juridique qui traduit, lorsqu'il est pris en compte sans justification économique, un biais émotionnel. L'« effet dissuasif général » des sanctions – objectif prioritaire rappelé par la Commission[818] – semble décrédibiliser pour des motifs politiques plus que juridiques la lutte contre les infractions. La protection des entreprises fautives contre la faillite est un objectif noble, reste qu'il fragilise le discours premier du droit de la concurrence, qui vise à protéger la concurrence et non les concurrents. De plus, cela revient à créer une situation de discrimination dans l'imposition des amendes entre les entreprises puissantes et les autres plus faibles qui pourtant ont commis la même infraction. Enfin, on peut douter qu'il soit du rôle de la cour d'appel de contester les décisions de l'Autorité pour des motifs liés à la crise économique ou au risque de faillite, sachant que les « *arguments exposés en faveur d'un assouplissement du contrôle concurrentiel exercé par l'Autorité [...] confinent, dans certains cas, à des recommandations de politique agricole. Or, cette dernière est du ressort du gouvernement, et non de l'Autorité de la concurrence [ni de la cour d'appel] qui ne peut évidemment pas adopter ses décisions en suivant un tel objectif* »[819].

311. **Exploitation, par le *bad man*, de la durée de l'appel.** Par ailleurs, en plus de la limitation du coût de l'action publique, l'agent rationnel peut instrumentaliser l'appel pour échapper au coût économique de l'action privée. En effet, la longueur du procès d'appel peut « *retarder l'effectivité de l'action privée, affaiblissant ainsi l'effet dissuasif des lois en général* »[820]. Un auteur confirme ce risque, sachant que les actions en réparation du dommage concurrentiel sont, en Europe, généralement des cas d'action de suivi : « *Le procès d'appel retarde factuellement le début des actions en réparation et fournit donc une incitation aux membres de l'entente à (parasiter) prolonger la durée de la procédure d'appel (ou même à former un appel en premier lieu)* »[821].

---

818 Lignes directrices pour le calcul des amendes infligées en application de l'article 23, paragraphe 2, sous a), du règlement (CE) n° 1/2003, *JOUE* n° C 210 du 1er septembre 2006, pp. 2-5, § 4 : « *[I]l y a lieu de fixer les amendes à un niveau suffisamment dissuasif, non seulement en vue de sanctionner les entreprises en cause (effet dissuasif spécifique), mais aussi en vue de dissuader d'autres entreprises de s'engager dans des comportements contraires aux articles 81 et 82 du traité ou de continuer de tels comportements (effet dissuasif général).* »

819 L. Givry, P. Guibert, « Billet d'humeur : le secteur agricole à l'épreuve du droit de la concurrence, un sujet de campagne ? », *RLDA* 2012/71, n° 4044. – V. aussi, sur les objectifs du droit de la concurrence, Cons. conc., rapport annuel, 2003 : « *Cette apparente indifférence à l'intentionnalité des parties ne saurait surprendre et se justifie par la nature même du droit de la concurrence, qui protège avant tout la concurrence et n'a pas pour mission de protéger les concurrents. Le fondement de son action répressive est la défense de l'ordre public économique. Il s'intéresse donc moins aux conditions subjectives dans lesquelles interviennent les pratiques qu'au cadre dans lequel celles-ci s'inscrivent, et à leur incidence sur le marché* ».

820 F. Smuda, P. Bougette, K. Hüschelrath, « Determinant of the Duration of European Appelate Court Proceedings in Cartel Cases », GREDEG Working Paper n° 2014-25 (2014), p. 5. Traduction libre : « *Last but not least, longer investigation periods delay possible private enforcement activities thereby weakening the deterrent effect of antitrust laws generally.* » – V. aussi K. Hüschelrath, F. Smuda, « The Appeals Process in the European Commission's Cartel Cases: An Empirical Assessment » 13(2) *Journal of Empirical Legal Studies* 330-357 (2016). Disponible sur SSRN : http://ssrn.com/abstract=2778853.

821 F. Smuda, P. Bougette, K. Hüschelrath, *loc. cit.*, p. 17, traduction libre : « *Although on the surface, it appears straightforward to assume that firms have an interest in short appeals processes for the cost-related reasons discussed in Section 2 above, the rising importance of private antitrust enforcement in Europe questions this assumption. Due to the fact that cartel damage claims in Europe are typically filed as follow-on cases, the*

De même, l'appel peut paralyser l'action de groupe des consommateurs[822]. L'appel serait donc une stratégie permettant de « torpiller » l'action de suivi en réparation. Cette stratégie s'avère particulièrement rentable quand elle permet ainsi au fautif de faire l'économie des dommages-intérêts dus aux victimes. Le coût de l'appel (lié notamment aux frais d'avocat) est moindre que le bénéfice retiré de l'échec de l'action privée en réparation. D'autant que plus l'appel retarde l'action *follow-on*, plus la preuve du préjudice concurrentiel sera compliquée du fait de la dilution des preuves pertinentes.

312. **Bilan.** Le pouvoir dissuasif de l'action publique est affaibli par la cour d'appel, qui a tendance à réviser, à la baisse, le montant des amendes imposées. Si cette révision peut être justifiée, de nombreuses décisions restent contestables au regard des moyens de défense soulevés, comme la crise économique. L'agent rationnel pourrait exploiter les « biais émotionnels » des juges qui accordent une minoration de l'amende à partir d'arguments qui ne nous semblent pas fondés sur des critères juridiques et/ou économiques (cas du cartel de crise). De plus, le succès de certains arguments en défense ne fait que renforcer la prévisibilité des amendes imposées, qui semblent, au regard des décisions rendues par la cour d'appel, ne pas devoir dépasser un seuil susceptible de mettre en danger la viabilité financière des entreprises, fussent-elles responsables de pratiques anticoncurrentielles graves.

Pour terminer sur les stratégies de l'agent rationnel – le *bad man* – visant à limiter les conséquences pécuniaires attachées à sa condamnation, il reste à évoquer, par ailleurs, la stratégie dite de « capture normative ». Une telle stratégie permet aux entreprises de limiter le potentiel dissuasif d'une norme afin, en conséquence, de limiter le coût de sa violation.

Section 3
La stratégie de capture normative

313. **Stratégie de capture normative.** Cette stratégie décrit la pression formée par les destinataires d'une loi (en l'occurrence, ici, les entreprises) afin de modeler ladite loi à leur profit. Les destinataires de la norme vont chercher à influencer

---

appeals process factually delays the beginning of such trials and therefore provides an incentive for former cartel members to (frivolously) extend the length of the appeals process (or even to initiate one in the first place). »

822 Le mécanisme *opt-in* oblige la victime qui veut adhérer à l'action à se manifester dans un délai qui « *ne peut être inférieur à deux mois ni supérieur à six mois après l'achèvement des mesures de publicité [...] le jugement sur la responsabilité ne peut être assorti de l'exécution provisoire puisque la publicité conditionne toute la suite de la procédure* ». Ainsi, l'adhésion du consommateur au groupe est conditionnée à l'achèvement des mesures de publicité. Le professionnel a donc tout intérêt à retarder les mesures de publicité. Selon la circulaire relative à l'action de groupe, le délai auquel est tenu le professionnel pour la mise en œuvre des mesures de publicité « *ne peut courir que du jour où la décision n'est plus susceptible de recours ordinaires ou de pourvoi en cassation* ». Stratégiquement, le professionnel a donc un avantage à introduire un recours « frivole ». Contester le jugement de responsabilité permet de repousser le caractère définitif de la décision. Tant que le jugement de responsabilité n'est pas définitif, le professionnel peut retarder l'exécution des mesures de publicité et ainsi paralyser l'adhésion des consommateurs au groupe.

les dispositions contenues dans la loi dans un sens qui leur est profitable. Cette « *stratégie de façonnage normatif, fondée sur la perméabilité du législateur et du juge aux considérations politiques, sociables ou économiques* »[823] permet à une entreprise « *de se ménager un avantage économique dans son environnement juridique* »[824].

314. **Influence des lobbies.** Le lobbying correspond à une stratégie de capture normative. La norme – en principe façonnée par le législateur – se retrouve discutée par des entreprises qui cherchent à aménager un environnement juridique favorable à leur action. En droit de la concurrence, le lobbying constitue une stratégie d'influence mise en œuvre par des entreprises privées qui vise à « capturer » la loi pour servir leurs intérêts[825]. Selon l'économiste français Jean Tirole, « *un domaine dans lequel les lobbies sont particulièrement influents concerne les restrictions, voire les interdictions de la concurrence* »[826]. En outre, une étude a montré que « *les entreprises ne sont pas simplement "passives" dans leurs relations avec les autorités [...] 62 % des entreprises reconnaissent avoir eu recours à des pratiques lobbyistes [...]. [C]e chiffre augmente encore si on ne considère que la population des entreprises qui assimilent convenablement les décisions rendues par les autorités [...] : 79 % de ces firmes utilisent alors le lobbying* »[827].

315. **Intérêt du lobbying.** L'intérêt d'une pratique de lobbying pour une entreprise est de limiter le risque juridique d'une infraction. À titre d'exemple, retarder l'application d'une loi consacrant une sanction punitive peut se révéler favorable à une entreprise qui a pour habitude de commettre des pratiques restrictives et/ou anticoncurrentielles.

Le lobbying en amont (§ 1) et en aval du procès (§ 2) a une incidence directe sur l'incitation à enfreindre le droit de la concurrence.

§ 1. Le lobbying en amont du procès de concurrence

316. **Lobbying en amont : diminuer le risque juridique de l'infraction.** Les prédictions de l'agent économique sur l'application du droit applicable peuvent être directement affinées en influençant en amont, par du lobbying, la norme concur-

823 A. Masson, M. Shariff, « Les stratégies juridiques des entreprises », *RLDA* n° 53, 1er octobre 2010.

824 *Ibid.*

825 Rapport sur le lobbying en France de Transparency International France, octobre 2014, p. 19 : le lobbying vise à « *influencer la prise de décision dans le sens des intérêts qu'elle [l'entreprise] promeut* ». – V. aussi : O. Fréget, F. Herrenschmidt, « Réflexions sur les pratiques d'influence et le droit de la concurrence : Lobbying, "négociations réglementaires" et/ou "captures réglementaires" ? », Concurrences n° 3-2006, Art. N° 1528, pp. 40-49.

826 J. Tirole, *Économie du bien commun*, PUF, 2016. – V. aussi : B. Lecherbonnier, *Les lobbies à l'assaut de l'Europe*, Albin Michel, 2007.

827 P. Bougette, L. Donnedieu de Vabres-Tranié, C. Montet, F. Venayre, « Stratégie et droit de la concurrence : une enquête auprès de grandes entreprises françaises », colloque sur « la stratégie des entreprises vis-à-vis du droit de la concurrence : adaptation, évasion, organisation », *RCC*, n° 144, janvier-février 2006, pp. 2-10. Enquête menée sur la base d'un questionnaire prévoyant une liste de 29 questions traitant des approches économique et juridique de l'antitrust.

rentielle dans un sens favorable à ses intérêts. La stratégie de lobbying menée en amont de l'application ou de la modification d'une loi a pour finalité principale de diminuer le risque juridique de l'infraction. Cette finalité est légitime lorsqu'il apparaît que le droit de la concurrence est injustement coercitif et qu'il risque d'avoir des effets néfastes sur le marché (en réduisant l'innovation par exemple)[828]. Elle est néanmoins dangereuse lorsqu'une firme entend se ménager un environnement juridique favorable (en assurant par exemple un système de sanction « sous-dissuasif ») pour commettre une infraction de concurrence qui lui permettra de prendre un avantage sur la concurrence. Il est ainsi difficile de distinguer l'influence légitime de l'influence illégitime sur le droit, lorsque l'entreprise va chercher à subvertir les concepts et règles de concurrence afin de servir des buts anticoncurrentiels. C'est précisément cette influence illégitime qui nous intéresse ici, car elle montre l'attitude rationnelle des agents malveillants qui, agissant directement sur le processus de création de la norme, renforcent la prévisibilité du droit applicable et *in fine* l'incitation à enfreindre le droit de la concurrence[829].

317. **Illustration à travers l'action de groupe.** La réforme de l'action de groupe illustre l'influence des lobbies, lesquels sont parvenus à neutraliser la nature dissuasive de la loi Hamon en enserrant la recevabilité de l'action de groupe dans un certain nombre de conditions restrictives qui la rendent ineffective. L'intervention du lobby des entreprises sur la question de l'action de groupe est logique : les firmes avaient fort à craindre d'une telle action. En effet, en théorie, l'action de groupe est une action en restitution des profits illicites, car elle permet au consommateur de récupérer sous forme de dommages-intérêts les sommes indûment versées au contrevenant. Ce mécanisme prive les entreprises de leur gain illicite, car elles sont contraintes de rembourser les consommateurs du surprix payé. Les actions, en France, du « *puissant lobby des regroupements d'entreprises* », et notamment « *l'influence du lobby du patronat, et particulièrement du MEDEF* »[830], ont néanmoins permis de paralyser la nature restitutoire de l'action de groupe. En effet, le Medef a demandé à ce que l'action de groupe soit réduite aux seuls cas où le préjudice est trop faible pour justifier une action individuelle[831]. De même, différentes tactiques ont été utilisées pour faire en sorte que la loi sur l'action de groupe soit restreinte par de nombreux garde-fous. Parmi les tactiques lobbyistes, nous retiendrons en particulier la tactique de diabolisation, laquelle a conduit à intituler l'action de « *monstre de Frankenstein* »[832] qui mènerait les entreprises à la faillite. De même, la rhétorique lobbyiste a consisté à pointer les dérives de la *class action* américaine ou à relever le risque que des actions juridiques opportunistes (ou risque de chantage) soient menées par des entreprises pour ruiner

---

828 G. Decocq, « Analyse concurrentielle des processus d'élaboration des normes » *CCC* n° 6, juin 2015, repère 6.

829 Car l'entreprise sera naturellement incitée à enfreindre la norme qu'elle a influencée dans un sens qui lui est profitable. Cela peut être le cas lorsque la législation prévoit une sanction faible ou inadaptée en cas de violation du droit.

830 P.-C. Lafond, « L'action de groupe à la française, ou l'art de rater une belle occasion », *RIDC* 2-2016, pp. 319-340, pp. 328 et 333.

831 J. Simon, « Champ d'application : la position du MEDEF », *Gaz. Pal.* 16 mai 2013, n° 136, p. 15. Source citée par P.-C. Lafond, *loc. cit.*

832 A. R. Miller, « Of Frankenstein Monsters and Shining Knights: Myth, Reality and the "Class Action" Problem », 92(3) *Harv. L. Rev.* 664-694 (1979).

un concurrent et prendre un avantage sur la concurrence. Sans revenir sur ces critiques, auxquelles nous répondons ultérieurement[833], notons que ces craintes ont été entendues, car non seulement l'action de groupe est réservée aux seuls consommateurs, mais les garde-fous instaurés en réponse aux critiques soulevées par les lobbies la rendent ineffective[834].

318. **Une norme pathologique incitative à la violation du droit.** En conséquence de l'action des lobbies, la loi Hamon est aujourd'hui une loi « pathologique ». Pour rappel – nous vous renvoyons à notre hiérarchie des normes incitatives à la violation du droit évoquée précédemment[835] – une norme pathologique est une norme qui, souffrant de vices congénitaux, se retrouve difficilement applicable et ne peut ainsi produire l'effet escompté. En l'occurrence, l'effet dissuasif de la loi Hamon est neutralisé du fait de ses vices congénitaux si bien que, depuis l'entrée en vigueur de cette loi, aucune action de groupe n'a encore été lancée dans le domaine de la concurrence. Le *bad man* qui, par des stratégies de lobbying, a influencé en amont les dispositions de la loi Hamon se retrouve donc dans un environnement juridique plus favorable que s'il voyait son infraction punie par une armée de victimes (consommateurs comme professionnels) désireuse de récupérer le surprix payé. Le risque de faute lucrative est élevé en l'absence d'une action de groupe en restitution des profits illicites, ce qui ne fait que renforcer l'incitation à enfreindre la loi.

Par ailleurs, le lobby mené en aval, une fois l'enquête de concurrence ouverte, est aussi efficace pour limiter le coût de l'infraction de concurrence.

§ 2. Le lobbying en aval du procès de concurrence

319. **Lobbying du *bad man* en aval : minorer la sanction.** En aval, le lobbying consiste à faire pression sur le juge ou l'Autorité au stade de l'ouverture d'une procédure à l'encontre d'une entreprise. La stratégie vise précisément à « *infléchir les décisions dans un sens qui [...]est favorable [à l'entreprise]* »[836]. Le risque d'une telle stratégie est qu'elle fasse passer pour légale une infraction pourtant réelle ; le but étant de minimiser la pratique dans l'esprit du juge ou de l'Autorité, « *en présentant la pratique litigieuse sous une lumière favorable afin de convaincre l'Autorité de son caractère bénin* »[837].

---

833 *Infra*, Partie III, Titre I, n° 883 et s.

834 *Infra*, Partie I, Titre II, n° 428 et s.

835 *Supra*, Partie I, Discussion préliminaire, n° 42.

836 P. Bougette, L. Donnedieu de Vabres-Tranié, C. Montet a., « Stratégie et droit de la concurrence », *op. cit.* note 828.

837 D. Zimmer, *The Goals of Competition Law*, Edward Elgar Publishing (2012), p. 134 : « *In any case it is by no means restricted to the aim of directly influencing the outcome of a competition case but extends to the analysis stage, where lawyers and economists alike are hired to defend but also to reframe and redirect the analysis and present the conduct in a more favorable light in an effort to convince the authority of its benign character.* »

En aval, la stratégie de lobbying permet aussi de réduire les coûts de l'atteinte à l'image qui peuvent avoir une incidence économique lorsque le consommateur renonce ensuite à acheter le produit de l'entreprise sanctionnée. En contestant la décision rendue par une autorité de concurrence, la stratégie de lobbying tend à agir directement sur le risque de stigmatisation populaire de la pratique illicite. Communiquer sur l'« injustice » de la condamnation prononcée[838] réduit le seuil d'indignation populaire et limite, en conséquence, l'incitation des consommateurs à porter une action collective.

320. **Illustration : affaire *Champagne*.** Dans cette affaire, la stratégie de communication choisie par l'entreprise a permis d'inverser le coût de l'atteinte à l'image de marque. La publicité autour du manquement s'est retrouvée en faveur du contrevenant[839]. L'affaire *Champagne* est l'exemple type de l'exploitation de la médiatisation d'une affaire[840]. Dans cette affaire, le contrevenant était mis en cause pour des agissements parasitaires après avoir commercialisé un parfum portant le nom de la célèbre boisson. Le tribunal de grande instance avait condamné Yves Saint Laurent à verser des dommages-intérêts aux victimes[841] tandis que la cour d'appel avait prononcé le retrait des flacons litigieux[842]. La société Yves Saint Laurent a exploité la médiatisation de l'affaire pour faire de l'interdit un coup marketing. Sous forme de publicités provocatrices, l'image du flacon de parfum était accompagnée de slogans tels que : « *Son nom a été interdit, les femmes sauront l'appeler* »[843], ou « *Les femmes adorent les interdits* »[844], ou encore « *Mon parfum, un hommage aux femmes qui pétillent* »[845]. La communication de la société Yves Saint Laurent sur la publication de l'affaire lui a donc permis d'augmenter ses ventes. Notons que l'entreprise s'est notamment vantée d'avoir commis une faute lucrative concurrentielle[846].

---

838 En laissant penser par exemple que la position de l'entreprise sur le marché n'est que le fruit d'une concurrence par les mérites ; v. P. Marsden, S. Kinsella a., « Lobbying competition law & policy? », Concurrences n° 1-2009, Art. N° 23216, pp. 11-33.

839 L. Marino, « Publication judiciaire en première page : la panacée ? », *D.* 2001, p. 1991

840 CA Paris, 15 décembre 1993, « Concurrence. Illicéité du parfum "Champagne" », *JCP E* 1994, act. 100026. – V. aussi : CA Paris, 15 décembre 1993, *JCP E* 1994, II, 540, obs. F. Pollaud-Dulian.

841 Un franc à l'Institut national des appellations d'origine, un franc au Comité interprofessionnel du vin de Champagne (CIVC) et à la société Champagne Moët & Chandon, et 50 000 francs à Marc Bugnon.

842 Or, il restait très peu de stocks en rayon. La perte consécutive au retrait des flacons fut donc moins importante que prévu. V. M. Jauffret, « Un parfum Champagne qui pétille », *L'Humanité*, 31 décembre 1993 : « *La perte consécutive au retrait des flacons, tout d'abord estimée à 10 millions de francs, ne devrait pas dépasser 5 millions, compte tenu des stocks dérisoires restant en rayon.* » Disponible sur : http://www.humanite.fr/node/70613. – V. *Les Échos* : « *Et ce ne sont pas les "quelques millions" que devraient coûter les opérations de retrait qui semblaient, hier, devoir atteindre les mines réjouies des dirigeants de Saint Laurent Parfums.* » Disponible sur : http://www.lesechos.fr/16/12/1993/LesEchos/16540-046-ECH_yves-saint-laurent-condamne-en-appel-pour-son-parfum-champagne.htm#SemxBrrTaJetZ1CZ.99.

843 Slogan disponible sur : Collection des publicités de parfums : http://urlz.fr/72Jc.

844 *Ibid.*

845 *Ibid.*

846 F. Summa, « À propos de l'affaire du parfum "Champagne" d'Yves-Saint-Laurent », *LPA* 11 mars 1994, n° 30 – V. aussi : D. Fasquelle, « L'existence de fautes lucratives en droit français », *LPA* 20 novembre 2002, n° 232, p. 27.

Conclusion Chapitre 3

321. **Le bad man.** Le *bad man* décrit par Holmes[847] est un agent rationnel qui forme des prédictions sur l'application de la loi afin de retirer un avantage de l'infraction commise. Il définit un agent « juriste » qui cherche à affiner ses prédictions en observant les tendances jurisprudentielles. La connaissance du droit permet au *bad man* d'évaluer le caractère dissuasif ou au contraire sous-dissuasif des normes juridiques et de former des stratégies afin de diminuer et/ou d'échapper à la contrainte du droit. L'application de la théorie du *bad man* au droit de la concurrence permet d'évoquer les principales stratégies possibles pour limiter l'effet dissuasif de l'action publique. L'instrumentalisation opportuniste des règles de droit par le *bad man* permet à ce dernier de minorer les conséquences indemnitaires liées à l'application du droit de la concurrence et donc, de favoriser les fautes lucratives.

322. **La stratégie du fusible.** Le *bad man* peut stratégiquement utiliser un syndicat, qui fait alors office de fusible pour limiter le coût de l'infraction. L'instrumentalisation d'un syndicat pour l'organisation d'une entente est fréquente, comme le confirme une étude empirique[848]. Cette instrumentalisation vise à contourner l'application du droit de la concurrence et à neutraliser le risque de détection de l'infraction. L'utilisation d'un syndicat renforce les fautes lucratives en assurant la coordination du cartel et en limitant les hypothèses de déviation qui limite la hausse des prix. L'équilibre du cartel est essentiel pour les parties à l'accord afin de maximiser les gains illicites. L'harmonisation de l'entente par le syndicat diminue la probabilité de détection. De plus, du point de vue de l'économie comportementale, l'entente est plus stable lorsqu'elle est organisée dans le cadre de réunions d'un syndicat, car l'effet d'entraînement généré par l'esprit de corps et le contexte collectif de la prise de décision minorent le coût psychologique tenant à l'illicéité de la pratique.

323. **Le recours stratégique aux procédures négociées.** Par ailleurs, les avantages retirés des procédures négociées influencent l'arbitrage de l'agent rationnel qui hésite entre respecter ou enfreindre le droit de la concurrence. La procédure de clémence comme la procédure de transaction limitent l'incertitude de l'agent économique quant au coût de l'infraction. La procédure de clémence génère un effet procollusif en assurant, au fautif, l'économie du coût du manquement. L'effet positif de la clémence, qui dissuade les agents de former un cartel par crainte d'être dénoncés par leur partenaire, ne doit pas éclipser les effets pervers de cette procédure[849]. Le *bad man* décrit par Holmes peut affiner ses prédictions sur le montant de l'amende et sur les avantages multiples liés à l'exploitation de cette

[847] O. W. Holmes, « The Path of the Law », *op. cit.* note 578.

[848] C. Monnier, A. Hutin, « Les cartels en France : Analyse économique de leurs caractéristiques et de leurs sanctions », *op. cit.* note 602, p. 48.

[849] R. C. Marshall, L. M. Marx, « Participation in Multiple Cartels Through Time and the Potentially Strategic Use of Leniency », *op. cit.* note 697: « *If leniency detects and deters inept/ineffective colluders, who were or would be causing little social harm, but is an incremental useful tool for large multi-product serial colluders in enforcing their anti-competitive agreements and, in addition, leads to the formation of cartels that otherwise would not have existed, then the benefits of leniency are unclear.* »

procédure, laquelle permet d'entretenir la faute lucrative concurrentielle. À court terme, elle permet de faire l'économie d'une amende ou de la minorer fortement. À moyen-long terme, elle renforce la faute lucrative en produisant deux effets favorables au contrevenant : l'un en réduisant fortement le succès des actions privées en réparation qui n'ont pas accès aux preuves recueillies dans le dossier de clémence, et l'autre en prenant l'ascendant sur les concurrents affaiblis par le coût de l'amende et des effets négatifs de réputation. La procédure peut, en outre, être exploitée par l'agent qui entend faire diversion sur d'autres collusions sur des marchés voisins. La procédure de clémence risque d'être intégrée dans l'analyse coût-bénéfice de l'agent rationnel. Il est à craindre qu'elle devienne moins un outil de détection et de dissuasion qu'un « *instrument servant les cartellistes et non plus les consommateurs* »[850].

De même, la somme des bénéfices retirés par l'agent économique[851] qui conclut une transaction financière est de nature à le rassurer dans son projet d'infraction. Dans l'affaire *Orange*, la procédure fut instrumentalisée par l'entreprise, qui cherchait à connaître « *non pas une fourchette de sanction mais un montant plafond* »[852]. Cette procédure permet aux firmes d'offrir un « prix » pour réduire l'incertitude[853] quant au montant de l'amende afin de limiter l'effet d'annonce de la pratique illicite sur les marchés financiers et ainsi neutraliser la dégradation de leurs performances boursières. La transaction assure, dans le même temps, le caractère rentable de la violation des règles de concurrence, car l'Autorité se détache du communiqué « Sanctions » pour calculer le montant de l'amende, si bien qu'elle n'applique pas de coefficient multiplicateur à la valeur des ventes affectées, lequel permet en principe de gonfler considérablement le montant de la sanction.

De manière générale, l'instrumentalisation par les agents économiques des procédures négociées (qui se cumulent) risque de neutraliser le renforcement des sanctions pécuniaires, qui deviennent plus prévisibles. Nous rejoignons le postulat alarmant d'un auteur selon qui « *les autorités de concurrence contribuent à cultiver une tendance qui fait du respect du droit un enjeu davantage qu'une obligation, de l'infraction un risque statistique à gérer et de la sanction une variable à négocier* »[854].

324. **L'argument de défense tiré de la crise sectorielle.** D'autres stratégies de défense « efficaces » devant l'Autorité sont par ailleurs possibles. La multiplication des

---

850 M. Martyniszyn, « Leniency (Amnesty) Plus: A Building Block or a Trojan Horse? », 3(2) *Journal of Antitrust Enforcement* 391-407 (2015). Traduction libre : « *[...] leniency plus becomes a tool potentially serving cartelists, not the consumers [...] economists show that leniency plus can have procollusive effects.* »

851 La loi Macron est de manière générale plus avantageuse que la procédure de non-contestation de griefs, car l'accord négocié ne porte plus simplement sur le taux de réfaction de l'amende mais sur le montant même de l'amende pécuniaire.

852 P. Bougette, H. Bouthinon-Dumas, F. Marty, « Vers une prévisibilité des sanctions concurrentielles ? La procédure de transaction à la Macron », Documents de travail GREDEG, n° 2016-27, p. 13.

853 *Ibid.*, p. 17 : « *La question est alors celle du prix pour la firme de la réduction de l'incertitude [...][c'est à dire du] prix que peut accepter de payer un opérateur économique pour réduire l'aléa sur le quantum de sa sanction [...]* »

854 V. D. M. B. Gérard, « Les procédures négociées en droit de la concurrence », in *La flexibilité des sanctions*, XXIes journées juridiques Jean Dabin, Bruylant, 2013, .p 568, cité par E. CLAUDEL, « Procédures négociées, accessoires ou alternatives à la sanction en droit de la concurrence : Raison garder ! », *op. cit.* note 626.

infractions sur les marchés en crise interroge. L'efficacité de l'argument de défense tiré de la crise sectorielle pour limiter l'amende infligée pourrait expliquer l'incitation à enfreindre le droit de la concurrence en période de crise. Au regard de la jurisprudence, ce moyen de défense permet souvent d'obtenir une sanction fortement minorée[855]. Le laxisme de la cour d'appel envers les cartels de crise affaiblit le message dissuasif des règles de concurrence. L'incertitude du droit sur l'appréhension des secteurs en crise affaiblit les signaux envoyés aux agents rationnels[856] et sape l'intelligibilité du droit de la concurrence en laissant supposer qu'il existe des ententes « légitimes » et d'autres illégitimes.

325. **L'exercice parasitaire de la procédure d'appel.** De manière générale, la complexité du droit de la concurrence ouvre un nombre important de procès contestables en appel. Si l'appel peut être parfaitement justifié, nous pouvons craindre le développement de ce que nous appelons « l'appel parasitaire », lequel constitue une stratégie procédurale visant à contester l'action publique pour limiter l'efficacité de l'action privée en retardant le début de l'action de suivi en réparation[857]. L'appel pourrait donc devenir un moyen de neutraliser l'action privée en réparation en retardant le plus possible la formation des actions de suivi. En outre, un auteur note que les juges sont sujets à des biais émotionnels[858], si bien qu'il est à craindre que les fautifs obtiennent une décision favorable en appel sur le fondement d'arguments davantage moraux ou « sensibles » que juridiques. Les biais émotionnels sont visibles en jurisprudence : on rappellera notamment que la cour d'appel a plusieurs fois été sensible à l'argument des entreprises invoquant une « *question de survie* »[859] pour justifier la pratique anticoncurrentielle commise sur un marché en crise. Pourtant, la plupart des études économiques sur le sujet démontrent qu'il n'est pas justifié de prendre en compte le contexte de crise pour minorer l'amende imposée[860]. De même, l'argument de défense relatif au risque de faillite de l'entreprise sanctionnée est souvent, selon le professeur Stephan, instrumentalisé sans justification par les firmes pour obtenir une minoration de l'amende[861]. En Europe, une étude empirique démontre par ailleurs que la tradition juridique du pays du rapporteur chargé du traitement des appels en matière de concurrence influe sur la prise de décision[862]. Il existe donc, à côté du

---

855 *Supra*, n° 296 et s. V. aussi *infra*, Partie III, Titre I, n° 847.

856 O. Fréget, *La concurrence : une idée toujours neuve en Europe et en France*, *op. cit.* note 790.

857 Plus le début de l'action de suivi en réparation est retardé, plus le risque d'apathie rationnelle des victimes est élevé.

858 P. D. Camesasca, J. Ysewyn, T. Weck, B, Bowman, « Cartel Appeals to the Court of Justice: The Song of the Sirens? », *op. cit.* note 808.

859 Déc. n° 08-D-32 du 16 décembre 2008, Cartel de l'acier. – V. aussi déc. n° 05-D-47 du 28 juillet 2005 relative à des pratiques mises en œuvre dans le secteur de la destruction d'armements et de munitions, § 202.

860 A. Piettre, *L'évolution des ententes industrielles en France depuis la crise*, *op. cit.* note 807. – H. Cole, L. Ohanian, « The New Deal Policies and the Persistence of the Great Depression : A General Equilibrium Analysis », *op. cit.* note 806. – V. aussi : C. Romer, « Why Did Prices Rise During the 1930s? », 59(1) *Journal of Economic History* 167-199 (1999), p. 197. – E. Barbier de La Serre, D. Gerard, O d'Ormesson, P. Spilliaert, « Le droit de la concurrence est-il adapté à la crise ? », *CDE* n° 1, janvier 2013, entretien 1.

861 A. Stephan, « The Bankruptcy Wildcard in Cartel Cases », *op. cit.* note 817 : « *Such bankruptcy discounts encourage infringing firms to paint as gloomy a picture of their financial situation as possible to reduce their cost of collusion.* »

862 A. Huyue Zhang, J. Liu, N. Garoupa, « Judging in Europe: Do Legal Traditions Matter? », *op. cit.* note 809.

biais émotionnel, un « biais culturel » qui influe sur la décision du juge. Ce type de biais n'est pas rassurant en ce qu'il peut aboutir à une décision injustement favorable (ou défavorable) au contrevenant. Les affaires de concurrence donnent lieu à des questions factuelles complexes qui rendent possible ce type de biais où l'influence de la tradition juridique prime sur le strict raisonnement juridique.

326. **La stratégie de capture normative.** Enfin et plus généralement, les entreprises peuvent développer des stratégies dites de « capture normative » afin de diminuer le risque juridique de l'infraction. En influençant la norme, les lobbyistes influencent en même temps le système dissuasif et se créent en environnement juridique favorable aux violations rentables des règles concurrentielles. L'exemple de l'action de groupe illustre clairement comment la stratégie de lobbying menée en amont de l'adoption d'une loi peut avoir un effet direct sur l'incitation à enfreindre le droit de la concurrence en vidant la norme de son potentiel dissuasif. En s'opposant à la loi Hamon, le lobby des entreprises a obtenu la mise en place de nombreux garde-fous qui limitent la mise en place d'une action de groupe en restitution des profits illicites, laquelle aurait pourtant permis de lutter contre les fautes lucratives.

Conclusion Titre I

327. **Les limites de l'action publique.** L'action publique doit assurer le respect de la norme concurrentielle, d'une part, en assurant la condamnation de l'agent déviant, d'autre part, en infligeant à l'agent une amende supérieure au bénéfice retiré du manquement à la loi. L'effectivité limitée de l'action publique renforce la probabilité pour le fautif d'échapper au droit de la concurrence tandis que l'efficacité limitée de l'action publique permet à l'agent de retirer un profit illicite de l'infraction au droit.

328. **Prédictions de l'agent rationnel.** Pour l'agent économique rationnel, la règle de droit équivaut à un prix implicite. Si le coût de la violation du droit est inférieur aux bénéfices engrangés, l'incitation à l'illicite est renforcée. En l'occurrence, trois facteurs importants viennent limiter la fonction dissuasive du *public enforcement.*

D'une part, le coût infligé par l'application de l'action publique est limité pour le fautif au regard de la faible probabilité de détection. La sophistication des ententes illustrée par le développement des cartels algorithmiques complique le travail des autorités de concurrence. De plus, en dehors des ententes, la détection des abus de position dominante est elle aussi complexifiée par le développement des marchés numériques aux frontières virtuellement illimitées[863]. De même, l'accroissement de « nouvelles » pratiques anticoncurrentielles telles que l'« innovation prédatrice » renforce les difficultés de détection, sachant que le droit de la concurrence n'a toujours pas consacré juridiquement l'illicéité d'une telle pratique.

D'autre part, le coût résultant de l'application de l'action publique est limité pour le fautif au regard de l'inadaptation du système d'amende à la réalité économique de l'infraction concurrentielle. L'amende administrative de l'Autorité – à la différence de l'amende civile imposée par le ministre en matière de pratiques restrictives – n'a que rarement une portée confiscatoire. L'étude empirique que nous avons menée démontre que, sur l'échantillon des 147 cas étudiés, l'amende infligée atteint le niveau de l'amende confiscatoire des profits illicites dans moins d'un quart des cas. Elle n'atteint presque jamais le niveau de l'amende punitive, qui intègre un coefficient multiplicateur lié à la probabilité de détection.

Enfin, la fonction dissuasive du *public enforcement* est minorée par le *bad man*[864] qui instrumentalise certaines procédures pour contourner ou diminuer le coût économique de l'infraction. À titre d'exemple, les stratégies de défense devant l'Autorité de la concurrence, à l'instar du recours à la clémence, peuvent limiter le risque juridique de l'infraction. Ces stratégies peuvent influencer le choix entre respecter ou enfreindre le droit de la concurrence. De manière générale, les procédures négociées offrent une plus grande prévisibilité du montant de la sanction

---

863 G. Decocq, « L'économie digitale saisie par les autorités de concurrence », *AJCA* 2016, p. 172 : l'auteur note notamment que « *les nouvelles configurations de marchés consécutives à l'émergence d'Internet obligent à créer des méthodes ou approches innovantes pour évaluer les préjudices consécutifs aux pratiques illicites des acteurs de l'Internet* ».

864 O. W. Holmes, « The Path of the Law », 10 *Harv. L. Rev.* 457 (1897).

pécuniaire et, par le jeu des multiples réfactions de l'amende, elles pourraient avoir un effet incitatif à la violation du droit en favorisant les fautes lucratives.

Les limites affectant la fonction dissuasive de l'action publique pourraient être compensées par le développement de l'action privée en réparation, laquelle a un rôle dissuasif important. Cependant, aux limites de l'action publique, se joignent les limites de l'action privée.

TITRE II
LES LIMITES DE L'ACTION PRIVÉE EN RÉPARATION

« [L]a faute lucrative résulte du pari fait par les auteurs de pratiques anticoncurrentielles que les victimes n'agiront pas en justice pour obtenir la réparation de leur préjudice et que, quand bien même elles le feraient, le montant des dommages et intérêts compensatoires sera inférieur au gain résultant de la pratique anticoncurrentielle »[865].

329. **Inefficacité de l'action en réparation.** L'action en réparation du dommage concurrentiel est une action compensatoire : elle vise à réparer le dommage subi, sans entraîner une restitution des gains illicites retirés par le fautif. Le principe dogmatique selon lequel le fautif doit seulement réparer le dommage ne peut qu'inciter les auteurs d'infractions de concurrence à persister dans des activités dommageables dont l'exécution leur procure un gain et une économie plus importants que l'indemnisation due pour le dommage causé. Le risque que l'indemnité compensatrice soit sous-dissuasive au regard de l'avantage retiré de la faute commise est un facteur incitatif à enfreindre la loi.

330. **Dommage individuel.** L'action en réparation menée individuellement, qu'elle soit formée de façon autonome ou qu'elle soit consécutive à une décision rendue par l'Autorité de la concurrence, est contrainte par plusieurs obstacles qui nuisent à son efficacité. La victime ne peut se fonder sur les gains illicites du fautif pour espérer obtenir la réparation d'un dommage que l'effet du temps a rendu impossible à prouver. En somme, les limites de l'action en réparation menée individuellement (Chapitre 1) favorisent le développement des fautes lucratives concurrentielles.

331. **Dommage de masse.** De plus, la faute lucrative n'est pas seulement le résultat de l'incapacité du droit de la réparation à confisquer les gains indus. La réparation des dommages de masse est aujourd'hui paralysée en raison des vices intrinsèques au mécanisme de l'action de groupe à la française. La difficulté pour les consommateurs victimes d'obtenir la réparation du surprix payé assure au responsable de la pratique anticoncurrentielle un enrichissement indu. Les limites de l'action en réparation menée collectivement (Chapitre 2) permettent aux agents économiques de conserver les profits illicites retirés de l'infraction de concurrence.

---

865 B. Lehaire, « L'action privée en droit des pratiques anticoncurrentielles : Pour un recours effectif des entreprises et des consommateurs en droits français et canadien », thèse Université de La Rochelle, 2014, p. 253.

332. **Stratégies procédurales.** Par ailleurs, l'agent économique peut, durant le procès, recourir à plusieurs stratégies de défense pour faire échouer l'action en dommages et intérêts. Les stratégies du *bad man*[866] pour affaiblir l'effet dissuasif de l'action privée (Chapitre 3) renforcent le risque que les dommages-intérêts versés se retrouvent inférieurs aux avantages retirés de l'infraction de concurrence. Néanmoins, la solution qui consisterait à conférer à l'action en réparation un rôle sur-dissuasif aurait aussi un effet pervers tenant à la formation d'actions juridiques opportunistes. Les stratégies du *bad man* pour instrumentaliser l'action privée (Chapitre 4) constituent un effet pervers des règles de concurrence visant à intensifier les actions en dommages et intérêts. Elles décrivent, dans le même temps, une faute lucrative, car l'agent se voit attribuer un préjudice lucratif sans lien avec le prétendu dommage invoqué.

---

866 Pour rappel, Le *bad man* est un agent rationnel qui exploite ses connaissances pour former un calcul coût-avantage de la violation du droit et pour élaborer des stratégies juridiques visant à limiter le coût économique de l'infraction ; v. O. W. Holmes, « The Path of the Law », 10 *Harv. L. Rev.* 457 (1897).

Chapitre 1
Les limites de l'action en réparation menée individuellement

333. **Deux « vices » incitatifs à la violation du droit.** L'action privée en réparation devrait, pour être dissuasive, avoir une vertu à la fois compensatoire et confiscatoire. Or, l'indifférence assumée pour le résultat lucratif de la faute concurrentielle (Section 1) constitue un « vice » incitatif à la violation du droit, car la réparation à laquelle est tenu le contrevenant n'est pas susceptible de confisquer le profit retiré du dommage causé. De plus, la réparation du dommage est affaiblie par la difficulté qu'ont les juges à quantifier le préjudice. Précisément, pour réparer « *tout le dommage et rien que le dommage* »[867], encore faut-il être en mesure de calculer précisément son étendue. Or, « *l'incertitude inhérente aux analyses contrefactuelles qui permettent l'évaluation du préjudice [...] aboutit à des décisions défavorables aux victimes, alors même que l'existence de la pratique et des préjudices qu'elle avait causés ne faisaient guère de doute* »[868]. Ainsi, la valeur normative de la responsabilité civile est moins mise à mal par le principe qu'elle édicte que par la difficulté même du principe à appliquer. L'utopie compensatoire du préjudice conduit à une minoration systématique du dommage qui ne fait que renforcer la faute lucrative. Moins le fautif est tenu de réparer le dommage, plus la violation du droit est rentable. En conséquence, l'inefficacité du droit de la réparation est, en lui-même, un vecteur de fautes lucratives (Section 2).

Section 1
L'indifférence du droit de la réparation à l'égard du résultat lucratif de la faute concurrentielle

334. **Approche paradoxale de la faute lucrative.** L'indifférence du droit de la réparation à l'égard du profit retiré du manquement génère des fautes concurrentielles lucratives pour les entreprises. Cette indifférence est aussi visible en droit de la concurrence déloyale qu'en droit des pratiques anticoncurrentielles. En droit de la concurrence déloyale, cette indifférence nous semble « paradoxale », car les juges font souvent référence aux gains illicites avant de les ignorer au stade de la

---

867 Cass. civ. 2e, 28 octobre 1954, *Bull. civ.* II, n° 328.

868 R. Amaro, « Actions privées en matière de pratiques anticoncurrentielles », *JCl. Concurrence – Consommation*, fasc. 317, 3 août 2015.

sanction (§ 1). En droit des pratiques anticoncurrentielles, l'indifférence à l'égard des gains illicites est assumée (§ 2).

335. **Particularité du droit des pratiques restrictives.** Nous évincerons ici du débat le droit des pratiques restrictives de concurrence. En effet, l'action du ministre prévue à l'article L. 442-6 permet à ce dernier de se substituer aux victimes pour évaluer à leur place le préjudice causé par les agissements restrictifs de concurrence. L'action du ministre, par sa nature confiscatoire et donc dissuasive[869], est plus attractive pour les fournisseurs, qui n'ont pas intérêt à former seuls une action en réparation contre leurs distributeurs[870]. L'action du ministre a pour finalité de lutter contre l'inertie des victimes qui, sujettes à des risques de représailles, sont dissuadées d'agir en réparation. Une telle action n'existe pas en droit de la concurrence déloyale et parasitaire ni en droit des pratiques anticoncurrentielles. Les victimes d'infractions parasitaires et/ou anticoncurrentielles se heurtent donc au principe de réparation intégrale qui interdit la prise en compte des gains illicites dans le calcul du préjudice.

§ 1. L'indifférence « paradoxale » du droit de la concurrence déloyale et du parasitisme

336. Notre étude jurisprudentielle montre que, bien que l'action des victimes d'actes déloyaux et parasitaires soit soumise au régime du droit de la responsabilité civile, le juge fait souvent référence aux gains illicites au moment de la détermination de la faute (A). Paradoxalement, il ne prend pas en compte les gains illicites au moment de la quantification des dommages et intérêts (B). Cette indifférence à l'égard des gains indus au moment de la détermination des dommages et intérêts affaiblit considérablement le rôle dissuasif assigné à l'action privée.

A. La référence aux gains illicites au moment de la détermination de la faute

337. **Étude jurisprudentielle.** Sans prétendre à une exhaustivité scientifique, notre recherche s'est fondée sur les décisions rendues en grande majorité par la cour

---

869 Rappelons que le ministre peut demander la répétition de l'indu et imposer une amende civile.

870 Sur ce point, notons que l'article 36 de l'ordonnance de 1986 prévoyait à l'origine une simple action en responsabilité limitée à la réparation du préjudice. Ce texte fut critiqué, car il favorisait les agents fautifs : « *Il était souligné que la victime qui ne parviendrait pas à rapporter la preuve de son préjudice, pourtant existant, ne devrait pas pouvoir intenter d'action en responsabilité. À cet égard, l'on peut citer l'exemple d'un distributeur qui se plaignait des conditions générales de ventes discriminatoires, mais dont l'action en responsabilité civile fut rejetée puisque, n'ayant pas voulu passer de commandes à ces conditions insupportables, il ne pouvait donc apporter, au soutien de sa demande, que des références purement abstraites. Dans ces conditions, il était seulement permis à la victime de demander au juge de constater l'existence d'une pratique restrictive, et de dire que l'auteur avait engagé sa responsabilité, mais elle devait absolument renoncer à toute réparation. Quant à l'auteur du comportement, il restait donc totalement impuni* » ; Cass. com., 7 février 1995, *Jean Chapelle c/ Sony France*, n° 93-16.334 ; *CCC* 1995, n° 72, comm. L. Vogel. Cité par S. Lebreton, *L'exclusivité contractuelle et les comportements opportunistes : Étude particulière aux contrats de distribution*, Litec, 2002, p. 357.

d'appel entre décembre 2015 et avril 2016[871], puis entre décembre 2017 et juin 2018[872]. Après avoir lu environ 300 décisions rendues par la cour d'appel, notre étude a fait le choix de ne retenir que les décisions « utiles », c'est-à-dire qu'elle écarte les décisions d'irrecevabilité (application de la loi dans le temps ou incompétence territoriale) ; les décisions qui n'impliquent aucune problématique intéressante du point de vue du risque de faute lucrative ; celles rendues sur référé ou celles qui ne se sont pas prononcées sur l'argument invoqué de la concurrence déloyale ou du parasitisme.

338. **Recensement des décisions.** Nous avons ensuite recensé dans un tableau 50 décisions faisant droit à l'action en concurrence déloyale et parasitaire[873]. Ces décisions reflètent le paradoxe suivant : le risque de faute lucrative est régulièrement invoqué par la cour d'appel. Néanmoins, au moment de quantifier le dommage, les juges restent strictement attachés au principe compensatoire du droit de la responsabilité civile. En somme, la prise en compte des profits illicites au moment de la qualification de la faute n'a ensuite, paradoxalement, aucune incidence sur l'indemnisation du dommage.

339. **Référence aux gains illicites.** La cour d'appel fait souvent référence au profit retiré des économies d'investissement résultant de la pratique déloyale ou parasitaire[874]. Parmi les décisions retenues, certaines offrent une illustration intéressante de l'intérêt porté à la problématique de la faute lucrative. La cour d'appel de Paris a ainsi estimé dans l'affaire *Spadoni* que le fautif, qui avait profité des efforts déployés par la victime pendant plus de trente ans pour assurer le succès et la notoriété de ses spectacles, avait en conséquence de l'acte parasitaire « *économisé des frais de conception, de mise au point et de promotion pour l'exploitation de ses spectacles et limité la prise de risque quant au succès commercial d'une valeur économique qui avait fait ses preuves* »[875]. De même, dans l'affaire *Andrieu*, les juges du fond ont considéré que le produit litigieux était « *nécessairement le résultat d'investissements importants. L'imitation de ce produit a permis au concurrent de réaliser des économies* »[876]. Dans l'affaire *Langloys*, la cour d'appel a retenu que « le préjudice de la société Langloys *[le demandeur]* doit s'apprécier sur la base du profit réalisé par la société Marius Bernard *[le défendeur] sous sa nouvelle marque en ce que celle-ci a directement concurrencé la marque Langloys* »[877]. Aussi, la cour d'appel de Lyon a rejeté l'action en parasitisme au motif qu'aucun élément ne permettait « *de constater une quelconque économie résultant des éléments repris* »[878], laissant ainsi penser que la victime devait démontrer les économies

---

871 V. la base de données des décisions en parasitisme de LexisNexis sur la période mentionnée.

872 V. la base de données des décisions en parasitisme de LexisNexis sur la période mentionnée.

873 V. Annexe, Tableau 2.

874 V. tableau en annexe.

875 CA Paris, ch. 1, 1er décembre 2015, *Polad-Spadoni c/ SA CultureSpaces*, n° 14/14179 : JurisData n° 2015-027121.

876 CA Paris, ch. 4, 18 novembre 2015, *SAS Andrieu c/ SARL Real Chocolat*, n° 13/14017 : JurisData n° 2015-026408.

877 CA Paris, ch. 5, 2 juillet 2015, *SAS Langloys Production c/ SAS Marius Bernard*, n° 15/04231 : JurisData n° 2015-016923.

878 CA Lyon, civ. 1re, A, 25 juin 2015, *SA Cuir Center International, SARL Meubles Merle, SARL Prisiex, SAS S E X (Sièges Expansion), SARL Sarene*, n° 13/04365 : JurisData n° 2015-015824. – V. aussi : Cass. civ. 1re, 13 décembre 2005, n° 03-21.154, *Bull. civ.* I, n° 499, p. 420 : « *Attendu qu'après avoir souligné que le grief de parasitisme n'avait été formulé qu'à l'encontre de la société canadienne Softimage Inc,*

d'investissement du fautif. Dans le même sens, la cour d'appel de Versailles a jugé que la demanderesse n'apportait aucune preuve « *d'un quelconque bénéfice que sa concurrente aurait indûment perçu* »[879]. Enfin, le tribunal de grande instance a eu l'occasion de dénoncer les économies d'investissement d'une agence sur le fondement du parasitisme, estimant d'un concept parasité qu'il « *correspond à une valeur économique qui a un prix sur le marché et que la société Australie a copié cette valeur car elle était à la mode et avait donc toute chance d'attirer un public jeune friand du blog et de la série sans payer la moindre somme à l'auteur économique qui l'a développée* »[880].

340. **Observation.** La référence régulière aux gains négatifs – c'est-à-dire les économies d'investissement de l'auteur d'un acte parasitaire – montre la sensibilité portée par les juges au risque de faute lucrative. Cette sensibilité au profit de l'infraction dans l'appréciation du préjudice est recommandée en doctrine : « *S'il est a priori curieux qu'un préjudice s'apprécie dans la personne de son auteur et non dans celle de sa victime, il ne faut pas perdre de vue que le parasitisme [...] rend suspects tous les gains qui en ont été le fruit et justifie le prononcé d'une peine privée réellement dissuasive, prévenant la récidive comme l'imitation* »[881].

Cette prise en compte du résultat lucratif de la faute concurrentielle devrait logiquement se répercuter sur le montant des dommages et intérêts. Or, on remarque paradoxalement une indifférence à l'égard des gains illicites au moment de la quantification des dommages et intérêts.

B. L'indifférence aux gains illicites au moment de la quantification des dommages et intérêts

341. **Référence symbolique : quantification absente du gain illicite.** Dans les arrêts précités, les juges font référence aux gains illicites sans les prendre en compte dans le calcul de la sanction[882]. Le droit de la responsabilité civile conduit inévitablement le juge dans une impasse : la réalité des profits réalisés par l'auteur d'une faute concurrentielle le conduit à évoquer l'enrichissement indu, lequel ne peut cependant être pris en compte par le juge chargé de la réparation du seul dommage.

la cour d'appel a relevé que le logiciel litigieux avait été conçu et mis au point par cette dernière en utilisant le travail de recherche de M. X... et de Mme Y..., et que ce détournement de savoir-faire, rendu possible en raison des relations contractuelles qu'elle avait dénoncées, lui avait permis de réaliser des économies importantes au détriment des susnommés *; que par ces constatations et énonciations caractérisant un comportement parasitaire fautif imputable à la seule société canadienne, la cour d'appel a légalement justifié sa décision* ».

879 Cela laisse à penser que les juges du fond étaient disposés à prendre en compte le bénéfice indu réalisé par le fautif. Cf. : Cass. com., 24 novembre 2015, n° 14-16.806 : JurisData n° 2015-026719, à la suite de l'arrêt CA, Versailles, ch. 12, 18 février 2014, n° 12/07318. – V. aussi, plus récemment : CA Paris, pôle 5, ch. 1, 8 décembre 2015, n° 14/19100 : JurisData n° 2015-029571 : rejette le parasitisme au motif que le demandeur ne démontre pas le profit indu retiré des investissements économisés par le défendeur.

880 TGI Paris, ch. 3, 1re sect., 22 mai 2014, n° 12/17575.

881 CA Paris, ch. 1, sect. B, 10 juillet 1986, obs. E. Agostini, *JCP G* n° 50, 10 décembre 1986.

882 *Supra*, n° 340 : CA Paris, 1er décembre 2015 (*Spadoni*), *op. cit.* – CA Paris, 18 novembre 2015 (*Andrieu*), *op. cit.* – CA Paris, 2 juillet 2015 (*Langloys*), *op. cit.* – TGI Paris, 22 mai 2014, *op. cit.*

Pour reprendre l'affaire *Spadoni*, les nombreuses économies de coûts réalisées par le fautif[883] n'ont pas été prises en compte par le juge dans la quantification du préjudice, qui considère avoir réparé « *l'intégralité du préjudice* ». De même, dans l'affaire *Langloys*, la cour d'appel affirme que le préjudice peut être estimé au regard des gains illicites avant d'accorder finalement une indemnité strictement compensatoire[884]. Encore plus récemment, dans l'affaire *Sound Strategy*, alors que le tribunal de commerce a retenu les économies d'investissement du fautif dans la conception du site parasité – pouvant ainsi pratiquer des prix inférieurs et prendre un avantage concurrentiel sur son concurrent –, la cour d'appel a évalué le préjudice sans considération des économies réalisées par le parasite[885].

Nous avons sélectionné trois affaires qui illustrent précisément le paradoxe selon lequel la référence à la faute lucrative est sans incidence ou n'a qu'une incidence relative sur le montant de l'indemnité pécuniaire.

342. **Affaire *Ontex*[886].** Dans cette affaire, deux anciens dirigeants de la société Ontex, spécialisée dans la fabrication de couches, avaient quitté l'entreprise pour créer une entreprise concurrente et entraîner avec eux cinq salariés et un ingénieur en formation. Accusés d'actes de désorganisation par débauchage de salariés et d'usurpation de savoir-faire, ils ont été assignés en concurrence déloyale et parasitaire.

La Cour de cassation, à la suite de la cour d'appel, s'est montrée sensible à la faute lucrative du parasite qui, grâce à ses agissements parasitaires, bénéficiait « *d'un avantage concurrentiel considérable qui lui avait permis de pratiquer des prix très bas* », ce qui avait une incidence sur ses bilans comptables, qui montraient « *un résultat d'exploitation bénéficiaire auquel s'était ajouté un résultat exceptionnel* ». De plus, les juges avaient déterminé le lien de causalité non pas seulement entre le dommage et la faute, mais aussi entre le profit et la faute, en reconnaissant que « *cette évolution du résultat confirmait l'avantage recueilli par rapport à la concurrence à la suite de l'acquisition du savoir-faire* ». Autrement dit, la cour d'appel attribuait un lien causal entre la faute parasitaire et le profit retiré de l'infraction.

Paradoxalement, au moment d'évaluer le montant des dommages et intérêts, la cour d'appel fixe une indemnité purement compensatrice pour réparer le préjudice. Se raccrochant au préjudice de trouble commercial, la cour d'appel déclare que le préjudice de la société Ontex est « *compensé par une indemnité de 750 000 euros* ». La cour ne délivre aucune justification quant au calcul du préjudice. Pour cette raison, un auteur considère que la référence au « trouble commercial » est superficielle et que l'indemnité reflète « *le caractère non indemnitaire de la somme accordée qui ressemble davantage à la restitution d'un enrichissement indu ou à*

---

883 Rappel : la cour d'appel considérait que le fautif avait profité des efforts déployés par la société pendant plus de trente ans pour assurer le succès et la notoriété de ses spectacles, économisant ainsi des frais de conception, de mise au point et de promotion pour leur exploitation et limitant la prise de risque quant au succès commercial d'une valeur économique qui avait fait ses preuves.

884 CA Paris, 2 juillet 2015, *Langloys*, *loc. cit.*

885 CA Paris, ch. 1, 7 mars 2017, *Sound Strategy*, n° 15/22802 : JurisData n° 2017-007027.

886 Cass. com., 8 novembre 2016, *Sté Activ Medical Disposable (AMD) c/ Sté Ontex*, n° 15-14.437 : JurisData n° 2016-023298

une sanction civile sous forme de dommages-intérêts punitifs »[887]. Par conséquent, « *plus que la compensation de l'avantage concurrentiel perdu par la victime, c'est celle de l'avantage concurrentiel gagné par le parasite* »[888] qui aurait influencé le montant des dommages et intérêts.

À notre sens, s'il est vrai que la somme de 750 000 euros ressemble à une sanction punitive (car le calcul du préjudice n'est pas justifié), ces dommages punitifs ne sont pas entièrement dissuasifs, faute d'avoir un caractère réellement confiscatoire des profits illicites. Au regard de la somme demandée par le plaignant et du résultat financier exceptionnel réalisé par le fautif à suite de ces agissements parasitaires[889], il est difficile de déterminer si l'indemnité couvre les gains illicites[890]. La prise en compte de l'avantage concurrentiel est loin d'avoir une incidence claire sur le montant des dommages et intérêts.

343. **Affaire *Coudène Michel c/ Sté Midi Tielles*[891].** Cette affaire est particulière en ce que la cour d'appel a pris en compte les gains illicites du parasite dans la détermination des dommages et intérêts. La Cour de cassation a néanmoins censuré l'arrêt pour violation du principe de réparation intégrale. Pour rappeler les faits, une société commercialisait des plats cuisinés sous un conditionnement spécial. Elle reprochait à une société la vente d'un produit similaire sous un emballage identique, utilisant le même procédé technique. En demande, la victime relevait les nombreux frais d'études et de conception dont elle a dû s'acquitter pour la réalisation du produit parasité. Elle soulignait avec pertinence le lien de causalité entre l'effet de sillage et les économies faites par le parasite, estimées à 132 780 euros. Elle invoquait corrélativement un préjudice chiffré à hauteur de 30 000 euros. La cour d'appel de Bordeaux, sensible aux arguments de la demanderesse, a rendu une décision notable en sanctionnant la défenderesse au paiement d'une somme totale de 162 780 euros. Cette somme avait une fonction à la fois compensatoire et confiscatoire. Elle réparait le préjudice tout en s'attaquant au résultat lucratif de la faute. De plus, cette décision avait le mérite d'être motivée ; les juges ont justifié le montant de la sanction en relevant qu'elle correspondait aux économies réalisées par le fautif[892].

Cette décision a malheureusement été censurée par la Cour de cassation pour violation du principe de réparation intégrale. La Cour a condamné le fautif à payer 30 000 euros pour le préjudice subi par la victime. En conséquence, l'agissement parasitaire a permis au parasite de réaliser une économie de 132 780 euros. Si l'on déduit de cette somme les 30 000 euros dont il a dû s'acquitter pour le dommage causé, « *le fautif a […] conservé un avantage de plus de 100 000 euros à la suite*

---

887 Cass. com., 8 novembre 2016, n° 15-14.437, obs. J. Larrieu, « La réparation du trouble de parasitisme », *Propriété industrielle* n° 2, février 2017, comm. 14.

888 *Ibid.*

889 La Cour de cassation reprend sur ce point l'argumentaire des juges du fond sur le caractère lucratif de la faute qui a permis un résultat financier exceptionnel de 1 937 220 euros.

890 Sachant que le montant demandé au titre du préjudice subi était de 8,6 millions d'euros.

891 Cass. com., 21 février 2012, *Sté Coudène Michel c/ Sté Midi Tielles*, n° 10-27.966, F-P : JurisData n° 2012-004445.

892 Précisément, la cour d'appel justifie que la somme de 132 780 euros correspond à l'économie réalisée par la société fautive pour le développement de son produit.

de la violation de la règle de droit »[893]. Un auteur note que la chambre commerciale « *fait peu de cas de la spécificité du préjudice concurrentiel* », tout en observant que la cour d'appel était « *sans doute trop en avance sur son temps* »[894]. Un autre auteur observe qu'« *un agissement parasitaire peut être à l'origine de deux résultats, le dommage et le gain illicite [...] La prépondérance du résultat profitable sur le résultat dommageable est à l'origine des insuffisances de la sanction des agissements déloyaux et parasitaires* »[895]. Le professeur Malaurie-Vignal considère que « *la meilleure sanction consisterait à le condamner à restituer à la victime les économies en résultant et plus généralement les avantages concurrentiels acquis grâce au comportement déloyal* »[896]. Ce n'est pas la solution retenue par la Cour de cassation.

344. **Affaire *Legalis*[897].** Dans cette affaire, l'auteur de la faute avait reproduit servilement les conditions générales de vente mises en ligne sur le propre site de vente en ligne de la victime. En premier lieu, le tribunal a implicitement fait référence à la faute lucrative : « *Le parasitisme est caractérisé dès lors qu'une personne physique ou morale, à titre lucratif et de façon injustifiée, s'inspire ou copie une valeur économique d'autrui, individualisée et procurant un avantage concurrentiel, fruit d'un savoir-faire, d'un travail intellectuel et d'investissements.* » Cette définition du parasitisme, relativement différente de la définition originelle[898], use d'une formule intéressante en considérant que la faute était réalisée « *à titre lucratif* »[899], formule rappelant implicitement la définition de la faute lucrative. En second lieu, sur le montant du préjudice, le tribunal a considéré que le fautif avait « *nécessairement bénéficié d'économies lui créant un avantage concurrentiel*

---

893 R. Mesa, « Le droit de la concurrence déloyale et du parasitisme économique confronté à la problématique de la faute lucrative », Concurrences n° 2-2013, Art. N° 51604, pp. 49-55.

894 Cass. com., 21 février 2012, n° 10-27.966, obs. Y. Serra, « Concurrence déloyale et parasitisme », 2012, 2760 : « On aurait pu penser que la jurisprudence deviendrait de plus en plus sensible à la question de la faute lucrative *[...] Pour la haute juridiction, l'économie réalisée par la société ayant copié le produit ne saurait servir de base à l'établissement du montant du préjudice. Implicitement, cela signifie que seul[s] les pertes subies (*damnum emergens*) et le gain manqué (*lucrum cessans*), voire le trouble commercial (dommage potentiel), peuvent permettre d'asseoir ce dernier [...] l'arrêt de la chambre commerciale fait peu de cas de la spécificité du préjudice concurrentiel* ».

895 R. MESA, *op. cit.* note 894.

896 Cass. com., 21 février 2012, n° 10-27.966, obs. M. Malaurie-Vignal, « Nature du préjudice résultant d'un acte de concurrence déloyale et parasitaire », *CCC* n° 5, mai 2012, comm. 122.

897 T. com. Paris, 15e ch., 22 juin 2012, *Alban B. c/ Michaël M.*, sur www.legalis.net, obs. M. Chagny « N'imitez pas les conditions de vente de votre concurrent ! », *CCE*, n° 10, octobre 2012, comm. 112.

898 La définition originelle décrit un effet de sillage, et n'emploie pas la formule « à titre lucratif », se contentant de définir le parasitisme comme le fait, pour un agent, de s'immiscer dans le sillage d'un autre afin de profiter sans rien dépenser de ses efforts et de son savoir-faire. Cf. Cass. com., 26 janvier 1999, n° 96-22.457, obs. Y. Serra, *D.* 2000, p. 87. – TGI Paris, 13 mai 2005 : JurisData n° 2005-280395. – CA Paris, 18 mai 2005, *JCP E* 2005, p. 27, obs. Caron.

899 Formule reprise à l'identique dans un arrêt récent du tribunal de grande instance. V. TGI Paris, ch. 3, 1re sect., 22 mai 2014, n° 12/17575 : le jugement sanctionne une agence sur le fondement du parasitisme, qui « *est constitué lorsqu'une personne physique ou morale, à titre lucratif et de façon injustifiée, copie une valeur économique d'autrui, individualisée et procurant un avantage concurrentiel, fruit d'un savoir-faire, d'un travail intellectuel et d'investissements* ». – V. aussi : CA Paris, ch. 1, 25 novembre 2009, *SARL Paris-Paris c/ Marant*. – CA Paris, ch. 4e sect. A, 1er octobre 2008, SARL *Studio 15 Beauté c/ Sté DF France, SARL Eole, SA Dessange International* : « *le parasitisme est caractérisé par la circonstance selon laquelle une personne, à titre lucratif et de façon injustifiée, s'inspire ou copie la valeur économique d'autrui [...]* »

indu dans la rédaction de ces CGV ». L'usage de l'adverbe « *nécessairement* » renvoie au préjudice inclus dans la faute déloyale, lorsque la Cour considère qu'il s'infère nécessairement un préjudice des agissements déloyaux[900].

Ce qui surprend, c'est que la présomption repose sur un préjudice fixé à l'extérieur de la personne de la victime. La présomption se fonde en effet sur les bénéfices réalisés par le fautif. Elle laisse donc augurer une indemnisation fondée sur le résultat lucratif[901]. Le tribunal de commerce accorde paradoxalement un montant très faible de 1 000 euros qui ne semble aucunement influencé par la prise en compte des économies illicites réalisées par le fautif[902]. Le montant de 1 000 euros semble ici une somme strictement compensatoire[903] et les économies indues dénoncées par le tribunal n'ont aucun effet sur la détermination des dommages et intérêts.

345. **Affaire Cristal de Paris[904].** Dans cette récente affaire, la société Cristallerie de Montbronn reprochait à la société Cristal de Paris de s'être livrée à des pratiques commerciales trompeuses. L'arrêt de la Cour de cassation du 12 février 2020 consacre une méthode novatrice d'évaluation du préjudice en reconnaissant que la réparation du dommage puisse être évaluée au regard de l'économie réalisée et de l'avantage indu que s'est octroyé l'auteur des actes de concurrence déloyale. Ce faisant, la Cour reconnaît la possibilité d'une évaluation du dommage détachée de la personne de la victime pour analyser le résultat lucratif de la faute concurrentielle.

Néanmoins, au moment de fixer les dommages et intérêts, la méthode de calcul appliquée ne suffit pas à confisquer les gains illicites. En effet, la Cour relève que l'auteur de la concurrence déloyale n'employait qu'un tailleur pour six mois, là où la victime en employait huit à l'année. Elle observe que le coût du travail de la taille du Cristal représentait plus de 25 % du chiffre d'affaires de la victime dont le chiffre d'affaires est de 2 millions d'euros, contre seulement 10 % pour le concurrent déloyal dont le chiffre d'affaires est de 5 millions d'euros. Le coût de la taille est de 500 000 euros pour le fautif dont le chiffre d'affaires est plus de deux fois supérieur à la victime, dont le coût de la taille est aussi de 500 000 euros.

Par conséquent, la Cour de cassation affirme avoir pris en compte les économies injustement réalisées par le fautif, qu'elle a modulé au regard du chiffre d'affaires des sociétés concernées. Ce faisant, elle a fixé un préjudice de 300 000 euros. Au regard des informations données, il est raisonnable de présumer que le calcul opéré par la Cour de cassation pour fixer le préjudice est le suivant :

---

900 Cass. com., 2 février 2016, n° 14-20.486.

901 T. com. Paris, 15e ch., 22 juin 2012, obs. M. Chagny : « *Le raisonnement suivi par la juridiction peut surprendre de prime abord en ce qu'il semble reposer sur le gain réalisé par l'auteur de l'acte fautif, plutôt que sur le préjudice subi par la victime. Toutefois, il fait écho à celui qui a parfois déjà été tenu, précisément dans des affaires de parasitisme, et traduit la volonté de sanctionner, au moins symboliquement, des fautes lucratives.* »

902 Certes, le demandeur n'avait pas suffisamment justifié ses investissements, mais cela n'avait pas empêché la Cour de juger que le défendeur avait bénéficié des économies réalisées par le demandeur.

903 Notons de plus que la cour d'appel de Paris avait quant à elle, en 2008, fixé le montant des dommages-intérêts à 10 000 euros ; v. T. com. Paris, 22 juin 2012, obs. A. Debet, « La reprise des conditions générales d'un site par un autre de nouveau sanctionnée sur le fondement du parasitisme », *CCC* n° 10, octobre 2012, comm. 108.

904 Cass. com., 12 févr. 2020, n° 17-31.614, publié au Bulletin, rejet de CA Paris, 19 sept. 2017, n° 16/05727.

- Société Cristal (Concurrent déloyal) : Coût du travail de la taille : 10 % de 5 millions = 500 000 euros.
- Société Montbronn (Victime de la déloyauté) : Coût du travail de la taille : 25 % de 2 millions = 500 000 euros.
- Si la société Montbronn avait pratiqué la même économie de coût que Cristal : 2 millions x 0,10 % = 200 000.
- Montbronn aurait par conséquent dû économiser 200 000 euros.
- Pour fixer un préjudice à hauteur de 300 000 euros, il est raisonnable de penser que la Cour de cassation a effectué le calcul suivant : 500 000 – 200 000 = 300 000 euros.

Par conséquent, si la Cour a pris en compte l'économie découlant de l'opération illicite, en pratique, le préjudice semble avoir été évalué au regard de l'économie que la société Montbronn aurait dû réaliser si elle avait agi comme la société Cristal ! Autrement dit, si elle avait réalisé une économie indue. Au regard des données dont nous disposons, le fautif a réalisé une faute lucrative. Sans les agissements déloyaux, en supposant que le coût de la taille du Cristal aurait dû être d'environ 25 %, la société Cristal a injustement économisé 750 000 euros. Même en retenant une hypothèse conservatrice selon laquelle, sans les agissements déloyaux, la Société Cristal aurait été plus efficiente, ce qui lui aurait permis de subir un coût inférieur à celui de la victime – supposons un coût du travail de la taille de 15 % –, la société Cristal aurait quand même réalisé un bénéfice de 250 000 euros[905].

346. **Bilan.** Notre étude jurisprudentielle démontre que la référence des juges au caractère lucratif de la faute déloyale et parasitaire n'a aucune ou peu d'incidence sur le montant des dommages-intérêts prononcés. Le respect, par les juges, du principe de réparation intégrale est favorable aux agents rationnels dont le bénéfice retiré de la faute est supérieur au montant du dommage à indemniser.

Par ailleurs, comme en droit de la concurrence déloyale et parasitaire, l'action en réparation de la victime d'une pratique anticoncurrentielle n'aboutit jamais à une prise en compte des gains illicites du contrevenant.

§ 2. L'indifférence assumée du droit des pratiques anticoncurrentielles

347. **Droit de la responsabilité civile.** L'action en réparation des victimes de pratiques anticoncurrentielles est soumise au régime prévu en droit de la responsabilité civile, c'est-à-dire que la victime est tenue de rapporter une faute, un préjudice et un lien de causalité entre la faute et le préjudice. Au regard de l'article 1231-2 du Code civil, « *les dommages et intérêts dus au créancier sont, en général, de la perte qu'il a faite et du gain dont il a été privé* ». De même, l'article L. 481-3 de l'ordonnance du 9 mars 2017 relative aux actions en dommages et intérêts du fait

905 15 % de 5 millions d'euros de chiffre d'affaires = 750 000 000 euros. Or, le travail de la taille lui a coûté 500 000 euros. Par conséquent, 750 000 000 – 500 000 : 250 000 euros.

des pratiques anticoncurrentielles[906] précise que la victime ne peut demander que la réparation du préjudice résultant notamment du gain manqué et/ou des pertes subies. Il n'est donc aucunement fait mention de la possibilité pour la victime de demander la confiscation des gains illicites ou des avantages indus que le coupable a retirés du dommage causé à la victime. La prise en compte des profits illicites dans le calcul du préjudice est pourtant une hypothèse qui a déjà été envisagée par le passé, comme en témoigne le guide pratique de 2013 sur la quantification du préjudice concurrentiel.

348. **Guide pratique de 2013 sur la quantification du préjudice concurrentiel.** Dans son guide pratique portant sur la quantification du préjudice, la Commission rappelle la faculté pour chaque État membre de « *prévoir que le gain illicite réalisé par l'entreprise ou les entreprises responsables de l'infraction joue un rôle – directement ou indirectement – dans l'estimation du préjudice subi par les parties lésées* »[907]. Cette précision est louable. Le calcul du gain illicite est ici confondu dans le calcul du préjudice. Estimer en partie le préjudice à l'aune du gain illicite nous paraît essentiel pour deux raisons.

349. **Lien étroit entre le profit indu et le dommage causé.** D'une part, car l'avantage concurrentiel retiré par le contrevenant est souvent le résultat du dommage causé à la victime. Autrement dit, le dommage causé à la victime a pour effet corrélatif d'enrichir le contrevenant. À titre d'exemple, le surprix imposé par les membres d'une entente occasionne un dommage aux victimes, qui sont appauvries. Ce dommage enrichit, dans le même temps, les parties à l'entente, qui augmentent leur profit du fait du surprix. De même, l'éviction d'un concurrent dans le cas d'un abus a pour effet corrélatif la concentration des parts de marché en faveur de l'entreprise dominante, qui ainsi « capture » le consommateur enfermé dans ses choix (faute d'entreprises concurrentes) et augmente ses profits. Ce lien causal entre le profit retiré et le dommage causé est souligné avec pertinence par un auteur qui observe que « *la faute concurrentielle qui scrute l'avantage que retire l'auteur du comportement délictuel est étroitement liée au préjudice concurrentiel que ressent la victime puisqu'il s'agit en quelque sorte d'un déplacement de substance* »[908]. Ce lien étroit entre le profit indu et le dommage causé devrait justifier la consécration d'un principe de confiscation intégrale des gains illicites.

350. **Vocation dissuasive du droit de la réparation.** D'autre part, la proposition contenue dans le guide pratique nous semble essentielle pour donner au *private enforcement* une dimension véritablement dissuasive. La fonction dissuasive de l'action privée en réparation n'a pas échappé à la CJUE qui, dans l'affaire *Kone*, relève que « *l'indemnisation liée à l'infraction et à la réglementation des ententes peut avoir pour bienfait secondaire de prélever ce bénéfice [retiré de l'infrac-*

---

906 Ord. n° 2017-303 du 9 mars 2017 relative aux actions en dommages et intérêts du fait des pratiques anticoncurrentielles, *JORF* n° 0059 du 10 mars 2017, texte n° 29.

907 Commission européenne, Document de travail des services de la Commission, « Guide pratique concernant la quantification du préjudice dans les actions en dommages et intérêts fondées sur des infractions à l'article 101 ou 101 du traité sur le fonctionnement de l'Union européenne » (ci-après « Guide pratique concernant la quantification du préjudice dans les actions en dommages et intérêts »), 2013, § 5.

908 N. Dorandeu, *Le dommage concurrentiel*, Presses univ. Perpignan, 2001, n° 66.

tion] »[909]. La Cour de justice reconnaît donc implicitement le rôle de l'action privée de la confiscation des profits illicites. De plus, si elle ajoute que le « *prélèvement [des gains de l'infraction] n'est toutefois pas une condition impérative des actions en indemnisation contre les parties à une entente* », elle laisse à penser qu'une vertu confiscatoire pourrait s'ajouter en complément du rôle « réparateur » de l'action privée en réparation.

351. **Affaire *Kone* : action confiscatoire en complément de l'action en réparation.** Dans cette affaire, le client autrichien d'un fabricant d'ascenseurs avait augmenté ses prix du fait d'une entente à laquelle il ne faisait pas partie[910]. La société autrichienne ÖBB, filiale de la société des chemins de fer autrichiens, prétendait avoir acheté auprès de fabricants tiers du cartel des ascenseurs à des prix surévalués en raison de ce cartel, subissant ainsi un effet d'ombrelle[911]. Ce fabricant, tiers à l'entente, avait profité du niveau artificiellement élevé des prix du fait du cartel pour augmenter ses propres prix, et ainsi vendre plus cher ses biens et services. Le demandeur cherchait donc à obtenir réparation du surcoût découlant de l'augmentation du prix. L'examen du litige porté devant la Cour de justice saisie sur recours préjudiciel est intéressant au regard du moyen de défense soulevé par les membres du cartel en cause. Ces derniers relevaient en effet l'absence de corrélation entre le dommage de la victime et leur surprofit[912]. Ils soulignaient que « *le dommage invoqué par le demandeur ne correspondait pour eux à aucun enrichissement corrélatif* »[913]. Dès lors, comme « *le préjudice né de l'effet d'ombrelle n'avait pas pour contrepartie leur propre enrichissement* »[914], ils estimaient ne pas devoir répondre de l'action en réparation. Au regard de cet argument, La Cour de justice a rappelé ceci : « *Les règles en matière de responsabilité non contractuelle ne font pas dépendre le montant d'un dommage indemnisable du*

909 CJUE, 5e ch., 5 juin 2014, *Kone AG et autres c/ ÖBB-Infrastruktur AG*, aff. C-557/12, § 77.

910 *Ibid.* Cet arrêt fait suite à une question préjudicielle posée par la juridiction suprême autrichienne (l'Oberster Gerichtshof). Cette dernière avait été saisie d'une action en réparation d'un effet d'ombrelle causé par le « cartel des ascenseurs ». – V. aussi : C. Maréchal, « "Ombrelle sur les prix" : quand le principe d'effectivité du droit de l'Union fait de l'ombre à l'autonomie procédurale des États membres », *JCP E* 1955, II, 8765, n° 30, 24 juillet 2014, 1401.

911 Le terme est emprunté à l'anglais « *umbrella effect* » ou encore, « *umbrella pricing* ». L'effet d'ombrelle a deux signifiants. Le premier renvoie au mot « *parapluie* », l'effet d'ombrelle décrit donc ce qui protège. Le second renvoie à ce qui est « *à l'ombre* », décrivant donc une pratique qui se déroule à l'ombre d'une autre pratique. Une entente sur les prix peut produire des effets dits « *d'ombrelle sur les prix* » ; v. R. Inderst, F. P. Maier, U. Schwalbe « Umbrella Effects », 10(3) *Journal of Competition and Economics* 739-763 (2014) : « *We analyze the key determinants of umbrella effects, which arise when a cartel causes a price increase or quantity reduction that diverts demand to substitute products. Umbrella effects arise irrespective of whether non-cartelists act as price takers ("competitive fringe") or respond strategically to the increased demand. Sizable umbrella effects can also arise when non-cartelists are outside the relevant market, as defined by the hypothetical monopolist test (HMT), provided that the cartel's price increase is substantial. Further, a shift of demand to non-cartelists can also occur when firms that purchase products or inputs from the cartelists pass on the price increase to their rivals that purchase from non-cartelists, who may benefit from higher demand.* »

912 CJUE, *Kone AG et autres, op. cit.*, § 75 : « *ii) Sur le grief voulant que l'indemnisation liée à des effets d'ombrelle sur les prix ne permette pas de prélever les bénéfices illégitimes* ».

913 E. Claudel, D. Dero-Bugny, C. Nourissat, « Cour de justice et Tribunal de l'Union européenne », *Journal du droit international* (Clunet) n° 2, avril 2015, chron. 4.

914 S. Carval, « La responsabilité civile des membres d'une entente peut être engagée du fait du dommage causé par un effet d'ombrelle sur les prix », *D.* 2014, p. 1525.

bénéfice réalisé par celui qui a commis la faute ayant causé ce dommage »[915]. Cette solution se justifie par le fait que, en l'espèce, inféoder l'action en réparation à l'enrichissement du fautif aurait permis aux membres du cartel d'échapper à l'application de la loi. Ici, il fallait séparer la faute tirée du cartel des ascenseurs, qui avait été lucrative, et le préjudice subi par les victimes, qui ne rapportait aucun bénéfice aux membres du cartel et dont profitaient seulement les entreprises non parties à l'entente. L'infraction liée au cartel est lucrative, mais la même infraction qui produit des effets dits « *d'ombrelle sur les prix* » est en revanche seulement dommageable. Il s'en déduit plusieurs constats :

- Premièrement, une faute concurrentielle peut être dommageable sans être lucrative. Précisons tout de même qu'un cartel génère, en principe, toujours un profit. Simplement, parmi tous les dommages qu'il cause, il arrive que l'un des dommages ne rapporte corrélativement aucun bénéfice aux parties à l'entente.
- Deuxièmement, une faute concurrentielle est en règle générale lucrative et dommageable[916].
- Troisièmement, un auteur ne peut se retrancher derrière l'absence d'enrichissement pour échapper à l'action en réparation.
- Quatrièmement, l'action en confiscation des profits illicites doit pouvoir exister à côté de l'action en dommages-intérêts compensatoires, et non en remplacement. L'action confiscatoire en complément de l'action en réparation est nécessaire lorsque la faute lucrative ne bénéficie pas intégralement à son auteur[917].
- Cinquièmement, le droit de la réparation intégrale et les dommages-intérêts confiscatoires sont parfaitement compatibles ; l'un permet d'indemniser les victimes, les autres de restituer les gains illicites et de jouer le rôle dissuasif délaissé par le droit de la réparation.

352. **Bilan.** La réparation du préjudice concurrentiel est indifférente du profit réalisé par le contrevenant qui a causé un dommage. La *soft law*[918] a proposé d'estimer le préjudice au regard notamment des gains illicites de l'infraction. Le « droit souple » n'a cependant aucune valeur contraignante. De plus, l'ordonnance du 9 mars 2017 rappelle que le préjudice ne peut être évalué qu'à travers les quatre

---

915 F. Picod, *Jurisprudence de la CJUE 2014 : Décisions et commentaires*, Bruylant, 2015.

916 Pour plus de précisions sur ce postulat, v. *infra*, Partie III ; notons en l'espèce que la faute était lucrative au regard du surprix imposé aux fabricants d'ascenseurs. Néanmoins, vis-à-vis des tiers à l'entente qui ont subi l'augmentation du prix des fabricants affectés, la faute était essentiellement dommageable.

917 S. Carval, « La responsabilité civile des membres d'une entente peut être engagée du fait du dommage causé par un effet d'ombrelle sur les prix », *op. cit.* note 914 : « *Depuis quelques années, une part importante de la doctrine civiliste milite donc en faveur de la consécration d'une action en restitution des profits illicites, dont les vertus dissuasives sont jugées supérieures à celles de l'action en réparation. L'affaire qui vient d'être portée devant la CJUE montre cependant que les profits retirés de certaines fautes lucratives ne bénéficient pas intégralement à leurs auteurs, et qu'il se peut, dès lors, que les dommages causés aux tiers soient plus importants que les profits empochés par les fautifs [...] En conséquence, s'il est effectivement souhaitable que les dommages-intérêts restitutoires soient un jour introduits dans le droit de la responsabilité, ils devront l'être au côté des dommages-intérêts compensatoires, et non en remplacement de ceux-ci.* »

918 Autrement appelé le « *droit souple* » ; v. « Guide pratique concernant la quantification du préjudice dans les actions en dommages et intérêts », *op. cit.* note 911.

critères suivants : la perte subie, le gain manqué, le préjudice moral et la perte de chance[919]. L'ajout d'un autre critère relatif au gain illicite du contrevenant nous semble nécessaire pour renforcer la fonction dissuasive du *private enforcement* et limiter le risque de faute lucrative. Le profit de l'infraction anticoncurrentielle est souvent le résultat du dommage causé à la victime. La corrélation entre le gain indu et le préjudice devrait justifier la consécration d'un principe de restitution intégrale dudit profit vis-à-vis duquel le droit de la responsabilité civile reste, pour l'instant, indifférent.

L'indifférence à l'égard des gains illicites n'est pas le seul facteur générateur des fautes lucratives, lesquelles sont aussi favorisées par les difficultés relatives à l'évaluation du préjudice concurrentiel qui limitent la réparation intégrale du dommage causé.

Section 2
L'inefficacité du droit de la réparation face au préjudice concurrentiel

353. **Prédiction de l'agent rationnel.** Les obstacles multiples à l'efficacité de l'action en réparation permettent à l'agent rationnel de former la prédiction selon laquelle l'avantage retiré du dommage causé à l'entreprise concurrente sera supérieur aux dommages et intérêts à verser. Cette prédiction peut être renforcée au regard de l'application du principe de réparation intégrale, qui semble inadapté aux préjudices économiques.

354. **Utopie.** La réparation intégrale est « utopique », au sens où la réparation absolue du dommage se heurte à l'impossibilité pour les victimes et le juge d'en apprécier exactement l'ampleur, si bien que « *le prétendu principe de réparation intégrale ou d'équivalence entre dommage et réparation est bien souvent un leurre* »[920]. Comme le souligne le professeur Guy Canivet, « *le gros défaut de notre système d'indemnisation du dommage est son approximation* »[921], laquelle trahit la volonté de réparer « intégralement » le dommage.

355. **Risque de l'approximation du dommage : minoration du préjudice.** Il y a fort à craindre que cette approximation ne conduise à une « *minoration systématique* »[922] en faveur des auteurs d'infractions. Si l'on ne saurait conclure hâtivement que la

---

919 Ord. n° 2017-303 du 9 mars 2017 relative aux actions en dommages et intérêts du fait des pratiques anticoncurrentielles.

920 G. Viney, « Rapport de synthèse », *LPA* 20 novembre 2002, n° 232, p. 66.

921 G. Canivet, « Introduire l'action collective est une évolution inéluctable », *La Tribune*, 16 mai 2006 : « *Le gros défaut de notre système d'indemnisation du dommage est son approximation, le juge n'exerçant pas suffisamment de contrôle sur la réalité du préjudice […] le principe de la réparation intégrale, reposant sur la réalité du préjudice subi, est un principe fondamental. Donnons-lui un contenu réel avant d'envisager de l'abandonner.* »

922 M. Nussenbaum, « Les difficultés de l'expertise en matière de pratiques anticoncurrentielles », *LPA* n° 14, 20 janvier 2005, p. 37 : « *La mesure du préjudice soulève le plus souvent des incertitudes. Pour définir la valeur la plus probable d'un préjudice il ne faut pas confondre le quantum minimum dont on est sûr et la*

minoration du dommage génère des fautes lucratives, reconnaissons qu'il y a bien là un risque qu'en condamnant le fautif à verser une indemnité compensatrice « minorée » (faute d'avoir su évaluer le dommage), l'infraction devienne une opération rentable. La perte économique de la victime générée par une approximation à la baisse du dommage par le juge englué dans le « *marécage de l'étendue du préjudice* »[923] est profitable au contrevenant.

Le risque de minoration du préjudice est lié à la spécificité du préjudice concurrentiel (§ 1) et aux obstacles traditionnels affectant son évaluation (§ 2). Aussi, les obstacles spécifiques à l'évaluation du préjudice causé par une pratique de concurrence déloyale (§ 3) ne permettent pas aux victimes d'obtenir la réparation intégrale de leur dommage. Par ailleurs, en droit des pratiques restrictives de concurrence et en particulier s'agissant de la rupture brutale des relations commerciales, le calcul du préjudice est aussi délicat, car les indemnités sont calculées en fonction de la marge brute de la victime – notion qui n'est pas définie de manière précise[924]. Nous n'aborderons cependant pas le problème du calcul du préjudice des victimes de ruptures brutales[925] pour la raison suivante : les lacunes du droit commun concernant la cessation des relations contractuelles, notamment dans le domaine de la distribution, peuvent être palliées par le droit spécial et le recours à l'article L. 442-6 du Code de commerce. Autrement dit, plutôt que de tendre vers une réparation intégrale objective liée au montant du préjudice subi, le juge peut, à la suite de l'intervention du ministre, fixer une amende civile à caractère punitif[926].

---

valeur la plus probable, c'est-à-dire celle dont la probabilité de réalisation paraît la plus importante. En effet, une telle confusion conduit à une minoration systématique du préjudice. »

923 J.-C. Fourgoux, « La réparation du préjudice des entreprises victimes de pratiques anticoncurrentielles », *JCP E* 1999, p. 2005 (v. p. 2008).

924 M. Nussenbaum, « Pour une motivation détaillée de l'évaluation des dommages économiques dans les décisions de justice », *LPA* 4 septembre 2017 n° 176, p. 8 : « *[...] les indemnités accordées sont fondées sur des préavis théoriques dont la durée est déterminée en fonction de la durée des relations ce qui se traduit par des indemnités calculées en fonction de la marge brute de la victime, question de fait qui relève manifestement du juge du fond. Cependant cette notion n'est pas souvent définie de manière précise d'autant plus que ce concept est peu normalisé et que son mode de calcul varie d'un secteur à l'autre. Pour la grande distribution, il s'agit d'une marge commerciale, alors que pour une entreprise de production il peut s'agir d'une marge sur coûts variables, sur coûts directs ou encore sur coûts totaux. La règle devrait se référer à la marge sur les coûts évitables du fait de la rupture. Encore faut-il que l'analyse soit faite à l'aide d'une méthode scientifiquement reconnue et que le jugement en rende compte pour assurer une bonne prévisibilité des décisions...* »

925 A. Fourment, D. Batude, « Préjudice découlant de la rupture brutale de relations commerciales établies. – Plaidoyer pour une prévisibilité des calculs prétoriens », *CCC* n° 12, décembre 2015, étude 16 : « *La Cour de cassation se montre réticente à donner des lignes directrices aux principes de calcul du préjudice et se retranche souvent derrière le pouvoir d'appréciation souverain des juges du fond [...] les juges du fond, laissés sans censure sur les règles de principe, hésitent toujours sur les méthodes de mesure du manque à gagner. Encore faudrait-il que la Cour de cassation reconnaisse le concept de marge sur coûts variables au lieu de rester dans l'ambiguïté.* »

926 Cass. com., 18 octobre 2016, *Sté Carrefour c/ M. X et Ministre de l'Économie et des Finances*, n° 15-13.834, F-D : JurisData n° 2016-021488, obs. S. Le Gac-Pech, « L'adéquation de la sanction face à la brutalité de la rupture d'une relation commerciale établie », *JCP G* n° 5, 2 février 2017, 1066 ; obs. N. Mathey, « Rupture brutale : recours du ministre et amende civile », *CCC* n° 12, décembre 2016, comm. 255.

§ 1. La spécificité du préjudice concurrentiel

356. **Spécificité.** Le professeur Laurence Idot observe que la difficulté d'évaluation du préjudice « *n'est pas propre au droit de la concurrence – elle est inhérente au droit de la responsabilité civile –, mais il est vrai qu'elle prend en cette matière une [tout] autre ampleur* »[927]. Autrement dit, le principe de réparation intégrale perd, en droit de la concurrence, son efficacité[928]. La spécificité du préjudice concurrentiel ne fait qu'accentuer les difficultés traditionnelles d'évaluation du dommage. En conséquence, le principe de réparation intégrale est « *totalement inopérant* » à l'égard de préjudices économiques difficilement chiffrables[929]. La spécificité du préjudice concurrentiel est remarquable à deux égards : d'une part, lorsque l'infraction cause un « préjudice économique pur » (A), et d'autre part, au regard de la nature du préjudice concurrentiel qui constitue un « préjudice progressif » (B).

A. Un « préjudice économique pur »

357. **Définition du préjudice économique pur.** Le préjudice économique pur est un préjudice qui ne résulte ni d'une atteinte à la personne ni d'une atteinte aux biens. Le préjudice concurrentiel décrit donc un préjudice économique pur, car il revêt des « *formes abstraites, à l'image de la dépréciation de la marque [...] ou encore de la perte d'un avantage concurrentiel* »[930]. Il se révèle particulièrement difficile à évaluer, car à la différence d'un dommage corporel où les séquelles sont visibles au moment où la victime intente une action en réparation, les effets du préjudice concurrentiel sont échelonnés dans le temps.

358. **Hypothèse.** Prenons l'exemple d'un opérateur dominant sur un marché. Ce dernier, en situation de monopole, met en œuvre différentes pratiques dans le but d'évincer des opérateurs entrants. L'opérateur évincé, privé d'exercer une activité économique du fait de la pratique d'éviction, manque donc l'opportunité d'un revenu. Cette opportunité correspond à une situation future et incertaine. Pour quantifier économiquement cette opportunité manquée, l'opérateur évincé va à la fois chercher à calculer les investissements non rentabilisés ainsi que les marges manquées du fait de l'éviction[931].

---

[927] L. Idot, « Rapport de synthèse », in « Potentialité et réalité de l'action au civil en matière de concurrence, La réparation du préjudice causé par une pratique anti-concurrentielle en France et à l'étranger : bilan et perspectives, Grand' Chambre de la Cour de Cassation », 17 octobre 2005, en ligne sur www.courdecassation.fr.

[928] N. Régis, « Le préjudice économique des entreprises », *BICC* 1er mai 2013, n° 781, p. 11 : « *Le principe de la réparation intégrale interdit enfin l'allocation de dommages-intérêts forfaitaires. Or ces règles sont mises à l'épreuve par la spécificité du préjudice économique.* »

[929] V. Heuzé, « Une reconsidération du principe de la réparation intégrale », in Troisième restitution publique, « Incertitude et réparation », Cycle, « Risques, assurances, responsabilité », 2005.

[930] M. Cayot, *Le préjudice économique pur*, Institut Universitaire Varenne, 2017. p. 126. – M. Cayot, « Le préjudice économique pur », thèse, Université Montpellier 1, 2016.

[931] « Guide pratique concernant la quantification du préjudice dans les actions en dommages et intérêts », *op. cit.* note 911, § 181. Le guide rappelle que les pratiques d'éviction sont « *généralement synonymes de manque à gagner pour les concurrents* ».

359. **Préjudice « inchiffrable ».** Intervient alors le problème de ce que nous pouvons appeler les « préjudices inchiffrables », dont peut faire partie le préjudice économique pur. En effet, le dommage causé par la pratique d'éviction porte indirectement atteinte à d'autres actifs et avantages concurrentiels qui n'entrent pas dans le calcul du gain manqué. Ces actifs sont des actifs immatériels, représentant notamment le savoir-faire ou la vision stratégique de l'entreprise. La vision stratégique de l'entreprise ne peut décrire un gain manqué, lequel est représenté par une baisse de l'activité, une baisse du chiffre d'affaires, une perte de marge ou encore un détournement de clientèle. La réparation par équivalent d'un dommage aussi immatériel que celui de la vision stratégique de l'entreprise est particulièrement difficile. Les actifs immatériels renseignent sur le potentiel économique d'une entreprise. Or, il est particulièrement complexe de chiffrer ce potentiel, car par définition, la potentialité renvoie plus à une situation à venir qu'à une réalité économique présente.

360. **Que peut faire la victime ?** Certes, la victime pourra déterminer le préjudice subi en démontrant que le dommage a gêné ses initiatives commerciales et causé une perte de chance de développement économique. La destruction du potentiel concurrentiel d'une entreprise entre dans le champ des préjudices réparables. Néanmoins, elle éprouvera des difficultés presque insolubles à quantifier ce dommage. Si une entreprise peut, par exemple, démontrer qu'elle a renoncé à l'investissement dans une nouvelle technologie, car ces marges ont été réduites du fait de la pratique anticoncurrentielle, comment transcrire en termes monétaires cet effet néfaste sur l'innovation et *in fine* sur le développement économique de l'entreprise victime ? Seules les entreprises les plus prévoyantes, c'est-à-dire celles qui auront gardé toutes les données susceptibles de renseigner sur leur potentiel concurrentiel, pourront, à la limite, tenter d'estimer ce type de préjudice. Cependant, c'est faire peser sur les opérateurs un diabolique devoir de vigilance.

361. **Droit français c/ droit anglo-saxon.** Par ailleurs, le droit français ne fait pas de hiérarchie entre les préjudices économiques[932], si bien qu'il ne fait qu'approximer le préjudice « en général ». Le droit français – à la différence de celui des pays de la common law, qui quantifie les préjudices économiques purs[933] – peine à estimer l'atteinte au processus même de l'activité économique. Ce type d'atteinte est aussi dommageable que les conséquences matérielles concrètes du dommage qui, elles, sont plus simples à évaluer. La Commission a d'ailleurs admis que la spécificité du préjudice concurrentiel est insuffisamment prise en compte par les juges, considérant notamment que le préjudice devait s'évaluer

---

932 L. Reiss, *Le juge et le préjudice : Étude comparée des droits français et anglais*, PUAM, 2003, p. 182, § 219 : *« La question de la réparation des préjudices économiques et des préjudices économiques purs peut paraître surprenante au juriste français, pour lequel, tous les chefs de dommages ne font pas l'objet d'une hiérarchie. »* Thèse citée par F. Bélot, « Pour une reconnaissance de la notion de préjudice économique en droit français », *LPA* 28 décembre 2005, n° 258, p. 8.

933 M. Nussenbaum, « L'évaluation des préjudices économiques », *Revue de droit bancaire et financier* n° 3, mai 2013, étude 13. – V. aussi, G. Viney, « L'appréciation du préjudice », *LPA* 19 mai 2005, n° 99, p. 89 : *« […] "le préjudice économique pur" (pure economic loss), c'est-à-dire la perte de profit qui ne s'accompagne d'aucune atteinte physique à la personne ou aux biens […] »*

en perte brute de profit, mais aussi en perte de chance d'occuper une place concurrentielle[934].

362. **Bilan.** La spécificité du préjudice concurrentiel, qui constitue un préjudice économique pur, complique la tâche de la victime, qui doit quantifier le dommage. L'agent peut donc être incité à évincer un concurrent en spéculant sur le coût de l'infraction comparé au bénéfice qu'il en retire. Dans le choix d'enfreindre la loi, il peut former des prédictions sur les difficultés que l'opérateur entrant aura à établir le quantum d'un « préjudice économique pur ». Le probable échec de l'action privée en réparation, du moins en ce qui concerne la réparation « intégrale » du préjudice, renforce le risque de faute lucrative[935] et incite à la violation du droit de la concurrence.

En plus de décrire un « préjudice économique pur », le préjudice concurrentiel a ceci de spécifique qu'il est « progressif ».

B. Un « préjudice progressif »

363. **Préjudice progressif.** Le préjudice concurrentiel est un « préjudice progressif », c'est-à-dire que les répercussions économiques du dommage causé par la pratique illicite sont échelonnées dans le temps. En droit des pratiques anticoncurrentielles, l'écoulement du temps entre le jour où la victime subit un dommage et le jour où la victime est indemnisée produit plusieurs préjudices collatéraux difficilement quantifiables : le dommage actuel peut bouleverser la stratégie commerciale de l'entreprise à plus ou moins long terme, et ainsi lui faire renoncer à une innovation qu'elle projetait de mettre en œuvre, perdant ainsi l'opportunité de prendre un avantage concurrentiel sur l'auteur du manquement.

En droit de la concurrence déloyale, le préjudice de « trouble commercial » décrit un « préjudice progressif » matérialisé par la perte progressive de la capacité de l'entreprise à se maintenir et à se développer sur un marché du fait des actes déloyaux qui entraîne une perturbation de l'activité économique. De même, la dépréciation de l'image de marque de l'entreprise dont le produit a été parasité ou dénigré ne peut qu'être « progressive », c'est-à-dire plus ou moins longue selon la réaction de la clientèle face au dénigrement en cause.

364. **Dilution de l'image de marque.** Pour cette raison, la victime éprouvera de grandes difficultés à convaincre le juge de la perte d'image, car au moment où la victime devra estimer son préjudice, la dilution de l'image dans l'esprit de la clientèle ne sera sans doute pas encore pleinement réalisée. Il n'est pas certain que la production, par la victime d'un acte de dénigrement, d'une enquête de notoriété pour estimer l'évolution de la perception du public soit efficace : ce type d'enquête prend du temps alors que la victime doit agir le plus rapidement possible afin

---

934 « Guide pratique concernant la quantification du préjudice dans les actions en dommages et intérêts », *op. cit.* note 911.

935 Dans le cas de notre hypothèse, le manquement qui consiste à évincer la concurrence est bien générateur d'un profit. L'effet d'éviction de l'entreprise peut renforcer son monopole, lequel lui permet d'imposer des prix à un niveau supraconcurrentiel. De plus, cette éviction lui permet de maintenir son chiffre d'affaires à un niveau d'équilibre et de préserver ses parts de marché. Par conséquent, si le quantum du préjudice est dévalué alors même que le dommage causé lui est profitable, la faute risque d'être lucrative.

de limiter l'atteinte causée à sa réputation. De plus, l'enquête, pour être efficace, doit être menée quelque temps après l'acte déloyal ou parasitaire afin que le produit ait justement eu le temps d'être « banalisé ». Or, la victime voudra agir le plus rapidement possible afin de limiter le plus possible les effets sur le long terme de cette banalisation[936]. En somme, l'impossibilité d'estimer précisément un préjudice dont les conséquences évoluent dans le temps limite l'efficacité de l'action en réparation de la victime.

365. **Période d'incubation.** À notre sens, le préjudice concurrentiel en tant que préjudice progressif ressemble à ces maladies dont les effets ne se révèlent qu'après une certaine période d'incubation. Le malade porte en lui un virus. Mais, pendant les premiers jours ou premiers mois, il est épargné des symptômes. La maladie est réelle, mais ses effets ne sont pas encore apparus. De même que, pour le malade, le risque est de sous-estimer la maladie dont les symptômes semblent mineurs, de même, pour l'entreprise, le risque est de sous-estimer le dommage qui n'a pas encore eu le temps de s'émanciper. En conséquence, il se peut que la condition tenant à la certitude du dommage ne soit pas remplie, et que le juge qualifie d'éventuel un dommage certain. L'immatérialité du dommage, associée à son caractère progressif, va injustement atténuer le caractère certain du préjudice.

366. **La confusion entre le préjudice et le dommage.** Peut-être que notre tendance, en droit français, à confondre les notions de préjudice et de dommage marque ici ses limites. Dans le cas d'un acte de concurrence déloyal avéré, si le préjudice économique peut être éventuel, le dommage, lui, est bien réel. Précisément, il n'est pas certain qu'un acte de dénigrement va aboutir au détournement de la clientèle du dénigré. En cela, le préjudice est éventuel. Néanmoins, le dommage est bien réel, car il est évident que même en l'absence de détournement identifié, l'entreprise est touchée par la formule discréditante et qu'elle n'attendra pas de voir sa clientèle fuir pour entreprendre de restaurer son image de marque.

367. **Spéculation.** Par ailleurs, le caractère progressif du dommage concurrentiel a une incidence sur la quantification du dommage économique, car il complique le travail d'évaluation du juge. Ce dernier doit évaluer le dommage jusqu'au jour où il statue. Si le litige dure longtemps[937], et si les pratiques sont étendues dans le temps, le juge doit se livrer à un « *diagnostic rétrospectif* »[938], généralement à l'aide de la méthode contrefactuelle. Ce diagnostic favorise les calculs hasardeux

---

[936] M. Nussenbaum, « L'appréciation du préjudice d'atteinte à la marque et à son image », *Gaz. Pal.* 17-18 décembre 2010 n° 352, p. 17 : « *Dans d'autres cas, une enquête ne peut être réalisée et le préjudice ne peut être mesuré de manière précise parce que le fait dommageable n'a eu qu'un impact limité dans le temps et l'espace, et ses effets sur l'image de marque sont plus à craindre pour le futur que de manière immédiate sur les ventes.* »

[937] M.-A. Lafortune, J.-P. Chazal a., « Définition et évaluation des préjudices économiques de l'entreprise », *CDE* n° 1, janvier 2014, entretien 1. Selon les auteurs, la principale difficulté pour évaluer le préjudice est liée au « *problème de la durée entre le moment où s'est produit le fait dommageable et le moment où on évalue le préjudice* ».

[938] L. Aynès, « Réparation intégrale et typologie des préjudices », Colloque Cour de cassation, Cycle « Risques, assurances, responsabilités 2006-2007 » : « *En premier lieu, le principe de la réparation intégrale du dommage, qui impose au juge ou à l'arbitre un "diagnostic rétrospectif", une reconstitution d'un passé qui n'a pas eu*

et les spéculations. Par spéculation, on entend une « *construction abstraite, [...] arbitraire et invérifiable* »[939]. Ces spéculations sont bien souvent défavorables aux victimes – deux auteurs soulignent notamment que les effets du dommage, dilués dans l'échelle du temps, contaminent l'évaluation du préjudice et provoquent tantôt « *une indemnisation partielle* »[940], tantôt « *une minoration systématique* »[941] au profit du coupable. Une étude portant sur le contentieux privé des actions en réparation du dommage concurrentiel confirme ce phénomène de minoration systématique du dommage au regard des prétentions indemnitaires des victimes[942].

Plus généralement, le risque de minoration est lié aux obstacles traditionnels à l'évaluation du préjudice concurrentiel.

§ 2. Les obstacles traditionnels à l'évaluation du préjudice concurrentiel

368. **Prédictions de l'agent rationnel.** L'agent rationnel qui cherche, avant d'enfreindre la loi, à connaître le risque juridique de l'infraction de concurrence tenant aux éventuelles actions en dommages et intérêts pourrait se rassurer en remarquant les obstacles nombreux à l'évaluation du préjudice concurrentiel.

L'écoulement du temps (A), le difficile accès aux preuves (B) et la technicité des méthodes de calcul du préjudice (C) sont les principaux obstacles auxquels se heurte la victime qui doit démontrer et quantifier son préjudice.

Notons que l'écoulement du temps n'est certes pas un obstacle exclusivement réservé aux pratiques anticoncurrentielles. Néanmoins, il prend en cette matière une ampleur considérable, car les victimes qui préfèrent attendre la décision de l'Autorité de la concurrence pour former leur action en dommages et intérêts[943] sont soumises aux lenteurs des procédures de concurrence[944].

A. L'écoulement du temps défavorable aux victimes

369. L'écoulement du temps entraîne plusieurs effets collateraux (1) néfastes à la réparation du préjudice concurrentiel. Les mesures de cessation de l'illicite pourraient, à titre préventif, limiter certains des effets néfastes. Elles restent néanmoins inefficaces (2).

---

lieu, souvent hasardeuse et influencée en fait par la gravité de la faute ou la considération pour la victime [...] ».

939 *Larousse*, définition : « Spéculation ». Disponible sur larousse.fr.

940 F. Bélot, « Pour une reconnaissance de la notion de préjudice économique en droit français », *op. cit.* note 932.

941 M. Nussenbaum, « Les difficultés de l'expertise en matière de pratiques anticoncurrentielles », *op. cit.* note 922.

942 G. Zambrano, « L'inefficacité de l'action civile en réparation des infractions au droit de la concurrence – Étude du contentieux français devant le Tribunal de Commerce de Paris (2000-2012) », Thèse Montpellier 1, 2012. V. tableau – annexe de la thèse.

943 On peut notamment supposer que les actions de suivi vont se multiplier depuis que l'article 9 de la directive 2014 assure un effet liant des décisions de l'autorité régulatrice sur celles des juridictions nationales.

944 De la saisie de l'Autorité à la décision sanctionnant l'infraction, s'écoulent en moyenne 4,4 ans, avec des valeurs allant de 1,8 à près de 9 ans ; v. C. Monnier, A. Hutin, « Les cartels en France : Analyse économique de leurs caractéristiques et de leurs sanctions », Concurrences n° 2-2016, Art. N° 78824, pp. 45-61, spéc. p. 54.

1. Les effets collatéraux néfastes de l'écoulement du temps

370. **Aggravation du dommage.** La prolongation du dommage économique dans le temps introduit la délicate question de l'actualisation du préjudice. Le préjudice concurrentiel s'aggrave avec le temps. Les pertes financières intervenues au jour de l'infraction et qui se prolongent, faute d'être immédiatement compensées, jusqu'au jour du jugement en réparation entraînent un préjudice financier (autrement appelé préjudice de trésorerie). Ce préjudice financier peut par exemple résulter de la perte de rentabilité que l'entreprise pouvait attendre d'un investissement non consenti du fait du surprix subi.

Le préjudice financier doit être actualisé au regard du laps de temps séparant l'infraction du jugement en réparation : « *Lorsque, par la faute d'un tiers, une entreprise ou un particulier subit un dommage économique en un instant t, sa perte ne se limite pas au montant de ce dommage. Elle comprend un préjudice additionnel, qui résulte de la privation de la somme pendant la durée qui sépare t du jour où le jugement de réparation est prononcé* »[945]. L'actualisation du préjudice est possible en assurant le versement d'intérêts compensatoires.

371. **Les intérêts compensatoires.** La directive 2014/104 du 26 novembre 2014, relative aux actions en dommages-intérêts considère que le paiement des intérêts « *devrait être dû depuis le moment où le préjudice est survenu jusqu'à celui où les dommages et intérêts sont versés* »[946]. La possibilité d'une prise en compte du préjudice financier des victimes se heurte néanmoins à deux obstacles : le premier est lié à l'apathie des victimes elles-mêmes qui, selon le professeur Suzanne Carval, « *négligent de demander réparation du préjudice qu'elles subissent du fait du délai écoulé entre le jour où elles subissent un dommage économique et celui où des dommages-intérêts leur sont alloués* »[947]. En conséquence, la pauvreté de la jurisprudence sur les intérêts compensatoires n'incite pas les avocats à les demander, ce qui favorise les auteurs d'infractions de concurrence qui n'ont pas à réparer la prolongation dans le temps du dommage économique causé à la victime. Le second obstacle est lié à la confusion faite en jurisprudence entre les intérêts compensatoires et les intérêts moratoires[948]. En l'absence d'une jurisprudence claire sur ce point, sachant de plus que l'ordonnance de transposition de

---

945 S. Carval, « Les intérêts compensatoires », *D.* 2017, p. 414.

946 Directive 2014/104, § 12 : « *Le paiement des intérêts est une composante essentielle de l'indemnisation visant à réparer les dommages subis en tenant compte de l'écoulement du temps, et il devrait être dû depuis le moment où le préjudice est survenu jusqu'à celui où les dommages et intérêts sont versés [...]* » ; v. aussi art. 3 § 2 de la directive, qui dispose : « *La réparation intégrale du préjudice consiste à replacer une personne ayant subi un tel préjudice dans la situation où elle aurait été si l'infraction au droit de la concurrence n'avait pas été commise. Elle couvre dès lors le droit à une réparation du dommage réel et du manque à gagner, ainsi que le paiement d'intérêts* ».

947 S. Carval, *Loc. cit.*

948 S. Carval, « Les préjudices économiques réparables : les réponses du droit de la responsabilité civile », 4 septembre 2017, *LPA* n° 176, p. 36 ; Cass. civ. 1re, 16 mai 1995, n° 92-15.376, *Bull. civ.* I, n° 207 ; *RTD civ.* 1995, p. 910, obs. P. Jourdain; cité par S. Carval, « Les intérêts compensatoires », *op. cit.* note 945. Selon cette décision, « *l'actualisation compense la dépréciation monétaire entre le jour où la créance est évaluée et le jour du paiement, tandis que les intérêts moratoires indemnisent seulement le retard dans le paiement* ». – V. aussi G. Durry, « Les intérêts attachés à la condamnation principale sont-ils de nature compensatoire ou moratoire ? », RDI 2001, 343.

la directive ne dit rien non plus sur la question des intérêts compensatoires[949], l'aggravation du dommage des victimes risque d'être profitable au contrevenant qui n'a pas à compenser les effets économiques, échelonnés dans le temps, du préjudice causé.

372. **Limiter les effets du dommage.** Une question pendante à celle de l'aggravation du dommage dans le temps est celle de l'obligation, pour la victime, de limiter les effets du dommage subi. Le projet de réforme du droit de la responsabilité civile consacre une obligation d'éviter l'aggravation du dommage[950]. La question se pose de savoir si l'on peut reprocher à une victime d'infraction de concurrence de ne pas avoir limité son propre dommage. Le but d'une telle obligation serait d'éviter le risque qu'un préjudice devînt lucratif pour la victime. Elle ajoute une complication à l'évaluation du préjudice pour le juge, qui doit tenir compte de l'évolution du dommage dans le temps, selon que les choix entrepreneuriaux opérés par la victime ont limité le préjudice ou l'ont au contraire aggravé. Nous nous positionnons dans la seconde partie de notre thèse en faveur d'un rejet total de la prise en compte de cette obligation de ne pas aggraver son dommage[951].

373. **Risque de prescription.** Par ailleurs, l'écoulement du temps induit un risque de prescription qui empêche la réparation du dommage concurrentiel. Plusieurs affaires ont démontré l'exploitation opportuniste des règles sur la prescription par des entreprises responsables d'infractions de concurrence[952]. Néanmoins, le

---

949 R. Amaro, « Actions en réparation en matière de pratiques anticoncurrentielles : la directive 2014/104/UE est transposée ! », *CCC* n° 6, juillet 2017, étude 8.

950 Art. 1263 du projet de réforme de la responsabilité civile, mars 2017 : « *Sauf en cas de dommage corporel, les dommages et intérêts sont réduits lorsque la victime n'a pas pris les mesures sûres et raisonnables, notamment au regard de ses facultés contributives, propres à éviter l'aggravation de son préjudice.* »

951 *Infra*, Partie II, Titre II, n° 707 et s.

952 CA Paris, pôle 5, ch. 5-7, 5 mai 2011, *Razel et Sefi-Intrafor*, obs. G. Decocq, « Quand jouer la montre paye », *CCC* n° 7, juillet 2011, comm. 174. Dans cette affaire, la cour d'appel a annulé une décision du Conseil de la concurrence ayant condamné les sociétés Razel et Sefi-Intrafor plus de dix ans après la cessation des pratiques anticoncurrentielles. En l'espèce, le Conseil de la concurrence avait, le 21 mars 2006, condamné Razel et Sefi-Intrafor respectivement au paiement d'une amende de 3 800 000 euros et 560 000 euros pour des pratiques anticoncurrentielles ayant cessé avant le 21 mars 1996. Les sociétés mises en cause ont obtenu l'annulation des sanctions infligées et donc la restitution des sommes versées en application de l'article L. 462-7, al. 3, du Code de commerce. La restitution des sommes par le jeu de la prescription illustre parfaitement comme le temps peut favoriser le résultat lucratif d'une infraction. – V. aussi, TGI Paris, réf., 15 janvier 2009, n° 08/55030, 08/59948, 08/59949, obs. M. Chagny, *RLC* avril 2009, n° 19 ; TGI, ch. 6, 17 décembre 2013, n° 10/03480, obs. Vogel, « Private enforcement : une importante décision en matière de prescription des actions en réparation de dommages concurrentiels », Blog Vogel & Vogel. Cette affaire illustre encore comme la prescription constitue une stratégie de défense efficace pour l'auteur de l'infraction. Pour résumer, dans cette affaire, les défendeurs ont tenté de faire jouer la prescription décennale prévue pour les actions en responsabilité civile délictuelle. La victime a tenté quant à elle de se prévaloir « *d'actes interruptifs de prescription intervenus au cours d'une procédure pénale* ». De même, la question se posait de savoir si une procédure engagée devant l'Autorité de la concurrence pouvait permettre à une victime de bénéficier d'une interruption de prescription afin de pouvoir saisir la juridiction civile d'une action en indemnisation du préjudice. Le Tribunal a répondu par la négative. Les prétentions indemnitaires de la victime ont été annihilées sous l'effet de la prescription. Sachant qu'environ 232 millions d'euros de dommages-intérêts étaient réclamés, le jeu de la prescription a permis aux entreprises mises en cause de faire l'économie d'une amende considérable. – CA Paris, pôle 5, ch. 4, 26 juin 2013, *JCB Sales c/ Central Parts*, n° 12/0441 : « *Considérant que les sociétés JCB service [...]* font valoir que le préjudice de la société Central Parts doit être "encadré dans le temps*"[...]* » Dans cette espèce, le fautif a pu une nouvelle fois instrumentaliser les lacunes du droit français, lequel ne conférait alors aucun effet interruptif de prescription au déclenchement d'une procédure engagée devant l'Autorité de la concurrence.

moyen de défense relatif à la prescription va perdre en efficacité au regard des règles fixées par l'ordonnance de transposition de la directive « Dommages »[953]. Si, comme l'article 2224 du Code civil, le nouvel article L. 482-1 du Code de commerce fixe la prescription de l'action à cinq ans, ce délai commence à courir que lorsque le demandeur a connu ou aurait dû connaître de façon cumulative : les actes ou faits imputés à une personne physique ou morale formant une entreprise ou un organisme au sens de l'article L. 464-2 et le fait qu'ils constituent une pratique anticoncurrentielle (1°) ; le dommage que lui a causé la pratique (2°) ; et l'identité de l'un des auteurs de cette pratique (3°). Il « *résulte donc de ces règles un allongement du délai de prescription en raison d'un report du point de départ du délai* »[954]. Dans tous les cas, le délai ne doit pas commencer à courir tant que l'infraction n'a pas cessé. De plus, l'ordonnance élargit les cas d'interruption de la prescription prévus par l'article L. 462-7 du Code de commerce. Désormais, à l'image de la prescription devant l'Autorité de la concurrence, « *tout acte tendant à la recherche, à la constatation ou à la sanction de pratiques anticoncurrentielles* » interrompt la prescription de l'action civile. En somme, l'ordonnance de transposition limite le risque d'instrumentalisation du temps du litige de concurrence par des fautifs qui cherchent, par le jeu de la prescription, à échapper à la réparation du dommage concurrentiel.

374. **Dilution des preuves.** Plus généralement, en dehors du risque spécifique de prescription, l'écoulement du temps et la durée du litige entraînent une dilution des preuves essentielles pour démontrer la faute et quantifier le dommage concurrentiel : « *Le temps qui passe crée des confusions qui sont toujours favorables aux fraudeurs. Le temps qui passe est une stratégie de défense et le temps qui passe efface, complique la réparation du dommage de la victime* »[955].

Dans cette affaire, la victime d'accords de distribution et d'une pratique de fixation illégale des prix de vente sur le marché d'équipements de manutention dont les effets anticoncurrentiels s'étaient étalés sur une période de douze années (1989-2001) tentait d'obtenir réparation de son préjudice. Ayant engagé son action en 2005, elle se heurta à l'ancienne prescription décennale. Par conséquent, la victime n'a été indemnisée que pour les préjudices subis entre 1995 et 2001 et non pour ceux arrivés entre 1989 et 1995, ce qui a permis au fautif de ne payer que partiellement le dommage causé à la victime, et de préserver au moins une fraction des bénéfices tirés de sa pratique d'éviction.

953 Ord. n° 2017-303 du 9 mars 2017 relative aux actions en dommages et intérêts du fait des pratiques anticoncurrentielles.

954 Rapport au Président de la République relatif à l'ordonnance n° 2017-303 du 9 mars 2017 relative aux actions en dommages et intérêts du fait des pratiques anticoncurrentielles.

955 P. Gaches, président-directeur général de Gaches Chimie, présumé victime d'une pratique anticoncurrentielle. Intervenant dans le cadre du colloque portant sur « Les PME face au droit de la concurrence », Table ronde animée par Yves Chaput, p. 4. V. aussi le témoignage p. 64 (site du CREDA) : « *Mais, si on prend l'exemple d'une procédure toute récente – c'est un cas extrême, et rare –, qui porte sur des faits de 1988, avec une décision du Conseil de la concurrence de 1996, qui vient de faire l'objet d'un nouvel arrêt de cassation, nous sommes donc vingt-trois ans après les faits et il n'y a toujours pas de décision définitive. Combien de temps est-il raisonnable d'attendre avant de pouvoir demander et d'obtenir réparation ? On parle de PME, d'entreprises souvent familiales, personnelles. Entre-temps, l'entreprise victime aura été vendue, le chef d'entreprise aura pris sa retraite ou sera peut-être même décédé, on ne sait pas ce qui se passera, mais en tout cas, dix, vingt ou trente ans pour obtenir réparation d'un préjudice, ça n'a plus beaucoup de sens. Vous preniez l'exemple des matches de rugby, il est clair que si vous avez joué quinze saisons avant qu'on vous ait dit comment vous auriez dû jouer lors de la saison initiale, vous ne serez plus joueur de rugby le jour où, vous, vous le saurez. Et qu'est-ce que l'on va faire ? Eh bien, on ne va pas refaire votre vie. Je pense que, sur le terrain du temps*

La méthode contrefactuelle par comparaison utilisée pour quantifier le préjudice implique notamment de comparer la situation actuelle (c'est-à-dire en situation d'infraction) avec la période sans infraction. Lorsque la situation antérieure remonte à un temps lointain, non seulement il devient difficile de déterminer exactement la date du début de l'infraction, mais la collecte de données empiriques pour quantifier le préjudice (prix, quantités, coûts et éléments comptables de l'entreprise) se révèle extrêmement difficile. L'accès aux preuves disponibles pour déterminer et évaluer le préjudice constitue un obstacle majeur à la réparation du dommage qui profite aux contrevenants.

Les effets néfastes de l'écoulement du temps sur la réparation du dommage pourraient, en théorie, être corrigés par des mesures de cessation de l'illicite qui visent à neutraliser rapidement les effets d'un manquement de concurrence en corrigeant dans l'urgence le comportement dommageable.

2. L'inefficacité des mesures de cessation de l'illicite pour neutraliser l'effet du temps

375. **Cessation de l'illicite.** Sur le fondement des articles 808, 809, 872 et 873 du Code de procédure civile, le juge des référés peut faire cesser des pratiques contraires au droit de la concurrence[956]. Le demandeur doit cependant prouver un dommage imminent ou un trouble manifestement illicite. De même, l'article L. 464-1 du Code de commerce dispose que l'Autorité de la concurrence peut prendre des mesures conservatoires comportant « *la suspension de la pratique concernée* » ou « *une injonction aux parties de revenir à l'état antérieur* », tandis que le règlement n° 1/2003 dispose que la Commission peut « *mettre fin à l'infraction constatée* »[957].

376. **Utilité relative des mesures de cessation de l'illicite.** La cessation de l'illicite permet, en théorie, de faire face à une situation d'urgence. Ces mesures constituent une solution pour faire cesser des pratiques illicites qui sinon continueraient de produire des conséquences néfastes sur la concurrence. En cela, elles décrivent la « *fonction préventive de la responsabilité civile* »[958]. Néanmoins, d'un point de

---

[...] on parle souvent au minimum de dix ans [...] On parle donc d'un délai incompatible avec les nécessités économiques [...] ».

956 Art. 808 CPC : « *Dans tous les cas d'urgence, le président du tribunal de grande instance peut ordonner en référé toutes les mesures qui ne se heurtent à aucune contestation sérieuse ou que justifie l'existence d'un différend.* » – Art 809 CPC : « *Le président peut toujours, même en présence d'une contestation sérieuse, prescrire en référé les mesures conservatoires ou de remise en état qui s'imposent, soit pour prévenir un dommage imminent, soit pour faire cesser un trouble manifestement illicite.* » – Art 872 CPC : « *Dans tous les cas d'urgence, le président du tribunal de commerce peut, dans les limites de la compétence du tribunal, ordonner en référé toutes les mesures qui ne se heurtent à aucune contestation sérieuse ou que justifie l'existence d'un différend.* » – Art 873 CPC : « *Le président peut, dans les mêmes limites, et même en présence d'une contestation sérieuse, prescrire en référé les mesures conservatoires ou de remise en état qui s'imposent, soit pour prévenir un dommage imminent, soit pour faire cesser un trouble manifestement illicite.* »

957 Règlement (CE) n° 1/2003 du Conseil du 16 décembre 2002 relatif à la mise en œuvre des règles de concurrence prévues aux articles 81 et 82 du traité (Texte présentant de l'intérêt pour l'EEE) *JOCE* n° L 001 du 4 janvier 2003, pp. 0001-0025, § 12 : « *Le présent règlement doit prévoir explicitement que la Commission a le pouvoir d'imposer des mesures correctives de nature comportementale ou structurelle, qui sont nécessaires pour faire cesser effectivement l'infraction, en tenant compte du principe de proportionnalité.* »

958 C. Bloch, *La cessation de l'illicite : Recherche sur une fonction méconnue de la responsabilité civile extra-contractuelle*, Dalloz, 2008. – V. aussi : E. Putman, « Cyril Bloch, La cessation de l'illicite. Recherche sur une

vue dissuasif, leur utilité est faible pour la raison suivante : la mesure de cessation intervient à un moment où le dommage a déjà produit ses effets. Nous en voulons pour preuve le fait que les victimes invoquent régulièrement la cessation concomitamment à une demande en dommages-intérêts[959]. La cessation de l'illicite ne vient donc pas réparer le dommage, mais simplement limiter son ampleur : « *Les injonctions tendant à faire cesser ces pratiques, pour utiles qu'elles soient, n'en laissent pas moins [...] subsister les conséquences dommageables passées qu'il revient alors à la responsabilité civile d'effacer* »[960]. De même, elle vient seulement neutraliser le résultat lucratif de l'infraction, sans rien confisquer des profits déjà retirés par le contrevenant. Pour cette raison, la cessation est une « *sanction nécessaire, mais au coût nul* »[961], car « *elle ne présente aucun coût pour l'auteur d'une faute lucrative* »[962].

377. **Utilisation rare des mesures conservatoires.** En France, les mesures conservatoires sont rarement admises. Les victimes se heurtent au standard de preuve qui exige de rapporter une « *atteinte grave et immédiate à l'économie générale* »[963]. Le professeur Georges Decocq note que les conditions posées « *pour obtenir gain de cause dans le cadre d'une demande de mesures conservatoires sont tellement restrictives que cette voie de droit, qui aurait pu être un formidable vecteur, conduit bien souvent les entreprises dans une impasse* »[964]. Au niveau européen, les mesures conservatoires qui visent à faire cesser les comportements nuisibles au marché ne sont que très rarement admises par la Commission. Les entreprises internationales dont les agissements pourraient faire l'objet d'une sanction par la Commission ont peu à craindre des mesures conservatoires : « *Seulement quatre décisions de la Commission européenne prononçant des mesures provisoires ont*

fonction méconnue de la responsabilité civile », *RTD civ.* 2008, p. 192, 14 mars 2008. – C. Bloch, « Cessation de l'illicite », in *Droit de la responsabilité et des contrats*, P. Le Tourneau (dir.), 2014, chap. 2.

959 Cass. com., 30 mars 2016, n° 13-12.122. – V. aussi : CA Versailles, ch. 12, 19 janvier 2016, n° 14/06332 : JurisData n° 2016-002308. – CA Paris, pôle 5, ch. 1, 12 janvier 2016, n° 14/02823 : JurisData n° 2016-000759. – CA Paris, 5 septembre 2012, n° 11/21599 : JurisData n° 2012-019931. – CA Paris, 7 juin 2012, JurisData n° 2012-014788.

960 M. Chagny, « La notion de dommages et intérêts punitifs et ses répercussions sur le droit de la concurrence – Lectures plurielles de l'article 1371 de l'avant-projet de réforme du droit des obligations », *JCP G* n° 25, 21 juin 2006, I 149. De manière générale, l'efficacité de la mesure de cessation est grandement liée à la maîtrise du critère temporel. Comme le note très justement un auteur : « *Pour être efficace, une telle décision doit généralement intervenir rapidement,* ce à quoi ne peut, en pratique, aboutir une action au fond, même en usant des voies procédurales les plus rapides. *Conscient de ce problème, et à l'instar de plusieurs législations de pays membres de l'Union européenne, le législateur, par une loi du 2 juillet 1963, a prévu que tout commerçant, industriel ou artisan qui "introduit une action en réparation du préjudice subi du fait d'actes de concurrence déloyale ou illicite peut, en outre, demander, suivant une procédure qui sera fixée par décret en Conseil d'État, que, en attendant qu'elle soit définitivement statuée au fond, la cessation des agissements reprochés au défendeur soit ordonnée à titre provisoire et sous astreinte comminatoire". Cependant,* cette disposition n'a jamais été appliquée, *car le décret prévu au texte n'a jamais vu le jour et ne le verra vraisemblablement jamais en raison des pouvoirs dont dispose le juge des référés* ». V. Y. Picod, « Demande en cessation des agissements déloyaux », § 1, *Rép. com*, Concurrence déloyale, 2014.

961 N. Fournier de Croüy, « La faute lucrative », thèse Paris-Descartes, 2015, p. 135.

962 *Ibid.*

963 Art. L. 464-1 du Code de commerce.

964 G. Decocq, « L'économie digitale saisie par les autorités de concurrence », *AJCA* 2016, p. 172.

été répertoriées depuis l'ordonnance du 17 janvier 1980 autorisant la Commission à prendre de telles mesures »[965].

378. **Le critère « pathologique » du dommage « irréparable ».** La rareté du prononcé des mesures conservatoires au niveau européen s'explique pour la même raison qu'en France, c'est-à-dire que les victimes se heurtent à un standard de preuve particulièrement restrictif[966]. L'entreprise victime qui requiert le prononcé de mesures conservatoires doit notamment rapporter la preuve d'un dommage irréparable causé à la concurrence[967]. Il ne suffit pas de démontrer l'urgence et la gravité des pratiques en cause, une troisième condition tenant au caractère irréparable des dommages causés doit être rapportée. Cette condition constitue un vice consubstantiel à la procédure, qui se retrouve paralysée.

379. **Une disposition favorable aux entreprises en position dominante.** Il est difficile, voire impossible, de prouver un dommage irréparable car, précisément, à ce stade de l'urgence, la pratique illicite a causé des dommages dont on ne peut prédire les effets irréversibles. Le standard de preuve est trop élevé et contradictoire : la mesure conservatoire sert en principe à éviter d'aboutir à un dommage irréparable, de sorte qu'il est incohérent d'exiger à ce stade la preuve de l'irréversibilité de l'atteinte au marché.

La lourdeur du standard de preuve favorise, par extension, les fautes lucratives. L'impossibilité pour l'entreprise victime d'obtenir l'imposition d'une mesure conservatoire va permettre à l'opérateur dominant de perpétuer ses pratiques illicites. Même dans le cas où la Commission finirait pas imposer une amende élevée, les effets de la pratique anticoncurrentielle auront irrémédiablement nui à la concurrence de telle sorte que certaines entreprises auront disparu ou échoué à capturer des parts de marché. L'absence de mesures conservatoires rend l'infraction très profitable à son auteur, car peu importe l'amende, la possibilité de rétablir la concurrence aura « *structurellement disparu* »[968]. La disparition et l'affaiblissement des rivaux en l'absence de mesures conservatoires permettent à l'auteur d'infraction de dégager indûment et pour longtemps une rente de monopole que la fixation de dommages et intérêts ne permettra pas de réparer.

Par ailleurs, en dehors de l'écoulement du temps néfaste à la réparation du préjudice de la victime, cette dernière se heurte aussi à l'impossibilité d'avoir accès aux preuves pertinentes pour faire entendre sa demande.

---

965 Aut. conc., Études thématiques, « Les mesures conservatoires », p. 46. V : https://www.autoritedelaconcurrence.fr/sites/default/files/2019-11/ra2007.pdf

966 Par opposition, en France, le standard de preuve est moins restrictif, car l'entreprise victime doit rapporter une atteinte « *grave et immédiate* » (v. art. L. 464-1 du Code de commerce). La gravité et l'immédiateté d'une atteinte sont plus simples à prouver que son caractère « irréparable ».

967 Comm. CE, 2 août 2001, *Saxonia Edelmetalle GmbH c/ Commission*, aff. T-111/01 R. – Comm. CE, 17 janvier 1980, *Camera Care c/ Commission*, aff. 792/97 R, *Rec.* 1980, p. 119.

968 Aut. conc., Études thématiques, « Les mesures conservatoires », *op. cit.* : « *[L]a sanction pécuniaire, aussi élevée soit-elle, ne produi[rait] d'effet utile [...] La décision serait toujours dotée d'une fonction dissuasive, mais elle ne pourrait assurer la sauvegarde de l'ordre public économique, puisque la possibilité de rétablir la concurrence aurait structurellement disparu.* »

B. Le difficile accès aux preuves

380. **Rétention des preuves pertinentes.** La réparation du préjudice concurrentiel se heurte à la tactique de rétention de preuve[969] des contrevenants qui dissimulent ou détruisent les preuves susceptibles d'aider la victime à déterminer l'infraction et le préjudice en résultant. La difficulté d'accès aux preuves de la victime confrontée à une action autonome – difficulté que nous traiterons en détail ultérieurement[970] – pourrait être en partie vaincue lors du recours complémentaire, puisque les preuves sont entre les mains de l'Autorité de la concurrence. Or, nous assistons à la survivance du phénomène de rétention des preuves lors du recours complémentaire, ce qui constitue un obstacle considérable à l'efficacité de l'action privée en réparation du dommage concurrentiel.

381. **Espoirs fondés lors du contentieux complémentaire.** L'action *follow-on* est souvent présentée comme la bouée de sauvetage des victimes d'infraction. Les personnes privées agissant dans le cadre d'un procès civil ne disposent pas des pouvoirs d'enquêtes et des moyens d'investigations dont jouissent les autorités de concurrence. Pour cette raison, l'avocat Hugues Calvet affirme : « *Une action en réparation directe contre un cartel a très peu de chance[s] d'aboutir. La complexité des preuves à réunir contre de multiples participants, ayant agi discrètement sinon secrètement, rend bien sûr cette action pratiquement impossible* »[971]. Au contraire, l'action de suivi en réparation permet à une victime de prendre appui sur une procédure passée ou en cours devant l'Autorité de la concurrence pour justifier son action en réparation. Dans le cas du recours complémentaire, l'accès aux pièces du dossier établi par les services d'instruction de l'Autorité de la concurrence est donc d'une importance capitale pour les victimes[972]. Ces dernières peuvent « *fonder leurs espoirs sur les pièces saisies par l'Autorité de la concurrence à l'occasion de visites domiciliaires* »[973] pour établir une preuve qui, sans ces pièces, serait impossible à soulever. L'accès aux preuves de l'Autorité peut non seulement permettre à une victime d'établir son préjudice, mais aussi de le quantifier au mieux.

382. **La « clémence civile » profitable au contrevenant.** L'accès aux preuves lors du recours complémentaire est cependant limité par le législateur français, qui semble défavorable à la communication des pièces recueillies par l'Autorité de concurrence dans le cadre d'une procédure de clémence. Au regard de l'article L. 483-5 de l'or-

---

[969] The Commission Staff, Working Paper, I.F, par. 33-36, pp. 12-13: « *The particular difficulty with this kind of litigation is that often the relevant evidence is not easily available and is held by the party committing the anti-competitive behaviour. Access by claimants to such evidence is the key of making damages claims effective.* »

[970] *Infra*, Partie I, Titre II, n° 456 et s.

[971] H. Calvet, « Le temps et la réparation du préjudice en cas de violation du droit de la concurrence », Cycle « Risques, Assurances, Responsabilités », Cour de cassation, 2006.

[972] W. Wils, « The Relationship between Public Antitrust Enforcement and Private Actions for Damages », 32(1) *World Competition* 3-26 (2009) : « *Follow-on actions for damages could be further facilitated by allowing the claimants to have access to the public enforcement file. Even if claimants need not prove anymore the existence of the antitrust violation, they may want to look in the public enforcement file for information that could be used for proving the extent of the harm suffered [...]* »

[973] T. Alès, A. Constans, « Les pratiques anticoncurrentielles et l'accès aux preuves devant les juridictions civiles et commerciales – La cour d'appel de Paris rappelle que le demandeur doit prendre ses responsabilités », *JCP E* n° 46, 13 novembre 2014, 1575.

donnance du 9 mars 2017, l'Autorité de la concurrence ne peut jamais ordonner la communication au demandeur des pièces issues de la procédure de clémence[974]. Cette règle risque de consacrer une sorte de « clémence civile » profitable au contrevenant en paralysant l'action des victimes cherchant à obtenir des informations détenues par l'Autorité pour démontrer l'infraction subie. À titre d'exemple, si l'entreprise fautive a livré des informations sur le surprix imposé par les membres du cartel, cette donnée est capitale pour la victime qui cherche à évaluer son préjudice. La rétention de cette information par l'Autorité neutralise la démonstration et l'évaluation du préjudice de la victime. La volonté du législateur de satisfaire des objectifs antinomiques[975], entre d'un côté le développement des actions privées et de l'autre la préservation de l'attractivité de la procédure de clémence[976], risque de desservir les victimes qui n'auront pas accès aux pièces pertinentes pour établir et évaluer leur dommage.

383. **Inaccessibilité des pièces issues de la procédure de transaction.** Ajoutons, en outre, que l'interdiction prévue à l'article L. 483-5 de l'ordonnance 2017 s'étend aussi aux pièces issues de la procédure de transaction. Cela ne fait qu'élargir la liste de pièces non communicables aux victimes de pratiques anticoncurrentielles, ce qui risque d'affecter une nouvelle fois l'action en réparation des victimes qui, faute d'informations disponibles, échoueront à quantifier leur préjudice.

384. **L'accès aux pièces du dossier de la Commission.** Par ailleurs, les demandes d'indemnisation des victimes s'agissant des infractions commises à l'échelle européenne sont aussi paralysées par la difficulté d'accéder aux preuves détenues par la Commission[977]. Si la Commission admet un principe de communication des documents[978], elle joint à ce principe un nombre important de restrictions[979] :

- l'atteinte au secret des affaires[980] ;

---

974 Art. L. 483-5, sect. 3, de l'ord. n° 2017-303 du 9 mars 2017 relative aux actions en dommages et intérêts du fait des pratiques anticoncurrentielles.

975 A. Dorich, « In Search of Compensation for Cartel Harm: The Weighing Up between the Access to Information and the Public Enforcement Effectiveness », Seminar: Procedural Aspects of EU Competition Law and Trade Defence Measures, College of Europe (2015).

976 CJUE, 14 juin 2011, *Pfleiderer AG c/ Bundeskartellamt*, aff. C-360/09, *Rec.* p. I-05161 : « *[...] si les orientations exprimées par la Commission sont susceptibles d'avoir des effets sur la pratique des autorités nationales de concurrence, en l'absence d'une réglementation contraignante du droit de l'Union en la matière, il appartient aux États membres d'établir et d'appliquer les règles nationales quant au droit d'accès des personnes lésées par une entente aux documents relatifs à des procédures de clémence. Cependant, en examinant une telle demande d'accès formée par une personne cherchant à obtenir des dommages et intérêts d'une autre personne bénéficiant d'un programme de clémence, il est nécessaire de veiller à ce que les règles nationales applicables ne soient pas moins favorables que celles qui concernent les réclamations semblables de nature interne et ne soient pas aménagées de manière à rendre en pratique impossible ou excessivement difficile l'obtention d'une telle réparation et de* mettre en balance les intérêts justifiant la communication des informations et la protection de celles-ci fournies volontairement par le demandeur de clémence ». – V. aussi CJUE, 6 juin 2013, *Bundeswettbewerbsbehörde c/ Donau Chemie*, aff. C-536/11, *Rec.* p. 2013-00000.

977 Les demandes d'accès aux documents sont fondées sur le règlement (CE) n° 1049/2001. V. *JOCE* n° L 145 du 31 mai 2001.

978 Article 2 du règlement (CE) n° 1049/2001 : « *Tout citoyen de l'union et toute personne physique ou morale résidant ou ayant son siège dans un Etat membre a un droit d'accès aux documents des institutions [...]* »

979 L'article 4 du règlement (CE) n° 1049/2001 prévoit plusieurs exceptions au principe.

980 CJUE, 27 février 2014, *Commission c/ EnBW Energie Baden-Württemberg AG*, aff. C-365/12 P. Les plaignants « *ont le droit d'avoir accès au dossier de la Commission* sous réserve de l'intérêt légitime des entreprises à ce que leurs secrets d'affaires *ne soient pas divulgués [...] [L] a Commission et les autorités de concurrence des États membres, leurs fonctionnaires, agents et les autres personnes travaillant sous la supervision de ces*

– l'atteinte aux procédures juridictionnelles ou décisionnelles[981] ;
– l'atteinte aux procédures d'enquête[982] ;
– l'atteinte à l'intégrité du programme de clémence[983] ;
– l'atteinte aux données personnelles[984] ;
– l'atteinte aux intérêts commerciaux de l'entreprise.

385. **Pléthores de restrictions.** Au regard de l'importance quantitative des restrictions consacrées, il est peu probable que la demande d'accès aux pièces des victimes échappe à l'une des restrictions précitées. Comment imaginer que la victime d'une pratique anticoncurrentielle puisse accéder à une preuve essentielle sans se heurter tantôt aux secrets de l'instruction, des affaires, ou à la protection de l'enquête, etc. ? Certes, à l'origine, la jurisprudence, tenant à l'effectivité de l'article 2 du règlement « Transparence »[985], semblait plutôt en faveur d'une divulgation des preuves[986]. Cependant, depuis, la Cour n'a eu de cesser d'adopter une position restrictive sur l'accès aux dossiers de concurrence, comme en témoigne la célèbre affaire *EnBW*[987]. S'il est naturel de ne pas accéder à toute demande d'accès

autorités, ainsi que les agents et fonctionnaires d'autres autorités des États membres sont tenus de ne pas divulguer les informations qu'ils ont recueillies ou échangées en application du présent règlement et qui, par leur nature, sont couvertes par le secret professionnel. [...] L'article 15 dudit règlement, intitulé "Accès au dossier et utilisation des documents", est libellé comme suit : "[...] Le droit d'accès au dossier ne s'étend pas aux secrets d'affaires et autres informations confidentielles ni aux documents internes de la Commission ou des autorités de concurrence des États membres [...]" ».

981 *Ibid.* : « *L'accès à un document établi par une institution [...] est refusé dans le cas où sa divulgation porterait gravement atteinte au processus décisionnel de cette institution [...]* »

982 *Ibid.* : « *Les institutions refusent l'accès à un document dans le cas où sa divulgation porterait atteinte à la protection des objectifs des activités d'inspection, d'enquête et d'audit* ».

983 *Ibid.* – V. aussi : Trib. UE, 7 juillet 2015, *Axa Versicherung c/ Commission*, aff. T-677/13, *Europe* 2015. comm. 326, obs. L. Idot.

984 *JOCE* n° L 8 du 12 janvier 2001.

985 Article 2 du règlement (CE) n° 1049/2001, *op. cit.* note 978.

986 Trib. UE, 15 décembre 2011, *CDC Hydrogen Peroxide c/ Commission européenne*, aff. T-437/08, *Rec.* p. II-08251, § 77. Dans cette affaire – affaire dans laquelle plusieurs entreprises avaient été condamnées pour une entente sur le marché du peroxyde d'hydrogène –, le Tribunal s'était éloigné de la sévérité de la Commission en rappelant que « *les programmes de clémence et de coopération dont la Commission cherche à protéger l'efficacité ne sont pas les seuls moyens pour garantir le respect des règles de concurrence de l'Union. En effet, les actions en dommages et intérêts, devant les juridictions nationales, sont susceptibles de contribuer substantiellement au maintien d'une concurrence effective dans l'Union.* » Pour cette raison, « *il résulte de ce qui précède que la Commission n'a pas démontré à suffisance de droit que la divulgation de la table des matières porterait concrètement et effectivement atteinte à la protection des objectifs des activités d'enquête. La décision attaquée est donc entachée d'erreur de droit à cet égard* » (§ 79).

987 CJUE, ch. 3, 27 février 2014, *Commission c/ EnBW Energie Baden-Württemberg AG*, aff. C-365/12 P : *Europe 2014, comm. 145*, obs. J. Dupont-Lassalle. Dans cette affaire, la Commission avait condamné une entente entre des producteurs d'appareillages de commutation à isolation gazeuse et infligé une sanction pécuniaire de 750 millions d'euros. À la suite de cette décision, EnBW sollicita l'accès aux pièces de la Commission ayant justifié la condamnation. La Commission rejeta la demande d'accès aux preuves. Suite au recours de EnBW, le Tribunal de l'Union européenne annula la décision de la Commission, qui se pourvut devant la Cour de justice. La Cour de justice accueillit le pourvoi, considérant que permettre une application généralisée du règlement (CE) n° 1049/2001 porterait atteinte à l'équilibre voulu par le législateur entre l'obligation pour une entreprise de donner accès à certaines informations et la protection de ces données par la Commission. Si « *cette présomption générale n'exclut pas la possibilité de démontrer qu'un document donné, dont la divulgation est demandée, n'est pas couvert par cette présomption ou qu'il existe un intérêt public supérieur justifiant la divulgation de ce document* » (Trib. UE, 12 novembre 2015, *Alexandrou c/ Commission*, aff. T-515/14 P et T-516/14 P, obs. E. Daniel, « Accès aux documents », *Europe* n° 1, janvier 2016, comm. 2.),

afin de ne pas encourager les *fishing expeditions* ou les demandes opportunistes, il est contradictoire de vouloir développer l'action privée tout en restreignant considérablement la tâche des plaignants en leur opposant pléthore d'exceptions dans leur quête de preuve.

386. **L'atteinte aux intérêts commerciaux.** À titre d'exemple, il est frappant de voir comme certaines exceptions très générales servent de justification au refus de divulgation. Prenons, par exemple, l'atteinte aux intérêts commerciaux. La notion même d'intérêt commercial est particulièrement large. Dans le cadre d'une pratique anticoncurrentielle, tous les documents recueillis durant l'enquête sont susceptibles de porter de près ou de loin atteinte aux intérêts commerciaux d'une entreprise. La liste des catégories de produits affectés par l'entente, par exemple, risque de porter atteinte, une fois divulguée, aux intérêts commerciaux de l'entreprise. Or, une victime peut avoir besoin de cette liste de produits non seulement pour établir l'infraction, mais aussi pour évaluer plus précisément son dommage. L'accès aux pièces recueillies par la Commission lui sera refusé, cette dernière jugera sa demande disproportionnée, fût-elle pourtant raisonnable. On voit, sur ce point, comme l'appréciation même du caractère disproportionné d'une demande pourtant raisonnable, associée aux autres exceptions, peut réduire presque à néant l'action en réparation des victimes[988]. Le professeur Jean-Christophe Roda a parfaitement résumé cette idée, considérant que, même pour les demandes raisonnables, « *l'addition de toutes ces bonnes raisons de ne pas ouvrir le dossier rend très difficile l'accès aux documents par les victimes* »[989].

387. **Bilan.** Les preuves détenues par l'Autorité peuvent comporter des renseignements essentiels pour la victime qui cherche à établir et quantifier son préjudice. La difficulté d'avoir accès à de telles preuves constitue un obstacle majeur à la

---

il sera en pratique très difficile pour le demandeur de renverser cette présomption. La Cour se montre donc très « *protectrice des intérêts des activités d'enquête et du processus décisionnel de la Commission ainsi que des intérêts commerciaux des personnes physiques et morales* », au détriment de l'effectivité des actions en dommages-intérêts.

988 L'idée n'est donc pas forcément de demander plus de dissuasion, mais simplement de ne pas considérer comme déraisonnables des demandes raisonnables.

989 J.-C. Roda, « Accès au dossier par les plaignants : la Commission européenne joue-t-elle vraiment le jeu ? », *CCC* n° 11, novembre 2015, alerte 81 : « *la pratique dont on a connaissance révèle que la Commission fait preuve là aussi d'intransigeance. Par exemple, elle a déjà refusé l'accès au dossier de victimes de cartels qui voulaient obtenir la liste des catégories de produits affectés par l'entente, leur nombre, ainsi que les documents concernant leur prix. Ce type de requête peut paraître proportionné. Néanmoins, dans un tel cas, la Commission a considéré que les demandes portaient atteinte à la protection des données personnelles, aux intérêts commerciaux des entreprises et, qu'en outre, une partie des renseignements avaient été obtenus via la procédure de clémence. L'addition de toutes ces bonnes raisons de ne pas ouvrir le dossier rend très difficile l'accès aux documents par les victimes. Et même lorsque les plaignants formulent des requêtes d'accès partiel aux pièces, ces dernières sont fréquemment rejetées [...] Pour les victimes de pratiques anticoncurrentielles, on touche ici à la quadrature du cercle. Au moment où les plaignants sollicitent la Commission, la décision de condamnation définitive n'est en général pas encore publiée. Les demandeurs n'ont pas connaissance des détails de la pratique et ne sont souvent pas en mesure de mentionner avec précision les preuves ou les catégories de preuves. Or, la Commission* exige que les demandes soient les plus ciblées possible, ce qui est une gageure tant les plaignants tâtonnent à ce stade. Comment obtenir des informations utiles, sans se heurter aux exceptions évoquées précédemment, et dont la Commission fait une interprétation large ? Ainsi, considérer que les informations relatives aux prix relèvent de l'exception au titre de la protection des intérêts commerciaux des entreprises, exclut de facto du champ des demandes toute une série de documents essentiels aux victimes de cartels ».

réparation du préjudice des victimes. Le principe d'inaccessibilité de la victime aux pièces versées au dossier de clémence offre une sorte de « clémence civile » au contrevenant. En l'absence des pièces pertinentes, la victime risque de se retrouver démunie pour quantifier son dommage, ce qui permettra au fautif de verser des dommages et intérêts inférieurs au préjudice réellement causé.

La technicité des méthodes de calcul du préjudice décrit, par ailleurs, un autre type d'obstacle probatoire auquel les victimes sont confrontées.

C. La technicité des méthodes de calcul du préjudice

388. Différentes méthodes sont possibles pour évaluer le préjudice (1). Les difficultés d'évaluation varient selon les différents types du préjudice à réparer (2). Les illustrations jurisprudentielles (3) montrent que, malgré les méthodes proposées, les difficultés d'évaluation du préjudice restent vivaces.

1. Les différentes méthodes d'évaluation du préjudice

389. **Droit flou.** La directive « Dommages » ne dit rien sur les méthodes possibles de quantification du préjudice concurrentiel. L'ordonnance de transposition de la directive reste aussi silencieuse sur ce point. Cette dernière se contente d'énumérer les catégories de préjudices réparables consécutifs à la pratique anticoncurrentielle[990]. Le « droit souple » (*soft law*), à travers l'étude Oxera, a quant à lui proposé trois méthodes distinctes de quantification du préjudice. Les trois méthodes sont résumées dans le schéma ci-dessous[991] :

Classification of methods and models

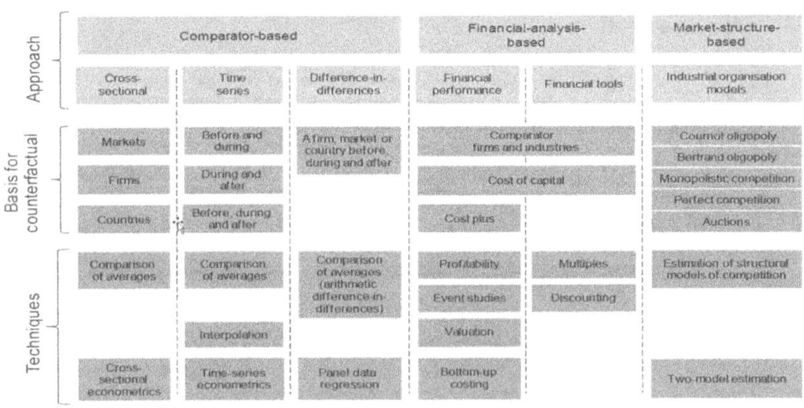

---

990 Art. L. 481-3, ord. n° 2017-303 du 9 mars 2017 relative aux actions en dommages et intérêts du fait des pratiques anticoncurrentielles.

991 Oxera, Quantifying antitrust damages: Towards non-binding guidance for courts, Study prepared for the European Commission, December 2009, p. 44.

390. **Guide pratique de la Commission.** Les trois méthodes décrites dans le rapport Oxera sont reprises dans le guide pratique de la Commission portant sur la quantification du préjudice dans les actions en dommages et intérêts[992]. Ces méthodes impliquent de définir au préalable une situation normale, c'est-à-dire une situation sans préjudice. On parle alors de méthode contrefactuelle. La construction du scénario contrefactuel évolue en fonction des hypothèses et de l'approche du préjudice choisies par le juge.

391. **Approche comparative.** L'approche comparative du préjudice, par opposition à l'approche financière[993] ou l'approche par modélisation[994], reste la plus courante. En France, elle est utilisée dans 80 % des cas par les juges[995]. On distingue l'approche comparative sur le même marché de l'approche comparative sur un marché distinct. Dans le premier cas, le juge va comparer le prix pratiqué sur le marché avant et après avoir été affecté par la pratique. Cette méthode à des lacunes, car la variation du prix peut résulter d'éléments exogènes non liés à la pratique illicite, ou encore parce qu'il est parfois difficile de déterminer la date du début de l'infraction. Cela peut conduire à sous-indemniser la victime ou inversement, à lui accorder un préjudice lucratif.

Dans le second cas, le juge va comparer la situation du marché litigieux avec la situation d'un marché voisin non concerné par l'infraction et proposant des produits analogues. Cette méthode a aussi des lacunes, car la situation du marché voisin peut être différente indépendamment de toute pratique anticoncurrentielle.

Pour résumer, l'approche comparative est utile mais difficile à réaliser, car elle requiert la collecte de nombreuses données. Au regard des nombreuses restrictions portées à l'accès aux preuves[996], on peut douter de l'efficacité d'une telle approche, car les victimes risquent de ne pas disposer des données disponibles et pertinentes pour évaluer leur dommage.

Par ailleurs, pour quantifier le dommage, encore faut-il être capable de qualifier le préjudice en cause.

2. Les différents types de préjudices

392. **Les différentes catégories du préjudice.** L'article L. 481-3 de l'ordonnance du 9 mars 2017 sur les actions privées en réparation reprend la distinction classique entre la perte éprouvée et le gain manqué, auquel il ajoute la perte de chance et le préjudice moral. Le contrevenant qui a commis la faute concurrentielle peut profiter

---

992 Communication de la Commission relative à la quantification du préjudice dans les actions en dommages et intérêts fondées sur des infractions à l'article 101 ou 102 du traité sur le fonctionnement de l'Union européenne, *JOUE* n° C 167 du 13 juin 2013, pp. 19-21.

993 M. Nussenbaum, « Pour une motivation détaillée de l'évaluation des dommages économiques dans les décisions de justice », *op. cit.* note 924 : l'approche financière consiste « *à reconstruire un prix de concurrence à partir des coûts de production et d'une marge raisonnable* ».

994 *Ibid.* : les modèles de simulation « *consistent à simuler la situation sur le marché à l'aide d'hypothèses économiques ou sur la base d'un scénario contrefactuel à partir des coûts de production et d'une marge raisonnable. Ils peuvent recourir à des hypothèses théoriques dont on doit être en mesure de mesurer l'impact* ».

995 J.-F. LABORDE, « Les actions privées en réparation du dommage concurrentiel : Transposition de la Directive Dommages », conférence organisée par la Revue Concurrences en partenariat avec Deloitte, Gide Loyrette Nouel, Magenta et Minds & Hearts, cour d'appel de Paris, 10 mars 2017.

996 *Supra*, Titre II, n° 380 et s. et *infra*, n° 456 et s.

du fardeau probatoire pesant sur la victime devant déterminer des préjudices qui, selon l'aveu de la Cour de justice, ne sont pas le fruit d'un « *simple calcul mathématique, mais le résultat d'une opération d'évaluation et d'appréciation de données économiques complexes* »[997].

393. **Le gain manqué : le fardeau probatoire pesant sur la victime.** S'agissant du gain manqué, lequel implique de déterminer un manque à gagner certain, « *la grande difficulté est de déterminer les volumes d'affaires manqués du fait des désordres et compte tenu du potentiel économique* »[998]. Autrement dit, le manque à gagner correspond à une potentialité de gain dont la réalisation a été empêchée[999]. La détermination de cet événement favorable empêché par la pratique illicite génère une tension entre l'exigence du caractère « certain » d'un préjudice indemnisable et l'incertitude inhérente à sa quantification. Précisément, une comparaison entre le résultat comptable de l'entreprise réalisé avant l'infraction et celui réalisé après l'infraction ne saurait suffire. Le demandeur est aussi tenu de livrer aux juges des explications macro-économiques, relatives à la nature du marché (marché dynamique ou marché statique), à la situation de l'offre et de la demande, et des caractéristiques de l'avantage concurrentiel, etc.[1000]. La victime doit aussi livrer un diagnostic à la fois rétrospectif et futuriste, car le préjudice est le résultat de la différence entre la situation financière qu'elle aurait dû connaître, et celle qu'elle connaîtra à l'avenir à cause des manquements du fautif. Déterminer le gain manqué oblige le demandeur à se lancer dans des prévisions financières pour permettre au juge de déterminer quantitativement l'étendue des gains attendus, ce qui ajoute des difficultés probatoires : la victime doit démontrer que les gains manqués ne sont pas liés à des causes exogènes (évolution de l'offre, de la demande, des prix et des coûts…), la contraignant ainsi à livrer une analyse robuste sur le marché en cause[1001].

394. **Conséquence néfaste sur l'action privée.** On peut supposer, d'une part, que le fardeau probatoire tenant à la collecte d'informations micro- et macro-économiques pour démontrer le manque à gagner imposera à la victime de recourir à des conseils coûteux. Le coût économique du procès de concurrence, lié notamment à la technicité du contentieux, peut décourager les victimes d'agir en réparation : « *C'est sur le terrain du financement des actions et du temps de la procédure* »[1002] que l'évaluation du préjudice concurrentiel risque de générer de l'apathie rationnelle. D'autre part, la preuve du gain manqué atténue automatiquement le caractère certain du préjudice, « *ce qui n'est pas favorable aux victimes qui n'obtiennent bien souvent qu'une réparation marginale de leurs gains manqués sans pouvoir connaître ni contester les motifs ayant conduit à*

---

997 CJCE, 27 janvier 2000, *Mulder a. c/ Conseil et Commission*, aff. C-104/89 et C-37/90, § 79.

998 P. Bau, « Propositions pour la détermination du quantum du préjudice économique à réparer », *Gaz. Pal.* 28 février 2017, n° 9, p. 13.

999 C. Grossholz, « Évaluation du préjudice – Difficultés d'évaluation du préjudice de manque à gagner », *RRPP* avril 2015.

1000 M. Nussenbaum, « L'évaluation des préjudices économiques », *op. cit.* note 933.

1001 O. Perronet, « Une proposition d'approche méthodologique », *LPA* 4 septembre 2017 n° 176, p. 50.

1002 F. Masmi-Dazi, « Le quantum du préjudice deviendra-t-il le centre de gravité des actions en réparation de dommages concurrentiels ? », *RLC* n° 42 1er janvier 2015.

leur indemnisation partielle »[1003]. Troisièmement, la démonstration du gain manqué implique parfois que la victime ait conservé des données sur son potentiel économique dès l'origine du projet ou de l'investissement qui a, par exemple, été parasité. En effet, pour démontrer que l'investissement parasité a altéré, pour le futur, la capacité concurrentielle de l'entreprise, encore faut-il être en mesure de prévoir la rentabilité prévisionnelle de l'investissement en cause. Or, les « *prévisions financières ont leurs limites et nul ne sait de quoi demain sera fait et encore moins de quoi demain aurait dû être fait si le cours des choses n'avait pas été modifié* »[1004] par l'infraction. Le raisonnement de « *finance fiction* »[1005] auquel doivent se livrer les victimes a de fortes chances de limiter la réparation du préjudice concurrentiel, d'autant plus que ce raisonnement oblige les plaignants à un diabolique devoir de prévoyance[1006].

395. **La perte de chance.** La perte de chance permet de réduire la difficulté tenant à la preuve du gain manqué. L'intensité de la preuve est réduite pour la victime, qui doit rapporter non plus un manque à gagner certain mais un manque à gagner probable. La perte de chance est une arme dont peut user le juge pour lutter contre le risque qu'un fautif échappe à toute condamnation du fait des exigences du droit de la responsabilité civile quant au caractère certain du dommage[1007]. En effet, la perte de chance est très utile en droit de la concurrence pour sanctionner des entreprises qui, sans le recours à cette notion, échapperaient à l'application

---

1003 B. Thore, « "Nul ne sait de quoi demain aurait dû être fait" ou la délicate démonstration du manque à gagner de la victime de l'échec d'un projet informatique », *Gaz. Pal.* 25 septembre 2003, n° 268 p. 4.

1004 *Ibid.*

1005 F. Bouchon, *L'évaluation des préjudices subis par les entreprises*, Litec, 2002, p. 44.

1006 Au moment du projet (projet d'innovation par exemple), l'entreprise doit anticiper le risque d'un litige futur et ainsi collecter les données comptables, financières, stratégiques, etc., qui seules pourront lui permettre de défendre au mieux son préjudice dans le cas où elle subirait une atteinte déloyale ou abusive.

1007 Elle est même, au regard d'une récente décision jurisprudentielle, un instrument de lutte contre certaines fautes lucratives ; v. Cass. civ. 3e, 16 juin 2015, n° 14-14758 obs. Y.-M. Laithier, « La perte de chance : "arme de dissuasion" contre la rétractation fautive de la promesse unilatérale de vente ? », *RDC* 1er décembre 2015, n° 4, p. 832 : le litige concernait une promesse unilatérale de vente. L'opération décrivait la promesse de vente d'une parcelle de terre au profit d'une société immobilière. On sait qu'en matière de promesse unilatérale de vente, la violation de la promesse est dite « *efficace* ». En effet, la rétractation est sanctionnée par l'allocation de dommages-intérêts, sans possibilité pour le plaignant de demander l'exécution forcée du contrat. Un agent peut donc préférer subir le coût de l'inexécution, dès lors que l'avantage retiré de la violation du contrat l'emporte sur le respect de la promesse. En l'espèce, les promettants s'étaient rétractés avant la levée de l'option, ayant sans doute calculé que le profit tiré de la violation du contrat serait de toute façon supérieur à l'allocation de dommages-intérêts. Le prix convenu pour l'immeuble fut de 548 000 euros. Or, la cour d'appel de Caen décida de déjouer le calcul économique du promettant en évaluant le préjudice subi par le bénéficiaire à 675 000 euros, préjudice qu'elle descendit à 600 000 euros au regard des aléas consubstantiels à la réalisation de la chance perdue de tirer profit de l'opération de lotissement. La Cour de cassation admit le raisonnement des juges du fond, et rejeta le pourvoi. Au regard de la somme allouée, le message est clair : dissuader le calcul économique de la violation du contrat. Comme le souligne l'auteur dans le commentaire de cet arrêt : « *Grâce à la perte de chance, le montant des dommages-intérêts alloués au bénéficiaire atteint un seuil suffisamment élevé pour dépasser le prix de vente du bien. Ce n'est peut-être pas un obstacle insurmontable à la commission de fautes lucratives, mais c'est incontestablement un procédé de nature à la décourager.* » De même, si la Cour s'affirme ici respectueuse du principe de réparation intégrale, on peut douter du caractère strictement compensatoire de l'indemnisation. En principe, « *la réparation d'une perte de chance doit être mesurée à la chance perdue et ne peut être égale à l'avantage qu'aurait procuré cette chance si elle s'était réalisée* ». On peine à croire, ici, que les dommages-intérêts accordés soient équivalents de la chance perdue. La perte de chance semble ici dévoyée de sa définition propre.

de la règle de droit, faute de pouvoir établir une causalité et/ou un préjudice certain[1008]. Parce qu'elle est le fruit d'une considération « *probabiliste et statistique, de certitude relative* »[1009], l'instrumentalisation de la perte de chance par le juge « *la propulse aux frontières d'une "responsabilité sans causalité" et d'une "responsabilité sans dommage"* »[1010]. Ce faisant, elle facilite la détermination du préjudice, car elle sert « *de refuge au juge, confronté à un doute sur l'existence du lien de causalité ou sur la réalité du dommage* »[1011].

396. **Utilité relative.** Néanmoins, si l'utilisation de la perte de chance permet de faciliter l'existence du préjudice, quantifier la chance perdue reste très délicat. Elle est donc surtout utile pour s'affranchir des règles standards du droit de la réparation et donc réduire le risque d'impunité du fautif. La perte de chance contourne la difficulté liée à la détermination du gain manqué, mais la difficulté se déplace au moment de la quantification du dommage. La victime risque alors de se retrouver devant les mêmes difficultés que lors de l'évaluation du gain manqué. Elle devra notamment fournir les documents permettant de démontrer la valeur des gains potentiellement manqués du fait de l'absence de survenance de l'évènement favorable[1012]. Or, dans certains cas, par exemple celui où la victime n'a pu mettre en œuvre une innovation à cause de la pratique illicite, on voit mal comment elle pourra fournir lesdits documents. L'absence de survenance de l'évènement favorable, en l'occurrence l'innovation, ne permet pas à la victime d'estimer la valeur du gain manqué qui dépend du succès de l'innovation qui n'a précisément jamais été mise sur le marché !

397. **Préjudice moral.** Enfin, s'agissant du préjudice moral, il est utile, car il permet de « sauter » par-dessus l'évaluation du préjudice concurrentiel lorsque ce dernier n'est pas ou est mal quantifié : il est « *plus facile d'affirmer l'existence d'un préjudice moral dont l'évaluation ne souffrira guère de contestation puisqu'il n'offre pas de prise. On assiste donc sans doute à* un tour de passe-passe, *qui consiste à masquer un préjudice matériel indéfinissable, voire inexistant, derrière une apparence de préjudice "moral", dont l'évaluation est par hypothèse irrationnelle* »[1013]. Son invocation permet de compenser la difficulté du chiffrage du préjudice économique. Pour cette raison, il limite la probabilité, pour un agent, d'échapper à toute sanction pécuniaire. Néanmoins, une nouvelle fois, la difficulté se déplace de la détermination à la quantification du préjudice moral : « *Présumé, ce préjudice doit néanmoins être quantifié* »[1014]. S'il facilite la preuve

---

1008 A. Guégan-Lécuyer, « Les conditions de réparation de la perte de chance », *LPA* 31 octobre 2013, n° 218, p. 15. Selon l'auteur, la perte de chance est un « *préjudice particulier qui intègre une dimension aléatoire* ».

1009 J. Boré, « L'indemnisation pour les chances perdues : une forme d'appréciation quantitative de la causalité d'un fait dommageable », *JCP G* I 2620.

1010 P. Oudot, « La perte de chance : incertitudes sur un préjudice certain », *Gaz. Pal.* 26 février 2011, n° 57.

1011 *Ibid.*

1012 « Le juge et l'entreprise : quelles perspectives pour la réparation du préjudice économique ? », CA Paris, colloque, 22 septembre 2016.

1013 V. Wester-Ouisse, « Le préjudice moral des personnes morales », *JCP E* n° 26, 25 juin 2003, doctr. 145.

1014 Cass. com., 15 mai 2012, Sté La Pizzéria c/ Fournier, n° 11-10.278, P+B ; JurisData no 2012-010606, obs. M. Malaurie-Vignal, « Violation d'une clause de non-concurrence et préjudice moral de la société », *CCC* n° 8-9, août 2012, comm. 205 : « *Il ne peut se confondre avec le préjudice économique résultant de la perte de clientèle. L'entreprise devra par exemple établir qu'elle a une réputation de sérieux, de dynamisme que les*

de l'existence du préjudice, « *le plus difficile reste à faire [...] : quantifier ce préjudice moral* »[1015]. La difficulté de quantifier le préjudice moral oblige alors les juges à largement minorer l'indemnisation[1016]. Le préjudice moral est à notre sens un préjudice de « consolation », c'est-à-dire qu'il vient au secours de la faible évaluation du préjudice économique[1017]. C'est pourquoi, le plus souvent, la notion de « préjudice moral » se révèle « *artificielle et totalement instrumentalisée* »[1018].

398. **Bilan.** En théorie, les différentes méthodes proposées pour quantifier le dommage améliorent la prévisibilité du calcul des dommages et intérêts, ce qui devrait permettre aux victimes de chiffrer plus précisément leur préjudice et donc d'augmenter les dommages-intérêts dus par les contrevenants. Néanmoins, les méthodes de quantification du préjudice risquent de se heurter aux restrictions portées à l'accès aux preuves ainsi qu'à la collecte des données empiriques disponibles pour reconstruire un scénario fictif. C'est précisément la difficulté à reconstruire un scénario fictif qui risque – en plaçant les victimes qui doivent quantifier le préjudice dans une impasse – de renforcer les fautes lucratives. D'autant que, de l'aveu d'un économiste, « *les analyses économiques en matière de dommages sont parfois reçues avec réticence par les juges et par les conseils juridiques des parties* »[1019].

---

concurrents ont ternie... En bref, il appartient de démontrer que ses intérêts extrapatrimoniaux ont été atteints et qu'un préjudice moral en a résulté. »

1015 *Ibid.*

1016 CA Aix-en-Provence, 5 juillet 2012, n° 11/00868. Dans cette affaire, la victime de plusieurs agissements déloyaux chiffrait son préjudice économique à hauteur de 236 000 euros, et son préjudice moral à hauteur de 100 000 euros. Devant la difficulté d'évaluer le préjudice économique, les juges ont accordé à la victime la somme de 3 400 euros en réparation du préjudice patrimonial, soit près de 75 fois moins que la somme demandée. De même, devant la difficulté à quantifier le préjudice moral évalué à 100 000 euros par la victime, les juges ont attribué une somme de 3 500 euros, soit environ 27 fois moins que la somme demandée.

1017 V. p. ex. CA Paris, 8 mars 2012, *Société Mariage Frères c/ Guildinvest*, n° 08/15882 : dans cette affaire, une société demandait 1,5 million d'euros au titre des préjudices économiques subis, résultant de l'appropriation des caractéristiques techniques et esthétiques d'un coffret. Classiquement, le défendeur reprochait à la victime de ne pas démontrer « *l'existence et l'ampleur du préjudice qu'elle prétend[ait] avoir subi* ». Faute pour le demandeur d'avoir su prouver l'étendue du préjudice, les juges du fond ont condamné le fautif à payer une amende de 15 000 euros, soit 100 fois moins que la somme demandée. Les juges ajoutent à ce préjudice un préjudice moral de 10 000 euros. Le préjudice moral n'avait pu être quantifié par le demandeur. Au regard de l'arrêt, il semble ici venir au secours de la faible indemnisation du préjudice économique. Il vient ici gonfler une indemnisation qui paraît ridicule au regard des agissements déloyaux dénoncés et de la somme demandée. – V. aussi CA Paris, , ch. 2, 15 avril 2016, n° 14/08238 : le montant demandé au titre des actes de concurrence déloyale était de 507 000 euros. Faute pour la victime d'avoir su déterminer son préjudice économique, le juge rejette la demande indemnitaire. Néanmoins, une somme de 10 000 euros est attribuée au titre du préjudice moral. – CA Paris, ch. 1, 7 mars 2017 n° 15/22802 : dans cette affaire, le plaignant demandait 73 742 euros au titre de la réparation de son préjudice économique du fait des agissements parasitaires. Les difficultés de la victime pour chiffrer son préjudice ont d'abord conduit les juges à accorder une somme largement inférieure aux prétentions indemnitaires du plaignant, à savoir 5 000 euros. Les juges ont ensuite gonflé les dommages-intérêts en accordant au surplus et sans réelle justification une somme de 5 000 euros au titre du préjudice moral.

1018 P. Stoffel-Munck, « Le préjudice moral des sociétés », *Rev. sociétés* 2012, p. 620. L'auteur note notamment qu'en « *matière de concurrence déloyale, il est moins facile de démontrer un préjudice moral que de le postuler pour les besoins de la sanction quand la réalité économique du préjudice subi fait défaut* ».

1019 A. Perrot, « Qu'apporte l'analyse économique au calcul d'un dommage ? », *CCC* n° 7, juillet 2017, dossier 3.

Malgré les efforts entrepris au regard des méthodes de calcul proposées, le contentieux récent des actions privées en réparation des pratiques anticoncurrentielles montre la difficulté pour les victimes d'évaluer le préjudice concurrentiel, qui se retrouve tantôt écarté, tantôt minoré. Tous les obstacles que nous venons d'énoncer sont visibles en jurisprudence.

3. Les illustrations jurisprudentielles

399. **Études sur l'action privée en réparation.** La thèse de Guillaume Zambrano démontre statistiquement l'inefficacité de l'action civile des professionnels dans une étude approfondie du contentieux français devant le tribunal de commerce de Paris sur une période allant de l'année 2000 à 2012[1020]. Cette étude démontre « *un quasi-monopole du contentieux des actions de suivi dès lors que l'on tient compte du montant des dommages et intérêts alloués [...] Le contentieux des actions indépendantes représente une faible part du volume des dommages et intérêts alloués, avec seulement 7 % du total* »[1021]. L'étude met en lumière la difficulté qu'ont les victimes à quantifier leur préjudice lorsqu'elles ne peuvent prendre appui sur une décision préexistante de l'Autorité de la concurrence. La probabilité que les dommages-intérêts versés par le contrevenant viennent limiter l'avantage retiré de la faute semble faible dans le cas d'un contentieux privé autonome. Le total des sommes allouées pour l'ensemble des actions indépendantes permet de préjuger que les dommages-intérêts sont très souvent minorés par rapport aux prétentions indemnitaires des victimes[1022]. En dehors des actions indépendantes, dans le cas du contentieux de suivi, l'étude montre que le taux de condamnation reste faible[1023].

De plus, on peut supposer que l'absence de calcul du surprix par les autorités de concurrence[1024] complexifie la tâche probatoire des victimes, qui ne peuvent s'appuyer sur une évaluation préexistante pour quantifier leur dommage. Les difficultés à quantifier précisément le préjudice assurent « une prime » à l'au-

---

1020 G. Zambrano, « L'inefficacité de l'action civile en réparation des infractions au droit de la concurrence », *op. cit.* note 942.– V. aussi : R. Amaro, *Le contentieux privé des pratiques anticoncurrentielles. Étude des contentieux privés autonome et complémentaire devant les juridictions judiciaires*, Bruylant, 2014, pt 93.

1021 G. Zambrano, *ibid.*, p. 22 : l'auteur note notamment que l'« *apparente prévalence du contentieux des actions indépendantes masque en réalité un quasi-monopole du contentieux des actions de suivi, dès lors que l'on tient compte du montant des dommages et intérêts alloués : 23 837 245 € alloués sur des demandes en suivi contre 1 758 761 € alloués sur des demandes indépendantes, à peine 7 % du total des condamnations prononcées* ».

1022 *Ibid.*, v. tableau en annexe de la thèse de l'auteur.

1023 *Ibid.*, pp. 21-22 : « *Cent cinquante-huit assignations formul[ent] – à titre initial ou reconventionnel – une demande de réparation du préjudice subi du fait de la violation alléguée des règles internes ou communautaires de concurrence [...] Sur ce total de 158 demandes, le Tribunal de Commerce de Paris a alloué des dommages et intérêts dans 19 cas, soit un taux d'efficacité judiciaire – c'est-à-dire le ratio entre le nombre de décisions positives et le nombre total de demandes – de 12 % [...] Numériquement, les décisions favorables sont réparties de manière sensiblement égale entre contentieux en suivi d'une condamnation préalable par une autorité de concurrence et contentieux des actions indépendantes qui ne s'appuient pas sur une décision préalable d'infraction. Pour douze décisions favorables sur une action indépendante, on compte sept décisions du Tribunal de Commerce de Paris allouant des dommages et intérêts suite à une condamnation préalable par l'Autorité de la Concurrence [...]* »

1024 G. de MUIZON, « Est-il possible d'apprécier l'ampleur du dommage à l'économie sans le quantifier ? », in « Qu'est-ce que le dommage à l'économie ? », Petit-déjeuner Droit & Économie organisé par la Revue Concurrences en partenariat avec Allen & Overy et Microeconomix, 29 juin 2016.

teur de la violation, qui est tenu de réparer un dommage dévalué. Une autre thèse portant sur le contentieux privé des pratiques anticoncurrentielles et qui s'appuie sur plus d'une centaine de décisions jurisprudentielles offre le même constat : « *La difficulté [de la preuve du préjudice] n'est pas purement théorique et il arrive en pratique que la victime échouant à établir le quantum de son dommage,* soit tout simplement privée d'indemnisation ou que celle-ci soit singulièrement limitée »[1025].

Ce postulat mérite d'être illustré : les affaires *Numericable* (a), *EDF* (b) et *Lectiel* (c) – qui ne sont pas des cas isolés[1026] – offrent à ce titre trois exemples frappants (sachant que les affaires *EDF* et *Lectiel* sont très récentes) des difficultés auxquelles les juges français sont confrontés pour apprécier les dommages découlant des pratiques anticoncurrentielles.

a. Affaire Numericable

400. **Affaire *Numericable*[1027].** Dans cette affaire, l'opérateur des télécommunications voyait sa responsabilité délictuelle engagée sur le double fondement du droit des pratiques anticoncurrentielles[1028] et du droit de la concurrence déloyale[1029]. La victime sollicitait 157 millions d'euros en réparation du préjudice subi du fait des agissements du contrevenant. La victime avait fourni un rapport d'expertise pour appuyer sa demande indemnitaire. Classiquement, l'indemnité demandée se fondait à la fois sur le gain manqué et la perte subie. Le tribunal de commerce a rejeté partiellement la demande indemnitaire avant de rendre une décision très surprenante : la victime a été indemnisée pour le « *gain manqué* » caractérisé par les « *investissements qui ne sont pas rentabilisés du fait de la difficulté de capter de nouveaux clients et/ou de la perte d'anciens clients* », néanmoins, la demande

---

1025 R. Amaro, *Le contentieux privé des pratiques anticoncurrentielles*, *op. cit.* note 1020.

1026 D'autres affaires auraient en effet pu faire l'objet d'un commentaire, comme, par exemple, l'affaire *Vérimédia* : CA Versailles, ch. 12, 24 juin 2004, *SA Vérimédia c/ SA Médiamétrie et al.*, n° 02/07434 : Juris-Data n° 2002-07434 ; cette affaire illustre de façon pertinente en quoi les difficultés probatoires des victimes conduisent à une minoration conséquente de l'amende qui favorise indûment les auteurs d'infractions. Dans cette affaire, la victime sollicitait 3 millions d'euros. On aurait pu penser que la décision du Conseil de la concurrence antérieure à l'action de la victime pouvait aider cette dernière à établir et évaluer son préjudice. Il fut pourtant jugé « *que la production aux débats d'un compte prévisionnel qualifié de "business plan" ne saurait avoir de caractère probant quant au quantum du préjudice allégué* ». La victime n'a donc obtenu que 100 000 euros pour « *perte de chance de pénétrer plus rapidement et plus efficacement le marché de l'audit de télévision* », soit 30 fois moins que la somme demandée. À notre sens, la question est moins de savoir si la décision se justifie que de s'interroger sur les difficultés matérielles (faute d'avoir accès à des preuves pertinentes) et théoriques (faute de maîtriser les termes économiques et parfois confus du droit de la concurrence) qui conduisent à une impossibilité d'évaluer précisément des préjudices qui se retrouvent en conséquence minorés.

1027 T. com. Paris, 6e ch., 30 mars 2011, *SAS Numericable a. c/ SA France Télécom Orange*, n° 2009073089, obs. M. Chagny, « Le contentieux civil des pratiques anticoncurrentielles : du nouveau sur la réparation du préjudice ? », *CCC* n° 9, septembre 2011, comm. 76.

1028 Il était reproché à France Télécom d'avoir mis en œuvre un politique d'éviction des principaux concurrents qui a eu pour effet d'éliminer du marché internet les sociétés Numericable. La mainmise par France Télécom sur une partie significative des réseaux câblés lui permettait de faire un choix technique et de favoriser la pénétration de l'accès IHD (internet haut débit) par l'ADSL plutôt que par le câble, ce qui entraînait l'éviction des opérateurs alternatifs.

1029 Il était reproché à France Télécom des pratiques de dénigrement affectant la société Numericable.

d'indemnisation pour les pertes subies a été rejetée par le tribunal, qui a considéré que « *la perte subie et le gain manqué sont des notions qui se recoupent [...], qu'il y a donc redondance* ». Cette solution est très critiquable :

- D'abord, parce qu'elle méprise la distinction opérée par l'article 1231-2 du Code civil selon lequel « *les dommages et intérêts dus au créancier sont, en général, de la perte qu'il a faite et du gain dont il a été privé* ».
- Ensuite et en conséquence, parce qu'elle semble mépriser cette distinction capitale qui se justifie pourtant par le fait que les pertes subies décrivent une réduction de la richesse[1030] tandis que les gains manqués décrivent la stagnation ou l'absence d'accroissement de la richesse du fait des agissements illicites[1031]. Ainsi, les deux termes ne se recoupent ni ne font « *redondance* ».
- Troisièmement, parce que les juges ont préféré une nouvelle fois s'arc-bouter sur le principe compensatoire, considérant que « *l'octroi d'une indemnité au titre de la perte de valeur du fonds de commerce représenterait un enrichissement sans cause pour l'acquéreur des câblo-opérateurs concernés* », sans s'inquiéter du risque inverse, à savoir qu'une telle décision ne conduise à l'enrichissement indu de l'agent fautif. L'amputation du droit, pour la victime, à invoquer ses pertes subies a conduit les juges à octroyer une somme fortement minorée par rapport aux prétentions indemnitaires. La victime a obtenu 10 millions d'euros sur les 157 millions d'euros demandés. On peut supposer que cette indemnisation très minorée du préjudice a renforcé le caractère rentable de l'infraction, et ce, au regard des nombreux avantages retirés par l'agent du manquement commis[1032].

b. Affaire EDF

401. **Affaire *EDF*[1033].** Dans cette affaire, une action privée (EDF) fut engagée à la suite de la condamnation par le Conseil de la concurrence de deux ententes commises par des opérateurs câbliers. Brièvement, EDF avait lancé en 2000 deux appels d'offres pour la fourniture de câbles. À la suite de ces appels d'offres, plusieurs entreprises s'étaient entendues sur le montant de leurs offres à EDF. En conséquence, EDF assigna Nexans et Prysmian devant le tribunal de commerce de Paris

---

1030 Ceci est le cas quand, par exemple, la rupture injustifiée d'un contrat fait perdre des bénéfices à la victime et entraîne donc une réduction de sa richesse. De même, la perte de parts de marché pour la victime d'une pratique d'éviction entre dans la catégorie des pertes subies, car la victime est directement appauvrie.

1031 Par exemple, la baisse ou l'absence d'augmentation des commandes du fait du détournement de la clientèle décrivent un gain manqué – la pratique illicite n'ayant pas permis à la victime d'accroître sa richesse.

1032 En effet, France Télécom retirait plusieurs avantages du dommage causé : ses pratiques lui permettaient de restreindre le développement d'opérateurs alternatifs. Les pratiques d'éviction des principaux câblo-opérateurs concurrents de Wanadoo (filiale de France Télécom) assuraient une concentration du marché entre les mains de l'opérateur dominant. En favorisant la pénétration de l'accès à internet haut débit par l'ADSL plutôt que par le câble, France Télécom évinçait les opérateurs alternatifs en même temps qu'elle assurait une accélération des ventes de sa filiale Wanadoo.

1033 CA Paris, ch. 5, 2 juillet 2015, *SA EDF et SA ERDF c/ SAS Nexans et SAS Prysmian*, n° 13/22609. Arrêt confirmé par : Cass. com., 13 septembre 2017, n° 15-22.837 et 15-23.070 ; *L'actu-concurrence*, 16 octobre 2017, obs. M. Chagny ; Concurrences n° 1-2018, p. 81, obs. E. Thomas.

aux fins d'obtenir l'annulation des marchés passés avec elles et leur condamnation à des dommages et intérêts en réparation du préjudice subi.

402. **Sur le calcul du préjudice par la victime.** Pour fonder sa demande en dommages et intérêts, EDF a considéré que son préjudice était égal à la différence entre le prix auquel elle a effectivement payé les câbles et le prix auquel elle les aurait achetés si les fournisseurs ne s'étaient pas concertés sur les prix soumissionnés. Le cabinet d'expertise sollicité par EDF proposait d'utiliser la méthode dite « avant-après »[1034] l'infraction. La méthode comparative permettait d'estimer le surprix payé par EDF sur les marchés litigieux[1035]. Cette méthode avait un inconvénient, car à la lecture de l'arrêt, il n'était pas certain que la période précédant l'entente fût marquée par une concurrence effective, ce qui complexifiait la détermination d'un surprix. Pour cette raison, le juge n'a pas retenu cette méthode de calcul du dommage.

403. **Sur le calcul du préjudice par le juge.** Sous l'influence du défendeur, les juges ont préféré retenir la méthode de calcul proposée par ce dernier, lequel faisait référence au niveau de prix proposé par le seul soumissionnaire qui n'avait pas pris part à l'entente. La Cour a considéré que les prix pratiqués par un opérateur jouant le jeu de la concurrence pouvaient être considérés comme des prix du marché[1036]. Elle a ensuite relevé que, dans chaque lot où l'opérateur en question a remis une offre, il existait au moins un prix inférieur remis par un autre soumissionnaire ayant participé à l'entente. Elle observe enfin que les prix auxquels EDF avait contracté n'étaient pas très éloignés de ce que cette dernière avait envisagé[1037]. En conséquence, elle rejette l'existence même du préjudice concurrentiel, se réfugiant derrière l'absence de démonstration d'un préjudice certain.

404. **Solution critiquable.** Cette solution est critiquable pour trois raisons : premièrement, l'argument selon lequel EDF a d'abord fait part de sa satisfaction quant au niveau des prix qu'elle avait obtenus de ses fournisseurs est superficiel. Cela n'enlève en rien à l'idée selon laquelle, en l'absence de collusion, des prix inférieurs aux meilleurs prix envisagés par l'opérateur historique auraient pu être proposés. Deuxièmement, retenir comme prix de référence les prix pratiqués par l'opérateur respectant le jeu de la concurrence est surprenant : « *Les prix pratiqués par le seul soumissionnaire qui n'avait pas pris part à l'entente ne dit rien ou presque rien sur ce qu'aurait été les prix de marché en l'absence de collusion* »[1038]. Troisièmement, dénier toute existence du préjudice au motif que la méthode de

---

[1034] Cette méthode comparative permet de comparer le prix pratiqué sur le marché avant et après avoir été affecté par la pratique.

[1035] L'expertise évaluait à 4 % le surprix payé sur le premier marché et à 6,4 % le surprix payé sur le second marché.

[1036] CA Paris, 2 juillet 2015, n° 13/22609, *op. cit.*, v. § 17 et § 18 de la décision.

[1037] *Ibid.* § 18 : « *Considérant, en outre, que, [...] EDF a elle-même fait part de sa satisfaction quant au niveau des prix qu'elle avait obtenus de ses fournisseurs [...]* »

[1038] CA Paris, 2 juillet 2015, n° 13/22609, *op. cit.*, obs. A. Ronzano, *Lettre creda-concurrence*, in archives : « *Qu'il puisse être tenu compte des prix pratiqués par un opérateur jouant le jeu de la concurrence, et ce, à titre d'indice, est une chose. En revanche, il paraît pour le moins osé d'affirmer, comme le fait la Cour, que les prix remis par cette société pouvaient être considérés comme des prix du marché. En fait, les prix pratiqués par le seul soumissionnaire qui n'avait pas pris part à l'entente ne dit rien ou presque rien sur ce qu'auraient été les prix de marché en l'absence de collusion... Par suite, ce deuxième contrefactuel paraît encore moins*

calcul proposée ne satisfait pas les juges est profondément injuste. En l'occurrence, c'est davantage l'évaluation du préjudice qui était incertaine que son existence même. Il est surprenant de rejeter l'indemnisation d'un préjudice concurrentiel qui existe, mais dont la quantification ne peut être établie avec certitude. Les juges auraient pu s'en tenir à une « *évaluation approximative de l'estimation du dommage* »[1039] qui, en l'espèce, faute de données suffisantes[1040], ne pouvait être quantifié précisément.

En appliquant rigoureusement le principe de réparation intégrale, l'échec de l'action en réparation accorde, pour reprendre les craintes d'un auteur, « *une prime, ou le risque d'une prime, à l'auteur de la violation de la règle* » de concurrence[1041].

c. Affaire Lectiel

405. **Faute reprochée.** Un concurrent de France Télécom reprochait à l'opérateur dominant (Orange) de lui refuser l'accès à une infrastructure essentielle. Le prix pour avoir accès à cette infrastructure essentielle était jugé « *prohibitif* »[1042]. Si la cour rappelle que « *la violation de la loi constitue nécessairement une faute civile* », en l'espèce, cette faute civile était lucrative pour le fautif. En rendant impossible ou plus difficile l'entrée de la société Lectiel sur le marché du marketing direct, le fautif s'assurait le bénéfice d'une rente en fermant la concurrence et en conservant son monopole.

406. **Préjudice estimé.** Lectiel a proposé plusieurs méthodes d'évaluation : une méthode semblait novatrice en ce qu'elle proposait de fixer le préjudice au regard de la faute lucrative du défendeur, et ce, en comparant les profits réalisés par le concurrent dans un scénario sans infraction comparativement au scénario infractionnel. Faute

probant que le premier ». Disponible sur : https://groupes.renater.fr/sympa/arc/creda-concurrence/2015-07/msg00000.html.

1039 « Les actions privées en réparation du dommage concurrentiel : Transposition de la Directive Dommages », conférence organisée par la Revue Concurrences en partenariat avec Deloitte, Gide Loyrette Nouel, Magenta et Minds & Hearts, cour d'appel de Paris, 10 mars 2017, « Entretien avec Béatrice Charlier-Bonatti (Tribunal de grande instance d'Évreux, Tribunal de Commerce de Paris) : Les actions privées en réparation du dommage concurrentiel » : « *[…] l'évaluation approximative de l'estimation du dommage […] n'est pas contraire au principe de la réparation intégrale. L'obligation faite au tribunal de réparer tout le dommage mais rien que le dommage c'est à dire de mesurer exactement les dommages et intérêts au préjudice, ne vaut que lorsque celui-ci est quantifiable […] Mais dans le cas où le dommage n'est pas quantifiable avec précision, il est privilégié une acception dynamique de la réparation intégrale qui commande de se rapprocher autant que possible du montant probable du dommage. Loin d'interdire le recours aux estimations, le droit positif les favorise.* »

1040 Car la victime ne pouvait se référer à la période précédant l'entente, laquelle n'était pas marquée par une concurrence effective.

1041 C. Lucas de Leyssac, « Rapport de synthèse », in « Les sanctions judiciaires des pratiques anticoncurrentielles », colloque Université Paris I, 29 avril 2004, *LPA* 20 janvier 2005, n° 14, pp. 70 et 71.

1042 CA Paris, ch. 4, 27 mai 2015, *SCP Bes Ravises c/ SA Orange* (anciennement dénommée France Télécom), n° 14/14758. – V. aussi : CA Paris, ch. 10, 27 juin 2012, *Me Michel Bes, en qualité de mandataire judiciaire à la liquidation judiciaire de la SA Lectiel a. c/ SA France Télécom*, n° 10/18278, obs. M. Chagny, *CCC* 2013, comm. 6 : « *Du côté des décisions, le contentieux indemnitaire des pratiques anticoncurrentielles n'incite pas à l'optimisme. Dans l'affaire Lectiel, plus de dix-sept ans (!) après, les demandeurs en réparation, entre-temps mis en liquidation judiciaire, sont déboutés de l'ensemble de leurs prétentions, pourtant fort substantielles, au terme d'un raisonnement assez expéditif qui ne contribuera pas à la crédibilité et la compétitivité du système français de réparation des dommages concurrentiels.* » – Cass. com., 23 mars 2010, n° U 08-20.427 et n° B 08-21.768, F-D : JurisData n° 2010-002593, obs. G. Decocq, « Un abus de position dominante peut être une faute civile », *CCC* n° 5, mai 2010, comm. 131.

de pièces suffisamment probantes versées au dossier[1043], cette méthode n'a pas convaincu les juges. Une autre méthode consistait à évaluer son manque à gagner en se basant sur une part de marché contrefactuelle escomptée en l'absence d'infraction. Cette méthode est aussi rejetée par la cour, la jugeant « *aléatoire* »[1044]. La dernière méthode, qui consistait à évaluer le préjudice sur la base du préjudice que France Télécom prétendait avoir subi du fait de l'utilisation illégale de sa base de données, sera aussi rejetée[1045].

407. **Préjudice indemnisé.** La volonté de la victime, qui s'est attaché les services d'un cabinet d'expertise privé pour chiffrer le préjudice, n'a pas suffi. Le préjudice, courant sur vingt-sept années, et majoré des intérêts, variait entre 3,7 milliards ou 4,7 milliards d'euros selon les méthodes retenues. Les méthodes de calcul et le rapport d'expertise n'ont pas convaincu la cour d'appel de Paris, qui a renvoyé à une expertise ultérieure l'évaluation du préjudice de la demanderesse. Cette affaire illustre pour plusieurs raisons comme les difficultés d'évaluation du préjudice concurrentiel peuvent profiter au coupable.

408. **Prudence rationnelle des juges.** D'une part, au regard de la somme demandée, la précaution des juges peut se comprendre. Néanmoins, elle reste critiquable. La victime a fourni pas moins de trois méthodes d'évaluation du préjudice. Le rapport d'expertise a même été jugé pertinent par la cour[1046]. Il semblerait que les juges se soient refusés à estimer le préjudice. À notre sens, l'insuffisance ou les imperfections dans la méthode de quantification proposée ne devraient pas dispenser les juges d'estimer le préjudice[1047].

409. **Rejet de l'estimation du préjudice.** D'autre part, selon la cour, le rapport d'expertise était affecté « *de plusieurs incertitudes* ». L'incertitude étant consubstantielle à l'évaluation du préjudice concurrentiel, il est surprenant que le juge se soit raccroché derrière cet argument pour refuser la quantification du dommage. Il est regrettable que la cour ait préféré le principe de certitude au principe d'estimation du préjudice proposé par la directive « Dommages »[1048]. Cette dernière,

---

1043 *Ibid.* p. 15 : « *[C]es calculs ne sont pas davantage étayés par des pièces versées au dossier, mis à part le contrat conclu avec SFR [...]* »

1044 *Ibid.* p. 14 : La cour a rejeté la méthode d'évaluation, considérant « *que cette part de marché de 2,5 % est aléatoire [...] ; que les cinq années pour reconquérir le marché ne sont étayées par aucune donnée vérifiable ; que ce calcul est relatif au chiffre d'affaires perdu, et non au bénéfice perdu, qui seul importe* ».

1045 Il pouvait en effet y avoir concordance entre le préjudice dont France Télécom s'estimait victime et donc, le bénéfice dont Lectiel s'estimait privé. Cependant, la méthode a été là encore rejetée par les juges.

1046 CA Paris, 27 mai 2015, *op. cit.* note 1042 : « *[...] cette expertise fournit des éléments intéressants et distingue nettement, au sein des activités de la société Lectiel, ce qui relève du marketing direct adressé et du télémarketing, pour lesquelles il était nécessaire à Lectiel d'avoir accès à la base annuaire expurgée, des imprimés sans adresses et des activités autres que le marketing direct (base de données, annuaires), pour lesquels l'usage du fichier non expurgé suffisait [...]* »

1047 Sur ce point, selon Mme Charlier-Bonatti, la Cour de cassation a déja considéré que le tribunal a l'obligation « *d'évaluer le dommage dont il a constaté l'existence en son principe, l'insuffisance d'éléments ne le dispensant pas de procéder à cette évaluation* » ; v. « Entretien avec Béatrice Charlier-Bonatti (Tribunal de grande instance d'Évreux, Tribunal de Commerce de Paris) : Les actions privées en réparation du dommage concurrentiel », *op. cit.* note 1039.

1048 Directive 2014/104/UE, art. 17 § 1 : « *Les États membres veillent à ce que les juridictions nationales soient habilitées, conformément aux procédures nationales,* à estimer le montant du préjudice, *s'il est établi qu'un demandeur a subi un préjudice, mais q*u'il est pratiquement impossible ou excessivement difficile de quantifier avec précision le préjudice subi sur la base des éléments de preuve disponibles. »

pour assurer l'effectivité de l'action privée, a en effet invité le juge à « *estimer le montant du préjudice* »[1049].

410. **Nouvel entrant.** Enfin, l'estimation du préjudice était légitime, car le litige concernait un nouvel entrant. Or, quand « *l'entreprise lésée cherch[e] à entrer sur un marché sur lequel elle n'était pas présente auparavant,* on manque nécessairement de données observables concernant ses résultats sur ce marché »[1050]. Précisément, l'utilité du scénario contrefactuel pour les nouveaux entrants n'a pas grand sens puisqu'on ne dispose pas d'informations sur la période avant l'infraction[1051]. Cela n'a pas empêché la cour de recommander la méthode contrefactuelle[1052] tout en refusant l'estimation du préjudice fondée sur des données approximatives. Sans compter qu'il peut sembler utopique d'exiger la production de données précises pour un litige qui remonte à plus de vingt ans.

411. **Bilan.** La prudence rationnelle des juges qui refusent de quantifier un préjudice qui ne peut être qu'approximé est contestable. Cela démontre que la bonne volonté des victimes pour proposer des méthodes de calcul n'assure pas la réparation du préjudice. Lorsque le dommage causé est profitable aux fautifs qui prennent un avantage concurrentiel sur leurs rivaux, cet avantage n'est pas limité par l'action en réparation des victimes qui peinent à quantifier leur préjudice, ce qui offre une « prime » à l'infraction. Dans l'affaire *Lectiel*, plus de vingt-sept ans après les pratiques incriminées, Orange n'a toujours pas eu à indemniser le dommage causé aux victimes.

Par ailleurs, en dehors des obstacles généraux à la réparation du préjudice concurrentiel, l'étude du contentieux en droit de la concurrence déloyale permet de mettre en lumière les difficultés spécifiques dont souffrent les victimes qui cherchent à obtenir réparation du préjudice tiré d'une pratique déloyale.

§ 3. Les obstacles spécifiques à l'évaluation du préjudice causé par une pratique de concurrence déloyale

412. **Évaluation minorée du préjudice.** On retrouve, en droit de la concurrence déloyale, le même phénomène de minoration du préjudice qu'en droit des pratiques concurrentielles. La minoration ou le rejet de l'existence du préjudice sont liés

---

1049 *Ibid.*

1050 « Guide pratique concernant la quantification du préjudice dans les actions en dommages et intérêts », *op. cit.* note 911., § 201. Le guide souligne aussi, § 200 : « *Les systèmes juridiques devraient* tenir compte des difficultés inhérentes à la quantification de ce préjudice et veiller à ce que les actions en dommages et intérêts intentées par les nouveaux entrants évincés ne soient pas rendues pratiquement impossibles ni excessivement difficiles ».

1051 M. Nussenbaum, « L'évaluation des dommages concurrentiels », *AJ Contrats d'affaires, concurrence, distribution* 2014, p. 264 : « *La question est autrement plus délicate lorsqu'il s'agit de nouveaux entrants évincés [...] lorsque des concurrents sont empêchés de rentrer sur un marché, on ne dispose d'aucune donnée sur la période avant l'infraction.* »

1052 La cour a en effet précisé que « *pour évaluer son manque à gagner il faut comparer les bénéfices réalisés pendant la durée de l'infraction sur le marché affecté par celle-ci avec ceux qu'elle aurait pu réaliser dans un scénario sans infraction* ».

à la difficulté probatoire des victimes qui doivent évaluer un préjudice concurrentiel parfois « inchiffrable ». Comme le note le professeur Geneviève Viney, « *c'est surtout en cas de faute lucrative que l'évaluation des dommages-intérêts est manifestement déconnectée de la valeur objective du préjudice. Elle l'est d'ailleurs par la force des choses en matière de concurrence déloyale car il est généralement impossible de mesurer l'impact exact du comportement déloyal sur la diminution de la clientèle et la baisse du chiffre d'affaires* »[1053].

Pour confirmer ce postulat, soulignons les difficultés rencontrées par les victimes d'actes de concurrence déloyale avec (A) ou sans déplacement de clientèle (B).

A. La concurrence déloyale avec déplacement de clientèle

413. **Hypothèse.** L'une des hypothèses classiques de concurrence déloyale correspond à la situation où une entreprise concurrente est parvenue à capter la clientèle d'une autre entreprise en usant d'un procédé déloyal[1054]. Imaginons une captation de clientèle par dénigrement. L'entreprise victime qui prouve le dénigrement doit ensuite établir son préjudice. Or, dans ce cas, l'établissement du préjudice pose plusieurs difficultés à la victime.

414. **Quantification de la perte de clientèle.** La première difficulté pour le demandeur est de démontrer que la perte de clientèle est bien due à la pratique déloyale, et non à la rivalité concurrentielle. Cette difficulté est vaincue par la victime lorsque la perte de clientèle est concomitante au dommage, car dans ce cas, le lien de causalité entre la chute de la demande et la pratique déloyale suffit à établir le préjudice[1055]. Persiste cependant une difficulté : la quantification de la perte de clientèle liée à la pratique déloyale. Précisément, il est difficile voire impossible pour une victime de chiffrer précisément la perte de clientèle dont elle se plaint. La clientèle peut être « moutonnière », si bien que si les premiers abandons sont dus aux actes déloyaux, les autres peuvent résulter d'un simple effet d'entraînement. L'estimation imprécise a, dans ce cas, une incidence sur l'estimation des ventes manquées et du manque à gagner, qui se retrouve minoré. Plusieurs décisions jurisprudentielles illustrent tantôt une minoration du préjudice de concurrence déloyale, tantôt un rejet de l'existence du préjudice faute pour la victime de pouvoir chiffrer précisément la migration des clients vers le concurrent (ou le parasite)[1056]. On retrouve

---

1053 G. Viney, « L'appréciation du préjudice », *op. cit.* note 933.

1054 Par procédé déloyal, on entend classiquement « *tout acte visant à désorganiser l'entreprise concurrente : confusion des signes distinctifs, des produits, débauchage, captation d'un réseau de distribution, violation d'une réglementation économique, etc...* » ; – v. D. Mainguy, M. Depincé, *Droit de la concurrence*, 2e éd., LexisNexis, 2015.

1055 Cass. com., 1er mars 2017, *Sté Éts Amiot*, n° 15-24.408.

1056 CA Bordeaux, 22 mars 2012, n° 10/06376 : dans cette affaire, la victime avait chiffré son préjudice à hauteur de 40 000 euros. La cour a estimé « *qu'à défaut [pour le demandeur] d'établir précisément et de manière incontestable l'étendue de son préjudice résultant de la migration de clients et du manque à gagner consécutif qu'elle allègue* », le préjudice devait être fixé « *à la somme de 6 000 euros, les dommages-intérêts réparant le préjudice commercial* ». Elle a donc accordé une somme 7 fois inférieure à la somme initialement demandée. Notons que les juges exigeaient d'établir précisément et « *de manière incontestable* » l'étendue du préjudice

ici toute la difficulté pour la victime à déterminer un « préjudice progressif » et immatériel. Le principe de réparation intégrale exige de réparer ce qui est réparable ; or, l'on peut douter du caractère réparable de chefs de préjudices aussi immatériels que, par exemple, la dilution d'un signe dans l'esprit de la clientèle.

415. **Affaire *Minco*.** À ce titre, un parallèle intéressant mérite d'être dressé entre le droit de la concurrence déloyale et le droit de la propriété intellectuelle. Dans la célèbre affaire *Minco*, la victime et l'expert ont estimé les ventes manquées au regard de la migration de la clientèle que l'acte de contrefaçon avait provoquée. Les juges ont retenu comme ventes manquées 30 % de l'ensemble des produits contrefaisants au motif « *qu'il est peu vraisemblable que tous les clients des sociétés Minco se soient tournés* » vers la victime, fixant ainsi la marge bénéficiaire du breveté aux 26,47 % allégués par le contrefacteur et non aux 34,93 % retenus par l'expert. La difficulté à estimer les ventes manquées liées à la contrefaçon a finalement entraîné une minoration du préjudice. Finalement, après dix ans de procédure, et près de 200 000 euros de frais, pour reprendre la formule d'un auteur, « *la condamnation laisse au contrefacteur l'essentiel de ses profits illicites* »[1057].

416. **Marché dynamique.** Une autre difficulté tient au marché sur lequel a lieu la pratique déloyale. Sur un marché dynamique, c'est-à-dire sur un marché mouvant où différentes forces concurrentielles s'opposent, l'entreprise victime d'une pratique déloyale peut subir deux préjudices : la perte statique de clientèle, et un trouble commercial, lequel n'est pas défini en jurisprudence et semble englober l'ensemble des perturbations causées par un comportement déloyal[1058].

---

concurrentiel, dont nous avons pourtant vu que sa spécificité même (« préjudice progressif », v. *supra*) rendait impossible une preuve parfaite de son étendue. – V. aussi : CA Bordeaux, 21 février 2012, n° 10/04301 : dans cette affaire, une société concurrente du demandeur avait violé l'interdiction de pratiquer l'activité de loueur de vélos. Il en résultait, pour le demandeur, une baisse de son chiffre d'affaires liée à l'exercice illicite de l'activité de loueur par le concurrent. Sur le calcul du préjudice, la cour d'appel, se réfugiant derrière une motivation lapidaire, considéra que d'autres évènements pouvaient influer dans la baisse du chiffre d'affaires de la victime et la perte de clientèle dénoncée. Elle soutint notamment que le climat pouvait influer sur la location de vélos. Forte de cet argument, sans autre justification, la cour accorda 12 000 euros sur les 25 000 euros demandés. – CA Lyon, ch. civ. 1 A, 10 mars 2016, n° 14/02130 : JurisData n° 2016-007546 : dans cette affaire, la cour d'appel de Lyon rejette l'existence du préjudice au motif que la victime n'a pas su prouver le risque de confusion dans l'esprit de la clientèle du produit parasité. – CA Paris, ch. 2, 1er juillet 2016, *S.A.S. Egilia, S.A.S. Certyrou*, n° 15/20073 : JurisData n° 2016-013528 : dans cette affaire, la cour rejette la démonstration du préjudice, considérant que le plaignant ne démontre pas quelle clientèle aurait été détournée. – CA Lyon, ch. civ. 1 A, 21 mai 2015, *SAS Palladium c/ SASU GBB*, n° 13/05614 : JurisData n° 2015-012670 : dans cette affaire, le concurrent avait mis sur le marché, à prix plus bas, des modèles très similaires à ceux de son concurrent direct. Les juges ont rejeté l'action en parasitisme au motif que la victime ne démontrait pas suffisamment en quoi la reprise d'une part assez importante de la gamme de la société concurrencée avait entraîné une fuite de la clientèle. – CA Paris, ch. 4, 28 octobre 2015, n° 13/14984 : JurisData n° 2015-024699 : dans cette affaire, la cour d'appel relève que le plaignant n'a pas démontré le préjudice, car malgré l'existence de clients communs, il n'est pas démontré que la pratique déloyale a eu pour conséquence une captation de la clientèle.

1057 J.-P. Martin, « Les dommages-intérêts de contrefaçon de brevets d'invention et la directive européenne du 9 mars 2004 », *RDPI*, mai 2004.

1058 Y. Picod, « Plaidoyer pour une consécration législative de la concurrence déloyale », in *Mélanges en l'honneur d'Yves Serra : Études sur le droit de la concurrence et quelques thèmes fondamentaux*, Dalloz, 2006, p. 369.

Si le trouble commercial permet de présumer l'existence d'un préjudice[1059], il n'en reste pas moins qu'il faut pouvoir l'estimer. Or, ce préjudice, étant par nature équivoque, est difficilement quantifiable. D'abord il est équivoque car, nous l'avons vu, il s'agit d'un préjudice économique progressif, dont les effets, prolongés dans le temps, ne sont pas immédiatement visibles au moment où l'action en réparation a lieu[1060]. Ensuite, il est équivoque, car il oblige à une analyse robuste du marché. Il faut en effet distinguer la portion du dommage causée par le fautif de la portion du dommage liée à l'évolution structurelle et conjoncturelle du marché. Il est naturellement beaucoup plus compliqué pour une victime de délivrer une analyse du marché en cause que pour une autorité de concurrence qui, elle, dispose des moyens pour se livrer à ce type d'appréciation. Lorsque les juges se livrent à une telle analyse, il peut en ressortir une minoration arbitraire du préjudice alors imputé à une cause extérieure à l'agissement du fautif, sans que l'on comprenne comment les juges en sont venus à cette conclusion[1061].

417. **Un préjudice « large ».** Surtout, il est équivoque, car le préjudice de trouble commercial est extrêmement large. Selon Yves Picod, le trouble commercial a peu à peu évolué en « *préjudice autonome englobant tous les comportements susceptibles de perturber le jeu du marché* »[1062]. Dès lors, nul besoin de déterminer une perte de clientèle. Comparé à une notion « *fourre-tout* »[1063], il suffirait en lui-même à établir un préjudice. Cette appréciation extrêmement large du trouble commercial peut avoir plusieurs conséquences néfastes.

- **Action opportuniste.** La première conséquence néfaste est qu'en englobant plusieurs comportements perturbateurs, le préjudice de « trouble commercial » élargit la possibilité pour les victimes d'invoquer un préjudice.

1059 Cass. com., 1er juillet 2003, n° 01-13052. – V. aussi : CA Paris, ch. 2, 11 décembre 2015, n° 14/23109 : JurisData n° 2015-027964 : « *[I]l y a lieu de considérer que la dilution et l'avilissement de la marque ci-avant retenus sans qu'il y ait lieu de s'attacher au droit à l'humour revendiqué, ont nécessairement causé un trouble commercial aux sociétés Pernod et Ricard [...]* »

1060 *Supra*, Partie I, Titre II, n° 363.

1061 CA Paris, ch. 1, 27 juin 2012, n° 09/28753 : JurisData n° 2012-016972, affaire *Optenet* : dans cette affaire, les juges, après avoir analysé le marché, ont prédit, sans justification, la perte future d'un avantage concurrentiel pour accorder un montant théorique très dévalué par rapport aux prétentions indemnitaires de la victime. Le demandeur invoquait un trouble commercial qui entravait le développement de l'entreprise et lui faisait perdre des parts de marché. Il estimait la réparation de son préjudice à hauteur de 14 millions d'euros. Les juges, après une analyse du marché pertinent, ont considéré que l'entreprise était sur un marché concurrentiel pour en déduire, dans un sophisme regrettable, qu'elle n'aurait pas conservé son avantage technologique initial. Partant de là, de façon lapidaire, la cour a accordé une indemnité très dévaluée de 2 millions d'euros, considérant que « *les 2 millions d'euros correspondent à un résultat théorique d'environ 2 ans* ». – V. aussi CA Paris, 30 mai 2012, n° 10/13056 : JurisData n° 2012-012010 : dans cet arrêt les juges du fond ont considéré que « *la part imputable à la pratique de concurrence déloyale, dans la perte globale de marge, n'en constitue qu'une proportion sans doute minime, la perte de marge étant surtout due à l'exercice d'une concurrence par les mérites entre deux concurrents dans la même zone de chalandise* ». La cour a donc présumé, sans justification, que les pertes étaient liées au caractère dynamique du marché. Le demandeur fixait son préjudice à hauteur de 250 000 euros. La cour s'est fondée sur « *la nature du marché* » et quelques autres éléments comme la durée d'exploitation irrégulièrement exercée par le défendeur pour accorder une indemnité encore une fois très dévaluée. Ces appréciations approximatives du préjudice génèrent un risque de faute lucrative, car les dommages-intérêts versés semblent faibles au regard de la nature de la faute commise.

1062 Y. Picod, « Plaidoyer pour une consécration législative de la concurrence déloyale », *op. cit.* note 1058.

1063 Y. Picod, a., « Concurrence déloyale », *Rép. com.*, n° 126.

Ce faisant, il risque de favoriser des demandes opportunistes cherchant à profiter des latitudes prises avec le principe de liberté du commerce et de l'industrie pour invoquer le préjudice d'un trouble commercial dans le seul but de désorganiser un concurrent. Le préjudice de trouble commercial, en créant des erreurs judiciaires de type 1[1064] (autrement appelé « faux positif »), pourrait devenir un outil stratégique instrumentalisé par des entreprises pour mener des actions juridiques opportunistes en vue d'affaiblir leur concurrent.

– **Quantification impossible.** La deuxième conséquence est que la notion, confuse[1065] et non définie, risque de complexifier à l'excès la quantification du préjudice des victimes. Si l'appréciation large de ce préjudice rend aisé l'établissement du dommage, elle peut compromettre ou compliquer ensuite son évaluation[1066]. Retranscrire en termes monétaires un chef de préjudice aussi large, qui englobe tous les comportements susceptibles de perturber le jeu du marché, relève de la gageure. De plus, un argument de sociologie judiciaire nous laisse à penser que la flexibilité des juges pour admettre le préjudice sera compensée par une rigueur sévère au moment de son évaluation[1067]. Ainsi, le laxisme dans l'établissement du préjudice risque

---

1064 C'est-à-dire la condamnation indue d'une entreprise pour une pratique licite ou proconcurrentielle.

1065 L'expression « *trouble commercial* », en elle-même, annonce la difficulté qui attend le demandeur. En effet, l'adjectif « trouble » renvoie à ce qui est opaque, flou, et suspect. Il exprime à la fois la confusion, la brouillerie, et l'altération d'une clarté. On parle notamment de vision trouble, d'un liquide trouble ou d'une situation trouble, pour évoquer une situation ou un état que l'on ne peut qualifier précisément, et qui manque de transparence. Ainsi, invoquer en demande un « *trouble commercial* », c'est, par une sémantique de l'obscur, faire l'aveu d'une impuissance à définir précisément le préjudice tiré d'une pratique déloyale. S'ensuit une aporie. D'un côté, il est demandé au plaignant de justifier son préjudice ; de l'autre, la notion sur lequel ce dernier doit se fonder pour déterminer son préjudice est par nature confuse, et n'est donc pas susceptible de détermination précise. – V. Centre national des ressources textuelles : http://www.cnrtl.fr/definition/trouble ; exemple de synonymes de « trouble » : brouillé, imprécis, altéré, confus, indistinct, embrumé, nébuleux, boueux, obscur, louche, vague (http://www.synonymes.com). – V. en littérature l'utilisation de ce terme : « Trouble », s'agissant d'un regard, dont on remarque le manque d'expression, ainsi que des intentions équivoques. A. Daudet : « *Le roi […] n'avait pas l'air bien triste […] de jolis yeux un peu troubles et dans le regard quelque chose d'irrésolu* », *Rois en exil*, 1879, p. 93 ; G. de Maupassant : « *Le blessé […] ouvrit […] les yeux, jeta devant lui des regards troubles, hagards* », *Contes et nouvelles.*, T. 1, Hautot, 1889, p. 259 ; S. G. Colette : « *[S]on trouble regard mauve, errant, sournois, lit la neurasthénie aiguë, presque la démence* », *La vagabonde*, 1910, p. 255 ; « Trouble, s'agissant d'un élément naturel, dont on souligne le manque de luminosité, de clarté, de netteté », Carco, « *La petite lampe du plafond versait une lueur trouble* », *Équipe*, 1919, p. 68.

1066 En jurisprudence, la présomption du « trouble commercial » qui se déduit de la faute a un effet pervers : en effet, cette présomption ne permet pas de vaincre la difficulté majeure de l'étendue du préjudice. Le professeur Yves Serra note très justement que « *certaines décisions exigent que la victime des actes déloyaux rapporte la preuve de l'étendue du montant du préjudice, ce qui signifie que l'identification du préjudice à la faute peut être tempérée par la nécessité pour le demandeur de faire la démonstration de l'étendue du préjudice* ». La facilité probatoire de l'existence du préjudice ne fait que repousser à plus tard la difficulté insurmontable de la preuve de son étendue. V. Y. Serra, « Les faits de concurrence déloyale impliquent nécessairement l'existence d'un préjudice », *D.* 1997, p. 104. – V. aussi : Cass. com., 10 janvier 1989, *Bull. civ.* IV, n° 12 ; *D.* 1990, somm. p. 75, obs. Y. Serra. – CA Paris, 18 octobre 1994, *D.* 1996, somm. p. 250, obs. Y. Serra.

1067 J. Carbonnier, *Sociologie juridique*, 3e éd., PUF, 2016. – V. aussi : Cass. com., 10 janvier 1989, *Bull. civ.* IV, n° 12 : « *Mais attendu, que si les faits de concurrence déloyale, générateurs d'un trouble commercial, impliquent l'existence d'un préjudice, la cour d'appel a retenu souverainement que la société Roblot ne rapportait pas la preuve qui lui incombait de l'étendue du préjudice* », cité par N. Dorandeu, *Le dommage concurrentiel*, *op. cit.* note 908 : l'auteur fait remarquer que « *si la Cour de cassation accueille favorablement ce nouveau chef de préjudice concurrentiel au stade de la qualification des comportements délictuels de marché, elle semble adopter une attitude beaucoup plus restrictive lorsqu'il s'agit de l'évaluer pour obtenir une réparation pécuniaire* ».

d'être compensé par une sévérité dans l'évaluation de son étendue, le tout au profit du fautif.

- **Effet de mode.** Enfin, en globalisant ce préjudice spécifique à tous les comportements, on conduit le plaignant à invoquer à tout prix, pour se fixer sur la tendance jurisprudentielle, un « trouble commercial », eût-il souffert d'un autre dommage. Invoquer un préjudice par « effet de mode » sans être en mesure de l'expliquer clairement peut rendre confuse la plainte du demandeur, et affaiblir sa force de conviction. Ce qui semble *a priori* servir les intérêts des victimes d'actes de concurrence déloyale peut, finalement, s'avérer préjudiciable dans le développement de leur demande. Surtout que, à la lecture des décisions jurisprudentielles, il est difficile de savoir si le trouble commercial doit être analysé comme le préjudice subi ou comme le fait générateur de responsabilité[1068]. Le risque de l'usage d'une notion « fourre-tout » est de conduire à une invocation, à mauvais escient, du droit de la concurrence déloyale.

418. **Bilan.** Les difficultés probatoires de la victime qui doit rapporter le « préjudice progressif » de la fuite de clientèle ou encore évaluer la dilution de la marque dans l'esprit de la clientèle profitent au contrevenant, qui risque d'être tenu de verser des dommages et intérêts inférieurs au préjudice réellement causé. De plus, la notion de « trouble commercial » sur laquelle doit se fonder la victime n'a jamais été définie en jurisprudence. Son acception large facilite la preuve de l'existence du préjudice mais complique sa quantification. La victime risque d'être impuissante à retranscrire en termes monétaires un chef de préjudice aussi large, lequel englobe tous les comportements susceptibles de perturber le jeu du marché. Par ailleurs, les actes de désorganisation de l'entreprise concurrente sans déplacement de clientèle génèrent aussi de lourdes difficultés probatoires pour la victime.

B. La concurrence déloyale sans déplacement de clientèle

419. **Hypothèse classique.** Il s'agit de l'hypothèse typique où un salarié quitte son entreprise pour un concurrent, tout en embarquant avec lui des données et des informations sur la politique commerciale de son ancienne entreprise. Lorsque le secret d'affaires n'est protégé ni par un contrat ni par un droit de propriété intellectuelle[1069], le régime de protection offert par le droit de la concurrence déloyale est insuffisant pour protéger la victime d'une violation du secret d'affaires.

1068 Y. Picod, Y. Auguet, a., « Concurrence déloyale », *Rép. com.* octobre 2010 (actualisation : octobre 2014), reprenant l'analyse de Y. Serra à propos des décisions : Cass. com., 22 mai 1984, n° 82-13.482 ; Cass. com., 22 octobre 1985, n° 83-15.096 ; Cass. com., 18 octobre 1994, n° 92-18.114 ; Cass. com., 14 juin 2000, n° 98-10.689 ; Cass. com., 19 juin 2001, n° 99-15.411 ; Cass. com., 3 juin 2003, n° 01-15.145 ; Cass. com., 27 janvier 2009, n° 07-15.971.

1069 Notons aussi que le droit pénal nous semble offrir une protection inadéquate aux victimes ; sur ce point v. L. Leblond, « Le secret d'affaires : l'évaluation du rôle de l'action en concurrence déloyale », *LPA* 31 juillet 2015 n° 152, p. 9 : l'auteur avance pour appuyer cette idée deux raisons principales. D'une part, le droit pénal ne permet pas à la victime d'être indemnisée de ses pertes. Or, selon l'auteur, on peut penser qu'une victime dont le secret a été spolié cherchera davantage à obtenir une compensation financière de son

420. **Le préjudice inchiffrable tiré de la violation du secret des affaires.** La violation du secret des affaires entraîne un préjudice économique difficilement chiffrable. La Commission européenne rappelle que la nature immatérielle des secrets d'affaires complique la détermination du préjudice véritablement subi[1070]. La directive 2016 sur la protection des secrets d'affaires parvient à la même conclusion[1071] et pointe le risque de faute lucrative de l'auteur de l'infraction qui, profitant d'un système de réparation inefficace, s'enrichit indûment grâce aux informations volées. Le « préjudice économique pur » causé par la violation du secret produit des effets économiques difficiles à quantifier. La victime d'un détournement de secret d'affaires se heurte principalement à deux obstacles :

- D'une part, la détermination du lien de causalité entre la violation du secret des affaires et le préjudice subi. À titre d'exemple, prouver que la violation des secrets a entraîné une captation de la clientèle est impossible lorsque l'atteinte aux données numériques de l'entreprise n'est pas immédiatement corroborée par une captation identifiable de clientèle. S'ensuivent des incertitudes sur le caractère certain du préjudice susceptible de faire échouer l'action en réparation.
- D'autre part, la quantification du préjudice. En effet, « *toutes les informations confidentielles n'ont pas nécessairement une valeur marchande aisément quantifiable, comme les informations qu'on pourrait qualifier de stratégiques voire de descriptives* »[1072]. Comment quantifier les informations stratégiques volées sur la création d'une innovation ? Dans cette situation, « *les juridictions estiment parfois qu'il n'y a ni préjudice ni même faute, en considérant que les informations n'avaient pas été utilisées, ce qui serait une autorisation donnée à toutes les formes d'espionnage ou d'intelligence économique* »[1073].

préjudice qu'à exiger l'application d'une peine répressive. D'autre part, parce que le vol, parfois envisagé comme outil juridique pour appréhender la violation du secret d'affaires, oblige la démonstration d'une « *soustraction frauduleuse* ». Or, la soustraction sous-entend la dépossession. En l'occurrence, l'atteinte consiste plus en une « *violation* » qu'en une « *soustraction* ». La victime n'est pas dépossédée de son secret. Elle est juste contrainte de le partager. L'immatérialité du secret d'affaires peut rendre complexe, voire impossible, la démonstration du vol.

1070 Commission européenne, Proposition de directive du Parlement européen et du conseil, sur la protection des savoir-faire et des informations commerciales non divulgués (secrets d'affaires) contre l'obtention, l'utilisation et la divulgation illicites, 28 novembre 2013, COM(2013) 813 final, 2013/0402 (COD). Disponible sur : https://eur-lex.europa.eu/legal-content/FR/TXT/PDF/?uri=CELEX:52013PC0813&from=FR.

1071 Directive (UE) 2016/943 du 8 juin 2016, *JOUE* n° L 157 du 15 juin 2016, p. 3 : « *[...] les règles nationales applicables au calcul des dommages et intérêts ne tiennent pas toujours compte de la nature immatérielle des secrets d'affaires,* ce qui rend difficile la détermination des bénéfices réellement perdus ou de l'enrichissement sans cause du contrevenant lorsque aucune valeur de marché ne peut être établie pour les informations en question *[...] de nombreuses règles nationales n'assurent pas une protection appropriée du caractère confidentiel d'un secret d'affaires lorsque son détenteur exerce une action en justice pour cause d'obtention, d'utilisation ou de divulgation illicite alléguée du secret d'affaires par un tiers, réduisant ainsi l'attractivité des mesures et réparations existantes et affaiblissant la protection offerte.* »

1072 D. Martin, « Le secret d'affaires, notion en devenir », *LPA* 31 juillet 2015 n° 152, p. 4. Même si le demandeur parvient à prouver que le détournement a entraîné une captation de sa clientèle, ce dernier ne pourra identifier exactement la clientèle perdue. Il devra être en mesure de quantifier la portion de la clientèle perdue du fait d'une concurrence par les mérites et la portion de la clientèle perdue du fait du détournement des informations confidentielles.

1073 L.-M. Augagneur, « L'évaluation du préjudice concurrentiel à l'ère du Big Data », *JCP E* n° 25, 18 juin 2015, p. 1295.

Non seulement la violation des secrets des affaires est profitable au contrevenant, qui peut mettre en place une innovation avant son concurrent et prendre ainsi un avantage concurrentiel sur ce dernier, mais elle est préjudiciable à la victime dont le savoir-faire est banalisé et les investissements non rentabilisés : « *Juridiquement, ces données sont à la fois un actif de l'entreprise, un élément de son savoir-faire commercial qui a été banalisé, mais aussi une perte de chance d'agir cachée, c'est-à-dire de prendre des décisions dans l'ignorance des intentions du concurrent : c'est là encore une perte de la chance d'optimiser et de rentabiliser une position ou un avantage concurrentiel* »[1074].

421. **Bilan.** En somme, le droit de la réparation est inadapté à réparer le préjudice causé par la violation du secret des affaires. La nature immatérielle de ce « préjudice économique pur » affecte la démonstration et la quantification du préjudice par la victime. L'information confidentielle n'a pas nécessairement une valeur marchande au moment où elle est violée, ce qui limite le caractère certain du préjudice. De plus, quantifier précisément ou même approximativement la perte d'un avantage concurrentiel causé par la violation d'un secret est périlleux, car l'information ayant été banalisée par l'acte déloyal, il devient difficile pour le juge d'évaluer en quoi cette information procurait un réel avantage à la victime sur la concurrence.

Pour conclure, les conclusions de l'ancien avocat général à la Cour de cassation Claude Mathon, selon lequel « *les informations sensibles et confidentielles de l'entreprise sont protégées aujourd'hui par un ensemble de textes et de jurisprudences dont la cohérence et l'efficacité restent très imparfaites* »[1075], si bien que certaines juridictions rendent des « *décisions inadaptées* » qui affaiblissent la réparation, laissent supposer qu'il est particulièrement rentable pour une entreprise de violer les secrets d'affaires de son concurrent. L'avantage indu retiré du vol d'informations stratégiques, en l'absence d'un droit punitif, pourrait inciter les entreprises rationnelles à piller les secrets d'affaires des concurrents.

1074 *Ibid.*

1075 C. Mathon, « La protection du secret des affaires : Enjeux et propositions », rapport à la Mission du Haut Responsable chargé de l'Intelligence économique, 17 avril 2009, p. 27. Selon l'auteur, il faudrait prendre en compte non seulement les aspects économiques, mais aussi les aspects stratégiques de l'entreprise.

Conclusion Chapitre 1

422. **Indifférence à l'égard des gains illicites.** Le droit de la réparation se concentre sur le résultat dommageable de l'infraction de concurrence. Pourtant, la faute concurrentielle génère un résultat dommageable et un résultat lucratif : le dommage causé à la victime permet au fautif de retirer des gains illicites et de prendre un avantage sur la concurrence qui peut être source de profit[1076]. L'indifférence du droit de la responsabilité civile à l'égard du résultat lucratif de la faute concurrentielle ne fait que renforcer le risque d'un déséquilibre entre l'avantage retiré de la faute et l'indemnité compensatrice à verser.

423. **Paradoxe.** Notre étude jurisprudentielle sur le contentieux du droit des pratiques déloyales et parasitaires[1077] démontre l'approche ambivalente de la faute lucrative concurrentielle. D'un côté, les juges se réfèrent souvent au résultat lucratif de la faute parasitaire ; de l'autre, ils l'écartent au moment de la fixation des dommages et intérêts. La référence est donc symbolique, car faute de quantification des gains illicites, elle échoue à influencer le montant des dommages-intérêts, qui se retrouvent impuissants à confisquer les gains et économies indûment réalisées. Le respect du principe de réparation intégrale est favorable aux agents rationnels qui retirent un profit de la faute commise. De même, en droit des pratiques anticoncurrentielles, l'indifférence à l'égard des profits illicites est assumée. Si la *soft law*[1078], à travers son guide pratique sur la quantification des dommages-intérêts, a considéré que les gains illicites du fautif pouvaient jouer un rôle dans l'estimation du préjudice de la victime, le juge de la réparation confronté à un contentieux pour abus de position dominante ou entente illicite continue de les ignorer. Une réforme du droit de la responsabilité civile est nécessaire pour assurer la consécration, à côté du principe de réparation intégrale, d'un principe de restitution intégrale des gains illicites[1079].

424. **Utopie compensatoire.** De manière générale, l'ambition du droit de la responsabilité civile de réparer intégralement le dommage causé semble déconnectée de la réalité du préjudice économique. La spécificité du préjudice concurrentiel, lequel constitue un préjudice économique pur et un préjudice dit « progressif », dont les effets sont échelonnés dans le temps, ne permet qu'une approximation du dommage causé. De plus, les obstacles à l'accès aux preuves, la collecte des données empiriques disponibles pour reconstruire un scénario fictif et la technicité des méthodes contrefactuelles participent du phénomène de minoration du préjudice. Les études empiriques sur les actions privées en réparation du dom-

---

1076 À titre d'exemple, le monopoleur, en l'absence de la concurrence évincée, peut imposer un prix supraconcurrentiel ; aussi, le cartelliste qui a imposé un surprix aux victimes réalise des surprofits ; de même, l'acte déloyal et/ou parasitaire permet au contrevenant de faire des économies d'investissement de par l'appropriation indue de la valeur économique d'autrui. Les économies d'investissement diminuent en conséquence les coûts du parasite, qui augmente ses profits et prend un avantage concurrentiel sur la victime parasitée.

1077 *Infra*, v. Annexe 2.

1078 Autrement appelé le « *droit souple* » ; v. « Guide pratique concernant la quantification du préjudice dans les actions en dommages et intérêts », *op. cit.* note 911.

1079 *Infra*, v. Partie III, Titre I, n° 965 et s.

mage concurrentiel montrent que les victimes obtiennent des indemnités largement minorées par rapport à leur prétention initiale[1080]. Les optimistes verront dans ce décalage l'application d'un droit de la réparation vigilant et soucieux d'éviter l'enrichissement sans cause des victimes qui n'ont pas su déterminer précisément leur préjudice. Les pessimistes verront dans ce déséquilibre l'application d'un droit de la réparation inadapté, faisant le lit des fautes lucratives en condamnant le coupable à verser des dommages-intérêts compensatoires inférieurs à l'avantage retiré du préjudice causé.

Les préjudices collectifs liés au dommage de masse causé par certaines pratiques illicites sont tout aussi difficiles à réparer que le préjudice individuel des victimes d'infractions de concurrence. La fonction dissuasive assignée à l'action privée est doublement limitée par l'inefficacité du droit de la réparation, qui touche aussi bien les préjudices individuels que les préjudices collectifs.

1080 V. Annexe 2. – V. aussi G. Zambrano, « L'inefficacité de l'action civile en réparation des infractions au droit de la concurrence », *op. cit.*, note 942. – R. Amaro, *Le contentieux privé des pratiques anticoncurrentielles*, *op. cit.* note 1020.

Chapitre 2
Les limites de l'action en réparation menée collectivement

425. **Théorie et réalité.** En théorie, l'action de groupe neutralise la faute lucrative concurrentielle en assurant la restitution du surprix payé par les consommateurs[1081]. La masse de demandes indemnitaires des victimes lésées confisque les profits indus retirés de la pratique anticoncurrentielle. En réalité, les actions de groupe dans le domaine de la concurrence sont paralysées par de multiples restrictions qui empêchent leur application. Les craintes suscitées par l'action de groupe ont conduit le législateur à l'encadrer de nombreux garde-fous, au point que l'on peut « *légitimement se demander si la montagne n'a pas en définitive accouché d'une souris* »[1082].

426. **Hiérarchie des normes incitatives à la violation du droit.** Dans la discussion préliminaire de notre thèse, nous avons dressé une liste des normes incitatives à la violation du droit de la concurrence[1083]. Quatre normes figurent dans cette liste : les normes refuges, les normes pathologiques, les normes restrictives et les normes conflictuelles. À notre sens, la loi Hamon est une norme à la fois restrictive et pathologique. Les conditions restrictives de l'action de groupe empêchent son application et favorisent, en conséquence, son ineffectivité. De plus, l'action de groupe est atteinte de vices congénitaux qui la rendent incapable de produire l'effet escompté, à savoir l'indemnisation collective des consommateurs victimes d'une infraction de concurrence.

En somme, la loi Hamon renforce l'incitation à enfreindre le droit de la concurrence en privant l'action de groupe des mécanismes susceptibles de lui conférer une fonction dissuasive. L'ineffectivité de l'action de groupe (Section 1) limite son application à l'encontre des auteurs d'infractions, tandis que son inefficacité (Section 2) paralyse l'effet dissuasif attendu d'un tel mécanisme.

1081 C. Musso, « L'action de groupe vue vue par l'association de consommateurs UFC-Que Choisir », Le Village de la Justice, 25 mars 2014 : « *L'action de groupe est aussi une avancée qui met fin à une forme de "prime à la violation de la loi".* » Interview disponible sur : Village-Justice.com.

1082 S. Pietrini, L. Nicolas-Vuillerme, « Regards critiques sur l'action de groupe en droit de la concurrence », in *L'intensification de la réparation des dommages issus des pratiques concurrentielles*, M. Behar-Touchais, D. Bosco, C. Prieto (dir.), IRJS, 2016, p. 302.

1083 *Supra*, Partie I, Discussion préliminaire, n° 42.

Section 1
L'ineffectivité de l'action de groupe

427. Depuis le 1er octobre 2014, seulement six actions de groupe ont été engagées[1084], et une seule a abouti[1085]. Surtout, aucune action de groupe n'a encore été lancée dans le domaine de la concurrence. L'ineffectivité de l'action de groupe est causée, premièrement, par les conditions restrictives à la formation de l'action de groupe (§ 1). Deuxièmement, par les moyens limités du porteur de l'action (§ 2).

§ 1. Les conditions restrictives à la formation de l'action de groupe

428. **Évaluation du risque économique.** Dans le choix d'enfreindre la loi, l'agent rationnel évalue le risque juridique de l'infraction. En théorie, ce risque est important, car l'addition de tous les préjudices individuels des consommateurs victimes d'un surprix peut assurer le versement de dommages-intérêts restitutoires. En réalité, l'agent rationnel pourra se rassurer en remarquant les vices congénitaux de la loi Hamon, lesquels la privent d'effet.

429. **Action *opt-in*.** Premièrement, l'action de groupe à la française est restreinte par le mécanisme d'*opt-in*. Ce mécanisme oblige le consommateur à se manifester explicitement et dans un délai restreint[1086] pour adhérer à l'action de groupe. Le consommateur qui ne se manifeste pas dans le délai imparti une fois l'information diffusée n'est plus recevable à demander l'indemnisation de son préjudice[1087]. L'exigence du consentement express des personnes représentées ne permet pas

---

1084 TGI Nanterre, 1er octobre 2014, Secteur immobilier/location/parc privé – Facturation d'un service d'avis d'échéance (expédition des quittances) : *UFC-Que Choisir c/ Foncia* ; TGI Paris, 14 octobre 2014, Secteur immobilier/parc social – Facturation dans les charges des frais liés au dispositif de télésurveillance des ascenseurs, *Syndicat du logement et de la consommation – Confédération syndicale des familles (SLC-CSF) c/ Paris Habitat-Oph* ; TGI Nanterre, 28 octobre 2014, Secteur services financiers/assurance-vie – Non-respect du taux de rémunération garanti de 4,50 % par an pour l'assurance-vie : *CLER CLCV c/ AXA-AGIPI* ; TGI Paris, décembre 2014, Secteur immobilier/location/parc social – Facturation de pénalités de 2 % pour retard de loyer ; locataires 3F ayant payé des pénalités depuis novembre 2009 : *Confédération nationale du logement (CNL) c/ Immobilière 3F* ; TGI Nanterre, 12 mai 2015, Secteur offre mobile 4G – Pratique commerciale trompeuse/ vente d'un téléphone 4G sans informer le consommateur des limites de couverture du territoire : *Familles Rurales c/ SFR* ; octobre 2015, Familles rurales, Familles rurales/contre l'exploitant d'un camping breton, qui obligerait les propriétaires de mobil-homes à en acheter un nouveau s'ils veulent conserver leur parcelle.

1085 TGI Paris, 14 octobre 2014, *(SLC-CSF) c/ Paris Habitat-Oph.* – V. aussi : M. Pinville, Communiqué de presse, Paris, le 1er octobre 2015, n° 867. Disponible sur : http://proxy-pubminefi.diffusion.finances.gouv.fr/pub/document/18/19775.pdf.

1086 L. 623-8 du Code de la consommation : Le mécanisme *opt-in* oblige la victime qui veut adhérer à l'action à se manifester dans un délai qui « *ne peut être inférieur à deux mois ni supérieur à six mois après l'achèvement des mesures de publicité* ». Le délai d'adhésion au groupe, une fois les mesures de publicité achevées, est donc restreint et peut faire échouer un certain nombre d'actions en réparation.

1087 L. 623-8 du Code de la consommation : « *Dans la même décision prononçant la responsabilité du professionnel, le juge fixe le délai dont disposent les consommateurs pour adhérer au groupe afin d'obtenir la réparation de leur préjudice. Ce délai ne peut être inférieur à deux mois ni supérieur à six mois après l'achèvement des mesures de publicité ordonnées par lui.* »

de vaincre la passivité rationnelle du consommateur. Le bénéfice faible que le consommateur retire de l'action de groupe est susceptible de le dissuader d'agir en justice. La dispersion des dommages réduit la probabilité d'agir en justice, surtout « *lorsqu'un très grand nombre de personnes sont atteintes si faiblement que personne n'a intérêt, individuellement, à mener l'affaire devant les tribunaux* »[1088]. En présence d'un préjudice individuel faible[1089], seule une culture de concurrence pourrait inciter le consommateur – qui jouerait alors le rôle du régulateur pour punir une atteinte au marché – à agir contre le contrevenant. Le mécanisme d'*opt-in* pourrait être efficace dans un pays où une violation de concurrence provoque un fort émoi. Or, si les infractions de concurrence ont un écho plus fort aujourd'hui, elles peinent encore à attirer une véritable réprobation morale à l'échelle de la société[1090].

430. **Effet liant cantonné aux seules décisions définitives.** Deuxièmement, l'action de groupe est une action de suivi qui ne peut être portée qu'après décision définitive de l'Autorité de la concurrence. L'effet liant des décisions de l'Autorité constatant un manquement, lequel est réputé établi de manière irréfragable pour les besoins de l'action de groupe, est cantonné aux seules décisions devenues définitives : « [C]e qui peut reporter l'action à une période où les preuves, éparses et peu susceptibles d'archivage puisqu'elles concernent des actes d'achat du quotidien, auront dépéri ou disparu avec l'effet du temps. *Le système de "navettes" applicable en France, impliquant de fréquents allers-retours entre la Cour de cassation et la Cour d'appel de Paris pour une seule et même affaire avant que la décision de l'Autorité ne devienne définitive, rend ce risque d'autant plus aigu* »[1091]. Ainsi, l'obligation pour les consommateurs de conserver les preuves risque de faire échouer un nombre important de demandes d'indemnisation. Imaginons l'hypothèse où une action de groupe aurait été formée à l'encontre du cartel sur les produits d'hygiène ou celui des lessiviers. Au vu de la longueur des procédures dans ces affaires, il est difficile d'imaginer que les consommateurs eussent été en mesure de délivrer leurs tickets de caisse pour des pratiques vieilles de cinq à dix ans.

431. **Rôle paralysant de la procédure d'engagement.** De même, parce que l'action de groupe est limitée aux seuls cas ayant donné lieu à une condamnation par une autorité de concurrence, la procédure d'engagement qui éteint « *la préoccupation de concurrence* » est susceptible de paralyser la mobilisation collective des potentielles victimes. Stratégiquement, la procédure d'engagement est donc doublement avantageuse pour le fautif : elle éteint le recours collectif et met fin

---

1088 M. Chagny, B. Deffains, *Réparation des dommages concurrentiels*, Dalloz, 2015, p. 163.

1089 Les actions portent sur des préjudices individuels assez minimes. Dans l'affaire *Foncia*, le préjudice individuel du consommateur était 2,30 euros par mois. Dans l'affaire *Paris Habitat*, le préjudice individuel était d'environ 50 centimes d'euros par mois. Il y a donc fort à parier que la faiblesse des préjudices individuels risque, à terme, de décourager l'action des consommateurs. V. TGI Paris, 14 octobre 2014, *(SLC-CSF) c/ Paris Habitat-Oph* ; TGI Nanterre, 1er octobre 2014, Secteur immobilier/location/parc privé – Facturation d'un service d'avis d'échéance (expédition des quittances) : *UFC-Que Choisir c/ Foncia*.

1090 A. Stephan, « An empirical evaluation of the normative justifications for cartel criminalisation », 37(4) *Legal Studies* 621-646 (2017). – V. aussi : A. Stephan, « Survey of Public Attitudes to Price-Fixing and Cartel Enforcement in Britain », CCP Working Paper 07-12 (2007).

1091 OCDE, Groupe de travail n° 3 sur la coopération et l'application de la loi, « Relation entre action publique et action privée », 15 juin 2015, p. 5.

à la « *préoccupation de concurrence* », laquelle préoccupation a, parfois, pourtant déjà causé un dommage aux victimes.

432. **Action réservée aux consommateurs.** Troisièmement, la loi Hamon restreint le champ de l'action de groupe. Précisément, seuls ceux qui ont la qualité de consommateur[1092] peuvent agir. Les personnes morales sont donc exclues du champ de l'action de groupe[1093], de même que les professionnels[1094]. L'exclusion des professionnels du champ de l'action de groupe est favorable aux contrevenants, sachant que les PME figurent parmi les premières victimes des pratiques anticoncurrentielles[1095]. L'inertie des PME, qui du fait des coûts du procès et des risques de représailles n'agissent pas en réparation, aurait pourtant pu être vaincue en incluant les petites et moyennes entreprises dans le domaine de l'action de groupe.

433. **Domaine limité de l'action de groupe.** Quatrièmement, la loi Hamon délimite la possibilité de former une action de groupe aux seuls manquements commis « *à l'occasion de la vente de biens ou de la fourniture de services* »[1096] ou « *de pratiques anticoncurrentielles au sens du titre II du livre IV du code de commerce ou des articles 101 et 102 du traité sur le fonctionnement de l'Union européenne* »[1097]. Autrement dit, le consommateur victime d'un acte de concurrence déloyale ou d'une pratique restrictive de concurrence ne peut bénéficier de l'action de groupe.

1092 Pour la définition du consommateur, v. article 3 de la loi, ajouté au livre Ier du Code de la consommation : « *[T]oute personne physique qui agit à des fins qui n'entrent pas dans le cadre de son activité commerciale, industrielle, artisanale ou libérale.* » – V. par ailleurs : J.-P. Chazal, « De la cohérence de la notion de consommateur : de l'unicité de la définition à la multiplicité des régimes », *D.* 1999, p. 249.

1093 Conformément à la jurisprudence européenne, qui limite la définition du consommateur aux personnes physiques ; v. CJCE, « Le consommateur est une personne physique », 22 novembre 2001, aff. nº C-541/99 et C-542/99, *D.* 2002, p. 90 ; C. Rondey, « Le consommateur est une personne physique », *D.* 2002, p. 90. – J. P. Pizzio, « Le consommateur est une personne physique », *D.* 2002, p. 2929. L'exclusion des personnes morales est contestable. Ces dernières, peut être plus qu'une association, sont armées pour défendre l'intérêt de l'entreprise, car elles sont représentées par une personne habilitée, qui fait office d'interlocuteur et qui représente fidèlement les intérêts de la personne morale. Cet interlocuteur fait figure de représentant légal. Il est élu ou désigné en fonction, notamment, de sa capacité à défendre les intérêts de la personne morale. En somme, il est suffisamment armé pour défendre l'intérêt de l'entreprise. Dans le cas d'une action de groupe au contraire, la représentation des personnes physiques est une fiction : « *Celui qui agit pour le groupe n'est ni élu ni désigné et n'a pas de lien de famille avec les personnes représentées. Pourtant, il doit prendre en charge l'action. La crainte avérée est alors que le porteur de l'action, on n'ose parler de représentant à l'action, ne reflète pas fidèlement la volonté insondable des membres parfois non encore déterminés du groupe* » note le professeur Soraya Amrani Mekki ; v. S. Amrani Mekki, « Action de groupe, mode d'emploi », *Procédures* nº 12, décembre 2014, étude 16 : « *Le groupe n'est pas une entité jouissant de la personnalité morale et c'est bien là ce qui constitue les limites de son action. Lorsqu'il y a une personne morale, ses organes représentatifs permettent d'avoir un interlocuteur. Lorsque ce n'est pas le cas, on peut se demander qui représente le groupe en justice. La difficulté principale tient au fait qu'il est difficile de concevoir une représentation ad agendum car la fiction de la représentation est à son paroxysme. On est là dans l'hypothèse où il y a, selon les termes du doyen Cornu, comme "un dédoublement de la notion de partie" comparable à ce qui se passe en matière de représentation des enfants en bas âge ou des personnes morales* (…) ».

1094 CJCE, « Le consommateur est une personne physique », 22 novembre 2001, aff. nº C-541/99 et C-542/99, *D.* 2002, p. 90. – V. aussi : C. Rondey, « Le consommateur est une personne physique » *D.* 2002, p. 90. – J.-P. Pizzio, « Le consommateur est une personne physique », *D.* 2002, p. 2929.

1095 R. Baiker (DG Concurrence), in colloque CREDA : « Les PME face au droit de la concurrence » : « *Quand on s'intéresse aux différents groupes de victimes, c'est incontestablement le groupe des PME, ainsi que celui des consommateurs finals, qui sont les moins protégés.* » Disponible sur : http://www. creda.ccip.fr.

1096 Art. L. 623-1, 1° du Code de la consommation.

1097 Art. L. 623-1, 2° du Code de la consommation.

Tout un pan de la concurrence est donc évincé de l'indemnisation collective des consommateurs.

En somme, les restrictions portées à l'action de groupe la privent d'effectivité. L'ineffectivité de l'action de groupe est de plus renforcée par les moyens limités dont dispose le porteur du droit à agir.

§ 2. Les moyens limités du porteur de l'action

434. **Qualité du porteur de l'action.** La procédure française est réservée exclusivement aux associations de consommateurs agréées et représentatives au niveau national[1098]. Cette restriction est de nature à limiter fortement la probabilité d'une action en justice : « *Force est tout de même de constater que la* porte d'entrée s'avère très étroite car n'est pas association de consommateurs agréée qui veut *; il existerait en France à peine 15 associations de la sorte et de forces inégales, ce qui limitera* de facto *le nombre de poursuites.* À peine trois ou quatre d'entre elles agiront réellement en justice. D'aucuns prédisent deux ou trois actions par année, sans plus »[1099].

435. **Moyens limités.** De plus, les moyens économiques des associations françaises de consommateurs sont généralement précaires[1100]. Pour porter l'action en réparation des victimes, l'association ne peut rivaliser avec les moyens économiques colossaux des entreprises mises en cause. Si le défendeur doit supporter les dépens et les frais engagés par le demandeur[1101], il risque d'être délesté de cette obligation si l'association échoue à démontrer la responsabilité de l'entreprise poursuivie.

Avant le premier jugement relatif à la responsabilité du professionnel mis en cause, l'association doit engager de nombreux frais pour déterminer les préjudices subis par les consommateurs. La nature du litige a une grande incidence sur le coût du procès. Ce coût risque d'être élevé lors d'un contentieux de concurrence, car ce type d'affaires nécessite des appréciations techniques et détaillées des faits. La détermination de la

---

1098 Art. L. 623-1 du Code de la consommation : « *Une association de défense des consommateurs représentative au niveau national et agréée en application de l'article L. 811-1 peut agir devant une juridiction civile [...]* »

1099 P.-C. Lafond, « L'action de groupe à la française, ou l'art de rater une belle occasion », *RIDC* 2-2016, pp. 319-340, p. 323.

1100 N. Sauphanor-Brouillaud, « La concurrence : Un outil à géométrie variable pour le consommateur », in *À quoi sert la concurrence ?*, M. Behar-Touchais, N. Charbit, R. Amaro (dir.), Concurrences, 2014, p. 315. – V. aussi M. Chevalier, « Le malaise des associations de consommateurs », Alternative Économiques, 26 octobre 2009 : « *Trop d'associations aujourd'hui sont de petites structures dotées d'un faible nombre d'adhérents et très dépendantes des subventions publiques, sans moyens suffisants pour rémunérer des professionnels et sans réelle implantation locale [...] Résultat : le mouvement consumériste français n'est pas armé pour relever les défis futurs, qu'il s'agisse de participer au débat communautaire sur la refonte du droit européen de la consommation ou de se saisir du futur dispositif d'action de groupe* ». – V. aussi P.-C. Lafond, *op. cit.*, p. 325 : « *À défaut d'équivalent du Fonds d'aide aux recours collectifs ou de financement privé par un tiers organisme ou par le cabinet d'avocats agissant au dossier,* on peut s'interroger sur les ressources dont elles disposeront pour initier de telles procédures, lesquelles, l'expérience québécoise le démontre, nécessitent beaucoup de temps et d'argent et, par la suite, pour gérer la phase d'indemnisation qui peut s'avérer très lourde en temps et en énergie humaine. Au Québec, à peine 16 % des recours collectifs sont initiés par des associations et des personnes morales, malgré le dynamisme reconnu des associations de consommateurs ».

1101 Art. L. 623-13 du Code de la consommation : « *Lorsqu'il statue sur la responsabilité, le juge peut condamner le professionnel au paiement d'une provision à valoir sur les frais non compris dans les dépens exposés par l'association, y compris ceux afférents à la mise en œuvre de l'article L. 423-9.* »

taille du groupe des victimes – sachant qu'une pratique anticoncurrentielle est susceptible de léser des milliers voire des millions de consommateurs – et la preuve de la responsabilité de l'entreprise au regard de chaque victime constituent un vrai fardeau pour les associations de consommateurs. De plus, le législateur est resté muet sur la question de la répartition du coût des mesures de publicité et de la provision lorsque l'action est lancée à l'encontre de plusieurs défendeurs[1102]. Le silence de la loi sur le financement de l'action de groupe est un « *défaut préoccupant* »[1103] du dispositif législatif qui risque de limiter fortement l'intérêt à agir de l'association. Le risque de perdre le procès et donc de ne pas rentabiliser tous les frais engagés pourrait freiner l'action des associations qui vont sélectionner les dossiers.

436. **Bilan.** À peine d'irrecevabilité, seules les quinze associations de défense des consommateurs représentatives au niveau national et agréées ont qualité pour agir dans l'intérêt des consommateurs dans le cadre d'une action de groupe, à l'exclusion du consommateur lui-même, qui ne peut prendre l'initiative de l'action. Compte tenu des moyens financiers et humains limités, le coût de l'action réduit l'intérêt à agir des associations. La crainte de l'agent économique de subir une action de groupe[1104] est diminuée au regard de la qualité exigée des représentants autorisés à exercer l'action et des faibles moyens financiers du porteur de l'action.

Plus généralement, les défauts de la loi Hamon ne favorisent pas seulement l'ineffectivité de l'action de groupe, mais aussi son inefficacité.

Section 2
L'inefficacité de l'action de groupe

437. **Inefficacité du mécanisme.** L'action de groupe est inefficace, car elle ne produit pas l'effet attendu, à savoir l'action en justice des consommateurs qui se joignent au groupe pour obtenir la réparation du surprix payé. L'apathie rationnelle des victimes (§ 1) illustre l'inefficacité du mécanisme à la française. Cette inefficacité est de surcroît renforcée par la finalité de l'action de groupe qui consacre un mécanisme non confiscatoire des profits illicites (§ 2).

§ 1. L'apathie rationnelle des victimes

438. **L'apathie rationnelle.** L'apathie décrit la passivité, la lenteur à agir ou à réagir[1105]. L'apathie est dite « rationnelle », car elle répond à des obstacles objectifs[1106].

1102 *JCl. Concurrence – Consommation*, fasc. 15-10 – Actualité : Action de groupe « à la française », n° 22.

1103 H. Le Borgne, « Action de groupe "à la française", nouvelle gamme et fausses notes », in Dossier « Action de groupe : les premiers pas », *Dr. et patrimoine* 2015, n° 243, p. 48, spéc. p. 52.

1104 L. François-Martin, I. Daulouède, « L'introduction de l'action de groupe en droit français : entre risque et incertitude pour les entreprises », *CCC* n° 5, mai 2014, dossier 5.

1105 Dictionnaire *Larousse* : « Apathie ».

1106 Elle répond aussi à des facteurs subjectifs et psychologiques : la crainte du procès, d'autant plus forte qu'une entreprise peut craindre les menaces ou représailles du client contre lequel elle agit ; l'absence de culture de concurrence, qui limite l'action du consommateur pour qui la pratique illicite, peu stigmatisée socialement, ne mérite aucune réprobation ; v. M. Chagny, *Droit de la concurrence et droit commun des obligations*, Dalloz,

La « *mollesse procédurale* »[1107] de la victime est liée à un ensemble de facteurs concrets qui découragent l'action en réparation. Ces facteurs sont connus en droit économique : il s'agit principalement du coût de l'expertise, souvent nécessaire pour déterminer et quantifier le préjudice économique ; de la difficulté à avoir accès aux pièces cruciales détenues par le contrevenant[1108] ; de la lenteur de la justice, qui repousse à un horizon lointain une éventuelle réparation du dommage ; enfin, des coûts indirects comme le temps nécessaire pour soutenir sa cause en justice.

439. **La victime comme agent rationnel.** La victime met en balance les avantages de l'action en réparation comparés à ses inconvénients. Il n'y a pas que le contrevenant qui procède à un calcul entre le coût et le bénéfice que lui retire son action. La victime, aussi, opère un tel calcul. Comme l'observe un auteur : « *Nous sommes tous coupables de l'apathie rationnelle […] Même si l'on est conscient de son préjudice, l'on n'a pas intérêt à agir* par rapport à l'investissement en coût et en temps qu'impliquerait une action »[1109].

440. ***Opt-in/opt-out.*** Le mécanisme *opt-in*[1110] dénoncé précédemment renforce l'apathie rationnelle des victimes. La volonté de se joindre à l'action est limitée au regard du préjudice individuel minime des victimes et du manque de culture de concurrence. Néanmoins, même si le législateur français prévoyait une action *opt-out*, le problème d'apathie ne serait forcément vaincu, il serait simplement déplacé au stade de l'indemnisation des victimes. L'action *opt-out*, autrement appelée « option d'exclusion », décrit un système dans lequel toute personne qui n'est pas expressément exclue du groupe est considérée comme partie à celui-ci. Or, « *il est fréquent que les membres du groupe, qui ne se sont pas manifestés pour s'exclure de celui-ci, ne se manifestent pas non plus pour obtenir les dommages-intérêts qui leur reviennent* »[1111].

441. **L'action de l'UFC : cartel de la téléphonie mobile.** En France, le phénomène d'apathie rationnelle s'est parfaitement illustré dans l'affaire du cartel de la téléphonie mobile. L'association avait engagé une action de groupe par voie d'intervention volontaire pour obtenir la réparation du préjudice des consommateurs. Malgré les moyens importants mobilisés par l'UFC-Que Choisir, seules 12 521 demandes

---

2004, spéc. n° 520, p. 514 : « *[…] l'histoire récente du droit de la concurrence est celle d'une – relative – réhabilitation de la place dévolue aux victimes. Toutefois, on le sait bien, bénéficier de la faculté d'engager une action en justice ne signifie pas nécessairement que son titulaire va la mettre en œuvre. Des freins existent :* il s'agit, dans le cas des consommateurs, des coûts et du manque de connaissances et, pour les entreprises, de la réticence à engager une procédure à l'encontre de leurs clients ou fournisseurs ».

1107 Expression tirée du livre du doyen Jean Carbonnier : J. Carbonnier, *Sociologie juridique*, 3e éd., PUF, 2016.

1108 Commission Staff Working Document, Impact Assessment Report, Damages action for breach of the EU antitrust rules, SWD(2013) 203 final, § 45 : « *The fact that antitrust cases, by nature, often require an unusually high level of very costly factual and economic analysis and present specific difficulties for claimants* regarding access to crucial pieces of evidence that are often kept secret in the hands of the defendants, deter many victims from bringing actions as they consider the risk/reward balance to be negative ».

1109 C. Prieto, « Inciter les actions en dommages et intérêts en droit de la concurrence : Le point de vue d'une concurrentialiste », in colloque AFEC, « Le livre blanc sur les actions en dommages et intérêts pour infraction aux règles communautaires sur les ententes et les abus de position dominante (Paris, 13 juin 2008) », Concurrences n° 2-2009, Art. N° 25907, p. 9.

1110 Rappelons que ce mécanisme oblige le consommateur à se manifester explicitement et dans un délai restreint pour adhérer à l'action de groupe.

1111 J. Barthélemy, L. Boré, « Constitution et action de groupe », *Constitutions* 2011, p. 507.

de réparation (sur 20 millions de victimes potentielles) ont finalement été déposées au tribunal[1112] : 99,94 % de victimes sont restées sans indemnisation[1113]. Le préjudice subi par les 20 millions d'abonnés était évalué à un montant compris entre 1,2 et 1,6 milliard d'euros[1114]. Le transfert de richesse des consommateurs aux opérateurs qui ont imposé un surprix était important. L'amende de l'Autorité n'a donc eu aucune portée confiscatoire des profits illicites[1115], faute d'avoir été suivie d'une action de groupe efficace qui, seule, aurait pu limiter les profits retirés par les opérateurs.

442. **L'apathie rationnelle en Europe.** En dehors du cas français, d'autres pays européens souffrent de la passivité des consommateurs qui n'agissent pas contre les auteurs d'infractions. À titre d'exemple, en Grande-Bretagne, une association de consommateurs avait intenté une action de groupe contre un fabricant de vêtements de sport (JJB Sports plc.) responsable d'une entente illicite pendant l'Euro 2000 sur le prix de tee-shirts d'un club de football. Malgré la forte publicité donnée à l'affaire et les milliers de consommateurs victimes, seuls 130 acheteurs se sont manifestés pour obtenir réparation du préjudice, soit moins de 0,1 % du groupe concerné[1116]. L'infraction fut donc très rentable pour les auteurs de l'entente illicite, qui n'ont pas eu à reverser le surprix payé par des milliers de consommateurs.

443. **« Paradoxe d'Olson ».** Plus généralement, la passivité des victimes dans le cadre d'une action de groupe peut s'expliquer à la lumière du « Paradoxe d'Olson ». L'auteur Mancur Olson, dans un ouvrage intitulé *Logique de l'action collective*[1117], a théorisé un paradoxe selon lequel il n'existe aucun lien entre l'existence d'intérêts communs et la formation d'une action collective. Selon l'auteur, la rationalité des acteurs les conduit à analyser les coûts de la mobilisation par rap-

---

1112 Précisions disponibles sur le site « Que choisir » : https://www.quechoisir.org/action-ufc-que-choisir-entente-te-lephonie-mobile-une-condamnation-historique-et-definitive-n14247. – V. aussi : M. Behar-Touchais, « Brèves remarques sur la mise en œuvre du droit à indemnisation, dans les dispositions relatives à l'action de groupe, du projet de réforme du droit de la consommation », *Gaz. Pal.* 16 mai 2013, n° 136, p. 44.

1113 Certes, la cour d'appel de Paris a estimé que l'action de groupe n'avait pas respecté les conditions prévues par l'article L. 622-1 et s'apparentait à un démarchage juridique illicite. Pour autant, on peut penser que l'autorisation du démarchage n'aurait pas résolu les problèmes d'apathie rationnelle. – V. G. Patetta, « 1ère table ronde : faciliter l'accès au juge (débats) », in colloque AFEC, *op. cit.*, note 1109, p. 25 : « *Si vous demandez à une association de consommateurs de demander à chaque consommateur de se manifester, cela devient impossible à gérer en pratique […]* » – J. Barthélemy, L. Boré, *op. cit.* note 1111. Aussi, selon l'auteur, l'option *opt-in* « *aboutit à la constitution de groupes assez anémiques* », car elle « *conduira la très grande majorité des personnes intéressées à ne faire aucune démarche, même simple, lorsque les préjudices individuels causés seront de faible importance, même si leur addition aboutit à des sommes considérables* ». La dispersion des dommages réduit la probabilité d'agir en justice, surtout « *lorsqu'un très grand nombre de personnes sont atteintes si faiblement que personne n'a intérêt, individuellement, à mener l'affaire devant les tribunaux* ».

1114 Site *L'Express – L'Expansion*, 12 décembre 2006 : « *"Cette décision nous satisfait pleinement, explique Alain Bazot, le président de UFC-Que Choisir. Mais tout n'est pas réglé pour autant." Reste en effet à indemniser les consommateurs floués. "La faute est établie. Il faut maintenant obtenir réparation." Selon lui, le préjudice est estimé entre 1,2 et 1,6 milliard d'euros sur trois ans. Il concerne 20 millions d'usagers, pour une moyenne de 60 à 120 euros par personne.* »

1115 Certains ayant considéré cette sanction comme « *édifiante* », considérant même que l'amende infligée mettait en « *exergue l'aspect confiscatoire et dissuasif de la sanction pécuniaire* » ; v. N. Fournier de Crouy, « La faute lucrative », thèse Paris-Descartes, 2015, p. 179.

1116 C. Brown, S. Campbell, « Towards a Class Action Regime for Competition Litigation: An Assessment of the Government's Proposals », *CPI Antitrust Chronicle* April 2013 (1).

1117 M. Olson, *Logique de l'action collective*, PUF, 1987.

port aux avantages éventuels. La mobilisation conduit paradoxalement à limiter l'intérêt individuel à agir sachant qu'il est possible, à la manière d'un passager clandestin, de retirer indûment le bénéfice du mouvement collectif sans avoir à en subir les coûts. Confrontons un exemple de droit du travail avec un exemple « concurrentialiste ». Dans le premier cas, parce que la grève a un coût et une issue incertaine, l'agent rationnel n'a pas intérêt à y participer. En effet, le non-gréviste peut bénéficier des avantages de la mobilisation (acquis sociaux par exemple) sans avoir à en payer le coût (des retenues de salaires par exemple). Dans le second cas au contraire, la victime ne pourra, en théorie, bénéficier des avantages de la mobilisation. Précisément, si elle ne se joint pas à l'action de groupe, elle ne pourra espérer obtenir le remboursement du surprix payé. Néanmoins, le coût de l'action, en théorie relatif et matérialisé par une perte de temps, car la victime doit s'informer du litige, retrouver les factures ou tickets susceptibles de prouver le préjudice puis effectuer certaines démarches pour éventuellement se joindre à l'action de groupe, se trouvera en pratique supérieur au bénéfice tiré de son consentement à l'action au regard du préjudice individuel minime susceptible de réparation. De plus, sans se greffer à l'action de groupe, à long terme, il est probable que le consommateur retire tout de même les bénéfices de la mobilisation. Si l'action est menée avec succès, l'entreprise condamnée adoptera une politique commerciale en faveur du consommateur pour restaurer son image de marque, ce dont profitera le consommateur qui, tel un passager clandestin, retirera alors les bénéfices de la mobilisation tout en étant resté passif.

444. **L'« effet badaud ».** En outre, l'ouvrage novateur de Malcolm Gladwell sur les comportements sociaux explique que l'effet de masse, quand plusieurs personnes sont victimes ou spectatrices d'un évènement, peut avoir pour effet d'inhiber leur intervention[1118]. L'altruisme des consommateurs qui s'uniraient pour faire porter sur le contrevenant une lourde condamnation se transformerait en une apathie générée par l'effet de masse, d'où ce qu'il appelle l'« effet badaud », un badaud définissant un promeneur curieux qui s'attarde à regarder les évènements avec oisiveté[1119], sans agir.

Par ailleurs, l'inefficacité de l'action de groupe ne tient pas seulement à l'apathie rationnelle des victimes. La nature de l'action de groupe à la française, qui se définit comme une action non confiscatoire des profits illicites, renforce aussi son inefficacité.

§ 2. Une action de groupe non confiscatoire des profits illicites

445. **Principe de réparation intégrale.** L'évaluation du préjudice collectif est soumise au principe de réparation intégrale. Le président de l'association UFC-Que Choisir souligne que l'action de groupe se heurte à l'indépassable obstacle de

---

1118 M. Gladwell, *Le point de bascule : Comment faire une grande différence avec de très petites choses*, Flammarion, 2016.

1119 Définition larousse.fr.

l'évaluation du préjudice. L'analyse du surprix n'étant pas (ou très rarement) fourni par l'Autorité de la concurrence, l'association ne peut se reposer sur son expertise pour évaluer le montant du dommage causé : « [L]a difficulté est dans l'évaluation du préjudice. Quelle est la part du prix trop perçu et qu'il faut restituer au consommateur ? *Si l'Autorité de la concurrence évalue le préjudice à l'économie et fixe le montant de l'amende, elle n'a pas pour mission de faire une expertise sur l'évaluation du préjudice subi par les consommateurs et donc notre droit d'agir est paralysé. Cela fait partie d'un des obstacles majeurs* »[1120]. En l'absence d'une analyse du surprix par l'Autorité, une évaluation précise du préjudice ne semble pas adaptée au contentieux de masse, lequel est de surcroît caractérisé par des dommages matériels diffus et de faible ampleur. De plus, l'analyse du surprix peut renforcer le coût de l'action de l'association, qui ne sera pas encouragée à effectuer une telle estimation.

446. **Restitution.** L'analyse quantitative du surprix permettrait, sous couvert de réparation du préjudice matériel, d'assurer la restitution des sommes indûment payées par le consommateur. En effet, en sachant quelle est la part exacte du surprix payé par le consommateur, l'association pourrait fixer le préjudice en exigeant le remboursement du prix trop perçu par l'entreprise. Cette réparation du dommage aurait une vocation cachée confiscatoire des gains illicites. L'impossibilité pour l'association de déterminer quel est exactement le surprix perçu par le fautif l'empêche de déterminer un remboursement à hauteur du profit perçu par ce dernier.

447. **Délaissement de la question du reliquat.** De même, l'impasse faite par le législateur sur la question du reliquat paralyse la fonction confiscatoire de l'action de groupe. Le reliquat décrit les sommes restantes une fois les réclamations individuelles obtenues. L'apathie rationnelle des victimes qui ne vont pas revendiquer leur créance va générer un important reliquat. Au stade de l'indemnisation, la distribution des dommages et intérêts sera faible si les créances ne font l'objet d'aucune réclamation. Aux États-Unis, ce problème est vaincu par la consécration d'un mécanisme de restitution collective des profits illicites par affectation des sommes non réclamées à un organisme[1121]. En France, la loi Hamon ne prévoit pas un tel dispositif. Les sommes non réclamées favorisent la faute lucrative en limitant les dommages-intérêts à verser par l'entreprise responsable du manquement de concurrence.

1120 Propos recueillis par L. Tavitian de la rédaction du Village de la Justice, Interview d'A. Blazot, président de l'UFC-Que Choisir.

1121 J. Kalajdzic, « Access to a Just Result: Revisiting Settlement Standards and Cy Pres Distributions », 6(1) *Can Class Action Rev* 215-251 (2010), p. 246.

Conclusion Chapitre 2

448. **Loi Hamon.** Les limites de l'action en réparation menée collectivement renforcent l'incitation rationnelle à enfreindre le droit de la concurrence. La loi Hamon est une norme pathologique[1122] ; elle souffre de nombreux vices congénitaux qui privent l'action de groupe de sa fonction dissuasive[1123]. Depuis l'entrée en vigueur de la loi, aucune action de groupe n'a encore été lancée dans le domaine de la concurrence. Le message dissuasif envoyé aux auteurs d'infractions est décrédibilisé par l'ineffectivité totale de l'action appliquée aux dommages concurrentiels. De plus en plus d'être ineffective, l'action de groupe à la française est condamnée à être inefficace[1124]. L'absence de mécanisme permettant de lutter contre l'apathie rationnelle des victimes qui ne réclament pas leur créance favorise le développement des fautes lucratives concurrentielles. En effet, l'« *indemnité que devra verser le défendeur en bout de course correspondra au nombre de réclamations effectivement présentées, c'est-à-dire un montant probablement fort éloigné du préjudice global réellement causé, ce qui n'aura nullement pour effet de priver les entreprises de leurs profits illicites* »[1125].

L'incitation rationnelle à enfreindre le droit de la concurrence n'est pas seulement encouragée par l'inefficacité conjointe de l'action privée en réparation des préjudices individuels et collectifs causés par les infractions de concurrence. Une approche managériale du droit[1126] permet de mettre en lumière comment l'agent rationnel – le *bad man*[1127] – peut limiter la fonction dissuasive de l'action privée en formant des stratégies juridiques « efficaces ».

1122 Rappelons qu'une norme « pathologique » est une norme souffrant de vices congénitaux empêchant son application. Une norme pathologique présente généralement plusieurs symptômes : elle est intrinsèquement imprécise, si bien qu'elle délivre un message dissuasif confus et se retrouve, en conséquence, difficilement applicable dans les tribunaux ; en outre, du fait de son caractère pathologique, elle s'avère incapable, pour des raisons diverses, de produire l'effet escompté. Les vices intrinsèques à la norme affectent son effectivité et/ou efficacité. V. *supra*, Partie I, Discussion préliminaire.

1123 S. Amrani Mekki, « L'action de groupe : un pas en avant, un pas en arrière ? », in *Réformes du droit civil et vue des affaires*, M. Bourassion, J. Revel (dir.), Dalloz, 2014, p. 283. L'auteur craint que cette procédure ne soit qu'« *un affichage politique dépourvu d'effectivité* ».

1124 Rappelons que l'effectivité signifie produire un effet, tandis que l'efficacité décrit le fait de produire l'effet attendu.

1125 P.-C. Lafond, « L'action de groupe à la française, ou l'art de rater une belle occasion », *op. cit.* note 1099, p. 331.

1126 A. Masson (dir.), *Stratégies d'instrumentalisation juridique et concurrence*, Larcier, 2013.

1127 O. W. Holmes, « The Path of the Law », 10 *Harv. L. Rev.* 457 (1897).

Chapitre 3
Les stratégies du *bad man* pour affaiblir l'effet dissuasif de l'action privée

449. **Rappel.** Pour une définition du *bad man*, rappelons que ce dernier décrit une forme d'agent rationnel qui cherche à instrumentaliser les failles du droit pour échapper à son application, ou limiter les conséquences indemnitaires attachées à son application. Pour plus de détails, nous vous renvoyons aux développements précédents[1128].

450. **Rétention de preuves.** La rétention de preuves – question très débattue aux États-Unis[1129] – constitue une stratégie courante visant à paralyser l'action en réparation. Un auteur américain dénonce la spécialisation de certaines entreprises dans la destruction des preuves pertinentes : « *La suppression [des preuves] va priver l'opposant d'une preuve pertinente et permettre un jugement favorable au* bad man »[1130]. La stratégie de rétention de preuve (Section 1) est particulièrement efficace pour faire échouer l'action indemnitaire de la victime.

451. **Droit de la réparation.** Par ailleurs, le développement du *private enforcement* visant à renforcer la dissuasion des pratiques anticoncurrentielles « *se heurte encore en pratique à de nombreuses difficultés procédurales et de fond* »[1131]. Ces difficultés procédurales sont exploitées par les agents économiques qui, en défense, rationnellement, se réfugient « *derrière le caractère "strictement compensatoire" de la responsabilité civile pour faire échouer ou minorer les demandes en réparation* »[1132], tantôt en invoquant la répercussion des surcoûts pour rejeter l'existence

1128 V. *supra*, Titre I, Chap. 2 ; pour la théorie du *bad man*, v. O. W. Holmes, « The Path of the Law », 10 *Harv. L. Rev.* 457 (1897).

1129 C. McCormick, K. Broun a., *McCormick on Evidence*, 6e éd., St. Paul, Minn. : Thomson/West (2006), § 265. – V. aussi, J. H. Wigmore, *Evidence*, Chadbourn rev. ed. (1979), § 277.

1130 C. Nesson, « Incentives to Spoliate Evidence in Civil Litigation: The Need for Vigorous Judicial Action », 13 *Cardozo L. Rev.* 793 (1991) : « *The fact that most civil cases settle before trial further reduces the spoliator's risk of being caught. Once a case settles, there is a virtually no chance of spoliation coming to light thereafter because the victimized litigant has no occasion, incentive, or practical means to investigate further. The case is closed. Fees are paid. The lawyers move on to other matters. This give a bad man a potent strategy : suppress and settle. Suppression will deprive the opponent of valuable evidence and will promote a favorable settlement; settlement will produce closure that effectively seals the case.* »

1131 *Ibid.*

1132 G. Zambrano, « L'inefficacité de l'action civile en réparation des infractions au droit de la concurrence – Étude du contentieux français devant le Tribunal de Commerce de Paris (2000-2012) », thèse Montpellier 1, 2012, p. 189 : « *Les auteurs d'infractions se réfugient derrière le caractère "strictement compensatoire" de la responsabilité civile pour faire échouer ou minorer les demandes de réparation. Notre victime devient ainsi le Shylock du droit de la concurrence, munie d'une créance protégée par la loi et dépourvue d'effet.* »

du préjudice ; tantôt en contestant le lien de causalité entre la faute et le dommage, ce qui « *peut conduire à un rejet ou à une minoration de la réparation* »[1133].

À ce titre, le droit de la réparation permet à l'agent fautif de former des prédictions sur le risque juridique tenant à l'application de l'action privée. Pour minorer le coût lié au versement des dommages et intérêts, le *bad man* peut se réfugier derrière certains principes dogmatiques pour faire échouer une action indemnitaire pourtant justifiée. Précisément, il peut former des stratégies de défense procédurales « efficaces » (Section 2) pour limiter la fonction dissuasive de l'action privée.

Section 1
La stratégie de rétention de preuve

452. **Hypothèse.** Imaginons une entreprise qui détient des documents litigieux dont la remise est indispensable pour la victime qui entend prouver l'infraction. La divulgation des documents présente des conséquences négatives, car la victime peut établir le manquement et quantifier plus précisément l'étendue du dommage. Au contraire, la dissimulation des preuves présente des conséquences positives, car la victime est paralysée dans sa preuve de l'infraction. La rétention a donc deux avantages :

- d'abord, elle réduit la probabilité d'être condamné en dissimulant les preuves de la faute concurrentielle ;
- ensuite, si l'infraction est tout de même établie, la rétention peut obscurcir le débat et minorer l'importance des dommages-intérêts susceptibles d'être versés en présence des pièces pertinentes.

453. **Incitation.** L'absence d'un système de sanction efficace des actes de rétention renforce l'incitation à détruire les preuves pertinentes. L'usage régulier, par les entreprises, de tactiques susceptibles de freiner la réparation du préjudice[1134] neutralise la fonction dissuasive de l'action privée. La crainte de l'agent fautif à l'égard d'éventuelles actions privées est minorée s'il peut lui-même, en supprimant les preuves pertinentes, paralyser leur développement et leur efficacité.

Pour assurer l'accès aux preuves des victimes et lutter contre la rétention, le juge français dispose de deux pouvoirs procéduraux : les injonctions de communication, c'est-à-dire la production forcée des documents, et les mesures d'instruction.

[1133] J. Vogel, « Stratégies et moyens de défense face à une action en dommages-intérêts pour atteinte au droit de la concurrence? », in colloque « Les sanctions du droit de la concurrence (Paris, 31 octobre 2012) », Concurrences n° 1-2013, Art. N° 50524.

[1134] À ce titre, notons qu'une étude menée par le professeur Deborah L. Rhode consistant à interroger des avocats sur l'éthique dans le milieu des affaires a permis de constater que 69 % des avocats antitrust interrogés ont rencontré des pratiques contraires à l'éthique, y compris le plus souvent des destructions de preuve. – V. D. L. Rhode, « Ethical Perspectives on Legal Practice », 37(2) *Stan. L. Rev.* 589-652 (1985). Source citée par C. Nesson, « Incentives to Spoliate Evidence in Civil Litigation: The Need for Vigorous Judicial Action », *op. cit.* note 1130 : « *One half of litigants believe that unfair and inadequate disclosure of material information prior to trial is a regular or frequent problem... and 69% of surveyed antitrust attorneys have encountered unethical practices, including most commonly, destruction of evidence.* »

454. **Observations du *bad man*.** Le *bad man,* désireux de détruire les preuves pertinentes, remarquera ceci : d'une part, la procédure d'injonction de produire les pièces est peu utilisée et la sanction du non-respect de l'injonction inexistante. Par conséquent, la rétention des preuves pertinentes est encouragée par l'inefficacité de la procédure d'injonction de produire (§ 1). D'autre part, les mesures d'instruction sur requête sont efficaces quand il y a un « effet de surprise ». Or, le recours à l'effet de surprise de la requête est très régulièrement rejeté par la Cour de cassation. Pour cette raison, la rétention des preuves est aussi encouragée par l'inefficacité des mesures d'instruction (§ 2).

§ 1. La rétention encouragée par l'inefficacité de la procédure d'injonction de produire

455. **Prédictions.** Le *bad man* qui redouterait les injonctions de communication des preuves pertinentes pourrait se rassurer en observant les trois obstacles consubstantiels à la procédure d'injonction.

456. **Exigence de précision.** Premièrement, la production forcée des pièces ne peut être ordonnée que si la demande est suffisamment précise. L'exigence de précision suppose une énumération détaillée des pièces demandées[1135]. À ce stade du litige, si le demandeur peut être précis pour qualifier le mal dont il se dit victime et pour, par des données factuelles, dénoncer les agissements du concurrent, il lui sera en revanche très fréquemment impossible de préciser exactement les documents dont il a besoin pour asseoir sa demande[1136]. Consciente du problème, l'ordonnance 2017 a repris les dispositions de la directive « Dommages » en permettant aux victimes de se référer à une catégorie de pièces[1137]. Néanmoins, la catégorie de preuve, pour être divulgable, devra être circonscrite « *de manière aussi précise et étroite que possible* »[1138]. L'affaire *Carrefour* du 25 septembre 2017 offre à ce titre une puissance illustration de l'approche stricte de la notion de « catégorie » de pièces[1139]. En l'espèce, les demanderesses avaient identifié une catégorie circonscrite des pièces à fournir. Elles visaient « *les études économiques* » produites par la défenderesse dans les deux procédures de sanction de l'Autorité de la concurrence. Les études en question étaient limitées et ne posaient donc pas de problème particulier d'identification. Le tribunal a estimé que la « catégorie » de pièces dont la production était demandée était trop large et qu'elle

---

1135 CA Besançon, 19 janvier 2011, n° 10/01667, *D.* 2011, p. 2891. Dans cette affaire, la cour d'appel de Besançon a considéré « *qu'il appartient [...] au requérant de préciser, par rapport à son cas particulier, la nature des documents susceptibles d'étayer les faits rendus crédibles* ». Or, comment imaginer qu'à ce stade du litige, le requérant puisse connaître avec exactitude les documents susceptibles d'étayer les faits ?

1136 P. Delebecque, J.-D. Bretzner a., « Droit de la preuve », *D.* 2011, p. 2891.

1137 Art. L. 483-1 de l'ord n° 2017-303 du 9 mars 2017 relative aux actions en dommages et intérêts du fait des pratiques anticoncurrentielles, *JORF* n° 0059 du 10 mars 2017, texte n° 29.

1138 Directive 2014/104/UE, art 5. § 8.

1139 T. com. Paris, 15e ch., 25 septembre 2017, *SAS Carrefour France et al c/ SAS Procter & Gamble Holding France*, n° 2016036862. Rappelons que, dans cette affaire, des sociétés du groupe Carrefour ont agi en réparation du préjudice causé par le cartel des produits d'hygiène et d'entretien précédemment condamné par l'Autorité. L'action est dirigée contre un seul des cartellistes : la société Procter & Gamble. Les demanderesses évaluent leur préjudice à 196,97 millions d'euros.

ne respectait pas la condition posée par l'article R. 483-1 du Code de commerce. Le tribunal procède donc « *à une application de la notion de "catégorie" de pièces de l'article R. 483-1 du code de commerce particulièrement restrictive [...] Il s'agit de quelques pièces, tout au plus, dont l'identification ne pose aucune difficulté. Avec une interprétation aussi rigoureuse du texte, on voit mal dans quel cas de figure une partie pourra demander la production d'une "catégorie" de pièces* »[1140].

457. **Exigence de légitimité.** Deuxièmement, l'article 138 du Code de procédure civile permet à une partie de demander au juge qu'il sollicite un accès aux pièces détenues par un tiers. La partie qui détient les pièces visées par une injonction de produire peut néanmoins faire valoir un empêchement légitime à communiquer les pièces. Cet empêchement légitime est souvent invoqué par l'Autorité de la concurrence. En effet, lorsque le juge dresse une injonction de produire des pièces du dossier concurrence, l'Autorité se retranche derrière le risque de violation du secret de l'instruction afin de ne pas divulguer les preuves[1141]. Dans un arrêt du 24 septembre 2014, la cour d'appel de Paris rappelle que l'Autorité n'a pas à assumer à la place du plaignant le risque de la violation du secret[1142]. Le tribunal s'était montré favorable à l'utilisation des preuves rattachées à la procédure devant l'Autorité de la concurrence. La cour relève que le tribunal n'aurait pas respecté « *l'empêchement légitime* » soulevé par l'Autorité de la concurrence. S'en déduisent deux choses : la première, que l'Autorité peut s'opposer à l'application de l'article 138 du Code de procédure civile[1143] en invoquant un « *empêchement légitime* » ; la seconde est que cet empêchement légitime peut être soulevé non pas en présence d'une probabilité certaine de violation du secret, mais en cas de « *risque* » potentiel de violation. Le risque pénal ne voulant être porté ni par le plaignant[1144] ni par l'Autorité, l'action indemnitaire des victimes se retrouve souvent paralysée[1145].

458. **Sanctions sous-dissuasives : l'astreinte et la présomption défavorable.** Enfin, la dernière limite au pouvoir d'injonction réside dans la nature des sanctions proposées au cas où la partie refuse d'obtempérer à l'injonction du juge :

- D'une part, le juge peut assortir le non-respect d'une injonction de production des pièces d'une astreinte[1146]. Or, comme le fait remarquer la magistrate

---

1140 R. Amaro, « Le contentieux de la réparation des pratiques anticoncurrentielles (sept. 2017 – févr. 2018) », Concurrences n° 2-2018, Art. N° 86716, pp. 225-239.

1141 Cass. com., 19 janvier 2016, n° 14-21.670, FS-P+B ; obs. L. Constantin, « Autorité de la concurrence : portée du secret des affaires et administration de la preuve », D. actualité, 29 février 2016.

1142 CA Paris, ch. 4, 24 septembre 2014, *SA Eco-Emballages et Valorplast c/ DKT et Aut. conc.*, n° 12/06864. – V. aussi dans le même sens : T. com Paris, 15e ch., 16 mars 2012, *SAS Ma liste de Courses c/ Société HighCo*, n° 2011014911.

1143 L'article 138 du Code de procédure civile permet à une partie de demander au juge qu'il sollicite un accès aux pièces détenues par un tiers.

1144 L'arrêt *Semavem* précité n'offre qu'une exception peu rassurante pour les victimes, dans la mesure où cette exception risque d'être interprétée restrictivement.

1145 Certes, l'arrêt en cause réaffirme le principe posé dans l'arrêt *Semavem* selon lequel l'exercice des droits de la défense peut justifier la divulgation des pièces couvertes par le secret de l'instruction. Néanmoins, cette exception risque d'être appréciée restrictivement ; – v. sur ce point T. Alès, A. Constans, « Les pratiques anticoncurrentielles et l'accès aux preuves devant les juridictions civiles et commerciales. La cour d'appel de Paris rappelle que le demandeur doit prendre ses responsabilités », *JCP E* n° 46, 13 novembre 2014, 1575.

1146 Art. 11, al. 2, CPC : « *Si une partie détient un élément de preuve, le juge peut, à la requête de l'autre partie, lui enjoindre de le produire, au besoin à peine d'astreinte* ».

Irène Luc, « *elles sont peu prononcées* »[1147]. De plus, on peut douter de la portée dissuasive de l'astreinte, étant donné que l'avantage retiré de la rétention des documents de nature à faire échouer l'action indemnitaire[1148] (et donc qui épargne ou limite considérablement le versement des dommages-intérêts) risque de se trouver supérieur au montant de l'astreinte. À titre de comparaison, pour punir la rétention de preuves, le système américain se dote de sanctions autrement plus dissuasives, comme les dommages et intérêts punitifs par exemple[1149].

- D'autre part, le Code de procédure civile prévoit dans son article 11, alinéa 1, que les « *parties sont tenues d'apporter leur concours aux mesures d'instruction sauf au juge à tirer toute conséquence d'une abstention ou d'un refus* ». À supposer que la production forcée soit rangée dans la catégorie des mesures d'instruction, ce qui est loin d'être évident[1150], la formule selon laquelle le juge pourrait, face à la résistance du défendeur, « *tirer toute conséquence du refus* » est peu claire. L'équivocité de la formule interroge sur le point de savoir si le refus de délivrer les preuves doit emporter présomption de l'infraction. La directive « Dommages » apporte à ce titre un éclaircissement en considérant que le juge peut tirer des conclusions défavorables à l'encontre de la partie qui est réticente à fournir les preuves pertinentes. Autrement dit, la rétention de preuves vaudrait présomption d'infraction. Néanmoins, la sanction de présomption défavorable n'a pas été reprise par l'ordonnance de transposition[1151]. Dans tous les cas, la sanction de présomption défavorable nous semble peu dissuasive. Si le seul risque pesant sur la partie réticente est la détermination de l'infraction qui aurait de toute façon été déterminée en divulguant les preuves, sans risque d'être punie pour la gravité du manquement et sans considération pour les conséquences néfastes de la rétention sur l'évaluation du préjudice, alors la partie mise en cause a tout à gagner à conserver les preuves pertinentes.

459. **Bilan.** Le risque juridique de la rétention de preuve apparaît bien mince comparé à l'avantage retiré par le *bad man* qui, en conservant les preuves pertinentes, va compliquer à l'excès la détermination et l'évaluation du préjudice concurrentiel de la victime. En l'absence d'une sanction dissuasive de la rétention de preuve,

---

1147 I. Luc, « Les freins institutionnels de la réparation », *LPA* 4 septembre 2017 n° 176 p. 19.

1148 Car, rappelons-le, la rétention prive la victime de la possibilité d'établir et de quantifier le préjudice.

1149 Matthiesen, Wickert & Lehrer, S.C., « Spoliation of evidence in all 50 states » (2015), https://www.mwl-law.com, v. p. ex. : *Re Prudential Ins. Co. of America Sales Prac. Litigation*, Civil Action No. 95-4704. MDL No. 1061. (1997).

1150 En effet, au regard du Code de procédure civile, la production forcée des documents ne fait pas partie des mesures d'instruction : le titre VII du CPC, intitulé « L'administration judiciaire de la preuve », comprend deux sous-titres différents. Dans le sous-titre 1, il traite des pièces ; dans le sous-titre 2, des mesures d'instruction. Au regard de cet agencement, nous pouvons présumer que le législateur refuse d'envisager la production forcée comme une mesure d'instruction. Au contraire, le Conseil d'État, dans l'arrêt *Barre et Honnet* (v. CE, 6 / 2 SSR, du 3 janvier 1975, n° 88512), range la production forcée dans la catégorie des mesures d'instruction. On peut donc s'interroger sur le point de savoir si, dans le cas où le défendeur refuse de se plier à la production forcée des documents, la sanction de présomption défavorable lui est applicable.

1151 Ord. n° 2017-303 du 9 mars 2017 relative aux actions en dommages et intérêts du fait des pratiques anticoncurrentielles.

le *bad man* est rationnellement incité à conserver les preuves pertinentes pour faire échec à l'action en réparation de la victime.

L'échec de l'action en réparation est d'autant plus probable qu'à l'inefficacité de la procédure d'injonction de produire les preuves se joint l'inefficacité des mesures d'instruction.

§ 2. La rétention encouragée par l'inefficacité des mesures d'instruction

460. La question se pose de savoir si la tactique du *bad man* qui entend détruire ou dissimuler les preuves pertinentes pour faire échouer l'action privée n'est pas vaincue par l'effet de surprise de la requête (A). Par ailleurs, l'agent rationnel peut toujours instrumentaliser le droit applicable, en l'occurrence les règles portant sur la protection du secret des affaires, pour ne pas divulguer les preuves pertinentes (B).

A. La tactique du *bad man* vaincue par l'effet de surprise de la requête ?

461. **La requête, seule parade aux techniques de rétention.** L'article 145 du Code de procédure civile dispose que « *[s]'il existe un motif légitime [...] les mesures d'instruction légalement admissibles peuvent être ordonnées à la demande de tout intéressé, sur requête ou en référé* »[1152]. Autrefois, la requête était subordonnée à l'urgence[1153]. L'urgence avait ceci d'injuste qu'elle faisait peu de cas du risque de destruction ou de dissimulation des preuves. Elle exigeait la démonstration d'une situation extrême où la partie adverse devait avoir commencé à détruire les preuves ou être sur le point de les détruire. Autoriser des mesures d'instruction dès lors que les preuves étaient déjà détruites ou à tout le moins en train de dépérir était dénué de logique. De plus, l'impossibilité de démontrer l'urgence faisait que la mesure d'instruction devait être prise en référé ou au cours du procès au fond. Pour cette raison, depuis un arrêt de la Cour de cassation, l'urgence n'est plus une condition de la recevabilité de la requête[1154].

1152 M. Foulon, « Quelques remarques d'un président de tribunal de grande instance sur l'article 145 du nouveau Code de procédure civile », in *Le juge entre deux millénaires : Mélanges offerts à Pierre Drai*, Dalloz, 2000, p. 311.

1153 Cass. civ. 2e, 23 novembre 1994 : *Bull. civ.* II, n° 241 ; Cass. civ. 2e, 11 mai 2006 : *Bull.* civ. II, n° 128. Dans ces arrêts, la Haute Cour considère que la mesure d'instruction avant tout procès sollicité par voie de requête ne peut être accordée « *qu'à la double condition qu'il soit justifié de l'urgence des mesures sollicitées et de l'existence de circonstances autorisant une dérogation au principe de la contradiction* ». – V. aussi : Cass. civ. 2e, 7 mai 2008, n° 07-14.857 et n° 07-14.860.

1154 Cass. civ. 2e, 15 janvier 2009, *Sté ITM Entreprise*, n° 08-10.771, FD : la Cour de cassation a considéré que « *l'urgence n'est pas une condition requise pour que soient ordonnées sur requête des mesures d'instruction sur le fondement de l'article 145 du code de procédure civile* ». – V. aussi : CA Paris, ch. 1-2, 16 novembre 2011, *Auto-Ritz c/ Automobiles Citroën*, n° 11/05787. Dans cet arrêt, la cour a rappelé que l'urgence n'était pas une condition d'application de l'article 145 du CPC.

462. **L'effet de surprise de la requête.** Lorsque la mesure d'instruction est prise sur requête, elle permet de faire échec au contradictoire : « *L'introduction d'une procédure contradictoire*, parce qu'elle avertit le défendeur, peut faire perdre à la mesure d'instruction son efficacité en présence d'un risque de dissimulation ou de destruction de preuve »[1155]. Faire échec au contradictoire permet d'assurer l'effet de surprise de la mesure d'instruction. Le « *risque de destruction ou de dissimulation de ces preuves commande de ne pas appeler la partie adverse* »[1156]. Le risque de destruction de preuve justifie que l'on craigne la procédure contradictoire, qui donne du temps à la partie mise en cause pour s'organiser et éventuellement détruire les documents pertinents. La Cour de cassation a déjà eu l'occasion de considérer lors d'un litige que « *la mission confiée à l'huissier de justice avait plus de chance de succès si elle était exécutée lorsque la partie adverse n'en était pas avertie* »[1157]. L'effet de surprise de la requête est donc officiellement reconnu en jurisprudence comme un outil de lutte contre les tactiques de rétention de preuve, que ce soit par dissimulation ou destruction des pièces pertinentes.

463. **La réticence prétorienne à admettre la requête.** Au regard de la théorie du *bad man*, avant d'enfreindre la loi, l'agent économique forme ses prédictions au regard de la jurisprudence[1158]. Or, le recours à l'effet de surprise de la requête est très régulièrement rejeté par la Cour de cassation. Un certain nombre d'arrêts dans lesquels le demandeur avait pourtant pris soin de justifier sa demande en invoquant la nécessité d'un effet de surprise pour obtenir des documents indispensables à l'établissement de l'infraction de concurrence témoigne d'une réticence prétorienne à admettre la requête[1159]. De même, dans l'affaire *Optical Center*, la

---

1155 O. Staes, « Application de l'article 145 CPC sur requête : l'urgence n'est pas une condition », JBS-2009-069, *Bull. Joly Sociétés*, 1er avril 2009 n° 4, p. 355.

1156 *Ibid.* ; v. égal. : S. Pierre-Maurice, « Secret des affaires et mesures d'instruction in futurum », D. 2002, n° 41, chron., p. 3133. – Cass. com., arrêt n° 183 du 16 février 2016, n° 14-25.340 : JurisData n° 2016-002552 : faisant valoir qu'elles étaient victimes d'actes de concurrence déloyale du fait du développement et de la commercialisation d'un produit similaire à celui sur lequel elles détiennent un brevet, des sociétés ont tenté d'obtenir sur requête une ordonnance désignant des huissiers afin qu'ils se rendent dans les locaux des entreprises pour soustraire des preuves informatiques. Le Groupe Abzac conclut dans sa requête que la mesure demandée est justifiée afin que « *les sociétés Achat Audit Conseil et de Trevillers Cartonnages* ne tentent de faire disparaître les preuves de leur comportement déloyal ». – Cass. civ. 2e, 7 janvier 2016, n° 14-25.781 : « *Attendu que la société Adelie Institute Consulting et Mme Z...- A... font grief à l'arrêt de les débouter de leurs demandes de rétractation des ordonnances rendues le 22 novembre 2013 ayant désigné un huissier de justice pour procéder à diverses investigations dans les locaux de la société Adelie Institute Corporate et au domicile de Mme Z...- A... ; Mais attendu que l'arrêt retient que les pièces annexées à la requête établissent la suppression, avant le 10 octobre 2013, de courriers électroniques et de fichiers, la dérogation au principe du contradictoire étant justifiée par la nécessité d'éviter la disparition ou la dissimulation des éléments de preuve, notamment des fichiers et courriels informatiques nécessaires à la mise en œuvre d'un éventuel procès en concurrence déloyale [...]* »

1157 Cass. civ. 2e, 15 janvier 2009, n° 08-10.771. – V. aussi Cass. civ. 2e, 23 juin 2016, n° 15-15.186 : « *Mais attendu qu'il résulte de l'arrêt et des productions que l'ordonnance du 18 juin 2013, qui vise de manière formelle le risque de dépérissement des preuves et la nécessité d'un effet de surprise, est motivée par renvoi à la nature des faits de concurrence déloyale expressément dénoncés dans la requête comme justifiant le recours à une procédure non contradictoire seule susceptible de garantir un nécessaire effet de surprise à la suite des premières investigations diligentées par un huissier de justice sur le lieu de travail de M. X...* ».

1158 *Supra*, « *Prediction Theory* », Partie I, Titre I, n° 226.

1159 Cass. civ. 2e, 19 mars 2015, n° 14-14.389. Dans cette affaire, une société s'estimant victime d'actes de concurrence déloyale (actes de détournement de clientèle) avait obtenu sur requête la désignation d'un huissier de justice aux fins notamment d'audition de personnes, de constatations, remises et copie de docu-

Cour de cassation est venue clairement limiter l'intérêt de la requête et de son effet de surprise.

464. **Affaire *Optical Center*.** Dans cette affaire, soucieuse de démontrer des pratiques constitutives de concurrence déloyale, une entreprise avait demandé au juge, saisi par voie de requête, de désigner un huissier de justice avec pour mission de procéder à diverses constatations auprès de plusieurs opticiens concurrents. Néanmoins, pour l'efficacité de la mesure, le juge avait autorisé l'huissier à opérer dans l'anonymat et « *à ne faire état de l'ordonnance le commettant et fixant sa mission qu'une fois cette dernière accomplie* ». La partie mise en cause sollicita la rétractation de l'ordonnance[1160], ce qui lui fut refusé par la cour d'appel au motif « *qu'aucun texte ne précise quand l'huissier de justice commis doit dévoiler son identité* ». La décision a par la suite été cassée. Dans cet arrêt, la Cour note que « *le respect du principe de la contradiction qui fonde l'exigence posée à l'alinéa 3 de l'article 495 du code de procédure civile, requiert que copie de la requête et de l'ordonnance soit remise à la personne à laquelle elle est opposée* antérieurement à l'exécution des mesures d'instruction qu'elle ordonne. *L'ordonnance ne peut être exécutée contre cette personne qu'après lui avoir été notifiée* »[1161]. Au regard de cette décision, il apparaît clairement que la Cour de cassation vide la mesure d'instruction sur requête de son effet de surprise : « *Autrement dit, il n'est*

---

ments sur tous supports y compris informatiques. La requête se justifiait par la volonté d'éviter le risque de dépérissement des preuves. La Cour de cassation considéra que la motivation du demandeur ne faisait que reprendre les « *termes de l'article 493 du code de procédure civil, sans démonstration ni prise en compte d'éléments propres au cas d'espèce* ». Cette décision est très sévère, car elle assimile les justifications sur des actes de détournement de clientèle – lesquels peuvent être prouvés par des pièces détenues par l'autre partie et qui peuvent être détruites – à une requête trop générale ne justifiant pas de faire exception au principe de contradiction. – V. aussi Cass. civ. 2e, 8 janvier 2015, n° 13-27.740 : dans cette affaire, une partie s'estimait victime de la violation d'une clause de non-concurrence à propos de meubles traditionnels qui ne devaient pas être commercialisés par le cédant. Logiquement, la cour d'appel rejeta la demande de rétractation de l'ordonnance, considérant que les circonstances de la cause justifiaient que la mesure sollicitée ne soit pas prise contradictoirement. En effet, le demandeur soulignait avec justesse que si l'adversaire était averti de la mesure, il retirerait du magasin les meubles dont la commercialisation violait la clause de non-concurrence, pour ne laisser que les meubles dont la commercialisation avait été expressément autorisée. Cet argument n'a pas convaincu la Cour de cassation, laquelle casse la décision de la cour d'appel. – Cass. com., 23 septembre 2014, n° 13-20.469. Dans cette affaire, le demandeur invoquait « *clairement l'éventualité de l'engagement d'une action en concurrence déloyale et la nécessité d'obtenir préalablement la communication de documents complémentaires devant notamment être recherchés dans le système informatique de la société CRM Elec et copiés sur tout support utile* ». Le demandeur invoquait en même temps la nécessité de l'effet de surprise, craignant que les documents soient supprimés si l'adversaire était averti, sachant de plus que les documents pouvaient aisément être détruits. Malgré les justifications du demandeur, qui avait pourtant pris soin de préciser sa requête, la Cour de cassation sanctionna la cour d'appel qui avait rejeté la demande de rétractation de l'ordonnance. – Cass. civ. 2e, 5 juin 2014, n° 13-20.333 : « *Qu'en se déterminant ainsi, par des motifs impropres à justifier l'existence dans la requête ou dans l'ordonnance de circonstances susceptibles de justifier une dérogation au principe de la contradiction, la cour d'appel a privé sa décision de base légale au regard des textes susvisés [...]* » – Dans le même sens, Cass. civ. 2e, 26 juin 2014, n° 13-18.895.

1160 Un auteur a démontré qu'en règle générale, la partie mise en cause par la mesure sollicite et obtient souvent la rétractation de l'ordonnance sur requête : P. Delebecque, J.-D. Bretzner, I. Gelbard-Le Dauphin, « Droit de la preuve », *op. cit.* note 1137 ; décisions citées : CA Paris, 25 mai 2010, n° 2009/058826 ; CA Paris, 13 octobre 2010, n° 10/03314 ; CA Paris, 25 janvier 2011, n° 10/12672 ; CA Paris, 22 février 2011, n° 11/00253 ; CA Paris, 8 avril 2011, n° 10/10392.

1161 Cass. civ. 2e, 10 février 2011, n° 10-13.894, *Bull. civ.* II, n° 36 ; « Ordonnance sur requête : respect du principe de la contradiction », *D.* 2011, p. 600.

pas question pour l'huissier de justice qui a été commis judiciairement en vue de dresser un constat de ne pas révéler d'entrée de jeu sa qualité d'huissier de justice ; ce qui pratiquement revient à dire que l'on exclut tout effet de surprise qui pourrait se révéler fécond *[...] Reste à savoir si la vérité y gagnera* »[1162].

Par ailleurs, l'instrumentalisation, par la partie mise en cause, du secret des affaires limite aussi considérablement l'accès aux preuves.

B. L'instrumentalisation du secret des affaires

465. **Droits antinomiques.** Le secret des affaires pose d'emblée la victime dans une pesanteur probatoire. Pour prouver l'infraction, elle doit avoir accès aux documents sous réserve de la démonstration d'un motif légitime[1163]. Néanmoins, la démonstration d'un motif légitime peut se trouver contrecarrée par l'invocation d'un empêchement légitime[1164], en l'occurrence la protection du secret des affaires.

466. **Instrumentalisation du secret des affaires.** Le secret des affaires n'étant pas clairement défini[1165], il est instrumentalisé et « *conduit à de véritables levées de boucliers des défenseurs de ces principes qui les brandissent lorsqu'ils sont en défense et s'en offusquent lorsqu'ils sont en demande* »[1166]. Si la protection du secret des affaires sert à éviter le développement d'actions juridiques opportunistes de la part des entreprises qui souhaiteraient avoir accès aux informations stratégiques des concurrents[1167], force est de reconnaître que cette protection constitue

---

1162 Cass. civ. 2e, 10 février 2011, n° 10-13.894, obs. R. Perrot, « Constat d'huissier de justice ordonné judiciairement : notification préalable de la requête et de l'ordonnance », *RTD civ.* 2011, p. 387.

1163 Cass. civ. 2e, 20 mars 2014, n° 13-11135, *Bull. civ* II, n° 76: « *Mais attendu que le juge, saisi d'une demande de rétractation de l'ordonnance sur requête ayant ordonné une mesure sur le fondement de l'article 145 du code de procédure civile et tenu d'apprécier au jour où il statue les mérites de la requête, doit s'assurer seulement de l'existence d'un motif légitime à ordonner la mesure probatoire et des circonstances justifiant de ne pas y procéder contradictoirement [...]* »

1164 Cass. com., 10 février 2015, n° 13-14.779, obs. R. Routier, « Qui est légitime : le motif d'une mesure d'instruction *in futurum* ou l'empêchement résultant du secret bancaire », *Revue Droit bancaire*, 1er avril 2015, n° 4, p. 6.

1165 Au niveau européen, une réflexion a été menée à propos de la notion de secret d'affaires. Cette réflexion s'est traduite par une proposition de directive le 28 novembre 2013 par la Commission européenne. Cette directive a été également adoptée par le conseil de l'Union européenne le 26 mai 2014. Les réflexions menées en France sur le secret d'affaires ont conduit à la loi Carayon et Urvoas : Proposition de loi relative à la protection du secret des affaires, Urvoas, n° 2139, http://www.assemblee-nationale.fr/14/propositions/pion2139.asp, intégrée puis retirée de la loi Macron, 30 janvier 2015. – Proposition de loi visant à sanctionner la violation du secret d'affaires, Carayon, n° 3985, http://www.assemblee-nationale.fr/13/propositions/pion3985.asp. Dans l'ensemble, ces lois n'ont apporté aucune définition précise du secret d'affaires. La loi Carayon et Urvoas range dans le secret d'affaires les informations « *ne présentant pas un caractère public et dont la divulgation non autorisée serait de nature à compromettre gravement les intérêts de l'entreprise* » sans définir précisément la notion de secret d'affaires, mais simplement en considérant que les informations confidentielles ayant une valeur commerciale peuvent le caractériser.

1166 M. Duparc, « L'accès aux preuves : une législation inadaptée », *LPA* 4 septembre 2017, n° 176, p. 21.

1167 I. Luc, « Le rôle du juge dans l'administration et l'appréciation de la preuve dans le contentieux commercial : vers un dépassement de l'adage "*da mihi factum, dabo tibi jus*" », *AJCA* 2015, p. 202 : « *Le risque pour le demandeur (et le défendeur) de devoir dévoiler des informations stratégiques à l'occasion du procès n'est pas négligeable. Néanmoins, l'intérêt de l'autre partie peut justifier la divulgation de ces pièces. Il appartient au juge commercial, dans son pouvoir d'appréciation, de mettre ces intérêts contradictoires en balance, car le secret des affaires n'est pas absolu et ne peut en soi constituer un empêchement légitime à communiquer des pièces.* »

un vrai frein à l'action en réparation de la victime[1168]. L'entreprise fautive peut stratégiquement soulever l'excuse du secret des affaires pour en réalité préserver des renseignements susceptibles d'établir sa responsabilité. Sur ce point, le professeur François-Xavier Lucas souligne le risque que le secret des affaires devienne « *un talisman que le défendeur n'aurait qu'à brandir pour conjurer le risque de voir un expert se pencher sur ses secrets, grands ou petits* »[1169]. Selon un autre auteur, le risque existe que la confidentialité des affaires « *ruine* » l'intérêt de l'article 145 du Code de procédure civile[1170]. Pour un autre encore, l'imprécision de la définition du secret d'affaires, si elle permet « *de ne pas limiter la liste des informations protégeables* », peut ouvrir également « *la porte à un secret abusif dont la protection porterait atteinte à l'exercice de certaines libertés fondamentales* »[1171]. En conséquence, la Cour de cassation, au lieu de préciser quels secrets sont mis en péril par la divulgation des preuves, peut se contenter d'une formule pour le moins générale pour rejeter la mesure d'instruction en considérant que l'expertise comptable demandée pour établir l'infraction « *aurait permis* » de connaître la « *structure commerciale* » de l'entreprise concurrente[1172]. Sachant que la structure commerciale définit, peu ou prou, tout ce qui forme une entreprise – de l'organisation de son équipe à l'agencement de ses projets –, en revenir à cette notion pour invoquer le secret, c'est ouvrir la porte à un secret abusif susceptible, en lui-même, de faire obstacle à l'application de l'article 145 du Code de procédure civile[1173].

1168 Quand bien même la Cour de cassation rappelle que « *le secret des affaires ne constitue pas en lui-même un obstacle à l'application de l'article 145 du code de procédure civile, dès lors que la mesure est nécessaire à la protection des droits de la partie qui l'a sollicitée et ne comporte aucune atteinte à une liberté fondamentale* » ; v. Cass. civ. 2e, 8 février 2006, *Bull. civ*, II, n° 44. – Cass. com., 19 mars 2013, n° 12-13.880 : JurisData n° 2013-004860.

1169 Cass. civ. 2e, 7 janvier 1999, n° 95-21.934, obs. F.-X. Lucas, *Bull. Joly Sociétés*, 1999, p. 666, § 148.

1170 A.-M. Batut, « Les mesures d'instruction "in futurum" », Rapport annuel de la Cour de cassation, 1999, p. 99.

1171 D. Martin, « Le secret d'affaires, notion en devenir », *LPA* 31 juillet 2015, n° 152, p. 4 : « *Toutefois, la définition du secret d'affaires proposée actuellement tant sur le plan national qu'européen reste relativement imprécise. Une telle imprécision présente, certes, l'avantage de ne pas limiter la liste des informations protégeables au titre du secret mais il est permis de se demander si elle n'ouvre pas également la porte à un secret abusif dont la protection porterait atteinte à l'exercice de certaines libertés fondamentales, voire s'ajouterait inutilement aux dispositifs de protection existants.* »

1172 Cass. com., 5 janvier 1988, n° 86-15.322, *D.* 1989, p. 357, obs. G. Virassamy : « *[L]'expertise demandée permettrait à la société Allum de connaître, malgré le secret des affaires, la structure commerciale de sa concurrente. La cour d'appel, considérant qu'il lui appartenait d'apprécier l'opportunité de la mesure sollicitée, a constaté l'absence d'intérêt légitime de la société Allum [...]* »

1173 Notons que, parfois, la Cour de cassation rejette la mesure d'instruction sans préciser le motif du rejet. – V. Cass. civ. 2e, 24 septembre 2015, F-D, n° 14-19.012 ; obs. G. Loiseau, « Le pouvoir d'investigation de l'huissier dans les données informatiques de l'entreprise », *CCC* n° 11, novembre 2015, comm. 89. Dans cette affaire, la Cour de cassation, s'agissant de sociétés suspectant un acte de concurrence déloyale, a rejeté la mission d'investigation donnée à l'huissier en raison de l'existence d'une « *atteinte disproportionnée aux droits des sociétés appelantes* ». Or, comme le souligne un auteur dans le commentaire de cet arrêt : « *La Cour de cassation se garde bien toutefois de préciser de quels droits il s'agit [...].* S'agirait-il du droit de propriété de l'entreprise sur les données collectées ou, d'un tout autre point de vue, de ses droits d'ordre procédural qui lui garantissent que la mesure ordonnée n'excède pas les mesures légalement admissibles au sens de l'*article 145 du Code de procédure civile ?* » À notre sens, la Cour de cassation, mal à l'aise de considérer que les mesures d'instruction se heurtent au secret des affaires afin de ne pas contredire sa jurisprudence selon laquelle celui-ci ne constitue pas en lui-même un obstacle aux mesures d'instruction (Cass. com., 19 mars 2013, n° 12-13.880 : JurisData n° 2013-004860), a préféré se rabattre sur l'atteinte aux droits sans même définir les droits en question.

467. **Bilan.** Le *bad man* peut se réfugier derrière la protection du secret des affaires pour limiter l'accès aux preuves et ainsi faire échouer l'action en réparation de la victime. Le droit à la preuve et le droit à la protection du secret des affaires sont difficilement conciliables. En droit de la concurrence, l'accès à la preuve d'une entreprise implique nécessairement une intrusion dans ses intimes affaires. En conséquence, le secret des affaires peut « *facilement anéantir toute possibilité pour le justiciable ayant pourtant un droit particulier d'établir ces faits* » constitutifs de l'infraction[1174]. D'autant plus que le principe de loyauté procédurale interdit à la victime d'une infraction de concurrence d'user de procédés déloyaux pour accéder aux preuves retenues par la partie mise en cause[1175]. Pourtant, le stratagème déloyal imaginé par la victime pourrait permettre de compenser la déloyauté du *bad man* qui dissimule les preuves pertinentes[1176].

Par ailleurs, d'autres stratégies sont possibles pour l'agent fautif confronté à une action en dommages-intérêts et qui entend neutraliser le coût économique lié à l'application de l'action privée. La partie mise en cause peut se réfugier derrière certains principes du droit de la responsabilité civile pour faire échouer les demandes indemnitaires. De nombreuses stratégies de défense procédurales sont « efficaces » pour limiter le coût attaché à la réparation du dommage concurrentiel.

Section 2
Les stratégies de défense procédurales « efficaces »

468. **Rappel : la norme refuge.** Parmi les normes incitatives à la violation du droit de la concurrence, nous avons évoqué précédemment « les normes refuges »[1177]. Une norme refuge est une norme derrière laquelle se réfugie le contrevenant pour affaiblir ou faire échec à une action indemnitaire intentée contre lui. Le droit de la réparation, qui exige la démonstration d'un dommage « personnel », offre un « refuge » au fautif, qui en défense peut soulever au moins trois arguments classiques pour échapper ou limiter le versement des dommages et intérêts :

- **Moyen de défense tiré de la réparation du seul dommage.** L'article 1240 du Code civil constitue une norme refuge pour l'agent fautif[1178]. Confronté

1174 M. Duparc, « L'accès aux preuves : une législation inadaptée », *op. cit.* note 1167.

1175 Colloque, « La loyauté en matière civile, commerciale, pénale et administrative », 15 octobre 2015, TGI Paris : *Procédures* 2015, dossier 7. Au regard du principe de loyauté procédurale, les éléments probatoires obtenus par des procédés déloyaux ne sont pas recevables devant les juridictions civiles et commerciales.

1176 M. Duparc, *loc. cit.* Le principe de loyauté dans l'administration de la preuve conduit à un paradoxe : « *[L'] illégalité à laquelle est rattachée la déloyauté invoquée est inversée, puisque c'est le concurrent déloyal qui se voit conférer plus de droits et notamment celui d'échapper à la loi, faute de pouvoir établir des faits pourtant délictueux.* »

1177 V. *supra*, Partie I, Discussion préliminaire, n° 78 et s.

1178 Art. 1240 du Code civil : « *Tout fait quelconque de l'homme, qui cause à autrui un dommage, oblige celui par la faute duquel il est arrivé à le réparer.* » Cet article réaffirme donc l'obligation de « réparer » le dommage, et non de restituer les gains indus réalisés par le fautif.

à une action en dommages-intérêts, le *bad man* peut se réfugier derrière le droit de la réparation pour rappeler au juge l'obligation faite « *de réparer tout le dommage mais rien que le dommage* ». Cet argument de défense permet au fautif d'éviter la restitution des gains illicites retirés de la faute commise – le parasite n'étant tenu que de réparer le dommage causé. De plus, lorsque la victime n'a pas accès aux preuves pertinentes, cet argument paralyse l'action en réparation, qui ne peut invoquer les gains indus du coupable pour justifier le préjudice. En somme, le strict respect du principe compensatoire derrière lequel se réfugie le *bad man* génère des fautes lucratives. Nous ne reviendrons néanmoins pas sur ce point largement développé précédemment[1179].

- **Moyen de défense tiré de l'imputabilité de la pratique.** Lorsqu'une société mère est tenue responsable des actes de sa filiale, une stratégie de défense classique consiste à se réfugier derrière l'autonomie comportementale de la filiale pour écarter l'action en dommages et intérêts. La détermination de l'imputabilité a une incidence importante, car elle conditionne la responsabilité de l'auteur de la faute concurrentielle. Selon que le juge retienne la responsabilité solidaire de la société mère et de la filiale, qui forment une entreprise au nom du principe d'unité économique, ou selon, au contraire, qu'il rejette ce principe d'unité et ne retienne que la faute personnelle de chaque société, la charge de la preuve sera différente pour la victime. Dans la seconde hypothèse, dans le cas particulier d'un recours autonome[1180], la victime devra rapporter la preuve d'une faute personnelle de la mère au sein du groupe. Or cette preuve est excessivement difficile à rapporter, ce qui favorise l'agent fautif, qui peut injustement rester impuni.
- **Moyen de défense tiré de la répercussion du surcoût.** Au regard des critères du dommage réparable, le moyen de défense tiré de la répercussion des surcoûts est susceptible de faire échouer l'action privée indemnitaire. La réparation du dommage n'est possible que si le demandeur prouve qu'il a subi un préjudice personnel. Cette condition constitue un « refuge » pour le fautif qui va souligner qu'elle n'est pas satisfaite en cas de répercussion totale du surcoût par l'acheteur direct. Dans ce cas, la victime ne peut prétendre que la faute lui a causé un dommage, car elle a répercuté le surcoût sur ses propres clients. En conséquence, le fautif qui a réalisé un profit du manquement causé reste impuni, car le dommage causé a été compensé par la répercussion.

469. **Efficacité de ce moyen de défense.** L'argument tiré de la répercussion défensive constitue une solution pour le *bad man* qui cherche à éviter ou diminuer le montant des dommages-intérêts à verser. Comme les juges ont pu le souligner dans

---

1179 *Supra*, Partie I, Titre II, n° 338 et s.

1180 Dans le cadre d'une action de suivi, on peut imaginer que la victime profite de la présomption consacrée par l'Autorité de la concurrence de l'imputabilité de la mère des agissements de sa filiale ; v. CJCE, 10 septembre 2009, *Akzo Nobel c/ Commission*, aff. C-97/08, *Rec.* p. I-08237 ; v. aussi J.-P. Kovar, « Sanction des pratiques anticoncurrentielles et personnalité des peines », *RUE* 2015, p. 362.

le célèbre arrêt *Hanover Shoe*, la répercussion du dommage atomise l'action en réparation et permet au contrevenant de préserver la totalité du résultat lucratif de l'infraction[1181]. Cette décision fut la première à souligner clairement l'incidence de ce moyen de défense sur le risque de faute lucrative. La Cour a en effet reconnu que la recevabilité de ce moyen de défense rentabilise l'infraction de l'agent économique, faute de plaignants susceptibles de lui intenter un procès[1182] ou capables de déterminer leur préjudice.

470. **Incidence sur la dissuasion.** En offrant une échappatoire à l'agent fautif, la recevabilité du *passing-on defence* devant le juge civil a une incidence sur l'incitation à enfreindre le droit de la concurrence. L'efficacité de l'argument, en défense, de la répercussion des surcoûts (§ 1) – qu'il soit justifié ou non[1183] – est discutable, car il minore le rôle dissuasif assigné à l'action privée. Par ailleurs, le rejet de l'imputabilité de l'infraction sur la filiale (§ 2) peut aussi constituer une échappatoire pour l'agent fautif qui se retranche derrière l'action de la filiale pour limiter ou échapper au risque juridique du *private enforcement.*

§ 1. L'efficacité du moyen de défense de la répercussion des surcoûts

471. **Prédiction du *bad man*.** Considérant que « *la répercussion des [sur]coûts est la pratique commerciale habituelle et normale* »[1184], l'agent économique rationnel peut « prédire » qu'il a de grandes chances d'échapper au versement de dommages et intérêts, faute pour la victime d'établir un dommage. Une étude empirique a démontré que « *les actions en réparation du surcoût causé par un cartel [...] échouent irrémédiablement sur le moyen de défense tiré de la répercussion du surcoût* »[1185]. Cette étude a néanmoins été réalisée avant l'entrée en vigueur de l'ordonnance 2017 relative aux actions en dommages et intérêts. L'ordonnance opère à un renversement de la charge de la preuve. Le demandeur bénéficie désormais d'une présomption simple d'absence de répercussion[1186]. Il appartient donc au défendeur d'établir la preuve de la répercussion par le demandeur du prix excessif sur ses propres clients. Ce renversement de la charge de la preuve va avoir pour effet d'augmenter le succès des actions en réparation, car il sera très difficile pour le contrevenant de prouver l'existence d'une répercussion. Si, en principe, la

---

1181 *Hanover Shoe v. United Shoe Machinery Corp.*, 392 U.S. 481 (1968).

1182 *Ibid.* : « *In consequence, those who violate the antitrust laws by price fixing or monopolizing would* retain the fruits of their illegality *because no one was available who would bring suit against them* ».

1183 C'est-à-dire que la victime ait ou non répercuté son préjudice.

1184 Cass. com., 15 mai 2012, n° 11-18.495 : « *Mais attendu que la preuve du préjudice incombe à la partie qui l'invoque ; que l'arrêt après avoir relevé que la répercussion des coûts est la pratique commerciale habituelle et normale, retient que les sociétés Coopérative Le Gouessant et Sofral ne démontrent pas qu'elles n'avaient pas pu répercuter les effets de la hausse des prix de la lysine sur leurs clients [...]* ».

1185 G. Zambrano, « L'inefficacité de l'action civile en réparation des infractions au droit de la concurrence », *op. cit.* note 1132, p. 26. L'auteur note aussi qu'un constat empirique similaire peut être effectué en Allemagne ou au Royaume-Uni.

1186 Art. L. 481-4, ord. 2017.

théorie économique fournit des outils pour estimer la répercussion[1187], ces critères restent très généraux[1188] et les nombreuses variations qui peuvent intervenir du fait de la pression concurrentielle, du caractère dynamique du marché, des fluctuations de la demande et plus généralement des évolutions cycliques de la conjoncture économique vont compliquer à l'excès la preuve de la répercussion.

472. **Perte d'efficacité de ce moyen de défense ?** En somme, le moyen de défense tiré de la répercussion risque d'être moins efficace pour l'agent rationnel qui soulève cet argument pour faire échouer l'action en réparation. Néanmoins, le *bad man* a tout de même un intérêt à instrumentaliser ce moyen de défense, lequel va permettre d'allonger la durée du débat judiciaire au regard des difficultés que pose le calcul du taux de *passing-on*[1189].

De plus, l'instrumentalisation de ce moyen de défense risque, à terme, de générer de l'apathie rationnelle chez les victimes découragées d'agir en réparation (A). L'ordonnance 2017 relative aux actions en dommages et intérêts a tenté de corriger l'incidence néfaste de ce moyen de défense sur l'efficacité de l'action privée en renversant la charge de la preuve de la répercussion, laquelle incombe désormais au défendeur. Néanmoins, les conflits probatoires entre l'acheteur direct et l'acheteur indirect vont favoriser l'agent fautif. Ces conflits, soulignés en doctrine par plusieurs économistes, sont d'une grande actualité au regard de l'ordonnance « Dommages » (B).

1187 L'intensité de la concurrence en aval, l'égalité ou l'inégalité du surcoût subi entre les concurrents ou encore la marge de l'acheteur direct par rapport au surcoût sont les principaux critères théoriques pour estimer la répercussion. Néanmoins, à ces critères théoriques, doivent s'ajouter d'autres critères qui servent d'ajustement : la prise en compte de l'effet volume permet de s'éloigner d'une vision caricaturale selon laquelle la répercussion minorerait nécessairement le préjudice de la victime. En effet, dans le cas où l'acheteur direct répercute le surprix sur ses clients, si la demande est élastique au prix, la baisse de la demande réduira son volume de vente et l'acheteur sera pénalisé. – V. pour plus de détails : E. Combe, « "Le Passing-on defence" : Une introduction économique », Concurrences n° 4-2011, Art. N° 39101 : « *Si la concurrence en aval est très vive, les prix vont tendre mécaniquement vers le coût marginal de production et les marges seront proches de zéro. Dans ces conditions, les victimes directes n'auront pas d'autre choix que de reporter la totalité du surcoût sur leurs clients, sinon elles subiront des pertes. [...] Si la hausse du prix n'affecte pas tous les clients directs (les distributeurs dans notre exemple), il est probable que ceux qui sont affectés ne répercuteront pas ou peu la hausse de coût qu'ils subissent sur le prix proposé à leurs clients, de peur que ces derniers ne partent chez leurs concurrents.* » – V. aussi : E. Frot, O. Sautel, « Demander réparation d'un préjudice causé par une pratique anticoncurrentielle : le mode d'emploi de la Commission européenne », *RLDA* décembre 2011, n° 66 : selon les auteurs, la comparaison du prix du produit cartellisé avec le prix du produit final permet d'estimer le taux de *passing-on*.

1188 F. Rosati, « Le "Passing-on defence" : Les critères d'évaluation économiques », Concurrences n° 4-2011, Art. N° 39101 : « *De manière générale, ce taux [de* passing-on*] dépend d'un grand nombre de paramètres empiriques spécifiques à chaque marché. Par conséquent, il existe très peu de critères généraux permettant d'en estimer l'importance, ne serait-ce que de façon approximative.* ». De même, selon l'auteur, « *[...] le prix du produit final ne dépend pas seulement du prix du produit cartellisé mais aussi de nombreux autres facteurs, tels que les prix des autres intrants utilisés dans la fabrication du produit final et les conditions de la demande et de l'offre sur le marché du produit final.* »

1189 Allonger la durée des débats peut avoir plusieurs avantages pour le contrevenant, qui va ainsi augmenter les coûts du procès du concurrent victime – coûts qui pourront grever les dépenses prévues en recherche et développement. Cette tactique peut permettre de préserver indûment une position concurrentielle potentiellement remise en cause par le concurrent qui investit dans l'innovation. De même, si l'entreprise victime est un nouvel entrant sur le marché, allonger la durée du procès peut avoir de graves conséquences pour cette dernière, qui n'a alors pas le temps d'affermir sa stratégie commerciale. Or, un nouvel entrant dispose d'un temps restreint pour pénétrer le marché, car il risque de disparaître avant la fin de la procédure.

A. L'apathie rationnelle des victimes découragées d'agir en réparation

473. **Apathie rationnelle.** La concurrence entre la plainte de l'acheteur direct et l'acheteur indirect agit négativement sur l'intérêt à agir en réparation. Les auteurs américains Gregory J. Werden et Marius Schwartz ont développé un modèle économique prévoyant différentes combinaisons ayant pour but d'analyser les incitations des acheteurs directs comme indirects à agir en réparation[1190]. Leur postulat est le suivant : l'incitation à agir dépend des avantages nets attendus d'une action en réparation, c'est-à-dire des dommages et intérêts susceptibles d'être versés. Or, en cas de concurrence entre la plainte de l'acheteur direct et celle de l'acheteur indirect, les deux ont une incitation à agir plus faible, sachant que les dommages-intérêts seront atomisés par la multiplicité des demandes et que chacun ne recevra qu'une fraction du préjudice tiré du surcoût. De plus, les auteurs notent qu'il est probable que les acheteurs indirects soient plus nombreux que les acheteurs directs[1191]. Pour ces raisons, chaque plaignant potentiel risque d'être dissuadé d'investir dans la détection de l'infraction de concurrence[1192], sachant que l'effort de détection est directement lié à l'espérance de la réparation escomptée.

Cependant, on peut aussi considérer que les acheteurs directs sont confrontés à des risques de représailles[1193] qui les dissuadent d'agir contre les auteurs d'infractions. En conséquence, les acheteurs indirects ont un rôle dissuasif, car ils comblent cette inertie en poursuivant les fautifs que les acheteurs directs ont refusé de poursuivre. Néanmoins, cet argument est faible pour une raison principale : l'augmentation croissante des actions privées démontre que, de manière générale, l'intimidation n'est pas suffisante pour dissuader les actions en dommages et intérêts[1194].

474. **Étude empirique.** Les économistes Posner et Landes ont souligné, à travers une étude empirique, l'apathie rationnelle générée par la recevabilité du *passing-on*

1190 G. J. Werden, M. Schwartz, « Illinois Brick and the Deterrence of Antitrust Violations – An Economic Analysis », 35(4) *Hastings L.J.* 629-668 (1984).

1191 *Ibid.*, p. 652 : « *Often there are significantly more indirect than direct purchasers, particularly when there is collusion far upstream from the ultimate consumers in a vertical supply chain with several indirect purchaser links.* »

1192 *Ibid.*, p. 651 : « *In addition, each plaintiff would receive only a fraction of the total increase in business profits from stopping the conspiracy. These factors would cause each potential plaintiff to have a correspondingly diminished incentive to invest in detecting collusion. The impact of a reduction of incentive to detect on the aggregate investment in detection is considered below in conjunction with the interdependence effect. At this point, however, it is useful to consider how a multiplicity of potential plaintiffs affects the relative incentives of individual direct purchasers and indirect purchasers.* »

1193 Ou plus généralement de détérioration de la relation commerciale.

1194 R. Posner, W. Landes, « Should Indirect Purchasers Have Standing to Sue under the Antitrust Laws? An Economic Analysis of the Rule of *Illinois Brick* », 46 *U. Chi. L. Rev.* 602-635 (1979), p. 614 : « *In any event, the idea that purchasers are bashful about suing their suppliers is today unrealistic, almost quaint. Firms now bring antitrust suits at the drop of a hat-and are subject to severe criticism, and potentially to shareholders' derivative actions, if they forgo an opportunity to bring a meritorious suit. Nor is it realistic to think that potential antitrust plaintiffs fear retaliation by a sued supplier: retaliation would simply clinch the plaintiff's original case as well as give him an additional antitrust cause of action. Empirical evidence on the alleged reluctance of purchasers to sue their suppliers is difficult to obtain. But the large number of private antitrust suits alleging price fixing that are brought each year, most of which are direct-purchaser suits, provides at least suggestive evidence in support of our view that direct purchasers are not reluctant to sue their suppliers.* »

défensif en justice. Cette étude statistique révèle une augmentation des actions en dommages et intérêts à la suite de l'arrêt *Hanover Shoe*, lequel avait interdit la recevabilité du moyen de défense tiré de la répercussion du surcoût par les acheteurs directs[1195]. Les auteurs ont analysé les effets de l'arrêt *Hanover Shoe* en termes d'incitation à agir aux États-Unis. Ils constatent ainsi qu'admettre la recevabilité du *passing-on* défensif conduit à une réduction significative des actions privées indemnitaires. Inversement, l'interdire provoque une hausse des actions en réparation. Précisément, selon leurs estimations, la décision *Hanover Shoe* a entraîné une augmentation de 25 à 35 % des actions en dommages et intérêts par an[1196]. Les auteurs concluent que l'arrêt *Hanover Shoe* a supprimé les incertitudes quant à la prise en compte du *passing-on* défensif et ainsi renforcé de façon considérable les incitations à agir.

475. **Bilan.** La recevabilité de l'argument de la répercussion du surcoût limite l'intérêt à agir des victimes d'infraction de concurrence, ce dont profite l'agent fautif qui enfreint la loi. La recevabilité de l'argument de la répercussion en justice affaiblit la fonction dissuasive de l'action privée en limitant les dommages-intérêts à verser. De plus, le rapport conflictuel entre l'acheteur direct et l'acheteur indirect risque de décourager l'action en justice (apathie rationnelle) en limitant tantôt le préjudice de la victime direct, tantôt celui du consommateur final[1197].

Cette difficulté va s'accroître avec l'ordonnance « Dommages » qui, à notre sens, ne fait qu'alimenter ce rapport conflictuel, créant une sorte de second procès dans le procès opposant la victime directe à l'auteur du manquement de concurrence.

B. L'actualité des critiques doctrinales au regard de l'ordonnance « Dommages »

476. **Actualité.** Les postulats doctrinaux précités sont d'une extraordinaire actualité. L'ordonnance, en admettant la recevabilité de l'argument du *passing-on* en justice, ne résout aucunement les problèmes liés à l'incidence de ce moyen de défense sur l'effectivité de l'action privée en réparation.

477. **Prophétie du *bad man* sur le conflit opposant les acheteurs.** L'article L. 481-5 de l'ordonnance relative aux actions en dommages et intérêts fait cohabiter des dispositions source de conflits futurs. D'un côté, l'acheteur direct qui bénéficie d'une présomption légale d'absence de répercussion. De l'autre, l'acheteur indirect qui bénéficie d'une présomption simple de répercussion lorsqu'il démontre que le défendeur a commis une infraction au droit de la concurrence (1°), qui a entraîné

1195 *Hanover Shoe v. United Shoe Machinery Corp.*, 392 U.S. 481 (1968).

1196 R. Posner, W. Landes, *op. cit.* note 1195, p. 630 : « *[A]llowing the passing-on defense to be raised is associated with a significant reduction in the number of private antitrust cases; alternatively, disallowing the defense significantly increases the number of antitrust cases. Specifically, our regression analysis indicates that the* Hanover Shoe *decision is associated with a 26 to 35 percent increase (equations 2-1 and 2-2 respectively) in private antitrust cases commenced per year, holding constant the overall time trend in civil litigation and the number of government antitrust cases. Similarly, equation 2-3 indicates that the ratio of private antitrust cases to private civil litigation (excluding antitrust) increased by about 33 percent in response to the* Hanover Shoe *decision.* »

1197 G. J. Werden, M. Schwartz, « Illinois Brick », *op. cit.* note 1191.

un surcoût pour l'acheteur direct (2°), à qui il a acheté les biens ou services concernés par l'infraction (3°). Si ces nouvelles règles visent à alléger le fardeau probatoire des victimes, en pratique, elles vont créer un rapport conflictuel entre l'acheteur direct et l'acheteur indirect.

478. **Conflit.** D'une part, la présomption de preuve de la répercussion offerte à l'acheteur indirect sous condition de la démonstration (qui paraît aisée, surtout dans le cas d'un contentieux complémentaire) de trois critères cumulatifs nous donne à penser deux choses : la première est que la facilité probatoire de l'acheteur direct qui bénéficie d'une présomption d'absence de répercussion risque d'entrer en conflit avec la facilité probatoire de l'acheteur indirect qui bénéficie d'une présomption de répercussion. Autrement dit, vu l'allègement considérable de l'objet de la preuve offerte aux victimes indirectes, l'ordonnance fait un cadeau empoisonné à l'acheteur direct, qui voit s'écarter le bouclier du *passing-on* défensif tout en voyant se rapprocher l'épée du *passing-on* offensif. Au contraire, l'agent fautif, plutôt que de se débattre contre la preuve de la répercussion, pourra toujours compter sur l'action des acheteurs indirects. Ces derniers, en prouvant la répercussion, feront dans le même temps une belle offrande à l'auteur du manquement, qui pourra ainsi espérer une forte réduction des dommages et intérêts. Pour cette raison, Posner et Landes défendent l'idée qu'il faut favoriser l'action des acheteurs directs au détriment de l'action des acheteurs indirects : « *L'acheteur direct assure une application plus efficace des lois de concurrence que les acheteurs indirects en raison de la proximité ancienne nouée entre la victime et le contrevenant* »[1198]. L'acheteur direct serait donc dans une meilleure position qu'un acheteur plus éloigné pour détecter une entente ou une autre infraction de concurrence[1199].

479. **Présomption simple de répercussion.** D'autre part, la preuve des trois critères cumulatifs ne consacre qu'une présomption simple de répercussion. Les 1°, 2° et 3° de l'article L. 481-5 de l'ordonnance sont des indices permettant de présumer la répercussion qui peuvent être combattus par la preuve contraire d'absence de répercussion rapportée par l'acheteur direct[1200].

480. **Conséquence : partie de tennis probatoire.** Une partie de tennis probatoire va donc s'engager et l'on va assister à une rémanence de toutes les difficultés

---

1198 R. Posner, W. Landes, *op. cit.* note 1198, p. 609.

1199 *Ibid.* Au contraire, les auteurs considèrent que l'« *acheteur éloigné ne peut pas savoir que la hausse des prix qu'il subit est attribuable à une augmentation de prix imposée par un fournisseur éloigné, et même s'il le sait, il lui sera difficile de découvrir les raisons de l'augmentation des prix du fournisseur éloigné. Pas seulement que l'acheteur indirect n'a pas connaissance de la stratégie commerciale du fournisseur qui a augmenté les prix. Il doit aussi entreprendre des efforts (inutiles pour l'acheteur direct) pour déterminer quel fournisseur éloigné est responsable de la surcharge* ». Pour la citation complète : « *The direct purchaser is a more efficient enforcer of the antitrust laws than the indirect purchaser because of the former's closer proximity to the violator. The direct purchaser deals directly with the violator, and probably with his competitors, and he is therefore in a better position than a more remote purchaser to detect a conspiracy or other antitrust violation. The remote purchaser may not know that a price increase to him is attributable to a price increase by a remote supplier, and even if he does know, he will find it difficult to discover the reasons for the remote supplier's price increase. Not only does the remote purchaser lack direct knowledge of the business of the supplier who has raised prices, he must also undertake efforts (unnecessary for a direct purchaser) to determine which remote supplier is responsible for the price increase* » (traduction libre) .

1200 Art. L. 481-5 ord. 2017 : « *Le défendeur peut cependant démontrer que le surcoût n'a pas été répercuté sur l'acheteur indirect ou qu'il ne l'a été que partiellement par son contractant antérieur.* »

décrites par Posner et Landes[1201], à savoir une complexification croissante du litige de concurrence, qui sera de plus en plus coûteux pour les victimes. L'acheteur indirect s'appuiera sur la présomption légale de la répercussion du surcoût tandis que le défendeur (l'acheteur direct) devra rapporter la preuve contraire. Le demandeur, face à cette preuve contraire, pourra de nouveau tenter de rapporter la preuve de la répercussion.

481. **Augmentation des coûts du procès.** Comme dénoncé autrefois par les auteurs anglo-saxons[1202], l'horizon oppressant de l'action des acheteurs indirects et la duplication des actions en responsabilité vont renforcer l'apathie rationnelle des victimes. Plus généralement, ce rapport conflictuel est désavantageux aussi bien pour les victimes directes que pour les victimes indirectes, qui verront leurs preuves complexifiées[1203], leurs coûts aggravés[1204] et leurs préjudices minorés. Le risque tenant à la minoration du préjudice de l'acheteur direct est d'autant plus fort que l'ordonnance ne mentionne pas la question de l'effet volume[1205], laquelle est pourtant extrêmement importante, car lorsque l'acheteur direct répercute le surprix sur ses clients, si la demande est élastique au prix, la baisse de la demande réduira son volume de vente et l'acheteur sera pénalisé.

482. **Diversion.** De plus, l'allègement de l'objet de la preuve de l'acheteur indirect permettra au *bad man* de démontrer la réalité de la répercussion du surcoût pour minorer sa faute et son dommage. Surtout, le conflit probatoire entre l'acheteur direct et l'acheteur indirect risque d'éclipser la responsabilité de l'auteur de l'infraction de concurrence. L'économie comportementale parle pour dénoncer ce phénomène d'« effet de diversion », lequel génère un « effet de myopie »[1206]. La démultiplication des procès fera diversion et déplacera l'attention sur la question du *passing-on* davantage que sur celle de la gravité de l'infraction de concurrence.

1201 *Supra* n°473 et s.

1202 R. Posner, W. Landes, *op. cit.* note 1198 et note 1200 ; G. J. Werden, M. Schwartz, « Illinois Brick », *op. cit.* note 1194.

1203 De par l'obligation de procéder à des analyses économétriques extrêmement complexes. Une étude a montré que, pour chiffrer la répercussion, la prise en compte de pas moins de 39 indices est possible ! (in « Les actions privées en réparation du dommage concurrentiel : Transposition de la Directive Dommages », conférence organisée par la Revue Concurrences en partenariat avec Deloitte, Gide Loyrette Nouel, Magenta et Minds & Hearts, cour d'appel de Paris, 10 mars 2017).

1204 *Hanover Shoe v. United Shoe Machinery Corp.*, 392 U.S. 481 (1968). (Traduction libre) : « *Si l'on admet ce moyen de défense [...], le procès en dommages et intérêts sera plus long et requerra la production massive de preuves ainsi que des analyses économiques complexes. Nous ne sommes pas convaincus par l'idée que de saines lois économiques requièrent la reconnaissance du moyen de défense tirée de la répercussion des surcoûts. Quand bien même il serait démontré que l'acheteur a augmenté ses prix en réponse au surprix subi, et que sa marge bénéficiaire et son chiffre d'affaires n'ont pas baissé, il restera l'invincible démonstration que la victime ne pouvait ou n'aurait pu augmenter son prix de vente en l'absence d'infraction, ou maintenir la majoration du prix si le surcoût avait baissé. Dès lors que la reconnaissance du moyen de défense de la répercussion défensive requerrait des preuves convaincantes de toutes ces données indéterminables, la tâche risque de se révéler insurmontable.* »

1205 Effet volume : diminution du volume de vente du fait de la répercussion du surprix sur les clients élastiques au prix. Notons aussi que la directive 2014 considère mollement l'effet volume, abordé de façon lacunaire dans un simple considérant, à défaut d'être consacré dans un article ; v. directive 2014/104/UE, 26 novembre 2014, § 40 : « *Dans les situations où la répercussion a entraîné une baisse des ventes et donc un préjudice sous la forme d'un manque à gagner, il ne devrait pas être porté atteinte au droit de demander réparation pour ce manque à gagner.* »

1206 N. Treich, « L'économie comportementale peut-elle aider à mieux gérer l'environnement ? », INRA, juin 2016.

483. **Bilan.** L'instrumentalisation du moyen de défense tiré de la répercussion du surcoût a plusieurs avantages pour l'agent fautif : d'une part, il peut espérer réaliser une faute lucrative, car le profit retiré du surprix imposé, fût-il effectivement répercuté, ne sera jamais confisqué ou réduit par le versement de dommages et intérêts. Le respect dogmatique du droit de la réparation, en neutralisant le risque d'enrichissement sans cause de la victime qui a répercuté son préjudice, ne résout aucunement le problème lié à l'enrichissement indu du coupable impuni. D'autre part, l'agent rationnel peut miser sur l'apathie rationnelle générée par la recevabilité de ce moyen de défense en justice : en effet, l'intérêt à agir en dommages et intérêts est fortement minoré par l'enjeu économique du procès devenu dérisoire de par la volatilisation du préjudice qui s'est répercuté tout au long de la chaîne de distribution[1207], au point d'être atomisé. Les consommateurs finaux auront eux-mêmes peu d'intérêt à former une action de groupe[1208]. Enfin, la facilité probatoire de l'acheteur direct qui est présumé ne pas avoir répercuté le préjudice risque de se heurter à la facilité probatoire de l'acheteur indirect qui bénéficie d'une présomption simple de répercussion. En somme, le chevauchement des actions en dommages et intérêts renforcera l'apathie rationnelle des victimes du fait de la complexification du procès de concurrence, qui se révélera extrêmement coûteux.

En dehors de la difficulté posée par la problématique de la répercussion des surcoûts, la victime d'une infraction de concurrence risque de se heurter à une autre difficulté tenant à l'imputabilité à la société mère des pratiques illicites commises par la filiale.

§ 2. Le rejet de l'imputabilité de l'infraction sur la filiale

484. **Hypothèse.** Imaginons l'hypothèse suivante : une société mère exerce une influence déterminante sur la politique de prix de vente de sa filiale afin d'augmenter ses propres profits. La société mère utilise sa filiale comme un intermédiaire pour commettre des ententes restrictives de concurrence et/ou des abus de position dominante.

1207 R. Posner, W. Landes, *op. cit.* note 1195. Les auteurs Posner et Landes ont livré un schéma de ce que peut être, dans le monde économique réel, la longueur d'une chaîne de production par rapport à la vision caricaturale des trois niveaux de production décrivant une relation à trois entre le fournisseur, le distributeur et le consommateur final. Les auteurs observent que le coût de la recherche de la violation de concurrence risque d'être 15 fois plus important avec l'admission du *passing-on* offensif. Sans oublier les difficultés de preuves et de détermination du lien causal que la longueur de la chaîne de distribution est susceptible de poser. – V. aussi : F. Cengiz, « Passing-On Defense and Indirect Purchaser Standing in Actions for Damages against the Violations of Competition Law: what can the EC learn from the US? », CCP Working Paper 07-21 : « *[...] in the real world, production chains are much longer and more complicated than the example of the three-level production chain given above. For instance, in some cases one product becomes a component of another one at some level in the production chain rendering it extremely difficult for the judiciary even to determine who the direct and who the indirect purchaser is.* »

1208 *Hanover Shoe v. United Shoe Machinery Corp.*, 392 U.S. 481 (1968)., *op. cit.* note 1205 : « *In addition, if buyers are subjected to the passing-on defense, those who buy from them would also have to meet the challenge that they passed on the higher price to their customers. These ultimate consumers, in today's case the buyers of single pairs of shoes, would have only a tiny stake in a lawsuit and little interest in attempting a class action.* »

485. **État du droit positif.** Le *bad man* (en l'occurrence la société mère), qui cherche à connaître le risque juridique de l'infraction commise avant d'instrumentaliser sa filiale pour commettre des agissements illicites, pourrait se rassurer en constatant ceci : les règles sur la désignation du responsable en droit de la concurrence dans le cas du contentieux objectif[1209] s'opposent à celles sur la désignation du responsable en droit civil, dans le cas du contentieux subjectif. Concrètement, si la société mère qui a influencé l'infraction commise par la filiale a peu de chances d'échapper à l'action publique qui retient la responsabilité de l'« entreprise », sa responsabilité sera en revanche difficile à engager dans le cas d'un procès en réparation.

486. **Responsabilité de l'« entreprise » lors du contentieux objectif.** D'un côté, le droit de la concurrence, en se fondant sur l'« entreprise », permet d'élargir le champ des responsabilités, de par l'unité économique pouvant rassembler plusieurs personnes physiques et morales. L'unité économique introduit une conception moniste de la faute concurrentielle et de la faute civile. La faute concurrentielle de l'une – la filiale – emporte la responsabilité de l'autre – la société mère. En conséquence, cette dernière ne peut se réfugier derrière les actes de sa filiale pour échapper à la loi[1210]. Le fardeau probatoire pour démontrer l'autonomie de la filiale est impossible à rapporter, car la mère doit justifier l'indépendance totale de sa filiale, ce qu'elle ne parvient jamais à démontrer en pratique[1211]. L'Autorité n'a pas à démontrer que la filiale « *applique pour l'essentiel les instructions qui lui sont imparties par la société mère* »[1212], dès lors qu'une relation capitalistique lie la mère et la fille[1213]. Il y a donc un effet de contamination des actes de la filiale sur la responsabilité de la société mère, sans avoir besoin d'identifier clairement les manquements de cette dernière.

1209 C'est-à-dire du contentieux porté devant une autorité de concurrence. – V. M. Chagny, « Comment déterminer le(s) responsable(s) et répartir la charge de l'indemnisation : deux questions pratiques à ne pas négliger », *AJCA* 2014, p. 265. – V. aussi : C. Champaud, D. Danet, « Stratégie judiciaire. Groupe de sociétés. Autonomie de la personne morale. Responsabilité de la société mère pour les dettes de la filiale (non) », *RTD com.* 2010, p. 561.

1210 G. Decocq, « Synthèse du droit français et européen en matière d'imputabilité et de responsabilité civile et pénale », *AJCA* 2015, p. 56. L'auteur note que ce concept de responsabilité de la mère vis-à-vis de la fille peut faire penser aux relations familiales sous la Rome antique : « *[L]orsque l'on parle de la responsabilité collective, cela me fait penser au droit romain. Dans la Rome antique, il y avait un groupe que l'on appelait la famille. Il n'y avait qu'une personne qui était dotée de la capacité pour tous les membres de la famille, le chef de famille. Cet individu était apte à conclure les actes juridiques de sa famille, mais il devait aussi en répondre. Si un membre de sa famille commettait un acte illicite, c'était lui qui devait en répondre. Et c'est ce à quoi l'on pense en matière de responsabilité dans les groupes, c'est le chef du groupe, c'est le* bonus pater familias, *qui voit sa responsabilité engagée en raison du fait des autres, car il fait partie du même groupement. Il n'y a plus rien de subjectif, il n'y a plus de responsabilité personnelle, il n'y a plus qu'une responsabilité objective du fait d'autrui. On est responsable pour tout le groupe.* »

1211 E. Claudel, « Responsabilité au sein des groupes en droit de la concurrence – Un exemple à suivre ? », *Cahiers de droit de l'entreprise* n° 5, septembre 2017, dossier 27.

1212 CJCE, 14 juillet 1972, *ICI*, aff. 48-69, § 133. – CJCE, 10 septembre 2009, *Akzo Nobel c/ Commission*, aff. C-97/08.

1213 En raison de ce lien capitalistique, l'Autorité présume l'influence de la société mère sur la fille et applique une présomption d'imputabilité ; v. CJUE, 9 mars 2011, *ArcelorMittal Luxembourg c/ Commission* et *Commission c/ ArcelorMittal Luxembourg*, aff. jtes C-201/09 P et C-216/09 P : « *dans le cas particulier où une société mère détient la totalité ou la quasi-totalité du capital de sa filiale ayant commis une infraction aux règles de concurrence de l'Union, il existe une présomption réfragable selon laquelle cette société mère exerce effectivement une influence déterminante sur sa filiale* » ; v. aussi CJUE, 16 juin 2016, *Evonik Degussa GmbH, AlzcChem AG c/ Commission*, aff. C-155/14 P. – Aut. conc., déc. n° 11-D-02, 26 janvier 2011 relative à des pratiques mises en œuvre dans le secteur de la restauration des monuments historiques.

487. **Responsabilité du fait personnel lors du contentieux subjectif.** D'un autre côté, le droit de la responsabilité civile ne consacre aucunement le principe d'unité économique et se fonde, historiquement, sur le principe de responsabilité du fait personnel[1214]. C'est-à-dire que la responsabilité pour faute incombe à la personne, physique ou morale, qui est l'auteur de la faute. Autrement dit, si dans le cas du contentieux objectif, l'imputabilité à la société mère des agissements de sa filiale est facilitée par la présomption capitalistique presque toujours reconnue par l'Autorité de la concurrence[1215], qui reconnaît la faute de l'« entreprise », dans le cas du contentieux subjectif, les règles civilistes relatives à la désignation des personnes débitrices des dommages-intérêts sont différentes si bien que la présomption capitalistique risque de ne pas être retenue par le juge de la réparation. Précisément, le seul lien capitalistique qui unit la mère à la fille est insuffisant et la victime doit déterminer clairement le manquement de la mère – manquement qui lui sera presque impossible à rapporter en pratique[1216].

L'ordonnance du 9 mars 2017 est venue clarifier le « flou » relatif au débiteur des indemnités en réparation lorsque la mère et la fille sont mises en cause. Il faut en réalité distinguer deux situations.

488. **Action de suivi.** Soit l'action privée est menée consécutivement à une décision de l'Autorité de la concurrence ayant constaté l'infraction de la mère et de la fille formant l'« entreprise » au sens du droit de la concurrence. Dans ce cas, le juge national est lié au civil par l'imputabilité opérée par l'autorité de concurrence nationale, s'agissant de la faute. En effet, l'ordonnance du 9 mars 2017 retient une conception moniste de la faute concurrentielle et de la faute civile. Au regard des articles L. 481-1 et L. 481-2 de l'ordonnance, dans le cas d'une action de suivi, le juge pourra considérer la mère comme responsable solidairement avec la filiale éventuellement auteur direct de l'infraction et la tenir pour débitrice de la dette de réparation[1217]. L'ordonnance apporte en même temps une innovation en introduisant la notion d'entreprise[1218], au sens économique du terme, comme critère d'imputabilité de la faute[1219]. Cela « *vise à permettre d'imputer la faute civile, non seulement à l'entité juridique qui a effectivement participé aux pratiques, mais également, plus largement, au groupe auquel elle*

1214 Par opposition à la responsabilité du fait d'autrui.

1215 L. Arcelin, « La responsabilité de la société mère du fait des agissements de sa filiale : une présomption devenue irréfragable ? », Atelier de la DGGCRF du 30 mars 2010 : « Imputabilité, sanctions, groupe ».

1216 D'abord, parce que l'on peut croire que si l'Autorité s'affranchit presque toujours de la preuve de l'influence réelle de la société mère sur la filiale, de par notamment la présomption capitalistique, c'est justement parce que la preuve de cette influence est très difficile à rapporter. Ensuite, parce que la victime d'une infraction de concurrence ne dispose pas des moyens importants de l'Autorité pour réaliser des enquêtes et investigations économiques, de sorte qu'elle risque d'être impuissante à imputer la faute à la société mère.

1217 Art. L. 481-1 ord. 2017 : « *Toute personne physique ou morale formant une entreprise ou un organisme mentionné à l'article L. 464-2 est responsable du dommage qu'elle a causé du fait de la commission d'une pratique anticoncurrentielle […]* » Art. L. 481-2 : « *Une pratique anticoncurrentielle mentionnée à l'article L. 481-1 est présumée établie de manière irréfragable à l'égard de la personne physique ou morale désignée au même article dès lors que son existence et son imputation à cette personne ont été constatées par une décision qui ne peut plus faire l'objet d'une voie de recours ordinaire pour la partie relative à ce constat, prononcée par l'Autorité de la concurrence ou par la juridiction de recours.* »

1218 G. Decocq, « Clarification sur la notion d'entreprise », *CCC* n° 5, mai 2017, comm. 105.

1219 *Ibid.*

appartient »[1220]. Cette innovation bienvenue qui facilite la tâche des victimes dans le cas d'une action de suivi ne résout pas, pour autant, les difficultés de cette dernière qui entend mener une action autonome.

489. **Recours autonome.** Soit l'action privée est menée de façon autonome, sans possibilité pour la victime de s'appuyer sur une décision préexistante de l'Autorité. Dans ce cas, la société mère, eût-elle incité sa filiale à commettre le manquement, a intérêt à imputer la faute à sa filiale et à dénoncer l'autonomie de cette dernière. Ce moyen de défense risque de se trouver particulièrement efficace dans le cas d'un contentieux autonome. En effet, faute de disposer des moyens d'enquête et d'investigation de l'Autorité, la victime risque d'éprouver de grandes difficultés à prouver l'influence et le contrôle effectif de la mère sur la filiale – le principe de présomption capitalistique n'étant pas transposé au contentieux civil. Si la victime ne parvient pas à prouver l'absence d'autonomie de la filiale, elle échouera à démontrer que la société mère et la fille constituent une seule entreprise, ce qui aura une incidence sur la réparation du dommage concurrentiel, car la réparation sera réduite aux seuls actes de la filiale.

490. **Point de vue du *bad man*.** Au regard des difficultés probatoires de la victime confrontée à un recours autonome, la stratégie visant à utiliser une filiale pour commettre une pratique illicite peut s'avérer efficace. Les fautes personnelles imputables à la société mère sont tantôt des fautes d'influence ou d'incitation au manquement, tantôt des fautes d'omission[1221]. Or, en l'absence des moyens d'enquête et d'investigation dont dispose l'Autorité, on voit mal comment la victime pourra prouver l'influence de la mère sur la fille. De plus, le *bad man*, sachant que la victime doit rapporter une faute personnelle, prendra les mesures nécessaires pour ne pas laisser de traces matérielles laissant penser à une intervention de la société mère dans le plan infractionnel de sa filiale.

En outre, lorsque la responsabilité concurrentielle de la société mère est fondée sur les seules relations capitalistiques, le juge de la réparation (à la différence de l'Autorité) risque de ne pas retenir une présomption d'imputabilité du fait de ladite relation. Cette présomption, qui constitue une arme de dissuasion en permettant de condamner plus facilement les sociétés mères lors du contentieux devant l'Autorité, devrait ne pas être retenue par le juge, qui exigera la démonstration d'une faute.

Enfin et plus généralement, il appartiendra au demandeur d'établir quelles sont les entités qui composent l'entreprise. En l'absence de données et sans l'appui de l'Autorité, la victime éprouvera une triple difficulté probatoire à démontrer la destinée économique commune poursuivie par l'entité en question[1222].

1220 F. Ninane, « Transposition en France de la directive sur le contentieux indemnitaire en matière de pratiques anticoncurrentielles. – Un fragile équilibre entre encouragement des actions indemnitaires, préservation de l'efficacité de l'action publique et protection du secret des affaires », *CCC* n° 7, juillet 2017, dossier 4.

1221 Dans un cas, la mère a dirigé, par ses instructions, l'infraction de la fille ; dans l'autre, elle n'a pas empêché le comportement anticoncurrentiel de sa filiale : sous-entendu, elle n'a pas fait preuve de prudence.

1222 Pour que la victime puisse prouver que l'entité fait partie intégrante de l'entreprise, il faudra qu'elle puisse démontrer qu'elle fait partie d'un groupe de sociétés. Ensuite, il lui faudra prouver que le groupe en question forme une unité organisationnelle durable qui exerce une activité économique (v. J. Paillusseau, « La notion de groupe de sociétés et d'entreprises en droit des activités économiques », *D.* 2003, n° 34, p. 2348). Il lui

Conclusion Chapitre 3

491. **L'incidence des stratégies sur le coût de l'infraction.** Le *bad man* peut élaborer des stratégies juridiques pour diminuer le coût résultant des dommages-intérêts à verser aux victimes d'infractions de concurrence. Les stratégies de défense face à une action en réparation pour atteinte au droit de la concurrence affaiblissent la fonction dissuasive de l'action privée. Nous avons relevé trois stratégies efficaces susceptibles de renforcer le caractère rentable de la violation de concurrence.

492. **La rétention de preuve.** La rétention de preuve est une tactique efficace pour anéantir le succès de l'action privée en réparation. Le problème relatif à la destruction des preuves pertinentes est pris au sérieux par le droit américain, qui prévoit des dommages-intérêts punitifs pour sanctionner ce type d'agissement[1223]. En France au contraire, la sanction prévue pour sanctionner la destruction des preuves est sous-dissuasive. L'article 11, alinéa 1, du Code de procédure civile prévoit que le juge peut tirer des conclusions défavorables à l'encontre de la partie qui est réticente à fournir les preuves pertinentes. Le risque juridique de la rétention des preuves est faible comparativement à l'avantage retiré par le *bad man* qui, en conservant les preuves pertinentes, va compliquer à l'excès la détermination et l'évaluation du préjudice concurrentiel de la victime. L'absence de sanction dissuasive appliquée à la rétention des preuves incite l'agent rationnel à les dissimuler ou à les détruire pour faire échec à l'action en réparation. De plus, le risque de destruction est renforcé par la réticence des juges à admettre la mesure d'instruction sur requête, laquelle est pourtant indispensable pour assurer l'effet de surprise qui permettrait de prévenir la destruction des pièces. En outre, l'auteur d'une infraction de concurrence peut instrumentaliser les règles relatives à la protection du secret des affaires. La difficile conciliation entre le droit de la preuve et le droit à la protection du secret des affaires place la victime devant une impasse. L'absence de définition du secret d'affaires ouvre la porte à un secret « abusif » soulevé de façon opportuniste par l'agent rationnel et susceptible de paralyser le succès des actions privées en réparation.

493. **La répercussion du surcoût.** Par ailleurs, le *bad man* responsable d'une pratique illicite peut se réfugier derrière les principes du droit de la responsabilité civile pour faire échouer l'action en dommages-intérêts. À ce titre, l'exigence tenant à la preuve du caractère certain du dommage confère une redoutable efficacité au moyen de défense tiré de la répercussion des surcoûts. Cet argument constitue « *un obstacle rédhibitoire à l'action indemnitaire* »[1224], car il remet en question l'existence même du préjudice. Le droit américain redoute la recevabilité du *passing-on defence* qui, selon la jurisprudence *Hanover Shoe*, favorise la faute lucrative du coupable qui n'est pas puni pour ses agissements[1225]. Le droit

---

faudra enfin démontrer que cette unité est régie par une société mère qui dispose d'un pouvoir d'injonction et qui surveille et dirige les agissements dans l'intérêt du groupe.

1223 *Infra*, Partie II, Titre II, n° 675 et s.

1224 G. Zambrano, « L'inefficacité de l'action civile en réparation des infractions au droit de la concurrence », *op. cit.* note 1132, p. 229.

1225 *Hanover Shoe v. United Shoe Machinery Corp.*, 392 U.S. 481 (1968).

européen à travers l'ordonnance de transposition de la directive « Dommages » vise à limiter l'efficacité de ce moyen de défense en renversant la charge de la preuve de la répercussion qui pèse désormais sur le défendeur. Ce moyen de défense reste néanmoins efficace au sens où il limite l'intérêt à agir des victimes et risque de générer des conflits entre l'acheteur direct et l'acheteur indirect. Des études empiriques démontrent que le chevauchement des actions en dommages et intérêts renforce l'apathie rationnelle des victimes du fait de la complexification du procès de concurrence, qui se révèle extrêmement coûteux[1226].

494. **L'imputabilité.** Une autre stratégie de défense consiste pour l'entreprise responsable de la pratique illicite à rejeter la responsabilité de l'infraction sur la filiale. Néanmoins, cet argument pourrait se révéler inefficace dans le cas d'une action de suivi en réparation. En effet, l'ordonnance du 9 mars 2017 retient une conception moniste de la faute concurrentielle et de la faute civile. Le juge national est donc lié au civil par l'imputabilité opérée par l'Autorité de la concurrence s'agissant de l'existence de la faute concurrentielle. En revanche, dans le cas d'un recours autonome, ce moyen de défense risque de retrouver toute son efficacité. Le juge de la réparation confronté à un recours autonome restera fidèle au principe de responsabilité du fait personnel et exigera de la victime qu'elle prouve la faute de la société mère. Or, la victime ne dispose pas des moyens d'enquête et d'investigation de l'Autorité. Elle risque donc de se heurter à d'invincibles difficultés probatoires pour démontrer l'influence effective de la mère sur les agissements fautifs de la fille. En somme, la stratégie de la mère qui utilise sa fille comme un intermédiaire pour commettre une pratique illicite demeure une stratégie efficace pour retirer un avantage des infractions de la filiale sans avoir à verser des dommages-intérêts pour avoir dirigé son manquement.

En somme, certaines stratégies procédurales mises en œuvre par l'agent rationnel durant le litige affaiblissent considérablement le risque juridique lié à l'application de l'action privée. Renforcer le rôle dissuasif de l'action en réparation nécessite une modification des règles du droit de la responsabilité civile derrière lesquelles l'agent se réfugie pour échapper au « tarif » infligé par l'intervention du *private enforcement.*

Force est de reconnaître, néanmoins, que le renforcement de la dimension dissuasive de l'action privée peut aussi générer un effet pervers : le développement d'actions juridiques infondées et opportunistes des entreprises qui cherchent à nuire à un concurrent ou à le déstabiliser.

[1226] R. Posner, W. Landes, *op. cit.* note 1195. – G. J. Werden, M. Schwartz, « Illinois Brick », *op. cit.* note 1191.

Chapitre 4
Les stratégies du *bad man* pour instrumentaliser l'action privée

495. **Instrumentalisation de l'action privée en réparation.** L'instrumentalisation juridique du droit de la concurrence révèle l'effet pervers attribué à la fonction dissuasive de l'action privée en réparation[1227]. Le *private enforcement* ne regrouperait non seulement des agents victimes, mais aussi des agents rationnels formant des actions juridiques opportunistes dans le seul but d'obtenir ou de préserver un monopole, de déstabiliser ou d'évincer un concurrent. L'action en réparation peut être détournée au profit de ceux qui l'utilisent comme une « arme concurrentielle »[1228]. Ce risque, réel, est décrit par le droit anglo-saxon sous le nom de « *sham actions* ».

496. **« *Sham action* » ; « *vexatious litigation* ».** La « *sham action* »[1229] traduit littéralement aux États-Unis le risque que des procès soient honteusement menés par de « fausses » victimes dans le seul but de porter atteinte à un concurrent. Une autre formule est souvent utilisée, on parle alors de « *vexatious litigation* »[1230]. Elle renvoie à la même idée, à savoir que certains agents cherchent à se « *victimiser* », c'est-à-dire à simuler un état pathologique dans le seul but d'ouvrir un procès artificiel susceptible d'entraver le dynamisme d'une entreprise concurrente.

497. **Action abusive.** L'action vexatoire, lorsqu'elle est caractérisée, constitue une action abusive au sens du droit français et européen[1231] de la concurrence. Précisément, la Cour de cassation a pour habitude d'exiger que soit caractérisée « *la faute faisant dégénérer en abus l'exercice de son droit d'agir en justice* »[1232].

498. **Action parasite : une nouvelle forme de faute lucrative ?** Aux formules d'« *action honteuse* » ou d'« *action vexatoire* », lesquelles décrivent de façon plus générale des actions abusives, nous préférons le terme d'« action parasite ».

1227 A. Masson (dir.), *Stratégies d'instrumentalisation juridique et concurrence*, Larcier, 2013.

1228 W. J. Baumol, J. A. Ordover, « Use of Antitrust to Subvert Competition », 28(2) *The Journal of Law & Economics* 247-265 (1985). Traduction libre : « *There is a specter that haunts our antitrust institutions. Its threat is that, far from serving as the bulwark of competition,* these institutions will become the most powerful instrument in the hands of those who wish to subvert it *[…]. We ignore it at our peril and would do well to take steps to exorcise it* ».

1229 Site USLegal.com. Disponible sur : http://definitions.uslegal.com/s/sham-action.

1230 Site Legal Dictionnary. Disponible sur : http://legal-dictionary.thefreedictionary.com/vexatious+litigant. – V. aussi J. Law, E. A. Martin, *A Dictionary of Law*, 7e éd., Oxford University Press (2013). – N. Bedford, M. Taylor, « Model no more: querulent behaviour, vexatious litigants and the Vexatious Proceedings Act 2005 (QLD) », 24 *Journal of Judicial Administration* 46-60 (2014).

1231 TPICE, 17 juillet 1998, *TTPromedia NV c/ Commission des Communautés européennes*, aff. T-111/96, *Rec.* p. II-02937.

1232 Cass. civ. 2e, 23 juin 2016, n° 15-21.272. – Cass. civ. 3e, 19 mai 2016, n° 15-15.801. – Cass. civ. 3e, 27 janvier 2015, n° 13-25.305. – Cass. Civ.3e,11 octobre 2011, n° 09-68.032.

Le parasitisme est un terme plus approprié, car il renvoie à une forme d'opportunisme vil et calculé. À notre sens, une entreprise qui engage une action contre un concurrent tout en ayant conscience de la frivolité de sa requête ne le fait que dans un but opportuniste. Certes, cette action est « *honteuse* », car l'entreprise, pourtant bien portante, se pare de l'habit de victime. Certes, elle est vexatoire, aussi bien à l'égard de la partie adverse qu'elle offense sans raison qu'à l'égard du système normatif, dont le but est de protéger des victimes et non d'en créer de factices. Mais elle est surtout parasitaire, car une entreprise qui engage une action en justice infondée contre un concurrent le fait dans un but lucratif : plutôt que d'entreprendre des investissements coûteux et de lutter avec son rival, elle va chercher à obtenir une condamnation injuste de ce dernier dans le seul but de capter un avantage concurrentiel. Le risque de condamnation injuste ou « indue » du concurrent est possible et souligné en doctrine sous le nom d'« erreur de type 1 ». Les frontières imprécises et les contours parfois flous de la norme concurrentielle renforcent le risque d'erreur de type 1. L'action parasite constitue une nouvelle forme de faute lucrative lorsque le requérant retire un avantage concurrentiel de la condamnation injuste du concurrent[1233].

Les avantages obtenus par l'entreprise qui instrumentalise son droit à agir renforcent l'incitation à former une action parasite (Section 1). Pour bien cerner les raisons pour lesquelles le droit de la concurrence favorise les actions parasites, nous évoquerons les scénarios possibles d'une instrumentalisation opportuniste de l'action privée en réparation (Section 2).

Section 1
L'incitation à former une action parasite

499. Le choix de former une action parasite va dépendre, comme lors de la commission d'une faute lucrative, du calcul coût-avantage que va former l'agent rationnel (§ 1). En droit de la concurrence, les chances de succès de l'action parasite sont importantes, car précisément, la norme concurrentielle est parfois floue et génératrice d'erreurs judiciaires pouvant profiter au plaignant (§2).

§ 1. Le calcul coût-avantage de l'action parasite

500. L'incitation à former une action parasite résulte d'un calcul entre le coût de l'action parasite (A) et les avantages retirés d'une telle action (B).

1233 Notons à ce titre que l'action dite « abusive » constitue une faute, la Cour de cassation a déjà considéré que lorsque l'exercice de l'action en justice dégénère en abus, elle constitue une faute qui doit être caractérisée ; v. Cass. civ. 2e, 23 juin 2016, no 15-21.272 ; v. aussi Cass. civ. 1re,16 novembre 2016, no 15-24.248, « Abus du droit de former un recours : exigence d'une faute », obs. M. Kebir, *D. actualité* (2017).

A. Le coût de l'action parasite

501. **Coût éventuel de l'action juridique parasitaire.** L'agent économique qui entend former une action parasite mesure le coût et l'avantage d'une telle action. Lorsque l'action juridique parasitaire s'inscrit « *dans le cadre d'une stratégie délibérée d'élimination de la concurrence* »[1234], elle dégénère en abus et donne naissance à une dette de dommages et intérêts. L'article 32-1 du Code de procédure civile prévoit que « *celui qui agit en justice de manière dilatoire ou abusive peut être condamné à une amende civile d'un maximum de 3 000 euros, sans préjudice des dommages-intérêts qui seraient réclamés* ». Le coût de l'action parasite est donc représenté par les dommages et intérêts et une éventuelle amende civile plafonnée à 3 000 euros. Néanmoins, le coût d'une telle action tenant au versement des dommages-intérêts est peu probable étant donné l'importance accordée au droit fondamental d'agir en justice.

502. **Conflit de norme.** La tension entre le droit fondamental d'agir en justice et la sanction pour action abusive est profitable au parasite. Le *bad man* qui voudrait intenter une action parasite pourrait se rassurer en observant que le risque d'être sanctionné est faible du fait de la prédominance du droit fondamental de faire entendre sa cause en justice. C'est exactement ce qui ressort de l'arrêt *Promedia* : « *[L]e fait de pouvoir faire valoir ses droits par voie juridictionnelle[,] et le contrôle juridictionnel qu'il implique[,] est l'expression d'un principe général de droit […] L'accès au juge étant un droit fondamental et un principe général garantissant le respect du droit,* ***ce n'est que dans des circonstances tout à fait exceptionnelles que le fait d'intenter une action en justice est susceptible de constituer un abus de position dominante au sens de l'article 86 du traité*** »[1235]. Au regard de l'arrêt, il apparaît clairement que l'action abusive a peu de chances d'être retenue : « *C'est un problème manifeste que de déterminer l'abus en utilisant des critères traditionnels de droit de la concurrence de l'UE, car c'est seulement dans des circonstances très limitées que les litiges équivalent à un abus* »[1236].

503. **Qualification restrictive de l'abus.** Le Tribunal a rappelé que « *constituant une exception au principe général d'accès au juge, garantissant le respect du droit, les deux critères cumulatifs doivent être interprétés et* appliqués restrictivement, de manière à ne pas tenir en échec l'application du principe général »[1237]. La

---

1234 TPICE, 17 juillet 1998, *TTPromedia NV*, *op. cit.*, § 34.

1235 *Ibid.*, § 60. – V. aussi : CJCE, 15 mai 1986, *Johnston*, aff. 222/84, *Rec.* p. 1651, §§ 17 et 18. – CJCE,13 mars 2007, *Unibet (London) Ltd et Unibet (International) Ltd c/ Justitiekanslern*, aff. C-432/05, *Rec.* p. I-02271, § 37 : « *D'emblée, il convient de rappeler que, en vertu d'une jurisprudence constante, le principe de protection juridictionnelle effective constitue un principe général du droit communautaire, qui découle des traditions constitutionnelles communes aux États membres, qui a été consacré par les articles 6 et 13 de la convention européenne de sauvegarde des droits de l'homme et des libertés fondamentales […]* » – V. aussi, Comm. CE, 27 novembre 2001, *Commission c/ Autriche*, aff. C-424/99, *Rec.* p. I-9285, § 45.

1236 O. Rickardsson, « Patent misuse and "sham" – Development of new principles under EU competition law », Master thesis (2010), p. 23 : « *Access to justice is a fundamental right common to most member states and enshrined in articles 6 and 13 of the ECHR, which is also part of the general principles of EU law. It is therefore an obvious problem to characterize legal proceedings as abusive using traditional EU competition law criteria since it can only be in very limited circumstances that litigation amounts to an abuse.* »

1237 TPICE, 5 mars 1997, *WWF UK c/ Commission*, aff. T-105/95, *Rec.* p. II-313, § 56.

qualification d'action abusive n'a d'ailleurs pas été retenue contre Microsoft, qui tentait de dissuader ses concurrents d'ester en justice[1238].

En dehors du droit des pratiques anticoncurrentielles et s'agissant d'un litige en concurrence déloyale, l'abus est aussi interprété restrictivement : un arrêt de la cour d'appel du 7 juin 2016 a notamment rappelé que « *l'action en justice [...] ne dégénère en abus pouvant donner naissance à une dette de dommages et intérêts que dans le cas de malice, de mauvaise foi, d'erreur grossière équipollente au dol ou encore de légèreté blâmable* »[1239]. Au regard des critères extrêmement difficiles à prouver de « mauvaise foi » ou d'« erreur grossière », l'abus a donc peu de risque d'être caractérisé.

504. **Appréciation large de l'intérêt à agir.** L'intérêt à agir est apprécié très largement par la loi. Cette appréciation large ne permet pas de filtrer les actions parasites. Premièrement, l'article 31 du Code de procédure civile dispose que « *l'action est ouverte à tous ceux qui ont un intérêt légitime au succès ou au rejet d'une prétention* ». Deuxièmement, « *la maxime "pas d'intérêt, pas d'action" signifie que celui qui agit doit justifier que l'action est susceptible de lui procurer un avantage* »[1240]. Il n'est donc pas bien difficile pour une entreprise animée de mauvaises intentions de prétexter un intérêt à agir tant le contrôle des motifs justifiant l'intérêt paraît large et laxiste.

505. **Désintérêt pour le mobile de l'action parasite.** Ni les autorités de concurrence ni le juge de droit commun ne s'intéressent aux mobiles des actions qui sont portées devant eux[1241]. Hormis l'exemple de l'arrêt *Promedia*, nous ne connaissons aucune décision ayant pris clairement en compte le caractère parasite de l'action juridique opportuniste. Soit la Cour de cassation observe simplement que le requérant a agi dans un but dilatoire[1242], soit le droit communautaire se contente de la simple démonstration d'un intérêt légitime à agir[1243]. L'appréciation souveraine, par les

---

1238 Aut. conc., déc. n° 12-D-14 du 5 juin 2012 relative à des pratiques mises en œuvre par Microsoft Corporation et Microsoft France, *RLC* 2012/33, n° 2146 ; v. aussi : *Le Lamy droit économique*, « Action en justice contre un concurrent », 2016, n° 1619.

1239 CA Versailles, ch. 12e, 7 juin 2016, *SA Autobiz c/ SASU Elite Auto*, n° 15/02212 : « *[C]es exigences ne sont pas satisfaites en l'espèce, de sorte que sera rejetée la demande en dommages et intérêts formée par la société Elite Auto pour procédure abusive [...]* » – V. aussi : CA Paris, ch. 4, 3 avril 2013, *SAS Distribution alimentaire c/ Société Carrefour*, n° 10/24013. La charge de la preuve de l'abus reposant sur celui qui l'invoque, il est très difficile pour ce dernier de le prouver : « *Considérant que la société DIAPAR ne démontre pas en quoi l'usage des voies de droit serait constitutif d'un abus de la part des sociétés [...]* »

1240 « La notion de l'intérêt à agir », in Encyclopédie Procédure civile – Lexbase (2016).

1241 N. Petit, « Les stratégies juridiques en droit des coordinations entre entreprises – Une approche scénarisée », in « Les stratégies juridiques des entreprises », Bruxelles, Larcier, sous la dir. A. Masson, juillet 2009, p. 281. V. aussi : N. Petit, « Les stratégies juridiques en droit des coordinations entre entreprises – Une approche scénarisée », The Global Competition Law Centre Working Papers Series, GCLC Working Paper 01/09.

1242 Cass. civ. 2e, 6 mars 2003, n° 01-02.745.

1243 Art. 7, pt 2, Règlement (CE) n° 1/2003 du Conseil du 16 décembre 2002 relatif à la mise en œuvre des règles de concurrence prévues aux articles 81 et 82 du traité (Texte présentant de l'intérêt pour l'EEE), *JOCE* n° L 001 du 4 janvier 2003, pp. 0001-0025 : « *Sont habilités à déposer une plainte aux fins du paragraphe 1 les personnes physiques ou morales qui font valoir un intérêt légitime et les États membres* » ; v. aussi § 11 : « *Pour assurer l'application des dispositions du traité, la Commission doit pouvoir adresser aux entreprises ou aux associations d'entreprises des décisions destinées à faire cesser les infractions aux articles 81 et 82 du traité. Dès lors qu'il existe un intérêt légitime à agir de la sorte, elle doit également pouvoir adopter des décisions constatant qu'une infraction a été commise dans le passé [...]* » – Projet de Communication de la

juges du fond, de l'intérêt à agir[1244] ne laisse jamais entrevoir une prise en compte du caractère opportuniste de l'action juridique parasitaire.

506. **Risque économique faible.** Pour terminer, observons que l'amende plafonnée à 3 000 euros prévue à l'article 32-1 du Code de procédure civile en cas d'action parasite est très faible, surtout au regard de la puissance financière de certaines entreprises sur le marché. La prévisibilité de cette sanction peut encourager les entreprises à mener des actions parasites. Le calcul coût-avantage d'une telle action est profitable à l'agent au regard de la faiblesse du risque financier qu'il encourt. En somme, la primauté du droit fondamental d'agir en justice rend peu probable la qualification d'action abusive. L'interprétation restrictive de l'abus en jurisprudence et, surtout, la sanction encourue par l'auteur d'une action parasite risquent de se retrouver inférieures à l'avantage retiré d'une telle action.

B. Les avantages retirés de l'action parasite

507. **Résultat dommageable et résultat lucratif.** L'action parasite constitue une forme de faute lucrative car elle cause un dommage à la victime et procure un bénéfice à son auteur : les actions en justice abusives forment des stratégies lucratives, en ce qu'elles « *visent à capturer une part croissante dans la chaîne de valeur ou à gagner des parts de marché* »[1245]. De plus, une action parasite menée contre une entreprise peut conduire l'Autorité à diligenter une enquête qui « *peut exiger des entreprises ciblées des coûts extraordinairement élevés* »[1246]. De manière générale, une action parasite peut entraîner trois types de coûts pour la victime.

508. **Dépenses directes.** D'une part, lorsqu'une enquête est menée contre une entreprise, l'obligation de communiquer un certain nombre de documents entraîne un coût par la partie mise en cause chargée de rechercher et de communiquer les documents litigieux.

509. **Coûts d'« *égarement* » ou de « *dispersion* »[1247].** D'autre part, le coût de dispersion généré par l'action parasite a pour conséquence un coût d'opportunité[1248]. Lorsque les agissements d'une entreprise font injustement l'objet d'une enquête coûteuse ou, pire, sont indûment sanctionnés, la partie mise en cause se voit obligée d'affecter une partie de ses ressources à la défense de ses intérêts en justice (coût de dispersion) plutôt que de les affecter à la création d'une innovation. Elle manque

---

Commission relative au traitement par la Commission des plaintes déposées au titre des articles 81 et 82 du traité CE (Texte présentant de l'intérêt pour l'EEE), *JO* n° C 101 du 27 avril 2004, pp. 65-77, § 26.

1244 Cass. civ. 1re, 4 novembre 1980, n° 79-13.554. – Cass. civ. 2e, 5 mai 2011, n° 10-14.221.

1245 A. Masson, H. Bouthinon-Dumas, « L'approche "Law & Management" », *RTD com.* 2011, p. 233.

1246 R. A. Cass, « Antitrust and High-Tech: Regulatory Risks for Innovation and Competition », 14(1) *Engage: J. Federalist Soc'Y Prac Groups* 25-26 (2013) : « *Antitrust inquiries can exact extraordinarily high costs from target firms, both in direct expenditures and in distraction from core business operations. Even inquiries that do not result in suits can be costly and disruptive.* »

1247 *Ibid.*

1248 Coût d'opportunité, Wikipédia : « *Le coût d'opportunité (de l'anglais* opportunity cost*) ou plus rarement [...] "coût de renonciation" désigne la perte des biens auxquels on renonce lorsqu'on procède à un choix, autrement dit lorsqu'on affecte les ressources disponibles à un usage donné au détriment d'autres choix. C'est le coût d'une chose estimé en termes d'opportunités non[]réalisées, ou encore la valeur de la meilleure autre option non[]réalisée.* »

ainsi l'opportunité d'employer ses ressources dans le développement d'un produit qui pourrait lui procurer un avantage concurrentiel.

510. **Coût économique de l'infraction indûment condamnée.** Enfin, l'erreur de type 1, en condamnant indûment une entreprise pour une pratique licite ou proconcurrentielle, entraîne un coût économique (dommages et intérêts et/ou amende) susceptible d'éliminer du marché la partie mise en cause. Ce risque a déjà été évoqué par une partie mise en cause qui reprochait l'action parasite du concurrent cherchant « *à instrumentaliser la justice en vue de faire disparaître un concurrent [la partie mise en cause], dans l'espoir que le montant des condamnations qui seraient prononcées, serait de nature à la conduire au dépôt de bilan* »[1249].

Ces trois sortes de coûts sont profitables au plaignant qui forme une action juridique parasitaire en ce qu'ils retardent ou empêchent la commercialisation d'un produit susceptible de lui prendre des parts de marché. L'action parasite permet à l'entreprise dominante de ralentir ou de supprimer l'entrée sur un marché d'un concurrent dont elle craint le potentiel dynamique et innovant. Elle offre à l'opérateur une opportunité de conserver ses parts de marché menacées par le concurrent, protégeant, pour un moment, sa rente de monopole.

511. **Illustration : affaire *Unilever*.** Dans cette affaire, l'action parasite avait pour finalité de réduire l'avantage dont pouvait bénéficier un concurrent dans le lancement d'un nouveau produit susceptible de mettre en danger les parts de marché de l'entreprise dominante[1250]. Le litige opposait Unilever à son concurrent, Smithkline. Le litige concernait des tubes de dentifrice. Sur les tubes de dentifrice et dans les publicités télévisées, Smithkline indiquait qu'une substance dudit produit constituait une prévention de la parodontose et luttait contre les caries. Inquiet du succès qu'une telle annonce pouvait générer auprès du consommateur, Unilever avait sollicité du Tribunal qu'il ordonne au défendeur la suppression d'indications concernant la prévention et la suppression du tartre et des caries. Pour justifier sa demande d'interdiction, Unilever se fondait sur la non-conformité des indications avec les dispositions légales de la législation autrichienne[1251].

512. **Résultat profitable de l'action d'Unilever.** L'avantage de l'action menée par Unilever est le suivant : elle suspendait la commercialisation du produit de l'entreprise poursuivie qui, au moins pendant tout le temps de la procédure, ne pouvait lui prendre des parts de marché. De plus, en requérant que la partie mise en cause sollicite une autorisation pour commercialiser son produit, Unilever espérait gagner du temps sur son concurrent. La Cour de justice a fini par rejeter la disposition nationale invoquée par le demandeur pour reconnaître à la société concurrente

---

1249 CA Paris, 15 janvier 2009, *Alcyone Finance, Bouvier Gestion*, n° 06/05463, *Dalloz Jurisprudence*.

1250 CJCE, 28 janvier 1999, *Unilever GmbH c/ Smithkline*, aff. C-77/97.

1251 En effet, une réglementation autrichienne prévoyait que, pour être légalement commercialisé et promu comme tel, un produit cosmétique ne devait contenir que des substances pharmacologiques autorisées et énumérées dans une liste exhaustive. Dans le cas où des substances actives étaient non répertoriées dans cette réglementation autrichienne, les fabricants de produits cosmétiques devaient demander une autorisation particulière, valable trois ans, pour l'utilisation des substances en cause.

la commercialisation du produit mis en cause[1252], et ce notamment au regard de l'entrave causée par la législation nationale – dénuée de toute justification – à la libre circulation du produit litigieux. Pour autant, le temps du litige aura eu pour résultat profitable de retarder la commercialisation du produit tout en déstabilisant l'entreprise concurrente.

513. **Affaire *AD Systems*.** L'affaire *AD Systems* est elle aussi particulièrement révélatrice des avantages à retirer d'une action parasite. La partie mise en cause avait mis en place une innovation susceptible de lui donner un avantage concurrentiel sur son principal concurrent[1253]. Ce dernier, inquiet de perdre des parts de marché, dénonçait l'innovation en invoquant la théorie du parasitisme. Le tribunal releva que l'action en réparation était « *artificiellement [mise] en œuvre contre monsieur P* » et décrivait une « *stratégie d'étouffement mise en œuvre par la société ISL au travers de la procédure judiciaire ainsi engagée* »[1254].

514. **Préjudice considérable pour la victime et faute lucrative.** À travers cet arrêt, on mesure tous les avantages que peut retirer une entreprise qui exerce une action parasite à l'encontre d'un concurrent menaçant. L'action en réparation a en effet créé un dommage multiple :

- coût engagé dans la procédure judiciaire par la partie mise en cause ;
- perte de temps dans la commercialisation de son produit phare ;
- perte de crédits auprès des acquéreurs potentiels ;
- accroissement des coûts supplémentaires pour restaurer la confiance des acquéreurs ;
- perte de clients ;
- dispersion des coûts qui n'ont pu être essentiellement consacrés au développement du produit, se retrouvant affectés en partie à la défense de ses intérêts en justice.

1252 CJCE, *loc. cit.* : « *Les dispositions de l'art. 6, paragr. 3, de la directive CE n° 76-768 du Conseil, du 27 juill. 1976, concernant le rapprochement des législations des États membres relatives aux produits cosmétiques, s'opposent à l'application d'une réglementation nationale qui interdit la publicité d'un produit cosmétique [dentifrice], destiné à entrer en contact avec les muqueuses, selon laquelle ce produit prévient la formation de tartre et la parodontose, dès lors que, dans sa composition, aucune des substances actives énumérées dans cette réglementation comme pouvant atteindre un tel résultat n'est présente et que l'intéressé n'a pas obtenu une autorisation pour utiliser d'autres substances.* »

1253 CA Caen, ch. 2, 15 mars 2012, n° 11/00364, *Dalloz Jurisprudence* : l'affaire opposait la société AD Systems à la société ISL. La seconde société fabriquait des appareils permettant de s'assurer de la qualité du kérosène dans les avions. Elle avait pour ancien salarié Monsieur P., cadre technique de la société, qui à la suite d'un désaccord, dut quitter l'entreprise. L'ingénieur avait alors créé une autre entreprise – AD Systems –, laquelle concurrençait ISL sur le marché des appareils évaluant la qualité du kérosène. Précisément, AD Systems avait créé un appareil qui concurrençait le procédé JFTOT d'ISL, lequel assurait la mesure de l'oxydation du kérosène. La société IS engagea une action sur le fondement du parasitisme, considérant que l'appareil de son ancien salarié se plaçait dans son sillage, et invoquant l'appropriation indue d'une valeur économique dans laquelle elle avait investi pour assurer son perfectionnement. À la suite de cela, ISL obtint du juge la délivrance d'une ordonnance pour la réalisation d'une mesure d'instruction. La mesure d'instruction permit aux huissiers et experts présents sur les lieux de recueillir un certain nombre de données informatiques et d'informations sur le nouvel appareil concurrent. Finalement, après environ trois ans de litige, l'expert économique chargé de statuer sur les technologies concurrentes rendit un rapport constatant que « *la différence entre les procédés utilisés par les appareils de chacune des parties est apparue de façon flagrante dès la première réunion d'expertise* ».

1254 T. com. Caen, ch. 2, 15 mars 2012, n° 11/00364.

L'avantage retiré de l'action parasite était ici sans doute supérieur à son coût[1255], sachant que le dommage causé à la victime a permis au fautif de neutraliser un concurrent susceptible de lui prendre des parts de marché. De plus, le plaignant a eu accès à certains documents saisis lors des mesures d'instruction[1256], ce qui lui a permis de voler certaines informations stratégiques quant à l'innovation.

§ 2. L'évaluation des chances de succès de l'action parasite

515. **Spécificité du droit de la concurrence.** L'action parasite en droit de la concurrence a plus de chances de succès que dans un autre domaine pour la raison suivante : la complexité et les incertitudes entourant les normes concurrentielles génèrent des erreurs juridiques. L'erreur de type 1 (autrement appelée « *false positive* »[1257]), par opposition aux erreurs de type 2[1258] (autrement appelées « *false negative* ») illustre la difficulté entourant la qualification des infractions de concurrence. À titre d'exemple, dans l'affaire *Microsoft*, les juges eux-mêmes ont reconnu qu'il était « *difficile de distinguer une pratique d'éviction d'une forme de concurrence vigoureuse. Les moyens d'exclusion illicites, comme les moyens de concurrence légitime, sont innombrables* »[1259]. Le « *droit de la concurrence est généralement*

1255 L'action juridique opportuniste a ici été punie par la cour d'appel, qui a condamné le plaignant à verser des dommages-intérêts à la victime : 100 000 euros au titre du préjudice commercial subi du fait de la procédure ; 50 000 euros au titre du préjudice subi pour procédure abusive ; 225 000 euros au titre des financements non perçus du fait de la procédure ; 10 000 euros sur le fondement de l'article 700 du Code de procédure civile.

1256 Le tribunal relève que le fautif « *ne saurait sérieusement prétendre n'avoir pas eu accès aux documents saisis, alors qu'il résulte du courrier officiel et des conclusions déposées par son conseil dans le cadre de la procédure de référé-rétractation qu'elle s'était fait retransmettre immédiatement le cahier des charges* ».

1257 L. Mathiesen, O. A. Nilsen a., « A Note on Upward Pricing Pressure: The Possibility of False Positives », NHH Dept. of Economics Discussion Paper n° 11/2012, May 2012.

1258 Lorsqu'une entreprise échappe à toute sanction alors qu'elle a pourtant commis des pratiques anticoncurrentielles.

1259 *United States v. Microsoft Corp.*, 253 F.3d 34, 58 (D.C. Cir. 2001) : « *Whether any particular act of a monopolist is exclusionary, rather than merely a form of vigorous competition, can be difficult to discern: the means of illicit exclusion, like the means of legitimate competition, are myriad. The challenge for an antitrust court lies in stating a general rule for distinguishing between exclusionary acts, which reduce social welfare, and competitive acts, which increase it.* » – V. aussi : Trib. UE, 12 juin 2014, *Intel*, aff. T-286/09 ; *AJCA* 2014, p. 276, obs. L. Idot, « Regards sur l'arrêt Intel : Confirmations ou évolution ? », *Europe* 2014, étude 7. Dans l'affaire Intel (s'agissant des faits, rappelons simplement que le fabricant américain de microprocesseurs Intel a été condamné au paiement d'une amende record de 1,06 milliard d'euros pour avoir abusé de sa position dominante sur le marché des processeurs dits « x86 »), c'est une véritable conception de l'abus de position dominante qui a été débattue aussi bien en doctrine que devant le Tribunal de l'Union – preuve que la caractérisation de l'abus est loin d'être fixée avec certitude ; sur la conception de l'abus v. L. Peeperkorn, « Conditional pricing: Why the General Court is wrong in Intel and what the Court of Justice can do to rebalance the assessment of rebates », Concurrences n° 1-2015, Art. N° 70835, pp. 43-63 : « *There seem to be two schools of thought about what should be considered the objective of Articles 101 and 102. The first school sees the goal as to protect the process of competition, sometimes narrowed to ensuring a competitive market structure and sometimes widened to ensuring that competition is not distorted. The essence of this particular view is that the objective is not the outcome/result/effect of competition, but the process or structure of competition itself. The second school sees the goal as to protect competition for the benefit of consumers, that is to protect the process or structure of competition in order to protect consumer welfare, and it is thus outcome or effects oriented* » ; – v. aussi W. Wils, « The Judgment of the EU General Court in Intel and the So-Called "More Economic

considéré comme l'un des plus complexes et incertain »[1260], ce qui laisse une chance à celui qui mène une action parasite d'obtenir la condamnation du concurrent qui a pourtant commis une pratique licite.

516. **Double incertitude.** Les règles concurrentielles souffrent d'une double incertitude[1261] :

- une première incertitude portant sur le libellé de la règle de droit ;
- une deuxième incertitude portant sur la mise en œuvre de la norme par les autorités ou par le juge de la réparation[1262].

Cette double incertitude permet en réalité au *bad man* qui entend former une action juridique opportuniste de distinguer les types de normes concurrentielles.

517. **Normes intrinsèquement floues éclairées par la jurisprudence.** Il existe des règles intrinsèquement peu claires. À titre d'exemple, la règle portant sur le déséquilibre significatif, qui n'a jamais été clairement définie par le législateur, est intrinsèquement difficile à déterminer. La règle devient, néanmoins, de plus en plus intelligible grâce aux clarifications apportées par la jurisprudence[1263].

518. **Normes claires rendues confuses par la jurisprudence.** Certaines normes sont claires, mais leur application et leur interprétation dans les tribunaux les rendent confuses. Par exemple, à l'origine, la théorie du parasitisme prescrit clairement un comportement qui a été défini par le droit souple (doctrine)[1264] puis développé par la jurisprudence. Claire en principe[1265], cette théorie a été rendue obscure au fur et à mesure de l'amoncellement des décisions prétoriennes sur le sujet[1266]. D'une théorie *a priori* autonome – le parasitisme avait pour but originel de s'attaquer aux vilenies réalisées en dehors de tout rapport de concurrence – elle est aujourd'hui confondue et noyée dans le droit de la concurrence déloyale[1267]. On parle notamment de concurrence parasitaire[1268], rendant d'autant plus complexe sa compréhension.

Approach" to Abuse of Dominance », 38(4) *World Competition: Law and Economics Review* 405-434 (2014). Disponible sur SSRN : http://ssrn.com/author=456087.

1260 P. Bougette, C. Montet, F. Venayre, « L'adaptation légale de la stratégie d'entreprise aux contraintes du droit de la concurrence », *RCC*, n° 144, 2006, pp. 11-23.

1261 *Ibid.*

1262 R. Shell, D. Yao « Business Strategy in a World with Uncertain Rules », Document de travail, Wharton School, Université de Pennsylvanie (2000) ; cité par P. Bougette, C. Montet, F. Venayre, *op. cit.*, note 1261.

1263 M. Chagny, « Le domaine d'application de la règle sur le déséquilibre significatif : le flux et le reflux ? », *RTD com.* 2017, p. 593, 4 novembre 2017. – J. Sénéchal, « Prémices d'une construction jurisprudentielle du déséquilibre significatif entre partenaires commerciaux », *D.* 2010, p. 1000.

1264 La paternité de la théorie du parasitisme appartient à Yves Saint-Gal : Y. Saint-Gal, « Concurrence déloyale et concurrence parasitaire (ou agissements parasitaires) », *RIPIA* 1956, n° 25/26, p. 19.

1265 Il s'agit de sanctionner le parasite qui, sans rien dépenser de ses efforts ni de son savoir-faire, s'accapare indûment une valeur économique individualisée.

1266 *Infra*, Partie II, Titre I, n° 630 et n° 634 et s.

1267 *Loc. cit.* – V. p. ex. : Cass. com., 27 mars 2001, *PIBD* 2001, n° 725, III, p. 408. La Cour de cassation, dans cet arrêt, analyse le fait de se placer « dans le sillage » d'un concurrent comme relevant de la concurrence déloyale et non plus du parasitisme.

1268 *Loc. cit.* V. p. ex. : T. com. Paris, 10 août 1978, *RIPIA* 1979, p. 248 : « *La défenderesse, ancien concessionnaire exclusif de la demanderesse, a eu la volonté de créer sur le marché français, auprès de la même clientèle que celle qu'elle prospectait précédemment, d'une part, un risque de confusion, acte de concurrence déloyale, d'autre part, une appropriation de l'effort de conception des modèles d'autrui, sans bourse délier, acte de concurrence parasitaire.* »

519. **Normes floues rendues confuses par la jurisprudence.** Sur ce point, la règle encadrant l'abus de position dominante nous paraît particulièrement éclairante : l'abus de position dominante est une règle intrinsèquement floue. D'une part, parce que la notion même de position dominante est floue. Comme le rappelle le professeur Nicolas Petit, « *l'objet de la dominance manque de clarté* »[1269]. D'autre part, parce que la notion d'abus telle que comprise aux articles 102 du TFUE[1270] et L. 420-2 du Code de commerce[1271] n'a jamais été clairement définie, ni pas le législateur français ni par le Traité. La jurisprudence, dans un rôle d'éclaireur, a donc tenté de préciser les contours de l'abus. Un certain nombre de tests ont été proposés pour qualifier l'abus[1272]. Force est de reconnaître que ces tests ne sont pas parvenus à clarifier ce que l'on doit entendre par exploitation abusive d'une position dominante. Ils ont même, d'une certaine façon, accru les erreurs juridiques. Un auteur considère que la Cour maintient des « *tests juridiques formalistes hérités d'anciennes jurisprudences. Ces tests, très restrictifs, débouchent* sur un risque systématique de "sur-condamnation", *car ils permettent d'appliquer l'article 101 du TFUE à toute pratique unilatérale nonobstant l'absence de tout effet anticoncurrentiel actuel ou probable* »[1273]. De manière générale, le caractère mouvant dans l'interprétation de l'abus[1274] et la difficile réception de l'analyse par les effets en la matière[1275] peuvent conduire certaines entreprises opportunistes à assigner un concurrent en jouant sur le caractère formaliste de l'abus, lequel ne se vérifierait pas si une analyse économique était menée.

520. **Incidence : l'erreur de type 3.** L'imprécision des normes juridiques susceptibles de provoquer des erreurs du type 1 provoque un nouveau type d'erreur. En effet, en ayant une incidence sur le développement des actions parasites, elles risquent de générer le développement d'erreurs de type 3. Nous définissons l'erreur de type 3 comme la condamnation injuste d'une entreprise provoquée par l'action opportuniste d'un concurrent, et ayant comme éventuelle conséquence l'obtention pour le plaignant d'un avantage concurrentiel indu. En effet, les entreprises mal intentionnées peuvent voir dans le phénomène de « *false positive* » une faille dans la bonne application des règles de concurrence. Dès lors qu'une entreprise aura une position dominante sur un marché, il pourra être tentant pour un concurrent de saisir la justice tout en misant sur la probabilité d'une erreur juridique qui, en cette matière, est tout à fait possible. L'avantage indu tiré de la condamnation

---

1269 N. Petit, *Droit européen de la concurrence*, LGDJ, 2013, n° 724, p. 272.

1270 Art. 102 TFUE : « *[...] le fait pour une ou plusieurs entreprises d'exploiter de façon abusive une position dominante sur le marché intérieur ou dans une partie substantielle de celui-ci.* »

1271 Art. L. 420-2 du Code de commerce : « *Est prohibée, dans les conditions prévues à l'article L. 420-1, l'exploitation abusive par une entreprise ou un groupe d'entreprises d'une position dominante sur le marché intérieur [...]* »

1272 Par exemple : Test du concurrent aussi efficace ; test de l'absence de justification économique ; test du profit sacrifié ; test du surplus du consommateur.

1273 N. Petit, *op. cit.* note 1270, n° 710.

1274 M. Chagny, « Les nouvelles formes d'abus de position dominante en matière tarifaire », *AJCA* 2016, p. 228. – V. aussi : I. Djavadi, J.-L. Fourgoux, « Panorama sur l'abus de position dominante », *AJCA* 2016, p. 220 : les auteurs considèrent notamment que l'« *analyse des abus de position dominante a donc considérablement évolué* ».

1275 L. Idot, « Difficile réception de l'analyse par les effets en matière d'abus de position dominante », *RTD eur.* 2014, p. 939.

injuste d'un concurrent provoque un nouveau type de faute lucrative, généré par des actions en justice parasitaires.

521. **Bilan.** La difficulté d'apprécier la norme concurrentielle rend probable le succès d'une action parasite. La complexité du droit de la concurrence entourant la qualification des manquements visés dans la loi provoque un risque d'erreur de type 1 et renforce les chances de succès d'une action parasite[1276]. Inversement, si la loi et son interprétation par les juges étaient parfaitement claires, le risque d'erreur dans l'appréciation du comportement litigieux serait faible et l'intérêt pour le *bad man* de former une action parasite serait diminué.

Section 2
Les scénarios possibles d'une instrumentalisation de l'action privée

522. **Effet pervers de la dissuasion.** En théorie, une règle dissuasive décourage l'incitation à enfreindre la loi. Néanmoins, certaines règles dissuasives ont pour effet pervers d'encourager d'autres comportements fautifs. La sévérité de certaines normes encourage l'entreprise dépassée par le jeu concurrentiel à instrumentaliser le droit de la concurrence en formant une action juridique opportuniste pour évincer un concurrent. Le législateur est conscient de ce risque : à titre d'exemple, le rejet permanent des dommages-intérêts punitifs dénote une crainte du développement d'une industrie du procès. La Commission a déjà considéré qu'un « *moyen de prévenir les procès abusifs consiste à interdire les dommages et intérêts à caractère punitif qui augmentent habituellement les intérêts économiques en jeu dans ce type d'actions* »[1277]. Les freins à l'action collective[1278] et le rejet de la

---

1276 Cette difficulté provoque aussi, nous le verrons, des erreurs de type 2. V. *infra*, Partie II.

1277 L. Idot, *op. cit.*, note 1276.

1278 D'abord, les freins nombreux à l'action collective et principalement celui de réserver l'initiative de l'action aux associations de consommateurs répondent à la volonté d'« *éviter [...] les demandes fantaisistes* » ou encore les « *procédures dilatoires instrumentalisées par un concurrent* » (N. Homobono *infra*). Dans le même cadre d'analyse, la commissaire européenne chargée de la justice milite pour « *un meilleur accès à la justice tout en évitant un système d'actions de groupe selon le modèle américain et le risque de demandes fantaisistes et de procédures judiciaires abusives* » (V. Reding *infra*). La crainte est donc grande que se développent des ententes entre entreprises pour agir collectivement contre une entreprise dominante ou contre un nouvel entrant sur le marché. V. N. Homobono, « L'introduction d'une action de groupe en France (AFEC, Paris, 20 juin 2013) », Concurrences n° 3-2013, Art. N° 53092, p. 54. – A. Fiévée, J. Grojean, « L'action de groupe… ou l'introduction d'une nouvelle voie de droit – Réflexions sur les travaux en cours », *CCC* n° 12, décembre 2010, étude 14 : « *Afin d'éviter les dérives des "class actions", qui s'expliquent notamment par le fait qu'elles peuvent être initiées par toute personne qui s'inscrit dans le cadre d'un litige de masse, l'exercice de l'action de groupe sera réservé aux seules associations de consommateurs, dont la compétence et la représentativité pourraient être garanties par un agrément renforcé.* L'objectif recherché consiste à réduire les risques de multiplication des procédures et garantir ainsi leur sérieux, afin d'éviter l'exercice d'actions abusives menées à des fins de déstabilisation – *actions particulièrement dangereuses pour les entreprises notamment en termes d'image* ». – Propos de Mme V. Reding, in Comm. eur., communiqué IP/13/524 du 11 juin 2013, « La Commission

procédure du « *discover* »[1279] reflètent aussi la peur du développement d'actions juridiques opportunistes.

À notre sens, le droit de la concurrence, et en particulier la règle concernant la « responsabilité particulière » de l'entreprise dominante, favorise une instrumentalisation parasite de l'action privée en réparation en encourageant les comportements de « passager clandestin » (§ 1). Par ailleurs, on peut se demander si la théorie du parasitisme n'est pas susceptible d'instrumentalisation par les entreprises qui cherchent à conserver un monopole sur leur produit (§ 2).

§ 1. La théorie du passager clandestin appliquée aux actions parasites

523. **Passager clandestin.** La sanction de certains abus favorise le phénomène de passager clandestin qui désigne le comportement d'une personne ou d'un organisme qui obtient et profite d'un avantage indu[1280], sans avoir investi autant d'efforts (argent ou temps) que la firme dominante détentrice de l'information technologique.

524. **L'entreprise dominée comme passager clandestin.** L'entreprise dominée sur un marché, pour rattraper son retard dans le jeu concurrentiel, peut être tentée d'utiliser le droit applicable à son profit, tantôt afin de faire pression sur l'entreprise dominante, tantôt afin de « grappiller » un pouvoir de marché. Cette stratégie peut être formée au regard des signaux envoyés par le droit de la concurrence, lequel, depuis l'arrêt *United Brands*, considère que l'entreprise qui occupe une position dominante sur le marché est soumise à un régime de responsabilité spéciale[1281].

525. **Responsabilité particulière de l'entreprise dominante.** Le passager clandestin, autrement dit l'entreprise dominée, peut exploiter le droit de la concurrence, qui fait porter sur l'entreprise dominante une pesante « *responsabilité particulière* »[1282].

---

recommande aux États membres de se doter de mécanismes de recours collectif pour garantir à leurs justiciables un accès effectif à la justice ». Disponible sur : http://europa.eu/rapid/press-release_IP-13-524_fr.htm.

1279 Le rejet de la procédure du discovery témoigne aussi d'une méfiance envers les actions parasites. En effet, l'on craint que certains plaignants, simulant ou aggravant un trouble économique mineur, en profitent pour demander une quantité excessive de documents de façon à alourdir le coût de recherche des documents du concurrent tout en espérant trouver, dans la masse des pièces obtenues, quelques secrets d'affaires susceptibles de procurer un avantage concurrentiel. La peur du dévoiement de l'accès aux pièces pertinentes est aussi perceptible en droit français. Les mesures d'instruction sur requête ou référé restent appréciées restrictivement : sans doute que lorsque le juge rejette la mesure en avançant une carence dans la justification des parties, il y a surtout la crainte inavouée que le requérant veuille instrumentaliser l'article 145 du Code de procédure civile pour acquérir des informations économiques sur ses concurrents.

1280 V. Wikipédia, « passager clandestin ».

1281 CJUE, 14 février 1978, *United Brands Company et United Brands Continentaal BV c/ Commission des Communautés européennes*, aff. 27/76, *Rec.* 1978, p. 00207.

1282 Comm. eur., communiqué IP/04/382 du 4 mars 2004, « La Commission conclut l'enquête sur Microsoft, impose des mesures correctives visant à modifier son comportement et inflige une amende » : « Les entreprises en position dominante ont une responsabilité particulière sur le marché. *Elles doivent veiller à ce que leur comportement ne fasse pas obstacle à une concurrence saine et loyale, ni ne porte préjudice aux consommateurs et à l'innovation* ». – V. aussi : CJCE, 9 novembre 1983, *NV Nederlandsche Banden Industrie Michelin c/ Commission*, aff. C-322/81, *Rec.* p. I-03461, § 10 : il incombe à l'entreprise dominante « *une responsabilité particulière de ne pas porter atteinte par son comportement à une concurrence effective et non faussée dans le marché commun* ».

Précisément, pèsent sur l'opérateur dominant deux obligations : une obligation préventive active d'une part, qui oblige l'opérateur dominant à prendre des mesures qui permettent de prévenir l'éviction du marché des concurrents ; une obligation préventive passive d'autre part, qui oblige l'opérateur dominant à s'abstenir de prendre des mesures susceptibles d'aboutir à l'éviction des concurrents. Le risque de cette responsabilité particulière est triple :

- Premièrement, elle risque de condamner une entreprise davantage en fonction de son identité de « dominante » qu'au regard de ses pratiques délictueuses. Dans le même sens, elle fait varier la qualification de la pratique anticoncurrentielle en fonction de la position sur le marché de celui qui l'a mise en œuvre.
- Deuxièmement, elle tend à protéger les concurrents de l'opérateur dominant plus que la concurrence dans son ensemble.
- Troisièmement, et pour les deux raisons précitées, elle encourage le comportement de passager clandestin, car en protégeant les concurrents de l'entreprise dominante sur qui repose l'obligation de préserver la structure du marché, elle limite la compétition et ouvre une brèche aux actions parasites. Le *bad man*, en l'occurrence l'entreprise dominée, a intérêt à observer minutieusement la position sur le marché et le comportement de l'opérateur dominant. Le moindre comportement agressif de ce dernier associé à l'éviction d'une entreprise du marché pourrait conduire à une condamnation indue. D'autant que la jurisprudence a tendance à récuser une analyse précise des effets de la pratique, se contentant parfois d'une simple analyse potentielle des effets anticoncurrentiels[1283]. En négligeant les effets réels, on peut craindre la condamnation d'une entreprise dominante qui, par ses seuls mérites et par le jeu naturel de la compétition économique, a évincé des concurrents. Cette responsabilité spéciale pesant sur la firme en situation de dominance, associée à la réticence jurisprudentielle d'une analyse minutieuse des effets, conduit un auteur à observer ceci : « *En d'autres termes, pour éviter l'éviction du marché des concurrents, les autorités auraient sacrifié les intérêts des consommateurs et dans une certaine mesure, l'efficacité économique de long terme,* en sanctionnant

1283 CJUE, 17 février 2011, *Konkurrensverket c/ TeliaSonera Sverige AB*, aff. C-52/09, §§ 62-65 : « *La jurisprudence a, en outre, précisé que l'effet anticoncurrentiel* doit se rapporter aux entraves éventuelles *qu'une telle pratique tarifaire peut causer sur le développement de l'offre sur le marché de détail des prestations aux clients finals et, partant, sur le degré de concurrence sur celui-ci […]. [L]a pratique en question, adoptée par une entreprise dominante, constitue un abus au sens de l'article 102 TFUE, dès lors que, produisant des effets d'éviction pour les concurrents au moins aussi efficaces qu'elle-même par la compression de leurs marges, elle est à même de rendre plus difficile, voire impossible, l'accès au marché concerné par ces concurrents […]. Il s'ensuit que, afin d'établir le caractère abusif d'une telle pratique,* l'effet anticoncurrentiel de celle-ci sur le marché doit exister, mais il ne doit pas être nécessairement concret, *étant suffisante la démonstration d'un effet anticoncurrentiel potentiel de nature à évincer les concurrents au moins aussi efficaces que l'entreprise en position dominante. En effet, lorsqu'une entreprise dominante met effectivement en œuvre une pratique tarifaire, laquelle, aboutissant à la compression des marges de ses concurrents au moins aussi efficaces, vise à évincer ceux-ci du marché concerné,* la circonstance que le résultat escompté, *à savoir l'exclusion de ces concurrents,* n'est pas, en définitive, atteint ne saurait écarter la qualification d'abus *au sens de l'article 102 TFUE* ».

de façon indue des firmes qui ne devaient leur position de marché qu'à leurs mérites… »[1284].

Les entreprises concurrentes, comme un passager clandestin, sans fournir aucun effort, vont profiter injustement de la condamnation indue de l'entreprise en position dominante[1285], en particulier si cette condamnation l'oblige à fournir des informations économiques profitant à un concurrent peu méritant. Si la sanction pécuniaire fait subir à l'opérateur dominant un coût limitant sa capacité entrepreneuriale, les rivaux de l'opérateur auront l'opportunité de capter – de façon illégitime – son avantage concurrentiel. Les frontières imprécises de l'abus de position dominante permettent ainsi à une entreprise qui n'a pas investi ni innové (et donc passive dans la compétition économique) de profiter de la condamnation de l'entreprise dominante pour prendre un ascendant sur le marché.

526. **Chantage du passager clandestin.** De plus, la responsabilité particulière pesant sur l'opérateur dominant risque d'être instrumentalisée par le passager clandestin. Ce dernier peut en profiter pour menacer l'entreprise dominante d'une action en justice afin de négocier un accord transactionnel avantageux. Le risque-sanction est de nature à inciter l'entreprise dominante, même non fautive, à transiger afin de s'épargner les coûts d'un procès[1286], une atteinte à sa réputation, une perte de temps dans la commercialisation d'un produit, etc. Le chantage permet à la partie dominée, sans aucun effort particulier, de conclure un accord lucratif[1287]. À titre d'exemple, la société Digital Equipment Corp, fournisseur et concurrent d'Intel, devait faire face dans les années 1990 au refus d'Intel d'étendre leurs relations contractuelles. En conséquence, Digital menaça Intel de révéler certaines pratiques agressives. Intel, soucieuse d'éviter un examen plus approfondi de ses agissements – d'autant que l'autorité de concurrence américaine (la Federal Trade Commission) commençait à s'interroger sur d'éventuelles violations antitrust –, a accepté de transiger. Pour éviter une atteinte à sa réputation publique ainsi que le spectre des dommages-intérêts punitifs, Digital a finalement reçu 700 millions de dollars d'Intel et a conclu avec cette dernière un accord de collaboration[1288].

527. **Comportement parasitaire du passager clandestin.** Par ailleurs, le parasitisme, tel qu'il est traditionnellement compris en droit de la concurrence, représente sans doute la quintessence du comportement de passager clandestin. Un parasite est quelqu'un qui, sans rien dépenser de ses efforts ou de son savoir-faire, s'approprie la valeur économique d'autrui dans le but de réaliser un profit. Le parasitisme

---

1284 F. Marty, « De la notion de responsabilité particulière de l'opérateur dominant dans la politique de concurrence européenne : quelles conséquences sur les libertés économiques ? », HAL, 10 avril 2013.

1285 D. D. Sokol, « The Strategic Use of Public and Private Litigation in Antitrust as Business Strategy », 85 *S. Cal. L. Rev.* 689-732 (2012), p. 694 : « *In such cases, antitrust suits, whether public or private, may generally lead to false positives.* »

1286 S. Salop, D. Scheffman, « Cost-Raising Strategies », 36(1) *Journal of Industrial Economics* 19-34 (1987).

1287 R. P. McAfee, N. V. Vakkur, « The Strategic Abuse of the Antitrust Law », 1(3) *Journal of Strategic Management Education* 1-18 (2004), p. 4 : « *[…]* "give me something (cash, better contract terms) and I won't expose your vulnerability to an antitrust lawsuit." *It should not be obvious that such extortion would work – what stops other firms from bringing suit? In order for it to work, it must be that the plaintiff has a unique standing – no other firm is so well positioned to bring the suit, perhaps because other firms in the industry could not have been injured by the defendant's behavior* ».

1288 *Ibid.*

est essentiellement regardé en droit de la concurrence sous le prisme de l'agent fautif, qui copie, s'inspire ou se place vilement dans le sillage de son concurrent. L'avocat Norman Neyrinck a quant à lui développé une théorie innovante du parasitisme, qu'il définit comme l'attitude d'un opérateur dominé qui instrumentalise le procès de concurrence afin de tirer indûment profit des investissements réalisés par l'opérateur dominant[1289]. Le refus par l'opérateur dominant de donner accès à une ressource ou à une infrastructure donne lieu à des stratégies de nuisance[1290]. Le concurrent passif, qui n'a rien investi en recherche et développement, introduit une plainte auprès de l'Autorité afin d'obtenir l'accès forcé à un actif détenu par l'entreprise dominante. Cette dernière doit donc partager un intrant essentiel pour lequel elle a lourdement investi avec une entreprise qui, tel un passager clandestin, profite de cet investissement sans n'avoir rien eu à débourser : « *[C]'est parfois le résultat de mois de recherches qui doit être partagé lorsque le bien en question rencontre enfin le succès* »[1291]. De même, « *les incertitudes entourant l'application de la théorie des facilités essentielles aux intangibles font naître un climat d'insécurité juridique qui pourrait favoriser les demandes d'accès non fondées émanant d'entreprises opportunistes* »[1292]. L'affaire *Nespresso* illustre de façon pertinente le risque que le droit de la concurrence accorde un avantage indu aux opérateurs dominés.

528. **Vente liée : affaire *Nespresso*[1293].** Une entreprise en situation de dominance commet un abus lorsqu'elle subordonne l'achat d'un produit à l'achat concomitant d'un autre produit distinct. L'interdiction des pratiques de couplage rend possibles des actions juridiques parasitaires. L'affaire *Nespresso* illustre bien ce risque. Nespresso était soupçonnée d'abus de position dominante pour avoir changé le design de ses machines dans le but d'éliminer la concurrence sur le marché des capsules

---

1289 O. Beddelem, N. Neyrinck, « Utilisation stratégique du droit de la concurrence : Le cas de la "TVA Bouygues Telecom" », Concurrences n° 3-2011, Art. N° 37129 : « *Au-delà de l'effet de nuisance que peut générer une plainte dirigée à l'encontre d'un rival, l'instrumentalisation du droit de la concurrence peut également avoir pour objectif de tirer profit des investissements réalisés par l'opérateur dominant. Les exemples de ce phénomène sont multiples. Parangon des pratiques de parasitisme, l'abus de refus de fournir permet à l'entreprise plaignante d'accéder à une infrastructure essentielle, pourtant détenue en exclusivité par l'entreprise dominante. Dans ce scénario, l'autorité de la concurrence contraint l'entreprise détentrice d'un bien nécessaire à l'entrée de nouveaux opérateurs sur le marché, à fournir ce bien à ses concurrents (intrant essentiel dans le processus de production, réseau de distribution non reproductible, etc.). L'introduction d'une plainte auprès de l'autorité publique permet alors à l'entreprise en position de faiblesse d'obtenir l'accès à un intrant qui lui était jusque-là refusé par l'opérateur dominant. Ce type de pratique est d'autant plus remarquable que l'entreprise condamnée a parfois lourdement investi dans le bien auquel elle doit finalement donner accès. En matière de propriété intellectuelle – pourtant censée octroyer un droit exclusif à son titulaire – c'est parfois le résultat de mois de recherche qui doit être partagé lorsque le bien en question rencontre enfin le succès. La condamnation de Microsoft par la Commission européenne à fournir aux tiers une licence obligatoire sur ses données d'interopérabilité pour serveurs constitue à ce titre une parfaite illustration d'instrumentalisation du droit de la concurrence.* »

1290 E. B. Rasmusen, « Nuisance Suits », in *The New Palgrave Dictionary of Economics and the Law*, P. Newman (dir.), London, MacMillan Press (1998).

1291 O. Beddelem, N. Neyrinck, *loc. cit.*

1292 F. Marty, J. Pillot, « Intangibles, facilités essentielles et contentieux concurrentiels », GREDEG, Documents de travail, WP n° 2009-04.

1293 Aut. conc., communiqué de presse, 4 septembre 2014, « Grande consommation : L'Autorité de la concurrence obtient de Nespresso qu'elle lève les obstacles à l'entrée et au développement des fabricants de capsules concurrents fonctionnant avec ses machines à café ».

compatibles[1294]. À la suite de ces pratiques, deux sociétés ont saisi l'Autorité de la concurrence, dénonçant « *des pratiques d'éviction de la part de Nespresso consistant, notamment, à lier l'achat des capsules de marque Nespresso à celui des machines à café de marque Nespresso* ». Du fait des préoccupations de concurrence identifiées par l'Autorité, Nespresso a proposé plusieurs engagements, dont la communication « *aux fabricants de capsules concurrents qui en feraient la demande une mise à jour technique de toutes les modifications apportées susceptibles d'avoir un impact sur l'interaction entre la capsule et la machine Nespresso* »[1295].

D'un côté, on peut penser qu'en rendant incompatibles les capsules de fabricants concurrents avec sa machine, Nespresso s'est rendu coupable de pratiques d'éviction tirées des barrières à l'entrée provoquées par la modification de sa machine. Pour cette raison, on peut se féliciter des engagements pris qui ont levé « *les obstacles à l'entrée et au développement des autres fabricants de capsules fonctionnant avec ses machines à café* ».

D'un autre côté, ce type d'engagement est susceptible d'alimenter les actions parasites de passagers clandestins puisqu'en l'occurrence, l'action des deux plaignants (DEMB et Ethical Coffee Company) a permis d'obliger Nespresso à favoriser ses concurrents en leur communiquant ses innovations techniques. On se souvient que, en matière de rétention d'information essentielle, la Commission mettait en garde contre le risque d'action juridique opportuniste visant à « *profiter gratuitement des investissements réalisés par l'entreprise dominante au lieu d'investir eux-mêmes* »[1296]. En l'espèce, les concurrents vont clairement profiter des informations techniques fournies par Nespresso, tout en interdisant à ce dernier de rentabiliser ses investissements en recherche et développement, d'où la dissidence dont certains auteurs ont fait montre à l'égard de cette décision[1297]. Cette critique n'est pas isolée.

Un auteur, s'agissant cette fois de l'affaire *Microsoft*, note ceci : « *Interdire, au producteur devenu dominant sur A de coupler la vente de son produit B, revient en quelque sorte à lui proscrire de jouir pleinement des investissements réalisés pour développer sa position sur le marché A.* Comme un passager clandestin, tout concurrent actif sur le marché B profite gratuitement des investissements

---

1294 Déc. n° 14-D-09 du 4 septembre 2014 sur les pratiques mises en œuvre par les sociétés Nestlé, Nestec, Nestlé Nespresso, Nespresso France et Nestlé Entreprises dans le secteur des machines à café expresso.

1295 Engagements en application de l'article L. 464.2 L du Code de commerce dans les affaires n° 11/0038 F et n° 10/0110 F, 25 juillet 2014.

1296 Communication de la Commission, Orientations sur les priorités retenues par la Commission pour l'application de l'article 82 du traité CE aux pratiques d'éviction abusives des entreprises dominantes (Texte présentant de l'intérêt pour l'EEE), *JOUE* n° C 45 du 24 février 2009, pp. 7-20, § 75 : « *La Commission considère par conséquent qu'une intervention fondée sur le droit de la concurrence doit être soigneusement pesée lorsque l'application de l'article 82 risque de déboucher sur l'imposition d'une obligation de fourniture à l'entreprise dominante. L'existence d'une telle obligation – même contre une rémunération équitable* – peut dissuader les entreprises d'investir et d'innover *et, partant, léser les consommateurs. Le fait de savoir qu'une obligation de fourniture peut leur être imposée contre leur gré pourrait conduire des entreprises dominantes – ou des entreprises escomptant le devenir* – à ne pas investir ou à moins investir *dans l'activité en question. De même,* des concurrents pourraient être tentés de profiter gratuitement des investissements réalisés *par l'entreprise dominante au lieu d'investir eux-mêmes. Aucune de ces conséquences ne serait, à long terme, dans l'intérêt des consommateurs* ».

1297 C. Bialès, M. Bechini, F.-X. Boudy a., « Nespresso s'engage : le droit de la concurrence l'emporte-t-il ? Pas vraiment ! », *Le Concurrentialiste*, mai 2014.

de l'opérateur dominant dans le marché A. *[…] Notre thèse est au demeurant soutenue par des illustrations décisionnelles […] Dans la seconde affaire, qui concernait la vente liée du système d'exploitation Windows et du navigateur Internet Explorer, le phénomène de parasitisme est même encore plus net. Au terme de la procédure,* 12 concurrents sur le marché des navigateurs Internet ont réussi, comme de véritables passagers clandestins, à être directement préinstallés, et ce gratuitement, sur le système d'exploitation de Microsoft »[1298].

En dehors des comportements de passager clandestin possibles en matière d'abus de position dominante, certains redoutent, s'agissant de la théorie du parasitisme, un risque similaire d'instrumentalisation.

§ 2. Le risque d'instrumentalisation de la théorie du parasitisme ?

529. **Critique doctrinale du parasitisme.** Depuis longtemps maintenant, certains craignent la théorie du parasitisme, dont les fondements indécis et les frontières larges seraient susceptibles d'instrumentalisation. On reproche à la notion de favoriser l'enrichissement sans cause, en permettant l'indemnisation des victimes qui ne disposent d'aucun droit privatif sur la chose parasitée et en leur assurant la reconstitution tout aussi indue d'un monopole[1299]. Pour cette raison, un auteur souligne le risque d'instrumentalisation du parasitisme « *afin de monopoliser certaines prestations qui ne peuvent pourtant pas l'être selon les règles de la propriété industrielle ou artistique […] Sa nature et son objet n'en font pas un instrument d'appropriation ou de "réservation"* »[1300]. Porteuse d'une longue querelle doctrinale[1301], une des critiques les plus virulentes fut celle adressée par le professeur Jérôme Passa, qui fustigea sa portée trop large, son influence trop grande, et la confusion générée avec « *le droit spécial de la propriété intellectuelle* »[1302].

530. **Postulat.** Nous ne souscrivons pas aux craintes avancées ni au risque d'une instrumentalisation, par la victime, du prétendu laxisme de la théorie du parasitisme[1303].

1298 N. Petit, N. Neyrinck, « Droit de la concurrence et instrumentalisation parasitaire », in La contribution des juristes et du droit à la performance de l'entreprise, C. Roquilly (dir.), Joly éditions, 2011.

1299 J. J. Burst, « La reconstitution des "monopoles" de propriété industrielle par l'action en concurrence déloyale ou en responsabilité civile : mythe ou réalité ? » in *Mélanges dédiés à Paul Mathély*, Litec, 1990, p. 93.

1300 F. Pollaud-Duliand, « De quelques avatars de l'action en responsabilité civile dans le droit des affaires », *RTD com.* 1997, p. 349. Néanmoins, l'auteur formule aussi une critique envers les opposants à la théorie du parasitisme : « *La formule équivoque employée par la Cour de cassation selon laquelle "l'action en concurrence déloyale a pour objet d'assurer la protection de celui qui ne peut se prévaloir d'un droit privatif" a été mise à profit par certains pour faire jouer à cette action un rôle qui n'est pas le sien. Cette formule ne signifie nullement que l'action en concurrence déloyale est un "ersatz" d'action en contrefaçon, qui jouerait systématiquement pour remplacer celle-ci lorsqu'elle ne peut être exercée.* »

1301 Y. Guenzoui, « Les querelles doctrinales », *RTD civ.* 2013, p. 47.

1302 J. Passa, « Propos dissidents sur la sanction du parasitisme économique », *D.* 2000, p. 297.

1303 M.-A. Dampierre, « Pratique contentieuse – La protection de la valeur économique par le parasitisme », *CCE*, n° 12, décembre 2010, 14. « *En pratique, le demandeur devra prouver son savoir-faire et ses investissements, outre éventuellement, la notoriété de son produit ou de sa société. Le défendeur pour sa part sera bien souvent dans l'incapacité de justifier des ressemblances entre son produit et/ou la présentation de celui-ci et le produit et/ou la présentation de son produit par le demandeur, ni de son propre savoir-faire ou de ses propres investissements. Le demandeur n'aura donc pas grande difficulté à faire valoir que le défendeur ne justifie pas*

Si nous admettons qu'en matière de concurrence déloyale et de parasitisme, la « *jurisprudence s'est faite, si l'on ose dire, "sur le tas"* » si bien que « *les contours du permis et de l'interdit sont mal dessinés, ce qui n'est évidemment pas bon du point de vue de la sécurité juridique* »[1304], la théorie du parasitisme fait l'objet d'une interprétation restrictive par la jurisprudence, qui tend à enlever à cette théorie toute spécificité en la réduisant à un simple acte de concurrence déloyale par confusion[1305]. Ce faisant, sachant que le parasitisme a originellement pour finalité de punir les actes parasites en l'absence de rapports concurrentiels, l'exigence d'un risque de confusion limite fortement le succès des actions en réparation menées sur ce fondement[1306]. De plus, le risque d'erreur de type 1 susceptible d'inciter la formation d'une action opportuniste sur le fondement du parasitisme est limité par le nombre de conditions requises pour prouver la faute parasitaire[1307].

On doit davantage craindre, à notre sens, le manque d'effectivité des actions en réparation menées sur le fondement du parasitisme qu'une instrumentalisation de la notion pour former des actions juridiques opportunistes. Il y a plus à redouter, en cette matière, la multiplication des erreurs de type 2 que le développement d'erreurs de type 1 susceptibles d'inciter à la formation d'actions juridiques opportunistes[1308].

---

d'investissements propres qui expliqueraient la manière dont son produit aurait été mis au point et commercialisé, pour ainsi prouver l'usurpation ou la reprise de "valeur économique en vue d'en tirer un profit". » À notre sens, ce postulat ignore trois choses : la première, c'est que le défendeur dispose d'armes multiples pour faire échouer l'action en parasitisme de l'adversaire : il peut jouer sur la banalité du produit pour justifier sa ressemblance entre les produits litigieux. Il peut aussi arguer de quelques différences superficielles (cf. C. Caron, « Du plagiat considéré comme l'un des Beaux-Arts », *CCE*, n° 5, mai 2013, repère 5) ; il peut encore dénoncer l'absence de risque de confusion (en matière de concurrence parasitaire, la démonstration du risque de confusion est requise). En outre, nous ne souscrivons pas à l'idée de l'auteur selon laquelle le demandeur devrait seulement prouver un savoir-faire et la réalisation d'investissements. Concrètement, la jurisprudence ne prend en compte que les savoir-faire constituant une valeur économique individualisée. De même, seuls les investissements dépensés en vue de la création d'une valeur économique individualisée sont considérés par le juge. Enfin, notons que l'action étant de nature délictuelle, le demandeur doit affronter la triple preuve de la faute, du préjudice et du lien de causalité, et chaque carence dans la preuve de ces éléments ne manquera pas d'être soulevée par le défendeur. Finalement, le demandeur éprouvera de nombreuses difficultés sérieuses à prouver le parasitisme, ce qui rend douteuse l'hypothèse d'une instrumentalisation opportuniste de cette théorie.

1304 *Le Lamy droit du numérique*, « Agissements parasitaires et concurrence parasitaire : consécration et remise en cause », in *Experts*, avril 2016, n° 59.

1305 *Infra* Partie II, Titre I, n° 630 et s. – V. p. ex. Cass. com., 21 février 2012, *Sté Coudène Michel c/ Sté Midi Tielles*, n° 10-27.966, F-P ; obs. R. Mesa, Concurrences n° 2-2012.

1306 *Loc. cit.*

1307 Le plaignant, sur qui repose le risque de la preuve, doit d'abord démontrer la reprise, le détournement et plus généralement l'appropriation indue d'une valeur économique. Démontrer la copie du produit litigieux ne suffit pas, il faut démontrer que la copie est parasitaire, c'est-à-dire qu'elle porte sur une valeur économique individualisée. Il faut ensuite démontrer que l'appropriation de cette valeur économique génère une « *économie injustifiée* » à son auteur. Il faut enfin démontrer que la copie n'a été suivie d'aucun effort, d'aucun investissement, d'aucune innovation. Autrement dit, que le prétendu parasite a agi « *sans bourse délier* », que la copie est « *sans frais* ». Toutes ces conditions constituent des garde-fous suffisamment robustes qui rendent peu probable le succès d'une action juridique opportuniste. Sur les conditions relatives à la recevabilité du parasitisme, v. Cass. com., 10 février 2015, n° 13-24.399 ; *Propr. industr.* 2015, comm. 40. – V. aussi : Cass. com., 10 février 2015, n° 13-27.225 ; *CCC.* 2015, comm. 114. – Cass. com., 14 avril 2015, n° 13-26.527 ; *CCC* 2015, comm. 206. – Cass. com., 20 septembre 2016, *Sté Pucci c/ Sté H&M AB*, n° 14-25.131, FS-P+B : JurisData n° 2016-018921, obs. M. Malaurie Vignal, « Le recrutement par une entreprise de "fast fashion" d'un designer de maison de luxe ne constitue pas un détournement de style parasitaire », *CCC* n° 12, décembre 2016, comm. 252 : « *Faute pour la maison Pucci d'avoir prouvé "quel serait son style particulier qui constituerait une valeur économique individualisée, fruits d'investissement", le parasitisme n'est pas constitué.* »

1308 *Infra* Partie II, Titre I, n° 630 et s.

Conclusion Chapitre 4

531. **Instrumentalisation de l'action privée.** Si la plupart des actions privées en réparation sont justifiées par la volonté des victimes d'obtenir la réparation de leur préjudice, des actions juridiques opportunistes sont menées par des entreprises qui utilisent leur droit à agir comme une arme concurrentielle dirigée contre leur concurrent. Ce type d'action décrit une action « parasite » lorsque l'entreprise instrumentalise l'action en justice pour obtenir, indûment, la condamnation d'un concurrent pourtant responsable d'une pratique licite ou proconcurrentielle.

532. **L'incitation à former une action parasite.** Plusieurs informations sur l'état du droit applicable peuvent mener le *bad man* à former une action juridique opportuniste : premièrement, au regard de la primauté du droit fondamental d'agir en justice, l'action parasite a peu de chances d'être qualifiée d'abusive[1309]. Deuxièmement, même dans le cas où l'action est qualifiée d'abusive, la sanction prévue est faible[1310]. En conséquence, les coûts risquent de se trouver inférieurs aux bénéfices retirés de l'action parasite. Troisièmement, les bénéfices de l'action parasite sont multiples : l'existence d'erreurs de type 1 permet à une entreprise d'affaiblir considérablement le concurrent injustement sanctionné. De même, les coûts de dispersion et d'opportunité[1311] causés par l'action juridique opportuniste peuvent tantôt empêcher une entreprise dynamique d'entrer sur un marché, tantôt priver ou limiter l'avantage concurrentiel du concurrent.

533. **La théorie du passager clandestin.** Plus généralement, la théorie du passager clandestin illustre les avantages tirés de l'action parasite. La règle tenant à la responsabilité spéciale de l'entreprise en position dominante favorise les comportements de passager clandestin. La vulnérabilité juridique de l'entreprise en position dominante, du fait de la règle de responsabilité spéciale, renforce le risque d'erreur de type 1. La difficulté à fixer précisément les frontières de l'abus offre l'opportunité à une entreprise qui n'a pas investi ni innové de profiter de la condamnation d'un opérateur dominant pour prendre un avantage sur le marché. De même, lorsque l'opérateur dominant est détenteur d'un intrant essentiel, l'introduction d'une action juridique parasitaire permet à une entreprise qui n'a pas investi dans la recherche et le développement de profiter indûment de cet intrant pour lequel l'opérateur dominant a lui, au contraire, lourdement investi. Dans ce cas, l'auteur de l'action parasite est un véritable passager clandestin qui profite, gratuitement et à titre lucratif, des investissements réalisés par l'entreprise dominante au lieu d'investir lui-même.

1309 TPICE, 17 juillet 1998, *TTPromedia NV*, *op. cit.* – TPICE, 5 mars 1997, *WWF UK*, op. *cit.*, § 56.

1310 Rappelons que l'article 32-1 du Code de procédure civile prévoit que « *celui qui agit en justice de manière dilatoire ou abusive peut être condamné à une amende civile d'un maximum de 3 000 euros, sans préjudice des dommages-intérêts qui seraient réclamés* ».

1311 Le coût de dispersion décrit le coût subi par une entreprise qui, faisant l'objet d'une action juridique opportuniste, se trouve obligée d'affecter une partie de ses ressources à la défense de ses intérêts en justice plutôt que de les affecter à la création d'une innovation. En conséquence, l'entreprise souffre d'un coût d'opportunité, car elle ne peut employer ses ressources dans le développement d'un produit qui pourrait lui procurer un avantage concurrentiel.

Conclusion Titre II

534. **Les failles de l'action privée.** La fonction dissuasive de l'action privée en réparation est limitée pour plusieurs raisons : premièrement, l'indifférence du droit de la réparation pour le résultat économique de la faute concurrentielle favorise la commission de fautes lucratives. L'absence d'intérêt porté aux gains illicites au moment de la quantification des dommages et intérêts peut surprendre, sachant que la *soft law* et la directive « Dommages » ont insisté sur le besoin de renforcer la fonction dissuasive du *private enforcement*. Il existe donc une contradiction entre la volonté affichée dans les textes et les moyens dont dispose le juge pour dissuader la faute concurrentielle en assurant, à côté du principe de réparation intégrale, un principe de restitution intégrale des profits illicites.

Deuxièmement, la difficulté de réparer le dommage concurrentiel renforce aussi le risque de faute lucrative. Dès lors que le fautif est tenu de verser des dommages-intérêts inférieurs au préjudice causé, il risque de prendre un avantage sur le concurrent affaibli. Dans le même temps, les nombreux obstacles au succès de l'action en réparation, tels que l'accès aux preuves et la quantification du préjudice, permettent à l'agent rationnel de former la prédiction selon laquelle l'avantage retiré du dommage causé à l'entreprise concurrente sera supérieur aux dommages-intérêts à verser.

Troisièmement, l'inefficacité de l'indemnisation collective liée à la nature particulièrement restrictive de la loi Hamon ne permet pas d'assurer la restitution, par les entreprises responsables de pratiques anticoncurrentielles, du surprix imposé aux consommateurs. En conséquence, les entreprises continuent de bénéficier indûment du transfert de richesse des consommateurs qui ont payé un surprix, sans risquer de voir leurs gains illicites confisqués par le biais d'une action de groupe efficace.

Quatrièmement, du point de vue du *bad man*, de nombreuses stratégies peuvent être mises en œuvre durant le procès pour limiter le coût économique de la faute concurrentielle attaché à l'application de l'action privée. À titre d'exemple, la stratégie de rétention de preuve est une tactique courante qui permet aux entreprises fautives de priver les victimes des documents pertinents pour établir le manquement et quantifier leur préjudice. Le droit français ne prévoit aucune sanction efficace pour la dissuader. Ce type de tactique permet pourtant à l'agent fautif de limiter les dommages-intérêts à verser[1312] et/ou de réduire la probabilité d'être condamné.

1312 Car la victime, privée des pièces pertinentes, ne peut quantifier correctement son préjudice.

Conclusion Partie I

535. **Spéculation sur les limites du droit de la concurrence.** Cette première partie a permis de montrer que l'agent économique qui entend retirer un profit de son manquement peut spéculer sur les nombreuses failles juridiques affectant la fonction dissuasive de l'action privée et de l'action publique. Les limites du droit de la concurrence décrivent en réalité deux problèmes concrets : l'un est relatif à l'ineffectivité des règles de concurrence[1313] ; l'autre à l'inefficacité des règles de concurrence[1314]. Ces deux limites expliquent pourquoi l'agent économique peut espérer retirer un avantage qui dépasse le « coût » de la pratique illicite rentable.

Pour cette raison, il nous semble impératif de construire un système dissuasif robuste. Pour ce faire, nous entendons procéder par étapes. Cela passe, en premier lieu, par le renforcement de l'effectivité du droit de la concurrence. L'effectivité du droit de la concurrence est essentielle pour limiter la probabilité, pour le contrevenant, d'échapper à la loi, et assurer une diffusion du message dissuasif compris dans la norme concurrentielle.

1313 Rappelons que l'effectivité décrit le caractère d'une règle de droit qui est réellement appliquée. La faible probabilité de détection de l'infraction de concurrence ajoutée aux différents obstacles auxquels se heurtent les victimes d'une action en réparation pour faire valoir leur préjudice favorisent l'ineffectivité de la norme concurrentielle.

1314 Rappelons que l'efficacité désigne littéralement le caractère de ce qui produit l'effet attendu. En l'occurrence, l'enrichissent du fautif qui enfreint la loi démontre que les sanctions prévues en droit de la concurrence ne produisent pas l'effet attendu en échouant de s'attaquer à la motivation première de l'agent économique rationnel : la réalisation d'un profit. L'existence des fautes lucratives concurrentielles traduit l'échec de la fonction dissuasive de l'action publique et de l'action privée en réparation.

PARTIE II

RENFORCER L'EFFECTIVITÉ DU DROIT DE LA CONCURRENCE

536. **Renforcer l'effectivité.** Une première étape essentielle à la dissuasion des pratiques illicites consiste à renforcer l'effectivité de la norme concurrentielle. L'application régulière du droit de la concurrence assure la diffusion du message dissuasif en limitant la probabilité, pour le fautif, d'échapper à la loi. L'effectivité du droit permet d'éviter ce que les économistes comportementaux désignent sous le nom d'« effet de myopie »[1315]. Les obstacles à l'application du droit de la concurrence risquent de rendre « myopes » les agents économiques quant au risque juridique de l'infraction. Inversement, pour que la norme soit « visible » aux yeux des entreprises, il faut qu'elle s'applique réellement.

537. **Dissuasion-prévention.** L'effectivité du droit assure donc un objectif de dissuasion-prévention. Autrement dit, l'application de la norme concurrentielle envoie un message aux agents sur le marché. Elle intègre dans leur esprit la certitude de la sanction en limitant le risque d'impunité. Certes, l'effectivité n'est pas suffisante, car la sanction peut s'avérer faible au regard de l'avantage retiré du manquement. Elle constitue néanmoins une première étape indispensable à la construction d'une politique de dissuasion. Sans effectivité, la norme qui n'est pas appliquée ne peut être efficace. Privée d'effet[1316], elle ne peut produire l'effet attendu[1317] et dissuader les comportements déviants. Le contrevenant intègre dans son calcul non seulement la probabilité de préserver un gain malgré la sanction, mais aussi celle de ne pas être sanctionné. Un droit effectif est un droit qui limite la probabilité d'échapper à la règle de droit. Il existe donc un problème de méthode lorsque la doctrine évoque la problématique de la sanction optimale sans envisager, de prime abord, le risque d'impunité des agents[1318]. Avant même d'envisager la question de la sanction la plus dissuasive, encore faut-il s'assurer que le contrevenant soit sanctionné.

538. **Méthode.** Il existe plusieurs obstacles à l'effectivité du droit de la concurrence, dont certains semblent aujourd'hui majeurs. D'une part, les comportements prohibés sont définis par des règles de droit imparfaites. L'imprécision affectant la qualification de certaines fautes concurrentielles complique à l'excès la démonstration de l'infraction par les victimes et/ou l'Autorité de la concurrence, sur qui repose la charge de la preuve. Il en résulte un risque tenant tantôt à la non-application des règles de concurrence, tantôt à une mauvaise application desdites règles. L'erreur de type 2 décrit la non-application du droit aux comportements illicites. Il faut donc impérativement clarifier les fautes concurrentielles pour améliorer et renforcer l'effectivité des règles de concurrence (Titre I). D'autre part, l'intérêt à agir des victimes d'infractions de concurrence est limité au regard des difficultés pour ces dernières à avoir accès aux preuves pertinentes et à quantifier le préjudice. Faciliter les actions privées en réparation est possible en améliorant le système d'accès aux preuves et en améliorant la quantification du préjudice concurrentiel (Titre II).

1315 H. Anne, « Économie comportementale et consommation », DGCCRF, n° 10 décembre 2012.

1316 L'effectivité désigne le fait, pour une norme, de s'appliquer réellement, c'est-à-dire de produire un effet (v. *supra*, Introduction générale).

1317 L'efficacité désigne le fait, pour la norme qui s'applique, de produire l'effet attendu (v. *supra*, Introduction générale).

1318 J.-M. Folz, « Rapport sur l'appréciation de la sanction en matière de pratiques anticoncurrentielles », La Documentation française, septembre 2010. – Oxera, « Crime doesn't (always) pay: what determines the level of fines? », octobre 2011.

TITRE I

CLARIFIER LA FAUTE CONCURRENTIELLE

> « *Certains crimes sont à la fois fréquents dans la société et difficiles à prouver, et la difficulté de la preuve y tient lieu de probabilité d'innocence [...]. Si l'on veut prévenir les délits, il faut faire en sorte que les lois soient claires et simples* »[1319].

539. **Détermination de la faute.** L'effectivité du droit passe par une clarification des fautes concurrentielles. La faute constitue la première condition fondamentale d'engagement de la responsabilité civile en droit de la concurrence. Clarifier la faute concurrentielle[1320] est donc essentiel pour enclencher les mécanismes de responsabilité et faciliter la mise en œuvre des sanctions. L'incertitude dans la détermination du manquement favorise le risque d'impunité du coupable. La faute concurrentielle a d'autant plus de risques de devenir lucrative si la preuve de ladite faute est difficile à rapporter.

540. **Intérêt d'une clarification : dissuasion individuelle et générale**. Simplifier la norme est une façon essentielle de la rendre accessible aux justiciables. Le « signal » envoyé aux agents économiques tel qu'il est entendu par l'objectif de dissuasion n'est possible que si la norme diffusant le signal est suffisamment claire pour se faire comprendre. Le message dissuasif perd toute crédibilité si les règles de droit sont mal comprises. La question est ici moins de savoir s'il faut rendre la norme prévisible que de considérer s'il faut au moins la rendre compréhensible. Une règle de droit imprécise est favorable aux auteurs d'infractions pour plusieurs raisons.

1319 C. Beccaria, *Des délits et des peines*, Flammarion, 2006, § XXXI. Délits difficiles à prouver, p. 143, et § XLI. Moyens de prévenir les délits, p. 170.

1320 Rappelons que l'infraction peut être qualifiée de faute concurrentielle si l'on s'en tient à la définition même de faute : à savoir, la violation de la loi d'une part ; le manquement à un devoir de morale d'autre part. De plus, aujourd'hui, une conception plus moderne de la faute est retenue, à savoir une conception dite « objective ». Dans sa conception objective, est qualifiée de faute la simple violation d'une règle de droit. Assez récemment, la cour d'appel de Paris a qualifié l'infraction de concurrence de faute civile. – CA Paris, ch. 4, 26 juin 2013, *JCB Sales c/ Central Parts*, n° 12/0441 : « *[...] les infractions à la législation communautaire constituent des fautes civiles selon le droit français [...]* » V. aussi : T. com. Paris, 22 octobre 1996, *Eco-system c/ Peugeot*, n° 95/25988 : « *Attendu qu'il est constant que la société qui se livre à des pratiques contraires aux articles 85 § 1 et 86 § 1 du traité instituant les Communautés européennes engage sa responsabilité sur le fondement de l'article 1382 du Code civil [...]* » – CA Versailles, ch. 12, 24 juin 2004, *SA Vérimédia c/ SA Médiamétrie et al.*, n° 02/07434 : JurisData n° 2002-07434 : « *[Dès lors que, dans cette décision devenue définitive, le Conseil de la Concurrence a nommément désigné la société Verimedia comme la victime, avec d'autres entreprises du secteur, des actions dilatoires concertées, la société Secodip ne peut soutenir que ces faits restent étrangers à la notion de faute, telle qu'elle est appréhendée d'un point de vue civil et commercial [...]* »

541. **Charge de la preuve.** Premièrement, le risque de la preuve est plus lourd lorsqu'une victime et/ou l'Autorité de la concurrence doivent soulever des notions floues, sujettes à discussion. Inversement, une meilleure compréhension de la règle de droit augmente le taux de pénétration des actions en réparation. Clarifier la règle de droit permet aussi de la rendre plus accessible aux victimes[1321], luttant ainsi contre le phénomène d'apathie rationnelle[1322].

542. **Agent opportuniste.** Deuxièmement, plus la règle de droit est imprécise, plus le risque qu'un agent opportuniste « *exploite une pathologie du droit* »[1323] pour échapper à son application est fort. L'exploitation d'une norme concurrentielle défaillante est un moyen pour une entreprise d'« *éluder sa responsabilité* »[1324]. Aussi, l'imprécision de la norme peut générer, chez le juge de la réparation ou l'Autorité de la concurrence, un biais cognitif décrit sous le nom d'« aversion à l'ambiguïté »[1325]. L'ambiguïté provoquée par l'imprécision de la règle de concurrence peut entraîner un « retrait » du juge qui refuse de se prononcer sur un comportement fautif.

543. **Stigmatisation de l'infraction.** Troisièmement, la norme incomprise génère tantôt une défiance dans l'opinion publique, tantôt une minoration du sentiment de culpabilité chez l'agent déviant. Moins la norme est claire, moins l'effet stigmatisant du comportement qu'elle est censée punir est important. Renforcer l'intelligibilité des règles favorise le consensus social sur l'impact nocif des infractions de concurrence et légitime l'application de sanctions plus dissuasives. De même, l'incompréhension autour de la règle de droit minore et même supprime le sentiment de culpabilité dont souffre l'agent qui enfreint la loi[1326]. La dilution de la croyance, chez l'agent économique, du risque d'être sanctionné est un facteur incitatif de l'infraction concurrentielle. L'absence de conscience du dommage et du coût social provoqués par le manquement favorise sa commission.

1321 Il est d'ailleurs intéressant de noter que le débat sur l'effectivité de l'action privée dérive souvent sur un débat sur l'accès aux preuves. La question de l'accès aux preuves est en effet cruciale pour renforcer l'effectivité de l'action privée et, i*n fine*, la dissuasion. Précisément, si la victime n'a pas accès aux preuves de l'agent fautif, la probabilité pour que ce dernier échappe à la loi ou obtienne une décision favorable est très forte. Néanmoins, l'accès aux preuves nous semble envisagé d'un point de vue purement matériel. Or, l'expression « avoir accès » a un double sens : elle renvoie, d'une part, à la possibilité de détenir matériellement des preuves pour asseoir une requête et, d'autre part, à ce qui est accessible, non pas matériellement, mais intellectuellement. Précisément, certaines normes sont d'un tel flou que, échouant à être intelligibles, elles perdent leur accessibilité. Ceci peut avoir de graves conséquences en termes de dissuasion. Une règle de droit est à la fois un signal envoyé aux agents déviants et un instrument protecteur sur lequel se reposent les victimes pour se défendre d'une atteinte. Or, comment se reposer sur une norme inintelligible ? La clarté des normes est une question essentielle pour les victimes qui entendent fonder leur accusation.

1322 L'apathie rationnelle décrit le phénomène par lequel une victime décide de ne pas agir contre le contrevenant eu égard à tous les obstacles inhérents au procès en dommages et intérêts.

1323 A. Masson, « Entretien avec Antoine Masson, à l'occasion de la publication de l'ouvrage intitulé "Les stratégies juridiques des entreprises" », *Xenophon, Les Cahiers d'EPEE*, Cahier n° 15, décembre 2009.

1324 A. Masson, Performance juridique et compétitivité des entreprises : chronique n° 5, « Pathologie du droit et performance des entreprises : la stratégie juridique d'eBay en France », *LPA* 8 décembre 2008, n° 245, p. 3.

1325 L. Cabantous, D. Hilton, « De l'aversion à l'ambiguïté aux attitudes face à l'ambiguïté », *RE* 2006/2, vol. 57, pp. 259-280.

1326 C. Beccaria, *Des délits et des peines*, *op. cit.*, note 1320, § XXXI. Délits difficiles à prouver, et § XLI. Moyens de prévenir les délits.

544. **Erreurs judiciaires.** Quatrièmement, les difficultés tenant à l'appréciation des infractions de concurrence entraînent un risque élevé d'erreurs juridiques. Ce risque concerne aussi bien les décisions rendues par l'Autorité de la concurrence que celles rendues par le juge. Ces erreurs décrédibilisent le message dissuasif diffusé par la loi. Elles sont décrites sous le nom d'erreurs de type 1 et d'erreurs de type 2[1327].

545. **L'abus de position dominante et la théorie du parasitisme.** En particulier en matière d'abus de position dominante et de parasitisme, les conditions posées pour qualifier la faute tirée d'un abus de position dominante ou la faute tirée d'une pratique parasitaire sont génératrices d'erreurs judiciaires. Les tests proposés en jurisprudence pour distinguer le comportement licite de l'abus de dominance sont complexes et ne permettent pas d'identifier clairement ce qui relève ou non de l'abus. De manière générale, l'identification complexe de ces types de fautes concurrentielles a une grave incidence sur la dissuasion des infractions de concurrence lorsque l'auteur de la faute se retrouve impuni. De même, le risque que des agents économiques se retrouvent injustement sanctionnés pour une pratique licite ou proconcurrentielle ne doit pas être écarté.

Nous montrerons, d'une part, que la qualification de l'abus de position dominante est source d'erreurs judiciaires qui nuisent aussi bien à l'effectivité de l'action en réparation qu'à l'effectivité de l'action publique (Chapitre 1). Nous montrerons, d'autre part, que la définition actuelle de la faute parasitaire favorise le risque d'impunité du contrevenant. L'interprétation de la théorie du parasitisme par le juge est source d'erreurs de type 2. Les malentendus affectant l'application de cette règle commandent une clarification de la théorie du parasitisme (Chapitre 2).

Précisions liminaires. Nous envisagerons exclusivement la qualification de l'abus de position dominante et du parasitisme. Nous évincerons donc du débat les ententes et le déséquilibre significatif. Il eût été légitime de traiter aussi ces types d'infractions de concurrence. Néanmoins, les réflexions autour de la qualification de l'abus de position dominante et de la théorie du parasitisme nous ont semblé plus urgentes. D'abord, car la définition de l'entente, à la différence de celle de l'abus, prête moins à discussion si l'on s'en tient aux débats doctrinaux se disputant la qualification d'un abus et les risques d'erreurs judiciaires en résultant[1328]. Surtout, comme le souligne l'économiste Emmanuel Combe, le niveau élevé requis en matière de standard de preuves (faisceau d'indices précis, graves et concordants) limite le risque d'erreurs judiciaires en matière de cartel[1329]. La question

---

1327 V. *infra*.

1328 F. H. Easterbrook, « The Limits of Antitrust » 63(1) *Tex. L. Rev.* 1-40 (1984). – V. aussi : M.-O. Mackenrodt, B. Conde Gallego, S. Enchelmaier, *Abuse of Dominant Position: New Interpretation, New Enforcement Mechanisms?*, Springer (2008), spéc. p. 141. – W. Wils, « The Judgment of the EU General Court in Intel and the So-Called "More Economic Approach" to Abuse of Dominance », 38(4) *World Competition: Law and Economics Review* 405-434 (2014). – V. aussi : J. Temple Lang, « Article 82 EC – The Problems and the Solution », FEEM Working Paper n° 65 (2009).

1329 E. Combe, « Quelles sanctions contre les cartels ? Une perspective économique », *RIDE* 2006/1, t. XX, 1, pp. 11-46, p. 15 : « *[L]a probabilité d'erreur judiciaire : le fait de condamner des agents innocents (c'est-à-dire dont le comportement est en réalité efficient) s'avère d'autant plus dommageable pour la société que la sanction infligée est forte. Une forte probabilité d'erreur (notée q) doit donc conduire à minorer le niveau de sanction optimale. Dans le cas particulier des cartels, la probabilité d'erreur semble négligeable, compte tenu du niveau élevé requis en matière de standard de preuves (faisceau d'indices précis, graves et concordants).* »

des échanges d'informations peut, certes, prêter à débat. La jurisprudence[1330] et la *soft law* précisent néanmoins régulièrement la méthodologie et les conditions qui légitiment la condamnation d'un échange d'information[1331]. S'agissant des pratiques restrictives de concurrence et en particulier du déséquilibre significatif, il ne fait aucun doute que l'incertitude autour de la notion peut limiter son application et générer des erreurs judiciaires. Néanmoins, force est de constater que la jurisprudence ne cesse de clarifier, au fur et à mesure des décisions, les contours de la notion. Le Conseil constitutionnel s'est par ailleurs prononcé sur la question de l'interprétation de la règle du déséquilibre significatif[1332]. À la différence de la théorie du parasitisme qui, à notre sens, est rendue confuse par les décisions rendues en jurisprudence, la construction jurisprudentielle du déséquilibre significatif finit par éclaircir les contours de la faute[1333]. Le professeur Muriel Chagny souligne à ce titre que, « *arrêt après arrêt, la Cour de cassation trace les contours [...] quant au domaine d'application de la règle sur le déséquilibre significatif* »[1334]. Au contraire, la règle du parasitisme est souvent assombrie par une jurisprudence qui tend à noyer la notion dans le droit de la concurrence déloyale, de même que les règles sur la qualification de l'abus de position dominante, formalistes et peu adaptées à l'avènement des marchés numériques, souffrent de nombreuses critiques.

1330 Pour un examen détaillé de la jurisprudence sur la question : v. A. Decocq, G. Decocq, *Droit de la concurrence – Droit interne et droit de l'Union européenne*, 7e éd., Lextenso, 2016, pp. 276-292.

1331 OCDE, « Table ronde sur les échanges d'informations entre concurrents en droit de la concurrence », DAF/COMP/WD(2010) 105 ; CJCE, 4 juin 2009, *T-Mobile Netherlands et al.*, aff. C-8/08, *Rec.* p. I-452 ; Comm. CE, 15 octobre 2008, aff. COMP/39.188 – *Bananes* ; Aut. conc., déc. n° 89-D-42 relative à des pratiques d'entente dans le secteur de la production électrique et n° 01-D-17 relative à des pratiques anticoncurrentielles dans les marchés d'électrification dans la région du Havre. – Aut. conc., Rapport annuel, La Documentation française, 2009, pp. 105-147.

1332 Le Conseil constitutionnel, dans sa décision rendue le 13 janvier 2011 sur l'article L. 442-6 du Code de commerce à propos de la notion de « déséquilibre significatif », considère que l'environnement jurisprudentiel permet « *au juge de se prononcer sans que son interprétation puisse encourir la critique d'arbitraire* » ; v. Cons. const., déc. n° 2010 85 QPC du 13 janvier 2011, *Éablissement Darty et Fils* [Déséquilibre significatif dans les relations commerciales].

1333 J. Sénéchal, « Prémices d'une construction jurisprudentielle du déséquilibre significatif entre partenaires commerciaux », *D.* 2010, p. 1000. – M. Chagny, « La règle sur le déséquilibre significatif devant la Cour de cassation ! », *RTD com.* 2015, p. 486. – D. Ferré, « Des précisions sur l'appréciation du déséquilibre significatif au sens de l'article L. 442-6, I, 2° du Code de commerce », *AJ Contrat* / Cour de cassation, com. 25 janvier 2017, 8 mars 2017.

1334 M. Chagny, « Le domaine d'application de la règle sur le déséquilibre significatif : le flux et le reflux ? », *RTD com.* 2017, p. 593.

Chapitre 1
La qualification de l'abus de position dominante source d'erreurs juridiques

546. **Nature complexe de l'abus de position dominante.** La difficulté principale tient au fait que les critères qui permettent de qualifier l'abus de position dominante restent éminemment relatifs et contextuels. L'abus est difficile à identifier. Un comportement peut être qualifié d'abusif simplement parce qu'il est mis en œuvre par une entreprise en situation de dominance. Les rapports de rivalité forment l'expression même du marché économique, de sorte qu'il est difficile de distinguer le comportement agressif licite du comportement agressif abusif.

En raison de la nature complexe de cette infraction, de nombreux « tests » ont été proposés pour définir et qualifier l'abus. Ces tests mènent tantôt à des erreurs de type 1[1335], tantôt à des erreurs de type 2[1336]. Nous analyserons en premier lieu les tests proposés pour qualifier l'abus de position dominante (Section 1). En second lieu, nous envisagerons les solutions possibles pour limiter les erreurs juridiques de type 1 et 2 (Section 2) tenant à une appréciation erronée du comportement abusif.

Section 1
Les tests proposés pour qualifier l'abus de position dominante

547. La jurisprudence a proposé différents tests pour délimiter précisément les frontières de l'abus de dominance. Une analyse critique des tests de preuve de l'abus de position dominante (§ 1) permet de constater qu'ils sont dans l'ensemble imparfaits, et favorisent, pour la plupart, le risque d'impunité du contrevenant. Plus généralement, le choix du test relève d'un débat idéologique entre sous-dissuader et sur-dissuader (§ 2).

1335 L'erreur de type 1 décrit la condamnation d'une entreprise pour une pratique licite ou proconcurrentielle. Ce type d'erreur peut mener à ce que nous avons appelé le risque d'une erreur de type 3, c'est-à-dire la condamnation indue d'une entreprise provoquée par l'action juridique opportuniste d'un concurrent.

1336 L'erreur de type 2 décrit l'absence de condamnation d'une entreprise qui a commis une pratique anticoncurrentielle. Cette dernière assure au fautif la conservation de la totalité du résultat profitable de l'infraction. Il faut donc impérativement limiter ces erreurs.

§ 1. Une analyse critique des tests de preuve de l'abus de position dominante

548. **Effets néfastes de l'application des tests.** L'application du test fait poindre deux types d'erreurs : le premier est de condamner injustement une entreprise pour une pratique licite. Dans ce cas, la condamnation est « indue », car la pratique n'a aucun effet dommageable sur le marché. Le second est de ne pas condamner une entreprise pourtant coupable d'une pratique illicite. Dans ce cas, l'entreprise tire un bénéfice de l'infraction commise et commet donc une faute lucrative. En somme, entre la condamnation indue et la faute lucrative (A), l'application des tests entraîne deux problèmes d'un point de vue dissuasif. Pour le démontrer, nous analyserons les tests et leurs conséquences au regard des erreurs de type 1 et 2 (B).

A. Le risque double de faute lucrative et de condamnation indue

549. **Test applicable en matière de pratique d'exclusion.** La difficile caractérisation de l'abus de position dominante rend l'infraction sujette à de nombreuses erreurs[1337]. Pour cette raison, la Commission européenne a rendu un rapport en 2005 afin d'engager une discussion sur les tests à appliquer en matière de pratique d'exclusion[1338]. Plus généralement, quatre principaux tests de preuve économique ont été élaborés[1339] :

- le test de l'éviction d'un concurrent aussi efficace ;
- le test du surplus du consommateur ;
- le test du profit sacrifié ;
- le test de l'absence de sens économique.

550. **Dilemme : entre sous-dissuasion et sur-dissuasion.** Le choix du test pour caractériser l'abus de position dominante décrit un choix entre sous-dissuader ou sur-dissuader[1340]. Certains tests réduisent davantage le risque d'erreurs de type 1

1337 M.-O. Mackenrodt, B. Conde Gallego, S. Enchelmaier, *Abuse of Dominant Position: New Interpretation, New Enforcement Mechanisms?*, Springer (2008), p. 141 : « *Article 82 EC is the risk of so called false positive errors, i. e. where companies are found to abuse their dominant position without in reality having done so. False positive errors are more likely to occur under Article 82 EC, as certain elements of Article 82 EC are often difficult to prove satisfactorily.* » – V. aussi Trib. UE, 29 mars 2012, *Telefónica, SA et Telefónica de España, SA c/ Commission européenne*, aff. T-336/07. Cette affaire est intéressante en ce que le requérant invoquait la commission de plusieurs erreurs juridiques : (i) des erreurs de fait et de droit dans la définition des marchés de gros en cause ; (ii) des erreurs de droit dans l'établissement de la position dominante de Telefónica sur les marchés en cause ; (iii) des erreurs de droit dans l'application de l'article 82 CE en ce qui concerne le comportement abusif de Telefónica ainsi que son impact anticoncurrentiel. Si toutes les erreurs invoquées par le requérant sont finalement rejetées par le Tribunal, le moyen de défense démontre le caractère souvent litigieux de la qualification d'un abus de position dominante.

1338 Commission européenne, « DG Competition discussion paper on the application of Article 82 of the Treaty to exclusionary abuses », consultation publique, Bruxelles, décembre 2005.

1339 Nous omettons volontairement dans la liste le test de mise en balance qui, à notre sens, fait partie intégrante du test du surplus du consommateur. Nous le verrons ultérieurement (*infra*).

1340 M. Ganslandt, « New rules for dominant firms in Europe », site Europa Antitrust, p. 9 : « *In other words, the regulatory costs can be used to determine decision rules – i.e. thresholds for intervention – that are efficient*

(faux positifs) que d'erreurs de type 2 (faux négatifs), et inversement. Le choix du test doit résulter d'un choix de politique de concurrence. Une politique de concurrence tournée vers la dissuasion des agents déviants doit opter pour le test le plus dissuasif, c'est-à-dire un test plus soucieux d'éliminer les erreurs de type 2 que les erreurs de type 1. L'absence de choix d'une politique de concurrence conduit à générer autant de risque de faux positifs que de faux négatifs. Pour cette raison, il nous semble nécessaire que les autorités de concurrence se décident clairement sur le test à adopter afin de réduire de façon drastique au moins un type d'erreurs. Pour autant, ce choix doit être motivé. La volonté d'encourager le *private enforcement* et de lui attribuer un rôle dissuasif devrait emporter le choix du test le moins difficile à mettre en œuvre pour la victime d'une infraction de concurrence. Une analyse des tests et de leurs conséquences au regard des erreurs de type 1 et 2 permet de mettre en lumière l'incidence de certains tests sur l'effectivité des actions en réparation, mais aussi sur l'effectivité de l'action publique.

B. L'analyse des tests et de leurs conséquences au regard des erreurs de type 1 et 2

551. Le test du concurrent aussi efficace (1), le test du bien-être du consommateur (2), le test du profit sacrifié (3), et le test de l'absence de sens économique (4) génèrent chacun un risque plus ou moins important d'erreur de type 1 et 2.

1. Le test du concurrent aussi efficace

552. **Définition du test.** Le test du concurrent aussi efficace se définit ainsi : une pratique est dite anticoncurrentielle seulement si l'entreprise en position dominante évince un concurrent aussi efficace qu'elle sur le marché en cause. Le test du concurrent aussi efficace a notamment été consacré en jurisprudence dans l'affaire des vedettes vendéennes[1341].

553. **Filtre pour limiter les condamnations indues.** Le test de l'opérateur aussi efficace apparaît comme une solution visant à filtrer les plaintes opportunistes d'opérateurs

---

on average, even though inefficiencies and costs can outweigh the benefits in a particular case. This includes appropriate tests in order to reduce the risk of false-positives, i.e. over-deterrence, or false-negatives, i.e. under-deterrence »; http://ec.europa.eu/competition/antitrust/art82/064.pdf.

1341 CA Paris, pôle 5, ch. 7, 20 décembre 2012, n° 2010/05667, obs. S. Destours, « Il y avait le feu au lac ! », *RLC* n° 35, 1er avril 2013, p. 22, § 5 : « *[D]éterminer si la disparition de deux des trois concurrents de la Régie relève d'une mauvaise politique de gestion interne ou de facteurs extérieurs, ou si elle peut être imputée à la pratique tarifaire mise en place par la Régie,* dans la mesure où lesdits concurrents seraient considérés comme étant aussi efficaces que cette dernière ». – V. aussi : Communication de la Commission, Orientations sur les priorités retenues par la Commission pour l'application de l'article 82 du traité CE aux pratiques d'éviction abusives des entreprises dominantes (Texte présentant de l'intérêt pour l'EEE), *JOUE* n° C 45 du 24 février 2009, pp. 7-20, § 23 : « *[L]a Commission n'interviendra normalement que lorsque les pratiques considérées ont déjà entravé ou sont de nature à entraver la concurrence d'entreprises considérées comme aussi efficaces que l'entreprise dominante.* » – CJUE, 27 mars 2012, *Post Danmark A/S c/ Konkurrencerådet*, aff. n° C-209/10, §§ 21 et 22 : « *Cette disposition ne vise pas non plus à assurer que des concurrents moins efficaces que l'entreprise occupant une position dominante restent sur le marché. [...] Ainsi, tout effet d'éviction ne porte pas nécessairement atteinte au jeu de la concurrence [...]. Par définition, la concurrence par les mérites peut conduire à la disparition du marché ou à la marginalisation des concurrents moins efficaces et donc moins intéressants pour les consommateurs du point de vue notamment des prix, du choix, de la qualité ou de l'innovation.* »

évincés par le jeu naturel de la compétition économique[1342]. Selon ce test, une firme dominante sur un marché n'a pas à adapter son comportement en fonction des entreprises de petite taille peu efficientes sur le marché[1343]. L'effet d'éviction d'une entreprise inefficace n'est pas constitutif d'un abus de position dominante. L'économiste Richard Posner défend ce test et soutient qu'on ne saurait exiger des entreprises qu'elles imposent des prix « *parapluie* » au service des nouveaux entrants[1344]. L'objectif d'efficience économique doit permettre au monopoleur d'appliquer des prix plus bas au service du consommateur[1345], et non de maintenir des prix à un niveau d'équilibre pour protéger la structure du marché.

554. **Filtre sous-dissuasif générateur de fautes lucratives.** Au regard de l'objectif de dissuasion, le test du concurrent aussi efficace ne nous convainc pas. Pour trois raisons principales, il nous semble favoriser les fautes lucratives concurrentielles en provoquant des erreurs de type 2.

555. **Incitation à l'infraction.** Premièrement, au regard du choix d'enfreindre la loi, la prévisibilité du test ainsi que son indulgence risquent d'inciter à la commission de pratiques abusives à l'égard de concurrents moins efficaces. Toute entreprise en situation de super-dominance peut vivre à l'abri du droit de la concurrence du moment qu'elle évince des entreprises dites moins efficaces[1346]. Le test encourage, en conséquence, les pratiques d'éviction à l'égard des nouveaux entrants. En paralysant la sanction des comportements d'exclusion des entreprises de petite taille qui cherchent à s'imposer sur le marché[1347] et dont la rivalité peut inquiéter la firme en position dominante, il favorise l'impunité des comportements de verrouillage du marché. L'admission, par le test, de l'éviction de concurrents moins efficaces génère des erreurs de type 2[1348] qui assurent la réalisation d'un résultat profitable et d'un résultat dommageable.

1342 Communication de la Commission, Orientations sur les priorités retenues par la Commission pour l'application de l'article 82 du traité CE aux pratiques d'éviction abusives des entreprises dominantes, *op. cit.*, § 23 : « *Une concurrence vigoureuse par les prix est généralement profitable aux consommateurs. Pour éviter l'éviction anticoncurrentielle, la Commission n'interviendra normalement que lorsque les pratiques considérées ont déjà entravé ou sont de nature à entraver la concurrence d'entreprises considérées comme aussi efficaces que l'entreprise dominante.* »

1343 O. Fréget, « Les stratégies d'éviction », Concurrences n° 4-2010, Art. N° 32768 : le test « *rejette […] la possibilité d'incriminer ce type de comportement en prétendant limiter sa priorité d'action aux seuls tests du "concurrent aussi efficace" au détriment du "concurrent raisonnablement aussi efficace", c'est-à-dire celui ayant des économies d'échelle plus faibles que celles que l'opérateur dominant a pu acquérir du fait de sa dominance* ».

1344 R. Posner, *Antitrust Law*, 2e éd., University of Chicago Press (2001), p. 196 : « It would be absurd to require the firm to hold a price umbrella over less efficient entrants… *Practices that will exclude only less efficient firms, such as the monopolist's dropping his price nearer to (but not below) his cost, are not actionable, because* we want to encourage efficiency ».

1345 H. Hovenkamp, « Exclusion and the Sherman Act », 72(1) *U. Chi. L. Rev.* 147-164 (2005), p. 154 : « [F]irm should not be penalized for having lower costs than its rivals and pricing accordingly. *As a result, a price is predatory only if it is reasonably calculated to exclude a rival who is at least as efficient as the defendant* ».

1346 Un auteur qualifie d'ailleurs ce test de « *laxiste* », considérant qu'il favorise le risque d'impunité des infractions de concurrence ; v. Hovenkamp, *ibid.* : « *Judge Posner's definition of exclusionary conduct seems unreasonably lenient and even perverse. It exonerates the defendant in precisely those circumstances when the conduct is most likely to be unreasonably exclusionary.* »

1347 Et qui sont donc, par définition, au moment où elles tentent de pénétrer sur le marché, moins efficaces que l'entreprise dominante.

1348 Erreur décrivant la situation dans laquelle le juge ou l'Autorité ne condamne pas une pratique pourtant anticoncurrentielle. À notre sens, cette erreur décrit plus spécifiquement le phénomène de faute lucrative par non-condamnation de l'entreprise fautive, laquelle peut donc retirer l'intégralité des profits de l'infraction commise.

Sur le résultat profitable, l'éviction du concurrent moins efficace assure une situation de rente à l'entreprise dominante, favorisée par des pratiques de prédation empêchant l'arrivée d'entreprises émergentes. Le résultat profitable réside, pour reprendre l'expression d'un auteur, dans la possibilité d'acquérir « *la vie paisible du monopole* »[1349].

Sur le résultat dommageable, rappelons les conclusions de l'avocat général Kokott s'agissant de l'affaire *Post Danmark*, selon qui « *il ne faut pas négliger la pression concurrentielle exercée par des entreprises moins efficaces* »[1350]. Cette pression concurrentielle limite la domination du marché de la firme en position dominante et assure aux consommateurs des prix plus bas. Le test du concurrent aussi efficace rend impossible ce bienfait sociétal. En autorisant l'élimination des nouveaux entrants moins efficaces, il a pour conséquence dommageable de limiter ou même d'éliminer la concurrence, ce qui permet à la firme dominante de « *pratiquer le prix élevé partout, puisque la sensibilité de ses consommateurs au prix aura nécessairement diminué du fait de l'absence d'alternatives* »[1351].

556. **Paralysie de l'action privée.** Deuxièmement, ce test limite le risque tenant à la formation d'une action privée en réparation en faisant peser sur la victime un diabolique fardeau probatoire. Pour déterminer l'abus, la victime doit démontrer qu'elle est un concurrent aussi efficace que la partie mise en cause. Il lui faut comparer les coûts de production de l'entreprise dominante avec ses propres coûts. Or, « *par nature, elles sont les seules [les entreprises dominantes] à connaître ces données et elles ont tout intérêt à les manipuler* »[1352]. La difficulté pour le plaignant de prouver qu'il est aussi efficace que l'entreprise mise en cause paralyse l'action en dommages et intérêts. D'autant que la victime est confrontée à une aporie : comment peut-elle déterminer son efficacité, laquelle est justement diminuée par la pratique anticoncurrentielle ? Il est difficile pour la victime de prouver qu'elle est un concurrent aussi efficace, puisque précisément elle ne l'est plus depuis l'infraction de concurrence. Pour peu que le litige ait lieu des années après l'infraction, le fautif peut instrumentaliser la conjoncture économique ou le caractère dynamique du marché comme moyen de défense pour dénoncer l'affaiblissement du plaignant, tandis que ce dernier va éprouver d'insurmontables difficultés à prouver qu'il était aussi efficace au moment des faits.

557. **Cas particulier du marché des nouvelles technologies.** Troisièmement, l'efficacité d'une entreprise est difficile à estimer sur le marché des nouvelles technologies. Le caractère dynamique de ce type de marché conduit à une remise en cause perpétuelle de la position des firmes. Le risque d'erreur juridique est donc élevé, car le juge et/ou l'Autorité peuvent se méprendre sur l'efficience d'une entreprise ; surtout que la concurrence par l'innovation diffère d'une concurrence par les prix : une innovation peut permettre à des entreprises naguère peu efficientes, dans un laps de temps très court, de capter des parts de marché importantes.

1349 J. Hicks, « Annual Survey of Economic Theory: The Theory of Monopoly », 3(1) *Econometrica* 1-20 (1935), p. 8 : « *The best of all monopoly profits is a quiet life.* »

1350 CJUE, 6 octobre 2015, *Post Danmark A/S c/ Konkurrencerådet*, aff. C-23/14, § 73 ; obs. I. Luc, « Les rabais d'une entreprise en position dominante : le rappel de l'analyse classique », *AJCA* 2016, p. 4.

1351 O. Sautel, A. Muñoz, « La discrimination tarifaire : approche économique », *AJCA* 2015, p. 303.

1352 F. Lévêque, « Quel test de preuve pour l'article 82 ? », *RLC* n° 11, avril-juin 2007, p. 113.

La concurrence par l'innovation remet en cause la classique grille d'analyse d'une position dominante : comment évaluer l'efficience d'une entreprise sur un marché où les innovations foisonnent ? Par exemple, dans le cas précis d'une innovation de rupture[1353], une entreprise inefficace peut devenir efficiente et s'emparer du marché très rapidement. L'efficience future de l'entreprise n'étant pas prise en compte, le test ne pourra s'appliquer et le fautif échappera à l'application du droit de la concurrence. L'appréciation erronée de l'efficience de l'entreprise légalisera une pratique anticoncurrentielle susceptible de ralentir ou d'empêcher la commercialisation de l'innovation. Cela aura pour conséquence de permettre à l'entreprise dominante de conserver indûment son avantage concurrentiel.

2. Le test du bien-être du consommateur

558. **Définition du test.** Le test du bien-être ou du surplus du consommateur consiste à juger anticoncurrentielle une pratique qui cause un préjudice net au consommateur[1354]. En apparence, ce test implique une analyse des effets de la pratique anticoncurrentielle qui a pour intérêt de limiter les condamnations injustifiées. L'entreprise dont la pratique porte atteinte à la structure du marché ne sera condamnée que si cette pratique porte en même temps atteinte au bien-être du consommateur. Le dérèglement du processus concurrentiel ne suffit pas à sanctionner l'entreprise. Il faut caractériser la perte du surplus du consommateur.

559. **Méthode imparfaite.** Pour éviter toute condamnation indue, le test requiert d'apprécier l'effet de la pratique d'éviction sur quatre variables : les prix, la qualité, l'innovation, et plus généralement la protection du choix du consommateur[1355]. Le test propose une analyse qualitative de la perte de surplus du consommateur. Les effets de la pratique sur les prix ou sur l'innovation sont des critères à prendre en compte par le juge, mais il n'est pas exigé que ce dernier analyse en détail le dommage causé au consommateur. Le test n'assure donc aucune analyse quantitative des effets d'éviction[1356]. Ni la perte économique du consommateur du fait du surprix ni les profits illicites retirés par l'agent frauduleux ne sont quantifiés. De plus, le test du bien-être de consommateur « *décèle [...] une part d'approximation parce qu'il porte non sur les effets observés* ex-post *mais sur les effets tels qu'ils pouvaient être anticipés au moment de la pratique abusive* »[1357]. Il requiert donc

---

1353 T. Schrepel, « L'innovation de rupture : de nouveaux défis pour le droit de la concurrence », *RLC* n° 42, janvier-mars 2015.

1354 Autrement appelé « *the consumer welfare effect test* ». Ce test est notamment défendu aux États-Unis par le professeur Steven Salop ; v. : S. C. Salop, « Exclusionary Conduct, Effect on Consumers, and the Flawed Profit-Sacrifice Standard », 73 *Antitrust L.J.* 311-374 (2006).

1355 Il ne faut pas que la pratique d'éviction conduise à enfermer le choix du consommateur. Ce dernier doit pouvoir disposer d'alternatives.

1356 S. C. Salop, *op. cit.*, spéc. p. 332 : « That the consumer welfare effect analysis is stated in a quantitative way *[...] and others is not unexpected in an area like antitrust, which is now so firmly rooted in economic analysis. But, it generally would not be necessary for the fact finder to attach numbers to the probabilities and strength of the evidence on each side. As Judge Posner put the point in the context of his algebraic formula for deciding whether to grant a preliminary the formula "is intended not to force analysis into a quantitative straitjacket* but to assist analysis by presenting succinctly the factors that the court must consider in making its decision *and by articulating the relationship among the factors"* ».

1357 F. Lévêque, « Quel test de preuve pour l'article 82 ? », *op. cit.* note 1353, p. 113.

une analyse court-termiste, en se désintéressant des effets sur le consommateur de la pratique sur le long terne. En appréciant seulement les effets « prévisibles » causés par le manquement, il conduit à des raisonnements probabilistes menant à une appréciation erronée du comportement abusif.

560. **Risque d'erreur de type 1 et 2.** Il n'est pas du rôle du juge de la réparation d'évaluer les conséquences de la pratique sur le bien-être du consommateur : « *La régulation concurrentielle est une mission distincte de celle du juge qui consiste, dans son acception classique, à "dire le droit et à trancher les litiges"* »[1358]. On voit donc mal comment ce test peut être utilisé par les victimes et, *a fortiori*, par le juge de la réparation. À supposer qu'il le soit, il faut distinguer deux situations :

- Soit le juge considère que les effets de la pratique d'éviction portent atteinte au bien-être du consommateur. Cet effet prévisible à court terme pourrait être contredit sur le long terme. Le caractère dynamique du marché implique d'apprécier les effets observés *ex post*, et pas seulement les effets palpables au moment de la pratique abusive. Dans ce cas, une pratique dont l'effet prévisible est défavorable au consommateur et qui se révèle finalement plus tard favorable à ce dernier ne passe pas le test. L'entreprise est donc condamnée indûment pour une pratique qui augmente l'efficience dynamique (progrès technique, innovation) et/ou l'efficience allocative[1359] (satisfaction des désirs des consommateurs au plus bas prix possible) du consommateur.
- Soit le juge considère que les effets de la pratique d'éviction ne portent pas atteinte au bien-être du consommateur. Cet effet prévisible à court terme peut être tout autant contredit sur le long terme. Dans ce cas, la perte de surplus du consommateur sur le long terme, laquelle alimente les gains illicites des firmes, ne sera pas prise en compte si à court terme l'effet prévisible de la pratique est jugé favorable aux consommateurs, ce qui aura pour conséquence de laisser impuni un comportement fautif lucratif ayant causé un dommage à l'économie.

561. **Justification du test.** À notre sens, du point de vue de l'objectif de dissuasion, il reste préférable de privilégier une approche économique à court terme. Si cette approche économique peut provoquer des erreurs de type 1 et 2, elle reste essentielle pour ne pas vider l'efficacité du *private enforcement.* Dans le cas d'une action privée, l'analyse des effets probables à long terme oblige à des analyses économiques que le plaignant – pour des raisons de coûts et de complexité – pourra difficilement fournir.

562. **Applicabilité du test : risque de déclinaison en un test de mise en balance.** Plus généralement, le test du bien-être du consommateur risque de décliner en un test de mise en balance. Hormis les cas où la pratique apparaît clairement anticoncurrentielle, le test du surplus exige du juge qu'il mette en balance les effets

[1358] B. Lasserre, « L'office de l'Autorité de la concurrence », *Revue annuelle des avocats au Conseil d'État et à la Cour de cassation, Justice & Cassation*, 2010, p. 101.

[1359] J. Mallen-Pisano, « Dynamique de la productivité et efficience allocative des marchés : Une analyse appliquée à l'industrie française », Économies et finances, HAL, 2013. Disponible sur : https://halshs.archives-ouvertes.fr/tel-00973213/document.

positifs et négatifs de la pratique sur l'intérêt des consommateurs, ce qui semble difficile à apprécier. Il risque de provoquer autant d'erreurs génératrices de fautes lucratives (conséquence d'une erreur de type 2)[1360] que de condamnations indues (conséquence d'une erreur de type 1). Une mise en balance exige un calcul rigoureux de proportionnalité entre les effets positifs et les effets négatifs de la pratique. Elle commande donc de maîtriser toutes les données économiques et de disposer d'informations claires sur le marché en cause. Sur un marché concurrentiel où l'asymétrie d'information est forte, la conjoncture instable et les fluctuations économiques permanentes, on doute qu'un tel calcul soit possible. La preuve que les effets ont été plus dommageables que bénéfiques au marché semble encore plus difficile à rapporter lors d'un recours autonome, car la victime ne peut s'appuyer sur les documents recueillis par l'Autorité de la concurrence ; surtout dans le cas où la partie mise en cause dispose de moyens financiers supérieurs au plaignant, de sorte qu'elle pourra engager une défense robuste en s'attribuant les services d'experts économiques coûteux.

563. **Solution possible ?** Le test nous semble praticable seulement dans les cas – rares – où les faits font clairement apparaître les effets objectifs positifs et négatifs sur le marché de sorte qu'une mise en balance est possible. Sinon, le test est difficilement applicable. Nous doutons fortement qu'aujourd'hui, le juge de droit commun dispose du temps et des moyens pour se lancer dans des prédictions futuristes des effets prévisibles de la pratique sur le long terme. Si l'Autorité dispose, au sein de sa structure, des moyens financiers et humains pour réaliser des investigations qui rendraient peut-être possible cette anticipation des effets proconcurrentiels, une telle analyse allongerait considérablement le coût et le temps du litige. Cela aurait pour conséquence de retarder le succès des actions de suivi en réparation. On sait en effet combien il peut être difficile pour une victime, pour des raisons probatoires notamment, de quantifier le préjudice d'une pratique anticoncurrentielle très ancienne. En retardant les actions en réparation, les victimes pourraient être découragées à agir.

3. Le test du profit sacrifié

564. **Définition.** Une pratique est dite anticoncurrentielle si elle implique une renonciation au profit qui est irrationnelle si elle ne tend pas à restreindre ou éliminer la concurrence[1361].

565. **Méthode.** Le test, qui a été proposé par les professeurs Areeda et Turner dans un article désormais célèbre[1362], vise à considérer qu'une politique de prix inférieur au coût variable moyen[1363] et, dans certains cas, au coût marginal doit être présu-

1360 L'erreur de type 2 peut être associée au phénomène de faute lucrative. Ce type d'erreur laisse impunies des infractions de concurrence. Ce faisant, la faute concurrentielle, qui génère un profit, devient alors lucrative par absence de sanction.

1361 OCDE, « Qu'est-ce que la concurrence par les mérites ? », Synthèses, octobre 2006.

1362 P. Areeda, D. Turner, « Predatory Pricing and Related Practices under Section 2 of the Sherman Act », 88(4) *Harv. L. Rev.* 697-733 (1975).

1363 Rappelons que les coûts variables sont les coûts qu'une entreprise peut changer à volonté. Ils concernent les facteurs de production ou les ressources qui ne sont pas fixes. Le coût variable moyen (AVC) est calculé en divisant le coût variable total (TVC) par la quantité produite (Q).

mée prédatrice[1364]. La jurisprudence européenne a déjà eu l'occasion d'appliquer des tests de prédation. Dans l'affaire *Akzo*, la Cour de justice s'est intéressée au caractère prédatoire des « *prix inférieurs à la moyenne des coûts variables* »[1365]. La même problématique a été soulevée dans l'affaire *France Télécom*[1366]. En France, la cour d'appel de Paris a également fait référence à ce test dans l'arrêt *Google France*[1367].

566. **Test sous-dissuasif.** Le test du profit sacrifié mène tantôt à un risque de condamnation injustifiée, tantôt à un risque d'impunité des auteurs d'infractions. Un auteur note que « *le test proposé par Areeda et Turner est sous-dissuasif* »[1368]. Pour justifier cette idée, reprenons les principales idées développées en doctrine dénonçant le caractère sous-dissuasif et le risque d'erreur de type 2 provoqué par ce test.

567. **Apathie rationnelle des victimes.** Premièrement, il est difficile pour le plaignant de démontrer que la partie mise en cause a effectivement instauré une politique de prix prédateurs inférieurs au coût variable moyen. L'accès peu probable à tous les documents du défendeur est susceptible de limiter le succès d'une telle démonstration. En outre, la technicité de la preuve à rapporter est de nature à limiter l'intérêt à agir. Une étude empirique note sur ce point que les réclamations en dommages-intérêts sur le fondement des prix prédateurs auraient diminué de façon spectaculaire à la suite de l'application de ce test[1369]. Les difficultés probatoires auraient donc encouragé la passivité rationnelle des victimes.

1364 H. Hovenkamp, « The Areeda-Turner Test for Exclusionary Pricing: A Critical Journal », 46(3) *Review of Industrial Organization* 209-228 (2015): « *[...] the plaintiff must show that the defendant's prices over a significant number of sales* were below a relevant measure of cost, presumptively average variable cost (AVC) or, in some cases, marginal costs over a relatively short run ».

1365 CJCE, 3 juillet 1991, *Akzo Chemie BV c/ Commission*, aff. C-62/86, *Rec.* p. I-03359, § 7 : « *Des prix inférieurs à la moyenne des coûts variables (c'est-à-dire de ceux qui varient en fonction des quantités produites), par lesquels une entreprise dominante cherche à éliminer un concurrent, doivent être considérés comme abusifs.* »

1366 Trib. UE, 30 janvier 2007, *France Télécom SA c/ Commission*, aff. T-340/03, *Rec.* 2007, p. II-113, § 8 : « *Des prix inférieurs à la moyenne des coûts variables pratiqués par une entreprise détenant une position dominante sont considérés per se comme abusifs, parce que le seul intérêt que peut avoir l'entreprise à pratiquer de tels prix est d'éliminer ses concurrents, et des prix inférieurs à la moyenne des coûts totaux mais supérieurs à la moyenne des coûts variables sont abusifs lorsqu'ils sont fixés dans le cadre d'un plan ayant pour but d'éliminer un concurrent.* »

1367 CA Paris, pôle 5, ch. 4, 25 novembre 2015, *SARL Google France* : JurisData n° 2015-026643 ; obs. G. Decocq, « Google n'a pas eu de stratégie d'éviction sur le marché de la cartographie », *CCC* n° 1, janvier 2016, comm. 19. La cour d'appel de Paris a rappelé que, pour calculer si une entreprise multiproduits a mis en œuvre des prix prédateurs, il faut remplacer le coût variable moyen par le coût évitable moyen et le coût total moyen par le coût incrémental moyen de long terme. Cette décision se démarque quelque peu des conseils des professeurs Areeda et Turner, qui proposent, pour apprécier la prédation, de s'appuyer sur les coûts moyens totaux plutôt que sur le coût marginal, trop difficile à évaluer et donc susceptible d'erreur juridique.

1368 H. Hovenkamp, *loc. cit.* note 1365 : « *[...] it seems clear that the Areeda-Turner formulation is underdeterrent.* »

1369 *Ibid.* : « *The effect of Areeda and Turner's predation test* has been devastating for predatory pricing plaintiffs. *The effects occurred in two waves. For the first fifteen years after 1975 the courts focused overwhelmingly on price-cost relationship, and it quickly became clear that proving predatory pricing under an AVC test (average variable cost) is extremely difficult. At the same time, the test produced a significant number of critiques in both the economic and legal literature. The second wave of devastation occurred after the Supreme Court's formulation of the recoupment requirement in the Brooke Group case. Since then,* few plaintiffs have won a case, and the incidence of classical predatory pricing claims has declined dramatically ».

568. **Incitation à l'infraction sur les marchés au coût fixe.** Deuxièmement, le court terme pour une entreprise correspond à la période pendant laquelle certaines de ses ressources, et par conséquent certains de ses coûts, sont fixes. Lorsque le prix fixé par la firme en position dominante est inférieur au coût variable moyen, la stratégie est dite « prédatrice ». Inversement, si le prix fixé est inférieur au coût fixe, la stratégie est licite. Le test est donc particulièrement inadapté sur les marchés caractérisés par des coûts fixes élevés, qui sont d'ailleurs les marchés les plus propices à des pratiques de prédation tarifaire. Un coût variable moyen strictement défini exclut les coûts fixes et signifie donc que, dans de nombreux cas, les stratégies prédatrices non durables seront identifiées comme légales. Pourtant, ces dernières pourraient être considérées comme anticoncurrentielles si une approche d'ensemble était menée[1370]. Cela conduit non seulement à laisser des pratiques de prédation impunies, mais de surcroît à inciter les agents à les commettre sur les marchés caractérisés par des coûts fixes.

569. **Test inadapté aux situations de monopole.** Troisièmement, le test semble inefficace à sanctionner les comportements d'exclusion qui ne visent pas à augmenter les profits à long terme. Le professeur Steven Salop souligne que, dans le cas d'une situation monopolistique, l'objectif de la firme qui veut exclure ses concurrents n'est pas d'augmenter ses profits à long terme, mais de les maintenir à un niveau d'équilibre. Maintenir ses profits à un niveau supraconcurrentiel suffit à exclure les concurrents : « *Par conséquent, le succès du comportement d'exclusion ne sera pas accompagné d'une augmentation à long terme des bénéfices globaux ni d'une augmentation temporelle des prix. Ce fait, à lui seul, pourrait amener un tribunal à la conclusion erronée que l'entreprise n'a pas sacrifié ses profits, générant ainsi un risque de faux négatifs significatifs et de sous-dissuasion* »[1371].

Le résultat profitable de la pratique d'éviction du monopoleur ne sera pas pris en compte. La rente de monopole sera indûment conservée par la firme dont la stratégie d'éviction ne visait pas à augmenter les profits à long terme, mais simplement à maintenir ses profits à un niveau qui évince les nouveaux entrants du marché.

570. **Test inadapté aux autres pratiques abusives.** Par ailleurs, le test du profit sacrifié risque de laisser impuni un certain nombre de pratiques abusives : « *Ce test soulève cependant d'importantes difficultés dans la mesure où* certaines conduites abusives

---

1370 *Ibid.* : « *The AVC test is particularly* underdeterrent in markets characterized by high fixed costs, *which incidentally are the markets that are most conducive to exclusion by strategic pricing. Strictly defined AVC (average variable cost) excludes fixed costs and thus means that in many cases nonsustainable pricing strategies would be identified as legal,* even though a significant subset of these might be considered anticompetitive under a more holistic approach ».

1371 S. C. Salop, *op. cit.* note 1355, p. 359 : « *In monopoly maintenance cases, the dominant firm does not use exclusionary conduct literally to raise its profits. Instead, it maintains its profits at the supracompetitive level and avoids profit reductions, for example, by preventing price competition. As a result, successful exclusionary conduct would not be accompanied by any temporal increase in overall profits nor any temporal increase in price. This fact alone could lead a court to the erroneous conclusion that the firm has not engaged in profit sacrifice, thus running the risk of significant false negatives or under-deterrence.* »

n'impliquent aucun sacrifice initial (représailles, dénigrement, revendications de brevet démesurées) »[1372].

Dans ce cas, la firme conserve indûment l'avantage tiré du dénigrement (qui permet de capter la clientèle d'un concurrent) ou de l'octroi des redevances de licence (de par la revendication d'un brevet) sans avoir à craindre une éventuelle sanction.

571. **Test sur-dissuasif sur le marché des nouvelles technologies.** Sur le marché des nouvelles technologies en revanche, l'application du test risque fortement de conduire à condamner indûment une firme pour une pratique proconcurrentielle. Imaginons une hypothèse pour illustrer ce postulat.

572. **Hypothèse.** Une entreprise qui cherche à maintenir sa position dominante décide de sacrifier ses profits afin de rentabiliser une innovation coûteuse. Une fois son innovation mise sur le marché, cette dernière décide de baisser ses prix pour fidéliser sa clientèle. Ce sacrifice, réalisé dans l'espoir de récupérer à moyen terme les pertes à travers, une fois l'innovation consacrée, un relèvement des prix à un niveau supraconcurrentiel, risque de mener à une erreur de type 1. Les juges verront dans ce sacrifice calculé une pratique prédatrice, alors qu'elle ne constitue qu'une tactique licite d'une entreprise cherchant à fidéliser sa clientèle. Pour cette raison, des « *conduites économiquement souhaitables (investissements pour des recherches de long terme motivées par les perspectives d'obtention de brevet et les profits de monopole en résultant)* pourraient (indûment) tomber sous le coup du test »[1373].

4. Le test de l'absence de sens économique

573. **Définition.** Ce test vise à condamner les pratiques dont la seule justification économique est de réduire ou de diminuer la concurrence[1374]. Ce test permet de généraliser le test du profit sacrifié. Il a pour avantage de condamner les pratiques anticoncurrentielles qui n'impliquent pas de supporter des pertes. Il permet par exemple de condamner la prédation par excès de capacité[1375], ce que ne permet

---

1372 H. Calvet, « Abus de position dominante : plaidoyer pour le bien-être du consommateur », *RLC* n° 4, 1er août 2005.

1373 *Ibid.* – V. aussi : D. W. Carlton, « Does Antitrust Need to Be Modernized? », 21(3) *J. Econ. Persp.* 155-176 (Summer 2007), p. 170 : « *[P]ublic policy should encourage firms that want to invest in activities that consumers value in order to gain future sales from their rivals. However, because such actions by definition reduce present profits, a blind application of a "profit sacrifice" test could condemn almost any competitive behavior. When a test could potentially challenge a wide array of core competitive behaviors, it becomes dangerous.* » – H. Hovenkamp, « Antitrust and the Dominant Firm: Where Do We Stand? » (2007). Dans cet article, l'auteur regrette l'absence de distinction entre les sacrifices anticoncurrentiels et les sacrifices tirés d'investissements proconcurrentiels : « *One particular problem with sacrifice tests is that most substantial investments involve a short term "sacrifice" of dollars in anticipation of increased revenue at some future point [...] Likewise, product innovations are always costly to the defendant, and their success may very well depend on their ability to exclude rivals from the market [...]* »

1374 G. Werden, « Identifying Exclusionary Conduct under Section 2: The "No Economic Sense" Test », 73(2) *Antitrust L.J.* 413-433 (2006). L'auteur note notamment que, pour apprécier le sens économique de la pratique, il faut comparer le bénéfice de la pratique pour l'opérateur dominant avec le coût de sa mise en œuvre.

1375 G. de Muizon, « Les tests de preuve économiques permettant de caractériser une pratique anticoncurrentielle », Concurrences n° 4-2012, Art. N° 49238, pp. 25-28 : « *Le test de l'absence de sens économique permet par exemple de caractériser la prédation par excès de capacité. Imaginons par exemple qu'une liaison aérienne ait été récemment*

pas le test du profit sacrifié. Le test d'absence de sens économique a notamment été consacré dans les décisions *British Airways*[1376] et *Telefónica*[1377]. Ce test reste imparfait, car loin de faciliter la preuve de l'abus, il propose une méthode de qualification du comportement abusif sous-dissuasive.

574. **Un test prévisible.** Premièrement, la prévisibilité de ce test le rend susceptible d'exploitation par un agent rationnel. En prévision d'un litige, l'agent rationnel peut soulever une justification proconcurrentielle superficielle afin de donner un « sens » à une pratique illicite. Par exemple, une entreprise, pour évincer la concurrence, peut modifier artificiellement un produit de façon à le rendre incompatible avec ceux de ses concurrents tout en prétextant agir pour le bien-être du consommateur. Les effets négatifs de la pratique, fussent-ils importants, pourront être justifiés par des effets positifs peu probants.

575. **Un test laxiste.** Deuxièmement, dans le même cadre d'analyse, le test d'absence de sens économique ne condamne que l'absence de justification économique. Il offre donc une chance sérieuse au contrevenant de justifier sa pratique en se raccrochant à des justifications proconcurrentielles exagérées par rapport aux effets anticoncurrentiels réels.

576. **Un test sujet à des difficultés probatoires.** Au contraire, la victime, dans le cas d'un renversement de la charge de la preuve du sens économique, éprouvera des difficultés non négligeables à en rapporter l'absence (du sens économique de la pratique), surtout lorsque l'entreprise ne met pas à disposition les documents permettant de le prouver. Les difficultés relatives à l'accès aux preuves[1378] et la pratique courante de rétention des preuves pertinentes[1379] risquent de paralyser la victime dans sa démonstration.

577. **Risque général : un test générateur de fautes lucratives.** Plus généralement, ce test représente un risque d'ensemble de faute lucrative dommageable pour le consommateur (erreur de type 2) en assurant la préservation du résultat lucratif de l'infraction : « *Le test d'absence de sens économique est clairement plus favorable aux entreprises dominantes. Le risque de faux-négatifs est […]* élevé. *Les entreprises dominantes […]* ont comme seule contrainte de veiller à ce que leurs pratiques aient un sens économique, quels que soient les effets collatéraux que pourrait avoir leur stratégie. *Le test revient à admettre comme licite une pratique qui a un bénéfice hors éviction supérieur au coût de mise en œuvre de la pratique,* même si elle génère *dans le même temps une atteinte à la concurrence qui*

---

ouverte à la concurrence. La prédation par excès de capacité consiste, pour la compagnie aérienne en place, à augmenter la fréquence des vols qu'elle propose sur cette liaison, dans le but de saturer l'offre et de dissuader ainsi l'entrée de nouveaux concurrents. Une telle pratique n'implique pas forcément de supporter des pertes (le prix des billets vendus peut couvrir les coûts variables) : elle passerait donc le test du profit sacrifié. »

1376 CJCE, 15 mars 2007, *British Airways*, aff. C-95/04 P ; obs. G. Decocq, « British Airways pratique des rabais d'éviction et des rabais discriminatoires », *CCC* mai 2007, n° 5.

1377 Trib. UE, *Telefónica, SA c/ Commission*, aff. T-336/07. *op. cit.*, § 12.

1378 *Supra*, Partie I, Titre II, n° 380 et s. et n° 456 et s.

1379 T. Schrepel, « La "grande consultation" de droit de la concurrence », *Revue Concurrentialiste*, mai 2017 : la moitié des avocats ayant participé à la consultation considère que la destruction des preuves pertinentes lors d'un litige est une pratique courante.

entraîne une perte élevée pour les consommateurs et des profits anticoncurrentiels bien plus élevés que les profits licites »[1380].

578. **Scénario 1.** Un économiste a mis en place un scénario fictif prouvant le caractère lucratif de la stratégie anticoncurrentielle en cas d'adoption du test de l'absence de justification économique : « *Imaginons une entreprise dominante sur le marché des ventes de ski, qui vend 10 000 paires de skis à 200 €, et qui est également présente sur le marché des chaussures de ski, où elle fournit 1 000 consommateurs au prix concurrentiel de 50 € (avec une marge de 5 €). Cette entreprise modifie le design de ses skis par une innovation brevetée de faible ampleur, qui lui coûte 10 000 € en investissement et lui permet d'augmenter ses prix de 2 € (l'innovation étant valorisée en moyenne à 3 € par les consommateurs de skis). L'innovation a pour conséquence de rendre incompatibles les chaussures des concurrents, ce qui permet à terme à l'entreprise de vendre 10 000 paires de chaussures à un prix de monopole de 60 €. Ici, le bénéfice de l'amélioration d'un produit en dehors de l'affaiblissement des concurrents est supérieur au coût du changement (20 000 € de gain pour 10 000 € d'investissement). La pratique est donc validée par le test d'absence de sens économique. Dans le même temps,* le profit anticoncurrentiel de la pratique s'élève à 145 000 €, et l'effet net pour les consommateurs est de 90 000 € *(100 000 € de pertes de surplus sur les chaussures, seulement compensées par un gain de 10 000 € sur les skis). […]* Dans ce cas, la pratique est validée par le test d'absence de sens économique alors qu'elle a un effet net négatif pour les consommateurs »[1381].

579. **Constat.** Au regard de cette hypothèse, le test valide une pratique qui permet au contrevenant de retirer un profit illicite de 145 000 euros sans que ce profit soit réduit ou confisqué par une sanction pécuniaire. L'impunité générée par le test rend la violation de la loi très rentable. Ce type d'erreur intègre dans l'esprit du contrevenant que la concurrence illicite peut être plus lucrative qu'une concurrence par les mérites.

580. **Scénario 2.** On peut, par ailleurs, imaginer un scénario dans lequel la pratique anticoncurrentielle génère des effets proconcurrentiels immédiats, mais des effets d'éviction à long terme. Prenons l'hypothèse où une entreprise améliore son produit mais qui, en l'améliorant, le rend incompatible avec ceux de ses concurrents. Ce perfectionnement a des effets immédiats positifs sur le consommateur. Néanmoins, à long terme, l'éviction de la concurrence associée à la capture du marché par l'entreprise dominante tend à réduire le choix du consommateur de se tourner vers un autre produit. La concentration du marché au bénéfice d'une entreprise aura pour effet corrélatif de capturer le consommateur. La réduction de la concurrence pourra inciter l'entreprise à augmenter son prix afin de réaliser des profits supraconcurrentiels. L'avantage immédiat du consommateur sera détruit sur le long terme. L'avantage

---

1380 A. Charpin, O. Sautel, « Caractériser une pratique anticoncurrentielle : le test de l'absence de sens économique est-il adapté ? », Economic Focus, Microeconomix, septembre 2012.

1381 *Ibid.*

court-termiste fera diversion sur le dommage concurrentiel causé sur le long terme, qui restera impuni.

581. **Bilan.** L'ensemble des tests énumérés ont des effets néfastes sur la dissuasion des infractions de concurrence. Ils sont tous plus ou moins prévisibles et porteurs d'erreurs de type 1 et 2. La préférence pour un test plutôt qu'un autre relève d'un choix idéologique entre sous-dissuader et sur-dissuader.

§ 2. Un choix idéologique entre sous-dissuader et sur-dissuader

582. **Idéologie.** Comme le rappelle très justement l'économiste François Lévêque, le « *débat sur le choix du test repose pour une large partie sur le choix entre deux maux, la sur-dissuasion et la sous-dissuasion* »[1382]. La lutte contre la faute lucrative par la diminution des erreurs de type 2 relève avant tout d'un débat sur le choix idéologique entre sous-dissuader et sur-dissuader. Aux arguments doctrinaux en faveur de la lutte contre les erreurs de type 1 (A) s'opposent ceux en faveur de la lutte contre les erreurs de type 2 (B). La gravité des erreurs de type 2, souvent sous-estimées, doit pourtant être prise en compte. Nous proposons un schéma récapitulatif de la gravité des erreurs de type 2 au regard de ses effets collatéraux (C).

A. Les arguments doctrinaux en faveur de la lutte contre les erreurs de type 1

583. ***« Les erreurs de type 1 sont généralement considérées comme les plus graves »***[1383]**.** Des auteurs considèrent qu'il vaut mieux limiter la dissuasion au risque de laisser impunies des pratiques anticoncurrentielles afin d'éviter de condamner des pratiques proconcurrentielles[1384]. L'idée sous-jacente est que punir des pratiques proconcurrentielles est plus néfaste que de laisser des pratiques impunies[1385]. Trois raisons principales viennent justifier cette idée.

584. **Capacité correctrice du marché.** D'une part, le juge Frank Easterbrook considère que les erreurs de type 1 sont plus nocives que les erreurs de type 2. L'auteur observe ceci : « *Le monopole est autodestructeur. Les prix de monopole finissent par attirer l'entrée de concurrents sur le marché. Certes, sur le long terme ; et avec des coûts sociaux dans l'intervalle. Le but central de l'antitrust est de réduire le temps du long terme. Mais cela ne doit pas occulter l'idée suivante :*

1382 F. Lévêque, « Quel test de preuve pour l'article 82 ? », *op. cit.* note 1353, p. 112.

1383 J. P. Sluijs, « Network Neutrality Between False Positives and False Negatives: Introducing a European Approach to American Broadband Markets », 62(1) *Fed. Comm. L.J.* 77-118 (2010), p. 104 : « *[T]ype-one errors generally are considered to be the greater evil.* » – V. aussi : F. S. McChesney, « Talking 'Bout My Antitrust Generation: Competition for and in the Field of Competition Law », 52 *Emory L.J.* 1401-1438 (2003).

1384 G. A. Manne, J. D. Wright, « Innovation and the Limits of Antitrust », 6(1) *Journal of Competition Law & Economics* 153-202 (2010). – V. aussi : F. H. Easterbrook, « The Limits of Antitrust », 63(1) *Tex. L. Rev.* 1-40 (1984), p. 2.

1385 F. H. Easterbrook, *Loc. cit.*

les erreurs juridiques qui tolèrent des pratiques fâcheuses sont autocorrectives, alors que les condamnations erronées ne le sont pas »[1386].

Selon l'auteur donc, le monopole est associé à des profits élevés qui attirent inévitablement l'entrée de nouveaux concurrents qui dynamisent la concurrence et finissent par remplacer le monopoleur. En conséquence, une erreur de type 2 qui permet à une entreprise de profiter indûment d'un avantage concurrentiel sera de toute façon corrigée à l'avenir par le jeu naturel du marché, lequel assure un processus naturel de remplacement, de vie et de mort des entreprises dominantes. Au contraire, le marché ne pourrait rien contre la condamnation injustifiée d'une firme.

585. **Atteinte aux deux facettes de l'ordre public.** D'autre part, les erreurs de type 1 sont plus nocives pour le consommateur que les erreurs de type 2, car elles portent atteinte aux deux facettes de l'ordre public[1387] : l'« *ordre public gardien de l'économie* » et « *l'ordre public promoteur de l'économie* »[1388]. Précisément, les erreurs de type 1 limitent les incitations à innover[1389] et, en condamnant injustement des entreprises, minorent la confiance du marché envers les autorités gardiennes de son bon fonctionnement. En inhibant la prise de risque des entreprises, elles ont une incidence néfaste sur l'innovation et donc, sur la croissance économique. La prudence des entreprises se répercute sur les prix, qu'elles évitent de baisser[1390] pour ne pas évincer de potentiels concurrents, craignant d'être suspectées de pratiques anticoncurrentielles. Cela porte préjudice aux consommateurs, qui ne peuvent bénéficier de prix plus bas.

586. **Risque d'actions parasites.** Enfin, une condamnation injuste est profitable aux concurrents de l'entreprise injustement sanctionnée. La multiplication des erreurs de type 1 pourrait donner lieu à des actions juridiques opportunistes menées dans le seul but d'interdire l'accès au marché par un nouvel entrant, nuire à sa réputation, ou lui faire subir des coûts supplémentaires. Ce type d'erreur incite

---

1386 F. H. Easterbrook, *op. cit.*, pp. 2-3. Traduction libre : « *Monopoly is self-destructive. Monopoly prices eventually attract entry. True, this long run may be a long time coming, with loss to society in the interim. The central purpose of antitrust is to speed up the arrival of the long run. But this should not obscure the point:* judicial errors that tolerate baleful practices are selfcorrecting, while erroneous condemnations are not ».

1387 On notera que le Conseil constitutionnel a reconnu la prohibition des pratiques anticoncurrentielles comme une composante de l'ordre public économique ; v. Cons. const., déc. n° 2016-542 QPC du 18 mai 2016, *Société ITM Alimentaire International SAS* [Prononcé d'une amende civile à l'encontre d'une personne morale à laquelle une entreprise a été transmise] : *JO* n° 0116 du 20 mai 2016, texte n° 92 ; Cons. const., déc. n° 2015-510 QPC du 7 janvier 2016, *Association Expert-comptable média association* [Sanctions pécuniaires prononcées par l'Autorité de la concurrence] : *JO* n° 0008 du 10 janvier 2016, texte n° 18 : JurisData n° 2016-000078, obs. A.-S. Chavent-Leclère, « Constitutionnalité des sanctions pécuniaires en matière anticoncurrentielle », *Procédures*, février 2016, n° 2, comm. 75.

1388 M.-A. Frison-Roche, « Les différentes natures de l'ordre public économique », document de travail, Archives de philosophie du droit, mafr, août 2015, http://mafr.fr/fr/article/les-differentes-natures-de-lordre-public-economiqu.

1389 T. Schrepel, « L'innovation de rupture : de nouveaux défis pour le droit de la concurrence », *op. cit.* note 1354.

1390 Un auteur explique notamment que la multiplication des erreurs de type 1 risque d'inciter les entreprises à une prudence particulière sur le marché. Au lieu de se livrer une concurrence agressive, les firmes opteront pour des comportements prudents qui, à terme, risquent de desservir le consommateur. Sur ce point, v. R. A. Cass, « Antitrust and High-Tech: Regulatory Risks for Innovation and Competition », 14(1) *Engage: J. Federalist Soc'Y Prac Groups* 25-26 (2013) : « *"Aggressive competition" may sound bad to antitrust enforcers and antitrust-enthusiast academic theorists, but* aggressive competition tends to deliver benefits to consumers, whether from a business offering the lowest prices, *most or most convenient store locations, longest hours, most extensive and extensively integrated set of product features, or any other "most" that sets a business apart from its rivals* ».

les entreprises qui ne peuvent rivaliser, par leurs mérites, avec une firme rivale, à instrumentaliser le procès de concurrence pour prendre un avantage sur le marché.

587. **Coût social et coût d'opportunité.** Plus généralement, privilégier la lutte contre les erreurs de type 1 au détriment des erreurs de type 2 se justifierait pour des raisons de coût. Aux États-Unis, la Cour suprême observe que les condamnations indues sont particulièrement coûteuses, car elles sanctionnent une conduite que les lois antitrust sont censées protéger[1391]. La perte de crédibilité de la régulation antitrust constitue un coût social important. De plus, une erreur de type 1 provoque un coût d'opportunité non négligeable pour la partie mise en cause, car les ressources affectées en recherche et développement sont mobilisées pour l'action en justice. Cela peut réduire l'innovation, et entraîner des conséquences dommageables aussi bien pour l'entreprise que pour le consommateur, privé d'un nouveau produit. En outre, le coût résultant des erreurs de type 1 lorsque la règle de raison est appliquée est supérieur à celui des erreurs de type 2 lorsque les règles *per se* sont appliquées[1392]. Pour cette raison, certains évoquent la possibilité de consacrer une légalité *per se* de certaines pratiques, et notamment celles réalisées sur les marchés technologiques[1393].

588. **Bilan.** Selon les arguments précités, le droit de la concurrence doit craindre davantage les erreurs de type 1 que les erreurs de type 2. Les graves effets collatéraux des erreurs de type 1 justifieraient que les juridictions soient moins dissuasives afin de limiter les condamnations de pratiques qui peuvent s'avérer proconcurrentielles, quitte à tolérer certaines pratiques anticoncurrentielles : « *Les juridictions antitrust semblent plus disposées à autoriser les pratiques anticoncurrentielles commises à l'ombre des réglementations* »[1394].

Nous tenons néanmoins à relativiser tous les arguments doctrinaux évoqués ci-dessus. Nous pensons, avec d'autres auteurs, que le risque d'impunité des infractions de concurrence, parce qu'il entretient le phénomène de faute lucrative et cause un dommage concret au marché, est tout aussi à craindre que celui lié aux condamnations injustifiées des agents économiques.

B. Les arguments doctrinaux en faveur de la lutte contre les erreurs de type 2

589. **Quantification du dommage.** Privilégier la lutte contre les erreurs de type 2 se justifie, car elles provoquent un dommage à l'économie davantage quan-

---

1391 *Matsushita Electric Industrial Co., Ltd. v. Zenith Radio Corp.*, 475 U.S. 574, 594 (1986).

1392 T. Lambert, « Have Elhauge and Wickelgren Undermined the Rule of Per Se Legality for Above-Cost Loyalty Discounts? », Truth on the Market, 12 septembre 2012. Disponible sur : https://truthonthemarket.com/2012/09.

1393 P. C. Carstensen, « False Positives in Identifying Liability for Exclusionary Conduct: Conceptual Error, Business Reality, and Aspen », 2008 *Wis. L. Rev.* 295-329 (2008).

1394 S. L. Dogan, M. L. Lamley, « Antitrust Law and Regulatory Gaming », Working Paper n° 367 (2008), p. 14 : « *In short, antitrust courts seem increasingly willing to permit private anticompetitive acts that occur in the shadow of regulation, relying on regulators to perform the traditional antitrust function of protecting competition and sometimes turning a blind eye even when regulators cannot or do not do so.* » Disponible sur SSRN : https://ssrn.com/abstract=1287221.

tifiable que les condamnations indues[1395]. Le coût des erreurs de type 2 est de deux sortes :

- L'augmentation du prix qui se perpétue en l'absence de condamnation provoque un préjudice net au consommateur qui achète le produit à un prix anticoncurrentiel.
- Si jamais le consommateur renonce à acheter du fait du prix trop élevé du produit, il en résulte une perte sèche du bien-être de ce dernier, autrement appelée « *deadweight loss* ».

Au contraire, « *les erreurs de type 1 conduisent à une perte hypothétique d'innovations* (et d'incitation à innover), *ce qui est plus difficile à quantifier précisément* »[1396]. Cela s'explique notamment par l'idée que l'analyse du coût des erreurs de type 1 oblige à dresser un scénario prospectif, tandis que le coût des erreurs de type 2 – le dommage étant déjà réalisé – permet de dresser un scénario rétrospectif[1397]. Il est naturellement plus compliqué d'estimer un dommage futur, non encore réalisé, que de quantifier un dommage passé. Cet argument permet de relativiser le postulat de l'École de Chicago selon lequel le coût des erreurs de type 1 serait supérieur à celui des erreurs de type 2.

590. **Efficience dynamique.** De plus, l'efficience dynamique[1398], qui se mesure à la capacité d'un marché à créer des incitations à l'investissement et à l'innovation, est aussi atteinte en cas d'erreur de type 2. En effet, l'impunité de certaines firmes conduit à des situations de « *super-dominance* » susceptibles de décourager l'entrée de firmes concurrentes sur le marché. L'entreprise dont la position n'est pas remise en cause vit paisiblement de ses rentes et n'est guère portée sur l'innovation. L'innovation est aussi paralysée par l'incapacité des nouveaux entrants à pénétrer sur le marché. En conséquence, le consommateur est doublement contraint : premièrement, ne pouvant s'approvisionner auprès d'autres concurrents moins chers, il doit s'acquitter d'un surprix. Deuxièmement, la forte concentration du marché limite la diversification des produits proposés et par conséquent réduit sa liberté de choix. Corrélativement, l'enfermement du consommateur alimente les gains illicites de la firme en situation de « super-dominance ».

591. **Capacité correctrice du marché ?** Par ailleurs, la capacité du marché à corriger les effets dommageables d'une pratique anticoncurrentielle restée impunie ne doit

---

1395 J. P. Sluijs, *op. cit.* note 1384, p. 108 : « *False-negative costs concern a deadweight loss of added price above marginal costs that are easily quantifiable; whereas, false-positive errors lead to hypothetic loss in innovation, which is more difficult to quantify precisely [...] In this model, the absence of antitrust intervention in a noncompetitive market leads to rent-seeking behavior by the wholesale monopolist. Consequently, an increase in price and decrease in quantity lead to a quantifiable deadweight cost even further above marginal cost.* » – V. aussi : Rapport économique, TERA Consultants, « Projet de révision de l'article 82 : les écueils d'une analyse des abus de position dominante par la méthode des "effets" », 29 mars 2006, p. 34 : « *Les coûts de "faux positifs" sont essentiellement assumés par les entreprises dominantes, alors que ceux des "faux négatifs" sont assumés par les autres acteurs du marché et les consommateurs.* »

1396 J. P. Sluijs, *loc. cit.*

1397 *Ibid.* : « *Whereas false-negative costs are mainly backward looking, measuring the costs of false positives is a forward-looking exercise. This calls into question any categorical assumption about the compared costs of both types of errors and, specifically, criticizes the Chicago School's premise of false-positive costs to be substantially higher than false-negative costs under all circumstances.* »

1398 Par opposition à l'efficience statique, qui contribue à l'amélioration de la quantité et de la qualité de l'offre.

pas être surestimée : « *Les pratiques d'exclusion n'ont de sens qu'en présence de barrières à l'entrée élevées. Dans le cas de la prédation, par exemple, les concurrents évincés ou d'autres ne doivent plus pouvoir entrer, sinon le recoupement du sacrifice n'est pas réalisable.* Il peut donc falloir parfois beaucoup de temps au marché pour éroder les positions de monopole mal acquises »[1399].

Ajoutons à cela trois constats :

- D'une part, s'il est vrai qu'aucune étude ne permet de conclure qu'une erreur de type 2 est plus dommageable qu'une erreur de type 1, inversement, il n'existe aucune étude empirique vérifiant le préjugé selon lequel la condamnation injustifiée d'une pratique licite serait plus dommageable qu'une faute concurrentielle restée impunie[1400].
- D'autre part, la perte sèche du consommateur qui renonce à acheter du fait du prix trop élevé est un coût irrécupérable, que rien ne peut corriger.
- Enfin, l'impunité d'une firme allonge la durée de la pratique anticoncurrentielle et ses effets dommageables. Or, la longueur des effets dommageables d'une pratique rend improbable l'idée selon laquelle les erreurs de type 1 sont autocorrectives. Comme le rappelle la Cour de justice, si une pratique « *fixe l'état du marché au moment où elle est conclue, sa longue durée peut en rigidifier les structures [...]. Le retour à l'état de libre concurrence sera d'autant plus difficile et long que la durée de l'entente aura elle-même été longue* »[1401]. L'Autorité de la concurrence reconnaît aussi le caractère « *persistant* »[1402] du dommage des infractions de longue durée. Du point de vue de l'action en réparation, plus le litige devant l'Autorité perdure, moins il sera aisé pour la victime d'obtenir la réparation du dommage subi[1403]. En somme, l'allongement de la durée de la pratique restée impunie ne fait qu'aggraver le dommage causé aux concurrents et à la concurrence.

592. **Critique générale.** Les auteurs Dogan et Lamley ont développé une critique virulente à l'encontre des partisans du postulat du juge Easterbrook, qui, rappelons-le, appelait à privilégier la lutte contre les erreurs de type 1 au détriment des erreurs de type 2, en consacrant une approche par les effets des pratiques anticoncurrentielles. Les auteurs observent, d'une part, que le droit de la concur-

---

1399 F. Lévêque, « Quel test de preuve pour l'article 82 ? », *op. cit.* note 1353, p. 112.

1400 P. Crocioni, « Leveraging of Market Power in Emerging Markets: A Review of Cases, Literature, and a Suggested Framework », 4(2) *Journal of Competition Law & Economics* 449-534 (2008), p. 512 : « *It is true that market power may not last forever and that entry of new firms or technological change may drastically challenge even a well-established dominant position. However,* there is no clear-cut explanation of why bad rules take longer to be reversed than the time required by markets to correct the anticompetitive effects of abusive conducts, nor has any empirical evidence so far been brought forward to sustain this conjecture ».

1401 CJUE, 8 décembre 2011, *KME Germany a. c/ Commission*, aff. C-389/10, § 75.

1402 Déc. n° 13-D-20 du 17 décembre 2013 relative à des pratiques mises en œuvre par EDF dans le secteur des services destinés à la production d'électricité photovoltaïque, § 598.

1403 En effet, la dilution des preuves sous l'effet du temps ne fera que compliquer la détermination de la faute et la quantification du préjudice.

rence a évolué. Aux États-Unis, l'approche *per se* a pratiquement disparu[1404]. En Europe, la communication de la Commission sur les abus d'exclusion laisse transparaître la volonté d'une approche par les effets[1405]. D'autre part, les auteurs soulignent que si les faux positifs peuvent inciter les concurrents à porter des actions juridiques abusives, les actions privées échouent encore trop régulièrement pour constituer une véritable menace pour les firmes[1406]. Le portrait de l'action privée aux États-Unis dressée par les deux auteurs rejoint celui que nous avons étayé précédemment dans notre thèse, à propos de l'échec important des actions privées en France[1407]. L'idée d'une instrumentalisation du procès civil pour obtenir la condamnation injustifiée d'un concurrent – si elle est à craindre et doit être sérieusement prise en compte – doit être relativisée par les obstacles inhérents et nombreux aux actions en dommages et intérêts.

Un schéma récapitulatif permet, de manière plus générale, d'illustrer tous les effets néfastes provoqués par les erreurs de type 2.

C. La gravité des erreurs de type 2 au regard de ses effets collatéraux

(Voir schéma page suivante)

1404 S. L. Dogan, M. L. Lamley, « Antitrust Law and Regulatory Gaming », *op. cit.* note 1395, pp. 21-22 : « *To begin, it is worth noting the recent history of antitrust decisions – a history that is, almost without exception, one that makes it harder over time for antitrust plaintiffs to win cases. Judge Easterbrook could speak in 1984 of the asymmetry between false positive and false negatives, but the antitrust law he was talking about simply doesn't exist anymore. Courts in the last three decades have dismantled every per se rule applied to vertical conduct, limited the per se rule in horizontal conspiracies in a variety of ways, made it harder for plaintiffs to infer conspiracies, all but eliminated predatory pricing claims, and substantially restricted the role of monopolization cases.* »

1405 Communication de la Commission, Orientations sur les priorités retenues par la Commission pour l'application de l'article 82 du traité CE aux pratiques d'éviction abusives des entreprises dominantes, *op. cit.* § 19 : « *L'objectif des mesures d'application prises par la Commission à l'égard des pratiques d'éviction est de faire en sorte que les entreprises dominantes n'entravent pas le libre jeu de la concurrence en évinçant leurs concurrents par des pratiques anticoncurrentielles,* en ayant de ce fait un effet défavorable sur le bien-être des consommateurs, *que ce soit sous l'effet de prix plus élevés que ceux qui auraient autrement été appliqués ou d'une autre manière, telle que la limitation de la qualité ou la réduction du choix pour les consommateurs* ».

1406 S. L. Dogan, M. A. Lamley, *op. cit.*, pp. 22-24 : « *Win rates for antitrust plaintiffs in at least one industry hover below 15%, and court rules make it harder and harder for antitrust plaintiffs to show standing to sue to enforce the laws that remain. We have no doubt that antitrust at one time was skewed towards overenforcement,* but today if there is any bias it is in the opposite direction. The Supreme Court has now decided 16 antitrust cases in a row in favor of defendants, *and the* AT&T *case seems poised to be the 17th.* It has been 16 years since an antitrust plaintiff won in the Supreme Court. *Courts are willing to permit obvious cartels and market division schemes to survive antitrust scrutiny, sometimes going so far as to call them per se legal, and seem unwilling to restrict anticompetitive behavior by patentees. The Antitrust Division, tasked with enforcing the antitrust laws, permits mergers to monopoly and seems to spend as much time arguing in favor of antitrust defendants as it does suing them. We don't intend to suggest that antitrust law is dead; the agencies continue to prosecute cartels, and private parties continue to file antitrust cases.* But for the Supreme Court to say that antitrust is too expansive – that antitrust courts are more likely to wrongly find an antitrust violation than to wrongly let one go unpunished – flies in the face of the realities of modern antitrust ».

1407 *Supra*, Partie I, Titre II, n° 399 et s.

Schéma récapitulatif de la gravité des erreurs de type 2

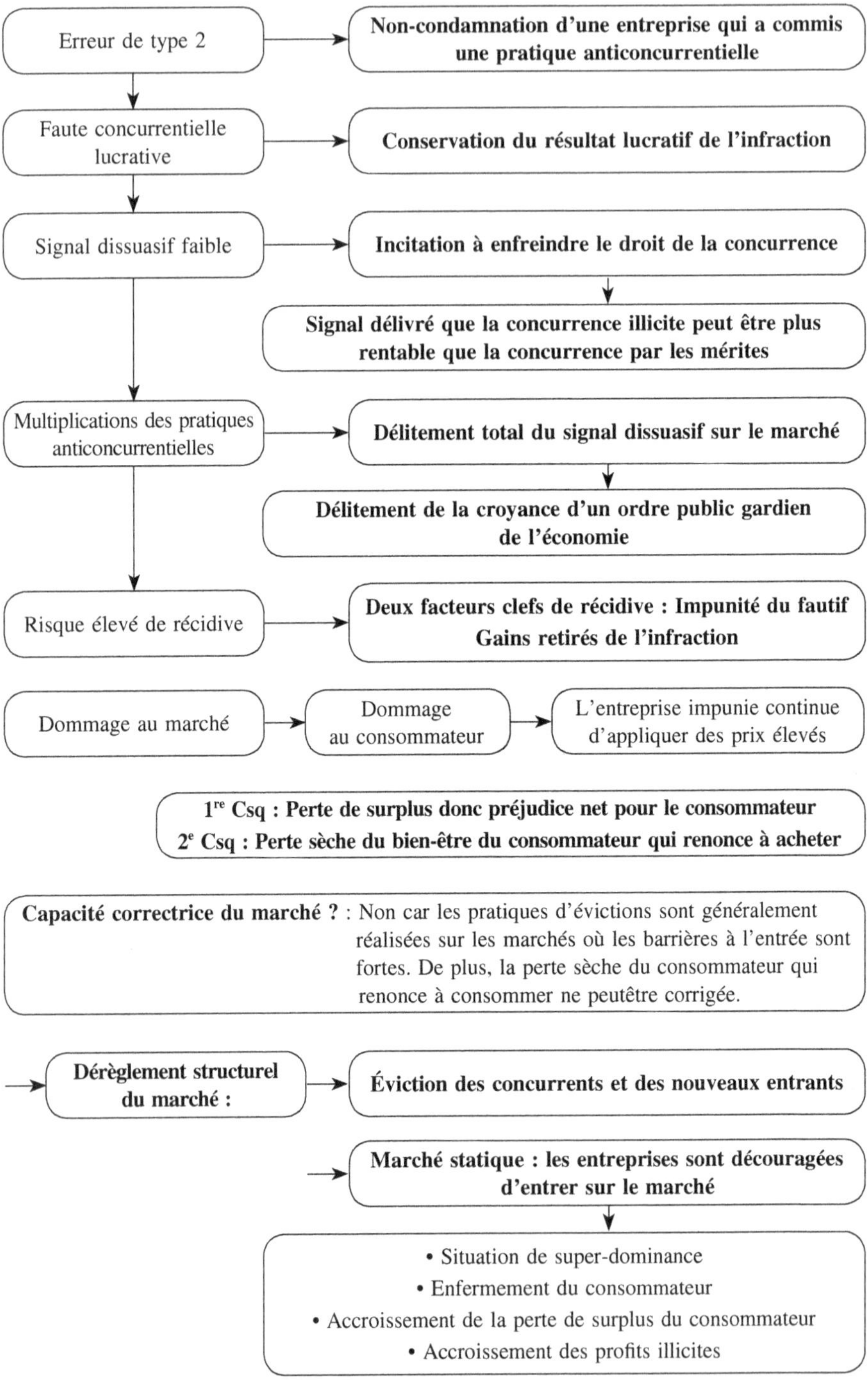

Section 2
Les solutions possibles pour limiter les erreurs de type 1 et 2

593. **Problématique.** Condamner indûment une pratique proconcurrentielle est aussi grave que de laisser impunie une pratique anticoncurrentielle. À notre sens, il est possible de limiter les erreurs juridiques en faisant varier le choix du test (§ 1). Reste que, de manière générale, cette solution ne suffit pas : il y a en effet une urgence à repenser l'abus de position dominante. Nous recommandons, à ce titre, une nouvelle qualification de l'abus de position dominante (§ 2).

§ 1. La variabilité du choix du test

594. Le choix du test doit dépendre du marché sur lequel se réalise la pratique litigieuse. Néanmoins, cette solution reste imparfaite, car le test permettant de qualifier l'abus est aussi lié à un choix de politique de concurrence et du modèle dissuasif à adopter. En somme, le choix du test doit dépendre du type de marché (A) et du modèle dissuasif (B) adopté par les autorités de concurrence.

A. Le choix du test selon le type de marché

595. **Marchés innovants.** Sur les marchés où les innovations sont fortes, il faut opter pour un test peu dissuasif, de façon à ne pas grever les incitations à innover[1408]. La particularité d'un marché technologique tient à ce que les coûts d'une condamnation injustifiée sont supérieurs à celui d'une erreur de type 2. En effet, le caractère dynamique de ce type de marché est susceptible de corriger naturellement la rente indue du monopoleur impuni, et ce, pour deux raisons principales :

- **Monopole précaire.** Premièrement, sur le marché des nouvelles technologies, les monopoles sont précaires, si bien que celui qui préserve indûment sa position dominante finira de toute façon par se faire remplacer. Les plateformes numériques font face à une concurrence dynamique qui remet perpétuellement en cause les positions acquises. Le professeur David Evans

---

1408 P. Crocioni, « Leveraging of Market Power in Emerging Markets: A Review of Cases, Literature, and a Suggested Framework », *op. cit.* note 1401, p. 512 : selon l'auteur, un marché émergent dans lequel la problématique des effets de réseau négatifs est plus importante que celle de l'innovation et de l'investissement suggère une approche visant à limiter davantage les erreurs de type 2 au risque d'erreurs de type 1. Inversement, quand un marché est dépendant de l'innovation et moins sujet aux effets de réseau négatifs, une approche dans laquelle les faux positifs sont évités au détriment des faux négatifs est nécessaire. Afin d'éviter la forclusion des marchés innovants impliquant des coûts fixes importants, les organismes de réglementation pourraient accorder plus de latitude aux monopoleurs afin de préserver l'innovation à long terme. – V. aussi : C. Flanagan, « Foreclosure: A Case Study from the Pharmaceutical Industry », 22 *Student Economic Review* 219-228 (2008), p. 226 : « *This may benefit consumers in the short run, but ultimately will hurt dynamic efficiency not just in this market, but also in the other sectors of the economy where innovation and patents are important. The harm that a competition authority can do to dynamic efficiency by committing a type 1 error, a* "false positive", is far greater in an emerging market, such as the upstream market, where innovation is important ».

souligne notamment que la précarité des situations de monopole s'explique par des effets de réseau réversibles et des coûts faibles d'entrée sur le marché[1409].

- **Innovation de rupture.** Deuxièmement, la possibilité d'une innovation de rupture[1410] rend les monopoles d'autant plus précaires qu'une entreprise peut très rapidement détruire la valeur du marché sur lequel opère l'entreprise dominante[1411].

596. **Atteinte à l'efficience dynamique.** Par ailleurs, le coût d'une condamnation injustifiée sur ce type de marché est de nature à porter gravement atteinte à l'efficience dynamique du marché. L'efficience dynamique (progrès technique, innovation) du marché participe davantage au bien-être du consommateur que l'efficience statique. Elle offre au consommateur des bénéfices supérieurs à un coût inférieur. Pour cette raison, sur les marchés innovants, il est légitime de prévoir un système sous-dissuasif dès lors que le coût des erreurs de type 1 affecte plus gravement le consommateur.

597. **Marché biface.** La problématique posée par les marchés bifaces[1412] ou multifaces remet en cause la grille d'analyse traditionnelle de l'abus[1413]. Les tests appliqués pour évaluer l'abus risquent, sur les marchés bifaces, de mener à des erreurs juridiques substantielles tantôt profitables au contrevenant, tantôt défavorables à ce dernier. En présence d'un tel marché, l'analyse du juge se complexifie, car l'examen du caractère abusif d'une pratique oblige à prendre en compte les deux faces du marché en cause. Précisément, les « *marchés bifaces mettent en relation deux groupes d'agents qui ont des gains potentiels à interagir [...] le bénéfice*

1409 D. S. Evans, « Why the Dynamics of Competition for Online Platforms Leads to Sleepless Nights But Not Sleepy Monopolies », 25 juillet 2017. Disponible sur SSRN : https://papers.ssrn.com/sol3/papers.cfm?abstract_id=3009438 : « *Recent claims that online platforms have secured permanent monopolies, protected by barriers to entry from network effects and stockpiles of data, and should be the focus of intense antitrust and regulatory scrutiny, are inconsistent with the economics, technology, and history of online competition. Online platforms face dynamic competition as a result of: disruptive innovation that provides opportunities for entry; competition from online platforms that have secured a toehold in one area but compete across multiple areas; the fragility of category leadership resulting from the fact that network effects are reversible and entry costs are low; and the prevalence of ad-supported models, which result in seemingly disparate firms competing for consumer attention and advertiser dollars.* »

1410 Une innovation de rupture est une innovation qui conduit à la création d'un nouveau marché. Selon un auteur, elle se définit comme étant celle qui « *transform[e] des produits compliqués en des produits simples d'utilisation* » : V. J. Bower, C. Christensen, « Disruptive Technologies: Catching the Wave », 73(1) *Harv. B. Rev.* 43-53 (1995) ; cité par T. Schrepel, « L'innovation de rupture : de nouveaux défis pour le droit de la concurrence », *op. cit.* note 1354.

1411 F. Lévêque, O. Fréget a., « Innovations de rupture, droit et concurrence », colloque annuel du cabinet Microeconomix, Paris, 29 janvier 2016, Concurrences n° 3-2016, Art. N° 80089.

1412 L'exemple classique est celui du journal : la hausse de prix d'un journal peut entraîner une baisse du nombre de ses lecteurs. Dans le même temps, la baisse du nombre de lecteurs peut entraîner une diminution du nombre d'annonceurs, qui préféreront acheter des espaces publicitaires auprès de quotidiens captant une clientèle plus élevée.

1413 D. S. Evans, « The Consensus among Economists on Multisided Platforms and Its Implications for Excluding Evidence that Ignores It », 13 avril 2013. Disponible sur SSRN : https://ssrn.com/abstract=2249817 : « *Traditional economic models that do not consider interdependent demand do not yield reliable results for platform businesses. Many of the economic tools used in antitrust, including the various back-of-the-envelope tools such as critical loss analysis, are not reliable when applied to multisided platforms.* »

d'un agent dépend du nombre d'agents de l'autre groupe »[1414]. À l'heure du numérique, la question des marchés bifaces est d'autant plus importante que ce type de marché risque de se démultiplier.

Pour résumer, les marchés bifaces sur internet posent deux problématiques : premièrement, une géographie illimitée, car le numérique détruit les frontières ; deuxièmement, un pouvoir de marché colossal difficile à évaluer. L'avènement d'internet illustre de façon robuste ce décloisonnement des marchés. Bruno Lasserre évoque notamment « *un média qui crée de nouveaux marchés sans équivalent dans le monde physique* ». L'avènement des marchés bifaces est susceptible de remettre en cause la grille d'analyse des positions dominantes et par conséquent des abus[1415] : « *La [...] question a trait aux difficultés de transposer les méthodes habituelles de délimitation des marchés, aux marchés bifaces, du fait de* leurs effets de réseaux croisés jouant sur l'élasticité de la demande. *Les différents côtés du marché biface étant imbriqués,* les tests classiques ne peuvent être appliqués à une seule face, sauf à fausser les résultats »[1416].

Ces résultats « faussés » peuvent conduire le juge à laisser certaines plates-formes numériques, devenues des « *intermédiaires incontournables* », jouir indûment d'avantages en « *imposant à leurs partenaires commerciaux des conditions contractuelles déséquilibrées* »[1417]. La difficulté pour délimiter ce type de marché favorise la probabilité, pour le contrevenant, d'échapper à l'application du droit de la concurrence. Inversement, la spécificité des marchés bifaces, leur accroissement et l'inadéquation des outils traditionnels d'analyse économique avec les problématiques actuelles rendent possibles les erreurs de type 1.

598. **Nouveaux défis.** Ces deux illustrations des marchés innovants et bifaces ne sont pas anodines. Le droit de la concurrence doit faire face à de nouveaux défis. La violation de la norme concurrentielle a d'autant plus de chance d'être rentable que le juge et l'Autorité ne semblent pas préparés à appréhender des comportements abusifs sur des marchés virtuellement illimités[1418]. Aussi, certaines problématiques,

---

1414 OCDE, « Table ronde sur les marchés bifaces », 3 juin 2009, DAF/COMP/WD(2009) 62. – V. aussi : déc. n° 10-MC-01 du 30 juin 2010 relative à la demande de mesures conservatoires présentée par la société Navx, § 25 : « *Les activités de moteur de recherche et de fourniture d'espaces publicitaires constituent les deux versants d'un marché "biface", où la réussite de la première conditionne l'attractivité de la seconde.* »

1415 B. Lasserre, « Nous sommes confrontés à des monopoles qui se revendiquent libertaires, contre les Etats », 16 mars 2015, site l'Opinion.fr.

1416 N. Lenoir, A. Jacquin, « Référencement en ligne et abus de position dominante : quelles problématiques pour les plates-formes numériques ? » *AJCA* 2016, p. 223.

1417 M. Karamanli, Rapport d'information de la Commission des affaires européennes portant observations sur le projet de loi pour une République numérique, Assemblée nationale, 16 décembre 2015, n° 3366 : « *Certaines plateformes à l'image des "géants du Web" que sont Google ou Facebook, sont donc devenues des intermédiaires incontournables. Ces plateformes peuvent abuser de leur pouvoir de marché : en imposant à leurs partenaires commerciaux (les entreprises, par exemple les annonceurs) des conditions contractuelles déséquilibrées ; en restreignant la concurrence, en valorisant leurs offres ou en dévalorisant les offres de leurs concurrents. C'est ce qu'est accusé de faire "Google" en affichant prioritairement, parmi ses résultats de recherche, ses propres services.* » Disponible sur : http://www.assemblee-nationale.fr/14/europe/rap-info/i3366.asp.

1418 V. : affaire *Vente-privée* (déc. n° 14-D-18 du 28 novembre 2014 relative à des pratiques mises en œuvre dans le secteur de la vente événementielle en ligne) ; M. Chagny, « L'adaptation du droit de la concurrence à l'économie numérique », *JCP G* 30 novembre 2015, n° 49, doctr. 1340. On peut s'interroger sur les conséquences du développement de la vente en ligne sur la caractérisation de la position dominante. La délimitation du marché suppose d'identifier tous les produits auxquels les clients des entreprises en cause peuvent accéder et

comme celle de l'innovation de rupture[1419], restent délaissées. Pourtant, un comportement d'exclusion qui a pour conséquence l'empêchement d'une innovation de rupture est particulièrement profitable au contrevenant[1420]. Certains soulignent d'ailleurs que l'abandon de cette problématique peut inciter des firmes à adopter des comportements anti-innovation[1421]. En outre, l'avènement de la « nouvelle économie » pose aussi la question des erreurs juridiques qui, loin d'être profitables à l'agent économique, viennent « piller » une firme dynamique en la sanctionnant indûment. Pour ne prendre qu'un exemple, il est à craindre qu'une innovation de rupture ne passe jamais le test de l'absence de sens économique. En effet, à l'origine, ce type d'innovation ne présente pas des qualités supérieures aux produits présents sur le marché[1422]. Dès lors, au regard de ce test, le juge aura tendance à penser que les coûts induits par l'innovation (dont il ne verra pas la rupture) n'ont aucun sens économiquement.

599. **Bilan.** Les tests doivent avoir pour mission de limiter les incitations à l'infraction en neutralisant le risque d'impunité qui résulte de leur application. Le caractère dissuasif des tests doit varier selon le marché sur lequel la pratique litigieuse se réalise. De plus, le droit de la concurrence doit s'adapter aux nouveaux défis des marchés technologiques et des plates-formes numériques afin de limiter les condamnations injustifiées. Force est de reconnaître, néanmoins, que l'analyse économique ne suffit pas et que l'Autorité doit s'entendre sur le choix du modèle dissuasif à adopter.

B. Le choix du test selon le modèle dissuasif

600. **Structurer la dissuasion.** Le choix du test n'est aucunement réservé à la seule analyse économique. Il dépend aussi de la politique dissuasive décidée par les autorités. En fonction de la politique de concurrence décidée par l'Autorité, le choix

---

qu'ils considèrent comme substituables. Plus le choix des produits est limité, plus la domination est crédible. Or, en matière de vente en ligne, la démonstration de l'existence d'une position dominante « *devient d'autant plus improbable que le consommateur dispose d'un choix virtuellement illimité* ». Les plaignants se retrouvent souvent dans une impasse. Ces derniers doivent délimiter un marché par nature infini. Par exemple, dans l'affaire *Vente-privée*, l'action du concurrent s'est achevée par un non-lieu notamment parce que ce dernier a été incapable de délimiter le marché pertinent. L'Autorité a considéré que « l'existence d'un marché de la vente événementielle en ligne tel que délimité dans la notification des griefs et pour la période visée (2005-2011) n'est pas établie ». Cette affaire n'est pas un cas isolé. Selon un auteur, l'impossibilité qu'éprouve le plaignant à délimiter le marché pertinent apparaît aux yeux des juges « *comme une dérobade* ». Pour les citations, v. G. Zambrano, « L'inefficacité de l'action civile en réparation des infractions au droit de la concurrence – Étude du contentieux français devant le Tribunal de Commerce de Paris (2000-2012) », thèse Montpellier 1, 2012, pp. 62-63. – V. aussi : T. com Paris, 16e ch., 3 septembre 2007, *SA Kelkoo c/ SARL Multi E-Pass*, n° 2006046758 : « *Multi E-Pass, qui ne verse aux débats aucun élément d'information sur l'état du marché des comparateurs et des sites marchands sur Internet, ne démontre pas la position dominante de Kelkoo* ».

1419 T. Schrepel, « L'innovation de rupture : de nouveaux défis pour le droit de la concurrence », *op. cit.* note 1354.

1420 L'agent déviant préserve, par ce type de comportement d'exclusion, sa situation de dominance.

1421 F. Lévêque, O. Fréget a., « Innovations de rupture, droit et concurrence », *op. cit.* note 1412. Cependant, un auteur conteste cette idée, considérant qu'une innovation de rupture ne peut être stratégiquement paralysée par une pratique d'exclusion, car à l'origine une innovation de rupture ne peut être identifiée comme telle sur le marché. En effet, à l'origine, quand elles apparaissent, ces innovations ne présentent pas des performances meilleures que celles des technologies déjà présentes sur le marché. V. sur ce point C. M. Christensen, *The Innovator's Dilemma*, Cambridge (MA), Harvard Business School Press (1997), cité par T. Schrepel, *loc. cit.*

1422 C. M. Christensen, *ibid.*

du test sera plus ou moins dissuasif. Tout dépend, donc, du choix de l'Autorité de faire de la lutte contre les erreurs de type 2 son principal objectif, auquel cas elle tolérera davantage le risque d'erreurs de type 1.

601. **Exemple.** Prenons l'hypothèse d'un accord d'exclusivité. L'accord d'exclusivité a nécessairement un effet restrictif de concurrence. Comme le rappelle un auteur : « *L'exclusivité accordée par un fournisseur à un distributeur en échange d'un investissement dans la formation des vendeurs a pour raison d'être l'élimination de la concurrence des autres distributeurs* »[1423]. L'économiste Gildas de Muizon démontre que tous les tests tendent à condamner l'accord d'exclusivité[1424], sauf le test du surplus du consommateur. Ce test évalue si la pratique entraîne davantage d'effets anticoncurrentiels que d'effets proconcurrentiels. Autrement dit, pour une même pratique d'éviction, selon le test appliqué, le comportement se retrouve tantôt sanctionné tantôt impuni. Cela démontre bien que le choix du test ne se résume pas à la seule analyse économique, mais qu'il résulte aussi d'un choix lié à la politique dissuasive.

602. **Conclusion.** Soit l'Autorité décide de mener une politique dissuasive et alors elle doit limiter au maximum les incitations à enfreindre la loi. Dans ce cas, elle ne peut tolérer le caractère rentable de la violation des règles de concurrence généré par l'impunité du contrevenant. En conséquence, elle doit appliquer le test le plus dissuasif afin de limiter le risque d'erreur de type 2, peu importe l'analyse économique en cause. Soit elle est davantage sensible au coût généré par la condamnation injuste d'un concurrent. Dans ce cas, elle tolère le risque d'impunité de certaines pratiques anticoncurrentielles et favorise la lutte contre les erreurs de type 1.

En somme, il existera toujours un risque d'erreur. Aucune solution n'est infaillible. Le débat sur les tests renvoie plus généralement à l'éternelle question d'un choix juridictionnel clair entre une approche par les effets ou par objet en droit de la concurrence. Certains considèrent que le rejet d'une approche par les effets condamne injustement des entreprises dont le manquement n'a aucun effet avéré sur le marché[1425]. On peut néanmoins rétorquer qu'une approche concrète des effets anticoncurrentiels a aussi pour conséquence d'absoudre des comportements graves au prétexte qu'ils sont prétendument bénéfiques au marché, sachant que les gains

---

1423 A. Charpin, O. Sautel, « Caractériser une pratique anticoncurrentielle : le test de l'absence de sens économique est-il adapté ? », *op. cit.* note 1381.

1424 G. de Muizon, « Les tests de preuve économiques permettant de caractériser une pratique anticoncurrentielle », *op. cit.* note 1376, p. 28 « *Prenons l'exemple d'un accord de distribution sélective. L'effet anticoncurrentiel d'un tel accord réside essentiellement dans l'élimination de la concurrence intramarque. À l'opposé, une justification proconcurrentielle possible réside dans la résolution d'un risque de parasitisme que les distributeurs investissant dans la qualité de service sont susceptibles de subir de la part de distributeurs ne supportant pas les mêmes coûts et capables de proposer des prix plus bas. Un accord d'exclusivité peut ne pas passer le test du profit sacrifié (le fournisseur renonce au profit immédiat que lui aurait apporté une distribution la plus large possible), ni le test de l'absence de sens économique (l'accord d'exclusivité n'a pas de sens économique en dehors de ses effets restrictifs de concurrence), ni le test de l'élimination d'un concurrent aussi efficace (l'accord d'exclusivité peut conduire à l'éviction de distributeurs concurrents aussi efficaces). Seul le test du surplus du consommateur peut permettre de ne pas considérer comme anticoncurrentiels tous les accords d'exclusivité.* »

1425 R. Maulin, « L'approche par les effets en droit de la concurrence : Le devoir d'inventaire », Concurrences n° 3-2015, Art. N° 73845, pp. 24-39.

d'efficience, les bénéfices en matière d'innovation et/ou l'incidence sur le bien-être du consommateur sont très difficiles à évaluer. Une thèse récente propose notamment de remplacer le critère du bien-être du consommateur par celui du « choix » du consommateur, lequel serait plus à même de limiter les erreurs juridiques en permettant d'évaluer les effets positifs de l'innovation sur le marché[1426]. Reste que, à l'heure actuelle, une approche constante par les effets provoque un risque permanent de « sous-condamnation » générateur de fautes lucratives. La difficulté du choix du test comme celui d'une approche par les effets relève en réalité d'un choix de politique concurrentielle, qui lui-même dépend d'un arbitrage entre une philosophie sous-dissuasive ou sur-dissuasive des comportements déviants.

Pour cette raison, nous pensons qu'une réflexion plus générale doit être menée sur les critères permettant de déterminer la dominance, d'une part, et l'abus, d'autre part.

§ 2. Pour une nouvelle qualification de l'abus de position dominante

603. Pour limiter le risque d'impunité du fautif et celui lié à la condamnation injuste d'une pratique licite, il faut repenser l'examen de la position dominante. Il nous semble que le critère central de l'analyse des parts de marché pour déterminer la position dominante mène à une appréciation erronée de la dominance. Les parts de marché constituent un critère trompeur pour analyser la position dominante (A). De plus, l'« abus de position dominante » est une qualification qui, à notre sens, illustre mal les comportements d'éviction et/ou d'exploitation des opérateurs dominants. L'abus de position dominante pourrait être requalifié en abus de puissance économique (B) pour éclaircir le sens et la détermination de la norme.

A. Les parts de marché : un critère « trompeur » pour analyser la position dominante

604. **Repenser le critère de dominance : l'indicateur trompeur des parts de marché.** En théorie, plusieurs facteurs, dont les parts de marché, sont pris en compte pour examiner la dominance. En réalité, l'importance des parts de marché est un critère déterminant pour caractériser la dominance[1427]. Comme l'a rappelé l'arrêt *Hoffmann-La Roche*, « *l'existence de parts de marché d'une grande ampleur est hautement significative* »[1428] d'une position dominante. La Cour de Justice, dans

---

1426 M. Cartapanis, *Innovation et droit de la concurrence*, 1re éd., Institut Universitaire Varenne, 2018.

1427 *JCl. Europe Traité*, « Abus de position dominante », fasc. 1421 : « *La caractérisation de la position dominante repose sur plusieurs critères. Néanmoins, le niveau des parts de marché de l'entreprise en cause et de ses concurrents joue un rôle crucial.* » – V. p. ex. : déc. n° 05-D-32 du 22 juin 2005 relative à des pratiques mises en œuvre par la société Royal Canin et son réseau de distribution. Dans cette affaire, le Conseil a estimé que Royal Canin était en position dominante sur le marché des aliments pour chien au regard de ses parts de marché. – V. aussi : déc. n° 14-DCC-30 du 6 mars 2014 relative à la prise de contrôle exclusif par la société Carrefour Proximité France de 129 magasins de commerce de détail à dominante alimentaire.

1428 CJCE, 13 février 1979, *Hoffmann-La Roche & Co. AG c/ Commission*, aff. 85/76, pt. 39 § 3.

l'arrêt *Akzo*, a quant à elle considéré que « *des parts extrêmement importantes constituent* par elles-mêmes *[…]* la preuve de l'existence d'une position dominante. Tel est le cas d'une part de marché de 50 % »[1429]. La Commission européenne, récemment, a conclu que Google occupe une position dominante sur le marché de la recherche générale sur internet, car elle « *détient des parts de marché très élevées dans l'ensemble des pays de l'EEE* »[1430]. Il apparaît donc clairement que le critère de part de marché ne constitue pas un simple indice ou un critère parmi d'autres, mais un indicateur déterminant et même parfois suffisant en lui-même à démontrer la position dominante.

605. **Critique.** Le critère de part de marché tend à consacrer une vision caricaturale et statistique de la dominance sans réelle appréciation du comportement stratégique de la firme. Un pouvoir de marché important ne s'accompagne pas nécessairement d'une faculté d'en abuser ; de même qu'une personne peut être riche sans avoir d'influence ou de pouvoir[1431] ; de même qu'une personne peut être grande sans pourtant intimider. En somme, le pouvoir économique est différent du pouvoir de contraindre[1432]. À notre sens, l'exploitation abusive d'une position est davantage possible lorsqu'une entreprise s'avère puissante que lorsqu'elle se veut dominante. La dominance est en soi un état incertain : fragile, car difficile à pérenniser et sans cesse remise en cause, et relative, car variable selon la faiblesse ou non des firmes concurrentes.

606. **Analyse quantitative de la dominance.** Parce que le critère relatif aux parts de marché est le critère prépondérant qui peut suffire à établir la dominance, son analyse consacre une appréciation quantitative de la dominance. L'analyse quantitative peut laisser impunis des contrevenants dont les parts de marché sont raisonnables. L'abus d'une firme « raisonnablement » dominante peut échapper au droit de la concurrence. Surtout, cette appréciation caricaturale de la dominance est susceptible d'encourager les stratégies abusives de firmes à la notoriété établie, mais dont les parts de marché sont en dessous de 50 %. Inversement,

---

1429 CJCE, 3 juillet 1991, *Akzo Chemie BV c/ Commission*, aff. C-62/86, *Rec.* p. I-03359, § 60. – T. com, 15e ch., 30 octobre 2009, *SARL Société Net Solution Partner c/ EURL Google France*, n° 2008060394 : « *Il appert que […] la part de marché de Google Analytics oscille entre 32 et 40 %, ce qui est accepté par les autorités de concurrence ; Le tribunal dira que Google n'est pas en position dominante sur le marché des Web Analytics et déboutera NSP de sa demande formée de ce chef.* »

1430 Comm. eur., communiqué IP/17/1784 du 27 juin 2017, « Pratiques anticoncurrentielles : la Commission inflige à Google une amende de 2,42 milliards d'euros pour abus de position dominante sur le marché des moteurs de recherche en favorisant son propre service de comparaison de prix ».

1431 Une réflexion ressemblante est développée dans le livre de l'avocat Olivier Fréget. Selon l'auteur : « *analyser une position en termes de nombre de parts de marché présuppose une assimilation du marché à une grandeur fixe et objective et la part de marché "limite" à une sorte de seuil, lui aussi objectif, comme peut l'être un seuil d'imposition. De même qu'on peut gagner instantanément beaucoup d'argent, sans jamais accéder à la puissance, on peut détenir une part de marché importante et ne pas être puissant. Chercher à identifier une dominance en mesurant la dilatation d'une entreprise à un moment donné revient à chosifier le marché et, plus, penser le pouvoir économique comme le simple dépassement d'un seuil à partir duquel une certaine accumulation d'une grandeur à définir deviendrait nocive alors qu'en deçà de ce seuil, cette même accumulation serait anodine et sans conséquences. Tout se passe ici comme si le pouvoir économique ne pouvait être pensé qu'en termes quantitatifs, voire arithmétiques* ». O. Fréget, *La concurrence : une idée toujours neuve en Europe et en France*, Odile Jacob, 2015, p. 129.

1432 En matière d'abus, ce pouvoir de contraindre peut être illustré par des abus d'exploitation, quand un comportement consiste à fidéliser ses clients et donc à les contraindre à ne pas aller vers d'autres concurrents.

le comportement agressif mais non abusif d'une firme qui dispose d'un pouvoir de marché très important risque d'être indûment sanctionné.

607. **Hypothèse.** Imaginons une entreprise qui a un pouvoir de marché inférieur à 50 %. Néanmoins, la notoriété de l'entreprise est telle qu'elle lui permet d'influencer le choix des consommateurs. Autrement dit, le pouvoir d'influence de l'entreprise (au regard de son image de marque, de sa notoriété) est plus important que son pouvoir économique (au regard de ses parts de marché). Dans ce cas, l'analyse quantitative à travers le critère prépondérant des parts de marché va conduire à une analyse étriquée de la dominance : l'entreprise ne sera pas considérée comme dominante alors même qu'elle a le pouvoir d'influencer le choix des consommateurs et de verrouiller leurs désirs. Or, ce pouvoir peut générer des effets d'éviction supérieurs au pouvoir économique de l'entreprise[1433].

Plus généralement, la notion même de dominance porte à confusion. Pour cette raison, il nous semble pertinent de s'interroger sur la qualification de l'infraction « *abus de position dominante* ». Pour une meilleure appréhension des comportements déviants, nous prônons une requalification de l'abus de position dominante en abus de puissance économique.

B. La requalification de l'abus de position dominante en abus de puissance économique

608. **Requalification de l'infraction.** La notion d'« abus de position dominante » est en soi critiquable : joindre côte à côte l'abus – figure d'illicéité – et la dominance, laquelle constitue le mobile consubstantiel à la rivalité concurrentielle, est maladroit[1434]. Cela oblige à une nuance confuse et excessivement complexe entre la dominance permise et celle exagérée. Cela introduit une sorte de « hiérarchie » dans la dominance, à tout moment susceptible d'être considérée comme abusive. Il en résulte deux effets possibles et antinomiques sur les agents économiques :

- **Délitement du signal dissuasif.** D'abord un délitement du signal dissuasif contenu dans la norme. L'agent économique, ne pouvant être en mesure de capter le risque juridique de la règle de concurrence difficilement intelligible, sera d'autant plus incité à la commettre.
- **Exagération du signal dissuasif.** Ensuite et inversement, une exagération du signal dissuasif. L'entreprise en position dominante, pouvant craindre à tout moment une condamnation, adoptera un comportement prudent sur le marché susceptible de porter atteinte à l'efficience économique.

Par ailleurs, la difficile compréhension de la norme est susceptible de complexifier l'action en dommages et intérêts des victimes, sur qui repose le risque de la preuve. La difficile qualification de la règle complexifie la décision du juge, qui peut en conséquence se montrer prudent dans l'imposition des dommages et intérêts.

1433 Car même en présence de parts de marché raisonnables, la notoriété d'une entreprise peut lui permettre facilement d'influencer le choix des consommateurs. Pour cette raison, les décisions de l'entreprise ont une incidence directe sur le choix des consommateurs, ce qui peut affecter la structure du marché.

1434 La notion d'abus de position dominante a des allures d'oxymore.

609. **Proposition : requalifier l'abus de dominance en abus de puissance.** Afin de limiter les abus « trop » sanctionnés comme les abus « peu » sanctionnés, il faudrait requalifier l'abus de position dominante en abus de puissance. La « dominance » est un terme intéressant, mais il nous semble trop ambigu et porteur d'une approche quantitative de la position dominante génératrice d'erreurs juridiques[1435]. Cette requalification de l'abus de position dominante en abus de puissance est d'autant plus crédible que la Cour de justice se réfère, parfois, davantage à la puissance économique de la firme qu'à sa dominance.

610. **Affaire *United Brands*.** Dans l'affaire *United Brands*, la requérante, pour échapper à la loi, contestait de façon opportuniste la qualification d'abus de position dominante au regard de l'appréciation objective de ses parts de marché. Cette fois-ci, la Cour de justice a retenu une conception réaliste de l'abus, qu'elle a ainsi défini : « *La position dominante visée par l'article 86 concerne* une position de puissance économique *détenue par une entreprise qui lui donne le pouvoir de faire obstacle au maintien d'une concurrence effective sur le marché en cause en lui fournissant la possibilité de comportements indépendants dans une mesure appréciable vis-à-vis de ses concurrents, de ses clients et, finalement, des consommateurs* »[1436].

611. **La position de puissance économique de la firme.** Cette décision est fondamentale : elle assimile la dominance à une position de puissance. Puis elle définit cette position : selon la Cour, la position de puissance décrit une situation d'indépendance vis-à-vis de tous les acteurs économiques. Nous ne pouvons que souscrire à l'analyse. Plus que la dominance, ce qui importe, c'est la puissance de l'entreprise. La position de puissance économique permet à une entreprise de devenir insensible aux choix des consommateurs, à qui elle impose ses propres volontés. Par sa puissance, l'entreprise devient insensible à la mécanique de l'offre et de la demande : « *La puissance d'une entreprise commence ainsi, non lorsqu'elle a conquis une certaine proportion de consommateurs, mais quand on s'aperçoit qu'une entreprise en cause peut pérenniser sa position, sa réussite contre le gré des consommateurs qu'elle prétend servir, qu'elle peut* les empêcher, les dissuader d'actualiser leurs désirs. La dominance n'est pas ainsi une question de "parts de marché". La dominance n'est en quelque sorte jamais un phénomène d'appropriation "dans" le marché. Elle est topique d'un phénomène d'évasion "au-dessus du marché". *Elle permet à ceux qui la détiennent de tenter d'influencer la forme du marché et son développement autrement qu'en acceptant de se subordonner aux comportements et aux desiderata des consommateurs* »[1437].

612. **Intérêt d'une requalification.** Cette requalification permettrait de préciser ce qu'on entend par « dominance », dont les contours restent marqués par l'approche caricaturale du pouvoir de marché. L'on peut évidemment rétorquer que le terme de « puissance » est aussi un terme obscur, et que l'on ne ferait alors que déplacer un problème sémantique vers un autre problème sémantique. Or, c'est ignorer que

---

1435 Est dominant ce qui « *a la prépondérance par l'influence, le nombre, l'étendue* ». Dictionnaire *Larousse* : « dominant, dominante ». Disponible sur : http://www.larousse.fr/dictionnaires/francais/dominant_dominante/26377.

1436 CJUE, 14 février 1978, *United Brands Company et United Brands Continentaal BV c/ Commission des Communautés européennes*, aff. 27/76, *Rec.* 1978, p. 00207, § 2.

1437 O. Fréget, *op. cit.* note 1432, p. 129.

le terme de « puissance » a un sens très clair en matière diplomatique, sens que l'on peut parfaitement transposer au droit de la concurrence.

613. **La clarté du signifiant de « puissance » comparé à celui de « dominance ».** Raymond Aron définissait en effet la puissance comme « *la capacité d'une unité politique d'imposer sa volonté aux autres unités* »[1438]. S'inspirant de Raymond Aron, un autre auteur a défini la puissance comme « *une capacité de faire ; capacité de faire faire ; capacité d'empêcher de faire ; capacité de refuser de faire* »[1439].

614. **Pour l'application d'un nouveau test : le test des quatre capacités.** La puissance économique de l'entreprise, et non plus la dominance, pourrait se caractériser à travers un test que l'on pourrait appeler le test des quatre capacités :

- **Premièrement, une capacité de faire :** c'est-à-dire l'ensemble des actions qui illustrent la puissance de l'entreprise et qui visent à rendre irréversible la position acquise.
- **Deuxièmement, une capacité de faire faire :** soit en contraignant un cocontractant à accepter des conditions discriminatoires ou à adhérer à un accord contraire à ses intérêts ; soit en contraignant le consommateur à acheter un produit qu'il ne désirait pas acheter, faute d'avoir accès à une autre offre.
- **Troisièmement, une capacité d'empêcher de faire :** en empêchant une entreprise d'entrer sur le marché ou en privant une entreprise présente sur le marché de se développer et de réaliser des économies d'échelle, mais aussi, en retenant un client d'aller vers une entreprise concurrente ou en empêchant le « *consommateur [...] d'actualiser ses désirs* »[1440].
- **Quatrièmement, une capacité de refuser de faire :** c'est-à-dire l'ensemble des actions qui prouvent la parfaite indépendance de l'entreprise, peu sensible au caractère dynamique du marché, et non dissuadée par les injonctions de la loi. Pour ne prendre qu'un exemple, Microsoft a pu illustrer sa grande puissance économique en défiant les astreintes colossales adressées par la Commission pour qu'elle se conforme au droit.

615. **Effets collatéraux de la requalification.** À travers le critère de puissance et sa définition telle que nous venons de la décrire, le critère de part de marché pourrait devenir un simple indice, et non plus un critère « *crucial* »[1441]. Il apparaît en effet évident qu'une entreprise peut avoir des parts de marché importantes sans, par exemple, avoir la capacité d'empêcher un concurrent d'accéder au marché ni la capacité de décider des choix d'un concurrent ou des désirs d'un consommateur. Le test des quatre capacités réduirait le champ des erreurs de type 1 tout en limitant celui des erreurs de type 2 sachant que l'empêchement, en acte (et non plus la capacité d'empêcher), du consommateur d'accéder à un prix décent ou

---

1438 R. Aron, *Paix et guerre entre les nations*, Calmann-Lévy, 1962, p. 58. Source citée par G. Busino, « Pour Raymond Aron (1905-1983). Éléments pour une histoire de la sociologie », *RESS*, t. XXII, n° 66, 1984, p. 24.

1439 S. Sur, *Relations internationales*, Montchrestien, 2000, p. 229 ; cité par P. Gourdin, *Géopolitiques, manuel pratique*, Choiseul 2010, p. 19. Information disponible sur La revue géopolitique : https://www.diploweb.com/Geopolitiques-Manuel-pratique-de-P.html.

1440 O. Fréget, *loc. cit.*

1441 *JCl. Europe Traité*, « Abus de position dominante », fasc. 1421.

d'accéder à un autre bien a une lourde incidence en termes de transfert de surplus et de dommage à l'économie.

616. **Bilan.** La puissance de l'entreprise, et non plus sa dominance, pourrait être mise en lumière par notre test des quatre capacités, lequel illustre la gravité du comportement d'abus de puissance. Le terme de « puissance » nous semble plus clair que celui de « dominance », qui est trop souvent évalué au regard du critère caricatural des parts de marché. L'objectif de dissuasion générale[1442] est contrarié par la sémantique d'une norme sujette à confusion. Le signal dissuasif compris dans la règle de droit qui associe ensemble l'abus à la dominance est difficilement intelligible, sachant que la dominance est consubstantielle à la compétition économique sur un marché.

1442 La « dissuasion générale » consiste à envoyer un signal dissuasif clair à l'ensemble des agents économiques sur le marché.

Conclusion Chapitre 1

617. **Analyse critique des tests.** L'infraction tirée d'un abus de position dominante est difficile à identifier. Les tests proposés en jurisprudence pour délimiter précisément les frontières de l'abus sont dans l'ensemble imparfaits. Leur imprécision complique à l'excès la démonstration de l'infraction. Par exemple, le test de l'« absence de sens économique » est particulièrement favorable au contrevenant, qui peut se raccrocher à des justifications proconcurrentielles exagérées par rapport aux effets anticoncurrentiels réels. Il favorise, dans le même temps, les fautes lucratives en admettant des pratiques qui génèrent des profits anticoncurrentiels plus élevés que les profits licites. D'autres tests conduisent les victimes à une « impasse » probatoire. À ce titre, le test du concurrent aussi efficace anéantit l'action en réparation de l'entreprise réputée moins efficace, ce qui prive de sanction des comportements d'exclusion des firmes de petite taille qui cherchent à s'imposer sur le marché[1443]. De plus, ce test oblige la victime, pour démontrer qu'elle est aussi « efficace », à comparer les coûts de production de l'entreprise dominante avec ses propres coûts. Or, cette comparaison ne pourra se faire si l'entreprise dominante décide de dissimuler les preuves pertinentes.

618. **Erreurs judiques.** Bien que l'imprécision des tests renforce le risque d'impunité du coupable, force est de reconnaître que, dans certains cas, le risque est de sanctionner indûment une entreprise pour une pratique licite. En somme, l'application des tests de preuve de l'abus fait naître tantôt un risque d'erreur de type 1, tantôt un risque d'erreur de type 2. Si l'erreur de type 1 est de nature à inciter la formation d'actions juridiques parasitaires[1444], l'erreur de type 2 assure au contrevenant impuni la conservation des avantages ou profits tirés du dommage causé au concurrent et à la concurrence. En cela, elle génère une faute lucrative particulièrement incitative à enfreindre le droit de la concurrence. Elle envoie au marché un message sous-dissuasif selon lequel la concurrence illicite est plus rentable que la concurrence par les mérites.

619. **Recommandation.** Pour limiter les erreurs juridiques, il est essentiel de faire varier le choix du test selon le type de marché en cause. Le caractère dissuasif des tests dépend du marché sur lequel la pratique litigieuse se réalise. Sur un marché biface, l'imbrication des différents côtés du marché rend caducs les tests classiques qui ne peuvent s'appliquer à une seule face, sauf à biaiser les résultats[1445]. De même, la nature spécifique des marchés des nouvelles technologies devrait justifier la

---

1443 Et qui sont donc, par définition, au moment où elles tentent de pénétrer sur le marché, moins efficaces que l'entreprise dominante.

1444 *Supra*, Partie I, Titre I, n° 306 et s. Rappelons ici qu'une une action juridique parasitaire est une action en justice engagée par une entreprise qui, tout en ayant conscience de la frivolité de sa requête, tente de déstabiliser un concurrent en espérant obtenir une condamnation indue (erreur de type 1). En somme, l'entreprise, plutôt que d'entreprendre des investissements coûteux et de lutter avec le concurrent, va chercher à obtenir injustement sa condamnation pour prendre un avantage concurrentiel sur ce dernier.

1445 N. Lenoir, A. Jacquin, « Référencement en ligne et abus de position dominante : quelles problématiques pour les plates-formes numériques ? » *op. cit.* note 1417.

consécration d'un nouveau test[1446]. Néanmoins, le choix du test n'est aucunement réservé à la seule analyse économique et dépend aussi d'un choix politique : en fonction de la politique de concurrence décidée par l'Autorité et de la fonction dissuasive que l'on veut attribuer à l'action publique et privée, le choix du test doit être plus ou moins dissuasif. En conséquence, si l'on veut faire de la lutte contre les erreurs de type 2 une priorité, on devrait davantage tolérer le risque d'erreur de type 1. À ce titre, notre schéma récapitulant l'ensemble des effets dommageables collatéraux à une erreur de type 2[1447] montre, dans tous les cas, que cette erreur mérite une attention au moins égale à l'erreur de type 1 ; qu'ainsi, la politique dissuasive adoptée par l'Autorité de la concurrence doit avoir pour objectif de limiter ce type d'erreur.

620. **L'abus de puissance.** Reste qu'une amélioration des tests pour évaluer le caractère abusif de l'abus n'est pas suffisante pour limiter l'appréciation erronée du manquement. À notre sens, l'appellation même d'« abus de position dominante » est trompeuse, car elle implique une nuance exagérément subtile entre l'exploitation d'une position dominante permise et celle exagérée (qui relève donc de l'abus), source d'erreurs juridiques. Cette appellation, qui confine à l'oxymore[1448], mériterait donc une requalification pour s'intituler « abus de puissance ». Le terme de « puissance » est à notre sens beaucoup plus concret et sa définition historique[1449] aboutirait – pour évaluer justement la « puissance » de l'entreprise et enfin sortir de l'examen caricatural des parts de marché – à la proposition d'un nouveau test que nous préconisons : le test des quatre capacités. Selon ce test, la capacité globale d'une entreprise entendue comme la « capacité de faire ; capacité de faire faire ; capacité d'empêcher de faire ; capacité de refuser de faire » permettrait d'évaluer sa puissance et révélerait, avec plus de clarté – dans le cas où les « capacités » se matérialisent par des actes concrets – la gravité du comportement d'abus de puissance.

L'infraction tirée d'un abus de position dominante n'est pas la seule à souffrir d'un manque de clarté. Les erreurs de type 2 affectent aussi la théorie du parasitisme, laquelle est aujourd'hui aussi victime d'un certain nombre d'imprécisions qui menacent l'effectivité des actions en réparation menées sur ce fondement. Afin d'appréhender plus efficacement les comportements parasitaires, il nous semble urgent d'appeler à une clarification de la faute parasitaire.

1446 T. Schrepel, « L'innovation prédatrice sur les marchés des nouvelles technologies : analyses croisées en droit européen et nord-américain de la concurrence », thèse, Paris Saclay, 2016 : « *Un test amélioré de l'absence de justification économique doit être mis en œuvre pour toutes les pratiques qui ont un effet anti-concurrentiel [...] Ce test, qui permet de ne condamner que les seules pratiques anti-concurrentielles, autorise par conséquent l'élimination des erreurs de type I et II* ».

1447 V. *supra*, Partie II, Titre I, n° 594.

1448 Car l'appellation place côte à côte l'abus – figure d'illicéité – et la dominance – mobile consubstantiel à la rivalité concurrentielle.

1449 V. définition de R. Aron, *Paix et guerre entre les nations*, 1962, p. 58, *supra*, n° 615.

Chapitre 2
La clarification de la théorie du parasitisme

621. **La dilution de la théorie.** La théorie du parasitisme est essentielle pour les victimes qui entendent obtenir réparation d'un dommage qui n'est pas appréhendé par le droit spécial et/ou par le droit de la concurrence déloyale[1450]. Elle permet de lutter directement contre les fautes lucratives en sanctionnant les comportements qui, à « *titre lucratif* »[1451], s'inspirent ou copient la valeur économique d'autrui. Au regard de la jurisprudence, la théorie du parasitisme perd sa spécificité en étant diluée dans le droit de la concurrence déloyale. La perte de spécificité de la théorie du parasitisme (Section 1) entraîne le développement d'erreurs de type 2 qui nuisent à l'effectivité des actions menées sur ce fondement. Différentes voies sont néanmoins possibles pour restaurer l'effectivité des actions en parasitisme (Section 2).

Section 1
La perte de spécificité de la théorie du parasitisme

622. La dénaturation de la théorie du parasitisme (§ 1) en jurisprudence, diluée dans le droit de la concurrence déloyale, produit de graves effets en termes de sanction. Les actes de parasitisme deviennent rentables (§ 2) au sens où la perte de spécificité de la théorie la rend parfois inapte à sanctionner l'acte d'appropriation indue d'une valeur économique qui n'entraîne pas de risque de confusion.

§ 1. La dénaturation du parasitisme

623. **Un titre provocateur ?** Ce titre peut sembler provocateur, si l'on s'en tient au nombre d'arrêts rendus chaque année sur le fondement du parasitisme. Néanmoins, force est de constater que la faute parasitaire est rarement invoquée seule ; au contraire, elle semble inséparable de la faute déloyale au point que l'on serait

---

1450 À titre d'exemple, certains concepts et savoir-faire techniques, délaissés par le droit spécial, peuvent être appréhendés sur le fondement du parasitisme. De même, les parasites qui ne sont pas des concurrents (et qui donc ne peuvent être sanctionnés sur le fondement de la concurrence déloyale) peuvent se retrouver condamnés sur le fondement du parasitisme.

1451 V. p. ex. : T. com. Paris, 15e ch, 22 juin 2012, Legalis.

tenté de les confondre[1452]. La jurisprudence ne se prive d'ailleurs pas pour entretenir cette confusion, en inventant la subtile mais ô combien confuse norme de « *concurrence parasitaire* ».

624. **L'acte de concurrence parasitaire est un acte de concurrence déloyale.** Le postulat posé par la chambre commerciale de la Cour de cassation dans un arrêt essentiel du 16 mai 2000 est clair : un comportement parasitaire est un acte de concurrence déloyale lorsqu'il concerne des entreprises en situation de concurrence[1453]. Précisément, l'acte de concurrence parasitaire serait un acte déloyal d'appropriation fautive du travail d'autrui. Au triptyque classique de la concurrence déloyale par dénigrement, imitation fautive ou débauchage excessif[1454], s'ajouterait un quatrième type de faute déloyale : l'agissement parasitaire dans le cadre d'une relation concurrentielle.

625. **L'acte de concurrence parasitaire et l'acte de parasitisme.** Originellement, concurrence parasitaire et acte de parasitisme ont un lien filial évident : les deux visent la condamnation de l'effet de sillage et de la volonté de tirer profit, sans bourse délier, des investissements d'autrui, fruits d'une valeur économique individualisée. Néanmoins, bien que le comportement parasite soit ici semblable, le régime probatoire qui s'applique pour l'appréhender diffère. La preuve de la faute parasitaire ne requiert pas que soit rapporté un risque de confusion[1455], tandis que

---

1452 V. tableau-Annexe 2. – V. p. ex. récemment : Cass. com., 7 juin 2016, *Société Zuccolo Rochet France ; Société Gemstar ; Société LC import*, n° 14-26.950. – Cass. com., 21 octobre 2014, *Zadig et Voltaire*, n° 13-14.210 : JurisData n° 2014-025360.

1453 Cass. com., 16 mai 2000, n° 98-10230. – V. aussi : CA Paris, ch. 1, 12 avril 2016 n° 14/23137 : « *Que les agissements parasitaires constituent entre concurrents l'un des éléments de la concurrence déloyale […]* » – V. aussi : Cass. com., 26 janvier 1999, *Sté Canavese c/ SA Murisseries du Centre*, n° 96-22.457 : JurisData n° 1999-000470 ; obs. Y. Serra, « La concurrence déloyale englobe la concurrence parasitaire, qui concerne des entreprises qui sont en situation de concurrence », *D.* 2000, p. 87.

1454 Nous prenons soin ici de ne pas évoquer le triptyque classique de concurrence déloyale par dénigrement, confusion ou désorganisation. À notre sens, seul le dénigrement est une faute déloyale. La confusion dans l'esprit de la clientèle comme la désorganisation de l'entreprise concurrente sont les résultats préjudiciables d'une faute tirée soit d'une copie servile déloyale soit d'un débauchage massif déloyal.

1455 Cass. com., 11 mars 2003, n° 00-22.722 : « Ne tire pas les conséquences légales de ses constatations au regard de l'article 1382 du Code civil la cour d'appel qui rejette l'action fondée sur l'avilissement de la marque après avoir relevé que celle-ci avait été imitée dans le cadre d'une campagne promotionnelle de nature à évoquer dans l'esprit du public la manifestation de renom organisée par le dépositaire de la marque, ce dont résultait une atteinte à la valeur de cette marque. En retenant, pour rejeter une action tirée d'agissements parasitaires par usurpation de dénomination, que la dénomination est protégée contre toute usurpation de nature à créer, dans l'esprit de la clientèle, un risque de confusion, et que la preuve n'est pas rapportée que sa seule évocation soit de nature à créer un risque de confusion entre personnes morales, la cour d'appel s'est déterminée par des motifs inopérants, dès lors que l'action était fondée […] sur l'article 1382 du Code civil. » – V. aussi CA Paris, pôle 5, ch. 4, 21 octobre 2015, Cartier c/ L'Oréal, n° 13/08861 : JurisData n° 2015-00046 : « Considérant que le parasitisme, qui consiste, pour un opérateur économique, à se placer dans le sillage d'un autre en profitant indûment de la notoriété acquise ou des investissements consentis, résulte, à la différence de la concurrence déloyale, qui ne saurait résulter d'un faisceau de présomptions, d'un ensemble d'éléments appréhendés dans leur globalité, indépendamment de tout risque de confusion […] » – Cass. com., 17 mars 2015, n° 14-16.728, JurisData no 2015-006043, obs. J. Larrieu, Propr. industr. 2015, chron. 9, n° 26. – Cass. com., 20 mai 2014, *SAS Maisons Pierre c/ SAS Constructions traditionnelles du Val de Loire a.*, n° 13-16.943, F-D : JurisData n° 2014-010592 : « *Attendu qu'en se déterminant ainsi, alors que le parasitisme, qui consiste, pour un opérateur économique, à se placer dans le sillage d'un autre en profitant indûment de la notoriété acquise ou des investissements consentis, résulte d'un ensemble d'éléments appréhendés dans leur globalité, indépendamment de tout risque de confusion […]* »

la concurrence parasitaire, se greffant à la concurrence déloyale, implique que les comportements en cause soient générateurs d'un risque de confusion.

626. **La preuve d'un risque de confusion en matière de concurrence parasitaire.** À l'origine, le risque de confusion n'était exigé qu'en matière de concurrence déloyale[1456]. Depuis l'instauration de la notion de concurrence parasitaire, de nombreux arrêts requièrent la preuve d'un risque de confusion en matière de concurrence parasitaire[1457]. La Cour de cassation considère que « l'existence d'un risque de confusion est une condition de l'action fondée sur le parasitisme économique *lorsque le demandeur et le défendeur sont dans une situation de concurrence* »[1458].

1456 Cass. com., 10 février 2015, n° 13-24.979, FS-P+B, *Bull. civ.* 2015, IV, n° 179 ; JurisData n° 2015-002412, *CCC* 2015, comm. 118 : dans cet arrêt, alors que la cour d'appel avait jugé que les manquements en cause « *ne constituaient pas des fautes d'une gravité suffisante pour constituer des actes de contrefaçon de marque ou de concurrence déloyale* », la Cour de cassation casse pour défaut de base légale, considérant que la cour d'appel n'a pas recherché si l'utilisation d'une dénomination proche de celle du demandeur sur son site Internet « *n'était pas de nature à engendrer dans l'esprit du public un risque de confusion* » avec l'appellation de ce dernier. – V. aussi : Cass. com., 9 juin 2015, n° 14-15.781, F-D ; JurisData no 2015-014131, *CCC* 2015, comm. 231. – Cass. com., 9 juillet 2013, *Christian Liaigre*, n° 12-22166, obs. R. Mesa, Concurrences n° 4-2013, Art. N° 59287, p. 109 : « *La Cour de cassation rappelle que la copie servile d'un produit commercialisé par un concurrent qui est susceptible de créer un risque de confusion dans l'esprit de la clientèle est un acte de concurrence déloyale* ». – Cass. com., 2 février 2010, *société Dan Foam et société Tempur France c/ société Ena*, n° 09-11303 ; Cass. com., 16 février 2010, *M. X... c/ société Pac et société Safe Tech*, n° 08-20482 ; obs. R. Mesa, Concurrences n° 2-2010, Art. N° 31256, pp. 103-104 : la Cour de cassation juge que « *l'existence d'un risque de confusion issu des pratiques mises en œuvre par un concurrent est une condition de l'action en concurrence déloyale et que l'action fondée sur la concurrence déloyale pour désorganisation de l'activité d'un concurrent n'est recevable que si le défendeur s'est rendu auteur d'un agissement positif tendant à ce résultat* ». – Cass. com., 18 mars 1997, n° 95-11.139 : JurisData n° 1997-001405 : dans cet arrêt, la Cour de cassation rejette la concurrence déloyale faute de risque de confusion. – CA Paris, pôle 1, ch. 2, 18 juin 2015, n° 14/03379 : JurisData n° 2015-020170.

1457 Cass. com., 21 février 2012, *Sté Coudène Michel c/ Sté Midi Tielles*, n° 10-27.966, F-P, obs. R. Mesa, Concurrences n° 2-2012, Art. N° 45675, pp. 104-106 : dans cet arrêt, la Cour de cassation rappelle que « *la concurrence déloyale et parasitaire par imitation des produits d'un concurrent n'est sanctionnable que si elle est à l'origine d'un risque de confusion, ceci alors que l'imitation n'est aucunement justifiée par des exigences techniques* ». – V. aussi : Cass. com., 14 février 2012, *Alfred Kärcher et Kärcher France c/ DCM Friesland*, n° 10-27873 ; obs. R Mesa, Concurrences n° 2-2012, Art. N° 45668, pp. 103-104 : dans cet arrêt, la Cour de cassation rappelle que « *l'imitation d'un signe non banal utilisé antérieurement par un concurrent est caractéristique d'un acte de concurrence déloyale et parasitaire dès lors qu'elle est à l'origine d'un risque de confusion, tout en n'étant aucunement justifiée par des contraintes techniques* ». – Cass. civ. 1re, 5 avril 2012, *J. M. Weston ; Promoquestre ; La Marine*, n° 10-27373, obs. R. Mesa, Concurrences n° 3-2012, Art. N° 48407, p. 144 : « *L'imitation et la vente de produits identiques à ceux d'un concurrent, le cas échéant à un prix plus faible, ne sont pas caractéristiques d'actes de concurrence déloyale ou parasitaire dès lors que ces agissements n'ont pas été à l'origine d'un risque de confusion* ». – Cass. com., 29 mars 2011, *Sté GLB Molinard c/ Sté Jacadi*, n° 09-71.990, F-D : JurisData n° 2011-004944M ; obs. M. Malaurie-Vignal, « La jurisprudence refuse de protéger une idée publicitaire, faute de preuve d'un risque de confusion », *CCC* juillet 2011, n° 7 ; obs. R. Mesa, Concurrences n° 3-2011, Art. N° 38073, pp. 148-149.

1458 Cass. com., 27 janvier 2009, Société *Cocktail c/ Société Poptel*, n° 07-15.971, obs. R. Mesa, Concurrences n° 2-2009, Art. N° 25964, pp. 136-137. – V. aussi : Cass. com., 12 décembre 2006, *sociétés Diramode et Promotion du prêt-à-porter c/ société Jennyfer*, n° 05-18.988, inédit ; Cass. com., 20 février 2007, *société Wirquin c/ société Sanitaire accessoires services*, n° 05-16.683, inédit ; Cass. com., 20 février 2007, *société Patrelle c/ société Euro Confi*, n° 05-17.004, obs. D. Fasquelle, R. Mesa, Concurrences n° 2-2007, Art. N° 13433, pp. 128-130 : « *La Cour de cassation considère que l'agissement parasitaire n'est constitué que si les faits du concurrent mis en cause sont à l'origine d'un risque de confusion* ». – V. plus récemment : Cass. com., 24 novembre 2015, *Sté Pepsico France c/ Sté Andros*, n° 14-16.806, F-D : JurisData n° 2015-026719, obs. M. Malaurie-Vignal, « La reprise d'une idée publicitaire constitue un acte de concurrence déloyale », *CCC* n° 2, février 2016, comm. 36 : pour condamner la société Pepsico sur le fondement de la concurrence déloyale et parasitaire, la Cour de cassation observe « *que les ressemblances entre les visuels en présence engendrent, dans l'esprit du consommateur raisonnablement attentif et avisé, un risque de confusion, que la différence des marques apposées n'atténue pas [...]* »

Pour résumer, le parasitisme serait donc sanctionnable aussi bien lorsqu'il existe un rapport de concurrence générateur d'un risque de confusion qu'en l'absence d'un risque de confusion. Dans un cas, on parle de concurrence parasitaire ; dans l'autre, de parasitisme.

627. **Rapprochement entre concurrence déloyale et parasitisme.** Ce rapprochement est encore plus flagrant depuis l'évolution amorcée par l'arrêt *Yoplait* en droit de la concurrence déloyale. En effet, au regard de cet arrêt, l'action en concurrence déloyale n'est pas subordonnée à l'existence « *d'une situation de concurrence directe et effective* »[1459]. Cette formule a aussi été consacrée en matière de concurrence parasitaire[1460]. Ainsi, la superficialité du rapport concurrentiel n'est plus un obstacle à l'action en réparation. À moins de considérer que la formule ambiguë requiert une concurrence au moins indirecte, la concurrence déloyale absorbe la philosophie même du parasitisme en supprimant l'exigence d'une clientèle commune, ce qui conduit en conséquence à évincer ou à tout le moins diminuer l'exigence du risque de confusion. Néanmoins, parce que le droit de la concurrence déloyale requiert l'existence de faits fautifs générateurs d'un préjudice[1461], le risque de confusion est presque toujours démontré pour fonder le préjudice. Il reste, en conséquence, une condition centrale de l'action en concurrence déloyale et parasitaire[1462]. Un auteur note : « *Ce qui importe est le risque de confusion entre les entreprises, le client ne sachant plus à quelle entreprise rattacher le produit ou service* »[1463]. Dans un arrêt récent du 7 juin 2016, la cour d'appel de Paris a une nouvelle fois rejeté l'action en concurrence déloyale et parasitaire au motif qu'« *il n'est pas rapporté la preuve d'une faute de la société intimée à l'origine d'un risque de confusion* »[1464].

628. **Conséquence : dénaturation du parasitisme.** L'absorption de la concurrence parasitaire dans la catégorie des actes déloyaux a pour conséquence de supprimer la filiation entre ladite concurrence parasitaire et le parasitisme. Dans le même temps, en condamnant l'agissement parasitaire sur le fondement du risque

---

1459 Cass. com., 12 février 2008, n° 06-17.501 : « *Le bien-fondé d'une action en concurrence déloyale est uniquement subordonné à l'existence de faits fautifs générateurs d'un préjudice, et non à l'existence d'une situation de concurrence directe et effective entre les sociétés considérées.* » – V. aussi : Cass. com., 25 mars 2014, *Sté SFR c/ SARL Feridis*, n° 13-12.502, F-D, JurisData n° 2014-006004 ; obs. M. Malaurie-Vignal, « Une situation de concurrence directe ou effective n'est pas une condition de l'action en concurrence déloyale », *CCC* n° 6, juin 2014, comm. 131.

1460 Cass. com., 27 avril 2011, n° 10-15.648.

1461 Cass. com., 16 février 2016, n° 14-15.144.

1462 V. p. ex. : Cass. com., 7 juin 2016, *Société IOR Ltd Société Visa International Service Association*, n° 14-16.885 : JurisData n° 2016-011363 : « *Mais attendu, en premier lieu, qu'après avoir retenu, par des motifs non critiqués, la renommée de la marque "Visa" invoquée et rappelé que, selon la jurisprudence de la Cour de justice de l'Union européenne, l'atteinte portée à cette renommée suppose que le public concerné établisse un lien entre les marques en litige, alors même qu'il ne les confond pas, et que l'existence de ce lien doit être appréciée globalement en tenant compte de tous les facteurs pertinents du cas d'espèce et selon divers critères tirés du degré de similitude entre les marques, de la nature des produits et services visés à leur enregistrement, de l'intensité de la renommée et du caractère distinctif de la marque antérieure ainsi que* du risque de confusion ». – V. aussi Cass. com., 24 mai 2016, *société Parabole Réunion c/ société Apple INC*, n° 14-17.533, 472 : JurisData n° 2016-010185.

1463 M. Malaurie-Vignal, « Concurrence déloyale et risque de confusion entre deux entreprises », *CCC* n° 3, mars 2009, comm. 78.

1464 CA Paris, pôle 5, ch. 1, 7 juin 2016, n° 15/07667.

de confusion (lorsqu'il y a rapport de concurrence) davantage que sur le fondement de l'appropriation indue, la jurisprudence supprime peu à peu les spécificités du parasitisme[1465].

629. **Affaire *Éditions Bruylant***[1466]**.** Cette affaire illustre bien la dénaturation du parasitisme. Le litige concernait une banale reproduction de travaux universitaires. Le demandeur attaquait en contrefaçon et parasitisme M. Y., auteur d'une thèse consacrée au « *crime contre l'humanité* », considérant que cette thèse reproduisait dans l'ensemble sa propre thèse, rendue sur un sujet voisin. L'action en parasitisme a été rejetée pour une raison qui nous semble contestable. Le Tribunal a en effet considéré que « *la concurrence parasitaire ne peut prospérer entre deux universitaires* ». L'approche du parasitisme nous semble ici dénaturée. Peu importe, en effet, de savoir si les chercheurs sont en situation de concurrence, le parasitisme doit pouvoir protéger l'investissement intellectuel, fruit d'une valeur économique – la thèse avait été publiée en 2002. Sinon, le risque est grand d'instituer une sorte de liberté de piller pour toutes les œuvres de l'esprit avec lesquelles le pilleur n'entretient pas un rapport de concurrence. Un auteur note d'ailleurs sur cet arrêt que « *l'on peut commettre une faute engageant sa responsabilité civile en dehors de toute relation de concurrence, et même en dehors du commerce, lorsque l'on pille le travail d'autrui, serait-ce un travail intellectuel, artistique ou scientifique, ou que l'on se place dans son sillage pour tirer indûment profit de sa notoriété ou de ses recherches* »[1467].

630. **Jurisprudence.** Cette affaire n'est pas un cas isolé. Dans un arrêt du 6 août 2015, la cour d'appel de Bordeaux a rejeté l'action en parasitisme au motif qu'« *aucun risque de confusion n'était démontré, la clientèle n'était de toute façon pas captive* »[1468]. Dans un arrêt du 8 avril 2016, la cour d'appel considère qu'« *il s'infère qu'aucun acte de parasitisme n'est démontré et qu'il n'existe aucune concurrence entre les parties, Edit [défendeur] s'adressant à des professionnels tandis que Easyvoyage [demandeur] s'adresse aux internautes profanes* »[1469]. Un mois plus tard, la cour d'appel de Lyon, dans un arrêt du 19 mai 2016, rejette le parasitisme au motif qu'il ne peut exister de risque de confusion entre la société concurrente et le prétendu parasite, car les deux entreprises n'interviennent pas dans le même secteur d'activité et ne visent pas la même clientèle, abandonnant ainsi totalement la question de savoir si le défendeur s'était placé indûment dans le sillage du parasité en reprenant sa dénomination sociale[1470]. La cour d'appel de Paris est venue rappeler le mois suivant que le parasitisme économique ne nécessite pas de « *démontrer un risque de confusion* »[1471]. Reste que, dans un arrêt de la cour d'appel de Rennes du

---

1465 Cass. com., 15 mars 2011, n° 10-14.404 ; obs. R. Mesa, Concurrences n° 2-2011, Art. N° 36058, p. 139.

1466 TGI Paris, 24 mai 2013, *X. c/ Y., C. Leben et Éditions Bruylant* ; obs. F. Pollaud-Dulian, « Œuvres scientifiques. Thèse de droit. Action en contrefaçon. Prescription. Originalité. Idées. Parasitisme », *RTD com.* 2013, p. 705.

1467 CA Paris, ch. 4 B, 10 septembre 2004 ; obs. F. Pollaud-Dulian, « Concurrence parasitaire. Idées. Imitation du style d'un artiste », *RTD com.* 2004, p. 734.

1468 CA Bordeaux, civ. 2e, 6 août 2015, n° 13/00409 : JurisData n° 2015-018679.

1469 CA Paris pôle 5, ch. 11e, 8 avril 2016 n° 13/14836.

1470 CA Lyon, civ. 1re, sect. A, 19 mai 2016, n° 14/04021.

1471 CA Paris, pôle 5, ch. 5, *SAS Etam, SAS charlotte*, 30 juin 2016, n° 14/22635 : « *Considérant que le parasitisme économique se définit comme l'ensemble des comportements par lesquels un agent économique s'immisce dans le sillage d'un autre afin de tirer profit, sans rien dépenser, de ses efforts et de son savoir-faire ; qu'un tel comportement est fautif sans qu'il soit nécessaire de démontrer un risque de confusion […]* »

3 avril 2018, les juges du fond ont de nouveau rejeté le parasitisme au motif que le demandeur ne rapporte pas le risque de confusion tiré de la reprise parasitaire[1472]. De même, dans un arrêt du 16 mars 2018, la cour d'appel de Paris a considéré que le « *parasitisme est un acte de concurrence déloyale d'une entreprise commerciale qui cherche à s'approprier la réputation ou le savoir-faire d'un concurrent, en créant une confusion dans l'esprit de la clientèle entre son produit ou sa marque et celui de son concurrent, que ces actes fautifs doivent être établis ; que faute d'avoir rapporté cette preuve, il convient de confirmer le jugement entrepris qui a débouté la société Eternis de ce chef de demande* »[1473].

631. **Critique.** Ce rapprochement entraîne une multiplication des erreurs de type 2, en laissant impuni l'acte d'appropriation indue d'une valeur économique qui ne crée pas un risque de confusion dans l'esprit de la clientèle. Un auteur a fortement critiqué ce rapprochement entre concurrence déloyale et parasitaire[1474] : « *Ce rapprochement est parfois tellement poussé qu'il revient à effacer toute considération relative au parasitisme,* voire à donner à la référence au parasitisme un rôle subsidiaire de justification de la condamnation du fautif sur le fondement de la concurrence déloyale *[…]*[1475]*. Le rapprochement prétorien entre concurrence parasitaire et concurrence déloyale est malvenu tant ces concepts sont éloignés. Il l'est d'autant plus que le fait* de réduire la concurrence parasitaire à un simple cas de concurrence déloyale par confusion revient à nier les spécificités du parasitisme économique, et, par conséquent, amenuiser la portée de cette théorie *[…]* La sanction de la malhonnêteté dans les rapports économiques s'en trouve donc affaiblie ».

À force de noyer la concurrence parasitaire dans le contentieux de la concurrence déloyale, la faute parasitaire s'efface au profit de la faute déloyale. Elle perd peu à peu son identité et, vidée de sa substance propre, son rôle devient secondaire et son influence subsidiaire. On parle désormais moins de parasitisme que de « *concurrence déloyale et parasitaire* ». La faute parasitaire paraît invoquée accessoirement, simplement pour amplifier la gravité de la faute déloyale, pour

---

1472 CA Rennes, ch. 1, 3 avril 2018, n° 16/06930 : JurisData n° 2018-006872 : sur le « *parasitisme, il y a lieu de considérer que les dites sociétés ne démontrent pas que le profit invoqué […] Et elles ne prouvent pas davantage que cette reprise (parasitaire) génère par elle-même un risque de confusion […] Dès lors, et peu important à cet égard la réalité des investissements consentis par les sociétés PPI et PPF, les faits de concurrence déloyale et parasitaire invoqués ne sont pas caractérisés* ». Une nouvelle fois, les juges confondent la concurrence parasitaire avec le parasitisme qui, lui, ne nécessite pas la preuve d'un risque de confusion.

1473 CA Paris, ch. 11, 16 mars 2018, n° 16/04406 ; v. aussi : CA Pau, ch. 2, sect. 1, 14 février 2018, n° 16/00159.

1474 R. Mesa, « De la complexité et des conséquences des rapports entre concurrence parasitaire et parasitisme économique », Concurrences n° 3-2011, Art. N° 37277, pp. 82-88.

1475 *Ibid.* Suite de la citation : « *Un tel rapprochement de la concurrence parasitaire et de la concurrence déloyale par confusion est regrettable tant les dissemblances entre ces deux faits générateurs de responsabilité civile sont importantes. En effet, et même si l'agissement parasitaire apparaît comme étant une de ses principales causes, la confusion peut exister sans pour autant qu'un placement à part entière dans le sillage d'autrui soit nécessairement caractérisé […]. Le fait d'utiliser un nom similaire au patronyme d'un concurrent sans signe distinctif permettant d'éviter la confusion peut être caractéristique d'un acte de concurrence déloyale. Or, dans une telle situation, il n'y a pas nécessairement d'usurpation de la valeur d'autrui, particulièrement dans le cadre des litiges entre petits commerçants et dans les cas dans lesquels le nom repris ne jouit pas d'une grande notoriété* ».

lui donner du volume, ou encore, en guise de simple formule[1476]. Le parasitisme vient toujours en second ou en surplus, accessoirement. Le comportement déloyal prime sur le comportement parasitaire, au point de l'éclipser. En effet, en exigeant un risque de confusion en matière de parasitisme, on réduit fortement le taux de succès d'une action sur ce fondement, en même temps que l'on dénude la notion de son intérêt premier : punir les actes parasites en l'absence de rapports concurrentiels[1477]. Un arrêt a même consacré la formule de « *l'acte de concurrence déloyale par parasitisme* »[1478] ; un autre, très récent, a considéré que le « *parasitisme est un acte de concurrence déloyale* »[1479]. Un arrêt de la chambre commerciale de la Cour de cassation datant de plus de dix ans avait déjà employé une formule proche[1480]. Le parasitisme ne serait plus qu'un simple acte de concurrence déloyale, au point d'en épouser le régime probatoire ? Cette confusion, en plus de fragiliser la théorie de parasitisme, risque d'en affaiblir les sanctions.

§ 2. Le parasitisme « rentable »

632. **Vide juridique.** L'exigence d'un risque de confusion en matière de concurrence parasitaire conduit à laisser impunis tous les actes parasites « subtils », par lesquels le fautif se place dans le sillage d'autrui sans créer un risque de confusion, faute pour les parties d'entretenir un rapport concurrentiel. Pour le comprendre, considérons l'hypothèse suivante.

633. **Hypothèse.** Imaginons une société A en concurrence avec une société B. La société B vend une marque de chaussures de tennis reconnue dont le logo intéresse la société A. Cette dernière va reproduire subtilement le logo, pas assez pour confondre le consommateur, mais suffisamment pour faire des économies importantes en recherche et développement. La société A se place dans le sillage de la société B, sans l'imiter. Ce faisant, elle va rattraper l'avantage concurrentiel dont dispose la société B, et profiter de ses économies de coûts pour proposer des prix plus attractifs. Elle va donc, en plus, capter une partie de la clientèle de B, naturellement attirée par ce produit ressemblant[1481] et par ses prix attractifs. La problématique est la suivante : les deux entreprises étant en situation

---

1476 Aussi n'a-t-on jamais entendu parler de « *comportement parasitaire et déloyal* », ou encore de « *concurrence parasitaire et déloyale* ».

1477 CA Paris, 14 juin 2016, ch. 1, n° 15/07676 : en l'espèce, les faits sont classiques et de peu d'intérêt. Pour résumer, une société reprochait à une autre la reprise parasitaire de ses photographies. Tout l'intérêt de l'arrêt se trouve dans la décision des juges du fond. Pour rejeter la demande, la cour d'appel a considéré que la demanderesse « *ne démontre aucune faute de la société Cover Rhône Alpes à son encontre qui serait constitu[ve] d'*acte de concurrence déloyale par parasitisme *ou de pratique commerciale déloyale* ».

1478 *Ibid.*

1479 CA Paris, *op. cit.* note 1474.

1480 Cass. com., 30 janvier 2001, n° 99-10.654. S'agissant d'une société ayant copié le catalogue d'une société concurrente, la Cour de cassation avait qualifié le comportement de « *concurrence déloyale par parasitisme* ».

1481 Le fait qu'une clientèle soit attirée par des produits ressemblants ne veut pas dire qu'il y a risque de confusion. Par risque de confusion, on sous-entend l'idée que la clientèle confond le produit de A avec le produit de B, croyant ainsi que ce sont peu ou prou les mêmes produits. La confusion entraîne souvent une dilution de la marque, qui perd son pouvoir distinctif et qui, ainsi confondue avec une autre, tend à se banaliser. Notre hypothèse renvoie simplement à l'idée que la clientèle, tout en sachant que le produit de A est différent du produit de B, trouve tout de même entre les deux produits de nombreuses ressemblances qui l'attirent.

de concurrence sur le marché des chaussures de tennis, la société A sera poursuivie pour concurrence déloyale et parasitaire.

Le jugement prévisible est le suivant :

- D'une part, la société A ayant « maquillé » la reproduction du logo sur la chaussure, le juge va rejeter la concurrence déloyale et parasitaire en remarquant les différences qui lui feront accroire que la société A a réalisé des investissements importants. Pourtant, le coût des investissements pour développer cette chaussure a été minime comparativement aux économies et gains d'investissement réalisés par la société A en parasitant la société B.
- D'autre part et surtout, les deux entreprises étant concurrentes, le juge va naturellement apprécier le risque de confusion, et non l'effet de sillage. En conséquence, la victime se retrouve dans une impasse. Elle entend se fonder sur la théorie du parasitisme, en démontrant que la société A s'est immiscée dans son sillage afin de tirer profit de la valeur économique de sa chaussure, tout en réalisant des économies d'investissement importantes dans la confection du modèle litigieux. Or, en matière de concurrence parasitaire, la démonstration d'un effet de sillage – eût-il causé un dommage – ne suffit pas, car il faut démontrer un risque de confusion. L'effet de sillage est un critère pour fonder le parasitisme en l'absence de rapports concurrentiels. Par effet de sillage, les juges entendent la liaison faite entre deux produits par le public sans risque d'assimilation et donc, de confusion. En somme, il ne suffit pas à prouver le risque de confusion. Ainsi, la victime d'un acte parasitaire, tenue de caractériser un risque de confusion, est face à un vide juridique : « *L'exigence tenant à la caractérisation d'un risque de confusion* conduit *[...]* à laisser dépourvus de sanction des actes de placement dans le sillage d'autrui réalisés dans le cadre de rapports concurrentiels, *alors que des comportements similaires auraient permis la condamnation de leur auteur au paiement de dommages-intérêts sur le fondement du parasitisme économique en l'absence de tels rapports [...]. Il en va ainsi [...] des cas d'agissements parasitaires par reproduction de l'aménagement intérieur d'un magasin, qui ne pourront être appréhendés quand les magasins concurrents ont des enseignes bien distinctes, alors que ces actes sont pourtant des appropriations fautives du travail d'autrui.* »[1482]

634. **Conséquences transversales.** À ce vide juridique, nous devons aussi ajouter toutes les conséquences transversales provoquées par la fusion entre concurrence parasitaire et concurrence déloyale. Du point de vue du plaideur qui défend les intérêts d'une victime, les imprécisions de la norme affectent l'action en réparation. Soit que, ne pouvant se reposer sur un socle jurisprudentiel intelligible, la victime

---

1482 R. MESA, *op. cit.* note 1475. L'auteur précise sa pensée : « *Cette lacune dans l'efficacité de la sanction pourrait être en partie compensée, malgré le maintien de la dualité de régimes entre concurrence parasitaire et parasitisme économique, en présumant l'existence du risque de confusion à partir de l'imitation des produits du concurrent ou de l'usurpation de sa notoriété, ou à tout le moins en facilitant la preuve de ce risque. La jurisprudence ne semble toutefois pas s'orienter dans cette voie, en exigeant que le risque de confusion soit pleinement établi et dûment prouvé et en précisant qu'il ne peut se déduire de la seule imitation des produits du concurrent.* » Cet avis rejoint le nôtre, en ce que nous considérons que la démonstration de l'effet de sillage est insuffisante pour présumer le risque de confusion.

échoue à faire entendre sa demande. Soit que, plus concrètement, elle se perde dans la détermination d'une faute dont les définitions abondent, se recoupent, et se heurtent : « *Il arrive toutefois que,* sur la base de certaines idées reçues et fausses, certains considèrent que le risque de confusion est un élément constitutif et obligatoire du parasitisme. *En réalité, cela revient à confondre la concurrence déloyale par copie servile (qui, elle, exige un risque de confusion) et le parasitisme qui sont des notions, certes proches, mais tout de même distinctes* »[1483].

La jurisprudence ne cesse d'entretenir la confusion. Ces confusions nuisent à l'effectivité de la norme, et par là même à la sanction des comportements déviants, qui peuvent rester impunis. Il est souvent fait reproche aux plaideurs de ne pas suffisamment prouver l'infraction ; de se tromper de fondement ; ou encore de ne pas justifier suffisamment leurs préjudices[1484]. À notre sens, ces reproches sont injustes, car ils dissimulent l'idée que la norme prétorienne est parfois d'une telle confusion que « *l'on peut soupçonner que même le spécialiste finit par ne plus s'y retrouver* »[1485]. D'une règle de droit censément protectrice des victimes, le parasitisme risque de devenir ineffectif tant les plaignants redouteront d'intenter leur action sur ce fondement.

Section 2
Les voies possibles pour restaurer l'effectivité des actions en parasitisme

635. Pour renforcer l'effectivité des actions menées sur le fondement du parasitisme, il faut, en premier lieu, supprimer l'exigence du risque de confusion (§ 1). Il faut, en second lieu, ranger les actes déloyaux dans la catégorie du parasitisme (§ 2). Enfin, une consécration législative est nécessaire pour déterminer clairement les objectifs du droit de la concurrence déloyale et du parasitisme (§ 3).

§ 1. La suppression de l'exigence du risque de confusion

636. **Supprimer le risque de confusion pour limiter les comportements opportunistes.** Imaginons une situation fictionnelle où le risque de confusion serait tou-

---

1483 Cass. com., 12 avril 2016, *Sté Maisons du monde c/ Sté Gifi a.*, n° 14-29.414, JurisData n° 2016-007015C ; obs. C. Caron, « Marque renommée : pas de risque de confusion », *CCE*, n° 6, juin 2016, comm. 50.

1484 Colloque « La réparation du préjudice causé par une pratique anti-concurrentielle en France et à l'étranger : bilan et perspectives », Cycle « Droit et économie de la concurrence », Cour de cassation, 17 octobre 2005, intervention de B. Charlier-Bonatti : « *Si 20 % seulement des dommages-intérêts demandés sont accordés, c'est que 20 % uniquement du montant demandé a été prouvé !* »

1485 M.-A. Frison-Roche, « Les principes originels du droit de la concurrence déloyale et du parasitisme », *RJDA*, n° 6/94 1994, pp. 483-488.

jours requis pour établir le parasitisme (et non plus seulement la concurrence parasitaire). Dans ce cas, on assisterait – pour reprendre l'expression d'un auteur – à une recrudescence de « *parfaits plagiaires* »[1486]. Échapper au droit de la concurrence relèverait d'un simple numéro d'équilibriste consistant à parasiter « habilement » un produit ou une marque, en établissant des ressemblances suffisamment marquées pour capter l'œil du consommateur, tout en ajoutant quelques différences pour éviter le risque de confusion. Comme le note le professeur Christophe Caron : « *Si le risque de confusion devait être exigé pour caractériser tant l'atteinte à la marque renommée que l'acte de parasitisme,* les "parasites" auraient de beaux jours devant eux pour profiter indûment des efforts d'autrui. Ils pourraient ainsi établir autant de "liens" qu'ils le souhaitent avec des signes, produits ou services connus, dès lors qu'ils prennent bien soin d'éviter le risque de confusion. *Bien évidemment, une telle approche est inacceptable, tant elle heurte l'éthique des affaires* »[1487].

Cette situation fictionnelle nous permet de comprendre pourquoi, en matière de parasitisme, la jurisprudence doit clairement mettre fin à l'exigence intermittente du risque de confusion[1488]. Dans le même temps, elle met en avant l'idée qu'il est parfaitement sous-optimal de ranger le parasitisme dans la catégorie des fautes déloyales, et ainsi lui faire perdre toute spécificité. Cela conduit à lui faire épouser le régime de la concurrence déloyale, et donc l'exigence d'un risque de confusion qui permet à tout agent quelque peu rusé de s'enrichir en copiant « habilement » l'oeuvre d'autrui de façon à éviter tout risque de confusion.

637. **Proposition doctrinale.** M. Rodolphe Mesa, soulignant la perte d'effectivité du parasitisme, propose une remise en ordre salutaire, à laquelle nous souscrivons entièrement : « *Une remise en ordre est nécessaire, qui doit passer par un retour aux sources, c'est-à-dire une conception patrimonialiste et concurrentielle selon laquelle la concurrence parasitaire n'est rien d'autre qu'un agissement parasitaire commis dans le cadre de relations concurrentielles* et sanctionnable indépendamment de tout risque de confusion. À défaut, le parasitisme continuera de perdre de son utilité »[1489].

§ 2. Le déplacement des actes déloyaux dans la catégorie du parasitisme

638. **Simplifier l'action en réparation.** Pour simplifier l'action en réparation des victimes, il faudrait tout d'abord supprimer la distinction entre la faute parasitaire et la faute déloyale, laquelle complique les débats et tend, nous l'avons vu, à vider le parasitisme de sa spécificité et de son intérêt. Néanmoins, plutôt que de supprimer cette distinction en rangeant, comme le fait la jurisprudence[1490], le

---

1486 H. Maurel-Indart, *Petite enquête sur le plagiaire sans scrupule*, Léo Scheer 2013.

1487 Cass. com., 12 avril 2016, n° 14-29.414.

1488 *Supra*, Partie II, Titre I, n° 632.

1489 R. Mesa, « De la complexité et des conséquences des rapports entre concurrence parasitaire et parasitisme économique », *op. cit.* note 1475. – V. aussi : R. Mesa, « Des exigences probatoires du parasitisme économique », Concurrences n° 4-2010, Art. N° 32748.

1490 *Supra*, Partie II, Titre I, n° 632 et s.

parasitisme dans la catégorie des actes déloyaux, il faudrait au contraire ranger les actes déloyaux dans la catégorie des agissements parasitaires.

639. **Réflexion : la faute déloyale est une faute parasitaire.** Lorsque la jurisprudence emploie la formule de « *concurrence déloyale par parasitisme* »[1491], elle range l'acte parasitaire dans la catégorie des fautes déloyales. Or, à notre sens, tous les actes considérés comme déloyaux devraient être rangés dans la catégorie du parasitisme pour la raison suivante : le sens premier du parasitisme signifie « *détourner à son profit* » ; tandis que le sens second signifie « *endommager, altérer* »[1492]. Or, tous les actes déloyaux – qu'ils mènent à une confusion dans l'esprit du public ou à une désorganisation de l'entreprise victime – sont tantôt des actes d'altération d'une valeur, tantôt des actes d'appropriation indue. Pour cette raison, il nous semble que le parasitisme définit avec plus de pertinence que la notion très générale de « concurrence déloyale » la faute dite « déloyale » : le débauchage excessif décrit une forme de pillage où l'entreprise détourne à son profit le savoir-faire de l'entreprise concurrente. L'imitation déloyale d'un modèle définit aussi un acte de reproduction et d'appropriation indues. Quant au dénigrement, il est le moyen par lequel une entreprise jette un discrédit sur un concurrent afin d'altérer la valeur de son produit (or l'altération correspond au sens second du parasitisme) et ainsi détourner sa clientèle.

Ce constat conduit en même temps à s'interroger sur l'utilité de la distinction entre concurrence déloyale, parasitisme, et concurrence parasitaire. La clarification du droit passe par une simplification du vocable. L'effectivité de la norme, laquelle porte un message dissuasif sur le marché, passe indirectement par la suppression de ses lourdeurs qui la rendent inintelligible.

640. **Solution : reconsidérer la classification du professeur Paul Roubier[1493].** À notre sens, il faudrait placer le débauchage, l'imitation déloyale et les pratiques visant à désorganiser l'entreprise (comme le dénigrement par exemple) dans la catégorie du parasitisme.

641. **Proposition : fusionner le droit de la concurrence déloyale et du parasitisme en une seule catégorie dénommée « les comportements parasitaires ».** Cette proposition pourrait renforcer l'efficacité et l'effectivité des actions en réparation pour trois raisons.

Tout d'abord, cela renforcerait la tâche du plaignant, dont l'action se fonderait sur un seul comportement litigieux, et non sur le double fondement de la concurrence déloyale et du parasitisme, qui tend à compliquer et alourdir les débats.

Ensuite, cette solution permettrait de mettre en avant le fait que la plupart des actes déloyaux sont des actes d'appropriation fautive dommageables et lucratifs, là où, aujourd'hui, ils sont essentiellement appréhendés du point de vue de leurs

---

1491 Cass. com., 30 janvier 2001, n° 99-10.654.

1492 *Ibid.*

1493 P. Roubier, *Le droit de la propriété industrielle*, t. 1, Sirey, 1952, n° 110, p. 504, ainsi que n° 119 et s., p. 536. Selon Paul Roubier, les comportements déloyaux peuvent se classer en quatre catégories : les « *moyens de confusion avec une maison rivale* » ; les « *moyens de dénigrement et de critique excessive d'une maison concurrente* » ; les « *moyens de désorganisation interne d'une entreprise rivale* » ; et enfin les « *moyens de désorganisation générale du marché* ».

conséquences dommageables[1494]. Corrélativement, elle permettrait de remédier à l'inégalité de traitement de l'intérêt porté aux gains illicites du fautif : le droit du parasitisme fait souvent référence aux gains illicites du fautif, au contraire du droit de la concurrence déloyale[1495]. On notera sur ce point qu'un arrêt récent de la cour d'appel du 14 février 2018 a rendu une décision novatrice : les juges du fond ont en effet rangé les actes déloyaux dans la catégorie du parasitisme, et non l'inverse. Considérant que « *le comportement devient déloyal lorsque la copie servile permet à un concurrent, au copieur, de réaliser une économie injustifiée et ainsi de pouvoir proposer le produit servilement imité à un prix inférieur à celui du produit copié [...] Pour être répréhensible, il faut que la fabrication de produits similaires tende à créer la confusion dans l'esprit du public dans le but de profiter de sa notoriété ou de ses investissements pour faire une économie injustifiée* »[1496], la cour d'appel de Pau a presque appliqué la définition du parasitisme aux actes déloyaux[1497], ce qui a permis de faire ressortir le résultat lucratif de tels agissements.

Enfin, cette solution aurait pour mérite, d'un point de vue prospectif, de restaurer la question de l'appréhension du profit indu au stade de la sanction pécuniaire. Dans le cas où le projet de réforme du droit de la responsabilité civile serait adopté, cela offrirait au plaignant l'opportunité de mener, en complément de l'action en réparation, une action en confiscation des profits illicites[1498].

642. **Autre proposition : les « *comportements délictuels de marché* ».** Pour clarifier la norme, certains considèrent qu'il faut englober tous les comportements délictuels dans une seule et même catégorie. Cette catégorie prendrait en compte non seulement l'atteinte aux intérêts économiques des agents, mais plus largement l'atteinte au marché : « *Les expressions devenues traditionnelles de concurrence déloyale et d'agissements parasitaires paraissent insuffisantes pour dépeindre l'état actuel du droit (protecteur du marché et restrictif de la liberté), et source de difficultés inutiles* »[1499]. Ainsi, une formule large propose de réunir les comportements déloyaux et parasitaires alors regroupés dans une catégorie dénommée : « *comportements délictuels de marché* »[1500]. Cette solution, très intéressante, ajoute néanmoins et contrairement à la nôtre la notion de « marché ». Est-ce à dire qu'un comportement délictuel qui relèverait simplement d'un conflit d'intérêts privé échapperait à toute sanction ? Est-ce à considérer que toutes les fautes déloyales

---

1494 R. MESA, « De la complexité et des conséquences des rapports entre concurrence parasitaire et parasitisme économique », *op. cit.* note 1475 : « *L'objet premier de la concurrence déloyale par confusion est en effet d'appréhender un résultat dommageable résidant dans le détournement de clientèle,* et non de neutraliser un éventuel résultat lucratif qui serait la conséquence *de l'appropriation illicite du travail et des investissements d'autrui, ou encore de sa notoriété* » (surlignement ajouté).

1495 *Supra*, Partie I, Titre II, n° 338 et s.

1496 CA Pau, ch. 2, sect. 1, *SAS Sales and Distribution c/ SARL I Ceram*, 14 février 2018, n° 16/00159.

1497 La référence aux économies injustifiées est une condition de la qualification du parasitisme. Néanmoins, le parasitisme n'exige pas la preuve d'un risque de confusion.

1498 *Infra*, Partie III, Titre I, n° 1051 et s..

1499 P. Le Tourneau, « Retour sur le parasitisme », *D.* 2000, p. 403.

1500 Y. Auguet, « Comportements délictuels de marché », in *Concurrence et clientèle : Contribution à l'étude critique du rôle des limitations de concurrence pour la protection de la clientèle*, thèse 1998, LGDJ, 2000, spéc. n° 462.

et parasitaires ont un effet sur le marché ? Qu'un acte de concurrence déloyale puisse produire un effet sur le marché est une chose. Que, de façon intermittente, des consommateurs puissent se retrouver lésés du fait d'une faute déloyale relève de l'évidence. En revanche, considérer l'appréhension de la faute déloyale comme un instrument de régulation du marché est plus osé.

De plus, la proposition évoquée ne nous satisfait pas lorsqu'elle estime que ces comportements doivent être appréhendés par le droit de la réparation : les « *"comportements délictuels de marché" seraient sanctionnés toujours en application des articles 1382 et 1383 du Code civil* »[1501]. Si la faute déloyale, en plus de causer un dommage à un concurrent, cause un dommage au « marché », il nous semble que cette faute est d'une telle gravité qu'elle devrait être punie plus sévèrement que par de simples dommages et intérêts. Reconnaître le trouble causé à l'ordre public et au marché doit corrélativement légitimer l'application d'une sanction plus énergique telle que les dommages-intérêts punitifs ou l'amende civile.

643. **Bilan.** Si la théorie du parasitisme est un outil de lutte essentiel contre les comportements opportunistes générateurs de fautes lucratives, elle est parfois noyée dans le droit de la concurrence déloyale, ce qui limite sa portée dissuasive. Pour clarifier cette théorie sujette à critique et malmenée par une jurisprudence parfois contradictoire, une intervention législative est nécessaire pour préciser les objectifs et finalités du droit de la concurrence déloyale et du parasitisme.

§ 3. La nécessité d'une consécration législative

644. **Droit de la concurrence déloyale et du parasitisme : un droit prétorien.** La concurrence déloyale est de construction doctrinale et jurisprudentielle. La production normative est inégale selon qu'il s'agisse d'un comportement déloyal ou d'un comportement anticoncurrentiel ou restrictif de concurrence. L'une doit sans cesse s'adapter et improviser en fonction de la diversité des comportements malhonnêtes, pendant que l'autre bénéficie régulièrement des apports de la loi. Le droit de la concurrence, au lieu d'être unifié, se retrouve fragmenté. Le législateur semble faire l'impasse sur les comportements déloyaux, préférant légiférer et même surlégiférer dans le domaine des pratiques restrictives de concurrence. Selon un auteur, le droit de la concurrence déloyale a plusieurs fois manqué d'être réformé : « *Il n'en demeure pas moins que le législateur moderne, trop absorbé par des sujets plus sensibles, a laissé plusieurs fois le train passer* »[1502].

1501 Y. Picod, Y. Auguet, a., « Concurrence déloyale », *Rép. com.* 2010 (actualisation 2016), n° 118.

1502 Y. Picod, « Concurrence déloyale et responsabilité civile », *AJ Contrats d'affaires, concurrence, distribution* 2014, p. 152 : « *Le législateur moderne […] a laissé plusieurs fois le train passer […] au moment de la transposition de la directive communautaire du 11 mai 2005 sur les pratiques déloyales envers les consommateurs. Dans le concert des nations modernes, la France apparaît à ce titre isolée, ainsi que l'ont montré les journées internationales Capitant, consacrées en 2006 à la concurrence : peu de pays rattachent encore leur droit de la concurrence déloyale à la responsabilité civile. On a pu le regretter, non pas parce que le façonnage prétorien de la responsabilité civile en la matière se soit révélé de médiocre qualité, mais parce qu'un renouvellement des sources formelles du droit s'harmoniserait ici plus facilement avec les sources*

645. **Norme législative nécessaire.** Il est peu cohérent de voir certains domaines du droit bénéficier des interventions régulières de la loi cependant qu'un autre reste livré à lui-même. Précisément, une intervention législative est nécessaire pour plusieurs raisons.

D'abord, la spécificité de la faute déloyale s'altère dans la grande plasticité du droit de la responsabilité civile. D'un côté, cette plasticité est une force, car elle permet d'appréhender assez largement les comportements fautifs. De l'autre, elle noie la singularité de la faute déloyale, laquelle tient à une typologie doctrinale remaniée par une jurisprudence à la fois créatrice et perdue dans sa création. « *L'action en concurrence déloyale existe-t-elle ?* »[1503] s'interroge un auteur, perplexe devant la complexité croissante des fondements soulevés en la matière. Une consécration législative redonnerait à la norme une personnalité propre. La norme, ainsi vivifiée par une reconnaissance législative, pourrait gagner en effectivité, à condition, certes, que le texte de loi soit clair.

Ensuite, même pertinente, la jurisprudence ne peut, seule, remplir l'objectif de dissuasion[1504]. Surtout, du point de vue de la théorie de la dissuasion générale[1505], on peut supposer que le signal envoyé au marché est brouillé lorsque la jurisprudence consacre une norme continuellement déniée par la loi. La crédibilité de la norme prétorienne est affectée par l'abandon législatif. Sa marginalité la dessert. Elle souffre de la comparaison des autres droits de la concurrence, où des textes se forment et des lois se succèdent. La régulation des incitations à la déloyauté passe par une relation complémentaire entre l'action continue de la jurisprudence et l'avertissement intangible de la loi.

Enfin, la sanction de la faute lucrative concurrentielle ne peut se faire sans une réflexion préalable sur les objectifs du droit de la concurrence. En droit des pratiques anticoncurrentielles, la dissuasion est justifiée par la volonté d'assurer le bon fonctionnement du processus concurrentiel. L'ordre public économique légitime la répression des ententes et abus de position dominante. De même en droit des pratiques restrictives de concurrence, où le message formé par les interventions régulières de la loi semble clair : un agent ne saurait obtenir un avantage indu sans avoir à en payer le prix. En droit de la concurrence déloyale, l'objectif est plus flou. Dans tous les cas, il est moins audible : « *C'est à la norme législative qu'il faut avoir recours pour définir les objectifs (tels que la loyauté du marché) et le régime de la concurrence déloyale (qualité pour agir, éléments constitutifs, sanctions), de façon à lui assurer un plus grand rayonnement, notamment si l'on entend exporter notre modèle* »[1506].

---

réelles, donnerait une impulsion plus forte au droit de la concurrence déloyale et l'inscrirait ainsi dans la modernité. »

1503 A. Pirovano, « La concurrence déloyale en droit français », *RIDC*, vol. 26, n° 3, 1974, pp. 467-504.

1504 Il est préférable que la loi et la jurisprudence vivent de façon complémentaire plutôt que séparément. Si la première semble fixe, stable, du moins jusqu'à la prochaine intervention législative, la seconde est perpétuellement mouvante. La loi peut jouer comme instrument régulateur du désordre prétorien.

1505 La « dissuasion générale » consiste à envoyer un signal dissuasif clair à l'ensemble des agents économiques sur le marché.

1506 Y. Picod, *op. cit.* note 1503.

Conclusion Chapitre 2

646. **Parasitisme.** La théorie du parasitisme est un outil de lutte essentiel contre les comportements opportunistes générateurs de fautes lucratives. La remise en cause ne doit pas porter sur la théorie en elle-même, mais sur ses conditions d'application. Le parasitisme est « malade » : parce qu'appliqué de façon contradictoire et confuse par la jurisprudence ; éclipsé par l'omnipotence de la concurrence déloyale et décrédibilisé par une partie de la doctrine[1507]. En somme, la théorie du parasitisme doit être clarifiée. On ne saurait entonner « *le requiem du parasitisme* »[1508], tout juste devrions-nous proclamer son perfectionnement. D'abord, la réduction de la concurrence parasitaire à un simple cas de concurrence déloyale par confusion limite considérablement la portée dissuasive de cette théorie. En effet, cela revient à nier l'utilité du parasitisme, qui permet la sanction des comportements parasitaires indépendamment de tout risque de confusion. La tendance jurisprudentielle à exiger la démonstration d'un risque de confusion lorsque l'acte parasitaire heurte un concurrent – au mépris des spécificités du parasitisme – constitue une erreur de type 2[1509]. Cette exigence renforce la probabilité, pour le fautif, de ne pas être condamné malgré son comportement parasite. Il lui suffit, en effet, de parasiter « habilement » autrui, en établissant des ressemblances avec des signes ou objets connus tout en prenant soin d'éviter le risque de confusion pour échapper à la contrainte du droit.

647. **Les comportements parasitaires.** La perte de spécificité du parasitisme noyé dans le droit de la concurrence déloyale est regrettable et s'explique, à notre sens, par un problème plus général lié à la distinction inutile entre la faute dite « déloyale »

1507 P. Roubier, *Droit de la propriété industrielle*, t. 2, Sirey, 1954, p. 396 : « *Il ne faudrait tout de même pas que, toutes les fois qu'on est présence d'un dispositif non protégé, on puisse, à défaut d'action en contrefaçon, trouver une position de repli dans l'action en concurrence déloyale [...] il n'y a pas faute, même légère, dans la reproduction d'objets qui ne sont pas protégés, sinon on parviendrait à reconstituer le droit privatif sous une autre forme ; et s'il n'y a pas faute, il n'y a pas concurrence déloyale, quand bien même un préjudice serait causé* ». Du point de vue de l'agent opportuniste, il est intéressant de montrer que les agents reprennent parfois cet argument développé par le professeur Roubier lorsqu'ils ont à se défendre d'une action en parasitisme. V. p. ex. : Cass. com., 7 juin 2016, n° 14-26.950. Dans cette affaire, le défendeur, dans une copie de l'argument du professeur Roubier, a considéré qu'« *en l'absence de droits privatifs sur le produit exploité, le demandeur ne peut rechercher sur le fondement de la concurrence déloyale et parasitaire une protection de repli en se prévalant de griefs invoqués au soutien de l'action en contrefaçon, la commercialisation* ». Ce à quoi, naturellement, la Cour de cassation a répondu que « *l'action en concurrence déloyale est ouverte à celui qui ne peut se prévaloir d'un droit privatif et peut être fondée sur les mêmes faits que ceux allégués au soutien d'une action en contrefaçon rejetée pour défaut de constitution de droits privatifs [...] d'un produit relevant de la liberté du commerce* ». – V. aussi : J. J. Burst, « La reconstitution des "monopoles" de propriété industrielle par l'action en concurrence déloyale ou en responsabilité civile : mythe ou réalité ? » in *Mélanges dédiés à Paul Mathély*, Litec, 1990, p. 93. – C. Lucas de Leyssac, G. Parléani, *Droit du marché*, PUF, 2002, p. 993-994 : « *l'action en concurrence déloyale ne peut avoir pour but de constituer ou de reconstituer un monopole en lieu et place du droit de propriété intellectuelle* ». – CA Rouen, 13 janvier 1981, obs. H.-J. Lucas, *D.* 1983, jurispr., p. 53. – J. Passa, *Contrefaçon et concurrence déloyale*, Litec, 1997, n° 368 et s. – M. Malaurie-Vignal, « Réflexions sur la théorie du parasitisme économique », *CCC* 2001, chron. 15.

1508 P. Le Tourneau, « Peut-on entonner le requiem du parasitisme ? », *D.* 2001, p. 1226.

1509 Rappelons que l'erreur de type 2 décrit l'absence de condamnation de l'agent économique qui a commis une infraction de concurrence. En l'occurrence, cette erreur, en favorisant l'impunité du fautif, permet à l'agent de conserver le profit tiré de l'économie ou des avantages indus procurés par l'agissement parasitaire.

et la faute dite « parasitaire ». Pour simplifier l'action en réparation des victimes, il faudrait tout d'abord supprimer cette distinction, laquelle complique les débats et tend à vider le parasitisme de sa spécificité et de son intérêt. Cependant, au lieu de ranger, comme le fait la jurisprudence, le parasitisme dans la catégorie des actes déloyaux, il faudrait au contraire ranger les actes déloyaux dans la catégorie des agissements parasitaires. Fusionner le droit de la concurrence déloyale et du parasitisme en une seule catégorie dénommée « les comportements parasitaires » se justifie au regard de la définition du parasitisme, qui pourrait englober tous les actes déloyaux[1510]. Cette solution aurait le mérite de clarifier les débats judiciaires sachant que les victimes, influencées par une jurisprudence confuse[1511], semblent souvent se perdre dans la distinction, à notre sens inutile, entre le régime propre au droit de la concurrence déloyale et celui lié au parasitisme. De plus, cette fusion aurait pour mérite de mettre en lumière le résultat lucratif d'une pratique déloyale, là où cette dernière est essentiellement appréciée au regard de ses conséquences dommageables.

1510 Nous avons vu que le parasitisme signifie littéralement « *détourner à son profit* » et/ou « *endommager, altérer* ». Or, tous les actes déloyaux, qu'ils mènent à une confusion dans l'esprit du public ou à une désorganisation de l'entreprise victime, sont tantôt des actes d'altération d'une valeur, tantôt des actes d'appropriation indue.

1511 V. *supra*, Partie II, Titre I, n° 632 et s.

Conclusion Titre I

648. **Les erreurs de type 1 et de type 2.** Les erreurs juridiques révèlent les difficultés attachées à l'application du droit de la concurrence. L'erreur de type 1 (ou faux positif) décrit l'effectivité « viciée » du droit de la concurrence qui s'applique à des comportements pourtant licites ou proconcurrentiels. L'erreur de 2 (ou faux négatif) décrit au contraire l'ineffectivité du droit de la concurrence qui échoue à s'appliquer à des comportements illicites qui devraient être sanctionnés. Les faux positifs ont un effet sur-dissuasif susceptible de limiter l'investissement et l'innovation des entreprises. Les faux négatifs incitent à la commission d'infractions en favorisant les fautes lucratives et en décrédibilisant le signal dissuasif compris dans les règles de concurrence. En présence d'une pratique anticoncurrentielle, l'impunité du contrevenant favorise la faute lucrative, car l'entreprise continue d'appliquer des prix élevés. Il en résulte un dommage au marché important matérialisé par une perte de surplus et une perte sèche du consommateur qui renonce à acheter. De plus, sur un marché statique, l'impunité du fautif entraîne une situation de super-dominance, car les firmes concurrentes sont découragées d'entrer sur le marché. L'enfermement du consommateur sur ce type de marché accroît la perte du surplus et, en conséquence, les profits illicites de la firme impunie.

649. **Renforcer l'effectivité par la clarification des normes.** L'ineffectivité du droit de la concurrence peut être combattue en clarifiant les règles au nom desquelles l'Autorité et le juge sanctionnent les pratiques illicites. Les règles de concurrence doivent être suffisamment intelligibles pour que le message dissuasif qu'elles diffusent soit compris par les agents économiques. Comme Beccaria l'affirmait déjà il y a plus de trois siècles, il faut des règles « *claires et simples* », car l'obscurité d'une norme renforce la « *probabilité d'innocence* » du fautif[1512].

L'exemple de l'abus de position dominante et celui du parasitisme démontrent le lien existant entre le « flou » entourant la qualification d'une norme et ses conséquences sur la « *probabilité d'innocence* » du contrevenant. La fonction dissuasive attribuée à l'action publique et privée est fortement limitée par les difficultés probatoires des victimes et/ou de l'Autorité, qui se heurtent à la qualification de normes imprécises, aux conditions d'application floues, aux frontières ambiguës et à quelques « valses » jurisprudentielles qui tendent à obscurcir les débats. Pour démontrer l'infraction, encore faut-il que le comportement prohibé par la norme concurrentielle soit défini suffisamment clairement pour ne pas contaminer la démonstration de la victime, sur qui repose le risque de la preuve.

En somme, la dissuasion passe nécessairement par une clarification des règles de concurrence afin de renforcer leur effectivité en limitant les erreurs de type 2. Pour répandre le signal dissuasif des règles et assurer leur application, il faut, par ailleurs, impérativement faciliter les actions privées en réparation.

1512 C. Beccaria, *Des délits et des peines*, *op. cit.*, § XXXI. Délits difficiles à prouver, p. 143, et § XLI. Moyens de prévenir les délits, p. 170.

TITRE II
FACILITER L'ACTION PRIVÉE EN RÉPARATION

> *« L'action privée est, dans nombre de cas, susceptible de modifier les comportements des acteurs économiques, en l'occurrence les entreprises, plus significativement que les actions publiques et leurs sanctions, dont l'effet peut avoir un caractère de taxe, quand elles concernent par exemple une entente généralisée »*[1513].

650. **Limiter la faute lucrative par l'action privée.** L'action privée en réparation permet de lutter contre la violation rentable des règles de concurrence et/ou de la réduire pour au moins trois raisons :

- **Renforcer la probabilité de détection.** D'une part, encourager les actions privées permet d'augmenter la probabilité de détection d'un plus grand nombre de restrictions illégales de concurrence. Le développement des actions privées en réparation pourrait pallier la carence de l'action publique dans la détection des infractions.
- **Renforcer le coût économique de l'infraction.** D'autre part, dans le cas d'une action de suivi en réparation, le cumul de l'amende administrative et des dommages-intérêts pourrait éventuellement jouer un rôle confiscatoire des profits illicites retirés par le contrevenant. En joignant aux sanctions un volet « réparation », le droit de la concurrence limite considérablement la probabilité qu'une faute concurrentielle puisse être profitable pour son auteur.
- **Dissuasion-prévention.** Enfin, renforcer l'effectivité de l'action privée permet d'exposer plus régulièrement les fautifs au risque de devoir verser des dommages-intérêts, ce qui renforce le message dissuasif envoyé au marché et dissuade, pour l'avenir, les entreprises de se livrer à des pratiques anticoncurrentielles[1514]. Une étude américaine récente a comparé l'effet dissuasif du *private enforcement* à celui du *public enforcement*. Les résultats de l'étude sont

---

1513 F. Gentin, « Les actions indemnitaires des pratiques anticoncurrentielles après la loi sur l'action de groupe et la directive européenne », colloque, 25 septembre 2014, table ronde n° 1, *RLC* n° 42, 1er janvier 2015.

1514 R. H. Lande, J. P. Davis, « The Extraordinary Deterrence of Private Antitrust Enforcement: A Reply to Werden, Hammond, and Barnett », 58(1) *Antitrust Law Bulletin* 173-190 (2013). – S. Carval, « La responsabilité civile des membres d'une entente peut être engagée du fait du dommage causé par un effet d'ombrelle sur les prix », *D.* 2014, p. 1525 : « *La Cour de justice de l'Union européenne (CJUE) a pris part de manière significative à ce mouvement, en jugeant à plusieurs reprises que le droit à réparation des victimes "renforce le caractère opérationnel des règles de concurrence de l'Union" et qu'il est "de nature à décourager les accords ou pratiques, souvent dissimulés, susceptibles de restreindre ou de fausser le jeu de la concurrence".* »

surprenants et montrent que l'action privée dissuade probablement davantage que l'action publique les comportements anticoncurrentiels[1515]. Néanmoins, l'action privée en France est moins développée qu'aux États-Unis, si bien que l'on ne peut, aujourd'hui, transposer ce constat à la situation française.

651. **Comment encourager l'action privée ?** Parmi les nombreux obstacles qui limitent l'intérêt à agir et paralysent la fonction dissuasive du *private enforcement*, deux semblent majeurs : le premier tient à la difficulté pour les victimes d'avoir accès aux preuves pertinentes, tandis que le deuxième tient aux difficultés entourant la détermination et l'évaluation du dommage concurrentiel auxquelles les victimes continuent de se heurter. À ce titre, la rigidité des caractères du dommage réparable[1516] semble inadaptée à la spécificité du préjudice concurrentiel. En somme, pour faciliter l'action privée en réparation, deux objectifs sont prioritaires : d'abord, faciliter, pour les victimes, l'accès aux preuves (Chapitre 1) pertinentes détenues par la partie mise en cause. Ensuite, tendre vers un assouplissement des caractères du dommage réparable (Chapitre 2).

1515 R. H. Lande, J. P. Davis, « Comparative Deterrence from Private Enforcement and Criminal Enforcement of the U.S. Antitrust Laws », *BYU L. Rev.* 317 (2011) : « *[I]t may come as a surprise – even a shock – that a quantitative analysis of the facts demonstrates that private antitrust enforcement probably deters more anti-competitive conduct than the DOJ's anti-cartel program.* » – J. P. Davis, R. H. Lande, « Defying Conventional Wisdom: The Case for Private Antitrust Enforcement », 48(1) *GA. L. Rev.* 1-82 (2013).

1516 Pour être réparable, le préjudice que doit démontrer la victime doit être direct, personnel et certain.

Chapitre 1
Faciliter l'accès aux preuves

652. **Restaurer l'effectivité de l'action privée en favorisant l'accès aux preuves.** L'accès aux preuves est fondamental pour deux raisons : d'une part, pour faciliter l'établissement de l'infraction concurrentielle[1517] ; d'autre part, pour faciliter la quantification du préjudice causée par l'infraction. En somme, la preuve constitue « *la clé qui permet d'ouvrir la porte de la réparation* »[1518] pour les victimes. Elle permet *in fine* de lutter contre deux facteurs incitatifs à la violation de la règle de droit :

- l'impunité du contrevenant ;
- le gain retiré de l'impunité ou de la faiblesse des dommages et intérêts en l'absence des preuves permettant d'évaluer correctement le préjudice

Les difficultés relatives à l'accès aux preuves doivent être combattues pour assurer une mise en œuvre effective du droit de la concurrence. Parmi les solutions possibles, la question se pose de la consécration, en France, de la procédure américaine de *discovery*. L'ordonnance de transposition de la directive « Dommages » rapproche la procédure française d'accès aux preuves de la procédure de *discovery* (Section 1). Néanmoins, la question relative à la sanction de la rétention de preuve reste délaissée en droit français, à tel point qu'il reste avantageux pour le fautif de détruire les preuves pertinentes. Par conséquent, le droit français doit impérativement s'inspirer du droit américain pour emprunter les sanctions proposées par ce dernier afin de punir la rétention de preuve (Section 2).

Section 1
Le rapprochement du régime français de production de preuve avec la procédure de *discovery*

653. **En théorie.** En théorie, la différence entre notre droit et le droit anglo-saxon est patente. D'un côté, la rigueur de la loi française, qui fait dépendre la production forcée d'une pièce d'une demande précise, pertinente, et légitime de la part de l'une des parties. De l'autre, la latitude de la loi américaine, qui permet les

---

1517 Surtout dans le cas d'un contentieux autonome. L'action complémentaire bénéficie désormais de la présomption irréfragable de l'existence de la faute concurrentielle établie par une décision définitive de l'Autorité régulatrice.

1518 C. Arens, « Discours d'ouverture », in « Le juge et l'entreprise : quelles perspectives pour la réparation du préjudice économique ? », CA Paris, colloque, 22 septembre 2016, *LPA* 4 septembre 2016, n° 176, p. 5.

communications générales, non restreintes en nombre et en portée, tout en laissant le juge s'immiscer dans le procès en exigeant d'une partie qu'elle produise une pièce intéressant le litige[1519] : « *C'est ainsi qu'une partie peut être obligée de fournir à son adversaire des documents internes qui sont défavorables à sa cause, ou de produire comme témoins ses propres salariés qui pourront être interrogés par l'adversaire* »[1520]. En somme, le droit anglo-saxon faciliterait l'accès aux preuves, car il permettrait que tous les documents litigieux soient révélés à la victime. Les parties seraient dans l'obligation de révéler des documents qui leur sont dommageables.

654. **En réalité.** En réalité, la procédure de *discovery* et notre régime de production forcée comportent de nombreux points communs (§ 1) : d'abord, s'agissant des règles fixant l'étendue de l'obligation, pour la partie mise en cause, de communiquer les pièces, ensuite, car malgré les injonctions de produire, survivent des pratiques de dissimulation et de destruction des preuves pertinentes (§ 2) que les deux régimes ne parviennent pas à en endiguer.

§ 1. Les points communs entre le régime de production forcée et la *discovery*

655. **Points communs.** Trois points communs majeurs réunissent notre régime de production forcée et la procédure de *discovery* : premièrement, la partie mise en cause peut être contrainte à une divulgation dite « catégorielle » des preuves pertinentes (A). Deuxièmement, de nombreuses exceptions à la divulgation sont prévues par la loi et forment un empêchement légitime à la communication des pièces pertinentes. Le droit français comme la procédure de *discovery* consacrent donc des obstacles à la divulgation des preuves (B).

A. La divulgation catégorielle des preuves pertinentes

656. **Divulgation catégorielle.** Le modèle de la *discovery* de la common law introduit un mécanisme de divulgation catégorielle des documents qui permet d'étendre le champ des preuves susceptibles d'être communiquées au demandeur. Cette procédure est dissuasive, car elle impose « *de réunir, conserver, et remettre des pièces de nature à justifier des actions entreprises contre elles* »[1521] et, ce faisant, elle impose des coûts exorbitants aux parties mises en cause. En effet, les coûts de la recherche des documents peuvent être très onéreux si la demande

---

1519 P. Dubarry, C. Lapp, F. de Bérard, « L'obtention des preuves en France et à l'étranger », *JCP G* n° 28, 14 juillet 2014, 834 : « *La procédure de* pre-trial discovery of documents *permet au juge d'enjoindre aux parties ou à des tiers de produire tout élément de preuve ou d'information susceptible de faciliter la recherche de la preuve en amont d'une procédure au fond.* »

1520 A. Kirry, R. Chapron, « Un outil probatoire méconnu : l'utilisation de la procédure de discovery devant les tribunaux français » *Gaz. Pal.* 10 décembre 2013, n° 344, p. 17.

1521 AFEC, « Réponse au Livre vert sur les actions en dommages-intérêts pour infraction au droit communautaire de la concurrence, European Commission – Competition. Actions for damages: Comments on the Green Paper », 17 mai 2011.

porte sur une catégorie « large » de documents qui oblige le défendeur à dépenser des sommes importantes dans l'analyse des preuves communiquées. C'est principalement pour cette raison que cette procédure est redoutée en France, où l'on craint de donner au plaignant un pouvoir de nuisance considérable sur la partie mise en cause.

657. **Rapprochement de l'ordonnance et de la *discovery*.** La directive 2014, dans son article 5 intitulé « Production de preuve », dispose que les « *États membres veillent à ce que les juridictions nationales puissent ordonner la production de certains éléments de preuves ou de catégories pertinentes de preuves* »[1522]. L'ordonnance de transposition de la directive 2014 prévoit, à l'article L. 483-1, que la demande de communication puisse porter sur une catégorie de preuve.

Ainsi, comme en droit anglo-saxon, les documents divulgables peuvent donc porter sur une catégorie de documents. On pourrait cependant considérer que le droit français est plus exigeant, car la communication des pièces est limitée aux documents qui sont directement pertinents, c'est-à-dire que le juge apprécie la justification de la demande de production de preuve et évalue « *l'utilité des éléments de preuve dont la communication ou la production est demandée* »[1523]. Or, en réalité, en matière de *discovery*, les documents divulgables sont aussi limités à ceux qui sont directement pertinents, et ce, de façon à décourager les demandes spéculatives[1524]. Pour cette raison, l'obligation de *disclosure* est, en pratique, une obligation de divulgation catégorielle des documents pertinents.

B. Les obstacles à la divulgation des preuves

658. **Devoir de recherche raisonnable.** Le régime de production de preuve prévu en droit français est, à certains égards, plus dissuasif que la *discovery* à l'anglaise, laquelle limite la communication des preuves à un devoir de recherche raisonnable. En effet, les « Civil Proceedings Rules »[1525] anglaises imposent aux parties de révéler les documents litigieux tout en limitant l'obligation à un devoir de recherche raisonnable[1526]. Ce devoir conduit à légitimer la rétention de preuve dès lors que la partie mise en cause justifie qu'au regard du coût et de la complexité de la recherche, elle ne pouvait raisonnablement répondre à la demande

---

1522 Directive 2014/104/UE du Parlement européen et du Conseil du 26 novembre 2014, art. 5, § 2.

1523 Art. 483-1, ord. 2017.

1524 Civil Justice Reform, Final Report, Chief Justice's Working Party on Civil Justice Reform (2003), recommendation 34, § 498 : « *In relation to applications for pre-commencement disclosure against potential defendants, the Working Party has recommended* that disclosable documents should be limited to those "directly relevant" with a view to discouraging speculative "fishing expeditions"» ; https://www.civiljustice.hk/fr/paperhtml/fr315.html.

1525 Civil Proceeding Rules, Part 31: Disclosure and Inspection of Documents.

1526 Civil Proceeding Rules, Part 31, Art. 31.6: « *[...] the documents on which he relies ; and the documents which adversely affect his own case ; adversely affect another party's case ; or support another party's case [...]* » – V. aussi : H. Woolf, Access to Justice, Final Report to the Lord Chancellor on the Civil Justice System in England and Wales, Ministry of Justice, United-Kingdom Government, 1996. – V. égal. : A. A. S. Zuckerman, « Lord Woolf's Access to Justice : Plus ça change... », 59(6) *Modern L. Rev.* 773-796 (1996). – S. Moloney, « A New Approach to Civil Litigation? The Implementation of the "Woolf Reforms" and Judicial Case Management », 2(1) *Judicial Studies Institute Journal* 98-109 (2001).

de divulgation[1527]. Par exemple, dans l'arrêt *Herbert v. Wal-Mart Stores*, les juges ont considéré que l'accès aux preuves était subordonné au coût financier de la recherche des documents dont le plaignant demandait la communication[1528].

Il est donc erroné de croire, comme il est parfois souligné en doctrine, que la *discovery* permet la divulgation de tous les documents défavorables à la victime[1529]. Certains documents, quoique défavorables, ne pourront pas être divulgués. L'action privée en réparation se retrouvera en conséquence paralysée. Si, en théorie, le droit anglo-saxon peut obliger l'adversaire à livrer tous les documents qui lui sont défavorables, en pratique, il prive cette obligation de toute sa force en permettant à l'adversaire de se réfugier derrière l'excuse de la recherche raisonnable. L'ordonnance de transposition ne mentionne pas le devoir de recherche raisonnable qui pourrait empêcher la divulgation d'une « catégorie » de preuve[1530].

659. **Empêchement légitime anglo-saxon et français.** En outre, en droit français, l'article 11 du Code de procédure civile envisage des empêchements légitimes à la divulgation. La Cour de cassation rappelle souvent la prise en compte d'un éventuel empêchement légitime à la production de preuve[1531]. L'investigation et la communication des preuves sont contrôlées afin de ne pas porter atteinte au secret des affaires, lequel peut constituer l'empêchement légitime. De même, l'ordonnance de transposition de la directive « Dommages » dispose que le juge peut refuser l'accès à la pièce demandée lorsque cet accès est susceptible de porter atteinte au secret des affaires[1532].

De manière générale, l'empêchement légitime oblige à un test de proportionnalité entre la demande, l'objet du litige, et les risques éventuels d'atteinte au secret des affaires. Or, le droit anglo-saxon envisage aussi que la partie mise en cause puisse refuser l'inspection de documents si celle-ci est disproportionnée au regard du

---

1527 Civil Proceeding Rules Part 31. Art. 31.7 : « *Where a party has not searched for a category or class of document on the grounds that to do so would be unreasonable, he must state this in his disclosure statement and identify the category or class of document.* » – V. aussi D. Nance, « Adverse Inference About Adverse Inferences: Restructuring Juridical Roles for Responding to Evidence Tampering by Parties to Litigation », 90 *B.U. L. Rev.* 1089-1146 (2010), p. 1132 : « *[T]he party […] must have reasonable access to the evidence in question.* »

1528 *Herbert v. Wal-Mart Stores, Inc.*, 911 F.2d 1044, 1048 (5th Cir. 1990).

1529 C. David, « L'appréhension du principe de loyauté de la preuve », *Procédures*, décembre 2015 dossier n° 9 : « *En droit français, les parties sont libres d'apporter les preuves qu'elles choisissent et qu'elles peuvent sélectionner, contrairement à la procédure judiciaire de discovery en droit anglo-saxon qui impose aux parties de produire tous les documents en relation avec le litige, qu'ils soient favorables ou non.* » – V. aussi I. Luc, « Le rôle du juge dans l'administration et l'appréciation de la preuve dans le contentieux commercial : vers un dépassement de l'adage "*da mihi factum, dabo tibi jus*" », *AJCA* 2015, p. 20 : « *Il n'existe pas de procédure de* discovery *ou de* disclosure *en droit français qui obligerait les parties à révéler toutes les pièces intéressant une affaire donnée, les pièces sollicitées doivent être énumérées par les parties.* » – F. Kamara, « La preuve en procédure civile », *Procédures*, mars 2012, n° 3 : selon l'auteur, le régime de production de preuve français se distingue de la *discovery*, car « *le droit français reste empreint de la maxime* nemo contra se edere tenetur, *de sorte que l'on n'exige pas que les parties produisent les pièces qui leur sont défavorables* ». – A. Kirry, R. Chapron, « Un outil probatoire méconnu : l'utilisation de la procédure de discovery devant les tribunaux français » [*op. cit.* note 1521.

1530 Certes, la règle de recherche raisonnable en matière de *discovery* a été implicitement reprise dans la directive 2014, laquelle dispose que la production forcée doit être « *circonscrit[e] de manière aussi précise et étroite que possible* » (v. directive 2014/104/UE, art. 5, § 2). Cette disposition vise ainsi à ne pas faire porter sur la partie mise en cause une recherche de preuve déraisonnable.

1531 Par exemple, v. : Cass. civ. 2e, 26 mai 2011, *Sté Soval*, n° 10-20.048.

1532 Art. L. 483-2, ord. 2017.

litige[1533]. La « Rule 26 b », intitulée « *Portée et limite de la discovery* », rappelle notamment les limites imposées par le principe de proportionnalité, en vertu duquel la communication doit être proportionnée au besoin du procès et la divulgation nécessaire à la résolution de l'affaire en cause[1534].

660. **Bilan.** En somme, l'objet de l'obligation pour la partie destinataire de la procédure de *discovery* est proche de l'objet de l'obligation pour la partie destinataire d'une injonction de produire. L'obligation de communiquer les preuves est encadrée et la partie mise en cause peut soulever des empêchements légitimes.

Par ailleurs, le droit français de la preuve comme la procédure de *discovery* ne parviennent pas à vaincre le phénomène de destruction des preuves pertinentes.

§ 2. La survivance de la destruction et de la dissimulation des preuves

661. **Persistance de la destruction des preuves pertinentes.** La vision fantasmée de la *discovery* ferait presque oublier que cette dernière est soumise aux mêmes désagréments que le régime français de production forcée. En effet, la *discovery* ne fait pas disparaître le risque de dissimulation des preuves. Nombreux sont les auteurs à souligner l'accroissement des pratiques de dissimulation des preuves. Certains soulignent que « *la spoliation est le nouveau champ de bataille du contentieux contemporain, maintenant un numéro de cirque permanent* »[1535]. D'autres constatent que la « *destruction de preuves est devenue un problème croissant dans les litiges civils aujourd'hui* »[1536]. D'autres encore affirment qu'en matière d'accès à la preuve, « *l'obstruction est monnaie courante* »[1537], expliquant que la logique du « *gagner à tout prix* »[1538] participe de ce phénomène, allant jusqu'à considérer que nous sommes entrés dans « *l'ère de la spoliation* »[1539]. En résumé : « *Les documents qui doivent être produits en réponse à la discovery sont régulièrement*

1533 Civil Proceeding Rules, Part 31. Art. 31.3 : « *Where a party considers that it would be disproportionate to the issues in the case to permit inspection of documents within a category or class of document […] he is not required to permit inspection of documents within that category or class […]* » – V. aussi : Civil Justice Reform *op. cit.* note 1525 : « *[P]rocedural sanctions and orders to be issued in a manner proportionate to the requirements of procedural and substantive justice, for instance, not striking out the entire claim when a lesser sanction would suffice, and not ordering extensive particulars or further discovery where the benefits are likely to be slight and would not justify the expense and effort involved […]* »

1534 Federal Rules of Civil Procedure › Title V, rule 26-b.

1535 C. W. Adams, « Spoliation of Electronic Evidence: Sanctions versus Advocacy », 18(1) *Mich. Telecomm. & Tech. L. Rev.*1-59 (2011), p. 1, citant R. E. Shapiro, « Advance Shee: Conclusion Assumed », *Litig.*, Spring 2010, at 59. Traduction libre : « *Spoliation, in case you haven't heard, is the newest battleground of contemporary litigation, now a continuing sideshow, if not the main event, in courtrooms across the country.* »

1536 J. T. Killelea, « Spoliation of Evidence: Proposals for New York State », 70(3) *Brook. L. Rev.* 1045-1078 (2005), p. 1045. Traduction libre : « *The destruction of evidence, commonly known as spoliation, has become an increasing problem in civil litigation today.* »

1537 E. J. Imwinkelried, « A New Antidote for an Opponent's Pretrial Discovery Misconduct: Treating the Misconduct at Trial as an Admission by Conduct of the Weakness of the Opponent's Case », 1993(3) *BYU L. Rev.* 793-825 (1993), p. 794 : « *[…] deliberate obstructionism is commonplace.* »

1538 J. E. Rivlin, « Recognizing an Independent Tort Action Will Spoil a Spoliator's Splendor », 26(4) *Hofstra L. Rev.* 1003-1036 (1998), p. 1004 : « *[…]*"win at all costs" *attitude of the legal environment today* ».

1539 G. P. Joseph, « Rule Traps », 30(1) *LITIG. A.B.A.* 6-12 (Fall 2003), p. 9 : « *era of spoliation* ».

déchiquetés, modifiés ou supprimés. Les témoins mentent fréquemment. Les experts sont systématiquement trompés par l'invention ou la destruction de preuves »[1540].

662. **Résistance à la procédure de *discovery* : affaire *Philip Morris*.** L'affaire *Philip Morris* démontre que la procédure de *discovery* ne permet pas d'éviter le risque de dissimulation des preuves. Dans ce litige, Philip Morris, contrainte de se conformer à la procédure de *discovery*, divulgua 25 boîtes contenant environ un million de documents. En outre, ces derniers étaient imprimés sur du papier rouge foncé avec des lignes ondulées, ce qui les rendait en même temps illisibles et impossibles à photocopier. Pour finir, ils étaient imprégnés d'un parfum nauséabond. Le papier malodorant aurait provoqué aux avocats de la partie adverse, selon leurs dires, un état nauséeux et des migraines, le tout rendant la lecture des documents cauchemardesque[1541]. Cet exemple montre bien que les parties restent tentées de ne pas exécuter la procédure de *discovery*.

663. **Bilan.** Le véritable problème, qui semble délaissé aussi bien par la directive « Dommages » que par l'ordonnance de transposition de la directive, est celui de la dissimulation ou destruction des preuves pertinentes. L'étendue de l'obligation de divulgation des preuves importe moins que les sanctions prévues en cas de destruction des pièces pertinentes. Autrement dit, si la partie mise en cause peut dissimuler ou détruire les preuves sans risquer une sanction dissuasive, elle risque de ne pas respecter l'injonction de produire.

À la différence du droit français, le droit américain propose des sanctions dissuasives pour punir la rétention de preuve.

1540 C. W. Sanchirico, « Evidence Tempering », 53(4) *Duke L.J.* 1215-1336 (2004), p. 1218. Traduction libre : « *Documents that should be produced in response to a discovery request are regularly shredded, altered, or suppressed. Witnesses frequently lie to investigators, deposers, and courts. Fact finders are routinely misled by the fabrication or destruction of evidence.* » – V. aussi : W. D. Brazil, « Civil Discovery: Lawyers' Views of Its Effectiveness, Its Principal Problems and Abuses » 5(4) *Am. B. Found. Res. J.* 787-902 (1980), p. 829 : « *It would be difficult to exaggerate the pervasiveness of evasive practices or their adverse impact on the efficiency and effectiveness (for information distribution) of civil discovery. Evasion infects every kind of litigation and frustrates lawyers in every kind of practice [...] The term "evasion" also refers to more direct forms of resistance to disclosure, for example, refusing to respond in any way to discovery probes or intentionally withholding some evidence that is clearly sought and discoverable (both variations on the "stonewalling" theme). The words of one perhaps atypically cynical or at least blunt lawyer capture the spirit of the problem: "The purpose of discovery," he declared, "is to give as little as possible so [your opponents] will have to come back and back and maybe will go away or give up."* »

1541 C. Yablon, « Stupid Lawyer Tricks: An Essay on Discovery Abuse » 96 *Colum. L. Rev.* 1618-1644 (1996), p. 1618 : « *In a defamation action brought by Philip Morris Company against the American Broadcasting Company, lawyers for ABC alleged Philip Morris had produced twenty-five boxes containing approximately one million documents. These were the "critically sensitive flavoring documents" relating to ABC's charge that Philip Morris spiked its cigarettes with nicotine. The documents had been transferred onto a special dark red paper with squiggly lines, which made them hard to read and impossible to photocopy. ABC's lawyers alleged that the paper gave off noxious fumes that made it "difficult to work with the altered copies for extended periods of time." The smelly paper was reported to have nauseated one partner and given someone else a headache. The extent to which these documents were truly nauseating (that is, more nauseating than any other million documents that have to be reviewed) remains in dispute.* »

Section 2
L'emprunt possible des solutions de droit américain

664. **Problématique.** En droit américain, le problème ne réside pas dans le choix des sanctions dissuasives, mais dans le fait que ces dernières ne sont jamais appliquées. Concrètement, le droit américain prévoit des sanctions dissuasives en cas d'inexécution de la *discovery* (§ 1) mais, par frilosité, et sous l'influence d'une doctrine puissante, les juges semblent réticents à les appliquer. Le droit français pourrait néanmoins s'inspirer des sanctions sous-effectives proposées en droit américain pour punir la destruction des preuves pertinentes. À ce titre, le législateur français pourrait s'inspirer de la méthode dissuasive proposée dans le jugement *Holmes* (§ 2).

§ 1. Les sanctions prévues en cas d'inexécution de la *discovery*

665. **Inexécution de la *discovery*.** La « Rule 37 » des « Federal Rules of Civil Procedure » prévoit des sanctions en cas de défaut d'inexécution[1542]. Les sanctions principales sont les « *punitive damages* », le jugement par défaut et la présomption défavorable. La cour peut décider arbitrairement et selon les cas quelles sanctions appliquer au litige.

666. **« *Punitive damages* ».** Le cabinet d'avocats Matthiesen, Wickert & Lehrer, S.C. a mené une étude intitulée « Spoliation of evidence in all 50 states »[1543]. L'étude montre que certains États américains n'hésitent pas à appliquer la sanction de « *punitive damages* » en cas de destruction des preuves pertinentes[1544]. Les spoliateurs ont néanmoins peu de risque de verser des dommages et intérêts punitifs,

---

1542 Rule 37, Federal Rules of Civil Procedure : « *[In case of failure to disclose, the court] may impose other appropriate sanctions, including any of the orders listed in Rule 37(b)(2)(A)*(i)-(vi). » Disponible sur https://www.law.cornell.edu. – V. aussi : *E.E.O.C. v. Jacksonville Shipyards, Inc.*, 690 F.Supp. 995, 997-98 (M.D. Fla. 1988) : « *Rule 37 enables a court to punish the litigant who has not responded adequately to discovery requests of an opposing party or to orders of the court compelling discovery* » (https://casetext.com). Matthiesen, Wickert & Lehrer, S.C. (référence citée note 1544, ci-dessous) : « *[S]anctions for discovery violation under Indiana Trial Rule 37(B), which authorizes courts to respond with sanctions which include among others, ordering that designated facts be taken as established, prohibiting the introduction of evidence, dismissal of all or part of an action, rendering judgment by default against a disobedient party, and payment of reasonable expenses including attorneys' fees; and (3) discipline for spoliating attorneys under Indiana Rules of Professional Conduct.* »

1543 Matthiesen, Wickert & Lehrer, S.C., « Spoliation of evidence in all 50 states » (2015). Disponible sur https://www.mwl-law.com.

1544 *Ibid.* : « *The Ohio Supreme Court has determined that spoliation of evidence may be the basis of an award of punitive damage [...]* » ; *Moskovitz v. Mt. Sinai Med. Ctr.*, 635 N.E.2d 331. 344 (Ohio Ct. App. 1994). – West Virginia : « *In actions of tort where willful conduct affecting the rights of others appears a jury may assess exemplary, punitive, or vindictive damages.* » ; *Williams v. Werner Enterprises, Inc.*, 2015 WL 1000779 (W. Va. 2015) ; *Hannah v. Heeter*, 584 S.E.2d 560, 563-64 (W.Va. 2003). – U.S district court for the district of New Jersey, In *Re Prudential Ins. Co. of America Sales Prac. Litigation*, Civil Action No. 95-4704. MDL No. 1061. (1997). Dans cette affaire, la cour reconnaît la possibilité d'ajouter à la sanction monétaire un multiple afin de punir le spoliateur.

car pour que la sanction punitive s'applique, il faut démontrer l'élément moral de la faute. Autrement dit, celui qui détruit les pièces doit avoir agi en toute mauvaise foi et non pas imprudemment[1545]. La difficulté de rapporter la preuve de la mauvaise foi paralyse l'imposition des dommages-intérêts punitifs, qui sont rarement prononcés par les juridictions américaines[1546].

667. ***« Default judgment ».*** Par ailleurs, en dehors des dommages-intérêts punitifs, un « jugement par défaut »[1547] peut être prononcé en faveur du demandeur quand la partie mise en cause refuse de se soumettre à une injonction de la cour ou ne comparaît pas devant le tribunal. Cette sanction est jugée dissuasive[1548], car elle entraîne généralement la perte du procès. L'incitation à détruire les preuves pertinentes serait diminuée par le risque direct et dissuasif de la perte du procès. Néanmoins, les juges sont réticents à appliquer cette sanction et considèrent qu'elle ne doit être prononcée qu'en dernier ressort, s'il n'existe aucune autre alternative à la sanction[1549]. Ainsi, la Cour suprême de New York considère que le jugement par défaut ne peut être prononcé que lorsque la partie mise en cause se trouve dans l'incapacité de rapporter « *a crucial evidence* »[1550]. La cour d'appel du Wisconsin est encore beaucoup plus restrictive et exige quant à elle la démonstration d'une « *egregious conduct* »[1551]. En outre, dans l'arrêt *Telectron*[1552], les juges ont considérablement restreint l'utilisation de la sanction de *default judgment* en limitant son prononcé à trois conditions cumulatives[1553].

1545 *Baron v. Black*, 2015 N.Y. Slip Op. 31201 (U) (July 10, 2015). Dans cette affaire, la Cour suprême a refusé d'infliger une sanction parce que la preuve n'était pas rapportée que les parties en cause avaient agi en toute mauvaise foi quand elles ont détruit les preuves. Précisément, la Cour exigeait la démonstration que la destruction des preuves pertinentes était intentionnelle.

1546 Matthiesen, Wickert & Lehrer, S.C., *loc. cit.*

1547 Cornell University Law School, Legal information institute : « *A default judgment is a ruling granted by a court or judge. Default judgments arise in circumstances whereby one party to a suit has failed to perform a court-ordered action, and subsequently that failure has not only prevented the issue from being presented before the court but also results in the court settling the legal dispute in favor of the compliant party. For example, when a defendant is summoned to appear before the court in a case brought by a plaintiff, but fails to respond to the court's legal order, the judge can rule for default judgment and thereby decide the case in the plaintiff's favor. The defendant, though not present before the court, is obligated to abide by the court's ruling for default judgment and subject to any and all punishment requested by the court.* »

1548 L. Kindel, K. Richter, « Spoliation of Evidence: Will the New Millennium See a Further Expansion of Sanctions for the Improper Destruction of Evidence? », 27(1) *Wm. Mitchell L. Rev.* 687-712 (2000).

1549 *Perkinson v. Gilbert/Robinson, Inc.*, 821 F.2d 686 (D.C. Cir. 1987). – *Carlucci v. Piper Aircraft Corporation*, 102 F.R.D. 472 (S.D.Fla. 3-30-1984). – *E.E.O.C. v. Jacksonville Shipyards, Inc.*, 690 F.Supp. 995 (M.D. Fla. 1988). – *Amaris v. Sharp Elecs.*, 758 N.Y.S.2d 637 (N.Y. App. Div. 2003).

1550 *Amaris v. Sharp Elecs.*, 758 N.Y.S.2d 637, *op. cit.* – V. aussi : *Story v. RAJ Properties, Inc.*, 909 So.2d 797 (Ala. 2005) ; dans cette affaire, le demandeur n'a pas permis au fabricant d'inspecter le produit en stuc avant la destruction. – *Capitol Chevrolet Inc. v. Smedley*, 614 So.2d 439 (Ala. 1993) ; rejet de la demande dans une affaire où le véhicule a été autorisé à être détruit avant que le défendeur ne puisse l'inspecter. Dans le même sens : *Bloemendaal v. Town & Country Sports Ctr. Inc.*, 659 N.W.2d 684 (Mich. Ct. App. 2003).

1551 *Garfoot v. Fireman's Fund Ins. Co.*, 228 Wis.2d 707, 724, 599 N.W.2d 411 (Wis. Ct. App. 1999). Notons ainsi que les juges semblent apprécier différentes sortes de niveaux dans l'intention, de telle sorte que l'intention flagrante ne suffirait pas à l'application de la sanction dissuasive. Seule une intention choquante (« *egregious* ») plus grave encore que l'intention de rétention ou de spoliation caractérisée peut conduire au jugement par défaut.

1552 *Telectron, Inc. v. Overhead Door Corporation*, 116 F.R.D. 107 (S.D.Fla. 6-4-1987).

1553 *Ibid.* Au regard de l'arrêt, il faut, premièrement, démontrer l'action délibérée et de mauvaise foi du spoliateur ; deuxièmement, démontrer que son acte a été préjudiciable pour le plaignant ; troisièmement, quand bien même les deux premières conditions seraient réunies, s'assurer qu'aucune autre sanction alternative n'est possible.

668. **« *Adverse inference* ».** Enfin, parmi les sanctions principales, la sanction de présomption défavorable appelée « *adverse inference* » est la plus régulièrement appliquée[1554]. La sanction de présomption défavorable part du présupposé qu'une partie qui a pris le risque de détruire des documents a conscience que cette destruction est préjudiciable au demandeur[1555]. Autrement dit, le document détruit porte en lui-même l'aveu de son importance pour la partie mise en cause : soit parce que la spoliation obscurcit la recherche de la vérité ; soit parce que, plus généralement, elle paralyse la preuve du plaignant. C'est ainsi que « *la loi, dans la haine du spoliateur, le frustre et contrarie son but inique en se livrant à une présomption qui fournit la preuve perdue* »[1556]. L'*adverse inference* est donc la sanction qui vient compenser la perte de la preuve en déduisant de cette perte l'aveu de son caractère défavorable pour le défendeur. La partie victime de la présomption risque la perte du procès. L'application d'une présomption défavorable est néanmoins enserrée dans des conditions très restrictives, c'est-à-dire qu'elle dépend de la démonstration de plusieurs critères[1557].

669. **Sanction sous-dissuasive.** La présomption défavorable reste, à notre sens, une sanction sous-dissuasive au regard de l'enjeu économique du procès de concurrence. Il n'y a rien de dissuasif dans le risque de perdre un procès que le contrevenant aurait de toute façon perdu en divulguant les preuves pertinentes. La présomption défavorable ne corrige aucunement l'incidence que va avoir la destruction des preuves sur la détermination de la faute et l'évaluation du préjudice par la victime. Le caractère sous-dissuasif de cette sanction est de plus corroboré par une étude statistique démontrant un accroissement des pratiques de destruction des preuves.

670. **Étude statistique sur le phénomène de spoliation.** Un sondage réalisé par le professeur Charles Nesson révèle en effet que 50 % des avocats plaidants

---

Pour cette dernière, la cour considère notamment que « *le pouvoir de sanction doit être tempéré par* le devoir d'imposer les sanctions moins restrictives *disponibles au regard des circonstances* ».

1554 L. Kindel, K. Richter, « Spoliation of Evidence: Will the New Millennium See a Further Expansion of Sanctions for the Improper Destruction of Evidence? », *op. cit.* note 1549, p. 695 : « *In the more typical situation where a defendant destroys or conceals evidence critical to the plaintiffs case, courts often choose to draw an adverse inference against the spoliator.* » – V. aussi Matthiesen, Wickert & Lehrer, S.C. *op. cit.* : « *Majority of states [...] preferred to remedy spoliation of evidence [...] by giving adverse inference.* » – N. D. Wright, « Federal Rule of Civil Procedure 37(e): Spoiling The Spoliation Doctrine », 38(2) *Hofstra L. Rev.* 793-824 (2009).

1555 N. D. Wright, *op. cit.*, p. 801 : « *The rationale for this methodology is based on the theory that if a party is willing to take the risk of getting caught and sanctioned by the court for destroying relevant documents or other materials, the inference may be drawn that these destroyed documents are likely to harm that party's case* » et pp. 796-797 : « *The concept of spoliation springs from the presumption that the documents at issue were destroyed when litigation was either pending or reasonably foreseeable. [...] [I]t is within reason that the parties are, or ought to be, aware of what information and what sorts of documents may be categorized as relevant at later stages of the litigation, and most notably, during discovery.* »

1556 *Pomeroy v. Benton*, 77 Mo. 64, 86 (1882) : « *The law, in hatred of the spoiler, baffles the destroyer, and thwarts his iniquitous purpose, by indulging a presumption which supplies the lost proof, and thus defeats the wrong-doer by the very means he had so confidentially employed to perpetrate the wrong.* »

1557 *Williams v. Werner Enterprises, Inc.*, 2015 WL 1000779 (W. Va. 2015) : la décision *Williams v. Werner Enterprises* démontre toute la difficulté d'établir le caractère intentionnel de la destruction des preuves. Dans cette affaire, la Cour suprême suspend la caractérisation de destruction intentionnelle à six conditions : (1) une action civile en cours ou potentielle ; (2) la conscience chez le spoliateur d'une action civile en cours ou potentielle ; (3) une destruction délibérée de la preuve ; (4) la preuve détruite devait être vitale pour le plaignant ; (5) l'intention du spoliateur d'annihiler la capacité de la victime à prouver l'infraction ; (6) l'impossibilité pour la victime de l'emporter sans la preuve détruite.

reconnaissent que la destruction des preuves est un problème fréquent ou régulier[1558]. Une autre étude démontre, depuis 2003, une augmentation croissante des litiges pour spoliation de preuve[1559].

671. **Bilan.** Aux États-Unis, le problème ne réside pas dans les sanctions proposées et qui sont dissuasives, mais dans l'effectivité de celles-ci, lesquelles sont trop rarement prononcées. En France au contraire, le problème réside bien dans l'absence d'un système de sanction dissuasif en cas de destruction des preuves pertinentes. Le législateur français devrait donc s'inspirer de son homologue américain pour proposer un mécanisme de sanction efficace visant à supprimer l'incitation à détruire les documents pertinents, qui paralyse la fonction dissuasive de l'action privée.

§ 2. La méthode dissuasive du jugement *Holmes*

672. **État du droit positif.** La directive « Dommages » a tenté de se rapprocher des sanctions proposées en cas d'inexécution de la *discovery*. Pour éviter la destruction d'éléments de preuve pertinents, la directive propose de « *tirer des conclusions défavorables dans le cadre d'une action en dommages et intérêts* », considérant que cette sanction « *peut se révéler une sanction particulièrement efficace* »[1560]. La directive calque ici la sanction d'*adverse inference* américaine pour non-respect du *disclosure*. L'ordonnance de transposition de la directive ne reprend pas la sanction de « *conclusion défavorable* » et ne propose aucune sanction pour punir la rétention de preuve[1561]. Ceci s'explique par le fait que le droit français, par l'intermédiaire de l'article 11, alinéa 1, du Code de procédure civile, dispose déjà de la sanction dite de conclusion ou présomption défavorable, même s'il ne l'intitule pas expressément ainsi[1562]. En effet, la possibilité, pour le juge, de « *tirer toute conséquence d'une abstention ou d'un refus* »[1563] équivaut à une

---

1558 T. R. Spencer, « Do Not Fold Spindle or Mutilate: The Trend Towards the Recognition of Spoliation as a Separate Tort », 30 *Idaho L. Rev.* 37 (1993) : « *One survey completed by Harvard Law Professor Charles R. Nesson, concluded that 50% of all litigators found spoliation to be either a frequent or regular problem.* »

1559 D. H. Willoughby, R. H. Jones, G. R. Antine, « Sanctions for E-Discovery Violations: By the Numbers », 60 *Duke L.J.* 789-864 (2010), p. 689 : « *This Article reviews our comprehensive survey of written opinions from cases in federal courts prior to January 1, 2010, involving motions for sanctions relating to the discovery of electronically stored information (ESI). We analyzed each case for various factors, including date, court, type of case, sanctioning authority, sanctioned party, sanctioned misconduct, sanction type, sanctions to counsel, if any, and the protections provided from sanctions by Federal Rule of Civil Procedure 37(e). The survey identified 401 sanction cases and 230 sanction awards […]* »

1560 Directive 2014/104/UE du Parlement européen et du Conseil du 26 novembre 2014 § 33 ; v. aussi l'article 8 de la directive : « *Les États membres veillent à ce que les juridictions nationales soient effectivement en mesure d'infliger des sanctions aux parties, à des tiers et à leurs représentants légaux dans l'un quelconque des cas suivants […] la destruction de preuves pertinentes […]* »

1561 Ord. n° 2017-303 du 9 mars 2017 relative aux actions en dommages et intérêts du fait des pratiques anticoncurrentielles, *JORF* n° 0059 du 10 mars 2017, texte n° 29.

1562 Art. 11, al. 1, CPC : « *Les parties sont tenues d'apporter leur concours aux mesures d'instruction sauf au juge à* tirer toute conséquence d'une abstention ou d'un refus ». Cette formule laisse à penser que, dans le cas où la partie mise en cause ne fournit pas les preuves pertinentes, le juge va sanctionner la résistance du défendeur d'une présomption défavorable.

1563 *Ibid.*

présomption défavorable à l'encontre de celui qui conserve ou détruit les preuves. Cette sanction est sous-dissuasive[1564]. Heureusement, le droit américain propose d'autres sanctions dont les législateurs européen et français pourraient s'inspirer.

673. **Affaire *Holmes v. Amerex Rent-A-Car*.** Cette décision est intéressante en ce qu'elle propose différents moyens de mesurer le dommage causé par la destruction des preuves pertinentes, et ce, afin d'adapter la sanction en conséquence. Dans cet arrêt, la Cour envisage d'abord de dédommager le plaignant des coûts et frais engagés dans le litige. Ensuite, pour mesurer le dommage subi du fait du non-respect de l'adversaire de son obligation de divulgation, elle évalue le caractère pertinent de la preuve dissimulée et son incidence sur le litige. Enfin, elle ajoute un coefficient multiplicateur en s'inspirant de la méthode appliquée dans l'arrêt *Petrik*[1565]. Ce coefficient multiplicateur consiste à multiplier le dommage estimé par le pourcentage probable du succès de l'action du demandeur si la destruction des documents n'avait pas eu lieu : « *Nous préférons adopter la méthode suggérée par la cour de l'Illinois dans l'affaire* Petrik *et considérer que, dans une action pour spoliation négligente ou imprudente,* les dommages qui sont fixés à partir d'une estimation raisonnable basée sur des données pertinentes doivent être multipliés par la probabilité que le demandeur ait gagné le procès si les preuves détruites avaient été disponibles. *Par exemple, hypothétiquement, si un jury a déterminé que les dommages-intérêts attendus dans le procès sous-jacent étaient de 200 000 dollars, et qu'il y avait une probabilité de 60 % que le demandeur ait obtenu ce montant si le procès sous-jacent n'avait pas été perturbé et altéré par la destruction des preuves pertinentes, alors les dommages-intérêts devraient être de 120 000 dollars, ou 60 % de 200 000 dollars* »[1566].

Ce coefficient multiplicateur donne à la sanction une coloration punitive. Néanmoins, pour s'appliquer, il n'est pas dépendant de la preuve de l'intention, puisqu'il s'applique même dans le cas d'une destruction négligente ou imprudente[1567]. Dans cette espèce, le dommage est évalué en considération des chances de succès de l'action du demandeur si les preuves n'avaient pas été détruites, et non au regard au comportement du spoliateur. L'arrêt *Holmes* a été contesté, la Cour suprême d'Alabama a remis en cause l'imposition d'un coefficient multiplicateur, considérant que la rétention ou destruction de preuves ne devait pas conduire à une sanction susceptible de procurer un avantage indu à la victime[1568]. L'inquiétude

---

1564 *Supra*, Partie II, Titre II, n° 671.

1565 501 N.E.2d at 1320 (Ill. App. Ct. 1986).

1566 *Holmes v. Amerex Rent-A-Car*, 180 F.3d 294 (D.C. Cir. 1999) : « *We prefer to adopt the method suggested by the Illinois court in Petrik [...], and hold that in an action for negligent or reckless spoliation of evidence, damages arrived at through just and reasonable estimation based on relevant data should be multiplied by the probability that the plaintiff would have won the underlying suit had the spoliated evidence been available. For example, hypothetically, if a jury determined that the expected recovery in an underlying suit was $200,000, and that there was an estimated sixty percent probability that a plaintiff would have recovered that amount if the underlying suit had not been impaired or precluded due to the spoliated evidence, then the award of damages would be $120,000, or sixty percent of $200,000.* »

1567 *Ibid.* « *[...] determine the amount of plaintiff's damages without reference to the question of his negligence.* »

1568 *Smith v. Atkinson*, 771 So. 2d 429 (Ala. 2000). À la suite de l'affaire *Holmes* qui, à défaut de « *punitive damages* », avait le mérite d'appliquer un coefficient multiplicateur à l'indemnisation, la Cour suprême d'Alabama a montré son désaccord avec ce type de calcul du dommage, montrant sa préférence pour une méthode strictement compensatoire. En effet, dans l'arrêt *Smith v. Atkinson*, elle s'inquiète du risque d'un

nous semble exagérée, car il y a moins à craindre de favoriser la victime que le coupable, étant donné que la première n'est pas responsable de la destruction des preuves. D'autant plus que, si une partie détruit les preuves, c'est qu'elle redoute leur divulgation[1569] et qu'elle essaie, ainsi, de paralyser l'éventuelle action indemnitaire de l'adversaire en lui dissimulant des documents essentiels.

674. **Applicabilité d'une sanction punitive avec coefficient multiplicateur.** Une première solution consisterait à appliquer un coefficient multiplicateur en fonction de la probabilité du succès des prétentions de la victime d'une infraction de concurrence. Cette solution nous paraît tout à fait possible, bien qu'elle doit être encadrée. La victime devrait commencer à justifier la réalité de l'infraction concurrentielle et du dommage qu'elle prétend avoir subi. Si la requête est admise, dans le cas où l'effet de surprise de cette dernière dévoilerait dans le même temps des procédés de destruction ou de dissimulation de preuve[1570], le juge pourrait infliger des dommages-intérêts punitifs.

675. **Méthode pour la détermination du montant de la sanction punitive.** Faute de disposer des pièces essentielles pour évaluer correctement le dommage, le juge pourrait estimer une première fois le préjudice en fonction des seuls éléments de preuve dont il dispose. Après cette première évaluation, un multiple serait appliqué au montant des dommages-intérêts selon la gravité objective de la rétention

effet d'aubaine pour le demandeur. Elle souligne que le problème d'un tel mode de calcul est qu'il offre au plaignant un profit plus important lors de l'instance que lors du procès sous-jacent. Elle sous-entend le risque que la spoliation devienne lucrative pour le plaignant, dès lors que le calcul du dommage repose sur la spéculation d'une probabilité de succès du procès. La Cour privilégie le paiement d'une indemnité purement compensatrice et, ce faisant, limite la dissuasion des futurs spoliateurs. D'abord, la Cour considère : « *The problem with this approach, however, is that it ignores defendant's interest in not providing the plaintiff with a windfall recovery. "If this method is utilized, there is the potential that the plaintiff would benefit more in an instance of spoliation than he might have in the underlying suit."* ». Ensuite : « *[U]nder the approach we adopt today, the risk of a windfall to the plaintiff has been minimized. We decline to gauge damages on the plaintiff's probability of success on the merits. We conclude that without the spoliated evidence, the plaintiff's probability of success is too tenuous a measure to be consistently applied and that any attempt to apply it would constitute pure speculation. Therefore, in determining damages, we reject the use of probability of success as a benchmark, in favor of the use of compensatory damages that would have been awarded on the underlying cause of action, if the defendant cannot overcome the rebuttable presumption.* »

1569 J. H. Wigmore, *Evidence*, Chadbourn rev. ed. (1979), § 278. L'auteur considère que la conduite du spoliateur doit être reçue comme une indication de la peur de la partie en cause à produire les documents. Selon l'auteur, cette peur doit indiquer au juge que si les documents avaient été produits, ils auraient été défavorables au défendeur : « *It has always been understood – the inference, indeed, is one of the simplest in human experience – that a party's falsehood or other fraud in the preparation and presentation of his cause, his fabrication or suppression of evidence by bribery or spoliation, and all similar conduct is receivable against him as an indication of his consciousness that his case is a weak or unfounded one […] The failure to bring before the tribunal some circumstance, document or witness, when either the party himself of his opponent claims that the facts would thereby be elucidated,* serves to indicate, as the most natural inference, that the party fears to do so*; and this fear is some evidence that the circumstance or document or witness, if brought, would have exposed facts unfavorable to the party* ». – V. aussi : C. McCormick, K. Broun a., *McCormick on Evidence*, 6e éd., St. Paul, Minn. : Thomson/West (2006), § 265 : « *As might be expected, wrongdoing by the party in connection with its case amounting to* an obstruction of justice is also commonly regarded as an admission by conduct ».

1570 Aux États-Unis, certaines affaires démontrent que des entreprises détruisent les preuves qui figurent notamment dans des courriers électroniques, sans savoir qu'un logiciel permet, malgré la destruction, de sauvegarder les mails pendant 90 jours : v. L. J. Magid, « As North Learned, Deleted Files are Retrievable », *Los Angeles Times*, Aug. 10, 1987. Disponible sur : http://articles.latimes.com/1987-08-10/business/fi-58_1_computer-files.

de preuve. Plusieurs critères devraient être pris en compte pour déterminer le multiple, par exemple :

- **La gravité de l'infraction de concurrence dont la partie mise en cause est accusée.**
- **La prise en compte de la probabilité de détection de la spoliation.** Selon le professeur Charles Nesson, « *il existe une haute probabilité pour que la spoliation ou la dissimulation ne soit pas détectée* »[1571]. Une sanction dissuasive serait donc une sanction qui prendrait en compte la probabilité de non-détection de la destruction des preuves : « *Même si la suppression est découverte,* les conséquences pour le spoliateur ne sont pas suffisamment graves pour compenser l'avantage résultant de la probabilité de ne pas être découvert »[1572]. Il pourrait être envisagé de prendre en compte la faible probabilité de détection des destructions de preuve pour gonfler les dommages et intérêts.
- **La prise en compte de la probabilité de succès de l'action en réparation.** Le multiple appliqué aux dommages et intérêts devrait être déterminé au regard de la probabilité que le demandeur ait gagné le procès si les preuves détruites avaient été disponibles. Ce critère fut notamment pris en compte dans l'affaire *Holmes*[1573].
- **La nature et l'importance des documents manquants.** Le multiple devrait, de plus, être déterminé au regard de la nature et de l'importance des documents manquants. L'impossibilité absolue ou relative, pour la victime, de déterminer la faute et de quantifier le préjudice sans ces documents constituerait une preuve de leur importance.
- **La gravité du comportement dans son ensemble.** Le multiple devrait, enfin, dépendre de la gravité du comportement de la partie qui a détruit les preuves, laquelle pourrait s'apprécier au regard du caractère obstiné du refus de communiquer les pièces pertinentes. Par exemple, les cas où la partie persiste à refuser de livrer les documents malgré l'astreinte du juge renseignent sur la gravité du comportement. De même, le rapport de carence de l'huissier qui expliquerait objectivement les manquements de l'adversaire devrait pouvoir justifier une sanction punitive. Si, par exemple, la mesure d'expertise judiciaire ordonnée par le juge pour déterminer le préjudice n'a pu être menée correctement du fait de l'attitude dilatoire de la partie mise en cause, la paralysie ou, à tout le moins, le sabotage, par la rétention de preuve, des effets de l'article 275 du Code de procédure civile[1574] pourrait légitimer une sanction punitive. Cette dernière serait

---

1571 C. Nesson, « Incentives to Spoliate Evidence in Civil Litigation: The Need for Vigorous Judicial Action », 13 *Cardozo L. Rev.* 793 (1991).

1572 D. Nance, « Hear No Evil, See No Evil: On Professor Nesson's Claims About Evidence Suppression », Case Western University School of Law, Faculty Publications 288 (1991) : « *He then guides us through the litigation process to show that even if the suppression is discovered, the consequences to the suppressor are not serious enough to offset the discount resulting from the chance of not being discovered [...] Nesson relies heavily on the idea that those sanctions thought to be most severe, such as issue preclusion, dismissal of a plaintiff, and default of a defendant, are not effective as deterrents.* »

1573 *Holmes v. Amerex Rent-A-Car*, 180 F.3d 294 (D.C. Cir. 1999).

1574 Art. 275 du Code de procédure civile : « *Les parties doivent remettre sans délai à l'expert tous les documents que celui-ci estime nécessaires à l'accomplissement de sa mission. En cas de carence des parties, l'expert en informe le juge qui peut ordonner la production des documents, s'il y a lieu sous astreinte, ou bien, le cas*

justifiée par le rapport déposé par l'huissier. Concrètement, si l'expert, dans son rapport, fait part du refus constant de la partie mise en cause à lui remettre les documents demandés ; qu'ainsi, il rédige un rapport de carence, lequel fait état des nombreux manquements de l'adversaire ; dans ce cas, une sanction punitive sous la forme d'un coefficient multiplicateur nous paraît être une bonne solution. D'abord, parce qu'elle est autrement plus dissuasive que la simple présomption défavorable calquée sur l'*adverse inference* américaine. Ensuite, parce que le calcul de certains agents préférant payer une astreinte plutôt que de livrer les preuves serait dissuadé par l'horizon d'une sanction punitive.

échéant, l'autoriser à passer outre ou à déposer son rapport en l'état. La juridiction de jugement peut tirer toute conséquence de droit du défaut de communication des documents à l'expert. »

Conclusion Chapitre 1

676. **Assurer l'accès aux preuves.** L'accès aux preuves est essentiel pour assurer l'effectivité de l'action privée en réparation. Ni la procédure de *discovery* prévue aux États-Unis ni le régime français de production forcée ne permettent de contraindre la partie mise en cause à communiquer les documents pertinents. L'étendue de l'obligation de divulgation n'assure en rien la communication des pièces, qui peuvent être détruites ou dissimulées par le fautif[1575]. La question relative à l'obligation de divulgation ne doit donc pas éclipser celle relative à la sanction prévue en cas d'inexécution de cette obligation. Le système français ne prévoit aucune sanction dissuasive pour punir la rétention de preuve. En conséquence, même dans le cas où la destruction des preuves est découverte, les conséquences pour l'agent restent faibles au regard de l'avantage retiré par ce dernier qui paralyse l'action indemnitaire du plaignant. Ainsi, l'agent, formant un calcul coût-avantage, préférera dissimuler ou détruire les preuves plutôt que les divulguer.

677. **Inspiration du droit américain.** Le législateur devrait s'inspirer du droit américain, qui prévoit la fixation de dommages-intérêts punitifs en cas de destruction des preuves pertinentes. En fonction de la gravité objective de la rétention de preuve, le juge pourrait appliquer un multiple aux dommages-intérêts initialement fixés[1576]. Cinq critères devraient être pris en compte pour justifier le gonflement des dommages-intérêts en cas de rétention de preuve :

- la gravité de l'infraction de concurrence ;
- la probabilité de détection de la destruction des preuves ;
- la probabilité de succès de l'action en réparation ;
- la nature et l'importance des documents manquants ;
- la gravité du comportement dans son ensemble.

Une sanction punitive sous la forme d'un coefficient multiplicateur nous semble être autrement plus dissuasive que les sanctions prévues en droit français, que ce soit la présomption défavorable[1577] ou l'astreinte. Le calcul des agents économiques préférant payer une astreinte plutôt que de livrer les preuves serait dissuadé par le risque économique d'un tel agissement tenant à l'imposition de dommages-intérêts punitifs. Assurer l'accès aux preuves constitue le premier pilier si l'on veut garantir l'application de l'action privée en réparation, laquelle joue un rôle indispensable dans la dissuasion des comportements déviants. Le second pilier repose sur la réparation du préjudice concurrentiel, qui doit impérativement être facilitée.

1575 G. Zambrano, « L'inefficacité de l'action civile en réparation des infractions au droit de la concurrence – Étude du contentieux français devant le Tribunal de Commerce de Paris (2000-2012) », thèse Montpellier 1, 2012, p. 148 : « *La partie créancière du* discovery *n'obtient néanmoins pas de moyens de contrainte directs permettant de se faire ouvrir physiquement les locaux de son adversaire. C'est ici que réside le profond malentendu entre* Common Lawyers *et civilistes. Pour les juristes continentaux, la* discovery *est trop rapidement assimilée à une perquisition privée [...] La réflexion sur les sanctions du* discovery *permet de battre en brèche la légende selon laquelle le* discovery *permettrait de vaincre la dissimulation d'une pièce dont le plaideur ignore l'existence.* »

1576 Sachant que ces dommages-intérêts initiaux sont minorés parce que le juge ne peut, en l'absence des pièces pertinentes, évaluer l'ampleur du préjudice.

1577 Rappelons que l'art. 11, al. 1, CPC dispose que le juge a la possibilité de « *tirer toute conséquence d'une abstention ou d'un refus* » de divulgation des preuves.

Chapitre 2
Faciliter la réparation du préjudice

678. **Les caractères du dommage réparable.** Pour être indemnisable, le préjudice dont la victime demande réparation doit être direct, personnel et certain. Les caractères du dommage réparable sont particulièrement difficiles à démontrer. Par exemple, le caractère certain du dommage est difficile à prouver en présence d'un « dommage progressif » dont les effets apparaissent ou évoluent dans le temps, si bien qu'il est déterminé avec incertitude au moment où la plainte est menée. Les difficultés éprouvées par les victimes pour le caractériser font souvent naître des doutes quant à la certitude du dommage. Pour promouvoir l'effectivité du droit à réparation, il est essentiel que « *le réalisme économique [...] l'emporte sur le formalisme juridique* »[1578]. La réalité économique des infractions concurrentielles commande un assouplissement des caractères du dommage réparable. Il faudrait, pour ce faire, assouplir le critère de certitude du dommage (Section 1). Par ailleurs, la réparation intégrale est un vœu pieux en l'absence d'une méthode claire de quantification du dommage. Il faut impérativement limiter le risque de minoration du préjudice, lequel permet à l'agent économique de verser des dommages-intérêts inférieurs aux bénéfices retirés de la faute. Des solutions sont possibles pour améliorer l'évaluation du préjudice concurrentiel (Section 2).

Section 1
L'assouplissement du critère de certitude du dommage

679. La condition de certitude du dommage est allégée par l'ordonnance de transposition de la directive « Dommages », qui semble élargir le régime de la présomption au-delà du droit de la concurrence déloyale (§ 1). En outre, s'agissant du lien de causalité entre la faute et le dommage, il faudrait opter pour la théorie de la causalité la plus à même de renforcer l'effectivité des actions en réparation (§ 2).

§ 1. L'élargissement du régime de la présomption au-delà du droit de la concurrence déloyale

680. **Régime unitaire de la présomption ?** Le droit de la concurrence déloyale admet maintenant depuis longtemps que le préjudice se déduise de la faute déloyale.

1578 R. Kovar, « Colloque : L'effectivité du droit européen de la concurrence – Propos conclusifs », *RUE* 2015, p. 386.

Néanmoins, ce principe n'était pas consacré en droit des pratiques anticoncurrentielles. Certes, la jurisprudence a déjà considéré qu'un préjudice s'infère nécessairement des pratiques anticoncurrentielles mises en œuvre par le contrevenant[1579]. La directive « Dommages »[1580] puis l'ordonnance de transposition de la directive, au regard de l'article L. 481-7, semblent élargir le bénéfice de la présomption aux victimes d'ententes[1581].

681. **Une incertitude persistante.** Néanmoins, dans un arrêt du 13 décembre 2017, la victime invitait la Cour de cassation à tirer de l'existence de la faute anticoncurrentielle une présomption de préjudice[1582]. La Cour a refusé d'accorder cette présomption et adhère à la décision de la cour d'appel qui rejette la demande en réparation, faute de certitude du préjudice. Du point de vue de l'effet dissuasif général attribué à l'action privée en réparation, cette décision est contestable : en effet, ce principe commande la diffusion de règles intelligibles pour l'ensemble des agents économiques sur le marché afin de rendre audible le signal dissuasif compris dans la règle de droit et assurer la bonne compréhension des mécanismes de responsabilité. En l'occurrence, le refus de la Cour d'aligner le droit antérieur à l'ordonnance de transposition avec le principe de présomption de préjudice en cas d'« entente entre concurrents » prévu au nouvel article L. 481-7 du Code de commerce témoigne du conflit existant entre le droit antérieur et le droit postérieur susceptible d'obscurcir le droit de la responsabilité. Aucune raison ne semble justifiée, cette solution « *contribue à obscurcir la compréhension des règles applicables à la réparation des préjudices de concurrence sans que des enjeux de justice économique ne le justifient* »[1583]. En s'aidant des travaux de l'économie comportementale, on peut suspecter les juges de la Cour de cassation d'être victimes d'un biais comportemental entendu sous le nom de « biais de statu quo », lequel décrit la résistance au changement, la préférence pour un choix plus

---

1579 CA Paris, pôle 5, ch. 4, 26 juin 2013, *JCB Sales c/ Central Parts*, n° 12/0441. Dans cette affaire, la cour d'appel de Paris a affirmé que « *les pratiques anticoncurrentielles [...] reconnues par les décisions communautaires et qui ont eu pour effet d'empêcher le jeu de la concurrence, ont nécessairement causé un trouble commercial* » à Central Parts (demandeur). – V. aussi : T. com. Paris, 30 mars 2015, LawLex20150000456JBJ ; T. com. Paris, 6e ch., 30 mars 2011, *SAS Numericable a. c/ SA France Télécom Orange*, n° 2009073089.

1580 Directive 2014/104/UE, § 47 : « *Pour remédier à l'asymétrie de l'information et à certaines difficultés liées à la quantification du préjudice dans des affaires relevant du droit de la concurrence, et pour garantir l'effectivité des actions en dommages et intérêts, il convient de présumer que les infractions sous forme d'entente causent un préjudice, en particulier en générant un effet sur les prix. En fonction des éléments factuels de l'affaire, les ententes entraînent une hausse des prix ou empêchent une baisse des prix qui se serait produite si l'entente n'avait pas existé. Cette présomption ne devrait pas porter sur le montant réel du préjudice. Les auteurs de l'infraction devraient avoir le droit de renverser la présomption. Il convient de limiter cette présomption réfragable aux ententes, compte tenu de leur nature secrète, qui accroît l'asymétrie de l'information et rend plus difficile pour les demandeurs l'obtention des preuves nécessaires pour démontrer l'existence d'un préjudice.* » V. aussi article 17 (§ 2) de la directive, lequel réaffirme clairement la présomption en considérant qu'il « *est présumé que les infractions commises dans le cadre d'une entente causent un préjudice. L'auteur de l'infraction a le droit de renverser cette présomption* ».

1581 Art. L. 481-7, ord. 2017 : « *Il est présumé jusqu'à preuve contraire qu'une entente entre concurrents cause un préjudice.* »

1582 Cass. com., 13 septembre 2017, n° 15-22.837 et 15-23.070 ; *L'actu-concurrence*, 16 octobre 2017, obs. M. Chagny : la victime soutenait « *qu'en matière anticoncurrentielle, l'existence d'un préjudice s'infère au moins partiellement de l'infraction elle-même* ».

1583 R. Amaro, « Le contentieux de la réparation des pratiques anticoncurrentielles (sept. 2017 – févr. 2018) », Concurrences n° 2-2018, Art. N° 86716, pp. 225-239.

sécurisant qu'aventureux, la crainte de la nouveauté qui fait courir des risques que l'agent préfère repousser.

682. **Exclusion des abus de position dominante.** Par ailleurs, au regard de l'ordonnance, il semble clair que la victime d'un abus de position dominante ne pourra bénéficier de la présomption de préjudice. On peut regretter cette exclusion de l'abus, mais en réalité cette exclusion se justifie pour les deux raisons suivantes : premièrement, la doctrine a suffisamment démontré que le risque d'erreur de type 1 était particulièrement élevé en matière d'abus de position dominante[1584]. Tant que le droit n'aura pas clarifié suffisamment ce qui relève d'un abus et ce qui relève d'un acte de concurrence par les mérites, il est légitime d'exclure du bénéfice de la présomption les abus de position dominante pour ne pas punir indûment une entreprise qui a commis une pratique licite ou proconcurrentielle[1585]. Deuxièmement, contrairement aux ententes occultes qui requièrent des moyens d'enquête dont seules disposent les autorités de concurrence, les abus sont parfois le résultat de pratiques commerciales assumées par des opérateurs dominants et qui rentrent dans le cadre de relations de distribution[1586]. Dans ce cas, ils « *produisent le plus souvent un effet d'éviction dont l'estimation peut être approchée de façon relativement simple grâce au point de repère que constitue le contrat* »[1587], ce qui facilite leur détermination par les victimes.

683. **Incidence de la présomption sur la dissuasion.** On se félicitera donc, pour le moment, de cet élargissement du bénéfice de la présomption aux victimes d'entente. La présomption est un outil dissuasif pouvant contribuer de manière significative au respect des règles de concurrence en renforçant l'effectivité de l'action en réparation, et ce, pour trois raisons principales.

684. **Augmentation du risque juridique de l'infraction.** Premièrement, en facilitant la preuve du dommage, elle facilite le régime probatoire de la victime et donc limite le taux d'échec de l'action en réparation. Déduire de la faute l'existence d'un préjudice est une tactique judiciaire utilisée par les juges du fond afin d'éviter que le fautif ne se retranche derrière les difficultés de preuve du préjudice pour échapper à la loi. Pour cette raison, « *la règle selon laquelle la faute a nécessairement fait naître un préjudice que le juge doit réparer comporte intrinsèquement, indépendamment de sa mise en œuvre,* une fonction dissuasive qui n'est pas tout à fait étrangère à la dimension préventive, classiquement admise, de la responsabilité civile »[1588]. La présomption augmente la probabilité de succès de l'action privée

---

[1584] *Supra*, Partie II, Titre I, n° 585 et s.

[1585] Partie II, *Loc. cit.*

[1586] Une étude empirique, qui a notamment démontré la fréquence du contentieux indemnitaire autonome de concurrence, montre que ce contentieux est souvent un contentieux contractuel entre professionnels victimes des pratiques commerciales mises en œuvre par des opérateurs dominants ; v. R. Amaro, *Le contentieux privé des pratiques anticoncurrentielles. Étude des contentieux privés autonome et complémentaire devant les juridictions judiciaires*, Bruylant, 2014 ; v. p. ex. CA Paris, ch. 4, 17 septembre 2014, *SA La Montagne c/ SAS Aviscom*, n° 12/10322 ; *Lettre creda-concurrence*, 13 octobre 2014, obs. A. Ronzano ; *AJCA* 2015, p. 70, obs. M. Chagny.

[1587] R. Amaro, H. Vey-Morit, « L'actualité du contentieux indemnitaire des pratiques anticoncurrentielles », *RLDA* n° 107, 1er septembre 2015.

[1588] L. Gratton, « Le dommage déduit de la faute », *RTD civ.* 2013, p. 275.

et, ce faisant, elle renforce le risque juridique du manquement de concurrence qui influence l'incitation à enfreindre la loi.

685. **Réduction du coût probatoire.** Deuxièmement, la présomption renforce l'incitation à agir en dommages-intérêts, en réduisant les coûts et efforts probatoires de la victime. En conséquence, elle augmente là encore le risque juridique de l'infraction en accroissant la probabilité, pour le coupable, de subir une action en dommages-intérêts.

686. **Accès aux preuves.** Troisièmement, la présomption est essentielle, car si le préjudice se déduit de la faute, le juge admettra plus facilement les mesures d'instruction aidant au recueillement de pièces indispensables à la quantification du préjudice. La présomption participe donc indirectement à renforcer l'efficacité de l'action privée, car si la victime est en mesure de quantifier son préjudice, le fautif devra verser des dommages et intérêts plus importants.

687. **Bilan.** Le critère de certitude du dommage est assoupli au regard de l'ordonnance, qui étend le bénéfice de la présomption aux victimes d'entente. On regrettera cependant le refus de la Cour d'unifier le droit antérieur et le droit postérieur à l'ordonnance de transposition. Les règles de responsabilité sont obscurcies par ce refus d'unification et l'outil dissuasif que constitue la présomption va rester ineffectif pour toutes les affaires antérieures à la transposition de la directive « Dommages ». Il reste, par ailleurs, encore à assouplir les règles portant sur le lien de causalité entre la faute et le dommage. Cet assouplissement est indispensable si l'on veut renforcer la fonction dissuasive de l'action privée, laquelle doit constituer une menace réelle pour les agents déviants.

§ 2. La théorie de la causalité « pertinente » pour renforcer l'effectivité de l'action privée

688. La pertinence inégale des théories causales (A) au regard de l'objectif de dissuasion doit conduire le législateur et la jurisprudence à faire le choix de la causalité le plus à même de renforcer l'effectivité de l'action en réparation. En outre, la question de la causalité renvoie à la question de savoir s'il faut prendre en compte, dans le calcul du préjudice, la faute de la victime qui n'a pas pris les mesures nécessaires pour minimiser son préjudice. Sur ce point, le récent projet de réforme du droit de la responsabilité civile propose d'introduire une obligation, pour la victime, de minimiser son préjudice (B).

A. La pertinence inégale des théories causales

689. **Causalités multiples.** Le droit de la concurrence doit faire face au problème des « *causalités multiples* »[1589] que pose la réparation du dommage concurrentiel. Par exemple, si la hausse des prix tirée d'une entente peut causer un préjudice, ce

---

1589 D. Spector, « L'approche économique du préjudice : problèmes et techniques économétriques », in colloque « La réparation du préjudice causé par une pratique anti-concurrentielle en France et à l'étranger : bilan et perspectives », Cycle « Droit et économie de la concurrence », Cour de cassation, 17 octobre 2005.

dernier peut aussi être provoqué par toutes sortes de causes étrangères comme le « *choc des coûts, les fluctuations de la demande ou les changements de la structure du marché* »[1590]. Lorsqu'un dommage résulte de plusieurs faits causaux, la difficulté est de distinguer la part licite du dommage[1591] de la part illicite.

690. **Exclusion de la causalité adéquate.** Tout d'abord, la théorie de la causalité adéquate revient à écarter parmi des causes concurrentes celles qui ne se rattachent pas suffisamment au dommage[1592]. Cela équivaut à tracer une sorte de hiérarchie dans la série des faits causaux, en privilégiant les causes adéquates du dommage. À notre sens, recourir à la théorie de la causalité adéquate est inutile et inefficace : inutile parce que lors d'un dommage concurrentiel, la question est moins de savoir s'il faut écarter des causes concurrentes que de déterminer la responsabilité de chaque fait causal ; inefficace, car cette théorie, « *infiniment complexe* »[1593], est difficilement applicable dans les tribunaux.

691. **Retenir l'équivalence des conditions.** La théorie de l'équivalence des conditions répond davantage au principe de réalité du litige concurrentiel et évite une hiérarchisation complexe entre les faits causaux. Elle est plus réaliste car, comme le souligne très justement un auteur, en matière de « *causalité économique [...], un nombre très important de facteurs influent sur la situation d'un acteur économique, il est souvent très difficile d'isoler l'effet d'une cause de l'effet des autres causes* »[1594]. Cette théorie semble avoir été retenue dans l'arrêt *Kone*, la Cour de justice ayant considéré que l'entente avait « *contribué à fausser les mécanismes de formation des prix* »[1595]. Autrement dit, le cartel n'était pas la seule cause de la hausse de prix, et il n'était pas exigé qu'il soit la cause exclusive de ladite hausse. La théorie de l'équivalence poursuit un objectif de dissuasion en ce qu'elle empêche le fautif d'instrumentaliser une règle de causalité étriquée qui choisirait discrétionnairement la cause du dommage. En assouplissant la causalité, l'on augmente par là même la probabilité que le coupable soit sanctionné. Il ne faut pas, en effet, laisser se diluer le préjudice dans une analyse arbitraire de la responsabilité de la pluralité des faits causaux.

692. **Solution.** On sait que la question de la causalité n'est pas abordée par la directive « Dommages », sauf dans son considérant 11, pour rappeler que « *la notion de lien de causalité entre l'infraction et le préjudice doivent respecter les principes d'effectivité et d'équivalence* ». L'ordonnance de transposition ne se prononce pas non plus sur ce point. Il appartient donc à la jurisprudence, de façon autonome, de choisir comment elle entend apprécier la notion de lien de causalité. Sur ce point, nous adhérons à l'idée qu'il faudrait avoir une conception unitaire de la causalité et généraliser la théorie de l'équivalence des conditions à l'ensemble des infractions de concurrence.

1590 *Ibid.*

1591 C'est-à-dire celle qui relève du fonctionnement normal du marché.

1592 *Le Lamy Droit de la responsabilité*, « Les limites de la théorie de la causalité adéquate », 270-69.

1593 J.-L. Aubert, J. Flour, E. Savaux, « Le fait juridique », *Droit civil : Les obligations*, t. 2, 14e éd., Sirey, 2011, n° 158 ; source citée dans *Le Lamy Droit de la responsabilité*, « La théorie de la causalité adéquate », 270-60.

1594 I. Smic, N. Monnet, « Les hésitations françaises en matière de recours indemnitaires : le temps fera l'affaire ! », *RDAI/IBLJ*, 2006, n° 3, p. 385, spéc. p. 397.

1595 CJUE, 5e ch., 5 juin 2014, *Kone AG et autres c/ ÖBB-Infrastruktur AG*, aff. C-557/12, § 33.

693. **Causalité intégrale/causalité partielle.** Comme la théorie de la causalité adéquate, la théorie de l'équivalence des conditions ne résout pas définitivement la question de savoir s'il faut indemniser intégralement ou partiellement le dommage en présence de causes concurrentes. Savoir que des causes sont équivalentes dans la production du dommage n'empêche en rien le risque d'une indemnisation partielle du préjudice. Précisément, la théorie de la causalité renvoie plus généralement à la question de savoir s'il faut privilégier un système de causalité intégrale (autrement appelé causalité totale) ou un système de causalité partielle[1596]. L'incidence, du point de la vue de la dissuasion, du choix de l'un ou l'autre des systèmes de causalité est variable.

- **Le choix d'un système de causalité intégrale est dissuasif.** Par définition, il assure un examen global de la responsabilité causale dans le dommage. Peu importe, donc, que certaines causes aient une responsabilité particulière dans le dommage. Quand bien même une seule part du préjudice se trouve directement liée à la faute du débiteur, la victime est indemnisée intégralement. C'est moins les causes entre elles que l'événement causal dans son ensemble, lequel forme un tout unitaire et indivisible, qui justifie la réparation intégrale. C'est seulement si le juge observe que, même sans la faute, le dommage aurait été subi que le débiteur est exonéré. Inversement, dès lors qu'il est constaté que le préjudice n'aurait pas eu lieu sans l'événement causal, le préjudice doit être intégralement réparé.
- **Le choix d'un système de causalité partielle est sous-dissuasif.** Il décrit une situation dans laquelle, « *dans le risque réalisé et subi par le créancier, seule une part est due à la faute du débiteur (lien de causalité partielle et non pas incertain) : les juges doivent alors apprécier très précisément à quel risque le créancier a été fautivement exposé* »[1597], ce qui conduit à un partage de responsabilité entre plusieurs causes[1598]. Dans un litige de concurrence, cela consistera à prendre en compte tous les facteurs endogènes ou exogènes à l'entreprise pour déterminer le préjudice à l'aune de la responsabilité des causes concurrentes.

694. **Affaire *DKT International*.** Cette affaire résume parfaitement la consécration, au regard des facteurs endogènes à l'entreprise victime, d'une causalité partielle par le juge de concurrence. Dans cette affaire, DKT s'estimait victime de pratiques

---

1596 Cass. civ. 2e, 30 juin 1971, *Liquiere / Debos* : JurisData n° 1971-099240 ; *Bull. civ.* 1971, II, n° 240, citée par S. Hocquet-Berg, « Prédisposition de la victime », *Responsabilité civile et assurances* n° 7-8, juillet 2016, comm. 213 : « *après avoir cédé durant un court laps de temps aux sirènes de la causalité partielle au cours des années 1950, la Cour de cassation [...] est revenue au système de la causalité intégrale* ». – V. aussi Cass. civ. 1re, 28 novembre 2012, *Mme Mataillet c/ Cne de Saint-Hilaire de Lavit*, n° 11.268-14 : JurisData n° 2012-027514, obs. P. Sargos, « De l'obligation de résultat à l'obligation de sécurité de résultat », *Revue juridique de l'économie publique* n° 706, mars 2013, comm. 12 : « *il est loin d'être certain que la causalité partielle connaisse le même revers de fortune en matière délictuelle. On recherche alors une pluralité de causes à la production du dommage* ».

1597 M. Fabre-Magnan, « Le devoir d'information dans les contrats : essai de tableau général après la réforme », *JCP G* n° 25, 20 juin 2016, 706.

1598 Il ne s'agit donc pas, comme la théorie de la causalité adéquate le suggère, d'écarter les causes qui ne se rattachent pas au dommage, mais d'évaluer la responsabilité dans le dommage de chacune des causes concurrentes.

d'éviction et d'actes de concurrence déloyale de la part de Valorplast et Eco-Emballages, lesquelles ont abusé de leur position dominante respectivement sur les marchés de l'organisation collective et de la collecte des déchets ménagers en France et sur celui de la reprise des déchets ménagers plastiques. Pour fixer les dommages et intérêts, le juge de la réparation a considéré que « *les pertes enregistrées par DKT entre 2005 à 2011 sont le résultat des agissements de Valorplast et d'Eco Emballages* mais aussi de la politique commerciale adoptée par DKT »[1599]. Les dommages et intérêts attribués ont été fortement dévalués par rapport aux prétentions indemnitaires de la victime[1600]. Le préjudice moral accordé à la victime ressemble à un préjudice de consolation, cette dernière ayant vu ses prétentions indemnitaires divisées par 7, et ce notamment au regard d'une application douteuse de la théorie de la causalité partielle. Si les prétentions de la victime étaient peut-être excessives (rien ne nous permet de le savoir), il n'en reste pas moins que le tribunal ne justifie aucunement en quoi la politique commerciale adoptée par DKT devait justifier une telle minoration du préjudice. L'absence de motivation sur ce point pourtant central est donc plus que regrettable, car elle ne permet pas de savoir si une telle différence entre les sommes demandées et les sommes obtenues est justifiée. Corrélativement, elle laisse planer un doute sur l'existence d'une éventuelle faute lucrative de Valorplast.

695. **Solution : opter pour un système de causalité intégrale.** Le juge de la réparation soumis à un litige de concurrence devrait privilégier la causalité intégrale et écarter le système de causalité partielle. Plusieurs raisons nous poussent à invoquer l'abandon de la causalité partielle :

696. **Causes endogènes.** Premièrement, ce système oblige à apprécier rigoureusement les causes endogènes à l'entreprise, comme l'a fait le juge dans l'affaire *DKT* lorsqu'il a considéré que la politique commerciale de cette dernière était l'une des causes de ses pertes financières. Or, non seulement l'expression même de « politique commerciale » est si large qu'il eût fallu pouvoir la déterminer avec précision avant de lui prêter une responsabilité dans le dommage, mais plus généralement, toute entreprise, quelle qu'elle soit, connaît des difficultés diverses, si bien que les défaillances préexistantes au litige n'ont pas à venir minorer l'importance du dommage, sauf à consacrer un phénomène de minoration obligatoire du préjudice par appréciation des difficultés internes d'une entreprise. Un arrêt intéressant rendu par la Cour de cassation en matière d'accident de circulation pourrait inspirer le juge soumis à un litige de concurrence. Dans cette affaire, un chauffeur routier a été victime en France d'un accident de circulation, accident dans lequel a été impliqué un autre véhicule automobile. Sur l'indemnité due à la victime, la juridiction a considéré que « *le droit de la victime à obtenir l'indemnisation de son préjudice corporel* ne saurait être réduit en raison d'une prédisposition

---

1599 T. com. Paris, 15e ch., 30 mars 2015, *DKT c/ Eco-Emballages et Valorplast*, n° 2012000109 : JurisData n° 2015-018027, p. 15 ; obs. G. Decocq, « La procédure d'engagement ne rend pas irrecevable une action en responsabilité civile », *CCC* n° 6, juin 2015, comm. 155.

1600 Sur les 2,3 millions d'euros demandés, la victime a obtenu 50 000 euros de dommages et intérêts pour le manque à gagner constitué par l'impossibilité de rentabiliser les investissements réalisés et par la perte du chiffre d'affaires ; 200 000 euros pour la perte de chance de contracter ; et 100 000 euros pour le préjudice moral découlant de l'atteinte de réputation, soit un total de 350 000 euros.

pathologique *lorsque l'affection qui en est issue n'a été provoquée ou révélée que par le fait dommageable* »[1601]. Or, en droit de la concurrence, la théorie de la causalité partielle consacre justement cette idée que le dommage peut résulter partiellement des effets d'une pathologie préexistante, en l'occurrence les causes endogènes à l'entreprise résultant globalement de sa politique commerciale. Il serait bienvenu qu'à l'avenir, le juge considère que l'indemnisation du préjudice concurrentiel ne saurait être réduite en raison d'une prédisposition commerciale endogène à l'entreprise[1602].

697. **Causes exogènes.** Deuxièmement, le système de causalité partielle oblige à apprécier rigoureusement les causes exogènes à l'entreprise. Par cause exogène, c'est fréquemment la conjoncture économique qui est entendue, laquelle est très délicate à appréhender. D'abord, parce qu'elle est tantôt appréciée au regard la situation générale de l'économie d'un pays, tantôt étudiée au niveau d'une région, ou encore réduite à un secteur économique particulier. Ensuite, parce que, pour l'apprécier, il faut s'appuyer sur un certain nombre d'indicateurs[1603]. Aussi, parce qu'elle est cyclique, c'est-à-dire sujette à des variations constantes, si bien que la jurisprudence elle-même reconnaît que les intérêts d'une partie peuvent constamment varier au regard de l'évolution de la conjoncture économique[1604]. Enfin, parce que le juge civil, au regard des obstacles énoncés, ne dispose pour l'instant ni du temps recommandé ni des moyens suffisants pour se lancer dans une étude précise de l'incidence de la conjoncture économique sur le préjudice de la victime. Sur ce point, le droit de la concurrence pourrait prendre exemple sur le droit du travail, qui entretient une méfiance à l'égard de l'argument de la conjoncture économique[1605], considérant que les motifs économiques du licenciement peuvent être appréciés avec davantage de certitude que la conjoncture économique[1606]. À notre sens, tant que le juge de la réparation n'aura pas les moyens d'apprécier précisément la conjoncture économique et ses éventuels effets, ce paramètre devrait être ignoré.

698. ***Bad man.*** Pour finir, eu égard à la théorie du *bad man*[1607], déjà suffisamment développée[1608], admettre la théorie de causalité partielle inciterait les auteurs d'infrac-

---

1601 Cass. civ. 2e,14 avril 2016, *K. c/ Sté Allianz IARD a.*, n° 14-27.980, 632, F-D : JurisData n° 2016-007664.

1602 N. Dejean de la Batie, préface de la thèse de J.-C. Montanier, « L'incidence des prédispositions de la victime sur la causalité du dommage », thèse Grenoble II, 1981 ; source citée par S. Hocquet-Berg, *op. cit.* note 1597 : l'auteur pose une question rhétorique qui pourrait justifier l'exclusion du choix de la causalité partielle au profit de celle de la causalité intégrale : « *Si […] un vase très fragile ne résiste pas à un coup léger, celui qui a porté ce coup peut-il nier, pour autant, que ce soit lui, et lui seul, qui l'ait brisé ?* »

1603 Elle s'apprécie à l'aide d'indicateurs économiques tels que le taux de croissance du PIB, le taux d'inflation, le revenu de consommation, l'évolution du taux de chômage, la balance commerciale, etc.V. economie.gouv.fr/cedef/indicateurs-conjoncture-economique.

1604 Cass. com., 12 avril 2016, n° 13-27.712 : JurisData n° 2016-008398, obs. S. Le Gac-Pech, « Déséquilibre significatif et rupture brutale : les nouvelles formes de dépendance », *JCP E* n° 37, 15 septembre 2016, 1474 : « *[…] les intérêts de l'un comme de l'autre peuvent varier en fonction de l'évolution de leurs situations et de la conjoncture économique […]* »

1605 Ainsi la jurisprudence prend-elle soin de rappeler que « *la simple référence à la conjoncture économique ne constitue pas l'énoncé du motif économique exigé par la loi en cas de licenciement* », CA Paris, 9 novembre 1995, *D.* 1996, 19.

1606 M. Henry, « La notion de motif économique », *Droit social* 1995, p. 551.

1607 O. W. Holmes, « The Path of the Law », 10 *Harv. L. Rev.* 457 (1897).

1608 *Supra*, Partie I, Titre I, n° 224.

tions à instrumentaliser systématiquement les causes de conjoncture économique pour espérer une minoration des dommages-intérêts et préserver ainsi une partie de leurs gains illicites. L'entreprise invoquera, rationnellement, tantôt les difficultés internes à l'entreprise, tantôt les difficultés externes comme la crise économique ou la conjoncture[1609]. Cette porte ouverte à l'instrumentalisation opportuniste se referme en cas de choix pour un système de causalité intégrale. Plus largement, il nous semble incohérent, à l'heure où l'on entend inciter les victimes à agir en dommages et intérêts pour renforcer la dissuasion, de reconnaître un argument de défense aussi général que celui de la conjoncture pour bénéficier d'une minoration sur le dommage réparable.

Par ailleurs, la consécration en droit français de l'obligation de modérer son dommage permettrait aussi au fautif de réduire le dommage réparable et d'obtenir une réduction conséquente des dommages et intérêts. C'est pourquoi nous recommandons le rejet de l'obligation, en droit français, de minimiser son dommage.

B. L'obligation de minimiser son préjudice

699. **Extension du débat sur la causalité partielle.** Parce que la causalité partielle analyse, dans le préjudice subi, la part due à la faute du débiteur, elle pose, par extension, la question de la part due à la faute du créancier.

700. **Intérêt du débat.** L'obligation de minimiser son dommage renvoie à la problématique de la faute lucrative pour la victime. La faute concurrentielle ne serait pas seulement lucrative pour le coupable, mais pourrait, dans le cas où la victime bénéficierait d'une indemnisation supérieure au dommage subi, s'avérer profitable à la victime. Cette question décrit plus généralement les risques de la sur-dissuasion et celui de créer une industrie du procès générée par la rentabilité de l'action en réparation.

701. **Principe et définition.** En droit anglo-saxon, le « *duty to mitigate the damage* »[1610] oblige la victime d'un dommage à le réduire ou à éviter d'en aggraver l'étendue[1611]. L'idée de consacrer une obligation de modérer son dommage s'est posée plusieurs fois en droit français[1612]. Pour l'instant, en matière délictuelle, la Cour

---

1609 Si, bien sûr, la partie mise en cause peut avoir raison d'invoquer la crise économique, cela n'empêche qu'à notre sens, cet argument risque d'être instrumentalisé par des agents qui, sans justification, utiliseront ce moyen de défense par pur opportunisme et dans le seul but de limiter injustement les dommages et intérêts.

1610 Devoir de minimiser le dommage.

1611 A. Bansal, M. Dutta, « Mitigation of Losses Under Contracts Law », SSRN (2012).

1612 Le droit du dommage corporel s'est posé la question de savoir si une victime a l'obligation de réduire l'étendue de son dommage ou d'éviter son aggravation. (M. Dufrénot, « La victime d'un dommage corporel a-t-elle l'obligation de réduire l'étendue de son préjudice ou d'éviter son aggravation ? », *AJDA* 2012, p. 1509). Le devoir de minimiser son dommage a aussi été proposé dans le rapport du professeur Catala sur l'avant-projet de réforme sur le droit des obligations (art. 1373, Avant-projet Catala de réforme du droit des obligations et du droit de la prescription : « *Il sera tenu compte de l'abstention de la victime par une réduction de son indemnisation lorsque cette victime avait la possibilité par des moyens sûrs, raisonnables et proportionnés, de réduire l'étendue de son préjudice ou d'en éviter l'aggravation* »), ainsi que dans le rapport du professeur Terré (art. 53 du projet Terré, groupe de travail sur le projet intitulé « Pour une réforme du droit de la responsabilité civile », février 2012 : « *le juge pourra réduire les dommages et intérêts lorsque le demandeur n'aura pas pris les mesures sûres et raisonnables propres à limiter son préjudice* » ; v. F. Terré, *Pour une réforme du droit de la responsabilité civile*, Dalloz, 2011).

de cassation refuse de reconnaître qu'il soit imposé à la victime « *de limiter l'étendue de son préjudice dans l'intérêt du responsable* »[1613]. Ce principe a été étendu en matière contractuelle[1614].

702. **Précision importante.** Rappelons qu'en cas de faute de la victime ayant contribué à la réalisation du dommage, l'auteur de l'infraction de concurrence est exonéré partiellement. Ce n'est que lorsque la faute de la victime intervient après la survenance du dommage que cette dernière n'est pas tenue de minimiser son dommage, peu importe qu'elle ait ou non aggravé son préjudice[1615].

703. **Art. 1263 du projet de réforme de la responsabilité civile.** Le contrevenant peut néanmoins espérer voir consacrer un « *duty to mitigate* » à la française afin de miser sur une minoration de la sanction pécuniaire. En effet, l'article 1263 du projet portant réforme du droit de la responsabilité civile dispose que : « *Sauf en cas de dommage corporel, les dommages et intérêts sont réduits lorsque la victime n'a pas pris les mesures sûres et raisonnables, notamment au regard de ses facultés contributives, propres à éviter l'aggravation de son préjudice* »[1616].

L'obligation de prendre des mesures pour éviter l'aggravation du préjudice est une façon subtile de consacrer en réalité une obligation de minimiser son dommage (*duty to mitigate*) à l'anglaise. La victime qui interrompt la continuation du dommage le minimise, car si elle n'avait pas pris les mesures en question, le dommage aurait été plus important.

704. **Utilité.** La proposition de la réforme répond à une demande générale qui souligne l'« *exception française* »[1617] de l'absence de règles permettant la modération du

---

1613 Cass. civ. 2e, 26 mars 2015, no 14-16.011, *Bull. civ.* II, no 72 ; v. not. à propos de cet arrêt F. Gréau, « L'influence excessive du recours des tiers payeurs sur l'évaluation du préjudice », *D.* 2015, p. 1475. – V. aussi, Cass. civ. 1re, 2 juillet 2014, no 13-17.599 : « *Mais attendu qu'en vertu de l'article 1382 du code civil, l'auteur d'un dommage doit en réparer toutes les conséquences et que la victime n'est pas tenue de limiter son préjudice dans l'intérêt du responsable ; que, dès lors, c'est par une exacte application de ce texte que la cour d'appel a retenu que les notaires, ayant manqué à leur devoir d'information et de conseil en n'alertant pas M. et Mme X... sur l'absence de transparence fiscale de la SCI par le biais de laquelle ils projetaient de réaliser leur acquisition, ne pouvaient valablement reprocher à ces derniers de ne pas avoir, après la rectification ayant résulté de cette défaillance, accepté, pour réduire le préjudice financier qui en découlait pour eux, d'opter pour un autre dispositif de défiscalisation que celui qu'ils avaient choisi [...]* » – Cass. civ. 2e, 25 octobre 2012, no 11-25.511, obs. A. Guéguan-Lécuyer, « Quand la victime n'est pas tenue de limiter son préjudice dans l'intérêt du responsable », *D.* 2013, p. 415. – Cass. civ. 2e, 19 juin 2003, no 01-13.289 et 00-22.302, *Bull. civ.* II, no 203, obs. D. Mazeaud, *D.* 2004, p. 1346 ; P. Jourdain, *RTD civ.* 2003, p. 716 : « *[...] l'auteur d'un accident doit en réparer toutes les conséquences dommageables ; [...] la victime n'est pas tenue de limiter son préjudice dans l'intérêt du responsable.* »

1614 Cass. civ. 3e, 10 juillet 2013, no 12-13851.

1615 Un arrêt a néanmoins créé un doute sur ce point : Cass. civ. 2e, 24 novembre 2011, no 10-25.635, *Bull. civ.* II, no 217 ; obs. H. Adida-Canac, « "*Mitigation of damage*" : une porte entrouverte ? », *D.* 2012, p. 141. Dans cette espèce, l'assuré, qui avait vu son assureur refuser à tort sa garantie au titre d'une police d'assurance automobile pour un sinistre survenu en août 2003, n'avait souscrit un nouveau contrat que le 17 novembre 2004 auprès d'un autre assureur. Il demandait réparation d'un préjudice matériel de jouissance d'un véhicule, ne pouvant utiliser un véhicule non assuré soumis à l'obligation d'assurance. La cour d'appel fut censurée pour avoir débouté le demandeur sans caractériser « *la faute de l'assuré ayant causé l'aggravation de son préjudice matériel* », violant ainsi l'article 1147 du Code civil.

1616 Art. 1263 du projet de réforme de la responsabilité civile, mars 2017.

1617 H. Adida-Canac, « "*Mitigation of damage*" : une porte entrouverte ? », *op. cit.* note 1616, p. 141.

préjudice[1618]. L'utilité de cette règle en droit de la concurrence interroge. Elle a pour intérêt de porter attention à la question de la faute lucrative pour la victime. Il existe en effet un risque que cette dernière se voie attribuer un préjudice lucratif. À côté de la faute lucrative du coupable[1619], il existerait un risque attaché à la faute lucrative de la victime qui obtient des dommages-intérêts supérieurs au dommage réellement subi. Sur ce point, un auteur observe : « *En laissant s'aggraver le dommage la victime ferait preuve d'une attitude déloyale en cherchant notamment à tirer profit de sa situation ; on n'est pas très loin de l'idée de faute lucrative* »[1620].

Ainsi l'obligation de modérer son propre dommage proposerait une forme de dissuasion à l'envers, qui ne s'appliquerait pas seulement aux auteurs d'infractions, mais aussi aux victimes tentées d'« exagérer » leur dommage. La justification de la règle comme outil de lutte contre les fautes lucratives des victimes est notamment fermement défendue par un auteur : « *La faute lucrative [...] est généralement le fait d'entreprises, mais peut être également le fait de victimes. Selon nous, [...] dès lors qu'elle traduit un comportement répréhensible que n'aurait pas le bonus pater familias, et qu'elle est l'expression d'une déloyauté manifeste, devrait être sanctionnée, fût-elle le fait de la victime* »[1621].

La problématique de la faute lucrative de la victime – relativement absente en droit de la concurrence – est en revanche très présente en droit des assurances. Le premier bénéficiaire des fautes lucratives en droit des assurances de dommages[1622] est la victime qui « *s'enrichira toutes les fois que l'indemnité qui lui est octroyée par les tribunaux est d'un montant supérieur au préjudice qu'elle a effectivement subi ou chaque fois qu'elle verra une chose usagée, détruite ou abîmée remplacée par un bien neuf* »[1623].

Plus généralement, la prise en compte de la faute lucrative de la victime répond, selon le professeur René Demogue, à un impératif « d'utilité sociale » : « *Ainsi à un droit rigide, se substitue un droit solidariste obligeant la victime à travailler modérément dans l'intérêt général, c'est-à-dire pour empêcher le dommage de*

1618 On peut néanmoins se demander si l'exigence, en droit français, d'un lien de causalité ne permet pas de modérer le dommage. Concrètement, l'écoulement du temps délite le lien causal et limite la possibilité probatoire du plaignant de causer ses gains manqués et pertes subies. La longueur du litige de concurrence et le fait que les pratiques illicites sont souvent détectées des années après leur commission entraînent une dilution du préjudice concurrentiel. Cette dilution complique la démonstration du lien causal. Le juge est alors souvent tenté, dans ce cas, d'imputer la portion du dommage non causé à la victime, à qui il reprochera tantôt la politique commerciale, tantôt une certaine passivité dans la compétition économique. Pour cette raison, le lien causal permet d'imputer à la victime des manquements pour justifier la modération du dommage et n'indemniser le plaignant que pour le préjudice directement en lien avec l'infraction. Pour conclure sur ce point, notons aussi que la prise en compte de la répercussion du surcoût témoigne de l'attention portée en droit français à l'obligation de modérer son dommage.

1619 Art. 1371 de l'Avant-projet Catala, *op. cit.* : « *L'auteur d'une faute manifestement délibérée, et notamment d'une faute lucrative [...]* »

1620 H. Adida-Canac, « "*Mitigation of damage*" : une porte entrouverte ? », *op. cit.* note 1616, p. 141.

1621 D. Gency-Tandonnet, « L'obligation de modérer le dommage dans la responsabilité extracontractuelle », *Gaz. Pal.* 6 mai 2004, n° 127, p. 27.

1622 Pour un ouvrage général sur le droit des assurances ; v. M. Chagny, L. Perdrix, *Droit des assurances*, 3e éd., LGDJ, 2014.

1623 D. Fasquelle, R. Mesa, « Les fautes lucratives et les assurances de dommages », *RGDA* n° 2005-02, p. 351.

continuer »[1624]. En droit de la concurrence, cet argument trouve écho aujourd'hui à travers la privation pour la victime d'une partie de ses dommages et intérêts, dès lors qu'elle a continué le dommage en le répercutant sur le consommateur final. Dans le même cadre d'analyse, le professeur Denis Mazeaud considère que « *l'intérêt général commande que l'on canalise, autant que faire se peut, le coût de la responsabilité, dont une large part repose* in fine *sur l'ensemble du corps social* »[1625]. Mais encore, il est souligné que cette règle est optimale économiquement, car elle réduit les coûts sociaux en encadrant le « *coût de l'indemnisation pour l'ensemble de la société* »[1626], le tout permettant d'« *optimiser les profits globaux et […] de travailler dans l'intérêt du marché* »[1627].

En dépit des avantages d'une telle règle, nous nous positionnons en défaveur de l'obligation de modérer son dommage pour la victime, pour plusieurs raisons que nous allons élucider une par une.

705. **Aporie.** Premièrement, l'obligation de modérer son dommage entre directement en conflit avec la question de la faute lucrative du contrevenant. D'un côté, le projet de réforme propose de lutter contre la faute lucrative du coupable[1628] ; de l'autre, il entend combattre le risque de faute lucrative pour la victime. Or, c'est justement en imposant à la victime une obligation de modérer son dommage que l'on favorisera la faute lucrative de l'auteur du manquement. La réforme cherche à lutter contre une faute qu'elle génère d'autant plus en obligeant la victime à réduire son préjudice[1629]. Sachant, de plus, que le droit de la réparation peine à indemniser les victimes de dommages purement économiques, nous pouvons redouter un phénomène de double minoration du préjudice : réduit une fois par l'impossibilité pour la victime de disposer des preuves et données nécessaires à la quantification du dommage ; minoré une seconde fois par l'obligation pesant sur la victime de minimiser son dommage. Le tout conduisant à un appauvrissement injuste au profit du contrevenant. Pour cette raison, nous rejoignons le postulat du professeur Daniel Fasquelle : ce dernier – considérant que la faute lucrative résulte d'un bénéfice tiré sur le dommage causé à la victime – préconise d'encourager la faute lucrative de la victime, à la différence de celle de l'auteur[1630]. Cette préférence se justifie, car la victime qui bénéficie d'un préjudice lucratif a tout de même souffert d'un dommage, de sorte que l'enrichissement ne vient que compenser, *a posteriori*, le préjudice subi. L'enrichissement est alors davantage excessif que sans cause, étant donné que la victime a souffert d'un dommage. Au contraire, l'enrichissement du fautif qui a causé un dommage au concurrent est injustifiable : non seulement ce dernier enfreint la loi, mais il s'enrichit dans la violation de la règle de droit. Le condamner à verser plus que ce

---

1624 R. Demogue, *Traité des obligations en général*, t. IV, Librairie Arthur Rousseau – Rousseau et Cie, 1924, n° 463 bis ; cité par J.-P. Chazal, « L'ultra-indemnisation : une réparation au-delà des préjudices directs », *D.* 2003, p. 2326.

1625 D. Mazeaud, « La passivité de la victime, l'intérêt de l'auteur du dommage », *D.* 2004, p. 1346.

1626 A. Anziani, L. Béteille, « Responsabilité civile : des évolutions nécessaires », Rapport d'information n° 558 fait au nom de la commission des lois, 2008-2009, p. 71.

1627 J.-P. Chazal, *loc. cit.*

1628 Projet de réforme de la responsabilité civile, mars 2017.

1629 Précisément, en réduisant le champ du dommage réparable, le fautif risque d'être tenu de verser des dommages-intérêts inférieurs aux avantages retirés de la faute commise.

1630 D. Fasquelle, « L'existence de fautes lucratives en droit français », *LPA* 20 novembre 2002, p. 27.

qu'il doit revient à le punir à son propre « jeu », sachant que ce dernier espérait précisément commettre une faute qui rapporte plus que ce qu'elle ne lui coûte en dommages et intérêts. La faute lucrative du coupable mérite donc une indignation bien plus forte que celle de la victime.

En outre, les conséquences dommageables de la faute lucrative du coupable sont estimables : surprix, atteinte au pouvoir d'achat du consommateur, perte sèche de ce dernier qui renonce à acheter, rente de monopole, baisse de l'investissement, etc. Ces conséquences néfastes ont même fait l'objet d'études robustes[1631]. De même, l'importance du taux de récidive encouragé par les fautes lucratives[1632] a aussi fait l'objet d'études statistiques[1633]. À l'inverse, les conséquences de la faute lucrative de la victime ne sont au contraire que pures prédictions : il est concrètement impossible de mesurer l'incidence de ce type de faute sur la concurrence. Pour cette raison, la problématique de la faute lucrative de la victime nous semble infiniment moins importante que celle du coupable.

706. **Conditions d'application irréalistes et dangereuses.** Deuxièmement, la règle s'applique lorsque le juge constate que la victime aurait pu prendre des « *mesures sûres et raisonnables* »[1634] pour éviter l'aggravation du préjudice. Elle propose que ces caractères soient appréciés au regard des « *facultés contributives* » de la victime[1635]. Or, les conditions d'application de la règle posent au moins quatre séries de problèmes.

707. **Diagnostic personnel de la victime.** Tout d'abord, l'on peut se demander comment le juge de la réparation appréciera les diligences de l'entrepreneur qui n'a pas minimisé son préjudice économique. Pour ce faire, il faudrait que la victime d'une infraction économique soit en mesure de se diagnostiquer parfaitement pour pouvoir lui reprocher de ne pas avoir pris les mesures raisonnables à la non-aggravation de son dommage. Or, pour certaines fautes comme les infractions de concurrence, la victime ne peut réaliser ce diagnostic. La spécificité du dommage concurrentiel dont les effets dommageables évoluent dans le temps et ne sont pas toujours identifiables ne permet pas à la victime de connaître exactement l'ampleur de son dommage. En conséquence, il nous semble difficile de l'obliger à modérer un dommage dont elle ne peut connaître l'ampleur qu'après avoir eu recours à un expert économique qui, lui-même, ne peut faire que des prédictions et raisonner par fourchette (parfois large) pour évaluer le dommage concurrentiel[1636].

1631 J. M. Connor, « Cartels Costly for Customers », World Bank Conference on Income Distribution, Washington, DC, 23 juin 2015 (2017). – V. aussi : World Bank Group, Breaking Down Barriers: Unlocking Africa's Potential Through Vigorous Competition Policy (juin 2016). http://documents.worldbank.org/curated/en/243171467232051787/pdf/106717-REVISED-PUBLIC-WBG-ACF-Report-Printers-Version-21092016.pdf.

1632 Partie I, Titre I, n° 172 et s.

1633 M. Barennes, G. Wolf, « Cartel Recidivism in the Mirror of EU Case Law », 2(5) *Journal of European Competition Law & Practice* 423-440 (2011). L'auteur estime notamment le taux de récidivisme à hauteur de 40 % en prenant en compte les décisions de la Commission entre 2006 et 2011. – V. aussi : C. Veljanovski, « Deterrence, Recidivism and European Cartel Fines », 12 février 2011. Disponible sur SSRN : https://ssrn.com/abstract=1758639.

1634 Art. 1263, Projet de réforme du droit de la responsabilité civile, mars 2017.

1635 *Ibid.*

1636 Pour ne prendre qu'un exemple, dans l'affaire du cartel de lysine, après que le demandeur a livré une étude réalisée par un expert économique pour chiffrer son préjudice, l'arrêt précise que « *la Cour ne retiendra pas*

De manière plus générale, comment imaginer qu'une victime, qui perd sa clientèle, voit son chiffre d'affaires baisser, ses investissements non rentabilisés, son entreprise péricliter, peut dépenser son énergie à minimiser un dommage dont elle souffre et dont elle entend surtout en obtenir réparation ?

708. **Pouvoir exorbitant du juge.** Ensuite, on peut se demander quel est le rôle du juge chargé d'évaluer la négligence ou la « ruse » de la victime qui laisse son dommage s'aggraver à des fins opportunistes. En matière économique, le juge de la réparation serait-il omniscient au point de pouvoir s'immiscer dans les choix managériaux de l'entrepreneur ? On peut en effet redouter que l'obligation de modérer son dommage donne au juge des pouvoirs exorbitants pour l'évaluer. Surtout, est-ce bien le rôle du juge de droit commun que de décider des choix managériaux d'un dirigeant, en considérant, par exemple, s'agissant d'une victime d'un cartel qui supporte le surprix fixé par ses membres, qu'elle aurait dû diversifier ses sources d'approvisionnement ? De même, la victime d'une rupture brutale des relations commerciales établies doit-elle se voir reprocher de ne pas avoir trouvé une reconversion ? Mais encore, la victime d'un acte de dénigrement déloyal devra-t-elle, à l'avenir, entreprendre des campagnes de communication coûteuses pour restaurer son image de marque et ne pas laisser son préjudice s'aggraver[1637] ? Doit-on enfin reprocher à la victime d'une pratique d'éviction, interdite de pénétrer sur un marché du fait des pratiques abusives d'un opérateur dominant, de ne pas avoir diversifié son activité ou de ne pas s'être tournée vers des marchés plus cléments ? Le risque de la règle visant à instaurer une obligation de modérer son dommage est qu'elle tend à donner au juge le pouvoir de savoir à la place de la victime le choix entrepreneurial qu'elle aurait dû faire pour minimiser son préjudice économique. Dans l'affaire *DKT* précitée, il est tout de même étonnant de voir que le tribunal, sans justification, a, pour diminuer de façon conséquente le préjudice, jugé que « *la politique commerciale adoptée par DKT* »[1638] avait participé aux pertes de la victime. En voulant responsabiliser la victime, on donne donc au juge le pouvoir d'apprécier la pertinence des choix stratégiques d'une entreprise. Non seulement ce pouvoir mène à l'arbitraire, mais en plus, loin de responsabiliser l'entreprise, il l'infantilise.

709. **« *Facultés contributives* » de l'entreprise.** Par ailleurs, estimons – même si nous en doutons fortement – qu'une victime dispose des « *facultés contributives* » pour prendre des « *mesures sûres et raisonnables* »[1639] afin d'éviter l'aggravation du préjudice. À notre sens, cette règle risque d'être d'application inégale entre les entreprises financièrement robustes qui trouveront des solutions pour vaincre le dommage et ainsi l'empêcher de s'aggraver, et les entreprises économiquement

les conclusions de l'expert sur l'évaluation du préjudice [qui] encourt la critique en raison de la méthode employée, qualifiée par l'expert lui-même d'imprécise » ; v. CA Paris, 10 juin 2009, *Doux Aliments c/ SAS Ajinomoto Eurolysine*, n° 07/10478.

1637 Ce risque est d'autant plus grand que l'avant-projet de réforme ne prévoit pas d'exigence de proportionnalité entre les mesures prises pour éviter l'aggravation du dommage et le coût excessif desdites mesures.

1638 T. com. Paris, 15e ch., 30 mars 2015, *DKT c/ Eco-Emballages et Valorplast*, n° 2012000109 : JurisData n° 2015-018027. p. 15 ; obs. G. Decocq, « La procédure d'engagement ne rend pas irrecevable une action en responsabilité civile », *CCC* n° 6, juin 2015, comm. 155.

1639 Art. 1263 du projet de réforme du droit de la responsabilité civile, mars 2017.

plus friables qui ne pourront prendre lesdites mesures sans en subir un coût excessif. Pire, cette règle obligera les entreprises dotées des « *facultés contributives* » à minimiser leur dommage. Les entreprises puissantes financièrement auront plus de risques de se voir imposer une obligation de minimiser leur dommage. Ainsi, pour une même infraction, il y aura rupture d'égalité entre deux victimes au seul motif que l'une est plus prospère que l'autre.

710. **Risque de disproportionnalité.** Observons en outre que le projet Catala subordonnait la réduction du dommage à une exigence de proportionnalité. Les mesures pour modérer son préjudice devaient être « *raisonnables et proportionnées* »[1640]. En supprimant l'exigence de proportionnalité, le projet de réforme de la responsabilité civile provoque un risque de disproportionnalité entre la mesure prise pour éviter que le dommage s'aggrave et le coût excessif de cette mesure. *Quid*, en effet, de la situation où la victime qui peut prendre des mesures pour éviter l'aggravation du dommage décide de ne pas les mettre en œuvre, car le coût desdites mesures se trouve excessif ? Ainsi, loin de lutter contre les fautes lucratives des victimes, la règle risque d'aggraver leur appauvrissement.

711. **Postulats doctrinaux critiquables.** Pour finir, les postulats doctrinaux évoqués ci-dessus[1641] et qui militent pour la consécration de l'obligation de minimiser son dommage sont contestables. Pour résumer, pour une partie de la doctrine, une telle obligation aurait trois avantages : d'une part, elle réduirait le risque de faute lucrative de la victime ; d'autre part, d'un point de vue utilitariste, elle réduirait les coûts sociaux ; enfin, elle impliquerait, non plus seulement le coupable, mais aussi la victime dans une quête de responsabilité des justiciables vis-à-vis de l'intérêt général. Nous avons déjà répondu sur le premier point[1642]. Sur le second, nous affichons notre désaccord : l'obligation de modérer son dommage est une règle incitative à la violation du droit, car en minorant le préjudice indemnisable, elle favorise l'inertie des victimes et limite leur intérêt à agir. Sous-dissuasive, cette règle alourdit les coûts sociaux en favorisant le développement d'infractions commises par des agents rationnels qui, en plus de pouvoir miser sur la difficile quantification du dommage à laquelle les victimes se heurtent, pourront parier sur une réduction conséquente des dommages et intérêts au regard de la modération du préjudice opérée par la victime. La démultiplication des infractions de concurrence ne fera qu'alourdir le dommage à l'économie, accroissant par là même les coûts sociaux[1643]. Par ailleurs, nous doutons de l'argument solidariste soulevé par le professeur Demogue, invoquant « *un droit solidariste obligeant la victime à travailler modérément dans l'intérêt général, c'est-à-dire pour empêcher le dommage de continuer* »[1644]. À notre sens, c'est donner au justiciable le rôle normalement assigné à la justice corrective. La victime qui a subi un préjudice doit

---

1640 Avant-projet Catala de réforme du droit des obligations et du droit de la prescription, septembre 2005, p. 149.

1641 *Supra*, n° 706.

1642 *Supra*, n° 707.

1643 L'économiste Richard Posner a déjà eu l'occasion de démontrer qu'entre l'objectif de dissuasion et l'objectif de réparation, il fallait privilégier la dissuasion. L'auteur justifie cette opinion en considérant que la dissuasion limite les infractions et donc la démultiplication des procès en réparation qui alimentent les coûts sociaux. R. Posner, W. Landes, « Should Indirect Purchasers Have Standing to Sue under the Antitrust Laws? An Economic Analysis of the Rule of *Illinois Brick* », 46 *U. Chi. L. Rev.* 602-635 (1979), p. 605.

1644 R. Demogue, *Traité des obligations en général*, *op. cit.* note 1625.

être protégée par le droit, qui corrige le mal causé et empêche le dommage de se perpétuer. L'action en cessation des agissements illicites permet, par exemple, au juge d'empêcher que le dommage ne continue. C'est le but même d'une norme que d'exonérer la victime de l'obligation de se rétablir par elle-même, en l'aidant par la force de la justice civile. De même qu'un patient allant voir un médecin, s'il doit décrire ses symptômes, ne peut réaliser l'opération chirurgicale destinée à le guérir, de même la victime d'une infraction de concurrence, si elle doit démontrer son dommage, n'a pas à réaliser elle-même l'acte destiné à diminuer son mal – acte en principe dévolu à l'activité normative dans son rôle de protecteur de l'ordre public économique. Moralement, il est donc critiquable de demander à une victime qui vient de subir un dommage de le minimiser en le corrigeant en partie par elle-même. Sans compter que l'argument solidariste profite clairement à l'auteur d'infraction, dont le calcul opportuniste peut être le suivant : « *Je commets une infraction qui risque de créer un dommage. Soit la victime modère par elle-même son dommage, et alors ma responsabilité sera diminuée, soit elle ne le modère pas, et dans ce cas, un rabais sur les dommages et intérêts dus me sera probablement accordé.* »

712. **Solutions.** Parmi les solutions possibles, il faut distinguer deux hypothèses.

713. **Hypothèse 1.** Dans cette hypothèse, à la suite du projet de réforme, l'obligation pour la victime de prendre des mesures raisonnables afin de ne pas aggraver son dommage est consacrée. En conséquence, le juge peut réduire les dommages et intérêts accordés à la victime :

- Nous pensons, pour toutes les raisons déjà évoquées, que la règle sera excessivement difficile à appliquer en matière délictuelle et particulièrement s'agissant des infractions de concurrence, du fait de la singularité du préjudice économique. Il faudrait donc appliquer au droit de la concurrence la même exception que celle qui s'applique pour les dommages corporels[1645].
- Si jamais la règle venait à être étendue au droit de la concurrence, nous défendons l'idée qu'il faudrait encadrer la règle d'un contrôle de proportionnalité, afin que la mesure prise en vue de ne pas aggraver le dommage ne représente pas un coût excessif pour la victime[1646].
- En cas de faute lucrative du coupable, il faudrait interdire le moyen de défense tiré de l'obligation de modérer son dommage.

714. **Hypothèse 2.** Dans cette hypothèse, la règle obligeant la victime à modérer son dommage pour ne pas l'aggraver n'est finalement pas retenue. En l'état actuel du droit positif, seule la faute de la victime ayant contribué à la survenance du dommage exonère le défendeur. L'article 1254 du projet prévoit néanmoins qu'en cas de « *dommage corporel, seule une faute lourde peut entraîner l'exonération partielle* » de l'auteur du dommage. À notre sens, cette règle devrait avoir une portée générale et s'appliquer, aussi, aux dommages économiques. Concrètement, dans le cas où la

---

1645 L'article 1263 du projet de réforme dispose en effet que « Sauf en cas de dommage corporel, *les dommages et intérêts sont réduits lorsque la victime n'a pas pris les mesures sûres et raisonnables, notamment au regard de ses facultés contributives, propres à éviter l'aggravation de son préjudice* ».

1646 Rappelons que l'article 1263 du projet de réforme ne comprend aucun contrôle de proportionnalité de la mesure prise pour éviter l'aggravation du dommage.

victime ferait preuve d'une négligence d'une extrême gravité[1647] ayant concouru à l'aggravation du dommage, l'auteur du dommage devrait pouvoir bénéficier d'une exonération partielle, et ainsi payer des dommages et intérêts largement minorés.

Pour conclure, notre droit de la responsabilité civile devrait continuer à être une « exception »[1648] par rapport au droit anglo-saxon, car la consécration de l'obligation de modérer son dommage en matière délictuelle porterait non seulement atteinte à la sécurité juridique, mais limiterait considérablement la fonction dissuasive que l'on veut assigner à l'action privée en réparation des dommages concurrentiels.

Par ailleurs, la fonction dissuasive de l'action privée en réparation ne peut être assurée qu'en améliorant la quantification du préjudice concurrentiel.

Section 2
L'amélioration des techniques d'évaluation du préjudice concurrentiel

715. **Évaluation complexe.** La difficulté à évaluer le préjudice concurrentiel ajoute un doute sur le caractère « certain » du dommage. Clarifier la méthode de quantification du préjudice permet au contraire de mettre en évidence le dommage et limite le risque de faute lucrative en assurant une réparation plus juste des dommages et intérêts. Rappelons que la victime confrontée à la démonstration du préjudice concurrentiel doit faire face à plusieurs difficultés :

716. **Dommage progressif et accès aux preuves.** Le dommage concurrentiel est progressif, si bien qu'il n'a pas toujours de répercussions chiffrables tangibles au moment où l'action en réparation est intentée par la victime. De plus, la victime doit pouvoir, pour chiffrer le préjudice, disposer d'éléments de preuve qui ne sont pas souvent en sa disposition et/ou qui imposent l'utilisation d'outils économétriques complexes.

1647 Plus largement, on peut observer qu'en matière contractuelle, la faute grave est souvent soulevée pour, par exemple, priver l'agent commercial de son indemnité de fin de contrat : CA Orléans, 16 juin 2011, Sté civile Agemaco c/ SAS Cofrac : JurisData no 2011-016227 ; CA Grenoble, 23 juin 2011, SARL Arnaud Dubrisay services c/ SA Depagne : JurisData no 2011-017014 ; CA Grenoble, 23 juin 2011, P. Fages c/ SA Sportpulsion : JurisData no 2011-017038 ; CA Montpellier, 17 mai 2011, Ch. Kebe c/ Ch. Kebe : JurisData no 2011-017736; CA Douai, 14 septembre 2011, M.J.L. Cussac : JurisData no 2011-019383; CA Colmar, 20 septembre 2011, SA Cacio c/ SARL Levy Avyel Diffusion : JurisData no 2011-019794; obs. N. Mathey, « Agent commercial : faute grave privative d'indemnité de fin de contrat », CCC n° 1, janvier 2012, comm. 16 : « *[L]a notion de faute grave [prive] l'agent commercial de son droit à indemnité en fin de contrat. Les arrêts rappellent souvent la définition désormais admise par la jurisprudence : la faute justifiant la cessation du contrat d'agent commercial est celle qui porte atteinte à la finalité du mandat d'intérêt commun et rend impossible le maintien du lien contractuel […] la constitution d'une société destinée à concurrencer le mandant est une faute grave privant l'agent de son droit à indemnité […] Un autre arrêt de la cour de Colmar a également jugé que l'agent commercial ayant accepté la représentation d'une entreprise concurrente de celle du mandant, sans l'accord de celui-ci, a manqué de loyauté et a commis une faute grave.* »

1648 P.-Y. Thiriez, « La mitigation ou l'obligation pour la victime de minimiser son dommage : une exception française », *Gaz. Pal.* 9 décembre 2014, n° 341 à 343, p. 5.

717. **Coût économique du procès.** La difficulté pour quantifier le préjudice impose à la victime de recourir à des conseils coûteux. Le coût économique du procès de concurrence, lié notamment à la technicité du contentieux et à la longueur du litige, peut décourager l'action en réparation.

718. **Absence de prévisibilité.** En outre, l'absence de méthode claire en jurisprudence n'aide pas à la quantification du préjudice : « *Les juges du fond, de façon générale, ne sont liés par aucun mode de calcul, ou un quelconque barème préétabli* »[1649]. Les motivations lacunaires des juges ne rendent pas service à la victime qui ne peut se reposer sur une méthode transparente de calcul pour quantifier son préjudice. Un auteur craint que les difficultés d'évaluation n'entraînent « *une minoration systématique* »[1650] des dommages et intérêts attribués. Un autre auteur observe que « *le préjudice économique pur, surtout en matière de concurrence, n'est pas suffisamment réparé* »[1651].

719. **Intensifier la réparation.** Pour intensifier la réparation, il faut en premier lieu reconnaître un droit à estimer le dommage concurrentiel. L'estimation du dommage permet de prendre quelques libertés avec le principe strict de réparation intégrale qui semble éloigné de la réalité attachée aux difficultés d'évaluation du préjudice concurrentiel. Une consécration législative du principe d'estimation du dommage (§ 1) semble nécessaire pour se détacher du rigoureux formalisme juridique imposé par le droit de la responsabilité, lequel, loin de favoriser les victimes, les contraint à une impuissance probatoire. Pour éviter, néanmoins, que l'estimation soit trop éloignée de la réalité du dommage subi, ce dernier semble pouvoir être approché plus justement au regard des différentes méthodes d'évaluation proposées en doctrine et en jurisprudence. Des progrès ont été faits et l'on semble tendre vers un renforcement de la prévisibilité du calcul du préjudice (§ 2), même si le contentieux récent démontre une incidence variable des méthodes de calcul sur le succès des actions privées (§ 3).

§ 1. La nécessaire consécration législative du principe d'estimation du dommage

720. **Utilité du principe d'estimation.** L'estimation du dommage permet de contourner les difficultés d'appréciation propres à certains litiges concurrentiels. Lorsque le demandeur a subi un préjudice mais qu'il « *est pratiquement impossible ou excessivement difficile de [le] quantifier avec précision sur la base des éléments de preuve disponibles* »[1652], il y a là un risque que le juge considère que le dommage n'est pas certain[1653], faute pour la victime d'avoir su le quantifier. Plutôt

---

1649 F. Bélot, « L'évaluation du préjudice économique », *D.* 2007, p. 1681.

1650 M. Nussenbaum, « Les difficultés de l'expertise en matière de pratiques anticoncurrentielles », *LPA* 20 janvier 2005, n° 14, p. 37.

1651 F. Bélot, *Le préjudice économique pur*, ANRT, 2004, p. 502.

1652 Directive 2014/104/UE, art. 17 § 1.

1653 R. Amaro, « Actions privées en matière de pratiques anticoncurrentielles », *JCl. Concurrence – Consommation*, fasc. 317, 3 août 2015 : « *l'incertitude inhérente aux analyses contrefactuelles qui permettent l'évaluation du préjudice [...] aboutit à des décisions défavorables aux victimes, alors même que l'existence de la pratique et des préjudices qu'elle avait causés ne faisait guère de doute* ». C. Lucas de Leyssac, « Rapport de synthèse », in « Les sanctions judiciaires des pratiques anticoncurrentielles », colloque Université Paris I, 29 avril 2004, *LPA* 20 janvier 2005, n° 14, pp. 70 et 71 : « Le dommage réparable, selon les règles traditionnelles, paraissait

que de dénier l'action en réparation en l'absence de données exactes sur l'acte dommageable, l'article 17 (§ 1) de la directive « Dommages » reconnaît au juge la possibilité d'« *estimer le montant du préjudice* »[1654].

721. **Silence de l'ordonnance sur l'estimation du dommage.** Nous pouvions espérer une adaptation en droit français de la disposition de la directive « Dommages » recommandant la possibilité, pour le juge, d'estimer le dommage concurrentiel. Or, l'ordonnance de transposition de la directive reste silencieuse sur ce point qui pourrait pourtant renforcer l'effectivité des actions privées en réparation[1655]. Certes, on peut considérer que le silence de l'ordonnance s'explique par le fait que les juges, depuis longtemps, prennent des libertés avec l'exigence du caractère certain du dommage. Les motivations économes des juges dans leur décision cachent bien souvent la volonté de ne pas afficher avec trop d'évidence le caractère approximatif des préjudices accordés[1656]. Néanmoins, nous remarquerons deux choses : la première est qu'il est toujours plus souhaitable de consacrer officiellement une pratique d'estimation officieuse que de la laisser, clandestinement, se développer au mépris du droit[1657]. La seconde est que la clandestinité des estimations d'antan consacrait une sorte de responsabilité civile « indécise », selon que le juge prenne ses libertés avec le droit de la réparation ou selon qu'il le respecte vigoureusement. Pour cette raison, le droit à l'estimation du préjudice renforcera le droit du juge à estimer, ce dernier n'ayant plus à être déchiré, dans son for intérieur, par la culpabilité d'approximer le dommage. En effet, officiellement admis, le principe d'estimation laissera le juge libre, en l'absence de données tangibles, de se tourner vers « *une forme d'évaluation qui a pour particularité d'être approximative, c'est-à-dire de tendre vers la mesure exacte du dommage, sans pouvoir la déterminer avec certitude* »[1658].

722. **Encadrement.** De plus, l'estimation n'est pas à craindre, en ce sens qu'elle « *n'est permise qu'en tant qu'elle pallie une difficulté objective d'évaluation [...] Il n'est pas question de donner au juge un choix entre l'évaluation exacte et l'évaluation par estimation ; la seconde est subsidiaire, et ne peut être mise en œuvre que si la première est impraticable dans le cas d'espèce* »[1659].

En l'absence d'une consécration législative, rien n'empêche la jurisprudence d'adopter une position claire sur ce point en se reconnaissant le pouvoir, en

éloigné du dommage vraisemblable. Mais comme le droit ne permet pas de réparer le dommage vraisemblable, la réparation se limite au dommage certainement établi. D'où une prime, ou le risque d'une prime, à l'auteur de la violation de la règle. C'est évidemment inacceptable ».

1654 Directive 2014/104/UE, art. 17 § 1.

1655 Ord. n° 2017-303 du 9 mars 2017 relative aux actions en dommages et intérêts du fait des pratiques anticoncurrentielles, *JORF* n° 0059 du 10 mars 2017, texte n° 29.

1656 M. Nussenbaum, « Pour une motivation détaillée de l'évaluation des dommages économiques dans les décisions de justice », *LPA* 4 septembre 2017, n° 176 p. 8.

1657 S. Carval, « L'estimation du montant des préjudices concurrentiels. Un possible apport de la directive n° 2014/104 au droit commun de la responsabilité civile », *D.* 2015, p. 1290 : « Sortir l'estimation de l'ombre, en la nommant légalement, *et en précisant les conditions de sa mise en œuvre, présenterait tout d'abord l'avantage de clarifier sa nature. Il apparaîtrait plus nettement qu'elle est une modalité particulière de l'évaluation, qui obéit à des exigences propres, telles que le recours à des méthodes robustes, ainsi que l'utilisation de données pertinentes. À la condition d'être bien conduite, elle n'est pas, comme certains pourraient le redouter, un pis-aller pratiqué de façon empirique et confuse, mais un procédé de mesure rigoureux* ».

1658 *Ibid.*

1659 *Ibid.*

l'absence de données disponibles et à condition qu'un préjudice est avéré, d'estimer le dommage. La reconnaissance officielle d'un droit à estimer le dommage nous semble essentielle pour ne pas accorder « *une prime, ou le risque d'une prime, à l'auteur de la violation de la règle* »[1660] qui n'aura pas (ou que partiellement) à réparer un préjudice pourtant certain.

L'estimation du dommage ne doit pas, pour autant, encourager l'arbitraire du juge. Pour se prémunir d'estimations trop larges, il faut tendre vers une meilleure prévisibilité dans le calcul du préjudice concurrentiel.

§ 2. Le renforcement de la prévisibilité dans le calcul du préjudice

723. **Prévisibilité avantageuse pour l'agent rationnel ?** Si l'on veut décourager l'auteur d'une faute lucrative, lequel est traditionnellement vu comme un agent rationnel, la prévisibilité du mode de calcul du préjudice peut sembler une erreur. En effet, la prévisibilité facilite le calcul coût-avantage de la violation de la règle de concurrence. Néanmoins, cette idée doit être battue en brèche pour deux raisons fondamentales.

724. **Efficacité de l'action en réparation.** Premièrement, améliorer la prévisibilité du calcul limitera la différence entre l'avantage retiré de la faute et le montant des dommages-intérêts à verser en permettant aux victimes de chiffrer plus précisément leur préjudice. Selon un magistrat, « *20 % seulement des dommages-intérêts demandés sont accordés* », car 20 % uniquement des montants demandés sont prouvés[1661]. Aider les victimes à quantifier plus précisément leur préjudice augmentera donc les dommages-intérêts dus par les contrevenants.

725. **Renforcement de l'intérêt à agir.** Deuxièmement, faciliter l'évaluation du dommage renforcera les incitations à agir. L'assurance, pour le fautif, de subir une action en réparation augmente le risque juridique de l'infraction de concurrence. De plus, la prévisibilité du mode de calcul renforce la probabilité de la sanction du contrevenant en permettant à la victime de mieux justifier son dommage.

Par ailleurs, il ne faut pas négliger le risque – même s'il est plus faible – qu'un préjudice devienne lucratif pour la victime. Clarifier les modes de calcul permet d'éviter la possibilité d'une indemnisation arbitraire du préjudice qui enrichirait indûment la victime.

Consciente du problème, la jurisprudence et la *soft law* ont commencé à proposer différentes méthodes de quantification du préjudice, plus ou moins imparfaites. L'approche comparative (A) est pour l'instant privilégiée aux autres méthodes de quantification du préjudice (B).

1660 C. Lucas de Leyssac, « Rapport de synthèse », *op. cit.* note 1654.

1661 Colloque « La réparation du préjudice causé par une pratique anti-concurrentielle en France et à l'étranger : bilan et perspectives », Cycle « Droit et économie de la concurrence », Cour de cassation, 17 octobre 2005, intervention de B. Charlier-Bonatti.

A. Les approches comparatives

726. **La diversité des approches comparatives.** Pour calculer le préjudice concurrentiel, la jurisprudence utilise, dans 80 % des cas, une méthode dite comparative[1662]. Il existe trois méthodes comparatives.

727. **Approche comparative sur le même marché.** La première méthode possible est la méthode comparative sur le même marché. Cette méthode permet de comparer le prix pratiqué sur le marché avant et après avoir été affecté par la pratique[1663]. Il s'agit donc d'une comparaison dans le temps.

728. **Avantage et inconvénients.** L'avantage de cette méthode est que l'observation de la variation du prix entre la période infractionnelle et la période sans infraction requiert, en principe, peu d'informations ; d'autant que l'analyse ne repose que sur un seul marché, ce qui permet de simplifier l'analyse. Cette méthode est néanmoins imparfaite pour trois raisons principales : il est tout d'abord difficile de déterminer la date du début de l'infraction. Dans le cas d'un cartel par exemple, il ne sera pas toujours aisé de déterminer la date du scénario sans infraction. D'autre part, pléthore d'éléments exogènes non liés au cartel peuvent entraîner une variation du prix des biens vendus par les cartellistes[1664]. Enfin, les effets de la pratique illicite peuvent perdurer bien après l'arrêt de la pratique.

729. **Risque d'erreur.** Le risque est double :
   - Soit le juge va imputer le dommage à des faits qui se seraient réalisés indépendamment de toute pratique anticoncurrentielle. Dans ce cas, la victime va bénéficier d'un préjudice lucratif, c'est-à-dire d'une indemnisation supérieure au dommage subi.
   - Soit le juge va minorer le dommage en séparant la portion licite du dommage (liée à la conjoncture) de la portion illicite (liée à l'acte fautif). Dans ce cas,

---

1662 J.-F. Laborde, « Les actions privées en réparation du dommage concurrentiel : Transposition de la Directive Dommages », conférence organisée par la Revue Concurrences en partenariat avec Deloitte, Gide Loyrette Nouel, Magenta et Minds & Hearts, cour d'appel de Paris, 10 mars 2017.

1663 Commission européenne, Document de travail des services de la Commission, « Guide pratique concernant la quantification du préjudice dans les actions en dommages et intérêts fondées sur des infractions à l'article 101 ou 101 du traité sur le fonctionnement de l'Union européenne » (ci-après « Guide pratique concernant la quantification du préjudice dans les actions en dommages et intérêts »), 2013, § 33 : « *L'utilisation d'une méthode comparative à cette fin permet de comparer le prix pratiqué pendant l'infraction avec un prix contrefactuel (scénario d'une absence d'infraction) établi sur la base de données de prix observés sur le même marché au cours d'une période ayant précédé et/ou suivi celle de l'infraction (1) ; ou sur un marché géographique distinct mais analogue (2) ; ou sur un marché de produits distincts mais analogue (3) ; [i]l est également possible de combiner une comparaison dans le temps avec une comparaison entre différents marchés géographiques ou de produits (4).* »

1664 E. Frot, O. Sautel, « Demander réparation d'un préjudice causé par une pratique anticoncurrentielle : le mode d'emploi de la Commission européenne », *RLDA* n° 66, 1er décembre 2011 : « *Pour reprendre l'exemple d'un cartel de la farine utilisé par la Commission européenne, les prix précédant l'infraction ne constituent pas un bon indicateur du prix qui aurait été observé en l'absence de l'infraction – le prix contrefactuel – si le cours du blé a significativement varié entre ces deux périodes.* La qualité du contrefactuel repose donc sur la comparabilité dans le temps du même marché et l'enjeu est de s'assurer que tout changement de prix durant l'entente en est bien la conséquence, et non pas celle d'un élément externe comme la conjoncture économique, le coût des matières premières, une modification de la demande, *etc. Il est important de noter que la comparabilité peut être largement améliorée à l'aide de techniques économétriques* ».

l'absence de motivation du juge[1665] qui se retranche derrière la conjoncture économique sans expliquer concrètement en quoi cette dernière justifie une minoration du dommage laisse poindre un risque de faute lucrative[1666].

Une autre méthode comparative est envisageable, à savoir l'approche comparative sur un marché distinct.

730. **Approche comparative sur un marché distinct.** Alors que la première approche comparative décrit une comparaison dans le temps, cette deuxième méthode dépeint une comparaison dans l'espace. Cette méthode consiste à identifier un marché géographique voisin non concerné par l'infraction et proposant des produits analogues.

731. **Avantage et inconvénients.** Cette méthode a pour avantage principal de n'être plus tributaire de l'influence du facteur temps sur la variation des prix. Avec cette méthode, l'incidence de la conjoncture économique entre telle ou telle période n'est plus un critère à évaluer. La méthode de comparaison dans l'espace pose néanmoins des difficultés assez semblables que celle dans le temps. Un auteur observe que « *le souci n'est plus qu'au fil du temps des variables déterminant le prix aient été modifiées, mais que ces variables soient différentes dans l'espace* »[1667]. En effet, le « *prix d'une baguette peut être différent en France et en Allemagne indépendamment de toute pratique anticoncurrentielle* »[1668]. En conséquence, cette méthode qui requiert un examen minutieux du marché voisin peut mener à des erreurs d'appréciation du préjudice, tantôt profitables au contrevenant, tantôt profitables à la victime.

732. **Méthode dite des « doubles différences »[1669].** La dernière méthode comparative consiste à combiner la comparaison temporelle et la comparaison géographique. Cette méthode est la plus complète et sans doute la moins sujette aux erreurs d'appréciations. Elle permet de cumuler les avantages des deux méthodes précédentes. Néanmoins, elle requiert d'avoir accès à plus d'informations, ce qui peut augmenter les coûts du litige des actions en dommages et intérêts et éventuellement les décourager.

B. Les autres méthodes de quantification du préjudice

733. En dehors de l'approche comparative, il existe trois autres méthodes de quantification du préjudice : la méthode de simulation (1), la méthode financière (2), la méthode fondée sur les coûts (3).

1665 M. Nussenbaum, « Pour une motivation détaillée de l'évaluation des dommages économiques dans les décisions de justice », *op. cit.* note 1657.

1666 CA Paris, ch. 1, 27 juin 2012, *Optenet*, n° 09/28753 : JurisData n° 2012-016972 ; CA Paris, 30 mai 2012, n° 10/13056 : JurisData n° 2012-012010 : dans ces deux affaires, les juges ont minoré considérablement les dommages et intérêts demandés en considérant que, s'agissant des pertes invoquées par la victime, la part imputable à la pratique de concurrence déloyale était moins importante que la part imputable au caractère dynamique du marché. Cette minoration du préjudice n'est malheureusement pas motivée, les juges n'ayant pas expliqué en quoi la nature du marché en cause avait engendré des pertes « légitimes » non imputables à l'infraction de concurrence.

1667 *Ibid.*

1668 J. Pellefigue, « Méthodes économiques d'évaluation du préjudice concurrentiel », Atelier de la DGCCRF : « La réparation, outil au service de la politique de la concurrence », février 2014.

1669 Originellement appelé « comparator-based difference-in-differences ».

1. La méthode de simulation

734. **Modélisation.** La méthode de simulation consiste à modéliser le marché affecté par la pratique anticoncurrentielle. Précisément, elle vise à « *construire des modèles de simulation pour estimer les prix (entre autres variables) qui auraient probablement prévalu sur le marché si aucune infraction à l'article 101 ou 102 du TFUE n'avait été commise* »[1670]. La méthode ne repose donc pas sur des données empiriques, mais sur une construction théorique censée décrire le fonctionnement du marché[1671].

735. **Avantage et inconvénients.** Cette méthode a l'avantage d'éviter l'examen d'un marché voisin. Elle a néanmoins pour inconvénient, en simulant des hypothèses sur les coûts et la demande, d'imposer la maîtrise des paramètres complexes sachant que le modèle théorique retenu peut ne pas décrire de façon réaliste la structure du marché. De plus, il n'est pas certain que le juge de droit commun dispose des informations suffisantes pour opérer à une reconstruction comptable. Enfin, comme l'observe un auteur : « *Les méthodes de simulation, pour être réalistes, requièrent généralement un temps important d'analyse et de modélisation. Il n'est pas évident qu'une procédure légale offre ce type de délais. Ensuite, ces méthodes peuvent rapidement devenir très complexes et* leur exposition face à un juge peut dès lors n'avoir qu'un impact limité »[1672].

736. **Conséquence du point de vue de l'action privée.** Stratégiquement, l'auteur d'une action en réparation n'a sans doute pas intérêt à opter pour une méthode de simulation. Cette méthode, difficile à mettre en œuvre et nécessitant l'estimation de nombreux paramètres, risque d'alourdir considérablement le coût de l'expertise. Ce coût est non négligeable sachant que la probabilité de succès de cette méthode devant le juge reste incertaine. Par ailleurs, parce qu'elle étire la durée du litige, lorsqu'elle est mise en œuvre par l'Autorité, cette méthode peut retarder les actions de suivi en réparation. Au final, l'approche par modélisation est doublement favorable au contrevenant. D'abord, parce qu'elle risque d'affecter l'effectivité des actions en dommages et intérêts du fait de son incidence limitée sur le juge qui entend quantifier le préjudice. Ensuite, parce qu'elle fait supporter au concurrent direct un coût expertal important, susceptible de l'affaiblir[1673] ou de limiter son intérêt à agir.

2. La méthode financière

737. **Résultats financiers.** Les méthodes fondées sur une analyse financière consistent à analyser le préjudice du demandeur et à estimer son montant à partir de ses résultats financiers. En comparant le résultat financier du plaignant (lequel indique

---

1670 « Guide pratique concernant la quantification du préjudice dans les actions en dommages et intérêts », *op. cit.* note 1667, § 100.

1671 Parmi les modèles théoriques, on pense aux modèles suivants : concurrence pure et parfaite ; monopole ; oligopole de Cournot ; etc.

1672 E. Frot, O. Sautel, « Demander réparation d'un préjudice causé par une pratique anticoncurrentielle », *op. cit.* note 1665.

1673 Par exemple, les coûts de l'expertise pourront empêcher la victime d'investir dans des technologies performantes qui pourraient, à terme, remettre en cause l'avantage concurrentiel du contrevenant.

un niveau de rentabilité) avant et après l'infraction, la méthode financière donne de précieuses indications sur le préjudice subi.

738. **Avantages.** Tout d'abord, cette méthode a l'avantage d'être parfaitement applicable au droit des pratiques restrictives de concurrence ainsi qu'au droit de la concurrence déloyale et du parasitisme. Par exemple, la victime d'un dénigrement déloyal pourra invoquer un manque à gagner en comparant la rentabilité de sa situation financière avec celle qui aurait prévalu en l'absence d'infraction. Ensuite, cette méthode a l'avantage de limiter le risque de rétention de preuve des documents pertinents par le défendeur. En effet, les pièces importantes permettant de quantifier le préjudice à travers la rentabilité de la situation financière du plaignant sont justement détenues par ce dernier. Les informations sont même parfois « *publiques, comme cela peut être le cas pour les entreprises cotées en bourse* »[1674]. Enfin et plus généralement, la simplicité de la méthode permet de réduire les coûts d'expertise et d'encourager les actions en dommage et intérêts.

739. **Inconvénients.** Cette méthode ne prend pas en compte les facteurs exogènes qui ont un effet sur la rentabilité de l'entreprise, ce qui produit deux risques : premièrement, le risque d'imputer indûment à la pratique anticoncurrentielle la totalité de la dégradation des résultats financiers de l'entreprise, quand bien même la perte de la rentabilité serait liée à d'autres facteurs ; deuxièmement, le risque de sous-estimer le dommage causé.

740. **Les risques d'erreurs.** Plus généralement, cette méthode, quelque peu simpliste, peut mener à des erreurs ayant des similitudes avec les erreurs de type 1[1675]. Dans ce cas, l'entreprise fautive se verra tenue d'indemniser un dommage dont elle n'est pas entièrement responsable. Le préjudice indemnisé ne sera plus compensatoire mais lucratif pour la victime. Inversement, en déconsidérant le dommage par l'appréciation du seul résultat financier avant et après l'infraction, cette approche provoque aussi des erreurs assez semblables aux erreurs de type 2[1676]. Dans le cas, par exemple, où les profits de l'entreprise sont les mêmes avant et après l'infraction, la méthode financière conclura à l'absence de dommage. Pourtant, la stabilité des profits peut trahir un dommage qui a été compensé par une innovation. Si l'entreprise n'a pas subi de pertes brutes, la pratique infractionnelle a pu empêcher un accroissement de la richesse qui n'est pas visible dans l'examen des résultats financiers de la victime.

3. La méthode fondée sur les coûts

741. **Profits normaux c/ Profits supranormaux.** Cette méthode consiste à « *déterminer le niveau de prix dans un scénario contrefactuel où les entreprises réalisent un profit économique "normal", par opposition aux profits "supra normaux"*

1674 « Guide pratique concernant la quantification du préjudice dans les actions en dommages et intérêts », *op. cit.* note 1667, § 118.

1675 Dans le cas d'une erreur de type 1, l'entreprise est sanctionnée indûment pour une pratique licite.

1676 Dans le cas d'une erreur de type 2, l'entreprise n'est pas condamnée alors qu'elle a commis une infraction de concurrence.

réalisés dans une situation d'entente »[1677]. En utilisant les données comptables de l'entreprise, cette méthode permet d'estimer le prix qui aurait prévalu en l'absence de l'infraction en faisant l'hypothèse d'une marge raisonnable.

742. **Avantages et inconvénients.** Cette méthode ne requiert aucune technicité particulière dans l'analyse économique. Dès lors que les données sont disponibles, le juge de droit commun peut la mettre en œuvre sans risquer de commettre des erreurs dans l'appréciation du préjudice. À la différence de la méthode financière, la méthode fondée sur les coûts implique d'avoir accès aux données comptables de l'entreprise ayant commis l'infraction[1678].

743. **Risque de rétention de preuve.** Le risque d'une telle approche est qu'il suffit à l'entreprise fautive de dissimuler les preuves pertinentes pour paralyser l'action en réparation de la victime. La faiblesse des sanctions en droit français et européen sur la rétention de preuve est susceptible d'inciter les agents à conserver les documents intéressant le litige afin de paralyser l'action privée[1679].

744. **Bilan.** La dissuasion des infractions de concurrence nécessite une meilleure appréciation du préjudice des victimes. Apprécier la juste valeur du dommage causé permet de limiter le caractère lucratif de l'infraction, minorant ainsi les incitations à enfreindre la loi. Le droit de la concurrence propose plusieurs méthodes pour quantifier le préjudice. Une seule méthode ne saurait être retenue. Tout dépend du cas d'espèce. Si la méthode de simulation paraît complexe à mettre en œuvre, elle reste indispensable dans le cas d'une dilution des preuves disponibles. Pour éviter le déni de justice qui serait profitable au contrevenant, elle assure une reconstruction comptable, certes périlleuse, mais utile pour favoriser l'indemnisation des victimes. Les autres approches, comparatives ou financières, ont ceci de salutaire qu'elles sont dans l'ensemble faciles à mettre en œuvre. Ce faisant, elles offrent une solution au risque de passivité rationnelle des victimes, qui peuvent se retrouver découragées à agir devant les coûts exorbitants du recours à un cabinet d'expertise. Par ailleurs, l'approche fondée sur les coûts est intéressante mais ne résout aucunement la question de l'accès aux preuves, d'autant que l'entreprise mise en cause risque de soulever à chaque demande de production des documents comptables l'atteinte à ses secrets d'affaires.

Les bienfaits des méthodes de calcul du préjudice sur le succès des actions privées sont à la fois visibles et variables en jurisprudence.

1677 E. Combe, D. Sevy, D. Théophile, « L'évaluation des dommages causés par les pratiques anticoncurrentielles », Concurrences n° 4-2010, Art. N° 32731.

1678 E. Frot, O. Sautel, « Demander réparation d'un préjudice causé par une pratique anticoncurrentielle », *op. cit.* note 1665 : « *Bien que séduisante à première vue,* cette méthode suppose que les données comptables soient directement utilisables dans le cadre d'une demande en réparation. Or, cela est loin d'être évident. Le plus souvent, les pratiques constatées par une autorité de concurrence concernent une partie seulement de l'activité d'une entreprise. Il est rare que les délimitations de produits ou de zones géographiques adoptées dans les comptes de l'entreprise coïncident parfaitement avec les marchés pertinents définis par l'autorité de concurrence et concernés par les pratiques. *Dans ce cas, une reconstruction des données comptables est indispensable, ce qui complique les conditions d'usage de cette méthode* ».

1679 V. *supra*, Partie I, Titre II, n° 458.

§ 3. L'incidence variable des méthodes de calcul du préjudice sur le succès des actions privées

745. **Affaire *Orange Caraïbe*.** L'affaire récente *Orange Caraïbe* illustre l'idée que la production, par les victimes, d'études économétriques pour quantifier leur dommage renforce le succès de l'action en dommages et intérêts. Dans cette affaire récente, à la suite de la condamnation de France Télécom (devenue Orange) et de sa filiale Orange Caraïbe par l'Autorité de concurrence pour entente et abus de position dominante sur le marché de la téléphonie mobile aux Antilles et en Guyane, la société Outremer Telecom a saisi le tribunal de commerce de Paris d'une action en réparation[1680]. Il s'agissait donc d'une action de suivi en réparation.

746. **Scénario contrefactuel.** Pour estimer la faute lucrative d'Orange Caraïbe[1681], la victime s'est fondée sur des données fournies par Orange Caraïbe à l'Autorité[1682]. Elle a produit au soutien de sa demande une étude économique qui fait état, pour évaluer le dommage, du nombre d'abonnés qui ne se seraient pas réengagés en l'absence de l'offre de fidélisation (environ 30 % des abonnés). L'étude estimait la marge brute par client qui aurait été dégagée par la victime en l'absence de la pratique de fidélisation abusive (scénario contrefactuel). Le tribunal, se fondant sur l'étude économique produite, a évalué le préjudice à 3,39 millions d'euros.

747. **Approche comparative dans l'espace.** Le tribunal a aussi indemnisé un second préjudice, qui porte sur une pratique d'avantage tarifaire destiné aux professionnels, abonnés à France Télécom, pour les appels fixes vers le réseau mobile d'Orange Caraïbe. Pour l'évaluer, la victime a livré une approche comparative dans l'espace, entre sa part de marché réelle et une part de marché contrefactuelle (scénario en l'absence d'infraction) déterminée en comparaison avec les parts

---

1680 T. com. Paris, 15e ch. 16 mars 2015, *SAS Outremer Telecom c/ SA Orange Caraïbe et SA Orange* (anciennement SA France Télécom), n° 2010073867 ; cette décision a été, pour l'essentiel, confirmée récemment par la cour d'appel. V. CA Paris, ch. 4, 10 mai 2017, n° 15/05918.

1681 Les multiples dommages causés à la victime avaient pour résultat corrélatif une augmentation des bénéfices de la filiale. La politique de fidélisation de l'entreprise empêchait la demanderesse de pénétrer sur le marché. Corrélativement, cet abus d'éviction avait pour résultat profitable de cristalliser les parts de marché et de verrouiller le consommateur. Les agissements d'Orange lui ont permis de capter une part des consommateurs qui sans ses agissements seraient restés (ou même allés) chez la victime. Lorsqu'un nouvel entrant s'implante effectivement sur un marché, les profits de la firme dominante diminuent. Empêcher l'arrivée d'un nouvel entrant permet de conserver indûment des bénéfices qui auraient été mis en péril par une concurrence dynamique. L'Autorité avait déjà souligné en 2009 comme les pratiques dommageables ont été particulièrement lucratives pour Orange Caraïbe. V. déc. n° 09-D-36 du 9 décembre 2009 relative à des pratiques mises en œuvre par Orange Caraïbe et France Télécom sur différents marchés de services de communications électroniques dans les départements de la Martinique, de la Guadeloupe et de la Guyane, §§ 485-486 : « *Durant la période de mise en œuvre des pratiques, Orange Caraïbe a connu une croissance particulièrement profitable, notamment grâce à l'absence d'une concurrence vive sur les marchés concernés. Les chiffres reproduits ci-dessous révèlent la réalisation par l'entreprise d'un bénéfice net annuel par client de l'ordre de 140 à 150 euros pendant les années 2003 et 2004. Les chiffres reportés en bas du tableau démontrent une profitabilité tout à fait exceptionnelle, même pour une entreprise de téléphonie mobile.* »

1682 Données portant sur la stabilité des réengagements chez les abonnés.

de marché acquises par un troisième entrant sur des marchés réputés semblables à la zone Antilles. Si le tribunal reconnaît que la pratique litigieuse a entraîné un « *retard dans le développement par rapport à ce qu'une concurrence saine lui aurait permis d'atteindre* »[1683], il rejette en revanche l'étude comparative du demandeur, considérant que « *ce type d'approche repose sur des hypothèses extrêmement fragiles* »[1684].

748. **Préjudices indemnisés.** Souverainement, les juges ont estimé le préjudice et fixé son montant à 2 millions d'euros pour le marché de la téléphonie mobile et 280 000 euros pour le marché du fixe. Le tribunal ne livre aucune explication robuste permettant de comprendre à quoi tient ce chiffrage[1685]. Si l'approche comparative n'a pas convaincu les juges, reste que l'étude économique fournie a permis une indemnisation importante du préjudice invoqué. Le demandeur, sur ce préjudice, demandait un peu plus de 2 millions d'euros. Il a donc obtenu une somme assez proche de la somme demandée. On notera, en outre, toute l'utilité de l'action privée qui a permis la reconnaissance d'un préjudice qui n'avait pas été condamné par l'Autorité de la concurrence[1686].

749. **L'appréciation variable de la certitude du préjudice en jurisprudence.** Le succès relatif de l'action privée dans l'affaire *Orange* ne doit pas dissimuler l'existence d'un problème majeur et persistant tenant au fait que les études économétriques, parce qu'elles consistent, en l'absence d'informations disponibles, à reconstruire un « scénario » et à former des hypothèses, restent toujours affectées d'approximations. Si ces approximations, comme le rappelle l'économiste Anne Perrot, « *ne disqualifient pas les analyses* »[1687] fournies, elles « *peuvent atténuer le caractère certain du préjudice* »[1688] et ainsi conduire le juge de la réparation à rejeter la demande indemnitaire de la victime. Paradoxalement donc, les études économétriques censées éclaircir les prétentions peuvent heurter l'exigence de certitude du dommage. Tout dépend, en réalité, de l'exigence du juge quant au critère de certitude du dommage. Dans l'affaire *Lectiel*[1689], le juge s'est montré particulièrement strict sur l'appréciation du caractère certain du préjudice : en effet, la victime avait fourni pas moins de trois méthodes d'évaluation du préjudice, ainsi qu'un rapport d'expertise qui avait été jugé pertinent par la cour. Cette dernière a néanmoins jugé que le rapport d'expertise était « *affecté de plusieurs incertitudes* », si bien que les prétentions indemnitaires ont été rejetées.

1683 T. com. Paris, *op. cit.*, p. 11.

1684 *Ibid.*

1685 Sauf pour l'indemnisation de 0,28 million d'euros, préjudice fondé sur les 10 % des abonnés non acquis du fait des pratiques de France Télécom.

1686 N'ayant pas fait l'objet d'une notification de griefs, certaines offres de fidélisation n'avaient pas été condamnées par l'Autorité. Le tribunal a quant à lui considéré que ces offres avaient bien causé un préjudice à la victime.

1687 A. Perrot, « Qu'apporte l'analyse économique au calcul d'un dommage ? », *CCC* n° 7, juillet 2017, dossier 3.

1688 AFEC, Observations formulées par l'AFEC sur le projet de document d'orientation relatif à « la quantification du préjudice dans les actions en dommages et intérêts fondées sur des infractions à l'article 101 ou 102 du Traité sur le fonctionnement de l'Union européenne », 2011. p. 13.

1689 CA Paris, ch. 4, 27 mai 2015, *SCP Bes Ravises c/ SA Orange* (anciennement dénommée France Télécom), n° 14/14758 ; CA Paris, ch. 10, 27 juin 2012, *Me Michel Bes, en qualité de mandataire judiciaire à la liquidation judiciaire de la SA Lectiel a. c/ SA France Télécom*, n° 10/18278, obs. M. Chagny, *CCC* 2013, comm. 6. Pour un commentaire détaillé de l'affaire, v. *supra*, Partie I, Titre II, n° 405 et s.

Le jugement, assez expéditif, « *ne contribue pas à la crédibilité et la compétitivité du système français de réparation des dommages concurrentiels* »[1690]. D'autant que cette affaire n'est pas un cas isolé. L'affaire récente des câbliers a pu aussi montrer comment les incertitudes affectant la quantification du préjudice (et non son existence) pouvaient entraîner une sorte de « prudence » ou « frilosité rationnelle » du juge confronté à son estimation[1691]. Dénier l'existence du préjudice au motif que ce dernier souffre d'imprécision dans son évaluation nous semble profondément injuste. L'absence de précision dans le calcul du préjudice n'empêche en rien l'existence du dommage.

[1690] M. Chagny, *op. cit.*

[1691] CA Paris, ch. 5, 2 juillet 2015, *SA EDF et SA ERDF c/ SAS Nexans et SAS Prysmian*, n° 13/22609 ; Cass. com., 13 septembre 2017, n° 15-22.837 et 15-23.070 ; *L'actu-concurrence*, 16 octobre 2017, obs. M. Chagny ; Concurrences n° 1-2018, Art. N° 85814, p. 81, obs. E. Thomas. Rappelons que, dans cette affaire, une action privée (EDF) fut engagée à la suite de la condamnation par le Conseil de la concurrence de deux ententes commises par des opérateurs câbliers. En l'espèce, la quantification du préjudice avait été déterminée maladroitement par les économistes. Les juges ont alors préféré dénier toute existence du préjudice, faute de pouvoir en apprécier l'ampleur. Il peut paraître surprenant de rejeter l'indemnisation d'un préjudice concurrentiel qui existe, mais dont la quantification ne peut être établie avec certitude. Pour un commentaire détaillé de l'affaire, v. *supra*, Partie I, Titre II, n° 401.

Conclusion Chapitre 2

750. **Choix d'une théorie de la causalité dissuasive.** L'ordonnance de transposition de la directive « Dommages » ne se prononce pas sur la théorie de la causalité à choisir. Le choix de la causalité a pourtant une incidence sur l'effectivité de l'action privée et donc, *in fine*, sur la dissuasion. À notre sens, il faut privilégier un système de causalité intégrale[1692] (autrement appelé causalité totale) et abandonner le système de causalité partielle[1693]. Admettre la théorie de causalité partielle inciterait les auteurs d'infractions à instrumentaliser systématiquement les causes endogènes et exogènes à l'entreprise (par exemple la conjoncture économique) pour espérer une minoration des dommages-intérêts et préserver ainsi une partie de leurs gains illicites. L'affaire *DKT International* a montré que l'on pouvait reprocher aux victimes, sans justification, des causes endogènes extrêmement générales et peu probantes[1694] pour réduire considérablement le montant des dommages et intérêts attribués. De manière générale, il nous semble incohérent, à l'heure où l'on entend encourager l'action privée pour renforcer la dissuasion, d'opter pour un système de causalité plus favorable aux parties mises en cause qu'aux victimes.

751. **Droit prospectif : rejet de l'obligation de minimiser son dommage.** La question de la causalité renvoie corrélativement à la question de savoir s'il faut prendre en compte, dans le calcul du préjudice, la faute de la victime qui n'a pas pris les mesures nécessaires pour minimiser son préjudice. Sur ce point, le récent projet de réforme du droit de la responsabilité civile prévoit de consacrer, en France, une obligation de ne pas aggraver son dommage. En réalité, en obligeant la victime à prendre les mesures pour ne pas aggraver son dommage, le projet de réforme introduit subtilement et de façon déguisée une obligation de minimiser son préjudice. Puisque la victime est tenue de prendre des mesures pour éviter la continuation du préjudice, elle est indirectement tenue de minimiser l'étendue du dommage. À notre sens, une telle obligation limite considérablement la fonction dissuasive assignée à l'action privée en réparation des dommages concurrentiels. Sans revenir sur toutes les critiques que nous avons développées à l'égard de cette obligation[1695], nous proposons de l'exclure de la matière délictuelle. En matière de concurrence, la singularité du préjudice économique rend cette règle impossible à mettre en œuvre en pratique, sauf à considérer que le juge puisse s'immiscer dans les choix managériaux de l'entrepreneur[1696], ce qui nous semble dangereux. En outre, l'obligation de modérer son dommage entre directement en

---

1692 Rappelons que, dans ce système, c'est moins les causes entre elles qui importent que l'événement causal apprécié dans son ensemble. Il suffit ainsi à la victime de démontrer que le préjudice n'aurait pas eu lieu sans l'événement causal pour être intégralement indemnisée.

1693 Rappelons que le système de causalité partielle conduit à prendre en compte tous les facteurs endogènes ou exogènes à l'entreprise pour déterminer le préjudice à l'aune de la responsabilité des causes concurrentes.

1694 T. com. Paris, 15e ch., 30 mars 2015, *DKT c/ Eco-Emballages et Valorplast*, n° 2012000109 : JurisData n° 2015-018027. Dans cette affaire, ni la partie mise en cause ni le Tribunal n'ont démontré en quoi « la politique commerciale » adoptée par la victime devait justifier une telle minoration du préjudice.

1695 *Supra*, Partie II, Titre II, n° 707 et s.

1696 Pour juger par exemple que la victime n'a pas mis en œuvre la « bonne » politique commerciale pour limiter l'aggravation du dommage.

conflit avec la question de la faute lucrative du contrevenant contre laquelle le projet de réforme entend pourtant lutter. En imposant à la victime une obligation de modérer son dommage, on favorise la faute lucrative du fautif, car ce dernier peut espérer, malgré la faute commise, une réduction du dommage réparable, qui risque de se trouver inférieur à l'avantage tiré de la faute commise. En somme, l'obligation de minimiser son dommage risque de cumuler deux effets incitatifs à la commission d'infraction : une minoration du préjudice permettant au fautif de rentabiliser l'infraction ; un découragement à agir de la victime lié à la diminution du préjudice espéré. Plus généralement, au regard des très nombreux obstacles qui affectent l'effectivité des actions privées, ajouter une difficulté nouvelle relève d'un choix assurément sous-dissuasif.

752. **Améliorer l'évaluation du préjudice.** Par ailleurs, le renforcement de la dissuasion en intensifiant l'action privée nécessite une meilleure évaluation du préjudice concurrentiel. Pendant longtemps, le droit de la concurrence a souffert d'une absence de prévisibilité dans le calcul du dommage. Si les motivations souvent lacunaires des juges n'aident pas à identifier une méthode transparente de quantification, force est de reconnaître que la *soft law*, grâce, notamment, au guide pratique de la Commission, a donné des pistes aux victimes pour mieux évaluer leur dommage. L'approche comparative, l'approche par modélisation et l'approche financière ou fondée sur les coûts offrent des méthodes d'évaluation limitant tantôt le phénomène de minoration du préjudice qui fait le jeu de la faute lucrative du responsable, tantôt le phénomène d'enrichissement sans cause qui fait le jeu de la faute lucrative de la victime. Reste que certaines affaires, comme l'affaire des câbliers[1697], rappellent comme l'exigence de précision (principe de certitude) dans le quantum du préjudice peut paralyser l'action privée.

753. **Recommandations.** La consécration d'un principe d'estimation du préjudice lorsque ce dernier ne peut être quantifié avec précision[1698] permettrait de vaincre la rigidité du principe de réparation intégrale. Aussi, faciliter l'accès aux preuves est indispensable pour tendre vers une évaluation précise du préjudice[1699]. L'accès aux documents pertinents est donc indispensable pour assurer l'effectivité des actions en réparation. Nous avons proposé précédemment la consécration d'une sanction punitive pour condamner la rétention des preuves pertinentes[1700]. Nous réitérons ici notre proposition.

1697 CA Paris, 2 juillet 2015, *ERDF*, *op. cit.*

1698 S. Carval, « L'estimation du montant des préjudices concurrentiels. Un possible apport de la directive n° 2014/104 au droit commun de la responsabilité civile », *op. cit.* note 1658.

1699 C. Evrard, F. Gordon, « Abrégé de private enforcement », *RLC* n° 42, 1er janvier 2015 : « *Quantifier c'est documenter. Quelle que soit la méthode économétrique (méthode comparative temporelle – before-and-after method ou géographique – yardstick approach – simulations cost based...) utilisée par l'expert économique de chaque partie ou du juge, la fiabilité et la robustesse des techniques économiques ne pourront être avérées que dans la mesure où elles seront mises en œuvre sur la base de données pertinentes, fiables et en quantité significative.* »

1700 V. *supra*, Partie II, Titre II, n° 676 et s.

Conclusion Titre II

754. **Renforcer l'effectivité du droit de la concurrence.** L'auteur d'une infraction de concurrence doit impérativement être confronté au coût de sa violation. L'objectif d'effectivité est essentiel pour assurer l'application des règles de concurrence qui constituent, pour l'agent rationnel, un coût susceptible de dissuader le choix d'enfreindre la loi. Des solutions communes à l'action publique et à l'action privée en réparation peuvent renforcer l'effectivité du droit de la concurrence. À ce titre, la clarification de certaines fautes concurrentielles est essentielle pour limiter les erreurs de type 2, qui favorisent l'impunité des auteurs d'infractions. L'exercice de clarification a aussi pour but de faciliter la tâche de l'Autorité et des victimes, sur qui repose le risque de la preuve. En outre, plus les frontières de la faute sont confuses, moins l'agent économique perçoit le signal dissuasif compris dans la loi. L'objectif de dissuasion générale peut être atteint en clarifiant les normes censées porter à la connaissance des agents le risque juridique attaché à la faute concurrentielle.

755. **L'effectivité de l'action privée.** Par ailleurs, pour limiter la probabilité de non-condamnation du fautif, il faut impérativement faciliter l'action en réparation des victimes en assurant l'accès aux preuves pertinentes. Des sanctions plus dissuasives que celles proposées en droit positif doivent être consacrées pour punir la destruction des pièces pertinentes[1701]. En outre, l'assouplissement du critère de certitude du dommage devrait aussi assurer une augmentation du taux de pénétration des actions en réparation, tandis qu'une amélioration des techniques d'évaluation du préjudice devrait permettre aux victimes d'obtenir des dommages-intérêts plus proches de la réalité du préjudice subi.

[1701] Nous avons notamment proposé l'application de dommages-intérêts punitifs pour sanctionner la rétention de preuve ; v. *supra*, Partie II, Titre II, Chap 1.

Conclusion Partie II

756. **Rôle dissuasif de l'action privée.** Encourager les actions en dommages et intérêts constitue une première étape essentielle pour dissuader les infractions de concurrence. Certes, en apparence, l'action autonome de la victime semble sous-dissuasive, car le droit de la réparation ne prévoit aucun mécanisme confiscatoire des profits illicites. C'est cependant oublier qu'elle peut jouer un rôle essentiel dans la détection des infractions oubliées par l'Autorité de la concurrence, qui est, elle, en mesure d'infliger une sanction répressive. De plus, s'agissant de l'action de suivi en réparation, cette dernière a assurément une fonction confiscatoire, car elle vient ajouter à l'amende administrative de l'Autorité des dommages et intérêts : le cumul de l'amende et des dommages-intérêts peut avoir une fonction confiscatoire des profits illicites, d'où la nécessité de renforcer l'effectivité de l'action privée. Conformément à notre postulat principal selon lequel l'incitation à enfreindre le droit de la concurrence naît de deux influences – la probabilité, pour le fautif, de ne pas être sanctionné d'une part et la probabilité, malgré la sanction, de retirer un profit d'autre part –, il nous faut maintenant aborder ce second point relatif à la nécessité d'instaurer de sanctions dites confiscatoires des profits illicites. Le renforcement de l'effectivité du droit de la concurrence n'est pas suffisant : il faut aussi renforcer son efficacité en prévoyant des sanctions adaptées à la dissuasion du comportement déviant, c'est-à-dire des sanctions confiscatoires.

PARTIE III

RENFORCER L'EFFICACITÉ DU DROIT DE LA CONCURRENCE

757. **Objectif d'efficacité.** L'efficacité du droit de la concurrence implique le prononcé de sanctions confiscatoires. Rappelons que l'efficacité décrit ce qui produit « l'effet attendu »[1702]. Pour neutraliser l'incitation à enfreindre la loi, l'effet attendu par l'application des sanctions est la confiscation des avantages et profits retirés de l'infraction concurrentielle. Ce postulat est notamment défendu par la théorie économique classique, laquelle considère qu'une sanction monétaire, pour être dissuasive, doit être proportionnelle au profit illicite retiré par le contrevenant. Dans ce cas, la sanction est dite « confiscatoire » ou encore « restitutoire », car elle vient confisquer les sommes indûment gagnées par l'auteur du manquement pour les reverser soit à la victime, soit à un organisme. La sanction confiscatoire fondée sur les gains illicites est « optimale », car elle supprime l'incitation à l'illicite[1703].

758. **Recommandation populaire.** La consécration d'une sanction confiscatoire des profits illicites se justifie d'autant plus qu'une étude a montré le consensus social autour d'une telle sanction. Parmi toutes les sanctions proposées en droit positif, la sanction la plus revendiquée socialement (du moins en Europe) est paradoxalement la sanction absente de notre système juridique[1704]. Un sondage IFOP du 22 janvier 2018 pour l'Autorité de la concurrence, portant sur un échantillon de 2 510 personnes, a montré que 60 % des Français interrogés estiment qu'il faut que l'amende monétaire soit dissuasive, en se situant à un niveau « *supérieur au gain illicite* »[1705]. De même, une étude du professeur Andreas Stephan évaluant l'opinion publique sur la question de la sanction des infractions de concurrence démontre que, en Grande-Bretagne, 77 % des personnes interrogées ont considéré que l'amende imposée devait être au moins égale au profit retiré de l'infraction.

Five large businesses agree to fix prices so that their customers are charged more than would be the case if they acted independently and so that each will earn extra profit. Which if any form of punishment do you think each of these businesses should face? Please select as many as you feel should apply.

	GB	DE	IT	US
Public Naming and Shaming	78%	61%	55%	65%
A fine at least equal to the illegal profits made	77%	78%	66%	68%
Compensation to the customers who have been over-charged	72%	48%	52%	68%
None of the above / DK	2%	2%	2%	-

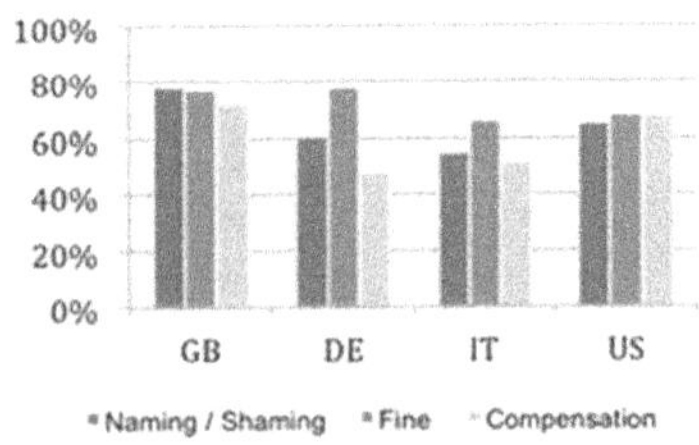

Source : A. Stephan, Survey of Public Attitudes to Price Fixing in the UK, Germany, Italy and the USA, CCP Working Paper 15-8.

1702 V. *supra*, Introduction générale.

1703 À condition, nous le verrons, que la probabilité de détection soit importante. Au contraire, si la probabilité de détection est faible, l'auteur condamné pour une première infraction peut compenser la sanction par une deuxième infraction qui, non détectée, lui permettra de retirer des gains illicites.

1704 Sauf en droit des pratiques restrictives de concurrence.

1705 Communiqué du 22 janvier 2018, Sondage IFOP pour l'Autorité de la concurrence. Disponible sur : https://www.autoritedelaconcurrence.fr/fr/communiques-de-presse/22-janvier-2018-sondage-ifop-pour-lautorite-de-la-concurrence.

Le pourcentage est presque similaire en Allemagne et en Italie[1706]. Cette enquête témoigne d'une vraie prise en compte, par l'opinion publique, de la problématique de la faute lucrative et de sa sanction.

759. **Les sanctions confiscatoires.** La conformité au droit de la concurrence n'est possible qu'en assurant le développement de sanctions confiscatoires des profits illicites (Titre I). La confiscation des avantages tirés du manquement est une problématique qui concerne à la fois les entreprises et les dirigeants responsables de pratiques illicites. À ce titre, la sanction pénale des managers représente un coût susceptible de détruire l'avantage espéré de la violation du droit. Pour renforcer la dissuasion à l'égard des entreprises et des individus, une réflexion doit être menée sur la sanction optimale des dirigeants d'entreprises responsables d'infractions de concurrence (Titre II).

1706 Allemagne : 78 % ; Italie : 66 %.

TITRE I
LES SANCTIONS CONFISCATOIRES DES PROFITS ILLICITES

760. **Action publique.** En droit français, l'amende administrative de l'Autorité est une arme en faveur du respect du droit de la concurrence et de la protection du consommateur. Néanmoins, l'action publique consacre une amende administrative répressive dont il est difficile d'évaluer le caractère confiscatoire. En effet, la nature punitive de l'amende de l'Autorité a une portée dissuasive faible car indépendante des surprofits réalisés par l'entreprise mise en cause. La méthode de calcul de l'Autorité pour justifier le montant de l'amende diffère de celle proposée par la théorie économique classique, laquelle recommande une prise en compte concrète des gains retirés de l'infraction[1707]. Le rejet des outils de l'analyse économique est contestable, sachant que ces outils déterminent le caractère dissuasif des sanctions. Seule une action publique confiscatoire des profits illicites conférerait aux sanctions monétaires de l'Autorité une vraie portée dissuasive.

761. **Cas particulier du droit des pratiques restrictives.** L'absence d'amende confiscatoire des profits illicites en droit des pratiques anticoncurrentielles nous a conduits à privilégier cette matière plutôt que le droit des pratiques restrictives de concurrence. Le droit des pratiques restrictives dispose déjà d'un éventail de sanctions robustes pour lutter contre la faute lucrative. En effet, le ministre peut demander à la juridiction saisie d'imposer une amende trois fois supérieure aux avantages tirés du manquement[1708]. De plus, le mécanisme de répétition de l'indu[1709] permet de lutter contre les avantages indus retirés par le distributeur au détriment du fournisseur lésé par un contrat déséquilibré. Rappelons à ce titre que, dans l'affaire *Galec*, le mécanisme de la répétition de l'indu a permis la restitution de plus de 60 millions d'euros correspondant aux sommes indûment perçues par le distributeur au titre de la « ristourne de fin d'année »[1710]. Pour ces raisons, il nous a paru logique de consacrer nos propositions au droit des pratiques anticoncurrentielles, lequel ne prévoit pas de mécanismes de confiscation des gains indus.

1707 B. Espesson-Vergeat, « Le caractère dissuasif des sanctions de l'Autorité de la concurrence », *RLC* 2015, n° 43 : « *Dans un objectif prioritaire de concurrence visant le bien-être du consommateur, l'effet dissuasif de la sanction doit conduire les entreprises à anticiper une sanction qui au minimum annule tout le bénéfice qu'elles pourraient retirer de la pratique du contrevenant.* »

1708 L'article L. 442-6, III du Code de commerce dispose que le prononcé d'une amende civile de 2 millions d'euros peut « *être portée au triple des sommes indûment perçues ou, de manière proportionnée aux avantages tirés du manquement, à 5 % du chiffre d'affaires hors taxes réalisé en France par l'auteur des pratiques* ».

1709 Art. L. 442-6, III.

1710 CA Paris, ch. 4, 1er juillet 2015, n° 13/19251.

762. **Action privée.** Par ailleurs, l'action privée en réparation représente une menace réelle contre les agents désireux d'enfreindre la loi. Au coût économique de l'amende peut venir s'ajouter celui des dommages et intérêts. Néanmoins, la fonction dissuasive de l'action privée reste limitée, car le droit de la responsabilité ne prévoit que des dommages-intérêts compensatoires, par opposition aux dommages-intérêts confiscatoires. De plus, si l'action de groupe a, en théorie, un potentiel dissuasif incontestable, car l'indemnisation collective des consommateurs lésés par le surprix permet de récupérer une partie du gain illicite retiré de l'infraction, elle reste pour le moment enserrée dans de nombreuses restrictions qui la rendent inefficace. Le mécanisme prévu par la loi Hamon ne permet pas de lutter contre l'apathie rationnelle des victimes, ce qui le rend inapte à confisquer les profits illicites retirés de l'infraction de concurrence.

763. **L'action publique et l'action privée confiscatoires.** En somme, nous nous positionnons en faveur de la consécration d'une action privée confiscatoire (Chapitre 2) à travers une rénovation de l'action de groupe et l'adoption d'une amende civile proportionnelle aux gains illicites retirés par l'agent. De même, l'amende prévue en vertu de l'application de l'action publique mérite d'être améliorée. Seule une action publique confiscatoire des profits illicites (Chapitre 1) est en mesure de renforcer l'efficacité du droit de la concurrence en assurant la dissuasion des comportements déviants.

Chapitre 1
L'action publique confiscatoire des profits illicites

764. **Modèle beckerien.** Les néo-classiques américains, sous l'impulsion des travaux de l'économiste Gary Becker, ont formulé un modèle économique de la dissuasion dit « théorie de la sanction optimale », hérité directement de l'analyse économique du crime[1711]. Ce modèle économique permet de se tourner vers une approche théoriquement et économiquement dissuasive de la sanction. La sanction optimale paraît théoriquement dissuasive pour lutter contre les fautes concurrentielles lucratives. Néanmoins, une analyse rigoureuse de l'intérêt et des limites de cette théorie (Section 1) montrera qu'elle est difficilement applicable en pratique. Pour cette raison, nous envisagerons l'amende optimale autrement. À notre sens, il faut repenser l'amende optimale (Section 2) en consacrant une approche différente de l'évaluation du dommage à l'économie. Consacrer une amende optimale confiscatoire des profits illicites reste néanmoins insuffisant si l'on n'augmente pas la probabilité de détection de l'infraction. Il faut, ainsi, assurer le déclenchement de l'amende optimale (Section 3) en encourageant la dénonciation des pratiques illicites par les lanceurs d'alerte.

Section 1
Intérêt et limites de la théorie delasanction optimale

765. L'intérêt de la théorie de la sanction optimale (§ 1) est qu'elle concentre l'objectif de dissuasion sur la nécessité de priver le contrevenant de ses gains illicites. Une méthode de calcul de l'amende optimale a été proposée (§ 2) pour assurer la dissuasion. Néanmoins, les limites de la théorie de la sanction optimale (§ 3) risquent de paralyser son application.

1711 G. Becker, « Crime and Punishment: An Economic Approach », 76(2) *Journal of Political Economy* 169-217 (1968), p. 190.

§ 1. L'intérêt de la théorie de la sanction optimale

766. **Approche économique.** Selon le modèle classique développé par l'économiste Gary Becker, les agents choisissent d'enfreindre la loi si le coût de l'infraction au droit est inférieur au gain retiré de l'infraction[1712]. L'intérêt d'une telle approche est qu'elle donne au gain illicite (et non au dommage) une place centrale dans la décision de l'agent économique.

767. **Sanction optimale.** La sanction optimale est donc une sanction qui supprime l'incitation à enfreindre la loi en s'attaquant directement à la motivation première de l'infraction : la réalisation de gains illicites. À titre d'exemple, dans le cas d'un cartel, la décision d'enfreindre le droit de la concurrence équivaut au surprix multiplié par les quantités vendues.

768. **Théorème.** Le modèle mathématique de la sanction optimale est le suivant : l'amende optimale est égale au gain illicite divisé par la probabilité de détection :

$$\text{Amende optimale : } \frac{\text{Gain illicite}}{\text{Probabilité de détection}}$$

769. **Ajustement.** Si la probabilité de sanction est de 100 %, la sanction doit être égale au gain illicite. Si la probabilité est inférieure à 100 %, le montant optimal de la sanction « *doit être égal au profit retiré de l'infraction, augmenté du profit retiré pour chaque infraction non détectée* »[1713].

770. **Enrichissement du théorème.** Inspiré par la théorie beckerienne de l'amende, le professeur Keith Hylton a proposé dans son ouvrage une autre modélisation[1714] : Selon lui, une firme respecte une norme si **X < [v1p(1 – h1) – v2qh2]L + (v1p – v2q)Cd :**

- **X =** Coût du respect de la norme pour l'entreprise.
- **v1 =** Probabilité d'être sanctionnée si l'entreprise enfreint délibérément la norme.
- **v2 =** Probabilité d'être sanctionnée malgré le respect de la norme. Concrètement, cette situation décrit les erreurs de type 1 évoquées précédemment dans notre thèse, lorsqu'une entreprise est sanctionnée indûment pour une pratique licite ou proconcurrentielle.
- **p =** Probabilité d'être poursuivie lorsque l'entreprise enfreint la norme. Cette probabilité renvoie à l'apathie rationnelle des autorités de concurrence. Pour des raisons de coûts et de moyens, il est en effet possible que l'Autorité délaisse certaines affaires.

1712 G. Becker, *op. cit.*

1713 N. Petit, *Droit européen de la concurrence*, LGDJ, 2013, n° 1541, p. 517.

1714 K. N. Hylton, *Antitrust Law: Economic Theory and Common Law Evolution*, Cambridge University Press (2003). – V. aussi : A. Masson, M. Shariff, « Les stratégies juridiques des entreprises », *RLDA* n° 53, 1er octobre 2010.

- **q** = Probabilité d'être poursuivie en justice, malgré la conformité de l'entreprise au droit en vigueur. Cette probabilité renvoie plus généralement au risque d'erreurs de type 1, mais aussi aux actions juridiques dilatoires et opportunistes menées par certains concurrents soucieux de perturber l'opérateur dominant.
- **cd** = Coût du procès pour l'entreprise mise en cause.
- **h1** = Probabilité que l'entreprise remporte le litige, bien qu'elle ne respecte pas la norme.
- **h2** = Probabilité que l'entreprise perde le litige, alors qu'elle respecte la norme.
- **L** = Responsabilité civile, sanctions pénales ou administratives encourues.

Ce théorème économique classique reflète avec pertinence les principales données qui vont inciter un agent économique à enfreindre le droit de la concurrence. La sanction optimale dans sa version classique pourrait être ajustée en fonction des critères développés ci-dessus par K. Hylton. Ces derniers viennent enrichir le théorème beckerien en proposant la prise en compte de risques nouveaux susceptibles d'abaisser le montant de l'amende optimale, par exemple le risque d'une erreur de type 1 (faux positif).

771. **Applicabilité du théorème de K. Hylton.** Premièrement, force est de reconnaître que la résolution d'une telle équation par les autorités de concurrence pour prononcer l'amende optimale se révélera impossible en pratique pour la raison suivante : les différentes probabilités énoncées dans le théorème de K. Hylton ne peuvent être estimées. Il est par exemple impossible d'estimer l'apathie rationnelle d'une autorité de concurrence qui décide de ne pas poursuivre certaines affaires pour en privilégier d'autres. De même, l'erreur de type 1 qui condamne indûment une entreprise pour une pratique licite est certes intéressante. À notre sens, elle doit faire l'objet d'une prise en compte en amont par le législateur, lorsqu'il rédige la loi en vertu de laquelle une amende sera prononcée. Précisément, le législateur doit faire en sorte que la loi soit suffisamment claire pour éviter une erreur judiciaire qui aboutirait à une condamnation indue. Néanmoins, le risque d'erreur ne peut être intégré aux critères de calcul déterminant l'amende optimale, car cela obligerait l'Autorité chargée du litige à reconnaître le risque d'une erreur dans l'appréciation du manquement qu'elle condamne, ce qui décrédibiliserait totalement la sanction ensuite prononcée.

Deuxièmement, à supposer que les erreurs de type 1 doivent être prises en compte dans la détermination de l'amende, dans le cas particulier des cartels, la probabilité d'erreur semble négligeable, compte tenu du niveau élevé requis en matière de standard de preuves (faisceau d'indices précis, graves et concordants). Au contraire, pour les abus de position dominante, au regard de la probabilité réelle d'une erreur d'appréciation du manquement, la prise en compte des erreurs de type 1 conduirait régulièrement à une minoration de l'amende[1715]. À notre sens,

1715 Selon le théorème de K. Hylton développé plus haut ; *supra*. On ne saurait en effet condamner trop durement une entreprise alors que le risque que cette entreprise ait en réalité commis une pratique licite ou proconcurrentielle est réel.

cela créerait un droit de la concurrence à deux vitesses difficilement intelligibles pour le justiciable, et laisserait finalement penser que la répression des abus est plus « injuste » que celle des cartels. Pour cette raison, il nous semble peu pertinent de reconnaître la prise en compte des faux positifs dans la détermination de l'amende.

Malgré sa pertinence, le théorème de K. Hylton nous semble donc moins clair et surtout plus difficilement applicable que celui de G. Becker, lequel, à notre sens, a le mérite de recadrer le débat de la sanction optimale autour de deux axes fondamentaux : le gain illicite et la probabilité de détection.

772. **Les gains illicites comme norme de référence.** La question de la dissuasion est consubstantielle de celle des gains illicites. Il est peu pertinent de considérer que les amendes infligées par la Commission ou l'Autorité sont sur-dissuasives si l'on ne compare pas le montant de l'amende reçue avec le montant des gains retirés de l'infraction. Autrement dit, le montant de l'amende, fût-il important, ne veut rien dire sauf à l'évaluer par rapport à un référentiel, en l'occurrence les gains illicites de l'entreprise sanctionnée.

Pour que l'amende optimale se révèle confiscatoire des profits illicites, encore faut-il être en mesure d'estimer lesdits profits.

§ 2. Le calcul du montant de l'amende optimale

773. L'amende optimale est égale au gain illicite divisé par la probabilité de détection. Il faut donc être en mesure d'estimer les gains illicites (A) pour déterminer le montant de l'amende optimale. L'estimation des gains illicites est controversée (B). Notons que nous ne développerons pas la question de la probabilité de détection, déjà largement commentée[1716], et dont les observateurs s'accordent à dire qu'elle se situe autour de 15 %[1717].

A. L'estimation des gains illicites

Sept critères permettent d'estimer les gains illicites.

774. **Le surprix.** Premièrement, l'estimation du surprix est un élément fondamental de la détermination de l'amende optimale. L'amende optimale doit être d'autant plus élevée que la hausse des prix induite par la pratique est forte. La détermination du surprofit des firmes a fait l'objet d'estimations empiriques permettant de conclure en une moyenne et médiane[1718] de hausse de prix en situation de cartel :

1716 *Supra*, Partie I, Titre I, n° 111 et s.

1717 E. Combe, C. Monnier, « Cartels: the Probability of Getting Caught in the European Union », BEER Paper n° 12, mars 2008. – V. aussi, P. Bryant, E. Eckard, « Price Fixing: The Probability of Getting Caught », 73(3) *Review of Economics and Statistics* 531-536 (1991). Pour plus de détails, v. *supra*, Partie I.

1718 En réalité, les études empiriques des économistes sur la hausse des prix se fondent aussi bien sur une moyenne que sur une médiane. Tout l'intérêt de calculer la médiane des surprix réside dans l'idée que la médiane est parfois un meilleur instrument de mesure pour rendre compte d'une tendance centrale que la moyenne arithmétique. En matière de cartel, l'utilisation de la médiane plutôt que la moyenne est parfois plus juste. Précisément, la présence de valeur extrême est susceptible de fausser la moyenne des hausses de prix constatée

l'économiste J. Connor a mené à la fois seul et en collaboration avec d'autres auteurs plusieurs études sur le surprix[1719]. Prenons l'étude la plus récente, qui date de l'année 2014[1720]. Cette étude examine plus de 700 études économiques publiées et comprend 2 041 estimations quantitatives de surprix. Selon l'auteur, la hausse médiane des prix pour tous les types d'ententes est de 23 %[1721]. La majoration moyenne des prix serait quant à elle de 49 %. L'auteur conteste la présomption de la Commission selon laquelle le surprix moyen en situation de cartel serait de 10 %. L'économiste M. Boyer a remis en cause les travaux de J. Connor, considérant que les estimations des surprix étaient biaisées par des « *erreurs de modélisation et d'estimation, ainsi que de biais d'endogénéité et de publication* »[1722]. L'auteur estime quant à lui une moyenne et une médiane de majoration des prix respectivement de l'ordre de 15,47 % et 16,01 %.

Au regard de ces deux études, on peut estimer, en matière d'entente anticoncurrentielle, une moyenne de majoration des prix comprise entre 25 et 30 % et une médiane autour de 20 %.

775. **Durée de vie du cartel.** Deuxièmement, l'estimation de la durée de vie d'un cartel est essentielle. Plus le cartel dure longtemps, plus les surprofits accumulés par les entreprises sont importants. L'estimation de la durée d'un cartel informe donc en même temps sur l'estimation du surprix infligé par le cartel. De nombreux travaux empiriques sur le sujet ont été menés[1723]. Une nouvelle fois, prenons les études les plus récentes : à la suite d'une étude empirique, l'économiste Constance Monnier

---

en situation de cartel. En effet, si un cartel national a augmenté ses prix de 60 %, alors que tous les autres cartels ont eux augmenté leurs prix de 5 %, la moyenne donnée reflétera mal la réalité de la hausse des prix en situation de cartel.

1719 J. M. Connor, R. H. Lande, « How High Do Cartel Raise Prices? Implications for Optimal Cartel Fines. American Antitrust Institute Symposium: Thinking Creatively about Remedies », 80 *Tul. L. Rev.* 513-570 (2005). Dans cet article, les auteurs ont conclu que la moyenne du surprix se situait entre 31 % et 49 % des ventes affectées et la médiane entre 22 % et 25 % des ventes affectées. – V. aussi : J. M. Connor, Y. Bolotova, « Cartel Overcharges: A Meta-Analysis », 24(6) *International Journal of Industrial Organization* 1109-1137 (2006). En 2009, John Connor a réalisé une nouvelle étude. Sur la base de cette étude comprenant environ 1 040 cartels, il vint à la conclusion que le surprix médian est de 18,8 % pour les cartels nationaux et de 31 % pour les cartels internationaux. V. : J. M. Connor, « Has the European Commission Become More Severe in Punishing Cartels? Effects of the 2006 Guidelines » (2010) ; ou J. M. Connor, « Price Fixing Overcharges: Revised 2nd Edition » (2010).

1720 J. M. Connor, « Price-Fixing Overcharges: Revised 3rd Edition » (2014).

1721 Sachant que le surprix médian des cartels internationaux est 38 % plus élevé que celui des cartels nationaux.

1722 M. Boyer, R. Kotchoni, « How Much Do Cartel Overcharge? (The "Working Paper" Version) », Cirano Scientific Series, 31 juillet 2015.

1723 E. Combe, C. Monnier, « Cartels: the Probability of Getting Caught in the European Union », *op. cit.* note 1718 : « *En 1991, Bryant et Eckard estiment que la probabilité annuelle de détection des cartels qui seront finalement détectés par les autorités de concurrence américaines, se situe entre 13 et 17 %. 15 ans après, nous estimons cette probabilité sur un échantillon européen, et nous trouvons que cette probabilité se situe entre 12,9 et 13,3 %. De plus, nous développons un modèle de détection des cartels nous permettant d'expliciter cette probabilité. Notre estimation est basée sur les durées de détection de tous les cartels condamnés par la Commission européenne depuis 1969, et sur un modèle statistique de processus de vie et de mort décrivant la naissance et la détection des cartels.* » – V. aussi : M. C. Levenstein, V. Y. Suslow, « What Determines Cartel Success? », 44(1) *Journal of Economic Literature* 43-95 (2006). Selon, Levenstein et Suslow, la durée de vie moyenne d'un cartel se situe entre 3,7 et 10 années. Dans cette étude, les deux auteurs montrent en même temps que 40 à 60 % des cartels détectés ont duré plus de 5 ans. – P. Bryant, E. Eckard, « Price Fixing: The Probability of Getting Caught », *op. cit.* note 1718. Dans cet article, Bryant et Eckard, se fondant sur un échantillon de 184 cartels, estiment à 22 % le nombre de cartels ayant duré plus de 10 ans.

a pu conclure que « *la durée de vie moyenne d'un cartel français est de 5 ans, avec une médiane très basse (3,8 ans) et une variabilité importante (7 ans) […] La moitié des cartels a néanmoins une durée de vie comprise entre 2,4 et 5,6 ans* »[1724].

De plus, une analyse statistique récente des ententes dans l'Union européenne (et non plus en France) entre 2004 et 2014 a permis la conclusion suivante : « *La durée moyenne de participation à une entente est de 83 mois (*soit 6,9 années*) et la durée la plus longue est de 419 mois (*soit plus de 34 années*)* »[1725]. Ces résultats sont assez proches de ceux obtenus en 2011 par M. Levenstein et V. Suslow[1726] et de ceux obtenus en 2012 par E. Combe et C. Monnier[1727].

Notons, pour finir sur ce point, que l'Autorité ou la Commission peuvent minorer la durée du cartel. En effet, pour connaître la durée du cartel, encore faut-il connaître la date du début de l'infraction. Or, les autorités de régulation font remonter la date du début de l'infraction au premier élément de preuve à disposition[1728]. Il se peut que des difficultés probatoires empêchent l'Autorité d'établir avec certitude le début ou la fin de l'infraction, ce qui peut conduire à sous-estimer la durée de l'entente.

776. **Probabilité de détection.** Troisièmement, la probabilité de détection est aussi une question centrale pour estimer les gains illicites. Plus la probabilité de détection est faible, plus l'agent économique a de chances de conserver les profits de l'infraction. La faible probabilité d'être sanctionné encourage les violations rentables du droit de la concurrence. Les gains, éventuellement neutralisés par une première amende, peuvent s'accumuler par la commission d'une seconde infraction qui, elle, ne sera probablement jamais détectée. Des études empiriques ont établi une probabilité de détection située entre 13 %[1729] et 17 %[1730] (ce qui permet de conclure à un taux de référence d'environ 15 %). Notons aussi que l'OCDE considère qu'un cartel sur six serait poursuivi et condamné[1731].

777. **Valeur des ventes affectées par l'entente.** Quatrièmement, comme le rappelle le groupe de travail ECA[1732], « *les gains attendus d'une pratique anticoncurrentielle*

1724 C. Monnier-Schlumberger, A. Hutin, « Les cartels en France : Analyse économique de leurs caractéristiques et de leurs sanctions », Concurrences n° 2-2016, Art. N° 78824, pp. 45-61, p. 51.

1725 S. Broos, A. Gautier, J. M. Ramos, N. Petit, « Analyse statistique des affaires d'ententes dans l'UE (2004-2014) », *RE* 2016/HS1, vol. 67, pp. 79-94, p. 83.

1726 M. C. Levenstein, V. Y. Suslow « Breaking Up Is Hard to Do: Determinants of Cartel Duration », 54(2) *Journal of Law and Economics* 455-492 (2011) : les deux auteurs rapportent une durée moyenne de 8,1 ans pour un échantillon de 81 ententes internationales sanctionnées par les autorités de la concurrence européenne et américaine.

1727 E. Combe, C. Monnier, « Les cartels en Europe, une analyse empirique », *RFE* 2012/2, vol. XXVII, pp. 187-226, p. 209 : « *Sur la base de notre échantillon de 111 cartels condamnés par la Commission européenne, nous trouvons que la durée de vie moyenne d'un cartel est comprise entre 7,1 et 7,4 ans, la médiane se situant entre 5,5 et 6 ans et l'écart-type entre 5,2 et 5,4.* »

1728 C. Monnier, A. Hutin, *op. cit.*

1729 E. Combe, C. Monnier, R. Legal, « Cartels : la probabilité d'être détecté dans l'Union Européenne », Document de travail PRISM, 2007. Les auteurs estiment la probabilité de détection à 13 % pour un échantillon de cartels détectés dans l'Union européenne au cours de la période 1969-2007.

1730 P. Bryant, E. Eckard, « Price Fixing: The Probability of Getting Caught », *op. cit.* note 1718.

1731 OCDE, Second rapport sur la mise en œuvre de la recommandation de 1998 en faveur d'une action efficace contre les ententes injustifiables, Dafcomp, 2.

1732 European Competition Authorities

sont en principe directement fonction de la valeur des ventes affectées par cette pratique »[1733]. La valeur des ventes indique la taille du marché affecté. Les parts de marché des membres d'une entente renseignent sur les surprofits retirés de l'infraction. Dès lors qu'une entreprise partie à l'entente monopolise la quasi-totalité du marché, les consommateurs n'ont d'autre choix que de se tourner vers les produits affectés d'un surprix, ce qui génère un important transfert de revenu des consommateurs vers les cartellistes.

778. **Élasticité-prix de la demande.** Cinquièmement, le profit du cartel dépend en partie de l'élasticité-prix de la demande. Si l'élasticité est forte et que le consommateur n'achète pas le produit affecté d'un surprix, la baisse des quantités demandées viendra minorer le gain illicite. Au contraire, si malgré la majoration du prix, le consommateur continue de consommer, le profit retiré de l'infraction sera important. Dans le calcul de la sanction, la forte élasticité-prix de la demande, bien qu'elle minore l'estimation des gains illicites, ne doit pas réduire de façon trop conséquente le montant de l'amende finale. En effet, la forte élasticité augmente la « perte sèche de bien-être » des consommateurs qui renoncent à acheter du fait de l'augmentation du prix. Cette perte de surplus doit être prise en compte dans l'assiette de la sanction.

779. **Contre-pouvoir de la demande.** Sixièmement, l'élasticité-prix de la demande est proche de la question du contre-pouvoir de la demande. La puissance d'un distributeur (ou d'un fournisseur) peut limiter la hausse de prix induite par la pratique illicite en résistant à la pression des fournisseurs (ou des distributeurs) qui cherchent à lui imposer le surprix. De manière générale, le pouvoir de négociation du client[1734] victime de la pratique litigieuse constitue un indice important pour savoir si la hausse de prix a pu être partiellement ou totalement répercutée.

780. **Marge concurrentielle.** Septièmement, la marge en situation concurrentielle – bien qu'il ne soit pas obligatoire de l'estimer pour calculer le montant de l'amende optimale – constitue aussi un élément permettant d'apprécier les profits illicites. La marge correspond à la différence entre le prix de vente et les coûts variables. Elle est utile, car son évaluation permet d'estimer le prix de concurrence en l'absence de cartel. La marge concurrentielle « *permet d'estimer la marge que réalisaient les membres du cartel sur leurs ventes additionnelles avant la formation du cartel et vient en diminution du gain illicite* »[1735].

L'estimation des gains illicites au regard de ces critères a néanmoins fait l'objet de quelques critiques qu'il convient d'analyser.

1733 Groupe de travail ECA sur les sanctions, « Les sanctions pécuniaires des entreprises en droit de la concurrence », p. 2.

1734 Le pouvoir de négociation peut notamment être apprécié au regard de la taille du client, de la fréquence de ses achats ou de la variété des produits qu'il achète.

1735 F. Brunet, E. Bitton, « La nécessité d'un débat économique sur le niveau des amendes communautaires », in colloque « Sanctions antitrust : Quel est le juste montant ? (Paris, 17 octobre 2012) », Concurrences n° 1-2013, Art. N° 50423, pp. 16-37, p. 35.

B. L'estimation controversée des gains illicites

781. L'estimation des gains illicites a fait l'objet de critiques (1) qui, à notre sens, ne sont pas justifiées. Nous développerons donc un contre-critique (2).

1. Critiques

782. **Calculs des gains illicites erronés ?** Si l'approche théorique de la sanction optimale est peu contestée, « *les difficultés pratiques d'estimation de la sanction optimale font débat* »[1736]. L'estimation de la sanction optimale serait biaisée par des erreurs dans le calcul des gains illicites. Trois critiques sont principalement formulées.

783. **Approche dynamique c/ approche statique de la sanction optimale.** D'une part, les partisans d'une approche dynamique remettent en cause la méthodologie de calcul de l'amende optimale en considérant qu'elle aboutit à surestimer les gains illicites, et donc l'amende susceptible d'être infligée. Cette approche soutient que les ententes sont des organisations instables où chacun des membres est incité à tricher et à baisser ses prix afin de capter davantage de parts de marché que ses concurrents, qui eux fixent un prix supraconcurrentiel. Chaque entreprise réévalue en permanence son choix de rester ou de quitter le cartel[1737]. L'approche dynamique considère que le profit de déviation (profit de tricherie) est supérieur au profit de cartel ; qu'ainsi le dommage à l'économie est faible, car non seulement l'instabilité du cartel perturbe peu l'équilibre du marché, mais de plus, les consommateurs bénéficient d'un prix concurrentiel de la part des « tricheurs » qui n'ont pas respecté l'accord.

784. **Programme de clémence.** Par ailleurs, une seconde critique porte sur le fait que les programmes de clémence ne sont pas pris en compte dans l'estimation de la probabilité de détection. La prise en compte du programme de clémence permet d'augmenter le taux de probabilité de détection et par conséquent de baisser le montant de la sanction optimale.

785. **Contestation des études empiriques du surprix.** Enfin, une dernière critique porte sur les hypothèses de hausse des prix empiriquement prouvées et qui, nous l'avons vu précédemment, ont été réévaluées à la baisse par les économistes Marie-Laure Allain et Marcel Boyer[1738].

2. Contre-critique

786. **L'entente anticoncurrentielle : un jeu dynamique ?** L'approche dynamique visant à considérer que l'entente anticoncurrentielle est victime d'instabilité chro-

---

1736 *Ibid.*

1737 M.-L. Allain, M. Boyer, R. Kotchoni, J.-P. Ponssard, « The Determination of Optimal Fines in Cartel Cases. The Myth of Underdeterrence », Cirano Scientific Series, 8 septembre 2011 : « *Nous définissons un cadre stratégique pour caractériser le caractère restitutif et dissuasif des amendes dans des contextes statique et dynamique : la stabilité d'un cartel dépend de sa capacité à prévenir les déviations dont la profitabilité est fonction des amendes imposées lorsque le cartel est découvert.* »

1738 *Ibid.* Rappelons que les auteurs estiment une moyenne et une médiane de majoration des prix respectivement de l'ordre de 15,47 % et 16,01 %.

nique due à la tricherie de ses membres ne nous convainc pas. À notre sens, plusieurs facteurs sont susceptibles, au contraire, de favoriser la stabilité des ententes :

787. **Le rôle de la clémence.** Premièrement, l'instabilité de l'entente peut être en partie vaincue par l'instrumentalisation de la procédure de clémence utilisée comme une menace de représailles en cas de déviation de l'un des membres partie à l'accord[1739]. La crainte d'être dénoncé et de voir un concurrent membre de l'entente prendre un avantage concurrentiel en évitant le coût d'une condamnation limite les volontés de tricherie.

De manière plus générale, si les ententes sont par nature instables, le programme de clémence, qui a pour finalité (théorique) de déstabiliser l'équilibre du cartel, n'a plus aucune justification. Or, il est depuis longtemps admis que le programme de clémence sert à perturber la stabilité qui rend difficile la détection de l'entente[1740]. L'existence d'un tel programme constitue en lui-même l'aveu de la nature stable des ententes anticoncurrentielles.

788. **Système de surveillance au service de l'équilibre du cartel.** Deuxièmement, de nombreux exemples jurisprudentiels prouvent la technicité et la recherche de stabilité des ententes : on pense au vaste système de surveillance du respect de la pratique concertée mis en place dans l'entente dans le secteur de l'hôtellerie de luxe[1741] ; dans celui des endiviers[1742] ; dans celui des panneaux de signalisation routière[1743] ; dans l'entente sur les appareillages de commutation à isolation

---

1739 *Supra*, Partie I, Titre I, n° 271 et s.

1740 Le fait que ce programme soit instrumentalisé par des agents qui l'utilisent pour faire respecter l'accord et éviter le risque de déviation ne remet pas en cause la finalité originelle du programme de clémence, qui est de déstabiliser les ententes.

1741 Déc. n° 05-D-64 du 25 novembre 2005 relative à des pratiques mises en œuvre sur le marché des palaces parisiens. Dans son communiqué de presse, l'Autorité souligne l'effort de surveillance entre les membres pour assurer l'équilibre du cartel. V. Aut. conc., communiqué de presse, 28 novembre 2005 : Entente dans le secteur de l'hôtellerie de luxe : « *L'enquête a mis en évidence l'existence d'échanges réguliers, entre les six palaces, d'informations confidentielles sur leur activité respective et sur les éléments nécessaires à l'élaboration de leurs plans marketing. [...] Les informations échangées permettent aux palaces de se surveiller efficacement en se dévoilant mutuellement leurs performances et en suivant leurs évolutions relatives à un rythme très rapproché. [...] L'utilisation que certains palaces ont fait des informations échangées traduit bien cet objectif de surveillance [...] Ces échanges d'informations entre les palaces leur ont permis de s'assurer que leur niveau de performances ne variait pas de façon trop sensible d'un établissement à l'autre et qu'aucun d'entre eux ne cherchait à s'engager dans des stratégies de nature à remettre en cause les positions des autres membres de l'oligopole.* »

1742 Le communiqué de presse de l'Autorité rappelle que les entreprises sont allées jusqu'à créer un « *système informatique d'échanges d'informations, nommé Infoclar* », lequel « *centralisait en temps réel les prix pratiqués par les producteurs et permettait de vérifier qu'ils étaient conformes à ceux décidés collectivement. Les informations recueillies ne restant pas anonymes, les récalcitrants étaient immédiatement identifiés en cas d'anomalies (écarts de prix) et pouvaient se voir infliger les mesures de punition et de représailles qui étaient prévues en pareil cas* » ; v. Aut. conc., communiqué de presse, 6 mars 2012 : Secteur de la production et de la commercialisation des endives.

1743 Déc. n° 10-D-39 du 22 décembre 2010 relative à des pratiques mises en œuvre dans le secteur de la signalisation routière verticale (ci-après « Signalisation routière ») ; Aut. conc., communiqué de presse, 22 décembre 2010 : Cartel dans le secteur des panneaux de signalisation routière verticale : « *Une entente très sophistiquée [...] [où les] entreprises membres de l'entente se réunissaient très régulièrement et se répartissaient les marchés publics selon des règles préétablies figurant dans un document intitulé "Règles". [...] En cas de non-respect, le contrevenant se voyait infliger des pénalités financières.* »

gazeuse[1744], etc. La recherche de stabilité a par ailleurs été mise en avant dans le célèbre ouvrage de l'avocat Arthur Jerome Eddy (*The New Competition*), qui évoque la devise de certains cartellistes : « *La concurrence c'est la guerre, et la guerre c'est l'enfer* »[1745].

789. **Sentiment d'appartenance.** Troisièmement, le facteur humain favorise la stabilité du cartel. Dans le cartel des panneaux de signalisation routière, chaque membre se disait faire partie intégrante du « club »[1746]. La qualification de « *club* » pour décrire l'entente servait à renforcer le sentiment d'appartenance des membres afin d'éviter les risques de tricherie. Le document établissant les règles de l'entente était même qualifié de « *bible* » que chacun devait respecter. De même, dans le cartel des lessives, l'adoption d'un « *code de bonne conduite* » permettait de stabiliser l'accord[1747]. En dehors de ces affaires, on rappellera le pacte conclu entre les participants au cartel de l'acier[1748] ou encore le slogan d'un des membres du cartel de la lysine : « *Nos concurrents sont nos amis, les consommateurs nos ennemis* ».

Par ailleurs, le sentiment d'appartenance est renforcé par la multiplication des ententes coordonnées par des syndicats professionnels[1749]. L'esprit de corps inhérent à l'organisation syndicale et l'influence d'une telle organisation sur ses membres favorisent les coordinations tarifaires et neutralisent les risques de tricherie.

[1744] Comm. eur., communiqué IP/07/80 du 24 janvier 2007, « Concurrence : la Commission inflige une amende de 750 millions d'euros aux membres de l'entente sur les appareillages de commutation à isolation gazeuse ». Selon la Commission les membres de l'entente ont recouru « *à une technologie sophistiquée pour brouiller les pistes. [...]* Les membres de l'entente ont pris des mesures sophistiquées pour maintenir le secret de leurs communications. Des noms de code étaient utilisés à la fois pour les entreprises et pour les individus. *Les dernières années de l'entente, les membres recouraient à des adresses de courrier électronique anonymes pour communiquer et cryptaient les messages qu'ils envoyaient. D'après un message envoyé par un organisateur de l'entente à un autre, il était strictement interdit "d'avoir accès à votre courrier électronique à partir de votre ordinateur personnel à domicile ou de tout autre ordinateur pouvant facilement être lié à vous. Cela compromettrait l'ensemble de la sécurité du réseau [entente]"* ».

[1745] A. J. Eddy, *The New Competition*, New York: Appleton & Co. (1912).

[1746] Déc. n° 10-D-39 du 22 décembre 2010, Signalisation routière.

[1747] Déc. n° 11-D-17 du 8 décembre 2011, Lessives, § 118 : « *Pendant la réunion, les discussions ont également porté sur l'introduction d'un "code de bonne conduite" ou accord de transparence.* ». Sur cette affaire, l'Autorité relève aussi que « *les participants à l'entente portaient un nom de code :* "Hugues" *pour Henkel,* "Pierre" *pour Procter&Gamble,* "Laurence" *ou* "Louis" *pour Lever (Unilever) et* "Christian" *pour Colgate. Ces réunions étaient tenues secrètes et étaient désignées par certains participants sous l'appellation* "store checks". »

[1748] Pour rappel (nous l'avons vu dans notre première partie), entre 1907 et 1911, les dirigeants des fabricants d'acier américains ont organisé une série de réunions et d'événements. Le leader de ces réunions s'appelait Elbert Gary. certains discours tenus par Elbert Gary sont aujourd'hui célèbres : « *[W]e have something better to guide and control us in our business methods than a contract which depends upon written or verbal promises with a penalty attached. We as men, as gentleman, as friends, as neighbors, having been in close communication and contact during the last few years, have reached a point where we entertain for one another respect and affectionate regard. We have reached a position so high in our lines of activity that we are bound to protect one another; and when a man reaches a position where his honor is at stake, where even more than life itself is concerned, where he cannot act or fail to act except with a distinct and clear understanding that his honor is involved, then he has reached a position that is more binding on him than any written or verbal contract* » (déclaration citée dans M. Armstrong, S. Huck, « Behavioral Economics as Applied to Firms: A Primer », CESIFO Working Paper No. 2937 (2010) ; voir aussi : M. Armstrong, H. Huck, « Behavioral Economics as Applied to Firms: A Primer», 6(1) *Competition Policy International* 3-45 (2010).

[1749] *Supra*, Partie I, Titre I, n° 233 et s.

790. **Coût psychologique.** Quatrièmement, l'économie comportementale démontre qu'il existe un coût psychologique associé à la tricherie susceptible de renforcer la stabilité du cartel. En effet, les « *biais émotionnels* »[1750] renforcés par l'identité de groupe et les liens tissés entre les membres de l'accord n'incitent pas à la déviation. Le cartel crée ses propres normes sociales, si bien que la probabilité de déviation est réduite par l'idée que les individus cherchent à préserver une image positive vis-à-vis d'eux-mêmes et des autres en respectant les normes sociales[1751]. De plus, l'interdépendance des intérêts entre les dirigeants renforce l'équilibre de l'entente : la possibilité pour un manager, dans le futur, d'être employé par l'entreprise concurrente[1752] n'incite pas à la tricherie, car cela risquerait d'affecter grandement sa réputation (effet de stigmatisation du « traître »). L'économiste John List montre, sur ce point, que la volonté du dirigeant de préserver sa réputation commerciale ainsi que le risque de représailles limitent les risques de tricherie[1753].

791. **Coût boursier.** Cinquièmement, l'argument de l'incitation à dévier de l'entreprise qui retire un profit en appliquant des prix plus bas nous semble ignorer le coût boursier d'une telle déviation. La tricherie envoie un message négatif au marché financier, qui va intégrer toutes les conséquences néfastes de la désintégration du cartel et suspecter des risques de représailles et de guerre des prix, ce qui risque d'affecter le cours de l'action de l'entreprise. Le dirigeant disposant de stock-options, craignant une baisse de la valeur totale de l'entreprise, préférera donc respecter l'accord plutôt que d'entreprendre une stratégie de tricherie[1754].

792. **Les nouvelles ententes.** Sixièmement, les nouvelles ententes algorithmiques renforcent considérablement la stabilité des organisations[1755]. L'algorithme de surveillance permet, par exemple, de collecter des renseignements sur les choix commerciaux des concurrents[1756]. Il assure une fonction de surveillance des données du concurrent susceptible de déceler toute déviation potentielle de l'accord. En conséquence, le désir de tricherie est minoré, car la fixation d'un prix de concurrence contraire au prix collusif est immédiatement visible, ce qui réduit dans le même temps la possibilité de guerres de prix[1757].

793. **Règle de la compensation.** Septièmement, même en cas de tricherie, la plupart des cartels survivent. La règle de la compensation permet de corriger les

---

1750 C. Louart, « Quand l'économie s'intéresse à nos comportements », CNRS Le Journal, 14 avril 2016, disponible sur : https://lejournal.cnrs.fr.

1751 R. Bénabou, J. Tirole, « Belief in a Just World and Redistributive Politics », 121 *Q J Econ* 699-746 (2006).

1752 Déc. n° 13-D-12 du 28 mai 2013, Commodités chimiques, § 756 : « *M. Pierre C..., directeur grands comptes de 2003 à avril 2004, a déclaré qu'"[e]n outre, il y a eu beaucoup de recrutements à la concurrence : chez Solvadis, les directeurs des régions Ile-de-France, Nord, Sud-Ouest venaient de Brenntag" [...]* »

1753 J. A. List, « The Behavioralist Meets the Market: Measuring Social Preferences and Reputation Effects in Actual Transactions », 114(1) *Journal of Political Economy* 1-37 (2006).

1754 G. Spagnolo, « Stock-Related Compensation and Product-Market Competition » 31(1) *RAND Journal of Economics* 22-42 (2000).

1755 Pour plus de détails, v. *supra*, Partie I, Titre I, n° 137 et s.

1756 V. Šmejkal, « Cartel by Robots – Current Antitrust Law in Search of an Answer », *Intereulaweast*, Vol. IV (2) 2017.

1757 S. Mehra, « Antitrust and the Robo-Seller: Competition in the Time of Algorithms »,100 Minn. L. Rev 1323-1375 (2016).

dysfonctionnements de l'entente. À titre d'exemple, dans le cartel des panneaux de signalisation routière précité, des « "compensations" *étaient prévues en cas de* "dysfonctionnement" *de l'entente* »[1758]. De même, dans plusieurs cartels, des stratégies ont permis de « *ramener les profits de tricherie au niveau du profit de cartel* »[1759], en somme, « *une règle simple consiste à obliger l'entreprise qui a vendu davantage que son quota à acheter une partie de la production des autres participants au cartel qui auraient moins vendu que leur quota* »[1760].

794. **Probabilité de détection sous-estimée ?** Par ailleurs, la critique selon laquelle la probabilité de détection serait sous-estimée car les études empiriques ne prendraient pas en compte la détection accrue par la clémence est intéressante. Cependant, on peut rétorquer que la clémence peut aussi avoir un effet procollusif en diminuant le niveau de la sanction espéré[1761]. Cet effet procollusif est susceptible d'augmenter la formation d'ententes et donc d'accroître le risque de cartels non détectés. De plus, on peut aussi observer que l'estimation de la probabilité de détection est fondée sur l'ensemble des cartels détectés et non l'ensemble des cartels existants. Il est en effet impossible de connaître précisément le nombre de cartels formés chaque année[1762]. On peut donc raisonnablement préjuger que la probabilité de détection serait encore plus faiblement estimée si l'on avait connaissance de tous les cartels existants. Enfin, rappelons que selon un rapport rendu par l'OCDE en 2013, le programme de clémence ne détecte pas les cartels sophistiqués, mais seulement les cartels en voie d'extinction et dont la rentabilité décroît[1763]. Le même rapport suggère que le programme de clémence ne détecte qu'un nombre limité d'industries : sur les marchés de petite taille, les incitations à bénéficier du programme sont faibles, car le risque de représailles commerciales contre le demandeur en clémence est considérablement plus fort que sur les marchés avec plusieurs concurrents.

795. **Surprix.** Enfin, nous l'avons vu, une autre critique repose sur l'idée que l'hypothèse de majoration des prix déterminée par J. Connor[1764] s'appuie sur des estimations contestables. Force est de reconnaître néanmoins que, au moins s'agissant de

---

1758 Déc. n° 10-D-39 du 22 décembre 2010, Signalisation routière, § 89. Concrètement, sachant que l'entente portait sur la répartition des marchés de signalisation routière, une règle prévoyait que lorsque la collectivité qui avait lancé l'appel à concurrence attribuait le marché à une entreprise qui n'avait pas été celle désignée comme devant l'avoir, des compensations devaient corriger ce dysfonctionnement.

1759 E. Combe, C. Monnier-Schlumberger, « Quelle est l'ampleur de la sous-dissuasion des cartels en europe ? Compléments sur nos résultats », in colloque « Sanctions antitrust : Quel est le juste montant ? (Paris, 17 octobre 2012) », Concurrences n° 1-2013, Art. N° 50423, pp. 16-37, p. 18.

1760 *Ibid.* Les auteurs observent qu'une telle règle de compensation a été appliquée notamment « *dans les cas du cartel des vitamines et de l'acide citrique et dans le cas du cartel des électrodes en graphites* ».

1761 M. Motta, M. Polo, « Leniency programs and cartel prosecution », 21(3) *International Journal of Industrial Organization* 347-379 (2003) : « *Leniency programs make enforcement more effective but they may also induce collusion, since they decrease the expected cost of misbehavior.* »

1762 C. Marvão, G. Spagnolo, « What Do We Know about the Effectiveness of Leniency Policies? A Survey of the Empirical and Experimental Evidence », SITE Working Papers Series 28, Stockholm School of Economics, Stockholm Institute of Transition Economic (2014). Sur la probabilité de détection, les auteurs notent : « *this is very difficult to measure because only detected cartels are typically observed* ».

1763 OCDE, Report, Policy Roundtable, « Ex officio cartel investigations and the use of screens to detect cartels », DAF/COMP(2013) 27, 7 juillet 2014.

1764 Rappel : selon J. Connor, la hausse médiane est 23 % et la majoration moyenne 49 % en situation de cartel.

la médiane, les estimations récentes de M. Boyer permettent d'établir un consensus d'une hausse médiane du prix d'environ 19 %[1765], ce qui reste important. De plus, la moyenne de hausse des prix estimée par M. Boyer est aussi contestable. L'auteur a exclu de son échantillon les hausses de prix supérieures à 50 % (22,6 % des cas) ainsi que les hausses de prix nulles (7,23 % des cas)[1766]. Ce choix des seuils a d'ailleurs fait l'objet d'une critique robuste adressée par l'économiste Emmanuel Combe et à laquelle nous souscrivons entièrement[1767].

796. **Bilan.** Les critiques sur l'estimation des gains illicites portent principalement sur la contestation de l'approche statique de l'entente, la non-prise en compte de la clémence dans l'estimation de la probabilité de détection et l'évaluation excessive du surprix. Ces critiques ne justifient pas une remise en cause du calcul de l'amende optimale fondée sur le profit tiré de l'infraction. En réalité, la vraie difficulté réside moins dans le calcul de la sanction optimale que dans l'applicabilité d'une telle théorie en pratique.

§ 3. Les limites de la théorie de la sanction optimale

797. La théorie de l'amende optimale est difficilement applicable en pratique. Elle risque en effet d'aboutir au prononcé de sanctions excessives qui heurteront certains principes juridiques. Deux principales limites sont susceptibles de contrarier la consécration d'une amende optimale au sens beckerien du terme, c'est-à-dire une amende égale au profit illicite retiré de l'infraction divisé par la probabilité de détection. La première limite est relative au principe de proportionnalité des peines (A), la seconde au coût économique et social de l'amende optimale (B).

A. Le principe de proportionnalité des peines

798. **Principe de proportionnalité.** La fixation d'une amende optimale égale au gain illicite et augmentée du profit retiré pour chaque infraction non détectée risque de contrevenir au principe juridique de proportionnalité des peines. Les prescriptions de l'article 8 de la Convention européenne des droits de l'homme s'appliquent

---

1765 Rappel : Selon M. Boyer, la hausse médiane du prix serait de 15,47 %.

1766 M. Boyer, R. Kotchoni, « The Econometrics of Cartel Overcharges », Cirano Scientific Series, mars 2011.

1767 E. Combe, C. Monnier, « Quelle est l'ampleur de la sous-dissuasion des cartels en europe ? Compléments sur nos résultats », *op. cit.*, note 1760, p. 22 : « *[L]e choix des valeurs seuils (50 % et 0 %) n'est pas justifié : pourquoi éliminer* a priori *tous les cartels dont les prix ont augmenté de plus de 50 % ? Les auteurs écartent ainsi près du quart de l'échantillon, alors même que certains cartels sont en mesure d'imposer des hausses de prix supérieures à 50 % (voir par exemple le cas du cartel des électrodes de graphite). Exclure ces cas de hausse significative conduit à ne pas prendre en compte dans l'objectif de dissuasion les cartels qui sont les plus dommageables pour l'économie. Parallèlement, pour les valeurs basses (à gauche de l'échantillon), pourquoi exclure uniquement les cartels qui n'ont pas réussi à accroître le prix (c'est-à-dire ceux qui n'ont pas fonctionné) ? Pourquoi ne pas exclure aussi les cartels dont la hausse de prix totale a été de 2 % ou 3 % seulement sur la durée du cartel ? La règle la plus objective, s'il eût fallu réellement exclure les cas extrêmes, eût été de mener une exclusion symétrique en éliminant par exemple les 10 % des hausses les plus élevées et les 10 % des hausses les plus basses. En supprimant près du quart des valeurs hautes et seulement 7 % des valeurs basses, il n'est pas étonnant que la moyenne chute.* »

aux sanctions pécuniaires prononcées aussi bien par l'Autorité de la concurrence que par la Commission. Pour certains, les sanctions de l'Autorité heurtent déjà « *à tous les niveaux* » le principe de proportionnalité, non seulement car le législateur se montre imprécis dans la détermination d'un mode de calcul des plafonds, mais aussi car l'Autorité de la concurrence inflige les amendes administratives sans faire apparaître une méthode transparente d'estimation du dommage[1768]. Nous ne souscrivons aucunement à ce constat. La méthode dégagée du communiqué « Sanctions » est régulièrement suivie par l'Autorité, sauf lorsque cette dernière conclut une procédure de transaction. De plus, au regard du principe de proportionnalité, les peines doivent être proportionnées à la faute commise. Lorsqu'il est déterminé que l'infraction concurrentielle a généré des surprofits, la faute concurrentielle étant, dans ce cas, une faute lucrative, seule une sanction égale aux gains illicites retirés par l'agent doit être considérée comme proportionnée. À l'inverse, tant qu'il n'est pas prouvé que la sanction excède largement les gains indus retirés de l'infraction, le constat selon lequel l'amende serait « disproportionnée » nous paraît erroné[1769]. Il faut en réalité distinguer deux types d'amendes.

799. **Amende confiscatoire « optimale » avec coefficient multiplicateur fondé sur la probabilité de détection.** Cette amende confiscatoire dite « optimale » que nous avons précédemment décrite[1770] est la plus dissuasive. L'amende optimale intègre un coefficient multiplicateur qui vise à sanctionner au-delà du seul gain illicite. Ce coefficient dépend de la probabilité de détection. Plus la probabilité de détection est faible, plus l'amende sera élevée. Au regard de la faible probabilité de détection des infractions concurrentielles, le risque est d'appliquer une sanction qui heurte le principe de proportionnalité des peines. Pour cette raison, bien que « parfaitement » dissuasive en théorie, l'amende optimale telle que proposée par l'analyse économique sera probablement rejetée en pratique. À titre d'exemple, si une seule infraction de concurrence sur dix est détectée, l'amende optimale devrait intégrer un multiple de 10 pour définitivement confisquer le gain attendu de la violation. Un tel multiple appliqué à l'amende devrait heurter le principe de proportionnalité.

800. **Amende confiscatoire avec coefficient multiplicateur visant à confisquer les gains illicites.** Cette amende nous semble respecter le principe de proportionnalité. L'agent se voit condamner à restituer les gains indus en s'acquittant d'une amende au moins égale au profit de l'infraction. Le coefficient multiplicateur est fixé au regard des gains indus et peut aboutir à la fixation d'une amende supérieure à ces derniers afin que le fautif subisse des pertes. Si le fautif n'est tenu de restituer que les profits indus, le coût économique du manquement n'est pas suffisant pour le décourager d'enfreindre la loi. L'Autorité pourrait ainsi appliquer à la valeur des ventes un coefficient multiplicateur légèrement supérieur au taux de marge indu. L'amende confiscatoire a clairement un effet dissuasif en éradiquant tout profit subsistant de l'infraction. Ce type d'amende

---

1768 F. Thibault, « La proportionnalité des sanctions prononcées par les autorités de concurrence françaises et communautaires » *RIDC*, 2003, vol. 55, n° 2 pp. 487-490.

1769 Sur la différence entre le niveau de l'amende et celui de l'amende confiscatoire des profits illicites, v. *supra*, Partie I, Titre I, n° 172 et s. – V. aussi tableau, Annexe 1.

1770 *Supra*, n° 770 (v. théorème de Becker).

est le plus adapté (et la plus réaliste) pour punir une pratique anticoncurrentielle. Nous évoquerons cette amende plus en détail ultérieurement[1771].

En dehors du principe de proportionnalité, l'autre risque est lié au coût économique et social attaché à l'imposition de l'amende optimale.

B. Le coût économique et social de l'amende optimale

801. **Risque de faillite.** L'amende confiscatoire optimale risque de mener les entreprises frauduleuses à la faillite. Notre étude empirique démontre que la méthode de calcul de l'amende optimale peut conduire à la fixation d'un montant largement supérieur à celui infligé[1772]. L'imposition d'une telle amende ne pourra pas toujours être assumée économiquement par l'entreprise. De plus, sachant que, au regard du communiqué « Sanctions », l'Autorité affirme prendre en considération la capacité contributive de l'entreprise sanctionnée, on voit mal comment l'amende optimale pourra être imposée à une entreprise ayant des difficultés financières. Elle risque d'être neutralisée par l'invocation des difficultés financières affectant la capacité contributive de l'entreprise.

802. **Coût social.** Par ailleurs, l'amende optimale risque d'infliger un coût social important. Elle est dommageable non seulement pour les dirigeants et actionnaires, mais aussi pour l'ensemble des parties intégrées à l'entreprise, c'est-à-dire les employés, les fournisseurs, les clients, les créanciers[1773]. Par une sorte d'effet papillon[1774], c'est toute une structure qui subira une décision isolée prise par un manager cupide. Sans compter que le coût de l'amende pourrait aussi nuire au consommateur en incitant l'entreprise frauduleuse à chercher une compensation sous la forme de prix plus élevés pour les consommateurs. Néanmoins, on peut objecter à cet argument trois idées.

803. **Finalité du droit de la concurrence.** D'une part, le droit de la concurrence n'a pas forcément pour vocation d'être laxiste avec les entreprises malveillantes. Le coût économique et social d'une pratique anticoncurrentielle est sans doute davantage à prendre en compte que le coût social de la sanction. Il y a un risque à attacher trop d'importance au coût social de la sanction, car cela oblige les autorités à baisser considérablement le montant des amendes, et donc à encourager les récidives, qui génèrent des dommages à l'économie importants. À choisir, il est préférable d'assumer le coût social généré par l'amende que de s'exposer au coût social généré par la pratique anticoncurrentielle.

804. **Instrumentalisation de la dette.** D'autre part, le danger d'une politique de sanction soucieuse du risque de faillite est qu'elle incite les entreprises à émettre plus

---

1771 *Infra* n° 809 et s.

1772 Tableau, Annexe 1.

1773 W. Wils, « Optimal Antitrust Fines: Theory and Practice », 29(2) *World Competition* 183-208 (2006) : « *If such high fines were really imposed, many of the companies concerned would be forced into bankruptcy. This would, however, entail undesirable social costs, because, in the absence of perfect markets, it would hurt not only managers and shareholders, on whom the bankruptcy may be considered to have a desirable deterrent effect, but also all other stake-holders in the firm: employees, suppliers, customers, creditors and tax authorities.* »

1774 Dictionnaire français : « *L'effet papillon est matérialisé par une chaîne d'événements qui se suivent les uns les autres et dont le précédent influe sur le suivant.* » Disponible sur linternaute.com.

de dettes afin de réduire leur capacité à payer des amendes pécuniaires[1775]. Elle pousse donc les agents à modifier dangereusement leur structure financière pour « maîtriser » le coût de l'amende. De plus, elle incite l'agent rationnel à maquiller ses comptes afin de présenter à l'Autorité un portrait désastreux de sa situation financière. En outre, une telle politique encourage l'entreprise à augmenter ses prix sachant que l'Autorité n'« osera » pas lui infliger une amende susceptible de menacer sa viabilité financière[1776].

805. **Faillite « efficiente ».** Enfin, les faillites engendrées par le coût de l'amende pourraient, dans certains cas, s'avérer efficientes pour le marché en permettant le remplacement d'une firme par une autre qui, n'étant pas liée aux autres cartellistes, ne serait pas tentée de s'engager dans d'autres pratiques collusives.

À notre sens, le vrai risque de l'amende optimale beckerienne est qu'elle recommande d'infliger une sanction monétaire importante dans un domaine où les erreurs judidiques (erreurs de type 1) existent. Condamner une entreprise à verser un montant astronomique pour une pratique licite génère un coût social excessif[1777].

806. **Bilan.** La théorie de l'amende optimale est salutaire, car elle intègre la question des gains illicites et la faible probabilité de détection au centre du débat sur la sanction. La faible probabilité de détection, bien qu'empiriquement prouvée, ne peut néanmoins être intégrée dans le calcul de la sanction, car d'une part, cela conduirait au prononcé d'une sanction monétaire contraire au principe de proportionnalité des peines ; d'autre part, les disputes doctrinales autour de l'estimation de la probabilité de détection démontrent qu'il est impossible de déterminer exactement ladite probabilité. Au regard de cette incertitude, il ne serait pas justifié d'établir une sanction dont le coefficient multiplicateur serait fondé sur une estimation nécessairement incertaine. D'autant plus que le coût social d'une telle sanction sera extrêmement important.

Pour cette raison, nous tenons à la consécration d'une « *autre* » amende optimale qui serait essentiellement fondée sur les gains illicites. Cette amende optimale est possible en repensant l'appréciation du dommage à l'économie.

Section 2
Repenser l'amende optimale

807. Il est possible de repenser l'amende optimale en améliorant l'évaluation du dommage à l'économie (§ 1). Il faudrait, pour ce faire, réserver une place centrale au surprofit dans le calcul du dommage à l'économie. De plus, repenser l'assiette et le taux de sanction applicable (§ 2) en réformant les coefficients multiplicateurs

---

1775 P. Buccirossi, G. Spagnolo, « Optimal Fines in the Era of Whistleblowers. Should Price Fixers Still Go to Prison? », Lear Research Paper 05-01 (2005).

1776 A. Stephan, « The Bankruptcy Wildcard in Cartel Cases », CCP Working Paper 06-5 (2006) : « *Such bankruptcy discounts [...] provoke cartel members into raising prices further, safe in the knowledge that they will never incur fines high enough to threaten their financial viability.* »

1777 Cela peut, par exemple, grever les dépenses en recherche et développement de l'entreprise et donc limiter l'innovation sur un marché.

pourrait aboutir à la fixation d'une amende optimale confiscatoire des profits illicites. Une exception pourrait être faite à la fixation d'une telle amende en cas de contexte de crise. En temps de crise, le mobile attaché à l'infraction de concurrence est plus « noble » au sens où l'entreprise tente de se défendre contre un contexte défavorable plus qu'elle ne cherche à s'enrichir au détriment des consommateurs. La question se pose donc de savoir s'il faut modifier la méthode de calcul de l'amende optimale en cas de crise économique (§ 3).

§ 1. Améliorer l'évaluation du dommage à l'économie

808. **Principe.** Au regard de l'article L. 464-2 du Code de commerce, le dommage à l'économie constitue un critère central de détermination de la sanction pécuniaire[1778], car le taux de sanction retenu dépend de la combinaison de deux critères principaux : la gravité de l'infraction et, donc, le dommage causé à l'économie. La notion de dommage à l'économie est une spécificité française. Elle n'existe dans aucun autre système juridique. On remarquera à ce titre que la majorité des autres États membres ainsi que la Commission déterminent l'amende en fonction de la gravité de l'infraction et de sa durée, indépendamment du dommage causé à l'économie.

809. **Critique de la notion.** La notion de dommage à l'économie est contestée car imprécise. Certains la jugent « *insaisissable* »[1779], force est de reconnaître qu'elle n'a jamais été définie par le législateur. Sans doute n'est-ce pas seulement la notion qui est critiquée, mais le constat selon lequel l'Autorité se fonde sur ce critère indéfini pour fixer une sanction pécuniaire nécessairement « suspecte », car reposant sur un fondement obscur.

810. **Repenser la notion.** À notre sens, pour le moment, le dommage à l'économie joue un rôle dissuasif néfaste dans le calcul de la sanction (A). Nous proposerons donc une nouvelle manière d'appréhender et d'évaluer le dommage à l'économie en lui conférant un rôle confiscatoire des profits illicites dans le calcul de la sanction. Pour ce faire, il est nécessaire de réserver une place centrale au surprofit dans le calcul du dommage à l'économie (B).

A. Le rôle dissuasif néfaste du dommage à l'économie dans le calcul de la sanction

811. **Rôle en théorie dissuasif.** Le dommage à l'économie ne s'inscrit pas dans une logique de réparation du dommage causé. Il est habituellement rappelé que le dommage à l'économie ne se confond pas avec le préjudice. Le dommage à l'économie

---

1778 Art. L. 464-2 du Code de commerce : « *Les sanctions pécuniaires sont proportionnées à la gravité des faits reprochés, à l'importance du dommage causé à l'économie, à la situation de l'organisme ou de l'entreprise sanctionné ou du groupe auquel l'entreprise appartient et à l'éventuelle réitération de pratiques prohibées par le présent titre. Elles sont déterminées individuellement pour chaque entreprise ou organisme sanctionné et de façon motivée pour chaque sanction.* »

1779 M. Malaurie-Vignal, *Droit de la concurrence*, 2e éd., Armand Colin, 2003.

ne s'inscrit pas non plus dans une logique restitutoire des profits illicites. Bien que la notion permette d'appréhender indirectement le surprofit retiré de l'infraction[1780], l'Autorité n'est nullement obligée de le quantifier et l'évaluation du dommage à l'économie n'est pas limitée par ce dernier.

812. **Transfert de surplus et perte sèche.** En réalité, le dommage à l'économie comprendrait le transfert direct de surplus des consommateurs vers les auteurs de pratiques anticoncurrentielles (assimilable au gain illicite), la perte de bien-être pour la collectivité (perte sèche du consommateur qui renonce à acheter), et les effets néfastes sur l'économie dans son ensemble[1781]. Le calcul de la sanction serait donc fondé sur la perte totale de surplus des consommateurs[1782]. L'économiste Richard Posner soutient que l'effet dissuasif de la sanction est atteint lorsque la sanction pécuniaire est égale à la perte totale de surplus du consommateur[1783]. En effet, les gains du cartel étant moins importants que la perte totale de surplus, les firmes n'auraient plus aucun intérêt, selon leur bilan coût-avantage, à s'engager dans une activité dont le profit espéré est inférieur à la sanction redoutée[1784]. L'amende pécuniaire fondée sur le critère du dommage à l'économie est donc, en théorie, dissuasive : évaluée au regard de l'ensemble des perturbations que les pratiques anticoncurrentielles sont susceptibles de causer à l'économie[1785], elle va au-delà des seuls gains illicites[1786] retirés par les auteurs d'infractions.

813. **Tempérament : approche qualitative du dommage à l'économie.** Néanmoins, ce portrait idyllique du dommage à l'économie doit être tempéré par le constat suivant : l'Autorité de la concurrence fait une analyse qualitative et non quantitative du dommage à l'économie[1787], si bien que la détermination de la perte totale du surplus du consommateur reste un vœu pieux. L'analyse qualitative du dommage à l'économie crée trois risques.

814. **Erreur de type 1.** Premièrement, refuser toute analyse quantitative du dommage à l'économie en rejetant les données économétriques risque de porter atteinte à la finalité du droit de la concurrence, qui est de ne sanctionner les comportements frauduleux que lorsqu'ils sont économiquement nuisibles. D'abord, parce que l'ana-

---

1780 En effet, le dommage à l'économie implique de s'intéresser à la question de l'élasticité de la demande, qui peut renseigner sur l'ampleur des gains illicites.

1781 Les conséquences conjoncturelles (absence d'une baisse de prix attendue, impact direct sur des secteurs ou des marchés connexes, etc.) et structurelles de l'infraction (baisse de qualité de l'innovation, création de barrières à l'entrée, effets d'éviction vis-à-vis des concurrents, etc.).

1782 B. Deffains, « La sanction des pratiques anticoncurrentielles », Séminaire Nasse, 3 mai 2016 : la perte totale de surplus des consommateurs correspond à la perte de bien-être des consommateurs cumulée au transfert de revenu de ces derniers vers les entreprises malfaisantes.

1783 R. Posner, *Economic Analysis of Law*, 7e éd., Aspen Publishers (2007).

1784 E. Combe, « Quelles sanctions contre les cartels ? Une perspective économique », *RIDE* 2006/1, t. XX, 1, pp. 11-46.

1785 G. de Muizon, « L'évaluation du dommage économique, le rôle de l'expert », Formation continue des magistrats et des juges consulaires, École nationale de la magistrature, Droit de la concurrence pour les juridictions spécialisées, 4 avril 2014. Disponible sur : microeconomix.fr.

1786 Déc. n° 10-D-39 du 22 décembre 2010, Signalisation routière : dans cette décision, l'Autorité rappelle que l'évaluation du dommage à l'économie n'est pas limitée au surprofit.

1787 L'Autorité de la concurrence n'est pas tenue de chiffrer le montant du dommage à l'économie ni de quantifier la majoration des prix du fait de la pratique anticoncurrentielle. Elle doit seulement fournir les éléments permettant d'apprécier l'incidence économique « globale » de la pratique ; v. CA Paris, ch. 1, 25 janvier 1994, *BOCCRF* du 9 février, p. 60.

lyse qualitative du dommage à l'économie rend suspecte la réalité du dommage causé au marché ; ensuite, parce qu'elle rend impossible une appréciation honnête de l'ampleur du dommage. Le dommage à l'économie peut donc jouer un rôle dissuasif néfaste en sanctionnant trop durement des comportements licites ou peu dommageables. Une étude a notamment démontré que l'Autorité fait parfois un choix partial en témoignant une certaine défiance à l'égard des études économétriques qui ne mettent pas en évidence de surprix (préférant ainsi une analyse qualitative du dommage global), et qu'au contraire, elle se montre beaucoup plus réceptive à une analyse quantitative lorsque les études économétriques concluent à des surprix[1788]. Cette partialité dans l'analyse du surprix est critiquable et il serait plus cohérent de la faire clairement apparaître comme un élément central du calcul du dommage.

815. **Erreur de type 2.** Deuxièmement, la réticence envers une analyse quantitative du dommage peut s'avérer profitable aux agents déviants. Ne pas tenir compte, concrètement, à travers une analyse quantitative, du rôle des gains illicites dans la détermination de la sanction risque de conduire à une sous-estimation de l'importance des gains indus. Cette sous-estimation influencera à la baisse le montant de l'amende pécuniaire, favorisant ainsi les fautes lucratives.

816. **Risque de conflit entre l'Autorité et la cour d'appel.** Troisièmement, le dommage à l'économie tel qu'il est apprécié aujourd'hui est, à notre sens, une aubaine pour l'agent fautif qui pourra user d'un appel stratégique devant la cour d'appel en invoquant cette notion contestée pour obtenir l'annulation de la décision de l'Autorité de la concurrence ou une diminution considérable de la sanction. Les sanctions infligées par l'Autorité de la concurrence font l'objet d'un contrôle strict de la cour d'appel de Paris. Cette dernière n'est pas tenue par le communiqué « Sanctions »[1789]. L'exigence croissante de la cour d'appel de Paris recherchant une motivation claire des sanctions est incompatible avec le critère large du dommage à l'économie. Ce critère, à l'origine créé pour punir les contrevenants, se retrouve finalement instrumentalisé par ces derniers, qui l'usent pour interjeter appel devant la cour d'appel de Paris afin d'éluder ou de diminuer leur responsabilité[1790]. On trouve ainsi un nombre important d'arrêts qui viennent valider l'analyse de l'Autorité tout en diminuant substantiellement le montant des amendes infligées[1791]. La diminution du montant des amendes

---

1788 G. de Muizon, « Est-il possible d'apprécier l'ampleur du dommage à l'économie sans le quantifier ? », in « Qu'est-ce que le dommage à l'économie ? », Petit-déjeuner Droit & Économie organisé par la Revue Concurrences en partenariat avec Allen & Overy et Microeconomix, 29 juin 2016.

1789 Communiqué du 16 mai 2011 relatif à la méthode de détermination des sanctions pécuniaires.

1790 V. p. ex. : CA Paris, ch. 5-7, 24 septembre 2015, n° 2014/17586 (le requérant conteste notamment le calcul du dommage à l'économie par l'Autorité, in déc. n° 14-D-06 du 8 juillet 2014 relative à des pratiques mises en œuvre par la société Cegedim dans le secteur des bases de données d'informations médicales) ; CA Paris, ch. 5-7, 15 mai 2015, n° 2014/05554 (déc. n° 14-D-02 du 20 février 2014 relative à des pratiques mises en œuvre dans le secteur de la presse d'information sportive) ; CA Paris, ch. 5-7, 21 mai 2015, n° 2014/02694 (déc. n° 13-D-20 du 17 décembre 2013 relative à des pratiques mises en œuvre par EDF dans le secteur des services destinés à la production d'électricité photovoltaïque) ; CA Paris, ch. 5-7, 18 décembre 2014, n° 2013/12370 (déc. n° 13-D-11 du 14 mai 2013, Stratégie de dénigrement et abus de position dominante dans le secteur pharmaceutique – Plavix).

1791 CA Paris, ch. 5-7, 21 janvier 2016 n° 2014/2281 : à la suite d'une divergence sur le calcul du dommage à l'économie, la sanction de l'Autorité (déc. n° 11-D-13 du 5 octobre 2011 relative à des pratiques relevées dans les secteurs des travaux d'électrification et d'installation électrique dans les régions Midi-Pyrénées,

par la cour d'appel – si elle prouve que le contrôle juridictionnel s'exerce effectivement – peut renforcer les fautes lucratives contre lesquelles l'Autorité tente indirectement de lutter à travers la sanction du dommage à l'économie. La difficulté de mesurer le dommage à l'économie (par une analyse qualitative) fait peser sur les décisions de l'Autorité le spectre d'un désaccord de la cour d'appel de Paris qui profite aux contrevenants.

817. **Bilan.** L'absence de définition claire du dommage à l'économie contamine la sanction pécuniaire infligée par l'Autorité. À l'origine conçue comme un outil dissuasif chargé de punir l'ensemble des perturbations économiques provoquées par l'infraction anticoncurrentielle, l'approche qualitative de la notion empêche de déterminer réellement l'ampleur du dommage. Le risque est aussi bien de condamner indûment une pratique licite que de laisser, tout aussi indûment, l'auteur de l'infraction conserver une partie de ses gains illicites. De plus, l'agent fautif peut profiter des divergences dans l'appréciation du dommage à l'économie entre l'Autorité de la concurrence et la cour d'appel, sachant que cette divergence d'interprétation entraîne souvent une réformation partielle de la décision de l'Autorité, qui voit l'amende imposée largement minorée.

La seule façon de redonner au dommage à l'économie un rôle réellement dissuasif (et moins susceptible d'engendrer des erreurs de type 1 et 2) est de réserver aux gains illicites une place centrale dans la méthode de calcul du dommage. Ce serait en même temps conférer à l'amende administrative, non plus une fonction

Languedoc-Roussillon, Auvergne et limitrophes) d'un montant de 5,1 millions d'euros a été réduite à 4,5 millions d'euros pour la société Spie, tandis que l'autre requérant a vu sa sanction passer de 551 400 euros à 400 000 euros. – V. aussi : CA Paris, ch. 5-7, 6 novembre 2014, n° 2013/01128 : à la suite d'une divergence sur le calcul du dommage à l'économie, la cour d'appel réduit la sanction de l'Autorité (déc. n° 12-D-25 du 18 décembre 2012 relative à des pratiques mises en œuvre dans le secteur du transport ferroviaire de marchandises) d'un peu plus de 12 millions d'euros (le requérant doit verser 48 195 000 euros au lieu de 60 966 000 euros). – CA Paris, ch. 5-7, 11 octobre 2012 n° 2011/03298 : une nouvelle fois, dans cette affaire, une entreprise (la société Pradeau et Morin) va obtenir une révision conséquente du montant de la sanction pécuniaire justifiée par une correction à la baisse de l'évaluation du dommage à l'économie. Cette dernière voit sa sanction réduite de 500 000 euros (4 millions d'euros, au lieu de 4,5 millions). – CA Paris, ch. 5-7, n° 2011/01228 : dans cette affaire, l'entreprise Sodilor, coupable d'abus de position dominante, contestait vigoureusement le calcul du dommage à l'économie par l'Autorité (déc. n° 10-D-39 du 22 décembre 2010, Signalisation routière ; v. pp. 30 et 31 de la décision). La cour d'appel, réceptive aux arguments avancés, a divisé par 11 le montant de la sanction de l'entreprise Sodilor (Sodilor, condamnée au paiement d'une amende de 1 970 000 millions d'euros, a finalement dû s'acquitter d'une somme de 160 000 euros). – CA Paris, pôle 5, ch. 5-7, 19 janvier 2010, *SAS AMD Sud-Ouest*, n° 2009/00334, obs. G. Decocq, *CCC* 2010, comm. 79. S'agissant du cartel de l'acier, l'amende de 500 millions d'euros infligée par l'Autorité a finalement été réduite à 75 millions d'euros par la cour d'appel, qui a offert une appréciation différente du dommage à l'économie. – CA Paris, 26 juin 2007, n° 2007-07821 : la sanction infligée par le Conseil de la concurrence d'un montant de 45 440 000 euros (Cons. conc., déc. n° 06-D-04 du 13 mars 2006 relative à des pratiques relevées dans le secteur de la parfumerie de luxe) a été réduite par la cour à un montant de 29 072 500 euros. L'entreprise fautive a donc bénéficié d'une réduction de sanction de 16,4 millions d'euros. – CA Paris, 7 juin 2003 : JurisData n° 2003-214611 ; *BOCCRF* du 29 septembre 2003 : la sanction de 19 014 000 infligée par le Conseil de la concurrence (Cons. conc. déc. n° 02-D-57 du 19 septembre 2002 relative aux pratiques dans le secteur des roulements à billes et assimilés) a été divisée par 4 par la cour d'appel. – CA Paris, 18 mars 2003 : JurisData n° 2003-206431 ; *BOCCRF* du 20 mai 2003 : le montant de la sanction infligée par le Conseil de la concurrence (Cons. conc., déc. n° 02-D-36 du 14 juin 2002 relative à des pratiques relevées dans le secteur de la distribution de lunettes d'optique sur le marché de l'agglomération lyonnaise) a été divisé par 8.

punitive dont le phénomène de récidive[1792] montre les limites, mais une véritable fonction confiscatoire des profits illicites.

B. La nécessité de réserver une place centrale au surprofit dans le calcul du dommage à l'économie

818. **Pour une approche plus quantitative du dommage à l'économie.** Le dommage à l'économie « *peut présenter à l'évidence une dimension quantifiable* »[1793]. Le transfert direct de richesse des consommateurs vers les auteurs de pratiques anticoncurrentielles peut être mesuré par l'évaluation du surprix. La différence entre le prix collusif et le prix concurrentiel est un indicateur sérieux des gains tirés de l'infraction. Un auteur note que le détournement de valeur généré par la pratique « *peut-être plus facilement quantifiable puisqu'il s'inscrit théoriquement dans les comptes des entreprises en cause* »[1794]. Des exemples empiriques montrent que l'Autorité, pour certaines affaires, procède à une estimation du surprix[1795].

819. **Paradoxe.** Il est important de noter que, paradoxalement, même lorsque le surprix est mesuré, ce dernier ne semble pas influencer concrètement le montant de l'amende retenue. De même, l'Autorité a pu donner, dans certaines décisions, une estimation des surprofits réalisés par les auteurs d'infractions[1796]. Or, la quantification des surprofits par l'Autorité n'a jamais donné lieu, ensuite, à une amende visant clairement à les confisquer. Nous sommes donc dans une situation où, même quand l'Autorité chiffre précisément le surprofit des firmes, elle fonde son amende selon des critères « globaux » dont il est difficile d'apprécier le caractère dissuasif, faute de pouvoir mesurer sa portée confiscatoire.

820. **Recommandation : accorder une place centrale à l'estimation du surprix.** Pour renforcer la dissuasion, l'Autorité devrait accorder une place centrale à l'estimation

---

1792 M. Barennes, G. Wolf, « Cartel Recidivism in the Mirror of EU Case Law », 2(5) *Journal of European Competition Law & Practice* 423-440 (2011) : « *If one takes into consideration the Commission decisions adopted over the past five years alone (between 2006 and June 2011), the rate of cartel recidivism exceeds 40 per cent.* »

1793 E. Combe, « L'évaluation des dommages en matière de sanction de pratiques anticoncurrentielles », Concurrences n° 4-2010, Art. N° 32731 : « *La notion de dommage peut présenter à l'évidence une dimension quantifiable et à ce titre intéresser directement l'économiste : il s'agit d'apprécier les effets (réels ou potentiels) d'une pratique sur un marché déterminé, en comparant la situation avant et après la commission de cette pratique.* »

1794 N. Dorandeu, « Retour sur la notion de dommage à l'économie », *RLC* n° 25, 1er octobre 2010.

1795 V. p. ex. : déc. n° 15-D-03 du 11 mars 2015, Produits laitiers frais, § 322 : « *[L]a prise en compte de la période de guerre des prix et/ou de la période postérieure aux pratiques dans la période de référence [...] conduisent, selon les estimations des services d'instruction, à un surprix compris entre 6 et 10 % [...]* » L'Autorité a donc estimé un surprix de 6 à 10 %. – V. aussi dans la déc. n° 14-D-19 du 18 décembre 2014, Entente produits d'hygiène, § 1399 : « *Au cas d'espèce, les services d'instruction, puis les parties, ont tenté d'estimer quantitativement le surprix associé aux pratiques [...]* » – Déc. n° 11-D-17, Lessives, § 629 et 630 : « *[L]'Autorité a pu mettre en évidence un exemple de surprix pour les lessives "haut de gamme" [...] elle a appliqué une méthode de comparaison [qui] a permis de dégager des estimations d'un surprix, de l'ordre de 4 à 6 % [...]* »

1796 *Supra*, Partie I, Titre I, n° 191 ; v. p. ex. : déc. n° 09-D-05 (secteur du travail temporaire), *op. cit.* : « *[...] les estimations concernant le surprofit d'Adecco vont d'environ 26 millions d'euros [...] à 72 millions d'euros* » ; v. § 121, § 136, § 139, § 140, § 142, § 146. – Déc. n° 08-D-06, Entente sur l'augmentation du tarif des consultations : dans cette affaire, le Conseil estime « *à 180 millions d'euros environ la majoration indue* ». (V. communiqué de presse sur la décision.) – Déc. n° 08-D-32 (Cartel de l'acier) : dans le cartel de l'acier, le surprix de l'entente a été évalué « *entre 165 millions d'euros et 325 millions d'euros* » (§ 389).

du surprix dans l'appréciation du dommage à l'économie. Quantifier l'incidence du dommage sur les prix permettrait de révéler les gains illicites et ainsi de justifier le prononcé d'une amende confiscatoire. Il est étonnant de voir l'Autorité se raccrocher à une approche globalisante du dommage alors même que son ancien président, Bruno Lasserre, affirme que la rationalité des entreprises doit conduire à la fixation d'une amende « *fixée au minimum à un niveau où l'arbitrage effectué entre la perspective de profit liée à un comportement illicite sur le marché et le risque de sanction prononcée par l'autorité de régulation concurrentielle devient négatif* »[1797]. L'Autorité ne peut invoquer la nécessité de dissuader les infractions de concurrence tout en négligeant de calculer l'amende au regard de la perspective de profit du comportement illicite, laquelle incite justement à l'infraction.

821. **Estimation des profits indus.** De plus, il peut être objecté que l'estimation du surprofit risque de se heurter à des difficultés probatoires. Pour estimer les profits indus comme pour estimer le dommage, il faut avoir accès à certaines données difficilement accessibles ou qui seront dissimulées par la partie mise en cause. Néanmoins, une estimation du profit indu nous semble possible pour trois raisons.

822. **Élasticité.** Premièrement, dans le calcul du dommage à l'économie, l'appréciation de l'élasticité-prix de la demande par l'Autorité constitue un premier indice robuste sur l'ampleur des gains illicites. Plus la sensibilité de la demande au prix est faible, plus le surprofit est important, puisque malgré la hausse du prix, le consommateur continue d'acheter. Le surprofit correspond en effet au « *transfert de surplus* » qu'une entreprise « *inflige à ses clients restés fidèles* »[1798].

823. **Quantifier un ordre de grandeur des gains illicites.** Deuxièmement, il est couramment admis que l'Autorité est tenue de déterminer un ordre de grandeur de la sanction pécuniaire. Par « ordre de grandeur », on entend une estimation du dommage global. Or, il est tout à fait possible pour l'Autorité de déterminer aussi un ordre de grandeur des gains illicites : d'abord, en se fondant sur les caractéristiques de la demande (élasticité) ; ensuite, en évaluant la marge supplémentaire réalisée par les entreprises sur les quantités vendues ; enfin, en utilisant la méthode contrefactuelle, qui permet d'évaluer la différence entre ce qui a été gagné pendant l'infraction (situation réelle) et ce qui aurait été gagné en l'absence d'infraction (situation hypothétique). Selon un expert financier, quantifier le surprix découlerait du calcul suivant : Gain mal acquis = (prix effectif – prix de concurrence) x quantités vendues[1799]. Certes, ce calcul théorique des surprofits devrait être pondéré par un certain nombre de facteurs[1800] et suppose un accès aux preuves comptables de l'entreprise mise en cause. L'importante amende infligée

---

1797 B. Lasserre, « Le rôle des sanctions pécuniaires en droit de la concurrence », colloque « Entente ou abus de position dominante, sanctions ou procédures négociées : quelles stratégiers pour l'entreprise », 2 décembre 2009, *RLC* 2010. 24.

1798 E. Combe, « Le dommage à l'économie et sanction pécuniaire. Une introduction économique », Concurrences n° 4-2010, Art. N° 32731,.

1799 M. Nussenbaum, « L'approche économique, financière et comptable du préjudice », in colloque « La réparation du préjudice causé par une pratique anti-concurrentielle en France et à l'étranger : bilan et perspectives », Cycle « Droit et économie de la concurrence », Cour de cassation, 17 octobre 2005, spéc. p. 14.

1800 Il faudrait par exemple prendre en compte la marge concurrentielle réalisée par les entreprises avant la pratique anticoncurrentielle.

récemment par l'Autorité à Brenntag, qui a refusé de communiquer les pièces pertinentes, est de nature à renforcer l'accès aux preuves[1801]. De plus, la technique contrefactuelle est déjà utilisée par l'Autorité, comme en témoignent plusieurs affaires où une estimation du surprix et des indications quantitatives sur l'ampleur du dommage[1802] ont été livrées.

Le principe du contrefactuel pour analyser le surprix

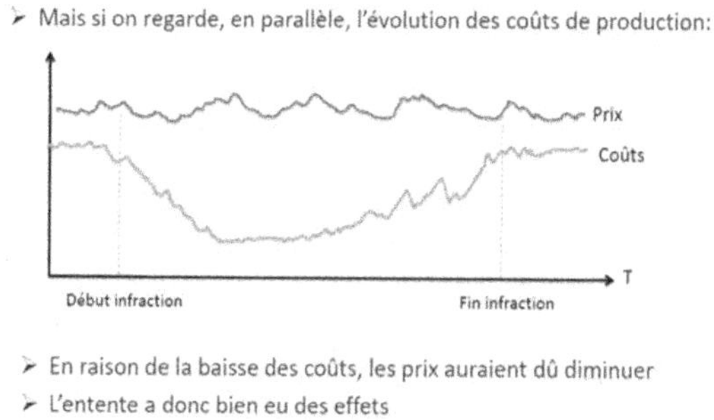

Source : E. Combe (2015)[1803]

1801 Déc. n° 17-D-27 du 21 décembre 2017 relative à des pratiques d'obstruction mises en œuvre par Brenntag.

1802 Déc. n° 13-D-11, Stratégie de dénigrement et abus de position dominante dans le secteur pharmaceutique – Plavix , § 671 : « *D'ailleurs, dans son rapport sur les résultats 2010, la Sécurité sociale relève que le "taux de pénétration effectif du clopidogrel à fin décembre 2010* (était) *inférieur de 10 points à l'objectif (64,6 % contre 75 %)" [...] Si l'objectif de la Sécurité sociale ne constitue pas une référence précise et indiscutable de ce qui aurait dû prévaloir en l'absence de pratique,* il fournit néanmoins un ordre de grandeur confirmant que le taux de générification du clopidogrel a été significativement inférieur à ce qu'il aurait dû être », § 680 : « *La CNAMTS a quant à elle indiqué qu'elle estimait que le retard pris dans la générification de ce médicament avait conduit à un montant d'économies non réalisées de l'ordre de 38 millions d'euros sur la période janvier 2010 – août 2011* ». – V. aussi déc. n° 13-D-21, Subutex § 620 : « *En supposant qu'en l'absence des pratiques, la pénétration de la BHD générique aurait été de 30 points de base supérieure à ce qui a été observé une fois sa part de marché stabilisée, soit l'écart moyen entre les estimations les plus récentes réalisées avant l'entrée des génériques et les observations faites postérieurement, le manque à gagner par la collectivité se situerait entre 3 et 7 millions d'euros par an.* » – Déc. n° 10-D-39, Signalisation routière. Dans cette affaire l'Autorité a procédé à une analyse du prix après la période de l'infraction comparé aux prix pratiqués dans d'autres pays européens. – Déc. n° 09-D-05, Entente entre les majors de l'intérim, notes 417, 419, 500.

1803 Les schémas présentés ci-dessus sont tirés des travaux de E. COMBE, « Les sanctions pécuniaires antitrust : une introduction sur le cas français », in « Sanctions des pratiques anticoncurrentielles : Pour quoi faire ? »,

824. **Décider au cas par cas.** Troisièmement, militer pour une approche quantitative du dommage à l'économie ne revient pas à exclure toute analyse qualitative. Autrement dit, « *en échangeant sur des critères quantitatifs et qualitatifs lors du contradictoire, on peut arriver à déterminer une zone raisonnable dans laquelle se situe le dommage à l'économie* »[1804]. Selon les preuves disponibles et la complexité de l'affaire, le dommage à l'économie serait plus ou moins quantifié. Lorsque l'Autorité détermine précisément un surprix, la méthode de calcul de la sanction devrait être transparente et se fonder clairement sur les profits indus. Si le dommage est moins évident et les effets sur les prix faibles, une analyse qualitative serait alors bienvenue. Lorsque les gains illicites sont estimables, non seulement l'Autorité devrait en tenir compte dans le calcul de l'amende, mais elle devrait avoir l'obligation d'en faire un critère central de détermination de l'amende pécuniaire.

825. **Bilan.** À l'heure actuelle, il est sans doute moins aisé d'estimer le dommage à l'économie « globalement » que d'estimer les gains illicites qui reposent sur des données concrètes. On peut douter de la possibilité de transcrire en terme monétaire un dommage aussi immatériel que la perte de surplus des consommateurs qui renoncent à acheter (du fait du surprix) ou encore l'incidence négative de la pratique sur l'innovation[1805]. De plus, l'analyse qualitative du dommage global à l'économie ne permet pas d'assurer la confiscation des profits illicites, qui sont pourtant constitutifs d'une partie du dommage et devraient, lorsque l'Autorité dispose des données disponibles, faire l'objet d'une estimation et d'une amende proportionnée. On regrettera donc que, pour le moment, l'estimation du surprix soit davantage produite par les parties mises en cause que par l'Autorité[1806]. On remarquera enfin que, dans d'autres pays européens, comme l'Angleterre et l'Allemagne, les autorités prennent concrètement en compte les gains indus retirés par le contrevenant dans le calcul de la sanction pour punir les fautes lucratives[1807].

En plus de réserver une place centrale au surprofit dans le calcul du dommage à l'économie, il faudrait repenser le taux de sanction applicable aux pratiques anticoncurrentielles en réformant les coefficients multiplicateurs.

---

colloque Droit & Économie organisé par la Revue Concurrences en partenariat avec McDermott Will & Emery et Microeconomix, 28 janvier 2015.

1804 G. de Muizon, « Qu'est-ce que le dommage à l'économie ? », Petit-déjeuner Droit & Économie organisé par la Revue Concurrences en partenariat avec Allen & Overy et Microeconomix, 29 juin 2016.

1805 Notons aussi que le dommage global se matérialise par des conséquences progressives qui n'apparaissent pas forcément au moment où les faits litigieux sont jugés et qui ne sont pas donc pas estimables.

1806 G. de Muizon, « Est-il possible d'apprécier l'ampleur du dommage à l'économie sans le quantifier ? », *op. cit.* note 1789.

1807 S'agissant de l'Angleterre, v. directive du directeur général de l'Office of Fair Trading, 2000. Cette directive décrit une méthodologie relative aux sanctions pécuniaires imposées aux entreprises coupables d'infractions au droit de la concurrence. Au niveau de l'ajustement de l'amende pécuniaire, l'autorité britannique se fonde sur les gains retirés par l'auteur de la pratique anticoncurrentielle. S'agissant de l'Allemagne, le Bundeskartellamt (l'office fédéral des ententes allemand), au regard des règles concurrentielles (GWB), doit mesurer les profits indûment réalisés grâce à la pratique. La loi allemande prévoit notamment que l'amende ne devra pas dépasser trois fois le montant du surprofit réalisé grâce à la pratique (art. 38, loi relative aux restrictions de concurrence).

§ 2. Repenser l'assiette et le taux de sanction applicable

826. **Schéma récapitulatif.** Le cheminement suivi par l'Autorité pour déterminer l'amende pécuniaire se divise en trois étapes. Deux coefficients multiplicateurs influencent le montant de l'amende pécuniaire :

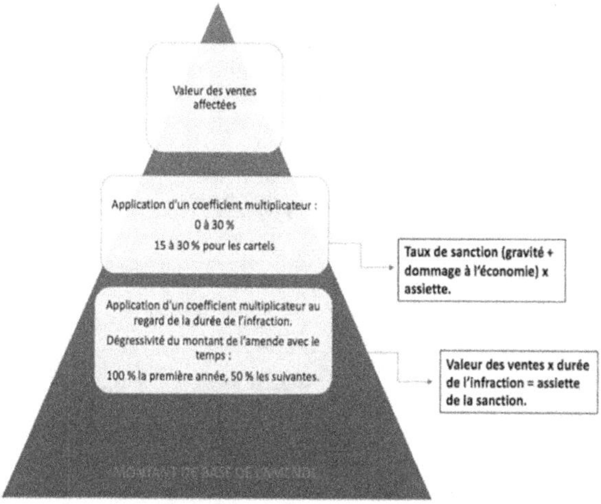

827. **Assiette de la sanction au regard du surprofit ?** Au regard du communiqué « Sanctions » de l'Autorité[1808], l'assiette de la sanction est déterminée en fonction de la valeur des ventes affectées par la pratique (et non du chiffre d'affaires total) durant le dernier exercice comptable complet de participation de l'entreprise à l'infraction multipliée par un coefficient de durée. En fonction de la gravité de l'infraction et du dommage à l'économie, le taux de sanction (et non plus l'assiette) sera compris entre 0 et 30 %. Pour les infractions les plus graves (cartels), il est compris entre 15 et 30 % de la valeur des ventes.

828. **Critique de l'analyse économique : V. Bageri.** L'analyse économique recommande de se fonder sur le surprofit indu généré par la pratique sanctionnée plutôt que sur la valeur des ventes. Une critique robuste de l'économiste Vasiliki Bageri démontre qu'il existe deux effets pervers à déterminer l'assiette de la sanction au regard de la valeur des ventes plutôt que sur le surprofit : d'une part, l'utilisation de la valeur des ventes pourrait encourager les firmes à augmenter leurs prix[1809].

1808 Communiqué du 16 mai 2011, *op. cit.* note 1790.

1809 V. Bageri, Y. Katsoulacos, « The Distortive Effects of Antitrust Fines Based on Revenue », Working Paper 153, Bank of Greece (February 2013), p. 11 : « *A fining rule proportional to affected commerce – i.e. to total revenue in the relevant market – distorts the price-setting incentives of the cartels that it does not deter, inducing them to optimally increase the cartel's price above the monopoly level. This effect tends to reduce social welfare relative to a monopolized situation with similar fines related to profits, and potentially even relative to a situation with no fines, due to the distortive effects of the higher price and, in the case where the comparison is to a situation with no fines, the presence of antitrust enforcement costs.* »

En effet, si le consommateur achète le produit affecté d'un important surprix, l'entreprise a intérêt à augmenter ses prix quitte à faire baisser la valeur des ventes, car un cartel devient plus rentable s'il affecte peu d'unités générant beaucoup de profits. D'autre part, l'assiette de sanction au regard de la valeur des ventes a pour conséquence de pénaliser les entreprises réalisant un chiffre d'affaires important mais des profits faibles[1810].

Illustration fictive

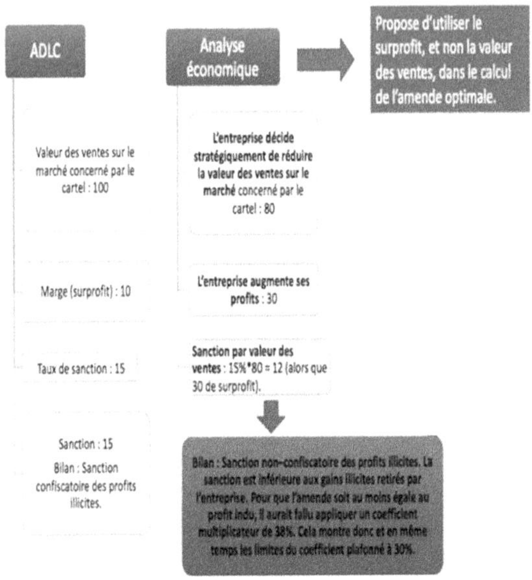

Deux solutions possibles :

829. **Utiliser le surprofit pour calculer l'assiette de la sanction.** Une première solution consisterait donc à utiliser le surprofit pour calculer l'assiette de la sanction. Dans ce cas, l'Autorité fixerait le montant de base au regard du surprofit tiré de l'infraction et non plus de la valeur des ventes.

830. **Avantages.** Cette solution aurait trois avantages : d'abord, elle permettrait d'envoyer un signal dissuasif aux agents rationnels en montrant la volonté de l'Autorité de s'attaquer frontalement aux gains illicites. Ensuite, elle obligerait l'Autorité à faire une analyse quantitative du dommage à l'économie pour calculer le surprix. Enfin, cela permettrait d'éviter les écueils dénoncés ci-dessus par l'analyse économique lorsque la valeur des ventes est utilisée[1811]. On peut cependant objecter que l'utilisation du surprofit est superfétatoire, car déterminer le chiffre d'affaires en lien avec l'infraction permet justement de mesurer les gains illicites. En effet, les

---

1810 E. Frot, « Le communiqué sanctions en pratique », in « Sanctions des pratiques anticoncurrentielles : Pour quoi faire ? », Déjeuner Droit & Économie organisé par la Revue Concurrences en partenariat McDermott Will & Emery et Microeconomix, 28 janvier 2015.

1811 *Supra*, n° 829.

gains illicites sont directement liés à la valeur des ventes affectées par la pratique. Estimer le surprix généré par la pratique fautive et l'appliquer au montant des ventes concernées par le manquement suffirait à mesurer le surprofit[1812] : « *[L]e surprofit indu peut être calculé comme produit de la valeur des ventes affectées par le taux de marge indue* », rappelle un auteur[1813].

831. **Inconvénient.** Le principal inconvénient à utiliser le surprofit pour calculer l'assiette de la sanction réside dans le fait que, pour les affaires où les surprofits sont faibles mais le dommage important, l'entreprise bénéficierait d'une sanction clémente. De plus, l'Autorité ne dispose pas toujours des données pour quantifier les gains illicites. L'utilisation de la valeur des ventes constitue alors une solution utile qui permet d'éviter à l'Autorité la difficulté liée à la quantification du surprofit. Pour éviter que l'utilisation du surprofit dans l'assiette de la sanction ne mène l'Autorité à une impasse, nous nous positionnons en faveur d'une seconde solution qui serait d'utiliser le surprofit plutôt comme un critère d'ajustement de la sanction.

832. **Utiliser le surprofit comme critère d'ajustement du taux de sanction.** Le législateur français pourrait s'inspirer du système anglais, lequel prévoit un ajustement du montant de base de la sanction en prenant en compte les profits réalisés par l'entreprise fautive[1814]. Pour ajuster le montant de base de la sanction, il faudrait néanmoins clarifier le coefficient multiplicateur appliqué à la valeur des ventes affectées par la pratique.

833. **Méthode : incidence du surprix sur la proportion de la valeur des ventes.** L'Autorité doit déterminer la proportion de la valeur des ventes prise en compte pour parvenir au montant de base. Au regard du communiqué, la proportion de la valeur des ventes est déterminée en fonction de la gravité des faits et de l'importance du dommage causé à l'économie. La proportion retenue doit être comprise entre 0 % et 30 %. La détermination du taux de sanction applicable est essentielle, car elle détermine en partie le caractère confiscatoire de l'amende. Or, l'Autorité ne fournit aucune indication claire quant au choix du pourcentage de la valeur des ventes qui doit être retenu. Tout juste se contente-t-elle de préciser que, pour les infractions les plus graves (les accords horizontaux), la proportion de la valeur des ventes retenue doit être comprise entre 15 % et 30 %, ce qui produit deux

---

1812 J.-M. Folz, « Rapport sur l'appréciation de la sanction en matière de pratiques anticoncurrentielles », La Documentation française, septembre 2010, p. 12 : « *La mesure du gain illicite pour chaque année repose sur le surcroît de prix dû à la PAC, sur la diminution des ventes dues à cette hausse de prix et sur la marge que les entreprises obtenaient avant la mise en place des PAC. La méthode appliquée par la plupart des autorités de concurrence dans le monde consiste à estimer l'augmentation du prix qu'on peut attribuer à la pratique fautive et à l'appliquer au montant des ventes concernées.* »

1813 G. de Muizon, « Mais pourquoi l'Autorité de la concurrence refuse-t-elle de mobiliser les outils de la théorie économique dans la détermination des sanctions pécuniaires ? », *RLDA*, juillet-août 2011, n° 62.

1814 Guidance, Appropriate CA98 penalty calculation, « OFT's guidance as to the appropriate amount of a penalty », OFT423, septembre 2012, p. 13 : « *In considering whether any adjustments should be made at this step for specific deterrence or proportionality, the OFT will have regard to appropriate indicators of the size and financial position of the undertaking – including, where they are available, total turnover, profits [...]* » Cet ajustement a lieu après que l'autorité de la concurrence britannique (Office of Fair Trading) a déterminé le montant de base de l'amende au regard de la nature de l'infraction et de son incidence sur les concurrents et les consommateurs.

conséquences : la première, un risque de condamnation excessive des entreprises dont la pratique n'a causé qu'un faible dommage à l'économie ; la seconde, un risque de faute lucrative lorsque le coefficient multiplicateur appliqué à la valeur des ventes se révèle inférieur au surprofit de l'infraction.

834. **Recommandation.** Le taux de sanction (coefficient multiplicateur) devrait varier selon des critères moins opaques. Une analyse quantitative du dommage à l'économie, en révélant un surprix important, pourrait légitimer l'application d'un coefficient multiplicateur confiscatoire des profits illicites. À notre sens, le surprix devrait avoir une incidence claire sur la proportion de la valeur des ventes retenue par l'Autorité. Les étapes de détermination de l'amende confiscatoire sont les suivantes :

835. **Étape 1 – Analyse quantitative du dommage à l'économie.** Nous reformulons nos recommandations évoquées précédemment sur la nécessité d'une approche plus « économique » du dommage à l'économie[1815]. Pour aboutir à un taux de sanction confiscatoire des profits illicites, l'Autorité devrait élaborer une analyse quantitative du dommage à l'économie à travers une estimation concrète du surprix qui permettrait à l'Autorité de déterminer le taux de marge indu de l'entreprise contrevenante. Cette estimation permettrait ensuite à l'Autorité d'appliquer à la valeur des ventes un coefficient multiplicateur « au minimum égal au taux de marge indu *de façon à ce que le montant de base de la sanction soit au moins égal au profit indu engrangé par la mise en œuvre de la pratique sanctionnée* »[1816].

Exemple fictif :

- CA de l'entreprise = 1 milliard d'euros
- Valeur des ventes = 100 millions
- Surprofit = 50 millions
- Durée = 4 ans (coefficient de 2,5)
- Taux (gravité + dommage à l'économie) = 15 %

Montant de base (100 x 2,5) x 0,15 = 37,5 millions

⟶ **Sanction inférieure aux gains illicites (50 millions).**

↓

Mais si l'Autorité calcule concrètement le surprofit, elle appliquera un coefficient multiplicateur au minimum égal à 0,20 %.

↓

Montant de base ajusté au regard des profits illicites : (100 x 2,5) x 0,20 = 50 millions d'euros.

↓

Amende confiscatoire

1815 *Supra*, n° 820.

1816 G. de Muizon, « Mais pourquoi l'Autorité de la concurrence refuse-t-elle de mobiliser les outils de la théorie économique dans la détermination des sanctions pécuniaires ? », *op. cit.* note 1817.

836. **Recommandation.** Pour cet exemple fictif, l'application d'un coefficient multiplicateur de 20 % permet d'assurer le caractère confiscatoire de l'amende. Néanmoins, dans l'exemple que nous avons élaboré précédemment[1817], il aurait fallu un coefficient multiplicateur égal à 38 % de la valeur des ventes pour que la sanction soit confiscatoire des profits illicites. De manière générale, il est possible que le coefficient fixé, même en atteignant le plafond de 30 %, ne soit pas égal au profit indu retiré par l'auteur de la pratique anticoncurrentielle. Pour cette raison, le plafonnement du coefficient multiplicateur nous paraît sous-optimal. D'un point de vue dissuasif, il faudrait donc le supprimer.

837. **Étape 2 – La gravité de l'infraction au regard des gains illicites.** Pour le moment, le critère de gravité de l'infraction pris en compte par l'Autorité pour fixer le taux de sanction dépend de plusieurs éléments comme la nature de l'infraction (cartel), la nature du marché, les personnes susceptibles d'être affectées (PME), etc. Il serait pertinent de repenser le critère de gravité à l'aune des profits retirés du manquement. L'Autorité pourrait ainsi justifier l'application d'un coefficient multiplicateur confiscatoire des profits illicites en soulignant le caractère lucratif de l'infraction de concurrence. Qualifier l'infraction – lorsqu'il apparaît que les avantages retirés sont importants – de faute lucrative justifierait une amende proportionnée et légitimerait davantage une forte amende que la seule qualification de cartel ou d'abus de position dominante.

838. **Bilan des étapes 1 et 2.** À ce stade, le coefficient multiplicateur retenu par l'Autorité, qui a réalisé une analyse quantitative du dommage à l'économie (surprix), doit être égal au profit indu de l'infraction de concurrence. L'amende reste néanmoins sous-dissuasive pour l'auteur du manquement qui, n'étant tenu de restituer que le seul profit, participe à un jeu à somme nulle sans perte pécuniaire. Réformer le second coefficient multiplicateur en supprimant la dégressivité du montant de l'amende au regard de la durée des pratiques permettrait de générer des pertes économiques pour l'auteur du manquement.

839. **Étape 3 – Supprimer la dégressivité temporelle du montant de l'amende.** Un second coefficient multiplicateur égal à la valeur des ventes multipliée par la durée de l'infraction forme le montant de base de l'amende infligée par l'Autorité. Au regard du paragraphe 42 du communiqué « Sanctions », l'Autorité applique, après la première année de l'infraction, un coefficient multiplicateur diminué de moitié[1818]. Précisément, l'Autorité applique une réduction de 50 % pour les années qui suivent la première année de l'infraction.

840. **Absence de justification théorique et économique de la dégressivité.** La dégressivité du montant de base n'a aucune justification : sur le plan théorique, plus l'infraction remonte dans le temps, plus elle sera complexe à prouver et donc à sanctionner. La difficulté à réparer *ex post* les atteintes à la concurrence devrait au contraire justifier le maintien du coefficient multiplicateur à 100 %. Sur le plan

---

1817 V. *supra*, n° 830 ; Tableau : *ADLC c/ Bageri*.

1818 Communiqué du 16 mai 2011, *op. cit.* note 1790, § 42 : « *La proportion retenue par l'Autorité est appliquée, au titre de la première année complète de participation de chaque entreprise ou organisme en cause à l'infraction, à la valeur des ventes réalisées pendant l'exercice comptable de référence, et, au titre de chacune des années suivantes, à la moitié de cette valeur.* »

économique, plus l'infraction est longue, plus les gains retirés sont importants. Réduire le coefficient après la première année est critiquable, car si la pratique illicite dure longtemps, c'est précisément parce qu'elle est rentable. La réduction du montant de base sous l'effet du temps a donc paradoxalement pour effet d'inciter les auteurs d'infractions à faire perdurer leur pratique illicite : « *La dégressivité induit en effet des effets négatifs en termes d'incitation : une entreprise mettant en œuvre une pratique anticoncurrentielle aurait tout intérêt à la poursuivre au-delà de la première année. Cela pourrait même inciter à la mise en œuvre de pratiques qui ne seraient pas profitables pour l'entreprise si elles n'étaient mises en œuvre que durant une année mais le deviendraient, grâce à la réduction du montant de la sanction, si elles étaient mises en œuvre durant une année supplémentaire* »[1819]. De plus, cela conduit à accorder un « rabais » aux entreprises qui causent le plus de dommages à l'économie. Enfin, la dégressivité du montant de base est directement génératrice de fautes lucratives.

841. **La dégressivité, facteur de faute lucrative.** Reprenons l'hypothèse fictive développée ci-dessus[1820] : l'entreprise membre d'un cartel s'est concertée pendant 4 ans sur le prix d'un produit et a réalisé un surprofit de 50 millions d'euros. La valeur des ventes de l'entreprise mise en cause, retenue sur une année de référence, est de 100 millions d'euros. Étant donné la gravité de l'infraction, l'Autorité détermine à 15 % la proportion de la valeur des ventes. En fonction de ces données, envisageons un scénario de sanction maximale au regard de la dégressivité, puis comparons cette sanction maximale au profit indu. La sanction maximale au regard de la dégressivité doit faire l'objet du calcul suivant : 15 % (proportion de la valeur des ventes) de 100 millions (valeur des ventes annuelles) sur 4 ans (1 + 0,5 + 0,5 + 0,5) = 37,5 millions d'euros. Maintenant, comparons la sanction maximale au regard du profit indu : 15 % de 100 millions sur 4 ans (1 + 1 + 1 + 1) = 60 millions d'euros. L'amende appliquée au regard de la méthode classique de l'Autorité de dégressivité du montant en fonction de la durée de l'infraction n'est pas confiscatoire, car elle reste inférieure au gain illicite de 50 millions d'euros.

842. **Supprimer la dégressivité.** En somme, en assurant une analyse précise du surprix et en reconnaissant son incidence sur la proportion de la valeur des ventes retenue, l'amende pécuniaire de l'Autorité serait confiscatoire. La confiscation du lucre tiré de l'infraction est dissuasive mais insuffisante : il convient en effet d'infliger une véritable perte économique à l'auteur de l'infraction. Pour cette raison il faudrait supprimer la dégressivité afin d'assurer l'imposition d'une amende légèrement supérieure aux gains illicites[1821].

843. **Ajouter un troisième coefficient multiplicateur au regard de la probabilité de détection ?** En théorie, le législateur pourrait envisager la création d'un troisième coefficient multiplicateur, lequel permettrait d'augmenter considérablement le montant de l'amende au regard de la faible probabilité de détection des pratiques anticoncurrentielles. Si l'analyse économique soutient qu'environ une entente sur

---

1819 G. de Muizon, *op. cit.* note 1817.

1820 *Supra*, n° 837 ; cf. schéma exemple fictif.

1821 En supprimant la dégressivité : 100 x 4 x 0,20 = 80 (pour un surprofit de 50 millions). La sanction est donc presque deux fois supérieure aux gains illicites.

cinq est détectée, pour être optimale, l'amende devrait intégrer un multiple de cinq qui heurterait sans doute le principe de proportionnalité des peines. De plus, sachant que les abus de dominance sont aussi difficilement détectables en raison de la subtilité de certaines pratiques, il faudrait être capable en dehors des cartels de déterminer la probabilité de détection des abus d'éviction et d'exploitation. Or, aucune étude empirique n'est venue éclairer cette question. Il serait injuste et discriminatoire de sanctionner énergiquement les cartels tandis que les abus les plus graves seraient épargnés par un tel coefficient multiplicateur. Enfin, nous venons de montrer que réformer les deux coefficients multiplicateurs fondés sur le dommage à l'économie et la durée de l'infraction suffirait à conférer à l'amende de l'Autorité une fonction confiscatoire des profits illicites. Il ne nous semble donc pas nécessaire d'aller plus loin, au risque de tomber dans de la « sur-dissuasion ».

Par ailleurs, une autre question essentielle concerne la prise en compte, dans le calcul de l'amende optimale, du contexte de crise. L'autorité est sensible à l'argument de la crise économique dans le calcul de l'amende. La méthodologie que nous venons de proposer pour aboutir à une amende confiscatoire pourrait évoluer pour prendre en compte le critère de crise économique.

§ 3. Modifier la méthode de calcul de l'amende optimale en cas de crise économique ?

844. **Constat et solution.** La méthodologie adoptée par l'Autorité pour calculer l'amende est différente en temps de crise. La « *règle de concurrence change de méthode* »[1822] lorsque l'infraction est justifiée par le contexte de crise économique, lequel est régulièrement invoqué par les entreprises responsables d'infractions de concurrence[1823]. La question se pose donc de savoir si le contexte de crise sectorielle justifie une remise en cause de la méthode de sanction optimale que nous venons de proposer[1824]. Par exemple, la crise économique pourrait venir diminuer le coefficient multiplicateur appliqué à la valeur des ventes. Plutôt que de retenir un plafond de 30 %, une solution consisterait, en temps de crise, à fixer un maximum de 10 % à la proportion de la valeur des ventes retenues. Cette solution aboutirait

---

1822 D. Bosco, « Affaire des "volailles" : une décision exceptionnelle de l'Autorité ? », *CCC* n° 7, juillet 2015, comm. 180.

1823 Pour une analyse détaillée de cette question, v. *supra*, Partie I, Titre I, Chap. 3, Sect. 2. § 2. – V. sinon, p. ex. : déc. n° 15-D-08 du 5 mai 2015 relative à des pratiques mises en œuvre dans le secteur de la commercialisation de la viande de volaille ; déc. n° 12-D-08 du 6 mars 2012 relative à des pratiques mises en oeuvre dans le secteur de la production et de la commercialisation des endives ; déc. n° 12-D-09 du 13 mars 2012 relative à des pratiques mises en oeuvre dans le secteur des farines alimentaires ; déc. n° 12-D-10 du 20 mars 2012 relative à des pratiques mises en oeuvre dans le secteur de l'alimentation pour chiens et chats ; TPICE, 13 décembre 2006, *FNCBV a. c/ Commission*, aff. T-217/03 et T-245/03 ; obs. M. Debroux, « Beef meat sector: The CFI upholds in substance the European Commission's decision although it considers that the Commission did not provide appropriate motivation on one issue, and slightly reduces the fine on grounds of the exceptional circumstances of the case (FNCBV) », Concurrences n° 1-2007, Art. n° 12799, p. 88.

1824 *Infra*, Partie II, Titre I, n° 626.

au prononcé d'une sanction non confiscatoire qui serait justifiée par la nature de l'infraction, influencée davantage par le contexte que par la cupidité des agents.

845. **Proposition doctrinale.** Des auteurs proposent même l'application d'une simple sanction corrective en cas d'infraction commise sur un marché en crise, considérant qu'« *une injonction de mise en conformité avec les règles de concurrence prononcée sous astreinte* » pourrait constituer « *une sanction corrective pédagogique et suffisante dans ce type d'affaire* » motivée par l'« *irrationalité économique* » des acteurs en situation de légitime défense face à la crise[1825]. En somme, « *si une sanction pécuniaire optimale est indiscutablement performante en présence d'opérateurs cherchant à maximiser leurs profits, elle ne l'est plus en présence d'opérateurs de bonne foi préoccupés de sauvegarder leur activité* ». Il faudrait, en somme, en fonction du marché sur lequel a lieu l'infraction, faire varier la méthodologie de la sanction optimale selon que le manquement est commis ou non sur un secteur en crise.

846. **Postulat : pour un rejet de l'argument du contexte de crise.** À notre sens, la diminution de l'amende optimale ou son remplacement par une sanction corrective justifiée par le contexte de crise nous semble dangereux d'un point de vue dissuasif. Le contexte de crise ne doit pas être pris en compte dans la méthodologie de la sanction optimale pour les raisons suivantes.

847. **Irrationalité économique ?** Premièrement, la sanction corrective qui s'appliquerait, selon la proposition doctrinale, en cas d'« *irrationalité économique* »[1826] nous semble ignorer le fait que, lorsqu'une entreprise s'entend sur un marché afin de lutter contre la crise, son comportement est parfaitement rationnel. Le cartel est une manière rationnelle et opportuniste de s'adapter à la crise et de lutter contre les problèmes de surcapacités ou, plus généralement, de dégradation de la demande[1827]. À titre d'exemple, lorsque, sur le marché de la viande bovine, les entreprises s'entendaient pour opérer une concentration du secteur afin d'organiser une meilleure résistance de l'offre face à la puissance d'achat des distributeurs[1828], ces accords répondaient à une logique rationnelle, car les acteurs agissaient dans leur propre intérêt financier. La rationalité des agents devrait justement commander l'application d'une sanction dissuasive afin d'éviter les « *comportements de*

1825 J.-C. Grall, N. Fournier de Crouy, « La politique de sanction de l'Autorité de la concurrence : de l'unité à la diversité. L'intention du cartelliste : un facteur de diversification des sanctions ? », *RLC* 2013, n° 35.

1826 *Ibid.*

1827 Il y a, à notre sens, un seul cas d'irrationalité économique véritable et éventuellement excusable : cela concerne les accords verticaux imposés. Dans ces hypothèses, il arrive souvent que les agents agissent contrairement à leur intérêt économique (v. M. Chagny, *Droit de la concurrence et droit commun des obligations*, Dalloz, 2004, § 749), de sorte qu'ils ne retirent aucun bénéfice de l'accord conclu sous la pression et la menace des représailles. C'est sans doute la raison pour laquelle la Commission a davantage tendance à minorer les sanctions dans ce type de cas qu'en matière de cartel. Néanmoins, on peut aussi penser que les contractants seront d'autant plus encouragés à consentir aux contraintes des distributeurs si la Commission, par la suite, minore ou supprime l'amende pécuniaire. Maintenir l'amende pourrait donc inciter les fournisseurs à une forme de rébellion, car non seulement ces derniers se voient accepter des accords contraires à leurs intérêts, mais ils risquent, en surplus, de subir une amende pécuniaire pour un accord virtuellement consenti.

1828 C. del Cont, V. Pironon, « L'affaire de la viande bovine irlandaise. La production et la commercialisation des denrées alimentaires et le droit du marché », décembre 2009, Nantes, France ; Wolters Kluwer France (Lamy), 2010, pp. 96-119.

miliciens »[1829] des entreprises qui se constituent le droit de se faire économiquement justice elles-mêmes. L'application d'une amende optimale permet d'éviter que les infractions de concurrence fleurissent sur les marchés en crise.

848. **Atteinte à la diffusion du message dissuasif.** Deuxièmement, la prise en compte du contexte de crise nuit gravement à l'objectif de dissuasion générale. La crise conduit implicitement à une hiérarchisation entre les ententes légitimes et celles illégitimes qui n'aide pas à la compréhension du message dissuasif diffusé par les autorités de concurrence. L'avocat Olivier Fréget remarque que « *cette différence de traitement entre cartels graves et ententes légitimes n'est pas justifiée. Distinguer les cartels durs [...] et les "petits vols"* rend incompréhensible le droit de la concurrence et sape son autorité »[1830]. L'abandon d'une amende optimale à l'égard des cartels de crise conduirait plus généralement à admettre un « autre » droit de la concurrence pour le secteur agroalimentaire, sachant que tout le secteur souffre de difficultés sectorielles. Les marchés du céréale, de la volaille, du chou-fleur, du porc, du lait, se verraient ainsi accorder un droit de fauter, vivant alors à la marge du système juridique, pendant que d'autres secteurs devraient subir la stricte application du droit de la concurrence. Cette hypothèse nous paraît dangereuse, car on assisterait à une démission des autorités de concurrence, qui seraient sans cesse contraintes de minorer l'amende pécuniaire. Le Tribunal de l'Union européenne a d'ailleurs rappelé de façon pertinente que « *si l'on suivait le raisonnement des requérantes [selon lequel les circonstances économiques difficiles devraient justifier le bénéfice d'une circonstance atténuante], l'amende devrait régulièrement être réduite dans la quasi-totalité des cas* »[1831].

849. **Qu'est-ce que la crise ?** Troisièmement, à supposer que le contexte de crise justifie de faire exception à l'application d'une amende optimale, il faudrait pouvoir être en mesure de déterminer avec précision ce qu'est la crise. Dans ses différentes communications, la Commission parle, pour la définir, de « *perturbation grave de l'économie d'un État membre* »[1832], ou évoque un « *très important ralentissement des activités qui s'étend à l'économie dans son ensemble* », ou encore « *un effondrement de la demande* » et un « *effondrement de certains marchés* »[1833]. La crise est donc définie très largement. Il faudrait savoir exactement ce que l'on entend par « crise » – mot qui semble faire l'objet d'une inflation verbale – avant d'envisager des tempéraments pour certains secteurs. À supposer que la crise soit définie clairement, encore faudrait-il connaître tous les secteurs en crise, tout en étant capable d'identifier précisément les activités en crise : « *Une telle question est essentielle, les contraintes pesant sur les opérateurs actifs dans le secteur*

1829 O. Fréget, *La concurrence : une idée toujours neuve en Europe et en France*, Odile Jacob, 2015, p. 113.

1830 *Ibid.*

1831 TPICE, 29 avril 2004, *The Carbide/Graphite Group c/ Commission*, aff. T-236/01, § 345.

1832 Comm. CE, Communication modifiant le cadre communautaire temporaire pour les aides d'État destinées à favoriser l'accès au financement dans le contexte de la crise financière et économique actuelle, *JO* n° C 16 du 22 janvier 2009, pp. 1-9.

1833 Comm. CE, Recapitalisation des établissements financiers dans le contexte de la crise financière actuelle : limitation de l'aide au minimum nécessaire et garde-fous contre les distorsions indues de concurrence, *JOUE* n° C 72/20, Annexe IV 26 mars 2009.

agricole et ceux actifs dans le secteur industriel étant différentes. Ce constat illustre […] la difficulté d'identifier les activités qui relèvent du secteur agricole, rendant d'autant plus improbable la possibilité d'une application spécifique du droit de la concurrence audit secteur »[1834].

850. **Comment la quantifier ?** Quatrièmement, il faudrait aussi être en mesure d'apprécier l'intensité de la crise. Si un tel contexte justifie le « laissez-faire » des entreprises et introduit la question de leur légitime défense en droit de la concurrence[1835], reste qu'il est difficile d'évaluer à quel point la situation justifie la riposte de l'entreprise qui commet une infraction pour se protéger. Autrement dit, il est souvent « *impossible de quantifier de quelle manière on a le droit de se défendre en raison des circonstances de l'agression* »[1836]. L'Autorité de la concurrence risque de se heurter à d'invincibles difficultés dans l'appréciation de la proportionnalité de la riposte. Au vu de la jurisprudence, il sera difficile de comprendre pourquoi, dans un cas, l'Autorité minore la sanction du fait de la crise, et pourquoi, dans un autre cas, elle refuse de la minorer. Déjà, s'agissant de la prise en compte des difficultés économiques de l'entreprise mise en cause, la Commission dispose d'un pouvoir totalement discrétionnaire contraire à la sécurité juridique : « *[S]elon les affaires, la Commission peut prendre en considération ces difficultés au titre des circonstances atténuantes, tout comme elle est libre de ne pas le faire, et ce, sans avoir à justifier les variations de sa pratique décisionnelle.* La reconnaissance à la Commission par le juge communautaire d'une telle discrétion paraît contraire aux principes fondamentaux de non-discrimination, de proportionnalité et d'équité »[1837].

851. **Retrait injustifié de l'amende en cas de crise : études empiriques.** Cinquièmement, le retrait de la méthode de calcul de l'amende optimale pourrait être justifié si l'infraction de concurrence procurait des effets bénéfiques sur le marché atteint par la crise. Or, l'ensemble des études menées sur le sujet postule la même thèse : la perte de dissuasion sur les marchés en crise génère plus d'effets néfastes que d'effets positifs sur le marché. Aux États-Unis[1838] comme

---

1834 L. Givry, P. Guibert, « Billet d'humeur : le secteur agricole à l'épreuve du droit de la concurrence, un sujet de campagne ? », *RLDA* 2012/71, n° 4044.

1835 J.-P. Viennois, « La légitime défense en droit de la concurrence ou l'emprunt concevable d'une notion au droit pénal », *RSC* 2004, p. 295. – V. aussi : déc. n° 02-D-36 du 14 juin 2002 relative à des pratiques relevées dans le secteur de la distribution des lunettes d'optique sur le marché de l'agglomération lyonnaise. Dans cette affaire, des clauses restrictives de concurrence interdisaient aux membres d'un réseau de distribution sélective de vendre à d'autres distributeurs membres du réseau. Les opticiens invoquaient la légitime défense pour justifier la pratique concertée, laquelle, selon les parties mises en cause, visait à organiser une riposte pour se protéger de la politique commerciale restrictive adoptée par les concurrents. Le Conseil de la concurrence rejeta l'argument au motif qu'« *il ne saurait être admis que des entreprises se fassent justice elles[-]mêmes au nom d'un prétendu* "droit de légitime défense économique" ». La décision de l'autorité fit l'objet d'un appel, rejeté par la cour d'appel de Paris : CA Paris, ch. 1, sect. H, 18 mars 2003, *BOCCRF* du 20 mai 2003.

1836 D. Reins, « La légitime défense et l'exigence de proportionnalité : critique », 28 octobre 2015. Disponible sur : http://www.village-justice.com/articles/legitime-defense-exigence,20731.html.

1837 F. Brunet, « Le droit de la concurrence face aux défis de la crise mondiale », *RLC* juillet-septembre 2009, n° 20.

1838 Aux États-Unis, la loi sur le redressement national (NIRA) encourageait les pratiques collusives par la mise en œuvre de codes industriels visant à limiter la production et la concurrence par les prix. Elle accordait des exemptions aux entreprises qui partageaient les profits tirés de ces accords avec le syndicat des travailleurs.

au Japon[1839], les cartels de crise ont produit des effets désastreux en aggravant la sortie de crise. En France, l'économiste André Piettre, dans un ouvrage publié en 1936 intitulé *L'évolution des ententes industrielles en France depuis la crise* (de 1929)[1840], offre une remarquable analyse des effets néfastes des cartels de crise. L'économiste conteste le préjugé selon lequel les infractions commises dans ce contexte pourraient servir l'optimum du consommateur[1841] ; constate qu'elles portent généralement atteinte au processus de destruction créatrice décrit

---

De nombreux travaux doctrinaux aux États-Unis ont montré que cette loi a aggravé la dépression et retardé la sortie de la crise, tandis que certaines investigations « *ont montré que les codes industriels n'ont pas seulement permis les monopoles mais ont alimenté les pratiques monopolistiques et rien n'a été fait pour arrêter ou réduire de telles pratiques* » (National Recovery Review Board 1935, 3e rapport, pp. 34-37). – V. aussi : C. Shapiro, « Competition Policy in Distressed Industries », ABA Antitrust Symposium: Competition as Public Policy, 13 mai 2009 : « *[...] National Recovery Administration (NRA), which helped industries create and enforce so-called industry codes. These were effectively industry agreements to limit price competition and restrict production, investment in plant and equipment, and the workweek. The* quid pro quo *was that part of the resulting higher profits would be shared with labor through higher wages: the NIRA provided antitrust exemptions to industries that accepted collective bargaining with labor unions.* » – H. Cole, L. Ohanian, « The New Deal Policies and the Persistence of the Great Depression : A General Equilibrium Analysis », 112(4) *Journal of Political Economy* 779-816 (2004). – C. Romer, « Why Did Prices Rise During the 1930s? », 59(1) *Journal of Economic History* 167-199 (1999), p. 197. – P. Lowe, Competition and Financial Markets, 17-18 janvier 2009, cité par J.-Y. Chérot, « Le droit et la politique de concurrence au défi de la crise financière et économique », *RFDA* 2010, p. 745 : « *S'agissant des ententes, plus les producteurs ont de latitude pour coordonner leur production ou leurs prix, plus il est probable que les mesures prises pour répondre à la crise, en réduisant les capacités, s'accompagneront d'une collusion nuisant à la concurrence, aux consommateurs et aux contribuables. Il faut donc que les mesures destinées à régler les problèmes systémiques d'un secteur ne soient pas décidées uniquement par ceux auxquels elles s'appliqueront [...]* » E. Barbier de La Serre, D. Gerard, O d'Ormesson, P. Spilliaert, « Le droit de la concurrence est-il adapté à la crise ? », *CDE* n° 1, janvier 2013, entretien 1 : « *Il s'agit en d'autres termes d'assurer que la discipline du marché continue à être contrôlée et garantie, et qu'à la contraction des marchés générée par la crise ne s'ajoute pas une contraction générée par des pratiques anticoncurrentielles.* » – H. Hotelling, « Curtailing Production is Anti-Social », in *The Collected Economic Articles of Harold Hotelling*, A. C. Darnell (dir.), 1990, p. 13. Source citée par C. Shapiro, *op. cit.* Dans un article intitulé « Freiner la production est antisocial », en réponse à une décision du gouvernement américain qui avait permis la constitution d'une entente pétrolière, l'économiste Harold Hotelling note ceci : « *Le gouvernement a aidé les compagnies pétrolières dans leur tentative réussie de limiter le flux de pétrole et la production de produits raffinés, avec la conséquence que les automobilistes doivent conduire moins de miles et payer plus pour leur essence. Non seulement la réduction de la production a entraîné une forte perte d'emploi pour la main-d'œuvre dans les champs pétrolifères et les raffineries, et la fermeture de nombreuses station-service qui jadis prospéraient le long des routes... Mais depuis, moins d'essence signifie moins de conduite, les mesures de contrôle de la production ne peuvent que diminuer l'utilisation des véhicules à moteur.* »

1839 Competition and Financial Markets, 17-18 février 2009. Source citée par J.-Y. Chérot, « Le droit et la politique de concurrence au défi de la crise financière et économique », *op. cit.*, p. 745 : « *Au Japon, les mesures prises par les autorités pour contrer les récessions des années 1950 et 1960 prévoyaient l'introduction d'ententes de crise ou de rationalisation qui permettaient aux entreprises de coordonner leurs volumes de production et de service, de réduire leurs capacités, voire de coordonner le niveau de leurs prix. Ces mesures ont eu de graves effets anticoncurrentiels et ont été ultérieurement abrogées.* »

1840 A. Piettre, *L'évolution des ententes industrielles en France depuis la crise*, M. G. Pirou (dir.), t. 2, Sirey, 1936.

1841 *Ibid*, p. 142 et p. 144 : « *En fait, partout et toujours, elles cherchent à appliquer un prix normal, un prix stable. Sans doute ne réussissent-elles pas toujours dans leurs desseins [...] mais c'est là une tendance générale que la crise ne fait que confirmer. On part du désir – louable – de ramener le prix de vente légèrement au-dessus du prix de revient ; on en arrive souvent à figer l'un et l'autre.* » *In fine*, sous l'emprise des cartels, « *la valeur cesse d'être déterminée par l'offre et la demande. C'est la valeur procurant le maximum de stabilité économique que les producteurs cherchent à réaliser au moyen de la puissance de leur monopole* ».

par Schumpeter[1842] ; et prévient du danger social des infractions commises en temps de crise[1843].

852. **Bilan.** La méthode de calcul de l'amende optimale confiscatoire ne doit pas intégrer le contexte de crise pour réduire le plafond attaché au coefficient multiplicateur, ni être évincé au profit d'une sanction corrective. La prise en compte d'un tel contexte ne se justifie pas sachant que la plupart des études économiques démontrent que les ententes de crise ont des effets dommageables sur le marché. De plus, il ne faut pas obscurcir la compréhension de la norme concurrentielle, dont le message dissuasif est fragilisé s'il s'applique différemment selon les secteurs. L'impression, contraire aux finalités du droit de la concurrence, que « *la frontière est souvent mince et floue entre une réglementation qui tend à protéger le consommateur et celle qui tend à protéger une industrie spécifique* »[1844], risque d'être renforcée si un retrait de la dissuasion est accordé à l'égard des cartels de crise. En somme, la crise économique ne doit pas être un critère susceptible de faire varier la méthodologie de calcul de l'amende optimale.

Reste, par ailleurs, une difficulté liée au fait que l'amende optimale confiscatoire, pour s'appliquer, dépend de la capacité de l'Autorité à détecter les infractions de concurrence. Pour augmenter la détection, encourager les « lanceurs d'alerte » à dénoncer les pratiques illicites pourrait être une solution. Le déclenchement de l'action publique confiscatoire pourrait être assuré en récompensant les « *whistleblowers* ».

Section 3
Assurer le déclenchement de l'amende optimale

853. Le mécanisme de lanceur d'alerte est un nouvel outil de détection (§ 1) des infractions de concurrence utile pour déclencher l'amende confiscatoire des profits illicites. Pour cela, il faut encourager les lanceurs d'alerte à dénoncer l'infraction (§ 2) en récompensant la dénonciation.

1842 *Ibid.*, p. 144 : Le maintien en place des firmes nuirait au processus de « destruction créatrice », et plus généralement à la dynamique du marché. L'absence de renouvellement du tissu productif favoriserait les situations de rentes et figerait la situation économique du pays. L'entente est contraire au progrès, car elle maintient l'entreprise hors de la sphère constamment évolutive de l'univers économique : or, « *il n'est guère de progrès sans ruine […] l'on comprendra que l'on puisse redouter que les directeurs d'ententes ne mettent d'obstacle aux découvertes, aux initiatives, au progrès en un mot, qui risqueraient de compromettre leur situation acquise* ».

1843 *Ibid.*, p. 142 et p. 145 : « *Le danger économique des groupements de producteurs consiste à affaiblir l'un des bienfaits du régime libéral : à savoir l'individualisme comme source de progrès – par la liberté qu'il laisse à l'initiative personnelle. Le danger social consiste à aggraver au contraire l'un des maux du régime libéral : à savoir l'individualisme comme source d'abus – par la licence qu'il laisse à la suprématie des plus forts […] Sacrifier les petits producteurs aux plus puissants, tel est, dans l'ordre social, le risque primordial inhérent à toutes les ententes industrielles […] "la loi d'airain d'élimination des faibles" risque alors de jouer au profit non des meilleurs, mais des plus forts […] Un certain nombre d'intermédiaires, de transformateurs seraient victimes de la généralisation des ententes […] Ces intermédiaires constituent l'un des éléments principaux des classes moyennes, essentiel à l'équilibre social de la France.* »

1844 M. Friedman, *Free To Choose* – Original 1980 Series, Vol. 7 – Who Protects the Consumer?

§ 1. Le mécanisme du « lanceur d'alerte » : un nouvel outil de détection

854. **Les « lanceurs d'alerte ».** Afin de renforcer la détection des pratiques, la Commission a lancé un nouvel outil de détection – complémentaire de la procédure de clémence – qui vise à permettre aux particuliers d'alerter la Commission sur les pratiques illicites au sein de l'entreprise, tout en gardant un total anonymat[1845]. Le mécanisme du « lanceur d'alerte », autrement appelé procédure de signalement ou « *whistleblowing* » chez les Anglo-Saxons, vient compléter l'arsenal de détection de la Commission.

855. **De l'immunité aux récompenses.** Ce mécanisme, complémentaire de la procédure de clémence, permet de compenser ses limites. Si l'offre d'immunité incite à la dénonciation des pratiques anticoncurrentielles opaques, cette incitation est minorée lorsque l'entreprise craint les représailles des concurrents. De plus, la clémence n'assure pas aux auteurs de pratiques anticoncurrentielles une immunité contre d'éventuelles sanctions pénales. De même, elle ne rémunère pas l'entreprise qui dénonce l'infraction, au contraire de la procédure de *whistblowing* qui, plus que l'immunité, offre une véritable récompense aux auteurs d'infractions[1846].

856. **Incidence sur le calcul coût-bénéfice du contrevenant.** Le but du *whistleblowing* est d'encourager les salariés de l'entreprise à dénoncer la pratique illicite. L'incitation à dénoncer sera prise en compte par l'entreprise dans son projet d'infraction. Cette dernière devra augmenter la rémunération des salariés informés des agissements illicites, afin qu'ils ne les dénoncent pas aux autorités[1847]. Néanmoins, cette « rente » livrée au salarié ne fera qu'augmenter le coût attaché à la violation du droit, ce qui pourrait donc dissuader l'entreprise de s'engager dans une pratique fautive. De plus, le calcul coût-bénéfice est moins favorable aux auteurs d'infractions dès lors que le risque de détection est plus grand. Le risque de dénonciation réduit le gain espéré de la pratique en obligeant l'entreprise à réduire le nombre de participants au cartel (afin de réduire le nombre d'individus informés de la pratique illicite) et à renforcer les mesures visant à dissimuler l'entente. Dans le cas d'une pratique concertée, la technicité de l'entente augmentera son coût, en même temps que la réduction du nombre de participants aura une incidence défavorable sur l'administration et l'efficacité du cartel[1848].

Le succès du mécanisme assurerait donc une plus grande détection des infractions de concurrence ainsi que le déclenchement de l'amende confiscatoire, indispensable à la lutte contre les fautes lucratives. Sa réussite est néanmoins dépendante des récompenses attribuées aux lanceurs d'alerte pour qu'ils soient incités à dénoncer l'infraction.

1845 Comm. eur., communiqué IP/17/591 du 16 mars 2017, « Pratiques anticoncurrentielles : la Commission présente un nouvel outil de lancement d'alertes anonyme ».

1846 *Infra* n° 859 et s.

1847 Competition and Markets Authority, Press Release, « CMA launches campaign to crack down on cartels », 20 mars 2017. Disponible sur : www.gov.uk/government/news/cma-launches-campaign-to-crack-down-on-cartels.

1848 A. Stephan, « Is the Korean Innovation of Individual Informant Rewards a Viable Cartel Detection Tool? », CCP Working Paper 14-3, p. 4.

§ 2. L'encouragement des lanceurs d'alerte à dénoncer l'infraction

857. **Rémunérer les lanceurs d'alerte ?** La rémunération des lanceurs d'alerte permet de renforcer l'incitation de ces derniers à dénoncer l'infraction[1849]. Elle peut offrir une juste compensation à celui qui prend le risque de dénoncer. Les risques de licenciement, la rétrogradation professionnelle, les menaces personnelles ou à l'égard de la famille, l'ostracisme, les difficultés futures à l'embauche, etc., représentent des coûts significatifs pour l'employé qui dénonce. Une étude menée par les auteurs Uys et Smit montre que les informateurs ont tous connu un préjudice financier conséquent lié à la perte de revenu générée par le licenciement, mais aussi du fait de l'impact négatif sur la carrière du délateur[1850]. Le lanceur d'alerte subit en outre, après avoir révélé le scandale, un coût psychologique et émotionnel non négligeable. Des symptômes de dépression et des pulsions suicidaires faisant suite au *whistblowing* ont été observés dans une étude doctrinale[1851]. Logiquement, verser une rémunération importante au lanceur d'alerte permet de compenser les coûts de la dénonciation[1852].

En Angleterre, le Competition and Markets Authority (CMA) cherche à encourager la dénonciation interne des cartels par les employés de l'entreprise en proposant aux dénonciateurs une récompense de 100 000 £ ainsi que l'anonymat. La Corée du Sud a aussi introduit un système de récompense des lanceurs d'alerte : seul le premier délateur peut recevoir une récompense[1853] ; un comité décide du montant de la récompense au regard de la bonne foi de l'information délivrée. En 2012, la Korean Fair Trade Commission a fixé le montant maximum de la récompense pécuniaire pour les rapporteurs de pratique de cartel à 2,8 millions de dollars[1854].

858. **Rémunération sous condition d'innocence ?** Si la rémunération de l'informateur semble logique lorsque ce dernier dénonce une pratique à laquelle il n'a pas collaboré, la rémunération de l'employé qui a participé à l'infraction est plus contestable. Ce dernier est doublement avantagé : d'abord par l'infraction qui lui a permis d'augmenter sa rémunération en améliorant les performances de l'entreprise ; ensuite, par la rémunération de l'Autorité, qui le récompense d'avoir

---

1849 G. Schnell « Bring in the Whistleblowers and Pay Them The Next Logical Step in Advancing Antitrust Enforcement », 2 *Competition Policy International* 5 (2013).

1850 T. Uys, R. Smit, « Resilience and Whistleblowing: Coping with the Consequences », Paper presented at the 2011 Ben-Africa Conference, Zanzibar: Tanzania (2011), pp. 1-28 ; source citée par S. Charreire-Petit, J. Cusin, « Whistleblowing et résilience : Analyse d'une trajectoire individuelle », *Management* 2013/2, vol. 16, pp. 142-175.

1851 T. Faunce, S. Bolsin, W. P. Chan, « Supporting whistleblowers in academic medicine: training and respecting the courage of professional conscience », 30(1) *J Med Ethics* 40-43 (2004), p. 41 : « *Unemployment, bankruptcy, litigation, divorce, mental illness, and suicide are common outcomes of the act of whistleblowing.* »

1852 A. Stephan, « Is the Korean Innovation of Individual Informant Rewards a Viable Cartel Detection Tool? », *op. cit.* note 1849 : « *The personal costs and risks associated with whistleblowing are so significant that effective rewards may need to amount to a lottery win in order for reporting to be worthwhile.* »

1853 Korean Fair Trade Commission, Annual Report 2006, p. 7.

1854 OCDE Asia-Pacific Competition Update, « Reward for Reporting Cartel Conduct Increased to KRW 3 Billion » (janvier 2013). Disponible sur : https://www.oecd.org/daf/competition/OECD_NEWSLETTER_8_final.pdf.

dénoncé une pratique qui, sans lui, n'aurait pas été détectée. Si le demandeur de clémence, en neutralisant l'amende confiscatoire (en obtenant l'immunité), garde les profits illicites de l'infraction, le *whistleblower*, non seulement préserve ses gains indus, mais les augmente (puisqu'il obtient une rémunération comme récompense). Cette double récompense ne fait que renforcer la faute lucrative, à la fois de l'entreprise et de l'individu à l'origine de l'infraction. La générosité des récompenses pourrait conduire à une instrumentalisation de la procédure et générer des effets procollusifs. Dans le choix d'enfreindre la loi, la possibilité de dénoncer l'infraction à un instant T pour obtenir une rémunération qui viendrait s'ajouter à la préservation des gains indus pourrait inciter à la violation du droit. Néanmoins, si l'on veut assurer l'efficacité de la procédure, la rémunération du contrevenant paraît obligatoire. En effet, seul l'auteur de l'infraction dispose des documents confidentiels et est susceptible de délivrer l'information la plus robuste pour permettre à l'Autorité de mener au mieux son enquête[1855].

859. **Recommandation.** Le législateur français pourrait s'inspirer du système de récompense anglais[1856]. Le lanceur d'alerte serait rémunéré au regard de l'information livrée et de la nature de l'infraction révélée. La rémunération serait proportionnelle à la gravité de l'infraction révélée. Le premier informateur uniquement bénéficierait d'une récompense. Deux facteurs devraient influencer le montant de l'indemnité versée au lanceur d'alerte :

- la gravité du dommage causé à l'économie (en fonction, notamment, de la perte de surplus du consommateur) ;
- le coût de la dénonciation pour le lanceur d'alerte. Le coût serait estimé au regard des risques pris (risque de représailles, perte d'emploi, dépression, etc.) par le lanceur d'alerte.

860. **Leur accorder l'anonymat ?** Par ailleurs, l'effectivité du mécanisme pose la question de l'anonymat des lanceurs d'alerte. Les risques pesant sur l'employé qui dénonce doivent-ils justifier de lui accorder l'anonymat ? À notre sens, il ne fait aucun doute que le *whistblowing* est condamné à l'échec en l'absence d'anonymat. Une étude menée par Alexander Dyck confirme le coût de la dénonciation et souligne que 82 % des lanceurs d'alerte, non anonymes, ont été renvoyés ou ont été victimes d'attaques personnelles[1857]. L'absence d'anonymat expose les informateurs à des risques irréversibles sur leur carrière et leur santé (dépression, etc.)

1855 A. Stephan, « Is the Korean Innovation of Individual Informant Rewards a Viable Cartel Detection Tool? », *op. cit.* note 1849, p. 10 : « *[T]hose directly involved may be the only individuals with access to sufficient information for a credible approach to the competition authority. Cartel organisation varies widely between infringements and it is unclear how reasonable it would be to expect employees not directly involved in the infringement to have access to sufficient information to act as whistleblowers.* »

1856 OFT, « Rewards for information about cartel », 31 mars 2014. Disponible sur : www.oft.gov.uk.

1857 A. Dyck, A. Morse, L. Zingales, « Who Blows the Whistle on Corporate Fraud? », 65(6) *Journal of Finance* 2213-2253 (2010), pp. 2240-2245 : « *In 82 percent of cases with named employees, the individual alleges that they were fired, quit under duress, or had significantly altered responsibilities [...] Even according to a law firm seeking to sell its services to potential whistleblowers, the consequences to being the whistleblower include distancing and retaliation from fellow workers and friends, personal attacks on one's character during the course of a protracted dispute, and the need to change one's career.* »

qui vont les décourager de dénoncer les pratiques – le coût de l'information étant bien supérieur au bénéfice retiré par l'informateur[1858].

La Commission semble d'ailleurs favorable à l'anonymat : l'identité du lanceur d'alerte ne peut être connue de la Commission ou de son personnel, car l'information est donnée par le lanceur d'alerte via une messagerie cryptée permettant de communiquer dans les deux sens, mais gérée par un prestataire de services extérieur qui fait office d'intermédiaire, et qui ne relaie que le contenu des messages reçus sans transmettre les métadonnées qui pourraient être utilisées pour identifier la personne ayant fourni les renseignements[1859].

861. **Anonymat « partiel ».** L'anonymat total semble impossible en présence d'un système de récompense tel que celui que nous avons recommandé. La récompense par la Commission ou l'Autorité de l'informateur contraindra ce dernier à s'identifier et à porter à leur connaissance son identité. Néanmoins, l'anonymat « partiel » est possible. Dans ce cas, l'identité de l'informateur resterait cachée au public et donc à l'entreprise susceptible d'user des méthodes de rétorsion. Seule l'Autorité (ou la Commission) aurait connaissance de l'identité du lanceur d'alerte et il lui serait interdit de la révéler publiquement.

862. **Risques : atteinte à l'éthique des affaires et dénonciation calomnieuse.** L'anonymat du lanceur d'alerte n'est pas sans risque et pourrait « *contribuer à encourager les plus vils instincts* »[1860]. La procédure pourrait devenir un instrument de chantage utilisé par des employés cupides pour faire pression sur leur direction afin d'obtenir des avantages injustifiés. Que ce soit le salarié en conflit avec sa direction ou le manager en désaccord avec l'actionnaire, le risque d'une instrumentalisation de la procédure à des fins lucratives (agent motivé par l'appât du gain) est grand. Néanmoins, on peut estimer que l'objectif de détection des infractions justifie les moyens, fussent-ils critiquables sur un plan « moral ». La recherche de la trahison de l'« *insider* », laquelle risque de porter atteinte à l'éthique des affaires, se justifie pleinement par l'objectif de détection de l'infraction de concurrence. De plus, le risque lié à la menace de dénonciation calomnieuse de la part de l'employé pour faire pression sur sa direction est néanmoins limité, car notre système juridique protège la personne dénoncée. En effet, l'article 226-10 du Code pénal prévoit que la dénonciation totalement ou partiellement inexacte, « *effectuée par tout moyen et dirigée contre une personne déterminée [...], soit aux supérieurs hiérarchiques ou à l'employeur [...] est punie de cinq ans d'emprisonnement et de 45 000 euros d'amende* »[1861].

863. **Protection inégale des *whistblowers*.** La protection juridique du lanceur d'alerte est par ailleurs indispensable si l'on veut assurer l'efficacité du mécanisme. Le législateur français doit prendre en considération le risque de représailles de

---

1858 R. Howse, R. J. Daniels, « Rewarding Whistleblowers: The Costs and Benefits of an Incentive-Based Compliance Strategy », 525-549 (1995). Disponible sur : http://repository.upenn.edu/law_series/4.

1859 Comm. eur., communiqué IP/17/591 du 16 mars 2017, « Pratiques anticoncurrentielles : la Commission présente un nouvel outil de lancement d'alertes anonyme ».

1860 A. Ronzano, « La Commission entend obtenir la collaboration des lanceurs d'alerte en leur assurant un anonymat total », *L'actu-concurrence* n° 30/2017, 16 mars 2017.

1861 Notons que, dans ce cas, le dénonciateur ne pourra obtenir l'anonymat, car la dénonciation repose sur des éléments erronés.

l'employeur. À l'heure actuelle, la protection du lanceur d'alerte ne concerne que quelques domaines spécifiques et n'a pas été généralisée à tous les types de dysfonctionnement interne. À titre d'exemple, la loi du 6 décembre 2013 relative à la lutte contre la fraude fiscale[1862] protège les lanceurs d'alerte en vertu de la liberté d'expression des salariés[1863]. Récemment, la Cour de cassation s'est fondée sur cette loi pour juger illicite le licenciement du salarié qui avait dénoncé en justice le détournement de fonds publics de son employeur[1864]. De même, la récente loi du 9 décembre 2016, dite « Sapin II », a créé un statut du lanceur d'alerte et organisé sa protection[1865]. Néanmoins, cette loi « anti-corruption » ne s'applique pas aux infractions de concurrence. Une telle protection du lanceur d'alerte est donc absente en droit de la concurrence, bien qu'elle soit recommandée par la *soft law* et notamment par le document-cadre relatif aux programmes de conformité du 10 février 2012[1866].

864. **Recommandation : inspiration américaine.** Le législateur français pourrait généraliser la protection à tous les agissements illicites, et notamment aux infractions de concurrence. Sur ce point, il pourrait s'inspirer du droit américain[1867], sachant que le Criminal Antitrust Retaliation Act interdit à l'employeur de modifier les conditions de travail de l'employé du fait de la dénonciation d'une pratique anticoncurrentielle[1868]. Le projet de loi prévoit, pour le lanceur d'alerte qui serait victime de représailles de la part de son employeur, la possibilité d'exercer un recours devant le ministère du Travail (« Secretary of Labor ») dans les 180 jours de la commission de l'infraction[1869]. En cas d'échec pour non-respect du délai, l'employé pourrait alors exercer son recours devant la *district court* fédérale

---

1862 Loi n° 2013-1117 du 6 décembre 2013 relative à la lutte contre la fraude fiscale et la grande délinquance économique et financière.

1863 La loi n° 2013-1117 renvoie notamment à l'article L. 1132-3-3 du Code du travail, lequel dispose notamment qu'« *aucun salarié ne peut être sanctionné, licencié ou faire l'objet d'une mesure discriminatoire [...] avoir relaté ou témoigné, de bonne foi, de faits constitutifs d'un délit ou d'un crime dont il aurait eu connaissance dans l'exercice de ses fonctions* ».

1864 Cass. soc., 30 juin 2016, n° 15-10.557. La Cour rappelle notamment que « *le fait pour un salarié de porter à la connaissance du procureur de la République des faits concernant l'entreprise qui lui paraissent anormaux, qu'ils soient au non susceptibles de qualification pénale, ne constitue pas en soi une faute* » ; puis, elle va casser l'arrêt de la cour d'appel sur la question de la nullité du licenciement en estimant, au visa de l'article 10 § 1 de la Convention européenne des droits de l'homme, qu'« *en raison de l'atteinte qu'il porte à la liberté d'expression, en particulier au droit pour les salariés de signaler les conduites ou actes illicites constatés par eux sur leur lieu de travail, le licenciement d'un salarié prononcé pour avoir relaté ou témoigné, de bonne foi, de faits dont il a eu connaissance dans l'exercice de ses fonctions et qui, s'ils étaient établis, seraient de nature à caractériser des infractions pénales, est frappé de nullité* ».

1865 Loi n° 2016-1691 du 9 décembre 2016 relative à la transparence, à la lutte contre la corruption et à la modernisation de la vie économique.

1866 Document-cadre du 10 février 2012 sur les programmes de conformité aux règles de concurrence. Notons que le document-cadre ne définit pas précisément la protection qu'elle revendique.

1867 L. Donnedieu de Vabres-Tranié, « Adoption à l'unanimité par le Sénat des États-Unis du projet de loi relatif à la protection des "whistleblowers" en droit de la concurrence », *RLC* janvier-mars 2014, n° 34, p. 117.

1868 Section 216 Anti-Retaliation Protection for Whistleblowers ; (a) Whistleblower Protections for Employees, Contractors, Subcontractors, and Agents : « *(1) In GENERAL.—No employer may discharge, demote, suspend, threaten, harass, or in any other manner discriminate against a covered individual in the terms and conditions of employment of the covered individual because of any lawful act done by the covered individual—* ».

1869 Section 216 (2) (D) : « *A complaint under paragraph (1)(A) shall be filed with the Secretary of Labor not later than 180 days after the date on which the violation occurs.* »

compétente[1870]. Le projet de loi prévoit des mesures correctives intéressantes en cas de recevabilité de l'action, comme la réintégration du *whistleblower* avec le même niveau d'ancienneté[1871], le paiement d'arriérés de salaires avec intérêts[1872], ou encore une indemnité compensatrice comprenant tous les dommages subis, dont les frais du procès[1873]. Le projet de loi exclut cependant de la protection l'employé qui est à l'origine de l'infraction de concurrence[1874], ce qui risque de limiter le recours à la dénonciation.

865. **Immunité des poursuites pénales.** Par ailleurs, pour assurer l'effectivité du mécanisme de dénonciation, il faudrait garantir à l'informateur une immunité des poursuites pénales. Le coût de l'amende pénale et éventuellement d'une peine de prison risque sinon de dissuader la dénonciation de la pratique illicite.

866. **Réformer l'amende pécuniaire.** Enfin, l'absence d'amende adaptée[1875] (car non confiscatoire des profits illicites) pour punir les infractions de concurrence risque de vider d'intérêt la procédure de dénonciation. Le dirigeant doit craindre le montant de l'amende pour recourir à la dénonciation.

1870 Section 216 (2) (E) : « *If a person fails to comply with an order or preliminary order issued by the Secretary of Labor pursuant to the procedures set forth in section 42121(b) of title 49, United States Code, the Secretary of Labor or the person on whose behalf the order was issued may bring a civil action to enforce the order in the district court of the United States for the judicial district in which the violation occurred.* »

1871 Section 216 (c) Remedies (2) (A) : « *reinstatement with the same seniority status that the covered individual would have had, but for the discrimination* ».

1872 Section 216 (c) Remedies (2) (B) : « *the amount of back pay, with interest* ».

1873 Section 216 (c) Remedies (2) (C) : « *compensation for any special damages sustained as a result of the discrimination including litigation costs, expert witness fees, and reasonable attorney's fees* ».

1874 Section 216 Anti-Retaliation Protection for Whistleblowers ; (a) Whistleblower Protections for Employees, Contractors, Subcontractors, and Agents.

1875 *Supra*, Partie I, Titre I, n° 172 et s.

Conclusion Chapitre 1

867. **La sanction optimale beckerienne.** La théorie de la sanction optimale présente l'intérêt fondamental de proposer une méthode de sanction fondée sur les gains illicites et la probabilité de détection. L'amende optimale définie par Becker risque, néanmoins, de se heurter au principe de proportionnalité des peines[1876]. De plus, sachant que le communiqué « Sanctions » prend en compte les difficultés financières et les capacités contributives des entreprises mises en cause, le coût économique et social d'une telle amende la rend inapplicable en pratique.

868. **Méthode pour l'instauration d'une amende optimale confiscatoire.** Il est néanmoins possible de repenser l'amende optimale en modifiant la méthode de calcul de l'amende administrative prononcée par l'Autorité. Il faut, pour ce faire, conférer à l'amende administrative une fonction confiscatoire. Pour que le montant de la sanction pécuniaire soit au moins égal ou supérieur aux gains illicites, il est nécessaire de repenser la méthode de détermination du montant de base de l'amende par l'Autorité :

- D'abord, en assurant une analyse davantage quantitative du dommage à l'économie pour aboutir à une estimation concrète du surprix. Cette dernière permettrait de déterminer le taux de marge indu réalisé par l'entreprise fautive pour appliquer à la valeur des ventes un coefficient multiplicateur au moins égal au surprofit.
- Ensuite, en supprimant la dégressivité du montant de l'amende au regard de la durée de l'infraction. Les avantages indus accumulés dans le temps ne peuvent être confisqués qu'en multipliant la valeur des ventes affectées par la pratique par la durée réelle (non diminuée après la première année) de l'infraction.

869. **Critères d'ajustement de l'amende optimale.** L'amende optimale confiscatoire doit être ajustée en fonction des critères tels que l'élasticité-prix de la demande, le risque de déviation ou encore le contre-pouvoir de la demande. Ces critères diminuent l'importance du surprix infligé, ce qui limite en conséquence les gains illicites. Un autre critère tenant à la prise en compte du contexte de crise est discuté en doctrine pour justifier une diminution de l'amende optimale ou même l'imposition d'une simple sanction corrective[1877]. À notre sens, le contexte de crise ne devrait pas justifier un changement de méthodologie dans le calcul de l'amende optimale. La dissuasion générale commande d'envoyer un message dissuasif clair

---

[1876] En effet, le coefficient multiplicateur attaché à la faible probabilité de détection conduirait à imposer une amende excessive. Par exemple, si l'on considère qu'un cartel sur dix est détecté, il faudrait multiplier l'amende infligée par dix pour aboutir au montant de l'amende optimale beckerienne.

[1877] J.-C. Grall, N. Fournier de Crouy, « La politique de sanction de l'Autorité de la concurrence : de l'unité à la diversité. L'intention du cartelliste : un facteur de diversification des sanctions ? », *op. cit.* note 1826. – F. Brunet, « Le droit de la concurrence face aux défis de la crise mondiale », *op. cit.* note 1838. L'auteur s'étonne « *qu'un cartel soit condamné de la même manière, qu'il ait été mis en œuvre dans un contexte de crise ou dans un contexte de marché mature ou en forte croissance* » (p. 108). – C. del Cont, V. Pironon, « L'affaire de la viande bovine irlandaise. La production et la commercialisation des denrées alimentaires et le droit du marché », *op. cit.* note 1829.

aux agents économiques qui deviendrait incompréhensible en présence d'un politique de sanction différente selon les difficultés du secteur en cause. De plus, le retrait de la dissuasion en temps de crise risque d'inciter les entreprises, rationnellement, à multiplier les infractions durant ces périodes. Enfin, les infractions commises dans un tel contexte procurent plus d'effets dommageables que d'effets bénéfiques au marché. Les exemples américain, japonais[1878], et l'étude produite par l'économiste André Piettre[1879] démontrent que les privilèges accordés à l'égard des ententes de crise ont aggravé la sortie de crise, favorisé les rentes de monopole, nuit aux consommateurs, limité l'emploi, réduit l'innovation, etc. En somme, il serait à la fois sous-dissuasif et inefficient de modifier la méthodologie de l'amende optimale en période de crise.

870. **Déclenchement de l'amende confiscatoire : encourager les lanceurs d'alerte.** Par ailleurs, l'efficacité de l'amende confiscatoire imposée par l'Autorité risque d'être inutile si la probabilité de détection de l'infraction reste faible. Plutôt que d'envisager l'intégration, dans l'amende, d'un multiple lié à la faible probabilité de détection – solution qui risquerait probablement d'aboutir à des amendes heurtant le principe de proportionnalité des peines –, il faudrait surtout prévoir, en amont, des mécanismes permettant d'augmenter cette probabilité. Pour neutraliser la faute lucrative concurrentielle générée par le faible risque de détection, inciter les lanceurs d'alerte à dénoncer l'infraction pourrait être une solution. La procédure du lanceur d'alerte, autrement appelée la procédure de signalement, est essentielle pour augmenter les chances de détection des pratiques illicites. Elle permettrait, en révélant le manquement, de déclencher l'amende confiscatoire des profits illicites. L'incitation, pour le salarié, à dénoncer l'infraction n'est cependant possible qu'en assurant à ce dernier un bénéfice au moins équivalent au coût de l'information. Il faut, pour cela, lui assurer l'anonymat, lui fournir une rémunération compensatrice des coûts subis (représailles, pressions psychologiques, licenciement, etc.), et lui offrir une protection qui, pour l'instant, fait défaut en droit de la concurrence. Plutôt que de réserver la protection du lanceur d'alerte à certains domaines (fraudes comptables[1880], santé publique et environnement[1881], etc.), il serait légitime d'étendre la protection aux révélations des infractions de concurrence. Cette généralisation serait d'autant plus légitime qu'une pratique de cartel peut être comparée à un vol ou à une fraude[1882].

La création d'une action publique confiscatoire des profits illicites et les solutions possibles pour en assurer l'application ne sont pas suffisantes. Il faut aussi renforcer la dimension dissuasive de l'action privée en réparation afin que l'agent rationnel intègre, dans son choix d'enfreindre la loi, le risque juridique lié aux actions en dommages-intérêts. En conséquence, il nous reste à envisager la consécration d'une action privée confiscatoire.

1878 *Supra*, Partie III, Titre I, n° 853.

1879 A. Piettre, *L'évolution des ententes industrielles en France depuis la crise*, *op. cit.* note 1841.

1880 Loi n° 2013-316 du 16 avril 2013 relative à l'indépendance de l'expertise en matière de santé et d'environnement et à la protection des lanceurs d'alerte.

1881 *Ibid.*

1882 P. Whelan, « Cartel Criminalization and the Challenge of "Moral Wrongfulness" » 33(3) *Oxford J Legal Stud* 535-561 (2013), spéc. pp. 550-555 ; M. E. Stucke, « Morality and Antitrust », 2006 *Colum. Bus. L. Rev.* 443-547 (2006), spéc. pp. 492-494.

Chapitre 2
L'action privée confiscatoire des profits illicites

871. **Utilité d'une action de groupe confiscatoire.** Renforcer l'efficacité de l'action de groupe assurerait une lutte effective contre les fautes lucratives. Regrouper les demandes d'indemnisation permettrait de capturer le surprofit de la pratique anticoncurrentielle tiré du transfert de richesse des consommateurs qui ont payé un surprix. À notre sens (à condition de limiter les restrictions qui la paralysent), l'action de groupe est moins une action en réparation du préjudice qu'une action confiscatoire des profits illicites (Section 1). L'action collective tend à répondre à l'objectif de dissuasion[1883] en cherchant à anéantir la rentabilité de l'infraction de concurrence.

872. **Utilité d'une action individuelle confiscatoire.** La rigidité du principe de réparation intégrale ne permet pas à la victime qui engage individuellement son action de récupérer les avantages et gains indûment perçus par l'auteur de la faute. Pour renforcer la fonction dissuasive de l'action privée, il est essentiel de prévoir, à côté du principe de réparation intégrale, un mécanisme de restitution des profits illicites. L'action individuelle confiscatoire (Section 2) doit pouvoir vivre à côté de l'action individuelle compensatoire.

Section 1
L'action de groupe confiscatoire des profits illicites

873. **La finalité de l'action de groupe.** Le rôle confiscatoire de l'action de groupe n'est pas assumé en France. L'action de groupe tient pourtant sa fonction dissuasive dans sa capacité à assurer la restitution des gains illicites par l'auteur de l'infraction. La nature confiscatoire de l'action de groupe (§ 1) doit être réhabilitée afin que cette dernière soit perçue moins comme un mécanisme de compensation du préjudice subi par les victimes que comme un instrument de lutte contre les fautes lucratives. La construction par étapes d'une action de groupe en restitution des profits illicites (§ 2) est indispensable pour assurer son efficacité.

1883 G. Viney, « L'influence de l'admission d'une action de groupe sur la réparation des atteintes aux intérêts collectifs », *RLDC*, décembre 2006, p. 60.

§ 1. La nature confiscatoire de l'action degroupe

874. **Rôle dissuasif.** L'action de groupe promeut une sanction confiscatoire qui, en théorie, devrait permettre une lutte effective contre les fautes lucratives. Le constat selon lequel « *le crime paie* »[1884] en droit de la concurrence doit imposer une réflexion sur les solutions en France et en Europe pour améliorer la réparation des préjudices collectifs. Le caractère sous-dissuasif des sanctions pécuniaires de l'Autorité ou de la Commission pourrait être compensé par des actions collectives efficaces.

875. **Nature de l'action de groupe : une sanction compensatoire et confiscatoire.** La première étape pour améliorer l'efficacité de l'action de groupe consiste à en comprendre la philosophie. Force est de reconnaître que la loi Hamon n'a pas assumé la logique répressive consubstantielle à l'action de groupe. Un auteur dénonce notamment « *le paradoxe de la loi [qui] aurait dû aboutir à la consécration de dommages et intérêts punitifs calculés au moins à hauteur du profit illicite réalisé par le professionnel* »[1885]. La loi Hamon a paralysé les propriétés punitives de l'action de groupe en l'enserrant dans de multiples restrictions. Pourtant, cette action répond autant sinon moins à un objectif de compensation individuelle du préjudice[1886] qu'à une finalité dissuasive. La réparation individuelle des plaignants est accessoire au regard du caractère dérisoire du préjudice individuel de chaque victime. La fonction principale de l'action de groupe devrait être assumée et conduire à la confiscation des surprofits illicites. Le professeur Catherine Prieto reconnaît en ce sens qu'elle constitue un outil dissuasif majeur, car les « *entreprises, économiquement rationnelles [...] respectent les règles en appréciant le risque en fonction du gain illicite, de la probabilité de la détection et de la sévérité de la sanction* »[1887]. Un autre auteur souligne qu'avec l'action collective, « *ce qui est recherché, ce n'est pas la compensation exacte du dommage subi par chaque victime,* mais d'abord la restitution par l'auteur de l'activité illicite du profit qu'il en a tiré »[1888].

876. **Droit comparé.** Le caractère confiscatoire de l'action de groupe est parfaitement assumé dans certains pays : en Allemagne par exemple, l'association qui mène le recours collectif peut engager une action en écrémage des gains illicites engrangés par une entreprise[1889]. Si cette action se révèle inefficace, car elle requiert « *la*

1884 J. M. Connor, R. H. Lande, « Cartels as Rational Business Strategy: Crime Pays », 34 *Cardozo L. Rev.* 427-490 (2012), p. 431.

1885 M. Bacache, « Action de groupe et responsabilité civile : Loi n° 2014-344 du 17 mars 2014 relative à la consommation (JO 18 mars 2014, p. 5400) », *RTD civ.* 2014, p. 450.

1886 J. Berryman, « The Compensation Principle in Private Law », 42 *Loy. L.A. L. Rev.* 91-130 (2008).

1887 C. Prieto, « Actions de groupe parmi les recours collectifs, impulsions et démonstrations en droit européen de la concurrence », *D.* 2012, p. 1831.

1888 G. Viney, « L'influence de l'admission d'une action de groupe sur la réparation des atteintes aux intérêts collectifs », *op. cit.*, p. 60.

1889 Gesetz gegen den unlauteren Wettbewerb (UWG), 3 juillet 2004. Gewinnabschöpfung : la loi sur la concurrence déloyale prévoit notamment un système d'écrémage [Gewinnabschöpfung] du profit illicite réalisé au détriment des consommateurs (§ 10).

preuve d'une violation dolosive de la loi », elle a au moins le mérite d'exister et révèle la nature potentiellement punitive de l'action de groupe[1890].

Au Canada, les propriétés punitives de l'action de groupe sont aussi assumées. La législation et la Cour suprême reconnaissent la fonction dissuasive de l'indemnisation collective des consommateurs[1891]. L'action de groupe canadienne est menée dans l'objectif de ne pas laisser « *les agents déviants conserver le butin* » de l'infraction[1892]. Les sommes non réclamées sont tout de même redistribuées à un fonds qui permet de financer les futures actions tout en confisquant les gains illicites[1893]. La réparation *cy-près* est reconnue au Canada pour punir la faute lucrative. Dans l'arrêt *Alfresh Beverages*, la réparation *cy-près* a été proclamée au motif qu'aucun bénéfice ne devait subsister de la pratique délictuelle[1894] ; de même dans le célèbre arrêt *Sun-Rype*[1895]. Enfin, le rapport sur les *class actions* datant de 1982 reconnaît « *la légitimité du procès civil pour lutter contre l'enrichissement indu* » des contrevenants[1896].

877. **Déni français.** Le droit français, par le mécanisme *opt-in,* semble dénier le but prophylactique de l'action de groupe. La crainte d'une indemnisation qui ne serait pas dépendante d'une adhésion individuelle de chaque consommateur lésé, mais qui serait approximée au regard du préjudice abstrait d'une catégorie de personnes, trouve son origine dans la peur des dommages punitifs. « *L'hégémonie du principe compensatoire* »[1897] consacré par le droit de la responsabilité civile

---

[1890] B. Gsell, « Action de groupe sans action de groupe en droit allemand – Recours groupé en dommages et intérêts même en l'absence d'instrument particulier de recours collectif », in *L'intensification de la réparation des dommages issus des pratiques concurrentielles*, M. Behar-Touchais, D. Bosco, C. Prieto (dir.), IRJS, 2016, p. 228.

[1891] *Western Canadian Shopping Centres Inc. v. Dutton*, 2 SCR 534 (2001), § 29 : « *[C]lass actions serve efficiency and justice by ensuring that actual and potential wrongdoers do not ignore their obligations to the public. Without class actions, those who cause widespread but individually minimal harm might not take into account the full costs of their conduct, because for any one plaintiff the expense of bringing suit would far exceed the likely recovery. Cost-sharing decreases the expense of pursuing legal recourse and accordingly deters potential defendants who might otherwise assume that minor wrongs would not result in litigation [...]* »

[1892] M. Good, « Access to Justice, Judicial Economy, and Behaviour Modification: Exploring the Goals of Canadian Class Actions », 47(1) *Alberta L. Rev.* 185-227 (2009), p. 219 : « *Deterrence is reduced to a fear factor of punishment by payment. If class actions force malefactors to pay for their wrongdoing then defendants will either change their ways or be bankrupted.* The courts seem inclined not to let the bad guys get away with their loot. While commentators focus on the internalization of costs by wrongdoers, the courts and the law commissions seem keener on disgorgement or repayment of ill-gotten gains ».

[1893] J. Kalajdzic, « "The Illusion of compensation": Cy Près Distribution in Canadian Class Actions », 92(2) *Can Bar Review* 173-209 (2013), pp. 194-195, citation de J. Karakatsanis : « *[C]lass actions permit the disgorgement of unlawful gains and serve not only the purposes of enhance access to justice and judicial economy, but also the broader purpose of behaviour modification.* »

[1894] *Alfresh Beverages Canada Corp. v. Archer Daniels Midland Co.* (2001) OJ No. 6028 (S.C.J.) at [4].

[1895] *Sun-Rype Products Ltd. v. Archer Daniels Midland Company*, SCC 58 (2013), SCR 545 : « *Such class actions* permit the disgorgement of unlawful gains *and serve not only the purposes of enhanced access to justice and judicial economy, but also the broader purpose of behaviour modification [...] The disgorgement of amounts obtained through wrongdoing is one of the fundamental principles of restitutionary law [...]* Restitutionary law is "a tool of corrective justice" that seeks to take money away from the party who has unjustly taken it and return it to the party who unjustly lost it ».

[1896] Ontario Law Reform Commission, Report of Class Actions, vol 1. (1982), p. 117 : « *long recognized legitimacy of utilizing civil suits* ».

[1897] Des auteurs parlent de « *Hegemony compensation* » : M. Gilles, G. Friedman, « Exploding the Class Action Agency Cost Myth: The Social Utility of Entrepreneurial Lawyers » 155 *U. Pa. L. Rev.* 103 (2006).

conduit à rejeter tout mécanisme qui supporte un risque punitif. Le professeur Jeff Berryman dénonce la profonde incompréhension, par certains États, du rôle dissuasif de l'action de groupe, considérant que l'approche compensatoire du préjudice ne doit pas se faire au mépris de toute fonction dissuasive. Les deux approches devraient ainsi pouvoir coexister : « *Si la compensation du dommage est l'objectif des poursuites civiles et des recours collectifs, d'autres objectifs de nature corrective, comme la modification du comportement déviant et la dissuasion, coexistent en tant qu'objectifs légitimes et reconnus du droit privé* »[1898].

878. **Bilan.** D'un point de vue dissuasif, l'efficacité de l'action de groupe est différente selon qu'elle est perçue comme une action en réparation du préjudice ou, au contraire, selon qu'elle sert un objectif punitif des comportements déviants. Une étude menée aux États-Unis par l'avocat Tamara Relis démontre que les plaignants ne sont pas exclusivement motivés par le désir d'obtenir la réparation du dommage[1899]. La volonté de rétablir une certaine justice morale justifierait de donner au droit de la réparation une dimension punitive. Au regard du faible préjudice individuel de chacun des consommateurs, il existerait une incitation morale à agir en justice pour assurer la condamnation de l'auteur du dommage et éviter qu'il ne s'enrichisse en violant la règle de droit.

La nature confiscatoire de l'action de groupe à la française est aujourd'hui dangereusement paralysée si bien que l'entreprise est davantage incitée à enfreindre la loi qu'à la respecter. Il faut supprimer, par étapes successives, les restrictions vidant le recours collectif de toute portée punitive.

§ 2. La construction par étapes d'une action de groupe en restitution des profits illicites

879. **Les étapes à respecter.** L'existence d'une action de groupe en restitution des profits illicites n'est possible qu'en facilitant sa mise en œuvre (A). Il faut augmenter le risque juridique de l'infraction de concurrence en améliorant le taux de pénétration des recours collectifs. Néanmoins, faciliter sa mise en œuvre ne suffit pas : il faut aussi renforcer la portée dissuasive de l'action de groupe confiscatoire (B) en développant un mécanisme de restitution des profits illicites. L'efficacité de ce mécanisme et l'effet dissuasif de l'action de groupe risquent cependant d'être affectés par le recours aux règlements consensuels des litiges (C).

1898 J. Berryman, R. Carroll, « Cy-près as a class action remedy – justly maligned or just misunderstood? » in *Private Law: Key Encounters with Public Law*, K. Barker, D. Jensen (dir.), Cambridge University Press (2013), pp. 320-365, spéc. p. 322 : « *We take the view that while compensation is the primary goal of civil claims and class actions, other remedial goals,* including behavioural modification and deterrence, coexist as recognised and legitimate goals of private law ». V. aussi, des mêmes auteurs, p. 325 : « *Deterrence, as we have seen, is also arguably a function in the quantification of damages in class action suits as part of an overall scheme that seeks behavioural modification as part of its* raison d'être. »

1899 T. Relis, « It's Not About the Money!: A Theory on Misconceptions of Plaintiffs' Litigation Aims » 68(2) *U. Pitt. L. Rev.*701-746 (2007). L'étude en question porte sur 131 entretiens impliquant des questionnaires, une étude des dossiers des plaignants, des défendeurs, des avocats et des médiateurs impliqués dans 64 actions en justice.

A. La mise en œuvre de l'action de groupe confiscatoire

880. Pour améliorer la mise en œuvre de l'action de groupe, il faut, en premier lieu, renforcer sa légitimité en surmontant les arguments « lobbyistes » (1) qui restreignent sa dimension dissuasive et confiscatoire. Une fois l'action de groupe légitimée, le législateur pourrait encourager l'adhésion à l'action (2), ainsi que faciliter l'introduction à l'action de groupe (3).

1. Vaincre les arguments « lobbyistes »

881. **Arguments « lobbyistes ».** Il est essentiel de restaurer la légitimité de l'action de groupe pour en assurer l'effectivité. Les auteurs Cassels et Jones ont démontré que la paralysie du rôle dissuasif de l'action de groupe s'explique par des raisons politiques. L'ingérence politique et la puissance du lobby des entreprises ont conduit à une diabolisation du recours collectif[1900], qualifié par certains de « *monstre de Frankenstein* »[1901], d'« *engin de destruction* »[1902], ou encore d'instrument de « *chantage légalisé* »[1903]. Cette diabolisation a contraint le législateur à restreindre l'action de groupe au point de la vider de toute portée dissuasive. Le risque de faillite des firmes et la perception de l'avocat entrepreneur[1904] qui mène des actions en justice opportunistes lucratives (sur la base d'honoraires disproportionnés)[1905] sont les arguments miracles trouvés par les entreprises inquiètes qu'il puisse exister un mécanisme collectif les privant de leur gain illicite. Sur ce point, un auteur dénonce : « *On critique l'action comme pouvant occasionner la faillite des entreprises, une perte de compétitivité.* Autrement dit, respecter le droit serait anti-économique ! *Certains menacent même : "Certaines entreprises pourraient décider de ne plus offrir les mêmes garanties aux consommateurs de biens et de service"* »[1906].

1900 J. Cassels, C. Jones, *The Law of Large-Scale Claims: Product Liability, Mass Torts, and Complex Litigation in Canada*, Irvin Law Inc. (2005), p. 368.

1901 A. R. Miller, « Of Frankenstein Monsters and Shining Knights: Myth, Reality and the "Class Action" Problem », 92(3) *Harv. L. Rev.* 664-694 (1979).

1902 W. Simon, « Class Actions – Useful Tool or Engine of Destruction? », 55 *F.R.D.* 375 (1973).

1903 M. Handler, « The Shift from Substantive to Procedural Innovations in Antitrust Suits – The Twenty-Third Annual Antitrust Review », 71(1) *Colum. L. Rev.* 1-36 (1971), spéc. pp. 1-9.

1904 J. Kalajdzic, « Class Actions and Settlement Culture in Canada », in *Resolving Mass Disputes: ADR and Settlement of Mass Claims*, C. Hodges, A. Stadler (dir.), Edward Elgar (2013), pp. 132-147. Disponible sur SSRN : https://ssrn.com/abstract=2355396, p. 21 : « *entrepreneurial litigation* ».

1905 J. N. Jennings, S. Kedia, S. Rajgopal, « The Deterrent Effects of SEC Enforcement and Class Action Litigation », SSRN (2011), p. 9 : « *Securities class action lawsuits are often criticized for being frivolous [...]. Targeting of innocent firms is likely to encourage misreporting because type I errors related to enforcement lower the marginal cost of engaging in such behavior. Further, class actions lawyers are known to target large firms with deep pockets.* » – V. aussi R. G. Bone, « Class action », University of Texas School of Law, Law and Economics Research Paper n° 209 (2011), p. 1 : « *Class action supporters celebrate its potential for achieving efficiency gains, redressing imbalances of litigating power, and enforcing the substantive law effectively. Class action critics condemn its potential for enriching class attorneys, pressuring risk-averse defendants to settle, and giving high damage plaintiffs only average recovery.* »

1906 S. Amrani Mekki, « L'action collective québécoise : Regard (envieux) d'un processualiste français », *RIDC* 2-2016, pp. 341-355, p. 343.

882. Cette pression, qui rentre en fait dans une stratégie de capture normative, est contestable pour plusieurs raisons.

883. **Équivalence morale.** Les dérives américaines, qui existent et ne peuvent être niées, ne doivent pas entraîner une surestimation des dangers de l'action de groupe. Deux auteurs revendiquent le principe d'équivalence morale : pourquoi le législateur devrait-il craindre davantage l'avocat qui s'enrichit en tentant de punir le contrevenant que le fautif dont l'acte a été dommageable à la société et qui s'enrichit au détriment des consommateurs[1907] ? Il est vrai que la question de l'avocat entrepreneur prend sans doute une importance injustifiée dans les débats sur les recours collectifs. Elle tend, à tout le moins, à faire diversion sur l'idée principale et de surcroît plus mesurable selon laquelle l'action de groupe à la française est pour l'instant totalement inefficace en droit de la concurrence. Pour le dire clairement, le prix, même excessif, que pourrait retirer un avocat d'un litige justifié est moins grave que le prix de l'illicéité que retire l'agent rationnel de son infraction. La question de la faute lucrative, du point de vue de la protection de l'ordre public concurrentiel, est au moins si ce n'est plus importante que celle de la marchandisation du procès de concurrence[1908].

884. **Dangers surestimés.** De plus, le risque du développement des avocats entrepreneurs[1909] et des actions frivoles ne doit pas être surestimé : premièrement, la rémunération des avocats aux États-Unis est encadrée selon la méthode dite « *lodestar* »[1910]. Cette méthode permet de limiter les procès opportunistes lucratifs menés par les avocats, en contrôlant leur rémunération en fonction des critères suivants : les heures réelles passées à travailler le litige, la simplicité du cas et les risques pris pour défendre la partie lésée. Le tribunal peut ainsi diminuer le montant reçu par les avocats en fonction de ces facteurs. Deuxièmement, les pratiques de chantage liées à l'action de groupe sont considérées par certains auteurs américains comme largement surestimées[1911]. Le professeur John Coffee minimise ce risque en observant que les parties transigent souvent à bas prix[1912],

---

1907 J. Cassels, C. Jones, *loc. cit.*

1908 C. I. Nagy, « Le débat sur l'action collective en Europe : ils n'ont rien appris, ni rien oublié ? », *RIDC* 4-2015, pp. 941-969, p. 960 : « D'un point de vue social, il est préférable d'enrichir le représentant du groupe que de laisser un enrichissement illicite chez le malfaiteur *; et il ne faut pas oublier que cela ne constituerait pas une manne céleste, considérant que le représentant du groupe investit grandement dans la mise en application des créances du groupe* ».

1909 J. C. Coffee, Jr., « The Regulation of Entrepreneurial Litigation: Balancing Fairness and Efficiency in the Large Class Action », 54 *U. Chi. L. Rev.* 877-937 (1987).

1910 *Lealeo v. Beneficial California, Inc.* (2000) 82 Cal. App. 4th 19, p. 26 : « *[T]he primary method for establishing the amount of "reasonable" attorney fees is the lodestar method. The lodestar (or touchstone) is produced by multiplying the number of hours reasonably expended by counsel by a reasonable hourly rate. Once the court has fixed the lodestar, it may increase or decrease that amount by applying a positive or negative "multiplier" to take into account a variety of other factors, including the quality of the representation, the novelty and complexity of the issues, the results obtained, and the contingent risk presented.* »

1911 B. L. Hay, D. Rosenberg, « "Sweetheart" and "Blackmail" Settlements in Class Actions: Reality and Remedy », 75(4) *Notre Dame L. Rev.* 1377-1408 (2000), p. 1379 : « *[T]he risks of [...] blackmail settlements have been overstated [...]* »

1912 J. C. Coffee Jr, « Rescuing the Private Attorney General: Why the Model of the Lawyer as Bounty Hunter is Not Working », 42(2) *Md. L. Rev.* 215-288 (1983), spéc. pp. 215-226.

tandis qu'une étude empirique confirme l'exagération des pratiques d'extorsion[1913]. Enfin, le risque tenant à la multiplication des contentieux et à l'existence de menace est instrumentalisé par les lobbies, qui laissent à penser qu'il s'agit là d'un risque propre à l'action de groupe. Or, les actions juridiques opportunistes sont une caractéristique générale du système américain et non pas un risque intrinsèque au recours collectif. L'environnement juridique favorise le chantage, car le droit américain dispose d'un certain nombre de règles qui peuvent encourager les actions juridiques parasitaires. On pense aux lois sur les dommages-intérêts triples (« *treble damages* »)[1914], ou aux règles sur le partage des coûts de l'action. Sur ce point, un auteur note que « *certaines lois (par exemple, le "Sherman Act", le "Magnuson-Moss Warranty Act") prévoient un transfert unidirectionnel des coûts : si le demandeur gagne, il reçoit le remboursement pour ses frais d'avocat raisonnables, mais cela ne fonctionne pas inversement* »[1915]. Des actions infondées sont donc menées par des entreprises cherchant à augmenter les coûts d'un concurrent, qui ne pourront jamais être remboursés. En Europe, le principe du perdant-payeur limite ce risque. Cela peut expliquer pourquoi « *selon les statistiques, la tendance de litige de la société américaine est beaucoup plus grande que celle des sociétés européennes* »[1916].

Par ailleurs, les actions juridiques opportunistes sont plus généralement liées au droit de la concurrence qu'au mécanisme de l'action de groupe. La complexité du droit de la concurrence qui mène à l'existence d'erreurs de type 1 (faux positif)[1917] incite à la formation d'actions parasitaires. Les condamnations indûment prononcées à l'égard des pratiques licites ou proconcurrentielles encouragent les procès frivoles.

Notons, en outre, que les actions collectives canadiennes, dont le caractère punitif n'est plus à prouver, sont loin d'avoir provoqué les excès craints en France et en Europe et certains posent même un « *regard envieux* » sur le mécanisme québécois[1918]. L'autorisation préalable à l'action collective[1919] requiert plusieurs conditions à l'admission du recours, comme celle de l'apparence sérieuse de droit,

---

1913 T. E. Willging, L. L. Hooper, R. J. Niemic,« Empirical Study of Class Actions in Four Federal District Courts: Final Report to the Advisory Committee on Civil Rules », Federal Judicial Center (1996).

1914 Les dommages-intérêts triples accroissent considérablement le risque juridique de l'infraction de concurrence. Le défendeur, craignant une sanction pécuniaire importante, sera plus sensible à la pratique de chantage.

1915 C. I. Nagy, « Le débat sur l'action collective en Europe : ils n'ont rien appris, ni rien oublié ? », *op. cit.* note 1909, p. 961.

1916 *Ibid.*

1917 Le faux positif décrit la condamnation d'une entreprise pour une pratique licite ou proconcurrentielle. Ce type d'erreur renforce le risque d'une erreur de type 3, c'est-à-dire la condamnation indue d'une entreprise provoquée par l'action juridique opportuniste d'un concurrent.

1918 S. Amrani Mekki, « L'action collective québécoise : Regard (envieux) d'un processualiste français », *op. cit.* note 1907.

1919 L. Giroux, « Le recours collectif au Québec, un bref aperçu », 2005 : « *[T]oute personne qui veut intenter un recours collectif doit obtenir l'autorisation préalable du tribunal. […] Le recours collectif est une procédure qui exige une autorisation préalable contrairement à une action ordinaire. L'étape de la demande d'autorisation est très importante dans l'exercice d'un recours collectif au Canada puisque c'est à cette étape préliminaire que l'on décide si le recours doit être permis et, dans l'affirmative, comment seront définis les groupes parties au recours et quelles seront les questions communes soumises à la Cour pour adjudication.* » Disponible sur : https://www.courdecassation.fr/IMG/File/recours_collectif_quebec.pdf.

qui permet au tribunal d'« *écarter d'emblée tout recours frivole ou manifestement mal fondé* »[1920]. De manière générale, malgré la nature punitive de l'action collective, les pays anglo-saxons – Canada en tête – ont su créer des garde-fous efficaces et moins restrictifs que notre système français.

885. **Dissuasion.** Pour finir, la consécration d'une action de groupe véritablement restitutoire des profits illicites renvoie à un débat un plus « normatif » sur les objectifs assignés à l'action privée par rapport à l'action publique. La question purement morale des honoraires exorbitants des avocats ne doit pas éclipser celle de la dissuasion des agents économiques. Le droit français ne peut éternellement rechercher un mécanisme parfaitement équilibré, au risque de sacrifier et la compensation des victimes, de par les restrictions imposées à l'action collective, et la dissuasion de par la probabilité que le contrevenant reste impuni ou insuffisamment sanctionné.

886. **Bilan.** Le législateur doit passer outre les arguments lobbyistes pour restaurer la légitimité de l'action de groupe à la française et lui redonner sa pleine effectivité. Le système canadien a montré que le rôle dissuasif de l'action de groupe pouvait être encadré et donner lieu à la restitution des profits illicites sans conduire à des abus. En apaisant les craintes et les fantasmes des excès de l'action collective, le législateur serait plus légitime à assurer la mise en œuvre du mécanisme en améliorant l'étape de l'adhésion à l'action.

2. Encourager l'adhésion à l'action de groupe

887. Pour encourager l'adhésion à l'action, il faut élargir le domaine de l'action de groupe (a), améliorer la publicité (b) et consacrer un mécanisme d'*opt-out* (c).

a. Élargir le domaine de l'action de groupe

888. **En permettant l'adhésion des entreprises.** Les PME figurent parmi les premières victimes des pratiques anticoncurrentielles[1921]. Pourtant, le législateur réserve l'action de groupe aux seules victimes consommateurs. Une première solution consisterait à intégrer les petites et moyennes entreprises dans le domaine de l'action de groupe. Cela permettrait de lutter contre le découragement à agir de ce type d'entreprise, sachant que « *les coûts d'une action individuelle en réparation du dommage concurrentiel sont trop importants pour être supportés par une PME, et même les plus importantes d'entre elles* »[1922]. Permettre aux PME d'exercer une action de groupe aurait ainsi pour avantage de réduire les coûts des parties lésées, ce qui serait de nature à inciter les actions en dommages et intérêts. De plus, l'action de groupe en réparation du dommage concurrentiel des entreprises

---

1920 J. Berryman, R. Carroll, « Cy-près as a class action remedy – justly maligned or just misunderstood? », *op. cit.* note 1899 : « Le recours collectif ne doit pas devenir un instrument de pression indue *et la seule manière d'éviter tout abus dans l'utilisation de ce recours est de s'assurer que le stade de l'autorisation ne laissera filtrer ou ne permettra qu'aux demandes de qualité et ayant une apparence sérieuse de droit de se rendre à l'étape du recours comme tel* ».

1921 R. Baiker (DG Concurrence), in colloque CREDA : « Les PME face au droit de la concurrence » : « *Quand on s'intéresse aux différents groupes de victimes, c'est incontestablement le groupe des PME, ainsi que celui des consommateurs finals, qui sont les moins protégés.* » Disponible sur : http://www. creda.ccip.fr.

1922 *Ibid.*

limiterait les gains indus du contrevenant puisque ces dernières chercheront à obtenir le remboursement du surprix payé à ce dernier.

b. Améliorer la publicité

889. **Rôle de la publicité.** La publicité est essentielle, car elle permet au consommateur de se manifester pour adhérer à l'action. Les difficultés liées, notamment, à la mise en œuvre de la publicité peuvent être soumises au juge de la mise en état avant l'expiration du délai fixé pour l'indemnisation des consommateurs. Ce délai est suspendu jusqu'à la décision du juge de la mise en état, ce qui peut permettre aux consommateurs de se déclarer dans un délai imparti[1923].

890. **Inconvénient.** Cela ne saurait, cependant, résoudre totalement la difficulté tenant à l'information des consommateurs dans la phase précédant l'introduction à l'action. En effet, en France, il n'existe aucun site officiel dédié aux actions de groupe en cours devant les tribunaux. Seules des plateformes privées prévoient la possibilité pour le consommateur de prendre connaissance sur un site du litige en cause.

891. **Recommandation.** Le législateur français pourrait s'inspirer du modèle canadien en mettant en ligne un registre central des recours collectifs. En Europe, un tel registre est aussi possible en créant un système d'information continue et centralisée qui serait directement accessible sur le site de la Commission. L'intérêt d'un tel registre est qu'il permettrait de rassembler en amont des consommateurs pour ainsi augmenter le nombre d'adhérents à l'action.

c. Consacrer un mécanisme d'opt-out

892. **Reconnaissance européenne.** Il serait souhaitable de prévoir un mécanisme *opt-out* applicable en fonction des spécificités du litige concurrentiel. Ceci est tout à fait envisageable au regard des recommandations de la Commission. En effet, selon la Commission, il est possible de prévoir des exceptions au sytème *opt-in* dès lors qu'elles sont « *dûment justifiée[s] par des motifs tenant à la bonne administration de la justice* »[1924]. De plus, on remarquera qu'au Royaume-Uni, l'adoption du Consumer Rights Bill a introduit une action de groupe fondée sur un système *opt-out*[1925].

893. **Utilité.** Le système *opt-in* consacré en droit français, contrairement à celui *opt-out*, requiert le consentement exprès des consommateurs lésés pour adhérer à l'action de groupe. Ce système ne permet pas de lutter contre l'apathie rationnelle des victimes qui, ayant subi un préjudice minime, ne sont pas encouragées à adhérer

---

1923 Art. L. 623-25 du Code de la consommation.

1924 Recommandation de la Commission du 11 juin 2013 relative à des principes communs applicables aux mécanismes de recours collectif en cessation et en réparation dans les États membres en cas de violation de droits conférés par le droit de l'Union, § 21 : « *Il convient que la partie demanderesse se constitue en tant que telle sur la base du consentement exprès des personnes physiques ou morales qui prétendent avoir subi un préjudice ("opt-in"). Toute exception à ce principe, édictée par la loi ou ordonnée par une juridiction, devrait être dûment justifiée par des motifs tenant à la bonne administration de la justice.* »

1925 R. Bell, « UK Consumer Rights Bill Proposes "Opt Out" Class Action for UK Competition Claims » (2014). http://eu-competitionlaw.com/uk-consumer-rights-bill-proposes-opt-out-class-action-for-uk-competition-claims. – V. aussi : R. Pike, « The UK Parliament passes the Consumer Rights Bill introducing opt-out antitrust class actions », 26 mars 2015, e-Competitions Bulletin March 2015.

à l'action. La somme que devra verser le défendeur correspondra au nombre de réclamations effectivement présentées par les consommateurs. Ce système privilégie la faute lucrative parce qu'un nombre de réclamations limitées permettra au fautif de n'indemniser qu'une partie du dommage global.

Le système *opt-out,* qui permet à tous les membres d'un groupe de victimes, du moment qu'ils n'ont pas expressément manifesté leur volonté de s'extraire dudit groupe, d'être indemnisés du préjudice concurrentiel subi, est au contraire plus dissuasif. Il permet d'élargir l'action de groupe à tous les consommateurs ayant subi un dommage en lien avec la pratique anticoncurrentielle, peu importe que ces derniers ne se soient pas manifestés expressément. Les auteurs d'infractions ont donc davantage à craindre un système *opt-out.*

894. **Tempérament.** Pour autant, nous le verrons, le système *opt-out* ne peut rien contre l'inertie tout aussi prévisible des victimes au stade de l'indemnisation[1926]. Il n'est en effet pas certain que les membres de groupe réclament leur créance au stade de l'indemnisation, surtout si celle-ci s'avère minime.

895. **Défense fébrile du sytème *opt-in.*** Par ailleurs, le système *opt-in* est défendu au prétexte qu'il faut protéger la liberté individuelle du consommateur qui voudrait mener sa propre action. C'est néanmoins ignorer le fait que peu de justiciables ont les moyens d'exercer une action en justice pour faire valoir un préjudice de consommation.

896. **Bilan.** En somme, des solutions sont possibles pour encourager l'adhésion à l'action de groupe, que ce soit en élargissant le domaine de l'action aux PME, en améliorant la publicité pour assurer l'adhésion des consommateurs ou en consacrant un mécanisme *opt-out.* Il reste, néanmoins, à faciliter l'introduction de l'action de groupe par l'association en assouplissant les règles encadrant la mise en œuvre du recours collectif.

3. Faciliter l'introduction de l'action de groupe

897. Il faut faciliter l'introduction à l'action en ouvrant l'action aux recours autonomes (a) et en encourageant l'action des associations (b), ce qui est possible en repensant le mode de financement de l'action.

a. Ouvrir l'action aux recours autonomes

898. **Ouvrir l'action aux recours autonomes.** L'introduction à l'action de groupe ne peut survenir qu'après une décision des autorités ou juridictions nationales constatant le manquement. Le législateur a donc consacré une action de groupe de suivi, qui intervient après une décision définitive. Cette action de suivi permet d'épargner au titulaire de l'action la preuve du manquement, ce qui est de nature à accroître le taux de succès de l'action collective. Néanmoins, une telle action risque de souffrir de la longueur du procès de concurrence au risque d'entraîner la disparition des preuves qui restent nécessaires pour déterminer et quantifier le préjudice. Pour cette raison, l'introduction d'une action de groupe autonome pour les parties lésées permettrait de limiter la probable disparition des preuves

---

[1926] *Infra*, Partie III, Titre I, n° 932 et s.

et l'inertie rationnelle des consommateurs qui, plusieurs années après la pratique, sont moins soucieux d'obtenir la réparation du dommage.

b. Encourager l'action de l'association

899. **Inaction de l'association.** L'action du consommateur victime d'une pratique anticoncurrentielle est paralysée dans le cas où, pour des raisons de financement ou d'opportunité, l'association décide de ne pas agir en justice. Cette hypothèse est d'autant plus probable que, au regard de l'article L. 623-1 du Code de la consommation, l'action de l'association est facultative[1927].

900. **Choix opportuniste de l'association.** L'association risque de sélectionner les litiges de façon opportuniste et au détriment des consommateurs. Précisément, on peut redouter qu'elle choisisse discrétionnairement les procès à mener selon des critères opportunistes, comme la renommée des contrevenants, la médiatisation de l'affaire et *in fine* les retombées médiatiques dont elle pourrait bénéficier[1928]. L'abandon de l'action pour une affaire complexe et peu attractive médiatiquement permettra au contrevenant impuni de conserver les gains illicites de l'infraction. Il faut donc empêcher cette éventualité.

901. **Solution.** Pour assurer la défense des intérêts du consommateur et la condamnation de l'auteur du manquement en cas d'inaction de l'association, trois solutions sont possibles :

- **Financement de l'action et/ou sanction de l'inaction.** La première solution consisterait à prévoir des mécanismes incitant l'action des associations. Par exemple, nous le verrons, renforcer le financement des associations permettra à ces dernières de ne pas inféoder leur action à un calcul coût-bénéfice.
- **Prévoir une action en remplacement de l'inertie des associations portée par les avocats.** La seconde solution consisterait, en cas de passivité rationnelle des associations, à permettre aux cabinets d'avocats d'agir à leur place. Le législateur pourrait consacrer une exception au principe selon lequel l'avocat ne peut initier l'action de groupe[1929]. L'avocat pourrait ainsi se voir confier le rôle d'initiateur de l'action dans le cas précis où l'association n'a pas les moyens d'agir en justice.
- **Prévoir une action en remplacement de l'inertie des associations portée par le ministre.** Une dernière solution consisterait à s'inspirer du droit des pratiques restrictives de concurrence qui, en vertu de l'article L. 442-6 du Code de commerce, donne compétence au ministre de l'Économie pour agir au nom des victimes lésées afin de lutter contre leur inertie. On pourrait

---

[1927] L. 623-1 du Code de la consommation : « *Une association de défense des consommateurs représentative au niveau national et agréée en application de l'article L. 811-1* peut agir *devant une juridiction civile afin d'obtenir la réparation des préjudices individuels subis par des consommateurs* ».

[1928] P.-C. Lafond, « L'action de groupe à la française, ou l'art de rater une belle occasion », *RIDC* 2-2016, pp. 319-340, p. 324 : « *Il est à craindre que certaines associations se livrent une lutte pour agir devant le tribunal, pour montrer leur vigilance ou leur dynamisme ou* pour profiter de certaines retombées médiatiques ou politiques de l'action ».

[1929] Rappelons que l'avocat ne peut que représenter l'association durant la première phase de la procédure devant le tribunal de grande instance et éventuellement au stade de l'indemnisation.

envisager que le ministre agisse au nom des consommateurs lésés et en remplacement des associations lorsque ces dernières n'ont pas les moyens d'agir contre le contrevenant.

902. **Postulat.** L'ouverture d'une action circonstanciée des avocats ou du ministre n'étant pas d'actualité, la solution la plus robuste pour inciter l'action des consommateurs reste, pour le moment, de repenser le mode de financement de l'action. Cette question est fondamentale, car elle peut expliquer pourquoi des associations restent inactives malgré le dommage causé au consommateur. Améliorer le mode de financement de l'action de groupe (i) permettrait de vaincre la passivité rationnelle des associations. De même, une nouvelle forme de financement privé par le rachat de créance (ii) permettrait de contourner l'interdiction faite aux associations d'agir pour le compte des victimes professionnelles qui sont privées du mécanisme de l'action de groupe. Le potentiel dissuasif de la « plateformisation » des actions (iii) pourrait aussi compenser la passivité des entreprises, qui sont exclues de l'action de groupe.

i) Améliorer le mode de financement de l'action de groupe

903. **Rappel.** Rappelons que la loi prévoit que le fautif doit assurer le paiement des dépens. Outre les dépens, le juge peut condamner le professionnel au paiement d'une provision qui couvrira les frais non compris dans les dépens[1930], comme les frais de gestion des dossiers, les frais de publicité ou les frais d'avocat.

904. **Sur les dépens.** S'agissant des dépens, la loi reste silencieuse sur la question de savoir si le fautif supporte la charge des dépens dans le cas où l'association n'obtient pas gain de cause. De plus, en cas d'échec, l'association risque de ne pas être remboursée des frais exposés et non compris dans les dépens.

905. **Se démarquer de la recommandation européenne.** On sait que la recommandation européenne sur les recours collectifs est favorable au principe du « perdant-payeur », selon lequel la partie perdante doit rembourser les frais du litige. Cette disposition risque de dissuader les associations d'agir, sachant que, comme le rappelle un auteur, on peut se demander comment ces dernières pourront « *faire face aux énormes moyens financiers de leurs opposants* »[1931]. Surtout que, si le remboursement des frais du litige pour le perdant peut s'avérer être une sanction utile pour décourager les actions en justice opportunistes, il est moins justifié à l'égard des associations qui agissent dans l'intérêt du consommateur et dans un but non lucratif.

906. **Sur la provision.** Par ailleurs, s'agissant du versement d'une provision par le professionnel afin de compenser les frais engagés par l'association, force est de constater qu'elle « *arrive bien tard et ne vaudra que pour la seconde phase de la procédure, celle de l'indemnisation* »[1932]. De plus, la provision à voir sur les frais non compris dans les dépens peut être limitée, car il n'est pas certain que le juge prenne en compte la réalité du travail fourni par l'association.

1930 Art. L. 623-12, al. 1, du Code de la consommation. – S. Zouag, « L'action de groupe, arme des associations agréées », *JA* 2013, n° 480, p. 24.

1931 P.- C. Lafond, *op. cit.*, p. 325.

1932 *Ibid.*

907. **Solution : prendre exemple sur le modèle canadien.** Au Canada, la présence d'un fonds d'aide au recours collectif permet de prendre en charge les frais de procédure. En plus de limiter les procès lucratifs menés par des avocats entrepreneurs[1933], ce fonds permet de financer les futures actions de groupe et de confisquer les gains illicites en récupérant les sommes non réclamées par les consommateurs au stade de l'indemnisation. Selon un auteur, « *il y aurait 35 % des actions actuelles financées de cette manière* »[1934].

908. **Financement du fonds.** Le législateur français dispose de deux possibilités : il peut s'inspirer du modèle canadien et prévoir un fonds qui serait financé par le reliquat des sommes non réclamées par le consommateur ou « *concevoir que le fonds soit alimenté par une somme forfaitaire prélevée sur les condamnations prononcées par l'Autorité de la concurrence* »[1935].

909. **Bilan.** Le législateur français devrait s'inspirer du modèle canadien, qui assure à la fois la mise en œuvre des actions de groupe et leur efficacité (sanction de la faute lucrative). Reste que, dans le cas où un fonds d'aide au recours collectif serait consacré, les entreprises resteront toujours privées de l'action de groupe et donc du droit à agir en dommages et intérêts à moindre coût.

Il convient donc de s'interroger sur l'intérêt du développement en France d'une nouvelle forme de financement privé qui prend la forme d'un rachat de créance.

ii) Encourager une nouvelle forme de financement privé par le rachat de créance ?

910. **Directive « Dommages » et rachat de créance.** La directive « Dommages » reconnaît l'action en dommages et intérêts introduite par « *une personne physique ou morale qui a succédé dans les droits de la partie prétendument lésée,* y compris la personne qui a racheté la demande ». Le rachat de créance consiste en un transfert de créances indemnitaires des entreprises victimes d'une même infraction de concurrence à une seule entité. Le cessionnaire, c'est-à-dire le tiers, reçoit ainsi le droit d'agir en justice à la place de la victime professionnelle. Le rachat de créance constitue, pour la victime professionnelle[1936], une forme indirecte de financement privé qui présente une certaine utilité. Les victimes lésées, en transférant leur

---

[1933] En effet, la prise en charge des frais judiciaire par le fonds limite la prise de risque de l'avocat qui entend porter l'action en justice. Ce dernier n'est alors pas incité à demander des honoraires de résultats (c'est-à-dire un pourcentage demandé par l'avocat sur les dommages-intérêts obtenus ; *contingency fees*), car ces honoraires sont souvent une condition de l'avocat pour récompenser le risque d'initier une action à ses propres frais.

[1934] S. Amrani Mekki, « L'action collective québécoise : Regard (envieux) d'un processualiste français », *op. cit.* note 1907, p. 342.

[1935] Observations formulées par l'AFEC sur la consultation de la Commission sur le recours collectif ; Consultation on collective redress ; septembre 2011, p. 31 : « *Même si elle n'a pas abouti, on peut relever qu'une proposition de loi visant à instaurer les recours collectifs de consommateurs, présentée en avril 2006 [projet Chatel], a d'ailleurs envisagé la création d'un fonds d'aide d'accès à la justice, en prévoyant que les recettes du fonds auraient notamment été constituées notamment par un prélèvement sur les sanctions pécuniaires prononcées par l'Autorité de la concurrence. Cette proposition de loi subordonnait également l'attribution de l'aide aux actions de groupe qui présentaient des chances sérieuses de succès.* »

[1936] D. Bosco, T. Schreiber, R. P. Amaro a., « Third-party private litigation funding », Concurrences n° 3-2014, Art. N° 67475, pp. 13-26. – V. aussi : K. Kessedjian (dir.), *Le financement de contentieux par un tiers*, Éd. Panthéon-Assas, 2012.

créance, transfèrent en même temps le risque du litige et le coût économique du procès de concurrence.

D'un point de vue dissuasif, le rachat de créance par un organisme privé a plusieurs avantages :

911. **Remède dissuasif en l'absence d'action de groupe des entreprises.** Le financement privé permet d'accroître le risque juridique de l'infraction de concurrence. L'espoir du contrevenant de rentabiliser l'infraction en misant sur l'interdiction de l'action de groupe des entreprises est fragilisé. Les entreprises victimes seront davantage incitées à intenter un procès auquel elles auraient certainement renoncé (apathie rationnelle)[1937] sans la présence d'un tiers financeur.

912. **Confiscation des gains illicites.** De plus, la mobilisation collective des créances de réparation entre les mains d'un tiers financeur pourrait limiter fortement les profits illicites de l'agent économique. Des entreprises, naguère découragées à agir du fait du coût de l'action, pourront obtenir le remboursement des biens et des services affectés artificiellement par un surcoût. De plus, à la différence d'une association dont la compétence n'est pas uniquement consacrée à la résolution des contentieux privés, l'entité qui acquiert la créance dispose en théorie d'une spécialisation pour les litiges commerciaux. Elle est donc armée pour mener au mieux l'action en réparation du dommage.

913. **Prise de conscience de l'intérêt d'un recours pour les entreprises.** En outre, le rachat de créance est un moyen détourné pour les entreprises ne pouvant adhérer à une action de groupe de faire valoir leurs intérêts. Le succès et l'exploitation du mécanisme pourraient sensibiliser le législateur sur la question du dommage causé aux entreprises et notamment aux PME, qui sont encore aujourd'hui injustement privées de l'action de groupe. Ce faisant, le rachat de créance par un tiers financeur qui porte la réclamation d'un groupe d'entreprises pourrait servir de prémisse à la consécration d'une action de groupe pour les victimes professionnelles.

914. **Restriction : interdiction du financement du tiers financeur.** Malgré tous les avantages évoqués, il faut se garder d'une vision par trop idyllique du mécanisme de rachat de créance. Il existe une restriction importante au développement du rachat de créance tenant à l'interdiction, pour celui qui rachète la créance, de faire lui-même appel à un financement. Les avantages dissuasifs du système de rachat de créance risquent d'être neutralisés par l'encadrement du droit, pour le cessionnaire, de faire appel à un fonds d'investissement. Le tiers financeur aura parfois lui-même besoin d'un financement pour mener au mieux son action. Or, un arrêt de la cour de Düsseldorf, s'agissant de la réparation du dommage des victimes d'une entente, a déclaré que la cession de créances était nulle si, au moment de la cession, l'entité n'avait pas les ressources financières suffisantes pour rembourser les frais de justice des défendeurs en cas de perte du procès[1938].

[1937] La perspective d'avoir à payer les frais adverses en cas de perte du procès dissuade fortement les victimes d'agir en dommages et intérêts.

[1938] Cour régionale de Düsseldorf, jugement du 17 décembre 2013, 37 O 200/09 (Kart.) U. – *Zementkartell II* (*Ciment II*), obs. F. Bien, « Le Tribunal régional de Düsseldorf rejette l'action de groupe atypique intentée à l'encontre des producteurs de ciment en jugeant contraire aux bonnes mœurs la cession des droits aux dommages et intérêts des victimes des ententes illicites à une entreprise ne disposant pas de moyens financiers

Cette limite risque de paralyser l'action de nombreuses entités qui, comme les associations, n'auront pas les moyens (faute de pouvoir obtenir l'aide d'un fonds d'investissement) de porter l'action d'un groupe de victimes.

Par ailleurs, les avantages dissuasifs du mécanisme de rachat de créance méritent plusieurs tempéraments. Le rachat de créance par une entité comporte en effet de nombreux risques :

915. **Sélection des litiges.** D'une part, l'entité spécialisée dans le rachat de créance risque de sélectionner ses litiges de manière opportuniste. L'entité, opérant un calcul coût-avantage, choisira les affaires en fonction de la rentabilité de l'investissement. Pour que l'investissement soit rentable, il faut que la somme à investir pour financer les frais judiciaires soit faible, que les chances du succès de l'action soient fortes et enfin que les montants des dommages-intérêts obtenus soient potentiellement importants. Au regard de ce calcul, un certain nombre de victimes seront probablement ignorées. Le professeur David Bosco remarque sur ce point que l'entreprise allemande spécialisée dans le rachat de créance *Cartel Damages Claims* (CDC) « *est très sélecti[ve] quant aux affaires qu'elle va poursuivre en qualité de cessionnaire. Environ 80 % des dossiers qui lui sont présentés ne sont pas poursuivis* »[1939].

916. **Marchandage du droit à réparation.** D'autre part, l'abandon du droit à réparation par la victime qui cède sa créance peut favoriser le contrevenant. La victime qui entend obtenir la réparation du dommage se retrouvera éventuellement flouée par un accord transactionnel opéré entre le cessionnaire et l'agent fautif. Le prix d'achat de la créance de la victime est formé d'une part fixe d'un faible montant, versée au moment de la cession, et d'un montant variable calculés comme une part des dommages et intérêts que touchera le cessionnaire à l'issue du procès ou de la transaction[1940]. Selon la nature du litige, le cessionnaire peut marchander un « prix » du dommage avec le contrevenant pour rentabiliser son investissement dans le procès – prix qui restera inférieur au préjudice global causé aux victimes. De même, si le cessionnaire transige à bas prix, la part variable versée aux victimes sera moindre. Ce scénario est d'autant plus à redouter que l'entité qui acquiert la créance agit en son nom et pour son compte. Elle n'agit donc pas pour ou au nom de la victime, mais à sa place. On peut ainsi craindre qu'elle agisse dans son intérêt plus que dans celui des victimes. Cette divergence d'intérêts pourrait profiter à l'auteur d'infraction.

917. **Chantage.** Troisièmement, la critique selon laquelle l'action de groupe risque d'être exploitée comme un instrument de chantage pour négocier une transaction lucrative[1941] est transposable au modèle du rachat de créance. L'acquisition d'une masse de créances indemnitaires contre un même défendeur rend possible

suffisants », Concurrences n° 2-2014, Art. N° 66043, pp. 207-210. Notons par ailleurs que nous ne connaissons aucune décision ayant eu, en France, à se prononcer sur ce point.

1939 D. Bosco, « Le financement par les tiers de l'action collective », *BDE* (2015) 1/2, p. 5.

1940 B. Deffains, S. Ferey, « Vers une action en responsabilité civile en droit de la concurrence ? À propos de l'affaire du Cartel du ciment allemand », *REI* 2010/3, n° 131, pp. 51-68.

1941 C. Silver, « "We're Scared to Death": Class Certification and Blackmail », 78(4) *N.Y.U. L. Rev.* 1357-1430 (2003).

l'hypothèse d'un chantage pour obtenir une indemnité bien supérieure au dommage réellement infligé.

918. **Clémence privée : double immunité.** Quatrièmement, on peut douter du caractère dissuasif de l'action privée portée par le cessionnaire lorsque celui-ci propose une immunité des poursuites aux cartellistes qui offrent leur coopération. La clémence privée se développe à travers des programmes comme Leniency Plus + (CDC)[1942] ou Clemency Xtend. En France, la société Alter Litigation[1943] a conçu le programme intitulé Clemency Xtend. En vertu de ce programme, Alter Litigation s'engage, en échange de la coopération d'un membre du cartel, « *(i) à ce que l'action en réparation ne vise que les autres membres du cartel et (ii) à accompagner le membre du cartel ayant coopéré afin de réduire son risque en cas d'action en contribution qui pourrait être engagée par les autres membres du cartel* »[1944]. Très clairement, le programme offre aux cartellistes une immunité de poursuites en échange d'une collaboration qui consiste à fournir les preuves pertinentes pour le succès de l'action en réparation menée contre les autres membres du cartel. Cette clémence privée, certes différente de la clémence publique[1945], reste néanmoins critiquable au regard de l'objectif de dissuasion assigné à l'action civile : tout d'abord, elle permet à l'agent fautif de conserver le profit de l'infraction une fois par le jeu de la clémence publique, et une seconde fois par le jeu de la clémence privée. Le contrevenant fait ainsi l'économie de l'amende de l'Autorité et l'économie des dommages-intérêts dus aux victimes. Ensuite, « *la clémence privée n'est pas conditionnée à une participation à un programme de clémence publique offerte par les autorités de concurrence* »[1946]. Le cartelliste qui a subi une forte amende pécuniaire pourra éventuellement espérer se réfugier derrière la clémence privée pour se protéger des futures actions en dommages-intérêts. L'action privée perdrait dans ce cas le rôle punitif qui lui est assigné lorsqu'elle compense une application sous-dissuasive de l'action publique.

919. **Bilan.** Le mécanisme de la cession de créances constitue un remède à l'absence d'action de groupe pour les entreprises. Il comporte néanmoins de nombreux risques, car le porteur de l'action agit non pas pour le compte des victimes mais à leur place. Cela peut conduire le cessionnaire à négocier un accord transactionnel au détriment des victimes. Le cartelliste peut quant à lui profiter de l'abandon du

---

1942 Site Cartel Damage Claims (CDC), Leniency Plus + : « *The Leniency PLUS⁺ concept* offers cartel members a way to reduce their risk exposure regarding cartel damage actions. *Any cartel member may benefit from the Leniency PLUS⁺ concept. It is not conditional on the participation in public leniency programmes offered by competition authorities.* »

1943 M. Babonneau, Alter Litigation ou le financement de contentieux par des tiers, Dalloz. actualité, 4 avril 2013.

1944 Alter Litigation, « Clemency Xtend™ Effective redress ».

1945 V. Grac-Aubert, J. Brousseau, « La "clémence privée" : une innovation au service de la compensation du dommage anticoncurrentiel », *D.* 2015, p. 1607 : « *Plusieurs différences fondamentales existent entre les deux clémences. Tandis que la clémence privée est ouverte à la fois aux ententes et aux abus de position dominante, la clémence publique est réservée à la détection des ententes ; quand la clémence privée relève d'une relation contractuelle entre deux opérateurs privés, la clémence publique est octroyée par une autorité de concurrence (Autorité de la concurrence en France ou Commission européenne pour les infractions couvrant plusieurs États membres) à un opérateur privé ayant participé à un cartel. Par ailleurs, l'interaction entre ces deux clémences est limitée dans la mesure où la clémence privée n'est pas conditionnée à une participation à un programme de clémence publique offerte par les autorités de concurrence.* »

1946 *Ibid.*

droit à réparation des victimes entre les mains d'un investisseur pour négocier un « prix » du dommage qui lui permet de conserver indûment une partie des profits illicites. Surtout, dans le cas où il collabore avec le cessionnaire en lui fournissant des preuves, il pourra bénéficier d'une « clémence privée » qui lui permettra de faire l'économie des dommages-intérêts dus aux victimes.

De manière générale, de façon prospective, les agents économiques ont tout de même à craindre les nombreuses start-up juridiques qui créent actuellement des plates-formes d'actions judiciaires. Un nouveau risque juridique est en train de naître pour les contrevenants. Il est intéressant d'analyser le potentiel dissuasif de la « plateformisation » des actions et son incidence sur l'incitation à enfreindre le droit de la concurrence.

iii) Droit prospectif : le potentiel dissuasif de la « plateformisation » des actions

920. **Start-up juridiques.** De nombreuses start-up juridiques créent actuellement des plates-formes visant à financer les actions en réparation moyennant un intéressement sur les dommages-intérêts obtenus. Le barreau de Paris a aujourd'hui sa propre plate-forme sur le modèle des start-up, ACA (Action collective avocats). On peut encore évoquer le site « action-civile »[1947] ou le site « demander-justice »[1948]. Récemment, l'entreprise Weclaim, qui se définit comme le « *Airbnb des litiges de masse* »[1949], s'improvise en « *leader des class actions européennes* »[1950]. Weclaim a notamment décidé de regrouper et de financer toutes les demandes des propriétaires de voitures lésés par Volkswagen en Europe[1951].

921. **Les *legal tech* au service de la confiscation des profits illicites.** Le risque juridique de l'infraction de concurrence est renforcé dès lors que consommateurs et victimes professionnelles, par une simple démarche en ligne, ont la possibilité de porter des actions financées par des start-up. La reconnaissance, par le juge, de la validité des signatures électroniques facilite l'action collective[1952]. L'agrégation d'une masse de demandes indemnitaires sur Internet est susceptible de renforcer le coût économique de l'infraction. Les entreprises fautives qui pouvaient compter sur l'inertie des consommateurs (encouragée par le mécanisme *opt-in* de l'action de groupe) et sur celle du professionnel (coût du litige et exclusion de l'action de groupe) sont désormais menacées par le développement des technologies juridiques[1953]. Les technologies du droit vont permettre aux avocats de démarcher un certain nombre de plaignants qui exigeront la restitution des profits illicites. Par

---

1947 V. www.actioncivile.com.

1948 V. http://www.demanderjustice.com.

1949 L. Neuer, « Weclaim : le Airbnb des actions collectives », *Le Point*, janvier 2015. Disponible sur : http://www.lepoint.fr/chroniqueurs-du-point/laurence-neuer/weclaim-le-airbnb-des-actions-collectives-29-01-2015-1900597_56.php.

1950 *Ibid.*

1951 Site internet : Weclaim, « Class Action Volkswagen, Rejoignez notre class action leader en Europe », disponible sur : https://www.weclaim.com/actions/class_action_volkswagen. Weclaim collecte sur son site les documents nécessaires à l'assignation (carte grise, pièce d'identité, lettre de Volkswagen) puis fait signer électroniquement un contrat qui permet à la start-up de représenter les plaignants.

1952 Juge prox. Charenton, 4 juillet 2016, LawLex201600001470JBJ.

1953 Technologie au service du droit.

exemple, via le site *Weclaim*, l'entreprise Volkswagen, qui s'est enrichie indûment en vendant un véhicule à un prix qui ne reflète pas la véritable valeur du véhicule, souffre aujourd'hui d'une masse de demandes indemnitaires de la part de consommateurs qui veulent obtenir le remboursement du surprix payé[1954]. L'action collective issue du marché du droit a donc un potentiel dissuasif incontestable.

922. **Légalité des services proposés par les start-up.** Le financement du procès par ces technologies du droit risque de poser quelques difficultés à l'avenir. La recommandation européenne interdit notamment au bailleur de fonds « *de percevoir des intérêts excessifs sur les fonds mis à disposition* »[1955]. De plus, elle interdit de « *calculer la rémunération accordée au bailleur de fonds ou les intérêts que celui-ci percevra sur le montant atteint dans le cadre de la transaction ou sur la réparation accordée* »[1956]. Si cette recommandation ne lie pas les États membres, elle ouvre néanmoins le débat sur la réglementation des pactes de *quota litis*[1957]. La recommandation européenne rejette le versement d'honoraires de résultat[1958]. En France aussi, il « *est interdit à l'avocat de fixer ses honoraires par un pacte de quota litis* »[1959]. Néanmoins, cette interdiction peut être contournée : l'avocat peut astucieusement fixer un faible montant de base pour les prestations effectuées et, en complément, un pourcentage de rémunération important en fonction du résultat judiciaire obtenu[1960].

923. **Postulat : reconnaître une prime de risque.** Il nous semble logique que le bailleur de fonds ou l'avocat qui finance le litige puissent se réserver un pourcentage sur le montant des dommages-intérêts reçus. À notre sens, le législateur devrait prévoir un système faisant dépendre la légalité des intérêts perçus de la complexité du litige, car plus le litige est complexe, plus les risques pris par l'avocat qui finance l'opération sont importants. Cette complexité pourrait notamment s'apprécier au regard de la nature du manquement, de l'importance du dommage et de la durée de l'infraction[1961]. Il est économiquement rationnel que celui qui finance le litige prétende à une rémunération importante sur les dommages-intérêts obtenus si le recours qu'il finance a une faible chance de succès. La principale

---

1954 V. Weclaim : https://www.weclaim.com/fr-FR/actions/class-action-volkswagen-fr/puis-je-rejoindre-votre-class-action-europeenne-contre-volkswagen.

1955 Recommandation de la Commission du 11 juin 2013, *op. cit.* note 1925, § 16.

1956 *Ibid.*, § 32.

1957 Déc. du 12 juillet 2007 portant adoption du règlement intérieur national (RIN) pour la profession d'avocat, *JORF* n° 185 du 11 août 2007, p. 13503, art. 11.3 : « *Le pacte de quota litis est une convention passée entre l'avocat et son client avant décision judiciaire définitive, qui fixe exclusivement l'intégralité de ses honoraires en fonction du résultat judiciaire de l'affaire, que ces honoraires consistent en une somme d'argent ou en tout autre bien ou valeur.* »

1958 Recommandation de la Commission du 11 juin 2013, *op. cit.*, § 29 et § 30 : « *Les États membres devraient veiller à ce que la rémunération des avocats et son mode de calcul ne créent aucune incitation à engager des procédures judiciaires qui ne soient pas nécessaires dans l'intérêt des parties. Les États membres ne devraient pas permettre le versement d'honoraires de résultat qui risquent de créer une telle incitation.* »

1959 Déc. du 12 juillet 2007, *loc. cit.*

1960 Loi n° 71-1130 du 31 décembre 1971 portant réforme de certaines professions judiciaires et juridiques, version consolidée au 16 juillet 2015, art. 10 : « *Toute fixation d'honoraires, qui ne le serait* qu'en fonction du résultat judiciaire, *est interdite. Est licite la convention qui,* outre la rémunération des prestations effectuées, prévoit la fixation d'un honoraire complémentaire *en fonction du résultat obtenu ou du service rendu* ».

1961 Plus l'infraction est échelonnée dans le temps, moins il sera aisé d'établir le manquement et de quantifier le préjudice du fait de la dilution des preuves.

carence de la recommandation européenne[1962] est d'interdire les honoraires de résultat sans proposer aucune solution alternative. La reconnaissance des pactes de *quota litis* aux États-Unis correspond à l'octroi d'une prime de risque qui nous semble justifiée. Il est logique de compenser les risques supportés par le porteur de l'action par une rémunération plus grande que les frais effectifs dépensés[1963]. Le silence de la recommandation, qui se contente d'interdire sans proposer de solution, est dommageable, car cela risque de dissuader, en France et en Europe, le financement des actions privées et donc le nombre des recours collectifs. Le représentant du groupe ne sera pas incité à prendre en charge l'action[1964]. Il est donc urgent que les législateurs européens et français s'accordent sur une solution d'équilibre reconnaissant les primes de risque tout en les encadrant. Il en va de l'intensification des recours collectifs indispensables à une lutte effective contre les fautes lucratives.

924. **Bilan.** Le développement des actions collectives menées par les avocats et start-up juridiques est susceptible de limiter les incitations à enfreindre le droit de la concurrence. Le calcul coût-bénéfice, largement à l'avantage des contrevenants au regard des restrictions portées à l'action de groupe, est remis en cause par le développement de ces nouvelles formes d'actions collectives. La question du financement de ce type d'action est centrale et doit mener le législateur européen à repenser son principe d'interdiction générale du système de prime de risque du droit américain. Il est possible de proposer des solutions intermédiaires capables d'encourager les recours collectifs. Il faut impérativement rehausser le risque, pour le fautif, de subir un recours collectif, car plus cette probabilité sera forte, moins les agents économiques seront tentés d'enfreindre la loi.

Néanmoins, le potentiel dissuasif de ces nouvelles formes d'actions collectives ne résout aucunement les vices attachés à l'action de groupe. Les technologies du droit forment une solution complémentaire, mais ne sauraient remplacer la mise en œuvre d'une action de groupe efficace. La fonction dissuasive attachée à l'action de groupe doit être rétablie par une modification des règles prévues dans la loi Hamon, afin de lui conférer une véritable portée confiscatoire.

B. La portée dissuasive de l'action de groupe confiscatoire

925. Une action de groupe dite efficace est une action de groupe qui permet la restitution des profits illicites aux victimes lésées[1965]. Pour cette raison, il faut renforcer

---

1962 Recommandation de la Commission du 11 juin 2013, *op. cit.*

1963 C. I. Nagy, « Comparative Collective Redress from a Law and Economics Perspective: Without Risk There Is No Reward! », 19(3) *Colum. J. Eur. L.* 469-498 (2013), spéc. pp. 495-497.

1964 C. I. Nagy, « Le débat sur l'action collective en Europe : ils n'ont rien appris, ni rien oublié ? », *op. cit.* note 1909, p. 967 : « *[E]n l'absence d'une prime de risque adéquate, il ne serait pas rentable pour le représentant du groupe de prendre le cas ; et même si le représentant du groupe est une entité à but non lucratif, les frais et recettes attendues doivent être en équilibre afin de rendre le système durable.* »

1965 J. Berryman, R. Carroll, « Cy-près as a class action remedy – justly maligned or just misunderstood? », *op. cit.* note 1899. Pour les auteurs, au regard de l'approche rationnelle ou opportuniste de l'individu face à la loi, il serait souhaitable de s'inspirer, par exemple, de l'Amérique du Nord – où les actions civiles jouent un rôle

l'efficacité de l'action de groupe en assurant l'octroi de dommages-intérêts proportionnels aux gains retirés par l'auteur d'infraction. L'objectif de l'action de groupe n'étant pas la réparation, mais la moralisation de l'ordre économique[1966], le législateur devrait prévoir un mécanisme de restitution collective des profits illicites (1). L'application d'une action de groupe en restitution des profits illicites (2) est parfaitement possible en pratique.

1. La restitution collective des profits illicites

926. **Changement de paradigme.** La réparation des préjudices collectifs est possible en assurant la restitution des profits illicitement acquis au détriment des consommateurs, victimes d'un surprix. Il est possible de rester dans le cadre formel des dommages-intérêts en réparation du préjudice collectif tout en assurant la confiscation des gains illicites.

927. **Hypothèse.** Le professeur Daniel Mainguy a élaboré une hypothèse intéressante que nous reprenons ici : un fabricant de boissons vend 100 milliards de bouteilles d'un litre à un euro. Les bouteilles ne contiennent en réalité que 99 centilitres[1967]. Dans ce cas, le chiffre d'affaires réalisé est de 100 milliards d'euros tandis que le surprofit pris sur les consommateurs est de 1 milliard d'euros. Comment s'assurer, en fonction de cette hypothèse, que le contrevenant soit effectivement puni ? Séparons maintenant deux possibilités :

928. **Action de groupe en réparation.** Soit l'action de groupe reste enserrée dans le système d'*opt-in* et le préjudice est calculé au regard d'une approche purement compensatoire. Dans ce cas, non seulement l'inertie rationnelle des consommateurs – qui ont subi un préjudice très faible – risque de réduire considérablement le nombre de consommateurs parties à l'action, mais de surcroît la non-conservation des preuves ou leur disparition (ticket de caisse de l'achat de la bouteille par exemple) compliquera le calcul du préjudice. En conséquence, l'action de groupe purement compensatoire aboutira à « *réparer un préjudice prouvé, disons ici à hauteur de 10 %, soit pour 100 millions d'euros* » alors même que le transfert de revenu est de 1 milliard, de sorte qu'il sera « plus profitable pour le professionnel de violer la loi que de la respecter, *surtout si le professionnel parvient à transiger avant que son image ne soit affectée* »[1968].

929. **Action de groupe en restitution.** Soit l'action de groupe est consacrée officiellement comme une action en restitution des profits illicites. Dans ce cas, le porteur de l'action peut demander la restitution des profits indus. Au regard de l'hypothèse précitée, le contrevenant serait ainsi condamné à restituer 1 milliard d'euros. Sur

---

dissuasif susceptible de modifier les comportements déviants ; p. 322 : « *Increasingly in North America, civil litigation is viewed as one component of a regulatory scheme that is not myopically focused on compensation, but that accords a heightened role to behavioural modification and deterrence.* »

1966 S. Amrani Mekki, « Inciter les actions en dommages et intérêts en droit de la concurrence : Le point de vue d'un processualiste », in colloque AFEC, « Le livre blanc sur les actions en dommages et intérêts pour infraction aux règles communautaires sur les ententes et les abus de position dominante (Paris, 13 juin 2008) », Concurrences n° 2-2009, Art. N° 25907, p. 11 : « *[L]'objectif de l'action n'est pas la réparation mais la poursuite d'une sanction privée pour la moralisation des comportements.* »

1967 D. Mainguy, M. Depincé, « Pour l'action de groupe en droit français », *JCP E* n° 20, 16 mai 2013, act. 355.

1968 *Ibid.*

cette somme, 100 millions d'euros seraient distribués aux consommateurs parties à l'action de groupe (10 % se sont manifestés), et le reliquat pourrait être, comme au Canada, redistribué à un fonds qui aurait pour fonction de financer les futures actions. Cette hypothèse idéale d'une restitution collective des profits illicites risque néanmoins de se heurter à un certain nombre de difficultés.

La justification théorique de la confiscation du gain illicite doit être confrontée à son application pratique.

2. L'application de l'action de groupe en restitution des profits illicites

930. Identifions, tout d'abord, les principales difficultés (a) auxquelles risque de se heurter l'action de groupe en restitution des profits illicites. Ensuite, la solution que nous proposons pour vaincre ces difficultés doit être confrontée à une hypothèse pratique décrivant le fonctionnement du mécanisme de restitution des profits illicites (b). Par ailleurs, la question se pose de savoir si l'auteur d'une faute lucrative qui souffre d'une action de groupe peut aussi être condamné au paiement d'une amende civile (c).

a. Les principales difficultés

931. La restitution intégrale des profits illicites[1969] n'est possible que si l'indemnité due par le contrevenant est effectivement payée aux victimes. La victime, même si elle a adhéré à l'action de groupe, risque de ne pas se manifester pour obtenir le remboursement de l'indu. Au stade de la distribution des dommages et intérêts, le problème d'inertie est le même qu'au stade de l'adhésion à l'action. La restitution du profit risque donc de se heurter à l'identification complexe des victimes passives (i). Il est néanmoins possible de prévoir un mécanisme de restitution fluide des profits illicites (ii).

i) L'identification complexe des victimes passives

932. **Nature du problème.** Une difficulté centrale du recours collectif tient au fait que l'indemnisation des victimes ne peut se faire si ces dernières ne se manifestent pas pour obtenir le remboursement du surprix payé. La consécration d'un système *opt-out* en droit français ne résoudrait en rien le problème tenant à l'identification individuelle des bénéficiaires qui ne réclament pas leur créance. Or, les « micro-dommages » causés à une multitude de victimes génèrent de l'apathie rationnelle. L'inertie de la victime pour recouvrer la somme indûment versée entretiendra le phénomène de faute lucrative. Au stade de l'indemnisation, la distribution des dommages et intérêts sera faible si les créances ne font l'objet d'aucune réclamation.

933. **Solution.** Il faut détacher l'action de groupe d'une logique purement compensatoire et lui reconnaître une fonction dissuasive. Pour ce faire, le législateur pourrait s'inspirer du dispositif *cy-près* américain et consacrer un mécanisme de restitution fluide des profits illicites.

1969 R. Mesa, « L'opportune consécration d'un principe de restitution intégrale des profits illicites comme sanction des fautes lucratives », *D.* 2012, p. 2754.

ii) L'adoption d'un mécanisme de restitution fluide des profits illicites

934. **S'inspirer du dispositif *cy-près* américain.** Le dispositif *cy-près* américain est un mécanisme de distribution fluide des dommages-intérêts. Lorsque la compensation individuelle de chaque consommateur lésé est impossible et qu'il est difficile d'identifier tous les membres du groupe, une petite fraction seulement des gains illicites risque d'être retournée aux victimes sous forme de dommages et intérêts. Le reliquat des sommes n'ayant pu faire l'objet d'une distribution individuelle est alors affecté à une forme de distribution fluide. Cette distribution fluide consiste à « *attribuer une somme à des fins sociales à un organisme dont les intérêts étaient proches de celui convenu initialement* »[1970]. D'où le terme « *cy-près* », qui signifie « aussi près que possible ».

935. **Finalité du *cy-près* : punir la faute lucrative.** L'approche *cy-près* permet d'éviter une situation classique dans laquelle le défendeur conserverait une bonne partie de ses gains illicites chaque fois que les victimes, mal informées ou peu encouragées à agir du fait de la modicité du dommage, ne réclameraient pas leur créance : « *Remettre* les sommes non réclamées au défendeur enlève au recours collectif son effet dissuasif et contrecarre son objectif social qui est de priver le défendeur de ses gains illégaux. *Le principe de justice corrective appelle le remboursement des gains illégaux afin de rétablir l'équilibre de la situation entre le défendeur et le groupe* »[1971].

L'objectif social de la réparation[1972] en droit de la concurrence légitime la redistribution des sommes non réclamées à un tiers bénéficiaire. Dans le cas contraire, l'infraction de concurrence demeurerait rentable. Il n'y a ni dissuasion ni prévention à laisser entre les mains du contrevenant les gains indus non réclamés[1973].

936. **Propager une culture de concurrence.** Par ailleurs, un autre avantage du dispositif de réparation fluide tient au fait que, en plus de confisquer les gains illicites, il permet de propager une culture de concurrence susceptible d'encourager, pour le futur, les actions en dommages et intérêts. Au Canada, dans l'affaire *Bona*

1970 B. Lehaire, « La liquidation de la créance d'indemnisation obtenue après l'action privée », *BDE* (2015) 1/2, p. 8.

1971 P.-C. Lafond, « L'exécution des jugements en matière de recours collectif : que les tribunaux s'exécutent ! (ou le royaume de l'imagination) », in *Les recours collectifs en Ontario et au Québec*, A. Prujiner et J. Roy (dir.), Actes de la Première Conférence Yves Pratte, Montréal, Wilson & Lafleur, 1992, p. 229 ; source citée par B. Lehaire, « L'action privée en droit des pratiques anticoncurrentielles : Pour un recours effectif des entreprises et des consommateurs en droits français et canadien », thèse Université de La Rochelle, 2014.

1972 *Ibid.*, p. 662 : « *Les juges ne doivent pas s'écarter de l'objectif social de la réparation en droit de la concurrence. Il consiste à priver le défendeur de ses gains illégaux pour rétablir l'équilibre entre les victimes et les défendeurs.* »

1973 J. Berryman, R. Carroll, « Cy-près as a class action remedy – justly maligned or just misunderstood? », *op. cit.* note 1899, p. 335 : « *It is important to remember that cy-près is a method of distribution, not a different way of measuring or assessing the damages payable by the respondent [...] A* cy-près distribution simply ensures that the defendant does not retain any of the damages *assessed for loss simply on the basis that the cost of distribution, or of identifying class plaintiff s, exceeds the commensurate benefit to any one, individual plaintiff.* » Id., p. 340 : « [D]eterrence is achieved when all the compensable loss of the class members is recovered, or, more commonly, when the gains of wrongdoing are ordered to be disgorged, *regardless of whether class members actually receive any part of the award. In these cases a court may be asked to make a cy-près distribution or an enhanced payment to class counsel. The important feature is that none of the award is returned to the defendant* ».

Foods v. Pfizer relative à une entente sur les prix des additifs alimentaires, la distribution fluide a permis de reverser 28 % des gains illicites à la faculté de droit de l'Ontario pour tenir des conférences sur les défis des recours collectifs dans les affaires d'entente sur les prix en droit de la concurrence[1974]. De même, aux Etats-Unis, dans l'affaire du cartel de l'industrie chimique[1975], 6 millions de dollars ont été reversés à la faculté de droit de l'Université George Washington pour la création d'un centre de recherche en droit de la concurrence.

937. **Prévoir un *cy-près* à la française.** En vertu de tous les avantages précités, le législateur pourrait, en France, s'inspirer du dispositif *cy-près* américain. À l'expression réparation *cy-près* ou réparation fluide, nous préférons parler de restitution collective des profits illicites. Consacrer les gains illicites à la réparation collective et non à la réparation individuelle remplirait l'objectif social et dissuasif de l'action de groupe. Certes, la restitution fluide rompt avec l'approche purement compensatoire du préjudice puisque les sommes peuvent profiter à une personne autre que la victime, mais dont les intérêts sont proches. Néanmoins, il s'agit d'une sanction semi-compensatoire, car elle répare une situation socialement inacceptable qui veut que le contrevenant s'enrichisse grâce à l'inertie des victimes et/ou à la particularité de certains dommages (dommage diffus) qui rendent la compensation individuelle matériellement impossible à réaliser. La restitution collective des profits illicites représente une forme particulière de réparation sociale pour le présent et pour l'avenir : pour le présent, car elle corrige une injustice ; pour l'avenir, car non seulement elle dissuade les atteintes futures, mais elle peut bénéficier à un public qui sera sensibilisé aux problématiques de concurrence.

b. Une illustration du mécanisme de restitution à travers une hypothèse pratique

938. **Étape 1 : détermination du préjudice et des gains illicites.** Tout d'abord, l'association définit le groupe de consommateurs puis demande au tribunal de constater le profit tiré du dommage causé et de procéder à son évaluation. Le calcul du gain illicite est envisageable en s'appuyant sur la décision de l'Autorité, qui détermine, pour évaluer le dommage à l'économie, l'élasticité-prix de la demande. L'élasticité est un indicateur du surprofit qui correspond au transfert de surplus que l'entreprise inflige aux consommateurs restés fidèles. De plus, l'évaluation du gain illicite peut s'appuyer sur des mesures d'expertise et l'association pourrait demander à l'entreprise mise en cause la production forcée des pièces comptables. Un auteur note que « *l'usage des mesures d'instruction* in futurum *pourrait être fait afin de pallier la carence des associations* »[1976]. Pour certaines infractions, dans l'hypothèse où il existe des fichiers clients (à l'instar de la téléphonie mobile, de la télévision payante, de la vente à distance, etc.), il sera possible de déterminer avec précision le nombre de victimes qui ont payé un surprix et donc le calcul du gain illicite se fera aisément. On remarque que, par exemple, dans l'affaire

---

1974 *Bona Foods v. Pfizer*, O.J. No. 5553 (S.C.J. 2002), source citée par J. Kalajdzic, « Access to a Just Result: Revisiting Settlement Standards and Cy Pres Distributions », 6(1) *Can Class Action Rev* 215-251 (2010), p. 246.

1975 *Diamond Chem Co. v. Akzo Nobel Chems. B. V.*, No. 01-2118, WL 2007447 (D.D.C. July 10, 2007).

1976 S. Amrani Mekki, « Action de groupe, mode d'emploi », *Procédures* n° 12, décembre 2014, étude 16.

Foncia, l'association UFC-Que Choisir a chiffré précisément le profit indu retiré par Foncia, estimé à hauteur de 40 millions d'euros[1977]. Cet exemple montre que, selon la nature du litige, le chiffrage des gains illicites est possible. Pour finir sur ce point, dans le cas d'un dommage diffus, il serait opportun de reconnaître une appréciation globale du préjudice subi par le groupe, laquelle justifierait une évaluation approximative des gains illicites à restituer.

939. **Étape 2 : application du système *opt-out.*** Ensuite, une fois le gain illicite chiffré, les consommateurs adhèrent au groupe pour obtenir le remboursement des sommes indûment versées au contrevenant. Néanmoins, à côté du sytème *opt-in*, un système *opt-out* devrait s'appliquer en fonction de la nature du dommage et/ou des preuves disponibles pour l'évaluer[1978]. Trois hypothèses devraient imposer l'application du système *opt-out :* premièrement, en cas de dommage diffus, l'impossibilité d'identifier matériellement tous les consommateurs lésés ainsi que les coûts prohibitifs pour ordonner des mesures de publicité vouées à l'échec justifie l'application du système *opt-out.* Deuxièmement, lorsque le juge dispose d'un fichier client, les victimes sont bien identifiées si bien qu'il est inutile d'alourdir la procédure en requérant l'adhésion obligatoire des consommateurs[1979]. Troisièmement, lorsque le transfert de surplus est déterminable en évaluant la quantité du produit affecté d'un surprix, une enveloppe globale du dommage peut être déterminée sans qu'il soit nécessaire d'identifier chaque victime.

940. **Évaluation du préjudice en cas de *opt-out.*** Pour assurer l'efficacité du système *opt-out,* l'évaluation du préjudice doit être globale. Dans le cas d'une entente par exemple, le préjudice global est déterminable en évaluant le nombre de produits litigieux vendus sur le marché, multiplié par le montant du surprix[1980]. À titre d'exemple, si 1 million de consommateurs ont acheté un produit à un prix de cartel de 12 euros au lieu de 10 euros (prix en l'absence d'entente), le dommage global est de 2 millions d'euros. L'évaluation du dommage global est autrement plus dissuasive qu'un mécanisme obligeant à un calcul des dommages prouvés individuellement. La dilution des preuves des victimes qui n'ont pas gardé leur facture ou leur ticket de caisse (surtout que l'action de groupe *follow-on* a lieu des années après l'infraction) rend impossible toute évaluation individuelle et entraîne une minoration excessive du dommage total. Certes, en cas d'*opt-out,* si la victime ne réclame pas sa créance, elle ne pourra être indemnisée. Néanmoins,

---

1977 UFC-Que Choisir, « L'UFC-Que Choisir lance la première action de groupe… contre Foncia Groupe, 44 millions d'euros doivent être reversés aux locataires », 1er octobre 2014. Disponible sur : https://www.quechoisir.org/action-ufc-que-choisir-l-ufc-que-choisir-lance-la-premiere-action-de-groupe-contre-foncia-groupe-44-millions-d-euros-doivent-etre-reverses-aux-locataires-n12371. Le 1er octobre 2014, UFC-Que Choisir a engagé une action contre le réseau d'agences immobilières Foncia Groupe. Ce dernier a facturé à ses clients des frais illicites d'expédition de quittance. Cette facturation a occasionné un préjudice mensuel de 2,30 euros par mois, et un préjudice annuel de 27,60 euros par locataire.

1978 *Supra*, Partie III, Titre I, n° 894.

1979 S. Pietrini, L. Nicolas-Vuillerme, « Regards critiques sur l'action de groupe en droit de la concurrence », in *L'intensification de la réparation des dommages issus des pratiques concurrentielles*, M. Behar-Touchais, D. Bosco, C. Prieto (dir.), IRJS, 2016, p. 336 : « *Lorsque le juge dispose d'un fichier client, c'est à dire lorsqu'il s'agit d'indemniser une victime directe de la pratique anticoncurrentielle, il ne parait pas utile d'allonger la procédure par l'adhésion obligatoire des consommateurs.* »

1980 Autrement dit, la quantité de produits vendus affectés d'un surprix renseigne sur le nombre de consommateurs qui ont payé un prix supérieur au prix du marché.

la détermination d'un dommage global à rembourser, même en cas d'inertie des victimes, permettra de laisser un important reliquat à restituer à un organisme.

941. **Variation du reliquat selon le système appliqué.** Le reliquat est susceptible de varier selon le système *opt-in* ou *opt-out* adopté :

- **En cas d'*opt-in*,** le reliquat est formé par les dommages et intérêts prouvés individuellement et qui ne sont pas réclamés. Le reliquat risque d'être peu important, car les dommages prouvés et surtout réclamés individuellement seront peu nombreux. Des auteurs observent qu'en règle générale, le pourcentage des consommateurs se joignant à l'action dépasse rarement 10 %[1981]. Imaginons l'hypothèse suivante : sur 1 million de consommateurs lésés titulaires d'une créance de 10 euros, 10 % se joignent à l'action, 5 % de ces derniers prouvent leur dommage, et seulement 2 % de ces derniers réclament leur créance. Dans cette situation, le reliquat sera seulement de 49 000 euros.
- **En cas d'*opt-out*,** le reliquat correspond à la différence entre la somme représentative du dommage total tel que l'a évalué le juge, et le montant des sommes payées aux victimes qui ont réclamé leur créance. Au regard du million de consommateurs lésés de 10 euros, le dommage total est évalué à 10 millions d'euros. Si 5 % des consommateurs prouvent leur dommage et que 2 % de ces derniers réclament leur dû, le reliquat sera de 490 000 euros. Le mécanisme *opt-out* génère donc un reliquat plus important qu'il faudra reverser à un fonds chargé de financer les futures actions.

Le sort du reliquat est une question fondamentale qu'il faut résoudre lors de la phase d'indemnisation. La consécration d'une restitution collective des profits illicites (distribution fluide) permet de résoudre cette problématique.

942. **Étape 3 : restitution collective des profits illicites.** Lors de la phase d'indemnisation, dans l'hypothèse où, au moment de la liquidation de leurs créances, les membres du groupe ne se manifestent pas (ou ont perdu les justificatifs indispensables à leur indemnisation) pour la réclamer, un reliquat important risque de subsister. La différence entre la somme représentative du dommage total évalué globalement par le juge et le montant des sommes effectivement payées aux victimes qui ont réclamé leur créance va générer un important reliquat. Dans le cas où peu de victimes ont réclamé leur créance, le juge pourrait décider d'affecter le reliquat des gains illicites à un organisme destiné soit à financer de futures actions, soit par exemple à organiser des séminaires de sensibilisation au droit de la concurrence dans une logique de dissuasion-prévention[1982]. Pour neutraliser la faute lucrative, le reliquat ne doit pas être restitué au contrevenant ni distribué aux membres du groupe qui se sont manifestés, car cela entraînerait un enrichissement excessif des victimes. Le pouvoir du juge dans la distribution du reliquat doit être contrôlé. Conformément à la logique du *cy-près*, l'attribution de la créance d'indemnisation à un tiers bénéficiaire n'est possible que si l'intérêt du tiers

---

[1981] M. J. Azar-Baud, S. Carval, « L'action de groupe et la réparation des dommages de consommation : bilan d'étape et préconisations », *D.* 2015, p. 2136.

[1982] J. Kalajdzic, « Access to a Just Result: Revisiting Settlement Standards and Cy Pres Distributions », *op. cit.* note 1975, p. 246.

est proche de celui du groupe. L'action de groupe pourrait par exemple donner lieu au versement des dommages et intérêts non réclamés à un fonds d'aide aux recours collectifs, comme c'est le cas au Canada. Un auteur considère aussi qu'il est « *possible d'imaginer une fiducie visant au financement d'actions judiciaires futures* »[1983]. Le juge français aurait l'obligation de reverser le reliquat, mais la faculté de l'attribuer à un fonds. Précisément, il aurait le choix de l'attribuer soit à un fonds soit à l'association requérante, et ce, afin de couvrir les frais de procédures, l'essentiel étant de reverser le reliquat afin de retirer les gains illicitement acquis par le contrevenant.

943. **Bilan.** Le respect des trois étapes décrites ci-dessus pourrait conférer à l'action de groupe un caractère confiscatoire des profits illicites et ainsi limiter considérablement les incitations à enfreindre le droit de la concurrence. Reste une dernière question majeure : la faute concurrentielle donnant lieu à l'action de groupe étant une faute lucrative, il est intéressant de se demander s'il ne faudrait pas, à côté de l'action privée en restitution des profits illicites, appliquer une amende civile punitive.

c. La condamnation du contrevenant au paiement d'une amende civile ?

944. **Hypothèse.** L'article 1266-1 du projet de réforme de la responsabilité civile prévoit que, lorsque la faute a « *généré un gain ou une économie pour son auteur* », le juge peut condamner le contrevenant au paiement d'une amende civile. Les infractions au droit de la concurrence qui font l'objet d'une action de groupe sont des infractions lucratives. Si le projet venait à être adopté, le juge pourrait donc infliger une amende civile à l'auteur de la faute. L'amende civile serait affectée au financement d'un fonds d'indemnisation en lien avec la nature du dommage subi (ce qui rappelle le *cy-près fund* de droit américain) ou, à défaut, au Trésor public. L'amende civile ne heurterait donc pas le principe de réparation intégrale, car les victimes ne recevraient que le montant du préjudice subi.

945. **Analogie avec le pouvoir du ministre en droit des pratiques restrictives.** Dans le cas où le juge infligerait une amende civile en complément de la restitution, aux victimes, des profits illicites sous forme de dommages et intérêts, l'action de l'association se rapprocherait de l'action du ministre. L'association aurait un pouvoir proche de celui du ministre qui, en vertu de l'article L. 442-6 du Code de commerce, peut demander la répétition de l'indu et le prononcé d'une amende civile. D'un point de vue théorique, cela se justifie amplement : en apparence, le mécanisme institué par l'article L. 442-6 n'est pas une action de groupe, car c'est l'État qui agit et non une personne privée[1984]. En réalité, ce mécanisme « *n'est pas*

1983 G. Zambrano, « L'inefficacité de l'action civile en réparation des infractions au droit de la concurrence – Étude du contentieux français devant le Tribunal de Commerce de Paris (2000-2012) », thèse Montpellier 1, 2012, p. 380. Rappelons que l'article 2011 du Code civil définit la fiducie comme une « *opération par laquelle un ou plusieurs constituants transfèrent des biens, des droits ou des sûretés, ou un ensemble de biens, de droits ou de sûretés, présents ou futurs, à un ou plusieurs fiduciaires qui, les tenant séparés de leur patrimoine propre, agissent dans un but déterminé au profit d'un ou plusieurs bénéficiaires* ».

1984 Cass. com., 8 juillet 2008, n° 07-16.761, *Bull. civ.* IV, n° 143 ; *D.* 2008, p. 3046, obs. M. Bandrac : « *[L]'action du ministre chargé de l'économie [...] est une action autonome de protection du fonctionnement du marché et de la concurrence qui n'est pas soumise au consentement ou à la présence des fournisseurs [...]* »

très éloignée du mécanisme de l'action de groupe puisque, même s'il agit dans un intérêt public, l'État agit aussi dans l'intérêt des victimes d'une clause ou d'un contrat illicite qui, grâce à lui, vont se trouver libérées de cette clause, récupérer les sommes indûment versées et obtenir la réparation de leurs préjudices »[1985]. Il serait donc justifié que l'action de groupe et l'action du ministre, du fait de leurs finalités communes, puissent disposer des mêmes sanctions dissuasives.

946. **Droit prospectif.** Pour justifier l'application d'une amende civile par le juge en complément de la réparation du préjudice des membres du groupe, il faut distinguer trois hypothèses :

- Dans la première hypothèse, le sort du reliquat n'est pas réglé et le législateur français ne prévoit pas de mécanisme de restitution fluide des profits illicites par la distribution du reliquat à un organisme chargé de financer les futures actions. Dans ce cas, sachant qu'il est admis que le pourcentage des consommateurs se joignant à l'action dépasse rarement 10 %[1986], l'importance des profits illicites conservés par le fautif nécessite l'application d'une amende civile. L'amende civile permettra de neutraliser la faute lucrative qui, sinon, serait renforcée par l'inertie des victimes. Néanmoins, l'amende civile risque de poser un problème de légalité que nous allons aborder.
- Dans la deuxième hypothèse, le sort du reliquat est réglé par le législateur français, qui prévoit un mécanisme de restitution fluide des profits illicites par affectation du reliquat à un organisme chargé de financer les futures actions. Dans ce cas, outre le problème de légalité[1987] que pose l'amende civile, on peut douter de l'opportunité d'une sanction qui infligerait inutilement une triple peine à l'agent déviant[1988].
- Dans la troisième hypothèse, le législateur introduit une action de groupe autonome (action *stand alone*). Dans le cadre d'une telle action, le problème de légalité est résolu et le juge devrait pouvoir prononcer une amende civile, sauf si le système français consacre un mécanisme de restitution fluide des profits illicite. Un tel mécanisme, par sa portée punitive, empêcherait le prononcé d'une amende civile sachant que le principe *non bis in idem* interdit d'imposer au contrevenant deux sanctions répressives de même nature.

947. **Synthèse.** L'efficacité de l'action de groupe dépend de la liquidation de la créance d'indemnisation par la restitution, à la victime, du gain illicite perçu par les auteurs de pratiques anticoncurrentielles. La loi Hamon ignore la question fondamentale du reliquat. Le reliquat correspond aux sommes restantes une fois les réclamations individuelles obtenues. Les difficultés tenant à la fois à l'inertie des victimes qui ne cherchent pas à réclamer une créance « minime » et à l'identification individuelle de ces dernières, qui ne peuvent être informées de l'opportunité de recueillir leur créance, vont générer un important reliquat. En conséquence, lorsque la distribution

---

1985 J. Barthélemy, L. Boré, « Constitution et action de groupe », *Constitutions* 2011, p. 507.

1986 M. J. Azar-Baud, S. Carval, « L'action de groupe et la réparation des dommages de consommation : bilan d'étape et préconisations », *op. cit.* note 1982.

1987 Lié au principe *non bis in idem*, v. paragraphe suivant.

1988 Amende administrative de l'Autorité, dommages et intérêts proportionnels aux gains illicites par affectation du reliquat à un organisme, et amende civile prononcée par le juge.

individuelle du montant global des dommages et intérêts se révèle complexe, voire impossible, le législateur pourrait prévoir un mécanisme de restitution collective des profits illicites par affectation des sommes non réclamées à un organisme. Par ailleurs, dans le cas où le législateur décide de prévoir une action de groupe autonome non dépendante d'une décision définitive de l'Autorité, le juge civil pourrait – sauf à consacrer un mécanisme de restitution fluide – imposer une amende civile en complément des dommages et intérêts.

En somme, une réforme de l'action de groupe « à la française » nous semble indispensable pour lutter contre les fautes lucratives concurrentielles. Néanmoins, force est de reconnaître que l'encouragement aux règlements consensuels des litiges est susceptible de diminuer l'efficacité de l'action de groupe confiscatoire.

C. L'incidence néfaste des règlements consensuels des litiges sur l'effet dissuasif de l'action de groupe

948. **Nature du problème.** La directive « Dommages » encourage les règlements consensuels des litiges[1989], considérant notamment qu'il est « *souhaitable de parvenir à un règlement "une fois pour toutes" pour les défendeurs,* afin de réduire l'incertitude pour les auteurs de l'infraction *et les parties lésées* »[1990]. Le document de travail de la Commission de 2011[1991] et la recommandation de 2013[1992] vont dans le même sens. De manière générale, « *dans le monde entier, la grande majorité des actions collectives se termine par un accord à l'amiable avant les plaidoiries. Ce constat s'applique également à l'Europe* »[1993].

949. **Réduction de l'incertitude.** La directive « Dommages » assume vouloir limiter le risque juridique de l'infraction de concurrence en encourageant un système dans lequel le fautif négocie le « prix » de l'infraction avec la victime. L'aléa, c'est-à-dire l'incertitude quant à l'issue du procès – incertitude d'autant plus forte dans le cas d'une action collective où le fautif ne peut évaluer le dommage global – est

---

1989 Rappelons qu'il existe quatre modes de règlement consensuel des litiges : la conciliation, la médiation, l'arbitrage et la transaction.

1990 Directive n° 2014/104, § 48 : « *Dès lors, les auteurs de l'infraction et les parties lésées devraient être encouragés à se mettre d'accord sur la réparation du préjudice causé par une infraction au droit de la concurrence au moyen de mécanismes de règlement consensuel des litiges, tels que les règlements amiables (notamment ceux que le juge peut déclarer contraignants), l'arbitrage, la médiation ou la conciliation.* »

1991 Commission, Document de travail, « Renforcer la cohérence de l'approche européenne en matière de recours collectifs », Bruxelles, SEC(2011) 173 final, pt 19 : « *[...] Les parties doivent dès lors avoir la possibilité de résoudre leur litige collectif par un mécanisme extrajudiciaire, soit en faisant intervenir un tiers (par exemple, au moyen d'un mécanisme de règlement alternatif des litiges, tel que l'arbitrage ou la médiation), soit sans une telle intervention (par exemple, règlement entre les parties concernées). Il y aurait lieu d'explorer les moyens de faciliter le recours aux modes alternatifs de règlement des litiges en cas de plaintes multiples. Il conviendrait également de se demander dans quelle mesure et dans quels domaines un recours judiciaire collectif pourrait être subordonné à une tentative préalable de résolution consensuelle collective du litige.* »

1992 Recommandation de la Commission du 11 juin 2013, *op. cit.* § 16 : « *Les modes alternatifs de règlement des conflits peuvent constituer un moyen efficace d'obtenir gain de cause dans des cas de préjudice de masse. Ils devraient toujours être prévus en parallèle ou comme complément facultatif au recours collectif judiciaire.* »

1993 K.-A. Neumann, L. W. Magnusson, « Pour une action collective européenne dans le droit de la concurrence », 24(2) *RQDI* 149-181 (2011), p. 159 : « *La Suède peut être citée à titre d'exemple. Dans les trois années qui ont suivi la mise en œuvre du mécanisme d'action collective là-bas, aucune plainte n'est parvenue à un juge avant que les parties n'aient trouvé une solution extrajudiciaire.* »

minoré si le contrevenant peut transiger. L'asymétrie d'information entre le fautif et la victime[1994] ainsi que la volonté, pour cette dernière, de régler rapidement et à moindre coût le litige placent l'auteur du manquement dans une situation de force. Aux États-Unis par exemple, du fait du risque civil de l'action renforcé par le triplement des dommages et intérêts, la transaction est un outil instrumentalisé par les auteurs d'infractions afin de maîtriser le coût du dommage[1995].

950. **Les « *coupon settlements* ».** Aux États-Unis comme au Canada, plusieurs recours collectifs sont conclus par des « règlements coupons »[1996]. Les règlements coupons permettent aux consommateurs victimes d'obtenir généralement un « rabais » qui réduira le prix d'achat d'un bien (ou d'un service) provenant du défendeur. Or, ces coupons sont surtout avantageux pour les contrevenants. D'une part, une étude américaine a démontré que le taux d'utilisation des coupons était généralement très bas[1997]. Cela s'explique par le fait que les bons d'achat sont souvent faibles[1998]. D'autre part, les avantages pour l'entreprise fautive sont multiples : elle obtient une minoration conséquente de l'amende et, par le coupon, incite ses clients victimes à revenir consommer les produits litigieux, ce qui lui permet de vendre un produit supplémentaire avec une faible remise. De plus, symboliquement, le coupon assure à l'entreprise une baisse du coût réputationnel, limitant ainsi le risque de perte de parts de marché. Finalement, loin de résoudre le problème de faute lucrative, les « *coupon settlements* » permettent à l'entreprise de conserver les profits de l'infraction.

1994 La victime ne dispose pas de toutes les informations lui permettant de déterminer et de quantifier son préjudice.

1995 H. M. Erichson, « The Problem of Settlement Class Actions », 82(3) *Geo. Wash. L. Rev.* 951-989 (2014), p. 952 : *[…] "settlement class actions," such proceedings provide a mechanism for defendants to resolve mass liability exposure without the risk of a class trial […] the core problem of settlement class actions – an asymmetric settlement dynamic that disadvantages class members. Whereas the litigation class action works as a tool of plaintiff empowerment, the settlement class action cuts the other way, entrenching power in the defendants. In a settlement class action, the defendant seeks closure on the cheap by taking advantage of the absence of class members and the weak bargaining position of would-be class counsel.* »

1996 Étude réalisée par Option consommateurs, association des consommateurs du Québec, « Les règlements coupons : la justice devient-elle un programme de fidélisation ? », juin 2007.

1997 F. Gramlich, « Scrip Damages in Antitrust Cases », 31 *Antitrust Bull.* 261, 272-274 (1986) ; cité par Options consommateurs : « *Selon une étude américaine portant, entre autres, sur dix recours collectifs en matière de consommation intentés entre 1976-1986, en moyenne,* 13 % des membres se sont prévalus des coupons. Mais dans certains cas, le taux d'utilisation des coupons pouvait être aussi bas que 0,54 % ».

1998 À titre d'exemple, dans l'affaire *Microsoft*, « *tous ceux qui avaient acheté des produits Microsoft entre les années 1995 et 2001 pouvaient réclamer à cette société un bon d'achat en remplissant un formulaire. La majorité de ces bons ne valaient pas plus de $20* » ; v. K.-A. Neumann, L. W. Magnusson, « Pour une action collective européenne dans le droit de la concurrence », *op. cit.* note 1994, pp. 160-161 : « *Lors d'une telle transaction, au lieu de recevoir un chèque, les membres d'un groupe ne reçoivent qu'un bon de réduction chez le défendeur tandis que les avocats obtiennent des millions de dollars en honoraires. Par exemple, après que le Department of Justice avait terminé sa poursuite contre la société Microsoft pour des infractions aux règles de la concurrence en 2001, plusieurs avocats ont commencé une action privée dans la Californie au nom et pour le compte des consommateurs californiens. La société Microsoft et ses avocats ont négocié un accord à l'amiable évalué d'un montant de $1,1 milliards (sic.). Selon le règlement, tous ceux qui avaient acheté des produits Microsoft entre les années 1995 et 2001 pouvaient réclamer à cette société un bon d'achat en remplissant un formulaire. La majorité de ces bons ne valaient pas plus de $20 […] De plus, si un consommateur décidait d'obtenir et d'utiliser un de ces bons d'achat, la société Microsoft se trouverait encore gagnante dans la mesure où elle aurait vendu un produit supplémentaire avec une faible remise. Évidemment, un tel règlement favorise les avocats et les auteurs d'une infraction tandis que les victimes se trouvent très peu indemnisées.* »

951. **Maîtriser le coût du dommage.** Maîtriser le coût du dommage implique de négocier un « prix » à partir duquel la victime abandonne son droit à réparation en échange d'une somme d'argent. Tout l'enjeu pour le contrevenant consiste à négocier un prix inférieur au dommage causé afin de protéger au maximum les surprofits retirés de l'infraction concurrentielle. Pour négocier une transaction rentable, l'entreprise pourra user de différentes stratégies comme, par exemple, menacer de retarder l'issue du litige. Ce scénario est probable, car l'étape première de l'action de groupe embrasse plusieurs questions (le groupe de consommateurs concernés, le préjudice à réparer, les conditions d'adhésion du consommateur, etc.) et l'entreprise mise en cause est en mesure de contester tous les éléments du jugement de responsabilité. Interjeter appel peut se révéler stratégiquement payant, car en retardant l'issue du litige, le consommateur risque d'être d'autant plus découragé à réclamer son indemnisation que le dommage subi remontera à un temps lointain. Par ailleurs, les nombreuses difficultés auxquelles sera confrontée l'association, qui n'aura pas forcément les moyens d'évaluer le préjudice, pourront la pousser à négocier un accord rentable pour le fautif. Les pressions pesant sur l'association sont favorables au contrevenant : « *[L]a transaction est un contrat spécial qui intervient [...] dans un contexte [...] de tension et de pression, où l'une des parties risque de tirer avantage des besoins de l'autre pour faire un minimum de concessions, en en recevant le maximum* »[1999]. Rappelons que, dans l'affaire *Paris Habitat*[2000], l'association – sous pression et devant les difficultés à établir le préjudice – a justifié l'abandon d'un remboursement de près de 2 millions d'euros, considérant que « *mieux va[llait] un bon accord qu'un mauvais procès* ». Ce type d'accord ne fait que renforcer les fautes lucratives.

952. **Affaire *Paris Habitat*.** Cette affaire, qui n'est pas un litige de concurrence, illustre néanmoins le risque pesant sur l'efficacité des actions formées contre les auteurs d'infractions concurrentielles. Dans cette affaire, Paris Habitat facturait indûment à ses locataires des frais liés à l'entretien du dispositif de télésurveillance des ascenseurs entre 2012 et 2014. Environ 100 000 locataires ont été lésés par la pratique. Au niveau individuel, le préjudice était faible et se situait autour de 10 euros en moyenne par logement. À la suite de l'action de groupe, Paris Habitat aurait dû restituer 3 millions d'euros[2001]. Après plusieurs mois de négociation, Paris Habitat et la CSF ont signé un protocole transactionnel et un peu moins de 1 million d'euros[2002] ont dû être remboursés par le contrevenant. Par le jeu de l'accord transactionnel, Paris Habitat a donc conservé 2 millions d'euros de profits acquis illicitement. La transaction s'est avérée être très rentable pour le fautif. En dehors de la transaction, le développement de la médiation collective est aussi de nature à vider l'efficacité de l'action de groupe.

1999 Cass. civ. 1re, 30 mai 2000, *Bull. civ.* I, obs. P. Y. Gauthier, p. 863.

2000 TGI Paris, 14 octobre 2014, Secteur Immobilier/parc social – Facturation dans les charges des frais liés au dispositif de télésurveillance des ascenseurs, *(SLC-CSF) c/ Paris Habitat-Oph.*

2001 Cent mille locataires ont payé indûment 10 euros = 1 million d'euros. L'infraction ayant duré 3 ans + 3 millions d'euros.

2002 R. Rivais, « L'action de groupe contre Paris Habitat abandonnée après une transaction », Le monde.fr, Blog SOS conso, 20 mai 2015 : « *Paris-Habitat, que nous interrogeons à nouveau, nous indique que seuls les 946 540,75 euros feront l'objet d'un "remboursement" stricto sensu [...].* »

953. **Médiation.** La médiation est un mécanisme consensuel et confidentiel fondé sur la recherche d'une solution amiable en présence d'un tiers qualifié. Un auteur note que les difficultés inhérentes à l'action de groupe « *amèneront les associations de consommateurs à préférer le recours à la médiation* »[2003]. La loi Hamon confère au juge, aux articles 623-22 et 623-23 du Code de la consommation, le pouvoir de proposer entre l'entreprise et l'association requérante une médiation collective, et ce, à tous les stades de la procédure.

954. **Dangers de la médiation collective.** En dépit de l'utilité d'un tel mécanisme (réduction des coûts procéduraux, rapidité du processus, etc.), l'on peut s'inquiéter des avantages dont va bénéficier le contrevenant partie à la médiation collective.

955. **Économie du coût réputationnel.** En plus de maîtriser le coût du dommage, l'accord amiable permet à l'entreprise fautive de minorer ou de supprimer le coût réputationnel. L'atteinte à la réputation générée par l'action des consommateurs est neutralisée par la médiation collective. La logique de confidentialité consubstantielle à la procédure génère une opacité qui ne permet pas l'information des consommateurs non parties à l'instance et des autres professionnels : cela « *empêche que la sanction, obtenue de manière amiable, joue son rôle d'information et de dissuasion [...] Nul autre que les parties à la médiation ne connaîtra l'issue de la médiation, le constat éventuel de l'infraction, et la sanction obtenue. À l'inverse, une décision de condamnation rendue à la suite d'une action intentée par une association de consommateurs, peut être publiée, aux frais du professionnel* »[2004]. De plus, les mesures de publicité concernant l'accord négocié et prévues à l'article L. 623-23 du Code de la consommation n'informent qu'une partie des « *consommateurs concernés* » par l'infraction[2005]. Or, les difficultés tenant à l'identification des consommateurs concernés lors d'un litige de masse rendent peu probable une diffusion efficace de l'information à tous les consommateurs lésés par la pratique anticoncurrentielle. En outre, si, dans le cas d'une action privée individuelle, l'accord négocié a un intérêt pour l'entreprise désireuse de ne pas compromettre sa relation commerciale avec l'auteur de l'infraction, ce bénéfice est absent lors d'une action de groupe. L'avantage de la résolution consensuelle pour les victimes d'une action de groupe est moindre que pour l'entreprise fautive. Pour cette dernière, l'avantage est triple : elle négocie d'une part un accord qui lui permet de payer une indemnisation inférieure au dommage global ; elle s'offre d'autre part l'économie du coût réputationnel[2006] ; enfin, elle se retrouve libérée de la charge du reliquat.

[2003] S. Amrani Mekki, « Action de groupe, mode d'emploi », *op. cit.* note 1977.

[2004] L. Ascenci, S. Bernheim-Desvaux, « La médiation collective, solution amiable pour résoudre les litiges de masse ? », *CCC* 2012, études 9 et 10.

[2005] Art. L. 623-23 du Code de la consommation : « *Tout accord négocié au nom du groupe est soumis à l'homologation du juge, qui vérifie s'il est conforme aux intérêts de ceux auxquels il a vocation à s'appliquer et lui donne force exécutoire. Cet accord précise les mesures de publicité nécessaires* pour informer les consommateurs concernés *de la possibilité d'y adhérer, ainsi que les délais et modalités de cette adhésion* ».

[2006] L. Schenique, « Action de groupe : le recours à la médiation, un bon point de la nouvelle loi ? », D. Actualité, 9 avril 2014 : « *[L]'entreprise défaillante ne verra pas son image entachée mais plutôt, d'un certain point, valorisée en ce sens où le consommateur pourrait être amené à penser que le professionnel met en avant la qualité de la relation client [...]* »

956. **Économie du reliquat.** Pour lutter contre les fautes lucratives, nous avons proposé précédemment la consécration d'une action de groupe confiscatoire des profits illicites avec affectation du reliquat (les dommages et intérêts non réclamés par le consommateur) à un fonds chargé de financer les futures actions collectives. Ce type d'action confiscatoire pourrait rester ineffectif vis-à-vis des entreprises parties à un règlement consensuel. En effet, au regard de l'article 19 de la directive 2014, l'entreprise qui a transigé la première n'a pas à supporter la charge du reliquat qui peut en revanche être demandé aux autres coauteurs : « *Tout reliquat de la demande de la partie lésée partie au règlement consensuel ne peut être réclamé qu'à l'encontre des coauteurs de l'infraction qui ne sont pas parties à ce règlement* »[2007]. L'accord négocié permettrait donc à l'entreprise fautive de faire l'économie du reliquat et éventuellement de prendre un avantage concurrentiel sur ses concurrents pénalisés par la charge du reliquat. Néanmoins, l'ordonnance de transposition du 9 mars 2017[2008] ne reprend pas la disposition contenue dans la directive « Dommages », ce qui laisse subsister un doute quant à l'économie, par l'entreprise qui a transigé la première, de la charge du reliquat.

957. **Problème d'agence.** Par ailleurs, l'auteur de l'infraction risque de bénéficier des problèmes d'agence[2009] entre le consommateur et l'association agréée. L'association devra notamment gérer des conflits d'intérêts entre les membres du groupe, surtout que chaque consommateur intéressé par l'accord amiable n'aura pas forcément subi le même dommage. L'on peut ainsi « *craindre nombre de comportements répréhensibles afin d'obtenir le consentement des plaignants pour qui l'accord négocié est le moins profitable* »[2010]. Les contraintes sur les consom-

---

2007 Directive 2014/104/UE, art. 19, suite de la citation : « *Les coauteurs de l'infraction qui ne sont pas parties à ce règlement ne sont pas autorisés à exiger du coauteur de l'infraction partie à ce règlement une contribution au reliquat de la demande [...] Les États membres veillent à ce que, par dérogation au paragraphe 2, lorsque les coauteurs de l'infraction qui ne sont pas parties au règlement consensuel ne peuvent payer les dommages et intérêts correspondant au reliquat de la demande de la partie lésée partie à ce règlement, la partie lésée en question puisse réclamer le reliquat de la demande à l'encontre du coauteur partie à ce règlement.* »

2008 Ord. n° 2017-303 du 9 mars 2017 relative aux actions en dommages et intérêts du fait des pratiques anticoncurrentielles, *JORF* n° 0059 du 10 mars 2017, texte n° 29.

2009 On parle de problème d'agence lorsqu'il y a des divergences d'intérêts entre le principal (celui qui délègue le pouvoir décisionnel) et l'agent (en l'occurrence l'association agréée).

2010 L. Ascenci, S. Bernheim-Desvaux, « La médiation collective, solution amiable pour résoudre les litiges de masse ? »*op. cit.* note 2005. Les auteurs développent une réflexion très intéressante sur le problème de représentativité de l'intérêt des consommateurs : « *[Q]uid de l'aptitude des associations nationales agréées de défense des consommateurs, plus largement du mandataire, à représenter l'ensemble des intérêts des consommateurs ? Il n'est pas anodin que la question soit très débattue en droit américain et fasse l'objet d'une réglementation spécifique. Ainsi,* l'aggregate settlement rule *de l'article 1.8 (g) des règles déontologiques de l'American Bar Association (A.B.A.) prévoit que l'avocat doit communiquer à chacun de ses clients la nature des plaintes de chacun, ainsi que le bénéfice tiré par chacun de l'accord négocié. Le client doit alors donner à son conseil un consentement écrit. Cette règle est très exigeante, spécialement dans les litiges de masse, à l'occasion desquels il a été souligné la difficulté logistique que pose l'exigence d'une telle information [...] Il faut dire que la question de la représentativité est délicate, dans la mesure où les conflits d'intérêts auxquels le mandataire doit faire face sont multiples. Il existe en effet deux conflits d'intérêts potentiels, l'un entre les membres du groupe, l'autre entre ces derniers et le mandataire lui-même. En ce qui concerne les membres du groupe, ces derniers ne partagent pas nécessairement les mêmes intérêts car ils ne sont pas placés dans la même situation juridique à l'égard du défendeur. Tel consommateur sera davantage en difficulté que tel autre pour établir la responsabilité du défendeur à son égard, ou il souffrira de préjudices différents [...] les accords consistant en l'allocation d'un montant global au groupe de plaignants, et à la condition que l'ensemble de ces derniers consentent à l'accord, présentent un risque plus important que ceux qui prévoient une allocation*

mateurs qui devront accepter un accord peu profitable profiteront économiquement à l'agent fautif.

958. **Homologation du juge : un garde-fou ?** Certes, le texte sur l'action de groupe prévoit une homologation obligatoire du juge qui doit s'assurer de la conformité de l'accord aux intérêts des victimes. Néanmoins, dans le cas d'un litige de concurrence, le dommage est global, si bien qu'il est illusoire d'imaginer que le juge puisse être en mesure d'apprécier qualitativement l'accord négocié afin de s'assurer qu'il respecte l'intérêt de toutes les victimes lésées[2011]. De plus, la rapidité vantée du processus de médiation collective rend improbable une longue et profonde analyse du juge sur la qualité de l'accord conclu par rapport à l'intérêt des victimes. En somme, il est à craindre que l'homologation – « *terme inexpressif voire inutile* »[2012] – ne serve qu'à donner une force exécutoire à une transaction lucrative pour le contrevenant au détriment des consommateurs.

959. **Évitement de la norme concurrentielle.** Enfin, nous pouvons craindre une perte de crédibilité de la norme concurrentielle. Les incitations à enfreindre la loi seront d'autant plus fortes si les règlements consensuels font ombrage au message dissuasif porté par la règle de droit. L'abandon de la justice traditionnelle décrédibilise la norme concurrentielle qui, au lieu de s'appliquer, se retrouve négociée. L'orientation de la justice vers le compromis n'est pas de nature à rendre audible le signal dissuasif contenu dans la règle de droit. De plus, les règlements consensuels ne participent pas au développement d'une culture de concurrence pourtant nécessaire à la formation d'une véritable action de groupe confiscatoire des profits illicites. Le manque d'adhésion à l'action pourrait s'expliquer par le retrait du droit de la concurrence favorisé par le développement d'une justice parallèle. Un auteur considère que le règlement amiable « *n'est pas seulement un phénomène d'évitement du juge, il peut aussi conduire à un évitement du droit lui-même* »[2013]. Une autre remarque qu'à « *titre collectif, il peut être important de "faire jurisprudence", d'user de procès tests, de faire évoluer la justice au profit de tous les comportements* »[2014]. Un autre encore note que « *l'on ne peut pas dire que cette justice-là participe à la constitution d'un droit ou d'un "à peu près droit" appelé à prendre une place effective dans l'édifice normatif* »[2015].

---

individualisée, sans que le défendeur n'impose l'obtention du consentement de tous. Dans la première hypothèse, l'on peut en effet craindre nombre de comportements répréhensibles afin d'obtenir le consentement des plaignants pour qui l'accord négocié est le moins profitable. »

2011 D'autant plus que tous les consommateurs lésés n'ont pas subi le même préjudice : si, pour certains, l'accord collectif est bénéfique, car ils n'auront jamais été en mesure de prouver leur dommage (perte des factures, etc.), pour d'autres, l'accord semblera injuste au regard de leur préjudice.

2012 S. Amrani Mekki, « Faut-il réformer le cadre juridique de la médiation ? », *CDE* n° 3, mai 2016, dossier 26.

2013 E. Camous, Règlement non juridictionnel des litiges de consommation, LGDJ, 2002, spéc. n° 8, p. 4 : « Il n'est pas seulement un phénomène d'évitement du juge, il peut aussi conduire à un évitement du droit lui-même. » Cité par S. Amrani Mekki, « L'action collective québécoise. Regard (envieux) d'un processualiste français », *op. cit.* – Voir aussi : M. Delmas-Marty, « Le mou, le doux et le flou ont-ils des garde-fous ? », in *Les transformations de la régulation juridique*, J. Clam, G. Martin (dir.), LGDJ, 1998, spéc. p. 11.

2014 S. Amrani Mekki, « Faut-il réformer le cadre juridique de la médiation ? », *op. cit.*

2015 B. Gorchs, « La conciliation comme "enjeu" dans la transformation du système judiciaire », *Droit et société* 2006/1, n° 62, pp. 223-256, p. 236.

960. **Perte de visibilité du droit.** La visibilité juridique du droit de la concurrence en présence d'une jurisprudence abondante est mise en danger par le développement des solutions négociées. Le recul du droit n'est pas de nature à inciter les actions en dommages-intérêts ni à encourager les victimes à adhérer à l'action de groupe. Dans le même temps, la possibilité pour le fautif de recourir à une justice parallèle lui offre une solution de repli qui, à terme, pourrait l'encourager à enfreindre la loi. Un auteur reconnaît sur ce point que « *la transaction est injuste puisqu'elle permet de s'en sortir à bon compte sans offrir d'avantages significatifs au consommateur qui, en outre, ne sera pas pleinement indemnisé* »[2016]. Cet aveu pointe une nouvelle fois le risque de faute lucrative générée par les règlements consensuels.

961. **Droit comparé : transactions *opt-out*.** En dépit de toutes les critiques que nous venons de formuler, il est possible d'améliorer les règlements consensuels et notamment le mécanisme de transaction. Comme le rappelle la Ligue internationale du droit de la concurrence (LIDC), le droit néerlandais offre un dispositif unique de transaction collective pour les dommages de masse[2017]. Toutes les victimes concernées par l'infraction – sans qu'il soit besoin de les identifier individuellement – sont considérées comme parties à l'accord négocié. Comme dans le mécanisme *opt-out,* les victimes doivent se manifester pour « sortir » de la transaction à laquelle elles sont autrement liées. Selon un auteur, le droit néerlandais consacre une sorte de « *transaction opt out sous contrôle judiciaire* »[2018]. Ce type de transaction rééquilibre les forces de négociation entre le contrevenant et le représentant des consommateurs. L'entreprise sera davantage disposée à proposer une compensation proportionnelle au dommage infligé si toutes les victimes sont intégrées à la procédure consensuelle (et non plus seulement les victimes identifiées). La transaction *opt-out* est plus en mesure de confisquer les gains illicites retirés de l'infraction, car la pression portée sur le contrevenant confronté à une masse de victimes identifiables est susceptible de l'inciter à proposer une indemnisation considérable.

962. **Bilan.** À l'avenir, si la plupart des actions de groupe se résolvent par transaction, le risque juridique de l'infraction de concurrence tenant à l'aléa de payer une forte indemnité sera considérablement affaibli. De même, la portée confiscatoire de l'action de groupe que nous avons proposée risque d'être neutralisée par le recours excessif aux règlements consensuels des litiges. Les entreprises verront dans la transaction la possibilité d'une échappatoire pour réduire le coût du dommage et conserver une partie de leurs gains illicites.

Dans tous les cas, renforcer la portée confiscatoire de l'action privée menée collectivement est essentiel mais insuffisant : pour rétablir pleinement la fonction dissuasive du *private enforcement*, il faut aussi renforcer la fonction confiscatoire de l'action privée menée individuellement.

2016 R. Amaro, *Le contentieux privé des pratiques anticoncurrentielles. Étude des contentieux privés autonome et complémentaire devant les juridictions judiciaires*, Bruylant, 2014, p. 310, n° 285.

2017 LIDC, Comments on the Commission's White Paper on Damage Actions for Breach of the EC Competition Rules, COM(2008) 165 Final, p. 6.

2018 R. Amaro, *Le contentieux privé des pratiques anticoncurrentielles*, *op. cit.*, p. 319.

Section 2
L'action individuelle confiscatoire des profits illicites

963. **Changer de paradigme.** Il est temps de reconnaître une vision innovante du droit de la responsabilité civile en admettant, à côté du principe de réparation intégrale, un principe de restitution intégrale des gains mal acquis. L'équivalence entre le préjudice et la réparation doit être complétée par un mécanisme visant à retirer les gains illicites des mains du contrevenant. L'absence de dommages et intérêts confiscatoires ne fait qu'inciter les auteurs d'infractions de concurrence à persister dans des activités dommageables dont l'exécution leur procure un gain et une économie plus importants que l'indemnisation due pour le dommage causé.

964. Récemment, le projet de réforme du droit de la responsabilité civile a proposé de punir la faute lucrative en consacrant une amende civile confiscatoire des profits illicites. Cette amende présente plusieurs avantages mais aussi de nombreux inconvénients (§ 1). Plus généralement, des solutions sont possibles pour assurer le déclenchement de l'amende civile confiscatoire proposée dans le projet de réforme (§ 2).

§ 1. Avantages et inconvénients de l'amende civile confiscatoire prévue dans le projet de réforme du droit de la responsabilité civile

965. L'article 1266-1 du projet de loi portant réforme du droit de la responsabilité civile consacre une amende civile en cas de faute lucrative. Cette amende civile confiscatoire se différencie des propositions de sanction des projets Catala, Béteille et Terré, qui, pour lutter contre les fautes lucratives, proposaient, pour l'un, des dommages et intérêts punitifs[2019] ; pour les autres, des dommages et intérêts restitutoires[2020]. Novatrice, l'amende civile proposée dans le projet a plusieurs avantages (A) qu'il convient de souligner, mais aussi plusieurs inconvénients (B) qu'il faudrait corriger. Plus généralement, les incohérences du projet de réforme sur l'encadrement de l'amende civile confiscatoire (C) risquent de priver cette dernière de sa capacité à confisquer les gains illicites.

2019 Art. 1371 de l'avant-projet Catala : P. Catala, Avant-projet de réforme du droit des obligations et du droit de la prescription, rapport à Pascal Clément, ministre de la Justice, 22 septembre 2005, La Documentation française.

2020 Recomm. n° 24 de la proposition de loi Béteille portant réforme du droit de la responsabilité civile, enregistrée au Sénat le 9 juillet 2010 ; Recomm. 54 du projet Terré : « *Lorsque l'auteur du dommage aura commis intentionnellement une faute lucrative, le juge aura la faculté d'accorder, par une décision spécialement motivée, le montant du profit retiré par le défendeur plutôt que la réparation du préjudice subi par le demandeur. La part excédant la somme qu'aurait reçue le demandeur au titre des dommages-intérêts compensatoires ne peut être couverte par une assurance de responsabilité.* »

A. Les avantages de l'amende civile confiscatoire du projet de réforme

966. **Article 1266-1 du projet.** L'article 1266-1 du projet dispose que, « *lorsque l'auteur du dommage a délibérément commis une faute en vue d'obtenir un gain ou une économie, le juge peut le condamner, à la demande de la victime ou du ministère public et par une décision spécialement motivée, au paiement d'une amende civile. Cette amende est proportionnée à la gravité de la faute commise, aux facultés contributives de l'auteur et aux profits qu'il en aura retirés. L'amende ne peut être supérieure au décuple du montant du profit réalisé* »[2021].

Le projet de réforme tend donc à consacrer une sanction monétaire confiscatoire des profits illicites. La victime d'une faute concurrentielle lucrative pourrait exiger du contrevenant qu'il répare le dommage et restitue les profits illicitement acquis par le paiement d'une amende civile.

967. **Droit de la concurrence unifié ?** Le projet de réforme tend à unifier le régime des sanctions en droit de la concurrence :

- **Par rapport à l'amende administrative de l'Autorité.** L'amende civile proposée a des liens évidents avec l'amende administrative de l'Autorité de la concurrence. Premièrement, elle prend en compte la gravité du manquement. Or, l'Autorité de la concurrence prend elle aussi en compte la gravité du comportement anticoncurrentiel pour fixer le montant de base de l'amende[2022]. Deuxièmement, l'intérêt porté pour les facultés contributives de l'entreprise[2023] rappelle la sensibilité portée par l'Autorité, qui apprécie la capacité contributive des entreprises sanctionnées au moment de l'individualisation de la sanction. Troisièmement, il est précisé que l'amende civile peut être portée à 5 % du montant du chiffre d'affaires mondial. Cette disposition ressemble à celle figurant à l'article L. 464-2 I du Code de commerce, qui fixe un plafond de 10 % à l'amende administrative[2024].
- **Par rapport à l'amende civile du ministre.** L'amende civile proposée dans le projet présente des liens évidents avec la nature de l'amende civile proposée à l'article L. 442-6 pour punir les pratiques restrictives de concurrence. Son plafond est néanmoins plus bas : l'article L. 442-6 du Code de commerce prévoit une amende civile qui ne peut excéder 5 millions d'euros, là où l'article 1266-1 prévoit une amende civile qui ne peut excéder 2 millions d'euros. Pour autant, alors que l'amende civile restitutoire du ministre peut être portée, au maximum, « *au triple du montant des sommes indûment*

2021 Art. 1266-1, Projet de réforme de la responsabilité civile, mars 2017.

2022 La gravité du manquement est notamment appréciée au regard de la nature de l'infraction (cartel = infraction très grave), de la nature des marchés et des personnes affectées par la pratique (PME), etc.

2023 Art. 1266-1, Projet de réforme de la responsabilité civile, mars 2017 : « *Cette amende est proportionnée à la gravité de la faute commise, aux facultés contributives de l'auteur et aux profits qu'il en aura retirés.* »

2024 Art. L. 464-2 I, al. 4, du Code de commerce : « *Si le contrevenant n'est pas une entreprise, le montant maximum de la sanction est de 3 millions d'euros. Le montant maximum de la sanction est, pour une entreprise, de 10 % du montant du chiffre d'affaires mondial hors taxes le plus élevé réalisé au cours d'un des exercices clos depuis l'exercice précédant celui au cours duquel les pratiques ont été mises en œuvre.* »

versées », celle du projet de réforme peut atteindre le décuple des profits et économies réalisés par l'agent frauduleux.

Néanmoins, l'amende civile prévue dans le projet se démarque ici de l'amende administrative de l'Autorité en ce qu'elle prend explicitement en compte les gains illicites retirés par le contrevenant. Les termes de « gain » et d'« économie » visés dans le projet de réforme témoignent clairement de la volonté du législateur de lutter contre les fautes lucratives.

968. **Avantages d'un point de vue dissuasif.** De manière générale, l'amende civile confiscatoire consacrée dans le projet de réforme présente plusieurs avantages qu'il convient de souligner. À notre sens, d'un point de vue dissuasif, l'amende civile proposée à l'article 1266 présente quatre avantages fondamentaux.

969. **Sanction des fautes lucratives.** Premièrement, l'amende civile a pour principal avantage de proposer une sanction confiscatoire des profits illicites. Ce faisant, elle est en mesure de s'attaquer au caractère rentable de certaines fautes, dont les fautes concurrentielles. Seuls le droit des pratiques restrictives de concurrence (dont l'amende civile prend en compte « *les sommes indûment versées* ») et l'article 1266-1 du projet visent explicitement les profits et économies retirés de la faute. Le projet de réforme prend clairement ses distances avec la vocation réparatrice du droit de la responsabilité civile. L'hostilité originelle à l'égard de l'attribution de dommages et intérêts punitifs calculés sur les gains tirés du comportement fautif est effacée au profit d'une proposition novatrice.

970. **Lien de filiation avec le principe de réparation intégrale.** Deuxièmement, l'amende civile n'est qu'une variante des dommages et intérêts punitifs plus respectueuse du droit de la réparation. Elle offre davantage de sécurité juridique, car sa finalité n'est pas si lointaine du principe de réparation intégrale. Elle consacre un principe de restitution intégrale qui a un lien filial avec le principe de réparation intégrale. De même que le droit de la réparation entend réparer le préjudice et rien que le préjudice, le principe de restitution intégrale vise essentiellement la restitution des profits illicitement acquis. En l'occurrence, il est bien précisé que l'amende civile doit être « *proportionnée* » aux profits retirés de l'infraction. L'amende civile confiscatoire rétablirait une vocation de la responsabilité civile souvent oubliée, à savoir, rétablir chacune des parties, donc l'auteur de la faute et non plus seulement la victime, dans la situation qui était la sienne avant la transgression de la règle de droit. De plus, force est de constater que l'amende civile confiscatoire ne conduit pas à l'enrichissement de la victime. L'article 1266 précise que les sommes sont affectées au financement d'un fonds d'indemnisation « *en lien avec la nature du dommage* » ou, à défaut, au Trésor public. L'avant-projet cherche à éviter que la faute, initialement lucrative pour son auteur, ne devienne lucrative pour la victime, qui bénéficierait de l'enrichissement illicite. Ainsi, « *l'avant-projet de loi opte donc ici pour un mécanisme plus respectueux du principe de réparation intégrale que ce qui a pu être proposé par les différents projets et reste fidèle à l'adage "réparer le dommage, tout le dommage mais rien que le dommage" en cela que l'enrichissement de la victime est ainsi évité* »[2025]. La consécration d'une

[2025] L. Ferry, D. Lapillonne, « Réforme de la responsabilité civile : influence des principes issus de la Common Law », *JCP E* n° 46, 17 novembre 2016, 1598.

amende civile confiscatoire ne dénaturerait pas le droit de la responsabilité civile et dissuaderait la commission des fautes lucratives.

971. **Tempérament.** Il semblerait qu'il faille distinguer, au sein même de l'article 1266-1 du projet[2026], l'amende civile confiscatoire, qui doit être « *proportionnée* » aux profits illicites réalisés par le contrevenant, et l'amende civile confiscatoire et punitive, qui correspond au coefficient multiplicateur appliqué en fonction de la gravité de la faute lucrative. L'amende civile peut en effet atteindre le « *décuple du montant du profit ou de l'économie réalisés* ». L'amende civile affectée d'un coefficient multiplicateur confère une fonction éminemment punitive à la responsabilité civile et s'éloigne plus profondément du principe de réparation intégrale.

972. **Non-assurabilité de l'amende.** Troisièmement, l'article 1266-1 précise par ailleurs que l'amende civile n'est pas assurable. Cette précision est louable, car si l'amende était assurable, elle perdrait toute sa fonction confiscatoire. Le fautif ne serait pas atteint dans son patrimoine propre. La charge financière serait supportée par l'assureur, ce qui remettrait en cause l'objet même de l'amende civile censée punir l'auteur d'une faute lucrative. La jurisprudence a déjà eu l'occasion de considérer que l'assureur n'est pas tenu d'assurer la sanction infligée dans la mesure où elle poursuit « *le même objectif que les sanctions pénales, à savoir la répression d'infractions à des textes législatifs ou réglementaires et un effet suffisamment dissuasif pour éviter la réitération de tels actes* »[2027].

973. **Neutralisation du calcul coût-avantage.** Quatrièmement, l'amende civile confiscatoire prévue dans le projet de réforme contourne les défauts classiques des dommages et intérêts restitutoires prévus dans le projet Terré[2028]. Les dommages et intérêts restitutoires imposent que la sanction ne dépasse pas les profits réalisés par l'auteur de l'infraction. Suivant cette logique, le risque juridique de l'infraction est faible et le contrevenant est placé dans une situation de « gagnant-gagnant ». Dans le pire des cas, le fautif est condamné à restituer les gains d'une infraction qu'il n'aurait pas dû commettre : « *Si c'est là le seul risque de la faute commise, bien des contrevenants perdureront dans des comportements répréhensibles, ayant conscience qu'au mieux ils en retireront les profits escomptés, au pire ne leur seront retirés que les profits réalisés, ni plus ni moins* »[2029]. En somme, les dom-

---

2026 Article 1266-1, Projet de réforme de la responsabilité civile, mars 2017.

2027 CA Paris, ch. 5, 14 février 2012, n° 09/06711.

2028 Art. 54 de l'avant-projet de réforme Terré du droit de la responsabilité civile, *op. cit.* : « *Lorsque l'auteur du dommage aura commis intentionnellement une faute lucrative, le juge aura la faculté d'accorder, par une décision spécialement motivée, le montant du profit retiré par le défendeur plutôt que la réparation du préjudice subi par le demandeur. La part excédant la somme qu'aurait reçue le demandeur au titre des dommages-intérêts compensatoires ne peut être couverte par une assurance de responsabilité.* »

2029 P.-D. Vignolle, « La consécration des fautes lucratives : une solution au problème d'une responsabilité civile punitive ? (Acte II) », *Gaz. Pal.* 14 janvier 2010., n° 14, p. 7. – V. aussi : C. de Cabarrus, F. G'sell, S. Pimont, « Entretien sur l'avant-projet de réforme du droit de la responsabilité civile », *CDE*, janvier 2017 : « *[L]es dommages-intérêts restitutoires ne nous paraissent pas suffisamment dissuasifs parce que, pour l'auteur d'une faute lucrative – c'est-à-dire celle que son auteur a intérêt à la commettre car il en tirera plus de profit que le coût d'une éventuelle condamnation à indemniser les victimes –*, le fait de devoir restituer le seul profit, c'est simplement prendre le risque d'un jeu à somme nulle, et donc, en définitive, de ne prendre aucun risque ». – L. Sichel, « La gravité de la faute en droit de la responsabilité civile », thèse Paris I, G. Loiseau (dir.), 2012, n° 560 : « *La menace de ce que l'on pourrait appeler une "opération blanche" ne le découragera pas de récidiver, ni d'autres de l'imiter. Bien au contraire,* en quoi la perspective du "tout à gagner, rien à

mages et intérêts restitutoires ne sont que l'« *expression de la fonction réparatrice de la responsabilité civile, envisagée sous l'angle de l'auteur du dommage* »[2030]. Au contraire, l'amende civile confiscatoire offre plus d'imprévisibilité à l'auteur de l'infraction, qui peut être condamné à verser une amende dix fois supérieure au montant du profit ou de l'économie réalisés. Le caractère punitif du coefficient multiplicateur interdit tout comportement spéculatif sur la violation de la règle de droit. Le risque juridique est accru par le double visage de l'amende civile, à la fois confiscatoire et punitive. L'éventualité d'être condamné à verser un multiple des gains illicites est de nature à décourager la commission de l'infraction. En somme, l'amende civile du projet de réforme, contrairement aux dommages et intérêts purement restitutoires, remplit un rôle de dissuasion-prévention très efficace.

Malgré les avantages multiples de l'amende civile confiscatoire proposée dans le projet de réforme du droit de la responsabilité civile, il convient de souligner les écueils compris dans la proposition de loi.

B. Les inconvénients propres à l'amende civile confiscatoire

974. La non-restitution des profits à la victime (1) constitue un inconvénient majeur de la réforme, en ce qu'elle limite considérablement l'intérêt à agir. Des solutions sont néanmoins possibles pour encourager l'action en restitution des profits illicites des victimes (2).

1. La non-restitution des profits à la victime

975. **Non-restitution des profits à la victime.** Au regard de l'article 1266-1 du projet, les sommes versées au titre de l'amende civile confiscatoire sont affectées au financement d'un fonds d'indemnisation « *en lien avec la nature du dommage* » ou, à défaut, au Trésor public. La proposition se distingue l'article 54 du projet Terré, dont les dommages et intérêts restitutoires permettaient au juge d'accorder au demandeur « *le montant du profit retiré par [l'auteur de la faute], en lieu et place de la réparation du préjudice subi* ». L'amende civile a aussi une vertu restitutoire en ce que les sommes sont affectées à un fonds ou au Trésor public. Néanmoins, la victime ne peut percevoir les gains indûment perçus par le contrevenant.

976. **Incidence sur l'incitation à agir en justice.** La non-restitution des profits à la victime est de nature à encourager son inertie, étant donné le coût d'une action en justice. La victime, même consciente de son préjudice, n'a pas intérêt à agir si le coût et l'investissement qu'implique une telle action sont supérieurs à la probabilité du succès de ses prétentions. Or, cette probabilité est faible au regard de « *l'inefficacité de l'action civile en réparation* »[2031]des préjudices concurrentiels.

perdre" serait-elle un obstacle à de tels agissements ? *La prévention de ce type de conduites déviantes requiert immanquablement que la sanction excède la simple restitution des profits illégitimes* ».

2030 *Ibid.*

2031 G. Zambrano, « L'inefficacité de l'action civile en réparation des infractions au droit de la concurrence », *op. cit.* note 1984.

De plus, les freins probatoires aux prétentions fondées sur le droit de la concurrence sont nombreux et impliquent des coûts d'expertise importants[2032] de nature à décourager l'action des victimes.

977. **Renforcement du fardeau probatoire.** Les freins probatoires seront, de plus, renforcés par le fait que le juge, en présence d'un tel risque de sanction, sera réticent à assouplir le standard de preuve par le jeu des présomptions. En matière de concurrence déloyale mais aussi en droit des pratiques anticoncurrentielles[2033], le juge déduit de la faute l'existence d'un préjudice. Cette tactique judiciaire courante qui vise à assurer la réparation du dommage qui sinon serait déniée ne sera pas maintenue dans le cas où la victime exige le prononcé d'une amende civile. La sévérité de la sanction renforcera le standard de preuve devant être rapporté pour légitimer son application.

Malgré les coûts du litige, restituer les profits indus à la victime renforcerait les incitations à agir contre le fautif. La restitution des profits à la victime limiterait le risque financier de l'action juridique en réparation et inciterait le demandeur à « investir » dans le procès malgré les coûts liés à la preuve à rapporter pour fonder sa prétention.

Trois arguments fondamentaux permettent de militer en faveur de la restitution, à la victime, des profits illicites retirés par l'auteur de l'infraction.

978. **Coût du litige : preuve des gains et économies indus.** Premièrement, au regard de l'article 1266-1 du projet de réforme, la victime devra déterminer le gain illicite ou l'économie réalisés par le fautif pour que le juge fixe une amende civile[2034]. La victime d'une faute concurrentielle lucrative devra donc non seulement déterminer le dommage subi pour espérer en obtenir réparation, mais aussi les profits illicites. Cette obligation ajoutera une difficulté probatoire supplémentaire à ses prétentions, ce qui risque d'augmenter les coûts du litige, car l'avocat auquel elle fera appel devra livrer une double expertise à la fois sur le dommage subi et les gains illicites du contrevenant. Or, le coût et l'investissement pour quantifier la faute lucrative ne seront jamais rentabilisés si les sommes versées en vertu de l'amende civile ne sont pas restituées à la victime. Pourquoi alourdir une procédure déjà coûteuse si, en cas de succès de l'action en justice, ce n'est pas le demandeur mais le Trésor public qui bénéficie de l'action ? Ainsi, il est probable que, dans leur requête, les demandeurs adoptent une stratégie contentieuse prudente en évitant de démontrer la nature lucrative de la faute de concurrence pour ne pas alourdir davantage le coût du procès, ce qui profitera naturellement au responsable.

979. **Tempérament.** Il faut néanmoins relativiser ce postulat. En ce qui concerne spécifiquement la preuve de la faute concurrentielle, l'entreprise qui s'enrichit en causant un dommage au concurrent prend un avantage concurrentiel sur ce

---

2032 Par exemple : le coût des méthodes contrefactuelles pour déterminer et quantifier le préjudice.

2033 Art. L. 481-7, ord. 2017 : « *Il est présumé jusqu'à preuve contraire qu'une entente entre concurrents cause un préjudice.* » Néanmoins, la jurisprudence récente ne semble pas retenir la présomption pour les auteurs de pratiques anticoncurrentielles, v. *supra*, Partie II, Titre II, Chap. 2, Sect. 1 ; v. R. Amaro, Concurrences n° 2-2018, Art. N° 86716, pp. 225-239.

2034 Art. 1266-1 du projet de réforme de la responsabilité civile, mars 2017. Le projet vise « *l'auteur du dommage [qui] a délibérément commis une faute en vue d'obtenir un gain ou une économie* ».

dernier. Il est alors opportun pour la victime de demander au juge de prononcer une amende civile pour affaiblir considérablement le concurrent dont les agissements permettent, par exemple, de bénéficier d'une rente de monopole indue. Pour cette raison, même si la victime ne peut bénéficier d'une restitution des profits illicitement acquis, elle a un intérêt à agir et à démontrer la faute lucrative, car l'amende civile imposée au concurrent lui permettra de récupérer la position ou l'avantage concurrentiel perdu à cause de l'infraction. L'amende civile est donc un moyen indirect pour la victime de récupérer des parts de marché perdues.

980. **Causalité entre le dommage et les gains illicites du contrevenant.** Deuxièmement, la restitution, à la victime, des profits de l'infraction peut se justifier au regard de la causalité et/ou de la corrélation entre le profit illicite et le dommage causé : « *En matière de concurrence, plus qu'en tout autre, il est en effet irréaliste d'envisager le dommage causé indépendamment de ce qui apparaît comme son corollaire, le bénéfice retiré de l'acte fautif par son auteur* »[2035].

Ce constat, que nous aborderons plus en détail ultérieurement[2036], pourrait justifier la restitution à la victime des gains illicites du coupable. L'argument de l'enrichissement sans cause de la victime pour écarter la restitution est contestable. Dès lors qu'un lien fort existe entre le préjudice subi par le demandeur et l'avantage retiré par l'auteur de la faute, il existe une cause à l'enrichissement de la victime qui se trouve remboursée du surprix payé. Le terme « enrichissement » nous semble d'ailleurs assez exagéré, car la victime qui se voit restituer les sommes indûment versées au contrevenant bénéficie plus d'un « remboursement » que d'un « enrichissement ».

981. **Cohérence normative : analogie avec le droit de la propriété intellectuelle.** Enfin, la restitution du profit à la victime se justifierait pour des raisons de cohérence normative. En droit de la propriété intellectuelle, la loi du 29 octobre 2007 de lutte contre la contrefaçon a établi un mécanisme d'évaluation des préjudices qui permet de prendre en compte les « *bénéfices réalisés par le contrefacteur* »[2037]. Surtout, la victime peut demander que le préjudice soit évalué en une somme forfaitaire allouée au titulaire des droits et correspondant à un montant « *supérieu[r] au montant des redevances ou droits qui auraient été dus si le contrefacteur avait demandé l'autorisation d'utiliser le droit auquel il a porté atteinte* »[2038]. En somme, si le contrefacteur retire des gains illicites parce qu'il n'a pas payé les redevances pour l'utilisation d'une œuvre, la victime peut obtenir du juge la fixation de dommages et intérêts forfaitaires supérieurs au préjudice subi[2039]. La victime va donc se voir restituer une somme supérieure à ce qui aurait dû être versé par le contrefacteur si ce dernier avait respecté les voies légales. Ces dommages-intérêts

---

2035 S. Carval, *La responsabilité civile dans sa fonction de peine privée*, LGDJ, 1995.

2036 *Infra* n° 1069.

2037 Art. L. 521-7 du Code de la propriété intellectuelle.

2038 *Ibid.*

2039 TGI Paris, 25 novembre 2008, *SA Wizzgo c/ SA Métropole Télévision et autres*, n° 08/13347. Dans cette affaire, les sociétés du groupe M6, victimes d'actes de contrefaçon, avaient choisi d'opter pour l'octroi d'une indemnité forfaitaire calculée sur la base des redevances qu'elles auraient dû recevoir si un contrat avait été conclu avec le contrefacteur.

forfaitaires ont une vertu restitutoire, car les sommes sont reversées à la victime. Au regard de l'article 1266-1, la victime d'une infraction de concurrence souffre donc d'un régime moins protecteur par rapport à la victime d'un acte de contrefaçon puisqu'elle ne bénéficie d'aucune restitution des sommes gagnées injustement par celui qui s'est, par exemple, approprié indûment sa valeur économique (cas du parasitisme). Cette inégalité de traitement entre la victime d'une infraction de concurrence et la victime d'un acte de contrefaçon est contestable.

2. Les recommandations pour encourager l'action en restitution des profits illicites

982. Une première solution consiste à laisser le juge libre de restituer les profits à la victime (a). Une seconde solution serait de laisser à la victime le choix d'exercer une action en réparation ou une action en restitution des profits illicites (b).

a. Le libre choix du juge de restituer les profits à la victime

983. **Proposition.** À côté des conditions tenant à l'octroi de l'amende civile et qui sont réunies à l'intérieur de la « Sous-section 5 » du projet de réforme (à l'article 1266-1 de cette section), le législateur devrait prévoir une « Sous-section 6 » intitulée « Dommages et intérêts restitutoires ». À l'intérieur de cette section, il faudrait consacrer un article 1266-2 prévoyant la faculté, pour le juge, de reverser les gains illicites à la victime. Au regard de cet article, la victime, plutôt que de demander le prononcé d'une amende civile, pourrait demander le versement de dommages-intérêts restitutoires. Dans le cas où la victime ou le ministère public aurait déjà demandé le versement d'une amende civile, le juge ne pourrait plus prononcer le versement de dommages-intérêts restitutoires[2040]. On opposera sans doute à notre proposition la remarque selon laquelle la victime optera toujours pour le versement de dommages-intérêts restitutoires, si bien qu'en lui laissant cette possibilité, on viderait d'intérêt la faculté pour cette dernière de demander le prononcé d'une amende civile. Or, à notre sens, la victime d'une infraction de concurrence pourrait préférer le prononcé d'une amende civile pour plusieurs raisons : d'une part, cette sanction « punitive » est plus stigmatisante que le prononcé des dommages-intérêts restitutoires. Elle peut donc être utile pour l'entreprise victime qui cherche à récupérer la clientèle perdue et couvrir de honte l'entreprise sanctionnée. D'autre part, le montant de l'amende civile – laquelle comporte une dimension punitive plus importante que les dommages-intérêts restitutoires – sera plus élevé. Il peut donc être plus intéressant pour la victime d'une infraction de concurrence de demander l'amende civile pour rattraper rapidement un avantage concurrentiel perdu, récupérer au plus vite ses parts de marché et affaiblir le concurrent injustement renforcé par une pratique déloyale ou abusive.

984. **Que faire lors d'une faute lucrative de faible gravité ?** Surtout, force est de constater que, dans les cas où la demande portant sur l'amende civile est refusée, le contrevenant risque de conserver la totalité des gains illicites. Ce rejet est tout à fait probable étant donné que le projet de réforme fait dépendre l'imposition

---

2040 En vertu du principe *non bis in idem*.

de l'amende de la démonstration d'une faute lucrative « grave »[2041]. Dans certains domaines comme en droit de la concurrence, certains agissements fautifs sont lucratifs mais peu « graves » au sens où ils ne causent qu'un dommage modéré au marché. Dans le cas où la faute concurrentielle est lucrative pour son auteur mais peu dommageable au marché, l'amende civile sera donc rejetée. Ainsi, dans cette situation précise, il est indispensable d'ouvrir la possibilité pour la victime de demander l'imposition de dommages-intérêts restitutoires, et ce, afin d'éviter une situation où la faute du contrevenant lui permet de s'enrichir au détriment des victimes, sous prétexte que le dommage engendré est faible.

En somme, il est nécessaire que le législateur prévoie la possibilité pour la victime de demander soit le versement d'une amende civile soit le versement des dommages-intérêts restitutoires. Dans ce dernier cas, en fonction de la nature du litige, le juge du fond devrait avoir le choix de décider souverainement entre réparer intégralement le préjudice et/ou reverser la totalité ou une partie des gains illicites prouvés à la victime. La réalité de la répercussion du surcoût pourrait être un critère déterminant pour reverser une partie ou la totalité des gains à la victime.

985. **Division des dommages et intérêts en deux parts variables.** Aussi, le juge pourrait diviser le montant des dommages et intérêts en deux parts variables. Une part serait affectée à la seule réparation du dommage causé ; une autre à la restitution du gain illicite. Dans le cas où la victime prouverait le lien entre les gains illicites retirés par le fautif du dommage causé ainsi que l'absence de répercussion des surcoûts, le juge pourrait lui octroyer une somme dite « restitutoire ». Cette méthode donnerait au droit de la responsabilité civile un visage à la fois réparateur et restitutoire : le versement d'une fraction au titre de la réparation servirait l'objectif compensatoire du préjudice tandis que le versement d'une fraction au titre des gains et économies réalisés par le fautif servirait l'objectif restitutoire.

986. **Recommandation.** Au regard des solutions évoquées, nous recommandons la suppression de l'interdiction absolue de reverser les gains illicites au plaignant. Le juge doit disposer d'une faculté de reverser lesdites sommes à la victime lorsque cette dernière le demande. À notre sens, pour que les sommes soient reversées partiellement ou totalement à la victime, plusieurs conditions doivent être établies. Le juge reverserait les gains à la victime en fonction des quatre **conditions suivantes :**

- **Nature de la faute concurrentielle.** L'infraction doit avoir généré d'importants surprofits pour son auteur.
- **Corrélation entre le bénéfice illicite et le dommage causé.** La victime doit prouver que l'enrichissement dont bénéficie l'auteur de l'infraction résulte du dommage causé. À titre d'exemple, le résultat dommageable du parasitisme (baisse du chiffre d'affaires) a pour corollaire l'enrichissement indu du contrevenant qui, en parasitant le produit d'autrui, réalise une économie de coût.

[2041] Rappelons que l'article 1266-1 du projet de réforme dispose que l'amende doit être proportionnée à la gravité de la faute commise, ce qui signifie implicitement que la faute lucrative doit être suffisamment grave pour justifier l'amende civile.

- **Absence de répercussion ou répercussion dommageable.** Dans le cas d'une répercussion, le préjudice est diminué des gains générés par l'augmentation des prix répercutée sur le client. Assurer à la victime une restitution des gains indus reviendrait à l'enrichir de manière excessive. L'absence de répercussion est donc une condition de la restitution des gains illicites à la victime. La charge de la preuve de la répercussion appartient au fautif, conformément à ce qui est prévu par l'ordonnance « Dommages » du 9 mars 2017[2042]. Néanmoins, lorsque la victime prouve un « effet volume », c'est-à-dire une diminution de ses ventes liées à l'augmentation du prix, il est légitime de lui permettre de demander à ce que lui soit reversée une partie des gains illicites, notamment dans le cas où le préjudice est excessivement difficile à quantifier.
- **En fonction de la nature du préjudice concurrentiel.** Lorsque la spécificité du préjudice concurrentiel rend son évaluation pratiquement impossible, le juge pourrait reconnaître que le quantum du préjudice soit évalué au regard du profit réalisé par le défendeur, et non plus au regard du préjudice subi. Dans ce cas, la victime contournerait le principe compensatoire en invoquant les profits réalisés par le contrevenant, à la condition que son préjudice ne soit pas quantifiable. Le droit de la réparation oblige pour le moment la victime et le juge à chiffrer un dommage parfois « inchiffrable ». À titre d'exemple, en présence d'un comportement déloyal ou parasitaire, la dilution d'un signe ou d'une marque dans l'esprit de la clientèle est un préjudice extrêmement compliqué à prouver. Il s'agit d'un dommage progressif, dont les effets n'apparaissent pas d'emblée et se manifestent généralement des années plus tard. La victime, en présence d'un préjudice « inchiffrable », pourrait abandonner la logique compensatoire de la réparation du préjudice et invoquer la restitution des gains et économies illicitement acquis par l'auteur de l'infraction. Les multiples difficultés affectant la preuve du préjudice concurrentiel devraient commander l'adoption d'une telle solution. Le temps du litige, la dispersion des preuves et la grande complexité des méthodes contrefactuelles justifient que, dans certains cas, le juge abandonne le principe de réparation au profit d'un principe de restitution, à la victime lésée, des gains illicites.

De manière générale, nous recommandons en droit français l'adoption d'un système laissant le choix à la victime entre une action en réparation intégrale et une action en restitution intégrale du préjudice.

b. Le libre choix de la victime d'exercer une action en réparation ou une action en restitution des profits illicites

987. **L'action en restitution en complément de l'action en réparation.** Notre proposition ne consiste pas à recommander une suppression du principe de réparation intégrale remplacé par un mécanisme dissuasif de restitution intégrale. Nous

[2042] Ord. n° 2017-303 du 9 mars 2017 relative aux actions en dommages et intérêts du fait des pratiques anticoncurrentielles.

pensons qu'il est tout à fait possible de créer, à côté et en complément du principe de réparation, un principe de restitution. Le principe de restitution serait par ailleurs soumis aux mêmes conditions ou presque que le principe de réparation, à savoir la preuve de trois conditions :

- une faute ;
- un gain illicite (et non un préjudice) ;
- un lien de causalité entre la faute et le gain illicite.

Le droit français pourrait s'inspirer du droit américain, qui laisse la victime libre de renoncer à la réparation du dommage pour exiger la restitution des gains mal acquis.

988. **Droit américain : « *waiver of tort* ».** Le mot « *waiver* » signifie « abandon ». La méthode du « *waiver of tort* » – inspirée du droit de common law[2043] – consiste pour une victime à renoncer au fondement classique du droit de la responsabilité civile pour demander la restitution des gains illicites réalisés par le fautif : Abandonner *la responsabilité civile délictuelle permet à la victime de récupérer le gain / bénéfice obtenu par le défendeur à la suite de sa faute. Ni plus ni moins. Cette méthode ne cherche pas à indemniser un demandeur pour sa perte [...] Ni encore à punir un accusé pour des actes répréhensibles. La renonciation de la responsabilité délictuelle vise à empêcher un défendeur de bénéficier de son acte répréhensible en obligeant le dégorgement du résultat profitable de son infraction. Ainsi, le montant qui peut légitimement être invoqué en renonciation de la responsabilité délictuelle est le montant du gain illicite de la partie défenderesse, déduction faite des frais raisonnables engagés par le défendeur pour obtenir ce gain* »[2044].

À travers cette méthode, le demandeur engage une action en responsabilité délictuelle, puis décide de renoncer aux dommages-intérêts compensatoires, préférant se fonder sur l'enrichissement sans cause du fautif et demander que les profits indus tirés de la faute lui soient restitués : « *L'idée de base d'une renonciation à la revendication de la responsabilité délictuelle est simple. Supposons qu'un fautif pille le bien du demandeur, puis le vende plus tard à un prix supérieur. En matière délictuelle, le dommage correspond à la valeur de la propriété violée au moment où elle a été violée. Si, toutefois, le fautif a vendu à un prix supérieur à la valeur, un dégorgement ou la renonciation à la revendication de la responsabilité*

2043 *Moses v. Macferlan*, 2 Burr. 1005, 97 Eng. Rep. 676 (K.B. 1760) : « *In one word, the gist of this kind of action is, that the defendant, upon the circumstances of the case, is obliged by the ties of natural justice and equity, to refund the money.* » (« *En un mot, l'essentiel de ce type d'action est que le défendeur, sur les circonstances de l'espèce, est tenu par les liens de la justice naturelle et d'équité de rembourser l'argent.* »)

2044 S. Chaudhury et P. J. Pape citent : J. D. McCamus, « Restitution as an Alternative to Damages in Contract and Tort », in *The Modern Law of Damages*, Toronto, Irwin Law (2006), p. 139: « *Waiver of tort allows a plaintiff to recover the gain/benefit obtained by the defendant as a result of his/her wrongdoing. Nothing more, nothing less. Waiver of tort does not seek to compensate a plaintiff for his/her loss [...] Nor yet does it seek to punish a defendant for wrongdoing. Instead, waiver of tort seeks to prevent a defendant from benefiting from his or her wrongdoing by compelling the disgorgement of the resulting gain. Thus, the amount that can legitimately be claimed in waiver of tort is the amount of the defendant's benefit or gain, net of any reasonable expenses the defendant incurred in order to obtain that gain.* »

civile permettrait au demandeur de récupérer la manne indue du défendeur et de réclamer la totalité du produit de la vente du fautif »[2045].

Cette méthode de sanction est intéressante, le droit français pourrait s'en inspirer et prévoir deux possibilités.

989. **Action restitutoire en renoncement.** D'une part, le législateur pourrait prévoir la consécration d'une action indemnitaire restitutoire en renoncement de l'action indemnitaire compensatoire. Précisément, le demandeur aurait le choix entre l'une ou l'autre des actions. Pour l'action restitutoire, la victime devrait prouver l'enrichissement indu du fautif[2046]. L'échec de la preuve de l'enrichissement indu lui interdirait ensuite de demander la réparation du dommage, tandis que son succès donnerait lieu au prononcé de dommages-intérêts restitutoires des profits illicites. Le juge pourrait ensuite décider de reverser partiellement ou totalement les gains illicitement acquis par le fautif à la victime. L'inconvénient d'une telle action est qu'elle fait courir un trop grand risque à la victime qui, si elle échoue à démontrer les gains illicites, se trouvera privée d'indemnités alors qu'elle a subi un dommage. Pour cette raison, il faut privilégier ce que nous appelons l'action restitutoire en complément.

990. **Action restitutoire en complément.** D'autre part, le législateur pourrait prévoir la consécration d'une action indemnitaire restitutoire en complément de l'action compensatoire. Dans ce cas, la victime pourrait demander la restitution des gains illicitement acquis par le défendeur en complément des dommages-intérêts compensatoires. Une partie ou l'ensemble des gains indus seraient reversés à la victime, à condition que cette dernière démontre un lien entre son appauvrissement et l'enrichissement du fautif. Le lien de causalité entre le préjudice et les profits illicites justifierait ces dommages-intérêts de nature hybride. Ce système permettrait de remédier au risque de sous-indemnisation des victimes.

991. **Deux étapes.** Le choix, pour la victime, de cette action mi-compensatoire mi-restitutoire dépendrait surtout de trois conditions :

- **Refus de l'amende civile.** D'abord, le juge rejette l'action du plaignant visant à l'imposition d'une amende civile. En effet, dans le cas où le juge accorde l'amende civile, la victime ne pourra demander le versement des dommages-intérêts restitutoires, du fait de leur nature semi-punitive : le principe *non bis in idem* interdit au juge le prononcé de deux sanctions répressives de même nature. Le refus par le juge de l'octroi de l'amende civile pourrait notamment être justifié dans le cas où le résultat dommageable de la faute concurrentielle serait prédominant par rapport à son effet lucratif (dans le cas contraire, on voit mal pourquoi le juge refuserait le prononcé d'une amende civile proportionnée aux gains et économies du fautif).

2045 P. D. Maddaugh, J. D. McCamus, *The Law of Restitution*, Canada Law Book (1990), source citée par S. Chaudhury et P. J. Pape, *loc. cit.* : « *[T]he basic idea of a waiver of tort claim is a simple one. Suppose that a defendant converts the plaintiff's property and later sells it at a profit. In tort, the damages are the value of the property at the time of the conversion. If, however, the defendant has sold at a price in excess of the value, a disgorgement or waiver of tort claim would allow the plaintiff to recover the defendant's windfall and claim the full proceeds of the defendant's sale.* » – V. aussi : G. Jones, « Book Review: The Law of Restitution, by Peter D. Maddaugh and John D. McCamus », 29(4) *Osgoode Hall Law Journal* 935-937 (1991).

2046 A. Kull, « Rationalizing Restitution », 83(5) *Cal. L. Rev.* 1191-1242 (1995).

- **Préjudice inchiffrable.** Ensuite, dans le cas où l'estimation du préjudice serait trop complexe et que ce dernier s'avérait difficilement quantifiable, le juge pourrait prendre en compte les gains illicites. En effet, plutôt que d'aboutir à une indemnisation du dommage largement minorée par rapport au préjudice subi, s'aider des gains illicites retirés par l'auteur de la faute pour estimer le dommage constitue une solution au risque de sous-indemnisation de la victime. Cette solution se justifie surtout lorsque les profits illicites apparaissent comme des corollaires du dommage causé. Rappelons sur ce point que la Commission, dans son guide pratique de 2013 portant sur la quantification du préjudice, rappelle la faculté pour chaque État membre de « prévoir que le gain illicite réalisé par l'entreprise ou les entreprises responsables de l'infraction joue un rôle – directement ou indirectement – dans l'estimation du préjudice *subi par les parties lésées* »[2047].
- **Théorie des vases communicants.** Enfin, le juge devrait s'inspirer de la théorie des vases communicants. La théorie des vases communicants a été développée par un auteur qui suggère, pour estimer le préjudice, d'appliquer une présomption du niveau des gains illicites qui ne sauraient être inférieurs aux pertes de la victime : « *Il serait également aisé de présumer sur la base de la théorie "des vases communicants" que la perte de l'ensemble des victimes de pratiques anticoncurrentielles ne peut être inférieure au gain procuré par la pratique à son auteur. Une telle présomption aurait en outre pour avantage d'éviter le risque de situation déloyale au bénéfice de l'auteur de pratiques anticoncurrentielles. En effet, lorsque l'indemnisation est inférieure au gain procuré, on ne rétablit pas une situation de concurrence loyale puisque l'auteur des pratiques anticoncurrentielles bénéficie durablement d'un surprofit par rapport aux acteurs qui se sont comportés de manière licite* »[2048].

992. **Recommandation.** Nous nous positionnons en faveur de la consécration d'une action indemnitaire restitutoire en complément de l'action compensatoire. Dans le cas où le juge refuse de prononcer une amende civile confiscatoire, la victime devrait pouvoir estimer son préjudice en se fondant, en partie, sur les gains illicitement acquis par l'auteur de la faute pour obtenir des dommages-intérêts restitutoires. Cela permettrait de conférer au droit de la responsabilité civile, en dehors de son obsession « réparatrice », une fonction restitutoire des profits indus particulièrement dissuasive.

Il reste, néanmoins, à corriger les incohérences du projet de réforme sur l'encadrement de l'amende civile confiscatoire.

[2047] Commission européenne, Document de travail des services de la Commission, « Guide pratique concernant la quantification du préjudice dans les actions en dommages et intérêts fondées sur des infractions à l'article 101 ou 101 du traité sur le fonctionnement de l'Union européenne » (ci-après « Guide pratique concernant la quantification du préjudice dans les actions en dommages et intérêts »), 2013, § 5.

[2048] F. Dupuis-Toubol, « Action civile en matière de pratiques anti-concurrentielles : éléments de problématique », in colloque « La réparation du préjudice causé par une pratique anti-concurrentielle en France et à l'étranger : bilan et perspectives », Cycle « Droit et économie de la concurrence », Cour de cassation, 17 octobre 2005.

C. Les incohérences du projet de réforme sur l'encadrement de l'amende civile confiscatoire

993. **Triple exigence de proportionnalité.** Selon l'article 1266-1, alinéa 2, du projet de réforme, l'amende civile doit être « *proportionnée à la gravité de la faute commise, aux facultés contributives de l'auteur et aux profits qu'il en aura retirés* ». Le projet de réforme fixe donc trois limites susceptibles de réduire considérablement le montant de l'amende. Ces critères sont d'autant plus contraignants qu'ils sont cumulatifs.

994. **Risque : accroissement des fautes lucratives.** On ne peut qu'être surpris devant cette triple exigence de proportionnalité au regard de l'objectif visé par l'amende proposée dans le projet de réforme. Cette triple exigence risque de vider le caractère confiscatoire de l'amende dans plusieurs hypothèses :

- Soit la faute est commise par une petite entreprise ayant peu de moyens. Dans ce cas, même si l'infraction est grave et particulièrement rentable pour le fautif, le risque de faillite de l'entreprise en cause risque de paralyser l'amende confiscatoire. La faute sera donc pleinement lucrative pour l'entreprise qui, faute de capacités contributives, devra payer une amende largement minorée. Ce schéma risque en outre d'inciter les entreprises à présenter (en maquillant leur compte ?) un bilan comptable défavorable et mensonger par rapport à la réalité.
- Soit la faute du contrevenant est peu grave, mais assure la réalisation de gains importants. Dans ce cas, sachant que l'amende doit être proportionnée à la gravité de la faute, il y a fort à craindre que le fautif se retrouve contraint de payer une somme inférieure au bénéfice réalisé. Dans ce type d'hypothèse, le critère premier, portant sur la gravité de la faute, risque, à tout le moins, d'entrer en conflit avec le dernier critère, portant sur le profit tiré de l'infraction.

Seules les grandes entreprises, qui commettent des infractions de grande ampleur (cartel par exemple), lesquelles génèrent beaucoup de profits, pourront redouter la démonstration des trois critères cumulatifs et craindre l'imposition d'une amende véritablement confiscatoire. Sinon, les actes de concurrence déloyale et de parasitisme, qui reflètent souvent des conflits d'intérêts privés qui n'ont pas toujours un effet dommageable sur le marché, ne seront pas considérés comme des fautes graves, malgré leur nature lucrative. On risque d'aboutir à un droit de la concurrence à deux vitesses où, selon la faute concurrentielle commise, le coupable aura plus de chances de préserver les bénéfices de son acte.

995. **Recommandation.** Pour résoudre cette difficulté, il serait sans doute pertinent d'évaluer la gravité de la faute en fonction, non pas seulement du résultat dommageable, mais au regard du résultat lucratif. Une faute qui a permis à son auteur d'engranger des bénéfices importants devrait être qualifiée de grave, de façon à éviter que le fautif conserve le bénéfice de son infraction sous prétexte que le manquement est considéré sans gravité.

996. **Coefficient multiplicateur.** Par ailleurs, on peut se poser la question de savoir si ce principe de proportionnalité est conciliable avec le coefficient multiplicateur prévu à l'article 1266-1, alinéa 3, qui dispose que « *l'amende civile ne peut être*

supérieure au décuple du montant du profit réalisé ». Il peut sembler paradoxal d'autoriser le prononcé d'une amende dix fois supérieure au profit réalisé, tout en exigeant, à l'alinéa second, que l'amende soit proportionnée au profit procuré par la faute. L'exigence de proportionnalité neutralise le caractère punitif qui a voulu être donné à l'amende confiscatoire – caractère d'autant plus précieux qu'il évite d'inciter le fautif à se livrer à une infraction qui comporte un coût nul[2049].

997. **Cas particulier des personnes morales : un plafond.** L'article 1266-1, alinéa 4, prévoit que si « *le responsable est une personne morale, l'amende peut être portée à 5 % du montant du chiffre d'affaires mondial hors taxes le plus élevé réalisé au cours d'un des exercices clos depuis l'exercice précédant celui au cours duquel la faute a été commise* ». Cet alinéa 4 est peu pertinent, car il énonce une règle de calcul de l'amende différente pour la personne morale. L'objectif de la réforme est pourtant unique et tend à lutter contre la faute lucrative. On peine donc à comprendre pourquoi le montant de l'amende est calculé en fonction du profit de l'infraction pour les personnes physiques et en fonction du chiffre d'affaires pour les personnes morales. Le législateur aurait pu concrètement prévoir, comme en droit des pratiques restrictives de concurrence, une disposition s'attaquant aux bénéfices indus de l'entreprise. Cette disposition aurait été plus claire et moins contraignante pour le juge, car le chiffre d'affaires, s'il peut être utile pour calculer les bénéfices indus (car déterminer le chiffre d'affaires en lien avec l'infraction permet justement de mesurer les gains illicites), est parfois un indicateur imparfait[2050].

998. **Sévérité de l'amende.** En droit des pratiques restrictives, le plafond de l'amende est fixé au « *triple du montant des sommes indûment versées* » au contrevenant. Le projet de réforme propose quant à lui, pour les personnes physiques, une amende qui ne peut être « *supérieure au décuple du montant du profit réalisé* ». La sévérité de l'amende interpelle, et fait douter de la réalité du mécanisme : « *Certains civilistes, conscients du caractère peu réaliste de ce mécanisme, ont admis qu'il n'a pas nécessairement vocation à s'appliquer* »[2051]. Dans ce cas, l'amende jouerait donc principalement un rôle de signal. Elle augmenterait le risque juridique de l'infraction et remplirait, en conséquence, une fonction de dissuasion-prévention. C'est-à-dire que la sévérité de l'amende, fût-elle irréaliste, découragerait l'agent de contrevenir à la loi. L'économie comportementale explique ce comportement en décrivant un phénomène de surestimation des faibles probabilités favorisé par la sévérité d'une norme[2052]. Néanmoins, nous croyons peu en ce phénomène : à notre sens, si une telle amende ne s'applique que rarement, la faible effectivité de la sanction achèvera de convaincre l'agent économique rationnel qu'il est

---

2049 En effet, le coût est nul si le contrevenant est seulement condamné à restituer les profits qu'il a indûment gagnés. Le risque pécuniaire de l'infraction est dans ce cas limité, car l'agent économique ne souffre d'aucune perte économique, il voit juste ses bénéfices indus confisqués.

2050 Des facteurs exogènes (inflation, conjoncture économique) peuvent influencer à la hausse comme à la baisse un chiffre d'affaires sans que cela soit lié à la pratique illicite.

2051 E. Dreyer, « La sanction de la faute lucrative par l'amende civile – Article 1266-1 du projet de réforme de la responsabilité civile », *D.* 2017, p. 1136.

2052 M. Allais, « Le comportement de l'homme rationnel devant le risque : critique des postulats et axiomes de l'école américaine », *Econometrica*, vol. 21, n° 4, 1953, pp. 503-546.

plus profitable de violer la loi que de la respecter. Autrement dit, l'effet dissuasif d'une amende « irréaliste » est absent sur le long terme. L'agent finit par intégrer le faible risque de sanction. Pour cette raison, il eût été pertinent de prévoir une amende plus faible, afin de rendre son application plus réalisable.

999. **Le nécessaire respect du principe *non bis in idem*.** Par ailleurs, en vertu du principe *non bis in idem*, l'amende civile ne pourra s'appliquer dans le cas d'une action consécutive à une décision de condamnation de l'Autorité de la concurrence. Rappelons que le principe *non bis in idem* interdit de cumuler, pour un même fait, des sanctions de même nature[2053]. L'amende civile confiscatoire est une sanction répressive[2054], tout comme l'amende administrative infligée par l'Autorité, si bien que le juge ne pourra l'infliger à l'auteur d'une faute lucrative, car ce serait exposer le contrevenant à deux sanctions répressives de même nature. En conséquence, seules les actions privées autonomes pourront éventuellement espérer du juge le prononcé d'une telle amende. En somme, l'amende civile confiscatoire pourra s'appliquer aux litiges entre commerçants pour répondre aux pratiques de concurrence déloyale et/ou de parasitisme, ainsi qu'à toutes les pratiques anticoncurrentielles et restrictives sujettes à une action privée autonome en réparation du préjudice concurrentiel.

1000. **Bilan.** L'amende civile proposée dans le projet de réforme a pour intérêt fondamental de s'attaquer frontalement aux fautes lucratives. Elle souffre néanmoins de plusieurs inconvénients et son encadrement par une triple exigence de proportionnalité risque de vider sa portée confiscatoire.

De même, les avantages dissuasifs procurés par l'amende civile risquent d'être inutiles si certaines dispositions du projet ne sont pas corrigées. Le déclenchement de l'amende civile confiscatoire n'est possible qu'en modifiant certaines dispositions qui, pour l'instant, paralysent son application.

§ 2. Assurer le déclenchement de l'amende civile confiscatoire du projet de réforme

1001. **Problématique.** Pour assurer l'application de l'amende civile confiscatoire, encore faut-il préciser le manquement en vertu duquel elle va s'appliquer. Plus le manquement est difficile à déterminer, plus les victimes auront du mal à requérir l'imposition de l'amende civile. La faute constitue le fait générateur de l'amende civile. Il faut donc analyser quel type de faute est concrètement visé par le projet de réforme.

1002. **Suppression de la faute lourde.** L'avant-projet de réforme subordonnait la fixation d'une amende civile à la détermination d'une faute lourde[2055]. La faute lourde visée

---

2053 M. Robert, « Le principe *non bis in idem* : vers un bouleversement du droit français de la sanction ? », *AJ pénal* 2016, p. 475.

2054 M. Behar-Touchais, « L'amende civile est elle un substitut satisfaisant à l'absence de dommages et intérêts punitifs ? », *LPA* 20 novembre 2002, n° 232, p. 36, spéc. n° 29.

2055 Avant-projet de loi, Réforme de la responsabilité civile, 29 avril 2016.

à l'article 1266 de l'avant-projet s'éloignait de la faute lourde traditionnelle[2056]. Décrite au regard du gain et des économies réalisés par le fautif, elle était mélangée à la faute lucrative[2057]. La victime devait prouver une faute lourde dont la définition ressemble à celle de la faute lucrative pour demander l'imposition d'une amende civile[2058].

1003. **Suppression bienvenue.** Le projet de réforme n'exige plus la démonstration d'une faute lourde. Cette suppression est bienvenue du fait de la fusion inappropriée qui était faite entre la faute lucrative et la faute lourde[2059]. On voyait mal l'intérêt d'avoir supprimé la notion de faute lucrative des projets Catala et Béteille pour la faire apparaître, dans l'avant-projet, implicitement et sous la forme déguisée de faute lourde. Cela ne faisait qu'ajouter de la confusion à la détermination du manquement devant être prouvé pour fonder l'amende civile[2060]. La faute qui rapporte un gain ou une économie décrit une faute lucrative et non une faute lourde. La faute lucrative n'a rien à voir avec une négligence ou une erreur grossière[2061]. De plus, la faute lourde décrite dans l'avant-projet est une notion imprécise qui se rapproche à la fois de la faute intentionnelle[2062], de la faute lucrative[2063] et même de la faute inexcusable[2064]. Cette faute à « multivisages » est peu claire et il eût

---

2056 La faute lourde est traditionnellement définie comme « *une faute d'une extrême gravité confinant au dol et dénotant l'inaptitude [du défendeur] à la mission [contractuelle] qu'il avait acceptée* ». La faute lourde n'est pas une faute intentionnelle. Il s'agit d'une « *négligence d'une extrême gravité* » dont les effets sont peu ou prou semblables à ceux d'une faute intentionnelle. Elle est à rapprocher de l'erreur grossière. V. Cass. com. 1er avril 2014, n° 12-14.418, obs. *Dalloz-actu.* « Le rappel de la notion de faute lourde », 2 mai 2014, disponible sur : http://actu.dalloz-etudiant.fr ; Cass. com., 13 novembre 1990, *Bull. civ.* IV, n° 271 : « *négligence d'une extrême gravité confinant au dol* », arrêt rendu contre un voiturier au visa de l'art. 1150 du Code civil et ancien art. 103, C. com. ; Cass. com., 28 mai 1991, *Bull. civ.* IV, n° 193 : « *négligence d'une extrême gravité* » ; Cass. civ. 1re, 13 octobre 1953, *Bull. civ.* I, n° 22 : dans cet arrêt, les juges définissent la faute lourde comme une faute « *commise sous l'influence d'une erreur tellement grossière* ».

2057 Selon l'article 1266 de l'avant-projet, « *lorsque l'auteur du dommage a délibérément commis une faute lourde, notamment lorsque celle-ci a généré un gain ou une économie pour son auteur* », une amende civile peut être prononcée par le juge. La formulation de l'article évoque un rapprochement clair si ce n'est une fusion entre la notion de faute lourde et la notion de faute lucrative. L'adverbe « *notamment* » consacre cette fusion, prenant la faute lucrative comme une illustration de faute lourde.

2058 Avant-projet de loi, Réforme de la responsabilité civile, 29 avril 2016 : « *Lorsque l'auteur du dommage a délibérément commis une faute lourde, notamment lorsque celle-ci a généré un gain ou une économie pour son auteur, le juge peut le condamner, par une décision spécialement motivée, au paiement d'une amende civile.* »

2059 *Ibid.*

2060 Bien que distincte de la faute intentionnelle, l'article 1266 de l'avant-projet consacrait une faute lourde délibérée qui rendait la distinction moins évidente : « *L'article 1266, en parlant de faute lourde délibérée, charrie donc l'idée d'une négligence délibérée, ce qui constitue une association surprenante entre le volontaire et l'involontaire.* » On pourrait même penser que l'article 1266 se rend coupable d'un oxymore maladroit, en associant la faute lourde qui définit une négligence avec le caractère délibéré de sa commission. V. J.-S. Borghetti, « L'avant-projet de réforme de la responsabilité civile », *D.* 2016, p. 1442.

2061 H. Mazeaud, L. Mazeaud a., *Leçons de droit civil*, t. 2, 1er vol., *Obligations, théorie générale*, 9e éd., Montchrestien, 1998, n° 447 : les auteurs assimilent la faute lourde à une faute « *particulièrement grossière* ».

2062 Rappelons que l'article 1266 consacre une faute lourde délibérée.

2063 L'article 1266 considère que la faute lourde peut être celle qui rapporte un gain ou une économie.

2064 Surtout si l'on s'en tient à la définition donnée à la faute inexcusable dans un arrêt des chambres réunies du 15 juillet 1941, v. Cass. ch. réunies, 15 juillet 1941, n° 00-26.836 : « *[L]a faute inexcusable [s'entend] d'une faute d'une gravité exceptionnelle, dérivant d'un acte ou d'une omission volontaire, de la conscience du danger que devait en avoir son auteur [et] de l'absence de toute cause justificative [...]* » – V. aussi : Cass. com., 18 novembre 2014, *Sté Dusolier Calberson c/ synd. Laboratoires d'analyses Sèvres Atlantique*, n° 13-23.194,

été préférable d'en revenir à la notion moins ambiguë de faute lucrative. Surtout, l'ancienne formulation risquait de rendre l'amende civile confiscatoire totalement inefficiente pour deux raisons majeures, l'une liée au risque d'atteinte au principe de légalité[2065], l'autre liée au caractère difficilement conciliable de la faute lourde avec la faute concurrentielle[2066].

1004. **Problèmes persistants.** Ainsi, la suppression de la notion de faute lourde décrite dans l'avant-projet est la bienvenue. Reste que le projet de réforme fait désormais référence à une faute innommée. Il précise simplement qu'une amende civile pourra être prononcée si l'auteur du dommage a « *délibérément commis une faute en vue d'obtenir un gain ou une économie* ». La faute qui donne lieu à une amende civile n'est donc plus qualifiée. Au regard du texte, on peut supposer que la victime devra rapporter une faute lucrative. Une définition subjective de la

---

F-P+B : JurisData n° 2014-027947, obs. L. Leveneur, « Substitution de la faute inexcusable à la faute lourde : le nouvel article L. 133-8 du Code de commerce arrive à la Cour de cassation », *CCC* n° 2, février 2015, comm. 27 : « *[Ll]a faute inexcusable […] est une faute délibérée impliquant la conscience de la probabilité du dommage et son acceptation téméraire sans raison valable.* »

2065 Premièrement, la faute lourde était insuffisamment précise pour fonder une amende civile. En vertu du principe de légalité, pour que l'amende civile s'applique, il faut que le texte en vertu duquel elle est prononcée soit suffisamment intelligible. Or, la notion de faute lourde telle que définie à l'article 1266 de l'avant-projet rendait « *l'identification du contenu de cette faute très délicate* » (J. Lagoutte, « La faute dans l'avant-projet de réforme de la responsabilité civile » *Resp. civ. et assur.* 2017, étude 2, février 2017). Son caractère hybride, entre la négligence et la volonté délibérée, de même que sa définition « noyée » dans celle de la faute lucrative, ajoutait à l'imprécision de la notion. L'imprécision du texte laissait craindre un risque d'inconstitutionnalité, car il portait atteinte aux exigences du principe de légalité du délit et des peines.

2066 En effet, la faute concurrentielle ne constitue pas une faute lourde si bien qu'il aurait été impossible pour les victimes d'infractions de concurrence de soulever cette notion devant les juridictions civiles. Que ce soit une pratique anticoncurrentielle, une pratique restrictive, un acte de concurrence déloyale ou de parasitisme, aucun de ces comportements frauduleux ne peut être associé à une négligence délibérée. De plus, cela a été rappelé dans l'affaire *Pâte de bois*, la preuve de la négligence n'a aucune incidence sur la qualification du manquement. En outre, la stratégie décrivant chaque manquement de concurrence (que ce soit la stratégie sur les prix consubstantielle à la constitution d'un cartel ; la stratégie de l'opérateur dominant qui commet un abus d'éviction ou d'exploitation ; la stratégie du parasite qui se place dans le sillage de son concurrent pour piller son savoir-faire et faire des économies d'investissement, etc.) rend incompatible la faute concurrentielle avec la faute lourde. Surtout, en faisant « *dépendre l'amende civile d'une faute atteignant au moins le seuil de l'imprudence consciente, c'est-à-dire une faute supposant la conscience de faire courir un risque de dommage* » (J. Lagoutte, *op. cit.*), l'avant-projet paralysait l'action privée, car la victime aurait eu d'invincibles difficultés probatoires à déterminer la faute lourde. La faute lucrative aurait été renforcée, car les contrevenants auraient invoqué systématiquement, en défense, l'absence de conscience du risque du dommage pour éluder leur responsabilité. À titre d'exemple, les cartels de crise, fussent-ils graves et dommageables, auraient bénéficié d'une immunité, car les cartellistes sont mus par la volonté d'améliorer leur profit davantage que par la conscience de provoquer un dommage. – V., s'agissant de l'arrêt *Pâte de bois* : Comm. CE, déc. du 19 décembre 1984 relative à une procédure d'application de l'article 85 du traité CEE, IV.29.725 – *Pâte de bois*, *JO* 1985, L 85, p. 1. Déc. relative à un certain nombre de pratiques restrictives et d'accords sur le marché dit « pâte marchande ». Dans cette affaire, l'argument soulevé en défense consistait à contester l'intentionnalité de la faute. Le défendeur affirmait que « *l'insertion de la clause litigieuse dans les contrats ou les conditions générales de vente était le résultat de leur seule négligence* ». La Cour a rejeté l'argument, considérant que le fait que des clauses litigieuses aient été insérées par négligence ne suffisait pas à exonérer la pratique. – V. aussi, CJCE, 31 mars 1993, *A. Ahlström Osakeyhtiö a. c/ Commission*, aff. C-89/85, *Rec.* p. I-01307. Faits reprochés : pratiques concertées entre entreprises établies dans des pays tiers portant sur les prix de vente à des acheteurs établis dans la Communauté. Dans cette affaire, il est rappelé que « *l'article 15, paragraphe 2, du règlement n° 17 autorise la Commission à infliger aux entreprises des amendes lorsque "de propos délibéré ou par négligence", elles ont commis des infractions aux dispositions de l'article 85, paragraphe 1, du traité. Le fait que les clauses ont été insérées par négligence dans les contrats ne saurait par conséquent être retenu* ».

faute lucrative à déterminer (A) semble prévaloir. Une telle définition risque de paralyser le prononcé de l'amende civile confiscatoire, de sorte que nous recommandons de restaurer la définition objective de la faute lucrative (B). En outre, les ressemblances entre la faute concurrentielle et la faute lucrative permettent d'envisager une assimilation entre ces deux fautes. La faute concurrentielle en tant que faute lucrative (C) pourrait avoir de nombreuses incidences sur l'action privée en réparation des victimes (D).

A. La prévalence de la détermination d'une faute lucrative dans sa définition subjective

1005. **Faute délibérée.** La faute délibérément commise en vue d'obtenir un gain ou une économie est une faute subjective. C'est-à-dire qu'elle renvoie à l'état d'esprit de l'auteur de l'infraction qui non seulement a eu l'intention de commettre la faute, mais est animé par un mobile précis : la réalisation d'un profit. La définition subjective de la faute lucrative existait déjà en doctrine.

1006. **Les propositions doctrinales d'une définition subjective.** Selon un auteur, « *la faute est lucrative lorsqu'elle est commise délibérément avec la conscience de la probabilité du dommage et son acceptation téméraire dans le but de réaliser un profit* »[2067]. L'auteur se place dans la lignée du projet Catala, qui définissait la faute lucrative comme une « *faute manifestement délibérée* »[2068]. Pour cette raison, certains considèrent que la faute lucrative « *est plus proche de la faute dolosive que de la faute lourde, voire de la faute inexcusable* »[2069]. Elle se définirait non seulement au regard du gain illicite retiré de l'infraction mais également au regard de « *l'intention du fautif* »[2070]. Une thèse récente propose de définir la faute lucrative comme une « *faute commise délibérément en vue d'un enrichissement illicite et au préjudice d'autrui* »[2071].

La définition subjective de la faute lucrative fait dépendre la qualification de ladite faute de la preuve de l'anticipation du risque par le contrevenant qui a calculé la rentabilité de l'infraction[2072]. Le projet Terré portant réforme du droit des contrats avait notamment proposé la consécration d'un article 120 destiné à lutter contre

---

2067 S. Gueulette (1960.170), citée par P. Delebecque, « Le choix d'une politique commerciale de surréservation par un transporteur aérien est constitutif d'un dol pour ceux des passagers à l'égard desquels le transporteur s'est mis consciemment dans l'impossibilité d'honorer ses obligations contractuelles », *D.* 1993, p. 98.

2068 Art. 1371 du projet Catala : « L'*auteur d'une faute manifestement délibérée, et notamment d'une faute lucrative [...]* »

2069 P. Delebecque, *op. cit.*

2070 R. Mesa, « Précisions sur la notion de faute lucrative et son régime », *JCP G* n° 20, 21 mai 2012, p. 625.

2071 N. Fournier de Crouy, « La faute lucrative », thèse Paris-Descartes, 2015, p. 320 : « *La force d'une telle définition c'est qu'elle fait référence aux composantes de la faute lucrative que nous avons dégagées : une faute délibérée (élément moral et légal), un dommage et un profit (élément matériel)* ». – V. aussi : N. Fournier de Crouy, *La faute lucrative*, *Economica*, 2018.

2072 L. Sichel, « La gravité de la faute en droit de la responsabilité civile », *op. cit.* note 2030, n° 551 : « *Lorsque le bénéfice perçu par l'auteur de l'inconduite est purement fortuit, lorsqu'il est le fruit d'un heureux concours de circonstances, la faute ne sera pas jugée lucrative.* Pour qu'une telle qualification soit retenue, l'agent coupable doit avoir véritablement anticipé les risques encourus – *parmi lesquels l'action en justice d'une victime réclamant réparation de son préjudice et la réaction subséquente du droit civil – et a estimé qu'ils valaient la peine d'être pris dès lors que l'opération projetée lui en serait définitivement favorable* ».

le « *dol lucratif* », défini comme « *l'inexécution volontaire de la partie qui préfère s'exposer à une résolution et à des dommages et intérêts pour pouvoir, par exemple, contracter ailleurs, à des conditions plus avantageuses* »[2073].

1007. **Intention dommageable et intention lucrative.** Il semblerait, au regard du projet de réforme, qu'il faille prouver non pas seulement l'intention du dommage, mais aussi l'intention du profit. Le contrevenant doit avoir commis une faute « en vue » de réaliser un profit. Ce qui est recherché, c'est donc bien l'intention lucrative, c'est-à-dire l'état d'esprit tourné vers le lucre : « *Tout comportement incriminé qui cause un dommage à autrui est susceptible de faire l'objet d'une amende civile s'il peut être démontré que son auteur était animé d'un esprit de lucre* »[2074].

1008. **Conséquence néfaste sur l'action en réparation.** La définition subjective de la faute lucrative ne fait qu'accroître le risque de faute lucrative. Précisément, le fardeau probatoire de la victime qui doit non seulement prouver le profit retiré de la faute mais aussi démontrer que la faute lucrative a été commise délibérément ne fera que compliquer la détermination du manquement. L'action privée confiscatoire risque d'échouer, car la victime éprouvera de lourdes difficultés probatoires à déterminer l'élément intentionnel du manquement, ce qui paralysera en conséquence l'imposition de l'amende civile et provoquera, *in fine,* un accroissement des fautes lucratives. D'abord, requérir la preuve de l'intention s'agissant des infractions concurrentielles est incohérent, car la faute concurrentielle est une faute objective. Ensuite, la volonté de retirer un profit de la faute est impossible à prouver, car il subsistera toujours un doute. À titre d'exemple, l'agent qui tire profit de la copie du produit d'un concurrent réalise une économie de coût. À ce titre, il commet un acte de parasitisme. Néanmoins, comment prouver que cet acte de parasitisme est une faute lucrative, tant il est possible que le parasite ait agi non pas délibérément, mais en ignorant qu'il s'appropriait indûment le produit d'un concurrent ? De même, que devra décider le juge civil dans le cas où la victime parvient à prouver que le fautif a délibérément voulu le dommage tout en échouant à démontrer qu'il a cherché à en tirer profit ? En somme, l'adverbe « délibérément » va engendrer d'interminables débats qui, de plus, paraissent totalement inutiles, sachant que sonder l'intention relève davantage du psychologique que du juridique.

En raison des conséquences néfastes de la définition subjective de la faute lucrative sur le succès de l'action privée confiscatoire des victimes, nous prônons une définition objective de la faute lucrative.

B. La nécessaire restauration d'une définition objective de la faute lucrative

1009. **Les propositions d'une définition objective.** Certains auteurs ont donné une définition objective de la faute lucrative, laquelle ne fait aucune référence à l'intention du fautif. Le professeur Boris Starck définissait la faute lucrative comme

---

2073 P. Rémy, « Les dommages et intérêts », in *Pour une réforme du droit des contrats*, F. Terré (dir.), Dalloz, 2008, p. 286.

2074 E. Dreyer, « La sanction de la faute lucrative par l'amende civile – Article 1266-1 du projet de réforme de la responsabilité civile », *op. cit.* note 2052.

une faute qui laisse à son auteur une « *marge bénéficiaire* »[2075] malgré les dommages et intérêts que le responsable est condamné à payer. Dans le même sens, le professeur Geneviève Viney la décrit comme une « *faute dont les conséquences profitables pour son auteur ne seraient pas neutralisées par une simple réparation des dommages causés* »[2076].

1010. **Critique.** Nous sommes en faveur d'une vision objective de la faute lucrative. Pour autant, nous ne rejoignons pas entièrement les définitions précédemment mentionnées. Ces définitions semblent lier la faute lucrative à la faiblesse des dommages et intérêts compensatoires. Or, c'est oublier, d'une part, que nombreuses sont les fautes qui sont lucratives par absence de sanction[2077]. D'autre part, la faiblesse des sanctions décrit un des faits générateurs de la faute lucrative, et non sa définition. La faute est lucrative, car elle permet à son auteur de réaliser un gain ou une économie. Ensuite, le fait que le droit se retrouve impuissant à confisquer ce gain ou cette économie ne fait qu'encourager la violation des règles juridiques. Ce qui définit et constitue la faute lucrative est le bénéfice financier retiré de la violation du droit. Ce qui encourage la faute lucrative est l'impuissance du droit à proposer des sanctions efficaces.

1011. **Recommandation.** Nous recommandons l'adoption d'une conception objective de la faute lucrative. Ce faisant, nous proposons la définition générale suivante : « Est qualifiée de faute lucrative toute faute commise au préjudice d'autrui qui rapporte un gain, une économie ou un avantage indu à son auteur. »

1012. **Précision.** La définition objective n'enlève en rien l'idée, développée dans notre première partie[2078], selon laquelle les fautes lucratives font l'objet d'un calcul coût-avantage. Précisément, savoir que des acteurs économiques méconnaissent volontairement la règle de droit en spéculant sur le coût de l'infraction ne saurait empêcher le législateur de requérir, pour la qualification de la faute, la seule preuve de l'économie ou du gain réalisé par le fautif. À titre d'exemple, la technicité dans l'organisation d'un cartel reflète la volonté des membres d'enfreindre le droit de la concurrence pour réaliser des profits supraconcurrentiels. Pour autant, l'intention dommageable et le mobile de l'infraction (la volonté d'augmenter ses profits) sont sans incidence sur la qualification de l'entente ou de l'abus de position dominante[2079]. La volonté de réaliser des profits (c'est-à-dire l'intention

---

2075 B. Starck, H. Roland, L. Boyer, *Obligations*, t. 1, *Responsabilité délictuelle*, 5e éd., Litec, 1996, n° 1335.

2076 G. Viney, « De la responsabilité civile, articles 1340 à 1386, exposé des motifs. Avant-projet de réforme du droit des obligations et de la prescription », rapport au garde des Sceaux, ministre de la Justice, 22 septembre 2005, p. 148.

2077 La faible probabilité de détection des cartels, les difficultés tenant à la détermination du préjudice ou encore l'« apathie rationnelle » des victimes qui n'agissent pas en justice sont autant de facteurs favorisant la rentabilité de l'infraction.

2078 *Supra*, Partie I, Discussion préliminaire, n° 65 et n° 95.

2079 Déc. n° 94-D-21 du 22 mars 1994 relative à des pratiques de l'Office d'annonces, régisseur exclusif de la publicité dans les annuaires de France Télécom : « *Mais considérant que les articles 7 et 8 de l'ordonnance du 1er décembre 1986 susvisée prohibent les ententes expresses ou tacites, les actions concertées, conventions ou coalitions ou encore l'exploitation abusive d'une position dominante lorsque ces pratiques ont pour objet ou peuvent avoir pour effet d'empêcher, de restreindre ou de fausser le jeu de la concurrence sur un marché ; que n'échappent donc pas à ces règles les pratiques ayant un effet ou pouvant avoir un effet anticoncurrentiel sur le marché,* sans qu'il soit besoin d'établir l'intention de les enfreindre ». – V. aussi : déc. n° 05-D-03 du 10 février 2005 relative à des pratiques mises en œuvre dans le secteur de l'eau de javel. – Rapport annuel de

lucrative) et la conscience du dommage ressortent des éléments de preuve objectifs. L'élément intentionnel doit être absorbé dans la définition objective de la faute lucrative. La consécration d'une définition objective de la faute lucrative se justifie pour deux raisons.

1013. **Pour lui donner une identité propre.** Premièrement, supprimer l'élément intentionnel de la faute lucrative conférerait à cette faute une identité propre. Pour le moment, subordonner la qualification de la faute à la conscience du risque du dommage et/ou à la volonté de profit risque de créer des confusions avec les autres fautes intentionnelles (dol, faute inexcusable).

1014. **Pour lutter plus efficacement contre les fautes lucratives.** Deuxièmement, à notre sens, il y a une contradiction fondamentale à vouloir lutter contre les fautes lucratives tout en rendant leur qualification complexe, et ce, au regard du fardeau probatoire pesant sur la victime qui doit prouver le caractère « délibéré » du manquement. Le risque juridique de l'infraction de concurrence est mécaniquement affaibli par l'alourdissement du fardeau probatoire de la victime. La preuve excessivement difficile du caractère « délibéré » de la faute lucrative ne permettra pas au plaignant de l'établir. L'amende civile confiscatoire des profits illicites sera donc paralysée, car les victimes se heurteront à la délicate preuve de l'élément intentionnel. Restaurer la fonction dissuasive de la responsabilité civile implique d'assouplir la démonstration de la faute lucrative, au nom de laquelle l'amende civile sera imposée. Au contraire, en renforçant le standard de preuve par l'exigence de l'élément intentionnel, le taux de succès de l'action privée confiscatoire baissera et l'on ne fera que renforcer les fautes lucratives.

1015. **Illustration : l'exemple allemand.** L'Allemagne dispose d'un dispositif prévoyant une action collective en écrémage des profits illicites reversés au Trésor public[2080]. L'indemnité que doit verser l'auteur de l'infraction est évaluée au regard des profits illicites réalisés au détriment du groupe de consommateurs victimes. Or, cette action en théorie dissuasive se révèle en pratique inefficace. En effet, son inefficacité s'explique parce que « *le droit matériel subordonne le droit à l'écrémage à des présupposés assez stricts et* notamment à la preuve d'une violation dolosive de la loi »[2081]. Très clairement, l'exemple allemand illustre que la lutte contre les fautes lucratives par l'action en écrémage des profits illicites est rendue inefficace par le fardeau probatoire pesant sur l'association. Ceci démontre que subordonner l'amende civile à la preuve de l'intention ne ferait qu'accroître les fautes lucratives en paralysant la sanction confiscatoire susceptible de les neutraliser.

---

l'Autorité de la concurrence, 2006, p. 98 : « *Une entreprise ne peut exciper de son ignorance du droit de la concurrence pour se voir absoute de la participation à une entente sur les prix, dès lors qu'elle savait qu'elle s'entendait avec ses concurrents sur les prix. Sa participation à l'entente suffit à caractériser l'infraction : point n'est besoin de démontrer son intention de violer le droit de la concurrence* ». Disponible sur : http://www.autoritedelaconcurrence.fr/user/standard.php?id_rub=239.

2080 Gesetz gegen den unlauteren Wettbewerb (UWG), 3 juillet 2004. Gewinnabschöpfung : la loi sur la concurrence déloyale prévoit notamment un système d'écrémage [Gewinnabschöpfung] du profit illicite réalisé au détriment des consommateurs (§ 10).

2081 B. Gsell, « Action de groupe sans action de groupe en droit allemand – Recours groupé en dommages et intérêts même en l'absence d'instrument particulier de recours collectif », *op. cit.* note 1891.

1016. **Exemple français.** En droit français, la détermination de l'intention pose problème dans tous les contentieux – concurrentiel ou autre[2082]. En droit de la concurrence déloyale et du parasitisme, il est rare que le juge de la réparation exige la preuve de l'intentionnalité de la faute[2083]. Néanmoins, lorsqu'il requiert cette preuve, l'action en réparation échoue régulièrement[2084]. L'échec de l'action en réparation s'explique dans ce cas par la lourdeur de la charge de la preuve. La victime doit prouver que l'entreprise, en imitant un modèle, s'est non seulement approprié des investissements et/ou une notoriété, mais encore qu'elle a « *manifesté la volonté délibérée* » de se placer dans son sillage à des fins lucratives[2085]. Cette triple

---

2082 En droit du travail, la qualification de la faute lourde échoue très souvent faute, pour le plaignant, de pouvoir déterminer l'intention de nuire. V. p. ex. : Cass. soc., 22 juin 2016, *Société Automation mécanisation gestion*, n° 15-16.880 : « *Attendu cependant que la responsabilité du salarié n'est engagée envers son employeur qu'en cas de faute lourde et que celle-ci est caractérisée par l'intention de nuire à l'employeur, laquelle implique la volonté du salarié de lui porter préjudice dans la commission du fait fautif et ne résulte pas de la seule commission d'un acte préjudiciable à l'entreprise ; Qu'en se déterminant comme elle l'a fait, sans caractériser l'intention de nuire, la cour d'appel n'a pas donné de base légale à sa décision [...]* » – V. aussi : CA Paris, ch. 11, 24 juin 2016, SARL libres Auto Service, n° 15/0726 : JurisData n° 2016-013274 : « *Il résulte des attestations produites par l'employeur que le salarié engagé en qualité de mécanicien auto effectuait illicitement des réparations automobiles pendant ses arrêts de travail et qu'il essayait de détourner la clientèle en lui proposant d'effectuer de son côté, les travaux à venir, pour un prix moindre. L'employeur apporte donc suffisamment d'éléments de preuve pour établir les faits de concurrence déloyale reprochés. Toutefois, l'intention de nuire à l'employeur n'est pas suffisamment établie.* » – CA Colmar, ch. soc., 10 mars 2016, *Haïm Sebbag c/ Société Habitat International*, n° 279/16, 14/02928 : JurisData n° 2016-004497: « *Il n'est pas davantage justifié que le salarié ait détourné les conditions générales de vente de son employeur. Faute pour ce dernier de démontrer l'intention de nuire du salarié, qui a effectivement manqué à son obligation de loyauté, son licenciement pour faute lourde est requalifié en licenciement pour faute grave.* » – Cass. soc., 16 mai 1990, n° 88-41.565, « La faute lourde suppose l'intention de nuire », *D.* 1990, p. 154 : « *Viole l'art. L. 223-14 c. trav. la cour d'appel qui, pour décider qu'un salarié licencié a commis une faute lourde, relève que celui-ci a falsifié de façon habituelle ses fiches de contrôle et de production en majorant sérieusement les quantités déclarées "par peur de faire l'objet d'une sanction pour travail insuffisant de la part du chef de fabrication", sans relever l'intention du salarié de nuire à l'employeur* ».

2083 Depuis, l'affaire *Baccarat*, il est admis que l'intention n'a pas d'incidence sur la qualification du parasitisme. V. Cass. com., 17 mai 1982, Baccarat, n° 80-12.556. Dans cette affaire, le défendeur avait choisi de s'implanter dans une ville dont la notoriété résultait de l'activité du demandeur, la Compagnie des cristalleries de Baccarat. La Cour de cassation avait sanctionné le parasite qui, en s'installant à proximité de la Compagnie des cristalleries de Baccarat, profitait de la notoriété de la compagnie, « *ne serait-ce qu'inconsciemment* » et sans l'« *intention de nuire* » à cette dernière. – V. aussi plus récemment : CA Paris, pôle 5, ch. 4, 21 octobre 2015, *Cartier c/ L'Oréal*, n° 13/08861 : JurisData n° 2015-000462, obs. M. Malaurie-Vignal, « La Cour d'appel retient la notion de code visuel et esthétique et admet un parasitisme par imprudence », *CCC* n° 1, janvier 2016, comm. 6 : l'arrêt *Cartier* indique que le parasitisme sanctionne « *tout comportement fautif même involontaire, telles les fautes de négligence ou d'imprudence* ».

2084 Cass. com., 2 décembre 2008, *CCE* 2009, chron. 8, obs. A. E. Kahn. citée par R. Mesa : « Le droit de la concurrence déloyale et du parasitisme économique confronté à la problématique de la faute lucrative », Concurrences n° 2-2013, Art. N° 51604, pp. 49-55. – V. aussi : CA Paris, pôle 5, ch. 1, 12 avril 2016, *Séphora c/ Nocibé*, n° 14/23137. Dans ces arrêts, la Cour de cassation sanctionne la cour d'appel en ce que le plaignant n'a pas rapporté la preuve de la volonté du fautif de tirer profit de la notoriété du demandeur. La Cour de cassation note, s'agissant des faits de parasitisme rapportés, que « *cette circonstance ne suffit pas à établir que la société Diramode a voulu tirer profit des investissements réalisés par la société Sandro ou de la notoriété du modèle Michigan* ». De même rappelons que, déjà, dans un arrêt du 4 février 2014, la Cour de cassation avait censuré la cour d'appel pour le motif suivant : « *[E]n se déterminant ainsi, par des motifs impropres à caractériser la volonté de la société The Web Family de s'inscrire dans le sillage de la société Sebdo, la cour d'appel n'a pas donné de base légale à sa décision[...]* » ; Cass. com., 4 février 2014, *Sté Web Family c/ Sebdo*, n° 13-10.039.

2085 Cass. com., 5 juillet 2016, *Société Maison Apollinaire M Andrieu ; Société ENS*, n° 14-17.783. Dans cet arrêt, la chambre commerciale de la Cour de cassation a retenu le parasitisme au motif que « *la société Maison*

preuve étant excessivement difficile à rapporter, la probabilité d'échec de l'action en dommages et intérêts augmente[2086]. De plus, le renforcement du risque de la preuve ne fait que renforcer l'apathie rationnelle des victimes alors découragées d'agir, ce qui est de nature à encourager les infractions de concurrence.

1017. **Prime à l'imprudence.** En outre, faire dépendre la qualification de la faute lucrative et de l'amende civile de la preuve du caractère « délibéré » du manquement consacre une prime à l'imprudence du contrevenant. La preuve de l'élément intentionnel donnerait, de plus, un argument puissant au *bad man*[2087]. De la même façon qu'aujourd'hui, de façon opportuniste, les agents se réfugient derrière le principe compensatoire pour faire minorer les dommages-intérêts, ils se retrancheront demain derrière leur imprudence ou leur inattention pour faire échouer l'action privée confiscatoire.

1018. **Bilan.** Subordonner l'amende civile confiscatoire à la preuve de l'intention de l'auteur de la faute d'avoir voulu retirer un profit illicite de l'infraction au droit de la concurrence limitera grandement son efficacité et produira l'effet inversement recherché par le projet de réforme, à savoir une augmentation des fautes lucratives. Seul l'effet lucratif de la faute est important. L'exigence d'une preuve supplémentaire tenant à la démonstration de l'intention est superfétatoire[2088]. Par exemple, en Allemagne, la lutte contre les fautes lucratives par l'action en restitution des profits illicites est paralysée, car les victimes échouent à déterminer l'élément intentionnel du manquement. En somme, le remplacement de la définition subjective par la définition objective de la faute lucrative est indispensable pour augmenter le taux de pénétration des actions privées en confiscation des profits illicites.

Par ailleurs, cette définition objective permettrait de rapprocher la faute concurrentielle de la faute lucrative, lesquelles pourraient être assimilées.

C. La faute concurrentielle en tant que faute lucrative ?

1019. Pour apprécier la faute concurrentielle en tant que faute lucrative, il faut d'abord considérer le manquement de concurrence comme une faute objective (1). Ensuite, il convient de souligner le résultat lucratif de la faute concurrentielle, lequel permet d'envisager une assimilation possible entre ladite faute et la faute lucrative (2).

Apollinaire avait manifesté la volonté délibérée de se placer dans le sillage de la société ENS pour bénéficier du succès rencontré auprès de la clientèle par ses chocolats ».

[2086] Inversement, des auteurs reconnaissent qu'« *admettre l'application de la théorie de la concurrence déloyale non seulement lorsqu'il y a intention de nuire, mais aussi en présence d'une simple négligence ou imprudence, contribue à augmenter le taux de pénétration de la concurrence déloyale sur le marché* » ; v. Y. Picod, Y. Auguet, a., « Concurrence déloyale », *Rép. com.* 2010 (actualisation 2016).

[2087] Le *bad man* est un agent rationnel qui exploite ses connaissances pour former un calcul coût-avantage de la violation du droit et pour élaborer des stratégies juridiques visant à limiter le coût économique de l'infraction. Cet agent est décrit en détail dans un article célèbre : O. W. Holmes, « The Path of the Law », 10 *Harv. L. Rev.* 457 (1897) ; *supra*.

[2088] Si la question de l'imprudence ou de la négligence du manquement est intéressante, son appréciation est sujette à d'inlassables discussions et son interprétation reste peu claire, car elle exige de fouiller dans l'état d'esprit du coupable. En droit de la concurrence, l'exigence de l'intention est inutile et obscurcit à l'excès la règle de droit. Par exemple, quand un acteur économique s'approprie indûment la valeur économique d'autrui, la question de savoir s'il en a conscience et si son action est délibérée a peu d'importance. Le parasitisme résulte de facteurs objectifs. Le dommage subi par la victime est le seul critère qui importe. Il en est de même en matière de pratiques restrictives de concurrence ou en droit des pratiques anticoncurrentielles.

1. La faute concurrentielle objective

1020. **Concordance entre la faute concurrentielle et la faute lucrative objective.** La concordance entre la faute concurrentielle et la faute lucrative (comprise dans sa définition objective) s'explique pour deux raisons :

- la première tient au fait que la faute concurrentielle est une faute objective ;
- la seconde tient au fait que la faute concurrentielle assure, en règle générale, un gain illicite, une économie ou un avantage indu à son auteur[2089].

S'agissant du caractère objectif de la faute concurrentielle[2090], quand bien même la violation des règles de concurrence révèle souvent un élément intentionnel[2091], cet élément n'est pas exigé pour constituer la faute, car il ressort des éléments objectifs du manquement. Il y a absorption de l'élément intentionnel dans la définition objective de chaque infraction de concurrence.

1021. **En matière de pratiques anticoncurrentielles.** L'article 420-1 du Code de commerce vise notamment le fait de faire obstacle à la libre fixation des prix en favorisant artificiellement leur hausse. L'intention lucrative[2092] est donc clairement sous-entendue dans la norme[2093]. La conscience du dommage l'est tout autant. Comme l'observe l'avocat Olivier Fréget : « *Quand le Traité de fonctionnement de l'Union européenne ou TFUE interdit les coalitions dont "l'objet" est de fausser la concurrence, il faut comprendre que l'Union* entend prohiber l'intention de se créer une rente, *de s'allier pour échapper au fonctionnement du marché, et donc de s'en extraire.* C'est l'intention qui est visée car c'est une intention de nuire *à l'existence même de la liberté économique* »[2094]. L'intention est, il est vrai, moins perceptible dans le cas d'un abus de position dominante collective. Néanmoins, dans ce cas, il est possible de relever « *l'existence de nombreux éléments de nature*

2089 V. *infra.*

2090 R. Bouscant, « La faute dans les infractions aux règles de concurrence en droit européen », *RTD eur.* 2000, p. 67 : « *La définition objective des infractions est fondée sur deux éléments. Le premier consiste dans la nécessité de garantir le mécanisme de la concurrence efficace dans l'espace économique européen. Le second est que cette garantie ne peut être fournie par un jugement critique porté sur la volonté des auteurs de l'infraction caractérisant la faute* ».

2091 V. Sélinsky, « L'entente prohibée », thèse Paris, Librairies techniques.1978, § 397. Selon l'auteur, l'intention anticoncurrentielle existe « *lorsque les professionnels transgressent la loi en toute connaissance de cause, c'est-à-dire en ayant conscience des effets normalement prévisibles des pratiques qu'ils entendent mettre en œuvre* ». Citée dans la thèse de E. Claudel, « Ententes anticoncurrentielles et droit des contrats », thèse Paris X sous la dir. du professeur Marie-Chantal Boutard-Labarde, n° 31, 1994.

2092 C'est-à-dire la concertation sur les prix en vue de réaliser des profits supraconcurrentiels.

2093 Dans le cas d'une entente, la prise en compte des documents litigieux révélant des accords sur les prix repose sur une matérialité concrète, donc objective. Mais les documents en question révèlent en même temps l'intention lucrative, matérialisée sur un support, ou à travers des témoignages. Par ailleurs, en matière d'abus de position dominante, la recherche des preuves d'une pratique de prix prédateurs peut conduire le juge à analyser, concrètement, à travers des tests objectifs, la comptabilité de l'entreprise suspectée. Cependant, cette recherche va permettre de retracer toute la stratégie infractionnelle de l'entreprise. Or, la stratégie évoque nécessairement la machination, le cheminement intellectuel pour arriver à un but, et donc l'élément intentionnel. Enfin, on ajoutera que l'expression de restriction « par objet » n'est pas anodine. Le terme « objet » définit le « *but d'une action, d'un comportement* ». Il définit aussi la « *chose ou personne qui motive une pensée, un sentiment, une action* » (v. dictionnaire larousse.fr). Le terme « objet » évoque donc le mobile de l'infraction (c'est-à-dire la raison pour laquelle l'auteur de l'infraction agit). Or le mobile évoque lui-même l'intention.

2094 O. Fréget, *La concurrence : une idée toujours neuve en Europe et en France*, Odile Jacob, 2015, p. 97.

à aboutir à l'adoption de comportements parallèles intentionnels »[2095]. En dehors de tout accord exprès, la stratégie de parallélisme des comportements néfaste à la concurrence est considérée comme collectivement abusive[2096].

1022. **En matière de parasitisme.** La volonté de retirer un profit (intention lucrative) de l'infraction est clairement présumée dans la définition du parasitisme. Selon la jurisprudence, il y a parasitisme lorsqu'un opérateur s'immisce dans le sillage d'un autre afin de tirer profit, sans rien dépenser, de ses efforts ou de son savoir-faire[2097]. L'élément intentionnel est intégré dans la définition objective de l'infraction[2098], si bien qu'il est inutile de le prouver. Décrire objectivement l'acte parasitaire suffit à faire ressortir l'intention. Nul besoin d'exiger du plaignant qu'il détermine l'élément moral puisqu'il ressort automatiquement de la description des faits de parasitisme. Pareil constat peut être dressé à l'égard des actes de concurrence déloyale, pour lesquels le doyen Paul Roubier préconisait de ne s'intéresser qu'aux moyens déloyaux, qui faisaient automatiquement ressortir les intérêts économiques recherchés par le fautif[2099].

1023. **En matière de pratiques restrictives de concurrence.** L'article L. 442-6 du Code de commerce permet de sanctionner les avantages indus tirés d'un rapport déséquilibré entre les parties. L'intention lucrative ressort nécessairement des clauses, qui, appréciées objectivement, font apparaître la stratégie répréhensible du distributeur. Certes, depuis l'arrêt *Carrefour*, lequel a considéré que le fait de « soumettre » un partenaire commercial caractérisait l'élément moral de l'infraction[2100], un doute subsiste sur le caractère objectif de l'infraction. La référence à l'élément moral est ici inutile. Les éléments objectifs du contrat prouvant le déséquilibre et caractérisant les avantages indus du distributeur devraient suffire à qualifier l'infraction. Le professeur Martine Behar-Touchais relève sur ce point que l'intention de soumettre son partenaire commercial pour obtenir des avantages n'a aucune importance : « *La référence à un élément moral est inutile et inopportune. La "soumission" dans le texte vise le fait que*

2095 N. Petit, N. Neyrinck, « L'abus de position dominante collective dans le secteur de l'électricité », Working Paper (15 juillet 2010), p. 28.

2096 *Ibid.*, p. 32 : « *Lorsque dans une configuration de marché oligopolistique il est possible aux opérateurs d'adopter des comportements parallèles intentionnels, un refus d'accès réitéré par chacun des gestionnaires de réseaux aux fins d'exclure du marché un concurrent tiers doit être considéré comme collectivement abusif.* »

2097 Cass. com., 26 janvier 1999, n° 96-22.457, obs. Y. Serra, *D.* 2000, p. 87. – V. aussi : Cass. com., 12 février 2013, n° 12-11.860.

2098 C'est-à-dire l'appropriation indue d'une valeur économique. La jurisprudence évoque le mobile de l'infraction, c'est-à-dire la raison pour laquelle le parasite se place dans le sillage d'autrui.

2099 P. Roubier, *Le droit de la propriété industrielle*, t. 1, Sirey, 1952, p. 482 : « *Ni l'intention de nuire, ni le motif illégitime ne nous permettent de caractériser la responsabilité encourue […] Il ne faut pas dire que le concurrent qui se livre à des manœuvres est guidé par une intention malicieuse et le dessein de nuire à autrui : c'est bien au contraire exclusivement en vue de ses propres intérêts qu'il agit […] ce ne sont pas du tout les motifs de ses actes qui sont en cause, ce sont exclusivement les moyens qu'il emploie.* »

2100 CA Paris, 1er octobre 2014, *Carrefour*, n° 13/16336 : « *Considérant que la notion de "soumettre ou de tenter de soumettre un partenaire commercial à des obligations" prévue à l'article L. 442-6 I 2° du code de commerce consiste à faire peser ou tenter de faire peser sur un partenaire commercial, du fait du déséquilibre du rapport de force existant entre les parties, des obligations injustifiées et non réciproques ; que cette notion, qui ne pose aucune difficulté de compréhension, caractérise l'élément moral du comportement sanctionné […]* »

le contrat n'est tout simplement pas négocié à égalité entre le grand distributeur et de très nombreux fournisseurs. Quand on a un pouvoir de négociation que l'autre n'a pas, et qu'on l'utilise pour obtenir un avantage, on soumet l'autre à subir ce déséquilibre. En a-t-on conscience ? Est-ce délibéré ? Peu importe, car la soumission résulte ici de facteurs objectifs : *le pouvoir de négociation de l'un, l'absence de pouvoir de négociation de l'autre,* l'avantage de l'un, et le désavantage de l'autre »[2101].

1024. **Synthèse.** La faute concurrentielle, quel que soit le comportement infractionnel en cause, est une faute objective. Il est, en outre, inutile d'exiger de la victime qu'elle rapporte un quelconque élément moral : d'une part, car le simple fait de causer un dommage et de retirer un profit de la faute commise doit justifier une sanction. D'autre part, car l'intention (que ce soit l'intention lucrative ou dommageable) nous semble intégrée dans la définition objective de l'infraction de concurrence.

Le caractère objectif de la faute concurrentielle rend d'autant plus indispensable la consécration d'une vision objective de la faute lucrative. Dans le cas contraire, la victime d'une infraction de concurrence serait dans l'obligation, pour demander la fixation d'une amende civile, de prouver le caractère délibéré du manquement. La victime risque de se heurter à la preuve de l'intention – l'élément intentionnel étant toujours très difficile à rapporter –, ce qui dans le même temps risque de paralyser le déclenchement de l'amende civile confiscatoire. Pour cette raison, la faute lucrative doit être comprise comme une faute objective. Dans ce cas, la victime serait simplement tenue de déterminer les gains illicites de l'entreprise en cause. Cette preuve est facilitée par le fait que, à notre sens, la faute concurrentielle est une faute lucrative.

2. L'assimilation possible de la faute concurrentielle à une faute lucrative

1025. **Rappel.** Pour rappel, nous avons proposé la définition suivante de la faute lucrative : « Est qualifiée de faute lucrative toute faute commise au préjudice d'autrui qui rapporte un gain, une économie ou un avantage indu à son auteur ».

1026. **Intérêt de qualifier la faute concurrentielle de faute lucrative.** Qualifier la faute concurrentielle de faute lucrative permettrait au juge de prononcer une amende civile à l'encontre des auteurs d'infractions de concurrence. Cette qualification est donc indispensable à la confiscation des gains illicitement perçus par le contrevenant.

À notre sens, les actes déloyaux et parasitaires sont des fautes lucratives (a), tout comme les pratiques restrictives de concurrence (b). De même, les pratiques anticoncurrentielles, qu'elles prennent la forme d'une entente (c) ou d'un abus de position dominante (d), peuvent, selon les cas, être assimilées à des fautes lucratives.

2101 CA Paris, 1er octobre 2014, *min. Économie c/ diverses sociétés du groupe Carrefour*, n° 13/16336, obs. M. Behar-Touchais, « Le mythe de Sisyphe, revu et corrigé par le déséquilibre significatif », *RDC*, 3 mars 2015, n° 01, p. 67.

a. La faute lucrative tirée d'un acte de concurrence déloyale et parasitaire

1027. **Profit tiré de l'appropriation indue d'une valeur économique.** Le parasitisme caractérise une faute lucrative. La jurisprudence, sans nommer explicitement l'acte parasitaire de faute lucrative, y fait clairement référence. Selon les juges, il y a parasitisme dans le fait de s'inspirer ou de copier, « *à titre lucratif et de façon injustifiée* », la valeur économique d'autrui[2102]. L'infraction est aussi constituée lorsque le parasite profite indûment de la notoriété d'autrui dans le but de réaliser des profits[2103]. Il ne fait aucun doute que l'appropriation indue d'une valeur économique caractérise une faute lucrative. Le parasite retire des gains illicites et réalise des économies d'investissement en se plaçant dans le sillage d'autrui. Pour cette raison, « *le parasitisme [...] rend suspects tous les gains qui en ont été le fruit et justifie le prononcé d'une peine privée réellement dissuasive* »[2104].

Si l'acte parasitaire constitue toujours une faute lucrative, le constat est moins évident pour l'acte de concurrence déloyale.

1028. **L'acte de concurrence déloyale.** L'acte de concurrence déloyale a pour conséquence immédiate un préjudice matérialisé par des pertes économiques relatives au détournement de clientèle. Selon un auteur, ce résultat premier « *se détache de la conséquence immédiate de l'agissement parasitaire, [...] [qui] eu égard à sa nature de faute lucrative, se trouve principalement générateur d'un enrichissement ou d'une économie pour son auteur* »[2105]. Nous ne souscrivons que partiellement à ce constat. Le résultat dommageable de l'acte de concurrence déloyale a pour corollaire un résultat profitable. Par résultat profitable, nous entendons l'avantage indu plus ou moins quantifiable de l'entreprise qui agit en toute déloyauté.

Prenons un acte de dénigrement ou de déstabilisation par débauchage. Ces deux actes déloyaux vont en premier lieu causer un dommage à une entreprise concurrente, qui se retrouvera affaiblie ou évincée du marché. Cet affaiblissement ou cette éviction a ceci de profitable qu'il ou elle va permettre au fautif de préserver un avantage concurrentiel ou, dans le cas du dénigrement, de bénéficier d'un nouveau pouvoir de marché lié à la captation de clientèle de l'entreprise dénigrée. Le dommage causé au concurrent a donc pour corollaire l'obtention, par l'entreprise

---

2102 CA Paris, ch. 1, 12 avril 2016, *SAS Maison du monde, SARL L'entrepôt*, n° 15/00425 : JurisData n° 2016-013050 : « *[Q]ue les agissements parasitaires constituent entre concurrents l'un des éléments de la concurrence déloyale ; qu'ils consistent, pour une personne morale ou physique, à titre lucratif et de façon injustifiée, à s'inspirer ou à copier une valeur économique d'autrui, individualisée et procurant un avantage concurrentiel, fruit d'un savoir-faire, d'un travail intellectuel et d'investissement.* » – V. aussi : T. com. Paris, 15e ch., 22 juin 2012, *Alban B. c/ Michaël M.* – TGI Paris, ch. 3e, 1e sect., 22 mai 2014, n° 12/17575. – TGI Paris, 17 septembre 1980, *Bic c/ Julliard*, obs. P. le Tourneau, *Gaz. Pal.* 1981.1.133. – CA Paris, 18 mai 2005, obs. C. Caron, *JCP E* 2006, p. 27. – CA Paris, 16 mai 2008, obs. C. Caron, *JCP E* 2009, n° 2, p. 12. Pour d'autres arrêts, v. dans l'annexe le tableau sur les décisions en concurrence déloyale et parasitisme.

2103 Cass. com., 12 février 2013, *Sté Eiffage TP c/ Sté Tour des chevaliers*, n° 12-14.045.

2104 CA Paris, ch. 1, sect. B, 10 juillet 1986, obs. E. Agostini, *JCP G*, n° 50, 10 décembre 1986.

2105 R. Mesa, « De la complexité et des conséquences des rapports entre concurrence parasitaire et parasitisme économique », Concurrences n° 3-2011, Art. N° 37277, pp. 82-88. Aussi, selon l'auteur : « *L'objet premier de la concurrence déloyale par confusion est en effet d'appréhender un résultat dommageable résidant dans le détournement de clientèle, et non de neutraliser un éventuel résultat lucratif qui serait la conséquence de l'appropriation illicite du travail et des investissements d'autrui, ou encore de sa notoriété.* »

déloyale, d'un avantage indu tiré de l'atteinte portée au concurrent. Cet avantage peut, certes, être difficilement chiffrable. Il reste néanmoins certain.

Le lien entre la faute lucrative et l'acte de concurrence déloyale est moins évident qu'avec le parasitisme. Il n'en demeure pas moins qu'il existe. S'il est possible de considérer que le débauchage peut désorganiser sans enrichir ; que la copie servile n'est pas toujours génératrice d'un gain ; ou encore que l'on peut dénigrer sans parvenir à capter la clientèle d'autrui ; il nous semble que, dès lors qu'un acte déloyal cause un préjudice, ce préjudice a pour effet corrélatif un enrichissement ou un avantage indu. Comment nier sérieusement que le dénigrement, en entraînant une fuite de clientèle, permet d'accaparer des clients et donc d'augmenter son chiffre d'affaires ? Qu'un débauchage massif s'apparente à un « vol » de talents dont la valeur économique est indéniable et qui assure, *in fine*, des économies d'investissement ? Qu'une copie servile permet d'économiser des coûts d'investissement en recherche et développement, et ainsi de baisser ses prix de vente pour capter la clientèle d'autrui ? L'acte de concurrence déloyale génère des gains au moins indirects. La désorganisation du concurrent par des actes déloyaux est provoquée « *dans l'espoir qu'il s'ensuivra une répercussion favorable sur son activité* »[2106]. De plus, « *[l]'étude de la jurisprudence rendue à propos de la déloyauté concurrentielle justifie également la confrontation à la problématique de la faute lucrative. Certaines affaires permettent en effet de mettre en avant l'exigence, par les tribunaux, de la preuve de l'enrichissement ou de l'économie réalisés par le défendeur pour prononcer la condamnation* »[2107].

1029. **Bilan.** La faute civile concurrentielle tirée d'un acte de concurrence déloyale et/ou parasitaire est une faute lucrative. Le parasitisme décrit l'effet lucratif du comportement parasitaire qui procure des gains illicites en s'appropriant indûment la valeur économique d'autrui. La concurrence déloyale décrit l'effet dommageable d'un comportement qui vise à déstabiliser l'entreprise concurrente par divers moyens déloyaux. Néanmoins, le résultat dommageable de ce comportement a pour corollaire l'obtention d'un avantage indu tiré, par exemple, de la captation de la clientèle de l'entreprise dénigrée. Le transfert de clientèle du dénigré au dénigrant participe de l'enrichissement du second. L'ensemble des avantages économiques retirés de l'acte de concurrence déloyale permet de le qualifier de faute lucrative.

b. La faute lucrative tirée d'une pratique restrictive de concurrence

1030. **Sanctions soucieuses du profit indu.** Le résultat recherché par la pratique restrictive de concurrence est l'accroissement d'un profit. Le professeur Daniel Fasquelle considère que « *le plus souvent, la faute lucrative contractuelle consistera à tirer profit d'un rapport de force déséquilibré* »[2108]. La règle sur le déséquilibre significatif sanctionne les avantages excessifs indus obtenus lors de la conclusion du

---

2106 N. Dorandeu, *Le dommage concurrentiel*, Presses univ. Perpignan, 2001, n° 65.

2107 R. Mesa, « Le droit de la concurrence déloyale et du parasitisme économique confronté à la problématique de la faute lucrative », *op. cit.* note 2085.

2108 D. Fasquelle, « L'existence de fautes lucratives en droit français », *LPA* 20 novembre 2002, n° 232, p. 27.

contrat[2109]. Par exemple, la sanction des pénalités excessives stipulées en matière de clauses de taux de service[2110] est une manière de sanctionner le comportement du distributeur usant d'un rapport de force déséquilibré pour introduire des clauses rentables et disproportionnées[2111].

La volonté de proportionner l'amende aux « *avantages tirés du manquement* »[2112] permet de conclure que, au regard de la loi, les pratiques restrictives sont bien des fautes lucratives contre lesquelles il faut lutter par l'imposition d'une amende civile confiscatoire des profits illicites. Le tribunal de commerce de Paris a d'ailleurs estimé que « *l'amende civile doit viser à prévenir et dissuader les pratiques restrictives prohibées, mais lucratives en matière commerciale* »[2113]. L'éventail de sanctions dont dispose le ministre, qui peut prononcer une amende s'élevant au triple des profits illicites ou à 5 % du chiffre d'affaires réalisé en France par l'auteur de la pratique, révèle clairement l'association de la pratique restrictive à une faute lucrative et la volonté de la réprimer. Derrière le nouvel article L. 442-6, III tel qu'il résulte de la loi Macron, « *ce qui est recherché, c'est la lutte contre la faute lucrative* »[2114].

1031. **Rupture brutale.** Concernant, par ailleurs, la rupture brutale des relations commerciales établies, elle peut aussi constituer une faute lucrative : « *Le devoir de respecter un contrat est lié à la prédiction que la violation du contrat conduit au paiement de dommages-intérêts* »[2115] si bien que, lorsque les dommages et intérêts infligés en vertu de la rupture brutale du contrat sont inférieurs au profit retiré du changement de contrat, l'inexécution est lucrative. L'intérêt ou non de poursuivre un contrat dont les circonstances économiques ont évolué depuis sa conclusion relève en partie d'une approche économique. Aux États-Unis, un important débat s'est développé autour de la théorie de l'inexécution efficace du contrat, appelée « *efficient breach of contract* »[2116]. La théorie de la violation efficace du contrat a

---

2109 Cass. com., 18 octobre 2011, pourvoi n° 10-15.296, *Bull. civ.* 2011, IV, n° 161, *D.* 2011, p. 2961, obs. Y. Serra : « *[U]n avantage indu reçu par le distributeur du fournisseur ne correspondant à aucun service commercial effectivement rendu par le distributeur au fournisseur ou manifestement disproportionné au regard du service rendu [...]* »

2110 Taux de service : différence entre ce que le fournisseur s'est engagé à livrer, et ce qu'il exécute effectivement ponctuellement. Définition citée par M.. Behar-Touchais, « Quand la clause pénale s'appelle "clause de taux de service" », *RDC*, 1er janvier 2012, n° 1, p. 145.

2111 T. com. Lille, 7 septembre 2011, *Ministre de l'Économie c/ SAS Eurauchan*, n° 2009/05105 : JurisData n° 2011-020988 ; obs. M. Behar-Touchais, « Quand la clause pénale s'appelle "clause de taux de service" », *RDC*, 1er janvier 2012, n° 1, p. 145. – V. aussi : J. Vogel, « Négociations tarifaires fournisseurs / grande distribution : Comment aborder les négociations 2012 ? », in colloque « Réseaux de distribution et droit de la concurrence » (Paris, 14 décembre 2011), Concurrences n° 1-2012, Art. N° 41916.

2112 Art. L. 442-6 du Code de commerce.

2113 CA Paris, ch. 4, 18 décembre 2013, *Galec c/ Ministre de l'Économie*, n° 12/00150. – V. aussi CA Paris, ch. 4, 1er juillet 2015, n° 13/19251.

2114 M. Behar-Touchais, « Un déséquilibre significatif à deux vitesses », *JCP G* n° 21, 25 mai 2015, doctr. 603, p. 7.

2115 O. W. Holmes, « The Path of the Law », *op. cit.* note 2088 : « *The duty to keep a contract at common law means a prediction that you must pay damages if you do not keep it – and nothing else.* »

2116 R. Posner, *Economic Analysis of Law*, 3e éd., Little Brown and Company (1986), p. 12. – V. aussi : D. H. Hermann, « Review of "Economic Analysis of Law," by Richard A. Posner », 1974(2) *Wash. U. L. Rev.* 354-374 (1974), http://openscholarship.wustl.edu/law_lawreview. – G. Klass, « Efficient Breach », Georgetown Public Law and Legal Theory Research Paper, n° 13-018 (2013). – M. Bigoni, S. Bortolotti, F. Parisi, A. Porat, « Unbundling Efficient Breach », University of Chicago Coase-Sandor Institute for Law & Economics Research Paper n° 695 ; Minnesota Legal Studies Research Paper n° 14-57 (2014). Disponible sur SSRN : https://ssrn.com/abstract=2477973.

« pour objet de mettre en évidence l'intérêt pour une partie de rompre le contrat initial, d'une part lorsqu'il ne remplit plus son objectif de création de richesse, et d'autre part dans l'hypothèse d'une offre ultérieure plus intéressante, lorsque le bénéfice qu'elle obtient au titre du nouveau contrat est supérieur aux pertes de la victime dans le contrat originel »[2117]. Un auteur distingue quant à lui trois types d'inexécutions : l'inexécution lucrative efficace, l'inexécution lucrative inefficace, l'inexécution non lucrative[2118]. Si la première peut se justifier économiquement[2119], la deuxième est dépourvue de sens économique et juridiquement condamnable. En effet, ce type d'inexécution lucrative n'a aucun résultat positif, ni pour la victime ni pour la collectivité en général. Cette inexécution décrit le comportement d'un agent qui fait peu de cas du respect de la parole donnée et de la force obligatoire du contrat, décidant de violer ses obligations contractuelles en cours d'exécution du contrat chaque fois que ce dernier ne lui paraît pas assez rentable. Pour cette raison : *« La violation lucrative inefficace, contrairement à la violation efficace du contrat, n'est pas justifiée par une meilleure allocation des ressources. En plus des sanctions traditionnelles, elle encourt des "restitutions à des fins punitives" visant à priver le débiteur de tout ou partie de son enrichissement parce qu'il est injuste »*[2120].

1032. **Bilan.** L'ensemble des comportements répréhensibles visés par l'article L. 442-6 du Code de commerce porte sur des pratiques ou des clauses qui assurent au distributeur un profit illicite ou un avantage indu. Si l'on s'en tient aux quatre principales clauses ou pratiques dont le ministre demande la sanction, à savoir l'obtention d'un avantage sans contrepartie ou disproportionné par rapport au service rendu, la rupture brutale de relations commerciales établies ou la menace de rupture brutale, la soumission d'un partenaire commercial à des conditions de règlement ne respectant pas le plafond légal de 45 jours fin de mois ou de 60 jours date de facture, le refus ou le retour de marchandises ou la déduction d'office de pénalités du montant de la facture[2121], toutes ces pratiques (ou clauses), parce qu'elles assurent à l'auteur du manquement un profit ou un avantage indu, peuvent constituer des fautes lucratives.

c. La faute lucrative tirée d'une entente

1033. **Cartel.** La formation d'un cartel conduit à un transfert de revenu des consommateurs vers les membres parties à l'accord. Le consommateur surtaxé doit s'acquitter

---

2117 B. Rudden, P. Juilhard, « La théorie de la violation efficace », *RIDC* 4-1986, pp. 1015-1041, p. 1017.

2118 Y.-M. Laithier, *Étude comparative des sanctions de l'inexécution du contrat*, LGDJ, 2004, p. 551, n° 463. Cette dernière est inutile pour l'auteur de la rupture, qui n'en retire aucun avantage financier.

2119 La première inexécution lucrative est pourvue d'une justification économique. Elle conduit à une allocation optimale des ressources. Elle se justifie par l'idée que l'agent perdrait de l'argent s'il continuait à exécuter le contrat. Il y a, derrière la rupture, la justification de la contrainte, en ce sens que l'agent serait contraint de rompre le contrat sous peine d'aggraver sa situation. Une certaine idée de justice sous-tend la notion d'inexécution efficace. Selon les défenseurs de la théorie de la violation efficace, il est injuste et moralement critiquable de contraindre un contractant à poursuivre une relation contractuelle si cette dernière n'est plus rentable économiquement.

2120 Y.-M. Laithier, *Étude comparative des sanctions de l'inexécution du contrat*, *op. cit.*, n° 457, p. 545.

2121 DGCCRF, « Pratiques restrictives de concurrence : décisions rendues sur action du Ministre », Disponible sur : https://www.economie.gouv.fr/dgccrf/pratiques-restrictives-concurrence-decisions-rendues-sur-action-ministre.

d'un surprix qui participe de l'enrichissement des cartellistes. Le surcoût payé par les clients directs (distributeurs) ou indirects (acheteurs intermédiaires ou consommateurs finals) provient du niveau de prix supraconcurrentiel qui leur a été imposé et qui accroît les gains illicitement acquis. L'accroissement des gains rentabilise l'infraction de concurrence qui constitue une faute lucrative. La faute est plus ou moins rentable au regard de différents éléments comme l'élasticité-prix de la demande[2122], le contre-pouvoir de la demande, l'équilibre de l'accord sujet ou non à des déviations, etc. En résumé, le cartel permet de réaliser des profits supérieurs à ceux réalisés en situation de concurrence. Il constitue donc une faute lucrative.

1034. **Entente verticale.** À la différence du cartel sur les prix qui constitue une restriction par objet, car « *aucun modèle économique ne met en évidence d'effets proconcurrentiels de ce type de pratiques* »[2123], l'entente verticale ne constitue pas nécessairement une faute concurrentielle au sens où elle peut être justifiée par ses effets proconcurrentiels. La diversité des ententes verticales[2124] nécessite non seulement une analyse du comportement en cause, qui varie selon les pratiques, mais également une appréciation de leurs effets sur le marché. Dans ce cas précis, lorsque le droit de la concurrence consacre une approche économique des pratiques anticoncurrentielles[2125], il semble prendre ses distances avec la dimension morale intrinsèque à la qualification de la faute. Précisément, à la différence du droit de la concurrence déloyale, qui prohibe les moyens déloyaux par lesquels s'exerce la concurrence[2126], peu importe l'analyse des effets de la déloyauté, qui n'intervient qu'au moment de la détermination de la sanction pécuniaire, le droit des pratiques anticoncurrentielles s'éloigne de la vision traditionnelle de la faute en appréciant non pas la gravité du comportement en lui-même, mais en analysant ses effets sur le marché. Ainsi, la faute, « *où se cache, tout en étant très active, la morale* »[2127], semble faire l'objet d'une appréciation innovante en droit des pratiques anticoncurrentielles. La pratique – fût-elle immorale et profitable à son auteur – peut se justifier par la poursuite d'un intérêt légitime[2128]. De même, les

---

2122 Si la plupart des consommateurs renoncent à acheter le produit affecté d'une hausse de prix, les profits seront moindres que si les consommateurs continuent d'acheter les produits malgré la hausse des prix.

2123 E. Reille, G. de Muizon, « Objet ou effet anticoncurrentiel », *RLC* janvier-mars 2015, n° 42, p. 108.

2124 Exclusivité territoriale (le distributeur est le seul à distribuer le bien sur un territoire donné) ; exclusivité d'approvisionnement (le distributeur ne s'approvisionne que chez un producteur) ; distribution sélective (le producteur ne vend qu'à un nombre limité de distributeurs) ; prix de revente imposé (le producteur fixe le prix de revente du distributeur) ; etc.

2125 Communication de la Commission du 10 mai 2010, Lignes directrices sur les restrictions verticales : « *Il est important de reconnaître que les restrictions verticales peuvent avoir des effets positifs, en particulier en encourageant la concurrence sur d'autres aspects que le prix et en incitant à améliorer la qualité des services. Les gains d'efficience sont généralement plus élevés pour les restrictions verticales d'une durée limitée, qui permettent d'introduire de nouveaux produits complexes, qui protègent les investissements propres à la relation contractuelle ou qui facilitent le transfert du savoir-faire.* » Disponible sur : http://eur-lex.europa.eu/legal-content/FR/TXT/?uri=URISERV%3Acc0007. – V. aussi : CJCE, 6 octobre 2009, *GlaxoSmithKline c/ Commission*, aff. C-501-06 P.

2126 P. Roubier, *Le droit de la propriété industrielle*, *op. cit.* note 2100, p. 482.

2127 J. Carbonnier, *Flexible droit*, LGDJ, 2013, p. 86.

2128 Au regard de la théorie des restrictions accessoires, une restriction anticoncurrentielle peut échapper à l'application du droit de la concurrence si elle est réalisée dans un but légitime. Le but légitime se matérialise par une opération principale dépourvue de caractère anticoncurrentiel. Autrement dit, « *la notion de restriction accessoire couvre toute restriction qui est directement liée et nécessaire à la réalisation d'une opération*

gains d'efficience peuvent venir au secours d'une entreprise qui a commis une pratique anticoncurrentielle[2129]. S'en déduisent deux choses : on peut tout d'abord considérer que la prise en compte des bienfaits de la pratique litigieuse consacre une forme de faute lucrative pardonnée ou tolérée. Dans ce cas, on pourrait distinguer – lorsque la restriction verticale assure l'ouverture de nouveau marché ou le lancement de nouveaux produits – entre les fautes lucratives condamnables qui rapportent un profit au seul responsable, et les fautes lucratives « pour le marché », justifiées et matérialisées par leurs effets bénéfiques sur le marché. On peut ensuite considérer – hypothèse à notre sens la plus pertinente – que le comportement litigieux perd en quelque sorte sa nature de « faute », l'analyse des effets positifs sur marché lui enlève son illicéité.

C'est essentiellement en cela que la faute lucrative concurrentielle se démarque de ses voisines. À titre de comparaison, la faute concurrentielle se différencie de la faute pénale : un voleur ne pourra justifier que son vol lui a permis de s'enrichir, et que cet enrichissement, lui permettant de consommer davantage, s'est ensuite répercuté favorablement sur le marché. Un agresseur ne pourra échapper à l'application de la loi en justifiant que la victime ne souffre que de blessures minimes. En droit pénal, le seuil de sensibilité à la faute peut influencer la peine, mais pas la qualification de ladite faute. La peine sera plus ou moins importante selon la gravité de l'atteinte, mais la loi, pour s'appliquer, n'est pas inféodée à une analyse minutieuse des effets de l'acte répréhensible.

Aussi, en droit des médias[2130], la faute lucrative est une problématique aussi importante qu'en droit de la concurrence. De même que les agents économiques qui font des calculs sur la rentabilité de l'infraction de concurrence, certains magazines spécialisés dans les titres racoleurs n'hésitent pas à calculer les profits tirés d'une atteinte au droit de la personnalité. En ce sens, la faute lucrative des

---

principale » ; v. TPICE, 18 septembre 2001, *Métropole télévision (M6) a.* aff. T-112/99, Rec, p. II-02459, § 3. Pour être considérée comme accessoire, une restriction doit répondre à plusieurs conditions : « *Par restriction directement liée à la réalisation d'une opération principale, il convient d'entendre toute restriction qui est subordonnée en importance par rapport à la réalisation de cette opération et qui comporte un lien évident avec celle-ci. La condition relative au caractère nécessaire d'une restriction implique un double examen. En effet, il convient de rechercher, d'une part, si la restriction est objectivement nécessaire à la réalisation de l'opération principale et, d'autre part, si elle est proportionnée par rapport à celle-ci. L'examen du caractère objectivement nécessaire d'une restriction par rapport à l'opération principale ne peut être que relativement abstrait. Il s'agit non pas d'analyser si, au vu de la situation concurrentielle sur le marché en cause, la restriction est indispensable pour le succès commercial de l'opération principale, mais bien de déterminer si, dans le cadre particulier de l'opération principale, la restriction est nécessaire à la réalisation de cette opération. Si, en l'absence de la restriction, l'opération principale s'avère difficilement réalisable voire irréalisable, la restriction peut être considérée comme objectivement nécessaire à sa réalisation.* »

2129 J. Vogel, L. Vogel, « Aspects économiques des relations fournisseurs-distributeurs : Le droit de la concurrence et le droit de la distribution prennent-ils suffisamment en compte l'analyse économique des restrictions verticales ? », Concurrences n° 1-2011, Art. N° 33862 : « *[L]a Commission envisage plusieurs situations non limitatives dans lesquelles les restrictions verticales peuvent produire des gains d'efficience. Il s'agit notamment de lutter contre le parasitisme, d'assurer l'ouverture-pénétration de nouveaux marchés, ou les lancements efficaces de nouveaux produits, d'éviter la renonciation à certains investissements, de réaliser des économies d'échelle ou l'uniformisation des normes de qualité.* »

2130 Par « média », il faut entendre « *une technique ou un ensemble de techniques permettant aux hommes de communiquer l'expression de leur pensée, quelles que soient la forme et la finalité de cette expression* » ; v. M.-D. Douaoui, « La réparation du trouble médiatique », *D.* 2001, p. 1333.

médias est semblable à la faute lucrative concurrentielle. Ces dernières diffèrent néanmoins sur un point important : en droit des médias, la sanction pécuniaire vise à condamner la faute pour ce qu'elle est, à travers son fondement moral et disciplinaire, considérant qu'un individu ou qu'une entreprise quelle qu'elle soit n'a pas à porter atteinte à la vie privée d'autrui. Pour cette raison, la faute s'établit sans considération pour les effets du manquement sur le marché des magazines « people ». Le magazine ne pourra donc, pour sa défense, lorsqu'il porte atteinte à la vie privée d'autrui, prétendre servir le consommateur. Pourtant, on peut très bien imaginer, en raison du nombre de consommateurs qui achètent ces magazines, que ces derniers participent d'un certain divertissement sociétal ; qu'ils génèrent – fût-il court – un certain bien-être, diffusant du rêve, créant des désirs, et assurant un droit à l'information du consommateur. Ce type d'effet positif n'a évidemment aucune incidence sur la qualification de l'infraction. En somme, le dommage à la vie privée vivifie la faute, qui ne s'efface ni ne s'excuse par des bienfaits sociétaux, au contraire du droit de la concurrence, qui va relativiser la gravité du comportement en lui-même, si ce comportement est générateur d'effets bénéfiques pour le marché.

1035. **Bilan.** L'assimilation de la faute concurrentielle à une faute lucrative est simple s'il s'agit d'un cartel, et plus complexe s'il s'agit d'une entente verticale. Dans cette dernière hypothèse, le comportement litigieux, fût-il profitable à son auteur, peut se retrouver justifié par des gains d'efficience. La particularité du droit des pratiques anticoncurrentielles est que la faute est appréciée au regard d'une approche économique qui se détache de la gravité du comportement en lui-même pour analyser ses effets sur le marché. L'approche économique consacre une vision renouvelée et innovante du rôle de la faute, qui n'est plus envisagée comme un manquement à un devoir de morale, mais sous le prisme de son effet sur le marché. Lorsque l'acte litigieux est bénéfique au marché, il perd sa nature même de faute. Ainsi, pour que la faute concurrentielle soit assimilée à une faute lucrative, il est nécessaire de démontrer que le comportement litigieux n'a profité qu'au seul coupable, sans jamais contribuer au bon fonctionnement du marché.

Par ailleurs, en dehors de la question des ententes, l'abus de position dominante peut aussi, et selon les cas, être assimilé à une faute lucrative.

d. La faute lucrative tirée d'un abus de position dominante

1036. **Résultat lucratif et résultat profitable de l'abus de position dominante.** Le profit retiré d'un abus de position dominante est moins évident que celui tiré d'un cartel. Cela s'explique par le fait que la stratégie collusive vise généralement la réalisation de gains immédiats. Les participants à une entente veulent accroître les profits de court terme. En cela, le cartel ressemble à un vol qui a pour conséquence immédiate un transfert de richesse. Au contraire, l'abus de position dominante est davantage à rapprocher du crime[2131], car il vise l'élimination de la concurrence en vue, à moyen-long terme, de dégager des bénéfices supérieurs à ceux réalisés en situation de compétition. De plus, le

---

2131 O. Fréget, *La concurrence : une idée toujours neuve en Europe et en France*, *op. cit.* note 2095, p. 18

profit tiré d'un dommage au marché est plus difficilement chiffrable qu'un profit tiré, par exemple, d'un acte parasitaire ou d'un cartel. L'éviction partielle ou totale d'un concurrent, le glissement de ses parts de marché ou l'entrave à son développement assure à l'entreprise dominante le maintien de sa position de force sur le marché. Ce profit est rarement direct et concret, au contraire d'une appropriation parasitaire ou d'une imitation déloyale d'un produit de renommée qui procurent des gains positifs et des économies d'investissements immédiats. Pour cette raison, il est tentant de distinguer le résultat profitable[2132] d'une infraction concurrentielle, qui embrasserait tous les avantages retirés de la faute sans avoir besoin d'identifier concrètement un surprofit, du résultat lucratif, qui génère directement un profit. Néanmoins, le résultat profitable correspond en réalité à un résultat lucratif à long terme. Concrètement, l'avantage retiré par l'auteur de l'abus (résultat profitable) génère des profits à moyen-long terme (résultat lucratif).

L'abus d'éviction (i) comme l'abus d'exploitation (ii) génèrent un résultat lucratif qui permet d'assimiler ce type de faute concurrentielle à une faute lucrative.

i) Le résultat lucratif de l'abus d'éviction

1037. **Prix prédateur : « un îlot de perte dans un océan de profits ».** Rappelons que l'on parle d'abus d'éviction lorsque les pratiques en cause sont destinées à dissuader, retarder ou éliminer les concurrents par des procédés ne relevant pas d'une compétition par les mérites. L'exemple typique d'abus d'éviction est celui des prix prédateurs. Dans le cas d'une pratique de prix prédateur, l'entreprise va en premier lieu générer des pertes en vendant un produit à un prix parfois en dessous du coût de revient[2133]. Néanmoins, l'entreprise supporte des pertes à court terme dans l'optique d'évincer les concurrents du marché pour ensuite augmenter ses prix et réaliser des bénéfices[2134]. À titre d'exemple, on peut citer le cas d'Amazon, qui a évincé de la concurrence les petites librairies en proposant un modèle de frais de port gratuits sans minimum d'achat[2135]. L'association d'auteurs américains Authors United a depuis adressé au Département de la Justice une lettre pour lui demander d'enquêter sur les pratiques d'Amazon, suspectée d'abuser de sa position dominante sur le marché de la vente de livres[2136].

2132 Le « résultat profitable » est une expression de R. Mesa. Selon l'auteur, il faut « *appréhender le résultat profitable de la faute lucrative* » : R. Mesa, « L'opportune consécration d'un principe de restitution intégrale des profits illicites comme sanction des fautes lucratives », *op. cit.* note 1970.

2133 Définition du coût de revient : « *Le coût de revient est un terme économique qui équivaut à l'ensemble des coûts supportés par une entreprise pour produire un bien ou un service. Le coût de revient est parfois appelé prix de revient ou prix naturel. […] Le calcul du coût de revient prend en compte de nombreux éléments. Il faudra par exemple prendre en compte le coût d'achat, le coût d'approvisionnement, le coût de production, le coût de distribution, ou encore le coût de gestion administrative.* » Définition disponible sur https://droit-finances.commentcamarche.com.

2134 M. Motta, *Competition Policy: Theory and Practice*, New York, Cambridge University Press (2004), p. 412 : « *Predatory pricing therefore occurs when a firm sets prices at a level that implies the sacrifice of profits in the short-run in order to eliminate competition and get higher profit in the long run.* »

2135 Communiqué de presse PwC : « Amazon creuse l'écart avec Cdiscount et s'impose comme le premier site d'e-commerce en France », 2015.

2136 F. Fauconnier, « Amazon accusé d'abuser de sa position dominante dans le livre », Journal du Net, août 2015.

De manière générale, la gratuité peut rentrer dans une stratégie d'éviction visant à supporter à court terme des pertes que ne peuvent supporter les concurrents. Ensuite, une fois la concurrence éliminée, l'entreprise détient un pouvoir de monopole lui permettant de relever ses prix à un niveau supraconcurrentiel. Cette stratégie est d'autant plus rentable que la baisse des prix a attiré les consommateurs. L'élimination de la concurrence qui ne peut se permettre de pratiquer de tels prix[2137] permet ensuite à l'entreprise de modifier les conditions initiales de gratuité, sachant que le consommateur est maintenant « enfermé ». Ce dernier n'ayant plus d'alternative, il sera moins sensible au relèvement du prix par l'entreprise dominante, ce qui va permettre à l'entreprise de récupérer ses pertes et d'accroître ses bénéfices. Cette pratique est régulièrement mise en œuvre par les grandes entreprises, appliquant l'adage « *un îlot de perte dans un océan de profits* »[2138].

1038. **Critique.** Des auteurs comme Bork ont remis en cause l'efficacité d'une pratique de prix prédateurs[2139]. Le résultat profitable de la stratégie prédatrice serait surestimé. Premièrement, cette pratique n'empêcherait pas les concurrents d'entrer sur le marché. Les gains seraient de courte durée si bien qu'au moment où le prédateur augmente ses prix, les nouvelles entreprises peuvent pénétrer le marché. Deuxièmement, les entreprises concurrentes peuvent contourner la stratégie prédatrice en anticipant le caractère éphémère de la baisse des prix en formant un emprunt pour supporter la situation. Le simple fait pour une entreprise de demander un crédit suffirait à dissuader le prédateur. Pour conclure, l'École de Chicago souligne l'inutilité de la législation sur les prix prédateurs qui ne devraient pas être qualifiés de faute (et donc encore moins de faute lucrative) car non seulement les gains d'une telle stratégie sont limités mais surtout la stratégie, en elle-même, serait naturelle. La guerre des prix serait consubstantielle à la nature même des rapports concurrentiels. Empêcher les concurrents de s'affronter sur les prix risque de s'avérer contre-productif du point de vue du bien-être du consommateur qui ne peut bénéficier de prix plus bas[2140].

La thèse de l'École de Chicago a été fortement contestée par la nouvelle économie industrielle[2141]. Au moins trois arguments fondamentaux justifient cette remise en cause.

2137 F. Le Roy, « Agressivité concurrentielle, taille de l'entreprise et performances », Xe Conférence de l'Association internationale de management stratégique, Université Laval, 13-14-15 juin 2001 p. 6 : « *[U]ne entreprise qui dispose de ressources financières internes inférieures à celles de son prédateur ne pourra pas compenser infiniment ses pertes d'exploitation en cas de guerre des prix par un recours à l'emprunt et sera donc contrainte de fermer ou de vendre.* »

2138 B. Lecourt, « La gratuité et le droit des affaires », *RTD com.* 2012, p. 455. Notons en outre que l'expression « *un îlot de perte dans un océan de profits* » est de Bernardo Trujillo. Bernardo Trujillo est connu comme étant le « pape de la distribution » ou encore le « gourou des supermarchés ». Pour plus d'informations v. : « Les 10 règles de la distribution, selon Bernardo Trujillo ».

2139 R. H. Bork, *The Antitrust Paradox*, 1re éd., Free Press (1993). – V. aussi J. S. McGee, « Predatory Price Cutting: The Standard Oil (N. J.) Case », 1 *Journal of Law and Economics* 137-169 (1958) ; selon cet auteur, la pratique de prix prédateurs serait irrationnelle économiquement. Il serait en effet moins coûteux pour une entreprise d'acquérir son concurrent que de mettre en œuvre une pratique prédatrice (au regard des coûts supportés par l'auteur de la stratégie prédatrice).

2140 Surtout que la stratégie de prédation peut avoir pour seule volonté de lancer un nouveau produit ou de faire connaître un produit plus rapidement à un plus grand nombre de consommateurs.

2141 T. Pénard, « Concurrence et économie industrielle », CREM, Université Rennes 1 : « *L'économie industrielle s'intéresse à l'organisation des marchés et des entreprises, pas seulement dans l'industrie, mais aussi dans les*

1039. **Provocation à la faillite.** Premièrement, l'économiste Lester Telser a modélisé l'efficacité de la stratégie prédatrice[2142]. Cette stratégie – fût-elle éphémère – est redoutable pour les rivaux de petite taille, qui sont poussés à la faillite. Ce postulat est repris par l'économiste Emmanuel Combe, qui observe les effets potentiellement désastreux de la stratégie prédatrice sur les entreprises monoproduits. Dès lors qu'il existe une forte asymétrie de taille entre les entreprises, l'opérateur présent sur plusieurs marchés peut exploiter sa puissance financière sur le marché où il est dominant pour pratiquer des prix prédateurs sur le marché où il est concurrencé. Au contraire, il est difficile pour l'entreprise de petite taille présente sur un seul marché de riposter, car ses pertes financières ne sont pas couvertes et l'opération pourrait la mener à la faillite[2143]. Cette stratégie prédatrice a pour résultat profitable la captation des parts de marché de l'entreprise monoproduit, qui ne peut riposter sous peine de péricliter.

1040. **Théorie du « portefeuille bien rembourré »[2144].** Deuxièmement, la théorie du « portefeuille bien rembourré » permet d'opposer une firme prédatrice disposant d'importantes capacités financières à une firme ayant des ressources limitées. L'entreprise aux « poches profondes » va pouvoir supporter des pertes sur une période plus longue que l'entreprise plus « petite ». Cette dernière, ne pouvant supporter indéfiniment les pertes, va abandonner le marché à l'opérateur dominant. Le résultat profitable de cette pratique est ici évident, car la pratique permet à l'entreprise de renforcer son monopole et d'augmenter ses profits à moyen-long terme.

1041. **Modèle d'asymétrie financière.** Cette théorie renvoie plus généralement au modèle d'asymétrie financière mis en avant par l'économiste Jean Tirole[2145]. Selon ce modèle, deux firmes sont en concurrence sur plusieurs périodes et chacune des firmes doit investir pour stabiliser sa position sur le marché à chaque période. La firme prédatrice dispose de ressources financières importantes (*deep pocket*), au contraire de la firme rivale, qui doit emprunter à la fin de la première période pour investir. Or, l'information différenciée entre prêteurs et emprunteurs (marché

---

services et le commerce. La question centrale en économie industrielle est de savoir comment une entreprise peut obtenir un avantage concurrentiel ou du pouvoir de marché et comment elle peut le renforcer ou au contraire le perdre » ; disponible sur : https://perso.univ-rennes1.fr/thierry.penard/cours/master1ei/economieindustrielle.pdf. – V. aussi : M. Glais, « L'utilisation des travaux de la nouvelle économie industrielle par les autorités de la concurrence », *Cahiers d'économie politique / Papers in Political Economy* n° 37, 2000, pp. 197-223.

2142 L. Tesler, « Cutthroat Competition and the Long Purse », 9 *Journal of Law and Economics* 259-277 (1966).

2143 E. Combe, *La politique de la concurrence*, 3e éd., La Decouverte, 2016, pp. 73-94 : « *[U]ne entreprise multi-produits ou multimarchés (songeons à une entreprise multinationale) peut plus facilement acculer à la faillite un concurrent de petite taille, monoproduit ou monomarché. En Europe, l'affaire Tetra Pak (1996) illustre ce cas de figure : Tetra Pak occupait une position de quasi-monopole sur le segment du conditionnement aseptique des produits alimentaires liquides et dégageait dans cette activité des marges importantes. En revanche, sur le segment du conditionnement non aseptique, Tetra Pak se trouvait en concurrence avec d'autres offreurs spécialisés. Selon la Commission européenne, Tetra Pak aurait tiré parti de sa puissance financière acquise sur le marché du conditionnement aseptique pour mettre en œuvre une stratégie de prix prédateurs sur le segment du conditionnement non aseptique. Sur le marché italien, outre de nombreuses ventes à perte ponctuelles de machines, Tetra Pak a vendu pendant sept ans son carton Rex, concurrent de celui d'Elopak, à un prix largement inférieur à ses coûts variables directs (entre 30 % et 35 %). Présent uniquement sur les marchés non aseptiques, il était difficile pour Elopak de riposter en baissant à son tour ses prix [...]* »

2144 C. Edwards, « Conglomerate Bigness as Source of Power », in *Business Concentration and Price Policy*, NBER Conference Report, Princeton University Press (1955), pp. 331-359.

2145 P. Rey, J. Tirole, « Analyse économique de la notion de prix de prédation », *RFE*, vol. 12, n° 1, 1997, pp. 3-32.

de crédit « imparfait ») implique que la banque ne dispose pas d'informations sur les capacités financières de la firme rivale. Ce faisant, l'emprunt va comprendre un surcoût qui s'accroît avec le montant de l'emprunt. En conséquence, la firme prédatrice va pratiquer durant la première période un prix très faible afin que la firme rivale réalise peu de profits et soit dans l'obligation d'emprunter un montant élevé pour financer son investissement. Le coût de l'emprunt pourrait obliger la firme rivale à renoncer à emprunter et donc à sortir du marché. La stratégie est dans ce cas pleinement lucrative : « *S'il est possible d'augmenter le surcoût de l'emprunt jusqu'au point où la victime – ou ses prêteurs – préfère y renoncer et ne pas être présente par la suite,* l'entreprise prédatrice bénéficie ultérieurement d'une position de monopole et voit donc ses profits augmenter ; elle a dès lors intérêt à adopter une stratégie prédatrice si l'augmentation des profits futurs fait plus que compenser la diminution de profit à court terme »[2146].

1042. **Théorie du signalement.** Troisièmement, la théorie du signalement[2147] développée dans un article célèbre par l'économiste Michael Spence peut être utile pour comprendre le résultat lucratif consécutif à la stratégie prédatrice mise en place par un agent économique. Selon cette théorie, il est stratégiquement bénéfique pour un individu (ou un État) de prendre une décision coûteuse de manière à influencer le choix des rivaux. La vente à perte d'une entreprise est de nature à adresser au marché le « signal » selon lequel ses coûts sont faibles et ainsi dissuader les nouveaux entrants de pénétrer le marché. Dans ce cas, la stratégie prédatrice assure au contrevenant débarrassé de toute concurrence une rente de monopole indue générée par l'effet psychologique du signal qui décrit la puissance économique de l'entreprise qui vend à perte.

1043. **Stratégies de prédation non tarifaires.** La prédation n'est pas toujours tarifaire[2148]. La prédation non tarifaire produit le même résultat profitable que la prédation tarifaire, à savoir l'éviction de la concurrence et des nouveaux entrants. À titre d'exemple, la mise en œuvre d'une innovation prédatrice[2149] par une entreprise peut s'avérer particulièrement rentable. Dans ce cas, l'entreprise va modifier son produit en prétextant une amélioration en réalité superficielle, et ce, dans le seul but de le rendre incompatible avec ceux de ses concurrents. Ce type de modification assure à l'entreprise dominante la capture du marché. À moyen terme, en réduisant le choix du consommateur de se tourner vers un autre produit, l'entreprise accroît ses profits et étend considérablement ses parts de marché.

2146 *Ibid.*, p. 14 (surlignement ajouté).

2147 M. Spence, « Job Market Signaling », 87(3) *Q J Econ* 355-374 (1973). – V. aussi M. Spence, « Signaling, Screening, and Information », in *Studies in Labor Markets*, S. Rosen (dir.), University of Chicago Press (1981), pp. 319-358.

2148 J. A. Ordover, R. D. Willig, « An Economic Definition in Predatory Product Innovation », Centre for the Economic Analysis of Property Rights, Economics and Law Workshop Papers, 81-19, London, ON: Department of Economics, University of Western Ontario (1981).

2149 T. Schrepel, « L'innovation prédatrice sur les marchés des nouvelles technologies : analyses croisées en droit européen et nord-américain de la concurrence », thèse, Paris Saclay, 2016. – V. aussi, M. Cartapanis, *Innovation et droit de la concurrence*, 1re éd., Institut Universitaire Varenne, 2018. Dans cet ouvrage, l'auteur explique notamment le rôle ambivalent de l'innovation, qui constitue à la fois un facteur de croissance sur le marché et une arme potentiellement anticoncurrentielle lorsqu'elle produit des effets d'éviction des nouveaux entrants sur le marché.

En dehors des principaux abus d'éviction ici commentés, les abus d'exploitation assurent aussi à l'entreprise dominante un résultat profitable incitatif à la commission d'infraction.

ii) Le résultat lucratif de l'abus d'exploitation

1044. **Illustration.** On parle d'abus d'exploitation quand une entreprise en position dominante impose des conditions (notamment tarifaires) excessives et/ou discriminatoires à ses partenaires ou clients. Un abus d'exploitation peut se manifester quand une entreprise qui détient une infrastructure essentielle[2150] refuse[2151] ou accepte de donner accès à cette infrastructure à un concurrent moyennant le paiement de redevances disproportionnées par rapport à la valeur du service. L'effet lucratif de ce type d'abus d'exploitation est parfois évident. Par exemple, l'entreprise qui, détenant un monopole sur l'accès à l'infrastructure, applique des prix d'accès trop élevés ou décide d'exclure ses concurrents afin d'augmenter ses profits sur le marché aval se rend coupable d'une faute lucrative. Certes, le refus d'accès à une infrastructure essentielle quelle qu'elle soit (actifs matériels ou immatériels[2152]) peut être justifié. Il est normal pour une entreprise ayant investi dans la recherche de vouloir protéger des informations techniques, fussent-elles utiles pour la concurrence. L'entreprise doit pouvoir tirer, « *au moins temporairement, les fruits d'une innovation ou d'un investissement ayant une valeur sociale importante* »[2153]. Il faut à ce titre distinguer deux types de rentes :

- premièrement, la rente de monopole justifiée que constitue la protection des informations ayant fait l'objet d'investissements ou d'une innovation ;
- deuxièmement, la rente de monopole indue et donc injustifiée lorsque cette dernière est le résultat de pratiques abusives visant à pérenniser à l'infini un avantage temporaire sur le marché. Ainsi, lorsque le monopole de l'entreprise provient de droits spéciaux accordés par l'État, les pratiques visant à dégager des rentes de monopole en excluant des concurrents en aval sont injustifiées et mériteraient une sanction confiscatoire.

1045. **Bilan.** La constitution d'une rente de monopole tirée d'un abus de position dominante permet, positivement, à une entreprise de maximiser ses profits à moyen-long terme et, négativement, d'éviter l'érosion de ses profits. Le résultat lucratif de l'abus de position dominante prend la forme d'un profit de monopole qui assure à la firme un avantage indu par rapport au concurrent et à la concurrence. À la différence d'une entente, ce que vise une entreprise en situation de dominance « *est moins la maximisation instantanée de son profit que la pérennisation d'un niveau de profitabilité supérieur, pour atteindre une sorte de stade aristocratique*

2150 La Cour de cassation avait précisé dans l'affaire *NMPP* ce qui pouvait être qualifié de « facilité essentielle » : v. Cass. com., 12 juillet 2005, nº 04-12.388 : pour qualifier une facilité essentielle, il faut établir, d'une part que les entreprises qui en demandent l'accès ne peuvent mettre en œuvre aucune « *solution alternative économiquement raisonnable* » et, d'autre part, que « *l'accès à la facilité est indispensable à l'exercice de leur activité* ».

2151 Sauf si ce refus est objectivement justifié.

2152 Informations techniques qui sont les fruits d'une innovation par exemple.

2153 J. Tirole, *Économie du bien commun*, PUF, 2016.

où elle bénéficie d'une rente »[2154]. Dans les deux cas néanmoins, la rentabilité de l'infraction incite les agents économiques à enfreindre la loi.

L'assimilation possible de la faute concurrentielle à une faute lucrative est donc possible, et ce, pour chaque type de faute concurrentielle. Cette assimilation aurait de nombreux intérêts du point de vue de l'action privée en réparation.

D. L'incidence sur l'action privée en réparation

1046. **Méthode.** Dans le cas où la faute concurrentielle serait assimilée à une faute lucrative, il faudrait consacrer un principe d'unité de la faute civile lucrative et de la faute concurrentielle (a). Malgré cette unité, la victime devrait, pour demander des dommages-intérêts restitutoires ou l'imposition d'une amende civile, déterminer le gain, l'économie, ou l'avantage indu perçu par le fautif (b) puis évaluer le montant des gains illicites (c), ainsi que le lien de causalité entre la faute et le profit illicite (d).

1047. **Principe compensatoire inversé.** La consécration d'un principe de restitution intégrale du profit illicite[2155] permettrait d'inverser, dans un but dissuasif, l'approche compensatoire du droit de la réparation. Au lieu de prouver une faute, un préjudice et un lien de causalité entre la faute et le préjudice, la victime devrait prouver une faute, le gain ou l'économie réalisés par l'auteur de la faute et le lien de causalité entre le manquement et les profits illicites. La « réparation à l'envers » est indispensable pour supprimer les effets lucratifs de la faute concurrentielle.

a. L'unité de la faute civile lucrative et concurrentielle

1048. **Étape 1. Détermination de la faute concurrentielle.** Tout d'abord, le plaignant agit en réparation du préjudice allégué. En vertu de l'unité de la faute civile et concurrentielle, la qualification de la faute dépend de la caractérisation de l'infraction au droit de la concurrence. Aux termes du nouvel article L. 481-1 du Code de commerce, tout comportement constitutif d'une violation du droit européen ou interne de la concurrence caractérise une faute.

1049. **Proposition. Unité de la faute civile lucrative et concurrentielle.** Au regard des bénéfices retirés de l'infraction de concurrence, une solution possible consisterait à consacrer un principe d'unité de la faute civile lucrative et concurrentielle. Dans ce cas, la détermination de l'infraction de concurrence permettrait de présumer l'existence d'une faute lucrative.

1050. **Étape 2. Détermination de la faute lucrative concurrentielle.** Ensuite, la présomption de faute ne devrait pas épargner la victime de rapporter la preuve du gain illicite procuré par la faute concurrentielle. En complément ou non de l'action en réparation, le plaignant formerait une action en restitution des profits illicites : soit en demandant le versement de dommages-intérêts restitutoires, soit en demandant

---

2154 O. Fréget, *La concurrence : une idée toujours neuve en Europe et en France*, *op. cit.* note 2095, p. 150.

2155 R. Mesa, « L'opportune consécration d'un principe de restitution intégrale des profits illicites comme sanction des fautes lucratives », *op. cit.* note 1970.

le prononcé d'une amende civile confiscatoire prévue dans le projet de réforme du droit de la responsabilité civile[2156].

Pour assurer le succès de l'étape 2, la détermination d'un gain ou d'une économie est un préalable indispensable à la fixation de l'amende civile.

b. La détermination d'un gain, d'une économie ou d'un avantage indu

1051. **Les critères de détermination du profit illicite.** Pour déterminer le profit illicite, la victime devra rapporter :

- un gain (ou) ;
- une économie (ou) ;
- un avantage indu.

1052. **Sur le gain réalisé : gain positif et négatif.** La victime devra en premier lieu déterminer l'existence d'un gain illicite. Il faut sur ce point distinguer deux types de gains : premièrement, les gains positifs, lesquels correspondent au surprofit réalisé par l'entreprise grâce à l'infraction. Le transfert de richesse des producteurs ou consommateurs qui ont payé un surprix vers les auteurs de la pratique illicite génère un gain positif. Deuxièmement, les gains négatifs, qui correspondent aux économies réalisées par l'entreprise grâce à l'infraction. En droit de la concurrence, l'économie indûment réalisée par l'entreprise se matérialise par une économie d'investissement d'une part, qui représente une économie de coût, et une économie de temps, d'autre part. Ce gain de temps se répercute sur le niveau de rentabilité de l'entreprise, car l'entreprise fautive qui n'a pas investi dans la recherche et s'est contentée de parasiter autrui se procure un avantage concurrentiel par rapport aux rivaux. La « perte de temps » des concurrents provoque un coût d'opportunité dont ne souffre pas le fautif qui n'a pas eu à affecter les ressources disponibles à un usage donné au détriment d'autres choix. Le temps gagné sur la recherche permet au fautif de ne pas sacrifier des opportunités qui auraient été abandonnées si le parasite avait eu à entreprendre des investissements coûteux. Pour toutes ces raisons, les économies d'investissements devraient, à notre sens, être prises en compte par le juge pour déterminer le montant de l'amende civile confiscatoire.

1053. **Les économies d'investissements.** La question se pose de savoir comment l'on doit définir les économies d'investissements. Il faut, pour ce faire, définir tout d'abord ce qu'est une « économie » puis déterminer ce qu'est un « investissement ». Une économie est un « *gain, assimilé à un bénéfice, résultant d'une moindre dépense* »[2157], tandis qu'un investissement résulte d'un engagement de capitaux[2158] en vue de la réalisation de profits. Plus généralement, investir consiste à engager une importante dépense en vue d'obtenir un bénéfice dans le futur. Le droit de la concurrence pourrait s'inspirer du droit de la propriété intellectuelle qui, depuis la loi n° 2014-315 du 11 mars 2014, reconnaît la prise

---

2156 *Supra*, Partie III, Titre I, n° 989 et s.

2157 G. Cornu, *Vocabulaire juridique*, 10e éd., PUF, 2014.

2158 Définition de l'Institut national de la statistique et des études économiques (Insee). Disponible sur www.insee.fr.

en compte par le juge des « *économies d'investissements intellectuels, matériels et promotionnels* »[2159].

Un investissement intellectuel se définit essentiellement au regard du savoir-faire, du temps et des efforts passés à la réalisation du projet et/ou de l'innovation. L'investissement intellectuel se confond souvent avec l'investissement matériel lorsque le savoir-faire en question fait l'objet d'une rémunération. Il peut donc être à la fois patrimonial et non patrimonial.

L'investissement matériel renvoie quant à lui à toutes les dépenses patrimoniales, qu'elles soient des dépenses en salaires, en formation des salariés[2160], en équipement (nouvelles machines, etc.).

L'investissement promotionnel correspond aux dépenses publicitaires. Il consiste à engager des moyens financiers, par l'achat d'espaces publicitaires par exemple, dans le but de se faire connaître et de retirer des bénéfices supérieurs au coût de la publicité.

1054. **Appréhension des économies d'investissements en droit de la concurrence.** Le gain retiré des économies d'investissements est incitatif à la commission d'infraction. Le projet de réforme du droit de la responsabilité civile vise clairement la confiscation des économies indues. La fixation, par le juge, d'une amende civile qui serait proportionnée aux économies indues retirées de la faute concurrentielle renforcerait considérablement la fonction dissuasive de l'action privée. Pour le moment, il n'y a guère qu'en droit de la concurrence déloyale et du parasitisme que le juge prend en compte les investissements réalisés par le fautif. L'étude empirique proposée dans cette étude démontre que l'acte de parasitisme a presque toujours comme résultat lucratif la réalisation d'économies d'investissements pour le fautif[2161]. Néanmoins, force est de constater que leur prise en compte n'a d'incidence que sur la qualification de la faute. L'économie d'investissement réalisée « *sans bourse délier* »[2162] permet de qualifier le parasitisme, mais n'est pas prise en compte par le juge dans la détermination et la quantification des dommages et intérêts[2163]. Le rejet de ces gains négatifs dans la quantification du préjudice

---

2159 Art. L. 331-1-3, 3° du Code de la propriété intellectuelle, dans sa rédaction issue de la loi n° 2014-315 du 11 mars 2014.

2160 CA Aix-en-Provence, 25 octobre 2012, *SAS parfums c/ SA Argeville*, n° 11/10525 : JurisData n° 2012-428. Dans cette affaire, pour fixer le préjudice tiré de l'acte de concurrence déloyale et parasitaire, le juge civil fait notamment référence à « *la perte des investissements en formation qui avaient été consacrés aux salariés* ».

2161 V. Annexe 2.

2162 CA Paris, ch. 2, 30 septembre 2016, *SA Breitling c/ SARL Bell & Ross*, n° 15/19136 : JurisData n° 2016-025649, obs. M. Malaurie-Vignal, « Concurrence déloyale », *CCC* n° 1, janvier 2017, comm. 13.

2163 CA Paris, ch. 4, 18 novembre 2015, *SAS Andrieu c/ SARL Real Chocolat*, n° 13/14017 : JurisData n° 2015-026408. D'abord, pour qualifier le parasitisme, la cour d'appel juge que « *le produit est nécessairement le résultat d'investissements importants. L'imitation de ce produit a permis au concurrent de réaliser des* économies injustifiées *en termes de création et de développement du produit* ». Ensuite, au moment de déterminer la sanction, le montant accordé ne prend pas en compte les économies injustifiées réalisées par le concurrent. – V. aussi : Cass. com., 26 juin 2012, *Sté Nateco et Sté Roldan c/ Sté Comptoirs du monde*, n° 11-20.629 : « *[L]a société Les Comptoirs du monde avait pillé systématiquement le savoir-faire économique de la société Roldan et Nateco, et, ce faisant, s'était approprié les résultats de l'investissement financier et professionnel consenti par elles.* » Néanmoins, au moment de fixer la sanction, les économies d'investissements semblent ignorées par les juges. – CA Paris, 10 février 2012, *SA Cinq Huitièmes c/ TNT*, n° 10/23711 : JurisData n° 2012 004581 : « *La société T.N.T a cherché à se rapprocher avec les produits diffusés par la société Cinq Huitièmes et s'est ainsi sans*

rentabilise l'infraction de concurrence. Comme le souligne un auteur, « *les économies d'investissement pourraient parfaitement être le cheval de Troie des dommages-intérêts punitifs, ou en tout cas masquer une évaluation artificielle des dommages et intérêts* »[2164]. Leur prise en compte dans le quantum de la sanction offrirait surtout une solution efficace pour contourner la difficulté d'évaluation des dommages et intérêts et donnerait à la responsabilité civile, en raison l'amende civile, une vraie portée dissuasive.

1055. **Recommandation sur les critères de détermination du profit illicite : l'avantage indu.** Par ailleurs, le juge confronté à une faute lucrative[2165] devrait intégrer, à notre sens, un troisième élément dans la prise en compte des gains illicites (donc à côté des gains positifs et négatifs), à savoir les avantages indus retirés par le contrevenant. Le juge confronté à un litige de concurrence pourrait ainsi distinguer ce qui relève des bénéfices illicites et ce qui relève des « avantages indus ». La formule est ignorée en droit des pratiques anticoncurrentielles et en droit de la concurrence déloyale et du parasitisme. Au contraire, en droit des pratiques restrictives de concurrence, la référence aux avantages indus retirés par le fautif est régulière[2166]. Il serait souhaitable de consacrer la prise en compte des avantages indus à toutes les infractions de concurrence. Cette distinction serait notamment particulièrement utile en matière d'abus de position dominante.

1056. **Avantage concurrentiel tiré de l'abus de position dominante.** L'avantage concurrentiel obtenu indûment en conséquence d'un abus de position dominante est particulièrement profitable à l'entreprise. En effet, cet avantage « *durable* »[2167] qui décrit « *une situation de position de surplomb du marché* »[2168] offre à l'entreprise des coûts moins élevés qui lui permettent de fortifier son avantage sur la concurrence[2169] : soit en profitant de l'économie de coût pour investir dans la recherche et ainsi proposer des produits différenciés qui renforceront sa position dominante ; soit en profitant de cette baisse des coûts pour diminuer ses prix et ainsi capter un plus grand nombre de consommateurs. L'avantage de coût et la stratégie de différenciation de produits constituent des barrières à l'entrée pouvant

---

nécessité placée dans le sillage de cette dernière dans le but de tirer profit des investissements que celle-ci engage pour faire connaître et développer ses activités commerciales ». Une nouvelle fois, malgré la prise en compte des économies d'investissements pour qualifier l'acte de concurrence déloyale et parasitaire, le juge de la réparation fixe le montant des dommages et intérêts sans faire référence aux économies d'investissements et en se fixant sur le seul préjudice de la victime (surlignement ajouté).

2164 A. Latil, « Les économies d'investissement du contrefacteur », *CCE*, n° 3, mars 2015, étude 6.

2165 Rappel de notre proposition de définition de la faute lucrative : « Est qualifiée de faute lucrative toute faute commise au préjudice d'autrui qui rapporte un gain, une économie ou un avantage indu à son auteur. »

2166 L'article L. 442-6 du Code de commerce évoque le fait d'« *obtenir ou de tenter d'obtenir un avantage* » sans contrepartie, ou encore les « *avantages tirés du manquement* ». – V. aussi Cass. com., 18 octobre 2011, pourvoi n° 10-15.296, *Bull. civ.* 2011, IV, n° 161, *D.* 2011, p. 2961, obs. Y. Serra : caractérise une pratique restrictive « *l'avantage indu reçu par le distributeur du fournisseur ne correspondant à aucun service commercial effectivement rendu par le distributeur au fournisseur ou manifestement disproportionné au regard du service rendu* ».

2167 A. Kandybin, S. Grover, « Un avantage concurrentiel durable », *L'Expansion Management Review* 2008/4, n° 131, pp. 82-89.

2168 O. Fréget, *La concurrence : une idée toujours neuve en Europe et en France*, *op. cit.* note 2095, p. 129.

2169 M. Porter, *L'avantage concurrentiel*, Dunod, 2003. L'auteur observe qu'il existe deux grands types d'avantages qu'une entreprise peut détenir par rapport à ses concurrents et qui sont susceptibles de lui offrir une situation de monopole durable : premièrement, avoir des coûts moins élevés ; deuxièmement, avoir des produits différenciés.

empêcher l'arrivée de nouveaux concurrents[2170]. À terme, l'avantage concurrentiel est susceptible de conduire à une élimination de la concurrence qui permet à l'entreprise dominante de s'extraire de toute pression concurrentielle. Dans ce cas, l'entreprise va dégager un profit de monopole.

1057. **Profit de monopole : la tranquillité.** Les travaux de l'économiste John Hicks permettent, en outre, de mettre en avant l'avantage non quantifiable de l'entreprise qui abuse de sa position dominante. L'auteur montre en effet que le profit monopolistique offre un avantage recherché par toutes les entreprises concurrentes et qui ne peut être mesuré : la tranquillité. En ce sens, le « meilleur » profit de monopole réside dans la quiétude dont bénéficie l'opérateur dominant, une fois la concurrence évincée[2171]. Cette tranquillité qui ne peut être mesurée constitue pourtant un avantage essentiel pour le contrevenant. Elle lui offre un laps de temps nécessaire pour développer une stratégie de dominance non plus sur le marché, mais dans le marché : à la manière d'un « *État qui viendrait à prendre le contrôle d'un port assez éloigné de son territoire pour anticiper des accès à celui-ci* »[2172], l'opérateur dominant pourra transférer son pouvoir de marché où il détient une position dominante vers un marché connexe, et ce, pour deux raisons : soit pour obtenir un avantage concurrentiel sur ce marché connexe et ainsi étendre ses parts de marché ; soit pour neutraliser l'essor de ce marché dont il craint qu'il lui fasse concurrence dans le futur. Ceci est d'autant plus probable que nombreux sont les marchés décloisonnés. C'est-à-dire que des entreprises qui n'œuvrent pas sur le même marché peuvent se faire concurrence (à titre d'exemple, le marché des transports aériens fait concurrence au marché du transport ferroviaire). La rente de monopole appréciée en termes de « tranquillité » offre à l'opérateur dominant le temps de mettre en place une stratégie pour empêcher l'éclosion d'un nouveau marché susceptible de remettre en cause son pouvoir de monopole. Le temps gagné par l'entreprise en situation de « tranquillité » lui offre un avantage indu énorme sur la concurrence qui va lui permettre, à terme, d'augmenter ses profits en renforçant sa position à la fois contre les concurrents visibles, ceux potentiels et ceux à venir.

1058. **Défaillance normative.** L'avantage concurrentiel obtenu indûment par l'opérateur dominant n'est pas pris en compte par le juge de la réparation qui, pour déterminer le préjudice, s'intéressera essentiellement au surcoût subi par la victime[2173]. L'avantage concurrentiel résultant d'un abus d'éviction ou d'exploitation procure de tels bénéfices à l'opérateur dominant (souvent non quantifiables à court terme) que le coût des dommages et intérêts peut être insuffisant à le dissuader d'enfreindre

---

2170 J. S. Bain, *Barriers to New Competition: Their Character and Consequences in Manufacturing Industries*, Harvard University Press (1956), p. 3 : une barrière à l'entrée constitue « *un avantage des firmes en place dans une industrie sur les entrants potentiels, avantage qui se traduit par la mesure dans laquelle les entreprises en place peuvent élever leur prix au-dessus du niveau concurrentiel sans susciter l'entrée de nouveaux concurrents dans l'industrie* ». De même, l'auteur considère qu'il existe surtout trois formes de barrières à l'entrée : les économies d'échelle, les avantages absolus de coûts et le fait de disposer de produits différenciés.

2171 J. Hicks, « Annual Survey of Economic Theory: The Theory of Monopoly », 3(1) *Econometrica* 1-20 (1935), p. 8 : « *The best of all monopoly profits is a quiet life.* »

2172 O. Fréget, *op. cit.*

2173 Ainsi que les autres pertes éprouvées comme les frais engagés pour se maintenir sur le marché ou ceux engagés inutilement pour entrer sur un marché dont la victime a été évincée.

la loi. Il offre à l'opérateur dominant un bénéfice durable[2174], qui lui permet de maîtriser non seulement le marché sur lequel il opère, mais aussi éventuellement de contrôler l'éclosion de marchés voisins capables d'anéantir sa position dominante. Le coût d'une action en réparation est nettement moindre que le bénéfice retiré par l'agent qui cherche à pérenniser à l'infini sa position dominante. Le droit de la responsabilité civile pourrait néanmoins retrouver une fonction dissuasive dans le cas où le juge de la réparation aurait la faculté d'imposer une amende civile confiscatoire.

1059. **Solution : l'amende civile pour réparer la structure du marché.** Dans le cas d'une action privée autonome, l'amende civile confiscatoire proposée par le projet de réforme pourrait « confisquer » l'avantage concurrentiel indûment retiré par le fautif. Cet avantage concurrentiel risque de perdurer en présence d'une sanction uniquement réparatrice. Une amende civile aurait pour avantage de réparer non pas seulement le préjudice d'une victime isolée, mais la structure du marché déréglée par les abus successifs d'un opérateur dominant qui tend à influencer la forme du marché et son développement au mépris du choix des consommateurs. Si la dimension punitive de l'action publique peut être contestée, car son rôle est moins d'être gardienne de la structure du marché que protectrice des intérêts du consommateur, la fonction « cachée » de l'action privée pourrait bien être de rétablir ce rôle tant décrié par l'École de Chicago, à savoir, un équilibre dans la compétition économique lorsque cet équilibre se retrouve malmené par quelques comportements abusifs. Cette idée n'est pas loin de celle développée par le professeur Catherine Sharkey, laquelle défend l'idée que les dommages-intérêts punitifs devraient en réalité être qualifiés de compensatoires, car ils sont de nature à compenser la perte du surplus du consommateur empêché d'actualiser ses désirs[2175]. À notre sens, l'amende civile confiscatoire imposée par le juge de droit commun aurait une vocation semi-punitive – semi-réparatrice : semi-punitive, car elle confisquerait, par le coût de l'amende, l'avantage concurrentiel tiré de l'infraction ; semi-réparatrice, car elle permettrait au concurrent lésé de rattraper le contrevenant dans la compétition économique. Ce faisant, l'amende civile pourrait avoir comme fonction de réparer une structure du marché déréglée par la toute-puissance d'une entreprise auteur d'abus d'éviction et/ou d'exploitation.

1060. **Bilan.** Que ce soit le prononcé d'une amende civile confiscatoire ou l'imposition des dommages-intérêts restitutoires, ces sanctions requièrent, pour sanctionner la faute lucrative, la détermination d'un profit illicite. Les critères de détermination du profit illicite sont triples : il faut déterminer un gain positif et/ou un gain négatif et/ou un avantage indu. Les économies d'investissements et les avantages indus doivent impérativement être pris en compte pour sanctionner les infractions de concurrence.

2174 Selon un auteur, la rente de monopole de l'opérateur dominant désigne le surprofit de monopole et, « *contrairement à celui des entreprises [en situation de] concurrence pure et parfaite, ce surprofit est durable même sur longue période* » ; v. sur ce point P. Deubel, M. Montoussé a., *Dictionnaire de sciences économiques et sociales*, Bréal, 2008, p. 113.

2175 C. Sharkey, « Punitive Damages as Societal Damages », 113 *Yale Law Journal* 347-453 (2003).

Reste, cependant, à reconnaître le droit pour la victime de proposer des méthodes d'estimation, non plus seulement du préjudice, mais des gains illicites retirés de la faute concurrentielle.

c. L'évaluation des gains illicites

1061. **Sur les gains positifs : l'indicateur du chiffre d'affaires.** Pour estimer les gains positifs de l'entreprise fautive, le chiffre d'affaires est un indicateur précieux. L'observation d'un accroissement du chiffre d'affaires pendant toute la durée de l'infraction de concurrence pourrait aider le juge à approximer le gain illicite. L'appréciation du volume de vente d'un produit affecté d'un surprix donne des renseignements sur l'importance des gains indus. En droit de la propriété intellectuelle, des dommages et intérêts confiscatoires sont prononcés sur la base des recettes de l'activité contrefaisante. Les gains indus sont calculés au regard de l'importance des recettes dégagées pendant l'infraction. Le droit de la concurrence pourrait s'inspirer de cette méthode de calcul. Toutefois, la prise en compte du chiffre d'affaires comme un indicateur des profits illicites ne serait pas obligatoire. Le juge disposerait d'une faculté de fonder son appréciation sur cet indicateur, sachant que des facteurs exogènes (inflation, conjoncture économique) peuvent influencer à la hausse comme à la baisse un chiffre d'affaires sans que cela soit lié à la faute poursuivie.

1062. **Autres indicateurs.** Le client direct d'un distributeur pourrait invoquer son faible pouvoir de négociation pour démontrer qu'il n'a pu résister à la hausse de prix imposée. L'élasticité-prix de la demande est aussi un critère à prendre en compte pour déterminer l'ampleur de l'enrichissement indu. La démonstration, par la victime, de la faible substituabilité du produit affecté constitue une information essentielle pour savoir si, malgré la hausse de prix, le client direct ou indirect a continué d'acheter. L'effet volume est aussi un indicateur qui vient minorer le préjudice tout en donnant un indice robuste des gains illicites attachés à la pratique. La répercussion de la hausse de prix imposée par le manquement qui entraîne une baisse du volume de commandes renseigne sur les profits indus réalisés en amont. S'agissant du surprix, on pourrait envisager de raisonner par présomption, et considérer que le surprix attaché à l'infraction de concurrence se situe entre 15 et 16 % selon les estimations économiques les plus basses[2176]. Aux États-Unis, de nombreuses juridictions justifient le caractère confiscatoire de leur sanction pécuniaire en se fondant sur des lignes directrices qui présument un surprix moyen de 10 % dans le cas d'une entente[2177].

1063. **Évaluation des gains négatifs.** Par ailleurs, pour estimer les gains négatifs, le juge pourrait se référer aux coûts des investissements du demandeur. Le juge serait dans l'obligation de distinguer deux types d'investissement :

2176 M. Boyer, R. Kotchoni, « How Much Do Cartel Overcharge? (The "Working Paper" Version) », Cirano Scientific Series, 31 juillet 2015 : « *Nous présentons une méta-analyse [...] Après correction des biais, nous obtenons une moyenne et une médiane de majorations de prix de l'ordre de 15,47 % et 16,01 %.* » Rappelons que les travaux de l'économiste J. Connor concluent à une estimation moyenne du surprix de 23 % : « *(1) the median average long-run overcharge for all types of cartels over all time periods is 23.0%; (2) the mean average is at least 49% [...]* » ; v. J. M. Connor, « Price-Fixing Overcharges: Revised 3rd Edition » (2014).

2177 J. M. Connor, *loc. cit.*

En premier lieu, l'investissement personnel à la victime, que l'auteur de l'infraction n'aurait pas eu à réaliser pour accroître ses bénéfices. Ce type d'investissement constitue une perte lorsque l'infraction de concurrence a empêché la victime de rentabiliser le capital investi. Dans ce cas, cet investissement n'entre pas dans le calcul du gain illicite mais seulement dans le calcul du préjudice.

En deuxième lieu, l'investissement auquel le contrevenant aurait dû consentir pour dégager le bénéfice. Cette économie d'investissement constitue une économie de dépense par rapport à la victime qui, elle, a engagé des coûts. À titre d'exemple, l'économie de dépense de celui qui tire indûment profit de la notoriété de l'entreprise concurrente doit être prise en compte dans le calcul des gains illicites. De même, l'appropriation indue d'une information stratégique assure au contrevenant une économie de coût, et notamment du coût des erreurs dans la mise en forme d'une innovation. Les économies en recherche et développement devraient être confisquées, car elles assurent au fautif un avantage indu sur la concurrence. En matière de concurrence déloyale et parasitaire, un arrêt ancien de la cour d'appel de Paris avait déjà reconnu que « *les avantages tirés du parasitisme sont à la mesure des investissements consentis par celui qui en est la victime* »[2178]. L'enrichissement du fautif trouve sa cause dans l'économie de dépense des investissements réalisés par la victime.

1064. **Les méthodes contrefactuelles.** De manière générale, le raisonnement contrefactuel, utile en matière de calcul du préjudice, pourrait l'être tout autant pour estimer les gains illicites. La méthode consisterait pour le juge à comparer le bénéfice réalisé grâce à la faute et le bénéfice qui aurait dû être réalisé si des investissements avaient été entrepris. La méthode comparative permet de distinguer les gains réalisés pendant l'infraction (situation réelle) avec les gains en l'absence d'infraction (situation hypothétique). La rentabilité de la situation financière du contrevenant comparée à celle qui aurait prévalu en l'absence d'infraction est un indicateur sérieux de l'ampleur des gains retirés du manquement. De même, la méthode en « double différence », laquelle assure la comparaison entre les prix pendant la période de l'infraction et ceux observés en dehors de cette période et sur un marché distinct (mais similaire, dépourvu de toute pratique illicite), est aussi utile pour évaluer les gains illicites.

1065. **Recommandation.** L'accès aux preuves pertinentes est indispensable aussi bien pour quantifier le préjudice que pour évaluer l'ampleur des profits illicites procurés par la faute lucrative. Nous reformulons donc, ici, notre proposition énoncée précédemment dans notre thèse visant à consacrer une sanction pécuniaire avec coefficient multiplicateur en cas de destruction des preuves pertinentes[2179]. Par ailleurs, sachant que l'article 17 (§ 1) de la directive « Dommages » consacre un principe d'estimation du montant du préjudice[2180], dans le cas où une action

---

[2178] CA Paris, ch. 4, 18 mai 1989.

[2179] *Supra*, Partie II, Titre II, n° 676 et s. Rappelons simplement ici que la destruction des preuves par le contrevenant est un problème qui est traité timidement par le droit français et européen de la concurrence. Cette problématique, prise très au sérieux aux États-Unis du fait de la multiplication des pratiques de destruction des preuves, doit être résolue par l'imposition d'une sanction punitive.

[2180] Ce principe d'estimation est notamment recommandé dans le cas ou le préjudice est excessivement difficile à prouver. Notons cependant que l'ordonnance n° 2017-303 du 9 mars 2017 relative aux actions en dommages

privée confiscatoire serait consacrée, il serait utile de reconnaître un principe d'estimation des gains illicites.

La détermination et les méthodes d'évaluation des gains illicites ne sauraient suffire à justifier l'imposition d'une sanction confiscatoire. La victime devrait aussi démontrer un lien de causalité entre le profit de l'infraction et la faute concurrentielle.

d. La détermination d'un lien de causalité entre la faute et le profit illicite

1066. **Causalité entre la faute et le profit illicite.** Le lien de causalité tel qu'il est traditionnellement envisagé ne traite que de la causalité entre la faute et le dommage. La consécration de la notion de faute lucrative oblige à repenser la détermination du lien de causalité. La fixation d'une amende civile confiscatoire ou de dommages-intérêts restitutoires devrait dépendre de la preuve d'un lien de causalité entre la faute et la réalisation d'un gain ou d'une économie. Le lien qui unit la faute concurrentielle à la réalisation d'un profit est parfois évident. À titre d'exemple, il y a un lien causal certain entre une pratique concertée sur les prix et le surprofit des firmes qui ont imposé un surprix au consommateur. De même, en matière de pratiques restrictives, les avantages indus du distributeur sont liés aux obligations disproportionnées dont souffre le fournisseur[2181]. Aussi, l'économie d'investissement du parasite est associée à l'appropriation indue de la valeur économique d'autrui[2182]. Les exemples du lien causal entre la faute concurrentielle et le profit retiré par l'agent sont légion.

1067. **Causalité économique entre le profit et le préjudice.** En conséquence, en plus d'un lien causal entre la faute et le dommage, il existe un lien de corrélation entre le préjudice concurrentiel et le profit illicite retiré par l'agent[2183]. Le gain ou l'avantage concurrentiel « *provient directement du détournement d'une valeur concurrentielle* »[2184]. L'agent se nourrit du préjudice causé à la victime[2185], lequel lui procure un gain direct ou indirect. Le profit retiré par le parasite n'est que

et intérêts du fait des pratiques anticoncurrentielles ne semble pas avoir repris la disposition de la directive sur l'estimation du préjudice concurrentiel.

2181 L'enrichissement peut être lié à l'introduction d'une clause de taux de service disproportionnée et sanctionnée par des pénalités importantes. – V. p. ex. : CA Paris, ch. 4, 11 septembre 2013, *Ministre c/ Société...*, n° 11/17941 : dans cette affaire, le distributeur imposait à ses fournisseurs un taux de service minimum de 98,5 % sanctionné par des pénalités importantes en cas de manquement, sans que cette clause n'ait fait l'objet de véritables négociations et sachant qu'il était impossible pour le fournisseur d'honorer ses obligations.

2182 *Supra* n° 1027.

2183 S. Carval, *La responsabilité civile dans sa fonction de peine privée*, *op. cit.* note 2036 : « *En matière de concurrence, plus qu'en toute autre, il est en effet irréaliste d'envisager le dommage causé indépendamment de ce qui apparaît comme son corollaire, le bénéfice retiré de l'acte fautif par son auteur.* » – V. aussi : C. Grare, *Recherche sur la cohérence de la responsabilité délictuelle : L'influence des fondements de la responsabilité sur la réparation*, Dalloz, 2005, p. 89. Selon l'auteur, notre responsabilité civile, en ignorant l'effet lucratif de la faute, fait le lit des fautes lucratives : « *Le paradoxe du système actuel est que là où la faute revêt une certaine gravité et où donc la formation normative de la responsabilité devrait être mise en avant pour être efficace, elle est complètement paralysée par la règle d'évaluation de l'article 1382.* » Paradoxalement donc, c'est le strict respect du principe compensatoire qui permettrait le développement des fautes lucratives.

2184 N. Dorandeu, *Le dommage concurrentiel*, *op. cit.* note 2110.

2185 CA Paris, 18 mai 1989, *D.* 1990, p. 340 ; obs. L. Cadiet ; somm. p. 76, obs. Y. Serra : « *Qu'en fait il s'agit d'un parasitisme économique qui, à l'instar du parasitisme observé dans le règne végétal ou animal, s'analyse en une prise de la substance de l'autre ainsi appauvri et parfois même conduit au dépérissement [...]* »

l'envers ou la résultante du préjudice subi par le parasité. De même, dans le cas d'un abus de position dominante, l'élimination d'un concurrent ou l'affaiblissement de son potentiel a des répercussions favorables sur l'activité économique de l'opérateur dominant sachant que, dans le cas contraire, une concurrence active l'obligerait à réduire ses marges et ses profits. De manière générale, toute pratique visant à affaiblir la rivalité concurrentielle assure des économies de coûts, des « niches » et des rentes de monopole aux fautifs. Le lien de causalité entre le préjudice et le profit indu s'est d'ailleurs révélé à la Commission, qui rappelle dans son guide pratique de 2013 la faculté pour chaque État membre de prendre en compte les gains illicites lorsque ces derniers peuvent jouer un rôle direct ou indirect dans l'estimation du préjudice[2186]. Dans le même sens, un auteur propose d'appliquer une théorie des « vases communicants » pour présumer que la perte de l'ensemble des victimes de pratiques anticoncurrentielles ne peut être inférieure au gain procuré par la pratique à son auteur[2187].

1068. **Bilan.** Il existe une causalité économique entre la faute concurrentielle et le profit illicite qu'elle procure. Le préjudice concurrentiel a souvent pour corollaire un enrichissement indu. La preuve rapportée de cette corrélation devrait justifier le prononcé d'une sanction confiscatoire au bénéfice de la victime. Dans le cas où le juge refuserait l'imposition d'une amende civile, ce dernier pourrait néanmoins prévoir que les gains illicites jouent un rôle direct ou indirect dans l'estimation du préjudice et ainsi prononcer des dommages-intérêts restitutoires. Prendre en compte les profits du fautif dans l'estimation du dommage permettrait, selon les cas, de contourner les difficultés tenant à la quantification des dommages et intérêts tout en gonflant leur montant. De plus, ce serait enfin donner aux dommages et intérêts compensatoires une vertu restitutoire qui doperait l'effectivité (car les victimes agiraient plus régulièrement en justice) et l'efficacité (car les dommages et intérêts seraient dissuasifs) de l'action privée en réparation.

2186 « Guide pratique concernant la quantification du préjudice dans les actions en dommages et intérêts », *op. cit.* note 1667, § 5 : « *[…] prévoir que le gain illicite réalisé par l'entreprise ou les entreprises responsables de l'infraction joue un rôle – directement ou indirectement – dans l'estimation du préjudice subi par les parties lésées.* »

2187 F. Dupuis-Toubol, « Action civile en matière de pratiques anti-concurrentielles : éléments de problématique », *op. cit.* note 2049.

Conclusion Chapitre 2

1069. **État des lieux.** Pour restaurer la fonction dissuasive de l'action privée, il est indispensable de renforcer, d'une part, la portée confiscatoire de l'action menée collectivement. Il faut, pour ce faire, réformer la loi Hamon qui, par les règles qu'elle contient, prive totalement l'action de groupe de toute portée dissuasive. D'autre part, il faut renforcer l'action privée en réparation menée individuellement en lui conférant, aussi, un rôle confiscatoire des gains illicites. Le projet de réforme du droit de la responsabilité civile mérite des corrections si l'on veut s'assurer que l'amende civile qu'il propose puisse effectivement s'appliquer et confisquer les gains, économies et avantages indus retirés par l'auteur de la faute.

1070. **Réformer la loi Hamon pour rétablir la fonction confiscatoire de l'action de groupe.** Une action de groupe « efficace » devrait permettre la restitution des profits illicites retirés par l'agent fautif. Pour assurer l'octroi de dommages-intérêts proportionnels aux gains illicites, il faut réformer l'action de groupe à la française. Ceci est possible en s'inspirant du dispositif *cy-près* américain pour consacrer un mécanisme de restitution fluide des profits illicites[2188]. Cette solution permettrait de remédier à la carence principale de la loi Hamon, qui semble ignorer la question fondamentale du reliquat. Le reliquat correspond aux sommes restantes une fois les réclamations individuelles obtenues. L'inertie des victimes est prévisible au stade de l'indemnisation. Il n'est en effet pas certain que les membres de groupe réclament leur créance à ce stade, surtout si celle-ci s'avère minime. De plus, les difficultés tenant à l'identification individuelle des victimes qui ne sont pas informées de l'opportunité de recueillir leur créance vont générer un important reliquat. Pour cette raison, il est essentiel que le législateur prévoie – lorsque la distribution individuelle du montant global de dommages et intérêts se révèle excessivement complexe – un mécanisme de restitution collective des profits illicites par affectation des sommes non réclamées à un organisme. Seule la consécration d'un tel mécanisme (distribution fluide) permet de conférer à l'action de groupe une véritable portée confiscatoire.

1071. **Modifier le projet de réforme du droit de la responsabilité civile.** Par ailleurs, l'article 1266-1 du projet de loi portant réforme du droit de la responsabilité civile reconnaît un droit pour la victime, en cas de faute lucrative, de demander l'instauration d'une amende civile proportionnée aux profits retirés de la faute. Le projet a néanmoins pour inconvénient majeur d'interdire la restitution, à la victime, des profits illicites, ce qui limite profondément l'intérêt à agir. Pour encourager l'action en restitution (autrement appelée « action en confiscation »), le législateur

2188 Rappelons que le dispositif *cy-près* américain est un mécanisme de distribution fluide des dommages-intérêts : lorsque la compensation individuelle de chaque consommateur lésé est impossible et qu'il est difficile d'identifier tous les membres du groupe, une petite fraction seulement des gains illicites risque d'être retournée aux victimes sous forme de dommages et intérêts. Le reliquat des sommes n'ayant pu faire l'objet d'une distribution individuelle est alors affecté à une forme de distribution fluide. Cette distribution fluide consiste à attribuer les sommes non réclamées à un organisme, ce qui permet de vider le risque d'enrichissement du fautif du fait de l'apathie des consommateurs.

devrait prévoir, à côté de la Sous-section 5 du projet relatif à l'amende civile, une « Sous-section 6 » intitulée « Dommages et intérêts restitutoires ».

1072. **Action restitutoire en complément de l'action en réparation.** L'introduction d'une action indemnitaire restitutoire en complément de l'action compensatoire permettrait aux victimes de demander la restitution des gains illicitement acquis par le fautif. Une partie ou l'ensemble des gains indus seraient ainsi reversés à la victime, à condition que cette dernière démontre un lien de causalité entre son appauvrissement et l'enrichissement du contrevenant. Nous recommandons l'instauration d'une nouvelle approche du préjudice fondée, en partie, sur les profits illicites. Le rejet de la demande relative à l'amende civile confiscatoire ne devrait pas priver la victime de pouvoir estimer son préjudice en se fondant sur les gains illicites pour requérir le prononcé de dommages-intérêts restitutoires. Il y a sinon à craindre que le rejet de la demande portant sur l'amende civile – ce qui risque d'être le cas lorsque la faute lucrative est de faible gravité[2189] – permette aux responsables d'une pratique illicite faiblement dommageable de s'enrichir, faute d'avoir à subir une sanction confiscatoire.

1073. **Pour une définition objective de la faute lucrative.** En outre, le déclenchement de l'amende civile confiscatoire prévue dans le projet de réforme risque d'être affecté par l'obligation, pour la victime, de démontrer le caractère intentionnel de la faute lucrative. En effet, au regard du projet, une définition subjective de la faute lucrative semble prévaloir : le texte évoque une « *faute délibérément commise en vue d'obtenir un gain ou une économie* ». Cette définition subjective n'est pas satisfaisante et risque de provoquer l'effet inversement recherché par le projet de réforme, à savoir un accroissement des fautes lucratives. Le déclenchement l'amende civile étant lié à la qualification de la faute, il faut impérativement assouplir les conditions permettant sa détermination afin d'assurer le prononcé de l'amende. L'action privée confiscatoire risque d'échouer, car la victime éprouvera d'insurmontables difficultés probatoires à déterminer le caractère « délibéré » du manquement. De plus, sachant que la faute concurrentielle est une faute objective, requérir la preuve de l'intention s'agissant des infractions concurrentielles lucratives nous semble incohérent. À ce titre, un exemple de droit comparé vient confirmer notre postulat. En effet, le droit allemand reconnaît la possibilité d'exercer une action en écrémage des profits illicites pour réprimer les pratiques commerciales déloyales. Cette sanction confiscatoire est néanmoins paralysée, car le demandeur doit rapporter la « *preuve d'une violation dolosive de la loi* »[2190], ce qu'il ne parvient jamais à faire en pratique. Pour faciliter l'imposition de l'amende civile, nous proposons donc une redéfinition de la faute lucrative ainsi définie objectivement : « Est qualifiée de faute lucrative toute faute commise au préjudice d'autrui qui rapporte un gain, une économie ou un avantage indu à son auteur ».

2189 C'est-à-dire lorsque le dommage causé par la faute qui rapporte un profit à son auteur est faible. Rappelons que l'article 1266-1 du projet de réforme dispose que l'amende doit être proportionnée à la gravité de la faute commise, ce qui signifie implicitement que la faute lucrative doit être suffisamment grave pour justifier l'amende civile.

2190 B. Gsell, « Action de groupe sans action de groupe en droit allemand – Recours groupé en dommages et intérêts même en l'absence d'instrument particulier de recours collectif », *op. cit.* note 1891.

La définition objective de la faute lucrative permet, dans le même temps, de la rapprocher de la faute concurrentielle. L'assimilation possible de la faute concurrentielle à une faute lucrative accroît le risque juridique de l'infraction de concurrence, désormais sous le coup d'une amende civile.

1074. **Détermination et évaluation des gains illicites.** De manière générale, pour assurer le prononcé d'une sanction confiscatoire[2191], les victimes doivent être en mesure de déterminer les profits illicites. Trois critères emportent leur détermination : il faut rapporter l'existence d'un gain positif et/ou un gain négatif[2192], et/ou un avantage indu. Ces critères ne sont pas cumulatifs[2193]. Les économies d'investissements doivent impérativement être prises en compte pour sanctionner les infractions de concurrence. De plus, la particularité de l'infraction de concurrence qui offre au fautif de nombreux avantages injustifiés (et souvent non quantifiables à court terme) devrait conduire le juge à opérer une distinction entre les bénéfices illicites et les avantages indus. L'avantage concurrentiel obtenu indûment mériterait d'être pris en compte dans la détermination de l'amende civile du fait de ses effets néfastes sur le marché. Après la détermination des gains illicites, la victime resterait tenue de procéder à leur évaluation. L'ensemble des méthodes contrefactuelles utilisées en jurisprudence pour évaluer le préjudice, que ce soit la méthode « avant-après », la méthode par comparaison (« *yardstick* ») ou la méthode en « double différence », peut servir d'outil robuste pour calculer l'ampleur des gains illicites.

2191 Que ce soit une amende civile confiscatoire ou des dommages-intérêts restitutoires.

2192 Rappelons que les gains négatifs définissent les économies de coût et d'investissement.

2193 Par exemple, la démonstration d'un gain positif devrait suffire pour que la demande en confiscation des gains illicites soit jugée recevable.

Conclusion Titre I

1075. **Sanctions confiscatoires.** La dissuasion implique le rétablissement de la fonction dissuasive de l'action publique et de celle de l'action privée. Nous avons ainsi repensé l'arsenal des sanctions disponibles pour conférer à ces deux actions une fonction confiscatoire des profits illicites. Les sanctions prévues sont aujourd'hui trop éloignées de la réalité économique des infractions de concurrence, qui assurent un profit à leur auteur. La diversité des mécanismes possibles qui donnent aux sanctions prévues en droit positif un rôle confiscatoire permet de lutter contre le déterminant principal de la violation du droit : la recherche du profit.

La consécration d'une sanction optimale applicable aux entreprises ne peut néanmoins suffire à assurer la dissuasion des comportements déviants. Il reste, en effet, à déterminer aussi une sanction optimale applicable aux dirigeants d'entreprise directement responsables d'infractions de concurrence.

TITRE II

LA SANCTION OPTIMALE DES DIRIGEANTS D'ENTREPRISE RESPONSABLES D'INFRACTIONS DE CONCURRENCE

> « *Une dissuasion efficace nécessite donc une combinaison des sanctions pour les entreprises et pour les dirigeants* »[2194].

1076. **Prolongement du débat : des entreprises aux dirigeants.** La question de la dissuasion traite essentiellement de l'incitation des entreprises à enfreindre le droit de la concurrence[2195]. Cette question essentielle reste néanmoins imparfaite si l'on n'envisage pas, corrélativement, celle de l'incitation des dirigeants à enfreindre la loi. Seule une combinaison des sanctions à la fois pour les entreprises et pour les « individus »[2196] consacrerait un système dissuasif optimal. Une approche en termes de gouvernance d'entreprise doit ainsi être menée par les autorités dont le rôle est de limiter le calcul coût-avantage de certains managers qui, contre ou solidairement avec leurs actionnaires, agissent en infraction au droit de la concurrence. La notion de faute lucrative doit aussi être appliquée aux dirigeants qui retirent un bénéfice de l'infraction commise.

1077. **Intérêt de la question.** La sanction optimale appliquée aux dirigeants apparaît d'autant plus centrale que le système d'amende à l'égard des entreprises consacré dans l'ensemble des pays européens n'a toujours pas eu l'effet dissuasif escompté, comme en témoigne l'importance du phénomène de récidive[2197]. L'application régulière de sanctions pénales pour punir l'infraction de concurrence pourrait être un moyen de compenser le caractère non confiscatoire de l'amende. Les défauts

---

2194 D. Geradin, K. Sadrak, « The EU Competition Law Fining System: A Quantitative Review of the Commission Decisions between 2000 and 2017 », TILEC Discussion Paper 2017-018, p. 32. Traduction libre : « *Effective deterrence thus requires a combination of corporate sanctions and individual penalties.* » – V. aussi : A. Stephan, « An empirical evaluation of the normative justifications for cartel criminalisation », 37(4) *Legal Studies* 621-646 (2017), p. 625 : « *The problem is that fines are typically imposed on undertakings some years after the cartel was formed and are unlikely to directly impact on the individuals responsible.* »

2195 Nous en voulons pour preuve l'absence de *soft law* sur la question – l'Autorité de la concurrence n'ayant, à notre connaissance, jamais rendu un rapport portant sur la sanction des managers. Seule l'OCDE semble s'être réellement intéressée à cette question, mais son dernier rapport sur la sanction des managers date de 2003 (v. OCDE, « Sanctions against Individuals », DAF/COMP(2004) 39, 10 janvier 2005).

2196 OCDE, « Cartels Sanctions Against Individuals », Paris : OECD Competition Committee (2003).

2197 C. Veljanovski, « Deterrence, Recidivism and European Cartel Fines », 12 février 2011. Disponible sur SSRN : https://ssrn.com/abstract=1758639.

inhérents au système de sanction contre les entreprises[2198] justifient la proposition de sanctions pénales à l'égard des dirigeants, qu'elles soient pécuniaires et/ou non pécuniaires.

1078. **Approche managériale.** Pour saisir l'intérêt de sanctionner les dirigeants, il faut pour commencer comprendre l'incitation de ces derniers à enfreindre le droit de la concurrence. L'objectif de dissuasion consiste à anticiper les incitations de l'agent économique. Nous évoquerons donc, en premier lieu, le calcul coût-bénéfice des dirigeants qui, comme les entreprises, ont la possibilité de réaliser une faute lucrative (Chapitre 1).

En second lieu, nous envisagerons les sanctions pénales applicables aux dirigeants d'entreprise (Chapitre 2). Selon la nature de l'infraction de concurrence, l'emprisonnement ou des sanctions dites « para-pénales » pourraient être appliqués.

2198 P. Whelan, « Cartel Criminalization and the Challenge of "Moral Wrongfulness" » 33(3) *Oxford J Legal Stud* 535-561 (2013). Comme le fait remarquer le professeur Whelan, la dissuasion par l'imposition d'une amende connaît trois limites : d'une part, la rareté de l'approche par les effets complexifie une quantification juste de la sanction pécuniaire ; d'autre part, quand bien même les effets de la pratique illicite sont appréciés, il est parfois difficile de distinguer les effets licites des effets anticoncurrentiels de telle sorte que l'amende pécuniaire est « suspecte » ; enfin, la stricte application de la théorie de la dissuasion optimale mènerait à la fixation d'amendes disproportionnées (au regard de la faible probabilité de détection).

Chapitre 1
La faute lucrative des dirigeants d'entreprise

1079. **Calcul rationnel.** Le manager d'une entreprise qui entend retirer un profit de son manquement opère un calcul coût-bénéfice (Section 1), lequel, contesté par l'économie comportementale, mérite d'être ajusté au regard des limites cognitives des agents économiques. Nous analyserons ainsi l'incidence des heuristiques et biais comportementaux[2199] sur le choix de l'agent d'enfreindre la loi (Section 2).

Section 1
Le calcul coût-bénéfice des dirigeants

1080. **Individus hautement qualifiés et cynisme.** Le calcul coût-bénéfice des dirigeants d'entreprise constitue une hypothèse crédible sachant que ces derniers sont, pour la plupart, hautement qualifiés[2200]. L'hypothèse « comportementale » selon laquelle l'infraction serait inconsciente (ou imprudente) n'est pas satisfaisante dès lors que l'auteur de l'infraction est un manager qualifié. À cela s'ajoute le cynisme revendiqué dans les entreprises[2201] comme une « *valeur montante du management* »[2202]. Les chercheurs américains Philip Mirvis et Donald Kanter ont étudié cet état d'esprit dans un article démontrant le cynisme partagé par les agents, notamment lorsqu'une somme d'argent est en jeu[2203]. La faute lucrative étant par nature une

---

2199 Rappelons que les heuristiques sont des « *stratégies cognitives simplistes, "des raccourcis" mentaux économiques, qui nous autorisent à trouver des solutions acceptables, mais pas toujours correctes* » (F. Martinez, « L'individu face au risque : l'apport de Kahneman et Tversky », *Idées économiques et sociales* 2010/3, n° 161, pp. 15-23). Les biais cognitifs décrivent les erreurs cognitives des individus qui prennent de mauvaises décisions.

2200 J. M. Connor, R. H. Lande, « Cartels as Rational Business Strategy: Crime Pays », 34 *Cardozo L. Rev.* 427-490 (2012), p. 440 : « *Of the 152 known individuals who received a fine or prison sentence in cartel cases between 1990 and 2008, we were able to determine the position held during the cartel's existence for 151 of them. Of those,* 40 appear to have been one of the heads of the companies for which they worked*; 24 appear to have occupied a corporate position that was very high, but below the level of those in the former group; 77 appear to have been mid-level employees; 3 were co-owners or sole-proprietors of a business; 3 were stamp dealers; and 4 were consultants. Of the mid-level employees, 35 were clearly involved in sales or marketing* » (surlignement ajouté).

2201 C. McNamara, « Overview of Cynicism in Business Organizations », Free Management Library. Disponible sur : http://managementhelp.org/personalwellness/cynicism/index.htm.

2202 C. Victor, « Le cynisme, valeur montante du management », *Le Monde diplomatique*, août 2014, p. 21.

2203 P. H. Mirvis, D. L. Kanter, « Cynicism: The New American Malaise », 91(77) *Business & Society Review* 57-61 (1991). Les auteurs ont notamment mené une enquête réalisée aux États-Unis en 1990. Elle montre que 66 % des personnes interrogées se disent prêtes à mentir si elles peuvent en retirer un avantage. Aussi, 67 % des participants ont affirmé se montrer moins honnêtes quand une somme d'argent entre en jeu.

faute « cynique »[2204] par laquelle son auteur enfreint la loi pour retirer un profit, le risque qu'un manager commette une telle faute nous semble élevé. Ce risque est renforcé dès lors que le gain que retire le dirigeant du manquement à la loi (§ 1) nous semble supérieur au coût de l'infraction (§ 2).

§ 1. Le gain illicite retiré par le dirigeant d'entreprise

1081. **Résultat lucratif : la rémunération indexée sur la performance.** Selon la méthode de gouvernance de l'entreprise, le mode de rémunération des dirigeants peut être fondé sur la performance. La rémunération indexée sur la performance de l'entreprise peut avoir pour effet d'inciter les dirigeants à adopter un comportement illicite afin d'obtenir des récompenses économiques sous la forme de bonus, de stock-options, d'actions gratuites, etc.[2205]. À notre sens, le dirigeant d'une entreprise est confronté à un dilemme. Il peut, d'une part, choisir une stratégie de concurrence par les mérites. Dans ce cas, il devra affronter le risque inhérent à toute compétition économique en entreprenant des investissements qui risquent de ne jamais être rentabilisés. Il peut, d'autre part, décider d'augmenter la probabilité de réaliser des profits importants (tout en limitant le risque économique lié à la concurrence) à court-moyen terme en optant pour une pratique anticoncurrentielle. Au regard d'une étude empirique, l'infraction de concurrence répond à la volonté des dirigeants de maximiser leurs gains à court terme plutôt que de se concentrer sur la rentabilité à long terme de l'entreprise[2206]. La rémunération du dirigeant indexée sur la performance de l'entreprise lui permet de s'enrichir en optant pour une stratégie illicite procurant des effets de rentabilité immédiats. Pour illustrer notre propos, prenons trois formes de rémunération en exemple à travers le bonus, les stock-options et l'action gratuite.

1082. **Le bonus.** Dans le cadre d'un bonus, le dirigeant reçoit une prime s'il réalise un objectif précis, du moment qu'il est quantifiable. Si l'objectif est d'augmenter le bénéfice de l'entreprise, il est tentant pour un dirigeant de maximiser au plus vite le résultat financier de l'entité afin de percevoir une prime dite « bonus ». Une pratique concertée va par exemple permettre au dirigeant, sans trop d'efforts, de remplir ses objectifs de profit pour percevoir son bonus. Ce bonus peut se trouver supérieur au salaire de base, d'où l'incitation à enfreindre la loi. Ce raisonnement est applicable aux autres modes de rémunération tels que les stock-options[2207] ou actions gratuites.

2204 En ce sens que l'agent qui commet la faute est exclusivement motivé par l'appât du gain, peu importe les conséquences de sa faute et le dommage causé.

2205 A. Petersone, « Managerial compensation and cartel behavior », Thesis BSc Economics and Business (2010).

2206 J. L. Laverty « Economics "Short-Termism": The Debate, the Unresolved Issues, and the Implications for Management Practice and Research », 21(3) *Academy of Management Review* 825-860 (1996).

2207 Une stock-option est une forme de rémunération versée par des entreprises : « *Ce système permet à des dirigeants et à certains collaborateurs clés d'une entreprise de souscrire (plan d'option) ou d'acheter (plan d'option d'achat) des actions de celle-ci à une date et à un prix fixé à l'avance (prix d'exercice)* » (définition sur : patrimoinorama.com).

1083. **Les stock-options.** Une stock-option est une forme de rémunération versée par des entreprises : « *Ce système permet à des dirigeants et à certains collaborateurs clés d'une entreprise de souscrire (plan d'option) ou d'acheter (plan d'option d'achat) des actions de celle-ci à une date et à un prix fixé à l'avance (prix d'exercice)* »[2208]. Selon un calendrier fixé à l'avance, on donne au dirigeant le droit d'acheter des actions à prix donné. Il peut donc être intéressant pour un dirigeant de former une pratique anticoncurrentielle pour augmenter le chiffre d'affaires et les profits de l'entreprise, et ce, afin de faire monter le cours de l'action. Ensuite, une fois que les cours montent, le dirigeant va exercer son action et remporter une somme d'argent importante. De plus, la durée de détention des stock-options avant leur possible exercice est limitée (environ 5 ans). Pour cette raison, le « *manager va alors comparer la rentabilité et la rapidité de mise en œuvre de différentes stratégies de progression du chiffre d'affaires ou de la profitabilité, dont certaines peuvent se révéler illicites* »[2209]. La volonté de maximiser les gains à court terme va gouverner le choix de la stratégie infractionnelle. La stratégie d'un abus tarifaire (prix prédateur) ou non tarifaire (innovation prédatrice) pourrait s'avérer longue, moins rentable et plus imprévisible. Au contraire, « *la pratique de cartel présente l'avantage d'être rapide à mettre en place : la progression du chiffre d'affaires et du profit résulte du "surprix" imposé par le cartel aux clients* »[2210]. En outre, l'évaluation de la performance du manager est évaluée au regard de la performance des entreprises du même secteur. La pratique de cartel – en assurant un coût de production potentiellement similaire entre les participants à l'entente – permet au manager de ne pas subir l'effet de comparaison des firmes plus performantes et donc d'assurer sa rémunération[2211].

1084. **Action gratuite.** Une action gratuite est une action attribuée gratuitement par une entreprise au manager. L'attribution d'actions gratuites est encore plus favorable pour le dirigeant que les stock-options, car ce dernier n'a pas à craindre de voir le cours de l'action baisser. De plus, le dirigeant est assuré de réaliser une plus-value au moment de la revente de ses actions. L'attribution d'une action gratuite pour récompenser les efforts du manager est susceptible de renforcer l'incitation de ce dernier à enfreindre le droit de la concurrence pour améliorer les performances de l'entreprise.

1085. **Étude empirique.** Au regard de ces exemples, on peut douter de l'idée selon laquelle la méthode de gouvernance visant à indexer la rémunération sur la performance permet d'aligner les intérêts des dirigeants avec ceux des actionnaires[2212]. Au

---

2208 *Ibid.*

2209 E. Combe, C. Monnier-Schlumberger, « Lutte contre les cartels et comportement des managers », Concurrences n° 4-2016, Art. N° 81860, pp. 51-68. – Voir aussi : E. Combe, C. Monnier, « Cartels et comportements des managers : analyse et implications pour les politiques publiques », *RE*, vol. 67, Hors-série, février 2016, pp. 95-110, spéc. p. 100

2210 E. Combe, C. Monnier-Schlumberger, Concurrences, *Loc. cit.*

2211 *Ibid.* Les auteurs soulignent que les bénéfices de la pratique concertée sont plus prévisibles et donc plus susceptibles de calcul : « *[...] sous réserve que le cartel soit stable, le montant du gain peut être approximé ex ante. Si les coûts de production entre les participants au cartel sont similaires, le cartel assure également une performance relative identique entre les entreprises du même secteur, ce qui est souvent un critère d'évaluation interne de la performance d'un manager* ».

2212 Cette idée est notamment défendue par des auteurs : v. M. C. Jensen, W. H. Meckling, « Theory of the firm: Managerial behavior, agency costs and ownership structure », 3(4) *Journal of Financial Economics* 305-360 (1976).

contraire, des études empiriques ont démontré que la probabilité de réalisation de fraudes est d'autant plus élevée que la rémunération à base d'options représente une part importante de la rémunération des dirigeants[2213]. En conséquence, la rémunération à base d'actions pourrait inciter à l'infraction et favoriser les calculs de rentabilité de la violation du droit.

1086. **Résultat profitable de l'infraction.** De plus, la pratique illicite permet au manager performant d'atteindre des objectifs de carrière élevés plus rapidement. Si un auteur a montré que la condamnation d'une entreprise pour cartel nuit aux perspectives de carrière des managers[2214], certaines affaires prouvent l'inverse : à titre d'exemple, dans l'entente entre les compagnies aériennes, le dirigeant impliqué dans le cartel a été promu par les actionnaires[2215]. L'affaire *Alfred Taubman* est aussi éclairante : le propriétaire de la maison de vente aux enchères Sotheby's s'était rendu coupable d'une entente sur les prix avec la maison rivale Christie's. Le lendemain de sa condamnation à un an et un jour de prison ferme, le conseil d'administration de Sotheby's Holdings Inc l'avait nommé membre du conseil et son fils l'avait remplacé en tant que président[2216]. Cette affaire fait écho au postulat défendu par un avocat américain selon lequel la pratique illicite peut ressembler à un jeu à somme nulle pour l'auteur de l'infraction qui n'a rien à perdre, sachant qu'il peut être réemployé par l'entreprise, rémunéré par cette dernière pendant qu'il séjourne en prison ou encore se voir offrir un poste par une entreprise concurrente[2217].

1087. **Surveillance des actionnaires ?** Par ailleurs, on pourrait considérer que le risque attaché à la faute lucrative des dirigeants est limité en pratique par le pouvoir de surveillance des actionnaires. Les actionnaires contrôleraient les managers et seraient en mesure de neutraliser les éventuelles motivations à l'infraction formées par ces derniers. On peut néanmoins douter de cette idée pour plusieurs raisons.

2213 H. A. Ndofor, C. Wesley, R. L. Priem, « Providing CEOs With Opportunities to Cheat ; The Effects of Complexity-Based Information Asymmetries on Financial Reporting Fraud », 41(4) *JOM* 1774-1797 (2015) : « *Using a sample of 453 matched pairs of firms that have and have not been identified as having committed financial reporting fraud, we found that information asymmetries arising from industry- and firm-level complexities increase the likelihood of financial fraud. Moreover, more CEO stock options increase the likelihood of fraud when industry complexity is high [...]* » – V. aussi : N. Burns, S. Kedia, « Do Executive Stock Options Generate Incentives for Earnings Management? Evidence from Accounting Restatements », Harvard University Working Paper (2003). – M. Chesney, R. Gibson, « Stock Options and Managers' Incentives to Cheat », *Finance & Bien Commun* 2005/2, n° 22, pp. 11-13.

2214 N. Rosenboom, « Career development after cartel prosecution », SEO Economic Research, Discussion Paper n° 62 (2011) p. 19 : « *[T]his paper concludes that cartel involved managers face negative career effects after the prosecution of their cartel. This negative effect is lower if the cartel was active in the construction sector.* »

2215 E. M. Michels, « The Real Shortcoming of the UK Cartel Offence: A Lack of Public and Political Support », *Global Antitrust Review* 53-79 (2014), p. 59. – V. aussi : M. Peel, « BA Sales Chief on Price-Fixing Charge to Join Board », *Financial Times*, 28 novembre 2008.

2216 Précisément, Alfred Taubman laissa la place de président à son fils mais resta l'actionnaire majoritaire de la société ; v. « A Taubman Continues to Sit on Sotheby's Board », *Nat'l Post* (Canada), 25 avril 2002, at FP2 ; source citée par J. M. Connor, R. H. Lande, « Cartels as Rational Business Strategy: Crime Pays », *op. cit.* note 2201, p. 439.

2217 D. Levin, « Antitrust Convictions Don't Mean End of Job for Some Executives: Some companies keep paying employees while they are in prison, antitrust lawyers say », *The Recorder* (12 avril 2010), law.com. Disponible sur http://www.appliedantitrust.com/03_criminal/supp_materials/antitrust_convictions.pdf.

1088. **Problème d'agence.** Premièrement, des problèmes d'agence surviennent à l'intérieur de l'entreprise, lesquels ont été analysés par le professeur Keith Hylton, qui prévoit un scénario à quatre hypothèses[2218] et évoque, notamment, la possibilité que l'agent agisse en infraction sans l'accord des actionnaires. Dans le cas d'un problème d'agence, les choix stratégiques du dirigeant (l'agent) sont imparfaitement contrôlés par le principal (l'actionnaire). Le dirigeant, discrétionnairement, prend des décisions sans le consentement des actionnaires. Il manipule l'information de manière à dissimuler la pratique illicite[2219]. De même, selon ses attributions, ses décisions sont d'autant moins contrôlées que l'actionnaire n'a pas la compétence pour les évaluer. De plus, il est tout à fait probable que l'actionnaire soit solidaire de la pratique illicite si cette dernière permet à l'entreprise de réaliser des surprofits. La solidarité des actionnaires se justifie lorsque le manquement est avantageux à la fois pour les dirigeants et l'entreprise[2220]. Les auteurs Cloninger et Waller ont notamment démontré que la recherche de l'infraction se justifiait par la volonté pour les actionnaires de réduire l'incertitude quant à la rentabilité des investissements[2221].

1089. **L'effet taille.** Néanmoins, la chute du cours de Bourse pourrait inciter les actionnaires à se désolidariser de la pratique illicite. La réaction négative des investisseurs à l'amende d'une autorité de concurrence devrait les encourager à dissuader leur dirigeant d'élaborer une stratégie d'infraction. Une chute du cours de l'action a pour effet une baisse de la richesse des actionnaires, d'où leur incitation à surveiller les managers. Ce postulat peut néanmoins être relativisé par l'idée, soutenue par certains auteurs, que le marché est plus sensible lorsque l'amende affecte une petite entreprise que lorsqu'elle touche une grande entreprise[2222]. S'agissant d'une petite entreprise, le marché réagirait négativement. S'agissant d'une grande entreprise au contraire, la réaction du marché serait plus faible, car les investisseurs douteraient de la capacité d'une amende à affecter sa performance sur le long terme[2223]. En

---

2218 K. N. Hylton, « Deterrence and Antitrust Punishment: Firms versus Agents », Boston University School of Law, Law and Economics Research Paper Series n° 14-73 (2014). Disponible sur SSRN : https://ssrn.com/abstract=2533607. Quatre scénarios (v. tableau p. 3 intitulé « *Firm versus agent incentives to commit crime* ») : « *Both Firm and Agent comply* » ; « *Firm commits Agent complies* » ; « *Firm complies Agent commits* » ; « *Both Firm and Agent commit* ».

2219 La dissimulation de l'information s'expliquerait par le fait que les dirigeants ont une vision plus court-termiste que les actionnaires : v. sur ce point R. Andergassen, « High-powered incentives and fraudulent behavior: Stock-based versus stock option-based compensation », 101(2) *Economics Letters* 122-125 (2008).

2220 R. D. Blair, D. D. Sokol, *The Oxford Handbook of International Antitrust Economics*, vol. 2, Oxford University Press (2015) : « *If cartel behavior goes undetected, both the individual and the compagny may benefit (and individuals can justify their involvement as somehow saving jobs in the company), because the harms are externalized […] and both individual and company benefit from greater stock price based on the supracompetitive pricing on the cartel […]* »

2221 D. O. Cloninger, E. R. Waller, « Corporate fraud, systematic risk, and shareholder enrichment », 29(2) *Journal of Socio-Economics* 189-201 (2000).

2222 A. Jerson, F. Le Roy, P. Sentis, « La réaction du marché aux révélations des pratiques anticoncurrentielles : une analyse multivariée », XXIIe Conférence de l'Association internationale de management stratégique (AIMS), Clermont-Ferrand, 10-12 juin 2013. Disponible sur : http://www.strategie-aims.com/events/conferences/23-xxiieme-conference-de-l-aims/communications/3011-la-sanction-boursiere-de-la-violation-du-droit-de-la-concurrence-influence-du-poids-des-amendes-et-effet-taille/download.

2223 *Ibid.*, p. 22 : « *L'effet taille est essentiel pour comprendre pourquoi les dirigeants de grandes entreprises semblent finalement être peu affectés par les décisions prises par les autorités de la concurrence, alors que des*

effet, l'« *insensibilité boursière des grandes firmes mondiales aux condamnations pour pratiques anticoncurrentielles s'explique [...] par* le fait que les investisseurs anticipent que ces grandes entreprises ont plus à perdre qu'à gagner en suivant les injonctions des autorités de la concurrence »[2224]. Cela pourrait corrélativement expliquer la solidarité des actionnaires des firmes puissantes à l'égard de l'infraction de concurrence élaborée par leur dirigeant.

1090. **Coût de la compliance.** Deuxièmement, la surveillance des managers est coûteuse[2225]. Pour assurer leur respect du droit de la concurrence, les actionnaires doivent mettre en place un programme de sensibilisation et de connaissance du droit. La complexité du droit de la concurrence ne peut qu'accroître le coût de la compliance, surtout que, devant l'amoncellement des réformes, les entreprises font face à « *une fatigue réglementaire* »[2226]. Rationnellement, le coût d'une politique de respect du droit de la concurrence (que l'on pourrait qualifier de coût de la surveillance des dirigeants) pourrait s'avérer sensiblement supérieur à l'avantage retiré de sa violation. Tant que la probabilité de détection de l'infraction reste réduite, l'intérêt pour l'actionnaire de développer un programme de conformité est faible. De plus, la non prise en compte par l'Autorité de la concurrence du programme de conformité (lorsque ce programme est antérieur à l'infraction) comme facteur de minoration de l'amende pécuniaire réduit encore davantage l'intérêt pour l'actionnaire de mettre en place un tel programme. Sans compter, enfin, qu'une étude a mis en avant les effets pervers d'un programme de prévention[2227]. La connaissance du droit de la concurrence n'assurerait pas nécessairement son respect ; au contraire, elle serait susceptible d'encourager sa violation[2228]. On peut donc supposer que la culture juridique permet à l'agent d'affiner son calcul coût-avantage et ainsi de commettre une infraction chaque fois que le profit espéré se trouve supérieur au coût redouté. Dans ce cas, le coût du programme de conformité est d'autant plus important qu'il n'a pas l'effet escompté.

1091. **Rente livrée aux dirigeants.** Troisièmement, la dissuasion de l'infraction est possible en suspendant la récompense du manager au respect du droit de la concurrence. Il suffirait en effet d'insérer au contrat de rémunération une clause

amendes d'un montant de plus en plus important sont fixées à leur encontre. Les condamnations de Microsoft par la Commission Européenne, n'ont que peu modifié son comportement [...] Plus une entreprise a une grande dimension économique, moins les investisseurs considèrent que les juridictions nationales ou continentales ont la capacité d'influencer ses performances à long terme, quelles que soient les sanctions qu'elles prennent contre elle. »

2224 *Ibid.*

2225 « The cost of compliance » 2013 KPMG/AIMA/MFA Global Hedge Fund Survey, p. 10 : « *Of course, cost is not limited to capital investment. Many regulations also carry a high resource cost in terms of time or management attention.* » Disponible sur : https://home.kpmg.com/content/dam/kpmg/pdf/2014/07/Cost-of-Compliance.pdf. – V. aussi : J. Bace, C. Rozwell, J. Feiman, B. Kirwin, « Understanding the Costs of Compliance », Gartner Research, ID Number : G00138098, 7 juillet 2006. Disponible sur http://logic.stanford.edu.

2226 F. Sales, « Firms face "regulatory fatigue," higher cost of compliance », TechTarget, 28 septembre 2015.

2227 M. Damgaard, C. Duke, S. Huck, B. Wallace, « The Impact of Competition Interventions on Compliance and Deterrence », Final Report, étude de London Economics pour l'Office of Fair Trading, décembre 2011.

2228 *Ibid.*, p. 12, traduction libre : « *The behavioural experiment also reveals that knowledge about competition law may not only be associated with greater compliance but may also be a sign of potential non-compliance [...]* » Pour rappel, l'étude montre notamment que 47,5 % des participants qui connaissent la législation en droit de la concurrence choisissent le cartel contre 17,9 % qui n'ont pas cette connaissance.

suspensive consistant à retirer le droit d'exercice des stock-options en cas d'infraction[2229]. Néanmoins, une telle pratique obligerait en même temps l'actionnaire à compenser en offrant au dirigeant un salaire supérieur. Ce faisant, « *le surcoût salarial compatible avec le respect de la loi étant prohibitif, les actionnaires auront en effet intérêt à tolérer les pratiques illégales émanant de ces managers* »[2230].

1092. **Amendes insuffisantes.** Pour finir, les amendes prononcées ne sont pas dissuasives, car elles ne permettent pas de confisquer le profit tiré de l'infraction concurrentielle[2231]. La rentabilité de la faute concurrentielle en l'absence d'une amende au moins confiscatoire risque de pousser les actionnaires à inciter (directement ou indirectement par des contraintes[2232]) les dirigeants à opter pour des pratiques illicites. Le professeur Wallace Davidson considère notamment que « *les ententes sur les prix sont tellement rentables que certains actionnaires les considèrent comme souhaitables, même si l'entreprise se fait prendre* »[2233].

1093. **Bilan.** La rémunération indexée sur la performance de l'entreprise favorise la faute lucrative des dirigeants. Le coût de la compliance et le caractère non dissuasif de l'amende pécuniaire qui n'est pas confiscatoire des profits illicites n'incitent pas les actionnaires à surveiller leur manager. Le risque de solidarité de l'actionnaire à l'égard de la pratique illicite est d'autant plus fort que la probabilité de détection de l'infraction de concurrence est faible.

L'ensemble des bénéfices illicitement acquis ne sont pas compensés par le coût de la pratique illicite.

§ 2. Le coût de la pratique illicite

1094. **Coût pécuniaire limité par la détection tardive.** Le risque de faute lucrative est renforcé par la faible probabilité de détection de l'infraction, qui empêche que les profits réalisés soient réduits par une amende. De plus, le temps de la détection est un facteur important dans la lutte contre le gain retiré du manquement. La lenteur dans la détection des comportements illicites paralyse le coût de l'infraction à deux égards.

1095. **Paralysie de la plus-value d'acquisition ou de cession de l'action.** D'une part, le dirigeant rémunéré par des stock-options pourrait, en théorie, redouter la détection de l'infraction et la médiatisation publique de l'affaire susceptible de faire chuter la valeur de l'entreprise et donc, *in fine,* la valeur de l'action détenue par le

---

2229 P. Fleckinger, T. Lafay, C. Monnier, « Rémunération des dirigeants et risque de fraude d'entreprise », *RE* 2013/3, vol. 64, pp. 457-467.

2230 E. Combe, C. Monnier, « Cartels et comportements des managers : analyse et implications pour les politiques publiques », *op. cit.* note 2212, p. 104.

2231 V. Annexe Tableau 1.

2232 Sans inciter explicitement le manager à l'infraction, l'actionnaire peut le pousser implicitement en le menaçant, s'il n'atteint pas ses objectifs, de le licencier ou de le déclasser dans l'entreprise.

2233 W. N. Davidson, D. L. Worrell, C. I. Lee, « Stock Market Reactions to Announced Corporate Illegalities » 13(12) *Journal of Business Ethics* 979-987 (1994), spéc. p. 983 ; source citée par A. Jerson, F. Le Roy, P. Sentis, « La réaction du marché aux révélations des pratiques anticoncurrentielles : une analyse multivariée », *op. cit.* note 2223.

manager. Le coût se traduirait par une paralysie de la plus-value d'acquisition[2234] et/ou de cession[2235] (on pourrait aussi dire que le dirigeant risque une moins-value lors de la cession) susceptible d'être réalisée par le manager. Néanmoins, il faut bien comprendre que le dirigeant bénéficiaire de stock-options doit, au bout d'une certaine période (généralement de 4 à 5 ans) décider de lever ou non son option, c'est-à-dire d'exercer ou non son droit d'achat ou de souscription d'actions de l'entreprise au cours de la période prévue. Pour cette raison, après avoir mis en place une pratique illicite permettant d'augmenter la valeur de l'entreprise – en l'absence d'une détection rapide de ladite pratique – le manager va pouvoir exercer ses options avant que la pratique ne soit découverte et réaliser ainsi une plus-value. Au regard du temps de détection du manquement par les autorités de concurrence[2236], cette hypothèse est à craindre et le coût éventuel tenant à la paralysie de la vente (ou à la moins-value lors de la cession) est minoré.

1096. **Rotation dans l'entreprise.** D'autre part, la lenteur de la détection du manquement génère un autre risque : le phénomène de rotation des effectifs fait que, au moment où la pratique est détectée, il est possible que le responsable ait changé d'entreprise[2237]. Dans ce cas, le dirigeant n'aura pas à subir le coût réputationnel et pécuniaire lié à la détection de l'infraction. Les professeurs Steven Kaplan et Bernadette Minton ont estimé dans leur étude un taux de rotation des CEO (Chief of Executive Officer) de 16,8 %, ce qui implique une durée moyenne au poste de manager de moins de 6 ans[2238]. Or, étant donné la longue durée d'instruction des cartels, il est probable qu'entre le début de la pratique illicite et sa condamnation par l'Autorité ou la Commission, le dirigeant ne soit plus en poste au sein de l'entreprise depuis longtemps. À titre d'exemple, il a été démontré qu'entre le début d'un cartel et sa condamnation par la Commission, il pouvait s'écouler un laps de temps considérable, d'une durée qui varie entre 5 et 40 ans[2239]. En outre, des études économétriques récentes concluent à une relation de causalité

2234 Plus-value d'acquisition : Lors de l'exercice de l'option, si le cours de l'action en Bourse est supérieur au prix de souscription préalablement déterminé, hors rabais, le dirigeant réalise une plus-value d'acquisition. Autrement dit, « *la plus-value d'acquisition correspond à l'augmentation de valeur constatée à la date d'exercice d'une option depuis son attribution* » ; définition Wikipédia (« Stock-option »).

2235 Plus-value de cession : « *Différence entre le cours réel de l'action le jour de l'acquisition et le cours auquel a lieu la vente des actions* » ; définition disponible sur « Stock-Options : Tout comprendre ! » : https://www.investkeeper.com/stock-options-tout-comprendre-2.

2236 Une étude de E. Combe et C. Monnier portant sur 111 cartels condamnés par la Commission entre 1969 et 2009 a notamment montré que leur durée de vie moyenne était de 7 ans avant qu'ils ne soient détectés : v. : E. Combe, C. Monnier, « Les cartels en Europe, une analyse empirique », *RFE* 2012/2, vol. XXVII, pp. 187-226.

2237 P. Whelan, « Report Examining the Desirability of Introducing Criminal Sanctions for Cartel Activity », 30 avril 2014, p. 13 : « *It may also be the case that the employee is aware that she will have left the firm by the time the infraction is discovered […]* »

2238 S. N. Kaplan, B. A. Minton, « How Has CEO Turnover Changed? », 12(1) *International Review of Finance* 57-87 (2012) : « *We study CEO turnover – both internal (board driven) and external (through takeover and bankruptcy) – from 1992 to 2007 for a sample of large US companies. Annual CEO turnover is higher than that estimated in previous studies over earlier periods. Turnover is 15.8% from 1992 to 2007, implying an average tenure as CEO of less than 7 years.* In the more recent period since 2000, total CEO turnover increases to 16.8%, implying an average tenure of less than 6 years ».

2239 A. Stephan, « Cartel Criminalisation: The Role of the Media in the "Battle for Hearts and Minds" », in *Criminalising Cartels Critical Studies of an International Regulatory Movement*, C. Beaton-Wells, A. Ezrachi (dir.), Hart Oxford (2011). Disponible sur SSRN : https://ssrn.com/abstract=1866285.

entre la durée des mandats des dirigeants et la probabilité d'infraction au droit de la concurrence[2240]. Les dirigeants dont la fin de carrière approche sont incités à former une pratique illicite. La possibilité de maintenir un haut niveau de profit et de salaire avant de quitter l'entreprise renforcerait l'incitation[2241]. Cela expliquerait notamment pourquoi les dirigeants « âgés » auront davantage tendance à élaborer une stratégie d'infraction que les dirigeants plus jeunes (dont la carrière est naturellement plus longue). Cette étude permet de confirmer le postulat de rationalité des acteurs qui effectuent un calcul coût-avantage afin de s'assurer du caractère rentable de la violation de la règle de droit.

1097. **Coût pénal ?** Par ailleurs, le manager d'une firme pourrait redouter le risque pénal attaché au manquement. L'emprisonnement représente un coût psychologique important pour l'auteur de l'infraction, qui voit sa réputation fortement affectée. La peine de prison constitue aussi et indirectement un coût financier lorsque le dirigeant se retrouve privé de son salaire durant la détention. Néanmoins, force est de constater qu'en France, les auteurs de pratiques anticoncurrentielles ne sont que très rarement condamnés à des peines de prison[2242]. De même, la faible pénalisation en Europe décrédibilise la menace d'emprisonnement[2243]. Du point de vue du *bad man* rationnel[2244] qui s'intéresse à l'effectivité de la norme et à son application en jurisprudence, la rareté de la sanction pénale n'est pas susceptible d'influencer son choix d'enfreindre la loi ni de peser dans son calcul coût-bénéfice. Le coût psychologique lié à la forte stigmatisation des individus emprisonnés est méprisé du fait de l'ineffectivité des sanctions pénales.

1098. **Bilan.** Dans le choix d'enfreindre la loi, les coûts attachés à la pratique illicite apparaîtront faibles pour le dirigeant comparativement aux bénéfices retirés de l'infraction. La faible probabilité de détection ainsi que le laps de temps considérable entre la détection de la pratique illicite et sa condamnation offrent une échappatoire au dirigeant, qui a de fortes chances d'avoir quitté l'entreprise le jour où la sanction est prononcée. De plus, la cession des actions avant la détection et la médiatisation de l'affaire permet au manager de réaliser une plus-value. Enfin, la très faible occurrence des peines de prison en France et en Europe décrédibilise la menace d'emprisonnement, laquelle n'est pas prise en compte par le dirigeant dans sa décision d'enfreindre la loi.

L'économie comportementale permet cependant de repenser le calcul coût-bénéfice des dirigeants d'entreprise. L'incidence des heuristiques et biais comportementaux dans le choix d'infraction permet de mettre en lumière

---

2240 M. A. Han, « Short-Term Managerial Contracts Facilitate Cartels », Amsterdam Center for Law & Economics Working Paper n° 2010-16. Disponible sur SSRN : https://papers.ssrn.com/sol3/papers.cfm?abstract_id=1730209. – V. aussi S. Alawi, « Corporate Governance and Cartel Formation », 2nd Economics & Finance Conference, Vienne, 3 juin 2014.

2241 S. Alawi, *op. cit.*, p. 28 : « *Older CEOs may use the shorter career time remaining to at least ensure maintaining their personal benefits. Engaging in cartel activity could be seen as a means of retaining and insuring continued levels of expected remuneration (and status) before eventually retiring and leaving the firm [...]* »

2242 B. Cheynel, « *Criminal enforcement* du droit de la concurrence : un risque concurrentiel émergeant », *RLC* 2010, n° 22.

2243 C. Marvão, G. Spagnolo, « Should Price Fixers Finally Go to Prison? – Criminalization, Leniency Inflation and Whistleblower Rewards in the EU », CRESSE Conference 2016.

2244 O. W. Holmes, « The Path of the Law », 10 *Harv. L. Rev.* 457 (1897).

d'autres facteurs influençant la décision de l'agent économique. Il convient donc de réévaluer le calcul économique des managers au regard de la rationalité limitée des agents.

Section 2
Le calcul coût-bénéfice remis en cause par l'incidence des biais comportementaux sur le choix de l'agent

1099. **Rappel sur la définition des heuristiques et biais comportementaux.** Les heuristiques sont des « *stratégies cognitives simplistes, "des raccourcis" mentaux économiques, qui nous autorisent à trouver des solutions acceptables, mais pas toujours correctes* »[2245]. Les heuristiques remettent donc en cause le postulat de rationalité parfaite de l'agent économique. L'heuristique est susceptible de mener à des erreurs. Elle décrit une imperfection dans la prise de décision. En conséquence, elle rejoint le « biais », qui définit l'erreur de l'agent économique qui traite imparfaitement l'information disponible. L'agent n'est pas toujours en mesure de choisir l'option présentant l'utilité espérée la plus importante, car son choix est biaisé par une appréciation erronée de la situation. À la rationalité de l'humain se joignent des intuitions qui lui font prendre des décisions peu réfléchies. Plutôt que de mesurer toutes les options possibles et de faire le « meilleur » choix, l'agent agit intuitivement et parfois contrairement à son intérêt.

Le postulat d'une faute lucrative comme conséquence d'un calcul rationnel coût-avantage est remis en cause. Certains facteurs comportementaux ont une responsabilité sur le choix d'enfreindre la loi (§ 1). Ces facteurs comportementaux interrogent sur le point de savoir s'il faut remettre en cause les sanctions individuelles dissuasives (§ 2) et opter pour des solutions moins répressives.

§ 1. La responsabilité des facteurs comportementaux dans le choix d'enfreindre la loi

1100. **L'influence des biais sur le choix de l'illicite.** Certains facteurs comportementaux, appelés « biais cognitifs », vont dissuader la pratique illicite (A) sans même qu'il soit besoin de renforcer la répression, cependant que d'autres, au contraire, ne vont que renforcer (irrationnellement) l'incitation à enfreindre la loi (B).

2245 F. Martinez, « L'individu face au risque : l'apport de Kahneman et Tversky », *op. cit.* note 2200.

A. Les facteurs comportementaux dissuadant la pratique illicite

1101. **Sélection discrétionnaire.** Les facteurs comportementaux susceptibles de remettre en cause le calcul coût-avantage de l'auteur d'une faute lucrative sont légion[2246]. Nous avons retenu trois célèbres facteurs menant à des biais cognitifs et permettant d'actualiser le calcul rationnel de l'agent économique.

1102. **Morale.** Premièrement, le dirigeant peut être dissuadé d'enfreindre la loi pour une raison morale. La faute lucrative est découragée par l'attitude intrinsèquement morale de certains managers qui préfèrent respecter le jeu de la compétition économique. L'estime de soi est un facteur psychologique déterminant[2247] susceptible de décourager l'infraction chez l'individu dont la personnalité implique des préférences pour l'éthique et l'équité[2248]. L'obéissance aux normes concurrentielles[2249] malgré un calcul coût-bénéfice avantageux s'explique, chez l'individu prosocial, par une croyance en l'intérêt collectif[2250]. Dès lors que l'intérêt personnel entre en conflit avec l'intérêt collectif, le manager peut décider de satisfaire l'intérêt collectif. Les idéaux du « bien-être » du consommateur et de la concurrence par les mérites orientent la décision de l'agent « moral » dans le sens du respect du droit. Cette prise de conscience n'est néanmoins possible qu'en renforçant la culture de concurrence au sein des sociétés.

1103. **Théorie des perspectives.** Deuxièmement, à travers la théorie des perspectives, les économistes Daniel Kahneman et Amos Tversky ont élaboré un modèle de décision en situation risquée. La situation de l'agent économique face au risque – qui ici se matérialise par le risque pécuniaire de l'infraction de concurrence – serait sujette à des heuristiques et biais susceptibles de le conduire à prendre de mauvaises décisions. En fonction de la représentation subjective que l'agent se fait du problème qui lui est posé, il va prendre une décision intégrant une valeur personnelle représentée, par exemple, par une pulsion de peur. Ainsi, la faible probabilité de détection de la pratique illicite n'est pas nécessairement incitative à l'infraction. La forte probabilité de commettre une faute concurrentielle rentable car non détectée peut être mal interprétée par l'agent économique. Tout dépend du « cadrage », c'est-à-dire de la façon dont le problème est posé au manager. Le vocabulaire utilisé, la présentation de la sanction contenue dans la norme et le message véhiculé par les autorités de concurrence sont importants dans le choix d'enfreindre la loi.

[2246] Pour un examen détaillé des facteurs comportementaux menant à des biais, v. *supra*, Partie I, Discussion préliminaire, n° 47 et s.

[2247] R. Oxoby, « Cognitive dissonance, status and growth of the underclass », 114(498) *Economic Journal* 727-749 (2004).

[2248] R. C. Huseman, J. D. Hatfield, E. W. Miles, « A New Perspective on Equity Theory: The Equity Sensitivity Construct », 12(2) *The Academy of Management Review* 222-234 (1987).

[2249] S. Milgram, *Obedience to Authority: An Experimental View*, Harper Perennial Modern Classics (1974). Cet ouvrage décrit la tendance humaine à suivre les ordres donnés, peu importe l'intérêt que retire celui qui obéit ainsi que les conséquences qui en découlent.

[2250] E. Petit, « Dynamique des préférences et valeurs morales : une contribution de la théorie des émotions à l'analyse économique », *Cahiers du GREThA* n° 2008-11.

Un exemple de vie quotidienne peut venir éclairer la psychologie des agents confrontés au risque juridique de l'infraction : le nombre d'individus ayant une peur phobique de l'avion est plus élevé que le nombre d'individus ayant une peur phobique de la voiture. Pourtant, il est connu que le risque de mourir d'un accident de voiture est plus élevé que le risque de mourir d'un accident d'avion. On peut préjuger que cette surestimation du risque de mourir d'un accident d'avion est liée à une représentation subjective et erronée du risque de prendre l'avion, elle-même liée à la présentation terrible et symbolique du « crash ». Cela peut conduire des individus à choisir un autre mode de transport. Cet exemple montre que l'on peut surestimer les faibles probabilités par la représentation erronée que l'on se fait d'un problème ou d'un danger.

Appliqué au droit de la concurrence, cet exemple montre que plus le message envoyé par la norme concurrentielle est clair, symbolique et/ou stigmatisant, plus les agents économiques vont avoir tendance à respecter le droit par un phénomène dit de « surpondération » des évènements à faible probabilité[2251]. La surestimation des petites probabilités (en l'occurrence la détection de la pratique illicite) et la sous-estimation des probabilités moyennes et grandes pourraient irrationnellement conduire l'agent au respect du droit de la concurrence malgré la possibilité de commettre une faute lucrative.

1104. **Procrastination.** Troisièmement, le phénomène de procrastination décrit par l'économiste George Akerlof[2252] remet en cause la recherche de maximisation de l'agent rationnel. Face à une situation incertaine, l'agent économique a tendance à procrastiner, c'est-à-dire à remettre au lendemain l'accomplissement de la tâche qu'il s'est fixée. De plus, le problème principal des procrastinateurs réside dans leur incapacité à estimer suffisamment le temps nécessaire à l'exécution de leur mission[2253]. On peut donc en déduire deux choses : d'une part, le manager d'une firme qui entend commettre une infraction de concurrence est face à une situation incertaine. Il est probable qu'il tire profit de la violation de la règle de droit, mais certains risques survivent : le jugement des pairs, le retentissement médiatique de l'affaire, la réaction des marchés financiers, le désaveu (éventuel) des actionnaires, etc. L'incertitude quant à toutes les conséquences éventuelles de la pratique va le faire douter et donc, procrastiner. D'autre part, sachant que la difficulté à estimer le temps nécessaire à l'accomplissement d'une tâche génère de la procrastination, on peut supposer que le manager qui entend, par exemple, mettre en œuvre un abus d'éviction ou d'exploitation pour renforcer sa position dominante risque de procrastiner. À la différence d'une entente, l'abus de position dominante oblige à la mise en place d'une stratégie dont la rentabilité se mesure à moyen-long terme. La difficile estimation du profit ou de l'avantage retiré à long terme pourrait décourager l'infraction.

2251 F. Martinez, *op. cit.* note 2246.

2252 G. A. Akerlof, « Procrastination and Obedience », 81(2) *The American Economic Review* 1-19 (1991).

2253 M. E. Aitken, « A personality profile of the college student procrastinator », thesis, University of Pittsburgh (1982) ; source citée par C. Fischer « Read This Paper Later: Procrastination with Time-Consistent Preferences » Discussion Paper 99-19 (1999).

1105. **Bilan.** L'économie comportementale permet d'approfondir la réflexion sur l'équation coût-bénéfice de l'agent économique. Elle sert à démontrer que la rationalité de ce dernier est limitée par des biais cognitifs. Elle ne saurait néanmoins remettre en cause la répression des infractions de concurrence. Elle ouvre simplement une fenêtre de réflexion supplémentaire sur le comportement des agents sur un marché. Elle est, de plus, tout aussi utile pour démontrer les incitations irrationnelles à enfreindre la loi.

B. Les facteurs comportementaux favorisant la pratique illicite

1106. **Paradigme nouveau.** Les facteurs comportementaux favorisant la pratique illicite sont nombreux. Ils tempèrent le postulat selon lequel le choix d'enfreindre la loi est essentiellement influencé par une analyse coût-bénéfice. D'autres considérations sont à prendre en compte ; envisageons-les une par une.

1107. **« *Risk Lover* ».** Un argument comportemental classique consisterait à dire que, puisque l'agent économique est averse au risque[2254] (autrement dit il est « risquophobe »), il est inutile d'augmenter les amendes et de réprimer plus fortement les individus. Le simple risque d'une amende pécuniaire suffirait à dissuader les comportements délictueux. Ce constat trahit l'idée que certains individus sont « *risk lovers* ». Sur ce point, une étude menée pour l'Office of Fair Trading (OFT) est particulièrement éclairante. Cette étude regroupait 93 managers disposant d'une culture de concurrence et qui devaient choisir entre adopter un comportement proconcurrentiel ou, au contraire, anticoncurrentiel (avec une rémunération supérieure, mais une probabilité de détection plus forte). La conclusion de l'étude peut surprendre : si elle souligne que le choix d'enfreindre la loi dépend non seulement des incitations financières mais aussi du degré d'aversion au risque et des préférences sociales des individus, elle reconnaît néanmoins que le « *défi pour les autorités de la concurrence est de dissuader les agents qui affichent un comportement amoureux du risque, en choisissant toujours l'option cartel qui implique la possibilité d'un gain élevé* »[2255], et ce, malgré un fort risque d'amende. Le même rapport conclut en outre qu'une meilleure connaissance de la loi risque de renforcer le comportement de « *risk lover* », car dans l'étude menée, les managers ayant déclaré avoir une bonne connaissance du droit de la concurrence avaient tendance à choisir l'option la plus risquée (c'est-à-dire le cartel)[2256].

2254 M. Rabin, R. H. Thaler, « Anomalies: Risk Aversion », 15(1) *Journal of Economic Perspectives* 219-232 (2001).

2255 M. Damgaard, C. Duke, S. Huck, B. Wallace, « The Impact of Competition Interventions on Compliance and Deterrence », *op. cit.* note 2228, § 1.24, p. 12. Traduction libre : « *The biggest challenge for competition authorities is therefore to deter the group of people who display risk-loving behaviour, that is, always choose the cartel option because it involves the possibility of a high gain.* » Disponible sur : http://webarchive.nationalarchives.gov.uk.

2256 *Ibid.*, § 1.25, p. 12 : « *The behavioural experiment also reveals that knowledge about competition law may not only be associated with greater compliance but may also be a sign of potential non-compliance, as respondents that reported being more knowledgeable about competition law were more likely to choose the riskier (cartel) option in the experiment, and required a lower possible pay-off for taking the risk.* »

1108. **Biais de surconfiance.** En outre, l'« amour » du risque du dirigeant peut s'expliquer par un biais cognitif résultant d'un excès de confiance. Le dirigeant trop confiant a notamment tendance à sous-estimer les probabilités des événements adverses et à surestimer les probabilités des événements favorables[2257]. L'optimisme quant à la possibilité de réaliser une faute lucrative va l'inciter à enfreindre la loi, fût-il incapable de percevoir clairement le coût et le bénéfice qu'il en retirera.

1109. **Mémoire sélective.** L'excès de confiance est à rapprocher du biais lié à la « mémoire sélective » des agents. Concrètement, notre mémoire a tendance à isoler les événements pénibles ou défavorables, et notamment ceux résultant de notre propre action. Ce type de biais est susceptible de conduire le dirigeant à la violation du droit, car les amendes imposées dans le passé aux entreprises concurrentes ou à sa propre entreprise sont évincées de l'esprit de l'agent souffrant d'un tel biais. L'aveuglement et/ou l'oubli du dirigeant face aux événements négatifs passés réduisent l'effet dissuasif de l'amende.

1110. **Esprit de sacrifice.** Par ailleurs, en matière d'entente en particulier, l'esprit de sacrifice encourage la faute lucrative des managers, car le coût de l'infraction est compensé par certaines entreprises récompensant leurs employés qui « *prennent une balle pour l'équipe* »[2258] en se faisant sanctionner ou en allant en prison. Cet esprit de sacrifice est à relier à l'esprit de solidarité régnant au sein de certaines firmes et qui peut se mesurer au fait qu'après l'infraction, les dirigeants sont toujours employés dans l'entreprise. Les économistes Connor et Lande ont notamment analysé le futur de 35 dirigeants ayant été condamnés à des peines de prison pour cartel. Ils ont ainsi pu démontrer qu'une fois libérés, au moins la moitié des condamnés retravaillaient pour leur ancien employeur ou étaient embauchés par une entreprise concurrente[2259]. Cette étude rejoint le phénomène de « *newswire* »[2260], qui décrit la situation dans laquelle un dirigeant est envoyé en prison avant, une fois libéré, d'être nommé « *avec plus de responsabilités qu'il n'avait avant qu'il soit entré en prison* »[2261].

2257 N. D. Weinstein, « Unrealistic optimism about future life events », 39(5) *Journal of Personality and Social Psychology*, 806-820 (1980).

2258 ABA, Antitrust Section, Global Private Litigation Committee, *Global Private Litigation Bulletin*, n° 6, mars 2016, citant D. Levine, Antitrust Convictions Don't Mean End of Job for Some Executives. Disponible sur : http://www.law.com/jsp/article.jsp?id=1202447903832&rss: « *Some corporations do not punish, and even reward, the individuals responsible for antitrust violations. This is because "since the executives are not perceived to have ripped off shareholders for personal gain, companies often have no problem welcoming them back into their corporate suites... Some corporate honchos believe executives that pleaded guilty took a bullet for the team, according to white-collar lawyers and industry observers."* »

2259 M. Connor, R. H. Lande, « Cartels as Rational Business Strategy: Crime Pays », *op. cit.* note 2201, pp. 441-442 : « *We were able to determine the present whereabouts of 35 (34%) out of 103 managers known to have received a prison sentence in cartel cases between 1995 and 2010. Of those 35, 9 (26%) are currently employed by the company for which they worked during the cartel, and another 9 (26%) seem to be working at a different company within the same industry [...] [A]pproximately half of those who served a prison sentence for their crime currently are working for their previous employers or in the same industry.* »

2260 D. Levin, « Antitrust Convictions Don't Mean End of Job for Some Executives : Some companies keep paying employees while they are in prison, antitrust lawyers say », *op. cit.*

2261 *Ibid.* : « *Newswire: describing an executive who was sent to prison for six months for price fixing, and when released, was made a senior vice president "with more responsibility than he had before he entered prison..."* »

1111. **Heuristique affective.** Plus généralement, une heuristique affective[2262] dirige le choix de l'agent économique qui agit davantage en fonction de ses émotions qu'au regard de sa rationalité. L'heuristique affective renforce le poids accordé au présent[2263]. Intuitivement, le dirigeant est plus sensible à l'imminence d'un évènement à venir, si bien qu'il se trouve incapable d'anticiper la gravité d'un évènement futur. En conséquence, la longueur du temps séparant la mise en place de la pratique illicite et sa condamnation minore l'anxiété du dirigeant. L'« *effet de myopie* »[2264] généré par la temporalité de l'infraction va conduire l'agent à sous-estimer le coût de l'illicite. L'agent évince de son esprit le risque de condamnation, qui est trop éloigné dans le temps, et se concentre essentiellement sur les avantages à court terme de l'infraction.

1112. **Effet de faux consensus.** t d'autrui à partir de son propre comportement. Cette aptitude égocentrique correspond à un effet ou biais de faux consensus (autrement appelé biais égocentrique)[2265] susceptibles de produire deux effets : premièrement, le dirigeant qui perçoit au sein de l'entreprise un consensus qui n'existe pas aura tendance à croire que l'actionnaire valide la pratique illicite. Cela l'incitera encore davantage à commettre l'infraction, n'ayant pas à subir le coût psychologique d'une pratique dissimulée. Deuxièmement, le manager malhonnête aura tendance à anticiper la malhonnêteté des dirigeants de l'entreprise concurrente. La prédiction que les dirigeants de la firme concurrente vont aussi violer la loi – sachant que les performances des managers sont jugées à l'aune des performances des managers des firmes voisines – va renforcer l'incitation (irrationnelle car non fondée sur un calcul cohérent) à enfreindre la loi. Plus largement, ce biais est proche de l'effet de mimétisme, qui décrit une imitation généralisée des individus entre eux au sein d'un environnement semblable (en l'occurrence, au sein d'une même industrie).

1113. **Bilan.** L'économie comportementale sert à démontrer que le choix d'enfreindre la loi n'est pas forcément lié à un calcul rationnel. Cela conduit corrélativement à remettre en cause le cheminement menant à une faute lucrative. La faute concurrentielle ne reposerait donc pas nécessairement sur un calcul coût-bénéfice visant à retirer un profit de la violation du droit. Elle serait parfois la résultante d'une « pulsion » ou d'un « biais » émotionnel.

Néanmoins, ce constat n'est pas suffisant pour remettre en cause la consécration d'une sanction optimale à l'égard des agents économiques.

2262 P. Slovic, M. Finucane a., « Rational actors or rational fools: implications of the affect heuristic for behavioral economics », 31(4) *Journal of Socio-Economics* 329-342 (2002).

2263 E. Petit, « Le rôle des affects en économie », *REP* 2009/6, vol. 119, pp. 859-897.

2264 N. Treich, « L'économie comportementale peut-elle aider à mieux gérer l'environnement ? », INRA, juin 2016.

2265 J.-F. Verlhiac, « Effet de faux consensus et régulation sociale du jugement », *Les cahiers internationaux de psychologie sociale*, éd. de l'Université de Liège, 1997, pp. 46-61.

§ 2. Vers une remise en cause des sanctions individuelles dissuasives ?

1114. **Retrait de la dissuasion ?** Nous avons évoqué longuement, dans une discussion préliminaire, l'utilité contestable de l'économie comportementale appliquée au droit de la concurrence[2266]. La théorie comportementale est utile pour proposer des solutions qui peuvent compléter les solutions répressives sans les remplacer. Elle est importante tant qu'elle propose des recommandations complémentaires aux amendes et peines de prison. Elle devient néanmoins dangereuse lorsqu'elle se présente en tant qu'alternative. La théorie comportementale soumet la question de la répression en droit de la concurrence aux mêmes problématiques que la question de la répression en droit pénal. Ainsi est-il considéré par certains que « *le moyen le plus efficace de faire reculer la prison reste encore et toujours de faire avancer les droits sociaux et économiques* »[2267]. Cette idée, fût-elle juste, ne suffit aucunement à remettre en cause le principe même de la prison ; de même que savoir que des dirigeants sont incités à l'infraction par leur environnement ou par la méconnaissance du droit ne justifie en rien un retrait de la dissuasion. L'analyse comportementale permet seulement de se questionner sur le point de savoir si l'agent aurait pu agir autrement. Or, nous souscrivons entièrement à l'opinion d'un auteur pour qui : « *Les débats gagneront en pertinence et en utilité lorsqu'on ne se demandera plus si l'accusé aurait pu agir autrement, mais si la perspective d'être sanctionné diminue ou non le risque qu'un individu dans son état ne commette l'infraction* »[2268].

À cela s'ajoute le fait que les arguments comportementalistes sont pour la plupart contestables. La théorie comportementale souffre notamment d'un paradoxe (A) qui interroge sur la pertinence de son application pour penser autrement la dissuasion. De même, le caractère sous-dissuasif des solutions proposées, à savoir les *nudges* (B), ne saurait constituer une arme crédible de dissuasion des infractions de concurrence.

A. Le paradoxe des arguments comportementalistes

1115. **Paradoxe.** La théorie comportementale souffre d'un paradoxe : d'un côté, elle reconnaît que certains agents sont « *risk lovers* », ou que d'autres souffrent d'excès de confiance ; de l'autre, elle insiste sur la nécessité de mettre en place des programmes de conformité[2269]. Or, c'est précisément parce que certains agents sont « amoureux du risque » que la diffusion d'un programme de conformité risque d'être inutile. L'agent qui souffre de surconfiance sera moins attentif à l'anticipation du risque concurrentiel qu'un programme de conformité tend à mettre en

---

2266 *Supra*, Partie I, Discussion préliminaire, n° 84 et s.

2267 L. Wacquant, *Punir les pauvres : Le nouveau gouvernement de l'insécurité sociale*, Marseille, Agone, 2004, cité par X. Bebin, *Pourquoi punir ? L'approche utilitariste de la sanction pénale*, L'Harmattan, 2006, chap. 8.

2268 X. Bebin, *op. cit.*, chap. 10.

2269 D. C. Langevoort, « Behavioral Ethics, Behavioral Compliance », Georgetown Law Faculty Publications and Other Works 1507 (2015).

lumière. De même, selon une critique comportementale classique, puisque les individus développent une aversion pour le risque[2270], il est inutile de renforcer la répression[2271]. La promotion des programmes de conformité s'avérerait plus efficace que le renforcement des amendes. Or, on peut justement se demander à quoi sert-il de mettre en place un programme de conformité si l'agent est naturellement « averse au risque ». En effet, en quoi serait-ce utile d'enseigner la théorie du risque à des agents économiques intrinsèquement prudents ?

Aussi, les autres biais évoqués précédemment sont susceptibles de vider l'intérêt des méthodes douces (programme de compliance) préconisées par les économistes comportementaux pour prévenir l'infraction. À titre d'exemple, le biais de procrastination pourrait pousser l'entreprise à remettre au lendemain la mise en place d'un programme de sensibilisation au droit ou encore l'instauration de mécanismes de contrôle, d'audit et d'alerte. En effet, des études montrent que, face à une situation incertaine, l'agent économique a tendance à procrastiner, c'est-à-dire à remettre au lendemain l'accomplissement de sa mission[2272]. L'incertitude quant au comportement de conformité des managers qui vont peut-être faire le choix d'une stratégie anticoncurrentielle va renforcer le doute de l'entreprise (sachant que le coût de la compliance est important) de l'utilité d'un tel programme, ce qui la poussera à procrastiner.

Par ailleurs, l'économie comportementale insiste sur l'intérêt de favoriser les *nudges* pour orienter les comportements des individus vers un respect du droit.

B. Le caractère sous-dissuasif des solutions proposées : les *nudges*

1116. **Définition.** Les *nudges* sont préconisés par l'économie comportementale pour élaborer les politiques publiques. Ils décrivent des « coups de pouce » destinés à contrecarrer les heuristiques et biais des agents économiques[2273]. On parle aussi de « *paternalisme libéral* »[2274], le *nudge* ayant pour finalité d'orienter en douceur

---

[2270] M. Rabin, R. H. Thaler, « Anomalies: Risk Aversion », *op. cit.* note 2255.

[2271] D. Sevy, « Faut-il prendre en compte l'effet économique dans la détermination des amendes ? », Conférence ICC France/Concurrences Paris, le 17 octobre 2012 : « *Si les agents sont averses au risque, les amendes optimales doivent être plus faibles* ».

[2272] *Supra*, Partie III, Titre II, n° 1106.

[2273] C. Sunstein, R. Thaler, *Nudge: Improving Decisions about Health, Wealth, and Happiness*, Yale University Press (2008).

[2274] B. Deffains, S. Ferey, « Les fonctions cognitives du droit dans la pensée de Cass Sunstein », *RE* 2014/2, vol. 65, pp. 263-278, p. 273 : « *[L]'économie du droit comportementale débouche sur un autre ensemble de préconisations, à savoir le paternalisme libéral. Il s'agit alors pour Sunstein – notamment avec Thaler – de considérer que le droit et la réglementation peuvent utiliser les biais et les heuristiques pour orienter le comportement des acteurs au mieux de leurs intérêts [...]* » – S. Ferey, « Paternalisme libéral et pluralité du moi », *Revue économique* 2011/4, vol. 62, pp. 737-750, p. 740 : « *[L]e paternalisme libéral entend montrer qu'il est efficace de chercher à orienter le comportement des acteurs* contre *leur volonté immédiate afin qu'ils puissent justement réaliser plus complètement* leurs propres *préférences. En aucune manière, il ne s'agit donc d'imposer des choix qui iraient contre les préférences individuelles mais au contraire d'intervenir pour lutter contre des choix qui violent ces préférences.* » : « *[L]e paternalisme libéral entend montrer qu'il est efficace de chercher à orienter le comportement des acteurs contre leur volonté afin qu'ils puissent justement réaliser plus complètement leurs propres préférences. En aucune manière il ne s'agit donc d'imposer des choix qui*

nos comportements et d'aider les individus à faire le meilleur choix. Appliqués au droit de la concurrence, ils auraient pour intérêt d'introduire des méthodes douces et non répressives afin de sensibiliser directement les individus aux questions concurrentielles et d'orienter leur comportement vers le respect de la loi. Cela renvoie donc directement à l'instauration des programmes de compliance. Le *nudge* pourrait être privilégié à la sanction optimale dissuasive des agents économiques, car le coût de cette dissuasion « douce » est plus faible.

1117. **Utilité inégale des *nudges*.** Nous ne doutons pas de l'utilité des *nudges* dans certains domaines, on pense notamment en matière fiscale[2275], sanitaire[2276], environnementale[2277] ou encore en matière de consommation. Cette politique des « coups de pouce » pourrait, par exemple, permettre de lutter contre l'inertie des victimes d'infractions de concurrence, et notamment des consommateurs passifs lors d'une action de groupe. Pousser, sans les contraindre, les consommateurs[2278] à agir contre les contrevenants permettrait de lutter contre les fautes lucratives (car les entreprises fautives tirent profit de la passivité des consommateurs). Néanmoins, nous doutons de la force dissuasive des *nudges* concernant les potentiels auteurs d'infractions de concurrence, c'est-à-dire les firmes et dirigeants d'entreprise. Le problème fondamental de cette méthode appliquée au droit de la concurrence est qu'elle préjuge de l'éthique et de la loyauté des agents économiques[2279]. Or, non seulement des études ont démontré que le cynisme est érigé en valeur au sein des firmes managériales[2280], mais l'importance du phénomène de récidive[2281] illustre la cupidité des agents, en même temps qu'elle décrédibilise l'idée selon laquelle leur ignorance ou leur irrationalité provoqueraient l'infraction. Sur ce point, une enquête de Patrice Bougette fondée sur un questionnaire adressé aux entreprises montre que, à l'échelon français, les firmes considèrent avoir une connaissance

iraient contre les préférences individuelles mais au contraire d'intervenir pour lutter contre des choix qui violent ces préférences. »

2275 C. Louart, « Quand l'économie s'intéresse à nos comportements », CNRS Le Journal, 14 avril 2016 : « *[Dans le domaine fiscal, au] Royaume-Uni, pour lutter contre les retards de paiement, une lettre de relance a été envoyée aux retardataires leur précisant que la grande majorité des habitants de leur commune avait déjà payé. Ce simple rappel qui joue sur la norme sociale et la comparaison aux autres, a permis au Trésor britannique de récupérer 289 millions d'euros supplémentaires sur l'année fiscale 2012-2013.* »

2276 La mouche dessinée dans le fond des urinoirs de l'aéroport d'Amsterdam fait partie des exemples célèbres de *nudge*. Concentrés sur la mouche, les hommes auraient tendance à mieux viser et ainsi laisser les lieux plus propres. Les résultats de cette expérience sont d'ailleurs probants : le temps passé et les frais liés au nettoyage auraient diminué de 80 % après l'expérience ; pour plus d'informations, v. http://www.e-marketing.fr/Thematique/general-1080/Breves/nudge-marketing-comment-Ouigo-mis-fin-salete-dans-ses-trains-316550.htm.

2277 À titre d'exemple, les individus étant averses au risque, il faudrait donc éviter de dire « en économisant de l'énergie vous gagnerez 30 euros », mais « si vous ne faites pas attention, vous perdrez 30 euros » ; v. A. Chabal, « Les Entreprises Adoptent Le Nudge : Coup De Pouce Habile Ou Manipulation Des Consciences ? », *Forbes*, 22 mai 2017. Disponible sur : https://www.forbes.fr/management/les-entreprises-adoptent-le-nudge-coup-de-pouce-habile-ou-manipulation-des-consciences.

2278 Par des politiques de sensibilisation par exemple.

2279 C. Sunstein, E. Singler, « Nudge et les Sciences comportementales », Conférence du 8 juin 2017, ENS.

2280 C. McNamara, « Overview of Cynicism in Business Organizations », *op. cit.* note 2202.

2281 M. Barennes, G. Wolf, « Cartel Recidivism in the Mirror of EU Case Law », 2(5) *Journal of European Competition Law & Practice* 423-440 (2011). Les auteurs estiment notamment le taux de récidivisme à hauteur de 40 % en prenant en compte les décisions de la Commission adoptées entre 2006 et 2011.

relativement bonne des règles de concurrence[2282]. Au niveau européen, les entreprises reconnaissent avoir une « *connaissance moyenne* ». Cette enquête permet de déduire que si le nombre d'infractions au droit se maintient chaque année en France, on ne peut l'imputer exclusivement à un manque d'information et à une méconnaissance du droit. Au contraire, on devrait s'inquiéter des firmes qui, bien qu'elles reconnaissent avoir une bonne connaissance de la norme, enfreignent le droit de la concurrence. Cela renforce davantage l'hypothèse d'un calcul coût-bénéfice que l'hypothèse d'irrationalité des acteurs.

1118. **Recommandation : repenser les *nudges*.** Sachant que la solution dissuasive – à savoir l'instauration d'amendes pécuniaires – n'a pas dissuadé les pratiques illicites, on voit mal pourquoi la « méthode douce » serait plus efficace. Notre postulat est qu'il faudrait distinguer deux types de *nudges* : les *nudges* destinés aux victimes et les *nudges* destinés aux auteurs d'infractions. Les premiers, dont nous venons de parler (sensibilisation aux problématiques concurrentielles…), pourraient être utiles pour vaincre l'inertie des professionnels et des consommateurs victimes d'infractions qui, en raison d'un manque de culture de concurrence, n'agissent pas en réparation. Introduire des « coups de pouce » pour vaincre l'inertie des victimes renforcerait le risque juridique attaché au manquement. Les seconds décriraient une « méthode forte » à travers l'instauration d'une amende confiscatoire des profits illicites ainsi que des sanctions pénales. Ils orienteraient les comportements dans le sens du respect de la loi[2283]. De plus, ce type de *nudge* est plus susceptible de corriger certains biais dénoncés par les économistes comportementaux qui encouragent la violation du droit[2284].

1119. **Synthèse.** L'économie comportementale offre des solutions complémentaires aux solutions répressives. Les politiques publiques peuvent proposer des *nudges* pour diffuser une culture de concurrence utile pour lutter contre l'apathie rationnelle des victimes ainsi que pour raffermir la sensibilité des agents au respect du droit. Néanmoins, nous recommandons l'imposition de signaux plus forts à travers la mise en place de sanctions pénales à l'encontre des managers. La sanction pénale nous semble indispensable pour accomplir l'objectif de dissuasion des infractions de concurrence et neutraliser le risque de faute lucrative.

2282 P. Bougette, L. Donnedieu de Vabres-Tranié, C. Montet, F. Venayre, « Stratégie et droit de la concurrence : une enquête auprès de grandes entreprises françaises », colloque sur « la stratégie des entreprises vis-à-vis du droit de la concurrence : adaptation, évasion, organisation », *RCC*, n° 144, janvier-février 2006, pp. 2-10.

2283 À ce titre, la menace d'emprisonnement enverrait un signal fort quant au risque juridique de l'infraction, laquelle serait découragée.

2284 À titre d'exemple, le biais de surconfiance (*over-optimism*) peut être annulé par le risque pénal lié à la peine de prison. Le risque de peine de prison supprimerait la confiance irrationnelle des acteurs économiques. Par ailleurs, l'esprit de solidarité des actionnaires à l'égard de la pratique illicite des dirigeants pourrait être rompu par la consécration d'une amende dissuasive. Le risque de devoir payer une amende au moins confiscatoire des profits illicites anéantirait la rentabilité de l'infraction pour l'entreprise, ce qui priverait de toute utilité la solidarité des actionnaires à l'égard du manquement des dirigeants.

Conclusion Chapitre 1

1120. **Le calcul coût-bénéfice des dirigeants.** La dissuasion, pour être efficace, doit traiter aussi bien des motivations infractionnelles des entreprises que de celles des dirigeants. Comme l'entreprise, le dirigeant, dans son choix d'enfreindre la loi, forme un calcul coût-bénéfice pour évaluer le risque juridique de l'infraction. S'agissant du bénéfice retiré par le dirigeant responsable du manquement de concurrence, la rémunération indexée sur la performance de l'entreprise lui assure des récompenses économiques sous la forme de bonus, de stock-options, d'actions gratuites, etc. La faute concurrentielle du dirigeant est lucrative lorsque ce dernier reçoit une prime pour avoir amélioré les performances de l'entreprise grâce à la commission d'une pratique illicite. Le coût d'une politique de conformité et le caractère non dissuasif de l'amende pécuniaire (qui n'est pas confiscatoire des profits illicites) n'incitent pas les actionnaires à surveiller leur manager. De plus, la faible probabilité de détection de l'infraction risque de renforcer la solidarité des actionnaires à l'égard des comportements illicites. Dans le même temps, la lenteur de la détection favorise l'impunité du dirigeant, qui a de fortes chances d'avoir quitté l'entreprise le jour où la pratique est détectée[2285].

1121. **Facteurs comportementaux.** Les économistes comportementaux contestent l'idée que l'incitation du dirigeant repose sur un calcul rationnel. La perspective, pour le dirigeant, de réaliser une faute lucrative ne suffirait pas à emporter son choix d'enfreindre la loi. D'autres facteurs comme, par exemple, le biais de surconfiance[2286] pourraient motiver son action. En somme, l'économie comportementale cherche à démontrer que le choix de l'illicite n'est pas forcément lié à un calcul rationnel. Si cette discipline est utile pour envisager différemment les motivations d'un agent économique, les solutions qu'elle propose nous semblent sous-dissuasives. À ce titre, les *nudges*, c'est-à-dire les « coups de pouce » proposés par l'économie comportementale pour orienter en douceur le comportement des agents, sont utiles pour raffermir la sensibilité de ces derniers au respect du droit. Cette méthode « douce » renvoie au renforcement des programmes de conformité, lesquels nous semblent cependant insuffisants pour dissuader l'infraction des dirigeants. De plus, les arguments comportementaux sont paradoxaux : l'enseignement du risque juridique à travers la promotion d'un programme de conformité n'a pas grand sens si, précisément, les agents économiques sont sujets à des biais cognitifs comme le biais de « surconfiance »[2287] et celui de « *risk lover* »[2288]. De manière générale, la

---

[2285] P. Whelan, « Report Examining the Desirability of Introducing Criminal Sanctions for Cartel Activity », 30 avril 2014, p. 13 : « *It may also be the case that the employee is aware that she will have left the firm by the time the infraction is discovered [...]* »

[2286] Le biais de surconfiance décrit une erreur de jugement du manager « biaisé » par un excès de confiance. Cela signifie que le dirigeant, sans percevoir clairement le coût et le bénéfice retiré de l'action, va enfreindre le droit par excès de confiance.

[2287] L'excès de confiance du dirigeant le rendra « myope » face à l'avertissement formulé par le programme de conformité quant au risque juridique de l'infraction.

[2288] Ce biais décrit l'« amour du risque » du dirigeant qui, fût-il au courant du risque juridique de l'infraction, va « irrationnellement » la commettre par « amour du risque ». – V.. S. Leloup, « Conséquences anticipées et comportements face au risque dans la pensée économique de Jeremy Bentham », *RE* 2002/3, vol. 53, pp. 415-423.

théorie comportementale est utile pour proposer des solutions qui peuvent compléter les solutions répressives sans les remplacer. C'est la raison pour laquelle nous recommandons l'imposition de signaux plus forts à travers la mise en place de sanctions pénales à l'encontre des managers.

1122. **Résoudre la problématique de l'emprisonnement des dirigeants.** La très faible occurrence des peines de prison en France et en Europe décrédibilise la menace d'emprisonnement, qui n'est pas prise en compte par le dirigeant dans sa décision d'enfreindre la loi. Il est donc essentiel, pour renforcer la dissuasion, d'aborder la problématique relative aux sanctions pénales applicables aux dirigeants d'entreprise.

Chapitre 2
Les sanctions pénales applicables aux dirigeants d'entreprise

1123. **L'emprisonnement.** L'emprisonnement est la sanction pénale ultime ; celle dont le caractère dissuasif est indiscutable. Elle est la « *peine par excellence dans une société où la liberté est un bien qui appartient à tous de la même façon et auquel chacun est attaché par un sentiment universel et constant* »[2289]. Ainsi la prison, « *cette région la plus sombre dans l'appareil de justice* »[2290], a une connotation symbolique particulièrement dissuasive. En s'attaquant à une valeur sacralisée – la liberté –, elle apparaît comme le châtiment suprême qui fait peser sur l'individu un risque personnel que ce dernier ne peut manquer d'apprécier lors du choix d'enfreindre la loi.

1124. **Risque individuel.** Mieux que l'amende pénale, dont le coût peut être pris en charge par l'entreprise, la prison est privative de liberté. Dans le cadre d'un calcul coût-bénéfice, la prison efface le profit dont l'agent rationnel espère bénéficier. Aux États-Unis, les dirigeants confrontés à un procès de concurrence tentent d'« acheter » leur liberté en proposant de payer une amende pécuniaire plus importante que celle initialement imposée par le juge, et ce, afin d'obtenir une baisse de leur peine de prison. Cela démontre que, dans l'esprit des individus, l'amende est largement plus supportable que la privation de liberté. Le directeur *du Department of Justice* américain souligne notamment que « *plusieurs parties défenderesses ont offert – en vain – de payer des amendes plus élevées afin d'échapper aux peines de prison ou, au moins, d'obtenir une peine plus courte. Au contraire, les parties défenderesses n'ont jamais offert de passer plus de temps en prison afin de réduire leur sanction pécuniaire* »[2291].

1125. **Faute lucrative neutralisée.** La peine de prison supprime le risque de faute lucrative de trois façons différentes :

- Le risque de subir une peine de prison peut être intégré dans le choix d'enfreindre la loi, si bien que l'agent économique est découragé d'agir en infraction considérant que le « jeu n'en vaut pas la chandelle ». Le coût attaché à la peine de prison est si important qu'il exclut en soi le

---

2289 M. Foucault, *Surveiller et punir*, Gallimard, 1993, chap. IV, « Naissance de la prison ».

2290 *Ibid.*

2291 S. Hammond, « Charting New Waters in International Cartel Prosecutions » (March 2006) : « *Many individual defendants have offered unsuccessfully to pay higher fines in an attempt to escape jail sentences or at least secure a shorter jail sentence. On the other hand, defendants never offer to spend more time in jail in order to lower their fines.* » Disponible sur : https://www.justice.gov/atr/speech/charting-new-waters-international-cartel-prosecutions.

calcul du bénéfice éventuellement retiré du manquement. La dissuasion de l'agent limite en conséquence le risque de faute lucrative.

- La peine de prison peut générer un coût économique qui prive l'agent des gains retirés de l'infraction. Sur ce point, les auteurs Connor et Lande ont converti la durée de prison en équivalent monétaire. Leur étude conclut qu'une année de prison pour un dirigeant d'entreprise équivaut en moyenne à 1,5 million de dollars aux États-Unis[2292]. Cette somme peut représenter une confiscation indirecte des avantages indus (en termes de rémunérations, de bonus, etc.) du dirigeant qui a enfreint la loi.
- Dans l'hypothèse où le contrevenant propose de payer une amende plus élevée afin de limiter la durée de la peine de prison, la somme acquittée pour réduire la privation de liberté peut s'avérer supérieure au profit de l'infraction. Dans ce cas, le bénéfice tiré de la violation de la loi est inférieur au coût lié au rachat de la privation de liberté.

1126. **Risque pénal inégal selon la nature de l'infraction.** Force est de constater que l'emprisonnement est aujourd'hui essentiellement évoqué à propos des pratiques anticoncurrentielles. Les actes de concurrence déloyale et parasitaire ainsi que les pratiques restrictives de concurrence sont évincés du débat. La question se pose donc de savoir s'il faut réserver exclusivement la peine de prison aux auteurs de pratiques anticoncurrentielles. Pour tenter d'y répondre, nous avons mis en œuvre un test de légitimité de l'emprisonnement (Section 1). De plus, la question de la légitimité des peines de prison appliquées aux dirigeants d'entreprises implique d'ouvrir un débat plus général sur les avantages et les inconvénients de l'emprisonnement (Section 2).

Section 1
La mise en œuvre d'un test de légitimité

1127. **Test de légitimité.** Pour répondre notamment à la question de savoir si la peine de prison doit être réservée exclusivement aux pratiques anticoncurrentielles, nous avons créé un test de légitimité (§ 1). L'emprisonnement doit être considéré comme légitime si la pratique en cause répond aux critères décrits dans le test. Nous avons appliqué le test à chaque type d'infraction de concurrence (§ 2).

2292 J. M. Connor, R. H. Lande, « Cartels as Rational Business Strategy: Crime Pays », 34 *Cardozo L. Rev.* 427-490 (2012), spéc. pp. 449, 453-454 : « *We developed monetary equivalents of time in prison (or time spent under house arrest) by approximating the disvalue, cost, deterrent value, or opportunity cost of incarceration time.* »

§ 1. La création d'un test de légitimité

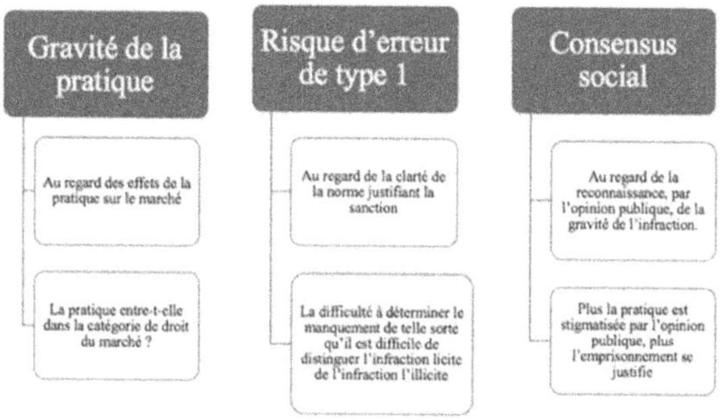

1128. **Trois critères cumulatifs.** Notre test de légitimité comprend trois filtres. Pour justifier l'emprisonnement, trois critères devront être remplis.

1129. **Sur le premier filtre : la gravité de la pratique.** Premièrement, la gravité de la pratique est la première condition essentielle pour justifier l'emprisonnement. On ne saurait priver de liberté celui ou celle dont l'acte n'a eu aucun effet dommageable au marché. Le critère de gravité se mesure au regard du dommage causé au marché et de l'atteinte portée au bien-être du consommateur. Inversement, une pratique qui n'aurait pour effet que la dégradation de l'activité économique d'un concurrent ne pourrait raisonnablement être sanctionnée d'une peine de prison.

1130. **Droit du marché ou droit des marchands ?** Pour ce faire, il faudrait distinguer les actes qui sont punis par le droit du marché[2293] des actes qui – parce que relevant davantage de conflits d'intérêts privés – restent cantonnés au droit privé classique. La déloyauté entre concurrents rentrerait davantage dans le cadre d'un « droit des marchands »[2294] qui ne justifierait pas une sanction pénale, faute d'avoir un but d'intérêt général. Le professeur Marie-Anne-Frison-Roche observe sur ce point qu'il y aurait deux droits de la concurrence : le premier viserait à assurer la bonne santé du marché tandis que le second – davantage empreint d'une morale déontologique – viserait à équilibrer les rapports déloyaux entre commerçants[2295]. Sans souscrire à ce postulat à notre sens trop définitif, il serait bon d'évaluer pour chaque pratique (c'est-à-dire sans préjuger qu'un acte de concurrence déloyale est nécessairement hors du droit du marché) ses effets sur l'économie. Peu importe que « *le marché [ne soit] pas un fait pertinent en ce qui concerne la concurrence déloyale* »[2296], la gravité des effets d'une campagne de dénigrement menée par une entreprise sous l'influence de son dirigeant pourrait, en cas d'effet grave et avéré au bon fonctionnement du marché, justifier l'emprisonnement.

2293 Y. Picod, « Droit du marché et droit commun des obligations », *RTD com.* 1998, p. 1.

2294 C. Lucas de Leyssac, G. Parléani, « L'atteinte à la concurrence, cause de nullité du contrat », in *Le contrat au début du XXIe siècle : Études offertes à Jacques Ghestin*, LGDJ, 2001, pp. 601-616, spéc. pp. 604-605 : les auteurs opèrent une distinction entre « *la loi du marché* » et « *la loi des marchands* ».

2295 M.-A. Frison-Roche, « Les principes originels du droit de la concurrence déloyale et du parasitisme », *RJDA*, n° 6/94 1994, pp. 483-488.

2296 *Ibid.* .

1131. **Sur le deuxième filtre : risque d'erreur de type 1.** Deuxièmement, puisque la prison, au contraire de l'amende pécuniaire, représente le châtiment ultime pour l'agent économique, il est impératif de limiter les peines de prison aux infractions où le risque d'erreur de type 1[2297] est minime. De Montaigne, qui affirmait que la condamnation d'un innocent est « *plus crimineuse que le crime* »[2298], à la fameuse phrase de Voltaire pour qui « *il vaut mieux hasarder de sauver un coupable que de condamner un innocent* »[2299], force est de reconnaître que l'erreur judiciaire qui se conclut par une privation de liberté représente la pire des injustices. Pour cette raison, la norme violée au nom de laquelle s'applique la sanction doit être suffisamment claire pour éviter l'erreur judiciaire.

1132. **Sur le troisième filtre : consensus social.** Troisièmement, pour que la peine de prison soit justifiée, il faut qu'il existe un consensus social sur la gravité de l'infraction. Par consensus social, il faut entendre une reconnaissance de la majorité des individus que l'infraction en cause est suffisamment grave pour légitimer la prison. Autrement dit, la pratique illicite doit être stigmatisée par l'opinion publique. En droit pénal, l'emprisonnement du criminel se justifie par la volonté de protéger la société, mais aussi par la caution morale du peuple, qui considère légitime de priver de liberté l'auteur d'un crime. La répression de l'infraction concurrentielle au nom de la protection de l'ordre public et de l'intérêt général nécessiterait que cette finalité fût comprise par le peuple. La prison n'est possible que si le consommateur est indigné par une infraction de concurrence comme le citoyen l'est d'un d'un vol ou d'un crime. Il faudrait donc évaluer le seuil d'indignation populaire pour chaque manquement de concurrence. Plus les consommateurs seront conscients et saisiront les finalités du droit de la concurrence, plus le seuil d'indignation sera élevé et la peine de prison se justifiera.

1133. **Recommandation.** L'élévation du seuil d'indignation populaire à l'égard des infractions de concurrence est inséparable de la diffusion d'une véritable culture de concurrence. Aujourd'hui, la notion même de « concurrence » est souvent mal comprise[2300] et peu enseignée. Il est critiquable de voir que des valeurs telles que l'égalité, l'équité, ou encore la solidarité sont privilégiées pour étudier le fonctionnement de nos sociétés tandis que la notion de concurrence semble délaissée. Le système capitaliste majoritaire dans nos sociétés occidentales justifierait que l'on s'attardât à expliquer le sens et les finalités de la concurrence. Le terme pourrait ainsi devenir un nouveau paradigme. D'abord, pour comprendre les bienfaits de la concurrence qui, lorsqu'elle est respectée, permet de faire baisser les prix et donc d'augmenter le pouvoir d'achat[2301]. Ensuite, afin de saisir son rôle dans le

---

2297 Erreur de type 1 : condamnation indue d'une pratique licite ou proconcurrentielle.

2298 Citation recueillie dans : J. Vergès, *Les erreurs judiciaires*, « Préface », PUF, 2015.

2299 Voltaire, *Zadig ou La destinée – Histoire orientale*, chap. VI, « Le ministre », Le Livre de poche, 2008.

2300 E. Combe, « La concurrence n'est pas toujours ce que l'on croit », *La Tribune*, 18 août 2014.

2301 Plus la concurrence est forte, plus les prix sont bas. Pour prendre un exemple concret, l'arrivée de Free Mobile en quatrième opérateur de téléphonie mobile a stimulé la concurrence et fait massivement baisser la facture de portable des consommateurs français. Selon l'ARCEP, avec l'arrivée de Free en 2012, le prix des services mobiles a globalement baissé de 11,4 % (v. p. 4 : https://www.arcep.fr/fileadmin/reprise/observatoire/marc-an2012/obs-annuel-2012-prov-mai2013.pdf) ; v. par ailleurs l'étude de J.-C. Lambelet, « La concurrence et son effet sur les prix », Séminaire d'économie nationale HEC Lausanne, décembre 2003.

développement de l'innovation et la croissance[2302]. Enfin et plus généralement, parce qu'avoir conscience des effets positifs de la concurrence permettrait corrélativement de renforcer la stigmatisation des pratiques illicites. Au contraire, si le consommateur ignore ce dont il est privé lorsque la concurrence est faussée, la consécration d'une sanction sévère telle que l'emprisonnement ne sera pas revendiquée socialement.

En fonction de ces trois critères, il reste à appliquer le test aux différentes infractions de concurrence pour répondre à la question de savoir si l'emprisonnement des responsables est justifié.

§ 2. L'application du test à chaque type d'infraction de concurrence

1134. Nous avons appliqué le test à chaque type d'infraction de concurrence, à savoir, le droit des pratiques restrictives de concurrence (A), le droit de la concurrence déloyale et parasitaire (B), et enfin le droit des pratiques anticoncurrentielles (C).

A. L'application du test au droit des pratiques restrictives de concurrence

1135. L'analyse de la gravité des pratiques restrictives (1) permet de souligner que certains comportements restrictifs sont suffisamment graves pour vaincre ce premier filtre. En revanche, le risque d'erreur de type 1 (2) reste trop important, si bien que les pratiques restrictives de concurrence ne passent pas le test. Il n'est donc pas nécessaire d'examiner le troisième filtre tenant au consensus social autour de la gravité des pratiques restrictives de concurrence.

1. Sur la gravité des pratiques restrictives

1136. **Gravité inégale.** Les pratiques restrictives de concurrences sont inégales quant à leur gravité. On ne peut, par exemple, comparer un retard de paiement avec l'insertion de clauses déséquilibrées lésant des centaines de fournisseurs[2303]. L'un est peu susceptible d'avoir des effets sur le marché cependant que l'autre, en plus d'atteindre un opérateur économique en position de faiblesse, risque d'avoir des effets collatéraux sur le marché. De manière générale, le débat autour de la finalité du droit des pratiques restrictives interroge sur la gravité de telles pratiques. La question se pose de savoir si les règles édictées en cette matière le sont dans le but

---

2302 Une entreprise confrontée à l'arrivée de nouveaux concurrents sera incitée à se différencier en innovant : soit pour assurer une meilleure qualité de son produit ou service, soit pour proposer un produit ou un service en totale rupture avec ce que proposent les concurrents de manière à obtenir un avantage concurrentiel.

2303 On notera que les litiges pour déséquilibre significatif sont réguliers par rapport à d'autres pratiques restrictives de concurrence. – V. CEPC, bilan de la jurisprudence civile et pénale pour l'année 2015 ; CEPC, bilan de la jurisprudence civile et pénale pour l'année 2014 ; CEPC, bilan de la jurisprudence civile et pénale pour l'année 2013. – V. par ailleurs : J.-M. Prost, J.-P. Villetelle, « Rapport annuel de l'Observatoire des délais de paiement », exercice 2015. Question Assemblée nationale, Rubrique Entreprise, Analyse sur la règlementation des délais de paiement, *JO* du 13 octobre 2009, Question n° 52169 p. 9714.

d'assurer le bon fonctionnement du marché. En effet, s'il semble logique de reconnaître que des sanctions pénales contribuent au respect de règles de droit édictées dans un but d'intérêt général, l'on peut en revanche s'opposer à l'emprisonnement des responsables de pratiques ne reflétant que des conflits entre « marchands ».

1137. **Problème relevant de la finalité débattue du droit des pratiques restrictives.** La légitimité de l'emprisonnement des responsables de pratiques restrictives prête à débat sachant que le droit des pratiques restrictives de concurrence n'est pas toujours considéré comme un droit du marché. Ainsi, un auteur note que les « *pratiques restrictives appréhendent de simples rapports bilatéraux ou contractuels, et pourraient ne pas relever du droit du marché* »[2304]. Un autre définit une pratique restrictive comme une « *pratique qui porte atteinte à un opérateur indépendamment de son effet sur la concurrence* »[2305]. L'article L. 442-6 serait donc « *un instrument de l'équilibre contractuel, indépendamment de toute atteinte au marché et à la concurrence* »[2306].

Selon d'autres, au contraire, le droit des pratiques restrictives est pourvu d'une double finalité en ce qu'il vise à la fois à protéger les concurrents et le marché[2307]. Sur ce point, dans un arrêt du 8 juillet 2008, la Cour de cassation a qualifié l'action du ministre d'« *action autonome de protection du fonctionnement du marché* »[2308]. L'action du ministre ne se limiterait pas à « *rééquilibrer les relations commerciales entre opérateurs économiques* »[2309] mais viserait tout autant à protéger le bon fonctionnement du marché. Pour résumer, sa finalité est discutée. Sans doute est-ce la difficulté à saisir concrètement son rôle qui a entretenu la dichotomie entre ce que certains ont appelé injustement le « petit » (pratiques restrictives) et le « grand » droit de la concurrence (pratiques anticoncurrentielles)[2310]. Ce débat tend à décrédibiliser la gravité des pratiques restrictives, lesquelles n'auraient d'effets nuisibles qu'entre concurrents et non sur la concurrence.

1138. **Postulat.** Au regard de la très grande variété des pratiques restrictives de concurrence, il nous semble difficile de considérer catégoriquement qu'elles échappent au droit du marché. Au contraire, ces pratiques peuvent potentiellement avoir des effets négatifs sur le marché, et en particulier sur l'investissement et l'innovation. En effet, les grands distributeurs disposent d'un pouvoir de marché important. Les gains indus et avantages excessifs obtenus lors de la conclusion du contrat

---

2304 J.-L. Fourgoux, « Le droit de la distribution doit-il encore comporter des dispositions relatives aux pratiques restrictives de concurrence ? » in Dossier « Les droits de la concurrence : chance ou contrainte pour l'entreprise ? » *CCC* 2006, n° 12, 26, n° 3.

2305 D. Mainguy, *Dictionnaire de droit du marché : Concurrence, distribution, consommation*, Ellipses, 2008.

2306 F. Riem, « Le nouveau droit des pratiques restrictives : rupture ou continuité ? », *RLC* n° 21, 1er octobre 2009.

2307 D. Ferrier, N. Ferrier, *Droit de la distribution*, 7e éd., LexisNexis, 2014, n° 292.

2308 Cass. com., 8 juillet 2008, n° 07-16.761.

2309 E. Kerguelen, *Les pratiques restrictives : L'application de l'article L. 442-6 du Code de commerce à travers la jurisprudence*, Concurrences, 2015.

2310 M. Malaurie-Vignal, « Négociation commerciale et loi Hamon : une loi volumineuse pour un tout petit droit », *CCC* 2014, repère 7. – M. Behar-Touchais, « Droit de la concurrence et droit des contrats (brèves observations) », *RDC*, n° 3-2004, p. 870 ; – T. Lefrançois, « Le petit Droit de la Concurrence pourrait bien devenir Grand », Legavox, 2013 : « *On l'appelait le petit, et on ne manquait jamais de le déprécier. On aurait pu l'appel[er] aussi le vilain [...] car bien que portant le même nom que son cousin – le grand Droit de la Concurrence – son objectif à lui était moindre. Quand l'un avec ses airs d'inquisiteur veillait au respect de l'ordre économique, l'autre, le petit, le national, ne veillait qu'[à] l'équilibre des relations commerciales.* »

renforcent la puissance des grandes centrales d'achat. Cette puissance – sans être comparable à l'existence d'une position dominante[2311] – leur permet d'imposer à leurs fournisseurs des conditions commerciales susceptibles d'affecter la structure de la concurrence. À titre d'exemple, la baisse des prix imposée aux fournisseurs pourrait affecter un secteur. Cette atteinte aux secteurs qui fournissent la distribution entraînerait corrélativement une réduction du nombre de fournisseurs et donc, *in fine*, de la fenêtre de choix dont pourrait bénéficier le consommateur à long terme en termes de diversité des biens et d'innovations.

Certes, il peut être rétorqué que les avantages et baisses de prix obtenus par les distributeurs auprès des fournisseurs serviront finalement l'intérêt du consommateur. Si, par exemple, le fournisseur baisse le prix de gros qu'il pratique à l'égard d'un distributeur, les prix de détail diminueront aussi, c'est-à-dire que la baisse du prix de gros sera répercutée, au moins en partie, au niveau des prix de détail.

Cet argument classique est critiquable : il faut en réalité distinguer l'efficience dynamique[2312] de l'efficience allocative[2313]. L'intérêt à court terme pour le consommateur que présente la baisse des prix (efficience allocative) se heurte à son intérêt à moyen-long terme en raison d'un déséquilibre concurrentiel sur les marchés en amont. L'atteinte au fonctionnement concurrentiel des marchés en amont entraîne une baisse de l'investissement et de l'innovation chez les fournisseurs[2314], ce qui porte atteinte à l'efficience dynamique du marché.

1139. **Bilan.** En vertu de ce premier filtre, les effets dommageables sur le marché d'une pratique restrictive sont possibles. Dans le cas où il serait vérifié que la pratique restrictive entraîne des effets néfastes sur le marché, la première condition pour justifier l'emprisonnement tenant à la gravité des pratiques serait remplie.

La deuxième condition relative au risque d'erreur de type 1 devrait néanmoins rendre impossible l'emprisonnement des dirigeants responsables de pratiques restrictives.

2. L'évaluation du risque d'erreur de type 1

1140. **Risque d'erreur de type 1 élevé.** En matière de pratiques restrictives de concurrence, le risque tenant à la condamnation indue d'une pratique licite ou proconcurrentielle est fort pour la raison suivante : la loi « *est mal écrite […], l'article L. 442-6 ressemble à un inventaire à la Prévert* »[2315] où se superposent différentes interdictions sans que les règles apparaissent clairement définies. Certaines notions (en vertu desquelles la règle de droit s'applique) comme celle relative

[2311] Car il ne s'agit pas ici d'une domination objective du marché par une entreprise toute-puissante.

[2312] Représentée par le progrès technique et l'innovation.

[2313] Caractérisée par la satisfaction des désirs des consommateurs au plus bas prix possible.

[2314] Selon une étude, les pratiques restrictives des grandes centrales d'achat sont susceptibles de déséquilibrer « *le marché amont et portent atteinte au processus concurrentiel à long terme, même en présence d'une concurrence accrue sur le marché aval […]* Le bilan concurrentiel statique de la baisse des prix est donc favorable à court terme, mais son bilan dynamique est nettement négatif à long terme ». V. *Les Cahiers de l'ILEC*, « Effets de la concentration des achats dans la grande distribution », Tera Consulting – Réf : 2014-57-LB-Ilec-Ania – Rapport final n° 1 – 15 février 2015.

[2315] D. De Gramont, « Pratiques contractuelles et Droit de la concurrence », Colloque AFEC, Paris, 25 octobre 2010, Concurrences n° 1-2011, Art. N° 33944.

au déséquilibre significatif n'ont pas été définies par la loi[2316]. L'évaluation du déséquilibre significatif est donc laissée à la libre appréciation du juge. Le professeur Muriel Chagny note sur ce point que « *la difficulté à préciser [...] le contenu du "déséquilibre significatif" apparaît comme l'un des obstacles majeurs auxquels sa mise en œuvre peut se heurter* ». Si, malgré ses imprécisions, le texte a été jugé conforme au principe de légalité du délit et des peines par le Conseil constitutionnel[2317], force est de reconnaître que l'on est « *loin du degré d'achèvement juridique* »[2318] et que de nombreuses incertitudes demeurent. Par ailleurs, pareil constat peut être dressé s'agissant de la règle condamnant la rupture des relations commerciales établies. Bien que cette notion peu juridique ait été forgée au fil du temps et des espèces par la jurisprudence, « *il apparaît difficile de définir de façon précise les contours du risque en matière de relations précaires* »[2319]. Le professeur Louis Vogel considère qu'il s'agit d'un « *droit à réformer* » critiquant « *l'incohérence de la notion de "relation commerciale"* » et dénonçant « *les difficultés de qualification de la rupture* »[2320].

1141. **Bilan.** Les règles édictées pour punir les pratiques restrictives ne sont pas suffisamment claires pour justifier une sanction aussi sévère que l'emprisonnement. Le risque d'erreur judiciaire étant trop élevé, la condamnation injuste d'un acteur économique pour une pratique licite est probable. Force est de reconnaître néanmoins qu'un exercice de clarification est en cours grâce aux interventions régulières de la jurisprudence[2321]. Si, pour l'instant, les règles en matière de pratiques restrictives ne passent pas le deuxième filtre de notre test de légitimité évaluant le risque d'erreur de type 1, dans un futur proche, il se pourrait que la notion atteigne un degré d'achèvement juridique suffisant pour passer le test en question. Reste que, pour le moment, il n'est pas nécessaire d'analyser le dernier filtre relatif au consensus social. La question de l'emprisonnement doit être, à l'heure actuelle, évincée de cette matière.

B. L'application du test au droit de la concurrence déloyale et du parasitisme

1142. La gravité de certaines pratiques déloyales et parasitaires (1) permet de vaincre le premier filtre et d'analyser le risque d'erreur de type 1 (2) qui, en l'occurrence, reste trop élevé pour justifier l'emprisonnement.

2316 Y. Picod, « Le déséquilibre significatif et le Conseil constitutionnel », *D.* 2011, p. 415. Interrogé sur la constitutionnalité de l'article L. 442-6 I. 2° du Code de commerce au regard du principe de légalité des délits et des peines, le Conseil constitutionnel valide le texte. Le Conseil constitutionnel a notamment considéré que le déséquilibre significatif avait été précisé par la jurisprudence en droit de la consommation.

2317 Cons. const., déc. n° 2010-85 QPC du 13 janvier 2011, *Établissement Darty et Fils*. [Déséquilibre significatif dans les relations commerciales].

2318 B. Fages, « Mais de l'abus en dehors du droit des clauses abusives », *RTD civ.* 2010, p. 324.

2319 C. d'Estais, « Rupture brutale des relations commerciales établies », Village-Justice, 12 novembre 2014. Disponible sur : http://www.village-justice.com/articles/Rupture-brutale-des-relations,18277.html.

2320 L. Vogel, « Panorama de la rupture de relations commerciales établies : un droit à réformer », *AJ Contrat* 2016, p. 460.

2321 M. Chagny, « Le domaine d'application de la règle sur le déséquilibre significatif : le flux et le reflux ? », *RTD com.* 2017, p. 593.

1. Sur la gravité des pratiques déloyales et parasitaires

1143. **Préjugé.** Les pratiques déloyales seraient moins graves que les pratiques anticoncurrentielles, car elles n'auraient que peu d'incidence dommageable sur le marché. Le droit de la concurrence déloyale est traditionnellement considéré comme un « droit des marchands » visant à protéger les intérêts particuliers[2322]. La définition prétorienne du comportement déloyal et parasitaire est indifférente de la notion de marché. Si la pratique anticoncurrentielle est punie parce qu'elle restreint et fausse le jeu du marché, en matière de concurrence déloyale, « *ce qui importe, c'est de s'attaquer aux moyens et non aux buts* »[2323], si bien que la déloyauté du concurrent serait davantage visée que son éventuel effet néfaste sur l'économie. Selon un auteur, « *le fonctionnement du marché reste indifférent aux conditions constitutives du comportement* » déloyal[2324].

1144. **Critique.** Le préjugé qui consiste à sortir le droit de la concurrence déloyale de la catégorie « droit du marché » n'est pas satisfaisant. En réalité, il faudrait distinguer selon les cas l'acte de concurrence déloyale sans gravité qui révèle un simple conflit d'intérêts entre deux « marchands » et qui renvoie aux usages et à la déontologie, de l'acte de concurrence déloyale « grave » car porteur d'effets néfastes sur l'économie. Envisageons deux hypothèses dans lequel l'acte de concurrence déloyal et parasitaire a des effets néfastes sur le marché :

- **Perte sèche du consommateur.** D'une part, un acte de concurrence déloyale peut caractériser un abus de position dominante. Un acte de dénigrement d'une entreprise en position dominante peut ainsi donner lieu à une action indemnitaire sur le fondement de l'abus de position dominante[2325]. La déloyauté du dénigrant peut renforcer le pouvoir du marché du monopoleur et ainsi générer des effets néfastes sur la structure de concurrence. Le choix du consommateur, trompé par la compagne de dénigrement, se retrouve de surcroît biaisé. La perte de bien-être pour la collectivité (perte sèche du consommateur qui renonce à acheter le produit dénigré) traduit le dommage au marché.
- **Découragement de l'investissement et de l'innovation.** D'autre part, le parasitisme peut décourager l'investissement et l'innovation. Lorsqu'un produit

---

[2322] S. Carval, *La responsabilité civile dans sa fonction de peine privée*, LGDJ, 1995, p. 145 : « *Il faut certainement faire une part, tout d'abord, au fait que la doctrine a longtemps, de façon très classique, considéré que le droit de la concurrence était formé de deux blocs distincts. L'un, composé des règles de la concurrence déloyale, et que les auteurs décrivaient comme un "droit des marchands", protecteur des simples intérêts particuliers. L'autre, le droit des pratiques anti-concurrentielles, dont on disait qu'il était destiné à assurer l'équilibre du marché, c'est-à-dire à garantir l'intérêt général. Cette vision des choses, on s'en doute, était peu propice à la reconnaissance de l'utilité de la peine privée ; s'il paraît logique, en effet, d'accepter que des sanctions punitives contribuent au respect de règles de droit édictées dans un but d'intérêt général, l'on peut hésiter, par contre, à mettre au service de simples "marchands" une sanction plus contraignante que les dommages et intérêts compensatoires […] Le droit de la concurrence est un tout homogène, dont chaque composante tend, par delà la protection des intérêts particuliers, à la satisfaction de l'intérêt général. Quant à la seconde des raisons […], elle réside dans l'habitude prise par les juristes français de dresser des cloisons étanches entre les différentes disciplines juridiques et les sanctions qui y sont attachées* ».

[2323] P. Le Tourneau, « Parasitisme – Notion de parasitisme », *JCl. Concurrence – Consommation*, fasc. 227, n° 3 (2010).

[2324] M.-A. Frison-Roche, *op. cit.* note 2296.

[2325] G. Decocq, « Le dénigrement est un abus », *CCC* n° 3, mars 2015, comm. 66.

est imité par des parasites, ces derniers font l'économie d'une partie des fruits de l'investissement ayant permis le développement du produit et sa réputation. De plus, les gains attendus du développement du produit vont être doublement limités, car non seulement la victime sera en concurrence avec les parasites, mais les imitateurs entre eux vont se faire concurrence. En conséquence, « *le "gâteau" devient partagé entre un plus grand nombre d'acteurs, ce qui réduit la part de celui qui est à l'origine du produit, mais en plus, la concurrence induite par les imitateurs diminue le gâteau à partager* »[2326]. Ces deux effets cumulés paralysent la rentabilité de l'investissement de la victime qui sera, à l'avenir, découragée d'investir, ce qui affectera en conséquence l'innovation sur le marché.

Ces deux exemples montrent que la lutte contre la concurrence déloyale et le parasitisme contribue à protéger la concurrence sur l'ensemble du marché. Pour cette raison, enfermer le droit de la concurrence déloyale et parasitaire uniquement dans la catégorie du « droit des marchands » est incorrect.

1145. **Loyauté du concurrent c/ Loyauté dans le marché.** Dans le même cadre d'analyse, notons qu'une partie de la doctrine a proposé de rejeter l'approche surannée du comportement déloyal à travers la « loyauté du concurrent » pour définir le comportement fautif par référence à la « *loyauté dans la concurrence* »[2327]. Le concept de « loyauté dans la concurrence » est ancien et figurait déjà dans le préambule du traité de Rome[2328]. La protection de « la loyauté dans la concurrence » signifie que la libre concurrence n'est possible que si les règles du jeu concurrentiel sont les mêmes pour tous les opérateurs économiques. Ceci serait une condition du bon fonctionnement du marché. Inversement, « *l'exercice déloyal de la concurrence peut mettre en jeu son existence même* »[2329], si bien qu'il existe un lien consubstantiel entre la loyauté et le bon fonctionnement du marché.

1146. **Bilan.** Dresser une cloison entre le droit des pratiques anticoncurrentielles qui serait un « droit du marché » et le droit de la concurrence déloyale qui serait un « droit des marchands » ne se justifie pas en pratique. Certains actes déloyaux sont susceptibles de porter atteinte au bon fonctionnement du marché. De même, le respect des principes de libre concurrence et de concurrence par les mérites n'est possible qu'en assurant une dissuasion efficace des comportements déloyaux. Ces comportements sont donc, à condition de contrôler leur effet sur le marché, suffisamment graves pour passer le premier filtre tenant à la gravité de la pratique.

2326 P. Rey, « Affinités ou divergences ? L'approche économique », *RLC* n° 15, avril-juin 2008.

2327 Y. Picod, N. Dorandeu, « Concurrence déloyale », *RDC* octobre 2016, § 33 : « *La reconnaissance d'un droit de la concurrence recouvrant aussi bien les pratiques anticoncurrentielles que la théorie de la concurrence déloyale repose sur la constatation que les questions de l'existence et de la loyauté de la concurrence sont intimement liées, qu'il existe entre elles une certaine interdépendance, que des interactions peuvent jouer* ». Les auteurs soulignent aussi que le préambule du traité instituant la Communauté économique européenne reconnaît essentiels « *l'équilibre des échanges et la loyauté dans la concurrence* » (§ 13).

2328 Traité de Rome, préambule du traité CE, 25 mars 1957 : « *Reconnaissant que l'élimination des obstacles existants appelle une action concertée en vue de garantir la stabilité dans l'expansion, l'équilibre dans les échanges et la loyauté dans la concurrence [...]* »

2329 Y. Picod, N. Dorandeu, *Loc cit.*

Reste, maintenant, à analyser le second filtre tenant au risque d'erreur judiciaire lié à l'application du droit de la concurrence déloyale et parasitaire.

2. L'évaluation du risque d'erreur de type 1

1147. **Risque d'erreur de type 1 faible.** Nous l'avons montré précédemment dans notre thèse, à notre sens, en matière de concurrence déloyale et parasitaire, le risque d'erreur de type 2[2330] est plus important que le risque d'erreur de type 1[2331]. D'abord, parce que la jurisprudence est plutôt réticente à reconnaître la théorie du parasitisme, cette dernière ayant notamment reconnu que « *l'application de cette notion [d'agissements parasitaires] ne doit être faite qu'avec beaucoup de prudence* »[2332]. Ensuite, parce que les confusions jurisprudentielles entre le droit de la concurrence déloyale et le parasitisme ont conduit à alourdir le fardeau probatoire des victimes[2333] qui voient leur action en réparation échouer. Enfin et plus généralement, parce que l'absence de dommages et intérêts confiscatoires des profits illicites permet au fautif – fût-il condamné – de conserver un gain de l'infraction[2334], ce qui constitue une forme d'erreur de type 2, car le fautif est condamné à verser une somme inférieure au profit retiré du manquement.

La prévalence des erreurs de type 2 pourrait justifier l'emprisonnement des auteurs de pratiques déloyales et parasitaires. Le spectre d'une peine de prison encouragerait la loyauté entre les concurrents.

1148. **Rejet de l'emprisonnement.** Néanmoins, le constat selon lequel les erreurs judiciaires sont probables – fussent-elles principalement de type 2 – suffit à délégitimer la question de la peine de prison des auteurs de pratiques déloyales et parasitaires. Les difficultés à préciser le contenu d'un comportement déloyal et/ou parasitaire et le caractère prétorien de ce droit qui, malgré les efforts des juges pour le préciser, reste sujet à des variations jurisprudentielles constantes justifient le rejet de l'emprisonnement.

1149. **Bilan.** Ainsi, sans qu'il soit besoin d'analyser le dernier filtre relatif au consensus social autour de la gravité des pratiques déloyales et parasitaires, le risque d'erreurs judiciaires reste trop important. Pour cette raison, la question de l'emprisonnement doit être, à l'heure actuelle, évincée de cette matière.

2330 Erreur de type 2 : L'erreur de type 2 décrit l'absence de condamnation d'une entreprise qui a commis une pratique anticoncurrentielle. Cette dernière assure au fautif la conservation de la totalité du résultat profitable de l'infraction.

2331 Erreur de type 1 : L'erreur de type 1 décrit la condamnation d'une entreprise pour une pratique licite ou proconcurrentielle.

2332 CA Toulouse, 19 octobre 1988, *D.* 1989, jurispr. p. 290, note J.-J. Barbieri ; citée par J. Passa, « Propos dissidents sur la sanction du parasitisme économique », *D.* 2000, p. 297.

2333 *Supra*, Partie II, Titre I, n° 632 et s.

2334 V. Tableau – Annexe 2. – V. aussi Partie I, Titre II, n° 342 et s.

C. L'application du test au droit des pratiques anticoncurrentielles

1150. La gravité des pratiques anticoncurrentielles (1), le risque d'erreur de type 1 (2) mitigé selon les pratiques en cause et le consensus social (3) autour de la gravité des pratiques anticoncurrentielles rendent légitime l'application d'une peine d'emprisonnement.

1. Sur la gravité du droit des pratiques anticoncurrentielles

1151. **Un droit du marché.** Le droit des pratiques anticoncurrentielles est sans aucun doute un droit du marché. Il appréhende des pratiques dont la gravité s'évalue au regard du dommage qu'elles causent au marché. La sensibilité portée au marché justifie l'imposition d'amendes par une Autorité de la concurrence jugée de plus en plus sévère[2335]. Pour évaluer la gravité de la pratique, l'Autorité détermine notamment le dommage causé à l'économie, formule étrangère aussi bien en droit de la concurrence déloyale qu'en droit des pratiques restrictives.

1152. **Gravité concrète de la pratique.** Lorsque le dommage à l'économie est important, il peut en résulter au moins cinq conséquences graves sur le marché, à savoir une baisse du pouvoir d'achat des consommateurs et une augmentation indue des revenus des producteurs qui ont augmenté leur prix ; une diminution de l'offre (éviction des nouveaux entrants) qui tend à réduire la diversité des biens proposés aux consommateurs ainsi que la qualité des produits vendus ; un effet négatif réel sur le niveau de vie des individus, car l'augmentation des prix combinée à la baisse de la production fait que de nombreux consommateurs ne pourront plus acheter le bien en question – cet argument est notamment pertinent s'agissant des cartels portant sur des biens essentiels pour lesquels il n'existe pas ou peu de substituts ; une baisse de l'investissement et de l'innovation – l'entreprise dominante bénéficiant d'une rente peut être dissuadée de prendre des risques[2336], surtout si les barrières à l'entrée sont importantes ; un risque de pertes d'emplois à long terme, car en augmentant les prix et en baissant la variété de l'offre, la pratique anticoncurrentielle paralyse la productivité et donc diminue la taille du marché, ce qui limite *in fine* l'embauche.

1153. **Études sur le coût d'une pratique de cartel.** Par ailleurs, le coût d'une pratique de cartel a été analysé dans un rapport récent de la Banque mondiale[2337]. Selon ce rapport, une meilleure appréhension et une meilleure dissuasion des cartels permettraient de réduire de 10 % le prix des biens de première nécessité. En conséquence de cette baisse des prix, 500 000 personnes dans les pays sous-développés (Kenya ou Zambie) pourraient sortir de la pauvreté. L'étude conclut

---

2335 E. Frot, « Pratiques anti-concurrentielles : des sanctions effectivement plus sévères », *La Tribune*, 5 février 2015. Disponible sur latribune.fr.

2336 La pratique anticoncurrentielle empêche l'efficience dynamique, car les entreprises ne sont pas incitées au progrès technique et à l'innovation. L'absence de concurrence bloque le processus de « destruction créatrice » décrit par Schumpeter, car les entreprises se complaisent dans une sorte de confort.

2337 World Bank Group, Breaking Down Barriers: Unlocking Africa's Potential Through Vigorous Competition Policy (juin 2016), disponible à : http://documents.worldbank.org/curated/en/243171467232051787/pdf/106717-REVISED-PUBLIC-WBG-ACF-Report-Printers-Version-21092016.pdf (accessed 20 December 2016), p. iii.

qu'une telle économie permettrait aussi de faire économiser aux consommateurs américains 500 millions de dollars par an. Le coût d'une pratique de cartel a aussi été souligné dans une étude récente de l'économiste John Connor[2338] : d'une part, s'agissant des cartels internationaux détectés entre 1990 et 2014, la valeur des ventes affectées par la pratique dépasserait 13,6 milliards de dollars. D'autre part, la hausse des prix induite par la pratique de cartel aurait provoqué sur l'ensemble de cette période un préjudice économique pour le consommateur compris dans une fourchette de 12 à 37 milliards de dollars. Enfin, les amendes antitrust pour les cartels internationaux n'atteindraient même pas 1 % du préjudice économique global infligé par les cartels internationaux.

1154. **Bilan.** Le coût exorbitant pour le marché et les consommateurs d'une pratique de cartel et/ou d'un abus de position dominante vient rappeler la gravité de ce type de pratique anticoncurrentielle. La première condition pour légitimer l'emprisonnement des auteurs de ce type de pratique est donc remplie.

2. L'évaluation du risque d'erreur de type 1

1155. **Élevé.** Nous avons montré précédemment dans notre thèse le risque important des erreurs de type 1 et 2 en matière d'abus de position dominante[2339]. Pour rappel, le droit de la concurrence doit faire face à de nouveaux défis. La problématique posée par les marchés bifaces remet en cause la grille d'analyse des positions dominantes et par conséquent, des abus. De même, l'essor des marchés technologiques et des plates-formes numériques complique la délimitation du marché pertinent. Face à ces marchés, les tests ou outils traditionnels pour qualifier l'abus de position dominante peuvent sembler dépassés. L'impréparation du droit de la concurrence à l'avènement de la nouvelle économie renforce le risque d'erreur judiciaire.

1156. **Exclusion de l'emprisonnement pour les abus.** Bien que les abus de position dominante soient d'une gravité semblable aux pratiques de cartel, les tests utilisés pour leur qualification sont encore trop contestables pour justifier l'emprisonnement des dirigeants responsables d'abus d'éviction ou d'exploitation[2340]. Condamner un dirigeant à une peine de prison pour une pratique licite ou proconcurrentielle provoquerait un coût social important qu'il convient d'éviter.

1157. **Admission de l'emprisonnement pour les cartels.** Au contraire, s'agissant des cartels, la probabilité d'erreur judiciaire est faible compte tenu du niveau élevé requis en matière de standard de preuves (faisceau d'indices précis, graves et concordants).

1158. **Bilan**. Au regard du test de légitimité, s'agissant des cartels, les deux premières conditions tenant à la faible probabilité d'erreurs juridiques ainsi que la gravité évidente de ces pratiques au regard de leur effet dommageable au marché sont

---

2338 J. M. Connor, « Cartels Costly for Customers », World Bank Conference on Income Distribution, Washington, DC, 23 juin 2015 (2017).

2339 V. *supra*, Partie II, Titre I, Chap. 1.

2340 *Supra*, Partie II, Titre I, n° 591 et s.

remplies. Reste donc à analyser le troisième filtre relatif au consensus social autour de la gravité de la pratique de cartel.

3. L'évaluation du consensus social

1159. **Exemples étrangers.** L'emprisonnement des cartellistes n'est possible qu'en renforçant le consensus social et politique sur la gravité de l'infraction. En Angleterre, la pénalisation des cartels n'a pas eu l'effet dissuasif escompté. Les peines de prison sont très rarement appliquées. Ceci s'explique pour des raisons de procédure – le standard de preuve requis pour justifier la peine de prison est presque impossible à rapporter[2341] – mais aussi par le manque de soutien public et politique à l'égard d'une infraction qui ne soulève pas l'indignation populaire[2342]. Autrement dit, l'emprisonnement des dirigeants ne ferait pas consensus, car la gravité de l'infraction n'est pas suffisamment comprise à l'échelle de la société.

1160. **Études étrangères : 2007 et 2017.** En 2007, le professeur Andreas Stephan a notamment mené une enquête visant à évaluer le sentiment de l'opinion publique britannique à l'égard des pratiques de cartel[2343]. Le résultat de cette étude démontre que la prison n'est pas plébiscitée par l'opinion publique, car seulement un Anglais sur dix considère que les responsables de pratiques anticoncurrentielles devraient être emprisonnés[2344]. L'enquête permet de conclure qu'il n'y a pas suffisamment de consensus social quant à l'immoralité des pratiques anticoncurrentielles pour légitimer la peine de prison.

Dix ans plus tard, le même auteur a réalisé une nouvelle enquête visant à évaluer de nouveau le seuil d'indignation populaire à l'égard de la pratique de cartel. L'étude porte sur quatre pays : l'Angleterre, l'Allemagne, l'Italie et les États-Unis. Cette étude démontre une élévation du seuil d'indignation populaire et un plus grand consensus quant à la gravité d'une telle pratique. En Angleterre, 27 % se prononcent en faveur de l'emprisonnement des cartellistes alors qu'ils étaient 11 % dans l'étude de 2007 (pour un échantillon de personnes interrogées similaire)[2345]. L'indignation publique a donc plus que doublé. On peut imputer ce renforcement du consensus à une meilleure culture de concurrence ou à la

---

2341 Du moins jusqu'en 2014. En effet, jusqu'à cette date, le juge devait faire la preuve que les membres du cartel avaient agi « malhonnêtement » (dishonestly). Le tribunal pratiquait un test de malhonnêteté (« *The dishonesty test* » – v. *R v. Ghosh* [1982] 2 ALL ER 689). Il ne suffisait donc pas au juge de démontrer le caractère secret du cartel ou la dissimulation des preuves de concertation entre les entreprises. Il fallait en plus prouver la volonté d'agir de façon « malhonnête ». Ce fardeau probatoire paralysait la sanction de la peine de prison. Pour cette raison, en 2013, consciente du problème posé par ce standard de preuve, l'Enterprise and Regulatory Reform Act, a rendu le standard de preuve moins contraignant ; pour plus de développements sur le sujet, v. A. Stephan, « How Dishonesty Killed the Cartel Offence », 6 *Crim. L. Rev.* 446-455 (2011).

2342 E. M. Michels, « The Real Shortcoming of the UK Cartel Offence: A Lack of Public and Political Support », *Global Antitrust Review* 53-79 (2014).

2343 A. Stephan, « Survey of Public Attitudes to Price-Fixing and Cartel Enforcement in Britain », CCP Working Paper 07-12 (2007).

2344 *Ibid.* L'étude montre que seulement 11 % des personnes interrogées plébiscitent la prison. En revanche, 42 % plébiscitent une sanction économique à l'encontre des dirigeants. Aussi, notons que 55 % plaident pour une dénonciation publique des responsables (« *public naming and shaming* »).

2345 A. Stephan, « An empirical evaluation of the normative justifications for cartel criminalisation », 37(4) *Legal Studies* 621-646 (2017), p. 641 : « *[T]he figure of 27% support for imprisonment in the UK (in Figure 5) was only 11% in the 2007 study, when the question was put to a similar subset of respondents.* »

conséquence d'une plus grande hostilité envers les manquements des entreprises depuis la crise financière de 2008[2346].

1161. **Étude française de 2018.** En France, une étude récente publiée le 22 janvier 2018 par l'Autorité de la concurrence permet de connaître l'état de l'opinion publique sur la question de la gravité des cartels[2347]. Le sondage fait apparaître que 73 % des Français désapprouvent les cartels, mais seulement 25 % d'entre eux estiment qu'une telle pratique mérite l'emprisonnement, ce qui constitue le plus faible pourcentage de tous les pays interrogés.

	France	Royaume-Uni	Italie	Allemagne	US
Le cartel : une pratique néfaste qui doit être sanctionnée	73%	79%	73%	78%	66%
En faveur d'une amende égale ou supérieure au gain illicite	72%	76%	55%	61%	65%
En faveur d'une sanction sous forme de disqualification	63%	75%	63%	68%	50%
En faveur d'une peine de prison pour les individus	25%	27%	26%	28%	36%

Source : *Autorité de la concurrence, communiqué de presse, 2018*[2348]

1162. **Renforcer le consensus social.** Cette fourchette de 25 %, bien qu'importante, reste trop faible pour légitimer la prison. Il est nécessaire de renforcer le consensus social autour de la gravité de la pratique de cartel pour, en conséquence, augmenter le nombre d'individus plébiscitant la prison. Une solution fondamentale consiste à insister sur les bienfaits de la concurrence. Plutôt que de rentrer dans un débat théorique compliqué sur les origines de la concurrence, ou argumenter sur les différents mouvements doctrinaux qui se disputent sur le rôle à donner au droit de la concurrence – droit en perpétuelle évolution, parfois ésotérique et inintelligible pour le consommateur profane –, il serait bon d'insister surtout sur un point : les bienfaits de la concurrence.

1163. **Diffuser une culture sur les bienfaits de la concurrence.** Diffuser une culture sur les bienfaits de la concurrence est fondamental, car si le consommateur ignore ses effets positifs, la pratique risque de ne pas être stigmatisée par ce dernier,

---

2346 *Loc. cit.*

2347 Sondage IFOP pour l'Autorité de la concurrence, communiqué de presse du 22 janvier 2018.

2348 Disponible sur : https://www.autoritedelaconcurrence.fr/fr/communiques-de-presse/22-janvier-2018-sondage-ifop-pour-lautorite-de-la-concurrence.

qui voit dans la concurrence un principe abstrait n'ayant aucune incidence sur son niveau de vie. Au contraire, dans le cas où le consommateur est conscient des avantages d'une concurrence non faussée, il peut concrètement évaluer les risques d'une pratique illicite pour son pouvoir d'achat et plus largement pour son niveau de vie, ce qui l'incitera à stigmatiser l'infraction. À titre de comparaison, si le vol attire une réprobation morale dans la société, c'est parce que l'individu a conscience de ce qu'il perd lorsqu'il est victime d'un larcin. Il a donc une représentation, une perception du manquement comme étant un acte « immoral », car il est capable de se figurer concrètement la conséquence de cet acte : la soustraction frauduleuse d'une chose appartenant à autrui. Pour synthétiser, l'individu sait ce qu'il « perd » ou ce qu'il risque à être volé. Pour cette raison, il légitime l'application du droit pénal. Au contraire, parce que le consommateur ignore les bienfaits de la concurrence, il ignore en même temps la gravité de l'acte qui contribue à la fausser. Le point central à partir duquel on augmentera le consensus social autour de la gravité des cartels consiste donc à diffuser non pas une culture de concurrence, mais une culture de ses bienfaits. L'excellent ouvrage récent intitulé *À quoi sert la concurrence ?*[2349] a ouvert la voie en sensibilisant le professionnel comme le consommateur aux finalités économiques et sociales de la compétition économiques. Les avantages d'une rivalité libre et non faussée en termes de pouvoir d'achat par exemple devraient être largement diffusés au sein de la société. L'arrivée du low cost, et son incidence majeure sur la baisse des prix[2350] et le bien-être du consommateur[2351], est un exemple qui pourrait sensibiliser le consommateur à la problématique plus générale de la protection de la concurrence comme valeur, au même titre que l'égalité ou la liberté.

1164. **Incidence sur les médias.** Renforcer la stigmatisation des cartels aurait pour effet d'accroître l'intérêt pour l'instant limité des médias[2352] à l'encontre des infractions de concurrence. Il serait utile d'assurer une capture médiatique des cas de cartel pour diffuser l'information de la gravité de ces pratiques et générer un effet de stigmatisation[2353]. Informer le public de l'immoralité des cartellistes favorisera le consensus populaire à l'égard des sanctions pénales des dirigeants et notamment des peines de prison. La couverture médiatique des cartels peut changer le comportement des entreprises, élever la concurrence au rang des valeurs à respecter et générer une stigmatisation populaire susceptible de capter

---

2349 M. Behar-Touchais, N. Charbit, R. Amaro (dir.), *À quoi sert la concurrence ?*, Concurrences, 2014.

2350 C. Beigbeder, L. Chatel, « Le "*low cost*" : un levier pour le pouvoir d'achat », La Documentation française, 12 décembre 2007.

2351 L'économiste Emmanuel Combe montre notamment qu'en plus de faire baisser les prix, les compagnies aériennes low cost ont entraîné une explosion de la demande. Des consommateurs qui refusaient de voyager vont prendre l'avion dès lors que le prix passe en dessous d'un certain « *prix psychologique* ». Ce faisant, on peut en déduire que l'arrivée d'une concurrence « low cost » à une incidence sur le bien-être des individus en leur permettant de s'offrir des voyages qu'ils s'interdisaient auparavant ; v. E. Combe, « Le low cost, une révolution économique et démocratique », Fondapol (Fondation pour l'innovation politique), février 2014.

2352 D. Sokol, « Cartels, Corporate Compliance, and What Practitioners Really Think About Enforcement », 78(1) *Antitrust L.J.* 201-240 (2012), p. 217. L'auteur souligne que, entre 1994 et 2008, les décisions de cartels aux États-Unis ont donné lieu à peu d'articles de presse.

2353 B. Deffains, C. Fluet, « Incitations juridiques *versus* incitations normatives en présence d'erreurs judiciaires », *Économie & Prévision* 2013/1, n° 202-203, pp. 19-36. Les auteurs notent que la stigmatisation joue un rôle de « *régulateur potentiel du comportement* ».

l'attention des décideurs politiques[2354]. Sur ce point, des auteurs ont montré comme l'appropriation par la classe politique australienne des problématiques de concurrence a permis d'instaurer un débat démocratique et d'ériger l'infraction de concurrence en véritable problème sociétal. Cette prise de conscience politique a eu pour effet de consacrer une loi criminalisant les pratiques anticoncurrentielles[2355].

1165. **Bilan.** L'emprisonnement des dirigeants responsables de pratiques de cartel est possible, à la condition de renforcer le consensus social sur la gravité de ces pratiques. La légitimité de la prison dépend de la stigmatisation de la pratique à l'échelle de la société. En Europe, une étude a démontré que près d'un quart de l'opinion publique plébiscitait l'emprisonnement des cartellistes[2356]. Élever le seuil d'indignation populaire en renforçant la culture de concurrence par un enseignement de ses bienfaits permettrait aux citoyens de s'indigner de l'immoralité des ententes, ce qui ensuite pourrait légitimer l'imposition des peines de prison. La question de la légitimité de la peine de prison nous conduit en même temps à nous interroger sur les avantages et les risques concrets liés à l'emprisonnement des dirigeants d'entreprise.

Section 2
Les avantages et les risques de l'emprisonnement des dirigeants

1166. **Une sanction pénale rarement prononcée.** En France, la peine de prison est prévue par la loi pour punir l'auteur d'une pratique anticoncurrentielle. Néanmoins, elle n'est que très rarement prononcée à l'égard des dirigeants d'entreprise. Ceci s'explique par le standard de preuve exigé à l'article L. 420-6 du Code de commerce[2357] : le fardeau probatoire tenant à la démonstration de l'intention frauduleuse paralyse l'imposition de la peine de prison.

1167. **Débat.** Le constat de l'ineffectivité des peines de prison en France est évident et ne mérite aucune discussion. De même, souligner que les peines de prison

---

2354 A. Stephan, « "The Battle for Hearts and Minds": The Role of the Media in Treating Cartels as Criminal », in *Criminalising Cartels Critical Studies of an International Regulatory Movement*, C. Beaton-Wells, A. Ezrachi (dir.), Hart Oxford (2011).

2355 C. Beaton-Wells, F. Haines, « The Australian Conversion: How the Case for Cartel Criminalization Was Made », 1(4) *New Journal of European Criminal Law* 499-521 (2010), p. 521 : « *The legitimating "scripts" adopted in the Australian campaign for criminalisation featured the government as protector of the economy, consumers, small business, and Australian cultural values. These scripts sought to reassure the public of their adherence to norms around egalitarianism […] The scripts employed in the Australian criminalisation debate glossed over the intricacies and complexities inherent in cartel conduct and opted for simplistic and unequivocal statements about the nature of cartel conduct, the threats of the global economy, the untrustworthy nature of big business and the sentiment that "a law for one should be a law for all".* »

2356 A. Stephan, « An empirical evaluation of the normative justifications for cartel criminalisation », *op. cit.* note 2346.

2357 Le dirigeant doit avoir pris une part frauduleuse, personnelle et déterminante dans la conception ou l'organisation de l'entente. Pour plus de détails sur cette question, v. *supra*, Partie I, Titre I, Chap. 2, Sect. 2, § 3.

sont appliquées plus régulièrement aux États-Unis[2358] n'est pas un argument pour justifier leur application en France : « *comparaison n'est pas raison* », et considérer qu'il serait souhaitable d'emprisonner les responsables de cartel au motif que d'autres pays le font serait dangereux, car la culture juridique et la pratique judiciaire de ces pays sont différentes. On remarquera notamment que les pays européens – d'une culture proche de la nôtre – sont assez réticents à prononcer des peines de prison. Les auteurs Calvani et Carl ont démontré que les juges irlandais prononcent rarement des sanctions pénales[2359] tandis qu'en Angleterre (à l'instar du système français), le standard de preuve pour justifier l'emprisonnement est trop restrictif[2360] si bien que depuis 2002, une seule peine de prison ferme a été imposée[2361].

En somme, une question surtout doit être placée au centre du débat, à savoir celle de la légitimité de l'emprisonnement des dirigeants d'entreprise[2362]. La question de la légitimité implique dans le même temps un débat essentiel sur les avantages dissuasifs (§ 1) et les inconvénients d'une telle peine. Parmi les inconvénients, en dehors de l'inconvénient important du coût de l'imposition d'une peine de prison, lequel est largement supérieur aux sanctions administratives[2363], on notera tout particulièrement l'incidence négative du risque d'emprisonnement sur la procédure de

---

2358 B. Cheynel, « *Criminal enforcement* du droit de la concurrence : un risque concurrentiel émergeant », *RLC* 2010, n° 22 : « *La pratique actuelle révèle une grande sévérité des autorités américaines. Depuis les années 2000, le DOJ se refuse à recommander des "no-jail deals". La dernière décennie a donc été marquée par une croissance particulièrement marquée du nombre et de la fréquence des peines de prison prononcées ainsi que de leur durée respective. À titre d'exemple,* la durée moyenne d'emprisonnement en matière d'antitrust, *qui était de 9 mois en 2006,* est montée à 31 mois en 2007 et 25 mois en 2008. *De même,* les chiffres révèlent que les dirigeants sanctionnés par le DOJ font toujours plus l'objet d'une peine privative de liberté. *Alors que ce ratio n'était que d'environ 30 % au cours des années 1990, il fut de 87 % en 2007 et 63 % en 2008, portant ainsi le total de nombre de jours de prison prononcés en 2007 à 31 391* ».

2359 T. Calvani, K. M. Carl, « The Competition Act 2002, ten years later: lessons from the Irish experience of prosecuting cartels as criminal offences » 1(2) *Journal of Antitrust Enforcement* 296-324 (2013) : « *The article traces the evolution of the criminal cartel provisions of the Irish competition law and the enforcement mechanisms available to the Authority […] Although the Authority has secured multiple convictions, Irish judges have been unwilling to commit a single convicted individual to prison. The existence of sufficient statutory sanctions is irrelevant absent a willingness of Irish judges to impose them […]* »

2360 A. Stephan, « How Dishonesty Killed the Cartel Offence », *op. cit.* note 2342. Notons cependant que le standard de preuve a été modifié en 2014.

2361 Southwark Crown Court, 18 juin 2008 ; OFT, Press releases 2008, « Three imprisoned in first OFT criminal prosecution for bid rigging ».

2362 V. notre « test de légitimité », *supra*, Partie III, Titre II, n° 1129 et s.

2363 Comparativement aux sanctions administratives, le coût de la sanction pénale sous la forme d'une peine de prison est élevé. Nous distinguerons deux types de coûts : le coût procédural et le coût collectif. En matière pénale, le standard de preuve requis pour établir la culpabilité du contrevenant est lourd et augmente le coût de la répression, ce qui oblige l'action publique à renforcer ses investigations. La commission d'une infraction pénale requiert notamment la démonstration que le manquement a été commis en toute conscience et non par simple négligence. La démonstration de l'intention frauduleuse constitue un véritable fardeau probatoire. De plus, le système européen est différent du système américain qui incite les accusés à avouer leur manquement. Le « plaider coupable » (*plea bargain*) – très fréquent aux États-Unis – assure des économies de coûts en permettant d'éviter une longue et coûteuse enquête. Or, « *il est difficile d'identifier des juridictions en dehors des États-Unis qui avalisent ou appliquent le plaider coupable de la même manière ou dans une ampleur similaire* » (Les sanctions en cas d'infraction au droit de la concurrence – Le dilemme de la clémence, DAF/COMP/GF(2016)7, p. 15). S'agissant du coût collectif, l'emprisonnement coûte cher à la collectivité. Les frais élevés de l'activité pénitentiaire sont à la charge de la collectivité. Selon un avis du Sénat, le coût moyen d'une année de prison pour une personne détenue est estimé à 32 000 euros (Avis du Sénat sur le budget 2015 de l'administration pénitentiaire, 11/2014).

clémence (§ 2). Par ailleurs, l'analyse des avantages et des inconvénients de la prison implique une réflexion plus générale sur la justification normative de la peine de prison (§ 3). Plus généralement, lorsque l'application d'une peine de prison semble illégitime au regard de la nature de l'infraction de concurrence, le législateur français pourrait se tourner vers des sanctions dites « para-pénales » (§ 4).

§ 1. Les avantages dissuasifs de la peine de prison

1168. **Effets positifs de l'emprisonnement.** Parmi les avantages nombreux de l'emprisonnement, il faut souligner, en premier lieu, les bienfaits de l'effet de stigmatisation (A) d'un point de vue dissuasif. De plus, la peine de prison permet de compenser les failles propres à l'amende pécuniaire. Elle présente ainsi plusieurs avantages par rapport à l'amende pécuniaire (B).

A. Les bienfaits de l'effet de stigmatisation du dirigeant d'entreprise

1169. **Effet de stigmatisation.** La prison n'est pas seulement une peine privative de liberté. Elle cause à celui qui en est victime des effets de réputation et de stigmatisation très lourds à porter. La stigmatisation du prisonnier constitue « *une peine après la peine* »[2364]. L'individu voit son identité abîmée, car il doit subir le jugement d'autrui et les craintes que la société éprouve à l'égard des anciens détenus. Cet effet stigmatisant de l'incarcération a été mis en évidence par des expériences consistant à envoyer à des employeurs des curriculum vitae fictifs indiquant si les candidats avaient déjà été condamnés ou non. Les expériences montrent les perspectives de carrière limitées et les difficultés à l'embauche des ex-détenus comparativement à ceux n'ayant aucun casier judiciaire[2365].

Plus généralement, la stigmatisation provoque plusieurs effets collatéraux qui, du strict point de vue de l'objectif de dissuasion de l'infraction de concurrence, pourraient se révéler bénéfiques. L'effet de stigmatisation est susceptible de modifier le comportement déviant. La prison présente une connotation symbolique qui a plusieurs avantages.

1170. **Changement de perception de l'agent déviant.** Premièrement, l'effet de stigmatisation change la perception de l'agent déviant sur le risque juridique de l'infraction. En théorie, la faible probabilité de détection devrait inciter l'agent à violer la loi. Néanmoins, parce que la prison envoie un « *message moral très puissant* »[2366], l'agent aura tendance à se souvenir (mémoire sélective)

[2364] L. Noali, « La peine après la peine : Le syndrome du sorti de prison », *Champ Pénal*, vol. XIII, 2016.

[2365] R. Boshier, D. Johnson, « Does Conviction Affect Employment Opportunities? », 14(3) *Br. J. Criminol.* 264-268 (1974). – V. aussi : D. Pager, B. Western, N. Sugie, « Sequencing Disadvantage: Barriers to Employment Facing Young Black and White Men with Criminal Record », 623(1) *Annals of the American Academy of Political and Social Sciences* 195-213 (2009).

[2366] W. Wils, « La pénalisation du droit communautaire est-elle la solution ? », *RLC* 2005, n° 5, pp. 139-177.

des affaires où une peine de prison a été imposée, fussent-elles rarissimes. En conséquence, il est possible que ce dernier surestime la probabilité d'être sanctionné. Le risque de peine de prison pourrait donc engendrer un biais comportemental (surestimation de la détection) en faveur du respect de la loi. Dans le même cadre d'analyse, la perception de la prison pour l'homme d'affaires n'est pas la même que celle du voleur à la tire. Comme l'explique l'avocat Arthur Liman, « *pour le voleur à la tire, un séjour au pénitencier peut s'avérer un peu plus perturbant qu'un entraînement de base dans l'armée. Cependant, pour un homme d'affaires, la prison représente l'enfer* »[2367]. Ce faisant, la rationalité du calcul coût-bénéfice de l'auteur d'une faute lucrative qui entend retirer un profit de l'infraction est mise à mal : « *L'analyse traditionnelle attachée à la récompense liée au risque n'a plus lieu d'être lorsque ce risque est la prison* »[2368], car la simple menace d'emprisonnement pourrait suffire à décourager l'infraction.

1171. **Correction des biais comportementaux.** Deuxièmement, l'effet de stigmatisation peut aussi corriger les biais comportementaux qui incitent à l'infraction. Des sanctions pénales comme l'emprisonnement pourraient par exemple corriger le biais de surconfiance (autrement appelé *over-optimism*) des agents économiques. La « surconfiance » a une incidence importante dans le processus de décision des dirigeants d'entreprise qui sont optimistes quant au résultat profitable du manquement à la loi. Le risque d'emprisonnement, par son effet stigmatisant, annulerait la confiance excessive du manager. Par ailleurs, l'économie comportementale dénonce l'effet de myopie qui entraîne une sous-estimation des coûts attachés à l'infraction[2369]. L'amende pécuniaire est difficilement estimable, ce qui peut générer une fausse croyance quant à la faiblesse de son montant. Au contraire, l'effet stigmatisant de l'emprisonnement pourrait éclairer les dirigeants « myopes » quant au coût de l'infraction, car la privation de liberté constitue un coût concrètement estimable par l'agent économique.

1172. **Renforcement des programmes de conformité.** Troisièmement, l'effet de stigmatisation va nuire à la réputation de l'entreprise. Sachant que la prison constitue une peine susceptible de générer un retentissement médiatique important, le coût réputationnel de l'entreprise dont l'image est affectée par l'emprisonnement d'un de ses dirigeants pourrait inciter cette dernière à entreprendre une stratégie de conformité au droit de la concurrence.

1173. **Augmentation de la probabilité de détection.** Quatrièmement, le risque pénal va encourager les lanceurs d'alerte à dénoncer l'infraction[2370] et multiplier les recours à la procédure de clémence[2371]. La peur d'être emprisonné va inciter le dirigeant

---

2367 A. Liman, « The Paper Label Sentences: Critique », 86 *Yale L.J.* 619-644 (1977), p. 630. Traduction libre : « *For the purse snatcher, a term in the penitentiary may be little more unsettling than basic training in the army. To the businessman, however, prison is the inferno [...]* »

2368 *Ibid.*, pp. 630-631 : « *[C]onventional risk-reward analysis breaks down when the risk is jail.* »

2369 N. Treich, « L'économie comportementale peut-elle aider à mieux gérer l'environnement ? », INRA, juin 2016.

2370 D. I. Baker, « The Use of Criminal Law Remedies to Deter and Punish Cartels and Bid-Rigging », 69 *Geo. Wash. L. Rev.* 693-714 (2001), spéc. pp. 693-696.

2371 G. J. Werden, S. D. Hammond, B. A. Barnett, « Deterrence and Detection of Cartels: Using All the Tools and Sanctions », 56(2) *Antitrust Bulletin* 207-234 (2011), spéc. pp. 207-215.

à « *assurer sa propre protection, en abandonnant potentiellement l'entreprise à son propre sort […]. Si une secrétaire devient nerveuse, par exemple après avoir parlé à un proche qui l'a convaincue de son implication pénale pour sa propre conduite, elle peut décider de dénoncer la conduite de l'entreprise* »[2372]. En alimentant la délation, la peine de prison va assurer aux autorités de concurrence une économie des coûts de détection salutaire.

1174. **Tempérament : étude empirique.** Néanmoins, le professeur Caron Beaton-Wells relativise ce constat en considérant qu'il faudrait être en mesure de déterminer si le nombre de demandes de clémence dans les pays prévoyant seulement des sanctions administratives aurait été plus élevé si des sanctions pénales avaient été disponibles, sachant, en outre, qu'aucune étude empirique n'a prouvé jusqu'à ce jour que le nombre de demandes était plus important dans les pays prévoyant des sanctions pénales[2373]. Au contraire, une étude a montré que le nombre de demandes de clémence était faible après l'introduction d'un système de sanction pénale[2374]. Cependant, cette étude ne suffit pas à préjuger que l'existence de sanctions pénales décourage les demandes de clémence, cette baisse pouvant aussi s'expliquer par le fait que la pénalisation des cartels dissuade leur formation. La diminution des cartels formés baisse le nombre de prétendants à la clémence et *in fine* le nombre de demandes[2375].

1175. **Bilan.** L'effet de stigmatisation généré par la peine de prison a plusieurs bienfaits dissuasifs. Cet effet constitue une peine à long terme, car outre la privation de liberté, la « honte » et les conséquences réputationnelles d'une telle sanction limitent l'avantage retiré de l'infraction pour le dirigeant. De plus, cet effet de stigmatisation génère un biais comportemental en faveur du respect de la loi, à savoir, une surestimation de la probabilité d'être sanctionné favorisée par la crainte de l'emprisonnement. Cet effet de stigmatisation corrige, en outre, les biais comportementaux qui incitent à la violation du droit. Ainsi le biais de surconfiance (autrement appelé « *over-optimism* ») est annulé par la peur qu'inspire la prison. De même, l'effet de myopie est corrigé par le coût davantage estimable de la privation de liberté que celui de l'amende pécuniaire.

De manière plus générale, la peine de prison présente plusieurs avantages par rapport à l'amende pécuniaire.

2372 S. D. Hammond, « Cornerstones of an Effective Leniency Program », paper presented before the ICN Workshop on Leniency Programs (Sydney, 22-23 November 2004) ; cité par W. Wils, « La pénalisation du droit communautaire est-elle la solution ? », *op. cit.* note 2367.

2373 C. Beaton-Wells, « Criminal Sanctions for Cartel Conduct – The Leniency Conundrum », Global Forum on Competition, DAF/COMP/GF(2016) 7, pp. 6-9.

2374 C. Beaton-Wells, « Immunity for cartel conduct: revolution or religion? An Australian case-study », 2(1) *Journal of Antitrust Enforcement* 126-169 (2014), spéc. pp. 136-137. L'étude a comparé le nombre de demandes reçues avant l'introduction des sanctions pénales avec le nombre de demandes reçues après.

2375 *Ibid.*, p. 137 : « *Another possible interpretation of these low numbers is that the introduction of criminal sanctions has deterred cartels from forming and thus there are relatively fewer cartels to report than prior to 2009.* »

B. Les avantages de la peine de prison comparés à l'amende pécuniaire

1176. **Report impossible de l'amende.** L'amende pécuniaire a pour principal inconvénient d'être facilement transférable aux actionnaires solidaires de la pratique illicite. Le report de l'amende sur les actionnaires limite l'intérêt de l'amende d'un point de vue dissuasif. Au contraire, la peine de prison n'est pas « remboursable » ni transférable, l'actionnaire ne pouvant aller en prison à la place du dirigeant condamné. La peine de prison constitue donc une parade à la stratégie de l'actionnaire qui, pour inciter le dirigeant à la violation de la loi, prévoit un mécanisme de compensation de l'amende personnelle.

1177. **Augmentation du coût de l'entente.** De plus, le dommage subi personnellement par le manager va l'encourager à résister aux pressions des actionnaires incitant à l'infraction. La résistance des employés aux pressions exercées va augmenter le coût de l'entente : en effet, les actionnaires seront dans l'obligation d'augmenter la rémunération des dirigeants (prime de risque) pour s'assurer du respect des consignes et pour éviter une éventuelle dénonciation (prévention contre le *whistleblower*) de la pratique illicite. Ce coût pourrait décourager la formation du cartel.

1178. **Contournement des difficultés de paiement.** Par ailleurs, une pratique courante de la Commission et de l'Autorité de la concurrence consiste à limiter le montant de l'amende afin de prévenir le risque de faillite de l'entreprise sanctionnée. Selon Andreas Stephan, cette sensibilité pour le coût social de l'amende renforce le choix d'enfreindre la loi, car les entreprises anticipent que l'amende ne pourra excéder un montant (« *bankruptcy discount* ») susceptible de mettre en danger leur viabilité financière[2376]. Or, la peine de prison permet précisément d'éviter le risque de faillite de l'entreprise sanctionnée. La critique de l'amende optimale qui ruinerait les entreprises ne vaut plus au regard de la nature de la sanction pénale. Étant données les conséquences transversales de la faillite d'une entreprise (pertes d'emplois, conséquences néfastes pour les fournisseurs, les clients, les créanciers, etc.), la peine de prison peut avoir un coût social plus faible.

2376 A. Stephan, « The Bankruptcy Wildcard in Cartel Cases », CCP Working Paper 06-5 (2006) : « *Where fines are the only available sanction against cartels there is a trade-off between increased deterrence and the increased risk of insolvency. Higher fines are unacceptable to the European Commission because of the costs and uncertainties associated with bankruptcy. These concerns have led to the emergence of a "financial constraints" discount which is applied with a lack of transparency and may be strongly influenced by the EC treaty objectives of protecting employment and social justice.* Such bankruptcy discounts encourage infringing firms to paint as gloomy a picture of their financial situation as possible to reduce their cost of collusion. They also provoke cartel members into raising prices further, safe in the knowledge that they will never incur fines high enough to threaten their financial viability ». – V., à titre d'exemple, la décision de l'Autorité de la concurrence relative à l'entente sur les prix des sous-traitants de Renault et Peugeot. Dans cette décision, l'Autorité a fortement minoré la sanction pécuniaire des entreprises en prenant en compte leur situation financière dans le calcul de la sanction. L'Autorité a reconnu que les amendes étaient « *nettement inférieures à celles qui auraient dû être infligées si n'avaient été prises en compte que la gravité des faits et l'importance du dommage causé à l'économie. L'Autorité a en effet significativement modéré les sanctions pour tenir compte des graves difficultés financières des entreprises qui sont des PME. L'Autorité a, par ailleurs, dispensé de sanction la société anglaise Cushway's mise en liquidation judiciaire* » ; Aut. conc., communiqué de presse, déc. n° 10-D-35 du 15 décembre 2010 relative à des pratiques mises en œuvre dans le secteur de la fourniture d'électrodes de soudure pour les constructeurs automobiles.

1179. « ***Too big to fail* » – « *Too big to fine* ».** Le risque de faillite est aussi dénoncé par les établissements bancaires. Lorsqu'un cartel concerne des établissements bancaires, l'amende pécuniaire a ceci de dangereux qu'elle comporte des externalités négatives pour les citoyens. Concrètement, si une banque qui détient le patrimoine de nombreux citoyens fait faillite, lesdits citoyens devront en payer les conséquences. Le risque est alors d'appauvrir des ménages et de causer la ruine des créanciers. Pour cette raison, certaines banques « *trop importantes pour tomber* » (*too big to fail*), jouissent malgré leur manquement d'une impunité, car les pouvoirs publics se précipitent à leur secours. En conséquence, ces banques se voient infliger des amendes minimes pour éviter au pouvoir public une éventuelle recapitalisation. Le « *too big to fail* » devient alors le « *too big to fine* »[2377]. Au-delà d'une certaine taille, l'entité économique bénéficie d'une immunité (ou forte réduction) d'amende, ce qui constitue un choix sous-dissuasif, car ces entités tirent un bénéfice certain de l'infraction couvert par les pouvoirs publics. Pour remédier à ce déficit de dissuasion, les sanctions pénales et en particulier la peine de prison constituent une solution efficace. L'emprisonnement du dirigeant à l'origine du cartel n'aura aucune incidence sur l'économie réelle, pas plus qu'elle n'affectera les ménages et/ou les créanciers. Son coût social est donc plus faible que l'amende pécuniaire.

1180. **Diminution du risque de récidive.** Enfin, l'amende pécuniaire encourage la récidive. Lorsque son montant est insuffisant, elle génère des fautes lucratives qui incitent les agents économiques à récidiver. Au contraire, la peine de prison, même de courte durée, produit un effet de stigmatisation[2378] porteur d'un coût psychologique suffisamment fort pour dissuader la récidive. Les conséquences négatives sur la carrière, le jugement des pairs, la peine faite aux proches sont autant de coûts qui ne peuvent être compensés. Ce coût, qui n'est pas « réparable », neutralise le risque de récidive.

Malgré tous ces avantages dissuasifs, l'imposition, en France, de peines de prison pour punir les auteurs d'infractions de concurrence se heurte aussi à plusieurs inconvénients.

§ 2. L'incidence négative du risque d'emprisonnement sur la procédure de clémence

1181. **Décourage la clémence.** Parmi les avantages de la sanction pénale, nous avons évoqué l'encouragement à la clémence favorisé par la crainte de la peine de prison[2379]. Néanmoins, le risque pénal peut aussi décourager le recours à la clémence. Il existe un effet potentiellement négatif de la sanction pénale sur la procédure de clémence, car l'immunité est donnée au premier demandeur de clémence, ce qui limite la possibilité d'échapper à la prison. Si, dans la « course » à la clémence, le dénonciateur se retrouve en seconde position, il risque une peine

---

2377 G. Spagnolo, C. Marvão, « Leniency Inflation, Deterrence, and Criminalization », conférence Pros and Cons of Leniency and Criminalization, 13 novembre 2015.

2378 V. *supra*.

2379 V. *supra*.

d'emprisonnement. À la différence de l'amende pécuniaire, où l'entreprise peut se satisfaire d'une réduction d'amende en obtenant une clémence de rang 2, l'enjeu est différent lorsque l'offre porte sur une privation de liberté. La récompense tenant à une réduction d'amende est faible si le dirigeant qui a obtenu une clémence de rang 2 doit subir une peine de prison. Ainsi, selon une étude empirique, le spectre de l'emprisonnement décourage les demandes de clémence, car les potentiels délateurs « *n'ont aucun moyen d'être sûrs que le prix de l'immunité est toujours disponible* »[2380] au moment où ils dénoncent l'infraction. De plus, il n'y a aucune certitude d'une quelconque récompense (réduction de l'amende pénale par exemple) pour les personnes qui coopèrent après l'obtention de l'immunité par une autre partie. Aussi, le risque de se retrouver en deuxième position sur la chaîne des demandeurs est d'autant plus fort dans le cadre d'un cartel international affectant plusieurs marchés. La propagation des politiques de clémence dans le monde rend, dans le cas d'un cartel transfrontalier, « *difficile, sinon impossible, d'être le premier demandeur de clémence dans toutes les juridictions pertinentes* »[2381]. Ainsi, le demandeur français qui obtient l'immunité en France n'aura aucune certitude d'obtenir l'immunité en Angleterre : « *Il est peu probable que l'une des entreprises présumées puisse avoir confiance d'être la première à avouer partout* »[2382]. Cela le dissuadera de demander la clémence dans son pays, sachant qu'il risque une peine de prison dans un autre pays. Dans le cas d'un cartel international, les dirigeants européens ne sont jamais à l'abri d'une peine de prison. Entre 1999 et 2009, aux États-Unis, sur les 236 individus condamnés à une peine de prison, seulement 46 % des condamnés étaient des citoyens américains[2383]. C'est-à-dire que des citoyens français, allemands, anglais, etc., ont déjà dû subir une peine de prison pour un cartel dépassant les frontières de leur pays.

1182. **Stabilisation du cartel.** En conséquence, rapporter l'infraction devient plus risqué pour le dénonciateur qui n'est pas sûr d'obtenir l'immunité. Pour cette raison, la sanction pénale a pour potentiel effet négatif de stabiliser la formation du cartel. L'agent ne prendra pas le risque de dénoncer l'accord au risque de subir une peine de prison. De même, les mécanismes de surveillance du respect de la pratique illicite seront renforcés par les leaders du cartel au regard du risque juridique de l'infraction. Le risque pénal les obligera à prévoir des mécanismes de punition particulièrement sévères afin d'assurer le respect des règles, ce qui aura pour effet de stabiliser l'entente, laquelle deviendra plus efficace et dommageable pour la société.

Par ailleurs, la justification normative de la peine de prison mérite d'être discutée.

2380 A Stephan, « Four key challenges to the successful criminalization of cartel laws », 2(2) *Journal of Antitrust Enforcement* 333-362 (2014), spéc. pp. 333-345. Traduction libre : « *[T]hey have no way of being sure that the immunity prize is still available and so coming forward may actually expedite the successful prosecution of their employees [...]* »

2381 C. Beaton-Wells, « Criminal Sanctions for Cartel Conduct: The Leniency Conundrum », 13(1) *Journal of Competition Law & Economics* 125-149 (2017).

2382 *Ibid.* p. 9.

2383 C. Marvão, G. Spagnolo, « Should Price Fixers Finally Go to Prison? – Criminalization, Leniency Inflation and Whistleblower Rewards in the EU », CRESSE Conference 2016.

§ 3. La justification normative de la peine de prison

1183. **Rappel.** Nous avons vu précédemment que, pour que l'emprisonnement des cartellistes soit justifié, il fallait assurer un consensus social autour de la gravité de l'infraction[2384]. La gravité de l'infraction renvoie plus généralement à la justification normative de la sanction pénale sous la forme d'une peine de prison. Cette justification normative est fondée sur l'idée que la pratique de cartel est extrêmement nocive et moralement inadmissible pour la société. Cette idée est de plus en plus admise en Europe et dans le monde, et nombreux sont les individus à plébisciter la peine de prison des auteurs de cartel[2385].

1184. **Justification normative conciliable avec une politique de clémence ?** Diffuser et faire admettre, à l'échelle sociétale, l'idée de l'extrême gravité de la pratique de cartel est difficilement conciliable avec le développement d'une politique de clémence[2386]. Le système de récompense d'une telle politique décrédibilise la gravité de l'infraction en instaurant un jeu entre le contrevenant et l'action publique. Il est à craindre « *un risque d'aliénation du soutien populaire pour les règles associées au droit de la concurrence* »[2387]. La difficulté tient aux objectifs difficilement conciliables entre, d'un côté, la finalité recherchée par la règle de droit, et de l'autre, la morale qui justifie le soutien public à une norme. Si, d'un point de vue dissuasif, la politique de clémence se justifie en augmentant la probabilité de détection du cartel[2388], d'un point de vue moral, elle est discutable, car elle récompense le contrevenant qui non seulement viole la règle de droit, mais contrevient aux règles du cartel en le dénonçant. Autrement dit, la double malhonnêteté du fautif récompensée par l'action publique risque d'entraver la compréhension, par le public, de la gravité de l'infraction de concurrence. Comment expliquer à l'opinion publique que la pratique devant laquelle elle doit s'indigner est en même temps récompensée par l'Autorité censée la punir ?

Ce postulat est confirmé par une étude d'opinion australienne qui révèle que la grande majorité de l'opinion publique trouve « *inacceptable* » la récompense de l'immunité au premier délateur, même si l'Autorité n'aurait pas détecté le cartel en l'absence de la dénonciation[2389]. L'inflation des politiques de clémence diffuse

---

[2384] V. notre « test de légitimité », *supra*, Partie III, Titre II, n° 1129 et s.

[2385] A. Stephan, « An empirical evaluation of the normative justifications for cartel criminalisation », *op. cit.* note 2346. – V. aussi C. Beaton-Wells, F. Haines, « The Australian Conversion: How the Case for Cartel Criminalization Was Made », *op. cit.* note 2356.

[2386] OCDE, « Promoting Compliance with Competition Law », 30 août 2012 DAF/COMP (2011) 20, p. 35 : « *On the negative side, because LPs remove some or all of the punishment for committing competition law violations, they clash with the objective of persuading society that those violations are morally wrong.* »

[2387] C. Beaton-Wells, « Criminal Sanctions for Cartel Conduct: The Leniency Conundrum », 13(1) *Journal of Competition Law & Economics* 125-149 (2017), p. 142 : « *[T]here may be a risk of alienation of public support for the competition law system and its associated rules, through an adverse moral reaction to an evidently serious and admitted offender being rewarded in this way.* »

[2388] Point de vue que nous avons par ailleurs fortement relativisé dans notre Première partie.

[2389] C. Beaton-Wells, C. Platania-Phung, « Anti-Cartel Advocacy – How Has the ACCC Fared? » 33 *SydLawRw* 735-770 (2011), pp. 758-759 : « *Respondents were then asked: "To what extent do you agree that it is acceptable to give the first company immunity?"* » (v. schéma) « *[D]isagreement with the view that it is acceptable*

au profane l'idée que l'acte – fût-il d'une extrême gravité – est non seulement pardonnable, mais peut être récompensé en fonction de l'opportunisme de celui qui, au plus vite, dénonce le manquement. Pour cette raison, le professeur Beaton-Wells craint que la politique de clémence ne réduise l'application et le respect de la loi à un jeu[2390], au risque de provoquer un affaiblissement « *du rôle du droit pénal dans l'éducation des dirigeants et du grand public quant à la raison pour laquelle la conduite des cartels devrait être considérée comme criminelle* »[2391].

1185. **Sanctions alternatives ?** Par ailleurs, une analyse économique des coûts de la sanction criminelle pourrait justifier que l'on se tourne vers des peines alternatives comme des sanctions financières ou des travaux d'intérêt public. Ces peines sont peut-être plus efficaces socialement et moins coûteuses pour le contribuable que l'emprisonnement. Néanmoins, cette approche serait mal comprise par le citoyen à qui l'on enseigne que l'infraction de cartel est « *un cancer pour l'économie* »[2392]. Les peines alternatives risquent de banaliser des comportements qui sont pourtant jugés inacceptables.

1186. **Problème culturel.** Par ailleurs, pour renforcer la justification normative de la sanction pénale sous la forme d'une peine de prison, la répression des pratiques anticoncurrentielles doit correspondre aux valeurs et à la culture du pays. L'économiste Jean Tirole souligne que le débat sur les peines les plus sévères ne peut s'inscrire uniquement dans le cadre de l'analyse classique coût-bénéfice[2393]. L'auteur prend exemple sur la peine de flagellation, considérant que si cette peine remplaçait la prison, elle serait rejetée socialement, car une telle peine entre en conflit avec les valeurs d'une société civilisée et démocratique, et ce, malgré l'économie conséquente des deniers publics qu'elle permettrait. Ceci explique pourquoi « *les sociétés modernes, voulant signaler leurs valeurs, renoncent à la peine de mort ou à des châtiments cruels* »[2394]. Certes, la prison est une peine acceptée socialement, mais la question se pose de savoir si elle est une sanction adaptée à la culture concurrentielle de notre pays. La France diffère des États-Unis, qui « *ont une longue tradition de soutien, relativement large et parfois bruyant, au droit de la concurrence et à son application. Après tout, c'est ce qui a conduit à l'adoption du Sherman Act en 1890 et à la loi pénale de 1974. Les magnats du vol et les conspirateurs d'entente sont mauvais dans le langage populaire américain* »[2395].

---

to give the first company immunity ranged from 42.4 per cent to 49.6 per cent. Strong agreement with the view that it is acceptable to give the first company immunity was very low and agreement was low. »

2390 C. Beaton-Wells, *op. cit.*, p. 144 : « Leniency policies arguably reduce law enforcement to a "game" – *the company that is first to "the confessional" wins, and winner takes all. The outcome is determined by timing only, and sometimes as a matter of days or hours* ».

2391 *Ibid.*, p. 148 : « *[T]he combination of a leniency policy and a criminal regime produces inconsistencies in policy and practice that may impair the role of the criminal law in educating business people and the wider public as to why cartel conduct should be treated as criminal.* »

2392 M. Monti, « Avant-propos », in XXXIe Rapport sur la politique de concurrence 2001, pp. 3-7.

2393 J. Tirole, *Économie du bien commun*, PUF 2016, p. 202.

2394 *Ibid.*

2395 D. I. Baker, « The Use of Criminal Law Remedies to Deter and Punish Cartels and Bid-Rigging », *op. cit.* note 2371. Traduction libre : « *[C]riminal liability ought to reflect the culture and values of the people of a country. The United States has a long tradition of fairly broad and sometimes noisy support of antitrust law and enforcement. After all, this is what created the Sherman Act in 1890 and the felony statute in 1974. Robber barons and cartel conspirators are bad people in the American popular lexicon.* » – V. aussi : E. Sutherland,

Ainsi, la France, comme nous l'avons évoqué précédemment[2396], doit parfaire sa culture de concurrence pour que la peine de prison soit légitime. Élever la concurrence au rang des valeurs fondamentales et enseigner cette valeur au citoyen français assureraient la formation d'un consensus populaire autour de l'application du droit de la concurrence et de ses sanctions. La culture de concurrence peut notamment être diffusée à travers l'apprentissage des différentes écoles de la pensée économique, que ce soit l'École de Chicago ou encore l'école ordolibérale (autrement appelé néo-libéralisme allemand)[2397].

1187. **Postulat : obstacle tenant l'accessibilité intellectuelle du droit de la concurrence.** À notre sens, un problème fondamental risque de perdurer, même en cas de diffusion d'une culture de concurrence au sein de la société. Ce problème tient à l'accessibilité intellectuelle des pratiques illicites décrites en droit de la concurrence. Cette accessibilité intellectuelle[2398] qui renvoie plus généralement à l'intelligibilité, pour le profane, des manquements condamnés par la loi, nous laisse à penser que seule la pratique de cartel pourrait, à l'avenir, tomber sous

White Collar Crime 45 (1949), cité par G. J. Werden, « Sanctioning Cartel Activity: Let the Punishment Fit the Crime », 5(1) *European Competition Journal* 19-36 (2009) : « *The Sherman Antitrust Law [...] represents a settled tradition in favor of competition and free enterprise [...] A violation of the antitrust laws is a violation of strongly entrenched moral sentiments.* »

2396 *Supra*, v. notre « test de légitimité » évoquant la culture de concurrence et le consensus social autour de la peine de prison des cartellistes.

2397 L'école ordolibérale a été fondée sur l'idée d'une « économie de marché sociale » qui favorise un ordre juridique concurrentiel prônant une égalité dans la compétition économique. La préservation du processus concurrentiel ne servirait pas seulement la maximisation du bien-être du consommateur (postulat du néo-libéralisme américain représenté par l'École de Chicago), mais s'insérerait dans des finalités de politique publique comprenant « *à la fois des dimensions économiques et non économiques (raisonnabilité de la répartition des revenus, objectifs de défense des petites entreprises, relative redistribution de la richesse dans l'économie, [etc.])* » Le respect de la concurrence comme « outil d'intégration sociale » et/ou de protection de bien-être du consommateur donne une justification normative à l'emprisonnement des cartels. V. sur la question : A. Tzanaki, « From economic recession to legal opportunity: the case for cartel criminalisation in Europe », in Essays in Honour of Nestor Courakis – *Europe in Crisis: Crime, Criminal Justice, and the Way Forward*, Sakkoulas Publications (2017), pp. 1043-1077. Disponible sur SSRN : https://papers.ssrn.com/sol3/papers.cfm?abstract_id=2892710. – F. Marty, « Politiques européennes de concurrence et économie sociale du marché », Document de travail de l'OFCE, n° 2010-30 (novembre 2010), p. 29. – D. Gerber, « Constitutionalizing the Economy: German Neo-Liberalism, Competition Law and the "New" Europe », 42 *American Journal of Comparative Law* 25-84 (1994), cité par F. Marty, *ibid.* : « *Comme l'écrit D. Gerber, la spécificité du programme ordo-libéral réside non seulement dans l'accent mis sur la protection du processus de marché en lui-même et non sur son résultat mais aussi dans une conception de la concurrence qui voit en elle non pas seulement un outil de création de richesse mais un outil d'intégration sociale.* »

2398 La question de l'accessibilité est notamment évoquée en droit de la consommation par le professeur Natacha Sauphanor-Brouillaud, laquelle considère que « *l'une des conditions de l'effectivité de la loi est l'accès à la connaissance de la loi. Dès lors que le consommateur est privé de la connaissance de la protection qui lui est appliquable, l'effectivité du droit de la consommation est amoindrie [...] L'accessibilité du droit de la consommation a été renforcée [...] par le législateur qui a affiné le mode de transmission des informations* ». Ce raisonnement est applicable au droit de la concurrence, et l'on pourrait s'interroger sur le rôle du législateur dans la transmission des règles concurrentielles, pour que ces dernières soient accessibles, c'est-à-dire intelligibles, pour les victimes d'infractions de concurrence. – V. N. Sauphanor-Brouillaud, « L'accessibilité du droit de la consommation pour le consommateur », in « Quels moyens pour un droit de la consommation effectif et efficace à l'ère du numérique ? », colloque organisé par le Centre d'études juridiques et politiques (CEJEP), 10 octobre 2014. – V. aussi : N. Sauphanor-Brouillaud, « La concurrence : Un outil à géométrie variable pour le consommateur », *À quoi sert la concurrence ?*, M. Behar-Touchais, N. Charbit, R. Amaro (dir.), pp. 311-316.

le coup d'une peine de prison. En effet, s'agissant des pratiques anticoncurrentielles, obtenir un consensus social sur la gravité des abus de position dominante nous semble impossible, car ces abus décrivent des pratiques difficilement compréhensibles pour l'individu non spécialiste du droit de la concurrence. Encore aujourd'hui, de nombreux débats portent sur la question de savoir si certains abus ne devraient pas être jugés licites[2399] et la frontière entre ce qui relève de l'abus et ce qui relève de la compétition économique reste particulièrement étroite. Cela ne signifie pas que les abus de position dominante ne sont pas graves, cela montre simplement que leur détermination est souvent complexe et qu'ainsi, le seuil d'indignation populaire se retrouvera automatiquement affecté par la technicité desdites pratiques.

On peut aussi appliquer l'argument au droit des pratiques restrictives et en particulier à la sanction du déséquilibre significatif. Comment pourrait-on obtenir un soutien populaire à l'égard de la sanction pénale des distributeurs profitant de leur puissance d'achat pour insérer, dans leurs rapports avec les fournisseurs, des clauses déséquilibrées, sachant que la notion de déséquilibre significatif est très difficile à déterminer et donc, à comprendre ?

Pour simplifier à l'extrême, nous dirons que l'esprit humain a tendance à s'indigner devant ce qu'il est en mesure de comprendre. Pour le moment, la technicité des pratiques illicites et les désaccords doctrinaux sur leur qualification ne donnent pas la possibilité aux individus non spécialistes du droit de la concurrence de saisir clairement la gravité des manquements.

En somme, à l'heure actuelle, seule la pratique de cartel, qui est parfaitement compréhensible – même pour l'individu non rompu à la matière concurrentielle – nous semble susceptible de soulever l'indignation populaire. Pour les autres pratiques, le défi est ailleurs, sachant le risque d'erreur de type 1 est encore trop élevé pour justifier l'imposition d'une peine de prison. Elles n'ont de toute façon pas passé le test de légitimité[2400]. Pour ces infractions tout particulièrement (ce qui n'exclut pas les cartels), l'utilité des sanctions para-pénales pourrait être une solution.

§ 4. L'utilité des sanctions para-pénales

1188. **Des effets dissuasifs variés.** L'amende pécuniaire est imposée à l'entreprise. Il est probable que l'individu responsable de l'infraction de concurrence ne subisse aucune sanction personnelle. Pour cette raison, la consécration de sanctions para-pénales à l'égard des dirigeants doit s'imposer. Le système anglais prévoit une procédure de « disqualification » du dirigeant responsable de l'infraction. L'effet dissuasif de la procédure de disqualification (A) pourrait inspirer le législateur français. De même, les mesures de publicité stigmatisant les dirigeants (B) infligent à ces derniers un « coût psychologique » susceptible de décourager l'infraction. En cela, même si elles n'ont pas pour avantage direct

---

2399 Pour certains par exemple, la pratique de prix prédateurs par une entreprise en position dominante ne peut constituer un abus de position dominante ; v. R. H. Bork, *The Antitrust Paradox*, 1re éd., Free Press (1993).

2400 V. notre « test de légitimité », *supra*, Partie III, Titre II, n° 1129 et s.

de priver le fautif de ses gains, elles demeurent importantes car susceptibles de minorer l'incitation à l'illicite. Enfin, l'amende confiscatoire des profits illicites à l'égard des entreprises peut aussi bien s'appliquer à l'égard des dirigeants à travers l'amende pénale (C).

A. L'effet dissuasif de la procédure de « disqualification »

1189. **Droit anglais.** La procédure de « disqualification » (Competition Disqualification Orders) telle qu'appliquée en Angleterre équivaut à une interdiction professionnelle. Elle prévoit l'interdiction, pour le manager, d'exercer une fonction de direction pendant une durée plus ou moins longue. Cette sanction a pour avantage de faire subir un coût direct au dirigeant responsable du manquement. L'Autorité de la concurrence britannique n'a pas compétence pour « disqualifier » le dirigeant fautif. Elle doit présenter une demande au Tribunal, qui décidera si une interdiction professionnelle doit être prononcée. Conformément à cette procédure, le dirigeant peut se voir interdire l'exercice de ses fonctions pour une durée maximum de 15 ans[2401]. Deux conditions doivent néanmoins être satisfaites pour légitimer l'interdiction professionnelle. Tout d'abord, l'individu responsable de l'infraction de concurrence doit occuper un poste décisionnaire au sein de l'entreprise. Il doit donc exercer une fonction de dirigeant. Deuxièmement, le Tribunal doit considérer que la conduite fautive du dirigeant le rend inapte à la gestion de l'entreprise. La procédure de « disqualification » à l'anglaise pourrait inspirer le système de sanction français. Elle constitue en effet une peine qui peut s'avérer dissuasive pour plusieurs raisons.

1190. **Atteinte à la réputation.** Premièrement, le dirigeant souffrant d'une interdiction professionnelle voit sa réputation affectée. Quand bien même le dirigeant voudrait ensuite postuler à un poste différent de celui pour lequel l'interdiction a été prononcée, la stigmatisation de l'individu pourrait nuire à ses perspectives de carrière. Le dirigeant dont la durée du mandat au sein de l'entreprise est limitée pourrait se retrouver au chômage pendant longtemps, sachant qu'une entreprise concurrente ne sera pas forcément disposée à engager un manager dont l'image est entachée par un scandale. Cette idée mérite cependant d'être tempérée par le constat suivant : l'interdiction professionnelle est peu dissuasive s'agissant des dirigeants proches de la retraite. L'âge peut encourager les comportements « *risk lovers* »[2402]. Le dirigeant proche de la retraite préférera s'engager dans une pratique illicite pour réaliser des gains importants à court terme sachant que l'interdiction professionnelle n'aura aucune conséquence sur sa carrière à long terme.

1191. **Incidence sur le salaire du dirigeant.** Deuxièmement, le calcul coût-bénéfice du manager qui entend commettre une faute lucrative risque de se retrouver défavorable dès lors que l'avantage tiré du manquement est contrebalancé par

---

2401 Enterprise Act 2002, Section 204, part. 7 pt. 9 : « *The maximum period of disqualification under this section is 15 years* ». Disponible sur : http://www.legislation.gov.uk/ukpga/2002/40/section/204.

2402 G. Bernile, V. Bhagwat, « What Doesn't Kill You Will Only Make You More Risk-Loving: Early-Life Disasters and CEO Behavior », 72(1) *The Journal of The American Finance Association* 167-206 (2017).

une perte de revenu faisant suite à l'interdiction professionnelle. Le manager est en effet privé d'un salaire (ou de ses bonus, stock-option, etc.). L'interdiction professionnelle revient indirectement à confisquer les avantages que le fautif retirait de l'exercice de la pratique illicite. De plus, à la différence de l'amende personnelle, qui peut être payée par l'employeur, l'interdiction professionnelle semble plus difficile à indemniser par ce dernier[2403]. Néanmoins, la solidarité possible des actionnaires à l'égard de l'infraction permet d'envisager un dédommagement financier de l'entreprise pour la perte d'emploi du dirigeant. Pour compenser la perte de revenus qui fait suite à l'interdiction professionnelle, l'entreprise peut verser une importante somme d'argent pour récompenser le dirigeant puni. De même, il est possible pour l'entreprise de réemployer le dirigeant à un poste différent. L'exemple du dirigeant Alfred Taubman qui, à la suite d'une peine de prison, avait été réembauché par son ancienne entreprise puis placé à un poste différent confirme le risque d'un tel scénario[2404]. Une étude empirique a notamment montré sur ce point qu'en pratique, la disqualification ne constituait pas un obstacle majeur pour retrouver du travail[2405]. Un dirigeant interdit d'exercer dans un pays de l'Union peut par exemple retrouver un poste semblable dans un autre pays de l'Union. L'absence de système d'échange d'informations entre les États membres rend improbable un contrôle robuste de l'identité du manager précédemment sanctionné.

1192. **Difficile réorganisation de l'entreprise.** Troisièmement, la procédure de « disqualification » peut toucher un dirigeant doté d'un savoir-faire ou d'une compétence rare. Dans ce cas, cette procédure a ceci de dissuasif qu'elle entraîne une désorganisation de l'entreprise qui perd son manager le plus compétent. Le temps passé par l'entreprise à tenter de retrouver un profil semblable sera du temps perdu par rapport au concurrent qui pourra se concentrer sur des choix entrepreneuriaux, comme décider d'affecter ses ressources en recherche et développement pour mettre en place une innovation. La désorganisation de l'entreprise peut entraîner la perte d'un avantage concurrentiel, car l'entreprise contrainte de restructurer une équipe ne peut affecter son temps à des choix stratégiques[2406] lui permettant de se démarquer des concurrents. Ceci explique pourquoi dans une étude de Deloitte préparée pour l'OFT (Office of Fair Trading), les entreprises ont considéré la procédure de disqualification comme la sanction la plus dissuasive, devant l'amende pécuniaire[2407].

2403 A. Stephan, « Disqualification Orders for Directors Involved in Cartels », CCP Working Paper 11-8 (2011).

2404 *Supra*, Partie III, Titre II, n° 1088.

2405 A. Hicks, « Director Disqualification: Can It Deliver? » (2001) *JBL* 433-460, 231 ; cité par A. Stephan, « Disqualification Orders for Directors Involved in Cartels », *op. cit.* note 2404.

2406 Par choix stratégiques, nous visions principalement trois stratégies possibles : une stratégie de spécialisation, qui consiste à ne produire qu'un seul type de biens ou de services pour prendre un avantage concurrentiel dans un domaine précis ; une stratégie de diversification, laquelle consiste à produire plusieurs types de produits qui répondent à des besoins différents – ce type de stratégie vise à obtenir un avantage compétitif sur plusieurs marchés ; une stratégie de domination par les coûts, laquelle vise à rechercher des économies de coût pour proposer aux clients des produits au meilleur prix, et ainsi capter un marché.

2407 OFT, « The deterrent effect of competition enforcement by the OFT », A report prepared for the OFT by Deloitte, OFT962, novembre 2007, p. 71, pt. 5.58 : « *Both lawyers and companies agreed that criminal penalties were the most important sanction [...] There was some difference in the ranking of fines: while com-*

1193. **Consensus social.** Enfin, l'interdiction professionnelle, à la différence de la peine de prison, semble bénéficier d'un consensus social plus important. Pour reprendre les études d'opinion précitées, il apparaît que 75 % des Anglais plébiscitent, pour le dirigeant fautif, « *l'interdiction de détenir un poste de cadre supérieur dans une entreprise* »[2408]. En France, la sanction emporte l'adhésion de 63 % des personnes interrogées[2409]. En plus d'être dissuasive, cette sanction a donc l'avantage d'être plébiscitée par l'opinion publique. La légitimité d'une telle sanction se retrouve renforcée, car elle ne se heurte à aucun rejet populaire.

1194. **Recommandation en France.** Malgré quelques inconvénients, la procédure de disqualification britannique présente de nombreux avantages d'un point de vue dissuasif. Pour cette raison, il serait utile de doter le système de sanction français d'un tel instrument. Rappelons que le rapport Folz préconisait de développer des sanctions individuelles diverses telles que les interdictions de gérer et d'exercer des mandats sociaux[2410]. En droit de la consommation, on remarque que des interdictions professionnelles sont prononcées à l'égard des auteurs de fraudes[2411]. Il serait donc légitime d'appliquer de telles interdictions aux auteurs d'infractions de concurrence. L'Autorité pourrait par exemple proposer au juge civil, en complément de l'amende administrative, de prononcer une mesure d'interdiction professionnelle.

1195. **Bilan.** Le déficit de légitimité des peines de prison, surtout s'agissant des pratiques déloyales et des pratiques restrictives de concurrence[2412], justifie la consécration de mesures para-pénales. La procédure de disqualification à l'anglaise, moins coûteuse que l'emprisonnement (du fait du coût de l'incarcération)[2413], devrait inspirer le législateur français. Elle permettrait d'infliger un coût supplémentaire au manager responsable de la stratégie d'infraction. La rentabilité de la faute à court terme est contrebalancée par la perte de revenus à long terme du responsable interdit d'exercer un poste de dirigeant au sein des entreprises.

---

panies considered director disqualification and adverse publicity more important than fines, lawyers did not. » Disponible sur : http://webarchive.nationalarchives.gov.uk/20140402181127/http://www.oft.gov.uk/shared_oft/reports/Evaluating-OFTs-work/oft962.pdf.

2408 Traduction libre : « *[...] a ban from holding senior managerial position [in businesses]* » ; v. A. Stephan, « An empirical evaluation of the normative justifications for cartel criminalisation », *op. cit.* note 2346.

2409 Sondage IFOP pour l'Autorité de la concurrence, communiqué de presse du 22 janvier 2018.

2410 J.-M. Folz, « Rapport sur l'appréciation de la sanction en matière de pratiques anticoncurrentielles », La Documentation française, septembre 2010, p. 36.

2411 Art. L. 451-6 et s. du Code de la consommation : « *Les personnes physiques coupables des délits punis aux articles L. 451-1 à L. 451-4 encourent également à titre de peines complémentaires l'interdiction, suivant les modalités prévues par l'article 131-27 du code pénal, soit d'exercer une fonction publique ou d'exercer l'activité professionnelle ou sociale dans l'exercice ou à l'occasion de l'exercice de laquelle l'infraction a été commise, soit d'exercer une profession commerciale ou industrielle, de diriger, d'administrer, de gérer ou de contrôler à un titre quelconque, directement ou indirectement, pour leur propre compte ou pour le compte d'autrui, une entreprise commerciale ou industrielle ou une société commerciale. Ces interdictions d'exercice peuvent être prononcées cumulativement.* »

2412 V. *supra*, notre « test de légitimité ».

2413 B. Deffains, J.-P. Jean, « Le coût des prisons (à qui profite le crime ?) », *Archives de politique criminelle* 2013/1, n° 35, pp. 25-44, p. 29 : « *Pour porter le nombre total de places de prison à 80.000 de 2012 à 2017, le coût total estimé de la création de 30.000 places nouvelles de prison (création nette de 23 500) selon ces calculs de l'Institut Montaigne, est donc estimé à 1,5 Md€ en 2017 (737 M€ en investissement et 730 M€ en fonctionnement).* »

Par ailleurs, parmi les sanctions para-pénales, il serait utile de consacrer des mesures de publicité stigmatisant la pratique illicite des dirigeants.

B. Les mesures de publicité stigmatisant les dirigeants

1196. « ***Naming and shaming* ».** « *Name and shame* » signifie littéralement nommer et couvrir de honte. En France, en matière de pratiques restrictives, le « *name and shame* » a déjà été pratiqué par l'ancien ministre de l'Économie Emmanuel Macron, qui a rendu public le nom de grandes entreprises qui cherchent à tirer profit des délais de paiement illégaux[2414]. De même, la loi Sapin II[2415] a consacré cette sanction pour assurer le respect des délais de paiement. La loi prévoit en effet la publication systématique des sanctions prononcées (« *name and shame* »), jusqu'alors facultative. La publication peut intervenir sur tous supports : le site internet de la DGCCRF, celui de l'entreprise sanctionnée ou ceux des organismes de presse[2416].

1197. **Recommandation.** Plutôt que de stigmatiser les entreprises, la politique du « *name and shame* » pourrait viser directement les individus responsables d'infractions de concurrence. Une politique de stigmatisation publique des individus aurait pour effet de renforcer leur volonté de se conformer au droit. Lorsque le nom de l'entreprise apparaît, celui-ci fait écran au nom du dirigeant à l'origine de la pratique illicite. Ce dernier risque donc d'être peu affecté par la publicité. De plus, la rotation des dirigeants dont la durée du mandat est limitée rend ces derniers moins sensibles à l'image de l'entreprise, ce qui minore l'effet de stigmatisation de la publicité puisque le dirigeant ne sera plus en poste au sein de la firme (ou plus pour longtemps) lorsque l'infraction sera révélée au public.

1198. **Condition tenant à l'efficacité du « *name and shame* ».** Tant que la culture de concurrence sera faible, la politique du « *name and shame* » restera inefficace. Pour couvrir de honte l'individu dont l'infraction est révélée au public, encore faut-il que l'opinion publique considère ladite infraction comme honteuse. De même, le manque de culture de concurrence du citoyen minore le coût psychologique de la pratique, qui est peu stigmatisée socialement, faute d'être traitée et diffusée par les médias. La principale condition tenant à l'efficacité du « *name and shame* » est donc d'accroître et de diffuser une véritable culture de concurrence au sein de la société.

1199. **Bilan.** La France pourrait s'inspirer de la politique du « *name and shame* » britannique pour accroître la dissuasion. Néanmoins, plutôt que d'axer la politique de stigmatisation sur les entreprises, il serait intéressant de publier le nom des individus responsables de l'infraction. Cette sanction a pour avantage d'être plébiscitée par l'opinion publique. Dans l'enquête menée par le professeur Andreas Stephan, 69 % de l'opinion publique britannique plébiscitent la divulgation des noms des

---

2414 S. Aubril, « Emmanuel Macron dénonce les sociétés qui paient leurs fournisseurs en retard », *LSA Commerce & Consommation*, 23 novembre 2015.

2415 Loi Sapin II (n° 2016-1691).

2416 Art. L. 465-2-V du Code de commerce.

dirigeants à l'origine du manquement[2417]. Le consensus social autour de cette « semi-peine » légitime sa consécration en France.

Par ailleurs, la faute lucrative du dirigeant qui retire un avantage de l'infraction commise pourrait aussi être combattue par la consécration d'une amende confiscatoire à l'égard de ce dernier.

C. L'amende confiscatoire à l'égard du dirigeant

1200. **Utilité.** La sanction pénale peut prendre la forme d'une amende. Une amende pénale confiscatoire doit pouvoir s'appliquer à l'égard des dirigeants qui retirent un profit direct (bonus, augmentation du salaire) ou indirect (promotion) de l'infraction. En Angleterre, les dirigeants peuvent se voir retirer les bénéfices financiers issus de leur comportement délictueux dès lors qu'ils ont eu un « *style de vie criminel* »[2418]. L'amende personnelle est une solution contre le calcul coût-bénéfice du manager, à condition, cependant, de proportionner l'amende au profit de l'infraction.

1201. **Plafond sous-dissuasif.** En France, l'amende prévue à l'article L. 420-6 du Code de commerce est limitée à 75 000 euros. Elle a donc peu de chances de confisquer les profits retirés par le dirigeant auteur de la pratique illicite. En cumulant les possibilités de bonus, stock-options et autres formes de rémunération du manager, on doute que ce plafond soit suffisamment élevé pour confisquer les gains indûment perçus. Rappelons à titre d'exemple que, dans le cartel des producteurs de verre, les mandataires sociaux de l'entreprise Saint-Gobain se sont enrichis, car cette dernière « *a consenti à ses mandataires sociaux plus de 420 000 [actions]* »[2419]. Ce type de pratique qui enrichit les managers justifie la possibilité d'imposer une amende plus importante.

1202. **Loi américaine.** Sans doute plus soucieux de la problématique de la faute lucrative, le législateur américain a prévu un plafond largement supérieur au plafond français. En effet, la loi « Antitrust Criminal Penalty Enforcement and Reform Act »[2420] prévoit, l'égard d'une personne physique, un plancher de 350 000 dollars et un plafond de 1 million de dollars[2421].

1203. **Recommandation.** Le législateur devrait élever considérablement le plafond de l'amende pour limiter le risque de faute lucrative des dirigeants. De plus, il faudrait consacrer un principe d'estimation des gains illicites réalisés par le manager. L'estimation des gains illicites est possible en analysant les modes de rémunération des dirigeants au sein de l'entreprise. Dans les cas où la rémunération du dirigeant serait fondée sur la performance – la pratique de cartel lui ayant permis d'augmenter la valeur de l'entreprise et par conséquent ses

---

2417 A. Stephan, « An empirical evaluation of the normative justifications for cartel criminalisation », *op. cit.* note 2346.

2418 Proceeds of Crime Act 2002, chap. 29, in Part 2 « Confiscation orders ».

2419 P. Fleckinger, T. Lafay, C. Monnier, « Rémunération des dirigeants et risque de fraude d'entreprise », *RE* 2013/3, vol. 64, pp. 457-467.

2420 S.3259 - « Antitrust Criminal Penalties Enforcement and Reform Act of 2004 Extension Act of 2010 ». Disponible sur https://www.congress.gov/bill/111th-congress/senate-bill/3259.

2421 N. Lynch, K. Fox, « How ACPERA Has Affected Criminal Cartel Enforcement », LAW360 (2011).

gains personnels –, une amende au moins équivalente aux profits retirés du manquement devrait être imposée. Le législateur français pourrait s'inspirer du droit américain qui prévoit, au regard du Criminal Fines Improvement Act, en plus du plafond précité, que l'amende maximale pour le dirigeant puisse aller jusqu'à deux fois le surprofit réalisé par ce dernier, ou deux fois la perte infligée à un tiers[2422].

1204. **Inconvénients.** L'amende pénale reste néanmoins sujette à deux inconvénients insolubles :

- **Prise en charge de l'amende par les actionnaires.** D'une part, la prise en charge de l'amende du dirigeant par les actionnaires solidaires à l'égard de la pratique illicite limite la portée dissuasive de la sanction. La possibilité d'un report de l'amende sur les actionnaires ne doit pas pour autant conduire à écarter la solution de l'amende pénale. Il est aussi envisageable que les actionnaires se montrent réticents à couvrir le dirigeant fautif, surtout si le montant de l'amende imposée est important. Dans ce cas, l'amende personnelle non transférée retrouve son caractère dissuasif.
- **Faible effet de stigmatisation.** D'autre part, l'amende n'a pas l'effet stigmatisant de la peine privative de liberté. La prison sépare l'individu de la société ; elle a un caractère symbolique dont est dépourvue la sanction pécuniaire. Alors que la prison laisse des « stigmates », dans le cas d'une amende, « *le manager doit simplement s'acquitter d'un chèque, ce qui enlève une partie de la motivation intrinsèque à respecter la loi* »[2423]. Pour cette raison, aux États-Unis, il arrive que la sanction pécuniaire ne soit pas prononcée isolément mais vienne s'ajouter à une peine de prison. À titre d'exemple, dans l'affaire *Infineon* (Infineon Technologie AG) relative à la fixation des prix sur le marché de « DRAM » (mémoire informatique), quatre dirigeants allemands de cette société ont été condamnés à une peine de prison comprise entre 4 et 6 mois chacun, ainsi qu'au versement d'une amende de 250 000 $[2424].

1205. **Bilan.** Le législateur français devrait s'inspirer du droit américain, dont l'amende pénale tend directement à lutter contre les fautes lucratives. En effet, le montant de l'amende aux États-Unis peut aller jusqu'à deux fois les surprofits réalisés par le dirigeant du fait de l'infraction. Au contraire, en France, le plafond de l'amende prévu à l'article L. 420-6 du Code de commerce est trop bas comparativement au gain illicite que le manager est susceptible de retirer. Nous recommandons donc d'élever le plafond de 75 000 euros (aux États-Unis le plafond est de 1 million d'euros), et d'établir un principe d'équivalence entre l'amende et le profit de l'infraction.

2422 Criminal Fines Improvement Act, 18 US Code 3571 (1984), in (d) « Alternative Fine Based on Gain or Loss » : « *If any person derives pecuniary gain from the offense, or if the offense results in pecuniary loss to a person other than the defendant, the defendant may be fined not more than the greater of twice the gross gain or twice the gross loss [...]* »

2423 E. Combe, C. Monnier-Schlumberger, « Lutte contre les cartels et comportement des managers », Concurrences n° 4-2016, Art. N° 81860, pp. 51-68.

2424 OCDE, « Les ententes injustifiables », p. 14 (2005).

Conclusion Chapitre 2

1206. **Le test de légitimité de l'emprisonnement.** L'application d'une peine de prison aux auteurs d'infractions de concurrence prête à débat. La sévérité d'une telle peine, son effet stigmatisant, et le coût psychologique, financier et social qu'elle implique nécessitent une réflexion sur la légitimité de son application. Le test de légitimité que nous proposons tente de répondre à la question de savoir si l'emprisonnement des dirigeants peut être admis. Cette peine est habituellement évoquée s'agissant des pratiques anticoncurrentielles, les pratiques restrictives de concurrence et les pratiques de concurrence déloyale et parasitaire sont aujourd'hui exclues du débat. Le test étend la question de la légitimité de la peine de prison pour tous les types d'infraction de concurrence. Il propose trois conditions pour savoir si l'emprisonnement doit être jugé légitime, ou, au contraire, illégitime : la gravité de la pratique en cause, le risque d'erreur de type 1 et le consensus social autour de la pratique forment les trois conditions fondamentales et cumulatives pour justifier l'application d'une peine de prison. À notre sens, le droit des pratiques restrictives et le droit des pratiques déloyales ne passent pas le test. S'il ne fait aucun doute que ces pratiques peuvent se révéler graves et causer un dommage au marché, en revanche, le risque d'erreur judiciaire est trop important pour justifier l'emprisonnement. L'admission d'une telle peine est incompatible avec le risque – réel au regard des incertitudes affectant les règles juridiques en question – de condamner injustement un dirigeant pour une pratique licite ou proconcurrentielle. S'agissant du droit des pratiques anticoncurrentielles, seules les pratiques de cartel passent avec succès les filtres proposés dans le test. La qualification des abus de position dominante comporte un risque d'erreur trop élevé. La gravité des cartels, le risque d'erreur faible et le consensus social autour de la gravité de ce type de pratique justifient la peine de prison.

1207. **Les avantages et inconvénients de la peine de prison.** De manière générale, la peine de prison présente plusieurs avantages et inconvénients. D'un point de vue dissuasif, la durée de la prison limite l'incitation à enfreindre la loi, car l'avantage retiré du manquement est neutralisé par le coût provoqué par la privation de liberté. La conversion de la durée de l'enfermement en équivalent monétaire équivaut, en moyenne, à 1,5 million de dollars aux États-Unis[2425], ce qui revient à confisquer indirectement les avantages indus (en termes de rémunérations, de bonus, etc.) du dirigeant responsable du manquement. De plus, l'effet de stigmatisation d'une telle peine a plusieurs bienfaits dissuasifs : il peut corriger la perception de l'agent déviant, provoquer un biais comportemental en faveur du respect du droit[2426] et/ou limiter les biais comportementaux incitant à l'infraction[2427], et conduire au

---

2425 J. M. Connor, R. H. Lande, « Cartels as Rational Business Strategy: Crime Pays », *op. cit.* note 2293.

2426 Au regard de la crainte de la prison, il est possible que l'agent surestime la probabilité d'être sanctionnée. De même, la prison peut générer un biais de « mémoire sélective ». Dans ce cas, l'agent va se souvenir des affaires où une peine de prison a été imposée, fussent-elles rarissimes.

2427 Par exemple, le biais de surconfiance. L'excès de confiance du dirigeant peut être vaincu par la crainte de subir une peine de prison.

renforcement des programmes de conformité[2428]. En outre, la peine de prison comporte un avantage dissuasif important par rapport à l'amende pécuniaire, car la privation de liberté n'est pas transférable aux actionnaires, au contraire de l'amende, qui peut être prise en charge par ces derniers.

L'emprisonnement souffre néanmoins d'un inconvénient majeur lié au découragement des agents économiques de recourir à la procédure de clémence. Les potentiels délateurs ne peuvent savoir s'ils bénéficieront de l'immunité au moment où ils dénoncent la pratique, si bien que le risque pénal est trop élevé pour encourager la dénonciation.

De manière plus générale, la justification de la peine de prison est difficilement conciliable avec la promotion d'une politique de clémence. Vis-à-vis du justiciable, le système de récompense décrédibilise la gravité des cartels en instaurant un pacte entre l'Autorité et l'agent déviant. Ce type de contrat entre le fautif et l'Autorité censée le punir risque de troubler la compréhension de la gravité des pratiques anticoncurrentielles par l'opinion publique, ce qui peut avoir pour effet de minorer le consensus social sur la gravité desdites pratiques.

1208. **Sanctions para-pénales.** Par ailleurs, en dehors de la peine de prison, d'autres sanctions pénales moins contraignantes sont possibles. À ce titre, la procédure de disqualification à l'anglaise, moins coûteuse que l'emprisonnement (du fait du coût de l'incarcération), contient un effet dissuasif indiscutable en infligeant au dirigeant une interdiction d'exercer sa fonction pendant une durée plus ou moins longue. La perte de revenu, l'atteinte à la réputation, la difficile réorganisation de l'entreprise qui perd un élément clef constituent des effets collatéraux susceptibles de limiter l'incitation à l'infraction.

Une autre sanction para-pénale, connue sous le nom de « name and shame », gagnerait à être consacrée. Déjà utilisée en matière de pratiques restrictives de concurrence, cette sanction stigmatisante devrait être utilisée plus régulièrement s'agissant des pratiques anticoncurrentielles et déloyales. Plutôt que d'axer la politique de stigmatisation sur les entreprises, publier le nom des individus responsables de l'infraction de concurrence renforcerait la dissuasion.

Enfin, une amende pénale confiscatoire doit pouvoir s'appliquer à l'égard des dirigeants qui retirent un profit direct (bonus, augmentation du salaire) ou indirect (promotion) du manquement de concurrence. L'amende prévue à l'article L. 420-6 du Code de commerce est trop faible[2429] pour neutraliser la faute lucrative des dirigeants. Il semble indispensable d'élever le plafond de l'amende pour, d'une part, limiter le calcul coût-bénéfice tiré de la violation du droit, d'autre part, éviter la collaboration des actionnaires qui acceptent de couvrir le dirigeant fautif en prenant en charge l'amende qui lui est imposée. Plus l'amende est élevée, moins les dirigeants pourront transférer le coût de l'amende aux actionnaires, qui se montreront réticents à la payer.

2428 La médiatisation des peines de prison pourrait conduire les actionnaires à renforcer leur programme de conformité pour éviter l'atteinte à l'image de leur entreprise.

2429 Rappelons que l'amende prévue à cet article est limitée à un plafond de 75 000 euros.

Conclusion Titre II

1209. **Les sanctions optimales applicables aux dirigeants.** Les gains retirés du manquement de concurrence sont multiples pour les dirigeants lorsque la rémunération de ce dernier est indexée sur la performance de l'entreprise. Les bonus, stock-options, actions gratuites sont des modes de rémunération qui permettent aux dirigeants de maximiser leurs gains à court terme. Le dirigeant peut être incité à commettre une infraction pour répondre à l'objectif de rentabilité fixé par l'entreprise et, ce faisant, améliorer sa rémunération[2430]. Le coût attaché à la pratique illicite est parfois inexistant pour le dirigeant qui, au contraire de l'entreprise, n'encourt aucun risque personnel. Surtout que nombreux sont les managers à avoir déjà quitté l'entreprise le jour où cette dernière est condamnée. Des sanctions pénales doivent ainsi être appliquées. La peine de prison peut, au regard du test de légitimité, être légitimement appliquée aux membres de cartels. Plus généralement, le législateur français pourrait se tourner vers des sanctions para-pénales pour sanctionner les différents types de manquement au droit de la concurrence. L'amende pénale constitue, notamment, un outil de lutte efficace contre la faute lucrative des dirigeants tandis que la procédure de disqualification et celle du « name and shame » augmentent considérablement le coût attaché à l'infraction : l'une en privant le manager d'exercer sa profession, l'autre en couvrant de honte l'agent sanctionné.

[2430] En obtenant un bonus important par exemple.

Conclusion Partie III

1210. **La nécessité de sanctions confiscatoires.** Une sanction optimale confiscatoire est une sanction qui prive l'agent économique des avantages et gains indûment retirés de la pratique illicite.

S'agissant de l'action publique, l'amende administrative imposée par l'Autorité de la concurrence est sous-optimale, car elle permet rarement de confisquer les profits illicites. Des solutions sont possibles pour conférer à cette amende un caractère confiscatoire : il faut assurer une analyse quantitative du surprix, réformer les coefficients multiplicateurs appliqués à la valeur des ventes et supprimer la dégressivité du montant de l'amende de la durée de l'infraction.

S'agissant de l'action privée, les dommages-intérêts fixés par le juge restent enserrés dans le dogme du principe de réparation intégrale. Le projet de réforme du droit de la responsabilité civile propose néanmoins, à côté des dommages-intérêts, l'imposition d'une amende civile proportionnée aux profits indus. La consécration d'une telle amende permettrait d'unifier les sanctions prévues en droit de la concurrence, car pour l'instant, seul le droit des pratiques restrictives de concurrence s'attaque frontalement aux avantages et profits indus retirés de la faute.

1211. **Extension du champ d'application des règles.** La dissuasion des comportements déviants passe par une extension du champ des sanctions prévues en droit de la concurrence à l'encontre des dirigeants responsables des pratiques illicites. La théorie de la sanction optimale ne doit pas concerner simplement les entreprises mais doit s'étendre, aussi, aux individus. La faute lucrative est une problématique qui concerne à la fois les entreprises et les managers qui prennent les décisions stratégiques. L'élargissement des sanctions aux personnes physiques est répandu aux États-Unis et en Angleterre. En France au contraire, les sanctions pénales sont rarement appliquées et la pénalisation des pratiques anticoncurrentielles reste rarissime. Une application régulière des sanctions pénales est indispensable pour limiter les calculs rationnels sur l'avantage tiré du manquement. L'emprisonnement et l'amende pénale proportionnée aux gains et avantages indus retirés par le dirigeant permettraient de neutraliser les calculs rationnels[2431] attachés à la violation du droit.

2431 La procédure de disqualification et la procédure du « *name and shame* » peuvent aussi limiter, mais plus indirectement, les calculs rationnels sur l'avantage à retirer de la faute. À la différence de l'amende pénale et de l'emprisonnement, ces types de sanctions ne détruisent pas concrètement l'avantage retiré du manquement.

RAPPORT DE SYNTHÈSE

1212. **Analyse économique classique – Économie comportementale.** La violation du droit obéit à une incitation qui, précisément, pousse l'agent économique à faire le choix d'enfreindre la loi. La nature de cette incitation est différente selon que l'on se range du côté du postulat défendu par l'économie comportementale ou, au contraire, du côté de celui tenu par l'analyse économique traditionnelle : pour l'une, les incitations à enfreindre la loi résultent de « biais cognitifs », c'est-à-dire d'erreurs commises dans le processus de décision de l'agent qui vont l'inciter à faire des choix contraires à son intérêt personnel ; pour l'autre, les règles de droit influencent la formation des anticipations des acteurs qui, rationnellement, vont enfreindre la loi chaque fois que le bénéfice retiré de la violation est supérieur au coût subi. Dans le cadre de notre étude, nous avons voulu démontrer que, appliquée au droit, la théorie de l'agent rationnel reste aujourd'hui le modèle le plus pertinent. En effet, cette théorie permet au législateur et au juge de s'attaquer à une incitation concrète : la volonté de l'agent de réaliser une faute lucrative en profitant des failles du droit. La théorie comportementale, au contraire, en collectionnant les exemples d'irrationalités, ne permet pas de comprendre quelle est la motivation précise d'un agent confronté à la règle de droit, ce qui complique la tâche du législateur qui, comme le rappelle le prix Nobel Jean Tirole, « *doit "se mettre dans la peau" des [...] acteurs économiques* »[2432] pour proposer des sanctions adéquates. En somme, plutôt que de savoir si l'agent est ou non rationnel, il importe de déterminer quel modèle est le plus pertinent pour penser le droit et éclairer le législateur appelé à intervenir au regard d'un comportement précis. Or, il nous semble que, sur ce point, la théorie de l'agent rationnel assure, en questionnant l'effet incitatif des normes juridiques, une mission d'éclairage du droit que l'économie comportementale ne peut honorer.

1213. **La théorie du *bad man*.** L'effet incitatif des normes juridiques a été théorisé par le célèbre juriste Olivier Wendell Holmes. L'article de Holmes « The Path of Law »[2433] est considéré par Posner comme le « *meilleur article jamais écrit sur la loi* »[2434]. Holmes a offert une vision de la loi qui a ensuite influencé la pensée de l'analyse économique classique. Pour apprécier la nature dissuasive de la règle de droit, Holmes considère qu'il faut « *la regarder comme le ferait un homme opportuniste* » appelé le « *bad man* », lequel utilise sa connaissance du droit pour former des prédictions sur le risque juridique de l'infraction. La théorie

---

2432 J. Tirole, *Économie du bien commun*, PUF, 2016.

2433 O. W. Holmes, « The Path of the Law », 10 *Harv. L. Rev.* 457 (1897).

2434 R. Posner, « Introduction », in « *The Essential Holmes: Selections from the Letters, Speeches, Judicial Opinions, and Other Writings of Oliver Wendell Holmes, Jr.* », University of Chicago Press (1992). – V. aussi : S. Levinson, « Strolling down the Path of the Law (and Toward Critical Legal Studies?): The Jurisprudence of Richard Posner », 91(5) *Colum. L. Rev.* 1221-1252 (1991), spéc. pp. 1221-1228.

du *bad man* (autrement appelée « *The Prediction Theory* ») permet notamment de montrer que la jurisprudence donne des indications à celui qui voudrait enfreindre la loi sur le risque d'être sanctionné et sur le montant de la sanction. En fonction des informations qu'il aura collectées, le *bad man* violera la loi si lesdites informations lui font « prédire » que l'amende ou les dommages-intérêts à verser en vertu du préjudice causé seront inférieurs au bénéfice retiré de l'infraction. La théorie du *bad man* est aujourd'hui d'une grande actualité au regard du développement de la justice prédictive[2435]. Aux États-Unis, cette théorie a encore une grande influence sur la façon dont le législateur façonne le système normatif, sur les stratégies de défense procédurales des avocats[2436], et sur la manière dont les jugements sont rendus[2437].

Par ailleurs, cette théorie est aussi fondamentale pour comprendre que le *bad man* n'est pas exclusivement un agent rationnel qui forme un calcul coût-bénéfice de la violation du droit. Il est aussi un *homo juridicus* qui utilise sa connaissance du droit pour l'instrumentaliser à son profit. La loi est non seulement une « contrainte » que l'*homo juridicus* peut neutraliser, mais aussi une arme en faveur de celui qui sait l'exploiter. L'article passionnant du professeur à Harvard Charles Nesson, lequel applique la fiction du *bad man* au contentieux privé[2438], montre à quel point cette théorie est fondamentale pour examiner le caractère dissuasif des règles de droit.

1214. **Application de la théorie du bad man au droit de la concurrence.** L'application de la théorie du *bad man* au droit de la concurrence permet d'interroger le caractère dissuasif des règles et d'examiner les stratégies rationnelles adoptées par les firmes pour faire face à la « contrainte » de ce droit. L'incertitude de l'agent économique qui cherche à évaluer la rentabilité de l'infraction est minorée au regard des indications données par la règle de droit et par la jurisprudence. À ce titre, sur le coût de l'action privée en réparation, le *bad man* pourra se rassurer en constatant que « *les études empiriques montrent, en Europe, que l'on est encore loin de la réparation intégrale du préjudice* »[2439]. De même, le coût attaché à l'application de l'action publique est relatif si l'on s'en tient à certaines études qui montrent que, malgré l'amende imposée par l'Autorité, l'infraction demeure

---

2435 La justice prédictive permet de limiter l'incertitude quant au risque juridique de l'infraction en développant une approche statistique du droit ; v. G. Zambrano, « Précédents et prédictions jurisprudentielles à l'ère des Big Data : parier sur le résultat (probable) d'un procès », HAL, 27 mars 2017.

2436 A. W. Alschuler, « The Descending Trail: Holmes' Path of the Law One Hundred Years Later », 49(3) *Florida Law Review* 353-420 (1997), p. 373 : « *The bad man has crept into the collective unconscious of the legal profession. When I doze off, I may awaken to catch him pushing my pen.* » – V. aussi : A. W. Alschuler, *Law Without Values: The Life, Work, and Legacy of Justice Holmes*, University of Chicago Press (2000).

2437 P. E. Johnson, *Reason in the Balance: The Case Against Naturalism in Science, Law & Education*, IVP, 1995. – V. aussi : D. J. Seipp, « Holmes's Path », 77 *B.U. L. Rev.* 515 (1997).

2438 C. Nesson, « Incentives to Spoliate Evidence in Civil Litigation: The Need for Vigorous Judicial Action », 13 *Cardozo L. Rev.* 793 (1991).

2439 D. Bosco, « Actions en réparation des pratiques anticoncurrentielles : États des lieux en France et dans l'Union », Conférence annuelle de la Revue Concurrences organisée à la première chambre de la cour d'appel de Paris en partenariat avec la cour d'appel de Paris et l'École nationale de la magistrature, et en partenariat avec CDC Cartel Damage Claims, Deloitte, Frontier Economics, Gide Loyrette Nouel, Magenta, MAPP et Orrick, Paris, 29 mars 2018.

une stratégie rationnelle rentable[2440]. Notre étude empirique portant sur 147 cas confirme ce postulat[2441].

1215. **Stratégies pour réduire le coût de l'infraction.** Plus spécifiquement, le *bad man* peut user de différentes stratégies processuelles pour limiter le coût de l'amende attaché à l'application de l'action publique, et le coût des dommages-intérêts attaché aux actions privées en réparation. À ce titre, la procédure de clémence est une arme concurrentielle entre les mains du contrevenant qui va bénéficier de l'entente puis faire l'économie du coût de l'amende, tout en prenant un avantage concurrentiel sur les concurrents condamnés. Des auteurs s'interrogent sur le caractère procollusif de la clémence[2442] ; tandis que d'autres montrent qu'elle s'inscrit, en réalité, dans une stratégie de faute lucrative chez les grandes entreprises[2443]. Sur ce dernier point, nous avons mené une étude qui recense toutes les décisions de clémence entre 2012 et 2015[2444]. Il apparaît que la clémence est toujours demandée par les entreprises les plus prospères. Ce constat permet de douter de l'utilité dissuasive de la clémence, sachant qu'elle peut être instrumentalisée pour rentabiliser l'infraction de concurrence. Sur les trois années examinées dans notre étude, l'économie du coût de l'infraction pour les demandeurs de clémence apparaît en effet excessive[2445]. En dehors de la procédure de clémence, la procédure de transaction limite aussi l'effet dissuasif de l'action publique. En livrant une information précise au fautif sur le plafond de l'amende encourue, elle affaiblit la fonction dissuasive attachée à l'imprévisibilité de la sanction. De plus, en présence d'une telle procédure, l'amende n'est plus motivée par référence à la méthode de détermination des sanctions pécuniaires énoncée dans le communiqué du 16 mai 2011. L'agent rationnel peut donc aisément prédire que l'amende sera faible, car cette dernière évitera l'application d'un coefficient multiplicateur punitif à la valeur des ventes affectées par la pratique[2446]. Par ailleurs, l'instrumentalisation régulière des syndicats professionnels pour commettre des pratiques illicites[2447] ; les stratégies de capture réglementaire par l'utilisation des lobbies pour affaiblir la contrainte du droit[2448] ; l'« appel parasitaire » pour réduire le montant des amendes corrigées par des juges sujets à des biais émotionnels et culturels[2449] ; ou encore les stratégies de défense procédurales

---

2440 J. M. Connor, R. H. Lande, « Cartels as Rational Business Strategy: Crime Pays », 34 *Cardozo L. Rev.* 427-490 (2012), pp. 427-431. – C. Monnier-Schlumberger, A. Hutin, « Les cartels en France : Analyse économique de leurs caractéristiques et de leurs sanctions », Concurrences n° 2-2016, Art. N° 78824, pp. 45-61, p. 59. Pour plus de détails, v. Partie I, Titre I, Sect. 2.

2441 V. tableau, Annexe 1.

2442 C Marvão, « The EU Leniency Programme and Recidivism », SITE Working Paper, No. 27 (2014).

2443 R. C. Marshall, L. M. Marx, « Participation in Multiple Cartels Through Time and the Potentially Strategic Use of Leniency », Overview of Presentation, in *The Economics of Collusion: Cartels and Bidding Rings*, MIT Press (2012) – P. Gaches, « Les PME face au droit de la concurrence », Table ronde animée par Yves Chaput, Colloque, Chambre de commerce de Paris, 22 juin 2011.

2444 *Supra*, Partie I, Titre I, n° 257.

2445 Environ 438 millions d'euros économisés par les entreprises grâce à la procédure de clémence.

2446 *Supra*, Partie I, Titre I, n° 287 ; v. aussi n° 289 et n° 290, les affaires *Engie* et *Boule de pétanque*. Rappelons que le communiqué « Sanctions » confère à l'amende un caractère dissuasif en appliquant un coefficient multiplicateur à la valeur des ventes plus ou moins important en fonction de la gravité de la pratique.

2447 *Supra*, Partie I, Titre I, n° 233 et s.

2448 *Supra*, Partie I, Titre I, n° 314 et s.

2449 *Supra*, Partie I, Titre I, n° 306, n° 309 et s.

devant le juge civil[2450] sont des moyens efficaces pour réduire le « tarif »[2451] de l'infraction comparé à l'avantage retiré par son auteur[2452].

1216. **Les limites conjuguées de l'action publique et de l'action privée.** Plus généralement, le *bad man* peut former des prédictions au regard des limites à l'effectivité et à l'efficacité du droit de la concurrence, lesquelles constituent deux maux majeurs incitatifs à sa violation. Le manque d'effectivité décrit la non-application des règles de concurrence à l'égard des auteurs d'infractions qui se retrouvent impunis[2453]. Le manque d'efficacité décrit l'application sous-dissuasive des règles qui assure à l'auteur de la faute la conservation des gains illicites malgré la sanction[2454]. Aussi bien l'action publique que l'action privée souffrent de ces deux limites qui renforcent les incitations à l'illicite.

1217. **L'effectivité limitée de l'action publique.** La faible probabilité de détection de l'infraction de concurrence, renforcée par la sophistication des ententes (ententes algorithmiques)[2455] et le développement des marchés bifaces (marchés du numérique)[2456], limite l'effectivité de l'action publique. De nouvelles formes de pratiques anticoncurrentielles émergent. Les pratiques d'innovation prédatrice – lesquelles germent en masse sur le marché des nouvelles technologies – font pour l'instant l'objet d'un vide juridique : aucune loi ne reconnaît ce type d'agissement[2457], ce qui ne peut qu'inciter leur commission. De plus, les ententes algorithmiques forment les nouvelles ententes à l'heure du numérique. L'algorithme permet de rompre avec les difficultés traditionnelles des cartels, qui sont par nature instables et sujets à des déviations rationnelles[2458] et irrationnelles[2459]. L'algorithme assure la détection des changements de prix ; limite les échanges et collaborations humaines susceptibles d'être perçus par les autorités de concurrence ; chasse le risque d'irrationalité qui encourage les déviations et déstabilise les cartels ; neutralise l'erreur humaine et contrôle les tricheries des agents opportunistes qui ne respectent pas le surprix fixé par l'entente[2460] ; réduit les risques de guerre des prix ; et, par un système d'autoapprentissage, dispose d'une capacité prédictive inégalée qui lui permet de prendre des décisions de façon autonome en ajustant la stratégie d'une firme à celle de ses concurrents,

---

2450 *Supra*, Partie I, Titre II, n° 450 et s.

2451 Le « tarif » est une expression employée par le professeur Jestaz, qui compare la sanction à un « tarif » que l'agent économique est disposé à payer si le bénéfice de la violation du droit est supérieur audit tarif ; v. P. Jestaz, *La sanction ou l'inconnue du droit*, Dalloz-Sirey, 1986, Chronique XXXII, pp. 197-204, spéc. p. 198.

2452 Pour plus de détails sur ce point, v. *supra*, Partie I, Titre I, Chap. 3, et Titre II, Chap. 3.

2453 Pour une discussion détaillée autour du terme d'effectivité, v. *supra*, Introduction générale, n° 37 et s.

2454 Pour une discussion détaillée autour du terme d'efficacité, v. *supra*, Introduction générale, n° 38 et s.

2455 *Supra*, Partie I, Titre I, n° 137 et s.

2456 *Supra*, Partie I, Titre I, n° 119 et s.

2457 T. Schrepel, « L'innovation prédatrice, une menace d'un nouveau type pour les entreprises », *Harv. B. Rev.*, 31 octobre 2017.

2458 L'évolution de l'offre et de la demande et les modifications des conditions de marché peuvent justifier des déviations rationnelles par rapport à l'accord conclu entre les membres. De même, la volonté de capter des nouvelles parts de marché peut inciter un membre du cartel à baisser ses prix pour se démarquer du surprix imposé par les concurrents.

2459 L'émotion, la peur, le regret de s'engager dans une pratique illicite, le jugement des pairs, etc., sont des biais émotionnels pouvant inciter un membre du cartel à dévier de l'accord.

2460 Notamment *via* l'algorithme de surveillance.

en déterminant le prix le plus apte à maximiser conjointement les profits des entreprises, fût-ce au prix d'une atteinte portée au bien-être des consommateurs. L'utilisation des algorithmes peut inciter les infractions de concurrence, car les voies de régulations pour les appréhender restent pour l'instant indéterminées. À l'heure actuelle, rien ne permet de savoir comment l'on peut sanctionner la décision autonome et anticoncurrentielle prise par un algorithme.

1218. **L'efficacité limitée de l'action publique.** De plus, l'action publique souffre aussi d'un manque d'efficacité. Cette inefficacité s'explique par le caractère de l'amende pécuniaire imposée par l'Autorité de la concurrence, qui n'est pas confiscatoire des profits illicites[2461]. Il en résulte un droit de la concurrence à deux vitesses : le droit des pratiques restrictives tend à punir les fautes lucratives en consacrant une amende civile confiscatoire, tandis que le droit des pratiques anticoncurrentielles porte peu d'intérêt aux gains illicites retirés par le fautif au moment de la détermination de l'amende pécuniaire. Le premier s'attaque donc à la motivation principale de l'infraction – le profit – tandis que le deuxième semble l'ignorer. Cette différence ne se justifie pas si l'on veut bien considérer que les pratiques anticoncurrentielles sont, à tout le moins, aussi lucratives pour leur auteur que les pratiques restrictives de concurrence.

1219. **Recommandation n° 1.** Une solution consiste donc à réformer la méthode de détermination de l'amende de l'Autorité. Pour conférer à l'amende administrative une portée au moins confiscatoire des profits illicites, il faut repenser la méthode de détermination du montant de base. Tout d'abord, lorsqu'une estimation du surprix est possible, l'Autorité devrait assurer une analyse quantitative du dommage à l'économie (aujourd'hui l'analyse est surtout qualitative) pour aboutir à une estimation concrète du surprix. Cette dernière permettrait de déterminer le taux de marge indue réalisée par le contrevenant pour, ensuite, appliquer à la valeur des ventes un coefficient multiplicateur au moins égal au surprofit. Ensuite, l'Autorité devrait supprimer la dégressivité du montant de l'amende au regard de la durée de l'infraction. Les avantages indus accumulés dans le temps ne peuvent être confisqués qu'en multipliant la valeur des ventes affectées par la pratique par la durée réelle[2462] de l'infraction. En dehors de l'Autorité, la Commission européenne devrait elle aussi délivrer une analyse quantitative du surprix. La gravité de la pratique devrait être appréciée objectivement au regard du caractère lucratif du manquement. La valeur des ventes conduit à une sous-estimation du profit retiré de la faute lorsque l'entreprise a peu vendu un produit affecté d'un important surprix.

Pour assurer le déclenchement de cette amende confiscatoire, il faut augmenter la probabilité de détection de l'infraction de concurrence en incitant les lanceurs d'alerte à la dénoncer. L'incitation, pour le salarié, à dénoncer l'infraction n'est cependant possible qu'en assurant à ce dernier un bénéfice au moins équivalent au coût de l'information. Il est donc nécessaire de lui fournir au moins trois garanties : d'une part, l'anonymat ; d'autre part, une rémunération compensatrice des coûts subis (représailles, pressions psychologiques, licenciement, etc.) ; enfin,

---

2461 *Supra*, Partie I, Titre I, n° 171et s. – V. aussi : Annexe, Tableau 1.

2462 Donc non diminuée après la première année.

une protection qui, pour l'instant, fait défaut en droit de la concurrence. De plus, plutôt que de réserver la protection du lanceur d'alerte à certains domaines (fraude comptables, santé publique, environnement, etc.[2463]), cette protection devrait être étendue aux révélations des infractions de concurrence. Cette protection serait surtout utile dans les cas où, malgré l'anonymat, le lanceur d'alerte est découvert au sein de l'entreprise. Cette généralisation serait d'autant plus légitime, que, comme le rappelle un auteur, la nature d'une pratique de cartel est proche du vol ou de la fraude[2464].

1220. **La crise économique.** Par ailleurs, la crise économique est un motif régulier de réduction d'amende[2465]. La question se pose de savoir s'il ne faudrait pas écarter l'imposition d'une amende optimale dissuasive vis-à-vis des infractions de concurrence commises en période de crise. La réduction des sanctions durant ces périodes, la modification de la méthode de calcul de l'amende ou la proposition de sanctions correctives sont des solutions envisagées en doctrine pour appréhender les cartels de crise[2466]. Une solution pourrait aussi consister à appliquer clairement un faible coefficient multiplicateur à la valeur des ventes lorsque l'infraction est justifiée par un motif de crise économique.

1221. **Recommandation n° 2.** Il faudrait clarifier la position du droit de la concurrence vis-à-vis des cartels de crise sachant que la cour d'appel semble plus encline à réduire l'amende pour ce motif que l'Autorité. La prise en compte de la crise économique incite à la commission des infractions durant ces périodes et sape l'intelligibilité du droit de la concurrence en laissant penser qu'il existe des infractions légitimes (c'est-à-dire justifiées par la crise) et d'autres injustifiables. Du point de vue de la dissuasion générale et de la dissuasion individuelle[2467], le retrait de la dissuasion en temps de crise est difficilement justifiable. À notre sens, il faudrait écarter définitivement l'argument de la crise économique, qui ne devrait plus constituer un motif de réduction d'amende sachant que la majorité des études menées sur le sujet démontrent le caractère néfaste pour l'économie des infractions justifiées par un tel contexte[2468]. À ce titre, on rappellera l'étude de l'économiste André Piettre selon laquelle les cartels de crise figent le marché,

---

2463 Loi n° 2013-316 du 16 avril 2013 relative à l'indépendance de l'expertise en matière de santé et d'environnement et à la protection des lanceurs d'alerte.

2464 P. Whelan, « Cartel Criminalization and the Challenge of "Moral Wrongfulness" » 33(3) *Oxford J Legal Stud* 535-561 (2013), spéc. pp. 550-555 ; M. E. Stucke, « Morality and Antitrust », 2006 *Colum. Bus. L. Rev.* 443-547 (2006), spéc. pp. 492-494.

2465 *Supra*, Partie I, Titre I, n° 299 et s.

2466 J.-C. Grall, N. Fournier de Crouy, « La politique de sanction de l'Autorité de la concurrence : de l'unité à la diversité. L'intention du cartelliste : un facteur de diversification des sanctions ? », *RLC* 2013, n° 35. – F. Brunet, « Le droit de la concurrence face aux défis de la crise mondiale », *RLC* juillet-septembre 2009, n° 20. Pour plus de détails sur cette question v. *supra*, Partie III, Titre I, n° 847 et s.

2467 Rappelons que l'objectif de « dissuasion générale » consiste à envoyer un signal dissuasif clair à l'ensemble des agents économiques sur le marché tandis que la dissuasion individuelle vise à sanctionner l'auteur de l'infraction et à le convaincre que le manquement procure un bénéfice plus faible que son coût.

2468 A. Piettre, *L'évolution des ententes industrielles en France depuis la crise*, M. G. Pirou (dir.), t. 2, Sirey, 1936. – H. Hotelling, « Curtailing Production is Anti-Social », in *The Collected Economic Articles of Harold Hotelling*, A. C. Darnell (dir.), 1990, p. 13. – J.-Y. Chérot, « Le droit et la politique de concurrence au défi de la crise financière et économique », *RFDA* 2010, p. 745. Pour plus de détails sur cette question v. *supra*, Partie III, Titre I, Chap. 1, Sect. 2.

nuisent au processus de destruction créatrice, créent injustement des rentes de monopole et affectent le pouvoir d'achat des consommateurs[2469].

1222. **L'effectivité et l'efficacité limitées de l'action privée.** L'action privée souffre de maux similaires à ceux de l'action publique, à savoir un manque d'effectivité et d'efficacité. Du point de vue de l'effectivité, la problématique relative à la clarification des normes concurrentielles nous semble essentielle. Le juriste et philosophe Cesare Beccaria considérait que l'imprécision d'une règle de droit augmente le risque d'impunité des criminels en compliquant la charge de la preuve des victimes[2470]. Plus la qualification d'une règle de droit est floue et sujette à confusion, plus la victime, sur qui repose le risque de la preuve, éprouve des difficultés à démontrer l'infraction. Au regard de la « hiérarchie des normes incitatives à la violation du droit »[2471], il existe des normes dites « pathologiques »[2472] qui affectent l'effectivité de l'action publique et de l'action privée. Une règle de droit imprécise a pour effet collatéral majeur d'alourdir le fardeau probatoire de la victime (ou de l'Autorité) qui porte l'action, en même temps qu'elle provoque une dilution du message dissuasif censé décourager les comportements déviants.

1223. **L'abus de position dominante.** Sur ce point, la qualification de l'abus de position dominante est sujette à confusion. Les tests pour qualifier l'abus sont imparfaits et mènent notamment à des erreurs de type 2 (faux négatifs), c'est-à-dire à l'impunité de l'entreprise qui a commis une pratique anticoncurrentielle. Dans certains cas, l'imperfection des tests entraîne aussi des erreurs de type 1, c'est-à-dire la condamnation indue d'une entreprise pour une pratique licite. L'erreur de type 2 favorise les fautes lucratives tandis que l'erreur de type 1 incite les entreprises à former des actions en justice opportunistes. L'erreur de type 2 est au moins aussi grave que celle de type 1 et génère plusieurs coûts irrécupérables[2473]. Premièrement, le surprix qui dure en l'absence de condamnation provoque un préjudice net au consommateur qui achète le produit à un prix supraconcurrentiel. Deuxièmement, l'augmentation du prix favorise le renoncement du consommateur à la consommation, il en résulte une perte sèche du bien-être de ce dernier, autrement appelé « *deadweight loss* ». Troisièmement, la position dominante préservée indûment par une erreur judiciaire est de nature à décourager l'arrivée ur le marché des nouveaux entrants, ce qui peut affecter la structure du marché et limiter son dynamisme en paralysant l'innovation.

1224. **Recommandation n° 3.** La fonction « dissuasive » de l'action privée commande l'adoption de tests susceptibles de faciliter la tâche probatoire des victimes. Cependant, plus qu'une modification des tests, une réflexion plus générale mérite d'être menée à propos de la qualification d'abus de position dominante. L'abus de position dominante implique une nuance exagérément subtile entre la dominance licite et celle interdite (qui relève donc de l'abus), source d'erreurs juridiques. De même, son examen mène souvent à une étude caricaturale des parts de marché

2469 A. Piettre, *loc. cit.*

2470 C. Beccaria, *Des délits et des peines*, *op. cit.*, § XXXI. Délits difficiles à prouver, p. 143, et § XLI. Moyens de prévenir les délits, p. 170.

2471 *Supra*, Partie I, Discussion préliminaire, n° 78 et s.

2472 V. Annexe 2.

2473 *Supra*, Partie II, Titre I, n° 591 et s.

qui définit mal l'emprise de l'entreprise sur le marché litigieux[2474]. Au contraire, l'intitulé « abus de puissance » nous semble plus clair, car la définition du terme de « puissance » est plus concrète et sa définition historique[2475] permet d'aboutir à la proposition d'un nouveau test : le test des quatre capacités. Selon ce dernier, la capacité d'une entreprise entendue comme la « capacité de faire ; capacité de faire faire ; capacité d'empêcher de faire ; capacité de refuser de faire » permettrait d'évaluer sa puissance et révélerait avec plus de justesse – lorsque les « capacités » de l'entreprise se traduisent par des actes concrets – la gravité du comportement abusif[2476].

1225. **Le parasitisme.** En dehors de l'abus, la théorie du parasitisme souffre aussi d'imprécisions, ce qui alimente le risque d'erreurs de type 2. La perte de spécificité du parasitisme noyé dans le droit de la concurrence déloyale constitue une nouvelle erreur de type 2 et favorise, *in fine*, le caractère rentable des comportements parasitaires. La réduction de la concurrence parasitaire à un simple cas de concurrence déloyale par confusion limite la portée dissuasive de cette théorie[2477], laquelle tend précisément à sanctionner les comportements parasitaires indépendamment de tout risque de confusion.

1226. **Recommandation nº 4.** Pour simplifier l'action en réparation des victimes, il faudrait supprimer la distinction entre le droit de la concurrence déloyale et le parasitisme. Néanmoins, au lieu de placer, comme le fait la jurisprudence, le parasitisme dans la catégorie des actes déloyaux, il faudrait au contraire ranger les actes déloyaux dans la catégorie des agissements parasitaires. Fusionner le droit de la concurrence déloyale et du parasitisme en une seule catégorie dénommée « les comportements parasitaires » se justifie au regard de la définition du parasitisme, qui pourrait englober tous les actes déloyaux[2478]. Cette fusion permettrait, de plus, d'éviter la perte de spécificité du parasitisme qui, rappelons-le, tend à protéger les victimes d'agissements parasitaires indépendamment de tout risque de confusion. Dans le même temps, le droit de la concurrence déloyale pourrait profiter de la tendance du juge à considérer (sans le quantifier) le résultat lucratif de la faute concurrentielle en matière de parasitisme (ce qu'il semble rarement examiner en droit de la concurrence déloyale) pour, dans le cas où le projet de réforme de la responsabilité civile serait adopté, demander le prononcé d'une amende confiscatoire des profits illicites. Enfin, la fusion du droit de la concurrence déloyale et du parasitisme en une seule catégorie aurait comme mérite de simplifier la preuve

---

2474 *Supra*, Partie II, Titre I, nº 605 et s.

2475 V. la définition de R. Aron, *Paix et guerre entre les nations*, Calmann-Lévy, 1962, p. 58.

2476 Une entreprise qui détient, par exemple, 60 % des parts de marché peut être qualifiée de dominante sans pour autant être puissante, au sens où son pouvoir de marché peut être remis en cause par l'arrivée de firmes dynamiques. En conséquence, cette firme dite dominante n'a pas la capacité d'empêcher la remise en cause de son pouvoir de marché. Le risque est pourtant grand, au regard de la simple analyse de ses parts de marché, de condamner une firme dominante qui ne dispose pas du pouvoir de verrouiller le marché. La qualification d'abus de puissance nous semble, en conséquence, mieux susceptible de définir les comportements abusifs de verrouillage du marché.

2477 *Supra*, Partie II, Titre I, nº 630 et s. et nº 634 et s.

2478 Nous avons vu que le parasitisme signifie littéralement « *détourner à son profit* » et/ou « *endommager, altérer* ». Or, tous les actes déloyaux, qu'ils mènent à une confusion dans l'esprit du public ou à une désorganisation de l'entreprise victime, sont tantôt des actes d'altération d'une valeur, tantôt des actes d'appropriation indue.

des victimes qui semblent mélanger les deux règles, ce qui peut se comprendre au regard de confusions jurisprudentielles en la matière[2479].

1227. **L'accès aux preuves.** Par ailleurs, parmi les obstacles à l'effectivité de l'action privée, force est de constater que les difficultés inhérentes à l'accès aux preuves pour les victimes n'ont pas été résolues par l'ordonnance « Dommages », ce qui limite fortement les chances de succès de l'action en réparation. La preuve est une question fondamentale, car en son absence, l'évaluation du préjudice se trouve paralysée et le fautif a de fortes probabilités de verser des dommages-intérêts inférieurs au bénéfice retiré de la faute commise. La volonté de se rapprocher de la procédure de *discovery* anglo-saxonne en consacrant un modèle de divulgation catégorielle des preuves pertinentes n'est d'aucune utilité en l'absence d'une sanction dissuasive des actes de destruction de preuve. En l'état actuel du droit, l'astreinte et la présomption défavorable ne sont pas des sanctions suffisamment dissuasives pour décourager la destruction des preuves, qui présente aujourd'hui, pour le fautif, un avantage plus grand (car la victime se retrouve démunie pour déterminer et quantifier le préjudice) que le coût tenant à l'imposition d'une astreinte ou à la détermination d'une présomption défavorable.

1228. **Recommandation n° 5.** Le législateur français devrait s'inspirer du droit américain pour proposer une sanction dissuasive. Les dommages-intérêts punitifs proposés aux États-Unis pour dissuader la destruction des pièces pertinentes et consistant en l'application d'un multiple aux dommages-intérêts initialement fixés pourraient constituer une solution. Cinq critères devraient être pris en compte pour justifier l'application d'un multiple aux dommages-intérêts en cas de rétention de preuve :

- la gravité de l'infraction de concurrence ;
- la probabilité de détection de la destruction des preuves ;
- la probabilité de succès de l'action en réparation ;
- la nature et l'importance des documents manquants ;
- la gravité du comportement dans son ensemble.

Assurer l'accès aux preuves constitue une première étape décisive si l'on veut faciliter les actions en réparation du dommage concurrentiel. Le second pilier repose sur la détermination du préjudice concurrentiel, qui doit impérativement être facilitée.

1229. **Détermination du préjudice.** Le projet de réforme du droit de la responsabilité civile propose, pour déterminer le préjudice, de prendre en compte la « faute » de la victime qui n'a pas pris les mesures nécessaires pour éviter l'aggravation du dommage. L'obligation, pour la victime, de ne pas aggraver son dommage va conduire le juge à s'immiscer dans les choix managériaux de l'entrepreneur[2480]. De plus, cette obligation entre directement en conflit avec l'objectif du projet de réforme qui entend lutter contre les fautes lucratives. En effet, la réduction du dommage réparable de la victime qui n'a pas minimisé son préjudice permettra au fautif d'obtenir une minoration conséquente des dommages-intérêts à verser susceptibles, *in fine,* de rentabiliser son infraction au droit. À notre sens, cette

---

[2479] *Supra*, Partie II, Titre I, n° 631 et s.

[2480] Pour juger, par exemple, que la victime n'a pas mis en œuvre la bonne politique commerciale pour limiter l'aggravation du dommage.

obligation limite considérablement la fonction dissuasive que l'on veut assigner à l'action privée en réparation des dommages concurrentiels. Il faut donc l'encadrer.

1230. **Recommandation n° 6.** Dans l'hypothèse où l'obligation pour la victime de prendre des mesures raisonnables afin de ne pas aggraver son dommage serait consacrée, trois recommandations nous semblent opportunes :

- Nous pensons, pour toutes les raisons déjà évoquées[2481], que la règle sera excessivement difficile à appliquer en matière délictuelle et particulièrement s'agissant des infractions de concurrence. La singularité du préjudice économique empêche la victime de mesurer avec exactitude l'ampleur de son préjudice. La spécificité du dommage concurrentiel, dont les effets évoluent dans le temps, ne permet pas à la victime de réaliser un diagnostic exact sur l'étendue de son dommage. Il nous semble donc incohérent d'exiger d'une victime qu'elle minimise ou évite l'aggravation d'un dommage dont elle ne peut mesurer précisément l'étendue. De plus, il n'appartient pas au juge d'apprécier les choix stratégiques d'une entreprise pour en conclure qu'elle n'a pas pris les mesures nécessaires à la limitation du préjudice. En somme, il faudrait épargner les victimes d'infractions de concurrence de cette obligation, et leur faire bénéficier de la même exception que celle qui s'applique pour les dommages corporels[2482].
- Néanmoins, si jamais la règle venait à être étendue au droit de la concurrence, il faudrait encadrer la règle d'un contrôle de proportionnalité, afin que la mesure prise en vue de ne pas aggraver le dommage ne représente pas un coût excessif pour la victime[2483].
- En cas de faute lucrative du coupable, il faudrait interdire le moyen de défense tiré de l'obligation de ne pas aggraver son dommage.

1231. **L'amende civile confiscatoire et dommages-intérêts restitutoires.** En outre, l'article 1266-1 du projet de réforme du droit de la responsabilité civile reconnaît un droit pour la victime, en cas de faute lucrative, de demander l'instauration d'une amende civile proportionnée à « *la gravité de la faute commise, aux facultés contributives de l'auteur et aux profits qu'il en aura retirés* ». En conséquence, l'amende civile risque d'être rejetée dans le cas où la faute concurrentielle est de faible gravité (au regard de ses effets sur le marché), alors même qu'elle permet à son auteur de s'enrichir. De plus, le texte interdit la restitution, à la victime, des profits retirés par le fautif, ce qui limite profondément l'intérêt à agir sachant que le coût du litige sera accru pour la victime qui sera tentée d'évaluer à la fois son préjudice et les gains retirés par l'auteur de la faute.

1232. **Recommandation n° 7.** Nous recommandons, à côté de la « Sous-section 5 » du projet relatif à l'amende civile, une « Sous-section 6 » intitulée « Dommages et intérêts restitutoires ». Dans le cas où la demande relative à l'imposition d'une

---

2481 *Supra*, Partie II, Titre II, n° 707et s.

2482 L'article 1263 du projet de réforme dispose en effet que « Sauf en cas de dommage corporel, *les dommages et intérêts sont réduits lorsque la victime n'a pas pris les mesures sûres et raisonnables, notamment au regard de ses facultés contributives, propres à éviter l'aggravation de son préjudice* ».

2483 L'article 1263 ne prévoit pas de contrôle de proportionnalité de la mesure visant à réduire l'aggravation du dommage.

amende civile serait rejetée, la victime pourrait introduire une action indemnitaire restitutoire en complément de l'action compensatoire. Cette action permettrait aux victimes de demander la restitution des gains illicitement acquis par le fautif. Ceci est possible en reconnaissant aux victimes la possibilité d'évaluer leur préjudice au regard des gains illicites. La victime devrait pouvoir se fonder sur l'économie réalisée et l'avantage indu retiré par l'auteur de la faute concurrentielle. Une partie ou l'ensemble des gains indus seraient ainsi reversés à la victime, à condition que cette dernière démontre un lien entre son appauvrissement et l'enrichissement du coupable.

1233. **Assurer l'application de l'amende civile confiscatoire.** L'amende civile confiscatoire proposée par le projet de réforme risque de se retrouver sous-effective au regard de l'obligation, pour la victime, d'établir le caractère intentionnel de la faute lucrative. Une définition « subjective » de la faute lucrative est consacrée puisque le texte évoque une « *faute délibérément commise en vue d'obtenir un gain ou une économie* »[2484]. La victime risque d'éprouver d'insurmontables difficultés probatoires à déterminer le caractère « délibéré » du manquement de concurrence. Rappelons pour confirmer cette inquiétude que, en droit allemand, la sanction confiscatoire[2485] pour punir les pratiques commerciales déloyales est aujourd'hui paralysée du fait de l'impossibilité, pour la victime, de rapporter la « *preuve d'une violation dolosive de la loi* »[2486].

1234. **Recommandation n° 8.** Pour faciliter l'imposition de l'amende civile, nous proposons donc une définition « objective » de la faute lucrative : « Est qualifiée de faute lucrative toute faute commise au préjudice d'autrui qui rapporte un gain, une économie ou un avantage indu à son auteur. »

La définition « objective » de la faute lucrative permet, dans le même temps, de la rapprocher de la faute concurrentielle, qui constitue aussi une faute « objective ». L'assimilation possible de la faute concurrentielle à une faute lucrative pourrait accroître considérablement le coût de l'infraction de concurrence plus facilement sanctionnée d'une amende civile que si la preuve de l'élément intentionnel était requise.

1235. **Restaurer l'effectivité et l'efficacité de l'action de groupe.** À côté de l'action privée en réparation menée individuellement, l'action en réparation menée collectivement doit aussi être réformée[2487]. L'action de groupe, comme en témoignent les exemples canadiens et américains, permet en principe de récupérer les gains illicites engrangés par l'auteur de l'infraction de concurrence. En France, la portée confiscatoire de l'action de groupe est paralysée par les règles instaurées par la loi Hamon. L'inefficacité de l'action de groupe tient à l'indifférence portée à la problématique pourtant essentielle de l'apathie rationnelle du consommateur, à la fois au stade de l'adhésion à l'action et au stade de l'indemnisation.

2484 Art. 1266-1 du projet de réforme.

2485 Précisément, le droit allemand prévoit une sanction en écrémage des profits illicites.

2486 B. Gsell, « Action de groupe sans action de groupe en droit allemand – Recours groupé en dommages et intérêts même en l'absence d'instrument particulier de recours collectif », in *L'intensification de la réparation des dommages issus des pratiques concurrentielles*, M. Behar-Touchais, D. Bosco, C. Prieto (dir.), IRJS, 2016, p. 228.

2487 *Supra*, Partie III, Titre I, n° 881 et s., et n° 932 et s.

1236. **Recommandation n° 9.** Pour résoudre le problème d'apathie rationnelle des victimes au moment de l'adhésion à l'action, il semble indispensable de prévoir, en complément du système *opt-in*, un système d'*opt-out*[2488]. Le système *opt-out* permet à tous les membres d'un groupe de victimes, du moment qu'ils n'ont pas expressément manifesté leur volonté de s'extraire dudit groupe, d'être intégrés au groupe et donc de pouvoir être indemnisés du préjudice concurrentiel subi. Néanmoins, cette solution consistant à consacrer un système *opt-out* ne suffirait pas à résoudre complètement le problème d'apathie rationnelle : en effet, le système *opt-out* ne peut rien contre l'inertie prévisible des victimes, non plus au moment d'adhérer à l'action, mais au stade de l'indemnisation. Il est probable que les membres de groupe ne réclament pas leur créance au moment de l'indemnisation, surtout si celle-ci s'avère minime. Si les victimes ne se manifestent pas pour obtenir le remboursement de l'indu, le fautif risque de préserver une grande partie de ses profits illicites. Pour remédier à ce risque, il est indispensable que le reliquat des sommes n'ayant pu faire l'objet d'une distribution individuelle soit affecté à une forme de distribution fluide. La loi Hamon ignore totalement la question essentielle du reliquat. Le législateur français devrait donc s'inspirer du modèle américain et prévoir un mécanisme de restitution collective des profits illicites par affectation à un organisme des sommes non réclamées par les consommateurs.

1237. **Encourager la mise en œuvre de l'action de groupe.** Le déclenchement de l'action de groupe risque néanmoins d'être limité si l'association décide de ne pas agir en justice. L'action de l'association est aussi soumise à un calcul coût-avantage. Le coût de l'action peut la décourager dans le cas où l'affaire est particulièrement complexe et le manque de financement explique pourquoi des associations restent inactives malgré le dommage causé aux consommateurs.

1238. **Recommandation n° 10.** La présence d'un fonds d'aide au recours collectif permettrait de prendre en charge les frais de procédure susceptibles de décourager l'action de l'association. Dans le cas où un mécanisme de restitution collective des profits illicites par affectation des sommes non réclamées à un organisme serait consacré, le fonds en question serait financé par le reliquat des sommes non réclamées par les consommateurs. Il est aussi envisageable que le fonds soit financé à l'aide d'une somme forfaitaire prélevée sur les condamnations prononcées par l'Autorité de la concurrence[2489].

1239. **Règlement consensuel des litiges.** Néanmoins, il est à craindre, d'un point de vue dissuasif, que la plupart des actions de groupe se résolvent par transaction. Comme l'illustre l'affaire *Paris Habitat*[2490], l'opportunité, pour le fautif, de négocier un

---

2488 Rappelons, sur ce point, que la Commission recommande de prévoir des exceptions au sytème *opt-in* dès lors qu'elles sont « *dûment justifiée[s] par des motifs tenant à la bonne administration de la justice* » ; v. Recommandation de la Commission du 11 juin 2013 relative à des principes communs applicables aux mécanismes de recours collectif en cessation et en réparation dans les États membres en cas de violation de droits conférés par le droit de l'Union, § 21.

2489 Observations formulées par l'AFEC sur la consultation de la Commission sur le recours collectif, « Consultation on collective redress », septembre 2011, p. 31.

2490 TGI Paris, 14 octobre 2014, Secteur Immobilier/parc social – Facturation dans les charges des frais liés au dispositif de télésurveillance des ascenseurs, *(SLC-CSF) c/ Paris Habitat-Oph*. Rappelons que cette affaire, qui n'est pas un litige de concurrence, illustre néanmoins le risque pesant sur l'efficacité des actions formées contre les auteurs d'infractions concurrentielles ; v. *supra*, Partie III, Titre II, Chap. 1, Sect. 1.

prix sur le dommage causé renforce les fautes lucratives et, par extension, les incitations à enfreindre le droit de la concurrence. Tant que la loi Hamon ne sera pas réformée, les nombreuses restrictions affectant l'action de groupe ne permettront pas aux associations de négocier un accord favorable aux victimes. Les entreprises fautives seront dans une position de force pour conclure une transaction rentable, sachant que le mécanisme de règlement amiable et collectif d'un litige de masse « *présente essentiellement un avantage économique pour le professionnel* »[2491]. L'on risque de passer d'une justice implacable à une justice négociée, et certains auteurs craignent le développement d'une « *sous-justice* »[2492] ou encore d'une « *justice au rabais* »[2493]. Le procès de concurrence, au contraire de l'accord négocié, a ceci de salutaire qu'il participe de la création d'une culture de concurrence susceptible d'élever le seuil d'indignation du consommateur qui sera incité à agir contre le contrevenant. L'incitation aux procédures consensuelles ne devrait être exploitée qu'à titre occasionnel pour des affaires spécifiques, au risque de laisser l'impression aux auteurs d'infractions de pouvoir maîtriser le coût du dommage en le négociant.

1240. **Problème persistant relatif à l'action des professionnels.** Les solutions pour lutter contre le manque d'efficacité de l'action de groupe ne doivent pas faire oublier que les professionnels, c'est-à-dire les entreprises victimes d'infractions de concurrence, sont toujours privés de l'action de groupe et donc du droit à agir en dommages et intérêts à moindre coût. Le développement, en France, d'une nouvelle forme de financement privé, qui prend la forme d'un rachat de créances, pourrait encourager l'action des professionnels. De plus, la mobilisation collective des créances de réparation des professionnels entre les mains d'un tiers financeur pourrait limiter fortement les profits illicites retirés des dommages de masse. Le mécanisme de la cession de créance a pour avantage principal de constituer un « *palliatif à l'absence d'action de groupe pour les entreprises victimes de surenchérissements résultant d'un cartel* »[2494]. Il reste néanmoins dangereux, car les victimes abandonnent leur droit à réparation à un investisseur qui peut conclure un accord transactionnel avec le contrevenant et négocier un « prix » du dommage qui ne correspond pas forcément à la somme des préjudices subis par les victimes. De plus, le cessionnaire peut proposer une immunité des poursuites aux cartellistes qui offrent leur coopération ; cette sorte de « clémence privée » entraîne une perte de dissuasion évidente, car l'auteur du dommage pourrait faire l'économie du coût de l'infraction attaché aux actions en dommages et intérêts[2495].

1241. **Les start-up juridiques au service du financement des actions.** Les agents économiques peuvent tout de même craindre les nombreuses start-up juridiques qui

---

2491 L. Ascenci, S. Bernheim-Desvaux, « La médiation collective, solution amiable pour résoudre les litiges de masse ? », *CCC* 2012, études 9 et 10.

2492 Y. Desdevises, « Remarques sur la place de la conciliation dans les textes récents de procédure civile », *D.* 1981, chron. 241, n° 5.

2493 M.-C. Rivier, P. Ancel a., « Les modes alternatifs de règlement des conflits », HAL, 25 juillet 2014, p. 50.

2494 C. Prieto, « La cession de créance, palliatif à l'absence d'action de groupe pour les entreprises victimes de surenchérissements résultant d'un cartel », *RDC* 1er septembre 2015, n° 03, p. 568.

2495 Site Cartel Damage Claims (CDC), Leniency Plus +. Disponible sur : https://www.carteldamageclaims.com.

créent actuellement des plates-formes d'actions judiciaires[2496]. Un nouveau risque juridique est en train de naître pour les contrevenants. Il est intéressant d'analyser le potentiel dissuasif de la « plateformisation » des actions et son incidence sur l'incitation à enfreindre le droit de la concurrence. Le calcul coût-bénéfice, largement à l'avantage des contrevenants au regard des restrictions portées à l'action de groupe, est remis en cause par le développement de ces nouvelles formes d'actions collectives. Le financement du procès par ces technologies du droit risque de poser quelques difficultés à l'avenir, car la recommandation européenne interdit les honoraires de résultat, le bailleur de fonds ne pouvant « *percevoir des intérêts excessifs sur les fonds mis à disposition* ».

1242. **Recommandation nº 11.** Le principal défaut de la recommandation européenne est d'interdire les honoraires de résultat sans proposer aucune solution alternative. Nous recommandons la reconnaissance d'une prime de risque au bailleur de fonds. La légalité des intérêts perçus dépendrait de la complexité du litige, car plus le litige est complexe, plus les risques pris par l'avocat qui finance l'opération sont importants. Cette complexité s'apprécierait notamment au regard de la nature du manquement, de l'importance du dommage et de la durée de l'infraction. Il est économiquement rationnel que celui qui finance le litige prétende à une rémunération importante sur les dommages-intérêts obtenus si le recours financé a une faible chance de succès. La reconnaissance d'une prime de risque permettrait d'intensifier les recours collectifs menés par les professionnels, ce qui non seulement renforcerait le risque juridique de l'infraction mais assurerait une lutte effective contre les fautes lucratives.

1243. **La dissuasion des dirigeants.** Le renforcement de la fonction dissuasive de l'action publique et de l'action privée n'est pas suffisant. Il faut, par ailleurs, étendre le champ d'application des règles aux dirigeants d'entreprise[2497]. La dissuasion, pour être efficace, doit traiter aussi bien des motivations des entreprises que de celles des dirigeants. Dans le choix d'enfreindre la loi, le dirigeant forme aussi un calcul coût-bénéfice pour évaluer le risque juridique de l'infraction de concurrence. S'agissant du bénéfice retiré par le manager, la rémunération indexée sur la performance de l'entreprise peut lui assurer des récompenses économiques sous la forme de bonus, de stock-options, d'actions gratuites, etc.[2498]. La faute concurrentielle du dirigeant est lucrative lorsque ce dernier reçoit une prime pour avoir amélioré les performances de l'entreprise grâce à la commission d'une pratique anticoncurrentielle et/ou restrictive de concurrence. Le coût d'une politique de conformité et le caractère non dissuasif de l'amende pécuniaire (qui n'est pas confiscatoire des profits illicites) n'incitent pas les actionnaires à surveiller leur manager. De plus, la faible probabilité de détection de l'infraction risque de renforcer la solidarité de l'actionnaire à l'égard des agissements fautifs. Dans le

---

2496 L. Vogel, J. Vogel, « Les entreprises doivent-elles craindre les nouvelles actions collectives ? », 5 mai 2017. Site : https://www.vogel-vogel.com.

2497 E. Combe, C. Monnier-Schlumberger, « Lutte contre les cartels et comportement des managers », Concurrences nº 4-2016, Art. Nº 81860, pp. 51-68. Pour plus de détails v. *supra*, Partie III.

2498 E. Combe, C. Monnier, « Cartels et comportements des managers : analyse et implications pour les politiques publiques », *RE*, vol. 67, Hors-série, février 2016, pp. 95-110. Pour plus de détails v. *supra*, Partie III.

même temps, la lenteur de la détection favorise l'impunité du dirigeant, qui a de fortes chances d'avoir quitté l'entreprise au jour où la pratique est détectée.

1244. **Facteurs comportementaux.** Des facteurs comportementaux incitent le dirigeant à enfreindre le droit de la concurrence. Autrement dit, le choix de l'illicite n'est pas toujours lié à un calcul rationnel. Le biais de surconfiance peut, par exemple, renforcer l'incitation à enfreindre la loi chez le dirigeant irrationnellement optimiste quant à l'issue de l'infraction. De même, le biais égocentrique est susceptible de pousser le dirigeant à enfreindre les règles de concurrence car ce dernier va, de manière irrationnelle, percevoir au sein de l'entreprise un consensus qui n'existe pas sur la pratique illicite. Au regard des biais affectant le processus de décision des agents économiques, l'économie comportementale propose des solutions moins répressives pour dissuader les comportements fautifs, comme, par exemple, le renforcement des programmes de conformité. Ce type de solution ne permet pas de répondre à la problématique des fautes lucratives concurrentielles, pas plus qu'il ne constitue un remède suffisant pour dissuader les infractions rationnelles. Les *nudges*, c'est-à-dire les « coups de pouce » proposés par l'économie comportementale pour orienter en douceur le comportement des agents[2499] sont utiles pour renforcer la sensibilité de ces derniers au respect du droit. Aussi ont-ils une utilité pour encourager les actions en réparation et limiter l'apathie rationnelle des victimes en diffusant, par diverses techniques de communication, une culture de concurrence. Ils restent néanmoins insuffisants d'un point de vue dissuasif, c'est la raison pour laquelle nous recommandons l'imposition de signaux plus forts à travers la mise en place de sanctions pénales à l'encontre des managers.

1245. **Résoudre la problématique de l'emprisonnement des dirigeants.** La très faible occurrence des peines de prison en France et en Europe décrédibilise la menace d'emprisonnement[2500]. En conséquence, l'agent, dans son choix d'enfreindre la loi, n'intègre pas ou peu le risque pénal dans le calcul du coût de l'infraction. Le renforcement de la dissuasion passe nécessairement par une élévation du risque pénal. L'emprisonnement du dirigeant responsable de l'infraction est essentiellement débattu aujourd'hui s'agissant des auteurs de pratiques anticoncurrentielles, ce qui pose la question de l'exclusion du débat des actes de concurrence déloyale et parasitaire ainsi que les pratiques restrictives de concurrence.

1246. **Recommandation n° 12.** Pour répondre à la question de savoir si l'emprisonnement est une sanction légitime des auteurs d'infractions de concurrence et s'il faut uniquement réserver cette peine aux pratiques anticoncurrentielles, nous avons créé un test appelé le « test de légitimité ». Au regard de ce test, trois critères doivent être examinés pour légitimer l'emprisonnement du dirigeant responsable du manquement :

- la gravité de la pratique ;
- le risque d'erreur de type 1 ;
- le consensuel social.

[2499] C. Sunstein, R. Thaler, *Nudge: Improving Decisions about Health, Wealth, and Happiness*, Yale University Press (2008).

[2500] F. Wagner-von Papp, A. Stephan a., « Individual sanctions for competition law infringements: Pros, cons and challenges », Concurrences n° 2-2016, Art. N° 78515, pp. 14-44.

À notre sens, l'emprisonnement est légitime si l'infraction de concurrence passe ces trois filtres, ce qui est le cas si la pratique est grave, si le risque d'erreur de type 1 est minime et si la gravité de la pratique illicite fait l'objet d'un consensus social[2501]. Au regard de ces filtres, seule la pratique de cartel est susceptible de passer ce test, ce qui devrait légitimer l'emprisonnement des cartellistes.

1247. **Avantages et risques de l'emprisonnement.** La question de la légitimité de la peine de prison doit, en même temps, conduire à un débat plus vaste sur les avantages et les risques concrets liés à l'emprisonnement des dirigeants d'entreprise. En dehors de l'effet de stigmatisation, lequel a plusieurs bienfaits dissuasifs, l'emprisonnement compense les inconvénients de l'amende pécuniaire. À la différence de cette dernière, son coût n'est ni transférable vers les actionnaires ni évitable. De plus, la peine de prison constitue une solution possible face au problème que pose la sanction pécuniaire infligée à l'encontre de certaines entités économiques comme les établissements bancaires. Le risque de faillite de ces établissements qui détiennent le patrimoine des ménages comporte un coût social important. De plus, l'amende peut obliger les pouvoirs publics – si l'entreprise tombe en faillite – à entreprendre une politique de recapitalisation ruineuse. Au contraire, la peine de prison du dirigeant de l'établissement comporte un risque limité pour la société et peut dissuader la pratique illicite sinon encouragée par le problème du « *Too big to fail* »[2502].

Néanmoins, la peine de prison comporte aussi des risques. Elle peut avoir pour effet négatif de stabiliser la formation du cartel. En effet, l'immunité est donnée au premier demandeur de clémence. L'agent économique ne prendra donc pas le risque de dénoncer l'entente au risque de subir une peine de prison. De plus, au regard de l'accroissement du risque pénal, les mécanismes de surveillance de la pratique illicite seront renforcés par les leaders du cartel. Par ailleurs, la peine de prison va diffuser, à l'échelle sociétale, l'idée selon laquelle la pratique de cartel est particulièrement nocive pour la société. Or, aux yeux de la société, l'idée de l'extrême gravité de la pratique de cartel est difficilement conciliable avec le développement d'une politique de clémence. D'un côté, la prison permet d'élever le seuil d'indignation populaire en stigmatisant la pratique illicite ; de l'autre, la pratique stigmatisée est récompensée pour satisfaire des enjeux procéduraux. L'opinion publique ne peut comprendre que la pratique devant laquelle elle doit s'indigner est en même temps récompensée par l'Autorité censée la punir. Ce postulat est confirmé par une étude qui montre que l'opinion publique trouve « *inacceptable* » la récompense de l'immunité au premier délateur, même si l'Autorité n'aurait pas détecté le cartel en l'absence

---

2501 C'est-à-dire si la pratique est stigmatisée par l'opinion publique.

2502 Lequel signifie littéralement « Trop gros pour faire faillite » ou encore « Trop gros pour tomber ». Rappelons que lorsqu'un cartel concerne des établissements bancaires, l'amende imposée par les autorités de concurrence risque d'être réduite, car certaines banques sont « trop importantes pour tomber » (*too big to fail*). Elles jouissent malgré leur manquement d'une impunité, car les pouvoirs publics se précipitent à leur chevet. Ainsi, ces banques bénéficient d'amendes largement réduites pour éviter au pouvoir public une éventuelle recapitalisation. Le « *too big to fail* » devient alors le « *too big to fine* » : au-delà d'une certaine taille, l'entité économique bénéficie d'une immunité (ou forte réduction) d'amende.

de la dénonciation[2503]. En somme, la justification normative de la peine de prison risque d'être décrédibilisée au regard de la politique de clémence qui récompense l'auteur du cartel[2504].

1248. **Les autres sanctions pénales.** En dehors du débat relatif à l'imposition d'une peine de prison, le législateur français pourrait consacrer d'autres sanctions pénales. Le déficit de légitimité des peines de prison, surtout s'agissant des pratiques déloyales et des pratiques restrictives de concurrence, pourrait justifier l'usage de la procédure de disqualification à l'anglaise, laquelle porte aussi atteinte à la liberté du dirigeant privé d'exercer sa profession pendant une durée plus ou moins longue. Son effet dissuasif n'est pas utilisé en France, qui ne l'applique pas aux auteurs d'infractions de concurrence.

1249. **Recommandation n° 13.** À la différence de la peine de prison, la procédure de disqualification est préconisée par l'opinion publique en France, où 63 % des personnes interrogées la recommandent pour punir les auteurs de cartel[2505]. Le législateur français devrait instaurer une procédure de disqualification et l'étendre à tous les types d'infractions de concurrence. Son effet dissuasif, son faible coût par rapport à la peine de prison (du fait du coût de l'incarcération) et le consensus social qu'elle génère commandent sa consécration en France. Cela permettrait de contrebalancer l'avantage retiré de la faute concurrentielle du dirigeant qui améliore les résultats financiers de la firme (et qui obtient en récompense une prime, des stock-options, etc.) par un coût dissuasif matérialisé par la perte de revenus de ce dernier interdit d'exercer sa fonction au sein des entreprises.

1250. **Le « *name and shame* ».** Par ailleurs, la France pourrait aussi s'inspirer de la politique du « *name and shame* » britannique pour accroître la dissuasion. Néanmoins, plutôt que d'axer la politique de stigmatisation sur les entreprises, il serait intéressant de publier le nom des individus responsables de l'infraction. Cette sanction, à l'image de la procédure de la disqualification, est aussi plébiscitée par l'opinion publique. Dans une enquête menée au Royaume-Uni, 69 % des personnes interrogées plébiscitent la divulgation des noms des dirigeants à l'origine de l'infraction concurrentielle[2506]. Le consensus social autour de cette « semi-peine » légitime sa consécration en France.

1251. **L'amende confiscatoire du dirigeant.** Pour finir sur les sanctions para-pénales, la faute lucrative du dirigeant qui retire un avantage de l'infraction commise pourrait être combattue par la consécration d'une amende confiscatoire à l'égard de ce dernier. Une amende pénale confiscatoire doit pouvoir s'appliquer à l'égard des dirigeants qui retirent un profit direct (bonus, augmentation du salaire) ou indirect (promotion) de l'infraction. En France, l'amende prévue à l'article L. 420-6 du

---

2503 C. Beaton-Wells, C. Platania-Phung, « Anti-Cartel Advocacy – How Has the ACCC Fared? » 33 *SydLawRw* 735-770 (2011), p. 758.

2504 C. Beaton-Wells, « Criminal Sanctions for Cartel Conduct – The Leniency Conundrum », Global Forum on Competition, DAF/COMP/GF(2016) 7.

2505 Sondage IFOP pour l'Autorité de la concurrence, communiqué de presse du 22 janvier 2018.

2506 A. Stephan, « An empirical evaluation of the normative justifications for cartel criminalisation », 37(4) *Legal Studies* 621-646 (2017).

Code de commerce est limitée à 75 000 euros. Elle a donc peu de chances de confisquer les profits retirés par le dirigeant auteur de la pratique illicite.

1252. **Recommandation n° 14.** Le législateur français pourrait s'inspirer de l'amende pénale prévue en droit américain et qui tend directement à lutter contre les fautes lucratives. Le montant de l'amende aux États-Unis peut aller jusqu'à deux fois les surprofits réalisés par le dirigeant du fait de l'infraction. Nous recommandons donc d'élever le plafond de 75 000 euros (aux États-Unis le plafond est de 1 million d'euros), et d'établir un principe d'équivalence entre l'amende et le profit de l'infraction.

1253. **Les défis de demain.** Les transformations de l'économie numérique et l'avènement de nouvelles technologies placent les autorités de concurrence devant de nouveaux défis. Au-delà des sanctions, la question se pose de savoir comment ces dernières pourront, à l'avenir, appréhender des comportements illicites motivés par de nouvelles technologies. Le développement de la justice prédictive pose un champ entier de questions irrésolues : le mouvement de l'*open data* va renforcer les prédictions de l'agent rationnel, qui pourra d'autant plus affiner son calcul coût-avantage que des algorithmes lui permettront de parier sur le résultat probable d'un litige[2507]. Les logiciels risquent, en outre, de réduire comme peau de chagrin l'imprévisibilité du procès de concurrence sachant que le juge, surveillé par des algorithmes, pourrait abandonner par prudence l'audace de son appréciation souveraine pour se raccrocher « *par "sécurité" [...] à l'opinion dominante ou majoritaire de ses pairs* »[2508]. L'intelligence humaine, combinée à l'intelligence artificielle, risque de produire une sorte d'*homo juridicus* sans incertitudes, peu enclin au doute, et habité par des prédictions robustes qui lui permettront, demain, d'anticiper avec une marge d'erreur réduite le risque juridique de l'infraction au droit. En somme, les autorités de concurrence, qui depuis toujours manient avec subtilité la prévisibilité et l'incertitude pour limiter les « *arbitrages trop bien calculés* »[2509] sur le coût et les profits tirés du manquement, pourraient bien voir leur stratégie dissuasive anéantie par des logiciels aux capacités prédictives jusqu'ici inégalées.

Plus généralement, les pratiques évoluent plus rapidement que le droit. Le développement des ententes algorithmiques montre que l'esprit humain ne manque pas d'imagination lorsqu'il s'agit d'enfreindre la loi. La *blockchain*[2510]

2507 G. Zambrano, « Précédents et prédictions jurisprudentielles à l'ère des Big Data : parier sur le résultat (probable) d'un procès », *op. cit.* note 2436.

2508 J.-M. Sauvé, Conseil d'État, « La justice prédictive », colloque organisé à l'occasion du bicentenaire de l'Ordre des avocats au Conseil d'État et à la Cour de cassation, 12 février 2018 : l'auteur observe que si le risque mimétique est limité, « *[l]e juge peut toutefois dès maintenant prendre appui sur des statistiques pour étayer et légitimer un raisonnement juridique adossé à d'autres justifications* ».

2509 M.-D. Hagelsteen, « La politique de sanctions du Conseil de la concurrence », discours prononcé le 27 mars 2003 à l'AFEC, citée par M. Debroux, « L'"imprévisibilité transparente" : La politique de sanction de la Commission en matière de cartels », Concurrences n° 4-2006, Art. N° 12608, pp. 46-55 : « *[L]a prévisibilité, mais aussi l'incertitude qui doit continuer à peser sur les entreprises en ce qui concerne le risque encouru afin qu'elles ne se livrent pas à des arbitrages trop bien calculés entre les profits procurés par une pratique anticoncurrentielle, le risque d'être mis en cause et la sanction finale [...]* »

2510 Selon Blockchain France : « *La blockchain est une technologie de stockage et de transmission d'informations, transparente, sécurisée, et fonctionnant sans organe central de contrôle [...]. Par extension, une blockchain*

va aussi entraîner des transformations majeures dont le droit de la concurrence ferait bien de se saisir rapidement, sachant que certains dénoncent le risque que les pratiques anticoncurrentielles se retrouvent désormais indétectables[2511]. Le golem[2512] semble avoir échappé à son créateur[2513], et les voies de régulation classiques semblent peu adaptées à l'avènement d'une technologie qui prépare une révolution équivalente à celle d'Internet il y a environ une trentaine d'années.

Pour finir, il faut en revenir, sans doute, à la très grande plasticité du droit de la concurrence capable de s'adapter aux évolutions du monde contemporain. Les fautes lucratives vont perdurer tant que la règle de droit sera faillible. Pour éviter que la loi ne devienne « *l'instrument de toutes les cupidités au lieu d'en être le frein* »[2514], il appartient au législateur de manier la force et la clarté : la force pour dissuader ; la clarté pour assurer en douceur la diffusion du message dissuasif compris dans la loi. Au droit de la concurrence classique doit se substituer un droit de la concurrence particulier, un « droit doux », capable de rendre intelligible un droit « intelligent » ; capable de rendre compréhensible un droit ésotérique ; capable, dans l'intérêt des entreprises, de clarifier la loi lorsqu'elle se révèle imprécise, de la rendre visible lorsqu'elle se trouve obscure, de la rendre audible lorsqu'elle n'est plus entendue. Pour éviter qu'à « *la main tremblante* » du législateur succède la voix inquiète du juge, il faut aussi que le droit de la responsabilité s'adapte aux comportements qu'il est censé punir. Ainsi doit-il être clair et juste[2515], c'est-à-dire compenser le dommage et confisquer le lucre ; réparer le préjudice et restituer le profit ; en somme, neutraliser ces comportements iniques qui font de la violation du droit un calcul de rentabilité. Pour ce faire, le juge ne doit plus être enfermé dans les clous du principe de réparation intégrale. Il ne doit plus exercer la « peine privée » dissimulé derrière son pouvoir d'appréciation souverain. Au regard du récent projet de réforme[2516], le législateur entend sans doute redonner au juge une forme de liberté. Cette liberté est salutaire. Elle est ce par quoi le juge, imprévisible, peut réparer et (ou) punir. Elle le laisse libre de choisir, selon la nature de la faute, la réparation intégrale du préjudice ou la restitution intégrale du profit. Elle le rend apte

constitue une base de données qui contient l'historique de tous les échanges effectués entre ses utilisateurs depuis sa création. Cette base de données est sécurisée et distribuée : elle est partagée par ses différents utilisateurs, sans intermédiaire, ce qui permet à chacun de vérifier la validité de la chaîne » ; v. C. Jeanneau, A. Yeretzian a. *La Blockchain décryptée : les clefs d'une révolution*, Netexplo, 2016, p. 129.

2511 T. Schrepel, « Is Blockchain the Death of Antitrust Law? The Blockchain Antitrust Paradox », 3(2) *Geo. L. Tech. Rev.* 281-338 (2019). A. Deng, « Smart Contracts and Blockchains: Steroid for Collusion? », SSRN (2018).

2512 À Prague, au XVIe siècle, une légende évoque la naissance d'un monstre légendaire, un humanoïde baptisé le golem. Son créateur, le rabbi Loew, modela une statue de glaise et, pour lui donner vie, inscrivit sur son front « EMETH » (« vérité » en hébreu). Aussitôt le golem s'anima. Il ne tarda malheureusement pas à échapper à son créateur et se mit à hanter les rues de Prague, semant la destruction et la terreur sur son passage.

2513 La réelle identité du créateur de la Blockchain – Satoshi Nakamoto – reste pour le moment inconnue. Il est possible que plusieurs développeurs se cachent derrière ce pseudonyme.

2514 F. Bastiat, *Œuvres complètes de Frédéric Bastiat*, Guillaumin / réédition Institut Coppet 2005, IV, p. 342.

2515 C. Beccaria, *Des délits et des peines*, *op. cit.*, § XXXI. Délits difficiles à prouver, p. 143, et § XLI. Moyens de prévenir les délits, p. 170 : « Si l'on veut prévenir les délits, il faut faire en sorte que les lois soient claires et simples »

2516 Projet de réforme de la responsabilité civile, 13 mars 2017.

à remedier à cette incongruité qui veut que la faute assure à son auteur un gain. Elle place le fautif dans l'inconfort de l'incertitude, et la crainte de l'inattendu. Finalement, le crépuscule des fautes lucratives est proche. Il suffit que le juge, enfin émancipé du principe de réparation intégrale, ne soit plus contraint par l'obsession de réparer aussi exactement que possible l'équilibre détruit par le dommage. Il suffit d'une révolution juridique.

BIBLIOGRAPHIE

Ouvrages généraux, spéciaux, traités, manuels

ALSCHULER (A. W.), *Law Without Values: The Life, Work, and Legacy of Justice Holmes*, University of Chicago Press (2000).

AMRANI MEKKI (S.), « L'action de groupe : un pas en avant, un pas en arrière ? », in *Réformes du droit civil et vue des affaires*, M. Bourassion, J. Revel (dir.), Dalloz, 2014.

AUBERT (J.-L.), FLOUR (J.), SAVAUX (E.), *Droit civil : Les obligations*, t. 2, 14e éd., Sirey, 2011.

ARON (R.), *Paix et guerre entre les nations*, Calmann-Lévy, 1962.

BAIN (J. S.), *Barriers to New Competition: Their Character and Consequences in Manufacturing Industries*, Harvard University Press (1956).

BASTIAT (F.), *Œuvres complètes de Frédéric Bastiat*, Guillaumin / réédition Institut Coppet 2005, IV.

BEATON-WELLS (C.), EZRACHI (A.), *Criminalising Cartels Critical Studies of an International Regulatory Movement*, Hart Oxford (2011).

BEBIN (X.), *Pourquoi punir ? L'approche utilitariste de la sanction pénale*, L'Harmattan, 2006.

BECCARIA (C.), *Des délits et des peines*, Flammarion, 2006.

BÉCHILLON (D. de.), *Qu'est-ce qu'une règle de Droit ?*, Odile Jacob, 1997.

BECKER (G.), *Accounting for Tastes*, Harvard University Press (1998).

BEHAR-TOUCHAIS (M.), *L'effectivité du droit face à la puissance des géants de l'Internet*, vol. 2, IRJS, 2016.

BEHAR-TOUCHAIS (M.), BOSCO (D.), PRIETO (C.), *L'intensification de la réparation des dommages issus des pratiques concurrentielles*, IRJS, 2016.

BEHAR-TOUCHAIS (M.), *La dénonciation en droit privé*, Economica, 2010.

BEHAR-TOUCHAIS (M.), CHARBIT (N.), AMARO (R.), *À quoi sert la concurrence ?*, Concurrence, 2014.

BENTHAM (J.), *Théorie des peines et des récompenses*, t. 2, Bruxelles, Bibliothèque de droit privé, 1995.

BLAIR (R. D.), SOKOL (D. D), *The Oxford Handbook of International Antitrust Economics*, Oxford University Press, vol. 1 (2014) et vol. 2 (2015).

BORK (R. H), *The Antitrust Paradox*, 1re éd. Free Press (1993).

BORMANS (C.), *L'indispensable de la pensée économique*, Studyrama (2002).

BOUCHON (F.), *L'évaluation des préjudices subis par les entreprises*, Litec 2002.

BOUDON (R.), *Essais sur la théorie générale de la rationalité*, PUF, 2007.

BOUDON (R.), *Raisons, bonnes raisons*, PUF, 2003.

BURST (J.-J), « La reconstitution des "monopoles" de propriété industrielle par l'action en concurrence déloyale ou en responsabilité civile : mythe ou réalité ? » in *Mélanges dédiés à Paul Mathély*, Litec, 1990.

BUSINO (G.), « Pour Raymond Aron (1905-1983). Éléments pour une histoire de la sociologie », *RESS*, t. XXII, n° 66, 1984.

CAMUS (A.), *L'homme révolté*, Folio, 1951.

CANIVET (G.), « Du principe d'efficience en droit judiciaire privé », in *Le juge entre deux millénaires – Mélanges offerts à Pierre Drai*, Dalloz, 2000.

CARBONNIER (J.), *Droit et passion du droit sous la Ve République*, Flammarion, 1996.

CARBONNIER (J.), *Sociologie juridique*, 3e éd., PUF, 2016.

CARBONNIER (J.), *Flexible droit*, LGDJ, 2013.

CAYOT (M.), *Le préjudice économique pur*, Institut Universitaire Varenne, 2017.

CHAGNY (M.), DEFFAINS (B.), *Réparation des dommages concurrentiels*, Dalloz. 2015.

CHAGNY (M.), PERDRIX (L.), *Droit des assurances*, 3e éd., LGDJ, 2014.

CHAINAIS (C.), FENOUILLET (D.), *Les sanctions en droit contemporain*, vol 1. Dalloz, 2012.

CHAMPEIL-DESPLATS (V.), MILLARD (E.), « Efficacité et énoncé de la norme », in *L'efficacité de l'acte normatif, Nouvelle norme, nouvelles normativités*, P. Hammje, L. Janicot, S. Nadal, Lextenso, 2013, pp.63-73.

CLABAULT (J. M.), BLOCK (M. K.), *Sherman Act Indictments 1955–1980*, vol. 2, New York : Federal Legal Publications (1981).

COLEMAN (J.) *Individual Interests and Collective Action: Selected Essays*, Cambridge University Press (1986).

COMBE (E.), *La politique de la concurrence*, 3e éd., La Découverte, 2016.

COMBE (E.), *Économie et politique de la concurrence*, Dalloz, 2008.

CORMICK (C. Mc), BROUN (K.) a., *McCormick on evidence*, 6e éd., St. Paul, Minn. : Thomson/West (2006).

D. MAINGUY, M. DEPINCÉ, *Droit de la concurrence*, 2e éd., LexisNexis, 2015.

DECOCQ (A.), DECOCQ (G.), *Droit de la concurrence – Droit interne et droit de l'Union européenne*, 7e éd., Lextenso, 2016.

DEFFAINS (B.), LANGLAIS (E.) (dir.), *Analyse économique du droit : Principes, méthodes, résultats*, De Boeck, 2009.

DELMAS-MARTY (M), *Le flou du droit*, PUF, 2004.

DEMOGUE (R.), *Traité des obligations en général*, t. IV, Librairie Arthur Rousseau – Rousseau et Cie, 1924.

DORANDEU (N.), *Le dommage concurrentiel*, Presses univ. Perpignan, 2001.

DUMARÇAY (M), *La situation de l'entreprise victime dans les procédures de sanction des pratiques anticoncurrentielles*, Litec, 2010.

DWORKIN (R.), *L'empire du droit*, 1986, trad. française, PUF, 1994.

EBER (N.), WILLINGER (M.), *L'économie expérimentale*, La Découverte, 2012.

EDWARDS (C.), « Conglomerate Bigness as Source of Power », in Business Concentration and Price Policy, NBER Princeton University Press (1955).

ELSTER (J.), *Le désintéressement – Traité critique de l'homme économique I*, Seuil, 2009.

EZRACHI (A.), STUCKE (M.-E.), *Virtual Competition: The Promise and Perils of the Algorithm-driven Economy*, Harvard University Press (2016).

D. FERRIER, N. FERRIER, *Droit de la distribution*, 7e éd., LexisNexis, 2014.

FOUCAULT (M.), *Surveiller et punir*, Gallimard, 1993.

FOULON (M.), « Quelques remarques d'un président de tribunal de grande instance sur l'article 145 du nouveau Code de procédure civile », in *Le juge entre deux millénaires : Mélanges offerts à Pierre Drai*, Dalloz, 2000.

FOURNIER DE CROUY (N.), *La faute lucrative*, Economica, 2018.

FRÉGET (O.), *La concurrence : une idée toujours neuve en Europe et en France*, Odile Jacob, 2015.

FRIEDMAN (M.), *Essays in Positive Economics*, Chicago University Press (1953).

GLADWELL (M.), *Le point de bascule : Comment faire une grande différence avec de très petites choses*, Flammarion, 2016.

GOURDIN (P.), *Géopolitiques, manuel pratique*, Choiseul, 2010.

GUERRIEN (B.), *La Théorie des jeux*, Economica, 2002.

HOBBES (T.), *Léviathan*, Folio, 2000.

HOLMES (O. W.), SUTTER (L. de), *La voie du droit*, Dalloz, 2014.

HOTELLING (H.), « Curtailing Production is Anti-Social », in *The Collected Economic Articles of Harold Hotelling*, A. C. Darnell (dir.), 1990.

HOUDÉ (O.), *Le raisonnement*, PUF, 2014.

HYLTON (K. N.), *Antitrust Law: Economic Theory and Common Law Evolution*, Cambridge University Press (2003).

JEANNEAU (C.), YERETZIAN (A.) a., *La Blockchain décryptée : les clefs d'une révolution*, Netexplo, 2016.

JESTAZ (P.), *La sanction ou l'inconnue du droit*, Dalloz-Sirey, 1986.

JOHNSON (P. E.), *Reason in the Balance: The Case Against Naturalism in Science, Law & Education*, IVP, 1995.

JULIEN (J.), LE TOURNEAU (P.), « Parasitisme », in *Droit de la responsabilité et des contrats*, Philippe Le Tourneau (dir.), 2014.

KAHNEMAN (D.), SLOVIC (P.), TVERSKY (A.), *Judgment under Uncertainty: Heuristic and Biases*, Cambridge University Press (1982).

KAHNEMAN (D.), *Système 1 / Système 2 : Les deux vitesses de la pensée*, Flammarion, 2012.

KELSEN (H.), *Théorie pure du droit*, Dalloz, 1962.

LABARDE (P.), MARIS (B.), *Ah Dieu ! que la guerre économique est jolie !*, Albin Michel, 1998.

LECHERBONNIER (B.), *Les lobbies à l'assaut de l'Europe*, Albin Michel, 2007.

LEVITT (S. D), DUBNER (S. J.), *SuperFreakonomics*, Denoël (Gallimard) (2010).

LEVITT (S. D), DUBNER (S. J), *SuperFreakonomics*, Folio, 2009.

LEVITT (S. D), DUBNER (S. J.), *Freakonomics*, Denoël, 2007.

LIPPMANN (W.), *La Cité libre*, Médicis, 1938.

LUCAS DE LEYSSAC (C.), PARLÉANI (G.), *Droit du marché*, PUF, 2002.

LUCAS DE LEYSSAC (C.), PARLÉANI (G.), « L'atteinte à la concurrence, cause de nullité du contrat », in *Le contrat au début du XXIe siècle : Études offertes à Jacques Ghestin*, LGDJ, 2001, pp. 601-616.

MACKENRODT (M.-O.), CONDE GALLEGO (B.), ENCHELMAIER (S.), *Abuse of Dominant Position: New Interpretation, New Enforcement Mechanisms?*, Springer (2008).

MADDAUGH (P. D.), Mc CAMUS (J. D.), *The Law of Restitution*, Canada Law Book (1990).

MALAURIE-VIGNAL (M.), *Droit de la concurrence*, 2e éd., Armand Colin, 2003.

MARSHALL (R. C), MARX (L. M), *The Economics of Collusion: Cartels and Bidding Rings*, MIT Press (2012).

MASSON (A.), *Stratégies d'instrumentalisation juridique et concurrence*, Larcier, 2013.

MAUREL-INDART (H.), *Petite enquête sur le plagiaire sans scrupule*, Léo Scheer, 2013.

MAZEAUD (H.), MAZEAUD (L.) a., *Leçons de droit civil*, t. 2, 1er vol., *Obligations, théorie générale*, 9e éd., Montchrestien, 1998.

MILGRAM (S.), *Obedience to Authority: An Experimental View*, Harper Perennial Modern Classics (1974).

MORIN (E.), *Science avec conscience*, Seuil, 1990.

MOTTA (M.), *Competition Policy: Theory and Practice*, New York, Cambridge University Press (2004).

NEUMANN (J. von), MORGENSTERN (J.), *Theory of Games and Economic Behavior*, 1re éd., Princeton University Press (1944).

OLSON (M.), *Logique de l'action collective*, PUF, 1987.

PASSA (J.), *Contrefaçon et concurrence déloyale*, Litec, 1997.

PETIT (N.), *Droit européen de la concurrence*, LGDJ, 2013.

PICOD (F.), *Jurisprudence de la CJUE 2014 : Décisions et commentaires*, Bruylant, 2015.

PICOD (Y.), « Plaidoyer pour une consécration législative de la concurrence déloyale », in *Mélanges en l'honneur d'Yves Serra : Études sur le droit de la concurrence et quelques thèmes fondamentaux*, Dalloz, 2006.

PIETTRE (A.), *L'évolution des ententes industrielles en France depuis la crise*, M. G. Pirou (dir.), t. 2, Sirey, 1936.

PORTER (M.), *L'avantage concurrentiel*, Dunod, 2003.

POSNER (R.), *Antitrust Law*, 2e éd. University of Chicago Press (2001).

POSNER (R.), *Economic Analysis of Law*, 7e éd., Aspen Publishers (2007) ; 5e éd., Apsen Law and Business (1998) ; 3e éd., Little Brown and Company (1986) ; 1re éd., Little Brown (1973)

POSNER (R.), « *The Essential Holmes: Selections from the Letters, Speeches, Judicial Opinions, and Other Writings of Oliver Wendell Holmes, Jr.* », University of Chicago Press (1992).

RASMUSEN (E. B.), « Nuisance Suits », in *The New Palgrave Dictionary of Economics and the Law*, P. Newman (dir.), London, MacMillan Press (1998).

RÉMY (P.), « Les dommages et intérêts », in *Pour une réforme du droit des contrats*, F. Terré (dir.), Dalloz, 2008.

ROCKEFELLER (E. S.), *The Antitrust Religion*, Cato Institute (2007).

ROUBIER (P.), *Le droit de la propriété industrielle*, t. 1, Sirey, 1952 ; t. 2, Sirey, 1954.

ROUJOU de BOUBÉE (M.-E.), *Essai sur la notion de réparation*, LGDJ, 1974.

SERRA (Y.), « L'évolution de l'action en concurrence déloyale en droit français », in *Mélanges en l'honneur de Bernard Dutoit*, R. Bieber (coord.), Genève, Librairie Droz, 2002.

SIMON (H. A.), *The New Science of Management Decision*, Englewood Cliffs, NJ : Prentice-Hall (1977)

SIMON (H. A.), *Models of Bounded Rationality: Behavioral Economics and Business Organization,* vol. 1 et 2, The MIT Press (1982).

SMITH (A.), *Recherches sur la nature et les causes de la richesse des nations*, Livre I, t. I, 1776.

SMITH (A.), *Théorie des sentiments moraux*, PUF, réédition 1999.

SPENCE (M.), « Signaling, Screening, and Information », in *Studies in Labor Markets*, S. Rosen (dir.), University of Chicago Press (1981), pp. 319-358.

SPULBER (D. F.), *Regulation and Markets*, Cambridge, MIT Press (1989).

STARCK (B.), ROLAND (H.), BOYER (L.), *Obligations*, t. 1, *Responsabilité délictuelle*, 5e éd., Litec, 1996.

SUNSTEIN (C.), *Behavioral Law and Economics*, Cambridge University Press (2000).

SUNSTEIN (C.), THALER (R.), *Nudge: Improving Decisions about Health, Wealth, and Happiness*, Yale University Press (2008).

SUPIOT (A.), *Homo juridicus : Essai sur la fonction anthropologique du droit*, Seuil, 2005.

SUR (S.), *Relations internationales*, Montchrestien, 2000.

TERRÉ (F.), *Pour une réforme du droit des contrats*, Dalloz, 2008.

TERRÉ (F.), *Pour une réforme du droit de la responsabilité civile*, Dalloz, 2011.

TIROLE (J.), *Économie du bien commun*, PUF, 2016.

TROPER (M.), *Le droit et la nécessité*, PUF, 2011.

TYLER (T.-R.), *Why People Obey the Law*, Yale University Press (1990).

USUNIER (L.), *La régulation de la compétence juridictionnelle en droit international privé*, Économica, 2008.

VERGÈS (J.), *Les erreurs judiciaires*, PUF, 2015.

VINEY (G.), *Traité de droit civil – Les obligations, La responsabilité : conditions*, J. Ghestin (dir.), LGDJ, 1982.

VOLTAIRE, *Zadig ou La destinée – Histoire orientale*, Le Livre de poche, 2008.

WALKER (N.), *Punishment, Danger and Stigma: The Morality of Criminal Justice*, Barnes & Noble Books-Imports, Div of Rowman & Littlefield Pubs (1980).

WIGMORE (J. H.), *Evidence*, Chadbourn rev. ed. (1979).

ZIMMER (D.), *The Goals of Competition Law*, Edward Elgar Publishing (2012).

Thèses

AITKEN (M. E), « A personality profile of the college student procrastinator », thesis, University of Pittsburgh (1982).

AMARO (R.), *Le contentieux privé des pratiques anticoncurrentielles. Étude des contentieux privés autonome et complémentaire devant les juridictions judiciaires*, thèse Paris V, Bruylant, 2014.

ARLMAN (S.), « Crime But No Punishment: An empirical study of the EU's 1996 Leniency Notice and cartel fines in article 81 proceedings », Master Thesis (2005).

AUGUET (Y.), *Concurrence et clientèle : Contribution à l'étude critique du rôle des limitations de concurrence pour la protection de la clientèle*, thèse 1998, LGDJ, 2000.

BÉLOT (F.), *Le préjudice économique pur*, thèse Université de Poitiers, ANRT, 2004.

BLOCH (C.), « *La cessation de l'illicite : Recherche sur une fonction méconnue de la responsabilité civile extracontractuelle* », Dalloz, 2008.

CARTAPANIS (M.), *Innovation et droit de la concurrence*, 1re éd., Institut Universitaire Varenne, 2018.

CARVAL (S.), *La responsabilité civile dans sa fonction de peine privée*, LGDJ, 1995.

CAYOT (M.), « Le préjudice économique pur », thèse, Université Montpellier 1, 2016.

CHAGNY (M.), *Droit de la concurrence et droit commun des obligations*, Dalloz, 2004.

CLAUDEL (E.), « Ententes anticoncurrentielles et droit des contrats », thèse, Paris X, 1994.

FOURNIER DE CROUY (N.), « La faute lucrative », thèse Paris-Descartes, 2015.

GRARE (C.), *Recherche sur la cohérence de la responsabilité délictuelle : L'influence des fondements de la responsabilité sur la réparation*, Dalloz, 2005.

JAULT (A.), *La notion de peine privée*, thèse Paris XII, LGDJ, 2005.

JEAMMAUD (A.), « Le concept d'effectivité du droit », in *Le concept d'effectivité du droit du travail. À quelles conditions ?*, P. Auvergnon (dir.), PUB, 2008.

LAITHIER (Y.-M.), *Étude comparative des sanctions de l'inexécution du contrat*, LGDJ, 2004.

LEBRETON (S.), *L'exclusivité contractuelle et les comportements opportunistes, étude particulière aux contrats de distribution*, Litec, 2002.

LEHAIRE (B.), « L'action privée en droit des pratiques anticoncurrentielles : Pour un recours effectif des entreprises et des consommateurs en droits français et canadien », thèse Université de La Rochelle, 2014.

MESA (R.), « Les fautes lucratives en droit privé », thèse Université Littoral, 2006.

MONTANIER (J.-C.), « L'incidence des prédispositions de la victime sur la causalité du dommage », thèse, Grenoble II, 1981.

PETERSONE (A.), « Managerial compensation and cartel behavior », Thesis BSc Economics and Business (2010).

PIETRINI (S.), « L'action collective en droit des pratiques anticoncurrentielles », thèse Paris X, 2010 ; Bruylant, 2012.

REISS (L.), *Le juge et le préjudice : Étude comparée des droits français et anglais*, PUAM, 2003.

RODA (J.-C.), *La clémence en droit de la concurrence : Étude comparative des droits américains et européens*, PUAM, 2008.

SCHREPEL (T.), « L'innovation prédatrice sur les marchés des nouvelles technologies : analyses croisées en droit européen et nord-américain de la concurrence », thèse Paris Saclay, 2016.

SÉLINSKY (V.), « L'entente prohibée », thèse Paris, Librairies techniques, 1978.

SICHEL (L.), « La gravité de la faute en droit de la responsabilité civile », thèse Paris 1, G. Loiseau (dir.), 2012.

STARCK (B.), « Essai d'une théorie générale de la responsabilité civile considérée en sa double fonction de garantie et de peine privée », thèse, Paris, 1947.

ZAMBRANO (G.), « L'inefficacité de l'action civile en réparation des infractions au droit de la concurrence – Étude du contentieux français devant le Tribunal de Commerce de Paris (2000-2012) », thèse Montpellier 1, 2012.

Dictionnaires

CORNU (G.), *Vocabulaire juridique*, 10e éd., PUF, 2011.
DEUBEL (P.), MONTOUSSÉ (M.) a., *Dictionnaire de sciences économiques et sociales*, Bréal, 2008.
LAW (L.), MARTIN (E. A), *A Dictionary of Law*, 7e éd., Oxford University Press (2013).
MAINGUY (D.), *Dictionnaire de droit du marché : Concurrence, distribution, consommation*, Ellipses, 2008.

Avis officiels, communiqués, lignes directrices, rapports

En Europe et dans le monde

MONTI (M.), « Avant-propos », in XXXIe Rapport sur la politique de concurrence 2001, pp. 3-7.

WAELBROECK (D.), SLATER (D.), EVEN-SHOSHAN (G.), « Study on the conditions of claims for damages in case of infringement of EC competition rules », Comparative report, Ashurst (Bruxelles, 31 août 2004).

WHELAN (P.), « Report Examining the Desirability of Introducing Criminal Sanctions for Cartel Activity » (30 avril 2014).

Commission européenne, communiqué IP/18/4581 du 18 juillet 2018, « Antitrust: Commission fines Google €4.34 billion for illegal practices regarding Android mobile devices to strengthen dominance of Google's search engine ».

Commission européenne, communiqué IP/17/1784 du 27 juin 2017, « Pratiques anticoncurrentielles : la Commission inflige à Google une amende de 2,42 milliards d'euros pour abus de position dominante sur le marché des moteurs de recherche en favorisant son propre service de comparaison de prix ».

OCDE, « Algorithmes et ententes », DAF/COMP(2017) 4, 16 juin 2017.

Commission européenne, communiqué IP/17/591 du 16 mars 2017, « Pratiques anticoncurrentielles : la Commission présente un nouvel outil de lancement d'alertes anonyme ».

Commission européenne, Commission Staff Working Document « Preliminary Report on the E-commerce Sector Inquiry », SWD(2016) 312, 15 septembre 2016.

World Bank Group, « World Bank Breaking Down Barriers: Unlocking Africa's Potential Through Vigorous Competition Policy » (juin 2016).

OCDE, Groupe de travail n° 3 sur la coopération et l'application de la loi, « Relation entre action publique et action privée », DAF/COMP/WP3/WD(2015) 1, 15 juin 2015.

OCDE Report, Policy Roundtable, « Ex officio cartel investigations and the use of screens to detect cartels », DAF/COMP(2013) 27, 7 juillet 2014.

OFT, « Rewards for information about cartel », 31 mars 2014.

Communication de la Commission relative à la quantification du préjudice dans les actions en dommages et intérêts fondées sur des infractions à l'article 101 ou 102 du traité sur le fonctionnement de l'Union européenne, *JOUE* n° C 167 du 13 juin 2013, pp. 19-21

Commission européenne, Document de travail des services de la Commission, « Guide pratique concernant la quantification du préjudice dans les actions en dommages et intérêts fondées sur des infractions à l'article 101 ou 101 du traité sur le fonctionnement de l'Union européenne », 2013.

Commission Staff Working Document, Impact Assessment Report, Damages action for breach of the EU antitrust rules, SWD(2013) 203 final.

Recommandation de la Commission du 11 juin 2013 relative à des principes communs applicables aux mécanismes de recours collectif en cessation et en réparation dans les États membres en cas de violation de droits conférés par le droit de l'Union.

Comm. eur., communiqué IP/13/524 du 11 juin 2013, « La Commission recommande aux États membres de se doter de mécanismes de recours collectif pour garantir à leurs justiciables un accès effectif à la justice ».

OCDE Asia-Pacific Competition Update, « Reward for Reporting Cartel Conduct Increased to KRW 3 Billion » (janvier 2013).

Commission européenne, communiqué IP/12/1317 du 5 décembre 2012, « Antitrust : la Commission inflige une amende de 1,47 milliard d'euros à des producteurs de tubes cathodiques pour téléviseurs et écrans d'ordinateur pour deux cartels ayant duré près de dix ans ».

OFT, « OFT's guidance as to the appropriate amount of a penalty », OFT 423, septembre 2012.

OCDE, « Promoting Compliance with Competition Law », DAF/COMP(2011) 20, 30 août 2012.

DAMGAARD (M.), DUKE (C.), HUCK (S.), WALLACE (B.), « The Impact of Competition Interventions on Compliance and Deterrence », Final Report, étude de London Economics pour l'Office of Fair Trading, décembre 2011.

Oxera, « Crime doesn't (always) pay: what determines the level of fines? », octobre 2011.

Commission européenne, communiqué IP/11/473 du 13 avril 2011, « Ententes : la Commission inflige une amende totale de 315,2 millions € à des producteurs de poudre à lessive dans une affaire d'entente réglée par transaction ».

OCDE, « Table ronde sur les échanges d'informations entre concurrents en droit de la concurrence », DAF/COMP/WD(2010) 105, 6 octobre 2010.

Commission, Document de travail, « Renforcer la cohérence de l'approche européenne en matière de recours collectifs », Bruxelles, SEC(2011) 173, 4 février 2011.

Commission européenne, communiqué IP/10/1297 du 6 octobre 2010, « Ententes : la Commission inflige des amendes d'un montant de 458 millions € à des producteurs d'acier "de précontrainte" pour avoir opéré un cartel pendant presque deux décennies ».

OCDE, « Table ronde sur les échanges d'informations entre concurrents en droit de la concurrence », DAF/COMP/WD(2010) 105.

OCDE, « Table ronde sur les marchés bifaces », DAF/COMP/WD(2009) 62, 3 juin 2009.

Communication de la Commission, Recapitalisation des établissements financiers dans le contexte de la crise financière actuelle : limitation de l'aide au minimum nécessaire et garde-fous contre les distorsions indues de concurrence, *JOUE* n° C 72/20, Annexe IV, 26 mars 2009.

Commission européenne, Orientations sur les priorités retenues par la Commission pour l'application de l'article 82 du traité CE aux pratiques d'éviction abusives des entreprises dominantes (Texte présentant de l'intérêt pour l'EEE), *JOUE* n° C 45 du 24 février 2009, pp. 7-20.

Comm. CE, Communication modifiant le cadre communautaire temporaire pour les aides d'État destinées à favoriser l'accès au financement dans le contexte de la crise financière et économique actuelle, JO no C 16 du 22 janvier 2009, pp. 1-9.

ECA, Groupe de travail ECA sur les sanctions « Les sanctions pécuniaires des entreprises en droit de la concurrence. Principes pour une convergence », mai 2008.

LIDC, Comments on the Commission's White Paper on Damage Actions for Breach of the EC Competition Rules, COM(2008)165 Final.

OFT Press releases 2008, « Three imprisoned in first OFT criminal prosecution for bid rigging », 11 juin 2008.

OFT, « The deterrent effect of competition enforcement by the OFT », A report prepared for the OFT by Deloitte, OFT962, novembre 2007.

Commission européenne, communiqué IP/07/209 du 21 février 2007, « Concurrence : la Commission inflige des amendes supérieures à 990 millions d'euros aux membres des ententes sur les ascenseurs et les escaliers mécaniques ».

Comm. eur., communiqué IP/07/80 du 24 janvier 2007, « Concurrence : la Commission inflige une amende de 750 millions d'euros aux membres de l'entente sur les appareillages de commutation à isolation gazeuse ».

OCDE, « Qu'est-ce que la concurrence par les mérites ? », Synthèses, octobre 2006.

Commission européenne, Lignes directrices pour le calcul des amendes infligées en application de l'article 23, paragraphe 2, sous a), du règlement (CE) n° 1/2003, *JOUE* n° C 210 du 1er septembre 2006, pp. 2-5.

Commission européenne, Livre blanc sur les actions en dommages et intérêts pour infraction aux règles communautaires sur les ententes et les abus de position dominante, COM(2008) 165 final, 2 avril 2008.

Commission européenne, « DG Competition discussion paper on the application of Article 82 of the Treaty to exclusionary abuses », consultation publique, Bruxelles, décembre 2005.

Commission européenne, Livre vert, « Actions en dommages et intérêts pour infraction aux règles communautaires sur les ententes et les abus de position dominante », COM(2005) 672 final, 19 décembre 2005.

OCDE, « Hard Core Cartels: Third Report on the Implementation of the 1998 Recommendation », 2005.

ICN – International Competition Network, « Defining Hard Core Cartel Conduct Effective Institutions Effective Penalties », Report prepared by the ICN Working Group on Cartels, 2005.

OCDE, « Cartels Sanctions Against Individuals », DAF/COMP(2004) 39, 10 janvier 2005.

OCDE, Rapport sur les « ententes injustifiables », 2005.

Communication de la Commission, Lignes directrices concernant l'application de l'article 81, paragraphe 3 du traité, *JO* n° C 101, 27 avril 2004.

Commission européenne, communiqué IP/04/382 du 4 mars 2004, « La Commission conclut l'enquête sur Microsoft, impose des mesures correctives visant à modifier son comportement et inflige une amende ».

OCDE, Policy Brief, « Using Leniency to Fight Hard Core Cartel », 2001.

OCDE, « Recommendation of the Council concerning Effective Action against Hard Core Cartels », 1998.

En France

Autorité de la concurrence

PERROT (A.), « Concurrence sur les marchés bifaces », DAF/COMP/WD (2009) 62.

Communiqué de presse, 26 juillet 2018, « L'Autorité de la concurrence sanctionne à hauteur de 16 millions d'euros les distributeurs en gros de médicaments vétérinaires ainsi que leur organisme professionnel pour avoir mis en œuvre plusieurs ententes » (Distribution de médicaments vétérinaires).

Communiqué de presse, 23 mai 2018, « L'Autorité de la concurrence sanctionne le syndicat général des vignerons réunis des Côtes du Rhône pour entente ».

Communiqué du 22 janvier 2018, Sondage IFOP pour l'Autorité de la concurrence.

Communiqué du 19 octobre 2017 relatif à la procédure de transaction et aux programmes de conformité.

Communiqué de presse, 15 décembre 2015, « L'Autorité de la concurrence rend aujourd'hui une décision par laquelle elle sanctionne deux ententes dans le secteur de la messagerie pour un montant total de 672,3 millions d'euros » (Secteur de la messagerie [transport de colis]).

Avis n° 15-A-06 du 31 mars 2015 relatif au rapprochement des centrales d'achat et de référencement dans le secteur de la grande distribution.

Communiqué de procédure (remplace celui du 2 mars 2009, relatif au programme de clémence français) du 3 avril 2015.

Avis n° 15-A-02 du 9 janvier 2015 relatif aux questions de concurrence concernant certaines professions juridiques réglementées.

Communiqué de presse, 4 septembre 2014, « Grande consommation : L'Autorité de la concurrence obtient de Nespresso qu'elle lève les obstacles à l'entrée et au développement des fabricants de capsules concurrents fonctionnant avec ses machines à café ».

Avis n° 14-A-03 du 14 février 2014 relatif à une saisine de la fédération Les Producteurs de Légumes de France.

Communiqué de procédure du 12 février 2012 relatif à non-contestation des griefs.

Document-cadre du 10 février 2012 sur les programmes de conformité aux règles de concurrence.

Communiqué de presse, 6 mars 2012 : Secteur de la production et de la commercialisation des endives.

Communiqué du 16 mai 2011 relatif à la méthode de détermination des sanctions pécuniaires, observations et propositions de la Chambre de commerce et d'industrie de Paris.

Avis 10-A-28 du 13 décembre 2010 relatif à deux projets de décret imposant la contractualisation dans des secteurs agricoles.

Avis n° 09-A-48 du 2 octobre 2009 relatif au fonctionnement du secteur laitier.

Avis n° 08-A-07 du 7 mai 2008 relatif à l'organisation économique de la filière fruits et légumes.

Rapport annuel, La Documentation française, 2009.

Rapport annuel de l'Autorité de la concurrence, 2006.

Communiqué de procédure du 11 avril 2006 : le programme de clémence français.

Étude thématique du Conseil de la concurrence, « Sanctions, injonctions, engagements, transaction et clémence : les instruments de la mise en œuvre du droit de la concurrence », 2005.

Rapport annuel du Conseil de la concurrence, 2003.

AFEC

Observations formulées par l'AFEC sur la consultation de la Commission sur le recours collectif, « Consultation on collective redress », septembre 2011.

Observations formulées par l'AFEC sur le projet de document d'orientation relatif à « la quantification du préjudice dans les actions en dommages et intérêts fondées sur des infractions à l'article 101 ou 102 du Traité sur le fonctionnement de l'Union européenne », 2011.

AFEC, « Réponse au Livre vert sur les actions en dommages-intérêts pour infraction au droit communautaire de la concurrence, European Commission – Competition. Actions for damages: Comments on the Green Paper », 17 mai 2011.

CEPC, DGCCRF, Observatoire des délais de paiement, Assemblée nationale

CEPC, bilan de la jurisprudence civile et pénale pour l'année_2015.

CEPC, bilan de la jurisprudence civile et pénale pour l'année_2014.

CEPC, bilan de la jurisprudence civile et pénale pour l'année_2013.

H. ANNE, « Économie comportementale et consommation », DGCCRF, n° 10 décembre 2012

PROST (J.-M.), VILLETELLE (J.-P.), « Rapport annuel de l'Observatoire des délais de paiement », Exercice 2015.

Question Assemblée nationale, Rubrique Entreprise, Analyse sur la règlementation des délais de paiement, *JO* du 13 octobre 2009, Question n° 52169 p._9714.

Cour de cassation

BATUT (A.-M.), « Les mesures d'instruction “in futurum” », Rapport annuel de la Cour de cassation, 1999, p. 99.

IDOT (L.), « Rapport de synthèse », Colloque « La réparation du préjudice causé par une pratique anti-concurrentielle en France et à l'étranger : bilan et perspectives », Cycle « Droit et économie de la concurrence », Cour de cassation, 17 octobre 2005.

Communiqué relatif à l'arrêt n° 587 du 7 janvier 2011 rendu par l'assemblée plénière de la Cour de cassation.

Propositions, projets de réforme (français et anglo-saxons)

ANZIANI (A.), BÉTEILLE (L.), « Responsabilité civile : des évolutions nécessaires », Rapport d'information n° 558 fait au nom de la commission des lois, 2008-2009.

BÉTEILLE (L.), Proposition de loi portant réforme de la responsabilité civile (Recomm. n° 24), enregistrée au Sénat le 9 juillet 2010.

BÉTEILLE (L.), YUNG (R.), Rapport d'information, « fait au nom de la commission des lois constitutionnelles, de législation, du suffrage universel, du Règlement et d'administration générale par le groupe de travail sur l'action de groupe », n° 499, mai 2010.

CADIET (L.), Rapport à Madame la garde des Sceaux, ministre de la Justice, « L'*open data* des décisions de justice – Mission d'étude et de préfiguration sur l'ouverture au public des décisions de justice », novembre 2017.

CATALA (P.), Avant-projet de réforme du droit des obligations et du droit de la prescription, rapport à Pascal Clément, ministre de la Justice, 22 septembre. 2005, La Documentation française.

FOLZ (J.-M.), « Rapport sur l'appréciation de la sanction en matière de pratiques anticoncurrentielles », La Documentation française, septembre 2010.

KARAMANLI (M.), Rapport d'information de la Commission des affaires européennes portant observations sur le projet de loi pour une République numérique, Assemblée nationale, 16 décembre 2015, n° 3366.

TERRÉ (F.), Groupe de travail sur le projet intitulé « Pour une réforme du droit de la responsabilité civile », février 2012.

URVOAS (J.-J.), Projet de réforme de la responsabilité civile, présenté au garde des Sceaux, ministre de la Justice suite à la consultation publique menée d'avril à juillet 2016, mars 2017.

WOOLF (H.), Access to Justice, Final Report to the Lord Chancellor on the Civil Justice System in England and Wales, Ministry of Justice, United-Kingdom Government, 1996.

Avant-projet de loi, Réforme de la responsabilité civile, Lancement de la consultation sur l'avant-projet de loi par le garde des Sceaux, avril 2016.

Loi Sapin II, Projet de loi relatif à la transparence, à la lutte contre la corruption et la modernisation de la vie économique, septembre 2016.

Inspection générale des services judiciaires, Rapport sur le développement des modes amiables de règlement des différends, n° 22-15, avril 2015.

Projet de révision de l'article 82, Rapport économique, TERA Consultants, « Les écueils d'une analyse des abus de position dominante par la méthode des "effets" », 29 mars 2006.

Civil Justice Reform, Final Report, Chief Justice's Working Party on Civil Justice Reform (2003).

S.1219 (111th), Antitrust Criminal Penalties Enforcement and Reform Act of 2004 Extension Act of 2010.

S.3259, Criminal Fines Improvement Act, 18 US Code 3571 in (d) « Alternative Fine Based on Gain or Loss » (1984).

Ontario Law Reform Commission, Report of Class Actions, vol 1. (1982).

Table des textes cités

Textes de droit de l'Union européenne

Traité de Rome, Préambule du traité CE, 25 mars 1957.

Directive 2014/104/UE du 26 novembre 2014, *JOUE* n° L 349 du 5 décembre 2014.

Textes de droit interne

Loi n° 2014-344 du 17 mars 2014 relative à la consommation.

Loi n° 2008-776 du 4 août 2008 de modernisation de l'économie.

Loi n° 2001-420 du 15 mai 2001 relative aux nouvelles régulations économiques.

Ordonnance n° 2017-303 du 9 mars 2017 relative aux actions en dommages et intérêts du fait des pratiques anticoncurrentielles, *JORF* n° 0059 du 10 mars 2017, texte n° 29.

Décret n° 2017-305 du 9 mars 2017 relatif aux actions en dommages et intérêts du fait des pratiques anticoncurrentielles : *JORF* n° 59 du 10 mars 2017, n° 31.

Colloques

ALAWI (S.), « Corporate Governance and Cartel Formation », 2nd Economics & Finance Conference, Vienne, 3 juin 2014.

AYNÈS (L.), « Réparation intégrale et typologie des préjudices », Colloque Cour de cassation, Cycle « Risques, assurances, responsabilités 2006-2007 ».

BÉNABOU (R.), « The Economics of Motivated Beliefs », conférence Jean-Jacques Laffont, *REP* 2015/5, vol. 125, pp. 665-685.

BOSCO (D.), « Actions en réparation des pratiques anticoncurrentielles : États des lieux en France et dans l'Union », Conférence annuelle de la Revue Concurrences organisée à la première chambre de la cour d'appel de Paris en partenariat avec la cour d'appel de Paris et l'École nationale de la magistrature, et en partenariat avec CDC Cartel Damage Claims, Deloitte, Frontier Economics, Gide Loyrette Nouel, Magenta, MAPP et Orrick, Paris, 29 mars 2018.

BOUGETTE (P.), DONNEDIEU de VABRES-TRANIE (L.), MONTET (C.) VENAYRE (F.), « Stratégie et droit de la concurrence : une enquête auprès de grandes entreprises françaises », colloque sur « la stratégie des entreprises vis-à-vis du droit de la concurrence : adaptation, évasion, organisation », *RCC*, n° 144, janvier-février 2006, pp. 2-10.

BRUNET (F.), BITTON (E.), « La nécessité d'un débat économique sur le niveau des amendes communautaires », in colloque « Sanctions antitrust : Quel est le juste montant ? (Paris, 17 octobre 2012) », Concurrences n° 1-2013, pp. 16-37.

CHAGNY (M.), « Le juge et l'entreprise : quelles perspectives pour la réparation du préjudice économique ? », colloque, Cour d'appel de Paris, 22 septembre 2016.

COMBE (E.), « Les sanctions pécuniaires antitrust : une introduction sur le cas français », in « Sanctions des pratiques anticoncurrentielles : Pour quoi faire ? », colloque Droit & Économie organisé par la Revue Concurrences en partenariat avec McDermott Will & Emery et Microeconomix, 28 janvier 2015.

COMBE (E.), MONNIER (C.), « Quelle est l'ampleur de la sous-dissuasion des cartels en europe ? Compléments sur nos résultats », in colloque « Sanctions antitrust : Quel est le juste montant ? (Paris, 17 octobre 2012) », Concurrences n° 1-2013, pp. 16-37.

CONNOR (J. M.), « Cartels Costly for Customers », World Bank Conference on Income Distribution, Washington, DC, 23 juin 2015 (2017).

DEFFAINS (B.), « La sanction des pratiques anticoncurrentielles », Séminaire Nasse, 3 mai 2016.

DORICH (A.), « In Search of Compensation for Cartel Harm: The Weighing Up between the Access to Information and the Public Enforcement Effectiveness », Seminar: Procedural Aspects of EU Competition Law and Trade Defence Measures, College of Europe (2015).

GACHES (P.), « Les PME face au droit de la concurrence », Table ronde animée par Yves Chaput, colloque, Chambre de commerce de Paris, 22 juin 2011.

GENTIN (F.), « Les actions indemnitaires des pratiques anticoncurrentielles après la loi sur l'action de groupe et la directive européenne », colloque, 25 septembre 2014, table ronde n° 1, *RLC* n° 42, 1er janvier 2015.

GRAMONT (D. de), « Pratiques contractuelles et Droit de la concurrence », Colloque AFEC, Paris, 25 octobre 2010, Concurrences n° 1-2011.

HAMMOND (S. D.), « Cornerstones of an Effective Leniency Program », paper presented before the ICN Workshop on Leniency Programs (Sydney, 22-23 November 2004).

JERSON (A.), LE ROY (F.), SENTIS (P.), « La réaction du marché aux révélations des pratiques anticoncurrentielles : une analyse multivariée », XXIIe Conférence de l'Association internationale de management stratégique (AIMS), Clermont-Ferrand, 10-12 juin 2013.

JOURDAIN (P.), « Rapport introductif », in « Faut-il moraliser le droit français de réparation du dommage ? », colloque, M. Behar-Touchais (dir.), *LPA* 2002, n° 232, p. 4.

KESSEDJIAN (K.) (dir.), *Le financement de contentieux par un tiers*, Éd. Panthéon-Assas, 2012.

KOVAR (J.-P.), « Colloque : L'effectivité du droit européen de la concurrence – Propos conclusifs », *RUE* 2015, p. 362.

LABORDE (J.-F.), « Les actions privées en réparation du dommage concurrentiel : Transposition de la Directive Dommages », conférence organisée par la Revue Concurrences en partenariat avec Deloitte, Gide Loyrette Nouel, Magenta et Minds & Hearts, cour d'appel de Paris, 10 mars 2017.

LAFOND (P.-C), « L'exécution des jugements en matière de recours collectif : que les tribunaux s'exécutent ! (ou le royaume de l'imagination) », in *Les recours collectifs en Ontario et au Québec*, A. Prujiner et J. Roy (dir.), Actes de la Première Conférence Yves Pratte, Montréal, Wilson & Lafleur, 1992.

LAMBELET (J.-C.), « La concurrence et son effet sur les prix », Séminaire d'économie nationale HEC Lausanne, décembre 2003.

LASSERRE (B.), « Le rôle des sanctions pécuniaires en droit de la concurrence », colloque « Entente ou abus de position dominante, sanctions ou procédures négociées : quelles stratégies pour l'entreprise », 2 décembre 2009, *RLC* 2010. 24.

LE ROY (F.), « Agressivité concurrentielle, taille de l'entreprise et performances », Xe Conférence de l'Association internationale de management stratégique (AIMS), Université Laval, 13-14-15 juin 2001.

LESUR (L.), « Sanctions des pratiques anticoncurrentielles : Pour quoi faire ? », Déjeuner Droit & Économie organisé par la Revue Concurrences en partenariat McDermott Will & Emery et Microeconomix, 28 janvier 2015.

LÉVÊQUE (F.), FRÉGET (O.) a., « Innovations de rupture, droit et concurrence », colloque annuel du cabinet Microeconomix, Paris, 29 janvier 2016, Concurrences n° 3-2016, www.concurrences.com.

LUCAS de LEYSSAC (C.), « Rapport de synthèse », in « Les sanctions judiciaires des pratiques anticoncurrentielles », colloque Université Paris I, 29 avril 2004, *LPA* 20 janvier 2005, n° 14.

MARVÃO (C.), SPAGNOLO (G.), « Should Price Fixers Finally Go to Prison? – Criminalization, Leniency Inflation and Whistleblower Rewards in the EU », CRESSE Conference 2016.

MOTTA (M.), « On EU antitrust fines and cartel deterrence », EAGCP Meeting Brussels, 14 septembre 2007.

MUIZON (G. de), « Est-il possible d'apprécier l'ampleur du dommage à l'économie sans le quantifier ? », in « Qu'est-ce que le dommage à l'économie ? », Petit-déjeuner Droit & Économie organisé par la Revue Concurrences en partenariat avec Allen & Overy et Microeconomix, 29 juin 2016.

MUIZON (G. de), « L'évaluation du dommage économique, le rôle de l'expert », Formation continue des magistrats et des juges consulaires, École nationale de la magistrature, Droit de la concurrence pour les juridictions spécialisées, 4 avril 2014, Microeconomix.

PATETTA (G.), « 1re table ronde : faciliter l'accès au juge (débats) », in colloque AFEC, « Le livre blanc sur les actions en dommages et intérêts pour infraction aux règles communautaires sur les ententes et les abus de position dominante (Paris, 13 juin 2008) », Concurrences n° 2-2009.

PIRONON (V.), DEL CONT (C.), colloque portant sur « la production et la commercialisation des denrées alimentaires et le droit du marché » Journées Louis Lorvellec, 3 et 4 décembre 2009, Nantes, *RLC* 2010.

PRIETO (C.), « Inciter les actions en dommages et intérêts en droit de la concurrence : Le point de vue d'une concurrentialiste », in colloque AFEC, « Le livre blanc sur les actions en dommages et intérêts pour infraction aux règles communautaires sur les ententes et les abus de position dominante (Paris, 13 juin 2008) », Concurrences n° 2-2009, www.concurrences.com.

SAUPHANOR-BROUILLAUD (N.), « L'accessibilité du droit de la consommation pour le consommateur », in « Quels moyens pour un droit de la consommation effectif et efficace à l'ère du numérique ? », colloque organisé par le Centre d'études juridiques et politiques (CEJEP), 10 octobre 2014.

SAUVÉ (J.-M), Conseil d'État, « La justice prédictive », colloque organisé à l'occasion du bicentenaire de l'Ordre des avocats au Conseil d'État et à la Cour de cassation, 12 février 2018.

SEVY (D.), « Faut-il prendre en compte l'effet économique dans la détermination des amendes ? », Conférence ICC France/Concurrences Paris, le 17 octobre 2012.

SHAPIRO (C.), « Competition Policy in Distressed Industries », ABA Antitrust Symposium: Competition as Public Policy, 13 mai 2009.

SPAGNOLO (G.), MARVÃO (C.), « Leniency Inflation, Deterrence, and Criminalization », conférence Pros and Cons of Leniency and Criminalization, 13 novembre 2015.

SPECTOR (D.), « L'approche économique du préjudice : problèmes et techniques économétriques », in colloque « La réparation du préjudice causé par une pratique anticoncurrentielle en France et à l'étranger : bilan et perspectives », Cycle « Droit et économie de la concurrence », Cour de cassation, 17 octobre 2005.

SUNSTEIN (C.), SINGLER (E.), « Nudge et les Sciences comportementales », Conférence du 8 juin 2017, ENS.

UYS (T.), SMIT (R.), « Resilience and Whistleblowing: Coping with the Consequences », Paper presented at the 2011 Ben-Africa Conference, Zanzibar: Tanzania (2011), pp. 1-28.

VOGEL (J.), « Négociations tarifaires fournisseurs / grande distribution : Comment aborder les négociations 2012 ? », in colloque « Réseaux de distribution et droit de la concurrence » (Paris, 14 décembre 2011), Concurrences n° 1-2012, www.concurrences.com.

VOGEL (J.), « Stratégies et moyens de défense face à une action en dommages-intérêts pour atteinte au droit de la concurrence ? », in colloque « Les sanctions du droit de la concurrence » (Paris, 31 octobre 2012), Concurrences n° 1-2013, www.concurrences.com.

VOGEL (L.), « Les sanctions administratives : Efficacité du contrôle ou sécurité juridique ? », in colloque « Les sanctions du droit de la concurrence » (Paris, 31 octobre 2012), Concurrences n° 1-2013, www.concurrences.com.

« La loyauté en matière civile, commerciale, pénale et administrative », colloque, 15 octobre 2015, TGI Paris : *Procédures* 2015, dossier 7.

Articles

ADAMS (C. W.), « Spoliation of Electronic Evidence: Sanctions versus Advocacy », 18(1) *Mich. Telecomm. & Tech. L. Rev.* 1-59 (2011).

AKERLOF (G. A.), « Procrastination and obedience », 81(2) *The American Economic Review* 1-19 (1991).

ALÈS (T.), CONSTANS (A.), « Les pratiques anticoncurrentielles et l'accès aux preuves devant les juridictions civiles et commerciales – La cour d'appel de Paris rappelle que le demandeur doit prendre ses responsabilités », *JCP E* n° 46, 13 novembre 2014, 1575.

ALLAIN (M.-L.), BOYER (M.), KOTCHONI (R.), PONSSARD (J.-P.), « The Determination of Optimal Fines in Cartel Cases The Myth of Underdeterrence », Cirano Scientific Series, 8 septembre 2011.

ALLAIN (M.-L.), BOYER (M.), PONSSARD (J.-P.), « The determination of optimal fines in cartel cases: Theory and practice », Concurrences n° 4-2011, pp. 32-40.

ALLAIS (M.), « Le comportement de l'homme rationnel devant le risque : critique des postulats et axiomes de l'école américaine », *Econometrica*, vol. 21, n° 4, 1953, pp. 503-546.

ALSCHULER (A.W.), « The Descending Trail: Holmes' Path of the Law One Hundred Years Later », 49(3) *Florida Law Review* 353-420 (1997).

AMARO (R.), « Le contentieux de la réparation des pratiques anticoncurrentielles (sept. 2017 – févr. 2018) », Concurrences n° 2-2018, pp. 225-239.

AMARO (R.), « Actions en réparation en matière de pratiques anticoncurrentielles : la directive 2014/104/UE est transposée ! », *CCC* n° 6, juillet 2017, étude 8.

AMARO (R.), « Actions privées en matière de pratiques anticoncurrentielles », *JCl. Concurrence – Consommation*, fasc. 317, 3 août 2015.

AMARO (R.), VEY-MORIT (H.), « L'actualité du contentieux indemnitaire des pratiques anticoncurrentielles » *RLDA* n° 107, 1er septembre 2015.

AMATO (A. d'), « A New (and Better) Interpretation of Holmes's Prediction theory of Law », Faculty Working Papers, Paper 163 (2008).

AMRANI MEKKI (S.) « L'action collective québécoise : Regard (envieux) d'un processualiste français », *RIDC* 2-2016, pp. 341-355.

AMRANI MEKKI (S.), « Action de groupe, mode d'emploi », *Procédures* n° 12, décembre 2014, étude 16.

AMRANI MEKKI (S.), « Inciter les actions en dommages et intérêts en droit de la concurrence : Le point de vue d'un processualiste », in colloque AFEC, « Le livre blanc sur les actions en dommages et intérêts pour infraction aux règles communautaires sur les ententes et les abus de position dominante (Paris, 13 juin 2008) », Concurrences n° 2-2009, www.concurrences.com.

AMRANI MEKKI (S.), « Faut-il réformer le cadre juridique de la médiation ? », *CDE* n° 3, 2000, p. 21.

ANDERGASSEN (R.), « High-powered incentives and fraudulent behavior: Stock-based versus stock option-based compensation », 101(2) *Economics Letters* 122-125 (2008).

ANDERHUB (V.), GÜTH (W), GNEEZY (U.), SONSINO (D.), « On the Interaction of Risk and Time Preferences: An Experimental Study », 2(3) *German Economic Review* 239-253 (2001).

ANDREONI (J.), « Impure Alruism and Donations to Public Goods: A Theory of Warm-Glow Giving », 100(401) *The Economic Journal* 464-477 (1990).

ARCELIN (L.), « La responsabilité de la société mère du fait des agissements de sa filiale : une présomption devenue irréfragable ? », Atelier de la DGGCRF du 30 mars 2010 : « Imputabilité, sanctions, groupe ».

AREEDA (P.), TURNER (D.), « Predatory Pricing and Related Practices under Section 2 of the Sherman Act », 88(4) *Harv. L. Rev.* 697-733 (1975).

ARHEL (P.), « Pratiques anticoncurrentielles, injonctions et sanctions », *Rép. com.* janvier 2015.

ARHEL (P.), « Le cartel de la Lysine : "nos concurrents sont nos amis ; nos clients sont les ennemis" (A propos de la décision du Trib. prem. inst. C.E., 9 juillet 2003) », *LPA* 27 août 2003 n° 171 p. 4.

ARMOUR (J.), MAYER (C.), POLO (A.), « Regulatory Sanctions and Reputational Damage in Financial Markets », Oxford Legal Studies Research Paper n° 62/2010 (revised: 2015).

ARMSTRONG (M.), HUCK (H.), « Behavioral Economics as Applied to Firms: A Primer », 6(1) *Competition Policy International* 3-45 (2010).

ASCENCI (L.), BERNHEIM-DESVAUX (S.), « La médiation collective, solution amiable pour résoudre les litiges de masse ? », *CCC* 2012, études 9 et 10.

AUBERT (C.), REY (P.), KOVACIC (W. E.), « The Impact of Leniency and Whistle-Blowing Programs on Cartels », 24(6) *International Journal of Industrial Organization* 1241-1266 (2006).

AUBRIL (S.), « Emmanuel Macron dénonce les sociétés qui paient leurs fournisseurs en retard », *LSA Commerce & Consommation*, 23 novembre 2015.

AUBRIL (S.), « Loi Macron : l'amende à 5 % du CA pour déséquilibre significatif adoptée », *LSA Commerce & Consommation*, 10 juin 2015.

AUGAGNEUR (L.-M.), « L'évaluation du préjudice concurrentiel à l'ère du Big Data », *JCP E* n° 25, 18 juin 2015, p. 1295.

AUGIER (M.), « Sublime Simon: The consistent vision of economic psychology's Nobel laureate », 22(2) *JOEP* 307-334 (2001).

AZAR-BAUD (M. J.), CARVAL (S.), « L'action de groupe et la réparation des dommages de consommation : bilan d'étape et préconisations », *D.* 2015, p. 2136.

BACACHE (M.), « Action de groupe et responsabilité civile : Loi n° 2014-344 du 17 mars 2014 relative à la consommation (JO 18 mars 2014, p. 5400) », *RTD civ.* 2014, p. 450.

BACE (J.), ROZWELL (C.). FEIMAN (J.), KIRWIN (B.), « Understanding the Costs of Compliance », Gartner Research, ID Number : G00138098, 7 juillet 2006.

BAGERI (V.), KATSOULACOS (Y.), « The Distortive Effects of Antitrust Fines Based on Revenue », Working Paper 153, Bank of Greece (February 2013).

BAKER (D. I.), « The Use of Criminal Law Remedies to Deter and Punish Cartels and Bid-Rigging », 69 *Geo. Wash. L. Rev.* 693-714 (2001).

BANSAL (A.), DUTTA (M.), « Mitigation of Losses Under Contracts Law », SSRN (2012).

BARANES (E.), COSNITA-LANGLAIS (A.), « Les défis posés par l'économie numérique aux politiques de concurrence », *Annales des Mines – Réalités industrielles* 2016/3 (août 2016), pp. 28-31.

BARBIER de LA SERRE (E.) GERARD (D.), ORMESSON (O. D'), SPILLIAERT (P.), « Le droit de la concurrence est-il adapté à la crise ? », *CDE* n° 1, janvier 2013, entretien 1.

BARENNES (M.), WOLF (G.), « Cartel Recidivism in the Mirror of EU Case Law », 2(5) *Journal of European Competition Law & Practice* 423-440 (2011).

BARTHÉLEMY (J.), BORÉ (L.), « Constitution et action de groupe », *Constitutions* 2011, p. 507.

BAU (P.), « Propositions pour la détermination du quantum du préjudice économique à réparer », *Gaz. Pal.* 28 février 2017, n° 9, p. 13.

BAUM (J. A. C.), KORN (H. J.), « Competitive dynamics of inter-firm rivalry », 39(2) *Academy of Management Journal* 255-291 (1996).

BAUMOL (W. J.), ORDOVER (J. A.), « Use of Antitrust to Subvert Competition », 28(2) *The Journal of Law & Economics* 247-265 (1985).

BEATON-WELLS (C.), « Criminal Sanctions for Cartel Conduct – The Leniency Conundrum », Global Forum on Competition, DAF/COMP/GF(2016) 7.

BEATON-WELLS (C.), « Immunity for cartel conduct: revolution or religion? An Australian case-study » 2(1) *Journal of Antitrust Enforcement* 126-169 (2014).

BEATON-WELLS (C.), PLATANIA-PHUNG (C.), « Anti-Cartel Advocacy – How Has the ACCC Fared? ». 33 *SydLawRw* 735-770 (2011).

BEATON-WELLS (C.), HAINES (F.), « The Australian Conversion: How the Case for Cartel Criminalization Was Made », 1(4) *New Journal of European Criminal Law* 499-521 (2010).

BEAUD (M.), WILLINGER (M.), « Quels déterminants de la prise de risque ? Les réponses de l'économie expérimentale », *L'Actualité économique, Revue d'analyse économique*, vol. 92, n°s 1-2, mars-juin 2016, pp. 49-79.

BECKER (G.), « Crime and Punishment: An Economic Approach », 76(2) *Journal of Political Economy* 169-217 (1968).

BECKENSTEIN (A.), LANDIS GABEL (H.), « Antitrust Compliance: Results of a Survey of Legal Opinion », 51(3) *Antitrust L.J.* 459-516 (1982).

BEDDELEEM (O.), NEYRINCK (N.), « Utilisation stratégique du droit de la concurrence : Le cas de la "TVA Bouygues Telecom" », Concurrences n° 3-2011, www.concurrences.com.

BEDFORD (N.), TAYLOR (M.), « Model no more: querulent behaviour, vexatious litigants and the Vexatious Proceedings Act 2005 (QLD) », 24 *Journal of Judicial Administration* 46-60 (2014).

BEHAR-TOUCHAIS (M.), « Brèves remarques sur la mise en œuvre du droit à indemnisation, dans les dispositions relatives à l'action de groupe, du projet de réforme du droit de la consommation », *Gaz. Pal.* 16 mai 2013, n° 136, p. 44.

BEHAR-TOUCHAIS (M.), « Droit de la concurrence et droit des contrats (brèves observations) », *RDC*, n° 3-2004, p. 870.

BEHAR-TOUCHAIS (M.), « L'amende civile est elle un substitut satisfaisant à l'absence de dommages et intérêts punitifs ? », *LPA* 20 novembre 2002, n° 232, p. 36.

BEHAR-TOUCHAIS (M.), « Un déséquilibre significatif à deux vitesses », *JCP G* n° 21, 25 mai 2015, doctr. 603, p. 7.

BEIGBEDER (C.), CHATEL (L.), « Le "*low cost*" : Un levier pour le pouvoir d'achat », La Documentation française, 12 décembre 2007.

BELL (R.), « UK Consumer Rights Bill Proposes "Opt Out" Class Action for UK Competition Claims », eu-competitionlaw.com (2014).

BÉLOT (F.), « L'évaluation du préjudice économique », *D.* 2007, p. 1681.

BÉLOT (F.), « Pour une reconnaissance de la notion de préjudice économique en droit français », *LPA* 28 décembre 2005, n° 258, p. 8.

BÉNABOU (R.), TIROLE (J.), « Belief in a Just World and Redistributive Politics », 121 *Q J Econ* 699-746 (2006).

BÉNABOU (R.), TIROLE (J.), « Incentives and Prosocial Behavior », 96(5) *Am. Econ. Rev.* 1652-1678 (2006).

BÉNABOU (R.), TIROLE (J.), « Intrinsic and Extrinsic Motivation », 70 *RES-TUD* 489-520 (2003).

BERNILE (G.), BHAGWAT (V.), « What Doesn't Kill You Will Only Make You More Risk-Loving: Early-Life Disasters and CEO Behavior », 72(1) *The Journal of The American Finance Association* 167-206, (2017).

BERNOULLI (D.), « Specimen Theoriae Novae de Mensura Sortis », *Commentarii Academiae Scientiarum Imperialis Petropolitanae*, tome 5 (1738).

BERNOULLI (D.), « Exposition of a New Theory on the Measurement of Risk », 22(1) *Econometrica* 23-26 (1954).

BERRYMAN (J.), « The Compensation Principle in Private Law », 42 *Loy. L.A. L. Rev.* 91-130 (2008).

BERRYMAN (J.), CARROLL (R.), « Cy-près as a class action remedy – justly maligned or just misunderstood? » in *Private Law: Key Encounters with Public Law*, K. Barker, D. Jensen (dir.), Cambridge University Press (2013), pp. 320-365.

BIGONI (M.), BORTOLOTTI (S.), PARISI (F.), PORAT (A.), « Unbundling Efficient Breach », University of Chicago Coase-Sandor Institute for Law & Economics Research Paper n° 695 ; Minnesota Legal Studies Research Paper n° 14-57 (2014).

BIGONI (M.), FRIDOLFSSON (S.-O.), LE COQ (C.), Spagnolo (G.), « Fines, Leniency, Rewards and Organized Crime: Evidence from Antitrust Experiments », SSE/EFI Working Paper Series in Economics and Finance n° 698 (2008).

BIRD (R. C.), « Can Law be a Source of Sustainable Competitive Advantage? » (May 15,2007).

BIRD (R. C.), « Law as a Source of Competitive Advantage » (February 20, 2007).

BLAISE (J.-B.), « Ententes », *Répertoire de droit européen*, Dalloz, n° 546, 2016.

BLONDEL (S.), « Généralisation de l'espérance d'utilité : le cas des jeux de loterie en France », *Économie & Prévision* 2003/3, n° 159, pp. 105-112.

BLOUD-REY (C.), « Loyauté et pratiques anticoncurrentielles, antinomie ? », *LPA* 24 novembre 2011, n° 234, p. 20.

BONE (R. G.), « Class action », University of Texas School of Law, Law and Economics Research Paper n° 209 (2011).

BORÉ (J.), « L'indemnisation pour les chances perdues : une forme d'appréciation quantitative de la causalité d'un fait dommageable », *JCP G* I 2620.

BORGHETTI (J.-S.), « L'avant-projet de réforme de la responsabilité civile », *D.* 2016, p. 1442.

BOSCO (D.), « Affaire des "volailles" : une décision exceptionnelle de l'Autorité ? », *CCC* n° 7, juillet 2015, comm. 180.

BOSCO (D.), « Ententes dans le secteur alimentaire : l'Autorité irait-elle "un peu loin" ? », *CCC* n° 5, mai 2012, comm. 131.

BOSCO (D.), « Le financement par les tiers de l'action collective », *BDE* (2015) 1/2, p. 5.

BOSCO (D.), SCHREIBER (T.), AMARO (R. P.) a., « Third-party private litigation funding », Concurrences n° 3-2014, pp. 13-26.

BOSHIER (R.), JOHNSON (D.), « Does Conviction Affect Employment Opportunities? », 14(3) *Br. J. Criminol.* 264-268 (1974).

BOUDON (R.), « La "rationalité axiologique" : une notion essentielle pour l'analyse des phénomènes normatifs », *Sociologie et sociétés*, vol. XXXI, n° 1, printemps 1999, pp. 103-117.

BOUDON (R.), « Théorie du choix rationnel ou individualisme méthodologique ? » *Revue du MAUSS* 2004/2, n° 24, pp. 281-309.

BOUDON (R.), « Une approche cognitive de la rationalité », *Idées économiques et sociales* 2011/3, n° 165, pp. 24-36.

BOUGETTE (P.), BOUTHINON-DUMAS (H.), MARTY (F.), « Vers une prévisibilité des sanctions concurrentielles ? La procédure de transaction à la Macron », Documents de travail GREDEG, n° 2016-27.

BOUGETTE (P.), MONTET (C.), VENAYRE (F.). « L'adaptation légale de la stratégie d'entreprise aux contraintes du droit de la concurrence », *RCC*, n° 144, 2006, pp. 11-23.

BOUSCANT (R.), « La faute dans les infractions aux règles de concurrence en droit européen », *RTD eur.* 2000, p. 67.

BOWER (J.), CHRISTENSEN (C.), « Disruptive Technologies: Catching the Wave », 73(1) *Harv. B. Rev.* 43-53 (1995).

BOYER (M.), KOTCHONI (R.), « How Much Do Cartel Overcharge? (The "Working Paper" Version) », Cirano Scientific Series, 31 juillet 2015.

BOYER (M.), KOTCHONI (R.), « The Econometrics of Cartel Overcharges », Cirano Scientific Series, mars 2011.

BOYER (T.), « Les dispositifs d'alerte dans les entreprises : *whistleblowing vs.* droit d'alerte », *Management & Avenir* 2013/4, n° 62, pp. 91-111.

BRANDENBURGER (R.), TRITELL (R.), SAKKERS (E.), « Global antitrust policies: How wide is the gap », Concurrences n° 1-2012, pp. 3-11.

BRAZIL (W. D.), « Civil Discovery: Lawyers' Views of Its Effectiveness, Its Principal Problems and Abuses », 5(4) *Am. B. Found. Res. J.* 787-902 (1980).

BRENNAN (T. J.), « Is Complexity in Antitrust a Virtue? The Accuracy-Simplicity Tradeoff », 59(4) *The Antitrust Bulletin* 827-853 (2014).

BRENNER (S.), « An empirical study of the European corporate leniency program », 27(6) International Journal of Industrial Organization 639-645 (2009).

BROOS (S.), GAUTIER (A.), RAMOS (J. M.), PETIT (N.), « Analyse statistique des affaires d'ententes dans l'UE (2004-2014) », *RE*, 2016/HS1, vol. 67, pp. 79-94.

BROWN (C.), CAMPBELL (S.), « Towards a Class Action Regime for Competition Litigation: An Assessment of the Government's Proposals », *CPI Antitrust Chronicle* April 2013 (1).

BRUNET (F.), « Le droit de la concurrence face aux défis de la crise mondiale », *RLC* juillet-septembre 2009, n° 20.

BRYANT (P.), ECKARD (E.), « Price Fixing: The Probability of Getting Caught », 73(3) *Review of Economics and Statistics* 531-536 (1991).

BUCCIROSSI (P.), SPAGNOLO (G.), « Optimal Fines in the Era of Whistleblowers. Should Price Fixers Still Go to Prison? », Lear Research Paper 05-01 (2005).

BURNS (N.), KEDIA (S.), « Do Executive Stock Options Generate Incentives for Earnings Management? Evidence from Accounting Restatements », Harvard University Working Paper (2003).

CABANTOUS (L.), HILTON (D.), « De l'aversion à l'ambiguïté aux attitudes face à l'ambiguïté », *RE* 2006/2, vol. 57, pp. 259-280.

CABARRUS (C. de), G'SELL (F.), PIMONT (S.), « Entretien sur l'avant-projet de réforme du droit de la responsabilité civile », *CDE*, janvier 2017.

CALORI (R.), SARNIN (P.), « Les facteurs de complexité des schémas cognitifs des dirigeants », *RFG* n° 93, 1993, pp. 86-94.

CALVANI (T.), CARL (K. M.), « The Competition Act 2002, ten years later: lessons from the Irish experience of prosecuting cartels as criminal offences », 1(2) *Journal of Antitrust Enforcement* 296-324 (2013).

CALVET (H.), « Abus de position dominante : plaidoyer pour le bien-être du consommateur », *RLC* n° 4, 1er août 2005.

CALVET (H.), « Le temps et la réparation du préjudice en cas de violation du droit de la concurrence », Cycle « Risques, Assurances, Responsabilités », Cour de cassation, 2006.

CAMESASCA (P.-D.), YSEWYN (J.), WECK (T.), BOWMAN (B.), « Cartel Appeals to the Court of Justice: The Song of the Sirens? », 4(3) *Journal of European Competition Law & Practice* 215–223 (2013).

CARLTON (D. W.), « Does Antitrust Need to Be Modernized? », 21(3) *J. Econ. Persp.* 155-176 (Summer 2007).

CARMELIET (T.), « A critical analysis of the procedural fairness of the leniency instrument: finding the right balance between efficiency and justice in EU competition law », 50(2) *Jura Falconis* 2013-2014, pp. 181-260.

CARMELIET (T.), « How lenient is the European leniency system? An overview of current (dis)incentives to blow the whistle », 48(3) *Jura Falconis* 2011-2013, pp. 463-512.

CARON (C.), « Du plagiat considéré comme l'un des Beaux-Arts », *CCE* n° 5, mai 2013, repère 5.

CARSTENSEN (P. C.), « False Positives in Identifying Liability for Exclusionary Conduct: Conceptual Error, Business Reality, and Aspen », 2008 *Wis. L. Rev.* 295-329 (2008).

CARVAL (S.), « L'estimation du montant des préjudices concurrentiels. Un possible apport de la directive n° 2014/104 au droit commun de la responsabilité civile », *D.* 2015, p. 1290.

CARVAL (S.), « La responsabilité civile des membres d'une entente peut être engagée du fait du dommage causé par un effet d'ombrelle sur les prix », *D.* 2014, p. 1525.

CARVAL (S.), « Les intérêts compensatoires », *D.* 2017, p. 414.

CARVAL (S.), « Les préjudices économiques réparables : les réponses du droit de la responsabilité civile », 4 septembre 2017, *LPA* n° 176, p. 36.

CASS (R. A.), « Antitrust and High-Tech: Regulatory Risks for Innovation and Competition », 14(1) *Engage: J. Federalist Soc'Y Prac Groups* 25-26 (2013).

CASSELS (J.), JONES (C.), *The Law of Large-Scale Claims: Product Liability, Mass Torts, and Complex Litigation in Canada*, Irvin Law Inc. (2005).

CASSUTO (T.), « La justice à l'épreuve de sa prédictibilité », *AJ pénal* 2017, p. 334.

CENGIZ (F.), « Passing-On Defense and Indirect Purchaser Standing in Actions for Damages against the Violations of Competition Law: what can the EC learn from the US? », CCP Working Paper 07-21.

CHAGNY (M.), « Comment déterminer le(s) responsable(s) et répartir la charge de l'indemnisation : deux questions pratiques à ne pas négliger », *AJCA* 2014, p. 265.

CHAGNY (M.), « L'adaptation du droit de la concurrence à l'économie numérique », *JCP G* n° 49, 30 novembre 2015, doctr. 1340.

CHAGNY (M.), « L'article L. 442-6, I, 2°, du Code de commerce entre droit du marché et droit commun des obligations », *D.* 2011, p. 392.

CHAGNY (M.), « La notion de dommages et intérêts punitifs et ses répercussions sur le droit de la concurrence – Lectures plurielles de l'article 1371 de l'avant-projet de réforme du droit des obligations », *JCP G* n° 25, 21 juin 2006, I 149.

CHAGNY (M.), « La règle sur le déséquilibre significatif devant la Cour de cassation ! », *RTD com.* 2015, p. 486.

CHAGNY (M.), « Le domaine d'application de la règle sur le déséquilibre significatif : le flux et le reflux ? » *RTD com.* 2017, p. 593.

CHAGNY (M.), « Les nouvelles formes d'abus de position dominante en matière tarifaire », *AJCA* 2016, p. 228.

CHAMPAUD (C.), DANET (D.), « Stratégie judiciaire. Groupe de sociétés. Autonomie de la personne morale. Responsabilité de la société mère pour les dettes de la filiale », *RTD com.* 2010, p. 561.

CHARPIN (A.), SAUTEL (O.) « Caractériser une pratique anticoncurrentielle : le test de l'absence de sens économique est-il adapté ? » Economic Focus, Microeconomix, septembre 2012.

CHARREIRE-PETIT (S.), CUSIN (J.), « Whistleblowing et résilience : Analyse d'une trajectoire individuelle », *Management* 2013/2, vol. 16, pp. 142-175.

CHAZAL (J.-P.), « De la cohérence de la notion de consommateur : de l'unicité de la définition à la multiplicité des régimes » *D.* 1999, p. 249.

CHAZAL (J.-P.), « L'ultra-indemnisation : une réparation au-delà des préjudices directs », *D.* 2003, p. 2326.

CHÉROT (J.-Y.), « Le droit et la politique de concurrence au défi de la crise financière et économique », *RFDA* 2010, p. 745.

CHESNEY (M.), GIBSON (R.), « Stock Options and Managers' Incentives to Cheat », *Finance & Bien Commun* 2005/2, n° 22, pp. 11-13.

CHEYNEL (B.), « *Criminal enforcement* du droit de la concurrence : un risque concurrentiel émergeant », *RLC* 2010, n° 22.

CHRISTENSEN (C. M.), *The Innovator's Dilemma*, Cambridge (MA), Harvard Business School Press (1997).

CIALDINI (R.), RENO (R.) a., « A Focus Theory of Normative Conduct: Recycling the Concept of Norms to Reduce Littering in Public Places », 58(6) *Journal of Personality and Social Psychology*, 1015-1026 (1990).

CLAUDEL (E.), « Procédures négociées, accessoires ou alternatives à la sanction en droit de la concurrence : Raison garder ! », Concurrences n° 4-2015, pp. 13-39.

CLAUDEL (E.), « Responsabilité au sein des groupes en droit de la concurrence – Un exemple à suivre ? », *CDE* n° 5, septembre 2017, dossier 27.

CLAUDEL (E.), « Réunions entre concurrents : la perte de la spécificité française se confirme », *RTD com.* 2010, p. 77.

CLAUDEL (E.), « Sanctions pénales des pratiques anticoncurrentielles : le printemps de l'article L. 420-6 du code de commerce », *RTD com.* 2003, p. 80.

CLAUDEL (E.), DERO-BUGNY (D.), NOURISSAT (C.), « Cour de justice et Tribunal de l'Union européenne », *Journal du droit international* (Clunet) n° 2, avril 2015, chron. 4.

CLAVE (F. U.), « Walter Lippmann et le néolibéralisme de La Cité Libre », *Cahiers d'économie politique / Papers in Political Economy* 2005/1, n° 48, pp. 79-110.

CLONINGER (D. O.), WALLER (E. R.), « Corporate fraud, systematic risk, and shareholder enrichment », 29(2) *Journal of Socio-Economics* 189-201 (2000).

COFFEE (J.-C.), « Rescuing the Private Attorney General: Why the Model of the Lawyer as Bounty Hunter is Not Working », 42(2) *Md. L. Rev.* 215-288 (1983), spéc. pp. 215-226.

COFFEE (J. C.), « The Regulation of Entrepreneurial Litigation: Balancing Fairness and Efficiency in the Large Class Action », 54 *U. Chi. L. Rev.* 877-937 (1987).

COLE (H.), OHANIAN (L.), « The New Deal Policies and the Persistence of the Great Depression : A General Equilibrium Analysis », 112(4) *Journal of Political Economy* 779-816 (2004).

COLIN (N.), LANDIER (A.), MOHNEN (P.), PERROT (A.), « Économie numérique », *NCAE* 2015/7, n° 26, pp. 1-12.

COMBE (E.), « Quelles sanctions contre les cartels ? Une perspective économique », *RIDE* 2006/1, t. XX, 1, pp. 11-46.

COMBE (E.), MONNIER (C.), « Le calcul de l'amende en matière de cartel : Une approche économique », Concurrences n° 3-2007, pp. 39-45

COMBE (E.), MONNIER (C.), LEGAL (R.), « Cartels : la probabilité d'être détecté dans l'Union Européenne », Document de travail PRISM, 2007.

COMBE (E.), MONNIER (C.), « Cartels: the Probability of Getting Caught in the European Union », BEER Paper n° 12, mars 2008.

COMBE (E.), MONNIER (C.), « Les amendes contre les cartels : La Commission européenne en fait-elle trop ? », Concurrences n° 4-2009, pp. 41-50.

COMBE (E.), « L'évaluation des dommages en matière de sanction de pratiques anticoncurrentielles », Concurrences n° 4-2010.

COMBE (E.), « Le dommage à l'économie et sanction pécuniaire. Une introduction économique », Concurrences n° 4-2010, www.concurrences.com.

COMBE (E.), « Le "Passing-on defence" : une introduction économique », Concurrences n° 4-2011.

COMBE (E.), MONNIER (C.), « Fines Against Hard Core Cartels in Europe: The Myth of Overenforcement », 56(2) *The Antitrust Bulletin* 235-276 (2011).

COMBE (E.), MONNIER (C.), « Les cartels en Europe, une analyse empirique », *RFE* 2012/2, vol. XXVII, pp. 187-226.

COMBE (E.), « Le low cost, une révolution économique et démocratique », Fondapol (Fondation pour l'innovation politique), février 2014.

COMBE (E.), MONNIER (C.), « Cartels et comportements des managers : analyse et implications pour les politiques publiques », *RE*, vol. 67, Hors-série, février 2016, pp. 95-110.

COMBE (E.), MONNIER (C.), « Lutte contre les cartels et comportement des managers », Concurrences n° 4-2016, pp. 51-68.

CONNOR (J. M.), LANDE (R. H.), « How High Do Cartel Raise Prices? Implications for Optimal Cartel Fines. American Antitrust Institute Symposium: Thinking Creatively about Remedies », 80 *Tul. L. Rev.* 513-570 (2005)

CONNOR (J. M.), LANDE (R. H.), « How High Do Cartels Raise Prices? Implications for Reform of the Antitrust Sentencing Guidelines », 80 *Tul. L. Rev.* 513-570 (2005).

CONNOR (J. M.), « Price Fixing Overcharges: Legal and Economic Evidence », Staff Paper n° 4-17, Purdue University, (2005), p. 105.

CONNOR (J. M.), « The Great Global Vitamins Conspiracy: Sanctions and Deterrence », American Antitrust Institute Working Paper n° 06-02 (2006).

CONNOR (J. M.), LANDE (R. H.), « The Size of Cartel Overcharges: Implications for US and EU Fining Policies », 51(4) *The Antitrust Bulletin* 983-1022 (2006).

CONNOR (J. M.), BOLOTOVA (Y.), « Cartel Overcharges: A Meta-Analysis », 24(6) *International Journal of Industrial Organization* 1109-1137 (2006).

CONNOR (J. M.), « Has the European Commission Become More Severe in Punishing Cartels? Effects of the 2006 Guidelines », (2010).

CONNOR (J. M.), « Price Fixing Overcharges: Revised 2nd Edition », (2010) ; « Price-Fixing Overcharges: Revised 3rd Edition », (2014).

CONNOR (J. M.), LANDE (R. H.), « Cartels as Rational Business Strategy: Crime Pays », 34 *Cardozo L. Rev.* 427-490 (2012).

CONTE (P.), « Droit pénal et Concurrence », *CDE* n° 3, 2000, p. 21.

COPPENS (P.), « La fonction du droit dans une économie globalisée », *RIDE* 2012/3, t. XXVI, p. 269.

CORCOS (A.), PANNEQUIN (F.), « Conservatisme, représentativité et ancrage dans un contexte dynamique : Une approche expérimentale », *Recherches économiques de Louvain* 2008/1, vol. 74, pp. 77-110.

CROCIONI (P.), « Leveraging of Market Power in Emerging Markets: A Review of Cases, Literature, and a Suggested Framework », 4(2*) Journal of Competition Law & Economics* 449-534 (2008).

CROSON (R.), SUNDALI (J.), « The Gambler's Fallacy and the Hot Hand: Empirical Data from Casinos », 30(3) *J Risk Uncertainty* 195-209 (2005).

DAMPIERRE (M.-A.), « Pratique contentieuse – La protection de la valeur économique par le parasitisme », *CCC* n° 12, décembre 2010, 14.

DAVID (C.), « L'appréhension du principe de loyauté de la preuve », *Procédure*s, décembre 2015 dossier n° 9.

DAVIDSON (W. N.), WORRELL (D. L.), LEE (C. I.), « Stock Market Reactions to Announced Corporate Illegalities » 13(12) *Journal of Business Ethics* 979-987 (1994).

DEBROUX (M.), « L'"imprévisibilité transparente" : La politique de sanction de la Commission en matière de cartels », Concurrences n° 4-2006, pp. 46-55.

DEBROUX (M.), « La sanction en droit de la concurrence », *Le Petit Juriste*, 11 avril 2011.

DECOCQ (A.), PÉDAMON (M.), « L'ordonnance du 1 décembre 1986 relative à la liberté des prix et de la concurrence », *JCl. Concurrence – Consommation*, n° spéc, 1987, n° 80.

DECOCQ (G.), « Analyse concurrentielle des processus d'élaboration des normes », *CCC* n° 6, juin 2015, repère 6.

DECOCQ (G.), « Clarification sur la notion d'entreprise », *CCC* n° 5, mai 2017, comm. 105.

DECOCQ (G.), « L'économie digitale saisie par les autorités de concurrence », *AJCA* 2016, p. 172.

DECOCQ (G.), « Le dénigrement est un abus », *CCC* n° 3, mars 2015, comm. 66.

DECOCQ (G.), « Le développement du Private enforcement », *CCC* n° 8-9, août 2013, repère 8.

DECOCQ (G.), « Synthèse du droit français et européen en matière d'imputabilité et de responsabilité civile et pénale », *AJCA* 2015, p. 56.

DEFFAINS (B.), FEREY (S.), « Économie comportementale du droit : quelle place pour la neuroéconomie ? », *Économie et institutions* [En ligne], 16 | 2011, mis en ligne le 31 janvier 2013.

DEFFAINS (B.), FEREY (S.), « Vers une action en responsabilité civile en droit de la concurrence ? À propos de l'affaire du Cartel du ciment allemand », *REI* 2010/3, n° 131, pp. 51-68.

DEFFAINS (B.), FEREY (S.), « L'économie du droit entre révolution cognitive et tournant réaliste », *RFE* 2014/4, vol. XXVII, pp. 45-80.

DEFFAINS (B.), FLUET (C.), « Incitations juridiques *versus* incitations normatives en présence d'erreurs judiciaires », *Économie & Prévision* 2013/1, n° 202-203, pp. 19-36.

DEFFAINS (B.), JEAN (J.-P.) « Le coût des prisons (à qui profite le crime ?) », *Archives de politique criminelle* 2013/1, n° 35, pp. 25-44.

DEFFAINS (B), FEREY (S.), « Les fonctions cognitives du droit dans la pensée de Cass Sunstein », *RE* 2014/2, vol. 65, pp. 263-278.

DEL CONT (C.), PIRONON (V.), « L'affaire de la viande bovine irlandaise. La production et la commercialisation des denrées alimentaires et le droit du marché », décembre 2009, Nantes, France ; Wolters Kluwer France (Lamy), 2010, pp. 96-119.

DELEBECQUE (P.), BRETZNER (J.-D.) a., « Droit de la preuve », *D.* 2011, p. 2891

DELEBECQUE (P.), « Le choix d'une politique commerciale de surréservation par un transporteur aérien est constitutif d'un dol pour ceux des passagers à l'égard desquels le transporteur s'est mis consciemment dans l'impossibilité d'honorer ses obligations contractuelles », *D.* 1993, p. 98.

DENG (A.), « Smart Contracts and Blockchains: Steroid for Collusion? », SSRN (2018).

DENORD (F.), « Néo-libéralisme et "économie sociale de marché" : les origines intellectuelles de la politique européenne de la concurrence (1930-1950) », *Histoire, économie & société* 2008/1, pp. 23-33.

DESBROSSE (P.), « Les programmes de clémence à l'épreuve de la globalisation des marchés », *RIDE* 2010/2, t. XXIV, pp. 211-240.

DESCHAMPS (B.), GEINDRE (S.), « Les effets perturbateurs des biais cognitifs et affectifs dans le processus de décision de reprendre une PME », *Management & Avenir* 2011/7, n° 47, pp. 15-34.

DESCHAMPS (M.), FEREY (S.), « Économie comportementale et politique de concurrence. Une étude du cas français », *RFE* 2012/4, vol. XXVII, pp. 81-114.

DESCHAMPS (M.), MARTY (F.), « L'imputabilité des infractions et l'efficacité des sanctions dans le cadre d'ententes impliquant des organisations syndicales professionnelles », *RLC* 1er octobre 2008.

DESCHAMPS (M.), REIS (P.), « L'utilisation stratégique des organisations professionnelles dans le cadre des infractions anticoncurrentielles – l'exemple de la France », *RLDA* 2012, 71.

DESDEVISES (Y.), « Remarques sur la place de la conciliation dans les textes récents de procédure civile », *D.* 1981, chron. 241, n° 5.

DYCK (A.), MORSE (A.), ZINGALES (L.), « Who Blows The Whistle on Corporate Fraud? », 65(6) *Journal of Finance* 2213-2253 (2010).

DIENY (E.), « Déséquilibre significatif : sept ans après, a-t-on atteint l'âge de raison ? », *JCP E* 15 décembre 2015, n° 51-521, 626.

DJAMA (C.), « Fraudes à l'information comptable et financière et contrôle de l'AMF : Une étude des réactions du marché financier français », *RFG* 2013/2, n° 231, pp. 133-157.

DJAVADI (I.), FOURGOUX (J.-L.), « Panorama sur l'abus de position dominante », *AJCA* 2016, p. 220.

DOGAN (S. L.), LAMLEY (M. L.), « Antitrust Law and Regulatory Gaming », Stanford Law School, Working Paper n° 367 (2008).

DOMINTE (O.), SERBAN (D.), DIMA (A. M.), « Cartels in EU: Study on the Effectiveness of Leniency Policy », 8(3) *Management & Marketing* 529-552 (2013).

DONDERO (B.), « Justice prédictive : la fin de l'aléa judiciaire ? », *D.* 2017, p. 532.

DONNEDIEU de VABRES-TRANIÉ (L.), « Adoption à l'unanimité par le Sénat des États-Unis du projet de loi relatif à la protection des "whistleblowers" en droit de la concurrence », *RLC* janvier-mars 2014, n° 34, p. 117.

DORANDEU (N.), « Retour sur la notion de dommage à l'économie », *RLC* n° 25, 1er octobre 2010.

DOUAOUI (M.-D.), « La réparation du trouble médiatique », *D.* 2001, p. 1333.

DREYER (E.), « La sanction de la faute lucrative par l'amende civile – Article 1266-1 du projet de réforme de la responsabilité civile », *D.* 2017, p. 1136.

DUBARRY (P.), LAPP (C.), BÉRARD (F. de), « L'obtention des preuves en France et à l'étranger », *JCP E*, n° 28, 14 juillet 2014, 834.

DUBÉ (J.-P.), LUO (X.), FANG (Z.), « Self-Signaling and Prosocial Behavior: A Cause Marketing Experiment », 36(2) *Marketing Research* 161-186 (2016).

DUFOUR (O.), « La consultation sur le calcul des sanctions est lancée ! », *LPA* 25 janvier 2015, n° 17 p. 4.

DUFRÉNOT (M.), « La victime d'un dommage corporel a-t-elle l'obligation de réduire l'étendue de son préjudice ou d'éviter son aggravation ? », *AJDA* 2012, p. 1509.

DUPARC (C.), « L'accès aux preuves : une législation inadaptée », *LPA* 4 septembre 2017, n° 176 p. 21.

DURRY (G.), « Les intérêts attachés à la condamnation principale sont-ils de nature compensatoire ou moratoire ? », *RDI* 2001, 343.

EASTERBROOK (F. H.), « The Limits of Antitrust », 63(1) *Tex. L. Rev.* 1-40 (1984).

EDDY (A. J.), « The New Competition », 21(4) *Journal of Political Economy* 375-376 (1913).

ELHAUGE (E.), « Disgorgement as an Antitrust Remedy », Harvard Law and Economics, Discussion Paper, n° 613.

ELSTER (J.), « Les comportements désintéressés sont indispensables au bon fonctionnement des sociétés », *Philosophie Magazine*, février 2009.

ERICHSON (H. M.), « The Problem of Settlement Class Actions », 82(3) *Geo. Wash. L. Rev.* 951-989 (2014).

ESPESSON-VERGEAT (B.), « Le caractère dissuasif des sanctions de l'Autorité de la concurrence », *RLC* 2015 n° 43.

ESTAIS (C. d'), « Rupture brutale des relations commerciales établies », Village-Justice, 12 novembre 2014.

EVANS (D. S.), « The Consensus among Economists on Multisided Platforms and Its Implications for Excluding Evidence that Ignores It », SSRN (2013).

EVANS (D. S.), « Why the Dynamics of Competition for Online Platforms Leads to Sleepless Nights But Not Sleepy Monopolies », SSRN (2017).

EVRARD (C.), GORDON (F.), « Abrégé de private enforcement » *RLC* n° 42, 1er janvier 2015.

EZRACHI (A.), STUCKE (M. E.), « Two Artificial Neural Networks Meet in an Online Hub and Change the Future (of Competition, Market Dynamics and Society) », Working Paper (2017), p. 46.

EZRACHI (A.), STUCKE (M. E.), « Artifical Intelligence & Collusion: When Computers Inhibit Competition », Working Paper CCLP (L) 40 (2015).

FABRE-MAGNAN (M.), « Le devoir d'information dans les contrats : essai de tableau général après la réforme », *JCP G* n° 25, 20 juin 2016, 706.

FAGES (B.), « Mais de l'abus en dehors du droit des clauses abusives », *RTD civ.* 2010, p. 324.

FALETTI (F.), « Le rôle du Ministère public devant les juridictions civiles et répressives », *CCC* n° 40, 4e trim. 1987, p. 22.

FASQUELLE (D.), MESA (R.), « Les fautes lucratives et les assurances de dommages », *RGDA* n° 2005-02, p. 351.

FASQUELLE (D.), « L'existence de fautes lucratives en droit français », *LPA* 20 novembre 2002, n° 232, p. 27.

FATUR (A.), « Information and Communication Technology Network Industries and EU Competition Policy », London, King's College (2009).

FAUNCE (T.), BOLSIN (S.), CHAN (W. P.), « Supporting whistleblowers in academic medicine: training and respecting the courage of professional conscience », 30(1) *J Med Ethics* 40-43 (2004),

FAURE-MOSSMANN (C.), « Les peines complémentaires de publicité, publication-sanction, en droit boursier et en droit de la concurrence : une approche comparée en droit américain, français et européen », *LPA* 23 avril 2012, n° 81, p. 5.

FEINBERG (R. M.), « The Enforcement and Effects of European Antitrust Policy: A Survey of Legal Opinion », 23 *J. Common Market. Stud.* 373 (1985).

FEREY (S.), « Paternalisme libéral et pluralité du moi », *RE* 2011/4, vol. 62, pp. 737-750.

FERRÉ (D.), « Des précisions sur l'appréciation du déséquilibre significatif au sens de l'article L. 442-6, I, 2° du code de commerce », *AJ Contrat* / Cour de cassation, com. 25 janvier 2017.

FERRIER (D.), FERRÉ (D.), « La réforme des pratiques commerciales », *D.* 2008, chron. 429.

FERRIÈRE (M.), « Les principales critiques de la théorie du choix rationnel », *Idées économiques et sociales* 2011/3, n° 165, pp. 37-45.

FERRY (L.), LAPILLONNE (D.), « Réforme de la responsabilité civile : influence des principes issus de la Common Law », *JCP E* n° 46, 17 novembre 2016, 1598.

FÈVRE (R.), « Le marché sans pouvoir : au cœur du discours ordolibéral », *REP* 2017/1, vol. 127, pp. 119-151.

FIÉVÉE (A.), GROJEAN (J.), « L'action de groupe… ou l'introduction d'une nouvelle voie de droit – Réflexions sur les travaux en cours », *CCC* n° 12, décembre 2010, étude 14.

FISCHER (C.) « Read This Paper Later: Procrastination with Time-Consistent Preferences », Discussion Paper 99-19 (1999).

FLANAGAN (C.), « Foreclosure: A Case Study from the Pharmaceutical Industry », 22 *Student Economic Review* 219-228 (2008).

FLECKINGER (P.), LAFAY (T.), MONNIER (C.), « Rémunération des dirigeants et risque de fraude d'entreprise », *RE* 2013/3, vol. 64, pp. 457-467.

FLOCHEL (L.), « Les tests de prix d'éviction », Concurrences n° 3-2009, pp. 1-6.

FŒSSEL (M.), « Néolibéralisme *versus* libéralisme ? », *Esprit* 2008/11 (novembre), pp. 78-94.

FORT (E.), « Un panorama des sanctions pécuniaires de l'Autorité de la concurrence entre 2000 et 2012 : Une évolution vers plus de sévérité ? », Concurrences n° 1-2013, pp. 38-46.

FOURGOUX (J.-C.), « Complémentarité ou superposition des procédures de constatation et de répression des pratiques anticoncurrentielles – ou la victime surmenée », *RSC* 1991, p. 774.

FOURGOUX (J.-C.), « De la survivance infinitésimale du droit pénal dans l'antitrust mis en œuvre par le Conseil de la concurrence », *RSC* 2004, p. 651.

FOURGOUX (J.-C.), « La place du droit pénal dans l'administration de l'économie libérale : la loi Galland du 1er juillet 1996 », *RSC* 1997. p. 653.

FOURGOUX (J.-C.), « La réparation du préjudice des entreprises victimes de pratique-santiconcurrentielles », *JCP E* 1999, p. 2005.

FOURGOUX (J.-L.), « Le droit de la distribution doit-il encore comporter des dispositions relatives aux pratiques restrictives de concurrence ? » in Dossier « Les droits de la concurrence : chance ou contrainte pour l'entreprise ? » *CCC* n° 12, 2006.

FOURMENT (A.), BATUDE (D.), « Préjudice découlant de la rupture brutale de relations commerciales établies. – Plaidoyer pour une prévisibilité des calculs prétoriens », *CCC* n° 12, décembre 2015, étude 16.

FOURNIER DE CROUY (N.), « Consécration de la faute lucrative en droit commun : pourquoi ne dit-elle pas son nom ? Regard porté sur la constitutionnalité et l'efficacité de l'article 1266-1 du projet de réforme de la responsabilité civile », *LPA* 8 novembre 2017, n° 223, p. 5.

FOX (E.-M.), « An antitrust fable – A table of predation », Concurrences n° 3-2008, www.concurrences.com.

FRANÇOIS-MARTIN (L.), DAULOUÈDE (I.), L'introduction de l'action de groupe en droit français : entre risque et incertitude pour les entreprises, *CCC* n° 5, mai 2014, dossier 5.

FRÉGET (O.), « Les stratégies d'éviction », Concurrences n° 4-2010.

FRÉGET (O.), HERRENSCHMIDT (F.), « Réflexions sur les pratiques d'influence et le droit de la concurrence : Lobbying, "négociations réglementaires" et/ou "captures réglementaires" ? », Concurrences n° 3 2006, pp. 40-49.

FORSYTHE (R.), HOROWITZ (J. L.), SAVIN (N. E.), SEFTON (M.), « Fairness in Simple Bargaining Experiments », 6(3) *Games and Economic Behavior* 347-369 (1994).

FOURGOUX (J.-L.), « L'Autorité de la concurrence transfigurée par la loi Macron ? », *AJCA* 2015, pp. 404-407.

FRISON-ROCHE (M.-A.), « Les différentes natures de l'ordre public économique », document de travail, Archives de philosophie du droit, mafr, août 2015.

FRISON-ROCHE (M.-A.), « Les principes originels du droit de la concurrence déloyale et du parasitisme », *RJDA*, n° 6/94, 1994, pp. 483-488.

FRISON-ROCHE (M.-A.), « Vers le droit processuel économique », *Justices*, n° 1 Janv./ Juin 1995, p. 91, spéc. p. 97.

FROT (E.), « Le concept d'élasticité de la demande en économie de la concurrence », *RLC* 2016, n° 50, pp. 35-38.

FROT (E.), « Un panorama des sanctions pécuniaires de l'Autorité de la concurrence entre 2000 et 2012 : Une évolution vers plus de sévérité ? », Concurrences n° 1-2013, pp. 38-46.

FROT (E.), SAUTEL (O.), « Demander réparation d'un préjudice causé par une pratique anticoncurrentielle : le mode d'emploi de la Commission européenne », *RLDA* n° 66, 1er décembre 2011.

FUNK (P.), « Social Incentives and Voter Turnout. Evidence from the Swiss Mail Ballot System », 8(5) *JEEA* 1077–1103 (2010).

GANSLANDT (M.), « New rules for dominant firms in Europe », site Europa Antitrust, p. 9.

GARAPON (A.), « Les enjeux de la justice prédictive », *JCP G* 2017, 31.

GAUER (C.), « Les tests de marché dans les procédures d'engagements en droit européen des ententes et des abus de position dominante », Concurrences n° 1-2013, pp. 4-7.

GENCY-TANDONNET (D.), « L'obligation de modérer le dommage dans la responsabilité extracontractuelle », *Gaz. Pal.* 6 mai 2004, n° 127, p. 27.

GEORGES (A.), « Les procédures négociées en droit de la concurrence ou comment échapper aux sanctions… tout en se faisant prendre », *Reflet*, mai-juin 2007, pp. 46-48.

GERADIN (D.), SADRAK (K.), « The EU Competition Law Fining System: A Quantitative Review of the Commission Decisions between 2000 and 2017 », TILEC Discussion Paper 2017-018.

GERBER (D.), « Constitutionalizing the Economy: German Neo-Liberalism, Competition Law and the "New" Europe », 42 *American Journal of Comparative Law* 25-84 (1994).

GILES (D. de), « Le droit pénal de la concurrence en Europe : – 1 – Premier bilan et perspectives en France », *JCP E Affaires* n° 1, 2 janvier 2003, 34.

GILLES (M.), FRIEDMAN (G.), « Exploding the Class Action Agency Cost Myth: The Social Utility of Entrepreneurial Lawyers » 155 *U. Pa. L. Rev.* 103 (2006).

GIVRY (L.), GUIBERT (P.), « Billet d'humeur : le secteur agricole à l'épreuve du droit de la concurrence, un sujet de campagne ? », *RLDA* 2012/71, n° 4044.

GLAIS (M.), « L'utilisation des travaux de la nouvelle économie industrielle par les autorités de la concurrence », *Cahiers d'économie politique / Papers in Political Economy*, n° 37, 2000, pp. 197-223.

GNEEZY (U.), RUSTICHINI (A.), « A Fine is a Price », 29(1) *The Journal of Legal Studies* 1-17 (2000).

GOLDSZLAGIER (J.), « L'effet d'ancrage ou l'apport de la psychologie cognitive à l'étude de la décision judiciaire », *Les cahiers de la justi*ce 2015/4, pp. 507-531.

GOLLIER (C.), TREICH (N.), « Les approches économiques de la précaution : présentation et discussion critique », *Natures Sciences Sociétés* 2014/2, vol. 22, pp. 85-92.

GOOD (M.), « Access to Justice, Judicial Economy, and Behaviour Modification: Exploring the Goals of Canadian Class Actions », 47(1) *Alberta L. Rev.* 185-227 (2009).

GORCHS (B.), « La conciliation comme "enjeu" dans la transformation du système judiciaire », *Droit et société* 2006/1, n° 62, pp. 223-256.

GORDON (R. W.), « The Path of the Lawyer », 110 *Harv. L. Rev.* 1013-1018 (1997).

GOUACHE (J.-B.), BEHAR-TOUCHAIS (M.), « Les apports de la loi Sapin II du 9 décembre 2016 en matière de distribution », *CCC* n° 6, juillet 2017, étude 7.

GOYKHMAN (M.), « On self-play computation of equilibrium in poker », CS.GT Cornell University (2018).

GRAC-AUBERT (V.), BROUSSEAU (J.), « La "clémence privée" : une innovation au service de la compensation du dommage anticoncurrentiel », *D.* 2015, p. 1607.

GRALL (J.-C.), FOURNIER DE CROUY (N.), « La politique de sanction de l'Autorité de la concurrence : de l'unité à la diversité. L'intention du cartelliste : un facteur de diversification des sanctions ? », *RLC* 2013, n° 35.

GRAMLICH (F.), « Scrip Damages in Antitrust Cases », 31 *Antitrust Bull.* 261(1986).

GRATTON (L.), « Le dommage déduit de la faute », *RTD civ.* 2013, p. 275.

GROSSHOLZ (C.), « Évaluation du préjudice – Difficultés d'évaluation du préjudice de manque à gagner », *RRPP* avril 2015.

GUÉGAN-LÉCUYER (A.), « Les conditions de réparation de la perte de chance », *LPA* 31 octobre 2013, n° 218, p. 15.

GUENZOUI (Y.), « Les querelles doctrinales », *RTD civ.* 2013, p. 47.

GUESNERIE (R.), « Rationalité économique et anticipations rationnelles », *Idées économiques et sociales* 2011/3, n° 165, pp. 7-14.

HAGELSTEEN (M.-D.), « La négociabilité des tarifs et des conditions générales de ventes », 12 février 2008.

HAGELSTEEN (M.-D.) [interview de], *LPA* n° 1, 2 janvier 2001, p. 4 et s.

HAMMOND (S.), « Charting New Waters in International Cartel Prosecutions », The Twentieth Annual National Institute on White Collar Crime, (March 2006).

HAN (M. A.), « Short-Term Managerial Contracts Facilitate Cartels », Amsterdam Center for Law & Economics Working Paper n° 2010-16.

HANDLER (M.), « The Shift from Substantive to Procedural Innovations in Antitrust Suits – The Twenty-Third Annual Antitrust Review », 71(1) *Colum. L. Rev.* 1-36 (1971), spéc. pp. 1-9.

HARDING (C.), GIBBS (A.), « Why Go to Court in Europe? An Analysis of Cartel Appeals, 1995-2004 », 30(3) *E. L. Rev.* 349-370 (2005), spéc. p. 365.

HAY (B. L.), ROSENBERG (D.), « "Sweetheart" and "Blackmail" Settlements in Class Actions: Reality and Remedy », 75(4) *Notre Dame L. Rev.* 1377-1408 (2000).

HENRY (M.), « La notion de motif économique », *Droit social* 1995, p. 551.

HERMANN (D. H.), « Review of "Economic Analysis of Law," by Richard A. Posner », 1974(2) *Wash. U. L. Rev.* 354-374 (1974).

HEUZÉ (V.), « Une reconsidération du principe de la réparation intégrale », *in* Troisième restitution publique, « Incertitude et réparation », Cycle, « Risques, assurances, responsabilité », 2005.

HICKS (A.), « Director Disqualification: Can It Deliver? », *JBL* 433-460 (2001).

HICKS (J.), « Annual Survey of Economic Theory: The Theory of Monopoly », 3(1) *Econometrica* 1-20 (1935).

HINTHORNE (T.), « Predatory Capitalism, Pragmatism, and Legal Positivism in the Airlines Industry », 17(4) *Strategic Management Journal* 251-270 (1996).

HOCQUET-BERG (S.), « Prédisposition de la victime », *Responsabilité civile et assurances* n° 7-8, juillet 2016, comm. 213.

HOELZL (E.), RUSTICHINI (A.), « Overconfident: Do You Put Your Money On It? » 115(503) *The Economic Journal* 305-318 (2005).

HOLMES (O. W.), « The Path of the Law », 10 *Harv. L. Rev.* 457 (1897).

HOLT (C. A.), LAURY (S. K.), « Risk Aversion and Incentive Effect », 92(5) *American Economic Review* 1644-1655 (2002).

HOMOBONO (N.), « L'introduction d'une action de groupe en France (AFEC, Paris, 20 juin 2013) », Concurrences n° 3-2013, p. 54.

HOVENKAMP (H.), « Exclusion and the Sherman Act », 72(1) *U. Chi. L. Rev.* 147-164 (2005),

HOVENKAMP (H.), « Antitrust and the Dominant Firm: Where Do We Stand? » (2007).

HOVENKAMP (H.), « The Areeda-Turner Test for Exclusionary Pricing: A Critical Journal », 46(3) *Review of Industrial Organization* 209-228 (2015).

HOWSE (R.), DANIELS (R. J.), « Rewarding Whistleblowers: The Costs and Benefits of an Incentive-Based Compliance Strategy », 525-549 (1995).

HÜSCHELRATH (K.), SMUDA (F.), « The Appeals Process in the European Commission's Cartel Cases: An Empirical Assessment » 13(2) *Journal of Empirical Legal Studies* 330-357 (2016).

HUSEMAN (R. C.), HATFIELD (J. D.), Miles (E. W.), « A New Perspective on Equity Theory: The Equity Sensitivity Construct », 12(2) *The Academy of Management Review* 222-234 (1987).

HUYUE ZHANG (A.), LIU (J.), GAROUPA (N.), « Judging in Europe: Do Legal Traditions Matter? », 14(1) *Journal of Competition Law & Economics* 144-178 (2018).

HYLTON (K. N.), « Deterrence and Antitrust Punishment: Firms versus Agents », Boston University School of Law, Law and Economics Research Paper Series n° 14-73 (2014).

IDOT (L.), « Difficile réception de l'analyse par les effets en matière d'abus de position dominante », *RTD eur.* 2014, p. 939.

IDOT (L.), « La responsabilité pénale des personnes morales : Les leçons du droit européen de la concurrence », Concurrences n° 1-2012, pp. 55-72.

IMWINKELRIED (E. J.), « A New Antidote for an Opponent's Pretrial Discovery Misconduct: Treating the Misconduct at Trial as an Admission by Conduct of the Weakness of the Opponent's Case », 1993(3) *BYU L. Rev.* 793-825 (1993).

INDERST (R.), MAIER (F. P.), SCHWALBE (U.), « Umbrella Effects », 10(3) *Journal of Competition and Economics* 739-763 (2014).

JACQUEMET (N.), LE LEC (F.), « Développements récents de l'économie comportementale et expérimentale. Introduction », *RE* 2017/5, vol. 68, pp. 719-725.

JACQUEMET (N.), RULLIÈRE (J.-L.), Vialle (I.) « Contrôle des activités illégales en présence d'un biais d'optimisme », *RE* 2007/3, vol. 58, pp. 555-564.

JAUMARD (J.-L.), « L'aspect dissuasif des sanctions en droit communautaire de la concurrence », *Revue Concurrentialiste*, mai 2012.

JENNINGS (J. N.), KEDIA (S.), RAJGOPAL (S.), « The Deterrent Effects of SEC Enforcement and Class Action Litigation », SSRN (2011).

JENNY (F.), « L'articulation des sanctions en matière de droit de la concurrence du point de vue économique », *JCP E* n° 12, 21 mars 2013, 1169.

JENNY (F.), « Le calcul des sanctions », Concurrences n° 1-2012, www.concurrences.com.

JENSEN (M. C.), MECKLING (W. H.), « Theory of the firm: Managerial behavior, agency costs and ownership structure », 3(4) *Journal of Financial Economics* 305-360 (1976).

JOLLS (C.), « Behavioral Economic Analysis of Redistributive Legal Rules », 51 *Vand. L. Rev.* 1653-1677 (1998).

JOLLS (C.), SUNSTEIN (C. R.), THALER (R.) « A Behavioral Approach to Law and Economics », 50 *Stan. L. Rev.* 1471 (1998).

JONES (G.), « Book Review: The Law of Restitution, by Peter D. Maddaugh and John D. McCamus », 29(4) *Osgoode Hall Law Journal* 935-937 (1991).

KOVAR (J.-P.), « Sanction des pratiques anticoncurrentielles et personnalité des peines », *RUE* 2015, p. 362.

JOSEPH (G. P.), « Rule Traps », 30(1) *LITIG. A.B.A.* 6-12 (Fall 2003).

KAHNEMAN (D.), TVERSKY (A.), « Choices, Values, and Frames », 39(4) *American Psychologist* 341-350 (1984).

KAHNEMAN (D.), TVERSKY (A.), « Subjective Probability: A Judgement of Representativeness », 3 *Cognitive Psychology* 430-454 (1972).

KALAJDZIC (J.), « Access to a Just Result: Revisiting Settlement Standards and Cy Pres Distributions », 6(1) *Can Class Action Rev* 215-251 (2010), spéc. p. 246.

KALAJDZIC (J.), « Class Actions and Settlement Culture in Canada », in *Resolving Mass Disputes: ADR and Settlement of Mass Claims*, C. Hodges, A. Stadler (éd), Edward Elgar (2013), pp. 132-147.

KALAJDZIC (J.), « "The Illusion of compensation": Cy Près Distribution in Canadian Class Actions », 92(2) *Can Bar Review* 173-209 (2013).

KAMARA (F.), « La preuve en procédure civile », *Procédures*, mars 2012, n° 3.

KANDYBIN (A.), GROVER (S.), « Un avantage concurrentiel durable », *L'Expansion Management Review* 2008/4, n° 131, pp. 82-89.

KAPLAN (S. N.), MINTON (B. A.), « How Has CEO Turnover Changed? », 12(1) *International Review of Finance* 57-87 (2012).

KENNEDY (D.), « Form and Substance in Private Law Adjudication », 89(8) *Harv. L. Rev.* 1685-1778 (1976).

KERGUELEN (E.), *Les pratiques restrictives : L'application de l'article L. 442-6 du Code de commerce à travers la jurisprudence*, Concurrences, 2015.

KILLELEA (J. T.), « Spoliation of Evidence: Proposals for New York State », 70(3) *Brook. L. Rev.* 1045-1078 (2005).

KINDEL (L.), RICHTER (K.), « Spoliation of Evidence: Will the New Millennium See a Further Expansion of Sanctions for the Improper Destruction of Evidence? », 27(1) *Wm. Mitchell L. Rev.* 687-712 (2000).

KIRRY (A.), CHAPRON (R.), « Un outil probatoire méconnu : l'utilisation de la procédure de discovery devant les tribunaux français », *Gaz. Pal.* 10 décembre 2013, n° 344, p. 17.

KLASS (G.), « Efficient Breach », Georgetown Public Law and Legal Theory Research Paper, n° 13-018 (2013).

KOMNINOS (A.), BOSCO (D.), MARTY (F.) a., « The "as efficient competitor test": A new era? », Concurrences n° 3-2013, p. 12.

KOUAM (S. P.) « La définition du juriste et la redéfinition de la dogmatique juridique (à propos du syncrétisme méthodologique) », *Les Cahiers de droit*, vol. 55, n° 4, 2014, pp. 877-922.

KULL (A.), « Rationalizing Restitution », 83(5) *Cal. L. Rev.* 1191-1242 (1995).

KULLMANN (J.), « Intérêt collectif des consommateurs et peine privée : la publication de la décision judiciaire étrangère à la réparation du préjudice », *D.* 1992, p. 405.

LACROIX (A.), « La main invisible est-elle soluble dans le Web ? », *Philosophie magazine*, 18 janvier 2017.

LAFOND (P.-C.), « L'action de groupe à la française, ou l'art de rater une belle occasion », *RIDC* 2-2016, pp. 319-340.

LAFORTUNE (M.-A.), CHAZAL (J.-P.) a., « Définition et évaluation des préjudices économiques de l'entreprise », *CDE* n° 1, janvier 2014, entretien 1.

LAGOUTTE (J.), « La faute dans l'avant-projet de réforme de la responsabilité civile », *Resp. civ. et assur.* 2017, étude 2, février 2017.

LAGUEUX (M.), « L'agent économique : rationalité maximale ou minimale », *Cahiers d'économie politique / Papers in Political Economy* 2005/2, n° 49, pp. 143-158.

LAMBERT (T.), « Have Elhauge and Wickelgren Undermined the Rule of Per Se Legality for Above-Cost Loyalty Discounts? », Truth on the Market, 12 septembre 2012.

LAMON (B.), « La profession d'avocat et la justice prédictive : un bel outil pour le développement du droit », *D.* 2017, p. 808.

LANDE (R.-H.), « Class Warfare: Why Antitrust Class Actions are Essential for Compensation and Deterrence », University of Baltimore Legal Studies Research Paper n° 2016-12.

LANDE (R. H.), DAVIS (J. P.), « Comparative Deterrence from Private Enforcement and Criminal Enforcement of the U.S. Antitrust Laws », *BYU L. Rev.* 317 (2011).

LANDE (R. H.), DAVIS (J. P.), « Defying Conventional Wisdom: The Case for Private Antitrust Enforcement », 48(1) *GA. L. Rev.* 1-82 (2013).

LANDE (R. H.), DAVIS (J. P.), « The Extraordinary Deterrence of Private Antitrust Enforcement: A Reply to Werden, Hammond, and Barnett », 58(1) *Antitrust Law Bulletin* 173-190 (2013).

LANGEVOORT (D. C.), « Behavioral Ethics, Behavioral Compliance », Georgetown Law Faculty Publications and Other Works 1507 (2015).

LASSERRE (B.), « L'office de l'Autorité de la concurrence », Revue annuelle des avocats au Conseil d'État et à la Cour de cassation, Justice & Cassation, 2010.

LATIL (A.) « Les économies d'investissement du contrefacteur », *CCE* n° 3, mars 2015, étude 6.

LAVERTY (J. L.), « Economics "Short-Termism": The Debate, the Unresolved Issues, and the Implications for Management Practice and Research », 21(3) *Academy of Management Review* 825-860 (1996).

LE BORGNE (H.), « Action de groupe "à la française", nouvelle gamme et fausses notes », in Dossier « Action de groupe : les premiers pas », *Dr. et patrimoine* 2015, n° 243, p. 48, spéc. p. 52.

LE TOURNEAU (P.), « L'Illustre Gaudissart était visionnaire ! – De la nécessité de protéger les idées apportant un avantage concurrentiel, soit indirectement par le parasitisme, soit de préférence par un droit sui generis spécifique à créer », *CCC* n° 10, octobre 2017, étude 16.

LE TOURNEAU (P.) « Parasitisme – Notion de parasitisme », JCl. Concurrence – Consommation, fasc. 227, n° 3.(2010).

LE TOURNEAU (P.), « Peut-on entonner le requiem du parasitisme ? », *D.* 2001, p. 1226.

LE TOURNEAU (P.) « Retour sur le parasitisme », D. 2000, p. 403.

LE TOURNEAU (P.), « La verdeur de la faute dans la responsabilité civile (ou de la relativité de son déclin) », *RTD civ.* 1988, p. 505.

LEBLOIS-HAPPE (J.), « La redéfinition des finalités et fonctions de la peine – vers des principes directeurs en matière de peine ? », *Gaz. Pal.* 23 mai 2015, n° 143, p. 10.

LEBLOND (L.), « Le secret d'affaires : l'évaluation du rôle de l'action en concurrence déloyale », *LPA* 31 juillet 2015, n° 152, p. 9

LECOURT (B.), « La gratuité et le droit des affaires », *RTD com.* 2012, p. 455.

LEFRANÇOIS (T.), « Le petit Droit de la Concurrence pourrait bien devenir Grand », Legavox 2013.

LEHAIRE (B.), « La liquidation de la créance d'indemnisation obtenue après l'action privée », *BDE* 2015 1/2, p. 8.

LEJEUNE (A.), GARCÍA VILLEGAS (M.), « La sociologie du droit en France : De deux sociologies à la création d'un projet pluridisciplinaire ? », *RIEJ* 2011/1, vol. 66, pp. 1-39.

LELOUP (S.), « Conséquences anticipées et comportements face au risque dans la pensée économique de Jeremy Bentham », *RE* 2002/3, vol. 53, pp. 415-423.

LENOIR (N.), JACQUIN (A.), « Référencement en ligne et abus de position dominante : quelles problématiques pour les plates-formes numériques ? » *AJCA* 2016, p. 223.

LEROY (Y.), « La notion d'effectivité en droit », *Droit et Société* 2011/3 n° 79, pp. 715-732.

LEVENSTEIN (M. C.), SUSLOW (V. Y.), « Then and Now: Determinants of Duration of 20th Century International Cartels », Mimeo (2004).

LEVENSTEIN (M. C.), SUSLOW (V. Y.), « What Determines Cartel Success? », 44(1) *Journal of Economic Literature* 43-95 (2006).

LEVENSTEIN (M. C.), SUSLOW (V. Y.), « Breaking Up Is Hard to Do: Determinants of Cartel Duration », 54(2) *Journal of Law and Economics* 455-492 (2011).

LÉVÊQUE (F.), « L'allocation de la responsabilité du point de vue économique : incitations et coûts », Les actes des ateliers DGCCRF, 30 mars 2010.

LÉVÊQUE (F.), « Quel test de preuve pour l'article 82 ? », *RLC* n° 11, avril-juin 2007.

LEVIN (D.), « Antitrust Convictions Don't Mean End of Job for Some Executives: Some companies keep paying employees while they are in prison, antitrust lawyers say », *The Recorder* (12 avril 2010).

LEVINSON (S.), « Strolling down the Path of the Law (and Toward Critical Legal Studies?): The Jurisprudence of Richard Posner », 91(5) *Colum. L. Rev.* 1221-1252 (1991), spéc. pp. 1221-1228.

LIMAN (A.), « The Paper Label Sentences: Critique », 86 *Yale L.J.* 619-644 (1977).

LIST (J. A.), « The Behavioralist Meets the Market: Measuring Social Preferences and Reputation Effects in Actual Transactions », 114(1) *Journal of Political Economy* 1-37 (2006).

LOPUCKI (L.), « Legal Culture, Legal Strategy, and the Law in Lawyers' Heads », 90(4) *Nw. U. L. Rev* 1498 (1996).

LOUART (C.), « Quand l'économie s'intéresse à nos comportements », CNRS Le Journal, 14 avril 2016.

LUBAN (D.), « The Bad Man and the Good Lawyer: A Centennial Essay on Holmes's *The Path of The Law* », 72 *N.Y.U. L. Rev.* 1547-1583 (1997).

LUC (I.), « Le rôle du juge dans l'administration et l'appréciation de la preuve dans le contentieux commercial : vers un dépassement de l'adage "*da mihi factum, dabo tibi jus*" », *AJCA* 2015, p. 202.

LUC (I.), « Les freins institutionnels de la réparation », *LPA* 4 septembre 2017, n° 176, p. 19.

LYNCH (N.), FOX (K.), « How ACPERA Has Affected Criminal Cartel Enforcement », LAW360 (2011).

MADER-SAUSSAYE (R.-C.), « Pour l'effectivité des droits des consommateurs », in « Vers une action de groupe… à la française », Concurrences n° 2-2008, pp. 19-49.

MAINGUY (D.), DEPINCÉ (M.), « Pour l'action de groupe en droit français », *JCP E* n° 20, 16 mai 2013, act. 355.

MALAURIE-VIGNAL (M.), « Réflexions sur la théorie du parasitisme économique », *CCC* 2001, chron. 15.

MALAURIE-VIGNAL (M.), « Concurrence déloyale et risque de confusion entre deux entreprises », *CCC* n° 3, mars 2009, comm. 78.

MALAURIE-VIGNAL (M.), « Le bien-être du consommateur, une rencontre possible entre juriste et économiste ? », *Revue Concurrentialiste*, mai 2013.

MALAURIE-VIGNAL (M.), « Négociation commerciale et loi Hamon : une loi volumineuse pour un tout petit droit », *CCC* 2014, repère 7.

MALLEN-PISANO (J.), « Dynamique de la productivité et efficience allocative des marchés : Une analyse appliquée à l'industrie française », Économies et finances, HAL, 2013.

MANNE (G. A.), WRIGHT (J. D.), « Innovation and the Limits of Antitrust », 6(1) *Journal of Competition Law & Economics* 153-202 (2010).

MARINO (L.), « Publication judiciaire en première page : la panacée ? », *D.* 2001, p. 1991.

MARSDEN (P.), KINSELLA (S.) a., « Lobbying competition law & policy? », Concurrences n° 1-2009, pp. 11-33.

MARTIN (D.), « Le secret d'affaires, notion en devenir », *LPA* 31 juillet 2015, n° 152, p. 4.

MARTIN (J.-P.), « Les dommages-intérêts de contrefaçon de brevets d'invention et la directive européenne du 9 mars 2004 », *RDPI*, mai 2004.

MARTINEZ (F.), « L'individu face au risque : l'apport de Kahneman et Tversky », *Idées économiques et sociales* 2010/3, n° 161, pp. 15-23.

MARTY (F.), « Algorithmes de prix, intelligence artificielle et équilibres collusifs », Sciences Po OFCE Working Paper n° 14, 2017/05/10.

MARTY (F.), « Critère du concurrent aussi efficace et approche par les effets en matière d'éviction par les prix », HAL, 13 août 2013.

MARTY (F.), « Politiques européennes de concurrence et économie sociale du marché », Document de travail de l'OFCE, n° 2010-30 (novembre 2010).

MARTY (F.), « De la notion de responsabilité particulière de l'opérateur dominant dans la politique de concurrence européenne : quelles conséquences sur les libertés économiques ? », HAL, 10 avril 2013.

MARTY (F.), « Économie des algorithmes et ordre concurrentiel : Réflexions sur les abus d'exploitation et les collusions fondés sur des algorithmes de prix », Documents de travail GREDEG, n° 2017-14.

MARTY (F.), MEZAGUER (M.), « Quelles garanties pour la procédure d'engagements en droit de la concurrence de l'Union européenne ? », *RIDE* 2016/1, t. XXX, pp. 55-89, spéc. p. 68.

MARTY (F.), PILLOT (J.), « Intangibles, facilités essentielles et contentieux concurrentiels », GREDEG, Documents de travail, WP n° 2009-04.

MARTYNISZYN (M.), « Leniency (Amnesty) Plus: A Building Block or a Trojan Horse? » 3(2) *Journal of Antitrust Enforcement* 391-407 (2015).

MARVÃO (C.), « The EU Leniency Programme and Recidivism », SITE Working Paper, No. 27 (2014).

MARVÃO (C.), SPAGNOLO (G.), « What Do We Know about the Effectiveness of Leniency Policies? A Survey of the Empirical and Experimental Evidence », SITE Working Paper Series 28, Stockholm School of Economics, Stockholm Institute of Transition Economics (2014)

MASMI-DAZI (F.), « Le quantum du préjudice deviendra-t-il le centre de gravité des actions en réparation de dommages concurrentiels ? », *RLC* n° 42, 1er janvier 2015.

MASSON (A.), « Entretien avec Antoine Masson, à l'occasion de la publication de l'ouvrage intitulé "Les stratégies juridiques des entreprises" », *Xenophon, Les Cahiers d'EPEE*, Cahier n° 15, décembre 2009.

MASSON (A.), BOUTHINON-DUMAS (H.), « L'approche "Law & Management" », *RTD com.* 2011, p. 233.

MASSON (A.), Performance juridique et compétitivité des entreprises : chronique n° 5, « Pathologie du droit et performance des entreprises : la stratégie juridique d'eBay en France », *LPA* 8 décembre 2008, n° 245, p. 3.

MASSON (A.), SHARIFF (M.), « Les stratégies juridiques des entreprises », *RLDA* n° 53, 1er octobre 2010.

MATHIESEN (L.), NILSEN (A.) a., « A Note on Upward Pricing Pressure: The Possibility of False Positives », NHH Dept. of Economics Discussion Paper n° 11/2012 (2012).

MATTHIESEN (B. L.), WICKERT (G. L), « Spoliation of evidence in all 50 states », Working Paper (2015).

MAULIN (R.), « L'approche par les effets en droit de la concurrence : Le devoir d'inventaire », Concurrences n° 3-2015, pp. 24-39.

MAZEAUD (D.), « La passivité de la victime, l'intérêt de l'auteur du dommage », *D.* 2004, p. 1346.

MAZEN (N.-J.), « Le recours collectif : réalité québécoise et projet français », *RIDC* n° 2-1987.

McGEE (J. S.), « Predatory Price Cutting: The Standard Oil (N. J.) Case », 1 *Journal of Law and Economics* 137-169 (1958).

McAFEE (R. P.), VAKKUR (N. V.), « The Strategic Abuse of the Antitrust Laws », 1(3) *Journal of Strategic Management Education* 1-18 (2004).

McCHESNEY (F. S.), « Talking 'Bout My Antitrust Generation: Competition for and in the Field of Competition Law », 52 *Emory L.J.* 1401-1438 (2003).

McKENZIE (R. B), « Predictably Irrational or Predictably Rational? », *The Library of Economics and Liberty* (2010).

McNAMARA (C.), « Overview of Cynicism in Business Organizations », Free Management Library (2010).

MÉADEL (J.), « Faut-il introduire la faute lucrative en droit français ? », *LPA* 17 avril 2007, n° 77, p. 6.

MEHRA (S.), « Antitrust and the Robo-Seller: Competition in the Time of Algorithms », 100 *Minn. L. Rev* 1323-1375 (2016).

MEKKI (M.), « Les doctrines sur l'efficacité du contrat en période de crise », *RDC* janvier 2010 n° 1, p. 383.

MESA (R.), « De la complexité et des conséquences des rapports entre concurrence parasitaire et parasitisme économique », Concurrences n° 3-2011, pp. 82-88.

MESA (R.), « Des exigences probatoires du parasitisme économique », Concurrences n° 4-2010, www.concurrences.com.

MESA (R.), « L'opportune consécration d'un principe de restitution intégrale des profits illicites comme sanction des fautes lucratives », *D.* 2012, p. 2754.

MESA (R.), « Le droit de la concurrence déloyale et du parasitisme économique confronté à la problématique de la faute lucrative », Concurrences n° 2-2013, pp. 49-55.

MESA (R.), « Précisions sur la notion de faute lucrative et son régime », *JCP G* n° 20, 21 mai 2012, p. 625.

MICHELS (E. M.), « The Real Shortcoming of the UK Cartel Offence: A Lack of Public and Political Support », E*Global Antitrust Review* 53-79 (2014).

MILLER (A. R.), « Of Frankenstein Monsters and Shining Knights: Myth, Reality and the "Class Action" Problem », 92(3) *Harv. L. Rev.* 664-694 (1979).

MILLER (N. H.), « Strategic Leniency and Cartel Enforcement », 99(3) *American Economic Review* 750-768 (2009).

MIRVIS (P. H.), KANTER (D. L.), « Cynicism: The New American Malaise », 91(77) *Business & Society Review* 57-61 (1991).

MOLONEY (S.), « A New Approach to Civil Litigation? The Implementation of the "Woolf Reforms" and Judicial Case Management », 2(1) *Judicial Studies Institute Journal* 98-109 (2001).

MONGIN (P.), « Le paradoxe d'Allais. Comment lui rendre sa signification perdue ? », *RE* 5/2014, vol. 65, pp. 743-779.

MONNIER (C.), HUTIN (A.), « Les cartels en France : Analyse économique de leurs caractéristiques et de leurs sanctions », Concurrences n° 2-2016, pp. 45-61.

MOTTA (M.), LANGUS (G.), « The Effect of EU Antitrust Investigations and Fines on a Firm's Valuation », CEPR Discussion Paper, n° 6176 (2007).

MOTTA (M.), POLO (M.), « Leniency programs and cartel prosecution », 21(3) *International Journal of Industrial Organization* 347-380 (2003).

MUIZON (G. de), « Les tests de preuve économiques permettant de caractériser une pratique anticoncurrentielle », Concurrences n° 4-2012, pp. 25-28.

MUIZON (G. de), « Mais pourquoi l'Autorité de la concurrence refuse-t-elle de mobiliser les outils de la théorie économique dans la détermination des sanctions pécuniaires ? », *RLDA*, juillet-août 2011, n° 62.

MUIZON (G. de.), « Observations du cabinet Microeconomix sur le projet de communiqué de l'Autorité de la concurrence relatif à la méthode de détermination des sanctions pécuniaires », Microeconomix, 10 mars 2011.

NAGY (C. I.), « Comparative Collective Redress from a Law and Economics Perspective: Without Risk There Is No Reward! », 19(3) *Colum. J. Eur. L.* 469-498 (2013), spéc. pp. 495-497.

NAGY (C. I.), « Le débat sur l'action collective en Europe : ils n'ont rien appris, ni rien oublié ? », *RIDC* 4-2015, pp. 941-969.

NANCE (D.), « Adverse Inference About Adverse Inferences: Restructuring Juridical Roles for Responding to Evidence Tampering by Parties to Litigation », 90 *B.U. L. Rev.* 1089-1146 (2010).

NANCE (D.), « Hear No Evil, See No Evil: On Professor Nesson's Claims About Evidence Suppression », Case Western University School of Law, Faculty Publications 288 (1991).

NDOFOR (H. A.), WESLEY (C.), PRIEM (R. L.), « Providing CEOs With Opportunities to Cheat; The Effects of Complexity-Based Information Asymmetries on Financial Reporting Fraud », 41(4) *JOM* 1774-1797 (2015).

NESSON (C.), « Incentives to Spoliate Evidence in Civil Litigation: The Need frr Vigorous Judicial Action », 13 *Cardozo L. Rev.* 793 (1991).

NEUMANN (K.-A.), MAGNUSSON (L. W.), « Pour une action collective européenne dans le droit de la concurrence », 24(2) *RQDI* 149-181 (2011).

NINANE (F.), « Transposition en France de la directive sur le contentieux indemnitaire en matière de pratiques anticoncurrentielles. – Un fragile équilibre entre encouragement des actions indemnitaires, préservation de l'efficacité de l'action publique et protection du secret des affaires », *CCC* n° 7, juillet 2017, dossier 4.

NIVOIX (S.), « L'aversion au risque : pourquoi est-ce si difficile à mesurer ? », *Management & Avenir* 2008/1, n° 15, pp. 65-78.

NOALI (L.), « La peine après la peine : Le syndrome du sorti de prison », *Champ Pénal*, vol. XIII, 2016.

NUSSENBAUM (M.), « Les difficultés de l'expertise en matière de pratiques anticoncurrentielles », *LPA* 20 janvier 2005, n° 14, p. 37.

NUSSENBAUM (M.), « L'appréciation du préjudice d'atteinte à la marque et à son image », *Gaz. Pal.* 17-18 décembre 2010 n° 352, p. 16.

NUSSENBAUM (M.), « L'évaluation des préjudices économiques », *Revue de droit bancaire et financier* n° 3, mai 2013, étude 13.

NUSSENBAUM (M.), « L'évaluation des dommages concurrentiels », *AJ Contrats d'affaires, concurrence, distribution* 2014, p. 261.

NUSSENBAUM (M.), « Pour une motivation détaillée de l'évaluation des dommages économiques dans les décisions de justice », *LPA* 4 septembre 2017, n° 176, p. 8.

NUSSENBAUM (M.), KARSENTI (C.), « L'application des critères Daubert aux contentieux de concurrence en France », Concurrences n° 4-2010.

O'KANE (M.), « Does prison work for cartelists? – The view from behind bars », 56(2) *Antitrust Bulletin* 483-500 (2011).

ORDOVER (J. A.), WILLIG (R. D.), « An Economic Definition in Predatory Product Innovation », Centre for the Economic Analysis of Property Rights, Economics and Law Workshop Papers, 81-19, London: Department of Economics, University of Western Ontario (1981).

ORMOSI (P.), « A Tip of the Iceberg? The Probability of Catching Cartels » 29(4) *J Appl Econometrics* 549-566 (2014).

ORNE (M.), « On the Social Psychological Experiment: With Particular Reference to Demand Characteristics and Their Implications », 17(11) *American Psychologist* 776–783 (1962).

OUDOT (P.), « La perte de chance : incertitudes sur un préjudice certain », *Gaz. Pal.* 26 février 2011, n° 57.

OXOBY (R.), « Cognitive dissonance, status and growth of the underclass », 114(498) *Economic Journal* 727-749 (2004).

PAGE (W. H.), « The Gary Dinners and the Meaning of Concerted Action », 62 *SMU L. Rev.* (forthcoming), University of Florida Levin College of Law Research Paper No. 2009-08.

PAGER (D.), WESTERN (B.), SUGIE (N.), « Sequencing Disadvantage: Barriers to Employment Facing Young Black and White Men with Criminal Record », 623(1) *Annals of the American Academy of Political and Social Sciences* 195-213 (2009).

PAILLUSSEAU (J.), « La notion de groupe de sociétés et d'entreprises en droit des activités économiques », *D.* 2003, n° 34, p. 2348.

PARMENTIER (M.), « Hobbes et le libéralisme », *Cahiers philosophiques* 2008/4, n° 116, pp. 87-104.

PASSA (J.), « Propos dissidents sur la sanction du parasitisme économique », *D.* 2000, p. 297.

PEEL (M.), « BA Sales Chief on Price-Fixing Charge to Join Board », *Financial Times*, 28 novembre 2008.

PEEPERKORN (L.), « Conditional pricing: Why the General Court is wrong in Intel and what the Court of Justice can do to rebalance the assessment of rebates », Concurrences n° 1-2015, pp. 43-63.

PELLEFIGUE (J.), « Méthodes économiques d'évaluation du préjudice concurrentiel », Atelier de la DGCCRF : « La réparation, outil au service de la politique de la concurrence », février 2014.

PÉNARD (T.), SOUAM (S.), « Que peut bien apporter l'analyse économique à l'application du droit de la concurrence », *REP* 2002/6, vol. 112, pp. 863-887.

PERRONET (O.), « Une proposition d'approche méthodologique », *LPA* 4 septembre 2017, n° 176, p. 50.

PERROT (A.), « Qu'apporte l'analyse économique au calcul d'un dommage ? », *CCC* n° 7, juillet 2017, dossier 3.

PETIT (E.), « Dynamique des préférences et valeurs morales : une contribution de la théorie des émotions à l'analyse économique », *Cahiers du GREThA* n° 2008-11.

PETIT (E.), « Le rôle des affects en économie », *REP* 2009/6, vol. 119, pp. 859-897.

PETIT (E.), ROUILLON (S.), « La négociation : les enseignements du jeu du dictateur », *Négociations* 2010/2, n° 14, pp. 71-95.

PETIT (N.), « Les stratégies juridiques en droit des coordinations entre entreprises – Une approche scénarisée », The Global Competition Law Centre Working Papers Series, GCLC Working Paper 01/09.

PETIT (N.), NEYRINCK (N.), « Droit de la concurrence et instrumentalisation parasitaire », *in* La contribution des juristes et du droit à la performance de l'entreprise, C. Roquilly (dir.), Joly éditions, 2011

PETIT (N.), NEYRINCK (N.), « L'abus de position dominante collective dans le secteur de l'électricité », Working Paper (15 juillet 2010).

PFIFFELMANN (M.), ROGER (P.), « La prise de décision : l'apport de l'économie expérimentale en stratégie », *RIMHE* 2013/1, n° 5, pp. 78-95.

PICOD (T.), « Cupidité et droit de la concurrence », *Gaz. Pal.* 31 décembre 2013, n° 365, p. 13.

PICOD (T.), BOMBARDIER (J.), « Mode d'emploi du dispositif d'injonction et de transaction en matière de pratiques anticoncurrentielles locales et nouvelles règles du jeu », *RLC* 2013, n° 36.

PICOD (Y.), « Concurrence déloyale et responsabilité civile », *AJ Contrats d'affaires, concurrence, distribution* 2014, p. 152.

PICOD (Y.), « Droit du marché et droit commun des obligations », *RTD com.* 1998, p. 1.

PICOD (Y.), « Le déséquilibre significatif et le Conseil constitutionnel », *D.* 2011, p. 415.

PICOD (Y.), AUGUET (Y.), a., « Concurrence déloyale », *Rép. com.* octobre 2010 (actualisation : octobre 2014).

PIERRE-MAURICE (S.), « Secret des affaires et mesures d'instruction in futurum », *D.* 2002, n° 41, chron., p. 3133.

PIKE (R.), « The UK Parliament passes the Consumer Rights Bill introducing opt-out antitrust class actions », 26 mars 2015, e-Competitions Bulletin March 2015.

PIRONON (V.), « Microsoft condamné par la Commission européenne pour non-respect de ses engagements », *CCC* n° 6, juin 2013, comm. 69.

PIROVANO (A.), « La concurrence déloyale en droit français », *RIDC*, vol. 26, n° 3, 1974, pp. 467.

PIZZIO (J.-P.), « Le consommateur est une personne physique », *D.* 2002, p. 2929.

POLLAUD-DULIAN (F.), « De quelques avatars de l'action en responsabilité civile dans le droit des affaires », *RTD com.* 1997, p. 349.

PÖNITZSCH (G.), « Pro-Social Behavior by Groups and Individuals: Evidence from Contributions to a Global Public Good », Working Paper, 24 mars 2017.

POSNER (R.), « Rational Choice, Behavioral Economics, and the Law », 50 *Stan. L. Rev* 1551-1575 (1997-1998).

POSNER (R.), LANDES (W. M.), « The Positive Economic Theory of Tort Law », 15 *Georgia L. Rev.* 851-924 (1980).

POSNER (R.), LANDES (W.), « Should Indirect Purchasers Have Standing to Sue under the Antitrust Laws? An Economic Analysis of the Rule of *Illinois Brick* », 46 *U. Chi. L. Rev.* 602-635 (1979).

PRIETO (C.), « Actions de groupe parmi les recours collectifs, impulsions et démonstrations en droit européen de la concurrence », *D.* 2012, p. 1831

PRIETO (C.), « La cession de créance, palliatif à l'absence d'action de groupe pour les entreprises victimes de surenchérissements résultant d'un cartel », *RDC* 1er septembre 2015, n° 03, p. 568.

PRIETO (C.), « Pouvoir de marché et liberté des entreprises, les fondements de la politique de concurrence », *D.* 2006, p. 1603.

PUIG (P.), « La transaction : atouts et risques », *LPA* 3 décembre 2009, n° 241, p. 29.

PUTMAN (E.), « Cyril Bloch, La cessation de l'illicite. Recherche sur une fonction méconnue de la responsabilité civile », *RTD civ.* 2008, p. 192, 14 mars 2008.

RABIN (M.), THALER (R. H.), « Anomalies: Risk Aversion », 15(1) *Journal of Economic Perspectives* 219-232 (2001).

RÉGIS (N.), « Le préjudice économique des entreprises », *BICC* 1er mai 2013, n° 781.

REILLE (E.), MUIZON (G. de), « Objet ou effet anticoncurrentiel », *RLC* janvier-mars 2015, n° 42, p. 108.

RELIS (T.), « It's Not About the Money!: A Theory on Misconceptions of Plaintiffs' Litigation Aims » 68(2) *U. Pitt. L. Rev.*701-746 (2007).

REY (P.), « Affinités ou divergences ? L'approche économique », *RLC* n° 15, 1er avril 2008.

REY (P.), TIROLE (J.), « Analyse économique de la notion de prix de prédation », *RFE*, vol. 12, n° 1, 1997, pp. 3-32.

REYNOLDS (M. J.), ANDERSON (D. J.), « Immunity and Leniency in EU Cartel Cases: Current Issues », 27(2) *European Competition Law Review* 82-90 (2006).

RHODE (D. L.), « Ethical Perspectives on Legal Practice », 37(2) *Stan. L. Rev.* 589-652 (1985).

RIEM (F.), « Le nouveau droit des pratiques restrictives : rupture ou continuité ? », *RLC* n° 21, 1er octobre 2009.

RIVIER (M.-C.), ANCEL (P.) a., « Les modes alternatifs de règlement des conflits », HAL, 25 juillet 2014.

RIVLIN (J. E.), « Recognizing an Independent Tort Action Will Spoil a Spoliator's Splendor », 26(4) *Hofstra L. Rev.* 1003-1036 (1998).

ROBERT (M.), « Le principe *non bis in idem* : vers un bouleversement du droit français de la sanction ? », *AJ pénal* 2016, p. 475.

ROSENBOOM (N.), « Career development after cartel prosecution », SEO Economic Research, Discussion Paper n° 62 (2011).

ROCHET (J.-C.), TIROLE (J.), « Two-Sided Markets: A Progress Report », 37(3) *The RAND Journal of Economics* 645-667 (2006).

RODA (J.-C.), « Accès au dossier par les plaignants : la Commission européenne joue-t-elle vraiment le jeu ? » *CCC* n° 11, novembre 2015, alerte 81.

ROMER (C.), « Why Did Prices Rise During the 1930s? », 59(1) *Journal of Economic History* 167-199 (1999).

RONDEY (C.), « Le consommateur est une personne physique » *D.* 2002, p. 90.

RONZANO (A.), « L'Autorité de la concurrence épargne (relativement) Engie au terme d'une transaction à 100 millions d'euros », *L'actu-concurrence* n° 31/2017, 22 mars 2017.

RONZANO (A.), « La Commission entend obtenir la collaboration des lanceurs d'alerte en leur assurant un anonymat total », *L'actu-concurrence* n° 30/2017, 16 mars 2017.

ROSATI (F.), « Le "Passing-on defence" : Les critères d'évaluation économiques », Concurrences n° 4-2011.

RUDDEN (B.), JUILHARD (P.), « La théorie de la violation efficace », *RIDC* 4-1986, pp. 1015-1041.

SAINT-ESTEBEN (R.), « L'Autorité de la concurrence dans la loi Macron », Concurrences n° 4-2015, pp. 16-25.

SAINT-GAL (Y.), « Concurrence déloyale et concurrence parasitaire (ou agissements parasitaires) », *RIPIA* 1956, n° 25/26, p. 19.

SALES (F.), « Firms face "regulatory fatigue," higher cost of compliance », TechTarget, 28 septembre 2015.

SALOP (S. C.), « Exclusionary Conduct, Effect on Consumers, and the Flawed Profit-Sacrifice Standard » *73 Antitrust L.J.* 311-374 (2006).

SALOP (S.), SCHEFFMAN (D.), « Cost-Raising Strategies », 36(1) *Journal of Industrial Economics* 19-34 (1987).

SANCHIRICO (C. W.), 53(4) *Duke L.J.* 1215-1336 (2004).

SAUTEL (O.), « Analyse économique des règles de droit : Une application au droit de la concurrence », Microeconomix, février 2011.

SAUTEL (O.), « La pertinence d'une procédure d'engagements en matière de contentieux : une analyse économique et son application au cas de l'iPhone » in *Les Dossiers de la RIDE* 2011, pp. 83-109.

SAUTEL (O.), MUÑOZ (A.), « La discrimination tarifaire : approche économique », *AJCA* 2015, p. 303.

SCHENIQUE (L.), « Action de groupe : le recours à la médiation, un bon point de la nouvelle loi ? », *D. Actualité*, 9 avril 2014.

SCHNELL (G.) « Bring in the Whistleblowers and Pay Them The Next Logical Step in Advancing Antitrust Enforcement », 2 *Competition Policy International* 5 (2013).

SCHREPEL (T.), « Analyses statistiques de l'effet des sanctions prononcées par l'Autorité de la concurrence sur la réputation des entreprises – et sur elle-même ! », *Revue Concurrentialiste*, février 2017.

SCHREPEL (T.), « L'innovation de rupture : de nouveaux défis pour le droit de la concurrence », *RLC* n° 42, janvier-mars 2015.

SCHREPEL (T.), « L'innovation prédatrice, une menace d'un nouveau type pour les entreprises », *Harv. B. Rev.*, 31 octobre 2017.

SCHREPEL (T.), « La "grande consultation" de droit de la concurrence », *Revue Concurrentialiste*, mai 2017.

SCHREPEL (T.), « Petit précis sur l'"innovation prédatrice" à l'usage des dirigeants d'entreprises », *Le Libellio AEGIS*, vol. 13 n° 1, 2017, pp. 131-139.

SCHREPEL (T.), « Predatory Innovation: A Response to Suzanne Van Arsdale & Cody Venzke », *Harv. J.L. & Tech* (2017).

SCHREPEL (T.), « Predatory Innovation: The Definite Need for Legal Recognition », 21 *SMU Sci. & Tech. L. Rev.* 19-73 (2017).

SCHREPEL (T.), « Is Blockchain the Death of Antitrust Law? The Blockchain Antitrust Paradox », 3(2) *Geo. L. Tech. Rev.* 281-338 (2019).

SCHWARZE (J.), « Les sanctions infligées pour les infractions au droit européen de la concurrence selon l'article 23 du règlement n° 1/2003 CE à la lumière des principes généraux du droit », *RTD eur.* 2007, pp. 1-24.

SEIPP (D.-J.), « Holmes's Path », 77 *B.U. L. Rev.* 515 (1997).

SÉJEAN (M.), « La restitution du profit illicite », *RIDC* 2014-2, pp. 345-362.

SÉLINSKY (V.), « Microsoft : réaction des autorités et rétablissement des conditions de la concurrence », *RLC* 2008.

SÉLINSKY (V.), « Procédures négociées et stratégies des entreprises », *RIDE* n° 4, 2011, pp. 59-81.

SÉLINSKY (V.), « Qu'importent les difficultés du monde agricole, il n'échappe pas au droit commun de la concurrence », *RLC* 2012/32, n° 2094.

SÉNÉCHAL (J.), « Prémices d'une construction jurisprudentielle du déséquilibre significatif entre partenaires commerciaux », *D.* 2010, p. 1000.

SERBAN (A.), « Are EU Leniency Programmes Enough for Detecting Cartels? », *Romanian Competition Journal* n° 1-2 / 2015.

SERRA (Y.), « Les faits de concurrence déloyale impliquent nécessairement l'existence d'un préjudice », *D.* 1997, p. 104.

SEVY (D.), « L'évaluation des dommages causés par les pratiques anticoncurrentielles », Concurrences n° 4-2010.

SHARKEY (C.), « Punitive Damages as Societal Damages », 113 *Yale Law Journal* 347-453 (2003).

SHELL (R.), YAO (D.), « Business Strategy in a World with Uncertain Rules », Document de travail, Wharton School, Université de Pennsylvanie (2000).

SILBERZHAN (P.), « Qu'est-ce que l'innovation de rupture ? », Unow, « Le coin des experts », 13 février 2017.

SILVER (C.), « "We're Scared to Death": Class Certification and Blackmail », 78(4) *N.Y.U. L. Rev.* 1357-1430 (2003).

SIMON (H. A.), « Rational Decision Making in Business Organizations », 69(4) *Am. Econ. Rev.* 493-513 (1979).

SIMON (H. A.), « A Behavioral Model of Rational Choice », 69(1) *Q J Econ* 99-118 (1955)

SIMON (J.), « Champ d'application : la position du MEDEF », *Gaz. Pal.* 16 mai 2013, n° 136, p. 15.

SIMON (J.), « L'action de groupe, panacée ou cheval de Troie ? », in « Vers une action de groupe… à la française », Concurrences n° 2-2008, pp. 19-49.

SIMON (W.), « Class Actions – Useful Tool or Engine of Destruction? », 55 *F.R.D.* 375 (1973).

SLOVIC (P.), FINUCANE (M.) a., « Rational actors or rational fools: implications of the affect heuristic for behavioral economics », 31(4) *Journal of Socio-Economics* 329-342 (2002).

SLUIJS (J. P.), « Network Neutrality Between False Positives and False Negatives: Introducing a European Approach to American Broadband Markets », 62(1) *Fed. Comm. L.J.* 77-118 (2010).

ŠMEJKAL (V.), « Cartel by Robots – Current Antitrust Law in Search of an Answer », *Intereulaweast*, Vol. IV (2) (2017).

SMIC (I.), MONNET (N.), « Les hésitations françaises en matière de recours indemnitaires : le temps fera l'affaire ! », *RDAI/IBLJ*, 2006 n° 3, p. 385.

SMITH (A), « Transferts institutionnels et politique de concurrence – Les cas communautaires, français et britannique », *Gouvernement et action publique* 2013/3, n° 3, P. F. N. S. P., pp. 415-440.

SMUDA (F.), BOUGETTE (P.), HÜSCHELRATH (K.), « Determinant of the Duration of European Appelate Court Proceedings in Cartel Cases », GREDEG Working Paper n° 2014-25 (2014).

SOETEVENT (A.), HINLOOPEN (J.), « From Overt to Tacit Collusion: Experimental Evidence on the Adverse Effects of Corporate Leniency Programs », Tinbergen Institute Discussion Paper n° TI 2008-059/1.

SOKOL (D.), « Cartels, Corporate Compliance, and What Practitioners Really Think About Enforcement », 78(1) *Antitrust L.J.* 201-240 (2012).

SOKOL (D. D.), « The Strategic Use of Public and Private Litigation in Antitrust as Business Strategy », 85 *S. Cal. L. Rev.* 689-732 (2012).

SOUAM (S.), VIALFONT (A.), « Pouvoir de négociation et procédure d'engagements en droit de la concurrence », *RE* 2011/3, vol. 62, pp. 609-619.

SPAGNOLO (G.), « Stock-Related Compensation and Product-Market Competition » 31(1) *RAND Journal of Economics* 22-42 (2000).

SPENCE (M.), « Job Market Signaling », 87(3) *Q J Econ* 355-374 (1973).

SPENCER (T. R.), « Do Not Fold Spindle or Mutilate: The Trend Towards the Recognition of Spoliation as a Separate Tort », 30 *Idaho L. Rev.* 37 (1993).

STAES (O.), « Application de l'article 145 CPC sur requête : l'urgence n'est pas une condition », JBS-2009-069, *Bull. Joly Sociétés*, 1er avril 2009 n° 4, p. 355.

STEPHAN (A.), « The Bankruptcy Wildcard in Cartel Cases », CCP Working Paper 06-5 (2006).

STEPHAN (A.), « Survey of Public Attitudes to Price-Fixing and Cartel Enforcement in Britain », CCP Working Paper 07-12 (2007).

STEPHAN (A.), « An Empirical Assessment of the European Leniency Notice », 5(3) *Journal of Competition Law & Economics* 537-561 (2009).

STEPHAN (A.), « Disqualification Orders for Directors Involved in Cartels », CCP Working Paper 11-8 (2011).

STEPHAN (A.), « Cartel Criminalisation: The Role of the Media in the "Battle for Hearts and Minds" », in *Criminalising Cartels Critical Studies of an International Regulatory Movement*, C. Beaton-Wells, A. Ezrachi (dir.), Hart Oxford (2011).

STEPHAN (A.), « How Dishonesty Killed the Cartel Offence », 6 *Crim. L. Rev.* 446-455 (2011).

STEPHAN (A.), « Four key challenges to the successful criminalization of cartel laws », 2(2) *Journal of Antitrust Enforcement* 333-362 (2014).

STEPHAN (A.), « Is the Korean Innovation of Individual Informant Rewards a Viable Cartel Detection Tool? », CCP Working Paper 14-3 (2014).

STEPHAN (A.), NIKPAY (A.), « Leniency Theory and Complex Realities », CCP Working Paper 14-8 (2014).

STEPHAN (A.) « An empirical evaluation of the normative justifications for cartel criminalisation », 37(4) *Legal Studies* 621-646 (2017).

STOFFEL-MUNCK (P.), « Le préjudice moral des sociétés », *Rev. sociétés* 2012, p. 620.

STUCKE (M. E.), « Morality and Antitrust », 2006 *Colum. Bus. L. Rev.* 443-547 (2006), spéc. pp. 492-494.

SUMMA (F.), « À propos de l'affaire du parfum "Champagne" d'Yves-Saint-Laurent », *LPA* 11 mars 1994, n° 3.

SUNSTEIN (C.), « Fifty Shades of Manipulation », *J. Behavioral Marketing* (forthcoming 2015).

SUNSTEIN (C.), « Social Norms and Social Roles », 96(4) *Columbia Law Review* 903–968 (1996).

TEMPLE LANG (J.), « Article 82 EC – The Problems and the Solution », FEEM Working Paper n° 65 (2009).

TERCINET (A.), « La diversification des sanctions au service d'une politique incitative », *RLC* 2015, 44.

TERRELL (D.), « A Test of the Gambler's Fallacy: Evidence from Pari-mutuel Games », 8(3) *J Risk Uncertainty* 309-317 (1994).

TESLER (L.), « Cutthroat Competition and the Long Purse », 9 *Journal of Law and Economics* 259-277 (1966).

THÉOPHILE (D.), THAUVIN (E.), « Le droit des ententes en 2015 », *CCC* n° 6, juillet 2016, dossier 13.

THIBAULT (F.), « La proportionnalité des sanctions prononcées par les autorités de concurrence françaises et communautaires », *RIDC*, 2003, vol. 55, n° 2 pp. 487-490.

THIRIEZ (P.-Y.), « La mitigation ou l'obligation pour la victime de minimiser son dommage : une exception française », *Gaz. Pal.* 9 décembre 2014, n° 341 à 343, p. 5.

THORE (B.), « "Nul ne sait de quoi demain aurait dû être fait" ou la délicate démonstration du manque à gagner de la victime de l'échec d'un projet informatique », *Gaz. Pal.* 25 septembre 2003, n° 268, p. 4.

TIROLE (J.), « Motivation intrinsèque, incitations et normes sociales » *RE* 2009/3, vol. 60, pp. 577-589.

TREICH (N.), « L'économie comportementale peut-elle aider à mieux gérer l'environnement ? », INRA, juin 2016.

TVERSKY (A.), KAHNEMAN (D.), « Belief in the Law of Small Numbers », 76(2) *Psychological Bulletin* 105-110 (1971).

TVERSKY (A.), KAHNEMAN (D.), « The Framing of Decisions and the Psychology of Choice », 211(4481) Science 453-458 (1981).

TVERSKY (A.), KAHNEMAN (D.), « Loss Aversion in Riskless Choice: A Reference-Dependent Model », 106(4) *Q J Econ* 1039-1061 (1991).

TWINING (W.), « Other People's Power: The Bad Man and English Positivism, 1897-1997 », 63(1) *Brook. L. Rev.* 189-223 (1997), spéc. p. 208.

TZANAKI (A.), « From economic recession to legal opportunity: the case for cartel criminalisation in Europe », in *Essays in Honour of Nestor Courakis – Europe in Crisis: Crime, Criminal Justice, and the Way Forward*, Sakkoulas Publications (2017), pp. 1043-1077.

ULEN (T.), « The Growing Pains of Behavioral Law and Economics », 51(6) *Vand. L. Rev.* 1748 (1998).

VELJANOVSKI (C.), « Cartel Fines in Europe: Law, Practices and Deterrence », 30(1) *World Competition* 65-86 (2007).

VELJANOVSKI (C.), « Deterrence, Recidivism and European Cartel Fines », SSRN (2011).

VELJANOVSKI (C.), « European Commision Cartel Prosecutions and Fines, 1998-2006 – An Updated Statistical Analysis of Fines Under the 1998 Penalty Guidelines », Case Associates (2010).

VERDIER (M.), « Les développements récents de la littérature sur les plates-formes », *RE* 2016/HS1, vol. 67, pp. 25-38.

VERLHIAC (J.-F.), « Effet de faux consensus et régulation sociale du jugement », *Les cahiers internationaux de psychologie sociale*, éd. de l'Université de Liège, 1997, pp. 46-61.

VIENNOIS (J.-P.), « La légitime défense en droit de la concurrence ou l'emprunt concevable d'une notion au droit pénal », *RSC* 2004, p. 295.

VIGNOLLE (P.-D.), « La consécration des fautes lucratives : une solution au problème d'une responsabilité civile punitive ? (Acte II) », *Gaz. Pal.* 14 janvier 2010, n° 14, p. 7.

VINEY (G.), « L'influence de l'admission d'une action de groupe sur la réparation des atteintes aux intérêts collectifs », *RLDC*, décembre 2006, p. 60.

VINEY (G.), « L'appréciation du préjudice », *LPA* 2005, n° 99, p. 89.

VINEY (G.), « Quelques propositions de réforme du droit de la responsabilité civile », *D.* 2009, p. 2944.

VINEY (G.), « Rapport de synthèse », *LPA* 20 novembre 2002, n° 232, p. 66.

VINGIANO-VIRICEL (I.), « La faute lucrative : une notion en construction en droit français », *RTD com.* 2017, p. 19.

VIROS (D.), « Individual criminal sanctions in France », in « Individual sanctions for competition law infringements: Pros, cons and challenges », Concurrences n° 2-2016, pp. 24-27.

VOGEL (J.), « Stratégies et moyens de défense face à une action en dommages et intérêts pour atteinte au droit de la concurrence », *JCP E* 21 mars 2013, n° 12.

VOGEL (J.), VOGEL (L.), « Aspects économiques des relations fournisseurs-distributeurs : Le droit de la concurrence et le droit de la distribution prennent-ils suffisamment en compte l'analyse économique des restrictions verticales ? », Concurrences n° 1-2011.

VOGEL (L.), « L'intérêt des sanctions civiles et pénales », *Gaz. Pal.* 26-28 janvier 2003, p. 120.

VOGEL (L.), « Panorama de la rupture de relations commerciales établies : un droit à réformer », *AJ Contrat* 2016, p. 460.

WAELBROECK (D.), « Le développement en droit européen de la concurrence des solutions négociées (engagements, clémence, non-contestation des faits et transactions : que va-t-il rester aux juges ? », GCLC Working Paper 01/08, spéc. p. 23.

WAGNER-VON PAPP (F.), STEPHAN (A.) a., « Individual sanctions for competition law infringements: Pros, cons and challenges », Concurrences n° 2-2016, pp. 14-44.

WEINSTEIN (N. D.), « Unrealistic optimism about future life events », 39(5) *Journal of Personality and Social Psychology* 806-820 (1980).

WEINSTEIN (N. D.), « Optimistic Biases About Personal Risks », 246(4935) *Science* 1232-1233 (1989).

WELLS (C. P.), « Holmes on Legal Method: The Predictive Theory of Law as an Instance of Scientific Method », 18 *S. Ill. U. L.J.* 329-345 (1994), spéc. p. 341.

WERDEN (G. J.), « Sanctioning Cartel Activity: Let the Punishment Fit the Crime », 5(1) *European Competition Journal* 19-36 (2009).

WERDEN (G. J.), SCHWARTZ (M.), « Illinois Brick and the Deterrence of Antitrust Violations – An Economic Analysis », 35(4) *Hastings L.J.* 629-668 (1984).

WERDEN (G.), « Identifying Exclusionary Conduct under Section 2: The "No Economic Sense" Test », 73(2) *Antitrust L.J.* 413-433 (2006).

WERDEN (G.), SIMON (M.), « Why price fixers should go to prison », 32(4)*The Antitrust Bulletin* 917-937 (1987).

WERDEN (G. J.), HAMMOND (S. D.), BARNETT (B. A.), « Deterrence and Detection of Cartels: Using All the Tools and Sanctions », 56(2) *Antitrust Bulletin* 207-234 (2011).

WESTER-OUISSE (V.), « Le préjudice moral des personnes morales », *JCP E* n° 26, 25 juin 2003, doctr. 145.

WHELAN (P.), « Cartel Criminalization and the Challenge of "Moral Wrongfulness" » 33(3) *Oxford J Legal Stud* 535-561 (2013), spéc. pp. 550-555.

WILLGING (T. E.), « Empirical Study of Class Actions in Four Federal District Courts: Final Report to the Advisory Committee on Civil Rules », Federal Judicial Center (1996).

WILLOUGHBY (D. H.), JONES (R. H.), ANTINE (G. R.), « Sanctions for E-Discovery Violations: By the Numbers », 60 *Duke L.J.* 789-864 (2010).

WILS (W.) « The Judgment of the EU General Court in Intel and the So-Called "More Economic Approach" to Abuse of Dominance », 38(4) *World Competition: Law and Economics Review* 405-434 (2014).

WILS (W.), « Is Criminalization of EU Competition Law the Answer? », 28(2) *World Competition* 117-159 (2005).

WILS (W.), « La pénalisation du droit communautaire est-elle la solution ? », *RLC* 2005, n° 5, pp. 139-177.

WILS (W.), « Leniency in Antitrust Enforcement: Theory and Practice », 30(1) *World Competition* 25-64 (2007).

WILS (W.), « Optimal Antitrust Fines: Theory and Practice », 29(2) *World Competition* 183-208 (2006).

WILS (W.), « The Relationship between Public Antitrust Enforcement and Private Actions for Damages », 32(1) *World Competition* 3-26 (2009).

WILS. (W.), « The use of leniency in EU cartel enforcement: An assessment after twenty years? », Concurrences n° 1-2017, www.concurrences.com.

WRIGHT (N. D.), « Federal Rule of Civil Procedure 37(e): Spoiling The Spoliation Doctrine », 38(2) *Hofstra L. Rev.* 793-824 (2009).

YABLON (C.), « Stupid Lawyer Tricks: An Essay on Discovery Abuse », 96 *Colum. L. Rev.* 1618-1644 (1996).

ZAMBRANO (G.), « Précédents et prédictions jurisprudentielles à l'ère des Big Data : parier sur le résultat (probable) d'un procès », HAL, 27 mars 2017.

ZDZIEBORSKA (M.), « Brave New World of "Robot" Cartels », AntitrustConnect Blog (2017).

ZOUAG (S.), « L'action de groupe, arme des associations agréées », *JA* 2013, n° 480, p. 24.

ZUCKERMAN (A. A. S.), « Lord Woolf's Access to Justice : Plus ça change… », 59(6) *Modern L. Rev.* 773-796 (1996).

Décisions de justice

Juridictions supranationales

Commission européenne

Comm. eur., 19 juillet 2016, aff. AT.39824 – *Camions*, C(2016) 4673.

Comm. eur., 10 décembre 2014, aff. AT.39780 – *Enveloppes*, C(2014) 9295 final.

Comm. eur., 5 décembre 2012, aff. COMP/39.437 – *Tubes cathodiques pour téléviseurs et écrans d'ordinateur*, C(2012) 8839.

Comm. CE, 15 octobre 2008, aff. COMP/39.188 – *Bananes*, C (2008) 5955 final.

Comm. CE, déc. 2005/566/CE du 9 décembre 2004, *Chlorure de choline*, aff. C.37.533, *JOUE*, n° L. 190/22.

Comm. CE, 27 novembre 2001, *Commission c/ Autriche*, aff. C-424/99, *Rec.* p. I-9285.

Comm. CE, 2 août 2001, *Saxonia Edelmetalle GmbH c/ Commission*, aff. T-111/01 R.

Comm. CE, déc. du 19 décembre 1984 relative à une procédure d'application de l'article 85 du traité CEE, IV.29.725 – *Pâte de bois*, *JO* 1985, L 85, p. 1.

Comm. CE, 17 janvier 1980, *Camera Care c/ Commission*, aff. 792/97 R, *Rec.* 1980, p. 119.

Cour de justice (CJCE/CJUE)

CJUE, 16 juin 2016, *Evonik Degussa GmbH, AlzcChem AG c/ Commission*, aff. C-155/14 P.

CJUE, 6 octobre 2015, *Post Danmark A/S c/ Konkurrencerådet*, aff. C-23/14, obs. I. Luc, « Les rabais d'une entreprise en position dominante : le rappel de l'analyse classique », *AJCA* 2016, p. 4.

CJUE, 5e ch., 5 juin 2014, *Kone AG et autres c/ ÖBB-Infrastruktur AG*, aff. C-557/12 ; obs. C. Maréchal, « "Ombrelle sur les prix" : quand le principe d'effectivité du droit de l'Union fait de l'ombre à l'autonomie procédurale des États membres », *JCP E* 1955, II, 8765, n° 30, 24 juillet 2014, 1401.

CJUE, ch. 3, 27 février 2014, *Commission c/ EnBW Energie Baden-Württemberg AG*, aff. C-365/12 P ; *Europe* 2014, comm. 145, obs. J. Dupont-Lassalle.

CJUE, 6 juin 2013, *Bundeswettbewerbsbehörde c/ Donau Chemie*, aff. C-536/11, *Rec.* p. 2013-00000.

CJUE, 6 décembre 2012, *AstraZeneca AB c/ Commission*, aff. C-457/10 P.

CJUE, 27 mars 2012, *Post Danmark A/S c/ Konkurrencerådet*, aff. C-209/10.

CJUE, 8 décembre 2011, *KME Germany c/ Commission*, aff. C-389/10.

CJUE, 14 juin 2011, *Pfleiderer AG c/ Bundeskartellamt*, aff. C-360/09, *Rec.* p. I-05161.

CJUE, 9 mars 2011, *ArcelorMittal Luxembourg c/ Commission* et *Commission c/ ArcelorMittal Luxembourg*, aff. jtes C-201/09 P et C-216/09 P.

CJUE, 17 février 2011, *Konkurrensverket c/ TeliaSonera Sverige AB*, aff. C-52/09.

CJCE, 6 octobre 2009, *GlaxoSmithKline c/ Commission*, aff. C-501-06 P.

CJCE, 10 septembre 2009, *Akzo Nobel c/ Commission*, aff. C-97/08, *Rec*. p. I-08237.

CJCE, 4 juin 2009, T-*Mobile Netherlands et al. c/ Raad van bestuur*, aff. C-8/08, *Rec*. p. I-452.

CJCE, 20 novembre 2008, *Competition Authority c/ BIDS et BBM*, aff. C-209/07 ; obs. G. Decocq, « Précisions sur la notion de restriction de la concurrence par l'objet », *CCC* n° 1, janvier 2009, comm. 16 ; obs. L. Idot, « Entente ayant un objet anticoncurrentiel », *Europe* n° 1, janvier 2009, comm. 34 ; obs. J. Vialens, *Gaz. Pal.* 24 mars 2009, n° 83, p. 20. ; obs. P. Arhel, « Activité des juridictions communautaires en droit de la concurrence (Octobre-novembre 2008) » *LPA* 3 février 2009, n° 24.

CJCE, 15 mars 2007, *British Airways c/ Commission*, aff. C-95/04 P ; obs. G. Decocq, « British Airways pratique des rabais d'éviction et des rabais discriminatoires », *CCC* mai 2007 n° 5.

CJCE, 13 mars 2007, *Unibet (London) Ltd et Unibet (International) Ltd c/ Justitiekanslern*, aff. C-432/05, *Rec*. p. I-02271.

CJCE, « Le consommateur est une personne physique », 22 novembre 2001, aff. C-541/99 et C-542/99, *D.* 2002, p. 90.

CJCE, 27 janvier 2000, *Mulder a. c/ Conseil et Commission*, aff. C-104/89 et C-37/90.

CJCE, 28 janvier 1999, *Unilever GmbH c/ Smithkline*, aff. C-77/97.

CJCE, 10 juillet 1997, *Rosalba Palmisani c/ Istituto nazionale della previdenza sociale*, aff. C-261/95, *Rec*. p. I-04025.

CJCE, 14 novembre 1996, *Tetra Pak International SA c/ Commission*, aff. C-333/94 P ; *RTD eur.* 1997. 459, chron. J.-B. Blaise et L. Idot.

CJCE, 5 octobre 1994, *RFA c/ Cons. UE*, aff. C-280/93, *Rec*. p. I-04973.

CJCE, 31 mars 1993, *A. Ahlström Osakeyhtiö a. c/ Commission*, aff. C-89/85, *Rec*. p. I-01307.

CJCE, 3 juillet 1991, *Akzo Chemie BV c/ Commission*, aff. C-62/86, *Rec*. p. I-03359.

CJCE, 15 mai 1986, *Johnston c/ Commission*, aff. 222/84, *Rec*. 1651.

CJCE, 9 novembre 1983, *NV Nederlandsche Banden Industrie Michelin c/ Commission*, aff. C-322/81, *Rec*. p. I-0346.

CJCE, 7 juin 1983, *SA Musique Diffusion française et autres c/ Commission des Communautés européennes*, aff. 100 à 103/80, *Rec*. 01825.

CJCE, 13 février 1979, *Hoffmann-La Roche & Co. AG c/ Commission*, aff. 85/76.

CJUE, 14 février 1978, *United Brands Company et United Brands Continentaal BV c/ Commission des Communautés européennes*, aff. 27/76, *Rec*. 1978, p. 00207.

CJCE, 14 juillet 1972, ICI, aff. 48-69.

CJCE, 12 juillet 1962, *Acciaierie Ferriere e Fonderie di Modena c/ Haute Autorité*, aff. 16/61, *Rec*. pp. 547, 576 et 581.

Tribunal (TPICE/Trib. UE)

Trib. UE, 12 novembre 2015, *Alexandrou c/ Commission*, aff. T-515/14 P et T-516/14 P, obs. E. Daniel, « Accès aux documents », *Europe* n° 1, janvier 2016, comm. 2.

Trib. UE, 7 juillet 2015, *Axa Versicherung c/ Commission*, aff. T-677/13, *Europe* 2015. comm. 326, obs. L. Idot.

Trib. UE, 12 juin 2014, *Intel*, aff. T-286/09 ; *AJCA* 2014, p. 276, obs. L. Idot, « Regards sur l'arrêt Intel : Confirmations ou évolution ? », *Europe* 2014, étude 7.

Trib. UE, 29 mars 2012, *Telefónica, SA et Telefónica de España, SA c/ Commission européenne*, aff. T-336/07.

Trib. UE, 15 décembre 2011, *CDC Hydrogen Peroxide c/ Commission européenne*, aff. T-437/08, *Rec.* p. II-08251.

TPICE, 10 avril 2008, *Deutsche Telekom c/ Commission*, aff. T-271/03.

TPICE, 17 septembre 2007, *Microsoft c/ Commission*, aff. T-201/04.

Trib. UE, 30 janvier 2007, *France Télécom SA c/ Commission*, aff. T-340/03, *Rec.* 2007, p. II-113.

TPICE, 13 décembre 2006, *FNCBV a. c/ Commission*, aff. jtes T-217/03 et T-245/03 ; obs. M. DEBROUX, « Beef meat sector », Concurrences n° 1-2007, p. 88.

TPICE, 27 septembre 2006, *Jungbunzlauer AG c/ Commission des Communautés européennes*, aff. T-43/02, *Rec.* p. II-03435.

TPICE, 29 avril 2004, *The Carbide/Graphite Group c/ Commission*, aff. T-236/01.

TPICE, 30 septembre 2003, *Michelin c/ Commission*, aff. T-203/01.

TPICE, 18 septembre 2001, *Métropole télévision (M6) c/ Commission*, aff. T-112/99, *Rec.* p. II-02459.

TPICE, 17 juillet 1998, *TTPromedia NV c/ Commission des Communautés européennes*, aff. T-111/96, *Rec.* p. II-02937.

TPICE, 14 mai 1998, *Enso Española SA c/ Commission des Communautés européennes*, aff. T-348/94, *Rec.* p. II-01875.

TPICE, 5 mars 1997, *WWF UK c/ Commission*, aff. T-105/95, *Rec.* p. II-313.

TPICE, 6 avril 1995, *Tréfilunion SA c/ Commission*, aff. T-148/89, *Rec.* p. II-01063.

Juridictions et autorités françaises

Conseil constitutionnel

Cons. const., déc. n° 2016-542 du QPC 18 mai 2016, *Société ITM Alimentaire International SAS* [Prononcé d'une amende civile à l'encontre d'une personne morale à laquelle une entreprise a été transmise] : *JO* n° 0116 du 20 mai 2016, texte n° 92.

Cons. const., déc. n° 2015-510 QPC du 7 janvier 2016, *Association Expert-comptable média association* [Sanctions pécuniaires prononcées par l'Autorité de la concurrence] : *JO* n° 0008 du 10 janvier 2016, texte n° 18 : JurisData n° 2016-000078, obs. A.-S. Chavent-Leclère, « Constitutionnalité des sanctions pécuniaires en matière anticoncurrentielle », *Procédures*, février 2016, n° 2, comm. 75.

Cons. const., déc. n° 2010-85 QPC du 13 janvier 2011, *Établissements Darty et Fils* [Déséquilibre significatif dans les relations commerciales]

Cour de cassation

Cass. com., 13 septembre 2017, n° 15-22.837 et 15-23.070 ; *L'actu-concurrence*, 16 octobre 2017, obs. M. Chagny ; Concurrences n° 1-2018, p. 81, obs. E. THOMAS.

Cass. com., 1er mars 2017, *Sté Éts Amiot*, n° 15-24.408.

Cass. civ. 1re, 16 novembre 2016, n° 15-24.248, « Abus du droit de former un recours : exigence d'une faute », obs. M. Kebir. *D. actualité* (2017).

Cass. Com., 8 novembre 2016, *Sté Activ Medical Disposable (AMD) c/ Sté Ontex*, n° 15-14.437 : JurisData n° 2016-023298 ; obs. J. Larrieu, « La réparation du trouble de parasitisme », *Propriété industrielle* n° 2, février 2017, comm. 14.

Cass. com., 18 octobre 2016, *Sté Carrefour c/ M. X et Ministre de l'Économie et des Finances*, n° 15-13.834, F-D : JurisData n° 2016-021488, obs. S. Le Gac-Pech, « L'adéquation de la sanction face à la brutalité de la rupture d'une relation commerciale établie », *JCP G* n° 5, 2 février 2017, 1066 ; obs. N. Mathey, « Rupture brutale : recours du ministre et amende civile », *CCC* n° 12, décembre 2016, comm. 255.

Cass. com., 20 septembre 2016, *Sté Pucci c/ Sté H&M AB*, n° 14-25.131, FS-P+B : JurisData n° 2016-018921, obs. M. Malaurie Vignal, « Le recrutement par une entreprise de "fast fashion" d'un designer de maison de luxe ne constitue pas un détournement de style parasitaire », *CCC* n° 12, décembre 2016, comm. 252.

Cass. com., 5 juillet 2016, *Société Maison Apollinaire M Andrieu ; Société ENS*, n° 14-17.783.

Cass. soc., 30 juin 2016, n° 15-10.557.

Cass. civ. 2e, 23 juin 2016, n° 15-15.186.

Cass. civ. 2e, 23 juin 2016, n° 15-21.272.

Cass. soc., 22 juin 2016, *Société Automation mécanisation gestion*, n° 15-16.880.

Cass. com., 7 juin 2016, *Société IOR Ltd Société Visa International Service Association*, n° 14-16.885 : JurisData n° 2016-011363.

Cass. com., 7 juin 2016, *Société Zuccolo Rochet France ; Société Gemstar ; Société LC import*, n° 14-26.950.

Cass. com., 24 mai 2016, *société Parabole Réunion c/ société Apple INC*, n° 14-17.533, 472 : JurisData n° 2016-010185.

Cass. civ. 3e, 19 mai 2016, n° 15-15.801.

Cass. civ. 2e, 14 avril 2016, *K. c/ Sté Allianz IARD a.*, n° 14-27.980, 632, F-D : JurisData n° 2016-007664.

Cass. com., 12 avril 2016, *Sté Maisons du monde c/ Sté Gifi a.*, n° 14-29.414, JurisData n° 2016-007015C ; obs. C. Caron, « Marque renommée : pas de risque de confusion », *CCE*, n° 6, juin 2016, comm. 50

Cass. com., 12 avril 2016, n° 13-27.712 : JurisData n° 2016-008398, obs. S. Le Gac-Pech, « Déséquilibre significatif et rupture brutale : les nouvelles formes de dépendance », *JCP E* n° 37, 15 septembre 2016, 1474.

Cass. com., 30 mars 2016, n° 13-12.122.

Cass. com., arrêt n° 183 du 16 février 2016, n° 14-25.340 : JurisData n° 2016-002552.

Cass. com., 16 février 2016, n° 14-15.144.

Cass. com., 2 février 2016, n° 14-20.486.

Cass. com., 19 janvier 2016, n° 14-21.670, FS-P+B ; obs. L. Constantin, « Autorité de la concurrence : portée du secret des affaires et administration de la preuve », *D. actualité*, 29 février 2016.

Cass. civ. 2e, 7 janvier 2016, n° 14-25.781.

Cass. com., 8 décembre 2015, n° 14-19.589, FS-P+B ; obs. X. Delpech, « Affaire du "cartel des endives" : question préjudicielle à la CJUE », *D.* actualité, 23 décembre 2015.

Cass. com., 24 novembre 2015, *Sté Pepsico France c/ Sté Andros*, n° 14-16.806, F-D, JurisData n° 2015-026719 ; obs. M. Malaurie-Vignal, « La reprise d'une idée publicitaire constitue un acte de concurrence déloyale », *CCC* n° 2, février 2016, comm. 36.

Cass. civ. 2e, 24 septembre 2015, n° 14-19.012, F-D ; obs. G. Loiseau, « Le pouvoir d'investigation de l'huissier dans les données informatiques de l'entreprise », *CCC* n° 11, novembre 2015, comm. 89.

Cass. civ. 2e, 26 mars 2015, n° 14-16.011, *Bull. civ.* II, n° 72.

Cass. com., 14 avril 2015, n° 13-26.527 ; *CCC* 2015, comm. 206

Cass. com., 10 février 2015, n° 13-24.399 ; *Propr. industr.* 2015, comm. 40.

Cass. com., 10 février 2015, n° 13-27.225 ; *CCC.* 2015, comm. 114.

Cass. civ. 3e, 27 janvier 2015, n° 13-25.305.

Cass. civ. 3e, 16 juin 2015, n° 14-14758 ; obs. Y.-M. Laithier, « La perte de chance : "arme de dissuasion" contre la rétractation fautive de la promesse unilatérale de vente ? », *RDC*, 1er décembre 2015, n° 4, p. 832.

Cass. com., 9 juin 2015, n° 14-15.781, F-D ; JurisData no 2015-014131, *CCC* 2015, comm. 231.

Cass. civ. 2e, 19 mars 2015, n° 14-14.389.

Cass. com., 17 mars 2015, n° 14-16.728, JurisData n° 2015-006043 ; obs. J. Larrieu, *Propr. industr.* 2015, chron. 9, n° 26.

Cass. com., 3 mars 2015, *Eurauchan*, n° 13-27.525.

Cass. com., 10 février 2015, n° 13-24.979, FS-P+B, *Bull. civ.* 2015, IV, n° 179 ; JurisData n° 2015-002412, *CCC* 2015, comm. 118.

Cass. com., 10 février 2015, n° 13-14.779, obs. R. Routier, « Qui est légitime : le motif d'une mesure d'instruction in futurum ou l'empêchement résultant du secret bancaire », *Revue Droit bancaire*, 1er avril 2015, n° 4, p. 6.

Cass. civ. 2e, 8 janvier 2015, n° 13-27.740.

Cass. com., 18 novembre 2014, *Sté Dusolier Calberson c/ synd. Laboratoires d'analyses Sèvres Atlantique*, n° 13-23.194, F-P+B : JurisData n° 2014-027947, obs. L. Leveneur, « Substitution de la faute inexcusable à la faute lourde : le nouvel article L. 133-8 du Code de commerce arrive à la Cour de cassation », *CCC* n° 2, février 2015, comm. 27.

Cass. com., 21 octobre 2014, *Zadig et Voltaire*, n° 13-14.210 : JurisData n° 2014-025360.

Cass. com., 23 septembre 2014, n° 13-20.469.

Cass. civ. 2e, 26 juin 2014 n° 13-18.895.

Cass. civ. 2e, 5 juin 2014, n° 13-20.333.

Cass. civ. 1re, 2 juillet 2014, n° 13-17.599.

Cass. com., 20 mai 2014, *SAS Maisons Pierre c/ SAS Constructions traditionnelles du Val de Loire a.*, n° 13-16.943, F-D, JurisData n° 2014-010592.

Cass. com., 1er avril 2014, n° 12-14.418, obs. *Dalloz-actu.*, « Le rappel de la notion de faute lourde », 2 mai 2014.

Cass. com., 25 mars 2014, *Sté SFR c/ SARL Feridis*, n° 13-12.502, F-D, JurisData n° 2014-006004 ; obs. M. Malaurie-Vignal, « Une situation de concurrence directe ou effective n'est pas une condition de l'action en concurrence déloyale », *CCC* n° 6, juin 2014, comm. 131.

Cass. civ. 2e, 20 mars 2014, n° 13-11.135, *Bull. civ.* II, n° 76.

Cass. com., 4 février 2014, *Sté Web Family c/ Sebdo*, n° 13-10.039.

Cass. com., 9 juillet 2013, *Christian Liaigre*, n° 12-22166 ; obs. R. MESA, Concurrences n° 4-2013, p. 109.

Cass. com., 12 février 2013, *Sté Eiffage TP c/ Sté Tour des chevaliers*, n° 12-14.045.

Cass. com., 12 février 2013, n° 12-11.860.

Cass. com., 19 mars 2013, n° 12-13.880 : JurisData n° 2013-004860.

Cass. civ. 3e, 10 juillet 2013, n° 12-13.851.

Cass. civ. 1re, 28 novembre 2012, *Mme Mataillet c/ Cne de Saint-Hilaire de Lavit*, n° 11.268-14 : JurisData n° 2012-027514, obs. P. Sargos, « De l'obligation de résultat à l'obligation de sécurité de résultat », *Revue juridique de l'économie publique* n° 706, mars 2013, comm. 12.

Cass. civ. 2e, 25 octobre 2012, n° 11-25.511, obs. A. Guéguan-Lécuyer, « Quand la victime n'est pas tenue de limiter son préjudice dans l'intérêt du responsable », *D.* 2013. 415.

Cass. com., 26 juin 2012, *Sté Nateco et Sté Roldan c/ Sté Comptoirs du monde*, n° 11-20.629.

Cass. com., 15 mai 2012, Sté La Pizzéria c/ Fournier, n° 11-10.278, P+B ; JurisData no 2012-010606, obs. M. Malaurie-Vignal, « Violation d'une clause de non-concurrence et préjudice moral de la société », *CCC* n° 8-9, août 2012, comm. 205.

Cass. civ. 1re, 5 avril 2012, *J. M. Weston ; Promoquestre ; La Marine*, n° 10-27373, obs. R. MESA, Concurrences n° 3-2012, p. 144.

Cass. com., 21 février 2012, *Sté Coudène Michel c/ Sté Midi Tielles*, n° 10-27.966, F-P ; obs. Y. Serra, « Concurrence déloyale et parasitisme », 2012, 2760 ; obs. M. Malaurie-Vignal, « Nature du préjudice résultant d'un acte de concurrence déloyale et parasitaire », *CCC* n° 5, mai 2012, comm. 122 ; obs. R. MESA, Concurrences n° 2-2012.

Cass. com., 14 février 2012, *Alfred Kärcher et Kärcher France c/ DCM Friesland*, n° 10-27873 ; obs. R MESA, Concurrences n° 2-2012, pp. 103-104.

Cass. civ. 2e, 24 novembre 2011, n° 10-25.635, *Bull. civ.* II, n° 217 ; obs. H. Adida-Canac, « *"Mitigation of damage"* : une porte entrouverte ? », *D.* 2012, p. 141.

Cass. com., 18 octobre 2011, pourvoi n° 10-15.296, *Bull. civ.* 2011, IV, n° 161, *D.* 2011, p. 2961, obs. Y. Serra.

Cass. civ. 3e, 11 octobre 2011, n° 09-68.032.

Cass. civ. 2e, 5 mai 2011, n° 10-14.221.

Cass. com., 29 mars 2011, *Sté GLB Molinard c/ Sté Jacadi*, n° 09-71.990, F-D : JurisData n° 2011-004944M, obs. M. Malaurie-Vignal, « La jurisprudence refuse de protéger une idée publicitaire, faute de preuve d'un risque de confusion », *CCC* juillet 2011, n° 7 ; obs. R. MESA, Concurrences n° 3-2011, pp. 148-149.

Cass. com., 27 avril 2011, n° 10-15.648.

Cass. com., 15 mars 2011, n° 10-14.404 ; obs. R. MESA, Concurrences n° 2-2011, p. 139.

Cass. civ. 2e, 10 février 2011, n° 10-13.894, *Bull. civ.* II, n° 36 ; obs. R. Perrot, « Constat d'huissier de justice ordonné judiciairement : notification préalable de la requête et de l'ordonnance », *RTD civ.* 2011, p. 387.

Cass. com., 23 mars 2010, n° U 08-20.427 et n° B 08-21.768, F-D : JurisData n° 2010-002593, obs. G. Decocq, « Un abus de position dominante peut être une faute civile », *CCC* n° 5, mai 2010, comm. 131.

Cass. com., 16 février 2010, *M. X… c/ société Pac et société Safe Tech*, n° 08-20482 ; obs. R. MESA, Concurrences n° 2-2010, pp. 103-104.

Cass. com., 2 février 2010, *société Dan Foam et société Tempur France c/ société Ena*, n° 09-11303.

Cass. com., 27 janvier 2009, *Société Cocktail c/ Société Poptel*, n° 07-15.971 ; obs. R. MESA, Concurrences n° 2-2009, pp. 136-137.

Cass. civ. 2e, 15 janvier 2009, *Sté ITM Entreprise*, n° 08-10.771, FD.

Cass. com., 2 décembre 2008, *CCE* 2009, chron. 8, obs. A. E. Kahn.

Cass. com., 8 juillet 2008, n° 07-16.761, *Bull. civ.* IV, n° 143 ; *D.* 2008, p. 3046, obs. M. Bandrac.

Cass. civ. 2e, 7 mai 2008, n° 07-14.857 et n° 07-14.860.

Cass. com., 12 février 2008, n° 06-17.501.

Cass. com., 20 février 2007, *société Patrelle c/ société Euro* n° 05-17.004 ; obs. D. FASQUELLE, R. MESA, Concurrences n° 2-2007, pp. 128-130.

Cass. com., 20 février 2007, *société Wirquin c/ société Sanitaire accessoires services*, n° 05-16.683.

Cass. com., 12 décembre 2006, *sociétés Diramode et Promotion du prêt-à-porter c/ société Jennyfer*, n° 05-18.988.

Cass. civ. 2e, 11 mai 2006 : *Bull. civ.* II, n° 128.

Cass. civ. 2e, 8 février 2006, *Bull. civ*, II, n° 44.

Cass. civ. 1re, 13 décembre 2005, n° 03-21.154, *Bull. civ.* I, n° 499, p. 420.

Cass. com., 12 juillet 2005, n° 04-12.388.

Cass. com., 1er juillet 2003, n° 01-13052.

Cass. civ. 2e, 19 juin 2003, n° 01-13.289 et 00-22.302, *Bull. civ.* II, n° 203, obs. D. Mazeaud, *D.* 2004, p. 1346 ; P. Jourdain, *RTD civ.* 2003, p. 716.

Cass. com., 3 juin 2003, n° 01-15.145.

Cass. com., 11 mars 2003, n° 00-22.722.

Cass. civ. 2e, 6 mars 2003, n° 01-02.745.

Cass. com., 19 juin 2001, n° 99-15.411.

Cass. com., 27 mars 2001, *PIBD* 2001, n° 725, III, p. 408.

Cass. com., 30 janvier 2001 n° 99-10.654.

Cass. com., 14 juin 2000, n° 98-10.689.

Cass. civ. 1re, 30 mai 2000, *Bull. civ.* I, obs. P. Y. Gauthier, p. 863.

Cass. com., 16 mai 2000 n° 98-10230.

Cass. com., 26 janvier 1999, *Sté Canavese c/ SA Murisseries du Centre*, n° 96-22.457 : JurisData n° 1999-000470 ; obs. Y. Serra, « La concurrence déloyale englobe la concurrence parasitaire, qui concerne des entreprises qui sont en situation de concurrence », *D.* 2000, p. 87.

Cass. civ. 2e, 7 janvier 1999, n° 95-21.934, obs. F.-X. Lucas, *Bull. Joly Sociétés*, 1999, p. 666.

Cass. com., 18 mars 1997, n° 95-11.139 ; JurisData n° 1997-001405.

Cass. civ. 1re, 16 mai 1995, n° 92-15.376, *Bull. civ.* I, n° 207 ; *RTD civ.* 1995, p. 910.

Cass. com., 7 février 1995, *Jean Chapelle c/ Sony France*, n° 93-16.334 ; *CCC* 1995, n° 72, comm. L. Vogel.

Cass. civ. 2e, 23 novembre 1994 : *Bull. civ.* II, no 241.

Cass. com., 18 octobre 1994, no 92-18.114.

Cass. com., 28 mai 1991, *Bull. civ.* IV, no 193.

Cass. com., 13 novembre 1990, *Bull. civ.* IV, no 271.

Cass. soc., 16 mai 1990, no 88-41.565, « La faute lourde suppose l'intention de nuire », *D.* 1990, p. 154.

Cass. com., 10 janvier 1989, *Bull. civ.* IV, no 12 ; *D.* 1990, somm. p. 75, obs. Y. Serra.

Cass. com., 5 janvier 1988, no 86-15.322, *D.* 1989, p. 357 ; obs. G. Virassamy.

Cass. com., 22 octobre 1985, no 83-15.096.

Cass. com., 22 mai 1984, no 82-13.482.

Cass. com., 17 mai 1982, *Baccarat*, no 80-12.556.

Cass. civ. 1re, 4 novembre 1980, no 79-13.554.

Cass. civ. 2e, 30 juin 1971, *Liquiere / Debos* no 70-10.845, *Bull. civ.* 1971, II, no 240.

Cass. civ. 2e, 28 octobre 1954, *JCP* 1955, II, 8765.

Cass. civ. 1re, 13 octobre 1953, *Bull. civ.* I, no 22.

Cass. ch. réunies, 15 juillet 1941, no 00-26.836.

Cour d'appel

CA Rennes, ch. 1, 3 avril 2018, no 16/06930 : JurisData no 2018-006872.

CA Paris, ch. 11, 16 mars 2018, no 16/04406.

CA Pau, ch. 2, sect. 1, 14 février 2018, *SAS Sales and Distribution c/ SARL I Ceram*, no 16/00159.

CA Paris, ch. 4, 10 mai 2017, no 15/05918.

CA Paris, ch. 1, 7 mars 2017, *Sound Strategy*, no 15/22802 : JurisData no 2017-007027.

CA Paris, ch. 4, 7 décembre 2016, *SAS Pétanque Longue c/ SAS La Boule Obut*, no 16/15228.

CA Paris, ch. 2, 30 septembre 2016, *SA Breitling c/ SARL Bell & Ross*, no 15/19136 : JurisData no 2016-025649, obs. M. Malaurie-Vignal, « Concurrence déloyale », *CCC* no 1, janvier 2017, comm. 13.

CA Paris, ch. 2, 1er juillet 2016, *S.A.S. Egilia, S.A.S. Certyrou*, no 15/20073 : JurisData no 2016-013528.

CA Paris, ch. 5, 30 juin 2016, *SAS Etam, SAS charlotte*, no 14/22635.

CA Paris, ch. 11, 24 juin 2016, *SARL libres Auto Service*, no 15/0726 : JurisData no 2016-013274.

CA Paris, ch. 1, 14 juin 2016, no 15/07676.

CA Versailles, ch. 12e, 7 juin 2016, *SA Autobiz c/ SASU Elite Auto*, no 15/02212.

CA Paris, pôle 5, ch. 1, 7 juin 2016, no 15/07667.

CA Lyon, civ. 1re, sect. A, 19 mai 2016, no 14/04021.

CA Paris, ch. 2, 15 avril 2016, no 14/08238.

CA Paris, ch. 1, 12 avril 2016, *Séphora c/ Nocibé*, no 14/23137.

CA Paris, ch. 1, 12 avril 2016, *SAS Maison du monde, SARL L'entrepôt*, no 15/00425 : JurisData no 2016-013050.

CA Paris, ch. 11, 8 avril 2016, n° 13/14836.

CA Lyon, ch. civ. 1 A, 10 mars 2016, n° 14/02130 : JurisData n° 2016-007546.

CA Colmar, ch. soc., 10 mars 2016, *Haïm Sebbag c/ Société Habitat International*, n° 279/16, 14/02928 : JurisData n° 2016-004497.

CA Paris, ch. 5-7, 21 janvier 2016 n° 2014/2281.

CA Versailles, ch. 12, 19 janvier 2016, n° 14/06332 : JurisData n° 2016-002308.

CA Paris, pôle 5, ch. 1, 12 janvier 2016, n° 14/02823: JurisData n° 2016-000759.

CA Paris, ch. 2, 11 décembre 2015, n° 14/23109 : JurisData n° 2015-027964.

CA Paris, pôle 5, ch. 1, 8 décembre 2015, n° 14/19100 : JurisData n° 2015-029571.

CA Paris, ch. 1, 1er décembre 2015, *Polad-Spadoni c/ SA CultureSpaces*, n° 14/14179 : JurisData n° 2015-027121.

CA Paris, ch. 4, 25 novembre 2015, *SARL Google France*, JurisData n° 2015-026643 ; obs. G. Decocq, « Google n'a pas eu de stratégie d'éviction sur le marché de la cartographie », *CCC* n° 1, janvier 2016, comm. 19.

CA Paris, ch. 4, 25 novembre 2015, *Darty c/ Ministre de l'économie*, n° 12/14513.

CA Paris, ch. 4, 18 novembre 2015, *SAS Andrieu c/ SARL Real Chocolat*, n° 13/14017 : JurisData n° 2015-026408.

CA Paris, ch. 4, 28 octobre 2015, n° 13/14984 : JurisData n° 2015-024699.

CA Paris, ch. 4, 21 octobre 2015, *Cartier c/ L'Oréal*, n° 13/08861 : JurisData n° 2015-000462 ; obs. M. Malaurie-Vignal, « La Cour d'appel retient la notion de code visuel et esthétique et admet un parasitisme par imprudence », *CCC* n° 1, janvier 2016, comm. 6.

CA Paris, ch. 5-7, 24 septembre 2015, n° 2014/17586.

CA Bordeaux, civ. 2e, 6 août 2015, n° 13/00409 : JurisData n° 2015-018679.

CA Paris, ch. 5, 2 juillet 2015, *SA EDF et SA ERDF c/ SAS Nexans et SAS Prysmian*, n° 13/22609 ; obs. A. Ronzano, *Lettre creda-concurrence*, in archives.

CA Paris, ch. 5, 2 juillet 2015, *SAS Langloys Production c/ SAS Marius Bernard*, n° 15/04231 : JurisData n° 2015-016923.

CA Paris, ch. 4, 1er juillet 2015, *Ministre de l'Économie c/ Galec*, n° 13/19251 ; obs. M. Chagny, « Le déséquilibre significatif financier sanctionné par la cour d'appel de Paris », *RTD com.* 2015, p. 492.

CA Lyon, civ. 1re A, 25 juin 2015, *SA Cuir Center International, SARL Meubles Merle, SARL Prisiex, SAS S E X (Sièges Expansion), SARL Sarene*, n° 13/04365 : JurisData n° 2015-015824.

CA Paris, ch. 2, 18 juin 2015 n° 14/03379 : JurisData n° 2015-020170.

CA Paris, ch. 4, 27 mai 2015, *SCP Bes Ravises c/ SA Orange* (anciennement dénommée France Télécom), n° 14/14758.

CA Lyon, ch. civ. 1 A, 21 mai 2015, *SAS Palladium c/ SASU GBB*, n° 13/05614 : JurisData n° 2015-012670.

CA Paris, ch. 5-7, 21 mai 2015, n° 2014/02694.

CA, Aix-en-Provence, ch. 2, 21 mai 2015, SARL Sarrians Batterie, SARL Piles et batteries, n° 2015/172, n° 13/02400 : JurisData n° 2015-019250.

CA Paris, ch. 5-7, 15 mai 2015, n° 2014/05554.

CA Paris, ch. 5-7, 18 décembre 2014, n° 2013/12370.

CA Paris, ch. 5-7, 20 novembre 2014, n° 2012/06826, Farine alimentaire.

CA Paris, ch. 5-7, 6 novembre 2014, n° 2013/01128.

CA Paris, 1er octobre 2014, *min. Économie c/ diverses sociétés du groupe Carrefour*, n° 13/16336 ; obs. M. Behar-Touchais, « Le mythe de Sisyphe, revu et corrigé par le déséquilibre significatif », *RDC* 3 mars 2015, n° 01, p. 67.

CA Paris, ch. 4, 24 septembre 2014, *SA Eco-Emballages et Valorplast c/ DKT et Aut. conc.*, n° 12/06864.

CA Paris, ch. 4, 17 septembre 2014, *SA La Montagne c/ SAS Aviscom*, n° 12/10322 ; *Lettre creda-concurrence*, 13 octobre 2014, obs. A. Ronzano ; *AJCA* 2015, p. 70, obs. M. Chagny.

CA Paris, ch. 5-7, 15 mai 2014, n° 2012/06498.

CA, Versailles, ch. 12, 18 février 2014, n° 12/07318.

CA Paris, ch. 4, 18 décembre 2013, *Galec c/ Ministre de l'Économie*, n° 12/00150.

CA Paris, ch. 4, 20 novembre 2013, *SAS Provera France* : JurisData n° 2013-026814.

CA Paris, ch. 4, 18 septembre 2013, *Galec c/ Ministre de l'Économie*, n° 12/03177.

CA Paris, ch. 4, 11 septembre 2013, *Ministre c/ Société...*, n° 11/17941.

CA Paris, 4 juillet 2013, *EMC Distribution c/ Ministre de l'Économie*, n° 12/07651.

CA Paris, ch. 4, 26 juin 2013, *JCB Sales c/ Central Parts*, n° 12/04441.

CA Paris, ch. 4, 3 avril 2013, *SAS Distribution alimentaire c/ Société Carrefour*, n° 10/24013.

CA Paris, pôle 5, ch. 7, 20 décembre 2012, n° 2010/05667 ; obs. S. Destours, « Il y avait le feu au lac ! », *RLC* n° 35, 1er avril 2013, p. 22.

CA Aix-en-Provence, 25 octobre 2012, *SAS parfums c/ SA Argeville*, n° 11/10525 : JurisData n° 2012-428.

CA Paris, ch. 5-7, 11 octobre 2012 n° 2011/03298.

CA Paris, 5 septembre 2012, n° 11/21599 : JurisData n° 2012-019931.

CA Aix-en-Provence, 5 juillet 2012, n° 11/00868.

CA Paris, 7 juin 2012, n° JurisData 2012-014788.

CA Paris, ch. 10, 27 juin 2012, *Me Michel Bes, en qualité de mandataire judiciaire à la liquidation judiciaire de la SA Lectiel a. c/ SA France Télécom*, n° 10/18278, obs. M. Chagny, *CCC* 2013, comm. 6.

CA Paris, ch. 1, 27 juin 2012, *Optenet*, n° 09/28753 : JurisData n° 2012-016972.

CA Paris, 30 mai 2012, n° 10/13056 : JurisData n° 2012-012010.

CA Paris, ch. 5-7, 29 mars 2012, n° 2011/01228.

CA Bordeaux, 22 mars 2012, n° 10/06376.

CA Caen, ch. 2, 15 mars 2012, n° 11/00364, *Dalloz Jurisprudence.*

CA Paris, 8 mars 2012, *Société Mariage Frères c/ Guildinvest*, n° 08/15882.

CA Paris, ch. 5-7, 23 février 2012, n° 2010/20555.

CA Bordeaux, 21 février 2012, n° 10/04301.

CA Paris, ch. 5, 14 février 2012, n° 09/06711.

CA Paris, 10 février 2012, *SA Cinq Huitièmes c/ TNT*, n° 10/23711 : JurisData n° 2012 00458.

CA Paris, ch. 1-2, 16 novembre 2011, *Auto-Ritz c/Automobiles Citroën*, n° 11/05787.

CA Colmar, 20 septembre 2011, *SA Cacio c/ SARL Levy Avyel Diffusion* : JurisData n° 2011-019794 ; obs. N. Mathey, « Agent commercial : faute grave privative d'indemnité de fin de contrat », *CCC* n° 1, janvier 2012, comm. 16.

CA Douai, 14 septembre 2011, M.J.L. Cussac, JurisData no 2011-019383.

CA Grenoble, 23 juin 2011, *SARL Arnaud Dubrisay services c/ SA Depagne* : JurisData no 2011-017014.

CA Grenoble, 23 juin 2011, *P. Fages c/ SA Sportpulsion* : JurisData n° 2011-017038.

CA Orléans, 16 juin 2011, Sté civile Agemaco c/ SAS Cofrac, JurisData no 2011-016227.

CA Montpellier, 17 mai 2011, Ch. Kebe c/ Ch. Kebe, JurisData no 2011-017736.

CA Paris, ch. 5-7, 5 mai 2011, *Razel et Sefi-Intrafor* ; obs. G. DECOCQ, « Quand jouer la montre paye », *CCC* n° 7, juillet 2011, comm. 174.

CA Paris, 8 avril 2011, n° 10/10392.

CA Paris, 22 février 2011, n° 11/00253.

CA Paris, 25 janvier 2011, n° 10/12672.

CA Besançon, 19 janvier 2011, n° 10/01667, *D.* 2011, p. 2891.

CA Paris, 13 octobre 2010, n° 10/03314.

CA Paris, 25 mai 2010, n° 2009/058826.

CA Paris, pôle 5, ch. 5-7, 19 janvier 2010, *SAS AMD Sud-Ouest*, n° 2009/00334 ; obs. G. Decocq, *CCC* 2010, comm. 79.

CA Paris, 15 janvier 2009, *Alcyone Finance, Bouvier Gestion*, n° 06/05463, *Dalloz Jurisprudence.*

CA Paris, ch. 1, 25 novembre 2009, *SARL Paris-Paris c/ Marant.*

CA Paris, ch. 5-7, 29 septembre 2009, *Ets Mathé SA*, n° 2008/12495.

CA Paris, 10 juin 2009, *Doux Aliments c/ SAS Ajinomoto Eurolysine*, n° 07/10478.

CA Paris, ch. 4, sect. A, 1er octobre 2008, *SARL Studio 15 Beauté c/ Sté DF France, SARL Eole, SA Dessange International.*

CA Paris, 16 mai 2008, obs. C. Caron, *JCP E* 2009, n° 2, p. 12.

CA Paris, 26 juin 2007, n° 2007-07821.

CA Paris, 18 mai 2005, *JCP E* 2005, p. 27, obs. Caron.

CA Paris, ch. 4 B, 10 septembre 2004 ; obs. F. Pollaud-Dulian, « Concurrence parasitaire. Idées. Imitation du style d'un artiste », *RTD com.* 2004, p. 734.

CA Versailles, ch. 12, 24 juin 2004, *SA Vérimédia c/ SA Médiamétrie et al.*, n° 02/07434 : JurisData n° 2002-07434.

CA Paris, 7 juin 2003 : JurisData n° 2003-214611 ; *BOCCRF* du 29 septembre 2003.

CA Paris, 18 mars 2003 : JurisData n° 2003-206431 ; *BOCCRF* du 20 mai 2003.

CA Paris, 9 avril 2002, *Géodis Overseas France*, n° 2001/19855.

CA Paris, ch. 1, 12 décembre 2000, *SNC Sté Sogea Sud-Est et a.*

CA Paris, 18 octobre 1994, *D.* 1996, somm. p. 250, obs. Y. Serra.

CA Paris, ch. 1, 25 janvier 1994, *BOCCRF* du 9 février, p. 60.

CA Paris, 15 décembre 1993, *JCP E* 1994, II, 540, obs. F. Pollaud-Dulian.

CA Paris, 18 mai 1989, *D.* 1990, p. 340 ; obs. L. Cadiet ; somm. p. 76, obs. Y. Serra.

CA Toulouse, 19 octobre 1988, *D.* 1989, jurispr., p. 290 ; obs. J.-J. Barbieri.

CA Paris, ch. 1, sect. B, 10 juillet 1986, obs. E. Agostini, *JCP G* n° 50, 10 décembre 1986.

CA Rouen, 13 janvier 1981 ; obs. H.-J. Lucas, *D.* 1983, jurispr., p. 53.

Tribunal de commerce

T. com. Paris, 15e ch., 25 septembre 2017, *SAS Carrefour France et al c/ SAS Procter & Gamble Holding France*, n° 2016036862.

T. com. Paris, 15e ch., 30 mars 2015, *DKT c/ Eco-Emballages et Valorplast*, n° 2012000109 : JurisData n° 2015-018027. p. 15 ; obs. G. Decocq, « La procédure d'engagement ne rend pas irrecevable une action en responsabilité civile », *CCC* n° 6, juin 2015, comm. 155.

T. com. Paris, 15e ch. 16 mars 2015, *SAS Outremer Telecom c/ SA Orange Caraïbe et SA Orange* (anciennement SA France Télécom), n° 2010073867.

T. com. Paris, 15e ch., 22 juin 2012, *Alban B. c/ Michaël M.* ; obs. M. Chagny « N'imitez pas les conditions de vente de votre concurrent ! », *CCE*, n° 10, octobre 2012, comm. 112 ; obs. A. Debet, « La reprise des conditions générales d'un site par un autre de nouveau sanctionnée sur le fondement du parasitisme », *CCC* n° 10, octobre 2012, comm. 108.

T. com Paris, 15e ch., 16 mars 2012, *SAS Ma liste de Courses c/ Société HighCo*, n° 2011014911.

T. com. Caen, ch. 2, 15 mars 2012, n° 11/00364, n° 2009/3070.

T. com Paris, ch. 15, 31 janvier 2012, *Bottin Cartographes c/ Google*, n° 2009061231.

T. com Lille, 7 septembre 2011, *Ministre de l'Économie c/ SAS Eurauchan*, n° 2009/05105 : JurisData n° 2011-020988 ; obs. M. Behar-Touchais, « Quand la clause pénale s'appelle "clause de taux de service" », *RDC*, 1er janvier 2012, n° 1, p. 145.

T. com. Paris, 6e ch., 30 mars 2011, *SAS Numericable a. c/ SA France Télécom Orange*, n° 2009073089, obs. M. Chagny, « Le contentieux civil des pratiques anticoncurrentielles : du nouveau sur la réparation du préjudice ? », *CCC* n° 9, septembre 2011, comm. 76.

T. com. Lille, 6 janvier 2010, *Ministre de l'Économie c/ Castorama*, n° 2009-05184.

T. com, 15e ch., 30 octobre 2009, *SARL Société Net Solution Partner c/ EURL Google France*, n° 2008060394.

T. com Paris, 16e ch., 3 septembre 2007, *SA Kelkoo c/ SARL Multi E-Pass*, n° 2006046758.

T. com. Paris, 22 octobre 1996, *Eco-system c/ Peugeot*, n° 95/25988.

T. com. Paris, 10 août 1978, *RIPIA* 1979.

Tribunal de grande instance

TGI Nanterre, 12 mai 2015, Secteur offre mobile 4G, Pratique commerciale trompeuse/ vente d'un téléphone 4G sans informer le consommateur des limites de couverture du territoire : *Familles Rurales c/ SFR.*

TGI Paris, décembre 2014, Secteur immobilier/location/parc social, facturation de pénalités de 2 % pour retard de loyer ; locataires 3F ayant payé des pénalités depuis novembre 2009 : *Confédération nationale du logement (CNL) c/ Immobilière 3F.*

TGI Nanterre, 28 octobre 2014, Secteur Services financiers/assurance-vie – Non-respect du taux de rémunération garanti de 4,50 % par an pour l'assurance-vie : *CLER CLCV c/ AXA-AGIPI.*

TGI Paris, 14 octobre 2014, *(SLC-CSF) c/ Paris Habitat-Oph.*

TGI Nanterre, 1er octobre 2014, Secteur immobilier/location/parc privé – Facturation d'un service d'avis d'échéance : *UFC-Que Choisir c/ Foncia.*

TGI Paris, ch. 3, 1re sect., 22 mai 2014, n° 12/17575.

TGI, ch. 6, 17 décembre 2013, n° 10/03480 ; obs. Vogel, « Private enforcement : Une importante décision en matière de prescription des actions en réparation de dommages concurrentiels », Blog Vogel & Vogel.

TGI Paris, 24 mai 2013, *X. c/ Y., C. Leben et Éditions Bruylant* ; obs. F. Pollaud-Dulian, « Œuvres scientifiques. Thèse de droit. Action en contrefaçon. Prescription. Originalité. Idées. Parasitisme », *RTD com.* 2013, p. 705.

TGI Paris, réf. 15 janvier 2009, n° 08/55030, 08/59948, 08/59949 ; obs. M. Chagny, *RLC* avril 2009, n° 19.

TGI Paris, 25 novembre 2008, *SA Wizzgo c/ SA Métropole Télévision et autres*, n° 08/13347.

TGI Paris, 13 mai 2005 : JurisData n° 2005-280395.

TGI Paris, 17 septembre 1980, *Bic c/ Julliard* ; obs. P. le Tourneau, *Gaz. Pal.* 1981.1.133.

Autorité de la concurrence / Conseil de la concurrence

Décision n° 18-D-15 du 26 juillet 2018 relative à des pratiques mises en œuvre dans le secteur de la distribution de médicaments vétérinaires.

Décision n° 18-D-06 du 23 mai 2018 relative à des pratiques mises en œuvre dans le secteur de la commercialisation des vins en vrac AOC des Côtes du Rhône.

Décision n° 17-D-27 du 21 décembre 2017 relative à des pratiques d'obstruction mises en œuvre par Brenntag.

Décision n° 17-D-20 du 18 octobre 2017 relative à des pratiques mises en œuvre dans le secteur des revêtements de sols résilients.

Décision n° 17-D-14 du 27 juillet 2017 relative à des pratiques mises en œuvre dans le secteur de la distribution des produits de grande consommation en Outre-mer.

Décision n° 17-D-06 du 21 mars 2017 relative à des pratiques mises en œuvre dans le secteur de la fourniture de gaz naturel, d'électricité et de services énergétiques.

Décision n° 17-D-02 du 10 février 2017 relative à des pratiques mises en œuvre dans le secteur des boules de pétanque de compétition.

Décision n° 17-D-01 du 26 janvier 2017 relative à des pratiques mises en œuvre dans le secteur des arts de la table et de la cuisine.

Décision n° 16-D-14 du 23 juin 2016 relative à des pratiques mises en œuvre dans le secteur du zinc laminé et des produits ouvrés en zinc destinés au bâtiment.

Décision n° 15-D-20 du 17 décembre 2015 relative à des pratiques mises en œuvre dans le secteur des communications électroniques.

Décision n° 15-D-19 du 15 décembre 2015 relative à des pratiques mises en œuvre dans les secteurs de la messagerie et de la messagerie express.

Décision n° 05-D-32 du 22 juin 2015 relative à des pratiques mises en œuvre par la société Royal Canin et son réseau de distribution.

Décision n° 15-D-08 du 5 mai 2015 relative à des pratiques mises en œuvre dans le secteur de la commercialisation de la viande de volaille.

Décision n° 15-D-03 du 11 mars 2015 relative à des pratiques mises en œuvre dans le secteur des produits laitiers frais.

Décision n° 14-D-20 du 22 décembre 2014 relative à des pratiques mises en œuvre dans le secteur du papier peint en France.

Décision n° 14-D-19 du 18 décembre 2014 relative à des pratiques mises en œuvre dans le secteur des produits d'entretien et des insecticides et dans le secteur des produits d'hygiène et de soins pour le corps.

Décision n° 14-D-18 du 28 novembre 2014 relative à des pratiques mises en œuvre dans le secteur de la vente événementielle en ligne.

Décision n° 14-D-09 du 4 septembre 2014 sur les pratiques mises en œuvre par les sociétés Nestlé, Nestec, Nestlé Nespresso, Nespresso France et Nestlé Entreprises dans le secteur des machines à café expresso.

Décision n° 14-D-06 du 8 juillet 2014 relative à des pratiques mises en œuvre par la société Cegedim dans le secteur des bases de données d'informations médicales.

Décision n° 14-DCC-30 du 6 mars 2014 relative à la prise de contrôle exclusif par la société Carrefour Proximité France de 129 magasins de commerce de détail à dominante alimentaire.

Décision n° 14-D-02 du 20 février 2014 relative à des pratiques mises en œuvre dans le secteur de la presse d'information sportive.

Décision n° 13-D-21 du 18 décembre 2013 relative à des pratiques mises en œuvre sur le marché français de la buprénorphine haut dosage commercialisée en ville.

Décision n° 13-D-20 du 17 décembre 2013 relative à des pratiques mises en œuvre par EDF dans le secteur des services destinés à la production d'électricité photovoltaïque.

Décision n° 13-D-12 du 28 mai 2013 relative à des pratiques mises en œuvre dans le secteur de la commercialisation de commodités chimiques.

Décision n° 13-D-11 du 14 mai 2013 relative à des pratiques mises en œuvre dans le secteur pharmaceutique.

Décision n° 13-D-03 du 13 février 2013 relative à des pratiques mises en œuvre dans le secteur du porc charcutier.

Décision n° 12-D-27 du 20 décembre 2012 relative à des pratiques relevées dans le secteur de la billetterie de spectacles.

Décision n° 12-D-25 du 18 décembre 2012 relative à des pratiques mises en œuvre dans le secteur du transport ferroviaire de marchandises.

Décision n° 12-D-24 du 13 décembre 2012 relative à des pratiques mises en œuvre dans le secteur de la téléphonie mobile à destination de la clientèle résidentielle en France métropolitaine.

Décision n° 12-D-14 du 5 juin 2012 relative à des pratiques mises en œuvre par Microsoft Corporation et Microsoft France.

Décision n° 12-D-10 du 20 mars 2012 relative à des pratiques mises en œuvre dans le secteur de l'alimentation pour chiens et chats.

Décision n° 12-D-09 du 13 mars 2012 relative à des pratiques mises en œuvre dans le secteur des farines alimentaires.

Décision n° 12-D-08 du 6 mars 2012 relative à des pratiques mises en œuvre dans le secteur de la production et de la commercialisation des endives.

Décision n° 11-D-17 du 8 décembre 2011 relative à des pratiques mises en œuvre dans le secteur des lessives.

Décision n° 11-D-13 du 5 octobre 2011 relative à des pratiques relevées dans les secteurs des travaux d'électrification et d'installation électrique dans les régions Midi-Pyrénées, Languedoc-Roussillon, Auvergne et limitrophes.

Decision n° 11-D-02 du 26 janvier 2011 relative à des pratiques mises en œuvre dans le secteur de la restauration des monuments historiques.

Décision n° 10-D-39 du 22 décembre 2010 relative à des pratiques mises en œuvre dans le secteur de la signalisation routière verticale.

Décision n° 10-D-35 du 15 décembre 2010 relative à des pratiques mises en œuvre dans le secteur de la fourniture d'électrodes de soudure pour les constructeurs automobiles.

Décision n° 10-D-28 du 20 septembre 2010 relative aux tarifs et aux conditions liées appliquées par les banques et les établissements financiers pour le traitement des chèques remis aux fins d'encaissement.

Décision n° 10-MC-01 du 30 juin 2010 relative à la demande de mesures conservatoires présentée par la société Navx.

Décision n° 08-D-32 du 16 décembre 2008 relative à des pratiques mises en œuvre dans le secteur du négoce des produits sidérurgiques.

Décision n° 09-D-36 du 9 décembre 2009 relative à des pratiques mises en œuvre par Orange Caraïbe et France Télécom sur différents marchés de services de communications électroniques dans les départements de la Martinique, de la Guadeloupe et de la Guyane.

Décision n° 09-D-05 du 2 février 2009 relative à des pratiques mises en œuvre dans le secteur du travail temporaire.

Décision n° 08-D-30 du 4 décembre 2008 relative à des pratiques mises en œuvre par les sociétés des Pétroles Shell, Esso SAF, Chevron Global Aviation, Total Outre Mer et Total Réunion.

Décision n° 08-D-06 du 2 avril 2008 relative à des consignes syndicales de dépassement des tarifs conventionnels par les médecins spécialistes de secteur I.

Décision n° 07-D-41 du 28 décembre 2007 relative à des pratiques s'opposant à la liberté des prix des services proposés aux établissements de santé à l'occasion d'appels d'offres en matière d'examens anatomo-cyto-pathologiques.

Décision n° 07-D-50 du 20 décembre 2007 relative à des pratiques mises en œuvre dans le secteur de la distribution de jouets.

Décision n° 07-D-48 du 18 décembre 2007 relative à des pratiques mises en œuvre dans le secteur du déménagement national et international.

Décision n° 07-D-26 du 26 juillet 2007 relative à des pratiques mises en œuvre dans le cadre de marchés de fourniture de câbles à haute tension.

Décision n° 07-D-05 du 21 février 2007 relative à des pratiques mises en œuvre par l'Union française des orthoprothésistes (UFOP) sur le marché de la fourniture d'orthoprothèses.

Décision n° 06-D-04 du 13 mars 2006 relative à des pratiques relevées dans le secteur de la parfumerie de luxe.

Décision n° 05-D-70 du 19 décembre 2005 relative à des pratiques mises en œuvre dans le secteur des vidéocassettes préenregistrées.

Décision n° 05-D-64 du 25 novembre 2005 relative à des pratiques mises en œuvre sur le marché des palaces parisiens.

Décision n° 05-D-47 du 28 juillet 2005 relative à des pratiques mises en œuvre dans le secteur de la destruction d'armements et de munitions.

Décision n° 05-D-03 du 10 février 2005 relative à des pratiques mises en œuvre dans le secteur de l'eau de javel.

Décision n° 04-D-48 du 14 octobre 2004 relative à des pratiques mises en œuvre par France Télécom, SFR Cegetel et Bouygues Télécom.

Décision n° 04-D-25 du 23 juin 2004 relative aux pratiques mises en œuvre dans le domaine des honoraires d'architecte dans les marchés de maîtrise d'œuvre en Aquitaine.

Décision n° 04-D-07 du 11 mars 2004 relative à des pratiques relevées dans le secteur de la boulangerie dans le département de la Marne.

Décision n° 02-D-57 du 19 septembre 2002 relative aux pratiques dans le secteur des roulements à billes et assimilés.

Décision n° 02-D-36 du 14 juin 2002 relative à des pratiques relevées dans le secteur de la distribution de lunettes d'optique sur le marché de l'agglomération lyonnaise.

Décision 01-D-17 du 25 avril 2001 relative à des pratiques anticoncurentielles dans les marchés d'électricification de la région du Havre.

Décision n° 00-D-67 du 13 février 2001 relative à des pratiques constatées dans le secteur de la vente d'espaces publicitaires visuels.

Décision n° 94-D-21 du 22 mars 1994 relative à des pratiques de l'Office d'annonces, régisseur exclusif de la publicité dans les annuaires de France Télécom.

Décision n° 91-D-56 du 10 décembre 1991 relative à des pratiques mises en œuvre par des organisations professionnelles de débitants de boissons dans le département de la Gironde.

Juridictions étrangères

Baron v. Black, 2015 N.Y. Slip Op. 31201 (U) (July 10, 2015).

Williams v. Werner Enterprises, Inc., 2015 WL 1000779 (W. Va. 2015) ;

Sun-Rype Products Ltd. v. Archer Daniels Midland Company, SCC 58 (2013), SCR 545.

Betz v. Pneumo Abex, LLC, 44A.3d 27 (Pa. 2012).

Diamond Chem Co. v. Akzo Nobel Chems. B. V., No. 01-2118, WL 2007447 (D.D.C. July 10, 2007).

Story v. RAJ Properties, Inc., 909 So.2d 797 (Ala. 2005).

Cour régionale de Düsseldorf, jugement du 17 décembre 2013, 37 O 200/09 (Kart.) U. – Zementkartell II (Ciment II).

Amaris v. Sharp Elecs., 758 N.Y.S.2d 637 (N.Y. App. Div. 2003).

Bloemendaal v. Town & Country Sports Ctr. Inc., 659 N.W.2d 684 (Mich. Ct. App. 2003).

Hannah v. Heeter, 584 S.E.2d 560, 563-64 (W.Va. 2003).

Bona Foods v. Pfizer, O.J. No. 5553 (S.C.J. 2002).

Alfresh Beverages Canada Corp. v. Archer Daniels Midland Co. (2001) OJ No. 6028 (S.C.J.).

United States v. Microsoft Corp., 253 F.3d 34, 58 (D.C. Cir. 2001).

Western Canadian Shopping Centres Inc. v. Dutton, 2 SCR 534 (2001).
Smith v. Atkinson, 771 So. 2d 429 (Ala. 2000).
Attorney General v. Blake, 2000, 4 All E. R. AT 398.
Lealeo v. Beneficial California, Inc. (2000) 82 Cal. App. 4th 19.
Garfoot v. Fireman's Fund Ins. Co., 228 Wis.2d 707, 724, 599 N.W.2d 411 (Wis. Ct. App. 1999).
Re Prudential Ins. Co. of America Sales Prac. Litigation, Civil Action No. 95-4704. MDL No. 1061. (1997).
Daubert v. Merrell Dow Pharma Inc., 509 U.S. 579 (1993).
Herbert v. Wal-Mart Stores, Inc., 911 F.2d 1044, 1048 (5th Cir. 1990).
Moskovitz v. Mt. Sinai Med. Ctr., 635 N.E.2d 331. 344 (Ohio Ct. App. 1994).
Capitol Chevrolet Inc. v. Smedley, 614 So.2d 439 (Ala. 1993).
E.E.O.C. v. Jacksonville Shipyards, Inc., 690 F.Supp. 995 (M.D. Fla. 1988).
Holmes v. Amerex Rent-A-Car, 180 F.3d 294 (D.C. Cir. 1999).
Perkinson v. Gilbert/Robinson, Inc., 821 F.2d 686 (D.C. Cir. 1987).
Telectron, Inc. v. Overhead Door Corporation, 116 F.R.D. 107 (S.D.Fla. 6-4-1987).
Petrik v. Monarch Printing Corp., 501 N.E.2d at 1320 (Ill. App. Ct. 1986).
Matsushita Electric Industrial Co., Ltd. v. Zenith Radio Corp., 475 U.S. 574, 594 (1986).
Carlucci v. Piper Aircraft Corporation, 102 F.R.D. 472 (S.D.Fla. 3-30-1984).
R v. Ghosh [1982] 2 ALL ER 689.
Pomeroy v. Benton, 77 Mo. 64, 86 (1882).
Transamerica Computer Co. v. International Bus. Machs. Corp., 481 F. Supp. 965 (N.D. Cal. 1979).
Hanover Shoe v. United Shoe Machinery Corp., 392 U.S. 481 (1968).
Frye v. United States, 293 F. 1013 (1923).
Moses v. Macferlan, 2 Burr. 1005, 97 Eng. Rep. 676 (K.B. 1760).

ANNEXES

1 – Étude de la différence entre l'amende infligée par l'Autorité et le niveau de l'amende confiscatoire

2 – Étude de risque de faute lucrative en matière de parasitisme

3 – Théorie du droit : les exemples de normes pathologiques et leur incidence sur l'incitation à enfreindre la loi

ANNEXE 1

Tableau récapitulatif de la différence entre l'amende infligée et l'amende confiscatoire

Observations : Ce tableau présente une sélection des décisions rendues par l'Autorité de la concurrence entre 2008 et 2018. Seules les décisions pour lesquelles l'Autorité renseignent suffisamment de données sur la nature et l'ampleur de l'infraction sont sélectionnées. Ce tableau vise à illustrer surtout trois points. Premièrement, les amendes infligées sont dans environ 70 % des cas inférieures au montant de l'amende confiscatoire et dans presque la quasi-totalité des cas inférieures à l'amende punitive. Deuxièmement, les réductions de sanction et en particulier les procédures négociées affaiblissent l'effet dissuasif de l'amende. Souvent, l'amende imposée par l'Autorité est confiscatoire avant d'être largement réduite, ce qui lui fait perdre sa capacité à confisquer les gains illicites. Troisièmement, les variables d'ajustement (élasticité-prix de la demande, risque de déviation, contre-pouvoir) peuvent minorer l'amende confiscatoire sans pour autant changer fondamentalement le résultat de l'étude selon laquelle les amendes de l'Autorité sont, dans l'ensemble, inférieures au montant de l'amende confiscatoire. Par ailleurs, l'étude met en lumière différentes données comme l'utilité des syndicats professionnels pour coordonner les cartels et éviter les risques de déviation qui font baisser le prix collusif ; ou encore la faiblesse de l'amende rapportée au niveau de l'amende confiscatoire vis-à-vis des cartels de crise.

NB : Les couleurs présentées dans le tableau décrivent chacune un résultat :

L'amende infligée par l'Autorité est supérieure à l'amende confiscatoire

L'amende infligée par l'Autorité est égale à l'amende confiscatoire

L'amende infligée par l'Autorité est supérieure à l'amende confiscatoire avant la réduction de sanction (principalement du fait de l'application d'une procédure négociée)

L'amende infligée par l'Autorité est au niveau de l'amende punitive

Année 2018								
Décision n° 18-D-15 Distribution de médicaments vétérinaires (26 juillet 2018)	CA mondial du groupe auquel appartient l'entreprise sanctionnée (en euros)	Valeur des ventes affectées (en euros)	Durée	Surprix	Montant final de l'amende infligée (en euros)	Montant de l'amende confiscatoire (en euros)	Montant de l'amende confiscatoire punitive (Prob. détection – Multiple de 5) (en euros)	Variables d'ajustement de l'amende confiscatoire : risque de déviation et/ou existence d'un contre-pouvoir et/ou élasticité-prix **ε nulle (ε = 0)**
Alcyon France	604 300 000	463 000 000	2 ans	Le niveau du surprix n'est pas précisé par l'Autorité, laquelle souligne cependant que les firmes ont retiré des profits substantiels de leur pratique illicite (pt. 210). Trois pratiques sont condamnées : une pratique de partage de clientèle entre les principaux distributeurs ; une pratique concernant tous les distributeurs d'entente sur le	10 000 000 En application de la procédure de transaction, l'amende n'est pas motivée par référence à la méthode de détermination des sanctions pécuniaires énoncée dans le communiqué du 16 mai 2011 de l'Autorité	64 820 000 L'amende infligée est 6,48 fois inférieure à l'amende confiscatoire des profits illicites	324 100 000 L'amende punitive représente 32,41 fois le montant de l'amende infligée	L'accord sur le partage de clientèle, lequel a duré près de 3 ans, a été respecté par les deux premiers acteurs du marché de distribution de médicaments vétérinaires. Aucune déviation n'a été observée. Par ailleurs, sur l'élasticité prix de la demande, Alcyon et Coveto représentent des acteurs majeurs de la distribution de médicaments (70 % du marché), ce qui limite la possibilité pour les vétérinaires
Coveto (et Coveto limoges)	/	174 000 000			4 355 000 En application de la procédure de transaction, l'amende n'est pas motivée par référence à la	24 360 000 L'amende infligée est 5,59 fois inférieure à l'amende confiscatoire des profits illicites	121 800 000 L'amende punitive représente 30,38 fois le montant de l'amende infligée	

				niveau des coûts qu'ils allaient respectivement présenter à l'administration afin de maximiser le montant de l'indemnisation qui leur serait versée par l'État au titre des prestations logistiques déployées pour assurer la distribution des vaccins lors des trois campagnes de vaccination ; enfin, une pratique de fixation en commun des prix facturés aux vétérinaires lors des campagnes de vaccination. Étant donné la durée modérée des pratiques, et au regard de la	méthode de détermination des sanctions pécuniaires énoncée dans le communiqué du 16 mai 2011 de l'Autorité	24 360 000 L'amende infligée est 5,59 fois inférieure à l'amende confiscatoire des profits illicites	121 800 000 L'amende punitive représente 30,38 fois le montant de l'amende infligée	d'échapper au surcoût imposé lors de la facturation du prix des vaccins. L'État n'a pu, en outre – du fait de l'urgence sanitaire – échapper à la commande de vaccins vis-à-vis des principaux distributeurs (voir *infra*). En somme, l'élasticité-prix de la demande et le risque de déviation ne sont pas, dans cette affaire, des variables pertinentes pour remettre en cause le caractère non confiscatoire des amendes imposées

Décision n° 18-D-15 Distribution de médicaments vétérinaires (Analyse au regard du seul grief relatif à l'entente sur la distribution des vaccins) (26 juillet 2018)	CA mondial du groupe auquel appartient l'entreprise sanctionnée (en euros)	Valeur des ventes affectées (en euros)	Durée		Montant final de l'amende infligée (en euros)	Montant de l'amende confiscatoire (en euros)	Montant de l'amende confiscatoire punitive (Prob. détection – Multiple de 5) (en euros)	Variables d'ajustement de l'amende confiscatoire : risque de déviation et/ou existence d'un contre-pouvoir et/ou élasticité-prix **ε nulle (ε = 0)**
Centravet (Cette entreprise est aussi responsable d'une entente pour partage de clientèle. Néanmoins, cette entente a duré seulement un mois et 11 jours, causant un dommage limité a l'économie)	/	156 614 000 Dans cette affaire, l'Autorité ne donne que le chiffre d'affaires. Selon l'Autorité, le chiffre d'affaires en lien avec l'infraction (c'est-à-dire avec la vaccination litigieuse) sur l'année 2009 a augmenté de	2 ans	moyenne de hausse de prix régulièrement admise par la littérature économique pour un cartel national sur l'ensemble de sa durée de vie **(entre 14 et 20 %),** nous retiendrons une augmentation de 7 %	1 400 000 En application de la procédure de transaction, l'amende n'est pas motivée par référence à la méthode de détermination des sanctions pécuniaires énoncée dans le communiqué du 16 mai 2011 de l'Autorité	594 860 L'amende infligée est 2,35 fois supérieure à l'amende confiscatoire des profits illicites	2 974 300 L'amende punitive représente 2,12 fois le montant de l'amende infligée	La fixation en commun de prix facturés aux vétérinaires lors des campagnes de vaccination a concerné l'ensemble des distributeurs. Les vétérinaires ne pouvaient donc pas se tourner vers d'autres distributeurs pour faire face au surprix. De même, l'acheteur public a souffert d'un surcoût auquel il ne pouvait

	/	2,78 % par rapport au chiffre d'affaires sans lien avec l'infraction (qui était de 152 365 000, voir pt. 113). On retiendra donc comme valeur des ventes affectées par la pratique la somme de 4 249 000.						échapper du fait de l'entente entre les distributeurs sur le coût des vaccins à présenter à l'administration. L'urgence sanitaire et la propagation rapide de la maladie a obligé l'État à commander des millions de vaccins sans avoir la possibilité de renoncer à leur livraison, malgré leur coût. Par ailleurs, le syndicat (FDMV) neutralisé les risques de déviation en délivrant des consignes régulières, ce qui limite le risque de baisse des prix facturés aux vétérinaires.

Hippocampe	/	76 600 000 Au regard de l'information donnée par l'Autorité s'agissant de la société Centravet, nous estimerons que 2 % du chiffre d'affaires réalisé par Hippocampe est affecté par l'entente relatif au coût de la vaccination et aux prix facturés aux vétérinaires. La valeur affectée est donc de 1 532 000			180 000 En application de la procédure de transaction, l'amende n'est pas motivée par référence à la méthode de détermination des sanctions pécuniaires énoncée dans le communiqué du 16 mai 2011 de l'Autorité	214 480 L'amende infligée est 1,19 fois inférieure à l'amende confiscatoire des profits illicites	1 072 400 L'amende punitive représente 5,95 fois le montant de l'amende infligée	En somme, l'élasticité – prix de la demande et le risque de déviation ne sont pas, dans cette affaires, des variables pertinentes pour remettre en cause le montant des amendes confiscatoires
Agripharm et Chrysalyde	/	50 000 000 Au regard de l'information donnée par l'Autorité s'agissant de la société Centravet,			180 000 En application de la procédure de transaction, l'amende n'est pas motivée par référence à la méthode de	140 000 L'amende infligée est 1,28 fois supérieure à l'amende confiscatoire des profits illicites	700 000 L'amende punitive représente 3,88 fois le montant de l'amende infligée	

		nous estimerons que 2 % du chiffre d'affaires réalisé par Agripharm est affecté par l'entente relatif au coût de la vaccination et aux prix facturés aux vétérinaires. La valeur affectée est donc de 1 000 000			détermination des sanctions pécuniaires énoncée dans le communiqué du 16 mai 2011 de l'Autorité			
Netfys Pharma	/	24 000 000 Au regard de l'information donnée par l'Autorité s'agissant de la société Centravet, nous estimerons que 2 % du chiffre d'affaires réalisé par Netfys Pharma est affecté par l'entente relatif			1 400 Solidairement avec Veto santé et Elvetis En application de la procédure de transaction, l'amende n'est pas motivée par référence à la méthode de détermination des sanctions pécuniaires énoncée dans	67 200 L'amende infligée est 48 fois inférieure à l'amende confiscatoire des profits illicites	336 000 L'amende punitive représente 240 fois le montant de l'amende infligée	

		au coût de la vaccination et aux prix facturés aux vétérinaires. La valeur affectée est donc de 480 000			le communiqué du 16 mai 2011			
Veto Santé	/	29 200 000 Au regard de l'information donnée par l'Autorité s'agissant de la société Centravet, nous estimerons que 2 % du chiffre d'affaires réalisé par Netfys Pharma est affecté par l'entente relatif au coût de la vaccination et aux prix facturés aux vétérinaires. La valeur affectée est donc de 584 000				81 760 L'amende infligée est 58,4 fois inférieure à l'amende confiscatoire des profits illicites	408 800 L'amende punitive représente 292 fois le montant de l'amende infligée	

Elvetis	/	99 000 000 Au regard de l'information donnée par l'Autorité s'agissant de la société Centravet, nous estimerons que 2 % du chiffre d'affaires réalisé par Netfys Pharma est affecté par l'entente relatif au coût de la vaccination et aux prix facturés aux vétérinaires. La valeur affectée est donc de 1 980 000				277 200 L'amende infligée est 162 fois inférieure à l'amende confiscatoire des profits illicites	1 386 000 L'amende punitive représente 990 fois le montant de l'amende infligée	

Année 2017								
Décision 17-D-5 Médicaments génériques de Durogesic (20 décembre 2017)	CA mondial du groupe auquel appartient l'entreprise sanctionnée (en euros)	Valeur des ventes affectées (en euros)	Durée	Surprix	Montant final de l'amende infligée (en euros)	Montant de l'amende confiscatoire (en euros)	Montant de l'amende confiscatoire punitive (Prob. détection – Multiple de 5) (en euros)	Variables d'ajustement de l'amende confiscatoire : risque de déviation et/ou existence d'un contre-pouvoir et/ou élasticité-prix **ε unitaire (ε = – 1)**
Janssen-Cilag	65 000 000 000	84 594 281	1 an et 4 mois	Le niveau du surprix n'est pas précisé par l'Autorité. L'Autorité constate simplement que l'absence de pression concurrentielle a permis à l'entreprise de maintenir un prix supraconcurrentiel. Aussi, l'effet d'éviction généré par la pratique de dénigrement a conduit à un surprix payé par le consommateur (pt. 112). Pour ce type d'affaire,	25 000 000	22 502 078 L'amende infligée est 1,11 fois supérieure à l'amende confiscatoire des profits illicites	84 594 281 L'amende punitive représente 3,38 fois le montant de l'amende infligée	Dans cette affaire, il faut distinguer l'élasticité-prix des acheteurs à l'hôpital, qui est forte car le prix d'achat affecte le budget des hôpitaux, tandis qu'en ville elle est faible, car le patient n'assume pas directement le prix du médicament qui lui est remboursé par l'Assurance maladie (pt. 392). La difficulté pour quantifier l'élasticité dans cette affaire nous conduit à retenir

				il nous semble raisonnable de retenir un surprix moyen de 20 % (au regard des décisions 13-D-21 Buprénorphine et 13 – D-11 Plavix)				une élasticité unitaire. En appliquant une élasticité unitaire, l'amende confiscatoire est de 18 001 663 euros. L'amende infligée reste donc 1,38 fois supérieure à l'amende confiscatoire des profits illicites
Décision 17-D-20 Revêtements de sols (18 octobre 2017)	CA mondial du groupe auquel appartient l'entreprise sanctionnée (en euros)	Valeur des ventes affectées (en euros)	Durée	Surprix	Montant final de l'amende infligée (en euros)	Montant de l'amende confiscatoire (en euros)	Montant de l'amende confiscatoire punitive (Prob. détection – Multiple de 5) (en euros)	Variables d'ajustement de l'amende confiscatoire : risque de déviation et/ ou existence d'un contre-pouvoir et/ou élasticité-prix **ε nulle (ε = 0)**
Tarkett	2 715 000 000	233 900 000	9 ans (bien que, si l'on prend en compte	Au regard des informations communiquées par les entreprises, les hausses de prix concernent à la	165 000 000 En application de la procédure de transaction, l'amende n'est pas motivée par référence à	294 714 000 L'amende infligée est 1,78 fois inférieure à l'amende confiscatoire des profits illicites	1 473 570 000 L'amende punitive représente 8,93 fois le montant de l'amende infligée	L'Autorité ne donne aucune information quant à l'élasticité-prix de la demande des produits de revêtement

			le début des échanges de données individualisées au sein d'un syndicat professionnel, la pratique a duré 23 ans	fois les hausses de prix minimums (prix plancher) et les hausses de prix générales. S'agissant des premiers, la hausse annuelle moyenne est comprise entre 1 et 5 % (pt. 99, pt. 124, pt. 128). S'agissant des seconds, si, selon le témoignage d'un demandeur de clémence, le « *leader chargé d'annoncer les hausses de prix en premier était désigné, les autres suivaient à quelques semaines d'intervalle* » (pt. 159), aucune indication claire du surprix fixé du fait du cartel n'est donnée.	la méthode de détermination des sanctions pécuniaires énoncée dans le communiqué du 16 mai 2011 de l'Autorité. De même, l'entreprise a bénéficié d'une réduction « substantielle » (mais non communiquée)			de sols résilients en France. Néanmoins, la réaction de la demande au prix était faible voire nulle car presque tous les produits de revêtement de sols étaient concernés par l'entente. Les entreprises sujettes à l'accord représentaient 85 % du marché en cause. De plus, ce type de produit étant très spécifique, il n'existe pas de substitut semblable moins cher vers laquelle la clientèle aurait pu se tourner. La faible substituabilité des produits en PVC s'explique par le prix des autres matériaux, comme

				Au regard de la longue durée des pratiques (9 ans), et de la moyenne de hausse de prix régulièrement admise par la littérature économique pour un cartel national sur l'ensemble de sa durée de vie (varie entre 14 et 20 %), on retiendra une hausse de 14 %, ce qui constitue une hypothèse conservatrice.				le zinc. (voir décision n° 16-D-14). Par ailleurs, le risque de déviation et celui de tricherie susceptibles d'entraîner une baisse des prix est faible dans ce cartel, lequel était stabilisé par le rôle actif d'un syndicat dans la coordination et le respect de l'accord. Enfin, les pratiques ont été stabilisées grâce à la mise en place d'un système particulièrement sophistiqué : réunion dans des hôtels, dissimulation des preuves matérielles, ouverture d'une ligne téléphonique par une seule et serait-ce qu'un

Forbo	864 000 000	123 700 000			75 000 000 En application de la procédure de transaction, l'amende n'est pas motivée par référence à la méthode de détermination des sanctions pécuniaires énoncée dans le communiqué du 16 mai 2011 de l'Autorité. De même, l'entreprise a bénéficié d'une réduction « substantielle » (mais non communiquée) grâce à la procédure de clémence.	155 862 000 L'amende infligée est 2,07 fois inférieure à l'amende confiscatoire des profits illicites	779 310 000 L'amende punitive représente 10,39 fois le montant de l'amende infligée	même société afin que les échanges apparaissent, de façon factice, comme étant interne à une entreprise donnée, etc. En somme, l'élasticité et le risque de déviation ne sont pas des variables pertinentes pour remettre fondamentalement en cause le caractère non confiscatoire des amendes infligées
Gerflor	722 000 000	257 300 000			62 000 000 En application de la procédure de transaction, l'amende n'est pas motivée	324 198 000 L'amende infligée est 5,22 fois inférieure à l'amende	1 620 990 000 L'amende punitive représente fois 26,14 fois le montant	

					par référence à la méthode de détermination des sanctions pécuniaires énoncée dans le communiqué du 16 mai 2011 de l'Autorité.	confiscatoire des profits illicites	de l'amende infligée	
Décision 17-D-13 Pompes Funèbres (27 juillet 2017)	CA mondial du groupe auquel appartient l'entreprise sanctionnée (en euros)	Valeur des ventes affectées (en euros)	Durée	Surprix	Montant final de l'amende infligée (en euros)	Montant de l'amende confiscatoire (en euros)	Montant de l'amende confiscatoire punitive (Prob. détection – Multiple de 5) (en euros)	Variables d'ajustement de l'amende confiscatoire : risque de déviation et/ ou existence d'un contre-pouvoir et/ou élasticité-prix **ε nulle (ε = 0)**
Comtet	/	5 850 000	5 ans	20 % sur l'ensemble de la durée de l'infraction	80 000	1 170 000 L'amende infligée est 14,62 fois inférieure à l'amende confiscatoire des profits illicites	5 850 000 L'amende punitive représente 73,125 fois le montant de l'amende infligée	L'élasticité-prix de la demande est faible voire nulle dans cette affaire. D'abord, l'autorité souligne que l'effet du surprix est d'autant plus sensible « *que les familles qui choisissent la crémation souhaitent*

								en majorité que cette cérémonie soit réalisée dans lecrématorium le plus proche du domicile du défunt, ce qui limite la pression concurrentielle des crématoriums plus éloignés » (pt. 201). De plus, sur ce type de marché, on peut supposer que les familles, déjà fragilisées par l'émotion du décès, ne sont pas en état de prendre du recul et de comparer les prestations proposées. En somme, l'élasticité n'est pas une variable susceptible de remettre en cause le caractère non confiscatoire de l'amende infligée

Décision n° 17-D-06 Fourniture de gaz naturel (21 mars 2017)	CA mondial du groupe auquel appartient l'entreprise sanctionnée (en euros)	Valeur des ventes affectées (en euros)	Durée	Surprix	Montant final de l'amende infligée (en euros)	Montant de l'amende confiscatoire (en euros)	Montant de l'amende confiscatoire punitive (Prob. détection - Multiple de 5) (en euros)	Variables d'ajustement de l'amende confiscatoire : risque de déviation et/ ou existence d'un contre-pouvoir et/ ou élasticité-prix **ε faible** **(ε = –1 < e < 0)**
ENGIE	69 883 000 000	L'Autorité ne précise pas la valeur des ventes affectées par la pratique. Nous pouvons néanmoins procéder à une estimation. Le marché affecté est celui de l'ensemble des consommateurs de gaz en France, c'est-à-dire environ 11 millions de consommateurs. Engie a utilisé son fichier de clients éligibles	9 ans	En principe, les offres de marché permettent une réduction du prix comprise entre 5 % et 10 % par rapport aux tarifs réglementés. L'Autorité précise néanmoins que les offres d'Engie souffraient d'un surprix. Nous retiendrons, pour cet abus, la moyenne de hausse de prix régulièrement admise par la littérature	100 000 000 En application de la procédure de transaction, l'amende n'est pas motivée par référence à la méthode de détermination des sanctions pécuniaires énoncée dans le communiqué du 16 mai 2011 de l'Autorité.	180 000 000 L'amende infligée est 1,8 fois inférieure à l'amende confiscatoire des profits illicites	900 000 000 L'amende punitive représente 9 fois le montant de l'amende infligée	L'élasticité-prix de la demande est faible pour deux raisons : d'abord, car un consommateur résidentiel sur deux ignore qu'il peut changer de fournisseur de gaz (voir : baromètre 2016 du médiateur national de l'énergie) et une grande majorité des petits consommateurs non résidentiels n'est pas en mesure de citer spontanément, ne serait-ce qu'un concurrent d'ENGIE

		aux tarifs réglementés de vente (TRV) du gaz naturel pour récupérer des données sur la quasi-totalité des consommateurs. Le but était, d'une part, **de convertir ses clients aux tarifs réglementés du gaz à des offres de marché de gaz et d'électricité**. D'autre part, de démarcher d'anciens clients, après résiliation de leurs contrats aux TRV. Engie a par ailleurs dénigré les offres concurrentes pour inciter la		économique pour un cartel national (entre 14 et 20 %, nous retiendrons 20 %). Ce choix se justifie au regard de la durée de la pratique (9 ans) et de la faible pression concurrentielle qui permettait à Engie d'imposer un surprix sans craindre une fuite de clientèle				(voir pt. 136 de la décision). D'autre part, car la pratique de dénigrement d'Engie a eu pour effet de dissuader les consommateurs d'aller chez un autre fournisseur, fût-il moins cher. En retenant par exemple et discrétionnairement une élasticité de -0,15 (ce qui signifie qu'un surprix de 20 % entraîne une baisse de la demande de 3 %), l'amende confiscatoire est de 174 600 000 euros. En somme, l'élasticité n'est pas une variable susceptible de remettre fondamentalement en cause le caractère non

		clientèle à se tourner vers ses offres. En somme, sachant qu'Engie détient entre 60 et 80 % des parts de marché (pt. 178 de la décision), on peut considérer qu'au minimum, 4 400 000 consommateurs sont touchés par la pratique. En supposant que l'ensemble des pratiques illicites ont permis à ENGIE de vendre indûment ses offres de marché à environ 200 000 consommateurs						confiscatoire de l'amende infligée

		par an, sur 9 ans, la valeur des ventes affectées par la pratique est donc 1 800 000 x 500 euros (ce qui correspond environ à la facture annuelle moyenne de consommation de gaz pour une offre Engie) = 900 000 000						

Décision n° 17-D-02 Boule de pétanque (10 février 2017)	CA mondial du groupe auquel appartient l'entreprise sanctionnée (en euros)	Valeur des ventes affectées (en euros)	Durée	Surprix	Montant final de l'amende infligée (en euros)	Montant de l'amende confiscatoire (en euros)	Montant de l'amende confiscatoire punitive (Prob. détection – Multiple de 5) (en euros)	Variables d'ajustement de l'amende confiscatoire : risque de déviation et/ou existence d'un contre-pouvoir et/ou élasticité-prix **ε faible (ε = –1 < e < 0)**
Obut	/	L'Autorité ne donne pas la valeur des ventes affectées par la pratique de l'entreprise sanctionnée, mais précise son chiffre d'affaires, à savoir 16 millions d'euros, dont 88 % en France (donc le chiffre d'affaires réalisé en France est de 14 080 000).	7 ans et 2 mois	L'Autorité précise que la politique d'uniformisation tarifaire exercée par Obut a eu pour effet d'empêcher que ses points de vente ne soient concurrencés en prix par ces autres revendeurs (pt. 55).	320 000 En application de la procédure de transaction, l'amende n'est pas motivée par référence à la méthode de détermination des sanctions pécuniaires énoncée dans le communiqué du 16 mai 2011 de l'Autorité	3 024 384 L'amende infligée est 9,45 fois inférieure à l'amende confiscatoire des profits illicites	15 121 920 L'amende punitive représente 47,25 fois le montant de l'amende infligée	Le risque de déviation des clients susceptibles de limiter le surprix est faible car Obut a mis en place un vaste système de surveillance, de menace, et de représailles commerciales en cas de non-respect de la politique tarifaire imposée. Par ailleurs, la demande est peu sensible au prix car le volume des

		Le chiffre d'affaires est réalisé par la vente de boules de pétanque de loisir et de boules de compétition. **Le marché affecté dans cette affaire concerne uniquement le marché des revendeurs de boules de compétition, lesquels se sont vus imposer une politique tarifaire.** 50 % du chiffre d'affaires de l'entreprise est réalisé grâce aux boules de compétition. On peut donc considérer que la valeur des ventes affectées		De plus, les pratiques ont provoqué un surprix certain en l'absence de pression concurrentielle. Au regard de la moyenne de hausse de prix régulièrement admise par la littérature économique pour les cartels, (entre 14 et 20 %), nous appliquerons la même hausse de prix pour l'abus en question. Ce choix se justifie sachant que la pratique a duré plus de 7 ans, que la société était épargnée de toute pression concurrentielle,				produits concurrents alternatifs est particulièrement faible par rapport au volume des ventes des produits fabriqués par Obut (pt 66). Sachant que plus de 80 % des boules de pétanques en France sont produites par Obut (qui détient plus de 80 % de parts de marché), les clients sont privés de la possibilité de se tourner vers un autre fournisseur. De même, la faible substituabilité des produits font que les consommateurs ont peu de chance de se tourner vers d'autres boules

		en France est de 7 040 000. Néanmoins, Obut commercialise ses produits soit directement (pour 25 % de sa production), soit grâce à un réseau de revendeurs (75 %). La valeur des ventes affectées avec les revendeurs de boules de pétanque de compétition est donc de 2 112 000 (nous estimons qu'environ 30 % des boules vendues par les revendeurs font parties de la gamme de compétition)		et que les mesures de représailles commerciales ont empêché les déviations qui auraient pu faire baisser les prix				de pétanque. Par exemple, en retenant discrétionnairement une élasticité de -0,15 (ce qui signifie qu'un surprix de 20 % entraîne une baisse de la demande de 3 %), l'amende confiscatoire est de 2 933 652. En somme, l'élasticité n'est pas une variable susceptible de remettre fondamentalement en cause le caractère non confiscatoire des amendes infligées

Année 2016								
Décision n° 16-D-17 Appareils de chauffage mobiles (21 juillet 2016)	CA mondial du groupe auquel appartient l'entreprise sanctionnée (en euros)	Valeur des ventes affectées (en euros)	Durée	Surprix	Montant final de l'amende infligée (en euros)	Montant de l'amende confiscatoire (en euros)	Montant de l'amende confiscatoire punitive (Prob. détection – Multiple de 5) (en euros)	Variables d'ajustement de l'amende confiscatoire : risque de déviation et/ ou existence d'un contre-pouvoir et/ou élasticité-prix **ε unitaire (ε = –1)**
PVG	80 000 000 (en France)	23 121 386	3 ans et 7 mois	La seule estimation du surprix est celle fournie par l'entreprise PVG, qui estime que l'entente sur les prix a provoqué un surprix d'environ 1,7 %. Cette estimation ne prend pas en compte le surprix causé aussi par la pratique de partage de clientèle, ni le surprix causé au	4 000 000 PVG a bénéficié d'une réduction de 50 % au titre de ses difficultés financières + une réduction de 16 % au titre de la procédure de non- contestation de griefs	4 138 728 L'amende infligée est 1,03 fois inférieure à l'amende confiscatoire des profits illicites. À l'origine, avant les réductions d'amende, PVG encourait une amende de 8 184 246, soit un montant 1,97 fois supérieur à l'amende confiscatoire des profits illicites	20 693 640 L'amende punitive représente 5,17 fois le montant de l'amende infligée	La pression concurrentielle sur ce marché atténue la hausse de prix. De plus, la hausse du prix du pétrole diminue les volumes des ventes des poêles à pétrole, ce qui témoigne d'une certaine élasticité de la demande des consommateurs au prix de ce mode de chauffage (pt. 206). En conséquence, en considérant que la quantité demandée

				stade du détail. En somme, le surprix semble sous-estimé. En raison des combinaisons des pratiques d'entente à la fois sur les prix de gros et de détail, nous retiendrons une hausse de prix moyenne de 5 % sur l'ensemble de la durée de vie des pratiques				a varié du même pourcentage que le prix, nous retiendrons une élasticité unitaire. En appliquant une élasticité unitaire, le montant de l'amende confiscatoire est de 3 849 710 euros. L'amende infligée est donc 1,03 fois supérieure à l'amende confiscatoire des profits illicites
Ligne Plus	20 000 000	10 965 961	3 ans et 7 mois		4 218 000 L'Autorité a réduit l'amende de 16 % au titre de la procédure de non contestation de griefs	1 962 907 L'amende infligée est 2,14 fois supérieure à l'amende confiscatoire des profits illicites	10 965 961 L'amende punitive représente 2,59 fois le montant de l'amende infligée	1 825 832 euros En appliquant une élasticité unitaire, le montant de l'amende infligée est 2,31 fois supérieure à l'amende confiscatoire des profits illicites

Leroy Merlin France	7 923 608 000	5 312 028	3 ans et 2 mois		795 000 Majoration de l'amende de 20 % au titre de la taille et de la puissance financière du groupe auquel appartient Leroy Merlin France	839 300 L'amende infligée est 1,05 fois inférieure à l'amende confiscatoire des profits illicites	4 196 500 L'amende punitive représente 5,27 fois le montant de l'amende infligée	797 335 euros En appliquant une élasticité unitaire, le montant de l'amende infligée est presque égale à l'amende confiscatoire des profits illicites
Décision n° 16-D-14 Toitures et gouttières en Zinc laminé (23 juin 2016)	CA mondial du groupe auquel appartient l'entreprise sanctionnée (en euros)	Valeur des ventes affectées (en euros)	Durée	Surprix	Montant final de l'amende infligée (en euros)	Montant de l'amende confiscatoire (en euros)	Montant de l'amende confiscatoire punitive (Prob. détection – Multiple de 5) (en euros)	Variables d'ajustement de l'amende confiscatoire : risque de déviation et/ou existence d'un contre-pouvoir et/ou élasticité-prix **ε nulle (ε = 0)**
UMICORE	12 300 000 000	125 896 778	9 ans	L'Autorité note que, « *en empêchant le développement des concurrents sur le marché français, les pratiques sanctionnées ont réduit l'intensité concurrentielle et conduit de ce fait à des prix supra-concurrentiels :*	69 243 000 Majoration de l'amende de 10 % au titre de la taille et de la puissance financière du groupe auquel appartient la société	113 307 100 L'amende infligée est 1,63 fois inférieure à l'amende confiscatoire des profits illicites	566 535 500 L'amende punitive représente 8,18 fois le montant de l'amende infligée	L'Autorité, à l'appui d'une étude, note que « *la forte augmentation du prix moyen annuel des produits en zinc (lignes en bleu foncé) intervenue* (…) *n'a pas fait fléchir en France la demande pour ces produits* (…)

				à des prix supra-concurrentiels : les distributeurs, lors de leur approvisionnement en zinc, ne pouvaient pas faire jouer la concurrence entre Umicore et d'autres fournisseurs et ces prix d'achat plus élevés ***(de 5 à 15 % plus chers)*** *se sont répercutés ensuite au niveau des prix de détail* ». Cet écart de prix substantiel pour le client a duré plusieurs années. Au regard de l'estimation de l'Autorité, nous retiendrons un surprix moyen de 10 % sur l'ensemble de la durée de vie				*De même, la forte baisse des cours n'a pas fait augmenter la demande* » (pt. 24). De même, le fait que le prix des matériaux potentiellement substituables ont autant augmenté que celui du zinc explique l'absence de sensibilité de la demande au prix (pt. 472). L'Autorité a même quantifié l'élasticité, considérant que l'élasticité de la demande des produits d'Umicore au prix de ces derniers était nulle sur la période 2005/2006 et de – 0,06 sur la période 2005/2007 (pt. 989).

				du cartel, ce qui correspond à une hypothèse conservatrice				Cette dernière élasticité signifie que pour une augmentation du prix de 15 % sur une année, la demande aurait baissé d'environ 1 % (- 0,01/0,15 = – 0,06). En somme, l'élasticité n'est pas, dans cette affaire, une variable susceptible de remettre en cause le caractère non confiscatoire des amendes infligées

Décision n° 16-D-11 Télévision hertzienne (6 juin 2016)	CA mondial du groupe auquel appartient l'entreprise sanctionnée (en euros)	Valeur des ventes affectées (en euros)	Durée	Surprix	Montant final de l'amende infligée (en euros)	Montant de l'amende confiscatoire (en euros)	Montant de l'amende confiscatoire punitive (Prob. détection – Multiple de 5) (en euros)	Variables d'ajustement de l'amende confiscatoire : risque de déviation et/ ou existence d'un contre-pouvoir et/ou élasticité-prix **ε nulle (ε = 0)**
TDF	676 800 000	99 998 429 (au titre du dénigrement) 66 856 638 (au titre des remises fidélisantes)	1 an et 2 mois	L'Autorité n'offre aucune analyse quantitative du surprix. Elle souligne néanmoins que « *la baisse des prix à l'occasion du renouvellement des contrats suggère au contraire que les pratiques ont pu élever les prix au-dessus du niveau de concurrence* » (pt 311). Nous ne pouvons appliquer, pour cet abus, la	20 600 000	13 548 631 L'amende infligée est 1,52 fois supérieure à l'amende confiscatoire des profits illicites	67 743 155 L'amende punitive représente 3,28 fois le montant de l'amende infligée	Absence d'élasticité-prix de la demande sur le marché aval. L'Autorité souligne que la pratique retenue a été mise en œuvre « *à l'égard de clients MUX contraints, pour respecter leurs obligations réglementaires et légales, de s'approvisionner sur le marché de gros aval des services de diffusion de la TNT. La demande peut donc être considérée comme*

				moyenne de hausse de prix régulièrement admise par la littérature économique pour un cartel national (entre 14 et 20 %) Au regard de la faible durée des pratiques, nous retiendrons un surprix moyen sur l'ensemble de la durée de l'infraction de 7 %				*inélastique, les clients n'ayant pas la possibilité de renoncer au service en présence de prix trop élevés* » (pt. 304). En somme, l'élasticité n'est pas une variable susceptible de remettre en cause le montant de l'amende confiscatoire

Décision n° 16-D-09 Treillis soudés (12 mai 2016)	CA mondial du groupe auquel appartient l'entreprise sanctionnée (en euros)	Valeur des ventes affectées (en euros)	Durée	Surprix	Montant final de l'amende infligée (en euros)	Montant de l'amende confiscatoire (en euros)	Montant de l'amende confiscatoire punitive (Prob. détection – Multiple de 5) (en euros)	Variables d'ajustement de l'amende confiscatoire : risque de déviation et/ ou existence d'un contre-pouvoir et/ou élasticité-prix **ε nulle (ε = 0)**
Arma Sud	Donnée indisponible	4 283 966	2 ans et 11 mois	L'Autorité ne quantifie pas le surprix provoqué par l'entente dans cette affaire. Elle souligne seulement que la réduction de la concurrence provoquée par l'entente s'est traduite par une hausse des prix. Les revendeurs non membres de l'entente auraient subi une hausse du prix de vente des treillis soudés. Nous retiendrons la moyenne de	332 000 60% de réduction au titre d'entreprise mono-produit + 10 % au titre de la procédure de non- contestation de griefs)	1 745 287 L'amende infligée est 5,25 fois inférieure à l'amende confiscatoire des profits illicites	8 726 435 L'amende punitive représente 26,28 fois le montant de l'amende infligée	Comme le note très justement l'Autorité, « *une baisse de l'activité consécutive à l'augmentation des prix des treillis soudés et des armatures métalliques est d'autant moins probable qu'une large part de la demande est constituée de commandes publiques. Celles-ci obéissant à des impératifs de service public, elles sont naturellement moins sensibles*

				hausse de prix la plus basse régulièrement admise par la littérature économique pour un cartel national sur l'ensemble de sa durée de vie (entre 14 et 20 %), à savoir 14 %.				*aux variations de prix que des entreprises privées cherchant à maximiser leur profit* » (pt. 466). De même, « *les entreprises du bâtiment et des travaux publics, les treillis soudés et armatures métalliques représentent une faible part des coûts finaux. Il est donc peu probable qu'une élévation du prix de ces intrants se traduise par une diminution significative du nombre de travaux du bâtiment réalisés* » (pt. 465). L'élasticité-prix de la demande est donc nulle et n'est pas en mesure de

Ravate	640 000 000	3 682 948	5 ans et 8 mois		2 147 000	2 918 368 L'amende infligée est 1,35 fois inférieure à l'amende confiscatoire des profits illicites	14 576 840 L'amende punitive représente 6,78 fois le montant de l'amende infligée	remettre en cause le caractère non confiscatoire des amendes infligées
Sermétal	Donnée indisponible	9 350 718	5 ans et 8 mois		1 430 000 60 % de réduction au titre d'entreprise mono produit	7 409 508 L'amende infligée est 5,18 fois inférieure à l'amende confiscatoire des profits illicites	37 047 540 L'amende punitive représente 25,90 fois le montant de l'amende infligée	
C. Steinweg	16 000 000 (en France)	129 151	5 ans et 8 mois		58 000	102 339 L'amende infligée est 1,76 fois inférieure à l'amende confiscatoire des profits illicites	511 695 L'amende punitive représente 8,82 fois le montant de l'amende infligée	
KDI Davum	6 500 000 000	1 667 646	5 ans et 8 mois		1 034 000 Majoration de l'amende de 15 % au regard de la taille de l'entreprise	1 321 442 L'amende infligée est 1,27 fois inférieure à l'amende confiscatoire des profits illicites	6 607 210 L'amende punitive représente 6,38 fois le montant de l'amende infligée	

Mer Union NV	Groupe Steinweg	351 195	5 ans et 8 mois		20 000	278 286 L'amende infligée est 13,91 fois inférieure à l'amende confiscatoire des profits illicites	1 391 430 L'amende punitive représente 69,57 fois le montant de l'amende infligée	
Décision n° 16-D-02 Transport scolaire (27 janvier 2016)	CA mondial du groupe auquel appartient l'entreprise sanctionnée (en euros)	Valeur des ventes affectées (en euros)	Durée	Surprix	Montant final de l'amende infligée (en euros)	Montant de l'amende confiscatoire (en euros)	Montant de l'amende confiscatoire punitive (Prob. détection – Multiple de 5) (en euros)	Variables d'ajustement de l'amende confiscatoire : risque de déviation et/ou existence d'un contre-pouvoir et/ou élasticité-prix **ε nulle (ε = 0)**
Autocars Mugler	6 741 986	4 596 742	2 ans et 3 mois	L'Autorité de la concurrence a estimé que, sur l'ensemble de la durée de l'infraction (2010-2012), les pratiques mises œuvre par les entreprises avaient engendré un surcoût de 13 % pour le Conseil départemental	40 000 (50 % de réduction d'amende au titre des difficultés financières de l'entreprise) Dans cette affaire, la sanction ne pouvait excéder 750 000 euros pour chacun des auteurs des pratiques prohibées du fait de la procédure simplifiée.	1 344 547 L'amende infligée est 33,61 fois inférieure à l'amende confiscatoire des profits illicites	6 722 735 L'amende punitive représente 168,06 fois le montant de l'amende infligée	L'entente a permis la répartition des lots de marchés publics de transport scolaire dans la partie nord du département du Bas- Rhin entre les membres du groupement. L'acheteur public n'a pas pu se tourner vers d'autres

Cars de Rohans	3 238 170	4 844 283			20 000 (50 % de réduction d'amende au titre des difficultés financières de l'entreprise) Dans cette affaire, la sanction ne pouvait excéder 750 000 euros pour chacun des auteurs des pratiques prohibées du fait de la procédure simplifiée.	1 416 952 L'amende infligée est 70,84 fois inférieure à l'amende confiscatoire des profits illicites	7 084 760 L'amende punitive représente 354,23 fois le montant de l'amende infligée	opérateurs de transport que les membres de l'entente avec qui il a conclu une convention pour le service régulier de transport scolaire pour la partie nord du département. La pratique visant à répartir les lots de marché public fait obstacle à la fixation des prix qui produit des effets, au détriment du Conseil général, jusqu'à la date d'échéance des derniers lots d'exécution.
Autocars et transport Royer	5 951 925	2 057 629			96 000 Dans cette affaire, la sanction ne pouvait excéder 750 000 euros pour chacun des auteurs des pratiques prohibées du fait de la procédure simplifiée.	601 856 L'amende infligée est 6,26 fois inférieure à l'amende confiscatoire des profits illicites	3 009 280 L'amende punitive représente 31,34 fois le montant de l'amende infligée	

Staub voyages	2 469 872	1 883 255			37 000 Dans cette affaire, la sanction ne pouvait excéder 750 000 euros pour chacun des auteurs des pratiques prohibées du fait de la procédure simplifiée.	550 852 L'amende infligée est 14,88 fois inférieure à l'amende confiscatoire des profits illicites	2 754 260 L'amende punitive représente 74,43 fois le montant de l'amende infligée	

Année 2008-2 015								
Décision 15-D-20 Orange (17/12/2015)	CA mondial du groupe auquel appartient l'entreprise sanctionnée (en euros)	Valeur des ventes affectées (en euros)	Durée	Surprix	Montant final de l'amende infligée (en euros)	Montant de l'amende confiscatoire (en euros)	Montant de l'amende confiscatoire punitive (Prob. détection – Multiple de 5) (en euros)	Variables d'ajustement de l'amende confiscatoire : risque de déviation et/ ou existence d'un contre-pouvoir et/ou élasticité-prix **ε faible (ε = –1 < e < 0)**
Orange	40 236 000 000	L'Autorité donne des indications sur le marché affecté sans le quantifier. Nous pouvons néanmoins procéder à une estimation. Le chiffre d'affaires réalisé en France par Orange est de 18 106 200 000 (45 % du chiffre d'affaires mondial).	Entre 8 ans et 10 ans	L'Autorité ne quantifie pas le surprix moyen provoqué durant toute la durée de l'abus. Elle précise néanmoins que les pratiques d'Orange ont conduit à « *un amoindrissement de l'intensité concurrentielle sur le marché qui a pu se traduire par une élévation des prix, les services vendus par*	350 000 000 L'Autorité a fait une application anticipée de la procédure de transaction. À la suite de la non-contestation des griefs par Orange, le rapporteur général a proposé à l'Autorité de ne pas prononcer une sanction supérieure à une valeur absolue de 350 millions d'euros. Le collège a retenu,	1 419 526 080 L'amende infligée est 4,05 fois inférieure à l'amende confiscatoire des profits illicites	7 097 630 400 L'amende punitive représente 20,27 fois le montant de l'amende infligée	L'élasticité est faible pour plusieurs raisons : d'abord, dans le contexte spécifique des marchés non résidentiels, les clients sont réticents au changement d'opérateur (V. Avis de l'Arcep, p. 35). Le programme de fidélisation et les remises fidélisantes, fussent-elles contraignantes au regard du

		Le marché affecté concerne uniquement le marché des communications électroniques fixes et mobiles à destination des entreprises françaises. Le service aux entreprises concerne 14 % du chiffre d'affaires réalisé par Orange en France. La valeur des ventes affectées est donc d'environ 2 534 868 000		*Orange étant indispensables aux clients* » (pt. 359). Nous ne pouvons appliquer, pour cet abus, la moyenne de hausse de prix régulièrement admise par la littérature économique pour un cartel national (entre 14 et 20 %). Pour cette affaire, le manque de données disponibles nous conduit à retenir une hausse de prix de 7 % sur l'ensemble de la durée de vie de l'abus (donc la moitié de celle estimée en matière de cartel national), ce qui nous semble une hypothèse	en l'occurrence, une amende de 350 millions d'euros			renchérissement des coûts de sortie, sont peu susceptibles d'avoir entraîné une migration de la clientèle. D'autant plus que, sur ce marché, la clientèle souffre d'aversion au risque. Par ailleurs, s'agissant non plus des clients mais des concurrents victimes de la pratique discriminatoire d'Orange, ces derniers, qui ont bénéficié « *d'un moindre accès à l'information, n'avaient donc pas de possibilité de substitution pour continuer à proposer leurs offres sur le marché de détail dans les mêmes conditions*

				conservatrice au regard de la durée des pratiques et de la faible élasticité-prix de la demande				*qu'Orange* » (p. 358). La faible élasticité sur ce marché n'est donc pas en mesure de remettre en cause le caractère non confiscatoire de l'amende imposée. En retenant, par exemple, une élasticité comprise entre – 0,28 et – 0,85, l'amende confiscatoire reste comprise entre 1 391 135 558 et 1 334 354 515 euros, soit un montant 3,8 fois supérieur à celui de l'amende infligée

Decision 15-D-19 Messagerie (grief n° 2) (15/12/2015)	CA mondial du groupe auquel appartient l'entreprise sanctionnée (en euros)	Valeur des ventes affectées (en euros)	Durée	Surprix	Montant final de l'amende infligée (en euros)	Montant de l'amende confiscatoire (en euros)	Montant de l'amende confiscatoire punitive (Prob. détection – Multiple de 5) (en euros)	Variables d'ajustement de l'amende confiscatoire : risque de déviation et/ ou existence d'un contre-pouvoir et/ou élasticité-prix **ε forte (-2)**
Alloin	17 400 000 000	223 673 000	4 ans et 5 mois	Les entreprises de messageries se sont concertées sur les hausses tarifaires annuelles à facturer aux clients. La hausse de prix induite par le cartel est précisée par l'Autorité de la concurrence, qui l'estime comprise, pour **la seule année 2006-2007**, entre 5 et 7 % (voir communiqué de presse). Nous disposons, pour cette affaire, que d'une estimation	32 017 000 L'entreprise a bénéficié d'une réduction de 30 % au titre de la clémence de rang 2 et de 19 % au titre de la procédure de non-contestation de griefs	217 007 544 L'amende infligée est 6,77 fois inférieure à l'amende confiscatoire des profits illicites	1 085 037 720 L'amende punitive représente 33,88 fois le montant de l'amende infligée	84 632 942 En retenant une élasticité forte égale à – 2 et en considérant que le contre-pouvoir de la demande a limité de moitié l'ampleur de la hausse des prix (2,5 %), l'amende confiscatoire reste 2,64 fois supérieure à l'amende infligée (**voir les informations données sur l'élasticité : pt. 1255 et suivants de la décision. Et surtout pt. 1266**)

				annuelle du surprix et non d'une estimation portant sur toute la durée de vie du cartel. Considérant que plus la pratique dure longtemps, plus le surprix est important – sachant que l'entente a duré plus de 4 ans et que la littérature économique considère qu'un cartel national entraîne une hausse de prix comprise entre 14 % et 20 % – on peut raisonnablement estimer qu'Alloin a profité d'une hausse d'environ 22 % sur toute la durée de la pratique				

BM Virolle	Société détenue en partie par Geodis, voir *infra*.	38 920 000	1 an et 10 mois	9,15 %	4 938 000	6 410 124 L'amende infligée est 1,29 fois inférieure à l'amende confiscatoire des profits illicites	32 050 620 L'amende punitive représente 6,49 fois le montant de l'amende infligée	2 592 539 En retenant une élasticité forte égale à – 2 et en considérant que le contre-pouvoir de la demande a limité de moitié l'ampleur de la hausse des prix (2,5 %), l'amende infligée est 1,90 fois supérieure à l'amende confiscatoire
Exapaq	2 400 000 000	249 633 000	4 ans et 5 mois	22,05 %	44 931 000 L'Autorité a réduit la sanction de 18 % pour non-contestation de griefs et de 10 % au regard des difficultés financières liées à la crise	242 193 936 L'amende infligée est 5,39 fois inférieure à l'amende confiscatoire des profits illicites	1 210 969 683 L'amende punitive représente 26,95 fois le montant de l'amende infligée	94 455 635 En retenant une élasticité forte égale à -2 et en considérant que le contre-pouvoir de la demande a limité de moitié l'ampleur de la hausse des prix (2,5 %), l'amende infligée est 2,10 fois inférieure à l'amende confiscatoire

Ciblex	/ CA France 138 056 724	132 023 000	5 mois	2,05 %	250 000 L'Autorité a réduit de 94,3 % sa sanction pour prendre en compte les difficultés financières de la société Ciblex.	1 082 588 L'amende infligée est 4,33 fois inférieure à l'amende confiscatoire des profits illicites.	5 412 940 L'amende punitive représente 21,65 fois le montant de l'amende infligée	530 468 En retenant une élasticité forte égale à -2 et en considérant que le contre-pouvoir de la demande a limité de moitié l'ampleur de la hausse des prix (2,5 %), l'amende infligée reste 2,12 fois inférieure à l'amende confiscatoire. À l'origine, avant les réductions d'amende, le montant infligé par l'Autorité était 8,26 fois supérieur à l'amende confiscatoire des profits illicites

Dachser	4 254 000 000	132 523 000	5 ans et 11 mois	29,55 %	33 330 000 L'Autorité a réduit l'amende de 19 % au titre de la procédure de non-contestation de griefs	227 131 170 L'amende infligée est 6,81 fois inférieure à l'amende confiscatoire des profits illicites	1 135 655 850 L'amende punitive représente 34,07 fois le montant de l'amende infligée	77 851 166 En retenant une élasticité forte égale à -2 et en considérant que le contre-pouvoir de la demande a limité de moitié l'ampleur de la hausse des prix (2,5 %), l'amende infligée reste 2,33 fois inférieure à l'amende confiscatoire.
FedEx	50 400 000 000	95 426 000	3 ans et 5 mois,	17,05 %	17 004 000	55 318 452 L'amende infligée est 3,25 fois supérieure à l'amende confiscatoire des profits illicites	81 112 100 L'amende punitive représente 16,26 fois le montant de l'amende infligée	21 606 736 En retenant une élasticité forte égale à -2 et en considérant que le contre-pouvoir de la demande a limité de moitié l'ampleur de la hausse des prix (2,5 %), l'amende infligée reste 1,27 fois inférieure à l'amende confiscatoire.

Gefco	3 550 000 000	121 360 000	5 ans et 11 mois	29,55 %	30 522 000 L'Autorité a réduit l'amende de 19 % au titre de la procédure de non-contestation de griefs	207 998 904 L'amende infligée est 6,81 inférieure à l'amende confiscatoire des profits illicites	1 039 994 520 L'amende punitive représente 34,07 fois le montant de l'amende infligée	71 293 417 En retenant une élasticité forte égale à -2 et en considérant que le contre-pouvoir de la demande a limité de moitié l'ampleur de la hausse des prix (2,5 %), l'amende infligée reste 2,33 fois inférieure à l'amende confiscatoire
Geodis	6 871 000 000	738 465 000	4 ans et 11 mois	24,55 %	196 062 000	870 207 156 L'amende infligée est 4,43 fois inférieure à l'amende confiscatoire des profits illicites	4 351 035 780 L'amende punitive représente 21,85 fois le montant de l'amende infligée	330 678 719 En retenant une élasticité forte égale à -2 et en considérant que le contre-pouvoir de la demande a limité de moitié l'ampleur de la hausse des prix (2,5 %), l'amende infligée reste 1,68 fois inférieure à l'amende confiscatoire

Chronopost	5 700 000 000	496 952 000	5 ans	25 %	99 022 000 L'Autorité a réduit l'amende de 18 % au titre de la procédure de non-contestation de griefs	621 190 000 L'amende infligée est 6,27 fois inférieure à l'amende confiscatoire des profits illicites	3 105 950 000 L'amende punitive représente 31,36 fois le montant de l'amende infligée	223 628 400 En retenant une élasticité forte égale à -2 et en considérant que le contre-pouvoir de la demande a limité de moitié l'ampleur de la hausse des prix (2,5 %), l'amende infligée reste 2,25 fois inférieure à l'amende confiscatoire
DHL Express france	56 630 000 000	281 124 000	5 ans et 5 mois	27,05 %	80 963 000	410 637 826 L'amende infligée est 5,07 fois inférieure à l'amende confiscatoire des profits illicites	2 053 189 134 L'amende punitive représente 25,35 fois le montant de l'amende infligée	144 331 591 En retenant une élasticité forte égale à -2 et en considérant que le contre-pouvoir de la demande a limité de moitié l'ampleur de la hausse des prix (2,5 %), l'amende infligée reste 1,78 fois inférieure à l'amende confiscatoire

TNT Express France	6 910 000 000	459 502 000	2 ans et 10 mois	14,15 %	58 293 000 L'Autorité a réduit l'amende de 18 % au titre de la procédure de non-contestation de griefs	182 054 692 L'amende infligée est 3,11 fois inférieure à l'amende confiscatoire des profits illicites	910 273 462 L'amende punitive représente 15,57 fois le montant de l'amende infligée	78 283 517 En retenant une élasticité forte égale à -2 et en considérant que le contre-pouvoir de la demande a limité de moitié l'ampleur de la hausse des prix (2,5 %), l'amende infligée reste 1,34 fois inférieure à l'amende confiscatoire. À l'origine, avant les réductions d'amende, le montant infligé par l'Autorité était pratiquement égal à l'amende confiscatoire des profits illicites (1,10 fois inférieur)

Heppner	477 085 084	109 542 000	5 ans et 11 mois	29,55 %	2 900 000 L'Autorité a réduit de 91,2 % sa sanction pour prendre en compte les difficultés financières de la société Heppner	187 744 033 L'amende infligée est plus de 64,73 fois inférieure à l'amende confiscatoire des profits illicites.	938 720 169 L'amende punitive représente 323,69 fois le montant de l'amende infligée	64 350 886 En retenant une élasticité forte égale à -2 et en considérant que le contre-pouvoir de la demande a limité de moitié l'ampleur de la hausse des prix (2,5 %), l'amende infligée reste 22,18 fois inférieure à l'amende confiscatoire
Lambert et Vallette	76 675 100 (CA enfrance, société du groupe Heppner)	21 534 000	5 ans et 11 mois	29,55 %	450 000 L'Autorité a réduit de 92,6 % sa sanction pour prendre en compte les difficultés financières de la société Lambert et Valette	36 907 122 L'amende infligée est 82,01 fois inférieure à l'amende confiscatoire des profits illicites.	184 535 613 L'amende punitive représente 410,07 fois le montant de l'amende infligée	12 650 234 En retenant une élasticité forte égale à -2 et en considérant que le contre-pouvoir de la demande a limité de moitié l'ampleur de la hausse des prix (2,5 %), l'amende infligée reste 28,11 fois inférieure à l'amende confiscatoire

Norbert Dentressangle	15 000 000 000	181 796 000	8 mois	3,3 %	9 718 000	3 599 560 L'amende infligée est 2,69 fois supérieure à l'amende confiscatoire des profits illicites	17 997 800 L'amende punitive représente 1,85 fois le montant de l'amende infligée	1 163 858 En retenant une élasticité forte égale à -2 et en considérant que le contre-pouvoir de la demande a limité de moitié l'ampleur de la hausse des prix (2,5 %), l'amende infligée est 8,34 fois supérieure à l'amende confiscatoire. L'amende est d'autant plus sévère qu'elle est aussi 1,66 fois supérieure à l'amende punitive

Normatrans	/ 28 552 488 (CA en France, groupe indépendant)	8 620 000	4 ans	20 %	1 745 000	6 896 000 L'amende infligée est 3,95 fois inférieure à l'amende confiscatoire des profits illicites	34 480 000 L'amende punitive représente 19,75 fois le montant de l'amende infligée	2 758 400 En retenant une élasticité forte égale à -2 et en considérant que le contre-pouvoir de la demande a limité de moitié l'ampleur de la hausse des prix (2,5 %), l'amende infligée reste 1,58 fois inférieure à l'amende confiscatoire
Schenker France	37 800 000 000	282 102 000	4 ans et 5 mois	22,05 %	3 000 000	273 695 360 L'amende infligée est 91,23 fois inférieure à l'amende confiscatoire des profits illicites	1 368 476 802 L'amende punitive représente 456,15 fois le montant de l'amende infligée	106 741 239 En retenant une élasticité forte égale à -2 et en considérant que le contre-pouvoir de la demande a limité de moitié l'ampleur de la hausse des prix (2,5 %), l'amende infligée reste 35,58 fois inférieure à l'amende confiscatoire

General Logistic france	2 100 000 000	239 553 000	5 ans et 11 mois	29,55 %	54 893 000 L'Autorité a réduit l'amende de 18 % au titre de la procédure de non-contestation de griefs	410 569 886 L'amende infligée est 7,47 fois inférieure à l'amende confiscatoire des profits illicites	2 052 849 430 L'amende punitive représente 37,39 fois le montant de l'amende infligée	140 726 368 En retenant une élasticité forte égale à -2 et en considérant que le contre-pouvoir de la demande a limité de moitié l'ampleur de la hausse des prix (2,5 %), l'amende infligée reste 2,56 fois inférieure à l'amende confiscatoire
Transport Henri Ducros	42 493 560	18 216 000	5 ans et 11 mois	29,55 %	300 000 L'Autorité a réduit de 99,9 % sa sanction pour prendre en compte les difficultés financières de la société Ziegler	31 220 402 L'amende infligée est 104,06 fois inférieure à l'amende confiscatoire des profits illicites. Avant les réductions de sanction, le montant infligé par l'Autorité était 3,77 fois inférieur à l'amende confiscatoire	156 102 010 L'amende punitive représente 520,34 fois le montant de l'amende infligée	10 701 062 En retenant une élasticité forte égale à -2 et en considérant que le contre-pouvoir de la demande a limité de moitié l'ampleur de la hausse des prix (2,5 %), l'amende infligée reste 35,67 fois inférieure à l'amende confiscatoire

XP France	477 085 084 (société du groupe Heppner)	37 770 000	5 ans et 11 mois	29,55 %	900 000 L'Autorité a réduit de 92,4 % sa sanction pour prendre en compte les difficultés financières de la société XP France	64 873 000 L'amende infligée est 72,08 fois inférieure à l'amende confiscatoire des profits illicites. À l'origine, avant les réductions de sanction, le montant infligé par l'Autorité était 5,48 fois inférieur à l'amende confiscatoire	324 365 000 L'amende punitive représente 360,40 fois le montant de l'amende infligée	22 168 678 En retenant une élasticité forte égale à -2 et en considérant que le contre-pouvoir de la demande a limité de moitié l'ampleur de la hausse des prix (2,5 %), l'amende infligée reste 24,63 fois inférieure à l'amende confiscatoire
Ziegler France	1 488 000 000	37 606 000	4 ans et 5 mois	22,05 %	8000 L'Autorité a réduit de 99,9 % sa sanction pour prendre en compte les difficultés financières de la société Ziegler	36 485 341 L'amende infligée est 4560,66 fois inférieure à l'amende confiscatoire des profits illicites. À l'origine, avant les réductions de sanction, le montant infligé par l'Autorité était 4,43 fois inférieur à l'amende confiscatoire	182 426 705 L'amende punitive représente 22803,34 fois le montant de l'amende infligée	14 229 261 En retenant une élasticité forte égale à -2 et en considérant que le contre-pouvoir de la demande a limité de moitié l'ampleur de la hausse des prix (2,5 %), l'amende infligée reste 1778, 65 fois inférieure à l'amende confiscatoire

Décision 15-D-04 Farine de boulangerie artisanale (26/03/ 2015)	CA mondial du groupe auquel appartient l'entreprise sanctionnée (en euros)	Valeur des ventes affectées (en euros)	Durée	Surprix	Montant final de l'amende infligée (en euros)	Montant de l'amende confiscatoire (en euros)	Montant de l'amende confiscatoire punitive (Prob. détection – Multiple de 5) (en euros)	Variables d'ajustement de l'amende confiscatoire : risque de déviation et/ ou existence d'un contre-pouvoir et/ou élasticité-prix **ε nulle (0)**
Axiane Meunerie SAS	1 936 506 116	34 087 198	6 mois	L'Autorité ne livre aucune estimation du surprix. En théorie, la moyenne de hausse de prix régulièrement admise par la littérature économique pour un cartel national sur l'ensemble de sa durée de vie	300 000	852 029 L'amende infligée est 2,84 fois inférieure à l'amende confiscatoire des profits illicites	4 260 145 L'amende punitive représente 14,2 fois le montant de l'amende infligée	La farine est un bien de première nécessité. La demande tant de farine de blé par les boulangers que de pains par les consommateurs finaux présente une élasticité-prix faible (pt. 388). Elle n'est pas, dans cette affaire, une variable susceptible de remettre

Axiane Meunerie SAS	1 936 506 116	34 087 198	6 mois	**varie entre 14 % et 20 %.** Néanmoins, au regard de la courte durée du cartel, et de l'envolée du prix (25 % d'augmentation) de la farine, nous retiendrons une hausse de prix moyenne de 5 %	300 000	852 029 L'amende infligée est 2,84 fois inférieure à l'amende confiscatoire des profits illicites	4 260 145 L'amende punitive représente 14,2 fois le montant de l'amende infligée	fondamentalement en cause le montant des amendes confiscatoires. De même, la plupart des firmes ont respecté le prix du cartel, sauf Moulin (pt. 204). En considérant que les déviations avérées d'une entreprise qui n'a pas respecté le prix du cartel minorent le surprix moyen admis d'environ 1 %, l'amende infligée à Axiane meunerie reste 2,27 fois inférieure à l'amende confiscatoire (681 623 euros).

Minoteries Cantin Sas	1 936 506 116	6 400 652	6 mois		320 000	160 016 L'amende infligée est 1,99 fois supérieure à l'amende confiscatoire des profits illicites	800 080 L'amende punitive représente 2,50 fois le montant de l'amende infligée	En considérant que les déviations avérées d'une entreprise qui n'a pas respecté le prix du cartel minorent le surprix moyen admis d'environ 1 %, l'amende infligée à Minoterie Cantin est désormais 2,48 fois supérieure à l'amende confiscatoire (128 013 euros).
Grands Moulin de Strasbourg SAS	277 202 395	10 379 003	6 mois		518 000	259 475 L'amende infligée est 1,99 fois supérieure à l'amende confiscatoire des profits illicites	1 297 375 L'amende punitive représente 2,50 fois le montant de l'amende infligée	En considérant que déviations avérées d'une entreprise qui n'a pas respecté le prix du cartel minorent le surprix moyen admis d'environ 1 %, l'amende infligée à Grand Moulin est désormais 2,49 fois supérieure à l'amende confiscatoire (207 580 euros).

Decisions 15-D-03 Produits laitiers (11/03/2015)	CA mondial du groupe auquel appartient l'entreprise sanctionnée (en euros)	Valeur des ventes affectées (en euros)	Durée	Surprix	Montant final de l'amende infligée (en euros)	Montant de l'amende confiscatoire (en euros)	Montant de l'amende confiscatoire punitive (Prob. détection – Multiple de 5) (en euros)	Variables d'ajustement de l'amende confiscatoire : risque de déviation et/ ou existence d'un contre-pouvoir et/ou élasticité-prix **ε faible (ε = – 1 < e < 0)**
Yoplait	13 400 000 000	111 685 926	3 ans et 1 mois	Selon les estimations des services d'instruction de l'Autorité de la concurrence, la prise en compte de la période de guerre des prix et/ ou de la période postérieure aux pratiques dans la période de référence et l'exclusion de la période antérieure aux pratiques conduisent à un surprix, sur la période de l'entente,	0 (Demandeur de clémence de rang 1)	20 639 559 La procédure de clémence a donc permis à l'entreprise de faire une économie de plus de vingt millions d'euros	103 197 195	L'Autorité conclue à la faible l'élasticité-prix de la demande des produits laitiers frais en général, et des produits laitiers frais vendus sous MDD en particulier (voir pts. 300-304). L'élasticité-prix de la demande n'est pas, dans cette affaire, une variable susceptible de remettre en cause le montant des amendes confiscatoires. La variable pertinente à prendre en cause est le contre-pouvoir des distributeurs.

La répercussion de la hausse de prix sur les distributeurs est difficile car le *« secteur des produits laitiers frais est caractérisé par une forte dépendance des fabricants vis-à-vis des grandes et moyennes surfaces qui représentent 92 % de leurs débouchés »*. (pt. 305). Le pouvoir de négociations des distributeurs est susceptible d'avoir diminué le hausse des prix moyenne conclue entre les entreprises. Néanmoins, sachant que nous avons retenu, pour la hausse moyenne du prix du cartel, la fourchette la plus basse (à savoir 6 %) estimée par l'Autorité (qui				compris entre 6 et 10 % selon la méthode utilisée (p. 322). Nous retiendrons l'estimation du surprix la plus basse, à savoir 6 %				

Senagral	3 901 000 000	316 253 552	3 ans et 1 mois		46 000 000 L'Autorité a réduit l'amende de 35 % au titre de la clémence de rang 2. Elle a aussi pris en compte les difficultés financières de l'entreprise	58 443 656 L'amende infligée est 1,27 fois inférieure à l'amende confiscatoire des profits illicites. À l'origine, avant les réductions d'amende, le montant infligé par l'Autorité était 1,73 fois supérieur à l'amende confiscatoire des profits illicites (101 300 000)	292 218 280 L'amende punitive représente 6,35 fois le montant de l'amende infligée	considérait que la hausse de prix était comprise entre 6 et 10 %), il n'y a pas lieu de réviser les calculs de l'amende confiscatoire
Novandie	1 886 700 000	239 855 744	3 ans et 1 mois		38 300 000 L'Autorité a réduit l'amende de 16 % au titre de la procédure de non-contestation de griefs	44 325 341 L'amende infligée est 1,15 fois inférieure à l'amende confiscatoire des profits illicites. À l'origine, avant les réductions d'amende, le montant infligé par l'Autorité était pratiquement égal à l'amende confiscatoire des profits illicites	221 626 705 L'amende punitive représente 5,78 fois le montant de l'amende infligée	

Lactalis beurres et crèmes	15 900 000 000	18 547 404	1 an et 1 mois		4 000 000 L'Autorité a réduit l'amende de 16 % au titre de la procédure de non-contestation de griefs	1 201 871 L'amende infligée est 3,32 fois supérieure à l'amende confiscatoire des profits illicites	6 009 358 L'amende punitive représente 1,50 fois le montant de l'amende infligée	
Lactalis Nestlé Ultra frais	16 500 000 000	166 805 642	3 ans et 1 mois		56 100 000	30 825 682 L'amende infligée est 1,81 fois supérieure à l'amende confiscatoire des profits illicites	154 128 413 L'amende punitive représente 2,74 fois le montant de l'amende infligée	
Maître laitier du Cotentin	1 742 485 279	85 300 766	3 ans et 1 mois		22 900 000 L'Autorité a réduit l'amende de 16 % au titre de la procédure de non-contestation de griefs	15 763 581 L'amende infligée est 1,45 fois supérieure à l'amende confiscatoire des profits illicites	78 817 907 L'amende punitive représente 3,44 fois le montant de l'amende infligée	
Yeo frais	5 400 000 000	49 708 800	1 an et 8 mois		12 000 000 L'Autorité a réduit l'amende de 16 % au titre de la procédure de non-contestation de griefs	4 950 996 L'amende infligée est 2,42 fois supérieure à l'amende confiscatoire des profits illicites	24 754 982 L'amende punitive représente 2,06 fois le montant de l'amende infligée	

Laîta	2 200 000 000	30 280 793	3 ans et 1 mois		8 100 000 L'Autorité a réduit l'amende de 16 % au titre de la procédure de non-contestation de griefs	5 595 890 L'amende infligée est 1,44 fois supérieure à l'amende confiscatoire des profits illicites	27 979 452 L'amende punitive représente 3,45 fois le montant de l'amende infligée	
Alsace Lait	120 000 000 (Coopérative)	42 721 780	3 ans et 1 mois		3 600 000 L'Autorité a réduit l'amende de 16 % au titre de la procédure de non-contestation de griefs	7 894 984 L'amende infligée est 2,19 fois inférieure à l'amende confiscatoire des profits illicites	39 474 924 L'amende punitive représente 10,96 fois le montant de l'amende infligée	
LSM (laiterie de Saint-Malo)	392 900 000	8 597 586	/ Non concerné par l'accord sur les hausses de prix		300 000	/	/	
LHT (Laiteries H. Triballat)	280 000 000 (Entreprise familiale française)	24 669 019	10 mois		1 400 000	1 228 517 L'amende infligée est 1,13 fois supérieure à l'amende confiscatoire des profits illicites	6 142 585 L'amende punitive représente 4,38 fois le montant de l'amende infligée	

Decisions 14-D-19 Produits d'entretien (18/12/2014)	CA mondial du groupe auquel appartient l'entreprise sanctionnée (en euros)	Valeur des ventes affectées (en euros)	Durée	Surprix	Montant final de l'amende infligée (en euros)	Montant de l'amende confiscatoire (en euros)	Montant de l'amende confiscatoire punitive (Prob. détection – Multiple de 5) (en euros)	Variables d'ajustement de l'amende confiscatoire : risque de déviation et/ ou existence d'un contre-pouvoir et/ou élasticité-prix **ε faible (ε = –1 < e < 0)**
Unilever	51 324 000 000	334 657 331	2 ans et 6 mois	Il est précisé que « *lors des négociations commerciales pour l'année 2006, la plupart des participants aux ententes sur l'hygiène comme sur l'entretien ont passé des hausses tarifaires très importantes, de l'ordre de 4 à 6 %* » (voir communiqué de presse). Nous retiendrons donc une hausse de prix annuelle de 4 %	70 522 000 Réduction d'amende de 18 % au titre de la procédure de non- contestation de griefs	83 664 332 L'amende infligée est 1,18 fois inférieure à l'amende confiscatoire des profits illicites. À l'origine, avant les réductions d'amende, le montant infligé par l'Autorité était de 86 002 750, donc 1,02 fois supérieur à l'amende confiscatoire	418 321 664 L'amende punitive représente 5,93 fois le montant de l'amende infligée	Les produits d'hygiène et d'entretien constituent des biens de consommation courante, indispensables pour les consommateurs. Ces produits, de l'avis même des entreprises mises en cause, sont peu élastiques au prix (pt. 1346). Par ailleurs, dans cette affaire, le risque de déviation est faible car le système d'échanges d'informations organisé sur chacun des deux secteurs permettait

								d'assurer la surveillance de l'équilibre collusif coopératif (pt. 1394). Enfin, en théorie, le contre-pouvoir des distributeurs est de nature à diminuer la hausse de prix conclue entre les entreprise. Néanmoins, en l'espèce, le pouvoir de négociation est limité à l'encontre des fabricants qui disposent de marques à forte notoriété (pt. 1354). Le risque de déréférencement était limité voir neutralisé par l'impossibilité pour les distributeurs de sortir des linéaires les produits dits « incontournables » (pt. 1354). En somme, la notoriété des marques des

								entreprises du secteur de l'hygiène et de l'entretien leur a permis de contrôler la puissance d'achat des enseignes de la grande distribution. En conséquence, le surprix imposé par les fournisseurs a davantage été répercuté par les distributeurs sur les consommateurs, qu'annihilé par la résistance de ces derniers. Le contre-pouvoir de la demande n'est donc pas une variable de nature à limiter la hausse de prix admise et donc, à remettre en cause le caractère non confiscatoire des amendes infligées

Reckitt Benckiser France	11 825 658 960	435 700 654	2 ans et 6 mois		108 273 000 Réduction d'amende de 16 % au titre de la procédure de non- contestation de griefs	108 925 163 L'amende infligée est pratiquement égale à l'amende confiscatoire des profits illicites	544 625 815 L'amende punitive représente 4,24 fois le montant de l'amende infligée	
Henkel france	16 510 000 000	278 568 426	3 ans		59 105 000 Réduction d'amende de 25 % au titre de la clémence + 18 % au titre de la procédure de non-contestation de griefs	83 570 527 L'amende infligée est 1,41 fois inférieure à l'amende confiscatoire des profits illicites. À l'origine, avant les réductions d'amende, le montant infligé par l'Autorité était de 96 106 106, donc 1,15 fois supérieur à l'amende confiscatoire	417 852 635 L'amende punitive représente 7,06 fois le montant de l'amende infligée	
Bolton Solitaire SA	1 520 000 000	54 723 000	1 an et 4 mois		7 903 000	9 959 586 L'amende infligée est 1,26 fois inférieure à l'amende confiscatoire des profits illicites	49 797 930 L'amende punitive représente 6,03 fois le montant de l'amende infligée	

Procter & Gamble France	63 373 134 014	191 583 281	2 ans		39 830 000 Réduction d'amende de 16 % au titre de la procédure de non- contestation de griefs	30 653 325 L'amende infligée est 1,29 fois supérieure à l'amende confiscatoire des profits illicites.	153 266 625 L'amende punitive représente 3,84 fois le montant de l'amende infligée	
SC Johnson SAS	71 300 000 000	216 252 000	2 ans et 6 mois		0 (Clémence de rang 1)	54 063 000 À l'origine, avant les réductions d'amende, le montant infligé par l'Autorité était de 58 827 494, donc 1,07 fois supérieur à l'amende confiscatoire des profits illicites	270 315 000	
Sara Lee Household	6 500 000 000	84 075 828	1 an et 4 mois		12 873 690	15 301 800 L'amende infligée est 1,65 fois supérieure à l'amende confiscatoire des profits illicites	76 509 003 L'amende punitive représente 3,02 fois le montant de l'amende infligée	

Colgate-Palmolive	13 116 304 425	287 310 995	3 ans		46 736 000 Réduction d'amende de 50 % au titre de la clémence de rang 2 + 18 % au titre de la procédure de non- contestation de griefs	103 431 958 L'amende infligée est 2,58 fois inférieure à l'amende confiscatoire des profits illicites. À l'origine, avant les réductions d'amende, le montant infligé par l'Autorité était de 113 990 637, donc 1,10 fois supérieur à l'amende confiscatoire	517 159 791 L'amende punitive représente 11,06 fois le montant de l'amende infligée	

Decisions 14-D-19 Produits d'hygiène (18/12/2014)	CA mondial du groupe auquel appartient l'entreprise sanctionnée (en euros)	Valeur des ventes affectées (en euros)	Durée	Surprix	Montant final de l'amende infligée (en euros)	Montant de l'amende confiscatoire (en euros)	Montant de l'amende confiscatoire punitive (Prob. détection – Multiple de 5) (en euros)	Variables d'ajustement de l'amende confiscatoire : risque de déviation et/ou existence d'un contre-pouvoir et/ou élasticité-prix **ε faible** **(ε = –1 < e < 0)**
Colgate Palmolive	13 116 304 425	212 370 858	3 ans	Il est précisé que, « *lors des négociations commerciales pour l'année 2006, la plupart des participants aux ententes sur l'hygiène comme sur l'entretien ont passé des hausses tarifaires très importantes, de l'ordre de 4 à 6 %* » (voir communiqué de presse). Nous retiendrons donc une hausse de prix annuelle de 4 %	0 (Clémence de rang 1)	76 453 508	382 267 544	Le secteur de l'hygiène est caractérisé par une faible élasticité-prix de la demande des produits commercialisés sur le marché aval de la distribution (pt. 109 et pts. 1343 à 1346). L'élasticité-prix de la demande n'est donc pas, dans cette affaire, une variable susceptible de remettre en cause le montant des amendes confiscatoires. S'agissant du risque de déviation

Henkel France	16 510 000 000	252 803 452	3 ans		50 062 667 Réduction d'amende de 30 % au titre de la clémence de rang 2, et de 18 % au titre de la procédure de non- contestation de griefs	91 009 242 L'amende infligée est 2,12 fois inférieure à l'amende confiscatoire des profits illicites. À l'origine, avant les réductions d'amende, le montant infligé par l'Autorité était de 87 217 190, donc presque équivalent à l'amende confiscatoire	455 046 213 L'amende punitive représente 9,08 fois le montant de l'amende infligée	et de l'incidence du contre-pouvoir des distributeurs, **voir les explications livrées** ***supra*** **– décision hygiène**
Reckitt Benckiser France	11 825 658 960	79 679 901	1 an et 6 mois		12 700 000 Réduction d'amende de 16 % au titre de la procédure de non- contestation de griefs	7 171 191 L'amende infligée est 1,77 fois supérieure à l'amende confiscatoire des profits illicites	35 855 955 L'amende punitive représente 2,82 fois le montant de l'amende infligée	

Unilever France	51 324 000 000	462 973 730	2 ans et 8 mois		102 022 000 Réduction d'amende de 18 % au titre de la procédure de non- contestation de griefs	123 151 012 L'amende infligée est 1,20 fois inférieure à l'amende confiscatoire des profits illicites. À l'origine, avant les réductions d'amende, le montant infligé par l'Autorité était de 124 417 476, donc 1,01 supérieur à l'amende confiscatoire	615 755 060 L'amende punitive représente 5,03 fois le montant de l'amende infligée	
Procter & Gamble	63 373 134 014	212 160 000	1 an et 8 mois		39 109 000 Réduction d'amende de 16 % au titre de la procédure de non- contestation de griefs	21 131 136 L'amende infligée est 1,85 fois supérieure à l'amende confiscatoire des profits illicites.	105 655 680 L'amende punitive représente 2,70 fois le montant de l'amende infligée	
Sara Lee Household	6 500 000 000	84 075 828	1 an et 4 mois		12 390 000	5 591 042 L'amende infligée est 2,21 fois supérieure à l'amende confiscatoire des profits illicites.	27 955 212 L'amende punitive représente 2,25 fois le montant de l'amende infligée	

Laboratoire Vendôme SAS	Groupe Johnson & Johnson (Laboratoires Vendôme SAS jusqu'en septembre 2005 puis Laboratoires Vendôme)	134 073 210	1 an et 4 mois		8 130 000 Réduction d'amende de 16 % au titre de la procédure de non- contestation de griefs	8 915 868 L'amende infligée est 1,09 fois inférieure à l'amende confiscatoire des profits illicites	44 579 340 L'amende punitive représente 5,48 fois le montant de l'amende infligée	
Gillette	Groupe Procter & Gamble	295 800 000	2 ans et 9 mois		74 923 000	81 345 000 L'amende infligée est 1,08 fois supérieure à l'amende confiscatoire des profits illicites	406 725 000 L'amende punitive représente 5,42 fois le montant de l'amende infligée	
L'Oréal (SA)	22 976 600 000	1 228 220 500	1 an et 1 mois		189 494 000	53 059 125 L'amende infligée est 3,57 fois supérieure à l'amende confiscatoire des profits illicites	266 295 625 L'amende punitive représente 1,40 fois le montant de l'amende infligée	
Beiersdorf	6 141 000 000	295 622 655	3 ans		72 113 000 Réduction d'amende de 16 % au titre de la procédure de non- contestation de griefs	106 424 155 L'amende infligée est 1,47 fois inférieure à l'amende confiscatoire des profits illicites	532 120 779 L'amende punitive représente 7,37 fois le montant de l'amende infligée	

ANNEXE 1

Vania	22 715 000 000	203 078 000	3 ans		45 034 000 Réduction d'amende de 18 % au titre de la procédure de non- contestation de griefs	73 108 080 L'amende infligée est 1,62 fois inférieure à l'amende confiscatoire des profits illicites	365 540 400 L'amende punitive représente 8,11 fois le montant de l'amende infligée	

Décision 14-D-20 Papier peint en France (22/12/2014)	CA mondial du groupe auquel appartient l'entreprise sanctionnée (en euros)	Valeur des ventes affectées (en euros)	Durée	Surprix	Montant final de l'amende infligée (en euros)	Montant de l'amende confiscatoire (en euros)	Montant de l'amende confiscatoire punitive (Prob. détection – Multiple de 5) (en euros)	Variables d'ajustement de l'amende confiscatoire : risque de déviation et/ou existence d'un contre-pouvoir et/ou élasticité-prix **ε faible** **$(\varepsilon = -1 < e < 0)$**
L'éditeur	5 463 000	1 702 000	4 années et 6 mois pour l'ensemble des entreprises	L'Autorité ne livre aucune estimation du surprix. Nous retiendrons donc la moyenne de hausse de prix la plus basse régulièrement admise par la littérature économique pour un cartel national sur l'ensemble de sa durée de vie (**entre 14 et 20 %), à savoir 14 %.**	0 (Clémence de rang 1)	1 072 260	5 361 300	Ici, le problème concernait moins l'élasticité-prix de la demande que l'équilibre du cartel, sujet à déviation. L'Autorité souligne notamment que » *les échanges d'informations n'ont pas permis un alignement des hausses de prix en moyenne* » (pt. 279), ce qui pourrait conduire à minorer le surprix établi pour l'ensemble des entreprises.

								En présence d'un fort risque de déviation, il nous semble raisonnable de minorer d'environ 6 % la hausse de prix originellement retenu sur l'ensemble de la durée de vie du cartel. En considérant que les déviations de certaines entreprises qui n'ont pas respecté le prix du cartel minorent le surprix admis d'environ 6 %, l'amende confiscatoire est désormais de 612 720
Graham & Brown France	104 344 660	11 636 000			247 265	7 330 680 L'amende infligée est 29,6 fois inférieure à l'amende confiscatoire des profits illicites	36 653 400 L'amende punitive représente 148,23 fois le montant de l'amende infligée	3 141 720 En considérant que les déviations de certaines entreprises qui n'ont pas respecté le prix du cartel minorent le surprix admis d'environ 6 %, l'amende confiscatoire reste 12,70 fois supérieure à l'amende infligée

Grandeco	1 053 209 000	16 455 857			0 (Clémence de rang 1)	10 367 189	51 835 949	En considérant que les déviations de certaines entreprises qui n'ont pas respecté le prix du cartel minorent le surprix admis d'environ 6 %, l'amende confiscatoire est désormais de 5 924 108
Rasch France	123 761 128	8 403 982			0 (Clémence de rang 1)	5 294 508	26 472 543	En considérant que les déviations de certaines entreprises qui n'ont pas respecté le prix du cartel minorent le surprix admis d'environ 6 %, l'amende confiscatoire est de 3 025 433
MCF	199 818 000	8 000 591			1 415 000	5 040 372 L'amende infligée est 3,56 fois inférieure à l'amende confiscatoire des profits illicites	25 201 861 L'amende punitive représente 17,81 fois le montant de l'amende infligée	2 880 212 En considérant que les déviations de certaines entreprises qui n'ont pas respecté le prix du cartel minorent le surprix admis d'environ
								6 %, l'amende confiscatoire reste 2,03 fois supérieure à l'amende infligée

S.C.E	/	20 140 209			3 564 000	12 688 331 L'amende infligée est 3,56 fois inférieure à l'amende confiscatoire des profits illicites	63 441 658 L'amende punitive représente 17,80 fois le montant de l'amende infligée	7 250 475 €, En considérant que les déviations de certaines entreprises qui n'ont pas respecté le prix du cartel minore le surprix admis d'environ 6 %, l'amende confiscatoire reste 2,03 fois supérieure au montant de l'amende infligée
Zambaiti	6 939 093	4 904 800			50 000	3 090 024 L'amende infligée est 61,80 fois inférieure à l'amende confiscatoire des profits illicites	15 450 120 L'amende punitive représente 309 fois le montant de l'amende infligée	1 765 728 En considérant que les déviations de certaines entreprises qui n'ont pas respecté le prix du cartel minorent le surprix admis d'environ 6 %, l'amende confiscatoire reste 35,31 fois supérieure au montant de l'amende infligée

Décision 13-D-21 Buprénorphine haut dosage en ville (18/12/2013)	CA mondial du groupe auquel appartient l'entreprise sanctionnée (en euros)	Valeur des ventes affectées (en euros)	Durée	Surprix	Montant final de l'amende infligée (en euros)	Montant de l'amende confiscatoire (en euros)	Montant de l'amende confiscatoire punitive (Prob. détection – Multiple de 5) (en euros)	Variables d'ajustement de l'amende confiscatoire : risque de déviation et/ ou existence d'un contre-pouvoir et/ou élasticité-prix **ε faible (ε = –1 < e < 0)**
Schering-Plough	35 609 098 118	53 944 499	6 mois, mais « *les effets se sont poursuivis bien au- delà, puisque le taux de génération de Subutex® est resté relativement bas pendant de très nombreux mois* » (p. 399).	Rappelons que le prix de vente de Subutex® en pharmacie était de 22,24 euros. Le prix du générique avait, pour sa part, été fixé à 18,73 euros. La pratique mise en œuvre par Schering- Ploug et Reckitt Benckiser visant à entraver l'arrivée du	15 714 000	4 855 004 L'amende infligée est 3,23 fois supérieure à l'amende confiscatoire des profits illicites, ce qui signifie qu'elle est proche de l'amende punitive	24 275 020 L'amende punitive représente 1,54 fois le montant de l'amende infligée	Elasticité faible : Comme l'observe l'Autorité (pt. 330-331) : « *L'élasticité-prix des acheteurs n'est pas la même : à l'hôpital elle est forte car le prix d'achat affecte le budget des hôpitaux tandis qu'en ville elle est faible, car le patient n'assume pas directement le prix du* (médicament) *qui lui est remboursé par l'assurance maladie. Or, les*

				générique de son médicament leur a permis de continuer de vendre un médicament plus cher. **Le surprix est de 18,73 %** en comparant compare le prix de vente de Subutex® avec le prix du générique.				*pratiques relevées en l'espèce ont visé essentiellement les médecins et pharmaciens.* *Partant,* **le marché considéré comme pertinent en l'espèce sera celui de la ville**, *comme les destinataires des griefs ne l'ont pas contesté* ». L'élasticité-prix de la demande n'est donc pas, dans cette affaire, une variable susceptible de remettre fondamentalement en cause le montant des amendes imposées.
Reckitt Benckiser	11 419 000 000	33 144 501			318 000	2 983 005 L'amende infligée est 9,38 fois inférieure à l'amende confiscatoire des profits illicites	14 915 025 L'amende punitive représente 46,90 fois le montant de l'amende infligée	

Décision 13D12 Distributeurs de commodités chimiques (28/05/2013)	CA mondial du groupe auquel appartient l'entreprise sanctionnée (en euros)	Valeur des ventes affectées (en euros)	Durée	Surprix	Montant final de l'amende infligée (en euros)	Montant de l'amende confiscatoire (en euros)	Montant de l'amende confiscatoire punitive (Prob. détection – Multiple de 5) (en euros)	Variables d'ajustement de l'amende confiscatoire : risque de déviation et/ou existence d'un contre-pouvoir et/ou élasticité-prix **ε faible** **(ε = –1 < e < 0)**
Brenntag	9 689 000 000	57 374 250	7 ans et 5 mois	Univar fournit une étude du surprix imposé sur l'ensemble de la durée de vie du cartel, qu'elle estime entre 5 et 6 % (pt. 937). L'Autorité observe que la méthode utilisée conduit à une sous estimation du surprix (pt. 938 et suivants).	47 802 789 Réduction de 25 % au titre de la clémence de rang 2	42 514 319 L'amende infligée est 1,12 fois supérieure à l'amende confiscatoire des profits illicites	212 571 595 L'amende punitive représente 4,44 fois le montant de l'amende infligée	L'élasticité-prix de la demande est faible dans cette affaire : « *En l'espèce, dans un grand nombre de situations, un industriel a besoin, dans son processus de fabrication, d'une commodité chimique particulière et ne pourra pas lui en substituer une autre. Par ailleurs, à production donnée, un industriel ne pourra*

				Nous retiendrons, au regard des analyses fournies, une hausse de prix de 10 % provoquée par l'entente, ce qui constitue une hypothèse conservatrice au regard de sa durée et de la hausse de prix moyenne admise par la littérature économique pour un cartel national sur l'ensemble de sa durée de vie (entre 14 et 20 %).				*généralement pas réduire ses besoins en commodités chimiques en vue de limiter l'impact des hausses de prix des commodités sur ses coûts de production. Ainsi,* ***il apparaît que la demande de commodités chimiques est relativement peu sensible aux variations de prix*** *(faible élasticité-prix). La pratique était donc d'autant plus susceptible de créer un dommage important à l'économie* » (pt. 934). S'agissant, par ailleurs, du risque de déviation, un système de surveillance permettait de stabiliser les prix collusifs et de contrôler le

								respect de l'accord. Des vérifications auprès des clients pouvaient être réalisées ainsi que des rappels aux règles du mode de fonctionnement de l'entente. (voir pt. 124 à 386). Le faible risque de déviation n'est pas en mesure de remettre en cause la hausse de prix et donc, le montant de l'amende confiscatoire
Solvadis	1 128 000 000	19 926 440	5 ans et 9 mois		0 (Clémence de rang 1)	11 457 703 Solvadis encourait une sanction de 13 000 000. La procédure de clémence a donc permis à Solvadis d'échapper à une amende confiscatoire	57 288 515	

Univar	5 800 000 000	25 342 500	6 ans et 8 mois		15 180 461 Réduction de 20 % au titre de la clémence de rang 3 + 15 % au titre de la procédure de non-contestation de griefs	16 878 105 L'amende infligée est 1,11 fois inférieure à l'amende confiscatoire des profits illicites. À l'origine, avant les réductions d'amende, Univar encourait une amende de 22 324 208, soit un montant 1,32 fois supérieur à l'amende confiscatoire	84 390 525 L'amende punitive représente 5,55 fois le montant de l'amende infligée	
Caldic Est	626 793 000	2 828 459	4 ans et 11 mois		1 335 036 Réduction de 20 % au titre de la procédure de non-contestation de griefs	1 388 773 L'amende infligée est 1,04 fois supérieure à l'amende confiscatoire des profits illicites. À l'origine, avant les réductions d'amende, Caldic encourait une amende de 1 668 796, soit un montant 1,20 fois supérieur à l'amende confiscatoire	6 943 865 L'amende punitive représente 5,20 fois le montant de l'amende infligée	

Décision 13-D-11 Plavix (14 mai 2013)	CA mondial du groupe auquel appartient l'entreprise sanctionnée (en euros)	Valeur des ventes affectées (en euros)	Durée	Surprix	Montant final de l'amende infligée (en euros)	Montant de l'amende confiscatoire (en euros)	Montant de l'amende confiscatoire punitive (Prob. détection – Multiple de 5) (en euros)	Variables d'ajustement de l'amende confiscatoire : risque de déviation et/ ou existence d'un contre-pouvoir et/ou élasticité-prix **ε faible** **(ε = –1 < e < 0)**
Sanofi-Aventis	30 384 000 000	208 307 785 répartis comme suit : 165 424 817 pour Plavix et 42 882 968 pour l'auto-générique Clopidogrel Winthrop	5 mois (entre début septembre 2009 et janvier 2010). Cependant les effets de la pratique ont perduré pendant de nombreux mois. Nous retiendrons donc une durée de 1 an	L'Autorité estime que les surprofits illicites de Sanofi sont à la fois liés au gain de la différence de prix entre Plavix et ses génériques et à la pratique abusive qui a permis à Sanofi d'augmenter sensiblement la part de marché de son propre générique,	40 600 000 Majoration de l'amende de 50 % au titre de la taille et de la puissance financière du groupe auquel appartient Sanofi-Aventis	110 834 627 L'amende infligée est 2,72 fois inférieure à l'amende confiscatoire des profits illicites (Cette amende confiscatoire est conservatrice car elle ne prend pas en compte le profit illicite lié à l'augmentation spectaculaire des ventes du générique de Sanofi (Clopidogrel Winthrop) lors	554 173 135 L'amende punitive représente 13,64 fois le montant de l'amende infligée	Le clopidogrel est un médicament prescrit à titre préventif, à la suite d'un premier accident vasculaire, et est donc essentiellement délivré en ville (pt. 303). Le surprix payé sur le marché de la ville pour l'achat de ce médicament résulte de la moindre pénétration des génériques. L'élasticité-prix de la demande est faible car, d'une

				Clopidogrel Winthrop. Sur le différentiel de prix, on peut estimer à travers les données disponibles que la collectivité a souffert d'un surprix d'environ 67,26 %, lequel correspond à la différence de prix entre Plavix et les génériques qui n'ont pu pénétrer le marché pendant plusieurs mois (pt. 681).		des pratiques abusives. L'Autorité précise en effet que, pendant la durée des pratiques, Sanofi a obtenu une part de marché environ 4 fois supérieure à celle que l'entreprise détient habituellement sur le marché français des génériques (pt. 681). Néanmoins, il reste difficile d'apprécier, au regard des informations données, dans quelle mesure la pratique de dénigrement est directement responsable de cet accroissement des parts de marché		part, le patient n'assume pas directement le prix du médicament qui lui est remboursé par l'Assurance maladie (pt. 302). D'autre part, le retard dans la commercialisation des génériques a empêché le consommateur de se tourner vers des médicaments moins chers. Enfin, les médecins ont apposé sur les ordonnances de prescription la mention « non substituable » (pt. 418, pt. 500 et suivants), ce qui signifie que les consommateurs n'ont pu se tourner vers des génériques moins coûteux, une telle mention obligeant le patient à rester sous un

								traitement Plavix. Par ailleurs, le contre-pouvoir de la demande est ici inexistant, sachant qu'un patient souffrant d'une maladie cardio-vasculaire ne va pas s'opposer à la prescription du médecin. En somme, les variables d'ajustement ne sont pas ici en mesure de remettre en cause le caractère non confiscatoire de l'amende infligée.

Décision 12-D-09 Farine alimentaire (entente franco-allemande) (13/03/2012)	CA mondial du groupe auquel appartient l'entreprise sanctionnée (en euros)	Valeur des ventes affectées (en euros)	Durée	Surprix	Montant final de l'amende infligée (en euros)	Montant de l'amende confiscatoire (en euros)	Montant de l'amende confiscatoire punitive (Prob. détection – Multiple de 5) (en euros)	Variables d'ajustement de l'amende confiscatoire : risque de déviation et/ou existence d'un contre-pouvoir et/ou élasticité-prix **ε faible** **(ε = –1 < e < 0)**
Axiane Meunerie	1 936 506 116	30 400 000	5 ans et 11 mois	Selon l'estimation de l'Autorité de la concurrence, l'entente entre les meuniers a conduit à une augmentation de prix de 11 %. Nous retiendrons donc un surprix de 11 %	19 927 000	19 763 040 L'amende infligée est pratiquement égale à l'amende confiscatoire.	98 815 200 L'amende punitive représente 4,95 fois le montant de l'amende infligée	La farine alimentaire est un bien de consommation courante. Pour ce type de produit, l'élasticité-prix de la demande est faible : « *Compte tenu de la faible élasticité-prix de ce produit et du fait qu'il n'est généralement pas un produit d'appel pour les distributeurs, il est vraisemblable que les hausses de prix de gros dues*

Bach Muhle	14 166 957	56 000	5 ans et 11 mois		40 000	36 405 L'amende infligée est 1,09 fois supérieure à l'amende confiscatoire des profits illicites	182 028 L'amende punitive représente 4,55 fois le montant de l'amende infligée	*à l'entente ont été largement répercutées par les distributeurs sur les prix de détail* » (voir pt. 817). L'élasticité-prix de la demande n'est donc pas, dans cette affaire, une variable susceptible de remettre fondamentalement en cause le montant de l'amende confiscatoire
Bindewald	54 547 278	5 455 000	4 ans et 7 mois		2 602 000	2 748 229 L'amende infligée est 1,05 fois inférieure à l'amende confiscatoire des profits illicites	13 741 145 L'amende punitive représente 5,28 fois le montant de l'amende infligée	
Bliesmuhle	26 254 440	2 869 000	6 ans et 1 mois		1 929 000	1 918 785 L'amende infligée est pratiquement égale à l'amende confiscatoire.	9 593 926 L'amende punitive représente 4,97 fois le montant de l'amende infligée	

Flechtorfer	63 944 000	6 706 000	6 ans et 1 mois		4 510 000	4 484 972 L'amende infligée est pratiquement égale à l'amende confiscatoire.	22 424 864 L'amende punitive représente 4,97 fois le montant de l'amende infligée	
France Farine	189 569 439	11 212 000	6 ans et 1 mois		8 295 000	7 498 585 L'amende infligée est 1,10 fois supérieure à l'amende confiscatoire des profits illicites	37 492 928 L'amende punitive représente 4,51 fois le montant de l'amende infligée	
Friessinger	135 000 000	17 500 000	6 ans et 1 mois		11 770 000	11 704 000 L'amende infligée est pratiquement égale à l'amende confiscatoire des profits illicites	58 520 000 L'amende punitive représente 4,97 fois le montant de l'amende infligée	
Grand-Moulin de Paris	945 908 000	22 009 000	4 ans et 8 mois		11 834 000	11 281 813 L'amende infligée est 1,04 fois supérieure à l'amende confiscatoire des profits illicites	56 409 067 L'amende punitive représente 4,76 fois le montant de l'amende infligée	

Grands Moulin de Strasbourg	277 202 395	17 750 000	5 ans et 11 mois		11 635 000	11 539 275 L'amende infligée est pratiquement égale à l'amende confiscatoire des profits illicites	57 696 375 L'amende punitive représente 4,95 fois le montant de l'amende infligée	
Heyl	426 134 110	3 813 000	6 ans et 1 mois		3 615 000 Réduction de 10 % au titre de la procédure de non- contestation de griefs	2 550 134 L'amende infligée est 1,41 fois supérieure à l'amende confiscatoire des profits illicites	12 750 672 L'amende punitive représente 3,52 fois le montant de l'amende infligée	
Mills United	426 134 110	9 817 000	6 ans et 1 mois		5 282 000 Réduction de 10 % au titre de la procédure de non contestation-de griefs + réduction de 20 % au titre des engagements de conformité	6 565 609 L'amende infligée est 1,24 fois inférieure à l'amende confiscatoire des profits illicites. À l'origine, avant les réductions d'amende, Mills United encourait une amende de 6 866 600, soit un montant 1,04 fois supérieur à l'amende confiscatoire	32 828 048 L'amende punitive représente 6,21 fois le montant de l'amende infligée	

Saalemuhle	130 878 090	2 374 000	8 mois		297 000	172 352 L'amende infligée est 1,72 fois supérieure à l'amende confiscatoire des profits illicites	861 760 L'amende punitive représente 2,90 fois le montant de l'amende infligée	
VK Muhlen	1 627 527 000	31 822 000	4 ans et 8 mois		17 110 000	16 311 957 L'amende infligée est 1,05 fois supérieure à l'amende confiscatoire des profits illicites	81 559 786 L'amende punitive représente 4,76 fois le montant de l'amende infligée	
Werhahn	2 537 400 000	31 900 000	4 ans et 6 mois		0 (Clémence de rang 1)	15 790 500 L'entreprise encourait une sanction de 16 660 000. La procédure de clémence a donc permis à Werhahn d'échapper à une amende 1,05 fois supérieure à l'amende confiscatoire des profits illicites	78 952 500	

Décision 12-D-09 Farine alimentaire (entente entre meuniers français) (13/03/2012)	CA mondial du groupe auquel appartient l'entreprise sanctionnée (en euros)	Valeur des ventes affectées (en euros)	Durée	Surprix	Montant final de l'amende infligée (en euros)	Montant de l'amende confiscatoire (en euros)	Montant de l'amende confiscatoire punitive (Prob. détection – Multiple de 5) (en euros)	Variables d'ajustement de l'amende confiscatoire : risque de déviation et/ ou existence d'un contre-pouvoir et/ou élasticité-prix **ε faible (ε = –1 < e < 0)**
Axiane Meunerie	193 600 0000	19 924 000	46 ans	Selon l'estimation de l'Autorité de la concurrence, l'entente entre les meuniers a conduit à une augmentation de prix de 11 %.	44 032 000	100 815 440 L'amende infligée est 2,28 fois inférieure à l'amende confiscatoire des profits illicites	504 077 200 L'amende punitive représente 11,44 fois le montant de l'amende infligée	L'élasticité-prix de la demande est faible s'agissant d'un bien de consommation courante (voir *supra*, réflexion de l'autorité sur l'élasticité-prix, voir aussi pt. 903) **: «** *Les infractions concernent un bien de consommation courante indispensable aux ménages français et sans substitut proche, pour lequel l'élasticité-prix de la demande est faible* ». L'élasticité-prix de la demande n'est donc pas, dans
Euromill Nord	945 000 000	15 930 000	46 ans	Nous retiendrons donc un surprix de 11 %	35 205 000	80 605 800 L'amende infligée est 2,28 fois inférieure à l'amende confiscatoire des profits illicites	403 029 000 L'amende punitive représente 11,44 fois le montant de l'amende infligée	

Grand Moulin de Paris	945 000 000	11 469 000	42 ans et 4 mois		24 605 000	53 403 104 L'amende infligée est 2,17 fois inférieure à l'amende confiscatoire des profits illicites	267 015 523 L'amende punitive représente 10,85 fois le montant de l'amende infligée	cette affaire, une variable susceptible de remettre fondamentalement en cause le caractère non confiscatoire des amendes imposées
Grand Moulins Storione	945 000 000	109 000	10 ans		95 000	119 900 L'amende infligée est 1,26 fois inférieure à l'amende confiscatoire des profits illicites	599 500 L'amende punitive représente 6,31 fois le montant de l'amende infligée	
Grand Moulins de Strasbourg	277 000 000	10 118 000	45 ans et 7 mois		18 933 000	50 729 628 L'amende infligée est 2,67 fois inférieure à l'amende confiscatoire des profits illicites	253 648 142 L'amende punitive représente 13,39 fois le montant de l'amende infligée	
Minoteries Cantin	1 936 506 116	11 938 000	32 ans et 6 mois		26 622 000	42 678 350 L'amende infligée est 1,60 fois inférieure à l'amende confiscatoire des profits illicites	213 391 750 L'amende punitive représente 8,01 fois le montant de l'amende infligée	

Moulin Soufflet	4 910 000 000	546 000	8 ans		393 000	480 480 L'amende infligée est 1,22 fois inférieure à l'amende confiscatoire des profits illicites	2 402 400 L'amende punitive représente 6,11 fois le montant de l'amende infligée	

Décision 12-D-8 Endives (06/03/2012)	CA mondial du groupe auquel appartient l'entreprise sanctionnée (en euros)	Valeur des ventes affectées (en euros)	Durée	Surprix	Montant final de l'amende infligée (en euros)	Montant de l'amende confiscatoire (en euros)	Montant de l'amende confiscatoire punitive (Prob. détection – Multiple de 5) (en euros)	Variables d'ajustement de l'amende confiscatoire : risque de déviation et/ou existence d'un contre-pouvoir et/ou élasticité-prix **ε forte (ε = –2)**
Cap Endives	7 092 903	2 595 208	L'autorité estime que l'infraction, pour l'ensemble des entreprises, a duré **14 ans et 1 mois** (pt. 462)	L'Autorité ne quantifie pas le surprix dans cette affaire. Elle précise simplement que l'entente a provoqué un surprix (pt. 631). En l'absence de données disponibles, malgré la durée des pratiques, au regard du contexte de crise, nous retiendrons la moyenne de	103 800	5 115 673 L'amende infligée est 49,28 fois inférieure à l'amende confiscatoire des profits illicites	1 816 645 L'amende punitive représente 17,5 fois le montant de l'amende infligée	Le montant des amendes infligées mérite néanmoins d'être révisé au regard de la forte élasticité-prix de la demande sur le marché des endives et de l'important contre-pouvoir des acheteurs, en particulier la grande distribution et le *hard discount*, qui permet d'exercer une pression à la baisse sur les prix (pts. 623 à 629). Malgré la longue durée de l'entente, en considérant que,

				hausse de prix la plus basse régulièrement admise par la littérature économique pour un cartel national sur l'ensemble de sa durée de vie **(entre 14 et 20 %), à savoir 14 %.**				dans cette affaire, la différence entre le prix collusif et le prix concurrentiel est faible, il convient de minorer le montant du surprix admis et d'établir une hausse de prix moyenne sur l'ensemble de la durée de vie du cartel d'environ 3 %. Nous retiendrons aussi une élasticité forte de –2. En retenant une élasticité de –2 pour un surprix de 3 %, le montant de l'amende confiscatoire est de 1 030 442, soit 9,92 fois le montant de l'amende infligée
Fraileg	21 655 630	21 600 882			83 000 Réduction de 25 % au regard de son comportement de franc-tireur	42 579 658 L'amende infligée est 513 fois inférieure à l'amende confiscatoire des profits illicites	212 898 290 L'amende punitive représente 2 565,03 fois le montant de l'amende infligée	8 576 759 En retenant une élasticité de -2 pour un surprix de 3 %, le montant de l'amende confiscatoire reste 103,33 fois supérieur à l'amende infligée

France Endives	38 143 986	19 581 136			587 430	38 598 335 L'amende infligée est 65,70 fois inférieure à l'amende confiscatoire des profits illicites	192 991 675 L'amende punitive représente 328,53 fois le montant de l'amende infligée	7 774 807 En retenant une élasticité de -2 pour un surprix de 3 %, le montant de l'amende confiscatoire reste 13,23 fois supérieur à l'amende infligée
Marché de Phlalempin	42 943 858	39 564 656			1 186 930	77 989 849 L'amende infligée est 65,70 fois inférieure à l'amende confiscatoire des profits illicites	389 949 249 L'amende punitive représente 328,53 fois le montant de l'amende infligée	15 709 384 En retenant une élasticité de -2 pour un surprix de 3 %, le montant de l'amende confiscatoire reste 13,23 fois supérieur à l'amende infligée
Nord Alliiance	/	2 299 842			/	4 533 448	22 667 242	En retenant une élasticité de -2 pour un surprix de 3 %, le montant de l'amende confiscatoire est désormais de 913 166

Primacoop	30 379 862	22 297 584			891 900	43 952 997 L'amende infligée est 49,28 fois inférieure à l'amende confiscatoir e des profits illicites	219 764 987 L'amende punitive représente 246,40 fois le montant de l'amende infligée	8 853 389 En retenant une élasticité de -2 pour un surprix de 3%, le montant de l'amende confiscatoire reste 9,92 fois supérieur à l'amende infligée
Prim'Santerre	16 084 532	12 174 588			127 000	23 998 547 L'amende infligée est 181,09 fois inférieure à l'amende confiscatoire des profits illicites	119 992 739 L'amende punitive représente 944,82 fois le montant de l'amende infligée	4 833 993 En retenant une élasticité de – 2 pour un surprix de 3%, le montant de l'amende confiscatoire reste 38,06 fois supérieur à l'amende infligée
SAS Groupe Perle du Nord	1 655 179	163 963			5 730	323 203 L'amende infligée est 56,40 fois inférieure à l'amende confiscatoire des profits illicites	1 616 019 L'amende punitive représente 282,02 fois le montant de l'amende infligée	65 102 En retenant une élasticité de – 2 pour un surprix de 3%, le montant de l'amende confiscatoire reste 11,36 fois supérieur à l'amende infligée

Soleil du Nord	11 796 504	4 066 828			72 000	8 016 531 L'amende infligée est 111,34 fois inférieure à l'amende confiscatoire des profits illicites	40 082 656 L'amende punitive représente 556,70 fois le montant de l'amende infligée	1 614 758 En retenant une élasticité de – 2 pour un surprix de 3%, le montant de l'amende confiscatoire reste 22,42 fois supérieur à l'amende infligée
Sipema	9 135 450	8 390 022			251 700	16 538 411 L'amende infligée est 65,70 fois inférieure à l'amende confiscatoir e des profits illicites	82 692 056 L'amende punitive représente 328,53 fois le montant de l'amende infligée	3 331 308 En retenant une élasticité de – 2 pour un surprix de 3%, le montant de l'amende confiscatoire reste 13,23 fois supérieur à l'amende infligée
Valois-Fruits	16 767 822	11 370 110			341 100	22 412 760 L'amende infligée est 65,70 fois inférieure à l'amende confiscatoire des profits illicites	112 063 803 L'amende punitive représente 328,53 fois le montant de l'amende infligée	4 514 570 En retenant une élasticité de – 2 pour un surprix de 3%, le montant de l'amende confiscatoire reste 13,23 fois supérieur à l'amende infligée

Décision 11-D-17 Lessives (08/12/2011)	CA mondial du groupe auquel appartient l'entreprise sanctionnée (en euros)	Valeur des ventes affectées (en euros)	Durée	Surprix	Montant final de l'amende infligée (en euros)	Montant de l'amende confiscatoire (en euros)	Montant de l'amende confiscatoire punitive (Prob. détection – Multiple de 5) (en euros)	Variables d'ajustement de l'amende confiscatoire : risque de déviation et/ ou existence d'un contre-pouvoir et/ ou élasticité–prix **ε unitaire (ε = –1)**
Unilever	44 200 000 000	295 000 000	5 ans et 9 mois	L'Autorité ne quantifie pas le surprix dans cette affaire. En revanche, elle n'exclue pas l'estimation produite par Procter et Gamble selon laquelle la comparaison entre la période collusive et la période postcollusive fait apparaître un surprix de l'ordre de 4 à 6 % payé par les distributeurs. Sur	0 (Clémence de rang 1)	84 812 500 L'entreprise encourait une sanction de 248 500 000. La procédure de clémence a donc permis à Unilever d'échapper à une amende 2,92 fois supérieure à l'amende confiscatoire des profits illicites	424 062 500	Il existe des degrés différents de sensibilité de la demande aux prix. Pour les lessives haut de gamme, l'élasticité est faible voir nulle. Au contraire, pour les lessives de moyenne gamme, l'élasticité est forte. La difficulté à quantifier l'élasticité nous conduit, pour cette affaire, à opter pour une élasticité unitaire. Par ailleurs, le risque de déviation est faible dans

				la base de cette estimation, nous retiendrons donc un surprix de 5%				cette affaire car un système de surveillance constante des prix pratiqués a suscité « *des craintes de représailles en cas de déviations par rapport aux accords conclus* » (voir pt. 593 et pt. 594). En appliquant une élasticité unitaire, l'amende confiscatoire est désormais de 80 571 875
Henkel	13 570 000 000	158 800 000	5 ans et 9 mois		92 300 000 Majoration de l'amende de 15% au titre de la taille et de la puissance financière du groupe auquel appartient Henkel + réduction de 25% au titre de la clémence de rang 2	45 655 000 L'amende infligée est 1,97 fois supérieure à l'amende confiscatoire des profits illicites	228 275 000 L'amende punitive représente 2,47 fois le montant de l'amende infligée	43 372 250 En appliquant une élasticité unitaire, l'amende infligée est 2,12 fois supérieure à l'amende confiscatoire des profits illicites

Procter & Gamble	58 300 000 000	356 440 000	5 ans et 9 mois		240 240 000 Majoration de l'amende de 25% au titre de la taille et de la puissance financière du groupe auquel appartient la Procter & Gamble + réduction de 20% au titre de la clémence de rang 3	102 476 500 L'amende infligée est 2,34 fois supérieure à l'amende confiscatoire des profits illicites	512 382 500 L'amende punitive représente 2,13 fois le montant de l'amende infligée	97 352 675 En appliquant une élasticité unitaire, on constate que l'amende infligée est 2,46 fois supérieure à l'amende confiscatoire.
Colgate Palmolive	10 150 000 000	62 227 000	4 ans et 10 mois		35 400 000 Majoration de l'amende de 15% au titre de la taille et de la puissance financière du groupe auquel appartient Colgate + 15% de réduction au titre de la clémence de rang 4	15 027 820 L'amende infligée est 2,35 fois supérieure à l'amende confiscatoire des profits illicites	75 139 102 L'amende punitive représente 2,12 fois le montant de l'amende infligée	14 276 429 En appliquant une élasticité unitaire, l'amende infligée est 2,47 fois supérieure à l'amende confiscatoire des profits illicites

Décision 10 D 35 Electrodes de soudure pour les constructeurs automobiles (15 décembre 2010)	CA mondial du groupe auquel appartient l'entreprise sanctionnée (en euros)	Valeur des ventes affectées (en euros)	Durée	Surprix	Montant final de l'amende infligée (en euros)	Montant de l'amende confiscatoire (en euros)	Montant de l'amende confiscatoire punitive (Prob. détection – Multiple de 5) (en euros)	Variables d'ajustement de l'amende confiscatoire : élasticité-prix de la demande retenu pour cette **ε forte (ε = – 2)**
LBI	74 974 957	37 011 936	Entre 1 et 2 ans (en l'absence de certitude, Nous retiendrons 1 an)	Le surprix n'est pas quantifié par l'Autorité. Au regard de la durée modérée des pratiques, nous retiendrons la moyenne de	50 000 Réduction de l'amende au titre de sa faible capacité contributive	5 181 671 L'amende infligée est 103,63 fois inférieure à l'amende confiscatoire des profits illicites	25 908 355 L'amende punitive représente 518 fois le montant de l'amende infligée	L'absence d'information quant à l'élasticitéprix de la demande nous a conduit, pour cette affaire, à opter pour
				hausse de prix la plus basse régulièrement admise par la littérature économique pour un cartel national sur l'ensemble de sa durée de vie **(entre 14 et 20%)**, à savoir 14%.				l'élasticité la plus favorable aux firmes, à savoir – 2. En appliquant cette élasticité, l'amende confiscatoire devrait être de 3 730 803. L'amende infligée reste 74,61 fois inférieure à l'amende confiscatoire.

Schrub	11 344 000	2 482 353			40 000 Réduction de l'amende au titre de sa faible capacité contributive	347 529 L'amende infligée est 8,68 fois inférieure à l'amende confiscatoire des profits illicites	1 737 645 L'amende punitive représente 43,44 fois le montant de l'amende infligée	250 221 En appliquant une élasticité égale à – 2, l'amende infligée est 6,25 fois inférieure à l'amende confiscatoire des profits illicites
Ohlmann	5 586 619	276 907			6 000 Réduction de l'amende au titre de sa faible capacité contributive	38 766 L'amende infligée est 6,46 fois inférieure à l'amende confiscatoire des profits illicites	193 830 L'amende punitive représente 32,30 fois le montant de l'amende infligée	27 912 En appliquant une élasticité égale à – 2, l'amende infligée est 4,65 fois inférieure à l'amende confiscatoire des profits illicites
Weldur	5 696 574	148 244			5 000	20 754 L'amende infligée est 4,15 fois inférieure à l'amende confiscatoire des profits illicites	103 770 L'amende punitive représente 20,75 fois le montant de l'amende infligée	14 943 En appliquant une élasticité égale à – 2, l'amende infligée est 2,90 fois inférieure à l'amende confiscatoire des profits illicites

Décision 8-D-32 Cartel de la sidérurgie (16 décembre 2008)	CA mondial du groupe auquel appartient l'entreprise sanctionnée (en euros)	Valeur des ventes affectées (en euros)	Durée	Surprix	Montant final de l'amende infligée (en euros)	Montant de l'amende confiscatoire (en euros)	Montant de l'amende confiscatoire punitive (Prob. détection – Multiple de 5) (en euros)	Variables d'ajustement de l'amende confiscatoire : risque de déviation et/ou élasticité-prix de la demande retenu pour cette affaire **ε nulle (ε = 0)**
Groupe Arcellor Mittal	76 700 000 000	580 000 000	4 ans et 10 mois	Le surprix n'est pas quantifié par l'Autorité. Au regard de la durée variable des pratiques, nous retiendrons la moyenne de hausse de prix la plus basse régulièrement admise par la littérature économique pour un cartel national sur l'ensemble de sa durée de vie **(entre 14 et 20%)**, à savoir 14%	301 780 000 Réductions d'amende au titre de la procédure de non-contestation de griefs et des engagements de conformité pour 3 sociétés du groupe : PUM Aciera vu sa sanction réduite de 20,48% ; Arcelor Profil a vu sa sanction réduite de 17% ; Amd Sud a vu sa sanction réduite de 17%	392 196 000 L'amende infligée est 1,29 fois inférieure à l'amende confiscatoire des profits illicites. À l'origine, avant les réductions d'amende, le groupe Arcellor encourait une amende de 363 600 000, soit un montant proche de l'amende confiscatoire si l'on prend	1 960 980 000 L'amende punitive représente 6,49 fois le montant de l'amende infligée	L'Autorité relève que l'élasticitéprix de la demande est nulle : « *Dans le cas d'une utilisation des produits sidérurgiques visés par les pratiques dans le secteur de la construction, la Commission européenne a souligné à plusieurs reprises que les différentes catégories de produits sidérurgiques concernées par les pratiques ne sont généralement pas substituables avec les matières premières*

						en compte l'amende actualisée (voir colonne variables d'ajustement)		*évoquées (bois, PVC, aluminium, etc.) par KDI dans sa contribution écrite. Ainsi, dans le cas des produits sidérurgiques destinés à être utilisés dans le secteur de la construction, la décision de la Commission européenne relative à la concentration entre Usinor, Arbed et Aceralia (affaire M. 2382) relève l'absence de substituabilité entre produits sidérurgiques et autres matériaux (aluminium, plastics, matériaux composites)* » (pt. 411). Même en retenant le postulat d'une faible élasticité (entre – 0,21 et – 0,92 par exemple),

KDI	6 300 000 000	300 000 000	4 ans et 10 mois		82 550 000 Réduction de 17 % au titre de la procédure de noncontestation de griefs et des engagements de conformité	202 860 000 L'amende infligée est 2,45 fois inférieure à l'amende confiscatoire des profits illicites	L'amende punitive représente 12,28 fois le montant de l'amende infligée	seule l'amende infligée à Arcellor Mittal est proche d'être confiscatoire, laquelle se situe alors entre 380 430 120 et 341 210 520 euros, soit une somme 1,13 fois supérieur au montant de l'amende infligée proche d'être confiscatoire, laquelle se situe alors entre 380 430 120 et 341 210 520 euros, soit une somme 1,13 fois supérieur au montant de l'amende infligée
Descours et Cabaud	3 200 000 000	200 000 000	4 ans et 10 mois		12 000 000	135 240 000 L'amende infligée est 11,27 fois inférieure à l'amende confiscatoire des profits illicites	L'amende punitive représente 56,35 fois le montant de l'amende infligée	
Etablissement Marc Morel	6 700 000 000	20 000 000	2 ans et 1 mois		8 000 000	5 824 000 L'amende infligée est 1,37 fois supérieure à l'amende confiscatoire des profits illicites	L'amende punitive représente 3,64 fois le montant de l'amende infligée	

Etablissement Maisonneuve	121 000 000	45 000 000	3 ans		800 000	6 300 000 L'amende infligée est 7,87 fois inférieure à l'amende confiscatoire des profits illicites	L'amende punitive représente 39,37 fois le montant de l'amende infligée	
Société Clisson Metal	30 200 000	10 000 000	2 ans et 1 mois		400 000	2 912 000 L'amende infligée est 7,28 fois inférieure à l'amende confiscatoire des profits illicites	L'amende punitive représente 36,40 fois le montant de l'amende infligée	
Société Liametho	15 600 000	5 000 000	2 ans et 1 mois		400 000	1 456 000 L'amende infligée est 3,64 fois inférieure à l'amende confiscatoire des profits illicites	L'amende punitive représente 18,20 fois le montant de l'amende infligée	
Société Codip	21 200 000	5 000 000	3 ans et 3 mois		100 000	2 275 000 L'amende infligée est 22,75 fois inférieure à l'amende confiscatoire des profits illicites	L'amende punitive représente 113,75 fois le montant de l'amende infligée	

Société Ferren	7 800 000	1 000 000	3 ans et 3 mois		124 500	455 000 L'amende infligée est 3,65 fois inférieure à l'amende confiscatoire des profits illicites	L'amende punitive représente 18,27 fois le montant de l'amende infligée	

ANNEXE 2

Tableau récapitulatif du risque de faute lucrative en matière de parasitisme

Observations. Ce tableau présente une sélection des décisions rendues entre 2015 et 2018 sur le fondement du parasitisme. Dans près de 90 % des cas, il s'agit des décisions rendues par la Cour d'appel. Les décisions sélectionnées visent à illustrer six points importants, que nous rappelons brièvement ici. Premièrement, les gains illicites sont régulièrement évoqués par les juges du fond, avant d'être ignorés lors de la quantification des dommages-intérêts. Deuxièmement, la présomption de préjudice est souvent admise mais loin d'être automatique. Troisièmement, le calcul du préjudice est peu motivé par les juges. Quatrièmement, les gains illicites prennent majoritairement la forme d'économies d'investissements indûment réalisées par les fautifs. Cinquièmement, les dommages causés ont souvent pour corollaire la réalisation d'un profit indu. Sixièmement, si le manque de données disponibles dans les décisions ne permet pas d'évaluer le profit retiré de la faute commise après versement des dommages-intérêts, de nombreux indices permettent d'illustrer, pour plusieurs affaires, la raison pour laquelle le strict respect du mécanisme compensatoire en droit de la responsabilité civile génère un risque de faute lucrative.

Décision	Présomption : existence du préjudice	Faute lucrative : référence aux gains et/ou économies réalisées et/ou avantages indus	Corrélation entre le dommage subi par la victime et les avantages retirés par le fautif	Préjudice indemnisé. Motivation du quantum ; méthode de calcul du préjudice ; risque de faute lucrative
T. com Versailles, ch. 2, 11 avril 2018, RG : 2015F01067. SE DASSAULT SYSTEMES SARL WANADEV	/	Selon le Tribunal, Wanadev a bénéficié d'un avantage concurrentiel indu en présentant un logiciel similaire à celui du demandeur.	/	Montant demandé : 100 000 euros Montant obtenu : 50 000 euros Aucune méthode de quantification du préjudice n'est livrée. Le tribunal ordonne la cessation de la commercialisation du logiciel litigieux et la publication de l'affaire sur le site du demandeur.
CA Saint-Denis, ch.com 4 Avril 2018 n° 16/01631	« *Les faits de concurrence déloyale relevés sont générateurs d'un trouble commercial qui implique l'existence d'un préjudice* ».	/	/	Montant demandé : 50 000 euros Montant obtenu : 5 000 euros Aucune méthode de quantification du préjudice n'est livrée.
CA Paris, pôle 5, ch. 2, 30 Mars 2018, n° 17/07421.	/	La partie mise en cause « *entend également se placer dans le sillage* (du demandeur) *afin de bénéficier de sa notoriété et de ses investissements humains et financiers, notamment publicitaires* ».	/	Montant demandé : 100 000 euros Montant obtenu : 0 euros. la Cour d'appel reproche au demandeur de ne pas justifier le montant du préjudice invoqué. les juges du fond prononcent des mesures d'interdiction et de publication proportionnées pour mettre fin aux actes illicite. La demande d'interdiction est « *jugée suffisante pour réparer l'entier préjudice subi par la SPA* ».

Décision	Présomption : existence du préjudice	Faute lucrative : référence aux gains et/ou économies réalisées et/ou avantages indus	Corrélation entre le dommage subi par la victime et les avantages retirés par le fautif	Préjudice indemnisé. Motivation du quantum ; méthode de calcul du préjudice ; risque de faute lucrative
CA Paris, pôle 5 ch. 2, 30 mars 2018 n° 17/10557. Pigeon Propre/ Clean Pigeon	/	La Cour d'appel se contente de souligner que la partie mise en cause s'est appropriée indûment le savoir faire et le travail de la société Pigeon propre.	/	Montant demandé : 30 000 euros. Montant obtenu : 3 000 euros. La Cour ne livre aucune justification du montant du préjudice attribué. **le montant du prejudice semble faible au regard des économies indues réalisées** (économie de coût relatif à l'appropriation du savoir-faire notamment) par le fautif.
CA Paris, pôle 5 ch. 1, 27 mars 2018 n° 16/24404. Société Bodum et société Pi Design c/Société CMP et Atmosphères international	/	La Cour d'appel relève que la partie mise en cause tire un avantage injustifié de la captation indue des efforts consentis par le demandeur pour la commercialisation de son produit. En somme, le parasitisme aurait permis au fautif de réaliser des économies d'investissements intellectuels, matériels et promotionnels.	/	Montant demandé : 75 000 euros au titre de la concurrence déloyale et 150 000 euros au titre de la concurrence parasitaire. Montant obtenu : 10 000 euros. La Cour d'appel ne livre aucune méthode de calcul du préjudice pour déterminer le montant dû en raison des actes parasitaires. **le montant paraît faible au regard des bénéfices indus tirés par le fautif des agissements déloyaux et parasitaires.**

Décision	Présomption : existence du préjudice	Faute lucrative : référence aux gains et/ou économies réalisées et/ou avantages indus	Corrélation entre le dommage subi par la victime et les avantages retirés par le fautif	Préjudice indemnisé. Motivation du quantum ; méthode de calcul du préjudice ; risque de faute lucrative
CA Paris, pôle 5 ch. 2, 23 mars 2018 n° 17/08791. GIE Prop c/ Argo Hygiène	/	La Cour d'appel dénonce les économies d'investissement du défendeur : la partie mise en cause a proposé sur le marché une gamme de produits similaires à ceux commercialisés sous la marque Dispo Pak sans justifier d'investissements matériel ou humain pour sa conception. la Cour d'appel considère qu'elle a donc profité indûment des investissements et de la notoriété du parasité.	/	Montant demandé : 300 000 euros au titre du parasitisme. Montant obtenu : 0 euros au titre du parasitisme et 30 000 au titre de l'article 700 du CPC. de plus, la Cour d'appel prononce une mesure d'interdiction d'usage et de reproduction de la marque litigieuse. Sur le montant du préjudice, la Cour d'appel observe que la baisse du chiffre d'affaires allégué n'est pas représentatif du préjudice résultant du parasitisme, lequel est lié aux investissements réalisés, à l'atteinte à la notoriété ; or le demandeur ne produit aucun élément au titre de ses investissements qui ont été réalisés. **Reste que, en l'absence de dommages et intérêts, force est de constater que rien ne permet de confisquer les économies d'investissement du parasite et l'avantage concurrentiel qui en résulte**.

Décision	Présomption : existence du préjudice	Faute lucrative : référence aux gains et/ou économies réalisées et/ou avantages indus	Corrélation entre le dommage subi par la victime et les avantages retirés par le fautif	Préjudice indemnisé. Motivation du quantum ; méthode de calcul du préjudice ; risque de faute lucrative
CA Nîmes ch. 4 comm. 15 mars 2018 n° 16/05216. Mesange verte c/ Aedes Protecta	/	Les juges du fond reconnaissent que le parasitisme auquel s'est livrée la société Protecta lui a procuré une économie de moyens.	/	Montant demandé au titre du préjudice pour concurrence déloyale et parasitaire : 68 420 euros Montant demandé au titre du préjudice moral : 40 000 euros Montant obtenu : 40 000 euros pour le préjudice moral. En revanche, la demande d'indemnisation pour les actes de concurrence déloyale et parasitaire est rejetée. Selon la Cour d'appel, le lien de causalité entre la baisse du chiffre d'affaires du demandeur et les actes parasitaires de la société Protecta n'est pas établi. le préjudice financier allégué n'étant pas établi, la demande d'indemnisation doit être rejetée. **une nouvelle fois, le respect principe compensatoire empêche ici d'aborder la question des économies réalisées par le fautif, sachant que le parasitisme est admis par la Cour d'appel.**
CA Lyon, ch. 3, 15 mars 2018 n° 17/01304. D Fibrillateur c/ Previmed	Présomption de trouble commercial.	/	/	Montant demandé : 25 000 euros au titre des actes de concurrence déloyale et parasitaire. Montant obtenu : 15 000 euros pour détournement de clientèle. Aucune motivation claire du préjudice n'est livrée.

Décision	Présomption : existence du préjudice	Faute lucrative : référence aux gains et/ou économies réalisées et/ou avantages indus	Corrélation entre le dommage subi par la victime et les avantages retirés par le fautif	Préjudice indemnisé. Motivation du quantum ; méthode de calcul du préjudice ; risque de faute lucrative
CA Toulouse, ch. 2 14 mars 2018 n° 16/05071. Plante médicale c/ Med Gen	/	/	/	Montant demandé : 150 000 euros correspondant à la perte de chance de facturer les clients perdus sur leurs prestations récurrentes. Montant obtenu : 15 000 euros la Cour d'appel note la faible ampleur du détournement de clientèle démontré par le demandeur. la motivation des juges est lacunaire et l'octroi d'un dixième du préjudice invoqué non justifié.
Cass. com, 7 mars 2018 n° 16-16.812 Société Jasmin ; Thirakomen-Lefebvre	/	La partie mise en cause a « *profité de sa notoriété en exploitant la dénomination « Y..." tant à titre de marque qu'à titre d'enseigne* », puis a « *continué de tirer profit de son talent culinaire en exploitant pour les besoins de leurs restaurants des menus et les recettes élaborées par elle* ».	L'exploitation de la notoriété du demandeur a causé un dommage à ce dernier. Dans le même temps, le fautif a tiré profit de cette notoriété pour capter la clientèle attirée par l'image de marque du restaurant.	La Cour d'appel a condamné les sociétés à verser la somme de 90 000 euros en réparation de la dépréciation de l'image de marque « Thiou ». la Cour de cassation considère que c'est dans l'exercice de son pouvoir souverain que la Cour d'appel a évalué les préjudices, notamment en prenant en compte l'intéressement sur le chiffre d'affaires dont bénéficiait la salariée selon son contrat de travail. **la réparation du préjudice de la salariée dont la marque a été exploitée ne permet pas de limiter les profits illicites réalisés par les restaurants : qu'il s'agisse des gains négatifs au regard des économies de coût réalisées par les restaurants qui ont continué de proposer aux clients des recettes**

Décision	Présomption : existence du préjudice	Faute lucrative : référence aux gains et/ou économies réalisées et/ou avantages indus	Corrélation entre le dommage subi par la victime et les avantages retirés par le fautif	Préjudice indemnisé. Motivation du quantum ; méthode de calcul du préjudice ; risque de faute lucrative
				mises au point par la salariée ; et les gains positifs grâce aux retombées médiatiques liées à la notoriété de la marque dont les restaurants reconnaissent avoir indûment bénéficié depuis le dépôt de la marque.
CA, ch. 8 Prud'homale, 2 mars 2018 n° 16/07806. SARL 1 DAY EXPRESS / Monsieur Yann GLEDEL		La Cour d'appel souligne que le parasite s'est approprié indûment un savoir-faire.	La Cour observe que le préjudice financier lié à la pratique a entraîné une migration de la clientèle du parasité vers le parasite. Il y a donc une corrélation entre le dommage dont souffre la victime qui perdu sa clientèle et le profit indu du parasite qui a récupéré la clientèle perdue.	Montant demandé : 20 000 euros au titre de dommages et intérêts. Montant obtenu : 5 000 euros le préjudice indemnisé semble faible au regard des gains illicites réalisés par l'auteur de l'acte parasitaire. En effet, le parasite a capté les principaux clients de la société parasité, ce qui a occasionné une importante chute de son chiffre d'affaires ; de plus, le fils du fautif à livrer à son père des documents et informations confidentielles dans le cadre de son contrat de travail qui lui ont permis de copier les tarifs, les méthodes et le savoir-faire de la société parasité. On peut difficilement croire que les gains positifs (captation de clientèle) et négatifs (économie des coûts relatifs à la recherche d'un savoir-faire) ont été limités par la somme de 5 000 euros versée au titre des dommages et intérêts.

Décision	Présomption : existence du préjudice	Faute lucrative : référence aux gains et/ou économies réalisées et/ou avantages indus	Corrélation entre le dommage subi par la victime et les avantages retirés par le fautif	Préjudice indemnisé. Motivation du quantum ; méthode de calcul du préjudice ; risque de faute lucrative
Trib. UE, 1er mars 2018, aff. T-629/16, Shoe Branding Europe BVBA c/ EUIPO.	/	Pt 185 : la renommée de la marque d'Adidas est « *élevée, ancienne et persistante et les produits sont identiques,* ***ce qui est de nature à augmenter fortement la probabilité d'un profit indu*** ».	/	L'affaire portant sur une opposition à l'enregistrement, comme marque de l'Union, de deux bandes parallèles sur des chaussures, il n'y avait pas lieu de déterminer des dommages et intérêt. Néanmoins, **il est intéressant de noter que le risque de faute lucrative est pris en compte dans cette affaire**, sachant que l'Office de l'Union européenne pour la propriété intellectuelle a considéré que les marques demandées en l'espèce risquaient de tirer indûment profit de la marque antérieure d'Adidas représentant trois bandes parallèles sur une chaussure. En conséquence, la demande de la société Shoe Branding d'enregistrer deux marques a été refusée.
CA Paris, pôle 5 ch. 4, 28 Février 2018, n° 16/02263. SARL showroom / SAS COTY FRANCE	Présomption de trouble commercial : « *Il s'infère nécessairement d'un acte de concurrence déloyale un trouble commercial constitutif de préjudice, fût-il seulement moral* ».	La vente de parfums de luxe, sur un site internet n'ayant pas la qualité de distributeur agréé, est constitutive de parasitisme, la société exploitant le site internet s'étant affranchie des contraintes pesant sur les membres du réseau de distribution sélective, dont l'étanchéité était préservée à grands frais par le fournisseur, tout en	La désorganisation du réseau de distribution sélective a permis, dans le même temps, au distributeur non agréé de prendre un avantage concurrentiel en s'affranchissant des contraintes pesant sur les membres du réseau de distribution sélective. L'atteinte portée a pour corollaire une économie	Montant demandé : 500 000 euros au titre de la violation du réseau de distribution sélective, des actes de concurrence déloyale et de parasitisme. Montant obtenu : 500 000 euros. la Cour d'appel, pour motiver le montant du préjudice attribué, se fonde sur la réitération des pratiques litigieuses ; l'atteinte portée à l'image de luxe des marques ; la tromperie des consommateurs ; et les investissements engagés par Coty

Décision	Présomption : existence du préjudice	Faute lucrative : référence aux gains et/ou économies réalisées et/ou avantages indus	Corrélation entre le dommage subi par la victime et les avantages retirés par le fautif	Préjudice indemnisé. Motivation du quantum ; méthode de calcul du préjudice ; risque de faute lucrative
		bénéficiant, sans bourse délier, de leurs investissements et de leurs efforts pour assurer le renom de la marque. En somme, la Cour d'appel dénonce les économies d'investissement réalisées par le distributeur non agréé.	des investissements réalisés par les membres du réseau pour assurer le renom de la marque.	pour la défense de son réseau dont a indûment profité le distributeur non agréé.
CA Colmar, ch. civ 1, sect. A, 26 février 2018, n° 16/00552. SAS FERMA DESIGN/ SASFERMA EST.	/	L'acte de déstabilisation a permis à la société Ferma de gagner indûment des parts de marché	Les divers actes de déstabilisation consistant en des débauchages fautifs et en la recherche de confusion avec la dénomination de son concurrent ont notablement affecté l'activité de la société Ferma Design, en concurrence avec la société Ferma Est. Correlativement, les agissements fautifs de la société Ferma ont permis à cette dernière de pénétrer plus rapidement le marché de l'immobilier sur lequel elle démarrait une activité. de même, le débauchage fautif lui a permis de profiter d'une connaissance du marché. de plus, en	Pour chiffrer le préjudice la Cour d'appel considère qu'il « *résulte des pièces produites par la société Ferma Design que celle-ci a connu une importante chute de son chiffre d'affaires lors de l'année 2013. Étant donné qu'il a été apprécié que cette chute était due aux agissements fautifs des intimés, il convient d'indemniser ce gain manqué* ». la Cour d'appel se fonde sur l'évaluation de son préjudice par la société Ferma design, lequel est évalué au regard de la perte de chiffre d'affaires d'environ 200 000 à 220 000 euros, estimée par comparaison avec les exercices sociaux antérieurs et postérieurs. Elle juge justifiée l'allocation d'une somme de 160 000 euros en réparation du gain manqué. Pour gonfler le préjudice, les juges attribuent un préjudice moral qui n'est pas motivé, considérant

Décision	Présomption : existence du préjudice	Faute lucrative : référence aux gains et/ou économies réalisées et/ou avantages indus	Corrélation entre le dommage subi par la victime et les avantages retirés par le fautif	Préjudice indemnisé. Motivation du quantum ; méthode de calcul du préjudice ; risque de faute lucrative
			entretenant une confusion avec la dénomination du concurrent, la société Ferma a gagné des parts de marché plus rapidement. En somme, les actes de concurrence déloyale, en plus de causer un dommage, ont produit plusieurs conséquences profitables au fautif.	de façon lacunaire que les agissements de concurrence déloyale retenus avaient occasionné un dommage moral à la société Ferma design. **La somme de 15 000 euros au titre du préjudice moral semble ici avoir un caractère punitif visant à limiter les avantages retirés de la faute.**
Cass. civ. 1, 31 janv. 2018, n° 15-28.352 : JurisData n° 2018-001132. Société Cathédrale d'images c/ Société Culture Spaces.	/	La Cour de cassation approuve le raisonnement de la Cour d'appel qui considère que le parasite s'est volontairement placé « *dans le sillage de la société Cathédrale d'images en entretenant une confusion sur son statut de repreneur et de nouvel exploitant des spectacles de la société Cathédrale d'images,* ***en vue de tirer profit du succès et de la notoriété de ses spectacles*** »,	Le préjudice subi par la société Cathédrale a pour corollaire l'enrichissement indu de la société Culture Spaces qui, en parasitant la demanderesse, a tiré profit de ses investissements.	La Cour de cassation approuve la méthode de calcul retenue par la Cour d'appel qui a évalué le préjudice indemnisable au regard des investissements réalisés par la société Cathédrale d'images pendant plus de trente ans pour assurer le succès et la notoriété de ses spectacles. **Il y a ici un risque de faute lucrative à évaluer le préjudice au regard des investissements de la victime, sans prendre en considération l'enrichissement du parasite qui a économisé le coût des investissements colossaux réalisés par la société Cathédrale d'images.**

Décision	Présomption : existence du préjudice	Faute lucrative : référence aux gains et/ou économies réalisées et/ou avantages indus	Corrélation entre le dommage subi par la victime et les avantages retirés par le fautif	Préjudice indemnisé. Motivation du quantum ; méthode de calcul du préjudice ; risque de faute lucrative
CA Versailles, ch. 1, 1re section, 26 Janvier 2018, n° 16/02894. Stephane c/ SARL Editair.	Il « *s'infère nécessairement des actes déloyaux constatés et que le fait pour un acteur du marché de tirer un avantage économique indu à la suite d'actes de parasitisme entraîne nécessairement un trouble commercial* ».	Le demandeur considère que « *la société de bénéficier, sans bourse délier, de ses investissements, de son savoir-faire et de son travail créatif* ».	Le parasitisme de la valeur économique du demandeur permet, dans le même temps, à la société Editair de faire d'importantes économies d'investissements.	Montant demandé au titre du parasitisme : 5 000 euros. de façon surprenante, alors que la Cour ne semble pas rejeter l'action en parasitisme, elle indemnise le demandeur à hauteur de 4 000 euros, mais seulement au titre de l'art. L331-1-3 du CPI. la somme de 4 000 euros permet ici de confisquer en grande partie les économies d'investissements intellectuels, matériels et promotionnels que le fautif a retiré de l'atteinte aux droits. L'indifférence du droit de la responsabilité civile au regard des gains illicites au moment de quantifier les dommages et intérêts ne se justifient pas. **En l'espèce, si le demandeur n'avait pas joint à l'action en parasitisme une action en contrefaçon, force est de constater que le fautif aurait pu retirer l'intégralité des bénéfices indus alors que l'acte de parasitisme a aussi généré un résultat lucratif pour son auteur.**

Décision	Présomption : existence du préjudice	Faute lucrative : référence aux gains et/ou économies réalisées et/ou avantages indus	Corrélation entre le dommage subi par la victime et les avantages retirés par le fautif	Préjudice indemnisé. Motivation du quantum ; méthode de calcul du préjudice ; risque de faute lucrative
CA Paris, ôle 1, ch. 3, 24 Janvier 2018. Société RIVIERA MEDIAINVEST LIMITED SAS MLP SAS SO PRESS,	« *Considérant que le comportement manifestement fautif de la société appelante a causé un trouble commercial et moral à la société So Press* ».	La société Riviera a « *ainsi bénéficié des efforts tant intellectuels que financiers importants de la société So Press et joui d'une réputation ou d'une notoriété particulière, représentant une valeur économique importante en soi, sans justifier de ses propres investissements* ».	La société Riviera, en lançant le magazine So France, reprend la quasi-totalité des codes et éléments caractéristiques du magazine So Foot. Ce dernier souffre donc d'un trouble commercial et d'une atteinte à son image de marque. Le placement dans le sillage du magazine So Foot permet, dans le même temps, au magazine So France d'opérer une confusion dans l'esprit du lectorat (transfert indu des lecteurs de So Foot vers So France), et, surtout, des réaliser des économies d'investissements importantes.	Montant demandé au titre des agissements déloyaux et parasitaires :130 896,12 euros. Montant obtenu : 35 000 euros. La motivation des juges est lacunaire pour justifier le préjudice. **Le risque de faute lucrative semble ici élevé**. la victime avait engagé de lourds investissements de création et de promotion à hauteur de 1 million d'euros pour le lancement de son premier numéro. On peut donc imaginer que les économies d'investissements réalisées par So France sont importantes, sachant que le magazine litigieux a repris l'ensemble des codes du magazine parasité. Cette économie de coût n'est pas limitée pas les dommages et intérêts attribués à So Press.

Décision	Présomption : existence du préjudice	Faute lucrative : référence aux gains et/ou économies réalisées et/ou avantages indus	Corrélation entre le dommage subi par la victime et les avantages retirés par le fautif	Préjudice indemnisé. Motivation du quantum ; méthode de calcul du préjudice ; risque de faute lucrative
CA Orléans, ch. com. économique et financière, 18 Janvier 2018, n° 17/00030. SARL le chêne vert c/ Restaurant le chêne vert.	« *Qu'il découle au surplus nécessairement de la constatation d'actes déloyaux de la part d'une entreprise à l'égard d'une autre, l'existence pour sa concurrente d'un préjudice, fût-il seulement moral, sauf pour l'auteur de ces actes à établir que ces faits n'ont généré aucun dommage moral ou financier (Cass. com. 11 janvier 2017 n° 15-18669)* ».	/	/	Montant demandé : 20 000 euros Montant accordé : 6 000 euros Le préjudice accordé semble faible au regard des avantages retirés par le fautif des actes de concurrence déloyale. Plusieurs indices permettent de le penser : d'une part, la reprise de la dénomination du restaurant de la victime a permis de créer une « *confusion complète* » dans l'esprit de la clientèle entre le restaurant de la victime et celui du fautif. D'autre part, cette confusion a entraîné une diminution de 20 % du chiffre d'affaires de la victime. On peut raisonnablement penser que cette diminution est en partie liée à une migration de clientèle vers l'auteur de l'acte déloyal. En somme, si la perte du nom commercial a entraîné un préjudice financier, la dénomination usurpée a permis à l'usurpateur de s'enrichir en captant indument la clientèle de la victime. la somme de 6 000 euros au titre du préjudice semble en l'espèce peu dissuasive au regard du dommage et des avantages retirés par le fautif de la faute commise.

Décision	Présomption : existence du préjudice	Faute lucrative : référence aux gains et/ou économies réalisées et/ou avantages indus	Corrélation entre le dommage subi par la victime et les avantages retirés par le fautif	Préjudice indemnisé. Motivation du quantum ; méthode de calcul du préjudice ; risque de faute lucrative
CA Aix-en-Provence, ch. 2, 18 Janvier 2018, n° 14/24092. SAS OZ BIOSCIENCES c/ SAS BIOCELL CHALLENGE	/	/	La cour relève plusieurs dommages : le comportement des salariés a contribué à désorganiser la société Biosciences en préparant la mise en place de la structure concurrente sur le temps de travail dû à cette dernière, puisqu'ils y étaient encore salariés. Ensuite, le discrédit porté à la société Biosciences caractérise le dénigrement dans la mesure où celui-ci fait partie d'une communauté réduite où les rumeurs circulent rapidement. Enfin, la commercialisation, par la société concurrente, d'un produit similaire à celui de la société Biosciences, exception faite d'un colorant non nécessaire, caractérise une imitation pure et simple dudit produit et est source de confusion dans l'esprit des partenaires de cette dernière. L'ensemble des dommages ont permis	Montant demandé : 737 766 euros Montant indemnisé : 50 000 euros de façon lapidaire, la Cour considère que l'indemnisation équivaut à la perte de marge brute et au préjudice de notoriété et d'image subi par par Biosciences. On relèvera que le fautif a, durant la période incriminée, augmenté son chiffre d'affaires de 50 000 euros en un an. L'attribution d'un préjudice presque équivalent à l'augmentation du chiffre d'affaires du fautif révèle peut-être la volonté des juges, tout en s'attaquant au dommage causé, de limiter le résultat profitable des agissements déloyaux de la société Biocell challenge.

Décision	Présomption : existence du préjudice	Faute lucrative : référence aux gains et/ou économies réalisées et/ou avantages indus	Corrélation entre le dommage subi par la victime et les avantages retirés par le fautif	Préjudice indemnisé. Motivation du quantum ; méthode de calcul du préjudice ; risque de faute lucrative
			corrélativement au fautif d'améliorer considérablement les résultats financiers de l'entreprise tout en affaiblissant le concurrent.	
CA Paris, pôle 5 ch. 2, 12 Janvier 2018, n° 16/07959. Société TECHNOPHARMA LIMITED, Société UNILEVER PLC.		Selon la Cour d'appel, la société a créé un risque de confusion avec les produits du concurrent, et s'est immiscée « *dans le sillage de celui- ci tirant profit de la valeur économique qu'il a créée au fil d'une exploitation qui s'est poursuivie depuis plusieurs années et faisant obstacle à sa progression commerciale en s'assurant une main mise sur le marché français* ».	La déstabilisation du concurrent, la confusion générée dans l'esprit de la clientèle et l'appropriation indue du savoir-faire ont causé un dommage au concurrent qui, dans le même temps, à permis au fautif de réaliser des économies d'investissements (économies d'investissement en recherche et développement ; économies relatives à la promotion du produit, etc ;).	Montant demandé : 100 000 euros. Montant obtenu : 0 euros. La Cour d'appel reproche au demandeur de ne pas justifier le montant demandé. la société Limited fait simplement l'objet d'une mesure d'interdiction sous astreinte (1 000 euros par infraction constatée) et d'une publication d'un extrait de l'arrêt. **la faute semble ici donc pleinement lucrative.** L'auteur du parasitisme, qui a économisé les coûts en recherche et développement en reprenant à l'identique le produit de la société concurrente ; en tirant profit de la valeur économique créée par cette dernière ; et en captant indûment une partie de sa clientèle est exempté d'indemnisation, faute pour la partie victime de rapporter la preuve de son dommage. **L'indifférence du droit de la responsabilité civile pour le profit permet ici au fautif de retirer un lucre de la faute commise.**

Décision	Présomption : existence du préjudice	Faute lucrative : référence aux gains et/ou économies réalisées et/ou avantages indus	Corrélation entre le dommage subi par la victime et les avantages retirés par le fautif	Préjudice indemnisé. Motivation du quantum ; méthode de calcul du préjudice ; risque de faute lucrative
CA Nancy, ch. 5 comm., 10 Janvier 2018, n° 16/02550. SARL DESIN'CAR c/ Association 112 ACADEMY	« *L'immixtion de l'association 112 Academy dans le sillage de la société Desin'car, afin de tirer profit, sans rien dépenser, de ses efforts et de son savoir faire, a donc nécessairement causé un préjudice* ».	L'intimée a réalisé des économies d'investissement grâce à l' appropriation indue des efforts et du savoir-faire de la société Desin'car.	S'agissant du dommage causé, l'association 112 Academy a sciemment entretenu une confusion dans l'esprit du public avec la marque de la société Desin'car. Cette confusion a pour conséquence d'attirer injustement la clientèle du demandeur vers le parasite. de plus, en s'appropriant le marque du demandeur, l'intimée fait l'économie des investissements qu'elle aurait dû entreprendre pour conceptualiser la marque en question.	Montant demandé au titre du préjudice de concurrence déloyale et parasitisme : 30 000 euros Montant obtenu : 5 000 euros le montant du préjudice attribué n'est pas justifié. L'indifférence, au moment de la fixation du quantum du préjudice, à l'égard des investissements réalisés par le demandeur et dont le fautif s'est approprié indûment est critiquable. le demandeur justifie environ 8 000 euros d'investissement pour la mise en œuvre de l'application parasitée. **Cette somme a donc été économisée par le parasite qui n'a souffert d'aucun coût pour la mise sur le marché de cette application. les dommages- intérêts fixés ne viennent pas confisquer les économies indues du parasite.**

Décision	Présomption : existence du préjudice	Faute lucrative : référence aux gains et/ou économies réalisées et/ou avantages indus	Corrélation entre le dommage subi par la victime et les avantages retirés par le fautif	Préjudice indemnisé. Motivation du quantum ; méthode de calcul du préjudice ; risque de faute lucrative
TGI Paris, ch. 3, sect. 4, 12 octobre 2017, n° 16/04316, Sté Aquarelle et Aquarelle.com c/ Sté commerciale et touristique : PIBD 2018, n° 1085, III, p. 20	/	Le tribunal constate qu'en voulant favoriser son référencement naturel par l'insertion du mot Aquarelle dans le code source du site associé à sa rubrique intitulée « Bouquet et Aquarelle », « *la société SCT a manifestement eu l'intention d'orienter l'internaute qui cherche les produits de la marque vers la page de son site pour se placer indûment dans son sillage et tirer profit de sa réputation* ».	Le dommage subi se matérialise par un détournement de clientèle de la société Aquarelle vers la société SCT qui cherche à rediriger l'internaute vers ses services à l'aide du terme reproduit dans le code source du site de manière déloyale. Corrélativement, ce dommage est source d'un profit indu pour la société SCT qui fait l'économie des investissements matériels et financiers réalisés par la société Aquarelle pour promouvoir et bénéficier d'une grande visibilité sur le marché des fleurs en ligne.	Montant accordé : 10 000 euros. Il n'est pas certain que cette somme soit dissuasive. Certes, le dommage semblait faible. En revanche, le profit indu, lui, était réel et mesurable. **On doute que la somme de 10 000 euros soit confiscatoire des profits illicites de la société SCL, au regard des économies d'investissement réalisées par cette dernière et la captation indue de la clientèle de la société Aquarelle.**

Décision	Présomption : existence du préjudice	Faute lucrative : référence aux gains et/ou économies réalisées et/ou avantages indus	Corrélation entre le dommage subi par la victime et les avantages retirés par le fautif	Préjudice indemnisé. Motivation du quantum ; méthode de calcul du préjudice ; risque de faute lucrative
Cass. com, 8 novembre 2016, n° 15-14.437. Sté Activ Medical Disposable (AMD) c/ Sté Ontex	/	Le fautif a « *bénéficié d'un* ***avantage concurrentiel considérable qui lui avait permis de pratiquer des prix très bas*** *(…)* ». ***Son bilan montrait*** « ***un résultat d'exploitation bénéficiaire auquel s'était ajouté un résultat exceptionnel*** » (…).	La Cour relève que « *cette évolution du résultat confirmait l'avantage recueilli par rapport à la concurrence à la suite de l'acquisition du savoir-faire* ». L'estimation du dommage semble prendre en compte le résultat bénéficiaire du parasite qui s'est enrichi en détournement le savoir- faire de la victime.	Montant demandé : 8,6millions d'euros pour diverses préjudices (détournement de clientèle, actes de débauchage, usurpation d'informations constitutives du savoir-faire, etc.) Montant obtenu : 750 000 euros. Méthode de calcul : la Cour se raccroche à l'existence d'un trouble commercial pour justifier le préjudice. la référence au trouble commercial est peu compréhensible. D'autant que la Cour de cassation reprend l'argumentaire des juges du fond sur le caractère lucratif de la faute qui a permis un résultat exceptionnel de 1 937 220 euros. Supposition : **la somme de 750 000 euros ressemble à des dommages-punitifs qui n'ont pas de portée réellement confiscatoire. Si la motivation des juges dans l'arrêt se fonde essentiellement sur l'enrichissement du contrevenant et non sur la situation de la victime, paradoxalement, le montant des dommages et intérêts semble détaché des profits illicites qui sont pas confisqués.**

Décision	Présomption : existence du préjudice	Faute lucrative : référence aux gains et/ou économies réalisées et/ou avantages indus	Corrélation entre le dommage subi par la victime et les avantages retirés par le fautif	Préjudice indemnisé. Motivation du quantum ; méthode de calcul du préjudice ; risque de faute lucrative
CA Paris, pôle 5, ch. 5, 30 juin 2016, n° 14/22635. SAS ETAM - SAS Charlotte	« *Qu'elle a nécessairement tiré profit, sans démontrer la réalité d'investissements propres, du fruit du travail de la société Etam* ».	L'intimée a réalisé des économies d'investissements en captant indûment la notoriété de la SAS Etam.	La Cour relève l'intention de la partie mise en cause « *de promouvoir sa propre activité commerciale* ***en profitant gratuitement et sans risque du fruit des efforts*** *de toute nature* ».	Montant demandé : – 1 904121 euros en réparation des **bénéfices indûment réalisés** par la société Charlotte – 100 000 euros à titre de dommages et intérêts pour s'être, **indûment et sans bourse délier, approprié les investissements créatifs** et financiers de la société Etam Lingerie – Publication du jugement et 40 000 euros au titre de l'article 700 CPP. Montant accordé : 50 000 euros. Méthode de calcul absente. Aucune incidence apparente des bénéfices réalisés dans la quantification des dommages et intérêts. Suspicion de faute lucrative : forte. L'absence de prise en compte des bénéfices réalisés dans la fixation du montant des dommages et intérêts est d'autant plus regrettable que la Cour reconnaît que la partie mise en cause « ***a réalisé des bénéfices considérables, supérieurs à ceux de la société Etam****, en commençant à commercialiser* » le modèle parasité.

Décision	Présomption : existence du préjudice	Faute lucrative : référence aux gains et/ou économies réalisées et/ou avantages indus	Corrélation entre le dommage subi par la victime et les avantages retirés par le fautif	Préjudice indemnisé. Motivation du quantum ; méthode de calcul du préjudice ; risque de faute lucrative
CA Paris, pôle 5, ch. 2, 15 avril 2016, n° 14/05590 S.A.S. DEBONIX France S.A.S. QUINCAILLERIE ANGLES	/	Economie d'investissement : « *La société Quincaillerie Angles, faussant le jeu d'une saine concurrence, a employé une stratégie commerciale tendant à rechercher une proximité avec le commerce en ligne de son concurrent agissant dans le même domaine de l'outillage, en s'épargnant, ce faisant, toute perte de temps et coûteuses recherches potentiellement répercutables sur ses prix de vente ou rognant ses bénéfices, et l'a privée, de plus, de l'entier profit qu'elle pouvait légitimement attendre, à terme, de ses investissements, peu important, au stade de l'appréciation de la faute, que le nombre de visiteurs ou le chiffre d'affaires de la société Debonix n'aient pas été sensiblement affectés* ».	La Cour d'appel démontre qu'il existe un lien de causalité entre le résultat dommageable et le résultat lucratif. L'acte déloyal et parasitaire a permis au fautif d'économiser du temps et de réaliser une économie de coût en recherche et développement. Dans le même temps, les agissements parasitaires ont eu des conséquences économiques négatives. la société victime se retrouve privée d'un avantage concurrentiel et d'une rentabilisation optimale de ses investissements.	Montant demandé : 75 000 euros. Montant accordé : 15 000 euros Le demandeur propose une méthode d'évaluation du préjudice en démontrant la baisse de fréquentation du site parasité, laquelle semble être retenue par les juges. On notera qu'une nouvelle fois, le mécanisme compensatoire ne permet pas à la victime d'évoquer les économies indues du parasite. On relèvera aussi que la Cour, qui pourtant avait dénoncé la corrélation entre le résultat dommageable et le résultat lucratif de la faute, reste indifférente au profit retiré par le fautif.
CA Paris, Pôle 5, ch. 2, 15 avril 2016, n° 14/08238	/	/	/	Montant demandé : 507 000 euros Montant accordé 10 000 euros, pour préjudice moral.

Décision	Présomption : existence du préjudice	Faute lucrative : référence aux gains et/ou économies réalisées et/ou avantages indus	Corrélation entre le dommage subi par la victime et les avantages retirés par le fautif	Préjudice indemnisé. Motivation du quantum ; méthode de calcul du préjudice ; risque de faute lucrative
Cass. com 14 avril 2016, n° 15-13.859.	Présomption de préjudice.	/	/	Montant accord : 3 000 euros, Cette somme est attribuée au titre de la clause de non-concurrence qui n'a pas été respectée.
CA Paris, pôle 5, ch.2, 1 avril 2016, n° 15/04765 S.A.S. ANCIENS ETABLISSEMENTS MARIUS BONIFAY c/ S.A.R.L. LABONNE POINTUR	Présomption de trouble commercial.	Le fautif s'est épargné la charge de la promotion de la marque LPB, il a donc réalisé des économies d'investissement. Ces économies lui ont permis de capter la clientèle de la victime en commercialisant les souliers litigieux à un prix très inférieur que celui pratiqué par la demanderesse.	Le dommage causé à la victime parasité est source de profit pour le parasite qui fait l'économie d'une dépense (coût de la promotion du produit) et augmente ses ventes de chaussures vendues à un prix plus bas que le concurrent.	Montant demandé au titre du Parasitisme et de la concurrence déloyale : 200 000 euros. On notera que la victime demande 50 000 euros au titre des bénéfices indus réalisés. Montant accordé : 10 000 euros. la Cour retient juste qu'il existe un risque de confusion et une perte de clientèle. **le montant est fixé arbitrairement et l'application stricte du principe de réparation du dommage empêche la prise en compte de la faute lucrative**.
Cass. com 30 mars 2016, n°13-12122. Société ALLERGAN c / Société BIO EXTEND	/	La Cour d'appel note que « *le préjudice subi doit tenir compte du gain réalisé, des bénéfices perdus* (…) ». le demandeur se plaint du « *profit indu tiré de la notoriété de "Botox" (…)* ». la prise en compte, par les juges, du profit illicite est ici liée à l'invocation de la contrefaçon et non à celui des actes parasitaires et déloyaux.	/	La Cour fait droit aux demandes d'interdiction et de retrait du produit, « *lesquelles suffisent à réparer le préjudice subi* ».

Décision	Présomption : existence du préjudice	Faute lucrative : référence aux gains et/ou économies réalisées et/ou avantages indus	Corrélation entre le dommage subi par la victime et les avantages retirés par le fautif	Préjudice indemnisé. Motivation du quantum ; méthode de calcul du préjudice ; risque de faute lucrative
CA Paris, Pôle 5, Ch. 1. 22 mars 2016. n°13/19984.	Présomption de préjudice moral.	/	/	Montant demandé 100 000 euros. Montant obtenu : 25 000 euros. La Cour se contente de rappeler que la baisse du chiffre d'affaire est antérieure au discrédit. Arbitrairement, la Cour divise par 3 le montant du préjudice.
CA Versailles, 10 mars 2016, ch. 1, n° JurisData : 2016-019050 COMITE NATIONAL OLYMPIQUE ET SPORTIF FRANCAIS (CNOSF) c/ SAS BUSHNELL OUTDOOR PRODUCTS	Présomption de trouble commercial.	Selon la Cour d'appel, « *la société Bushnell a, de manière fautive, contrevenu aux usages loyaux du commerce en cherchant* ***à tirer un profit indu du travail et des investissements réalisés*** *par le CNOSF* »	Le trouble commercial causé par les agissements déloyaux et parasitaires a permis au fautif, corrélativement, de tirer indûment **profit du travail et des investissements réalisés** par le CNOSF ».	Montant demandé : 100 000 euros Montant obtenu : 20 000 euros. la Cour d'appel considère que la brièveté des agissements fautifs ne permet pas d'indemniser davantage le préjudice subi. Néanmoins, la seule la réparation du préjudice ne permet pas de limiter les économies indues du fautif qui a profité du travail et des investissements réalisés par le CNOSF.
CA Dijon, ch. soc. 3 mars 2016, n° 14/00522.	/	/	/	Montant demandé : 15 000 euros au titre de la concurrence déloyale et 32 665 euros pour le préjudice moral. la Cour constate l'exécution déloyale du contrat de travail. Elle souligne en même temps que le défendeur n'a pas restitué les fichiers clients après la rupture du contrat. Montant obtenu : 5 000 euros. Arbitrairement, la cour divise par 3 le montant du préjudice sans préciser une méthode de calcul.

Décision	Présomption : existence du préjudice	Faute lucrative : référence aux gains et/ou économies réalisées et/ou avantages indus	Corrélation entre le dommage subi par la victime et les avantages retirés par le fautif	Préjudice indemnisé. Motivation du quantum ; méthode de calcul du préjudice ; risque de faute lucrative
Cass. com 16 février 2016, n°13-28.448. Société BPA / RESTAURATION	/	Aucune référence claire aux gains ou économies réalisées par le fautif. Néanmoins, la Cour de cassation retient qu'en reprenant le nom, les concepts, l'agencement des tables, etc. la société BPA a cherché à profiter de manière illégitime de la réputation de la société CND.	/	La Sté BPA est condamnée à payer à la Sté CND la somme de 5 735 euros au titre du préjudice commercial et 15 000 euros au titre du préjudice moral lié à l'atteinte à l'image. Sur le préjudice économique, la Cour s'appuie sur les travaux de l'expert qui prend en compte le chiffre d'affaires « manquant » sur différentes périodes. L'expert estime la perte de marge brute moyenne sur le chiffre d'affaires prévisionnel, de février à mai 2010, pour aboutir à l'estimation d'un préjudice de 5735 euros. La détermination du préjudice moral est en revanche arbitraire. Ce dernier est fixé à 15 000 euros sans justification.
Cass. com 16 février 2016. N° 14-13.017. Société FUTURA Finances c/ Société CHANEL	/	La référence aux économies réalisés par le fautif est ici indirecte. le demandeur justifie d'importantes dépenses dont le fautif aurait fait l'économie, s'agissant notamment de la promotion de la marque et de ses produits, soit 96 512.954 euros en 2004, et 151.561.579 euros en 2008.	Les importantes dépenses du demandeur n'ont pas été réalisées par le fautif. Il y a donc une corrélation entre l'atteinte portée à la société Chanel et l'économie indue de la société Futura qui a injustement bénéficié du « *pouvoir attractif des produits* » du demandeur.	Montant demandé : 1 million d'euros Montant obtenu : 500 000 euros + interdiction pour la société Futura Finances d'acquérir, de détenir et de vendre des produits Chanel.

Décision	Présomption : existence du préjudice	Faute lucrative : référence aux gains et/ou économies réalisées et/ou avantages indus	Corrélation entre le dommage subi par la victime et les avantages retirés par le fautif	Préjudice indemnisé. Motivation du quantum ; méthode de calcul du préjudice ; risque de faute lucrative
				Dommages-intérêts punitifs : la Cour d'appel semble aller au-delà du principe de réparation intégrale. le nombre limité de produits vendus litigieux (706), l'ancienneté de la pratique (qui remonte à 7 ans), la temporalité réduite des agissements parasitaires (« *qui n'ont duré que quelques jours* »), sont les arguments soulevés en défense. Bien que pertinent, la Cour n'y répond pas. Aucune méthode de calcul n'est donnée quant à l'appréciation du préjudice**. On peut envisager que, secrètement, les juges du fond cherchent à confisquer une partie des profits réalisés par le fautif.** La Cour de cassation ne conteste pas les dommages-intérêts fixés. Elle considère en revanche que la publication de la décision sur la page d'accueil du site internet de la société Futura, sans limitation dans le temps de la mesure de publication qu'elle ordonnait, porte atteinte au principe de réparation intégrale.

Décision	Présomption : existence du préjudice	Faute lucrative : référence aux gains et/ou économies réalisées et/ou avantages indus	Corrélation entre le dommage subi par la victime et les avantages retirés par le fautif	Préjudice indemnisé. Motivation du quantum ; méthode de calcul du préjudice ; risque de faute lucrative
CA Paris, pôle 5, ch. 2, 12 février 2016, n° 15/13594, JurisData : 2016-002896 SAS PRO LOISIRS c/ SA GONDRAND et SC. GALEC	/	/	/	Montant demandé : – 30 000 euros pour préjudice moral. Cette requête est refusée, faute pour la victime d'avoir su établir le préjudice moral. – 100 000 euros pour concurrence déloyale et parasitaire. Montant obtenu : 30 000 euros. Le préjudice est fixé au regard de la masse contrefaisante, du prix d'achat unitaire des produits comparés aux prix de vente unitaire des produits. le préjudice semble être fixé essentiellement au regard de l'atteinte à un droit de propriété intellectuelle.
Cass. com 2 février 2016. n° 14-20.486. Concurrence déloyale et parasitaire. Société CUIVRES et BOIS INSTRUMENT c/ Société les VENTS du NORD.	Présomption : « *La concurrence déloyale et parasitaire génère nécessairement un préjudice car elle crée un trouble commercial chez la victime* ».	/	/	Les jugent rappellent le principe de réparation intégrale : « *La cour estime qu'en allouant à la Société les VENTS du NORD la somme de 15 000 euros à titre de dommages et intérêts, les premiers juges ont très exactement évalué la réparation due à cette société en conséquence des agissements déloyaux ci-dessus établis, cette somme assurant la réparation intégrale des préjudices subis* ».

Décision	Présomption : existence du préjudice	Faute lucrative : référence aux gains et/ou économies réalisées et/ou avantages indus	Corrélation entre le dommage subi par la victime et les avantages retirés par le fautif	Préjudice indemnisé. Motivation du quantum ; méthode de calcul du préjudice ; risque de faute lucrative
				La Cour reconnaît dans le même temps que le préjudice invoqué par le demandeur n'est étayé par aucun calcul chiffré. Pour estimer le préjudice à 15 000 euros, le Tribunal retient la perte subie au titre du détournement de clientèle, sans livrer aucun renseignement sur le calcul de cette perte. Par ailleurs, le Tribunal se place sur le fondement des « *actes de concurrence déloyale et parasitaire* ». Pourtant, pour fixer le préjudice, les juges se fondent sur le trouble commercial et le détournement de clientèle, qui sont avant tout des préjudices de concurrence déloyale. L'appropriation d'une valeur économique, qui pourtant génère une résultat dommageable et un résultat lucratif pour son auteur, ne fait l'objet d'aucun commentaire. Enfin, les juges ordonnent la publication de la décision et ajoute une astreinte de 100 euros par jour de retard à compter de la signification de l'arrêt.

Décision	Présomption : existence du préjudice	Faute lucrative : référence aux gains et/ou économies réalisées et/ou avantages indus	Corrélation entre le dommage subi par la victime et les avantages retirés par le fautif	Préjudice indemnisé. Motivation du quantum ; méthode de calcul du préjudice ; risque de faute lucrative
CA Versailles, ch. 12, 19 janvier 2016. n° 14/06332 JurisData **:** 2016-002308 SARL JEAN CHATEL c/ SAS RHUMS & PUNCHS ISAUTIER	« *Considérant qu'il s'infère nécessairement des actes déloyaux constatés l'existence d'un préjudice commercial pour la société Jean Chatel* ».	La Cour d'appel souligne que la demanderesse n'apporte aucune preuve de ses investissements et **aucune preuve d'un bénéfice que sa concurrente aurait indûment perçu. Cela veut dire que la Cour d'appel était prête à s'intéresser à l'élément lucratif de la faute.**	/	Montant demandé en concurrence déloyale : 50 000 euros. Montant obtenu : condamne la société Rhums & Punchs Sautier à payer à la société Jean Chatel la somme de 25 000 euros en réparation du préjudice subi au titre de la concurrence déloyale. Aucune méthode de calcul du préjudice n'est livrée pour justifier ce préjudice. La Cour d'appel interdit à la société Rhums & Punchs Sautier d'utiliser le signe et ordonne la publication de l'arrêt.
CA Lyon, ch. 3 A, 14 janvier 2016, n° 14/ 07770. JurisData **:** 2016-000970	Présomption de préjudice.	La Cour d'appel de Lyon rejette l'action en concurrence déloyale mais juge recevable l'action en parasitisme. Sans évoquer clairement le profit tiré de l'infraction, elle note simplement que le fautif a retiré un gain de temps de ses actes parasitaires qui lui ont permis de démarrer plus tôt son activité.	/	Montant demandé : 250 000 euros pour préjudice commercial, et 30 000 euros pour préjudice moral. Montant obtenu : 10 000 euros. Aucune méthode d'évaluation du préjudice n'est précisée.

Décision	Présomption : existence du préjudice	Faute lucrative : référence aux gains et/ou économies réalisées et/ou avantages indus	Corrélation entre le dommage subi par la victime et les avantages retirés par le fautif	Préjudice indemnisé. Motivation du quantum ; méthode de calcul du préjudice ; risque de faute lucrative
CA Paris Pôle 5, Ch. 1 12 Janvier 2016, n° 14/02823 JurisData : 2016-000759. SA COQUET c/ SARL NESS	Présomption de trouble commercial.	La référence aux bénéfices réalisés par la SARL NESS semble influencée par l'action en contrefaçon.	/	Réclame 250 000 au titre de la concurrence déloyale. Montant obtenu : 200 000 euros. La motivation du juge sur le préjudice accordé est lacunaire. La Cour d'appel ordonne l'interdiction de commercialiser les articles, la confiscation et la destruction des articles. Cette mesure d'interdiction a pour avantage de faire cesser le résultat dommageable et d'interrompre le résultat lucratif de la faute.
CA, Montpellier ch. 5, sect. A 17 Décembre 2015 n° 15/04662 JurisData : 2015-030509 Société WSI CORPORATE SARL QUINT	Présomption de trouble commercial.	/	/	Le franchisé est condamné à la fermeture du site Internet (astreinte de 500 euros par jour de retard et pour une durée de deux mois), à une interdiction d'exercer une quelconque activité susceptible de concurrencer le franchiseur (astreinte de 1 000 euros par infraction constatée) et à payer au franchiseur une somme de 5 000 euros à titre provisionnel en réparation du préjudice subi. La méthode d'évaluation du préjudice n'est pas précisée.

Décision	Présomption : existence du préjudice	Faute lucrative : référence aux gains et/ou économies réalisées et/ou avantages indus	Corrélation entre le dommage subi par la victime et les avantages retirés par le fautif	Préjudice indemnisé. Motivation du quantum ; méthode de calcul du préjudice ; risque de faute lucrative
CA Paris, pôle 5, ch. 1 8 Décembre 2015 n° 14/19100 JurisData **:** 2015-029571 SAS CARUELLE SAS PULVERISATION	Présume l'existence d'un risque de confusion.	La Cour d'appel de Paris rejette le parasitisme au motif que le **demandeur ne démontre pas le profit indu** retiré par le défendeur qui a économisé des investissements en s'appropriant indûment la notoriété de la victime. la Cour fait donc ici explicitement référence à la faute lucrative du défendeur. L'action en concurrence déloyale est jugée en revanche recevable.	La preuve exigée, par la Cour d'appel, des profits indus retirés par le fautif qui s'est appropriée indûment la notoriété de la victime montre la corrélation entre le résultat dommageable (appropriation d'une valeur économique) et le résultat lucratif (économie d'investissement).	Montant demandé au titre du préjudice de concurrence déloyale : 30 000 euros. Montant obtenu au titre du préjudice commercial : 5 000 euros. La méthode d'évaluation du préjudice n'est pas précisée. Il est étonnant de voir les juges reprocher à la victime de ne pas démontrer le profit indu, sachant que le droit de la responsabilité civile interdit précisément aux victimes de chiffrer leur préjudice au regard des gains retirés par le fautif.
CA Paris Pôle 5, ch. 1 1er.Décembre 2015. n° 14/14179 JurisData : 2015-027121 M. POLAD-SPADONI SA CULTURESPACES	/	Le fautif a « *profité des efforts déployés par la société pendant plus de 30 ans pour assurer le succès et la notoriété de ses spectacles, elle a ainsi* ***économisé des frais de conception****, de mise au point et de promotion pour l'exploitation de ses spectacles et limité la prise de risque quant au succès commercial d'une valeur économique qui avait fait ses preuves.*	La Cour d'appel note le lien de causalité entre le dommage causé à la victime pour atteinte à sa notoriété et le résultat lucratif qui résulte d'une telle atteinte, à savoir des économies de conception et de promotion du spectacle qui tire profit de l'image dont bénéficie la société de la victime.	Montant demandé : – au titre des actes de parasitisme tirés de la copie de la valeur économique de la société Cathédrale d'images : la somme de 4 500 000 euros à la société Cathédrale d'images en réparation de son préjudice économique et de son manque à gagner. – au titre des actes de concurrence parasitaire tirés de l'utilisation de la notoriété de la société Cathédrale d'images et de ses fondateurs : 1 000 000 d'euros. -20 000 euros au titre du préjudice moral.

Décision	Présomption : existence du préjudice	Faute lucrative : référence aux gains et/ou économies réalisées et/ou avantages indus	Corrélation entre le dommage subi par la victime et les avantages retirés par le fautif	Préjudice indemnisé. Motivation du quantum ; méthode de calcul du préjudice ; risque de faute lucrative
				Sans préciser une méthode d'évaluation du préjudice, et à partir d'une analyse factuelle de la situation, la Cour accorde 300 000 euros, une somme globale qui « *réparera l'intégralité du préjudice* » selon les juges. Non seulement la somme est environ 18 fois inférieure à aux prétentions indemnitaires, mais surtout, **le préjudice indemnisé semble loin de pouvoir confisquer l'ensemble des avantages et économies indûment réalisées par le fautif du fait des actes parasitaires**. Le fautif lui-même reconnaît « *réaliser un chiffre d'affaires de 1 471 062 euro dès sa première année d'exploitation, ce qui correspond à la moyenne de celui réalisé par la société* (victime) *durant ses cinq derniers exercices.* » .
Cass. com 24 novembre 2015, n° 14-16.806, 999, JurisData : 2015-026719. Société PEPSICO FRANCE c/ Société ANDROS	Présomption : les juges du fond déclarent qu'« *il s'infère nécessairement des actes déloyaux constatés l'existence d'un préjudice commercial* ».	Si la Cour d'appel fait droit à l'action en concurrence déloyale, elle rejette le parasitisme au motif que la demanderesse « *n'apporte aucune preuve d'un quelconque bénéfice que sa concurrente aurait indûment perçu* ». **Cela laisse à penser que les juges du fond étaient**	/	Montant demandé : 500 000 euros compte tenu tant de la valeur et de la banalisation de l'idée publicitaire que de l'incidence du film litigieux qui a été largement diffusé à la télévision. Montant obtenu : 80 000 euros de dommages-intérêts. La Cour d'appel ne donne pas d'indications sur la méthode de calcul du préjudice. Elle ordonne une mesure de publication

Décision	Présomption : existence du préjudice	Faute lucrative : référence aux gains et/ou économies réalisées et/ou avantages indus	Corrélation entre le dommage subi par la victime et les avantages retirés par le fautif	Préjudice indemnisé. Motivation du quantum ; méthode de calcul du préjudice ; risque de faute lucrative
		disposés à prendre en compte le bénéfice indu réalisé par le fautif.		et d'interdiction. On notera ici encore que les juges du fond reprochent à la victime de ne pas apporter la preuve du profit illicite, ce qui peut sembler surprenant sachant que le droit de la responsabilité civile interdit précisément aux victimes de chiffrer leur préjudice au regard des gains retirés par le fautif.
CA Paris, pôle 5, ch. 4 18 Novembre 2015 n° 13/14017 JurisData : 2015-026408. SAS ANDRIEU,sct ENS c/ SARL RÉAL CHOCOLAT	Présomption : « *Considérant que le risque de confusion a nécessairement entraîné un détournement de clientèle ainsi qu'une atteinte à l'image des 'bouquets de chocolat 'par la commercialisation de produits de moindre qualité* ».	Economies d'investissement : « *Le produit est nécessairement le résultat d'investissements importants. L'imitation de ce produit a permis au concurrent de réaliser des* ***économies injustifiées*** *en termes de création et de développement du produit.*	« *La demanderesse note la corrélation entre l'imitation du produit et l'augmentation du chiffres d'affaires réalisé par la société Real Chocolat* ».	Montant demandé : 135 000 euros. Montant accordé : 20 000 euros au titre du parasitisme et 30 000 euros au titre de la concurrence déloyale. Interdiction de poursuivre la commercialisation des chocolats, sous astreinte de 100 euros par infraction constatée. la fonction dissuasive du droit de la responsabilité civile montre ici encore ses limites. la Cour d'appel se montre indifférente à l'égard des profits illicites en considérant qu'« *il n'est pas nécessaire de faire injonction à la société Real Chocolat de communiquer tout document d'établir les quantités produites commercialisées et livrées des 'cornets' ainsi que le chiffre d'affaires qui en est découlé* ».

Décision	Présomption : existence du préjudice	Faute lucrative : référence aux gains et/ou économies réalisées et/ou avantages indus	Corrélation entre le dommage subi par la victime et les avantages retirés par le fautif	Préjudice indemnisé. Motivation du quantum ; méthode de calcul du préjudice ; risque de faute lucrative
				Le préjudice indemnisé ne prend pas en compte les économies injustifiées réalisées et le chiffre d'affaires en lien avec l'infraction. la demanderesse avait pourtant relevé, sans être contredite, que le chiffre d'affaires de la société REAL CHOCOLAT avait doublé entre 2009 et 2011. la faute semble ici pleinement lucrative.
CA Rennes ch. com 3, 20 Octobre 2015 n° 466, 13/07491 JurisData : 2015-031125 Société SYNAPSY SARL c/ SARL MENLOG	Présomption : la mise sur le marché du logiciel entraîne « *un risque de confusion* ».	« *Il n'est pas justifié que la commercialisation du logiciel ait permis à la société SYNAPSY de bénéficier indûment de nouveaux marchés* ».	/	Montant demandé : 50 000 euros au titre des actes de concurrence déloyale distincts des actes de contrefaçon et 50 000 euros au titre du préjudice moral Montant accordé : rejette les demandes de dommages et intérêts présentées par la société MENLOG au titre de son préjudicie matériel Un préjudice moral est accordé à hauteur de 10 000 euros. le préjudice morale est fixé sans justification. Il semble venir compenser l'absence de préjudice économique.

Décision	Présomption : existence du préjudice	Faute lucrative : référence aux gains et/ou économies réalisées et/ou avantages indus	Corrélation entre le dommage subi par la victime et les avantages retirés par le fautif	Préjudice indemnisé. Motivation du quantum ; méthode de calcul du préjudice ; risque de faute lucrative
CA Paris, pôle 5. ch. 5, 2 juillet 2015, n° 15/04231. JurisData : 2015-016923 SAS LANGLOYS PRODUCTION c/ SAS MARIUS BERNARD	/	La Cour d'appel considère que le fautif a détourné « *à son profit une partie de la valeur capitalisée par cette dernière depuis 10 ans sur ce produit, ce qui caractérise des agissements de parasitisme* ».	La Cour d'appel observe que l'acte dommageable qui a entraîné une baisse du chiffre d'affaires de la victime a provoqué, en même temps, une hausse du chiffre d'affaires du fautif. Surtout, alors que la demanderesse invoque une baisse de son chiffre d'affaires contesté par le défendeur, les juges du fond notent ceci : « *Considérant que, si elle expose que le chiffre d'affaires*	Montant demandé : 400 000 euros Les dommages-intérêts sont calculés au regard des données chiffrées fournies par le demandeur, qui estime que ses pertes se sont élevées pour la période d'août 2013 à septembre 2014 en termes de marge brute à la somme de 405 189,75 euros. Montant accordé : **Alors que la Cour avait affirmé que le préjudice pouvait s'estimer au regard des profits réalisés par le défendeur, celle-ci a accordé une indemnité strictement compensatoire, et dévaluée de moitié par rapport aux**
			de la société Langloys a augmenté entre 2013 et 2014, cette circonstance est sans effet dans la mesure où ***le préjudice de la société Langloys doit s'apprécier sur la base du profit réalisé par la société Marius*** *Bernard sous sa nouvelle marque en ce que celle-ci a directement concurrencé la marque Langloys* ».	**prétentions indemnitaires, à hauteur de 200 000 euros. Le risque de faute lucrative est ici élevé.** On notera que les juges du fond cherchent à interrompre le résultat lucratif de la faute en ordonnant le retrait du marché français et au frais de la société Marius Bernard des produits sous le conditionnement litigieux et de tout document ou support comportant une reproduction de celui-ci.

Décision	Présomption : existence du préjudice	Faute lucrative : référence aux gains et/ou économies réalisées et/ou avantages indus	Corrélation entre le dommage subi par la victime et les avantages retirés par le fautif	Préjudice indemnisé. Motivation du quantum ; méthode de calcul du préjudice ; risque de faute lucrative
CA Lyon, ch. civ 1 A 25 Juin 2015, n° 13/04365, JurisData : 2015-015824 SA CUIR CENTER INTERNATIONAL, SARL MEUBLES MERLE SARL PRISIEX, SAS S I E X (SIEGES EXPANSION), SARL SARENE	Présomption : « *Le préjudice subi par cette dernière s'infère nécessairement des actes déloyaux de concurrence* ».	Économies d'investissements : « *Le concurrent a profité de la renommée de la société concurrencée sans avoir à réaliser les investissements pour promouvoir son commerce et attirer la clientèle* ».	L'appropriation de la renommée de la société concurrente, qui a souffert d'un dommage, a en même temps permis au fautif de réaliser des économies d'investissements.	Montant demandé : 80 000 euros. Montant accordé : 20 000 euros, sans justification du montant de la sanction. la montant semble faible au regard des avantages et gains illicites (économies des coûts de promotion, captation de clientèle, etc.) retirés de la faute commise.
Cass. com 9 juin 2015, n° 14-11.242, 572, JurisData : 2015-014136. Société AUCHAN FRANCE c/ Société CORA	La présomption de préjudice est ici rejetée : « *le parasitisme résulte d'un ensemble d'éléments appréhendés dans leur globalité* »	Économies d'investissements : « *Qu'en définitive, la société CORA démontre avoir déployé, dans l'organisation de la campagne publicitaire litigieuse,* ***un savoir-faire ou des investissements dont la société AUCHAN a indûment tiré profit*** ».		Montant accordé : 400 000 euros. La Cour ne donne pas de précision sur la méthode de calcul permettant d'aboutir à ce montant. la dilution et la perte de valeur du slogan sont des préjudices difficiles à évaluer économiquement, du fait notamment de leur caractère évolutifs dans le temps.

Décision	Présomption : existence du préjudice	Faute lucrative : référence aux gains et/ou économies réalisées et/ou avantages indus	Corrélation entre le dommage subi par la victime et les avantages retirés par le fautif	Préjudice indemnisé. Motivation du quantum ; méthode de calcul du préjudice ; risque de faute lucrative
				La difficulté n'empêche pas les juges d'accorder des dommages-intérêts. En vertu du principe de réparation intégrale, le préjudice est fixé sur la base des investissements réalisés par la victime et qui n'ont pu être rentabilisés. **au regard des investissements réalisés par Cora qui ont été économisés par le parasite, les dommages-intérêts compensatoires ne permettent pas de confisquer les avantages dont a indument tiré profit la société Auchan de l'appropriation du slogan.** les deux sociétés étant directement en concurrence dans le nord et L'est de la France où sont concentrés leurs magasins, on peut supposer que les gains illicites étaient importants.
CA Paris, pôle 5, ch. 1, 2 juin 2015, n° 14/01233. JurisData : 2015-017835 SA LOUIS VUITTON MALLETIER SARL EMERAUDE CITY.	/	Économies d'investissements : le « *commerçant a profité de la notoriété et des investissements publicitaires du concurrent* ».	Le résultat dommageable généré par l'agissement parasitaire et déloyal a généré, dans le même temps, un résultat lucratif au regard des économies d'investissements et des gains positifs provoqués par l'appropriation de la notoriété de la victime.	Montant accordé au titre des actes de concurrence déloyale et parasitaire : 20 000 euros. Le montant est fixé arbitrairement. Le risque de faute lucrative est élevé étant donné la faiblesse des dommages-intérêts versés comparés aux avantages retirés de la faute commise.

Décision	Présomption : existence du préjudice	Faute lucrative : référence aux gains et/ou économies réalisées et/ou avantages indus	Corrélation entre le dommage subi par la victime et les avantages retirés par le fautif	Préjudice indemnisé. Motivation du quantum ; méthode de calcul du préjudice ; risque de faute lucrative
CA Paris, pôle 5, ch. 1, 19 mai 2015, n° 13/16071. Numéro JurisData : 2015-019069 SAS KONTIKI, SARL DEPESCHE VERTRIEB GMBH & CO KG SAS EDITIONS PLAY BAC		Economies d'investissements : reprise indue des carnets « TOP MODEL ». le concurrent « *a bénéficié indûment des nécessaires efforts préalables tant humains que financiers de conception et de promotion du concurrent* ». Le fautif a pu « *profiter, sans bourse délier, d'efforts d'élaboration et de promotion ayant permis leur succès* ».		Montant demandé au titre de la concurrence déloyale : 200 000 euros. Montant accordé : 50 000 euros. La méthode de calcul du préjudice n'est pas précisée s'agissant du droit de la concurrence déloyale, à la différence de la méthode de calcul de l'acte de contrefaçon qui était aussi invoqué dans cette affaire. On regrettera la différence de traitement porté aux gains illicites entre le droit de la propriété intellectuelle et le droit de la concurrence déloyale et parasitaire. La décision montre que le calcul de l'indu au titre de l'action en contrefaçon permet de punir les fautes lucratives. de plus, le raisonnement des juges pour quantifier les dommages-intérêts et leur conférer une vertu restitutoire est clair : « *Saisie contrefaçon de 167 255 carnets contrefaisants, diffusés auprès d'environ 1 500 clients, ont été commercialisés en France par la société KONTIKI de mai 2010 à janvier 2012 pour un chiffre d'affaires total de 850 799 euros procurant ainsi nécessairement aux appelantes un enrichissement injustifié* ». au final, pour les actes de contrefaçon, 250 000 euros de dommages-intérêts ont été versés à la victime. Cette somme prend clairement en compte les bénéfices illicites qu'elle cherche à confisquer.

ANNEXE 3

Les exemples de « normes pathologiques » et leur incidence sur l'incitation à l'infraction de concurrence

Observations. Ce tableau présente plusieurs exemples de normes qui souffrent de vices congénitaux. Le tableau cherche à illustrer l'incidence de ces vices congénitaux sur la capacité d'une règle de droit à dissuader. Les défauts intrinsèques aux normes en question affectent leur effectivité, c'est-à-dire que la norme est peu ou jamais appliquée. Ils affectent aussi l'efficacité de la règle de droit qui n'est pas adaptée à la répression du comportement déviant et perd, en conséquence, son effet dissuasif. Les règles pathologiques ici évoquées font parties de la « hiérarchie des normes incitatives à la violation du droit » présentée dans notre thèse.

Les exemples de normes pathologiques et leur incidence sur l'incitation à l'infraction de concurrence

Les exemples de normes pathologiques et leur incidence sur l'incitation à l'infraction de concurrence					
Les normes pathologiques (règles législatives ou prétoriennes)	**Objet de la norme**	**Pathologie(s) affectant la norme**	**Incidence sur l'effectivité de la norme**	**Incidence sur l'efficacité de la norme**	**Recommandation**
Loi Hamon n° 2014-344 du 17 mars 2014	L'action de groupe.	Les nombreuses conditions restrictives à la mise en œuvre de l'action (action *opt in*, action f*ollow-on*, etc.)	À l'heure d'aujourd'hui, aucune action n'a encore été lancée dans le domaine de la concurrence.	L'action de groupe est inefficace car elle ne permet pas, pour le moment, au consommateur de récupérer le surplus « volé » par les membres du cartel qui ont augmenté leur prix.	Pour résoudre le problème d'apathie rationnelle des victimes au moment de l'adhésion à l'action, il semble indispensable de prévoir, en complément du système opt in, un système d'opt out. Néanmoins, le système opt out ne peut rien contre l'inertie prévisible des victimes, non plus au moment d'adhérer à l'action, mais au stade de l'indemnisation. Il est probable que les membres de groupe ne réclament pas leur créance au moment de l'indemnisation, surtout si celle-ci s'avère minime. La loi Hamon ignore totalement la question essentielle du reliquat. Le législateur français devrait donc s'inspirer du modèle américain et prévoir un mécanisme de restitution collective des profits illicites par affectation à un organisme des sommes non réclamées par les consommateurs.

Les normes pathologiques (règles législatives ou prétoriennes)	Objet de la norme	Pathologie(s) affectant la norme	Incidence sur l'effectivité de la norme	Incidence sur l'efficacité de la norme	Recommandation
Art. L. 464.2	Les sanctions pécuniaires en cas d'entente ou d'abus de position dominante.	L'absence d'encadrement de la notion de « dommage à l'économie ».	/	Le calcul qualitatif du dommage à l'économie ne permet pas d'estimer le surprix, et donc d'imposer une amende proportionnelle aux gains illicites. De plus, le calcul du dommage à l'économie est peu transparent, si bien qu'il se retrouve souvent contesté en appel. Il en résulte une perte d'efficacité de l'amende souvent largement minorée par la Cour d'appel.	Consacrer une approche quantitative et non plus qualitative du dommage à l'économie. Le surprix doit être quantifié chaque fois que cela est possible afin de pouvoir mesurer concrètement le caractère lucratif de la pratique anticoncurrentielle.
Communiqué du 16 mai 2011 relatif à la méthode de détermination des sanctions pécuniaires	La proportion de la valeur des ventes retenues pour déterminer le montant de base de la sanction.	La proportion de la valeur des ventes n'est pas déterminée au regard des profits indus.	/	La détermination de la proportion de la valeur des ventes au regard des critères larges de la gravité de l'infraction et du dommage causé à l'économie (analysé qualitativement) affecte l'efficacité de l'amende : l'Autorité risque d'appliquer à la valeur des ventes un coefficient multiplicateur inférieur au taux de marge indu. En conséquence, le montant de base de l'amende risque d'être inférieur au profit indu engrangé par la pratique illicite.	L'analyse quantitative du dommage à l'économie, en révélant un surprix important, pourrait légitimer l'application d'un coefficient multiplicateur confiscatoire des profits illicites. Le surprix devrait avoir une incidence claire sur la proportion de la valeur de ventes retenue par l'Autorité.

Les normes pathologiques (règles législatives ou prétoriennes)	Objet de la norme	Pathologie(s) affectant la norme	Incidence sur l'effectivité de la norme	Incidence sur l'efficacité de la norme	Recommandation
Communiqué du 16 mai 2011 relatif à la méthode de détermination des sanctions pécuniaires	La dégressivité temporelle du montant de l'amende.	L'Autorité applique, après la première année de l'infraction, un coefficient multiplicateur diminué de moitié.	/	Sur le plan économique, plus l'infraction est longue, plus les gains retirés sont importants. Réduire le coefficient après la première année génère des fautes lucratives et incite l'entreprise à poursuivre l'infraction au-delà de la première année.	Supprimer la dégressivité du montant de l'amende pour assurer l'imposition d'une amende légèrement supérieure aux gains illicites.
Art L. 420-6 du Code de commerce	La peine de prison.	L'exigence tenant à la preuve d'une participation « frauduleuse » à l'infraction est pathologique.	La participation frauduleuse implique la démonstration d'un agissement délibéré et d'une mauvaise foi caractérisée de l'agent. Le fardeau probatoire paralyse l'application de la norme qui devient ineffective.	Le risque pénal est peu crédible : la norme n'étant que très rarement appliquée, elle ne parvient pas à faire cesser le comportement déviant. Elle est donc inefficace.	Supprimer l'exigence probatoire tenant à la démonstration d'une participation « frauduleuse » et introduire, de manière plus générale, un « test de légitimité » de l'emprisonnement à travers trois filtres : la gravité de l'infraction ; le risque d'erreur de type 1 ; le consensus social autour de la gravité de l'infraction.
CE aff. T-111/01 CE aff. 792/97	Les mesures conservatoires	Le critère pathologique du dommage « irréparable ».	L'impossibilité pour les victimes de prouver le caractère « irréparable du dommage » provoque une ineffectivité totale des mesures conservatoires qui ne sont presque jamais prononcées.	/	Supprimer l'exigence probatoire tenant à la démonstration du caractère « irréparable » du dommage pour rétablir la fonction préventive dissuasive du droit.

Les normes pathologiques (règles législatives ou prétoriennes)	Objet de la norme	Pathologie(s) affectant la norme	Incidence sur l'effectivité de la norme	Incidence sur l'efficacité de la norme	Recommandation
Art 1266-1 du projet de ref. Resp. Civ.	La faute lucrative	La définition subjective de la faute lucrative (faute « délibérée »)	Le fardeau probatoire de la victime qui doit non seulement prouver le profit retiré de la faute et démontrer que la faute lucrative a été commise délibérément ne fait que compliquer la détermination du manquement. Les victimes se heurteront à la détermination de l'élément intentionnel, ce qui paralysera en conséquence le déclenchement de l'amende civile confiscatoire et provoquera, *in fine*, un accroissement des fautes lucratives.	En l'absence d'une amende confiscatoire, le droit de la réparation est inefficace. Il ne produit pas l'effet dissuasif escompté car l'agent économique retire un gain du dommage causé.	Retenir une définition objective de la faute lucrative. Nous recommandons la définition suivante : « Est qualifiée de faute lucrative toute faute commise au préjudice d'autrui qui rapporte un gain, une économie, ou un avantage indu à son auteur ».

Les normes pathologiques (règles législatives ou prétoriennes)	Objet de la norme	Pathologie(s) affectant la norme	Incidence sur l'effectivité de la norme	Incidence sur l'efficacité de la norme	Recommandation
Art 1266-2 du projet de ref. Resp. Civ.	L'encadrement de l'amende civile	Selon l'article 1266-1 alinéa 2 du projet de réforme, l'amende civile doit être « proportionnée à la gravité de la faute commise, aux facultés contributives de l'auteur et aux profits qu'il en aura retirés ».	/	Le projet de réforme fixe donc trois limites susceptibles de réduire considérablement le montant de l'amende confiscatoire. Dans le cas, par exemple, où la faute du contrevenant est peu grave, mais assure la réalisation de gains importants – sachant que l'amende doit être proportionnée à la gravité de la faute – il y a fort à craindre que le fautif se retrouve contraint de payer une somme inférieure au bénéfice réalisé.	Supprimer le critère relatif à la gravité de la faute commise pour ne retenir que le critère des facultés contributives et des profits illicites. Une autre solution pourrait consister à garder le critère de gravité de la faute, tout en précisant que la gravité est évaluée au regard du dommage causé et des gains retirés par l'auteur de la faute.
Art. 1266-3 du projet de ref. Resp. Civ.	L'obligation de minorer son dommage	La règle n'est pas adaptée aux dommages économiques. De plus, elle n'est accompagnée d'aucun contrôle de proportionnalité.	L'absence de contrôle de proportionnalité fait naître un risque de disproportionnalité entre la mesure prise pour éviter que le dommage s'aggrave et le coût excessif decette mesure. Cette mesure risque, en conséquence, de réduire l'effectivité des actions en réparation en limitant l'intérêt à agir de	La réduction du champ du dommage réparable va réduire les dommages intérêts de la victime, qui seront minorés. Moins les dommages-intérêts à verser par le fautif sont importants, plus le risque que ces derniers se retrouvent inférieurs à l'avantage tiré du dommage causé est important. En somme, la	Exclure l'obligation de minimiser son dommage pour les victimes d'infractions de concurrence. Néanmoins, si jamais la règle venait à être étendue au droit de la concurrence, il faudrait encadrer la règle d'un contrôle de proportionnalité, afin que la mesure prise en vue de ne pas aggraver le dommage ne représente pas un coût excessif

Les normes pathologiques (règles législatives ou prétoriennes)	Objet de la norme	Pathologie(s) affectant la norme	Incidence sur l'effectivité de la norme	Incidence sur l'efficacité de la norme	Recommandation
			la victime qui doit minorer son dommage.	règle tenant à l'obligation de minimiser son dommage réduit l'effet dissuasif attendu de l'application du *private enforcement* en minorant le coût économique de l'infraction.	pour la victime. En cas de faute lucrative du coupable, il faudrait interdire le moyen de défense tiré de l'obligation de ne pas aggraver son dommage.
Art. 1231-2	Les dommages-intérêts compensatoires	L'absence de mécanisme confiscatoire des profits illicites.	D'une part, l'impossibilité pour la victimes de récupérer les gains illicites limite l'intérêt à agir. D'autre part, les obstacles traditionnels à la réparation du préjudice limite le taux de pénétration des actions en dommages et intérêts.	L'absence de mécanisme compensatoire permet au fautif de retirer desgains illicites de l'infraction commise. Le mécanisme compensatoire est donc inefficace car il produit un effet incitatif àenfreindre la loi.	À côté de la « Sous-Section 5 » du projet de réforme de la responsabilité civile relatif à l'amende civile, il faudrait prévoir une « Sous-section 6 » intitulée « Dommages et intérêts restitutoires ». Dans le cas où la demande relative à l'imposition d'une amende civile serait rejetée, la victime pourrait introduire une action indemnitaire restitutoire en complément de l'action compensatoire. Cette action permettrait aux victimes de demander la restitution des gains illicitement acquis par le fautif. Une partie ou l'ensemble des gains indus serait ainsi reversé à la victime, à condition que cette dernière démontre un lien entre son appauvrissement et l'enrichissement du coupable.

Les normes pathologiques (règles législatives ou prétoriennes)	Objet de la norme	Pathologie(s) affectant la norme	Incidence sur l'effectivité de la norme	Incidence sur l'efficacité de la norme	Recommandation
Art. L. 442-6	Les pratiques restrictives de concurrence	Un inventaire peu clair et sans réelle cohérence des pratiques restrictives.	L'incompréhension de la norme par les agents et l'incapacité de la norme incomprise à délivrer un message dissuasif. La jurisprudence tend, néanmoins, peu à peu à clarifier la notion, ce qui limite les risque d'erreurs judiciaires.	/	/
Règles jsprudentielles sur la qualification du parasitisme	La théorie du parasitisme	La dénaturation de la théorie du parasitisme au regard de l'exigence intermittente du risque de confusion en l'absence de rapport de concurrence.	L'incompréhension de la théorie du parasitisme par les agents. L'accroissement du fardeau probatoire des victimes. Un risque d'erreur de type 2 élevé.	Privée d'effet, la théorie du parasitisme ne peut produire l'effet attendu, c'est-à-dire le déclenchement d'une sanction confiscatoire dissuasive (dans le cas où le projet de réforme de la responsabilité civile serait consacré.)	Pour simplifier l'action en réparation des victimes, il faudrait supprimer la distinction entre le droit de la concurrence déloyale et le parasitisme. Fusionner le droit de la concurrence déloyale et du parasitisme en une seule catégorie dénommée « les comportements parasitaires » se justifie au regard de la définition du parasitisme, qui pourrait englober tous les actes déloyaux.
Règles jspentielles sur les tests en matière d'abus	L'abus de position dominante.	L'imperfection des tests proposés en jurisprudence pour déterminer l'abus.	Un risque d'erreur de type 1 et 2 élevé.	Pour ne prendre qu'un exemple, le test de l'absence de sens économique est inefficace car il permet de valider une pratique anticoncurrentielle qui génère des profits anticoncurrentiels plus élevés que des profits licites.	Il est essentiel de faire varier le choix du test selon la nature du marché en cause. Sur les marchés numériques par exemple, il faudrait opter pour le test le moins dissuasif de façon à éliminer le risque d'erreur de type 1.

Les normes pathologiques (règles législatives ou prétoriennes)	Objet de la norme	Pathologie(s) affectant la norme	Incidence sur l'effectivité de la norme	Incidence sur l'efficacité de la norme	Recommandation
Art 11. 1 du code de procédure civile	L'accès aux preuves	Formule équivoque : le juge peut, face à la résistance du défendeur, « *tirer toute conséquence du refus* ». Cette disposition ne permet pas de savoir exactement quelle est la sanction de la rétention des preuves pertinentes. On peut néanmoins supposer qu'il s'agit d'une présomption défavorable.	/	En l'absence de sanction clairement établie, l'agent est incité à dissimuler ou détruire les preuves pertinentes. De manière générale, la sanction est inefficace car le coût qu'elle inflige à celui qui conserve ou dissimule les preuves est trop faible comparé à l'avantage qu'il en retire (anéantissement des chances de succès de l'action en réparation par exemple).	Punir clairement la rétention de preuve par des dommages-intérêts punitifs.
Règles jurisprudentielles sur l'accès aux preuves (voir par ex. Arrêt optical center)	L'accès aux preuves	Cet arrêt de la Cour de cassation remet en cause l'effet de surprise de la mesure d'instruction prise sur requête	La destruction des preuves limite les chances de succès de l'action en réparation, qui se retrouve privée d'effectivité.	De même, la destruction des preuves va priver la victime d'une possibilité d'établir au mieux son préjudice. Les dommages et intérêts versés risquent, par conséquent, d'être inférieurs au dommage réellement causé.	Rétablir clairement l'effet de surprise de la requête pour limiter les destructions de preuve pertinentes.

INDEX THÉMATIQUE ALPHABÉTIQUE

Les chiffres renvoient aux numéros de paragraphes

Table des matières

Concurrences
Revue des droits de la concurrence

Revue Concurrences

Revue trimestrielle dédiée aux droits interne et européen de la concurrence

Concurrences est une revue universitaire trimestrielle dédiée aux droits interne et européen de la concurrence. Créée en 2004 par Laurence Idot, Frédéric Jenny et Nicolas Charbit, la revue est un forum de discussions entre universitaires, magistrats et praticiens du droit de la concurrence. Son rayonnement en dehors du champ des spécialistes est tel que plusieurs personnalités publiques de premier plan ont publié des points de vue dans ses colonnes : Jacques Attali, Elie Cohen, François Hollande, Christine Lagarde, Emmanuel Macron, Nicolas Sarkozy, Margrethe Vestager...

COMITÉ SCIENTIFIQUE ET COMITÉ INTERNATIONAL

Le Comité scientifique, présidé par Laurence Idot assure l'indépendance de la revue et sélectionne les articles soumis à la revue sur des critères de rigueur de la démonstration et d'objectivité. Le Comité international, présidé par Frédéric Jenny, contribue à la diffusion de la revue à l'international et à l'organisation des conférences hors de l'Europe.

CONTRIBUTEURS

Plus de 1500 contributeurs provenant de 15 pays ont publié dans la revue Concurrences. Ces contributeurs sont universitaires, magistrats ou représentants d'autorités de concurrence, avocats ou conseils juridiques, tous spécialisés en droit ou en économie de la concurrence.

VERSION ÉLECTRONIQUE

Depuis 2004, Concurrences a publié 40 numéros totalisant 15 000 articles (au 1er septembre 2020). La version électronique reprend l'intégralité des articles parus dans la version imprimée depuis 2004 ainsi qu'environ 20 % d'articles supplémentaires. Ce supplément électronique correspond à des contributions publiées exclusivement sur le site de la revue notamment en raison de leur ampleur : actes de colloques, articles de fond, contributions économiques...

www.ingramcontent.com/pod-product-compliance
Lightning Source LLC
LaVergne TN
LVHW050050061026
849532LV00001BA/3
* 9 7 9 1 0 9 4 2 0 1 2 9 9 *